William George Smith

A First French Reading Book

Containing Fables, Anecdotes, Inventions, Discoveries, Natural History... Third

Edition

William George Smith

A First French Reading Book
Containing Fables, Anecdotes, Inventions, Discoveries, Natural History... Third Edition

ISBN/EAN: 9783337086282

Printed in Europe, USA, Canada, Australia, Japan

Cover: Foto ©Thomas Meinert / pixelio.de

More available books at **www.hansebooks.com**

FRENCH PRINCIPIA.—Part II.

A

FIRST FRENCH READING BOOK.

CONTAINING

FABLES,	DISCOVERIES,
ANECDOTES,	NATURAL HISTORY,
INVENTIONS,	FRENCH HISTORY;

WITH GRAMMATICAL QUESTIONS AND NOTES,

AND

A COPIOUS ETYMOLOGICAL DICTIONARY.

ON THE PLAN OF

DR. WILLIAM SMITH'S 'PRINCIPIA LATINA.'

THIRD EDITION.

LONDON:
JOHN MURRAY, ALBEMARLE STREET.
1878.

Now ready.

THE FRENCH PRINCIPIA, PART I. A FIRST FRENCH COURSE; containing Grammar, Delectus, Exercises, and Vocabularies. 12mo. 3s. 6d.

FRENCH PRINCIPIA, PART II. A READING BOOK; containing Fables, Stories, and Anecdotes, Natural History, and Scenes from the History of France. With Grammatical Questions, Notes, and copious Etymological Dictionary. 12mo. 4s. 6d.

THE STUDENT'S FRENCH GRAMMAR: a Practical and Historical Grammar of the French Language. By C. HERON-WALL, late Assistant Master at Brighton College. With an Introduction by M. LITTRÉ. Post 8vo. 7s. 6d.

A SMALLER GRAMMAR OF THE FRENCH LANGUAGE. For the Middle and Lower Forms. Abridged from the above. 12mo. 3s. 6d.

GERMAN PRINCIPIA, PART I. A FIRST GERMAN COURSE; containing a Grammar, Delectus, Exercise Book, and Vocabularies. 12mo. 3s. 6d.

GERMAN PRINCIPIA, PART II. A READING BOOK; containing Fables, Stories, and Anecdotes, Natural History, and Scenes from the History of Germany. With Grammatical Questions, Notes, and Dictionary. 12mo. 3s. 6d.

A PRACTICAL GERMAN GRAMMAR. With a Sketch of the Historical Development of the Language, and its Principal Dialects. By Dr. LEONHARD SCHMITZ, Classical Examiner in the University of London. Post 8vo. 3s. 6d.

LONDON: PRINTED BY WILLIAM CLOWES AND SONS, STAMFORD STREET AND CHARING CROSS.

PREFACE.

This work, which has been drawn up by the Rev. Ernest Brette, B.D., French Examiner in the University of London, differs in two or three important points from other French Reading Books.

In the first place, each Extract is followed by Grammatical Questions, testing the knowledge of the pupil in the Accidence and the more important Syntactical Rules. This will be found especially useful to pupils preparing for public examinations, such as the Matriculation Examination in the University of London.

In the second place, the Vocabulary explains fully the etymology of every word. It is believed that this is the first time that such an Etymological Vocabulary has been appended to any French Reading Book. It contains very nearly 13,000 words, and is complete enough to be used as a Dictionary for all French books commonly read in schools. In drawing it up, the works of Grimm, Bopp, Diez, Littré, Scheler, and Brachet have been throughout consulted.

The Extracts contain a diversity of subjects, such as fables, short tales, anecdotes, useful information on points connected with natural history, discoveries and inventions, as well as sketches of some important portions of French history; thus giving pupils the opportunity of reading different authors and different styles of composition. Poetry has been purposely omitted, as it has been found by long experience that the inversion, poetical licence, and other difficulties in French poetry, only confuse the beginner. Special care has been taken to make the Extracts progressive, beginning with easy and gradually proceeding to more difficult pieces.

In the Notes, which follow the Extracts, all difficulties which cannot be solved by the ordinary grammars and dictionaries are explained, and short notices are given relating to the persons and events mentioned in the Extracts.

It is recommended that this work should be used *in conjunction with* the First Part of the 'French Principia,' and not be postponed till the pupil has finished the latter. As soon as he has learnt thoroughly the Rudiments of Grammar, and can translate the simplest sentences, it is important to diversify the somewhat dry and tedious work of the Delectus and Exercise-book, by giving him connected passages containing interesting and instructive matter.

Further, it is recommended that the pupil, after translating each extract into English, should be required to close the book and re-translate it *vivâ voce* into French, the teacher dictating to him the English, sentence by sentence. This is the very best method of enabling the pupil to make rapid progress in the acquirement of the language.

CONTENTS.

FABLES.

	PAGE		PAGE
1. L'homme et la vipère	1	20. Le renard et le bouc	7
2. Le renard et les raisins	1	21. La corneille et le corbeau	8
3. Le cerf et la vigne	1	22. L'avare et la pie	8
4. Le renard et le masque de théâtre	2	23. Le charpentier et le singe	9
5. Le chien et son ombre	2	24. Le renard et la cigogne	9
6. Le chat et la chauve-souris	2	25. Le chat et les rats	10
7. La vipère et la lime	3	26. Le berger et son troupeau	10
8. La souris	3	27. La fourmi et la colombe	11
9. Les deux grenouilles	3	28. La grenouille envieuse et le bœuf	11
10. Le chien fidèle	4	29. L'aigle, la corneille et le berger	12
11. L'âne et le vieux pâtre	4	30. Le renard et le corbeau	12
12. Le loup déguisé	4	31. Le lion et le renard	13
13. Le vieillard et la mort	5	32. Les deux taureaux et les deux grenouilles	13
14. L'âne et le loup	5	33. Le cerf près d'une fontaine	14
15. La cigale et les fourmis	6	34. Le lion et le mulot	14
16. Le lion, l'âne et le renard	6	35. Le chien et le loup	15
17. Le loup et la grue	6	36. Les bœufs en querelle	16
18. L'âne et le renard	7		
19. L'olivier et le roseau	7		

HISTORIETTES ET ANECDOTES.

	PAGE		PAGE
1. Le roi Alphonse	18	8. Présence d'esprit	19
2. Fénelon	18	9. Turenne	19
3. Henri IV	18	10. Mot de Socrate sur les amis	20
4. Bataille d'Ivry	18	11. Langage parlementaire	20
5. Le panache blanc	18	12. Descartes	20
6. Raleigh	19	13. Dévouement	20
7. La Rochejaquelein	19		

HISTORIETTES ET ANECDOTES—*continued.*

	PAGE		PAGE
14. La montre du grenadier prussien	21	39. Probité scrupuleuse	30
15. La balafre	21	40. La perruque et les Iroquois	31
16. Le ministre sans façon	21	41. Le capucin et le voleur	31
17. Le médecin et le grand Frédéric	21	42. Le gouverneur du Canada et les Iroquois	32
18. Swift et les impôts	22	43. Prévenance du maréchal de Turenne	33
19. Une leçon de bienfaisance	22	44. Courage et bienfaisance d'un paysan	33
20. Une ingénieuse flatterie	22	45. Arnold de Winkelried	34
21. L'autographe	23	46. Le maire de Luçon	34
22. Léonidas aux Thermopyles	23	47. La dette de l'humanité	35
23. La loi du talion	23	48. Naïveté irlandaise	35
24. Alexandre, roi de Macédoine	24	49. Reconnaissance	36
25. Modestie de Turenne	24	50. Les crimes punis l'un par l'autre	37
26. Arlequin au souper du roi	25	51. Un malentendu	37
27. L'âne du curé	25	52. Le bon roi	38
28. Le paysan et son âne	25	53. Piété filiale	39
29. Bonaparte et la sentinelle	26	54. Les flatteurs confondus	39
30. Naïvetés	26	55. Politesse française	40
31. Début de Térence	26	56. La princesse de Talleyrand et M. Denon	41
32. Ésope	27	57. Le bouffon et le paysan	42
33. La critique du cocher	27	58. Le voltigeur en sentinelle	42
34. Le cheval de Kosciusko	28	59. Un tour d'Ésope	44
35. Le peintre à l'eau	28	60. Voltaire accusé de plagiat	44
36. Qui ne dit mot consent	29		
37. Un quiproquo	29		
38. Un Mécène anglais	30		

PREMIÈRES CONNAISSANCES : HISTOIRE NATURELLE DÉCOUVERTES ET INVENTIONS.

	PAGE		PAGE
1. La nature sauvage	46	8. Les arbres de haute futaie	51
2. La nature cultivée	47	9. Le verger	52
3. La verdure	47	10. Le chanvre, le lin et le coton	53
4. La verdure (suite)	48	11. La vigne	54
5. La prairie	48	12. Le vin	55
6. Le froment	49	13. Les carrières, les mines de charbon et de sel	56
7. L'orge, l'avoine, le seigle, le maïs et le millet	50		

PREMIÈRES CONNAISSANCES: HISTOIRE NATURELLE, DÉCOUVERTES ET INVENTIONS—*continued*.

	PAGE
14. Les mines de métaux et de pierres précieuses	57
15. Le lever du soleil	58
16. L'homme	59
17. Le cheval	60
18. Le chien (A)	60
19. Le chien (B)	61
20. L'âne	62
21. Le bœuf	63
22. Le chat	64
23. Le loup	64
24. Le renard	65
25. Le chevreuil	66
26. Le lion et le tigre	67
27. L'éléphant	68
28. L'éléphant (suite)	69
29. Le chameau	70
30. Le chameau (suite)	70
31. Le grand aigle	71
32. Les vautours	72
33. Le cygne	73
34. L'hirondelle	74
35. Le rossignol	75
36. Le funèbre oiseau noir ..	76
37. L'oiseau-mouche	76
38. Le nid de mésange	77
39. La rose et le papillon ..	78
40. Le lézard gris	79
41. Le serpent	80
42. Le requin	80
43. Les oiseaux et les poissons	81
44. Éruption du Vésuve ..	82
45. Une trombe en mer	83
46. L'aurore boréale	84
47. La découverte de l'Amérique et l'œuf de Christophe Colomb	85
48. Invention de l'imprimerie	86
49. L'imprimerie et les copistes	87
50. Origine du jeu d'échecs ..	88
51. Origine du jeu d'échecs (suite)	88
52. L'invention des aérostats..	89
53. L'invention des aérostats (suite)	90
54. Le premier bateau à vapeur à l'embouchure de la Gironde	91
55. Le premier bateau à vapeur ... (suite)	92
56. Harvey et la circulation du sang	93
57. La pomme de terre ou le pain des pauvres	94
58. La pomme de terre ... (suite)	96
59. Les phares	97
60. Les phares (suite)	98

PIÈCES RELATIVES À L'HISTOIRE DE FRANCE.

	PAGE
1. Les Gaulois	100
2. Caractère des Franks ..	101
3. Caractère des Franks (suite)	102
4. Caractère des Franks (suite)	103
5. Caractère des Franks (suite et fin)	105
6. Conversion de Clovis au Christianisme (496) ..	106
7. Règne de Charlemagne (768-814)	108
8. (A) Pierre l'Ermite (1050-1115)	109

PIÈCES RELATIVES À L'HISTOIRE DE FRANCE—continued.

	PAGE
8. (B) Départ des croisés après le concile de Clermont (1096)	109
9. Bataille de Bouvines (27 août 1214)	111
10. Jacques Molay, grand-maître des Templiers, à ses juges (1314)	112
11. Jeanne de Montfort (1342)	113
12. Démence de Charles VI (5 août 1392)	114
13. Mort de Jeanne d'Arc (1431)	115
14. Les conseillers de Louis XI (roi de France de 1461 à 1483)	117
15. François Ier (roi de France de 1515 à 1547)	118
Louis XII et François Ier	119
16. Le Connétable de Bourbon et Bayard (30 avril 1524)	120
17. (Suite)	121
18. Henri IV et Sully (1602)	122
19. Portrait de Richelieu (1585-1642)	123
20. Mazarin (1602-1661)	124
21. Règne de Louis XIV (1643-1715)	125
22. Prise de la Bastille (14 juillet 1789)	127
23. Prise de la Bastille (suite et fin)	128
24. Le Règne de la Terreur en France, d'après Tacite (septembre 1792—27 juillet 1794)	129
25. Passage des Alpes par Bonaparte (16 mai 1800)	131
26. Bataille de Marengo (14 juin 1800)	132
27. Proclamation de Napoléon Ier à l'armée, après la bataille d'Austerlitz (le 3 décembre 1805)	134
28. Incendie de Moscou (septembre 1812)	135
29. Exécution du Maréchal Ney (7 décembre 1815)	136
30. La Terreur blanche (1815)	137

NOTES.

	PAGE
Notes on the Fables and Grammatical Questions	140
Notes on Short Tales, Anecdotes, and Grammatical Questions	145
Notes on First Steps to Knowledge: Natural History, Discoveries, Inventions; and Grammatical Questions	158
Notes on Extracts relating to the History of France and Grammatical Questions	168

ETYMOLOGICAL DICTIONARY TO FIRST FRENCH READING BOOK .. 177

ABBREVIATIONS.

a.	= active.		*foll.*	= follow *or* follows, following *or* followed.
abl.	= ablative.			
acc.	= accusative.			
adj.	= adjective.		*Fr.*	= French.
adv.	= adverb *or* **adverbial**.		*freq.*	= frequentative.
adv. loc.	= adverbial **locution**.		*fut.*	= future.
Arab.	= Arabic.		*G.*	= German.
art.	= article.		*Gael.*	= Gaelic.
A.-S.	= Anglo-Saxon.		*gen.*	= genitive.
aux.	= auxiliary.		*Goth.*	= Gothic.
card.	= cardinal.		*Gr.*	= Greek.
Celt.	= Celtic.		*Heb.*	= Hebrew.
cf.	= confer, compare.		*idiom. expr.*	= idiomatic expression.
compar.	= comparative.			
compd.	= compound, compounded.		*i.e.*	= *id est*, that is.
			imp.	= imperfect.
Cond.	= Conditional.		*imper.*	= imperative.
conj.	= **conjunction**.		*impers.*	= impersonal.
conjug.	= **conjugation**, conjugate *or* conjugated.		*Ind.*	= Indicative.
			indef.	= **indefinite**.
			Inf.	= **Infinitive**.
cons.	= consonant.		*interj.*	= **interjection**.
contrd.	= contracted.		*interr.*	= **interrogative** *or* interrogatively.
Dan.	= **Danish**.			
dat.	= dative.		*irr.*	= **irregular**.
def.	= **definite**.		*It.*	= **Italian**.
defect.	= defective.		*Kymr.*	= **Kymric**.
demonst. or *dem.*	} = demonstrative.		*L.*	= **Latin**.
			lit.	= literally.
der.	= derivative *or* derived.		*L. L.*	= **Low Latin**.
			loc.	= locution.
dim.	= **diminutive**.		*m.* or *masc.*	= masculine.
Engl.	= English.		*meton.*	= metonymy.
e.g.	= exempli gratiâ.		*N.*	= **Netherlandish**.
expr.	= expression.		*n.* (with a subst.)	} = neuter.
f. or *fem.*	= feminine.			
fam.	= familiar.		*n.* (with a verb)	} = **neuter**.
fig.	= figurative *or* figuratively.			
			naut.	= nautical.

Fr. P. ii.

ABBREVIATIONS.

neg.	= negative *or* negatively.	*q. v.*	= quod vide (*which see or refer to*).
nom.	= nominative.	*rel.*	= relative.
num.	= numeral.	*r.v.*	= reflective verb.
obj.	= object.	*s.* or *subst.*	= substantive.
Obs.	= observe.	*Sax.*	= Saxon.
O. E.	= Old English.	*sc.*	= scilicet.
O. Fr.	= Old French.	*Scand.*	= Scandinavian.
O. H. G.	= Old High German.	*sing.*	= singular.
onomat.	= onomatopœia.	*Skr.*	= Sanskrit.
ord.	= ordinal.	*Span.*	= Spanish.
p.	= person.	*Subj.*	= Subjunctive.
p.p	= past participle.	*subj.*	= subject.
part.	= participle.	*subst.*	= substantive.
pass.	= passive.	*sup.*	= superlative *or* supine.
pers.	= personal.		
Piedm.	= Piedmontese.	*sync.*	= syncope.
pluperf.	= pluperfect.	*transl.*	= translate *or* translated.
pl. or *plur.*	= plural.		
Port.	= Portuguese.	*v.*	= verb.
poss.	= possessive.	*v.a.*	= active verb.
pres. part. or *pr. p.*	= present participle.	*v.n.*	= neuter verb.
		v.r.	= reflective verb
prep	= preposition.	*Voc.*	= Vocabulary.
pres. or *pr.*	= present.	(?)	= etymology doubtful or unknown.
prim.	= primitive.		
pron.	= pronoun.	=	equal to *or* meaning.
prop.	= properly.		
Prov.	= Provençal.	1, 2, 3, 4, indicate the conjugation of a verb.
prov.	= proverb *or* proverbial.		

A FIRST FRENCH READING BOOK.

FABLES.

1. *L'homme et la vipère.*—Un homme ramassa une vipère toute transie de froid, et la réchauffa dans son sein. Sa pitié lui coûta cher, car dès qu'elle fut ranimée, elle lui donna la mort.

Les méchants sont toujours ingrats et malfaisants.

Grammatical Questions.—1. Put in the pl. *l'homme et la vipère*; and in the sing. *les méchants sont toujours ingrats et malfaisants.* 2. Give the s. f. corresponding to *homme.* 3. Parse *sont*, and give the imper. of the same. 4. Make an *interr.* sentence with *les méchants sont toujours ingrats.* 5. Translate into French: *some vipers were benumbed with cold.* 6. Give the f. sing. of *ingrats* and *malfaisants.*

2. *Le renard et les raisins.*—Un renard, mourant de faim, essayait d'attraper des raisins qui pendaient à une treille; il sautait de toutes ses forces, mais n'y pouvant atteindre, il s'éloigna en disant : "Ils ne sont pas encore mûrs, je ne veux pas les cueillir, puisqu'ils sont verts."

L'homme rabaisse souvent ce qu'il ne peut pas atteindre.

Grammatical Questions.—1. Put in the pl. *un renard*; *une treille*: and in the sing. *ses forces*; *ils ne sont pas encore mûrs.* 2. To what conjug. do the foll. verbs belong ?— *attraper, cueillir, atteindre.* 3. Parse *sautait* and *rabaisse*, and give the *five* prim. tenses. 4. Give the masc. (sing. and pl.) of *toutes.* 5. Put in the *neg.*: *l'homme rabaisse.* 6. Transl. into Fr.: *Are the grapes ripe?*

3. *Le cerf et la vigne.*—Un cerf, ayant échappé aux chasseurs, alla se cacher sous une vigne. Quand les chasseurs furent passés, le cerf se crut déjà oublié et se mit à brouter les feuilles de sa bienfaitrice. Au bruit du feuillage, les chasseurs revinrent sur leurs pas, virent le cerf et le tuèrent.

Ceux qui sont ingrats envers leurs bienfaiteurs, méritent d'être punis.

Grammatical Questions.—1. Give the fem. sing. of *chasseurs.* 2. Put in the pl.: *sous une vigne*; and in the sing.: *quand les chasseurs furent passés.* 3. Give the gender of *feuilles, feuillage,* and the sing. of *pas.* 4. Put in the fem.: *Ceux qui sont ingrats envers leurs bienfaiteurs.* 5. Parse *oublié, tuèrent, méritent.* 6. Give the prim. tenses of *être,* and the imp. Subj. of the same.

4. *Le renard et le masque de théâtre.*—Un renard, étant entré dans la maison d'un comédien, y vit une tête de masque artistement faite : "Oh! la belle tête!" s'écria-t-il, "mais elle n'a point de cervelle."

Ce mot s'applique aux hommes que la fortune a comblés d'honneurs et de gloire, mais à qui elle a refusé le sens commun.

Grammatical Questions.—1. Put in the pl.: *Le renard et le masque de théâtre.* 2. Give the two masc. forms of *belle,* and state in what case one is used in preference to the other. 3. Give the fem. of *comédien, ce, commun.* 4. Put in the sing. *aux hommes.* 5. Make an *interr.* sentence with: *ce mot s'applique aux hommes.* 6. What is *que* in: *que la fortune a comblés*? 7. Parse *elle a refusé,* and give the 1st p. sing. of the fut. of this verb.

5. *Le chien et son ombre.*—Un chien qui tenait un morceau de viande dans sa gueule, traversait une rivière. Il vit son image dans l'eau, et crut d'abord que c'était un autre chien qui portait une autre proie. Il approche, l'image s'approche aussi.—"Tu ne me tromperas pas," dit-il, "et je ne quitterai pas ce que je tiens : mon instinct me dit que tu n'es que mon ombre."

Imitez la prudence du chien, et ne quittez jamais la substance pour l'ombre.

Grammatical Questions.—1. *Son ombre*: why *son* before this subst. fem.? 2. Put in the pl.: *Un chien qui tenait un morceau de viande.* 3. Transl. into Fr.: *The dog's mouth.* 4. Parse *Je ne quitterai pas.* 5. Give the pl. of *gueule, eau.* 6. Put in the 3rd p. pl. of the same tense the foll. verbs: *approche, quitterai, es.* 7. *Que tu n'es*: what kind of word is *que*? and what is the meaning of *ne* before the verb, and *que* after?

6. *Le chat et la chauve-souris.*— Un chat ayant été une fois pris dans un filet, promit à un rat qui l'en avait délivré, de ne jamais manger ni rats ni souris. Il arriva un jour qu'il attrapa une chauve-souris dans une grange. Maître Grippeminaud fut d'abord embarrassé; mais il ne le fut pas longtemps. "Je n'ose pas te manger comme souris," dit-il, "mais je te croquerai comme oiseau." Après cette distinction consciencieuse, il en fit un bon repas.

Grammatical Questions.—1. Write the fem. of the foll. subst. and adj.: *chat, maître, bon*; and **give** the masc. of *consciencieuse.* 2. Parse: *avait délivré, attrapa, fut, croquerai.* 3. Put in the pl.: *un chat, une souris, oiseau,* *repas.* 4. Give the pres. part. of *manger*, and state the rule about the verbs ending in *ger.* 5. Transl. into Fr.: *This cat; this mouse; **this bird;** these rats.* 6. Parse *ayant été;* and conjug. the pres. Ind. of the v. to which *ayant* belongs. 7. Give the compar. of superiority of *consciencieuse* and *bon*.

7. *La vipère et la lime.*—Une vipère entra dans l'atelier d'un forgeron. Comme elle cherchait quelque chose à manger, elle se mit à mordre une lime; mais celle-ci, résistant à ses efforts, lui dit: "Insensée, pourquoi cherches-tu à me mordre, moi qui suis accoutumée à ronger le fer?"

Que celui dont la dent méchante s'attaque à plus mordant que lui se reconnaisse dans cette fable.

Grammatical Questions.—1. Put in the pl.: *Une vipère entra dans l'atelier.* 2. To what conjug. belong the foll. verbs: *entra, cherchait, mordre?* 3. Give the 1st p. pl. of the pres. Ind. of *manger*, and the 3rd p. sing. of the imp. Subj. of *ronger.* 4. Give the masc. (sing. and pl.) of *celle-ci.* 5. Give the five prim. tenses of *mordre.* 6. Conjug. the whole tense of which *suis* is the 1st person. 7. Parse every word of the 1st sentence: *Une vipère . . . . d'un forgeron.*

8. *La souris.*—Une souris qui connaissait **tous les** piéges que l'on peut tendre à son espèce, s'en alla rôder près d'une souricière, où l'on avait placé un morceau de lard. "Je ne veux pas y toucher," se disait-elle, "mais le sentir ne peut pas me faire de mal."

Elle s'approche, flaire, avance le nez: la planche tombe, et la voilà prise.

Celui qui s'expose au danger, court risque d'y tomber.

Grammatical Questions.—1. Put in the pl. the foll. words: *souris, espèce, morceau, mal, nez, celui.* 2. To what conjug. belong *tendre, rôder, sentir, faire?* 3. Give the sing. (masc. and fem.) of *tous.* 4. *Son espèce*: why *son* before the subst. fem. *espèce?* 5. Make a *neg.* sentence with: *une souris qui connaissait tous les piéges.* 6. Parse *avait placé*; when do the verbs in *cer* take a cedilla under the *c*, and why? Give some examples. 7. *Y toucher*: what kind of word is *y* here? 8. Parse *une souris qui.*

9. *Les deux grenouilles.*—Deux grenouilles ne pouvaient plus rester dans leur marais, parce que la chaleur de l'été l'avait desséché. **Elles** convinrent d'aller ensemble chercher de l'eau ailleurs. Après avoir **beaucoup** voyagé, elles arrivèrent auprès d'un puits.— "Venez, commère," **dit** l'une, "descendons sans chercher plus loin."— "Vous parlez bien à votre aise," répondit sa compagne; "mais si l'eau vient à nous manquer dans ce puits, comment en sortirons-nous?"

La prudence est nécessaire dans toutes les entreprises.

Grammatical Questions.—1. Give the pl. of *marais, eau, puits, commère, l'une.* 2. Give the masc. subst. corresponding to *compagne.* 3. Give the *two* ordinal forms of *deux.* 4. Write *in French*: 5, 7, 6, 9, 8, 13, 17, 12, 19, 20. 5. Put in the sing.: *deux grenouilles ne pouvaient plus rester dans leur marais.* 6. Parse *répondit,* and give its prim. **tenses.** 7. *Plus loin*: what degree of com- par. is this? 8. Give the compar. of superiority of *bien.*

10. *Le chien fidèle.*—Pendant la nuit un voleur jeta un morceau de viande à un chien pour l'empêcher d'aboyer.—"Oh! oh!" dit le chien, "tu veux me lier la langue, et m'empêcher d'avertir mon maître du danger qu'il court! tu t'es grandement trompé. Ta bienveillance subite m'engage au contraire à redoubler de vigilance, de peur que tu ne profites de ma négligence."

L'homme qui a acquis de l'expérience ne se laisse pas duper par une libéralité soudaine.

Grammatical Questions.—1. Give the fem. of *un voleur,* **mon maître.** 2. Transl. into Fr.: *Do not throw any meat to the dog.* 3. Parse *jeta,* and state when you have to double the *t* in the conjug. of that verb. 4. *Aboyer*: when is the *y* replaced by another letter in verbs ending in *oyer*? and give the prim. tenses of *aboyer.* 5. *Me lier la langue*: what is *me,* and in what case is it? Give the prim. tenses of *lier.* 6. *M'engage*: what case is *m'*? Give the 2nd p. pl. of the past def. of *engager.* 7. State the rule of agreement of poss. adj. in Fr. 8. Transl. into Fr.: *I have some meat, but you have better meat.*

11. *L'âne et le vieux pâtre.*—Un vieux pâtre faisait paître son âne dans une prairie; soudain, apercevant un de ses ennemis, il engage l'âne à fuir pour éviter d'être pris tous deux. Mais l'âne, sans bouger de place, lui dit: "Est-ce que votre ennemi me fera porter double bât?"—"Non," répondit le vieillard.—"Dans ce cas, je reste ici: que m'importe à qui j'appartienne, puisque je dois toujours porter mon bât?"

Dans les changements de gouvernement, rien ne change pour le pauvre que le nom de son maître.

Grammatical Questions.—1. Give the fem. sing. of *âne, vieux, ennemis, tous, pauvre, maître.* 2. Transl. into Fr.: *The old woman will have some ass's milk and bread.* 3. To what conjug. belong *paître, apercevant, fuir, éviter?* 4. *Apercevant*: give the five prim. **tenses** of this verb, and conjug. the whole of the pres. Subj. 5. *Deux*: write in French 22 and **22nd**; 62 and 62nd; 72 and 72nd; **82 and** 82nd; 92 and 92nd. 6. *Votre ennemi*: put these two words in the pl., and say what difference there is between *votre* and *le vôtre.* 7. Give the 2nd p. sing. of the past def. of *apercevoir* and *bouger.* 8. Conjug. *interr.* **the pres.** Indic. of *rester.*

12. *Le loup déguisé.*—Un loup ne savait comment faire pour attraper des moutons; le berger était continuellement sur ses gardes. L'animal vorace s'avisa de se déguiser et de se revêtir de la peau d'une brebis qu'il avait enlevée quelques jours auparavant. Le stratagème lui réussit pendant quelque temps; mais enfin le berger découvrit l'artifice et agaça ses chiens contre lui; ceux-ci lui arrachèrent la peau de dessus les épaules et le mirent en pièces.

Ne vous fiez pas toujours à l'extérieur. L'homme sensé ne juge pas sur les apparences ; il sait qu'il y a des loups déguisés dans le monde.

Grammatical Questions.—1. Put in the pl.: *un loup déguisé; le berger était; l'animal vorace; une brebis; lui.* 2. Put in the sing.: *ceux-ci lui arrachèrent.* 3. Give the fem. corresponding to *loup.* 4. Give the prim. tenses of *attraper, était, réussit.* 5. Account for the cedilla in *agaça.* 6. Transl. into Fr.: *My shoulder, your shoulders, his shoulders, their shoulders.* 7. Give the 1st p. sing. of the cond. of *réussit,* and the pr. part. of *juge.* 8. Turn into Fr.: *Is there a wolf in the forest?*

13. *Le vieillard et la mort.*—Un jour un vieillard ayant coupé du bois dans une forêt le rapportait chez lui. Il marchait déjà depuis longtemps, lorsque l'excès de la fatigue le força à déposer à terre son fardeau. Il se mit à songer à sa misère, et, dans son désespoir, il appela la mort. Celle-ci se présentant aussitôt : "Que veux-tu ?" lui dit-elle.—" Aide-moi, je te prie," dit le vieillard effrayé, "à recharger ce fagot sur mon dos."

Tout homme tient à la vie, même quand il est pauvre et malheureux.

Grammatical Questions.—1. Give the pl. of *vieillard, bois, forêt, excès, fardeau, dos.* 2. Put in the pl.: *un vieillard rapportait un fagot chez lui.* 3. Give the fem. of: *lui, effrayé, pauvre, malheureux;* and the masc. of *celle-ci.* 4. Conjug. the pr. Ind. of *appeler.* 5. Account, by the rule, for the cedilla in *força.* 6. Make an interr. sentence *with a neg.* with: *Le vieillard est malheureux.* 7. Transl. into Fr.: *Do not* (thou) *help me.* 8. Parse *marchait, força, prie, est.* 9. Give the 1st and 2nd p. pl. of the past def. of *rapportait,* and the 3rd p. sing. of the imp. Subj. of *appela.*

14. *L'âne et le loup.*—Un loup passait près d'une étable. Un âne, l'ayant aperçu par le trou de la porte, se mit à braire de toutes ses forces, et à l'insulter. "Ah! te voilà," dit-il, "mangeur de brebis et d'agneaux, fléau des troupeaux, animal cruel et sanguinaire, viens ici : je me moque de ta force et de ta cruauté."—"Faquin," dit le loup, "si tu étais hors de ton étable, je te ferais tenir un langage plus poli ; mais tu n'es qu'un âne et un poltron."

Le lâche est courageux, quand il est hors de danger, et insulte les autres, quand il est à l'abri de leur ressentiment.

Grammatical Questions.—1. Write the fem. of the foll. subst. and adj.: *loup, âne, mangeur, cruel, sanguinaire, poli, poltron, courageux.* 2. Put in the sing.: *ses forces, brebis, agneaux, troupeaux, les autres;* and in the pl.: *l'âne, un âne, trou, fléau, animal, ta force, ton étable.* 3. Make a neg. sentence with: *Un âne ayant aperçu un loup.* 4. Parse *ayant aperçu, tu étais,* and conjug. the future of both. 5. To what conjug. belong *passait, aperçu, braire, tenir?* 6. *Plus poli*: what degree of compar. is this? 7. Transl. into Fr.: *The donkey is very cowardly,* and *The wolf is the most bloodthirsty of all the animals.* 8. *De* TA *force et de* TA *cruauté*: why is the poss. adj. repeated? 9. *Ton étable*: why *ton* and not *ta* before *étable, s.f.?* 10. Put in the pl. the whole of the last sentence: *Le lâche est .... ressentiment.*

FABLES.

15. *La cigale et les fourmis.*—À l'époque de l'hiver, les fourmis faisaient sécher du blé qui avait été mouillé **par** la pluie, lorsqu'une cigale, mourant de faim, vint leur demander un peu de grain. "Pourquoi n'en as-tu pas amassé pendant l'été?" lui dirent les fourmis.—"Je n'en avais pas le temps," leur répondit-elle; "je chantais mélodieusement." Alors les fourmis se mettant à rire lui répliquèrent: "Ah! ah! puisque tu chantais en été, danse en hiver."

La négligence et l'imprévoyance **nous causent** bien des **chagrins** et des dangers.

Grammatical Questions.—1. Parse *avait été mouillé*. 2. *Un peu de grain*: why *de* and not *du*? 3. *N'en as-tu pas amassé*: what kind of word is *en* here? 4. Parse *répondit*, and give the 3rd p. sing. and pl. of the pres. and imp. Subj. of the same. 5. Conjug. the tense to which *répliquèrent* belongs. 6. *En été*: what kind of word is *en* here? 7. Give in Fr. the names of the seasons of the year. 8. Make an *interr.* sentence *with a neg.* with: *Je chantais mélodieusement*. 9. Put in the sing.: *les fourmis faisaient sécher du blé*. 10. Give the compar., and sup. absolute of *peu*.

16. *Le lion, l'âne et le renard.*—Un lion, un âne et un renard s'associèrent et allèrent à la chasse. Lorsqu'ils eurent tué beaucoup de gibier, le lion ordonna à l'âne d'en faire le partage. Celui-ci fit trois portions égales et pria le lion de choisir. Le lion, qui voulait recevoir une portion plus grande que les deux autres, se mit en colère et tua l'âne. Il ordonna ensuite au renard de faire un nouveau partage. Celui-ci donna presque tout au lion et ne garda pour lui que fort peu de chose. "Qui t'a appris à partager ainsi?" lui demanda le lion.—"L'accident arrivé à l'âne," répondit le renard.

Le malheur des autres doit nous rendre sages.

Grammatical Questions.—1. *S'associèrent*: what kind of verb is this? 2. Conjug. the past indef. of the same. 3. Parse *eurent tué*. 4. *Beaucoup de gibier*: why *de*, and not *du*? 5. *Allèrent*: parse this irr. verb, and give its prim. tenses. 6. *Trois portions*: give the *ordinal* form of *trois*, and give the Fr. for *seventy-three* and *ninety-three*. 7. Give the masc. pl. of *égales*, and the fem. sing. of *nouveau* and *celui-ci*. 8. Give the prim. tenses of *recevoir*. 9. Give the pr. p. of *partager*. 10. Make an *interr.* sentence *with a neg.* with: *Le malheur des autres doit nous rendre sages.*

17. *Le loup et la grue.*—Un loup avala un os qui lui resta dans le gosier. Souffrant horriblement, il pria une grue de lui retirer cet os du gosier et lui promit une récompense. Celle-ci, grâce à son long cou, fit heureusement l'opération. Mais quand elle lui demanda la récompense promise:—"Tu es une ingrate, ma bonne commère," lui dit-il: "quoi! tu as retiré ton cou sain et sauf de ma gueule et tu oses réclamer une récompense!"

Il ne faut point attendre des méchants le prix d'un bienfait.

Grammatical Questions.—1. Put in the pl.: *un loup, un os, cet os, cou, l'opération, prix.* 2. *Souffrant*: parse this irr. v., and give its prim. tenses. 3. Give the fem. of *loup, long, sain, sauf.* 4. Put in the pl.: *Tu es une ingrate, ma bonne commère.* 5. Give the masc. **sing.** of *bonne*, and transl. into **Fr.**: *The neck of the crane is longer than that of the wolf.* 6. Give the sup. **rel.** of *bonne*. 7. *Bonne commère*: why is *bonne* in the fem.? 8. Turn into Fr.: *I have swallowed a bone which sticks in my throat.* 9. Make an *interr.* sentence with: *tu as retiré ton cou.* 10. What **is** the meaning of the Fr. v. **attendre**?

18. *L'âne et le renard.*—Un âne trouva par hasard une peau de lion et s'en revêtit. Ainsi déguisé, il s'en alla dans les forêts et jeta l'épouvante parmi les autres animaux. Ayant aperçu un renard, il essaya de l'effrayer aussi ; mais celui-ci, qui l'avait entendu braire auparavant, lui dit : " Maître baudet, quoique tu sois vêtu comme un lion, ta voix t'a **trahi**: tu n'es qu'un âne."

Les ignorants se trahissent toujours par leur **propre** bavardage.

Grammatical **Questions.**—1. Parse *il s'en alla*, and give the prim. tenses of this verb. 2. Conjug. the pres. Ind. of *jeta*. 3. Put in the sing.: *les autres animaux.* 4. Give the 1st p. sing. of the pres. Subj. of *aperçu.* 5. *Essaya*: what observation have you to make about the verbs ending in *ayer*? 6. Parse *avait entendu*, and give its prim. tenses. 7. *Tu sois vêtu*: parse this **v.**, and conjug. the pres. Ind. of the same, *in the active voice.* 8. Give the fem. subst. corresponding to *âne, lion, maître.* 9. Make an *interr.* sentence *with a neg.* with : *Ta voix t'a trahi.* 10. *Se trahissent*: what kind of verb is this? and conjug. the past indef. of the same.

19. *L'olivier et* **le** *roseau.*—" Que tu **es** faible, pauvre roseau," **dit un** jour l'olivier; " le plus petit oiseau est pour toi un bien pesant fardeau, et le moindre vent te fait baisser la tête jusqu'à terre."—Le roseau ne répondit pas à cette insulte et garda le silence. **Quelque** temps **après, une violente** tempête éclata : **le** roseau, agité et **courbé** par les vents, ne fut pas brisé, mais l'olivier, se raidissant contre eux, fut fracassé et déraciné.

Celui qui **aime** à se quereller avec les forts et les puissants est moins fort que celui qui sait, au besoin, leur céder.

Grammatical Questions.—1. *Que tu es faible*: what kind of word is *que* here? 2. *Le plus petit*: give the irr. form of this sup. 3. *Bien pesant*: what degree of compar. is this? Transl. into Fr.: *This burden is less heavy than that.* 4. Put in the pl.: *roseau, cette insulte, celui qui aime à se quereller.* 5. Give the fem. of *pauvre, pesant, celui, eux*; and the masc. of *cette, violente.* 6. Transl. into Fr.: *Shall I answer your insults? no, I will keep silence.* 7. *Moins fort*: what degree of compar. is this? and turn into Fr.: *I am not so strong as you*, said *the reed to the olive-tree.* 8. *Qui sait*: what is *qui*? and **parse** *sait.* 9. Give the prim. **tenses** of *sait.* 10. *Leur céder*: what **is** *leur* here? Conjug. the pr. Ind. of *céder.*

20. *Le renard et le bouc.*—Un renard s'était laissé tomber par mégarde dans un puits et ne pouvait en sortir à cause de la hauteur de la margelle. Un bouc vint au même endroit pour apaiser sa soif et lui demanda si l'eau était bonne et abondante. L'animal rusé, pour le faire tomber dans le piége, lui dit : "Descends, mon cher ami, l'eau est si bonne, et j'éprouve tant de plaisir à en boire, que je ne puis m'en rassasier."—Le bouc descendit, et le renard, grimpant sur ses longues cornes, sortit du puits et y laissa prisonnier son malheureux compagnon.

Le méchant se tire du danger aux dépens d'autrui.

Grammatical Questions.—1. Give the *s.f.* corresponding to *bouc*; and put in the **fem.**: *mon cher ami, prisonnier, son malheureux compagnon*. 2. Put in the pl.: *bouc, puits, l'eau était bonne et abondante, l'animal rusé*; and give the masc. sing. of *longues*. 3. What kind of verb is *tomber* ? and conjug. the pluperf. Ind. of the same. 4. Conjug. neg. the past indef. of *s'était laissé*. 5. Give the prim. tenses of *sortir*, and conjug. the pr. Ind. of the same. 6. Parse *pouvait*, and give its prim. tenses. 7. Give the 3rd p. sing. of the past def. of the Ind., and of the imp. Subj. of *descends*. 8. Make a neg. sentence with : *le bouc descendit*. 9. Give the gender of the foll. subst.: *endroit, eau, plaisir, puits*. 10. Make an interr. sentence *with a neg.* with: *Le méchant . . . . d'autrui.*

21. *La corneille et le corbeau*.—Une corneille avait trouvé une huître : elle essaya de l'ouvrir avec son bec, mais toutes ses peines furent inutiles. "Que faites-vous là, **cousine** ?" demanda un corbeau. —"Je voudrais ouvrir une huître," répondit la corneille, "mais je ne puis en venir à bout."—"Vous voilà embarrassée pour peu de chose, **vraiment** : je sais un bon moyen pour l'ouvrir."—"De grâce, dites-le-moi."—"De tout mon cœur : prenez l'huître **dans votre** bec, élevez-vous dans l'air, et laissez-la tomber sur ce rocher que vous voyez ici près." La sotte corneille suivit l'avis du corbeau, qui se saisit de l'huître et la mangea.

Gardez-vous de demander des conseils aux gens artificieux et intéressés.

Grammatical Questions.—1. *Essaya*: what observation is there to be made about verbs ending in *ayer* ? 2. *Ouvrir*: conjug. the past def. and indef. of this verb. 3. Put in the sing.: *ses peines furent inutiles*. 4. *Que faites-vous là*: what is *que*?— parse *faites-vous*, and give its prim. tenses. 5. Parse *voudrais*, and conjug. the pr. Subj. 6. Give the p. p. of *ouvrir* and *répondit*. 7. Conjug. interr. the pr. Ind. of *puis*, and the past def. of *venir*. 8. Give the 1st p. sing. of the fut., and of the pr. Subj. of *sais* and *prenez*. 9. Conj. the imp. (Ind. and Subj.) of *voyez*. 10. Parse *suivit* and *mangea*, and give the 3rd p. sing. of the imp. Subj. of both. 11. Give the masc. of *toute, sotte* ; the fem. of *artificieux* ; and put in the pl. the first sentence down to . . . . *ouvrir*.

22. *L'avare et la pie.*—Un avare comptait son argent tous les jours. Une pie s'échappa de sa cage, vint subtilement enlever une pièce d'or et courut la cacher dans une crevasse du plancher. L'avare apercevant la pie : "Ah ! ah !" s'écria-t-il, "c'est donc toi qui me dérobes mon trésor ! tu ne saurais le nier ; je te prends

sur le fait, coquine, tu mourras."—"Doucement," répondit la pie, "doucement, mon cher maître, n'allez pas si vite ! Je me sers de votre argent, comme vous vous en servez vous-même ; s'il faut que je perde la vie pour avoir caché une seule pièce d'or, que méritez-vous, dites-moi, vous, qui en cachez des milliers ?"

Il arrive souvent que les hommes se condamnent eux-mêmes, en condamnant les vices des autres.

Grammatical Questions.—1. *Comptait* : parse this v., give its prim. tenses, and name the der. tenses formed from the pr. part. 2. *S'échappa, vint* : conj. the pluperf. Ind. of these verbs. 3. How is the adv. *subtilement* formed ? 4. *Courut* : give the 1st p. sing. of the fut. and of the pr. Subj. of this v. 5. *S'écriat-il* : what is that *t* called, and what is the use of it ? 6. *N'allez pas* : parse this v., and give the 3rd p. pl. of the pr. Ind., and the 1st p. sing. of the fut. of the same. 7. *Si vite* : what is the meaning of *si*, (*a*) before a pers. pron. and a verb, and (*b*) before an adj. or adv. ? 8. Parse *tu mourras*, and conjug. the pr. Subj. of the same. 9. Parse *je me sers*, and give the 1st p. sing. of the past indef. 10. What kind of v. is *il faut* ? Give its prim. tenses.

23. *Le charpentier et le singe.*—Un singe regardait avec attention un charpentier qui fendait un morceau de bois avec deux coins qu'il mettait dans la fente l'un après l'autre. Le charpentier, laissant son ouvrage à moitié fait, alla dîner. Le singe voulut imiter le charpentier, et, venant au morceau de bois, il en tira un coin, sans remettre l'autre, de manière que le bois, n'ayant rien pour le tenir séparé, se referma sur-le-champ, et, attrapant le singe par les deux pieds de devant, le retint prisonnier jusqu'au retour du charpentier. Celui-ci l'assomma sans cérémonie, pour s'être mêlé de son ouvrage.

Ne vous mêlez jamais des affaires d'autrui.

Grammatical Questions.—1. *Fendait, mettait, alla, voulut, venant, tenir* : parse these verbs, and, in each case, give the prim. tenses. 2. Put in the pl. : *Le charpentier, laissant son ouvrage à moitié fait, alla dîner.* 3. *Les deux pieds de devant* : transl. into Fr. *The two hind legs.* 4. What difference is there between *avant, devant,* and *auparavant,* which are transl. into English by *before* ? Illustrate your answer by some examples. 5. Give the 3rd p. sing. of the pr. Ind. and Subj. of *mettait, alla,* and *tenir.* 6. Give the p. p. of *fendait, venant,* and the 1st p. sing. of the fut. of *voulut.* 7. Transl. into Fr. : *Mind your own business ; Let us go to dinner ; Did the carpenter knock down the monkey who had tried to imitate him ?*

24. *Le renard et la cigogne.*—Un jour un renard invita une cigogne à souper et lui servit sur une assiette un brouet liquide dont, malgré sa faim, elle ne put goûter, tandis que le drôle lapa le tout en un instant. A son tour, la cigogne invita le renard et mit devant lui une bouteille pleine de viande hachée en petits morceaux et qui répandait une odeur très-appétissante. Comme son bec pouvait entrer dans la bouteille, elle fit un repas excellent et tortura son convive qui était très-affamé. Quand elle fut rassasiée, elle lui dit: "Mon cher ami, je suis l'exemple que vous m'avez donné." Le renard tout honteux fut obligé **de** retourner chez **lui** à jeun.

Nous ne devons nuire à personne ; et si **nous** offensons quelqu'un, **nous devons nous attendre** à **ce** qu'on nous **rende la** pareille.

Grammatical Questions.—1. Give in Fr. the names of the different meals of the day. 2. *Assiette* = plate; what does the Fr. word *plat*, *s.m.* (on the table), mean? 3. What is *dont*? 4. *Servit, put*: parse these verbs, and conjug. the pr. Subj. of both. 5. *Mit*: what difference is there between *mit* and *mît*? 6. Transl. into Fr.: *The fox arrived before the crow; he put before her a bottle which she had not seen before.*

7. Give the compar. *irr.* of *petit*, and the p. p. of *répandait*. 8. Parse *fit*, and conjug. the pr. Ind. of the same. 9. Form the adv. of manner of *excellent*. 10. Put in the pl.: *Mon cher ami, je suis l'exemple que vous m'avez donné*. 11. Give the p. p. of *devons* and *nuire*. 12. *Nuire à personne*: what kind of word is *personne* here? What is it, and what does it mean, when it is preceded by an article?

25. *Le chat et les rats.*—Un chat se rendit dans une maison où il y avait beaucoup de rats et en dévora un grand nombre. Ceux-ci, voyant leur nombre diminuer de jour en jour, résolurent de ne plus sortir de leurs trous. Le chat voulut alors **les** attirer par la ruse : il se suspendit à une poutre par une cheville et contrefit le mort, mais un vieux rat qui avait plus d'expérience que les **autres**, ayant mis la tête hors de son trou et l'ayant aperçu : "Ah ! **ah !** l'ami, c'est fort bien, mais quand même tu serais sac, je ne m'approcherais **pas** de **toi** ; je connais tous **tes tours."**

Les hommes prudents se défient des méchants.

Grammatical Questions.—1. Conjug. the past Subj. of *se rendit*. 2. What difference is there between *où* and *ou*? 3. Give the 3rd p. pl. of the pr. Ind. and of the fut. of *voyant*. 4. Put in the sing.: *leurs trous*; and in the pl.: *tu serais sac*. 5. Make an *interr.* sentence *with a neg.* with : *Les hommes .... méchants.* 6. *Il y avait*: **what kind of v. is this?** parse it, and **give the past def. and the pr. Subj.**

7. Parse *résolurent*, and give the 1st p. sing. of the fut. 8. Put the foll. words in the fem.: *Un chat; ceux-ci; vieux; tous*. 9. *Je ne m'approcherais pas*: give the 1st p. sing. of the past Cond. 10. *Je connais*: parse this v., and illustrate, by examples, the difference between *connaître* and *savoir*, which are both transl. into Engl. by *to know*.

26. *Le berger et son troupeau.*—Un berger haranguait son troupeau. "Que vous êtes lâches et stupides!" dit-il aux béliers, "aussitôt que vous voyez un loup, vous prenez la fuite : tenez ferme et ne bougez pas : cela seul suffira pour écarter vos ennemis." Les béliers, les moutons, les brebis, et même les agneaux, promirent tous, sur leur honneur, de serrer les rangs et de ne plus bouger. Tandis qu'ils faisaient ces belles promesses, voilà un loup qui paraît : je me trompe, ce n'était pas un loup, ce n'en était que l'ombre ; à la vue de cette ombre, adieu promesses et courage ; tout le troupeau s'enfuit.

Les paroles ne peuvent pas rendre braves et courageux ceux qui sont naturellement timides et poltrons.

Grammatical Questions.—1. Put in the pl. : *Un berger haranguait son troupeau* ; and in the sing. : *que vous êtes lâches et stupides.* 2. What is the fem. of *berger, bélier, loup, courageux, poltron* ? 3. Give the pl. of *troupeau, cette ombre,* and the masc. sing. of *belles.* 4. Parse *dit-il* ; give the prim. tenses, and conjug. the pr. Ind. 5. Turn into Fr. : *If you see a wolf, do not take flight.* 6. Give the 1st p. sing. of the fut. of *tenez* ; what kind of v. is it here ? 7. Parse *suffira,* and give its prim. tenses. 8. *Même les agneaux* : what is *même* here ? Put *les agneaux* in the sing. 9. When does *bouger* take an *e* after the *g* ? 10. Conjug. the past indef. of *s'enfuit,* and the fut. of *peuvent.* 11. How was the adv. *naturellement* formed ? and what is the adv. of manner of *timide* ?

27. *La fourmi et la colombe.*—Une fourmi, étant allée se désaltérer au bord d'une fontaine, fut entraînée par le courant et allait se noyer, quand une colombe, qui s'en aperçut, lui jeta dans l'eau une petite branche d'arbre. La fourmi s'y posa et parvint à se sauver. Bientôt après arriva un oiseleur qui marchait pieds-nus. Voyant la colombe, il se préparait à la tuer ; mais soudain la fourmi le piqua au talon. La douleur qu'il ressentit fut si vive qu'il tourna la tête et donna ainsi à la colombe le temps de se sauver à tire d'aile.

Imitez la fourmi et soyez reconnaissants envers vos bienfaiteurs.

Grammatical Questions.—1. Parse the foll. verbs : *étant allée, fut entraînée, parvint, se préparait, ressentit, soyez,* and, in each case, give the prim. tenses. 2. Conjug. the imper. of *allait.* 3. When is the *y* changed into *i* in the v. *noyer* ? 4. Give the 1st p. (sing. and pl.) of the pr. Subj. of *jeta.* 5. *Se sauver* : what tenses are formed from the pr. Inf., and how ? 6. Turn into Fr. : *Did the doves throw some small branches to the ants ?* 7. **Give** the masc. of *vive,* and the fem. of *bienfaiteurs.* 8. Conjug. interr. the pr. Ind. of *donna* ; and neg. the imper. of *soyez.* 9. *Temps* : how do you translate the word *temps,* when multiplication or repetition is implied, as in : *the bird-catcher saw the dove three times ?* 10. What difference is there between *vers* and *envers* ? Illustrate your answer by two examples.

28. *La grenouille envieuse et le bœuf.*—Une grenouille vit un jour un bœuf dans une prairie ; envieuse d'une taille si belle, elle se met aussitôt à gonfler sa peau ridée et demande à ses compagnes si elle n'est pas aussi grosse que le bœuf. "Pas encore," lui répondent-elles. Elle redouble d'efforts, s'enfle de plus belle et demande encore quel est le plus gros des deux. "Le bœuf, et de beaucoup," lui répond-on.—Pleine de dépit, la grenouille essaye de se gonfler davantage, mais elle crève et tombe raide morte.

Le faible se perd quand il veut imiter le fort.

Grammatical Questions.—1. Give the masc. form (sing. and pl.) of *onvieuse, belle, ridée, grosse, pleine, raide.* 2. *Vit*: parse this **v.**, and give the 1st p. sing. of the **fut.**, and of the imp. Subj. 3. *Elle se met*: parse this **v.**, and conjug. the pluperf. Subj. 4. Put in the **pl.**: *Elle se met aussitôt à gonfler sa peau ridée.* 5. Give the masc. sing. of *ses compagnes.* 6. *Aussi grosse que*: what degree of compar. is this? Turn into Fr.: *The ox is very big; the oxen were bigger than the frogs; a frog will never be as big as an ox.* 7. *Répondent*: parse this **v.**; name the persons and tenses formed from the pr. part.; **and show** how they are formed. 8. *Deux*: give the Fr. for the following **numbers**: 17, 38, 45, 53, 62, 75, 89, 99, 100. 9. *Pas encore*: why not *ne* before *pas*? and transl.: *Have you seen my friend? Not to-day.* 10. *Crève*: account for the grave accent on the first *e*, and conjug. the pr. Subj. of this verb. 11. Conjug. *interr.* the tense to which belongs *se perd*. 12. *Veut*: parse this **v.**, and conjug. the pr. Subj.

29. *L'aigle, la corneille et le berger.*—Un aigle planait dans l'air; il vit un agneau, fondit sur lui et l'enleva dans ses serres. Une corneille, plus faible, mais non moins gloutonne, vit cet exploit et entreprit de l'imiter; elle fondit donc sur un bélier couvert de laine et voulut s'en saisir; mais ses griffes s'embarrassèrent tellement dans la toison qu'elle ne put s'échapper. "Ah! ah!" dit le berger, "je vous tiens: vous avez beau tâcher de vous débarrasser: vos efforts sont inutiles; vous servirez de jouet à mes enfants. Cela apprendra à toute votre race à ne pas imiter l'aigle et à ne rien entreprendre au-dessus de vos forces."

Dans tout ce que vous entreprenez, mesurez vos forces.

Grammatical Questions.— 1. Put the whole of the first sentence in the pl. 2. *Il vit, fondit*: parse these two verbs, and give their prim. tenses. 3. *Enleva*: conjug. the pr. Ind. of this **v.**, and give the rule about the verbs of the 1st conjug. having an *e* mute before the last syllable of the Inf. 4. *Plus faible; moins gloutonne*: what degrees of compar. are these? and transl.: *the crow is very weak and very greedy.* 5. Give the fem. of *berger, bélier*; and the masc. of *gloutonne, toute.* 6. Give the 1st p. sing. of the fut., the pr. and imp. Subj. of *vit.* 7. *Cet exploit*: why *cet* and not *ce*? What is the fem. sing. of *ce*? 8. Parse *entreprit*, and conjug. the pr. Subj. 9. *Voulut*: parse this verb, and conjug. neg. the pr. Ind. 10. *Tellement*: how was this adv. formed? 11. Conjug. neg. the pr. Ind. and past def. of *dit.* 12. Conjug. *interr.* the pr. Ind. of *tiens* and *servirez*, and transl.: *do not imitate the foolish crow.*

30. *Le renard et le corbeau.*—Un corbeau, ayant volé sur une fenêtre un fromage, se disposait à le manger, lorsqu'un renard l'aperçut et lui tint ce langage: "Que vous êtes beau, maître corbeau! Que d'éclat dans tout votre plumage! Que de grâces dans tous vos traits! Si vous saviez chanter, aucun oiseau ne saurait l'emporter sur vous." Le sot, voulant faire entendre sa voix, ouvre son bec et laisse tomber le fromage. Le rusé renard s'en saisit avec avidité et laisse le corbeau attrapé gémir de sa sottise.

Celui qui aime à s'enivrer de **louanges mensongères** en est **toujours puni** plus tard par un amer **repentir**.

Grammatical Questions.—1. Put in the pl.: *Un corbeau, ayant volé un fromage, se disposait à le manger, lorsqu'un renard l'aperçut et lui tint ce langage.* 2. *Avait volé; se disposait; aperçut; tint*: parse these verbs, and, in each case, give the prim. tenses. 3. Conjug. *neg.* the fut. of *aperçut*, and the pr. Subj. of *tint.* 4. Give the fem. of *beau, maître, tous, sot, amer.* 5. Parse *saviez;* and conjug. *interr. with a neg.* the pr. Ind. and the fut. 6. Conjug. *neg.* the pr. Ind. of *voulant* and *faire.* 7. Give the p. p. of *ouvre*, and the 3rd p. sing. of the imp. Subj. 8. Give the 1st p. sing. of the pluperf. (Ind. and Subj.) of *tomber.* 9. *S'enivrer*: conjug. *interr.* the past indef. of this verb. 10. Put in the *pl.* and in the *interr.* the whole of the last sentence: *Celui qui . . . . amer repentir.*

31. *Le lion et le renard.*—Un lion, devenu **vieux** et **incapable** d'aller à la chasse, résolut d'avoir recours à la ruse pour pourvoir à sa nourriture. Il se retira donc dans son antre, s'y coucha et fit semblant d'être malade. Quand les animaux vinrent lui faire visite, il les saisit et les dévora. Un renard, s'étant douté de l'artifice, vint lui demander comment il se portait, mais il eut la précaution de se tenir hors de l'antre. "Je suis bien malade," dit le lion, "mes forces m'abandonnent de jour en jour; mais **pourquoi n'entres-tu pas, mon ami ?**"—"Parce que," répliqua le renard, "je vois bien les traces de ceux qui sont entrés dans **ton** antre, et que je n'en vois aucune de ceux qui en sont **sortis.**"

L'homme prudent et observateur **sait prévoir le danger et l'éviter.**

Grammatical Questions. — 1. Put in the fem.: *un lion devenu vieux.* 2. Parse *devenu*, and give its prim. tenses. 3. Conjug. the pr. Ind. of *aller.* 4. Give the 1st p. sing. of the fut. and of the pr. Subj. of *résolut.* 5. Give the prim. tenses of *pourvoir*, and give the 1st p. sing. of the fut. 6. Conjug. *interr.*, with a *neg.*, the past indef. of *se retira.* 7. *Son antre*: why is *antre* of the masc. gender? 8. Conjug. the imper. of *fit.* 9. Give the sing. of *les animaux, les traces de ceux qui sont entrés.* 10. Conjug. *neg.* the fut. of *je vois.* 11. Give the 1st p. sing. of the fut., and of the pr. and imp. Subj. of *sait* and *prévoir.* 12. Turn into Fr.: *How are you?—Not very well. Are you ill?—I don't know. Come in, my friends.*

32. *Les deux taureaux et les deux grenouilles.*—Deux taureaux se battaient **dans** une prairie : une grenouille les aperçut et se jeta dans l'eau tout effrayée. "Qu'avez-vous ?" lui demande une autre grenouille.—"Ah !" répondit la première, "nous sommes perdues. J'ai vu deux taureaux se battre."—"Qu'est-ce que cela nous fait ?" —"Quoi ! vous n'appréhendez pas le malheur qui nous menace ?"— "Quel malheur donc ? Je n'en vois aucun pour nous, quand ils se mettraient en pièces: leur espèce est si différente de la nôtre."— "Cela est vrai," répliqua la sage grenouille, "mais vous ne considérez pas que le vainqueur ne souffrira pas que le vaincu reste dans les prairies ; par conséquent il viendra se réfugier dans nos marais et nous foulera aux pieds."

Les petits souffrent toujours des **querelles** des grands.

Grammatical Questions.—1. Parse *se battaient,* and conjug. *interr.* the fut. anterior of this verb. 2. Put in the pl.: *une grenouille les aperçut, et se jeta dans l'eau tout effrayée.* 3. Conjug. *interr., with* a *neg.*, the pr. Ind. of *aperçut,* and the fut. of *se jeta.* 4. *Première*: transl.: *Are you the first?—No ; I am the twenty-first ;* and write the French for 3rd, 11th, 19th, 30th, 70th, 85th, 92nd, 98th, 100th. 5. Parse *répondit,* and give the 3rd p. sing. of the imp. Subj. 6. *Menace*: what observation is to be made about the verbs ending in *cer?* Illustrate your answer by examples. 7. Conjug. *interr., with* a *neg.*, the pr. Ind. and the fut. of *vois.* 8. Give the 1st. p. (sing. and pl.) of the past Cond. and pluperf. Subj. of *se mettraient.* 9. Give the sing. of *taureaux, marais,* **pieds**. 10. **Form** the adv. of manner of *vrai* and *sage.* 11. Conj. the pr. Ind. of *souffrira* and *viendra.* 12. Turn into Fr.: *Two little frogs, not willing to remain in the meadow, took refuge in a marsh.*

33. *Le cerf près d'une fontaine.*—Un cerf, après avoir bu à une fontaine, s'y arrêta et aperçut dans l'eau son image. Tandis qu'il regardait avec admiration sa haute ramure, et se plaignait amèrement de l'excessive délicatesse de ses jambes, il entendit tout-à-coup les cris des chasseurs. Il fuit aussitôt à travers champs, et sa course légère met les chiens en défaut. Il cherche asile dans la forêt, mais, arrêté par les branches où son **bois s'embarrasse**, il est bientôt déchiré **par** les dents cruelles des chiens. " **Malheureux que** je suis," dit-il **en** mourant, "je comprends maintenant, mais **trop** tard, combien m'était utile **ce que** je méprisais, **et combien m'est** funeste ce dont j'étais si fier !"

Ce qu'on méprise est souvent plus utile **que ce** qu'on vante.

Grammatical Questions.—1. *Près* **de**: what is the difference of meaning between *près de* and *prêt à?* and turn into Engl.: *L'homme, quand il est près de mourir, n'est pas toujours prêt à mourir.* 2. Parse *avoir bu,* and conjug. the pr. Ind. **and** the fut. 3. Conjug. **neg.** the pr. Subj. of *aperçut.* 4. *Son image*: image is a *s.f.*; why *son* before it? Turn into Fr.: *My father, mother, and sisters will go into the forest to-day.* 5. *Se plaignait*: parse this v.; give its prim. tenses, and conjug. the past anterior of the Ind. 6. How was **the** adv. *amèrement* formed? Give the advs. of manner of *haut* and *fier.* 7. What is the masc. of *excessive, légère, cruelle*; and the fem. of *chasseurs, malheureux, funeste, fier?* 8. Put in the pl. the whole of the first sentence: *Un cerf . . . . son image.* 9. Parse the foll. verbs: *fuit, met, s'embarrasse, est déchiré.* 10. Conjug. neg. the imper. of *dit-il.* 11. Give the 1st p. sing. of the past def., the fut., and the pr. and imp. Subj. of *mourant.* 12. *En mourant*: what is *en?* What tenses and mood do the French prepositions govern?

34. *Le lion et le mulot.*—Un mulot, en sortant de terre, éveilla un lion qui dormait paisiblement dans une forêt. Le lion se saisit

aussitôt de l'infortuné qui, d'un ton suppliant, lui demanda pardon de son étourderie. Le roi **des** animaux, regardant comme indigne de lui de se venger d'un mulot, **lui** pardonna et le laissa aller. Quelque temps après, le lion, errant pendant la nuit, tomba dans un piége et fit retentir la forêt de ses rugissements. Le mulot accourut et lui dit : "Vous n'avez rien à craindre, je n'ai pas oublié que je vous dois la vie." Ce disant, il se met à ronger les mailles et à couper les nœuds du filet, et rend la liberté à son bienfaiteur.

Nous devons, autant que nous le pouvons, rendre service à **tout le monde, même à nos inférieurs. Qui sait si nous n'aurons pas un** jour besoin d'eux ?

Grammatical Questions.—1. *Un lion qui dormait*: give the fem. of *lion*; what is *qui* ? Parse *dormait*; give its prim. tenses, and conjug. (a) *interr.* and (b) *neg.*, the pr. Ind. and past def. of this verb. 2. *Paisiblement*: **how was this adv.** formed ? 3. *Forêt*: **account for the** circumflex accent, and name **the** three persons which, in all personal verbs, take this accent. 4. Put in the pl. the whole of the sentence: *Le lion se saisit .... son étourderie*. 5. Give the fem. of *roi, bienfaiteur*. 6. *Se venger*: conjug. the past Subj. of this v. 7. Conjug. *interr.* the pr. Ind. and the fut. of *aller*. 8. *Quelque temps*: what is *quelque* ? Turn into Fr.: *You have time to do this four times*. 9. *Ses rugissements*: give the masc. sing. of *ses*, and state when it is used before a *s.f.* Which is the only fem. Fr. subst. ending in -*ment* ? 10. Conjug. *interr.* the pr. Ind. of *accourut, dit, dois*. 11. *Autant que nous le pouvons*: what is *le* here ? Conjug. *interr.*, with a *neg.*, the pr. Ind. of *pouvons*. 12. *Qui sait*: what is *qui* ? Parse *sait*, and conjug. the imper. of this verb.

35. *Le chien et le loup*.—Un loup d'une excessive maigreur, **ayant** rencontré par hasard un chien qui était gros et gras, lui dit : "D'où vient, je te prie, que tu as si bonne mine, et que manges-tu pour avoir ce merveilleux embonpoint ? moi qui suis bien plus fort que toi, je meurs de faim."—"Tu peux jouir des mêmes avantages que moi," dit naïvement le chien, "si tu consens à rendre à un maître les mêmes services que moi."—"Et quels sont ces services ?" —"Garder la porte pendant le jour, et la nuit, défendre la maison contre les voleurs."—"Me voilà tout prêt, car, étant toujours exposé à la neige et à la pluie, je traîne au fond des bois une vie misérable." —"Viens donc avec moi," dit le chien. Ils partent ensemble, mais chemin faisant, le loup s'aperçoit que le cou du chien est pelé. "Ami," dit-il, "d'où vient cela ?"—"Ce n'est rien."—"Mais encore ?" —"C'est qu'on m'attache quelquefois," reprit le chien en hésitant, "**afin** que, restant tranquille pendant le jour, je sois plus vigilant pendant **la** nuit. Le soir, on me détache et alors je cours où bon me semble. On m'apporte du pain ; le maître me régale des os de sa table ; les domestiques me donnent de bons morceaux. C'est ainsi que, sans fatigue, je fais toujours bonne chère et mène une vie délicieuse."—"Fort bien," répliqua le loup, "mais as-tu la liberté de sortir quand tu veux ?"—"Pas toujours."—"En ce cas, mon ami,

jouis seul de tes repas magnifiques ; je **ne voudrais pas** même d'un royaume, au prix de ma liberté."

Grammatical Questions.—1. Give the masc. of *excessive,* bonne, *délicieuse, misérable;* and the fem. of *gros, gras, merveilleux, quels,* fort, *maître, voleur,* **mon** *ami.* 2. Give the sing. of *des mêmes* **avantages,** *quels sont ces services, des bois, des os, de bons morceaux,* **de tes repas magnifiques;** and put **in** the pl. : *moi qui suis bien plus fort que toi, je* **meurs de** *faim;* à **un** *maître;* **viens donc** *avec moi;* **le** *loup s'aperçoit que le cou du chien est pelé; le maître me régale des* **os** *de sa table;* **as-tu** *la liberté de sortir quand tu veux? je* **ne** *voudrais pas même d'un royaume, au prix de ma liberté.* 3. *Tu as si* **bonne mine:** what **means** *si* before a v.? Give the comp. and superl. absolute of *bonne.* 4. How was the adv. *naïvement* formed? Give the advs. of manner of *gras, merveilleux, misérable, vigilant.* 5. Parse the foll. verbs, and in each case give the prim. tenses: *tu peux; tu consens; viens; dit; s'aperçoit; reprit; je cours; je fais; as-tu; tu veux; jouis.* 6. *Bonne chère* : what means *chère,* adj.? 7. *Pas toujours*: why not *ne pas toujours*? Transl. into Fr. : *We must not always* **revenge** *ourselves,* and give **the** rules about the negatives. 8. Conjug. *interr.* the pr. Ind. of the irr. verbs *dire, faire, pouvoir.*

36. *Les bœufs en querelle.*—Dans un pays peuplé de bêtes féroces, il y avait plusieurs bœufs qui paissaient tranquillement au milieu d'une vaste prairie. Comme ils vivaient ensemble **dans une** parfaite union, et qu'ils étaient toujours **prêts à se** défendre mutuellement, aucune bête féroce n'osait les attaquer. Aussitôt qu'ils en voyaient une rôder **au loin pour** chercher à les surprendre, ils couraient tous **les uns près des** autres et se rangeaient en cercle, **la tête en** dehors, menaçant l'ennemi commun de l'éventrer avec **leurs cornes aiguës.** Le cercle étant bien fermé de **tous les côtés,** aucun d'eux ne pouvait être attaqué par derrière, **ce qui** était le seul **moyen de les vaincre.**

Aussi longtemps qu'ils surent entretenir **cette bonne** intelligence, **ils vécurent** nombreux et tranquilles. Mais enfin, pour une vétille, **ils en vinrent à une** dispute sérieuse ; et comme aucun d'eux ne voulut **céder** et reconnaître qu'il avait eu **tort,** ils s'accablèrent d'invectives et finirent par s'en aller chacun de son côté.

Ils ne tardèrent pas à sentir les suites funestes de cette division. Lorsqu'il paraissait une bête féroce, ils ne couraient plus se ranger côte à côte dans un cercle **bien serré,** pour se défendre réciproquement. Celui qui **était attaqué** le premier se voyait abandonné de tous ses camarades, qui ne songeaient qu'à leurs affaires personnelles. Il y en **eut** plusieurs qui furent dévorés de cette manière en peu de jours.

Si du moins cet exemple avait rendu les autres plus sages, et qu'il les eût engagés à se réunir, ils auraient encore été en état, malgré leurs pertes, de **se** défendre **contre** leurs ennemis. Au lieu de cela, leur querelle en devint plus vive que jamais. L'un reprochait à l'autre d'être la première cause de ses malheurs. Des reproches, ils en vinrent à des coups de **cornes** sanglants. Le bruit du combat **ayant** attiré leurs ennemis **hors de la** forêt, **ceux-ci** profitèrent de la lassitude et de la faiblesse des combattants **pour** les égorger tous les **uns** après les autres, **en** sorte qu'il n'en **resta pas** un seul pour raconter ce funeste événement à ses neveux.

L'union fait la **force**.—BERQUIN.

Grammatical Questions.—1. *Il y avait plusieurs bœufs*: parse *il y avait*, and put it (*a*) in the *interr.*, and (*b*) in the *neg.* form. 2. *Paissaient*: **parse this verb.** 3. Conjug. the pr. Ind. and past def. of *vivaient*. 4. *Tranquillement ; mutuellement* : how were these advs. formed ? Give **the adv. of** *commun*. 5. **Account** for the circumflex **accent** in *bête, tête*, and *reconnaître*. When do **you** find this accent in the conjug. of verbs ending in *aître* ? 6. *Leurs cornes* **aiguës**: put this **in** the sing., and account for **the** diæresis. 7. Give the prim. tenses of *vaincre*, and conjug. the pr. Ind. and **Subj.** of this verb. 8. Parse *surent, vinrent, voulut.* 9. Conjug. (*a*) *neg.* and (*b*) *interr.* with *a neg.* the pr. Ind. of *céder*, and comment on the different accents. 10. **Put** in the pl.: *Celui qui était attaqué le premier se voyait abandonné de tous ses camarades*. 11. Account by rule for the *e* after *g* in *songeaient*. 12. Turn into Fr.: *Live amicably with your friends ; yield to them sometimes, and you will be able to defend yourselves against your enemies.*

HISTORIETTES ET ANECDOTES.

1. Le roi Alphonse disait que la meilleure garde d'un prince est l'amour de ses sujets.

Grammatical Questions.—1. Give the fem. subst. corresponding to *roi* and *prince*. 2. What is *la meilleure*? 3. What is the meaning of *garde*, subst. masc.? 4. Parse *disait*, and conjugate the pr. Ind. of the same. 5. Put the above sentence in an *interr.* form *with a neg.*

2. Fénelon avait perdu tous ses livres dans un incendie. "J'aime mieux," dit-il, "que ma bibliothèque soit brûlée que la chaumière d'un pauvre paysan."

Grammatical Questions.—1. What is the meaning of *livre, s.f.*? 2. Put in the *interr.* form: *j'aime mieux*. 3. *Soit brûlée*: why the Subj. mood here? 4. Transl. into Fr.: *I burnt my finger.* 5. Conjug. *interr.* the pres. Indic. of *perdu*.

3. Avant la bataille d'Ivry, Henri IV dit à ses troupes: "Je suis votre roi, vous êtes Français; voilà l'ennemi, suivez-moi!"

Grammatical Questions.—1. *Avant*: what is the difference between this word and *devant*, both meaning *before* in Engl.? 2. If *suis* were a *v. a.*, what would *Je suis votre roi* mean? 3. Put *Je suis votre roi* in the pl., and in an *interr.* form, *with a neg.* 4. *Suivez-moi*: how is it that *moi* is used *after the v.*?

4. Henri IV voyant, à la journée d'Ivry, son avant-garde plier et quelques soldats prêts à fuir, leur cria: "Tournez la tête de ce côté; si vous ne voulez pas combattre, du moins voyez-moi mourir." —Il n'en fallut pas davantage pour lui assurer la victoire.

Grammatical Questions.—1. *Voyant, voulez, mourir*: give the 1st p. sing. of the fut. of these verbs. 2. Parse *fallut*, and transl. into Fr.: *Soldiers, you must fight, you must die for your country.* 3. What difference is there between *plus* and *davantage*? 4. Turn into Fr.: *The soldier, not wishing to fight, ran away.*

5. Une autre fois il leur dit: "Enfants, si vous perdez vos enseignes, suivez mon panache blanc: vous le trouverez toujours sur le chemin de l'honneur et de la gloire."

Grammatical Questions.—1. Explain, by etymology, the difference of meaning between *foi*, *foie*, and *fois*. 2. Give the fem. of *blanc*. 3. Conjug. *neg.* the pres. and imp. Subj. of *suivez*. 4. Is there a plural form of *honneur* and *gloire*? If so, what is the meaning?

6. Le courageux Raleigh, en montant sur l'échafaud, demande à voir la hache du bourreau. Il en examine le tranchant, et dit en souriant : "Le remède est violent, mais il guérit de tous les maux."

Grammatical Questions.—1. Give the fem. of *courageux*, the pl. of *bourreau*, and the sing. of *maux*. 2. Il *en* examine ; *en* souriant : what kind of word is *en* in each case? 3. Form advs. of manner with *courageux* and *violent*. 4. Give the 1st p. sing. of the fut. of *voir* ; the 2nd p. pl. of the pres. Indic. of *dit*, and the 1st p. pl. of the pres. Subj. of *souriant*. 5. Put in the pl. the whole of the sentence: *Le remède est violent . . . . maux.*

7. La Rochejaquelein, pour toute harangue à ses soldats au moment d'une bataille, leur disait : "Si j'avance, suivez-moi ; si je recule, tuez-moi ; si je meurs, vengez-moi."

Grammatical Questions.—1. *Leur disait*: parse these two words. 2. When does *leur* take the mark of the pl.? 3. Does it ever take the mark of the fem.? 4. Give the 3rd p. sing. of the pres. and imp. Subj. of *disait*. 5. When does the *c* in the v. *avancer* take a cedilla? 6. Conjug. the imper. of *disait* ; and give the 1st p. sing. of the imp. Subj. of *suivez*, the 3rd p. pl. of the fut. of *meurs*, and the pres. part. of *vengez*.

8. Le cheval de Napoléon ayant pris le mors aux dents, un jeune lieutenant l'arrêta. "Merci, capitaine," lui dit l'empereur . . . .— "Dans quel régiment ?" demanda l'officier, pour s'assurer d'un avancement si prompt . . . . "Dans ma garde," répondit l'empereur, qui se plaisait à récompenser la présence d'esprit.

Grammatical Questions.—1. Give the pl. of *cheval* and *mors*, and the fem. of *empereur*. 2. Give the primitive tenses of *pris*. 3. Conjug. *interr.* the pres. Ind. of the same v., and the past def. of *dit*. 4. When does the v. *prendre* take two *n*'s in its conjug.? 5. Account for the circumflex accent in *arrêta*. 6. Transl. into Fr. : *Does this please you? If you please. Will you walk or ride?*

9. Les habitants d'une ville allemande offrirent au maréchal de Turenne une somme de cent mille écus, pour qu'il ne fît point passer son armée sur leur territoire. Turenne répondit aux députés : "Comme votre ville n'est pas sur la route que je me propose de suivre, je ne puis accepter l'argent que vous m'offrez."

Grammatical Questions.—1. When does *cent* take the mark of the pl.? 2. Turn into Fr. : *the year eighteen hundred*. 3. Write in Fr. : *two thousand miles ; the year one thousand eight hundred and seventy-four* ; and give the rules. 4. Give the pl. of *maréchal*, and the p.p. of *offrirent*. 5. Conjug. the imper. of *fît*, and give the 1st p. sing. of the fut. of *puis*, conjug. *interr.* with a neg. 6. Transl. into Fr. : *Will you accept the money I offer you?*

10. *Mot de Socrate sur les amis.*—Socrate se faisait bâtir une toute petite maison. Un critique s'écria : "À quoi bon bâtir une si petite maison ?"—"Plaise au Ciel," répondit Socrate, "que je puisse la remplir de vrais amis !"

Le nom d'ami est bien commun, **mais l'amitié est bien rare**.

Grammatical Questions.—1. Give the irr. compar. of *petite*. 2. *Toute petite* : why *toute* in the fem., as it is an adv. ? 3. Conjug. the past indef. of *s'écria*. 4. What does *si* mean, (*a*) before an adj., and (*b*) before a **pers**. pron. foll. by a *v.*? 5. Give the 3rd p. sing. of the **imp**. **Subj**. of *puisse*. 6. Form an *interr*. sentence *with a neg*. with: *Le nom d'ami . . . . bien rare*.

11. *Langage parlementaire.*—Un député, ayant une pique d'amour-propre avec un de ses collègues, lui disait : "Enfin, monsieur, **vous** n'avez point encore ouvert la bouche dans la Chambre." —"Vous vous trompez," repartit celui-ci, "car toutes les fois que **vous avez** parlé, je n'ai pu m'empêcher de bâiller."

Grammatical Questions.—1. Conjug. **neg**. the pres. Ind. of *ouvert*. 2. Give the pl. of *monsieur*. 3. Conjug. *neg*. the pluperf. Indic. of *vous vous trompez*. 4. What difference of meaning is there between *répartir* and *repartir?* 5. Give the pl. (*m*. and *fem*.) of *celui-ci*. 6. Transl. into Fr. : *Can I help talking?*

12. Un grand seigneur **ignorant**, voyant **un** jour Descartes qui faisait bonne chère, lui **dit** : "Eh quoi ! les philosophes usent-ils de ces friandises ?"—"Et pourquoi non ?" lui répondit-il. "**Vous** imaginez-vous que la nature n'ait produit les **bonnes choses que** pour les ignorants ?"

Grammatical Questions.—1. What is the meaning of *grand*, according as it is placed *before* or *after* the subst. *homme?* 2. Give the 3rd p. sing. of the past def., the fut., the pres. and imp. Subj. of *voyant*. 3. What difference of meaning is **there** between *chère* (subst.), *chère* (adj.), *chair* (subst.), *chaire* (subst.)? 4. *Usent-ils de* : what does *user*, *v.a.*, mean ? give two examples. 5. *N'ait produit* : why the Subj. here? 6. Give the compar. of inferiority of *bonnes*, and transl. into Engl. : *Cet enfant aime beaucoup sa bonne*.

13. À la bataille **de Fehrbellin**, l'Électeur Frédéric-Guillaume montait un cheval blanc. Son écuyer Froben, remarquant que les Suédois dirigeaient leurs **coups** sur **ce** cheval, pria le prince de l'échanger contre le sien, **sous** prétexte qu'il était ombrageux. À peine **était-il** en selle qu'il reçut un coup de feu et tomba raide mort aux pieds de son souverain dont **il venait de sauver** la vie.

Grammatical Questions.—1. Give the fem. of *blanc, le sien, ombrageux*. 2. Account for the *e* in *dirigeaient*. 3. What is the fem. of *prince?* 4. Conjug. *interr. with a* **neg**. the past anterior **of** *tomba*, and **neg**. the pluperf. **Subj. of** *venait*. 5. Transl. into Fr.: *Is your horse white? Did not Froben save the life of his sovereign?*

14. *La montre du grenadier prussien.*—Un grenadier du roi de Prusse portait, à défaut de montre, une assez grosse balle attachée à un cordon. Frédéric en fut averti. À la parade, il demanda au soldat de lui faire voir sa montre; celui-ci s'en défendit d'abord, mais force lui fut d'obéir. "Eh bien," lui dit le roi, "quelle heure peut te dire cette balle?"—"Elle me dit," reprit le soldat, "qu'à toute heure je dois être prêt à mourir pour Votre Majesté." Frédéric, charmé de cette réponse, tira sa montre de son gousset et la donna au grenadier.

Grammatical Questions.—1. Give the fem. of *roi*, and the masc. of *grosse*. 2. *Attachée*: why is this p. p. in the fem.? 3. Transl. into Fr.: *What o'clock is it? Ten o'clock; I shall be ready at half-past ten.* 4. What prep. does *obéir* require after it? give an example. 5. Give the primitive tenses of *dois*, and *mourir*. 6. Turn into Fr.: *Her Majesty the Queen of England; His Majesty the Emperor of Russia.*

15. *La balafre.*—Dans une revue que passait Frédéric II, il remarqua un soldat dont le visage portait une énorme balafre, et il lui dit: "Dans quel cabaret as-tu été équipé de cette façon?"—"Sire, dans un cabaret où vous avez payé l'écot: à Kollin." En effet, ce fut aux environs de cette ville que Frédéric fut complètement battu par les Autrichiens commandés par le maréchal Daun. Quoique la repartie fût piquante pour lui, Frédéric en parut satisfait, et, tirant sa bourse de sa poche, il l'offrit au soldat.

Grammatical Questions.—1. Parse: *Dans une revue que passait Frédéric.* 2. Transl.: *Henry the First, James the Second, William the Third.* 3. Conjug. the pres. Indic. of *payé*. 4. *La repartie fût*: why the Subj. mood here? 5. Conjug. *interr.* the pres. Indic. of *battu*, and give the primitive tenses of *satisfait*. 6. Transl. into Fr.: *Where is your purse? I left it in my room.*

16. *Le ministre sans façon.*—La première fois que M. de Corbière fut admis à travailler avec Louis XVIII, il se mit tout de suite à son aise, et déposa successivement sur le bureau du roi: son étui à lunettes, sa tabatière, son foulard, son agenda. Le roi, qui le regardait faire, lui dit alors d'un ton un peu narquois:
"Mais, monsieur de Corbière, vous videz vos poches!"
"Sire," répliqua le ministre, sans se déconcerter, "Votre Majesté aimerait-elle mieux que je les remplisse?"

Grammatical Questions.—1. Conjug. *interr.* the fut. passive of *admis*, and the future of *se mit*. 2. How was the adv. *successivement* formed? 3. What is the meaning of the sing. of *lunettes*? 4. Give the 1st p. sing. of the pres. and imp. Subj. of *faire*. 5. Conjug. *neg.* the past indef. of *se déconcerter*. 6. Transl. into Fr.: *Empty your pockets. You do not work. Where is the master's snuff-box?*

17. *Le médecin et le grand Frédéric.*—Toutes les fois que le grand Frédéric rencontrait un médecin, la première chose qu'il lui demandait—c'était le nombre de personnes qu'il avait envoyées dans l'autre monde. L'un d'eux lui répondit un jour : " Pas tant que **vous**, sire." Frédéric lui tourna le dos et ne lui parla plus jamais.

Grammatical Questions.—1. When is *personne* of the masc. gender ? 2. Account for the agreement of the p. p. *envoyées*. 3. Put in **the fem.** : *l'un d'eux*. 4. What difference of meaning **is there** between *un jour* and *une journée* ? 5. *Pas tant :* why one *neg.* only ? 6. Conjug. *interr.* the pres. Indic. of *parla*.

18. *Swift et les impôts.*—Les impôts étaient fort élevés en **Angleterre** au **siècle dernier, et** on en imaginait tous les jours de nouveaux. Un **jour, Swift se** promenant dans la campagne avec quelques personnes, une dame dit : " Que **l'air** est bon ici ! " Swift se précipita aussitôt **aux** pieds de cette dame en s'écriant : " **Au nom du Ciel, madame, parlez plus bas de la bonté de l'air ! on mettrait un impôt dessus.**"

Grammatical Questions.—1. *Élevés* : why is this p. p. in the pl. masc. ? 2. Give the fem. sing. of *nouveaux*. 3. Give the 1st p. sing. of the pres. **Indic.**, the past def., and the past **Condit.** of *se promenant*. 4. Transl. into Fr. : *I shall go in the country to-morrow ; do you live in the country ?* 5. Give the *two* pl. forms of *ciel* with their respective meanings. 6. Form an *interr.* sentence *with a neg.* with : *On mettrait un impôt dessus.*

19. *Une leçon de bienfaisance.*—Un officier, homme de mérite, se présenta **un jour devant l'empereur Joseph et sollicita un secours** pour sa famille qui **était dans le** besoin.—" **Je n'ai que vingt-quatre souverains d'or sur moi,**" lui dit l'empereur ; " **les voici.**"—" **C'est trop,**" murmura indiscrètement un courtisan ; " vingt-quatre ducats eussent suffi." L'empereur, qui l'avait entendu, **lui dit :** " Les avez-vous ?" Le courtisan s'empressa **de les** tirer de sa bourse et de les présenter à Joseph II, qui **les prit, les joignit** aux vingt-quatre souverains, **et dit à** l'officier : " **Remerciez monsieur qui** désire partager avec moi le **plaisir de vous venir en aide.**"

Grammatical Questions.—1. Put in the pl. **un** *officier*, **un** *secours*, *monsieur*. 2. Give **the 1st p.** sing. of the pres. Ind. of *se présenta*, conjug. ***interr.*** 3. When does *vingt* take the mark of the pl. ? and write in Fr. : **Eighty men.** *The year eight hundred* *and eighty.* 4. Give the fem. of *empereur*, and the prim. tenses of *prit* and *joignit*. 5. Has the v. *vouloir* an imper. ? How do you render into Fr. : *Be so kind as to ?* 6. Translate into Fr. : *Gentlemen,* **I thank** *you.* **Ladies, pray** *accept my best thanks.*

20. *Une ingénieuse flatterie.*—L'abbé de Voisenon, invité à dîner par le prince de Conti, oublia l'invitation ; **comme on lui** rapportait que le prince était très-fâché contre lui, **Voisenon se** hâta d'aller présenter ses excuses. Dès que le prince **l'aperçut, il lui** tourna le dos.—" **Ah !** monseigneur, que je suis heureux de voir que vous ne m'en voulez plus," s'écria l'abbé.—" Comment cela ?"—" Votre **Altesse** me tourne le dos et ce n'est pas **ainsi** qu'Elle agit devant **ses** ennemis."

Grammatical Questions.—1. Give the fem. subst. corresponding to *prince* and *monseigneur*. 2. What does the particle *de* before a proper noun mean in Fr.? 3. Conjug. neg. the imper. of *se hâta*. 4. Name the three L. verbs from which are borrowed persons and tenses of the v. *aller*. 5. Turn into Fr.: *His Royal Highness the Prince of Wales; Her Royal Highness the Princess of Wales*. 6. Transl. into Fr.: *Were you not happy to see that the prince was no longer angry with you?*

21. *L'autographe.*—M. le prince de Metternich, propriétaire du célèbre vignoble de Johannisberg, faisait une collection d'autographes. Il en fit demander un au spirituel critique, **Jules Janin**, qui lui envoya l'autographe suivant :
"Je, soussigné, reconnais avoir reçu de M. le prince de Metternich vingt-cinq bouteilles de vin de Johannisberg, pour lesquelles je le prie d'agréer mes remercîments. *Signé :* Jules Janin."
Il est inutile d'ajouter que cet autographe eut un plein succès.

Grammatical Questions.—1. Give the fem. of *spirituel* and *prince*. 2. What is the meaning of *critique*, s.f.? 3. Conjug. the pres. Ind. of *envoya*, and give the 1st p. sing. of the fut. of the same v. 4. Explain the difference of meaning between *une bouteille à vin* and *une bouteille de vin*. 5. *Remercîments*: which is the only Fr. s.f. ending in *ment*? 6. Put in the pl. the whole of the sentence: *Je, soussigné . . . . remercîments.*

22. *Léonidas aux Thermopyles.*—Le roi Xercès, étonné de la tranquillité des Lacédémoniens, attendit quelques jours pour leur laisser le temps de la réflexion. Le cinquième, il écrivit à Léonidas : "Si tu veux te soumettre, je te donnerai l'empire de la Grèce." Léonidas répondit : "J'aime mieux mourir pour ma patrie que de l'asservir." Une seconde lettre du roi ne contenait que ces mots : "Rends-moi tes armes." Léonidas écrivit au-dessous : "Viens les prendre."—L'Abbé Barthélemy.

Grammatical Questions.—1. *Attendit*: illustrate the difference between this v. and the Engl. v. *to attend* by transl. into Fr.: *Wait for me; attend to me; do you attend this professor's lectures? the sisters of mercy attend the sick; attend to your business; the marshal was attended by a brilliant staff.* 2. Give the 3rd p. sing. of the pres. and imp. Subj. of *écrivit*. 3. Put in the pl.: *Si tu veux te soumettre*. 4. Give the 1st p. sing. of the future of *veux* and *mourir*. 5. Parse the verbs *contenait* and *viens*, and give the 1st p. sing. of the pres. Subj. of each. 6. Put in the neg.: *Rends-moi tes armes.*

23. *La loi du talion.*—Un étranger ayant vendu à une impératrice romaine de fausses pierreries, elle en demanda à son époux une justice éclatante. L'empereur, plein de clémence et de bonté, mais ne pouvant la calmer, condamna, pour la satisfaire, le joaillier à être exposé dans l'arène. L'impératrice s'y rendit avec toute sa cour pour jouir de sa vengeance. Au lieu d'une bête féroce, il ne sortit contre le malheureux, qui s'attendait à périr, qu'un agneau qui vint le caresser. L'impératrice, outrée de se voir jouer, s'en plaignit amèrement à l'empereur : "Madame," répondit-il, "j'ai puni le criminel suivant la loi du talion ; il vous a trompée,—il a été trompé à son tour."

Grammatical Questions.—1. Give the fem. form of *étranger, époux, malheureux ;* **and** the masc. of *fausse.* 2. Put in the **pl.** : *Elle en demanda à son époux une justice éclatante.* 3. *De fausses pierreries* : why *de* and not *des* ? 4. Conjug. *interr. with a neg.* the pres. Indic. of *pouvant,* and **give the 1st p. sing.** of **the** fut. of the same in the *neg.* only. 5. *Ayant vendu ; à être exposé ; outrée ; il vous a trompée* : account, in each case, **for** the agreement **or** non-agreement of the past part. 6. Make an *interr.* sentence *with a neg.* with : *Il a été trompé à son tour* ; **and give** the meaning of *tour* when it is a *s.f.*

24. *Alexandre, roi de Macédoine.*—Pendant une marche longue et pénible dans un pays aride, Alexandre et son armée souffraient extrêmement de la soif. Quelques soldats, envoyés à la découverte, trouvèrent un peu d'eau dans le creux d'un rocher et l'apportèrent au roi dans un casque. Alexandre fit voir à ses soldats, pour **les** encourager à supporter la soif avec patience, cette eau qui leur annonçait une source voisine. Ensuite, au lieu de la boire, il la jeta par terre, aux yeux de toute l'armée. Les Macédoniens applaudirent par de **grandes** acclamations à cette abstinence héroïque, et ne pensant plus à leur **soif,** ils déclarèrent **au monarque qu'**il pouvait les mener partout où **il voudrait,** et **qu'ils le suivraient** jusqu'au bout du monde.

Grammatical Questions.—1. *Souffraient* : why is this v. in the 3rd p. pl. ? give the prim. tenses of the same. 2. How was the adv. *extrêmement* formed ? 3. Turn into idiomatic Fr. such sentences as these : *I am thirsty ; are you hungry ? we are warm, they are cold.* 4. *Annonçait* : **account, by rule, for the** cedilla under **the** *c*. 5. Conjug. the pres. Indic. of *boire* and *jeta,* and give the sing. of *aux yeux.* 6. What is the meaning of the foll. idiomatic expression : *S'il a deux livres sur lui,* **c'est tout** *le bout du monde* ?

25. *Modestie de Turenne.*—La modestie était la principale vertu du grand Turenne. Lorsqu'à la fin d'une campagne, il paraissait à la cour, il rendait justice à tous ses braves officiers et n'oubliait personne que lui-même. Dans le récit des batailles qu'il avait gagnées, il ne **se** nommait jamais ; **on** aurait dit qu'il n'en avait été que simple **spectateur ; parlait-il** de celles qu'il avait perdues, il disait nettement : " **C'est** par ma faute."

Une lettre qu'il écrivit à sa femme, après avoir remporté une victoire complète sur les Espagnols, peint encore mieux son cœur modeste. La voici : " **Les** ennemis sont venus à nous," dit-il ; " ils ont été battus : Dieu en soit loué ! J'ai eu un peu de fatigue toute la journée. Je vous souhaite le bonsoir, et je vais me coucher."

Grammatical Questions.—1. Form **the** masc. **pl.** of *principale, celles ;* and **the fem.** sing. of *spectateur.* 2. Give the p. p. of *paraissait* ; when does the *i* take the circumflex accent in the conjug. of verbs ending in *-aitre* ?

3. What difference of meaning is there between *un simple soldat* and *un soldat simple*? **4.** *Parlait-il*: why is the pers. pron. after the **v.** here? **5.** How was the adv. *nettement* formed? and give the positive of *mieux*. **6.** Turn into Fr.: *Write a letter to your friend; then come and wish me good night before going to bed.*

26. *Arlequin au souper du roi.*—Dominique qui remplissait à la comédie italienne les rôles d'arlequin, était un excellent acteur. Louis **XIV** qu'il avait plus d'une fois fait rire par ses spirituelles bouffonneries l'aimait beaucoup. Un soir que, mêlé parmi les **autres** spectateurs, il assistait au souper de Louis XIV, ce prince s'apercevant **que** l'acteur considérait avec intérêt un plat de perdrix, qui se **trouvait sur** la table et que l'on allait desservir, dit: "que l'on donne **ce plat** à Dominique."—"Sire, et les perdrix aussi?" dit Dominique. Louis XIV sourit et, entrant dans l'idée de Dominique, répondit: "Et les perdrix aussi." Or, le plat était d'or et valait bien deux cents pistoles.

Grammatical Questions.—1. Put in the fem.: *un excellent acteur*; and form the adv. of *excellent*. 2. Transl. into Fr.: *Francis the First and Henry the Fourth were kings of France.* 3. Give the prim. tenses of *rire*, and conjug. the pres. and imp. Subj. of the same. 4. Illustrate, by a short sentence, the difference of meaning between *soir* and *soirée*. 5. Transl. into Fr.: *Gold is the most precious of all metals.* 6. Conjug. the pres. Indic. of *valait*; account for the mark of the pl. in *cents*; **and form** an *interr.* sentence *with a neg.* **with**: *Le plat était d'or.*

27. *L'âne du curé.*—Un bon curé de campagne, devant traverser une rivière, venait à grand' peine de faire entrer son âne **dans** une barque où déjà se trouvait un officier. Celui-ci qui, peu charitablement, s'était amusé des efforts du curé, lui dit: "Il **paraît**, monsieur le curé, que les ânes ne sont pas très-braves dans **votre pays**; en voilà un qui tremble de tous ses membres. Il **devrait cependant** se rassurer en vous voyant près de lui."

"**Si vous aviez** comme mon âne," repartit **le** curé, "la corde au cou, les **fers aux** pieds et un prêtre à vos côtés, vous trembleriez bien **davantage.**"

Grammatical Questions.—1. Give the fem. subst. corresponding to *âne*, the superl. **absolute** of *bon*, and parse the v. *devant*. 2. What is the meaning of the v. *venir* foll. by the prep. *de* and an Infin.? 3. Account for the apostrophe in *à grand' peine*. 4. Give the compar. of *peu*. 5. Why the def. art. in: *monsieur le curé*? 6. Conjug. the pluperf. Ind. of *se rassurer*, and give the 2nd p. pl. of the future of *voyant*.

28. *Le paysan et son âne.*—Un paysan alla un jour **chez son** voisin, pour le prier de lui prêter son âne. Ce voisin, qui n'était pas **très-o**bligeant, lui répondit qu'il était bien fâché de ne pouvoir le faire, attendu qu'il l'avait déjà prêté à un autre. Comme il s'excusait ainsi, l'âne se mit à braire dans l'écurie: "Ah!" dit le paysan, "voilà votre âne qui m'assure que vous l'avez prêté; il faut avouer que vous êtes bien aimable."—" Je vous trouve bien singulier," lui répliqua le voisin, " de croire mon âne plutôt que moi."

Grammatical Questions.—1. Give the fem. of *paysan, voisin, âne*. 2. Form the advs. of manner of *obligeant* and *singulier*. 3. Parse *alla* and *se mit*, and conjug. interr. the pres. Ind. of each. 4. Transl. into Fr.: *Will you lend me your donkey to-day? I cannot; I have already lent it to my neighbour.* 5. Put in the pl.: *Un paysan alla chez son voisin.* 6. Put in the *interr.* with a neg.: *L'âne se mit à braire.*

29. *Bonaparte et la sentinelle.*—Après la conquête d'Arcole, l'infatigable Bonaparte parcourait le camp dans la nuit. Il aperçoit une sentinelle endormie : il lui enlève doucement, et sans l'éveiller, son fusil, fait la faction à sa place et attend qu'on vienne le relever. Le soldat s'éveille enfin : quel est son trouble, quand il aperçoit son général dans cette attitude ! Il fait un cri : "Bonaparte ! je suis perdu !"—" Rassure-toi, mon ami," lui répond le général ; " après tant de fatigues, il est bien permis à un brave comme toi de s'endormir, mais une autre fois choisis mieux ton temps."—C. LACRETELLE.

Grammatical Questions.—1. Parse *parcourait*, and give the 1st p. sing. of the fut. of the same. 2. Conjug. interr. with a neg. the past indef. of *aperçoit*. 3. Account for the grave accent in *enlève*, and conjug. neg. the pres. Subj. of this verb. 4. Put in the pl.: *Rassure-toi, mon ami.* 5. Put in the *interr.* with a neg.: *Il est bien permis à un brave comme toi de s'endormir.* 6. Transl. into Fr.: *The sentinel is asleep : do not wake him up, but take away his musket.*

30. *Naïvetés.*—Un négociant écrivant à son correspondant, terminait sa lettre en lui disant : "Dans le cas où la présente ne vous parviendrait pas, veuillez m'en aviser courrier par courrier."

Un autre écrivait à son ami qu'il pensait avoir oublié chez lui une boîte d'or, et le priait de la faire chercher et de la remettre au porteur de sa missive ; et en *post-scriptum*, il ajoutait : " Ne cherchez pas ma boîte, je viens de la retrouver,"—puis il cachette sa lettre et l'envoie.

Un enfant, entendant parler d'ouvrages posthumes, demanda ce que cela voulait dire : " Mon fils," répondit le père, " un ouvrage posthume est un livre qu'un auteur publie après sa mort."

Un enfant demandait à son père ce que c'était qu'un lit de camp : —" C'est un lit de planches."—" Cela doit être bien dur."—" Non, pas trop ; on choisit le bois le plus tendre."

Grammatical Questions.—1. *Dans le cas où*: what kind of word is *où* here ? 2. Parse *veuillez*, and conjug. the pres. Subj. of the same. 3. Give the 2nd p. pl. of the pres. Indic., the past def., the pres. and imp. Subj. of *faire*. 4. Conjug. the pres. Subj. of *cacheter*. 5. Transl. into Fr.: *Have you written to your friend? Not yet. Be so kind as to give the bearer of this note the book I left at your house some days ago.* 6. Put in the *interr.* with a neg.: *On choisit le bois le plus tendre.*

31. *Début de Térence.*—Térence ayant fait sa première pièce qu'il vendit aux édiles pour être représentée, on exigea qu'il la lût auparavant au vieux poëte **Cécilius**, alors en grand renom, et qui faisait aussi l'office de censeur. Le jeune homme se présenta donc chez lui et le trouva à **table**; comme il **était** plus que modestement vêtu et de chétive apparence, **on** lui donna près du **lit de** Cécilius un petit siége, une sellette, et il commença sa lecture. **Mais** aussitôt les premiers vers entendus, Cécilius l'invita à souper et **le fit** asseoir à côté **de lui : il avait** reconnu **un** héritier et **un confrère.** La lecture de la pièce s'acheva après souper, à la grande **admiration** du juge qui **n'était plus qu'un** ami.—SAINTE-BEUVE, *Nouveaux Lundis.*

Grammatical Questions.—1. *Qu'il la lût*: why the imp. Subj. here? 2. What kind of word is *auparavant*? Transl. into Fr.: *Come to see me before twelve o'clock* (at noon). *He arrived last night before twelve o'clock* (at night). 3. Illustrate, by two short sentences, the difference of meaning between *près de* and *prêt à.* 4. *Apparence*: which is the only masc. Fr. subst. ending in *ence*? and give the irreg. compar. of *petit.* 5. Conjug. *interr.* the past Cond. of *s'asseoir.* 6. Put in the *pl.* the whole of the sentence: *Le jeune homme . . . . apparence.*

32. *Ésope.*—Un **jour** Ésope rencontra un voyageur, qui, après l'avoir salué, **lui** dit : " En combien de temps pourrai-je arriver à ce bourg que nous voyons là-bas ?"—" Marche," lui répondit Ésope. —" Je sais bien," lui réplique le voyageur, "qu'il faut que je marche pour y arriver ; mais dis-moi en combien d'heures j'y arriverai ?"— " Marche," lui répète Ésope.—"Ce drôle **se** moque de **moi**," dit l'étranger en murmurant : "je ne lui demanderai **plus rien ;"** et il continue son chemin.—" Hé," lui crie Ésope, " un mot ! Dans deux heures tu arriveras **au bourg."**

Le voyageur s'arrête tout étonné, et lui demande comment il se fait qu'il sache à présent qu'il arrivera dans deux heures. " **Eh ! comment pouvais-je te le dire**, avant d'avoir **vu comment tu marchais ?"**

Grammatical Questions.—1. *Après l'avoir salué*: why the past Inf. here ? 2. *Combien de temps* : why the prep. *de* after *combien*? 3. *Que je marche*: why the Subj. mood ? 4. Conjug. *interr.* the past anterior of *se moque*, and make **an** *interr.* sentence *with a* neg. with : *Ce drôle se moque de moi.* 5. *Qu'il sache* : why the Subj. mood ? Conjug. the imper. of *fait* and *sache.* 6. Turn into Fr. : *A traveller walked one hundred and eighty miles in nine days; how many miles did he walk a day ?* Give the answer in Fr.

33. *La critique du cocher.*—David **avait** mis à l'exposition du Louvre un **de** ses meilleurs tableaux ; lui-même, confondu dans la foule, écoutait **les** jugements du public, lorsqu'un homme qui, par **son** costume, paraissait être un cocher de fiacre, regarda le tableau d'un air de dédain et haussa les épaules. David s'approcha en lui disant : "Je vois **que** ce tableau **ne vous** plaît pas."—"Ma foi ! **non**."—" Et pourquoi cela ? vous voyez cependant que la foule semble l'admirer."—" La foule, la foule ! c'est un tas d'ignorants ; dites-moi, **avez-vous** jamais vu **un** cheval avoir **la** bouche pleine d'écume, lorsqu'il **n'a pas de mors ?"**

La remarque était juste. David se tut, mais dès que le salon fut fermé il effaça l'écume.

Grammatical Questions.—1. What is the meaning of *critique, s.m.*? 2. Parse the foll. verbs: *avait mis, paraissait, plait, dites, avez-vous vu, se tut*; and, in each case, give the primitive tenses. 3. Give the 3rd p. sing. of the past def. and imp. Subj. of *avait mis* and *paraissait*, the 3rd p. sing. of the pres. and imp. Subj. of *plait* and *dites*, and the 1st p. sing. of the fut. (*interr.*) of *avez-vous vu*, and *se tut*. 4. Conjug. *neg.* the past indef. of *avez-vous vu*, and *interr.* the pluperf. ind. of *se tut*. 5. *Haussa les épaules*: why *les*, and not *ses*? 6. Turn into Fr.: *Do not shrug your shoulders, and hold your tongue. This coachman's horses ran away yesterday.*

34. *Le cheval de Kosciusko.*—Kosciusko, ce Polonais au noble cœur, voulut un jour envoyer quelques bouteilles de bon vin à un ecclésiastique de Soleure. Il choisit à cet effet un jeune homme nommé Zeltner, auquel il prêta son cheval de selle. Zeltner, à son retour, lui dit: "Mon général, je ne puis plus monter votre cheval, à moins que vous ne me donniez en même temps votre bourse."—" Que veux-tu dire?" demanda Kosciusko.—Zeltner répondit : "Dès que, sur la route, un pauvre ôtait son chapeau et demandait l'aumône, le cheval s'arrêtait à l'instant, et ne se remettait en marche que lorsque le mendiant avait reçu quelque chose. Lorsque l'argent vint à me manquer, je ne pus contenter le cheval et le faire avancer qu'en feignant de donner quelque chose à ceux qui me demandaient la charité."

Grammatical Questions.—1. Parse *voulut*, and conjug. *neg.* the fut. of *envoyer*. 2. Transl.: *Give me a bottle of good wine. I have sent you a bottle of the good wine I bought last year.* 3. Give the pl. of *jeune homme*. 4. *Vous ne me donniez*: why the Subj. here? 5. Conjug. *interr. with a neg.* the past Cond. of *s'arrêtait*. 6. What is the meaning of *faire* in *le faire avancer*? Give the prim. tenses of *feignant*. Of what gender is *quelque chose*?

35. *Le peintre à l'eau.*—Il y a dans le gréement d'un vaisseau un cordage auquel les Anglais donnent le nom de *peintre*, et qui sert à amarrer la chaloupe au vaisseau. Un jour, un peintre était occupé à barbouiller une figure de Renommée à l'arrière du navire. Le capitaine qui venait d'aborder, cria au mousse du vaisseau : " Jette le peintre à l'eau." Le mousse, qui ne connaissait pas encore le nom de ce cordage, courut à l'arrière où l'ouvrier était grimpé sur un léger échafaud ; il le poussa brusquement et le fit tomber à l'eau. "Mais jette donc le peintre!" cria une seconde fois le capitaine d'une voix formidable en faisant retentir un juron.—"Je l'ai jeté à la mer, capitaine, lui et son pot de couleurs, comme vous me l'avez déjà ordonné."

Heureusement pour le pauvre peintre, le capitaine comprit de quoi il s'agissait et le fit immédiatement repêcher.

Grammatical Questions.—1. Put *il y a* (*a*) in the *neg.*, (*b*) in the *interr.*, (*c*) in the *interr. with a neg.*, and transl. into Fr.: *Queen Victoria ascended the throne thirty-eight years ago. She was then nineteen years old, as she was born on the twenty-fourth of May, eighteen hundred and nineteen. She was crowned at Westminster on the twenty-eighth of June, one thousand eight hundred and thirty-eight.* 2. Conjug. *interr.* the pres. Ind. of *sert*, and account for the spelling of *jette*. 3. Illustrate, by two **exam**ples, the difference between *connaître* and *savoir*. 4. Conjug. *interr.* **with a** *neg.* the pres. Ind. and the fut. of *courut*; and transl. into Engl.: *Ce prédicateur est fort couru. Cette chanson court par la ville.* 5. Put in the **pl.**: *Je l'ai jeté à la mer, lui et son pot de couleurs.* 6. *Comprit, fit*: conjug. *neg.* the pres. Ind. of these verbs.

36. *Qui ne dit mot consent.*—Un homme d'esprit se trouvait dans une grande détresse. Il **désirait** un emploi de dix **mille francs, alors** vacant; mais **comment** l'obtenir? Une idée **singulière** lui passa par la tête; il fit **une** pétition au roi de Rome, qui **n'avait** alors **que** six mois. Un **officier** général, attaché au service de l'empereur, se chargea **de lui présenter notre** homme. Napoléon prit le placet et **se mit à sourire, en voyant** la suscription. "Eh! bien," dit-il, "**qu'on** porte **la** pétition **à** son adresse." Quatre chambellans conduisent **donc, en** cérémonie, le pétitionnaire auprès du berceau du roi de **Rome.** Après les saluts les plus profonds, il commence à haute **et** intelligible voix la lecture de **son** placet, pendant laquelle l'enfant-roi balbutia quelques sons. Après avoir pris respectueusement congé du roi de Rome, le pétitionnaire fut reconduit **devant** Napoléon.—"Eh! bien! quelle réponse?"—"**Sire, Sa** Majesté **n'a** rien répondu."—" Qui ne dit mot consent : **la place est accordée.**"

Grammatical Questions.—1. Give the 1st p. sing. of the fut. and the pres. Subj. of *obtenir*. 2. Give the fem. subst. corresponding to *homme, roi, empereur,* and the 1st p. sing. of the fut. of *prit, mit, voyant*. 3. What is the meaning of *souris, s.m.,* and *souris, s.f.?* Conj. the imp. Ind. and the pres. Subj. of *sourire*. 4. Form the superl. absolute, and the adv. of manner of *respectueux.* 5. Transl. into Fr.: (*a*) *I have discharged my servant.* (*b*) *This officer has obtained a leave of absence.* (*c*) *The master gave his pupils a holiday, a half-holiday.* (*d*) *Take leave of your friends before you start.* 6. Account for the *e* in *chargea*, and for the agreement of the p. p. *accordée* with *place*.

37. *Un quiproquo.* — Frédéric II venait de faire **présent** au comte de Schwerin d'une fort belle tabatière, dans le couvercle de laquelle **était** peint un âne. Le lendemain, le comte affecta de mettre la tabatière sur **la table.** Le roi, qui voulait s'amuser aux dépens de **son** grand écuyer, parla du cadeau qu'il lui avait fait. La grande duchesse de Brunswick était présente; elle demanda à voir la tabatière. Elle l'ouvre et s'écrie: "Ah! quelle ressemblance! mon frère, **voilà** peut-être le meilleur portrait que **j'aie** jamais vu de vous." Le **roi était** embarrassé; il trouvait **la** plaisanterie de **sa** sœur un peu forte. La boîte passe de **main en** main, et chacun de se récrier **sur** la ressemblance. **Le roi ne** savait que penser de cette scène, **dans laquelle** il lui parut qu'il jouait un rôle fort ridicule. Lorsque **enfin la boîte** lui parvint, il reconnut, à **sa**

grande surprise, son propre portrait que le **comte avait** substitué à **la tête** d'âne. Frédéric ne put s'empêcher **de rire de ce bon** tour.

Grammatical Questions.—1. Give the fem. subst. corresponding to *comte*, *âne*, *frère*; and the two masc. forms of *belle*. 2. Turn into Fr.: *I have just seen your brother. Where is the snuff-box you **have** just found? —I put it on the **table** in the drawing-room.* 3. Parse *était peint* and *ouvre*, and give the prim. tenses of both. 4. What is *le meilleur*, and account for the Subj. in *j'aie vu*? 5. Put in the *interr. with a neg.*: *Frédéric ne put s'empêcher de rire.* 6. Conj. *neg.* the past Subj. of *s'amuser*.

38. *Un Mécène anglais.*—
Spenser, fameux poëte anglais, s'introduisit un jour dans la maison de sir Philip Sidney, dont il n'était point connu, tenant à la main une copie d'un de ses poëmes. On porte la copie au chevalier. Celui-ci la prend, la lit, et, frappé de la beauté des vers, il fait paraître le transport le plus vif à la découverte d'un génie si neuf et si rare. Il lit passionnément quelques stances, et se tournant vers son intendant: "Donnez," lui dit-il, "cinquante livres à l'auteur de ces vers."—Il poursuit la lecture; et, plus frappé encore d'une nouvelle stance, s'écrie: "Doublez la somme." L'intendant étonné, différait d'exécuter l'ordre de son maître. Sidney continue de lire; sa libéralité s'accroît avec son admiration: "Je donne," dit-il, "deux cents livres;" et poussant son intendant par l'épaule: "Vite, vite, et sur-le-champ; car si je lis davantage, je serai tenté de donner tout mon bien."

Grammatical Questions.—1. Why is there no ind. art. before *fameux poëte anglais*? and transl. into Fr.: *Is your friend a Frenchman? Is not your father a physician? Your uncle, who is a distinguished lawyer, advised me as a friend not to prosecute my servant, because he believes him to be an honest man.* 2. Give the fem. of the foll. adj.: *vif*, *neuf*, *rare*, and conjug. *interr.* the past indef. of *s'introduisit*. 3. When do you find two *n*'s in the conjug. of *tenant*? 4. Conjug. *neg.* the past def. of *prend*, *lit*, and the pres. Subj. of *fait*, *paraître*, and *dit*. 5. What is the meaning of the foll. *homonymous* words: *vers* (prep.), *vert* (adj.), and the s.m. *ver*, *verre*, *vers*? 6. (*a*) Put in the pl.: *Si je lis davantage, je serai tenté de donner tout mon bien*. (*b*) Account for the *s* in *deux cents livres*. (*c*) What is the meaning of *livre*, s.m.?

39. *Probité scrupuleuse.*—
Un soir la voiture du vicomte de Turenne fut arrêtée par des voleurs qui se préparaient à le dépouiller. Comme ils voulaient lui prendre une bague à laquelle il attachait beaucoup de prix, le maréchal leur promit **une somme** de vingt louis, s'ils consentaient à la lui laisser. Les voleurs, trouvant cette proposition fort avantageuse, acceptent, et laissent **partir** le vicomte en liberté. Une promesse faite à des voleurs pour se tirer de leurs mains n'est peut-être pas d'une nature tout à fait inviolable; aussi, dans des cas ordinaires, ceux-ci ne s'y fieraient-ils pas. Mais le caractère de Turenne était connu et les bandits ne doutaient nullement de sa fidélité à remplir sa promesse.

Le lendemain donc, l'un d'eux se présenta chez Turenne, qui avait grande compagnie, et, sans embarras, comme sans inquiétude, il lui demanda à l'oreille s'il se souvenait de l'engagement qu'il avait pris la veille. Le maréchal avec cette bonne foi qui n'appartenait qu'à lui, fit compter la somme au voleur; et, lui ayant laissé le temps de s'éloigner assez pour ne pas être poursuivi, il raconta l'aventure et conclut en disant que la parole d'un homme d'honneur doit être inviolable.

Grammatical Questions.—1. Give the fem. of *voleurs*; *l'un d'eux*; and conjug. the past Cond. of *se préparaient*. 2. Give the 3rd p. sing. of the pres. Ind. and imp. Subj. of *voulaient* and *prendre*. 3. *Leur promit*: what kind of word is *leur*? when does *leur* take the mark of the pl.? 4. What does *somme*, s.m., mean? 5. *Une promesse faite*: why is the p. p. *faite* in the fem. sing.? 6. Conjug. interr. with *a* neg. the past def. of *doit*; and transl. into Fr.: *Do you remember you promised me a ring?—Yes, I remember it, but I have not yet had time to buy it.*

40. *La perruque et les Iroquois.*—Un chirurgien militaire qui faisait partie de l'armée du marquis de Montcalm, lors de la guerre de l'Indépendance, fut fait prisonnier par les Iroquois. Comme il comprenait un peu la langue de ces sauvages, il entendit qu'on projetait de le scalper.

"Vous osez parler de me scalper," dit-il d'une voix tonnante, "eh bien! approchez, si vous l'osez, car le Grand-Esprit, dont je suis protégé, vous punira." En même temps il ôta sa perruque, car heureusement pour lui il était devenu chauve à la suite d'une maladie.

Il est impossible de peindre la frayeur des Indiens à cette vue; mais elle augmenta bien plus encore lorsqu'il ajouta : "Sachez encore que je puis vous réduire tous en cendres avec le feu du soleil que je ferai descendre sur vous." En même temps il tira de sa poche une forte loupe, et, saisissant la main d'un Iroquois, il dirigea dessus un rayon brûlant qui fit jeter un cri de terreur et de surprise au sauvage. Les Indiens terrifiés lui demandèrent grâce et le conduisirent avec honneur jusqu'aux avant-postes français.

Grammatical Questions.—1. Give the fem. of *marquis, prisonnier,* and put in the pl.: *Un chirurgien militaire, qui faisait partie de l'armée du marquis de Montcalm, fut fait prisonnier.* 2. Give the 3rd p. pl. of the pr. Ind., and the whole of the pr. Subj. of *comprenait*. 3. Conjug. interr. the pres. Ind. of *dit*. 4. Give the prim. tenses of *peindre*, and give the 1st p. sing. of the imp. Ind. of this v., as well as of *peigner*, to comb. 5. *Avant-postes*: what kind of subst. is this? How is it that *poste* alone takes the mark of the pl.? 6. Transl. into Fr.: *Do you understand the language of these savages?—A little; enough to frighten them.*

41. *Le capucin et le voleur.*—Un capucin, frère quêteur, regagnait son couvent, la besace bien garnie, lorsque dans un bois, il est arrêté par un malfaiteur qui, le pistolet sur la gorge, lui demande la bourse ou la vie. Le pauvre moine se résigne **et se** laisse enlever sa besace et une trentaine de francs d'aumônes.

Le bandit s'éloignait, lorsque le capucin le rappelant, lui dit : " Puisque vous avez été assez humain pour me laisser la vie, rendez-moi un service ; quand je rentrerai au couvent, sans besace **et** sans argent, on **ne** me croira pas ; tirez un coup **de** pistolet dans mon manteau, je montrerai la trace du coup, et on sera bien forcé de reconnaître que je dis la **vérité.**"—" Volontiers, étendez votre **manteau** ;" le **voleur tire.**—"**Mais il n'y paraît** presque pas," dit le capucin.—"**C'est que mon pistolet n'était** chargé qu'à poudre."— " Mais vous en avez **peut-être un** autre chargé **à balle.**"—" Non vraiment ; **je ne voulais que** vous faire peur."—" Ah ! coquin !" **s'écrie le capucin ;** " nous sommes à armes égales à présent ;" il **saute alors sur le voleur, et comme** il était vigoureux, il le terrasse **et lui reprend sa besace et son** argent, après l'avoir roué de **coups.**

Grammatical Questions. — **1.** *La* **besace**: why not *sa*? Why is the p. p. *garnie* in the fem. sing. ? 2. To what kind of numerals does *trentaine* belong ? How is it formed ? **Transl.** into Engl.: *il a passé la trentaine.* 3. *Rendez-moi* : why is the pers. pron. **after the** v. ? 4. *Sans besace et sans argent* : why **no** art. before these subst. ? Transl. into Fr.: *Gold* **is** *more heavy than* silver. *Have you any money in* **your** *purse ?* No, sir, *I have* **no money** *with me.* 5. *Vous faire peur* : why no art. before *peur*? Transl. into Fr.: *It is very fine to-day. Yes, but it is rather too warm.* 6. *Sa besace et son argent* : why is the poss. adj. repeated ? Give the 1st pers. (sing. and pl.) of the pr. Ind. of *rappelant, croira, voulais*, and form the adv. of manner of *vigoureux.*

42. *Le gouverneur du Canada et les Iroquois.*—Un officier d'un mérite rare par ses vertus et ses talents militaires était petit, mal fait et d'une figure peu avantageuse. Ayant été nommé gouverneur **du** Canada, les Iroquois lui envoyèrent des députés pour renouveler leur **alliance avec** les Français. Arrivés à Québec, ils furent introduits **chez le gouverneur.** Le chef de l'ambassade avait préparé un **discours, dans lequel il** employait les termes les plus pompeux pour **faire l'éloge de la force** du corps, de la hauteur de la taille, et de la **bonne mine du général** : qualités que ces sauvages estiment de **préférence.** Surpris de voir **tout** autre chose que ce qu'il avait **imaginé, il sentit que sa harangue ne cadrait** point avec le personnage. **Sans se déconcerter, il s'en** tira par cette apostrophe qui n'est pas **sans énergie** : " Il faut que tu aies une grande âme," lui dit-il, " puisque le grand roi des Français t'envoie ici avec un si petit corps !"

Grammatical Questions.—1. *D'un mérite rare* : why is the adj. **rare** after *mérite*? 2. Give the **irr.** comp. of *petit, mal, peu,* and **the** masc. of *avantageuse.* 3. **Give the** 3rd p. pl. of the pres. Ind., fut., and pres. Subj. of *envoyèrent.* 4. Account **for** the agreement of the **p. p.** *arrivés* and *introduits*, and for the use of the Subj. mood in *que tu aies.* 5. Give the 1st p. sing. of the fut. of *surpris* and *voir*. 6. *Qualités que ces . . .*: why no art. before the subst. ? Conjug. *interr. with a neg.* the past Cond. of *se déconcerter.*

HISTORIETTES ET ANECDOTES.

43. *Prévenance du maréchal de Turenne.*—Turenne aperçut un jour, dans son armée, un officier, d'une naissance distinguée, mais pauvre, qui était très-mal monté. Il l'invita à dîner, et le retenant après le repas il lui dit avec bonté: "Monsieur, j'ai une prière à vous faire; vous la trouverez peut-être un peu hardie; mais j'espère que vous ne me refuserez pas. Je suis vieux," continua-t-il, "et même un peu incommodé; les chevaux vifs me fatiguent, et je vous en ai vu un sur lequel, je crois, je serais fort à mon aise. Serait-ce vous demander un trop grand sacrifice, que de vous proposer de me le céder?"

L'officier ne répond que par une profonde révérence; il va aussitôt prendre son cheval, et l'amène lui-même dans les écuries de Turenne. Le lendemain, le maréchal lui envoya, avec ses remercîments, un des plus beaux chevaux de l'armée.

Grammatical Questions.—1. Give the *irr. sup. rel.* of *très-mal*; and conjug. *neg.* the pres. Subj. of *retenant*, and *interr.* the pres. Ind. of *invita*. 2. Put in the *fem. pl.*: *Je suis vieux, continua-t-il, et même un peu incommodé*. 3. *Je crois*: give the three persons of the sing. of the pres. Ind. of this v., and of *croître*, to grow. 4. Form the adv. of manner of *vifs*. Why is *vifs* after *chevaux*? 5. Conjug. the pr. Ind. of *céder*, and explain the changes of accent which occur in this tense. 6. Transl. into Fr.: *I shall send you to-day a horse which is too spirited for me. My servant will take it himself* to your stable.

44. *Courage et bienfaisance d'un paysan.*—La grandeur d'âme ne suppose pas nécessairement une haute naissance. Les sentiments généreux se trouvent souvent dans les classes les plus basses des citoyens. Un paysan de la Fionie en a fourni un exemple qui mérite d'être connu. Le feu avait pris au village qu'il habitait. Il courut aussitôt porter des secours aux lieux où ils étaient nécessaires; mais tous ses efforts furent vains: l'incendie fit des progrès rapides. On vint l'avertir qu'il avait gagné sa maison. Il demanda si celle de son voisin était endommagée. On lui dit alors qu'elle brûlait, ainsi que la sienne, et qu'il n'avait pas un moment à perdre s'il voulait conserver ses meubles. "J'ai quelque chose de plus précieux à sauver," répliqua-t-il sur-le-champ. "Mon malheureux voisin est malade et hors d'état de s'aider lui-même; sa perte est inévitable s'il n'est pas secouru, et je suis sûr qu'il compte sur moi." Aussitôt il vole à la maison de cet infortuné; et, sans songer à la sienne qui faisait toute sa fortune, il se précipite à travers les flammes qui gagnaient déjà le lit du malade. Il voit une poutre embrasée, prête à s'écrouler sur lui. Il espère que sa promptitude lui fera éviter ce danger, qui sans doute eût arrêté tout autre. Il s'élance auprès de son voisin, le charge sur ses épaules et le conduit heureusement en lieu de sûreté.—BERQUIN.

Grammatical Questions.—1. Give the fem. of *paysan, citoyens, mon malheureux voisin, cet infortuné*. 2. Put in the masc. sing. *les plus basses, à la sienne*, and give the fem. sing. of *généreux, tous, malade, sûr*. 3. How was the adv. *nécessairement* formed? and give the advs. of manner of *basses, vains, rapides*. 4. What difference of meaning is there between *lieux* and *lieues*; *sur* (prep.), *sur* (adj.), *sûr* (adj.)? and account for the circumflex accent on the *u* in the last adj. 5. Conjug. *interr. with a neg.* the pluperf. Ind. of *il se précipite*. 6. Account for the agreement or non-agreement of the p. p. in the foll. instances: (*a*) qu'il avait *gagné*; (*b*) était *endommagée*; (*c*) poutre *embrasée*; eût *arrête*.

45. *Arnold de Winkelried.*—L'antiquité n'offre pas de plus bel exemple de dévouement patriotique, que celui d'Arnold de Winkelried, le héros suisse, du **canton** d'Unterwald. À la bataille de Sempach (1386), qui décida du sort de la Suisse, les phalanges ennemies ne pouvaient être entamées: elles opposaient à l'impétuosité des Suisses une résistance opiniâtre qui rendait tous leurs efforts inutiles. Winkelried entendit dans son cœur le cri de la patrie! "Camarades," dit-il, "je vais vous faire un chemin: chers compatriotes, souvenez-vous de mon nom et de mes enfants."

Sûr de trouver la mort, il se précipite au milieu d'une forêt de lances; il en embrasse le plus qu'il peut, **et** tombe à l'instant percé de mille coups. Mais il avait fait une trouée dans les bataillons ennemis. Les Suisses enflammés par l'exemple de ce héros, s'y jettent avec fureur. La mort vole devant eux; partout ils portent le désordre et la confusion; la déroute des ennemis devient générale.

Winkelried **sauva sa** patrie; aussi son nom est-il encore aujourd'hui prononcé en Suisse avec **respect et reconnaissance**.

Grammatical Questions. — 1. *Bel exemple*: why *bel*? Give the pl. of *de plus bel exemple, celui, le héros suisse du canton, dans son cœur*, and the fem. of *héros* and *suisse* (s.m.). 2. Account for the place of the adj. in (*a*) *dévouement patriotique*, (*b*) *héros suisse*, (*c*) *chers compatriotes*. 3. Make an *interr.* sentence *with a neg.* with: les phalanges ennemies .... leurs efforts inutiles. 4. Conjug. *neg.* the pr. Subj. of *souvenez-vous*. 5. Parse the foll. verbs: *pouvaient, je vais, dit-il, jettent*; and give their prim. tenses. 6. Write, in Fr., and in *two* different ways, the date 1386, and transl. into Fr.: *Switzerland is divided into twenty-two cantons. I shall go to Switzerland next year to see my brother, who is at school in Geneva.*

46. *Le maire de Luçon.*—Après avoir fait un séjour de vingt-quatre **heures** à Napoléonville, l'empereur Napoléon Ier se dirigea vers Niort. En arrivant à Luçon, il s'aperçut que les habitants avaient fait de grands frais en arcs-de-triomphe pour le recevoir. Il témoigna au maire, qui vint à sa rencontre à la tête d'une députation, tout le plaisir qu'il éprouvait d'une telle surprise et surtout d'une telle réception; mais à la suite de sa harangue, l'officier municipal, ayant recommandé à la *générosité inépuisable* de Sa Majesté les habitants de la commune qui, ajouta-t-il, n'étaient pas riches: "Mais alors, monsieur le maire," lui dit l'empereur d'un air plus qu'étonné, "pourquoi ces dépenses inutiles, ces apprêts?... Je m'en serais bien passé, je vous assure."—"Ah! Sire," répliqua le maire, "nous avons fait tout ce que nous devions ; mais ... j'avouerai à Votre Majesté que nous devons tout ce que nous avons fait."

À cette spirituelle naïveté, l'empereur ne put s'empêcher de rire et fit remettre à l'officier municipal, un rouleau de cent napoléons.—MARCO DE SAINT-HILAIRE.

Grammatical Questions.—1. Give the fem. of *empereur. Napoléon 1*er : why no art. before 1er ? Transl. into Fr. : *Napoleon III. was the nephew of Napoleon I.* 2. What is the difference of meaning between *maire, mère,* and *mer* ? 3. Account for the pl. form in *arcs-de-triomphe* ; and for the place of the ind. art. in *une telle surprise.* 4. *Vingt-quatre heures* : when does *vingt* take the mark of the pl. ? and transl. : *What o'clock is it ? A quarter to twelve* (noon)? *Come at half-past three. I cannot, but I shall be here* **at ten** *minutes to four.* 5. Give the 3rd p. sing. of the imp. Subj. (conjug. neg.) of *se dirigea, recevoir, fait, devions, rire.* 6. Account for the def. art. in *monsieur le maire,* and put in the sing. : *Nous avons fait tout ce que* **nous** *devions,* **mais nous** *devons tout ce* **que** *nous avons fait.*

47. *La dette de l'humanité.*—Un jeune peintre arrivé à Modène, et manquant de tout, pria un gagne-petit de lui trouver un gîte à peu de frais, ou pour l'amour de Dieu. L'artisan, qui était garçon, lui offrit la moitié du sien. On cherche en vain de l'ouvrage pour cet étranger ; **son** hôte ne se décourage point, il le défraye **et le console**. Le peintre tombe malade ; l'autre se lève plus matin et se couche plus tard, **pour** gagner davantage et pourvoir aux besoins du **malade, qui avait** écrit à sa famille. L'artisan le veilla pendant tout **le temps de sa** maladie qui fut assez longue, et fournit à **toutes** les dépenses nécessaires. Quelques jours après **sa** guérison, l'étranger reçut de ses parents une somme d'argent **assez** considérable ; il voulut alors rembourser toutes les dépenses de l'artisan. "Non, monsieur," lui répondit son généreux bienfaiteur. "C'est une dette que vous avez contractée envers le premier honnête homme que vous trouverez dans l'infortune. Je devais ce bienfait à un autre ; je viens de m'acquitter. N'oubliez pas d'en faire autant dès que l'occasion s'en présentera."—BERQUIN.

Grammatical **Questions.**—1. Give the pl. **of** *un gagne-petit,* **and the** fem. of *cet étranger,* **son hôte,** *son généreux bienfaiteur, le premier honnête homme.* 2. *À* **peu de frais :** account for the prep. *de* **here ?** 3. Parse *offrit,* and conjug. *interr.* with **a** neg. the past indef. of *ne se décourage point.* 4. Why the grave accent in *se lève,* the pres. Inf. being *se lever,* **without** any accent ? 5. Give the masc. of *longue,* and the 3rd p. sing. of the pres. and imp. Subj. of *écrivit.* 6. Transl. into Fr. : *How are you to-day ? Are you ill ? I am not very well. What is the matter with you ? My head aches.*

48. *Naïveté irlandaise.*—Les bons cordonniers sont rares en Irlande, **du** moins on n'en trouve que dans les villes de quelque importance.

Un propriétaire, nommé Curran, avait l'habitude de faire venir ses chaussures de Dublin, ainsi que plusieurs de ses voisins de campagne : à cet effet, chacun avait **sa** forme, qui remplaçait son pied auprès du cordonnier. Or, il arriva que le domestique de Curran, envoyé à Dublin par son maître, fut chargé d'emporter avec lui les formes de plusieurs amis de ce dernier. Les souliers du pauvre garçon étant en fort piteux état, **Curran** lui ordonna de s'en choisir une nouvelle paire. Notre homme se mit en route, après avoir promis d'obéir à cette injonction. Le soir **venu**, il reparaît **avec un** assortiment de chaussures pour les amis de **son** maître : " J'espère," lui dit ce dernier, " que vous vous êtes acheté une paire de souliers comme je vous l'avais recommandé."—" Que votre honneur ne **se** fâche point contre moi," répond le domestique ; " j'aurais bien voulu vous obéir, **mais** j'avais oublié d'emporter **ma** forme avec **moi**." Le digne garçon n'avait pu s'imaginer que son pied pût remplacer sa forme.

Grammatical Questions.— 1. Give the fem. of the foll. words: *bons, voisins, maître, amis, garçon, piteux, ce dernier*. 2. Give the sup. rel. and *absolute* of *bons*. 3. Transl. into Fr.: *I am going in the country this afternoon. Do you live in the country? My uncle has remained in France with one of his friends who resides in Paris.* 4. Put in the pl.: *Un propriétaire avait l'habitude de faire venir ses chaussures de Dublin. Notre homme se mit en route. Le digne garçon n'avait pu s'imaginer que son pied pût remplacer sa forme.* 5. Parse the foll. verbs : *Se mit, avoir promis, venu, il reparaît,* and give the prim. tenses. 6. Account for the grave **accent** in *j'espère*, the circumflex in *pût*, and the non-agreement of the p. p. in *vous vous êtes acheté*. Transl.: *I hurt my foot*.

49. *Reconnaissance.*—Louis XIV, qui avait **fait déjà** bombarder la ville d'Alger, chargea le marquis Du Quesne de **la** bombarder une seconde fois, pour la punir de ses infidélités et de son insolence. Le désespoir où étaient les corsaires, de **ne** pouvoir éloigner de leurs côtes la flotte qui les abîmait, les **porta** à attacher, à la bouche de leurs canons, des esclaves **français**, dont les membres furent portés jusque **sur** les vaisseaux. **Un** capitaine algérien, qui avait été **pris** dans **ses courses** et très-bien traité **par** les Français tout le temps **qu'il avait été leur prisonnier**, reconnut, un jour, parmi **ceux** qui allaient subir le sort affreux que la rage avait inventé, un officier nommé Choiseul, dont il avait reçu les attentions les plus marquées. À l'instant il prie, il sollicite, il presse avec instance pour obtenir la vie de cet homme généreux. Tout **est** inutile. Alors voyant qu'on va mettre le feu **au canon où** Choiseul est attaché, il se jette sur lui à corps perdu, l'embrasse étroitement, **et** s'adressant au canonnier, lui dit: "Tire: puisque je ne puis sauver mon bienfaiteur, j'aurai au **moins** la consolation de mourir avec lui." Le dey, sous les yeux duquel **la** scène **se** passait, en fut si frappé, tout barbare qu'il était, qu'il accorda, avec le plus grand empressement, ce qu'il avait refusé avec tant de férocité.—Berquin.

Grammatical Questions.—1. Write in full *Louis XIV*, and point out the differences between Engl. and Fr. about the use of numerals, when speaking of the names of kings. 2. *Où étaient ces corsaires*: what kind of word is *où* here? What difference is there between *où* and *ou*? 3. Conjug. *interr. with a neg.* the pres. Ind. of *pouvoir*, **pris**, *voyant*, *va*. 4. Put in the *pl.*: *Tire: puisque je ne puis sauver mon bien-faiteur, j'aurai au moins la consolation de mourir avec lui*. 5. Transl. into Fr.: *Do you recognize, among the prisoners, the French officer who saved your life?* 6. Give the 2nd and 3rd p. pl. of the pres. Ind. of *reconnut*, *allaient*, *voyant*; and the sing. of *yeux*.

50. *Les crimes punis l'un par l'autre.*—Trois hommes voyageaient ensemble; ils trouvèrent un trésor, et ils le partagèrent. Ils continuèrent leur route en s'entretenant de l'usage qu'ils feraient de leurs richesses. Les vivres qu'ils avaient pris avec eux étant consommés, ils convinrent qu'un d'eux irait en acheter à la ville, et que le plus jeune se chargerait de cette commission; il partit.

Il se disait en chemin: "Me voilà riche; mais je le serais bien davantage, si j'avais été seul quand le trésor s'est présenté! Ces deux hommes m'ont enlevé mes richesses: ne pourrais-je pas les reprendre? Cela me serait facile; je n'aurais qu'à empoisonner les vivres que je vais acheter. A mon retour, je dirais que j'ai dîné à la ville; mes compagnons mangeraient sans défiance, et ils mourraient. Je n'ai que le tiers du trésor, et j'aurais le tout."

Cependant, les deux autres voyageurs se disaient: "Nous avions bien affaire que ce jeune homme vînt s'associer à nous: nous avons été obligés de partager le trésor avec lui: sa part aurait augmenté les nôtres, et nous serions véritablement riches. Il va revenir, nous avons de bons poignards; servons-nous-en."

Le jeune homme revint avec des vivres empoisonnés. Ses compagnons l'assassinèrent; ils mangèrent, ils moururent, et le trésor n'appartint à personne.—BERQUIN.

Grammatical Questions.—1. *Leurs richesses*: when is *leur* invariable? Give two examples. 2. Account for the agreement of the p. p. in: *Les vivres qu'ils avaient pris avec eux étant consommés*. 3. Put in the fem.: *qu'un d'eux; mes compagnons; les deux autres voyageurs*. 4. Give the ordinal forms of *trois* and *deux*, and write in Fr.: 23, 23rd; 73, 73rd; 93, 93rd;—2nd; 32nd; 72nd, 92nd, 102nd. 5. Conjug. *interr. with a neg.* the past def. of *feraient*, *se chargerait*, *je vais*, *je dirais*. 6. Transl. into Fr.: *We shall dine at a quarter to seven. It is too late, I am accustomed to dine at a quarter-past six. Well! let us say at half-past six; but do not be late*.

51. *Un malentendu.*—Frédéric II avait coutume, toutes les fois qu'un nouveau soldat paraissait dans sa garde, qui était composée de l'élite des régiments de son armée, de lui faire ces trois questions; 'Quel âge avez-vous?—Depuis combien de temps êtes-vous à mon service?—Recevez-vous exactement votre habillement et votre paye?"

Un jeune Français, que sa figure et sa taille avaient fait admettre au nombre des gardes, mais qui ne savait pas l'allemand, fut prévenu par son capitaine d'apprendre par cœur la réponse à ces trois questions. Il paraît devant le roi, qui, commençant cette fois par la seconde question, lui demande : "Combien de temps y a-t-il que vous êtes à mon service ?"—" Vingt ans, Sire."—"Comment ! vingt ans ? Quel âge avez-vous donc ?"—" Sire, un an, sous le bon plaisir de Votre Majesté."—"Vous ou moi avons perdu l'esprit !"—"L'un et l'autre, Sire, exactement."—"Voilà la première fois que je suis traité de fou à la tête de mon armée !" Le jeune Français qui avait épuisé tout ce qu'il savait d'allemand, gardait le silence le plus profond, quand le roi s'avisa de le questionner de nouveau. Le pauvre jeune homme fut obligé d'avouer, par son silence, qu'il n'entendait pas la langue allemande. Frédéric II comprit alors la cause des réponses baroques faites à ses trois questions et s'amusa beaucoup de cette aventure.

Grammatical Questions.—Transl. into Fr.: 1. *How many times did I ask you this question?* 2. *How old will you be next month?* Answer in Fr. 3. *Do you know French and German? I know French a little,* but *I do not know a single word of German.* 4. *How long have you learnt French?* *Four years, next Christmas.* 5. Parse the foll. v., and, in each case, give the prim. tenses: *avaient fait, savait, paraît, comprit.* 6. Account for the agreement of the p. p. in: qui était composée ; des **réponses** baroques *faites.*

52. *Le bon roi.*—Louis XII, roi de France, parvenu au trône par le chemin de l'adversité, y fit régner avec lui les vertus d'un bon roi. C'était un prince religieux, magnanime, économe, d'un accès facile, ami de la justice et de la vérité, plein de tendresse pour son peuple, et n'ayant point de plus forte passion que de le rendre heureux ; aussi jamais roi ne fut plus tendrement aimé. Ses voyages étaient des triomphes : on s'empressait de se trouver sur son passage ; les chemins étaient jonchés de fleurs, l'air retentissait de cris d'allégresse et de vœux que l'on faisait pour la conservation de ses jours. Les gens de la campagne accouraient de dix et de vingt lieues à la ronde, l'entouraient et se pressaient autour de lui. Ils l'appelaient le *père du peuple,* titre préférable à tous ceux que l'héroïsme peut donner.

Voici un trait de sa bienfaisance et de ses sentiments paternels :

Un gentilhomme de la cour demandait à Louis la confiscation des biens d'un riche bourgeois d'Orléans, qui s'était déclaré ouvertement contre ce prince, avant son avénement au trône. "Je n'étais pas son roi," répondit-il, "lorsqu'il m'a offensé. En le devenant, je suis devenu son père. Je dois lui pardonner et le défendre."—BERQUIN.

Grammatical Questions.—1. **Write** in full, and in Fr., *Louis XII.,* and **state** what kind of word is *y* in **y fit régner.** 2. Give the fem. of *bon roi, prince religieux ;* the sup. rel. of *bon,* and the adv. of manner of *re-ligieux.* 3. *C'était:* what kind of word is *ce* here? Transl.: *Who was called the father of the people? It was Louis XII. Who calls me?* (*it is*) *I. Who called you?* (*it is*) *they.* 4. Give the 2nd p. sing. of the pres.

(Ind. and Subj.) of *parvenu*, *fit*, *régner*, *accouraient*, *appelaient*; and conj. *interr.* the pluperf. Ind. of *s'empressaient*. 5. *Le père du peuple*, *titre qui*: why no art. before *titre*? Form the pl. of *gentilhomme*. 6. Put in the pl.: *C'était un prince religieux*; *je dois lui pardonner et le défendre*.

53. *Piété filiale.*—Dans l'embrasement du Vésuve, Pline le jeune était à Misène avec sa famille. Tous les habitants cherchaient leur salut dans la fuite; mais, redoutant peu pour lui-même le danger qui l'environne, Pline est prêt à tout entreprendre pour sauver les jours d'une mère qui lui est plus chère que la vie. Elle le conjure en vain de fuir d'un lieu où sa perte est assurée. Elle lui représente que son grand âge et ses infirmités ne lui permettent pas de le suivre, et que le moindre retardement les expose à périr tous deux. Ses prières sont inutiles, et Pline aime mieux mourir avec sa mère que de l'abandonner dans un péril aussi pressant. Il l'entraîne malgré elle, et la force de se prêter à son empressement. Elle cède à la tendresse de son fils en se reprochant de retarder sa fuite. Déjà la cendre tombe sur eux. Les vapeurs et la fumée dont l'air est obscurci font du jour la nuit la plus sombre. Ensevelis dans les ténèbres, ils n'ont pour guider leurs pas tremblants que la lueur des flammes qui les environnent. On n'entend que des gémissements et des cris que l'obscurité rend encore plus effrayants. Mais cet horrible spectacle ne saurait ébranler la constance de Pline, ni l'obliger de pourvoir à sa sûreté tant que sa mère est en danger. Il la console, il la soutient, il la porte dans ses bras; sa tendresse excite son courage et le rend capable des plus grands efforts. Le Ciel récompensa une action si louable: il conserva à Pline une mère plus précieuse pour lui que la vie qu'il tenait d'elle, et à sa mère un fils si digne d'être aimé, et de servir de modèle à tous les enfants.—
BERQUIN.

Grammatical Questions.—1. Make an *interr.* sentence *with a neg.* with: *tous les habitants cherchaient leur salut dans la fuite.* 2. Give the comp. of *peu*. What is the meaning of the adj. *cher*, according as it is placed *before* or *after* the subst.? 3. Give the 2nd and 3rd p. pl. of the pres. Ind. and fut. of *fuir*, *suivre*, *périr*, *force*. 4. Give the positive and sup. *absolute* of *moindre*; parse *saurait*, and give its different meanings. 5. Give the 1st p. sing. of the fut. of *pourvoir*, and the two pl. forms of *ciel*, with their respective meanings. 6. *Si louable*: what does *si* mean (*a*) before an adj. or adv. and (*b*) before a pers. pron. and a verb? Transl. into Fr.: *The danger was so great, that the mother cried to her son: Fly, my child, and do not wait for me; I am too old, I cannot follow thee.*

54. *Les flatteurs confondus.*—Un prince doué de tous les sentiments qui caractérisent la vertu, considérant la statue équestre d'un de ses ancêtres, et voyant, sur le piédestal de cette statue, des figures en bronze qui représentaient un chat, une tourterelle et un oiseau portant une couronne dans une cage d'or, entourée d'une inscription en caractères anciens, assembla son conseil pour **lui en** demander l'explication. À peine a-t-il entendu prononcer quelques mots, qu'il s'aperçoit qu'on le trompe par les allusions les plus flatteuses **et les** plus recherchées. Il impose silence, **et fait** appeler un philosophe **célèbre pour le consulter** sur ce sujet. Ce philosophe, retiré depuis longtemps **dans sa cellule,** vivait **loin du tumulte** de la cour et des villes. Ses **principales** occupations étaient l'étude de la musique, des astres et des fleurs. Au milieu de la félicité dont il jouit, il reçoit les ordres **du souverain** et se rend **à la cour.** "Seigneur," dit-il, " voici **l'explication** que **je crois** trouver dans ces caractères anciens. **Le chat** est l'emblème **des** courtisans souples et dangereux qui entouraient l'empereur ; **la** tourterelle, l'image de **la** fidélité de son peuple ; l'oiseau couronné dans la cage d'or, celle **de** l'esclavage du prince au milieu des richesses et de la royauté . . ." À peine eut-il prononcé ces paroles, que les courtisans s'attendaient **à une** punition exemplaire ; mais le roi qui avait l'âme généreuse, pardonna **à** ceux qui l'avaient trompé, et récompensa le philosophe **qui** avait eu le courage de lui dire la vérité.—BERQUIN.

Grammatical Questions.—**1. Parse** *voyant,* and give the 1st p. sing. of the fut. Give **the** fem. sing. of *tous* and *chat,* and the pl. of *oiseau.* 2. *À peine a-t-il entendu* : why **the** pers. pron. after the v. ? Transl. into Engl. : (*a*) *M'entendez-vous ?* (*b*) *J'entends que vous m'obéissiez.* (*c*) *M'entendez-vous bien ? Parfaitement.* (*d*) *Qu'entendez-vous faire ?* (*e*) *J'ai entendu dire que vous étiez malade.* 3. *Sentiments, silence* : name the only fem. Fr. subst. ending in *-ment.* What observation is there to be made about *silence* ? 4. Give the 3rd p. (sing. and pl.) of the past def. and imp. Subj. of *vivait.* 5. Parse *jouit,* give its prim. tenses, and transl. into Fr. : *How do you do now? Better than last week, I hope. No, I do not enjoy good health.* 6. Conj. *neg.* the past indef. of *s'attendaient,* and the imper. of *dire.*

55. *Politesse française.*—C'était en Angleterre, à l'époque de la Révolution française. Le Duc de Bedford avait offert au Duc de G——, émigré, un splendide repas, une de ces fêtes quasi-royales **que** les grands seigneurs anglais mettent leur honneur à donner **à des** souverains, leur bon goût à offrir à des exilés. Au dessert, on apporta une certaine bouteille d'un vin de Constance merveilleux, sans pareil, **sans** âge, sans prix. C'était de l'or liquide, dans un cristal sacré ; un trésor fondu qu'on vous admettait à déguster ; un rayon de soleil qu'on faisait descendre dans votre verre : c'était le nectar suprême, le dernier mot de Bacchus. Le Duc de Bedford voulut verser lui-même à son hôte **cette** liqueur des dieux. Le Duc de G—— prit le verre, goûta **le** prétendu vin **et le déclara** excellent. Le Duc de Bedford voulut en boire à **son tour** ; mais à peine eut-il porté le verre à ses lèvres qu'il s'écria avec un horrible dégoût, "Ah ! qu'est-ce que c'est que ça ?" On accourt vers lui, on examine la bouteille, on interroge le parfum : c'était de l'huile de castor ! . . . Le Duc de G—— avait avalé cette détestable drogue sans sourciller. Ce trait

sublime fit grand honneur à la noblesse de France ; on conçut une haute idée d'un pays où la politesse allait jusqu'à l'héroïsme.—
MADAME ÉMILE DE GIRARDIN.

Grammatical Questions.—1. *C'était*: what is *ce*? and conjug. *interr. with a neg.* the pres. Ind. of *était*. 2. Transl. into Engl.: *C'est mon frère. C'est à moi de vous faire mes excuses. C'est à vous à parler. Qu'est-ce que c'est?* 3. *Une de ces fêtes*: what is *ces*? when do you use (*a*) *celui*, (*b*) *celui-ci*, (*c*) *celui-là*? Give examples. 4. Give the fem. of *duc*, *grands seigneurs anglais*, *son hôte*; and the homonyms of *verre*. 5. **Give**. the 3rd p. pl. pres. Ind. of *avait offert, faisait, voulut, prit, boire*; and the 2nd p. pl. imper. of *faisait, boire, allait*; and form the advs. in *-ment* of *splendide, merveilleux, dernier, excellent*. 6. Turn into Fr.: *Have the kindness to bring me a bottle of wine. Give me a glass, and I will taste this claret. It is not good; I cannot drink it.*

56. *La princesse de Talleyrand et M. Denon.*—Le prince de Talleyrand adressa un jour à sa femme ces paroles : " Vous aurez aujourd'hui à côté de vous, madame, un homme fort remarquable et très-aimé de l'empereur ; c'est M. Denon. Efforcez-vous de causer raisonnablement, parlez lui de ce qu'il a vu de curieux ; passez à ma bibliothèque, feuilletez son voyage et tâchez de retenir ce qui vous frappera le plus. N'oubliez pas de demander le voyage de M. Denon." La princesse se rend à la bibliothèque, mais malheureusement elle a oublié le nom. Cependant elle dit au bibliothécaire : " Donnez-moi, je vous prie, les voyages, les aventures de ce voyageur dont le nom se termine en *on*." " Je devine, madame, ce sont les voyages et aventures de Robinson que vous demandez ; en voici une belle édition, ornée de gravures." Madame de Talleyrand parcourut avidement l'ouvrage ; elle admira le parasol, le chapeau, et jusqu'au perroquet de Robinson. " Quel homme," se dit-elle, " quel plaisir de faire sa connaissance ; cette fois mon mari sera content." A l'heure du dîner, elle descend au salon et y trouve les convives réunis. M. Denon lui donne la main et la conduit dans la salle à manger ; en passant elle fait au prince un signe qui lui annonce qu'elle a suivi son conseil. Dès que la conversation est engagée, la princesse se tournant vers M. Denon, lui dit : " Monsieur, quelle joie vous avez dû éprouver dans votre île déserte, lorsque vous avez rencontré Vendredi ?" M. Denon reste un moment étourdi, cependant il se remet bientôt et réussit à se faire expliquer la cause de cette méprise. Mais d'autres voisins de table l'ont entendue, et le prince se mord les lèvres de colère, en pensant que le lendemain l'histoire sera connue de tout Paris.

Grammatical Questions.—1. Put in the fem.: *Très-aimé de l'empereur*: why *de* and not *par* after *aimé*? 2. Conjug. neg. the past indef. of *efforcez-vous*. 3. What difference of meaning is there between *tâcher* and *tacher*? 4. *Quel homme; quel plaisir*: what kind of word is *quel*? why no art.? why is *plaisir* a *s.m.*? 5. *La salle à manger*: what does the prep. *à* denote in compound subst.? Transl. into Fr.: *A windmill, a gold watch.*

6. *Quelle joie vous avez dû*: account for the non-agreement of the p. p.; for the circumflex in *dû*; and give the 1st p. sing. of the fut. (conjug. *interr.*) of *vous avez dû*. What is the meaning of *devoir, s.m.*?

57. *Le bouffon et le paysan.*—Le parterre donne souvent ses applaudissements fort mal à propos. Il applaudit même plus rarement au vrai mérite qu'au faux, comme Phèdre nous l'apprend par une fable ingénieuse.

Tout le peuple d'une ville s'était assemblé dans une grande place pour voir jouer des pantomimes. Parmi ces acteurs, il y en avait un qu'on applaudissait à chaque moment. Ce bouffon, sur la fin du jeu, voulut clore la séance par un spectacle nouveau. Il parut seul sur la scène, se baissa, se couvrit la tête de son manteau, et se mit à contrefaire le cri d'un cochon de lait. Il s'en acquitta de manière qu'on s'imagina qu'il en avait un véritablement sous ses habits. On lui cria de secouer son manteau et sa robe, ce qu'il fit; et comme il ne se trouva rien dessous, les applaudissements se renouvelèrent avec plus de fureur dans l'assemblée. Un paysan, qui était du nombre des spectateurs, fut choqué de ces témoignages d'admiration. "Messieurs," s'écria-t-il, "vous avez tort d'être charmés de ce bouffon, il n'est pas si bon acteur que vous le croyez. Je sais mieux faire que lui le cochon de lait; et, si vous en doutez, vous n'avez qu'à revenir ici demain à la même heure." Le peuple, prévenu en faveur du pantomime, se rassembla le jour suivant en plus grand nombre, et plutôt pour siffler le paysan que pour voir ce qu'il savait faire. Les deux rivaux parurent sur le théâtre. Le bouffon commença et fut encore plus applaudi que le jour précédent. Alors le villageois, s'étant baissé à son tour, et enveloppé de son manteau, tira l'oreille à un véritable cochon qu'il tenait sous son bras, et lui fit pousser des cris perçants. Cependant l'assistance ne laissa pas de donner le prix au pantomime, et chargea de huées le paysan, qui, montrant tout à coup le cochon de lait aux spectateurs : "Messieurs," leur dit-il, "ce n'est pas moi que vous sifflez, c'est le cochon lui-même. Voyez quels juges vous êtes !"—LESAGE, *Gil Blas.*

Grammatical Questions.—1. *Il applaudit même*: give the three persons sing. of the pres. (Ind. and Subj.) of *applaudit*. What is *même* here? Transl. into Engl.: *Ce sont les mêmes livres que j'ai déjà vus*, and say what kind of word is *mêmes*. 2. Give the fem. and the adv. of manner of *vrai, faux, nouveau, seul*. 3. Put in the fem.: *Il n'est pas si bon acteur*. 4. *Vous avez tort*: translate *You are right*, and conj. *interr.* with a neg. the tense to which *vous avez* belongs. 5. *Plutôt*: what difference of meaning is there between this word and *plus tôt*? Account for the cedilla in *commença*. 6. Transl. into Fr.: *Do you doubt that the countryman could better imitate the sucking-pig than the actor whom the spectators applauded, and to whom they gave the prize?*

58. *Le voltigeur en sentinelle.*—Au commencement de la nuit du 13 au 14 octobre 1806, il avait fait une gelée blanche accompagnée d'un brouillard assez épais. Cette disposition de l'atmosphère engagea Napoléon à former ses troupes en grosses masses qui se touchaient presque, afin d'être plus facilement déployées le lendemain. Le vaste plateau qu'elles occupaient n'étant pas à plus de deux cents toises de la position des Prussiens, l'empereur voulut donner un dernier coup-d'œil aux avant-postes les plus voisins de sa tente, et s'avança seul dans l'obscurité. Les sentinelles ne distinguant rien à dix pas autour d'elles, et la première entendant quelqu'un marcher dans l'ombre et s'approcher des lignes, cria deux fois : "Qui vive !" en s'apprêtant à faire feu à la troisième interrogation. Napoléon, vivement préoccupé, ne fit pas de réponse. Une balle qui siffla à son oreille le tira de sa rêverie.

S'apercevant du danger qu'il vient de courir et de celui dont il est incessamment menacé, l'empereur se jette ventre à terre. Cette précaution était sage ; car à peine s'était-il tenu quelques secondes dans cette posture, que d'autres balles sifflèrent au-dessus de sa tête.

Le premier feu essuyé, il se relève, appelle à lui, se dirige vers le poste le plus rapproché et se fait reconnaître. Il y était encore, lorsque le soldat qui avait fait feu le premier sur lui y arrive, après avoir été relevé de faction. C'était un jeune voltigeur du 12ᵉ de ligne. Napoléon lui ordonne d'approcher et le prenant par une oreille qu'il pinça fortement : "Ton nom ?" lui demanda-t-il.—"François Morissot," répond le soldat stupéfait ; car il vient de reconnaître l'empereur.—"Comment ! drôle, tu me prends pour un Prussien ?" Puis, s'adressant aux soldats qui l'entourent, il ajoute en souriant : "M. Morissot, à ce qu'il me paraît, ne jette pas sa poudre aux moineaux ; il ne tire qu'aux empereurs."

Le voltigeur était si troublé de l'idée qu'il eût pu tuer le *Petit Caporal*, que ce fut à grand' peine qu'il parvint à balbutier ces paroles : "Dame ! mon empereur . . . faites excuses ! . . . c'était la consigne . . . si vous ne répondez pas, ce n'est pas de ma faute . . . Il fallait au moins dire que vous ne vouliez pas répondre." Napoléon le rassura et lui dit en quittant le poste : "Morissot, c'est moi qui ai eu tort ; aussi ne te fais-je pas de reproches. Du reste, c'était assez bien ajusté pour un coup tiré à tâtons ; mais, écoute : Dans quelques heures il fera jour, tire plus juste et je te prouverai que je ne te garde pas rancune."—Le jeune François Morissot de 1806 est le même François Morissot qui devint maréchal-de-camp en 1830.—*Victoires et Conquêtes.*

Grammatical Questions.—1. Write in full, and in Fr.: *du 13 au 14 octobre* 1806. 2. Give, in Fr., the names of the days of the week, and the months of the year. 3. Give the fem. of *épais*, and the masc. of *grosses*; account for the *e* in *engagea*, and the *s* in *deux cents*. 4. Form the pl. of *coup-d'œil*, and explain the pl. of *avant-postes*, and form the pl. of *maréchal-de-camp*. How was the adv. *vivement* formed? 5. *À peine s'était-il tenu*: why the pers. pron. after the v.? Give the 1st p. pl. of the past def. of *il se relève, appelle, se dirige*. Account for the apostrophe in *grand' peine*. 6. Turn into Fr. the foll. idiom. sentences about the weather: What kind of weather is it to-day? Is it warm? No, it is cold; it has been raining early this morning; it freezes now, but when the sun comes out, it will be a little warmer.

59. *Un tour d'Ésope.*—Un certain jour de marché, Xantus, qui avait dessein de régaler quelques-uns de ses amis, lui commanda d'acheter ce qu'il y aurait de meilleur, et rien autre chose. "Je t'apprendrai," dit en soi-même le Phrygien, "à spécifier ce que tu souhaites, sans t'en remettre à la discrétion d'un esclave." Il n'acheta donc que des langues qu'il fit accommoder à **toutes les sauces** : l'entrée, le second service, l'entremets, tout ne fut **que** langues. Les conviés louèrent d'abord le choix de ce mets ; **à la fin** ils s'en dégoûtèrent. "Ne **t'ai-je** pas commandé," dit **Xantus**, "d'acheter **ce** qu'il y aurait de meilleur ?" "Eh ! qu'y a-t-il de meilleur que la langue ?" reprit Ésope. "C'est le lien de la **vie** civile, la clef des sciences, l'organe de la vérité et de la raison : **par** elle on bâtit les villes et **on les police** ; on instruit, on persuade, **on** règne dans les assemblées, on s'acquitte du premier de tous **les** devoirs, qui est de louer les dieux." "Eh bien !" dit Xantus, qui prétendait l'attraper, "achète-moi demain ce qui est de pire : ces mêmes personnes viendront chez moi ; et je veux diversifier."

Le lendemain Ésope ne fit encore servir que le même mets, disant que la langue est la pire **chose** qui soit au monde : c'est la mère de tous les débats, la nourrice **des** procès, la source des divisions et des guerres. Si l'on dit qu'elle est l'organe de la vérité, c'est aussi celui de l'erreur, et, qui **pis est,** de la calomnie. **Par** elle on détruit les villes, on persuade **de méchantes choses.** Si d'un côté elle loue les dieux, de l'autre elle profère **des blasphèmes contre** leur puissance. Quelqu'un de la compagnie dit à **Xantus** que véritablement ce valet lui était fort nécessaire ; car il savait le **mieux du monde** exercer la patience d'un philosophe.—La **Fontaine.**

Grammatical Questions.—1. *Avait dessein*: why no art. ? What difference **of** meaning is there between *dessein* and *dessin* ? 2. *Ne fut que langues*: what is the meaning **of** *ne* before the v., and *que* after it ? Why the v. *fut* in the sing. ? 3. *On bâtit*: when does *on* take *l'* before it ? What difference of meaning is there **between** *bâtit* and *battit* ? Parse **these two verbs and** give their prim. tenses. 4. *Louer les dieux*: to praise the gods ; **what is the** other meaning of *louer*, when not der. from L. *laudare* ? Give the fem. of *dieux*. 5. *Achète-moi*: account for the grave accent on the penultimate, and for the place of the pers. pron. after the v. Put in the *pl.*, and in the neg.: *achète-moi*. 6. *Pire chose qui soit au monde*: what is *pire*, and why the subj. *soit* ? Turn into **Fr.:** *Who is this gentleman ? He is the best man I know ; the best* **man in the** *world. Is he your friend ? Yes,* **sir,** *he is.*

60. *Voltaire accusé de plagiat.*—Voltaire ayant un jour demandé à Frédéric II la permission de lui lire une pièce de vers qu'il avait composée la veille, le roi la lui accorda gracieusement, mais il remit la lecture au lendemain.

Le roi de Prusse avait dans ses bureaux particuliers un homme dont la mémoire prodigieuse était un véritable phénomène. Il suffisait qu'il eût une seule fois entendu lire un morceau de prose ou de poésie, pour qu'il le répétât sans manquer un seul mot.

L'heure de la lecture arrivée, Frédéric fit cacher l'homme dans un couloir attenant à son cabinet et d'où l'on entendait distinctement les moindres paroles, puis il donna ordre qu'on introduisît Voltaire.

La lecture de la pièce de vers commença immédiatement ; mais à mesure qu'elle avançait, le front du roi s'assombrissait ; deux ou trois fois il laissa échapper quelques marques d'impatience. Voltaire en apercevant ces signes peu flatteurs devenait de plus en plus inquiet ; cependant il parvint à achever sa lecture.

"Sire," dit-il, "j'ai cru voir que mes vers ne vous ont pas plu."

"Les vers sont excellents, ce n'est point cela !"

"Eh ! qu'est-ce donc qui a pu me mériter ces marques de défaveur de la part de Votre Majesté ?"

"Tenez, mon cher Voltaire, il faut bien vous l'avouer, cela me fait de la peine de voir un génie comme le vôtre emprunter à d'autres ; ces vers que vous dites avoir faits hier soir sont connus depuis longtemps et ne sont pas de vous."

"Que dites-vous, sire ?" dit Voltaire en pâlissant, " je vous jure . . . ."

"Ne jurez pas, car je les ai entendu réciter il y a déjà longtemps par un homme attaché à mon service. Tenez, il doit être au palais dans ce moment, je vais le faire venir." Le roi sonne, donne un ordre et bientôt après paraît l'homme-mémoire.

"Dites-moi, Wrangel, ne vous ai-je pas entendu réciter une fort jolie pièce de vers ? Veuillez en dire le commencement, M. de Voltaire." Celui-ci ayant obéi, Wrangel déclara qu'il connaissait depuis longtemps ce morceau, et offrit de le réciter en entier, ce qu'il fit sans omettre ou changer un seul mot.

Voltaire abasourdi, éperdu, se croyait le jouet d'un songe, il balbutiait sa justification. Frédéric qui jouissait de sa détresse lui dit : "Allons, monsieur de Voltaire, oublions cela, la pièce de vers est jolie, je vous pardonne volontiers de vous en être emparé."

Voltaire n'avait rien à répondre à ces coups d'assommoir. Il se retira encore plus désespéré qu'un auteur dont la pièce a été outrageusement sifflée. Heureusement Frédéric en eut pitié, et lui apprit la vérité dès le soir même.

Grammatical Questions.—1. Give the prim. tenses of the foll. verbs: *remit, suffisait, entendu, fit, j'ai cru, plu.* 2. Give the 1st pers. sing. of the fut. (in the *interr.*) of *a pu, voir, doit, je vais, venir.* 3. *Un génie comme le vôtre*: what difference is there between *votre* and *vôtre*? Illustrate your answer by two examples. 4. *Frédéric en eut pitié*: what is *en* here ? why no art. before *pitié ?* 5. Put in the *pl.*: *Il doit être au palais, je vais le faire venir ; celui-ci, ayant obéi, déclara qu'il connaissait ce morceau, et offrit de le réciter.* 6. Transl. into Fr.: *How many times have you read these verses ? Twice, sir. Do you know them ? Not yet. Read them once more, and perhaps you will be able to repeat them without missing a single word.*

PREMIÈRES CONNAISSANCES: HISTOIRE NATURELLE, DÉCOUVERTES ET INVENTIONS.

1. *La nature sauvage.*—La nature est le trône extérieur de la magnificence divine. L'homme qui la contemple, qui l'étudie, s'élève par degrés au trône intérieur de la toute-puissance. Fait pour adorer le Créateur, il commande à toutes les créatures; vassal du ciel, roi de la terre, il l'ennoblit, la peuple et l'enrichit; il établit entre les êtres vivants l'ordre, la subordination, l'harmonie; il embellit la nature même; il la cultive, l'étend et la polit, en élague le chardon et la ronce, y multiplie le raisin et la rose. Voyez ces plages désertes, ces tristes contrées où l'homme n'a jamais résidé, couvertes ou plutôt hérissées de bois épais et noirs, dans toutes les parties élevées; des arbres sans écorce et sans cime, courbés, rompus, tombant de vétusté; d'autres, en plus grand nombre, gisant au pied des premiers, pour pourrir **sur** des monceaux déjà pourris, étouffent, ensevelissent les germes prêts à éclore. La nature, qui partout ailleurs brille par sa jeunesse, paraît ici dans la décrépitude; la terre, surchargée par le poids, surmontée par les débris de ses productions, n'offre, au lieu d'une verdure florissante, qu'un espace encombré, traversé de vieux arbres chargés de plantes parasites, fruits impurs de la corruption. Dans toutes les parties basses, des eaux mortes, croupissantes, faute d'être conduites et dirigées; des terrains fangeux **qui**, n'étant ni solides **ni** liquides, sont inabordables, et demeurent **également** inutiles aux habitants de la terre et des eaux; des maré**cages** qui, **couverts** de plantes aquatiques et fétides, ne nourrissent que **des insectes** venimeux, et servent de repaire aux animaux immondes.—BUFFON.

Grammatical Questions.—1. Give the fem. of the foll. words: *extérieur, homme, créateur, roi, vieux.* 2. Form the pl. of *vassal, ciel,* and the sing. of *ces plages désertes, des bois épais et noirs, des eaux mortes.* 3. Give **the** 2nd p. pl. of the imper. of *fait,* **and** account for **the** s in *vivants.* 4. *Couvertes, conduites et dirigées*: account for the agreement of these past participles, and give the 1st p. pl. of the past **def.** of each of these verbs. 5. *Gisant*: parse this v., and give the p. p. and the 3rd p. sing. of the pres. and imp. Subj. of *paraît.* 6. Form an *interr.* sentence with a **neg.** with: *La nature . . . . divine.*

2. La nature cultivée.—Qu'elle est belle cette nature cultivée! Que, par les soins de l'homme, elle est brillante et pompeusement parée! Il en fait lui-même le principal ornement; il en est la production la plus noble; en se multipliant, **il en** multiplie le germe le plus précieux: elle-même aussi **semble se** multiplier avec lui; il met au jour **par son art tout** ce qu'elle recélait dans son sein. Que de trésors ignorés! que de richesses nouvelles! Les fleurs, les fruits, **les** grains perfectionnés, multipliés à l'infini; les espèces utiles d'animaux transportées, propagées, augmentées sans nombre; les espèces nuisibles réduites, confinées, reléguées: l'or, et le fer plus nécessaire que l'or, tirés des entrailles de la terre; les torrents contenus, les fleuves dirigés, resserrés; la mer soumise, reconnue, traversée, d'un hémisphère à l'autre; **la** terre accessible partout, partout rendue aussi vivante **que** féconde; **dans les vallées,** de riantes prairies; dans les plaines, **de riches** pâturages ou des moissons encore plus riches; les collines chargées de vignes et de fruits, leurs **sommets** couronnés **d'arbres utiles et de** jeunes forêts; les déserts, devenus des cités, habités par un peuple immense, qui, circulant sans cesse, se répand de ces centres jusqu'aux extrémités; des routes **ouvertes** et fréquentées, des communications établies partout, comme **autant de** témoins **de la force** et de l'union de la société: mille autres monuments de puissance et de gloire démontrent assez que l'homme, **maître** du domaine de la terre, en a changé, renouvelé la surface entière, et que de tout temps il en partage l'empire avec la nature. —BUFFON.

Grammatical Questions.— 1. Give the two masc. forms of *belle*, the pl. masc. of *principal*, and form the adv. of manner of *précieux.* 2. *Recélait dans son sein*: give the 1st p. (*sing.* and *pl.*) of the pres. Subj. of this v., and the *homonyms* of *sein.* 3. *L'or et le fer*: why the def. art. before these subst.? Transl.: *Gold is a more precious metal than iron, but iron is the most useful of all metals.* 4. *Ornement*: **of** what gender are all substs. ending in *-ment*? Is there any exception? 5. Give the 3rd p. pl. of the pres. (Ind. and Subj.) of *fait*; the 1st p. (*sing.* and *pl.*) of the past def. and imp. Subj. of *met*, and the 3rd **p.** pl. of the pres. Ind. of *renouvelé.* 6. Give the *homonyms* of *mer*, and form (*in the pl.*) an *interr.* sentence *with a neg.* with: *Il en fait lui-même le principal ornement.*

3. *La verdure.* — À cette seule parole: "Que la terre produise de l'herbe verte!" une surface sèche et stérile devient tout d'un coup un paysage diversifié de prairies, de riches vallons, d'agréables collines, de montagnes couvertes de forêts, semé de fleurs de toute espèce, chargé de fruits de tout genre et de toute sorte de goûts.

Mais ne nous livrons pas **si** fort à la nouveauté **et** à la surprise d'un **tel** spectacle, que nous devenions incapables de l'examiner.

La première chose qui me frappe, est le choix que Dieu a fait de la couleur générale qui embellit toutes les plantes qu'il vient de produire; le vert naissant, dont il les a revêtues, a une telle proportion avec les yeux, qu'on voit bien que c'est la même main qui a coloré la nature, et qui a formé l'homme pour en être spectateur. S'il eût teint en blanc ou en rouge toutes les campagnes, qui aurait pu en soutenir l'éclat ou la dureté ? S'il **les eût** obscurcies par des **couleurs** plus sombres, qui aurait pu **faire ses délices** d'une vue si **triste et si lugubre ?**

Grammatical Questions.—1. *Que la terre produise :* why the Subj. here ? Parse *produise*, give its prim. tenses, and the substantives and adjectives corresponding to it. 2. Give the **masc.** of *sèche* and *stérile*, and name **the three preps.** which must be repeated before every word they govern. 3. Give the 3rd p. pl. of the pres. and imp. Subj. of *devient, couverte, semé, chargé.* 4. Give the prim. tenses **of *naissant*, and the** subst. der. from it ; and **account for the agreement in the p. p. *revêtues*.** 5. Give the sing. of *yeux* ? What is the other pl. form, and when **is it** used ? Give the 1st p. sing. **of the** pres. Ind. and fut. (conj. *interr.*) of *voit, teint, pu.* 6. Transl. into Fr. : *What a magnificent landscape !* **I** *never saw anything so beautiful !* **Do** *not plants produce flowers and fruit ?*

4. *La verdure (suite).*—Une agréable verdure tient le milieu entre ces deux extrémités, et elle a un tel rapport avec la structure de l'œil, qu'elle le délasse, au lieu de le tendre, et qu'elle le soutient et le nourrit, au lieu de l'épuiser.

Mais ce que je croyais d'abord n'être qu'une couleur, est une diversité de teintures qui m'étonne. C'est du vert partout, mais ce n'est nulle part le même. Aucune plante n'est colorée comme une autre : Je les compare, et je trouve, en les comparant, que la différence est sensible. Cette surprenante variété, qu'aucun art ne peut imiter, se diversifie encore dans chaque plante, qui, dans son origine, dans son progrès, dans sa maturité, est d'une espèce de vert différent. Et je suis moins surpris, après cette observation qui augmente mon admiration, que les nuances innombrables d'une même couleur m'attirent toujours, et ne me rassasient jamais.— DUGUET, *L'Ouvrage des Six Jours.*

Grammatical Questions.—1. *Œil :* transl. into Engl. the foll. idiomatic expressions : (a) *Cet enfant grandit à vue d'œil.* (b) *Cet homme a les yeux à fleur de tête.* (c) *J'ai regardé ce fripon entre deux yeux.* (d) *Cela saute aux yeux.* (e) *Je n'ai pas fermé l'œil de toute la nuit.* 2. Parse the foll. verbs and give their prim. tenses : *tient, nourrit, croyais.* 3. Conjug. **interr.** with a neg. the pres. Ind. of *peut*, and form the **adv.** of manner of *différent.* 4. Put **in the** fem. pl. *je suis moins surpris.* What kind of word is *moins* ? 5. Give, with their respective meanings, the substs. corresponding to the verbs *délasser, nourrir, épuiser, croire, étonner, comparer.* 6. Transl. into Fr. : *Can Art imitate the different shades of the same colour we see in Nature ?*

5. *La prairie.*—Quelle belle prairie ! **Comme l'herbe en est** épaisse et verdoyante ! et de combien de jolies fleurs elle est émaillée !

Je n'ai pas besoin de vous dire quel est l'usage de l'herbe que l'on appelle ordinairement gazon : vous avez vu si souvent les vaches, les chevaux et les brebis s'en repaître ! mais ils **ne la** mangent pas **toute** sur la prairie ; on leur réserve certains quartiers **pour** le pâturage, et on les éloigne des **autres** aussitôt que l'herbe **commence à** grandir. Elle n'atteint sa **parfaite** maturité qu'au mois **de juin** ; ce que l'on reconnaît par **la couleur** jaune qu'elle **prend**. Alors les faucheurs la coupent **avec un** instrument de fer **recourbé**, qu'on nomme une faux ; ensuite viennent des faneurs qui la **tournent** et la retournent avec des fourches de bois, en l'étalant sur la **terre pour** la faire sécher au soleil. Elle prend alors le nom de foin. Dès que le foin a perdu toute son humidité, et qu'il n'y a plus de danger qu'il s'échauffe, on le ramasse avec des râteaux, et on l'emporte **sur** des chariots dans la cour de la ferme, où il est entassé en grands monceaux, qu'on appelle meules.

C'est de ces meules énormes que l'on tire le foin pour le lier en milliers de bottes, et le donner aux chevaux que l'on tient à l'écurie. Il sert aussi dans l'hiver à nourrir les troupeaux ; car alors il y a bien peu de gazon pour eux sur la terre, et encore moins lorsqu'elle est couverte de neige. Tout cela vient de petites graines qui ne sont pas plus grosses que des têtes d'épingles ; et les graines sont venues des fleurs que vous pouvez facilement remarquer à l'extrémité de la tige.

Dans une prairie où l'on fauche du foin, il se détache toujours un grand nombre de graines, qui, l'année suivante, produisent le gazon. —BERQUIN.

Grammatical Questions.—1. *Quelle belle prairie* : why no art. here ? 2. *Comme l'herbe en est épaisse* : what kind of word is *en* here ? Give the masc. sing. and pl. of *épaisse*. 3. What is the meaning of the foll. idiom. expressions ?—(a) *Mauvaise herbe croit toujours.* (b) *Je lui ai coupé l'herbe sous le pied.* (c) *Ce jeune homme est un docteur en herbe.* (d) *Qu'avez-vous ? Avez-vous marché sur quelque mauvaise herbe ?* 4. Give the 2nd p. sing. and pl. of the imper. of *dire, appelle, vu,* and the 1st pers. sing. of the past def. of *commence*. 5. Give, with their respective meanings, the **verbs** corresponding to the foll. substs. and adjs.: *faucheurs, jaune, neige, grosses, fleurs.*

6. *Le froment.*—Maintenant nous **allons** prendre congé de la prairie, et faire un **tour dans le** champ de blé. Il y en a de plusieurs espèces. Celui-ci est du froment. Je le reconnais à la hauteur de ces tiges. J'espère que nous en aurons une abondante récolte. Elle sera bonne à ramasser dans le mois d'août, qu'on appelle le mois des moissons. Vous voyez qu'il y a plusieurs grains dans un épi : eh bien, regardez maintenant le pied, vous verrez qu'il vient quelquefois plusieurs tiges, et par conséquent plusieurs épis d'une seule racine ; et cependant toute cette racine provient d'un seul grain qu'on a semé à la fin de l'automne.

Cette semence n'a pas été jetée au hasard, et sans beaucoup de soins particuliers. On avait commencé par ouvrir la terre en sillons, quelques mois auparavant, avec ce fer tranchant que vous avez pu remarquer au-dessous de la charrue. Elle est restée en repos tout l'été, et s'est bien pénétrée du fumier qu'on avait répandu sur les guérets pour l'engraisser ; puis on l'a de nouveau labourée ; enfin, vers le milieu de l'automne, un homme est venu dans chaque sillon y répandre des grains, et tout de suite, avec sa herse, il les a recouverts de terre. Ces grains étant enflés et **ramollis par** l'humidité, il en est sorti par en bas de petites racines, **qui se sont** accrochées dans le sein de la terre ; et, par en haut, de petits tuyaux qui ont percé sa surface en plusieurs branches. Ces tuyaux, montés en haute tige, ont produit les épis, dont chacun renferme à peu près vingt grains ; en sorte que si vous comptez, d'après ce calcul, tout le produit des grains dont la semence a réussi, vous trouverez **qu'il peut en être venu environ** vingt fois autant que l'on en a mis **dans la terre.** Les épis, **cachés** encore dans ces tiges, se développeront **peu à** peu, se mûriront au soleil, et ressembleront à celui que vous **venez** de froisser. Alors on coupera par le pied, avec une faucille, **les** tiges de paille qui les supportent, et on les liera en paquets, appelés gerbes, pour les emporter dans la grange, les battre avec un fléau, et les vanner, pour séparer les débris de paille du grain. On **enverra celui-ci** au meunier pour le moudre en farine sous la grosse **meule de son moulin à** eau, ou à vent ; ensuite la farine sera vendue **au boulanger pour en faire du pain, et au pâtissier pour en faire des biscuits et des pâtés.**—BERQUIN.

Grammatical Questions.—1. *Nous allons*: **name the** *three* **L. verbs which lend persons and tenses to this v., and conj.** *interr.* **the past def.** 2. **Transl. into Engl. the foll. idiom. expressions:** (*a*) *Vous ne faites qu'aller et venir.* (*b*) *Comment va Monsieur votre père ?* (*c*) *Ce chapeau ne vous va pas.* (*d*) *Allons-nous-en.* 3. *Faire* **un tour**: **conjug.** *interr.* **the pr. Ind.** of *faire*. **What is the** meaning of *tour, s.f.*? **4. Give the fem. pl.** of *celui-ci*, **the compar. of superiority and the sup. absolute of** *bonne*. **5.** *Août*: **how is this word to be pronounced? Name, in Fr., the months of the year.** 6. *Vingt*: **when does** *vingt* **take the mark of the pl. ? and transl. into Fr.:** *My grandfather is eighty-four years old, and my grandmother is eighty.*

7. *L'orge, l'avoine, le seigle, le maïs et le millet.*—Voici une **autre** espèce de **blé qu'on** appelle de l'orge. Voyez-vous comme il **a des** barbes longues et fourrées ? L'orge est semée et recueillie **de la** même manière que le froment ; mais elle ne fait pas de si bon pain. Elle est cependant fort utile. Les fermiers **la** vendent par boisseaux aux marchands de drèche, qui la font tremper dans l'eau, pour la faire germer. Alors **on la sèche** sur de la cendre chaude, et elle devient drèche. On y verse **une** grande quantité d'eau, puis on y mêle **du** houblon, qui lui **donne** un goût agréable d'amertume, et l'empêche de s'aigrir. Enfin, en brassant ce mélange, on en fait de la bière, cette liqueur **forte** et nourrissante qui fait la boisson ordinaire dans plusieurs **pays** où il ne croît pas **de vin**. L'orge est aussi fort bonne pour nourrir les dindes, les **poules et** d'autres oiseaux de basse-cour.

Je vous ai parlé du houblon. Il croît dans les champs qu'on appelle houblonnières. Sa tige monte le long des perches qu'on lui donne pour la soutenir. Ses fleurs, d'un jaune pâle, font un effet charmant dans la campagne. Quand il est mûr, on le sèche ; on en fait des monceaux, et on le vend aux brasseurs.

Cette troisième espèce de blé est de l'avoine. Vous avez vu souvent le palefrenier en servir aux chevaux pour les régaler et leur donner du feu. C'est une espèce de dessert qu'on leur présente après le foin.

Il y a aussi une autre espèce de blé, qu'on nomme seigle, qui sert à faire le pain bis que mangent les pauvres. On le mêle quelquefois avec du froment, et il donne alors du pain d'un goût assez bon.

Il y a bien des pays qui ne produisent pas de blé pareil **à celui** qui vient dans nos contrées. Par exemple, le blé qu'on **nous a** apporté de Turquie et qu'on nomme *maïs* est bien différent du nôtre. Sa tige est comme celle d'un roseau avec plusieurs nœuds. Elle monte à la hauteur de quatre ou cinq pieds. Entre les jointures du haut **de sa** tige sortent des épis de la grosseur de votre bras, qui renferment un grand nombre de grains jaunes ou rougeâtres, à peu près de la figure d'un pois aplati. La volaille en est très-friande. On le cultive avec succès dans quelques provinces de la France, surtout dans les landes de Bordeaux, où il sert à faire du pain pour les misérables habitants.

Vous connaissez aussi bien que moi le millet que l'on donne aux oiseaux. Il vient en forme de grappes, sur des tiges plus courtes et plus menues que celles du froment. La farine en est excellente, cuite avec du lait.—Berquin.

Grammatical Questions.—1. Give **the sing. masc.** of *longues,* and transl. into Fr.: *Barley-bread is* **not** *so good as wheat-bread.* 2. What is the meaning of *faire* when foll. by an Inf., **as in** *faire germer?* Conjug. *neg.* the imper. of *faire.* 3. Conjug. the pres. Subj. of *sèche,* and comment on the different accents. 4. *Dans plusieurs pays où il ne croît pas de vin*: how is *pays* to be pronounced? what kind of word is *où* here? parse *croît,* give its prim. tenses, account for the circumflex accent, and give the 3rd p. sing. of the pres. Ind. of *croire.* 5. Give **the** pl. of *basse-cour,* and conjug. *interr.* the pres. Ind. of *sert.* 6. When is the *s* to be sounded in the word *bis?* 7. Parse the foll. verbs, and give their prim. tenses: *sortent, connaissez, vient, cuite.* 8. Transl.: *Will you have some wine or some beer? I will take some beer now, and a glass of wine with dessert.*

8. *Les arbres de haute futaie.*—Le beau chêne que voilà, mes **amis** ! comme son ombrage s'étend à propos pour nous garantir des **rayons** du soleil ! Voyez quel nombre infini de glands attachés à ses branches ! Vous savez bien quel est l'animal qui se régale de **ce** fruit. Mais ne pensez pas que le chêne majestueux ne soit bon qu'à lui fournir des provisions. Il est d'un plus grand usage pour nous, ainsi que je vous le dirai tout à l'heure.

Lorsque le chêne ou les autres arbres qu'on appelle aussi de haute futaie, tels **que** le frêne, l'orme, le hêtre, le sapin, le châtaignier, le noyer, seront parvenus au terme de leur croissance, un bûcheron viendra les couper par le pied avec sa cognée. On dépouillera le tronc de ses branches, et les scieurs le scieront en différents morceaux, pour en faire des madriers propres à la construction des vaisseaux, des poutres pour les maisons, ou des planches pour les uns et les autres, ainsi que pour différentes sortes de meubles et de machines. Les grosses branches, les plus droites, seront réservées pour les solives ; celles qui sont crochues, pour les bûches ; les branchages, pour les fagots ; enfin, les **racines** donneront les souches que l'on brûle **dans** nos foyers. Vous voyez par-là de quelle utilité les arbres sont pour nous dans toutes leurs parties. Il n'est pas même jusqu'à leur écorce dont on sait faire un usage utile pour les teintures, et pour tanner le cuir de nos souliers.

Lorsqu'il y a plusieurs arbres rassemblés sur une vaste étendue de terrain, cet endroit s'appelle bois, ou forêt. Si cet endroit est fermé de murailles, et dépend d'un château, on l'appelle parc. Les bosquets ou bocages sont de petites forêts.—BERQUIN.

Grammatical Questions.—1. Conjug. *interr. with a neg.* the plup. Ind. of *s'étend.* 2. Give the 2nd p. sing. of the pres. Ind., fut., pres. and imp. Subj. of *savez.* What is the comp. of superiority of *bien* ? 3. Name, in French, the fruit of the *châtaignier* and *noyer*, and give the v. corresponding to the subst. *croissance.* 4. Give the sing. masc. of *grosses*, and account for the agreement of the **p. p.** *réservées.* 5. *Que l'on brûle* : after which words do you find *l'on* instead of *on*, and transl. into Fr. : *Do you burn coals or wood ? Both. Have you not burnt your finger ? Yes, sir, and it pains me much.* 6. *Forêt, château* : account for the circumflex accent, and put in the sing. : *Les bosquets ou bocages sont de petites forêts.*

9. *Le verger.*—Outre ces arbres, il en est d'autres nommés arbres fruitiers. Entrons dans le verger. Voilà les fruits qui grossissent. Ce serait vous faire injure que de vouloir vous les faire connaître. Si jeunes que vous soyez, je pense que personne au monde ne distingue mieux que vous les poires, les pommes, les pêches, les cerises, les prunes, les abricots et les brugnons. Les arbres étendus en éventail contre la muraille s'appellent espaliers, et les autres, arbres à plein vent. Les premiers rapportent plus sûrement, et de plus beaux fruits, parce que, dans les gelées, on peut les couvrir avec des nattes de paille, et que la muraille, échauffée par le soleil, avance leur maturité. Les seconds passent pour avoir leur fruit d'un goût plus fin et plus délicat.

Les pommes et les poires peuvent se garder dans leur état naturel pendant tout l'hiver ; mais les autres fruits tournent bientôt en pourriture, et il faudrait renoncer à en manger après leur saison, si l'on n'avait trouvé le moyen de les conserver en les faisant sécher au four, ou en les mettant dans l'eau-de-vie, ou enfin en les faisant bouillir avec un sirop composé d'eau et de sucre. C'est de cette dernière façon que l'on fait les marmelades et les gelées que vous trouvez si bonnes en hiver.

Il y a quelques fruits renfermés dans des coquilles dures comme les noix, les amandes, les noisettes et les châtaignes. Vous les connaissez, aussi bien que les arbres qui les portent; mais vous ne connaissez pas un autre arbre de la même espèce, parce qu'il ne vient pas dans notre pays: c'est le cocotier. Il est très-haut et fort droit, sans branches ni feuillage autour de sa tige. Seulement vers le sommet il pousse une douzaine de feuilles très-larges, dont les Indiens se servent pour couvrir leurs maisons, pour faire des **nattes** et pour d'autres usages. Entre les feuilles et l'extrémité de sa pointe il sort quelques rameaux de la grosseur du bras, auxquels **on fait** une incision, et qui répandent, **par** cette blessure, une liqueur très-agréable, **dont on** fait l'arack. Ces rameaux portent une **grosse** grappe, ou paquet de cocos, au nombre de dix à douze.

Cet arbre rapporte trois fois l'année, et son fruit est aussi gros que la tête d'un homme.

Il y a aussi une espèce d'amande, appelée cacao, qui vient dans les Indes occidentales et au midi de l'Amérique. L'arbre qui la produit ressemble un peu à notre cerisier. Chaque cosse renferme une **vingtaine de ces** amandes, de la grosseur d'une fève, dont on fait **le chocolat, avec** d'autres ingrédients. Le meilleur cacao nous vient **de Caraque,** dont il **porte** le nom.—BERQUIN.

Grammatical Questions.—1. Give, in Fr., the names of the trees which produce *poires, pêches, cerises, prunes, abricots.* 2. Give the pl. of *éventail,* and the p. p. of *couvrir;* give also the verbs (with their respective meanings) corresponding to the foll. substantives: *injure, gelées, goût, pourriture, sucre.* 3. Transl. into Fr.: *Boil some potatoes, and bake some* **apples.** 4. Turn into Engl.: (a) *Comment* **vous** *portez-vous aujourd'hui? Très-bien, merci.* (b) *Ma vue porte très-loin.* (c) *Le vin porte souvent à la tête.* (d) *Que portez-vous là? un ballot de livres.* (e) *Nous portons le deuil de notre grand'mère.* 5. *Sans branches:* why no art. here? What difference is there between *vers* and *envers,* which are rendered into Engl. by *towards?* 6. *Auxquels on fait:* why not *à qui?* How do you express in Fr., and in one word, a collection of *ten, twelve, twenty?* and transl. in idiom. Fr.: *Are you more than forty years of age?*

10. *Le chanvre, le lin et le coton.*—Voyez-vous là-bas ces deux grandes pièces de **terre** couvertes d'une si belle verdure? L'une est du chanvre, l'autre est **du** lin. Les tiges de ces plantes, après qu'elles ont été battues et bien préparées, forment la filasse que vous avez vu filer par les vieilles bonnes femmes. Le fil de chanvre sert à faire le linge de corps et de ménage. Le fil de lin, qui est d'une plus belle qualité, se réserve pour la toile de batiste. On l'emploie **aussi** pour faire de la dentelle. La filasse de **chanvre** sert encore pour toute espèce de câbles, de **cordes** et de **ficelles.**

On **a** essayé, en quelques endroits, de **tirer** parti de ces vilaines **orties** qui piquent si bien les passants; et l'on **en** fait un fil grossier, mais très-fort, qui peut servir à faire des toiles communes.

Au **défaut** de ces plantes, on cultive le coton dans quelques îles de l'Amérique, et surtout dans les grandes Indes. C'est d'abord un duvet léger, qui entoure les graines d'un arbre appelé arbre à coton. Le fruit qui les renferme en plusieurs petites loges, est à peu près de la grosseur d'une noix, et s'ouvre en mûrissant. Alors on le recueille, et le coton, séparé des graines et du fruit, devient, après quelques préparations, une espèce de filasse douce et blanche. La partie la plus grossière se file en gros brins pour les mèches de nos lampes et de nos bougies. Le reste, filé en brins presque aussi déliés que nos cheveux, s'emploie pour la fabrique des basins, des mousselines et des toiles de coton.—BERQUIN.

Grammatical Questions.—1. *Voyez-vous*: put this v. (*a*) in the *affirmative*, (*b*) in the *neg.*, and (*c*) in the *interr. with a neg.*; and conjug. *interr.* the fut. 2. *Que vous avez vu filer*: **why does not the** p. p. agree here? 3. *Emploie*: give the pr. Inf., the 1st p. of the fut. of this v., and its verbal subst. 4. Give the fem. sing. of *léger*, the comp. (*irr.*) of *petites*, and the masc. (*sing.* and pl.) of *douce* and *blanche*. 5. Put in the pl.: *Le fruit qui les renferme en plusieurs petites loges, est à peu près de la grosseur d'une noix, et s'ouvre en mûrissant*. 6. Transl. into Fr.: *Have you ever seen an old woman spinning?—Yes, very often, in the country. I want to have my hair cut.*

11. *La vigne.*—La vigne est un arbrisseau sarmenteux dont les **fleurs, réunies** en forme de grappes, produisent des fruits appelés raisins. Le cep est le tronc ou la tige de la vigne, les sarments sont les rameaux allongés et flexibles qui poussent de la tige.

Les terrains secs et légers sont ceux qui conviennent le mieux pour la culture de la vigne. Voici les procédés que l'on emploie généralement pour la plantation de cet arbrisseau. Lorsque le sol a été convenablement préparé par les labours, **on se procure** des sarments de l'année ou brins de bois **bien mûrs, qu'on appelle** *crossettes*, parce qu'ils **portent au** bas une *crosse*, c'est-à-dire un morceau de bois de la pousse précédente : on fait des trous de trois ou quatre décimètres de profondeur, et dans chacun de ces trous **on** plante un sarment : ou bien on trace un sillon, c'est-à-dire une longue tranchée, et on y couche les crosses.

Après **la** plantation, la vigne exige des soins assidus pendant quelques années. La première année, les travaux consistent en des binages qui ont pour but de tenir la terre propre et de la purger des mauvaises herbes ; ensuite on coupe toutes les pousses, excepté une qu'on destine à servir de souche, et qu'on taille sur un ou deux yeux, suivant sa force. La taille de la vigne est plus simple que celle des autres arbres, parce que, les fruits ne venant que sur les bourgeons de l'année, il suffit pour bien faire cette opération, de se rappeler que les boutons inférieurs sont ceux qui donnent des fruits. La deuxième année, il faut donner trois façons ou trois légers labours, ordinairement au moyen de la houe. On a le soin aussi d'ébourgeonner, c'est-à-dire de couper tous les sarments qui ne portent pas de fruits. Tous ces travaux, les binages, la taille, les labours, se continuent chaque année, et au bout de cinq ans la vigne est en rapport.

Les plants qui n'ont pas réussi sont remplacés au moyen d'une opération qu'on appelle *provignage*. Elle consiste à coucher dans une petite fosse pratiquée à cet effet un cep avec tous ses sarments, qui étant relevés contre la terre de la petite fosse prennent racine et forment de nouveaux ceps. Les vignes bien conduites peuvent durer un très-long espace de temps.

La vigne est une des principales richesses de la France.—G. BELÈZE.

Grammatical Questions.—1. Give the fem. sing. of *secs, légers, ceux, cet, mûrs*, and the masc. (sing. and pl.) of *longue*. 2. What is *le mieux?* and give the 1st p. sing. of the fut. of *emploie* and *envoyer*. 3. *Mûrs:* account for the circumflex accent; what is the meaning of *le mur* and *la mûre?* 4. *Qu'on appelle*: which is the best way of rendering the Fr. *en* in Engl.? why two *l*'s in *appelle?* 5. *Chacun de ces trous:* what difference is there between *chacun* and *chaque?* and give the pl. of *bijou*, *cou, caillou, clou, chou, hibou*, with their respective meanings. Give the pr. part. of *exige*, the 1st p. sing. of the fut. of *tenir*, and the vr. comp. of superiority of *mauvaises*. 6. Conjug. *neg.* the past indef. of *se rappeler*. What difference is there between *se rappeler* and *se souvenir*, both transl. by *to remember?* Give the sing. and the other pl. form of *travaux*, and put in the *interr.* with a *neg.*: *La vigne est une des principales richesses de la France.*

12. *Le vin.*—Le vin est une liqueur fermentée faite avec le jus du raisin, fruit de la vigne.

Quand le raisin est parvenu à sa maturité (ce qui a lieu en France vers le mois de septembre ou celui d'octobre), on le cueille : c'est ce qu'on appelle faire la vendange. On emploie un assez grand nombre d'ouvriers à la récolte des raisins, parce que c'est une besogne qui doit être expédiée le plus promptement possible, afin de ne pas mêler ensemble les produits de la cueille de plusieurs jours. Parmi les vendangeurs, les uns, armés de ciseaux ou de serpettes, vont de cep en cep couper les grappes de raisin, qui sont jetées dans un panier d'osier ; les autres, le dos chargé d'une hotte, reçoivent les produits de la cueille et les portent dans des tonneaux sans fond supérieur placés sur une charrette. Lorsque la charrette est pleine, cette provision est transportée au lieu où est placée la cuve, qui est faite avec des douves parfaitement jointes et cerclées en fer.

La cuve une fois remplie, on foule la vendange : un homme pile, écrase avec ses pieds les raisins ; les grains ainsi écrasés rendent leur jus ; les peaux et les pepins surnagent à la surface et forment ce qu'on appelle le marc. La fermentation s'établit en peu de temps dans cette masse liquide, d'où il s'échappe une multitude de bulles d'air qui soulèvent le marc comme si le liquide était en ébullition. Cet air est du gaz acide carbonique, qu'on ne peut respirer sans courir le danger d'être asphyxié. Il faut donc prendre certaines précautions et renouveler l'air du lieu où se trouve la cuve, avant d'y entrer.

Dès qu'on s'est assuré que le vin est fait (ce que les gens du métier savent bien reconnaître), on le soutire de la cuve et on le renferme dans des tonneaux. Quant au marc, on en tire parti, soit en le portant au pressoir, pour en obtenir du vin, qui est d'une qualité inférieure, soit **en le mettant dans** des tonneaux avec une certaine quantité d'eau, **pour en faire une** boisson connue sous le nom de *piquette*.

La France est le pays qui produit les vins les plus estimés et les plus variés. Il suffit de citer les vins de Bordeaux, de Bourgogne et de Champagne, qui sont l'objet d'un immense commerce avec toutes les parties du monde.—G. Belèze.

Grammatical Questions. — 1. *Du raisin, fruit*: why no art. before *fruit*? Conjug. *interr.* the pr. Ind. of *parvenu*. What is **the meaning** of *un parvenu*? 2. **Parse** *doit*, give its prim. tenses, and account **for the** circumflex accent in its p. p. 3. Give **the** verbs corresponding to the foll. substs.: *produits, cueille*, **vendangeurs**, with their respective meanings. 4. *Qui est faite avec des douves parfaitement jointes*: what kind of word is *qui*? account for the agreement of the p. p. *faite* and *jointes*, and conjug. *interr.* **the pr.** Ind. of both. 5. *Une fois*; *en peu de temps*: give the *homonyms* of *fois*, and account for the prep. *de* before *temps*. 6. Transl. into Engl.: *Does not time fly very quickly when we are with our friends? What kind of weather is it to-day? It is foggy. Did I not tell you several times that I had not the time to go and see you in the country?*

13. *Les carrières, les mines de charbon et de sel.*—C'est du sein de la terre qu'on a tiré les grès qui pavent nos rues et nos grands chemins. La porcelaine et la faïence ; **la poterie** commune, d'un si grand usage dans la cuisine ; les briques **dont on** bâtit les maisons ; les tuiles qui couvrent nos toits; tout cela n'est que de la terre, d'une pâte plus ou moins fine, pétrie et cuite au four. Nos verres et **nos** bouteilles, les vitrages de **nos** fenêtres, sont du sable fondu. Vous avez vu quelquefois, dans vos promenades, bâtir des maisons : eh bien, la chaux, le mortier, le plâtre, le ciment qu'on a mis entre **les** pierres **pour** les lier ensemble et les affermir, venaient du sein de la terre : ces pierres elles-mêmes, entassées les unes sur les autres jusqu'à une si grande élévation au-dessus de nos têtes, étaient ensevelies à de grandes profondeurs sous nos pieds. Il en est ainsi du marbre qui pare nos cheminées, **et** de l'ardoise qui couvre nos pavillons. Les endroits creusés pour en retirer ces divers matériaux s'appellent *carrières*.

Il est des pays où, en creusant à certaines profondeurs, on trouve dans une espèce de carrière appelée *mine*, le charbon de terre qui sert dans plusieurs provinces de France, ainsi que dans des royaumes entiers, à faire le feu **de la** cuisine et celui des appartements.

Le charbon de bois ne vient point dans **la** terre ; mais il s'y fait dans **de** grandes fosses, où l'on jette du bois pour le faire brûler. Lorsqu'il **est** bien enflammé, on le recouvre afin de l'éteindre, avant qu'il soit au point de se réduire en cendres.

Il est aussi des mines de **sel**. En quelques **endroits** le sel de ces mines est si dur, qu'on peut le tailler comme du marbre, et en faire des statues. Ce qu'il y a de singulier, c'est que le feu le fait fondre encore plus promptement que l'eau. Le sel nous vient plus communément de l'eau de mer qu'on fait entrer dans une espèce de bassin peu profond, et qu'on laisse évaporer au soleil. Quand l'eau est toute évaporée, le sel reste en croûte dans ces bassins qu'on appelle *salines*.—BERQUIN.

Grammatical Questions.—1. *Tout cela n'est que de la terre*: why the v. in the sing., as there are several subjects preceding it? 2. Parse the foll. verbs: *bâtit, couvrent, cuite, fondu, vous avez vu*; and give the prim. tenses and the 1st pers. sing. of the fut. (conjug. neg.) of each. What difference is there between *bâtit* and *battit*? 3. Give the sing. masc. of *elles-mêmes*, and conjug. interr. the fut. of *s'appellent*. 4. Give the 2nd p. (sing. and pl.) of the pr. Ind. of *jette, faire, éteindre*, and turn into Fr.: *Do not put the fire out, but cover it with ashes.* 5. Transl. the foll. idiom. express. in which the v. *pouvoir* is used: (*a*) *Cela se peut-il?* (*b*) *Vous n'y pouvez rien.* (*c*) *Asseyons-nous un moment, nous n'en pouvons plus.* (*d*) *Puissiez-vous être heureux!* 6. *Toute évaporée*: why is *tout* here with the mark of the fem., and why is the p. p. *évaporée* in the fem.?

14. *Les mines de métaux et de pierres précieuses.*—On tire encore des entrailles de la terre l'or, l'argent, le cuivre, le fer, le plomb et l'étain. C'est ce qu'on appelle *métaux*.

L'or est le plus précieux de tous les métaux. On peut battre l'or, et l'étendre en feuilles plus minces que du papier.

L'argent, quoique inférieur à l'or, est cependant très-estimé. Les petites pièces de monnaie sont d'argent. On l'emploie aussi pour les flambeaux, la vaisselle plate et une infinité d'autres ustensiles, dont les gens riches font usage. L'argent couvert d'une feuille d'or s'appelle *vermeil*.

Le cuivre sert à faire toute la basse monnaie. On l'emploie aussi ordinairement pour faire nos poêlons, nos casseroles et nos chaudières. Mais l'usage en serait très-dangereux si l'on n'avait la précaution de les doubler d'étain en-dedans: c'est ce qu'on appelle *étamer*.

Le fer est le métal le plus commun, mais le plus utile. La plupart des instruments dont on se sert pour la culture de la terre et pour les différents métiers, sont de fer. L'acier est une espèce de fer raffiné et purifié dans la trempe, par le mélange de quelques ingrédients. Les couteaux, les ciseaux, les rasoirs, les aiguilles, sont d'acier.

Le plomb est aussi d'un très-grand usage. Vous savez combien il est pesant. On en fait des réservoirs pour contenir l'eau, des tuyaux pour l'amener des sources, des gouttières pour ramasser la pluie qui dégoutte des toits, et la conduire hors de la maison. On en fait aussi des poids pour les balances, les tournebroches et les horloges.

L'étain est un métal blanchâtre plus mou que l'argent, mais plus dur que le plomb. Il sert à faire des bassins, des écuelles, des assiettes et des cuillers pour les gens qui n'ont pas les moyens d'en avoir d'argent.

Tous ces différents métaux se trouvent en mines dans la terre. On y trouve aussi ce qu'on appelle les demi-métaux, tels que le vif-argent dont on couvre le derrière des miroirs; le zinc, l'antimoine, que l'on mêle avec les métaux, pour en faire des métaux composés, comme le laiton et le bronze.

C'est encore dans la terre que l'on trouve les pierres précieuses, **telles** que le diamant qui est proprement sans couleur, le rubis qui est rouge, l'émeraude qui est verte, le saphir qui est bleu. Elles ne paraissent point si brillantes lorsqu'on les tire de la mine. Il faut autant de patience que de travail pour les tailler et les polir. Regardez les diamants d'une bague : vous voyez qu'ils sont taillés à plusieurs facettes : c'est afin que la lumière, se réfléchissant d'un plus grand nombre de points, leur donne plus d'éclat.

Il est une espèce de caillou que l'on taille aussi en forme de diamant, pour en garnir des boucles et des colliers ; mais il est bien loin d'avoir le même feu. On le reconnaît à sa transparence plus terne. C'est ce qu'on appelle *pierres fausses*.—BERQUIN.

Grammatical Questions.—1. Conjug. **neg.** the pres. Ind., **and *interr.* the** fut. of *battre*. 2. Parse *couvert*, **and** give the 3rd p. (sing. and pl.) of the imp. Subj. 3. Give the masc. sing. **of** *basse*, and the meaning of the subst. *bas*, *bât*, and of *bat* (3rd p. sing. of the pres. Ind.). 4. Why is the poss. adj. repeated in Fr. before every word? and give the adv. of manner of *commun*. 5. *Dégoutte* : what is the difference between the two verbs *dégoutter* and *dégoûter*? and give the meaning of the foll. homonymous words : *poids*, *pois*, *poix*, with their respective genders. 6. *Mou* : give the other masc. form of this adj. ; say when it is used, and mention some adjs. of the same kind. Give the fem. sing. and the masc. pl. of *bleu*, and name the tense which is wanting in the conjug. of the *imp. v. il faut*.

15. *Le lever du soleil.*—On le voit s'annoncer de loin par les traits de feu qu'il lance au devant de lui. L'incendie augmente, l'Orient paraît tout en flammes ; à leur éclat on attend l'astre longtemps avant qu'il se montre : à chaque instant on croit le **voir** paraître ; on le voit enfin. Un point brillant part comme un éclair, et remplit aussitôt tout l'espace ; le voile des ténèbres s'efface et tombe. L'homme reconnaît son séjour et le trouve embelli. **La** verdure a pris durant la **nuit une** vigueur nouvelle ; le jour naissant qui l'éclaire, **les premiers** rayons qui la dorent, la montrent couverte d'un brillant **réseau** de rosée, qui réfléchit à l'œil la lumière **et** les couleurs. Les **oiseaux** en chœur se réunissent et saluent de con**cert** le père de la vie ; en ce moment pas un seul ne se tait ; leur gazouillement, faible encore, est plus lent et plus doux que dans le reste de la journée ; il se sent de la langueur d'un paisible réveil. Le concours de tous ces objets porte aux sens une impression de fraîcheur qui semble pénétrer jusqu'à l'âme. Il y a là une demi-heure d'enchantement, auquel nul homme ne résiste : un spectacle si grand, si beau, si délicieux, n'en laisse aucun de sang-froid.—J.-J. ROUSSEAU.

Grammatical Questions.—1. *Paraît tout en flammes* : parse *paraît*, account for the circumflex accent, and conj. *interr.* the pres. Ind. of this v. What is *tout* here? 2. Illustrate, by some examples, the difference of meaning between the Fr. v. *attendre* and the Engl. *to attend*. 3. Conjug. *neg*. the pres. Subj. of *a pris*. 4. Give the homonyms of *père*. 5. *Ne se tait*: parse this v., give its primitive tenses, and conjug. (*a*) *affirmatively*, (*b*) *neg*., (*c*) *interr*., (*d*) *interr. with a neg.* the future of the same. 6. *Porte aux sens*: give, in Fr., the names of the five senses. 7. *Demi-heure*: why not *demie*? when does *demi* take the mark of the fem.? 8. Give the verbs (with their respective meanings) corresponding to the foll. substs.: *incendie, éclair, voile, séjour, rayons, gazouillement, réveil*.

16. *L'homme*.—Tout **marque dans** l'homme, même à l'extérieur, sa supériorité sur tous les êtres vivants ; il se soutient droit et élevé ; son attitude est celle du commandement ; sa tête regarde le ciel, et présente une face auguste, sur laquelle est imprimé le caractère de sa dignité ; l'image de l'âme y est peinte par la physionomie ; l'excellence de sa nature perce à travers les organes matériels, et anime d'un feu divin les traits de son visage ; son port majestueux, **sa** démarche ferme et hardie, annoncent **sa** noblesse et son rang ; il ne touche à la terre que par **ses** extrémités les plus éloignées ; il ne **la** voit que de loin, et semble la dédaigner. Les bras ne lui sont pas donnés pour servir de piliers d'appui à la masse de son corps ; sa main ne doit pas fouler la terre, et perdre par des frottements **réitérés la** finesse du toucher dont elle est le principal organe : le **bras et la** main sont faits pour servir à des usages plus nobles, **pour** exécuter les ordres de la volonté, pour saisir les choses éloignées, **pour** écarter les obstacles, pour prévenir les rencontres **et** le choc **de** ce qui pourrait nuire.

Lorsque l'âme est tranquille, toutes les parties du visage sont dans **un état** de **repos** ; leur proportion, **leur union**, leur ensemble, marquent encore assez la douce harmonie des pensées, et répondent au calme de l'intérieur : mais lorsque l'âme est agitée, la face humaine devient un tableau vivant, où les passions sont rendues avec autant de délicatesse que d'énergie, où chaque mouvement de l'âme est exprimé par un trait, chaque action par un caractère, dont l'impression vive et prompte devance la volonté, nous décèle, et rend au dehors, par des signes pathétiques, les images de nos secrètes agitations.

C'est surtout **dans** les yeux qu'elles se peignent et qu'on peut les reconnaître ; l'œil appartient à l'âme plus qu'aucun autre organe ; il **semble y toucher** et participer à tous ses mouvements ; il en exprime les passions les plus vives et les émotions les plus tumultueuses, comme les mouvements les plus doux et les sentiments les **plus** délicats ; il les rend dans toute leur force, dans toute leur pureté, tels qu'ils viennent de naître ; il **les** transmet par des **traits** rapides qui portent dans une autre âme le feu, l'action, l'image **de** celle dont ils partent. L'œil reçoit et réfléchit en même temps la lumière de la pensée et la chaleur du sentiment : c'est le sens de l'esprit et la langue de l'intelligence.—BUFFON, *De l'Homme*.

Grammatical Questions.—1. Account for the *s* in *vivants*, and transl. into Fr.: *Men living in society are dependent on each other.* 2. Give the 3rd p. sing. of the past indef. and fut., and the whole imper. of *se soutient.* 3. *Sur laquelle*: why not *sur qui*? 4. *Y est peinte*: what is *y* here? and account for the agreement of *peinte*; give the prim. tenses of this v., and the 1st p. sing. of the imp. Ind. and past def. of the same v., and of *peigner*. 5. Put in the pl.: *le bras et la main sont faits,* and give the 2nd p. pl. of the imper. of *sont* and *faits.* 6. Put in the *interr. with a neg.* the last sentence: *L'œil reçoit . . . . et la langue de l'intelligence.*

17. *Le cheval.*—La plus noble conquête que l'homme ait jamais faite est celle de ce **fier** et fougueux animal qui partage avec lui les fatigues de la guerre et la gloire des combats: aussi intrépide que son maître, le cheval **voit** le péril et l'affronte: il se fait au bruit des armes, il l'aime, il le cherche, et s'anime de la même ardeur; il **partage** aussi ses plaisirs: à la chasse, aux tournois, à la course, il **brille,** il étincelle. Mais, docile autant que courageux, il ne se **laisse** point emporter à son feu, il sait réprimer ses mouvements non-seulement il fléchit sous la main de celui qui **le** guide, mais il **semble** consulter ses désirs, et, obéissant toujours aux impressions qu'il en reçoit, il se précipite, **se modère** ou s'arrête, et n'agit que pour y satisfaire: c'est une créature qui renonce à son être pour n'exister que **par la volonté d'un autre, qui sait même la prévenir;** qui, par la **promptitude** et la précision de ses mouvements, l'exprime et l'exécute; qui sent autant qu'on le désire, et ne rend qu'autant qu'on veut; qui, se livrant sans réserve, ne se refuse à rien, sert de toutes ses forces, s'excède, et même meurt pour mieux obéir.— BUFFON.

Grammatical Questions.—1. *Ait jamais* **faite**: why the Subj. mood here? 2. Put in the pl.: *ce fier et fougueux* **animal,** and form the adv. in *-ment* of *fier.* 3. Parse the foll. verbs: **voit,** *se fait*; give their primitive tenses, and the 1st p. pl. of the pres. Ind. of *partage* and *étincelle.* 4. *Aux impressions qu'il en reçoit . . . . que pour y satisfaire*: what kind of words are *en* and *y*? 5. **Give,** with their respective meanings, **the** verbs corresponding to **the** foll. substs.: *conquête, combat, maître, main.* 6. Transl. into Engl. the foll. idiom. expr. about the v. *faire*: (*a*) *Allons-nous-en*; *il se fait tard.* (*b*) *Vous me faites beaucoup de peine.* (*c*) *Il me fait honte.* (*d*) *Je ne sais pas comment cela se fait, mais mon meilleur ami me fait mauvaise mine.* (*e*) *C'est bien fait.*

18. *Le chien* (A).—Le chien, indépendamment de la beauté de sa forme, de la vivacité, de la force, de la **légèreté,** a par excellence toutes les qualités intérieures qui peuvent lui attirer les regards de l'homme. Un naturel ardent, colère, même féroce et sanguinaire, rend le chien sauvage redoutable à tous les **animaux,** et cède dans le chien domestique aux sentiments les **plus** doux, au plaisir de s'attacher et au désir de plaire; il vient en rampant mettre aux pieds de son maître son courage, sa force, ses talents; il attend ses ordres, il le consulte, il l'interroge, il le supplie; un coup d'œil suffit,

il entend les signes de sa volonté. Sans avoir, comme l'homme, la lumière de la pensée, il a toute la chaleur **du sentiment**; il a de plus que lui la fidélité, la constance dans ses affections : nulle ambition, **nul** intérêt, nul désir de vengeance, nulle crainte que celle de déplaire ; il est tout zèle, tout ardeur et tout obéissance. **Plus** sensible au souvenir des bienfaits qu'à celui des outrages, il ne se rebute pas par les mauvais traitements; il les subit, les oublie, **ou ne** s'en souvient que pour s'attacher davantage : loin de s'irriter ou de **fuir**, il s'expose de lui-même à de nouvelles épreuves ; il lèche cette **main**, instrument de douleur, qui vient de le frapper ; il ne lui oppose **que** la plainte, **et la désarme enfin** par la patience et la soumission.—BUFFON.

Grammatical Questions.—1. *Indépendamment de la beauté* . . . . : how was this **adv.** formed? Account for the repetition **of the** prep. *de*, and give the adjs. corresponding to the substs. *beauté, vivacité, force, légèreté*. 2. *Qui peuvent lui attirer les regards*: parse this sentence, account for the place **of** the pers. **pron.**, and say in what case the pers. **pron.** is to be placed after the v. 3. *Cède*: why **a** grave accent here?

Conjug. *neg.* the pres. Subj. of this verb. 4. *Il entend*: illustrate, by short sentences, the different meanings of this v. 5. *Sans avoir*: why not *sans ayant = without having*? Is there not a Fr. prep. governing the same tense as in Engl.? 6. *Sentiments; traitements*: name (*a*) the only fem. Fr. subst. ending in -*ment*, and (*b*) the only fem. subst. **ending in** -*ent*, although coming from L. substs. neuter and masc.

19. *Le chien* (B).—Considérons ces courageux animaux **au milieu des** glaciers du mont Saint-Bernard, prêtant assistance **aux** voyageurs qui s'égarent, les guidant au sein des ténèbres, **leur** créant des routes au milieu **des** torrents, à travers mille abîmes, et partageant avec des hommes vénérés **les soins** périlleux d'une bienfaisance hospitalière.

Voyez les chiens **de Terre-Neuve s'élancer dans** les flots, affronter le courroux des vagues, **braver le déchaînement** des vents et de la tempête, se réunir pour mieux **résister** au courant des fleuves, plonger dans **les** gouffres de la **mer, et ramener** vers le **rivage les** malheureux naufragés.

Qui n'a pas entendu parler **des chiens de la** Sibérie ? Il semble néanmoins qu'on n'ait pas assez **célébré** leur intelligence, leur dévouement, leurs services, leur générosité. Ces animaux servent à la fois, pour les Samoïèdes, **de bêtes de** somme et **de** bêtes de trait. Ils manifestent une étonnante vigueur, et transportent des fardeaux à des distances prodigieuses. On les **attelle** à des traîneaux. **Plus** lestes que nos coursiers, **ils** savent se frayer des issues au travers des **routes** les plus escarpées. Ils ne font qu'effleurer le sol, et passent rapidement sur la neige sans jamais l'enfoncer. Aussi sobres que **laborieux**, il suffit, pour **se** nourrir, de quelques poissons qu'on fait mariner, et qu'on met ensuite en réserve. Mais, ce qu'il y a de merveilleux dans les habitudes de ces bons chiens, c'est qu'ils **restent libres** et livrés à eux-mêmes pendant tout l'été. Tant qu'on n'a pas besoin de leur assistance, ils vivent de leur seule industrie. Ce n'est qu'à un signal qu'on leur donne, après l'apparition des premiers froids, qu'ils accourent affectueusement auprès de **leurs** maîtres, pour leur rendre tous les services dont ceux-ci ont besoin. Ils les dirigent pendant les ténèbres de la nuit et au milieu des plus terribles orages. Quand les Samoïèdes tombent engourdis sur la terre couverte de frimas, leurs chiens viennent les couvrir de leurs corps, et leur communiquer leur chaleur naturelle. Mais que fait l'homme, partout si ingrat, pour tant de bons offices? **Il attend** que ces animaux deviennent vieux pour exiger leur peau et pour s'en revêtir.—ALIBERT.

Grammatical Questions.—1. *S'égarent*: conjug. *interr. with a neg.* the pluperf. Ind. of this v. 2. *Au sein des ténèbres*: give the *homonyms* of *sein*, and mention some substs. belonging to the same class as *ténèbres*. 3. Give the 1st p. sing. of the fut. of *voyez*, the 1st p. pl. of the past def. of *s'élancer* and *plonger*, and the 2nd p. sing. of the pres. Subj. of *ramener*. 4. *Leur intelligence, leur* . . . : **why is** *leur* repeated before **every subst.?** what kind of word is it when it **precedes a v.?** Does it ever take the mark of **the fem.?** 5. *Aussi sobres que laborieux*: put this in the *fem.* and transl. into Fr.: (a) *They are more abstemious than hard-working;* (b) *they are not more abstemious than hard-working;* (c) *are they less abstemious than hard-working?* (d) *are they not as abstemious as hard-working?* 6. *Qu'on fait mariner*: transl. the foll. idiom. express.: (a) *Faites bouillir des pommes de terre;* (b) *que faites-vous cuire là?* (c) *m'avez-vous fait frire une sole?* **(d)** *Faites-moi faire une omelette.*

20. *L'âne.*—L'âne est de son naturel aussi humble, aussi patient, aussi tranquille, que le cheval est fier, ardent, impétueux : il souffre avec constance, et peut-être avec courage, les châtiments et les coups. Il est sobre et sur la quantité et sur la qualité de la nourriture : il se contente des herbes les plus dures et les plus désagréables. Il **est** fort délicat sur l'eau ; il ne veut boire que de la plus claire et **aux** ruisseaux qui lui sont connus. Il boit aussi sobrement qu'il mange, et n'enfonce point du tout son nez dans l'eau, par la peur que lui fait, dit-on, l'ombre de ses oreilles. Comme on ne prend pas la peine de l'étriller, il se roule souvent sur le gazon, sur les chardons, sur la fougère ; mais il ne se vautre pas, comme le cheval, dans la fange et dans l'eau ; il craint même de se mouiller les pieds, et se détourne pour éviter la boue : aussi a-t-il la jambe plus sèche et plus nette que le cheval. Il est susceptible d'éducation, et l'on en a vu d'assez bien dressés pour faire curiosité de spectacle.

Dans la première jeunesse, il **est** gai, et même assez joli : il a de la légèreté et de la gentillesse ; mais il la perd bientôt, soit par l'âge, soit par les mauvais traitements, et il devient lent, indocile et têtu. Il a pour sa progéniture le plus fort attachement. Il s'attache aussi à son maître, quoiqu'il en soit ordinairement maltraité : il le sent de loin, et le distingue de tous les autres hommes ; il reconnaît aussi les lieux qu'il a coutume d'habiter, les chemins qu'il a fréquentés. Il a les yeux **bons**, l'odorat admirable, l'oreille excellente.—Buffon.

Grammatical Questions.—1. Give the fem. of the foll. substs. and adjs. : *âne, humble, patient, cheval, fier, impétueux;* account for the circumflex accent in *âne*, and form the adv. in *-ment* with the adjs. *humble, patient, fier, impétueux*. 2. Parse the foll. v.: *souffre, il ne veut, boit, fait, dit,* and in each case give the prim. tenses. 3. *Prend, craint* : conjug. *interr.* the pres. Ind. of *prend*, and the fut. of *craint*. 4. *Il craint même de se mouiller les* **pieds** : comment on this construction. 5. **Give** the masc. form of *sèche* and *nette*, and the compar. of *superiority* and in*feriority* of *mauvais* and *bons*. 6. Turn into Engl.: (*a*) *ne faites pas l'enfant;* (*b*) *vous ne sauriez me faire peur* ; (*c*) *en apprenant cette nouvelle, il fit la grimace ;* (*d*) *qu'avez-vous ? Pourquoi me faites-vous la mine ?*

21. *Le bœuf.*—Sans le bœuf, les pauvres et les riches auraient beaucoup de peine à vivre ; la terre demeurerait inculte ; les champs, et même les jardins, seraient secs et stériles ; c'est sur lui que roulent tous les travaux de la campagne ; il est le domestique le plus utile de la ferme, le soutien du ménage champêtre ; il fait toute la force de l'agriculture : autrefois il faisait toute la richesse des hommes, et aujourd'hui il est encore la base et l'opulence des États, **qui** ne peuvent se soutenir et fleurir que par la culture des terres et par l'abondance du bétail.

Le bœuf ne convient pas autant que le cheval, l'âne, ou **le** chameau, pour porter des fardeaux ; la forme de son dos et de ses reins le démontre : mais la grosseur de son cou et la largeur de ses épaules indiquent assez qu'il est propre à tirer et à porter le joug. Il semble avoir été fait exprès pour la charrue ; la masse de son corps, la lenteur de ses mouvements, le peu de hauteur de ses jambes, tout, jusqu'à sa tranquillité et à sa patience dans le travail, semblent concourir à le rendre propre à la culture des champs, et plus capable qu'aucun autre de vaincre la résistance constante et toujours nouvelle que la terre oppose à ses efforts.

Le produit de la vache est un bien qui croît **et** qui se renouvelle à chaque instant : la chair du veau est une nourriture aussi abondante que saine et délicate ; le lait est l'aliment des enfants, le beurre l'assaisonnement de la plupart de nos mets, le fromage la nourriture la plus ordinaire des habitants de la campagne. Que de pauvres familles sont aujourd'hui réduites à vivre de leur vache !— Buffon.

Grammatical Questions.—1. *Bœuf* : when is the final *f* not to be sounded? Give the corresponding fem. subst. 2. Give the past part. of *naître, vivre, mourir,* and the three persons pl. of the pres. Ind. of *fait*. 3. *Qui ne peuvent se soutenir et fleurir* : give the 1st p. sing. of the pres. Ind. (conjug. *interr. with* **a neg.**) of **pouvoir** ; the 3rd p. pl. of the pres. Ind. and past def. (conjug. *interr.*) of *se* **soutenir**. When is the first syllable of *fleurir* spelt *flo*? 4. Give the adjs. and verbs corresponding to the foll. substs.: *force, grosseur, largeur, lenteur*. 5. Form the pl. of *lui* (masc.), *bétail, cheval, chameau, dos, cou, travail,* and give the *homonyms* of *chair*.

6. Transl. into Fr.: (*a*) *Poor* **people in the** *country could not live* **without a cow,** *which gives them* **milk** *for their children, and butter and* **cheese** *for themselves;* (*b*) *Do you see in that field yonder* **a** *white cow with her calf?* (*c*) **Do you** *like veal?—Not so much as roast* **beef.**

22. *Le chat.*—Le chat **est un** domestique infidèle qu'on ne garde que par nécessité, pour **l'opposer** à un autre ennemi domestique encore plus incommode, et **qu'on ne** peut chasser. Ces animaux ont une malice innée, **un caractère** faux, un naturel pervers, que l'âge augmente encore, **et que** l'éducation ne **fait que** masquer. De voleurs déterminés, **ils deviennent** seulement, lorsqu'ils sont bien élevés, **souples et flatteurs comme** les fripons; ils ont la même adresse, la même subtilité, le même goût pour faire le mal, le même penchant à la petite rapine; **comme** eux, ils savent **couvrir** leur **marche,** dissimuler leur dessein, épier les occasions, attendre, choisir, saisir l'instant de faire leur coup, **se dérober** ensuite au châtiment, fuir et demeurer éloignés jusqu'à ce qu'on les rappelle. Ils prennent aisément des habitudes de société, **mais** jamais de mœurs. Ils n'ont que l'apparence de l'attachement; on le voit à leurs mouvements obliques, à leurs yeux équivoques: ils ne regardent jamais en face la personne aimée; soit défiance ou fausseté, ils prennent des détours pour en approcher, pour chercher des caresses auxquelles ils ne sont sensibles qu'à cause du plaisir qu'elles leur font.—BUFFON.

Grammatical Questions.—1. Put in the fem.: *Le chat est un domestique infidèle*; and in the sing.: *ces animaux.* 2. Form the adv. of manner of *faux*, and account for the agreement of the p. p. *élevés.* 3. Give the imper. of *savent*, and conjug. *interr. with a neg.* the pres. ind. of the same. 4. Illustrate, by examples, the different meanings of the Fr. v. *attendre.* 5. Give the substs. corresponding to the foll. adjs.: *infidèle, faux,* pervers, *petite*; give the *homonym* of *dessein*, and state the reason why *plaisir* is a subst. masc. 6. Transl. into Fr.: (*a*) *Do you see this cat?* he *is the greatest* **thief** *I ever saw.* (*b*) *Why do you* **keep** *him?* To drive the mice **away** from my house.

23. *Le loup.*—Le **loup** est l'un de ces animaux **dont** l'appétit pour la chair est le plus véhément; et, quoique avec ce goût il ait reçu de la nature les moyens de le satisfaire, qu'elle lui ait donné des armes, de la ruse, de l'agilité, de la force, tout ce qui est nécessaire en un mot pour trouver, attaquer, vaincre, saisir et dévorer sa proie, cependant il meurt **souvent** de faim, **parce** que l'homme lui a déclaré la guerre.

Le loup, tant à l'extérieur qu'à l'intérieur, ressemble si fort au chien, qu'il paraît être modelé sur la même forme; cependant il n'offre tout au plus que le revers de l'empreinte, et ne présente les mêmes caractères que sous une face entièrement opposée: si la forme est semblable, le naturel est si différent, que non-seulement ils sont incompatibles, mais antipathiques par la nature, ennemis par instinct.

Le loup a beaucoup de force. Il mord cruellement, et toujours avec acharnement. Il craint pour lui, et ne se bat que par nécessité, et jamais par un mouvement de courage. Il marche, court, rôde des jours entiers et des nuits ; il est infatigable, et c'est peut-être de tous les animaux le plus difficile à forcer à la course. Le chien est doux et courageux ; le loup, quoique féroce, est timide : lorsqu'il tombe dans un piége, il est si fort et si longtemps épouvanté, qu'on peut ou le tuer sans qu'il se défende, ou le prendre vivant sans qu'il résiste. Le loup a les sens très-bons, l'œil, l'oreille, et surtout l'odorat ; il sent souvent de plus loin qu'il ne voit ; l'odeur du carnage l'attire de plus d'une lieue ; il sent aussi de loin les animaux vivants. Il aime la chair humaine.—BUFFON.

Grammatical Questions.—1. *Loup*: how do you pronounce this word? Give the fem. subst. corresponding to *loup*, and the different meanings of *loupe*. 2. *Il ait reçu*: why the Subj. mood here? Give the 1st p. sing. and pl. of the pres. Subj. (conjug. *neg.*) of *reçu*. 3. Give the 3rd p. sing. of the pres. (Ind. and Subj.) of *vaincre*, and the 1st p. sing. of the fut. of *meurt*. 4. Transl. into Fr.: *Are you hungry?—Not yet, but I am thirsty*; and give the *homonyms* of *faim*. 5. *Si la forme est semblable, le naturel est si différent*: what is the meaning of *si* in these two instances? and turn into Engl.: *Si vous alliez demain à la campagne, et que vous voulussiez vous charger d'un petit paquet pour un de mes amis, je vous l'apporterais aujourd'hui*. 6. Give the substs. corresponding to the foll. verbs: *meurt, modelé, mord, craint, court, aime*; and turn into Engl.: *Are not the eyes of the wolf better than those of the dog?*

24. *Le renard.*—Le renard est fameux par ses ruses : ce que le loup ne fait que par la force, il le fait par adresse, et réussit plus souvent. Sans chercher à combattre les chiens ni les bergers, sans attaquer les troupeaux, sans traîner les cadavres, il est plus sûr de vivre. Il emploie plus d'esprit que de mouvement ; ses ressources semblent être en lui-même. Fin autant que circonspect, ingénieux et prudent, même jusqu'à la patience, il varie sa conduite, il a des moyens de réserve qu'il sait n'employer qu'à propos. Il veille de près à sa conservation : quoique aussi infatigable, et même plus léger que le loup, il ne se fie pas entièrement à la vitesse de sa course ; il sait se mettre en sûreté en se pratiquant un asile, où il se retire dans les dangers pressants, où il s'établit, où il élève ses petits : il n'est point animal vagabond, mais animal domicilié.

Le renard ravage les basses-cours, il y met tout à mort et se retire ensuite lestement en emportant sa proie, qu'il cache sous la mousse, ou porte à son terrier. Il chasse les jeunes levrauts en plaine, saisit quelquefois les lièvres au gîte, ne les manque jamais lorsqu'ils sont blessés, déterre les lapereaux dans les garennes, découvre les nids de perdrix, de cailles, prend la mère sur les œufs, et détruit une quantité prodigieuse de gibier. Le loup nuit plus au paysan, le renard nuit plus au gentilhomme.—BUFFON.

Grammatical Questions.—1. *Il le fait*: what is *le* here? Transl. into Fr.: (a) *Madam, are you Mrs. Johnson?—Yes, sir, I am.* (b) *Are you ill, my little girl?—No, sir, I am not.* 2. *Il emploie*: give the 1st p. sing. of the past def. and fut. of this v., and its corresponding subst. 3. Put in the *fem. pl.*, and in *the interr.* with a *neg.* the whole sentence: *Fin autant que . . . . qu'à propos.* 4. *Il ne se fie pas*: conjug. *neg.* the past Cond. of this **v**. 5. *En se pratiquant un asile où*: why the pres. part. after a prep.? What is *se*, dat. or acc., direct or indirect obj. of *pratiquant*? What kind of word is *où* here? 6. Account for the pl. *basses-cours.*—What is the meaning of *mousse*, subst. masc.? Parse *nuit*; give its prim. tenses, and the pl. of *gentilhomme*.

25. *Le chevreuil.*—Le cerf, comme le plus noble des habitants des bois, **occupe dans les** forêts les lieux ombragés par les cimes élevées des plus **hautes futaies**: le chevreuil, comme étant d'une espèce inférieure, **se contente** d'habiter sous les lambris plus bas, et **se** tient ordinairement dans le feuillage épais des plus jeunes taillis; mais, s'il a moins de noblesse, moins de force, et beaucoup moins de hauteur de taille, il a plus de grâce, plus de vivacité et même plus de courage que le cerf; il est plus gai, plus leste, plus éveillé; sa forme est plus arrondie, plus élégante, et sa figure plus agréable; ses yeux surtout sont plus beaux, plus brillants, et paraissent animés d'un sentiment plus vif; ses membres sont plus souples, ses mouvements plus prestes, et il bondit, sans effort, avec autant de force que de légèreté.

Sa robe **est toujours** propre, son poil net et lustré; il ne se roule jamais dans **la fange** comme le cerf; il ne se plaît que dans les pays les plus secs, **où l'air est le plus** pur; il **est encore** plus rusé, plus adroit **à se** dérober, plus difficile à suivre; **il a** plus de finesse, plus de ressources d'instinct: car quoiqu'il ait le désavantage mortel de laisser après lui des impressions plus fortes, et qui donnent aux chiens plus d'ardeur et plus de véhémence d'appétit que l'odeur du cerf, il ne laisse pas de savoir se soustraire à leur poursuite par **la** rapidité de sa première course, et par ses détours multipliés; **il** n'attend pas, pour employer la ruse, que la force lui manque; dès qu'il sent, au contraire, que les premiers efforts d'une fuite rapide ont été sans succès, il revient sur ses pas, retourne, revient encore, et, lorsqu'il a confondu par ses mouvements opposés la direction de l'aller avec celle du retour, lorsqu'il a mêlé les émanations présentes avec les émanations passées, il se sépare de la terre par un bond, et, **se** jetant de côté, il se met ventre à terre, et laisse, sans bouger, passer près de lui **la** troupe entière de **ses** ennemis ameutés.—BUFFON.

Grammatical Questions.—1. Give the fem. substs. corresponding to *chevreuil* and *cerf*. *Plus bas*: give the *homonyms* of *bas*. 2. Conjug. *neg.* the past Subj. of *se tient*. 3. What difference of meaning is there between *jeune* (adj.) and *jeûne* (subst.)? 4. Account for the agreement or non-agreement of the foll. past part.: *arrondie; mêlé . . . les émanations passées*. 5. Why the prep. *de* after *moins* and *plus*, in *moins de noblesse, moins de force . . . , plus de grâce, plus de . . . ?* why is it repeated? Why no art. after the prep. in *sans effort, sans succès?* 6. Give the verbs, with their respective meanings, corresponding to the foll. substs.: *habitants, poursuite, course, détours, retour, bond*.

26. *Le lion et le tigre.*—Dans la classe des animaux carnassiers, le lion est le premier, le tigre est le second ; et comme le premier, même dans un mauvais genre, est toujours le plus grand et souvent le meilleur, le second est ordinairement le plus méchant de tous. À la fierté, au courage, à la force, le lion joint la noblesse, la clémence, la magnanimité, tandis que le tigre est bassement féroce, cruel sans justice, c'est-à-dire, sans nécessité. Il en est de même dans tout ordre de choses où les rangs sont donnés par la force ; le premier qui peut tout est moins tyran que l'autre, qui, ne pouvant jouir de la puissance plénière, s'en venge en abusant du pouvoir qu'il a pu s'arroger. Aussi le tigre est-il plus à craindre que le lion ; celui-ci souvent oublie qu'il est le roi, c'est-à-dire le plus fort de tous les animaux : marchant d'un pas tranquille, il n'attaque jamais l'homme, à moins qu'il ne soit provoqué ; il ne précipite ses pas, il ne court, il ne chasse que quand la faim le presse. Le tigre, au contraire, quoique rassasié de chair, semble toujours être altéré de sang ; sa fureur n'a d'autres intervalles que ceux du temps qu'il faut pour dresser des embûches ; il saisit et déchire une nouvelle proie avec la même rage qu'il vient d'exercer et non pas d'assouvir, en dévorant la première ; il désole le pays qu'il habite ; il ne craint ni l'aspect ni les armes de l'homme ; il égorge, il dévaste les troupeaux d'animaux domestiques, met à mort toutes les bêtes sauvages, attaque les petits éléphants, les jeunes rhinocéros, et quelquefois même ose braver le lion.

La forme du corps est ordinairement d'accord avec le naturel. Le lion a l'air noble : la hauteur de ses jambes est proportionnée à la longueur de son corps ; l'épaisse et grande crinière qui couvre ses épaules et ombrage sa face, son regard assuré, sa démarche grave, tout semble annoncer sa fière et majestueuse intrépidité. Le tigre, trop long de corps, trop bas sur ses jambes, la tête nue, les yeux hagards, la langue couleur de sang toujours hors de la gueule, n'a que le caractère de la basse méchanceté et de l'insatiable cruauté ; il n'a pour tout instinct qu'une rage constante, une fureur aveugle, qui ne connaît, qui ne distingue rien, et qui lui fait souvent dévorer ses propres enfants et déchirer leur mère lorsqu'elle veut les défendre. Que ne l'eût-il à l'excès cette soif de son sang, et ne pût-il l'éteindre en détruisant, dès leur naissance, la race entière des monstres qu'il produit !—BUFFON.

Grammatical Questions.—1. Give the fem. substs. corresponding to *lion* and *tigre*; the fem. of *premier*, and the other ordinal form of *second*. 2. Conjug. *interr. with a neg.* the pres. Ind. of *joint*, and give the only Fr. masc. subst. ending in -*ence*. 3. Parse *peut*, and give the 3rd p. sing. of the pres. and imp. Subj. of *jouir*. 4. Put in the *fem.* and in the *pl.* the whole sentence, from : *aussi le tigre est-il . . . . to: qu'il ne soit provoqué.* 5. Give the 2nd pers. pl. of the past def. of *joint, peut, jouir, s'en venge, s'arroger, vient, exercer, met.* 6. *Tête nue*: how would *nue* be spelt if placed before *tête*? Transl. into Fr.: *My friend will be here in half an hour, and stay with me for one hour and a half. Que ne l'eût-il*: why the Subj. mood here?

27. *L'éléphant.*—L'éléphant est, après l'homme, l'être le plus considérable de ce monde ; il surpasse tous les animaux terrestres en grandeur, et il approche de l'homme par l'intelligence, autant au moins que la matière peut approcher de l'esprit.

Dans l'état sauvage, l'éléphant n'est ni sanguinaire ni féroce : il est d'un naturel doux, et jamais il ne fait abus de ses armes ou de sa force ; il ne les emploie que pour se défendre lui-même. Il a les mœurs sociales ; on le voit rarement errant ou solitaire. Il marche ordinairement de compagnie : le plus âgé conduit la troupe ; le second d'âge la fait aller et marche le dernier ; les jeunes et les faibles sont au milieu des autres ; les mères portent leurs petits et les tiennent embrassés de leur trompe. Ils ne gardent cet ordre que dans les marches périlleuses, lorsqu'ils vont paître sur des terres cultivées ; ils se promènent ou voyagent avec moins de précautions dans les forêts et dans les solitudes. Il serait dangereux de leur faire la moindre injure ; ils vont droit à l'offenseur, et, quoique la masse de leur corps soit très-pesante, leur pas est si grand, qu'ils atteignent aisément l'homme le plus léger à la course, ils le percent de leurs défenses ou le saisissent avec la trompe, le lancent comme une pierre, et achèvent de le tuer en le foulant aux pieds. Mais ce n'est que lorsqu'ils sont provoqués qu'ils font ainsi main basse sur les hommes : ils ne font aucun mal à ceux qui ne les cherchent pas. On prétend que, lorsqu'ils ont une fois été attaqués par les hommes, ou qu'ils sont tombés dans quelque embûche, ils ne l'oublient jamais, et qu'ils cherchent à se venger en toute occasion. Ces animaux aiment le bord des fleuves, les profondes vallées, les lieux ombragés et les terrains humides ; ils ne peuvent se passer d'eau et la troublent avant que de la boire : ils en remplissent souvent leur trompe, soit pour la porter à leur bouche, ou seulement pour se rafraîchir le nez et s'amuser en la répandant à flots ou en l'aspergeant à la ronde. Ils ne peuvent supporter le froid, et souffrent aussi de l'excès de la chaleur ; car, pour éviter la trop grande ardeur du soleil, ils s'enfoncent autant qu'ils peuvent dans la profondeur des forêts les plus sombres ; ils se mettent aussi assez souvent dans l'eau : le volume énorme de leur corps leur nuit moins qu'il ne leur aide à nager.

Grammatical Questions.— 1. Is there a fem. subst. corresponding to *éléphant*? How do you express in Fr.: *An authoress*, and transl.: *Mademoiselle de Schurman, born at Cologne in 1606, was a painter, a musician, an engraver, a sculptor, a philosopher, a geometrician, and even a divine; she could also understand and speak nine languages.* (N.B. Write the date in Fr.) 2. Form the adv. of manner of *doux*; give the gender of *mœurs*, and some other substs. belonging to the same class, *i.e.*, having no sing. 3. Give the 1st p. pl. of the fut. of *voit, fait, aller*. 4. *Paître*: what kind of v. is this? Give its prim. tenses. 5. Give the substs. corresponding to the foll. verbs: *peut, défendre, paître, se promènent, voyagent, atteignent*. 6. Put in the sing. the whole sentence: *Mais ce n'est que . . . . qui ne le cherchent pas.*

28. L'éléphant (suite).—L'éléphant une fois dompté devient le plus doux, le plus obéissant de tous les animaux ; il s'attache à celui qui le soigne, il le caresse, le prévient, et semble deviner tout ce qui peut lui plaire : en peu de temps il vient à comprendre les signes et même à entendre l'expression des sons, il distingue le ton impératif, celui de la colère ou de la satisfaction, et il agit en conséquence. Il ne se trompe point à la parole de son maître ; il reçoit ses ordres avec attention, les exécute avec prudence, avec empressement, sans précipitation. On lui apprend aisément à fléch r les genoux pour donner plus de facilité à ceux qui veulent le monter ; il caresse ses amis avec sa trompe, et salue les gens qu'on lui fait remarquer ; il s'en sert pour enlever des fardeaux, et aide lui-même à se charger. Il se laisse vêtir, et semble prendre plaisir à se voir couvert de harnais dorés et de housses brillantes. On l'attelle, on l'attache par des traits à des chariots, des charrues, des navires, des cabestans ; il tire également, continûment et sans se rebuter, pourvu qu'on ne l'insulte pas par des coups donnés mal-à-propos. Son attachement pour son conducteur devient quelquefois si fort, si durable, et son affection si profonde, qu'il refuse ordinairement de servir sous tout autre, et qu'on l'a vu quelquefois mourir de regret d'avoir, dans un accès de colère, tué son gouverneur.

On prétend qu'il vit deux siècles. L'espèce se soutient et se trouve généralement répandue dans tous les pays méridionaux de l'Afrique et de l'Asie. Ils sont fidèles à leur patrie et constants pour leur climat.

De temps immémorial les Indiens se sont servis d'éléphants à la guerre : chez ces nations mal disciplinées, c'était la meilleure troupe de l'armée, tant que l'on n'a combattu qu'avec le fer. Maintenant que le feu est devenu l'élément de la guerre et le principal instrument de la mort, les éléphants, qui en craignent et le bruit et la flamme, seraient plus embarrassants, plus dangereux, qu'utiles dans nos combats.

Les éléphants sont plus nombreux, plus fréquents en Afrique qu'en Asie ; ils y sont aussi moins défiants, moins sauvages, moins retirés dans les solitudes : il semble qu'ils connaissent l'impéritie et le peu de puissance des hommes auxquels ils ont affaire dans cette partie du monde. L'Inde méridionale et l'Afrique orientale sont donc les contrées dont la terre et le ciel conviennent le mieux à l'éléphant : et, en effet, il craint l'excessive chaleur, il n'habite jamais dans les sables brûlants ; dans le pays des nègres, il ne se trouve pas dans les terres élevées ; au lieu qu'aux Indes, les plus puissants habitent les hauteurs, où l'air est plus tempéré, les eaux moins impures et les aliments plus sains.—BUFFON.

Grammatical Questions.—1. *Une fois*: when is this subst. used to transl. the Engl. word *time*? Transl.: 6 times 8 are 48 ; 8 times 10 are 80 ; 9 times 9 are 81 ; 12 times 10 are 120. (N.B. *Write all the figures in Fr.*) 2. Put in the *interr. with a neg.* from : *il s'attache . . . .*, to *peut lui plaire*. 3. Give the 1st p. sing. of the fut. of *peut*, and the

1st p. sing. of the past def. of *plaire*, and the substs. corresponding to **each** of these verbs. 4. *Genoux*: give some other substs. ending in *ou* taking *x* in the pl., and illustrate the general rule for forming the pl. of substs. ending in *-ou* by some examples. 5. Give **the** fem. corresponding to *maître* and *conducteur*, and the 1st p. (sing. and pl.) of the pres. and imp. Subj. of *mourir*. 6. Turn into Engl. the foll. idiom. expr. about the v. *laisser*: (*a*) *Laissez cela de côté*; (*b*) *Vous vous êtes laissé tomber*; (*c*) *Laissez-moi faire*.

29. *Le chameau.*—Les Arabes regardent le chameau comme un présent du ciel, un animal sacré, sans le secours duquel ils ne pourraient ni subsister, ni commercer, ni voyager. Le lait des chameaux fait leur nourriture ordinaire; ils en mangent aussi la chair, surtout celle des jeunes, qui est très-bonne à leur goût; le poil de ces animaux, qui est fin et moelleux, et qui se renouvelle tous les ans par une mue complète, leur sert à faire les étoffes dont ils s'habillent et se meublent. Avec leurs chameaux, non-seulement ils ne manquent de rien, mais même ils ne craignent rien; ils peuvent mettre en un seul jour cinquante lieues de désert entre **eux** et leurs ennemis: toutes les armées du monde périraient à la **suite** d'une troupe d'Arabes. . . .

Tant que les chameaux trouvent des plantes à brouter, ils se passent très-aisément de boire. Au reste, cette facilité qu'ils ont de s'abstenir longtemps de boire n'est pas de **pure** habitude. Il y a dans le chameau, indépendamment des **quatre** estomacs qui se trouvent d'ordinaire dans les animaux ruminants, une cinquième poche qui lui sert de réservoir pour conserver de l'eau. Ce cinquième estomac n'appartient qu'au chameau: il est d'une capacité assez **vaste** pour contenir une grande quantité de liqueur. Elle y séjourne sans se corrompre, et sans que les autres aliments puissent s'y mêler; et lorsque l'animal est pressé par la soif, et qu'il a besoin de délayer **les** nourritures sèches **et** de les macérer **par** la rumination, il fait remonter jusqu'à l'œsophage une partie de cette eau par une simple contraction des muscles. C'est donc en vertu de cette conformation très-singulière que le chameau prend en une seule fois une prodigieuse quantité d'eau, qui demeure saine et limpide dans ce réservoir, parce que ni les liqueurs du corps ni les sucs de la digestion ne peuvent s'y mêler.

Grammatical Questions.—1. Give the fem. subst. corresponding to *chameau*, and the two pl. forms of *ciel*, with their respective meanings. 2. Put in the *interr. with a neg.*, from: *Le lait des chameaux* . . . . to: *aussi la chair*. 3. Conjug. *neg.* the past indef. of *s'habillent*. 4. What difference of meaning is there between *lieues* and *lieux*, *désert* and *dessert*? 5. How do you transl. into Fr. (using a *collective numeral*) such express. as these: *Are you sure this man is more than forty? Certainly, I know he is more than fifty.* 6. Give the substs. corresp. to the foll. verbs: *s'habillent*, *se meublent*, *craignent*, *boire*, *se corrompre*.

30. *Le chameau (suite).*—Ces pauvres animaux doivent souffrir beaucoup, car ils jettent des cris lamentables, surtout lorsqu'on les

surcharge: cependant, quoique continuellement excédés, ils ont autant de cœur que de docilité; au premier signe ils plient les genoux et s'accroupissent jusqu'à terre pour se laisser charger dans cette situation ; ce qui évite à l'homme la peine d'élever les fardeaux à une grande hauteur; dès qu'ils sont chargés, ils se relèvent d'eux-mêmes. . . .

En général, **plus les chameaux** sont gras, et plus ils sont capables de résister à **de longues fatigues.** Leurs bosses ne paraissent être formées que **de la** surabondance de la nourriture ; car **dans de** grands voyages, **où** l'on est obligé de l'épargner, et où ils souffrent souvent de la faim et de la soif, ces bosses diminuent peu à peu, et se réduisent au point que **la** place et l'éminence n'en sont plus marquées que par la hauteur du poil.

Le chameau **vit** ordinairement quarante ou cinquante ans.

En réunissant sous un seul point de vue toutes les qualités de **cet** animal et tous les avantages que l'on en tire, on ne pourra s'empêcher de le reconnaître pour la plus utile et la plus précieuse de toutes les créatures subordonnées à l'homme. L'or et la soie ne sont pas les vraies richesses de l'Orient : c'est le chameau qui est le trésor de l'Asie. Il vaut mieux que l'éléphant, car il travaille, pour ainsi dire, autant, et dépense peut-être vingt fois moins.

Le chameau vaut non-seulement mieux que l'éléphant, mais peut-être vaut-il autant que le cheval, l'âne et le bœuf, tous réunis ensemble : il porte seul autant que deux mulets ; il mange aussi peu que l'âne, et se nourrit d'herbes aussi grossières ; la femelle fournit du lait pendant plus de temps que la vache ; la chair des jeunes chameaux est bonne et saine, comme celle du veau, et leur poil est plus beau, plus recherché que la plus belle laine.—BUFFON.

Grammatical Questions.—1. Conjug. *interr.* the pres. Ind. of *doivent*, and *neg.* the pres. Subj. of *souffrir*. Give the p. p. of both. 2. Account for the two *t*'s in **jettent**, and conj. *neg.* the pres. and imp. Subj. of **surcharge** and **se relèvent**. 3. *Il vaut mieux*: parse *il vaut*, and give its prim. tenses; conjug. *neg.* the past def. of the same, and give its corresp. subst. 4. Put in the pl. the whole of **the foll**. sentence : *Le chameau vaut non-seulement . . . . tous réunis ensemble.* 5. Put (a) in the *interr.*, and (b) in the *interr. with a neg.* : *Il mange aussi peu que l'âne.* 6. Transl. into French : *The servant I have now works ten times as much as the one I dismissed last month.*

31. *Le grand aigle.*—Le grand aigle, **que** Belon a nommé *l'aigle royal*, ou *le roi des oiseaux*, **a** plusieurs convenances physiques et morales avec le lion : la force et par conséquent l'empire sur les autres oiseaux, comme le lion sur les quadrupèdes ; la magnanimité : il dédaigne également les petits animaux et méprise leurs insultes ; la tempérance : l'aigle ne mange presque jamais son gibier en **entier**. Quelque affamé qu'il soit, il ne se jette jamais sur les cadavres : il est encore solitaire comme le lion. Les lions et les aigles se tiennent assez loin les uns des autres pour que l'espace qu'ils se sont réparti leur fournisse une ample subsistance ; ils ne comptent la valeur et l'étendue de leur royaume que par le produit de la chasse. L'aigle a de plus les yeux étincelants, et à peu près de la même couleur que ceux du lion, les ongles de la même forme, le cri également effrayant. Nés tous deux pour le combat et la proie, ils sont également ennemis de toute société, également féroces, également fiers et difficiles à **réduire**; on ne **peut** les apprivoiser qu'en les prenant tout petits.

C'est de tous les oiseaux celui qui s'élève le plus haut. Il voit par excellence; mais il n'a que peu d'odorat en comparaison du vautour: il ne chasse donc qu'à vue. Il emporte aisément les oies, les grues; il enlève aussi les lièvres, et même les agneaux, les chevreaux; et, lorsqu'il attaque les faons et les **veaux**, c'est pour se rassasier, sur le lieu, de leur sang et de leur chair, et en emporter les lambeaux dans son aire; c'est **ainsi** qu'on appelle son nid qu'il **place** ordinairement entre deux rochers, dans un lieu sec et inaccessible. On **assure** que le même nid sert à l'aigle pendant toute sa **vie**: il est **large** de plusieurs pieds et construit à peu près comme un plancher, **avec** de **petites** perches **ou** bâtons de cinq ou six pieds de longueur, appuyés **par les** deux bouts, et traversés par des branches souples, **recouvertes de** plusieurs lits de jonc et de bruyère.

Les aiglons n'ont **pas** les couleurs du plumage aussi fortes que quand **ils sont** adultes; ils sont d'abord blancs, **ensuite** d'un jaune pâle, et **deviennent** enfin d'un **fauve assez vif**. La vieillesse, ainsi que les trop **grandes** diètes, les maladies **et la trop longue** captivité, les font blanchir. On assure qu'ils vivent **près d'un siècle**. Lorsqu'ils ne sont pas apprivoisés, ils mordent cruellement **les** chats, les chiens, les hommes qui veulent les approcher. Ils jettent de temps en temps un cri aigu, sonore, perçant et lamentable, et d'un **son** soutenu. L'aigle boit très-rarement.—BUFFON.

Grammatical Questions.—1. *Quelque affamé qu'il soit*: why the Subj. mood here? Transl. into Fr.: (*a*) *Whatever may be his fortune, he will not succeed.* (*b*) *Whatever riches he may have, he will not succeed.* (*c*) *However rich they may be, they will not succeed.* 2. *Qu'ils se sont réparti*: why is the p. p. **in the sing.?** 3. *Se tiennent*: conjug. **interr. with a neg.** the past fut. of this **verb.** 4. Account for the spelling of *tout* in the foll. instances: (*a*) *Nés tous deux*; (*b*) **tout** *petits*; (*c*) *c'est de tous les oiseaux.* 5. Transl. into Fr.: *The eagle's nest is ten feet wide. My bedroom is twenty feet long, and fifteen feet wide.* 6. Give, with their respective meanings, the verbs corresponding to the foll. substs. and adjs.: **valeur, produit, combat,** sec, **blanc.**

32. *Les vautours.*—On a donné aux aigles le **premier** rang parmi les oiseaux de proie, non parce qu'ils sont plus **forts et** plus grands que les vautours, mais parce qu'ils sont plus généreux, c'est-à-dire moins bassement cruels. **Les** vautours n'ont **que** l'instinct de la basse voracité; ils ne combattent guère les vivants que quand ils **ne** peuvent s'assouvir sur les morts. L'aigle attaque ses ennemis ou ses victimes corps à corps; les vautours, au contraire, pour peu qu'ils prévoient de résistance, **se** réunissent en troupes comme de

lâches assassins. Dans les oiseaux comparés aux quadrupèdes, le vautour semble réunir la force et la cruauté du tigre avec la lâcheté et la gourmandise du chacal.

On doit donc d'abord distinguer les vautours des aigles par cette différence de naturel, et on les reconnaîtra à la simple inspection, en ce qu'ils ont les yeux à fleur de tête, la tête nue, le cou mal garni de quelques crins épars, les ongles courts et moins courbés, et l'attitude plus penchée que celle de l'aigle, qui se tient fièrement droit, et presque perpendiculairement sur ses pieds : le vautour semble marquer la bassesse de son caractère par la position inclinée de son corps. On reconnaîtra même les vautours de loin, en ce qu'ils sont presque les seuls oiseaux de proie qui volent en nombre.

Le *percnoptère* a les ailes plus courtes et la queue plus longue que les aigles, la tête d'un bleu clair, le cou blanc et nu, avec un collier de petites plumes blanches et raides à l'entour en forme de fraise; l'iris des yeux est d'un jaune rougeâtre; le bec et la peau nue qui en recouvre la base sont noirs; l'extrémité crochue du bec est blanchâtre; le bas des jambes et les pieds sont nus et de couleur plombée. Il est de plus fort remarquable par une tache brune, en forme de cœur, qu'il porte sur la poitrine.

Le *griffon* est encore plus grand que le percnoptère; il a huit pieds d'envergure, le corps plus gros et plus long que le grand aigle, surtout en y comprenant les jambes, qu'il a longues de plus d'un pied, et le cou qui a sept pouces de longueur.

Le *grand vautour* est plus gros et plus grand que l'aigle commun, mais un peu moindre que le griffon; il a une espèce de cravate blanche qui part des deux côtés de la tête, s'étend en deux branches jusqu'au bas du cou, et borde de chaque côté un assez large espace d'une couleur noire, et au-dessous duquel se trouve un collier étroit et blanc; ses pieds sont couverts de plumes brunes, et ses doigts sont jaunes.—BUFFON.

Grammatical Questions.— 1. Put in the sing. the whole sentence: *Les vautours n'ont que l'instinct . . . . sur les morts.* 2. *Combattent guère :* parse this v.; give its prim. tenses, and its verbal subst. Give the homonym of *guère.* 3. Form the pl. of *chacal* and *cou*; give the sing. of *yeux*; and comment on the expres. *tête nue.* 4. Give the masc. pl. of *bleu*, the fem. sing. of *blanc*, and the compar. of inferiority of *petites.* 5. *Qui a sept pouces de longueur :* express the same thing in a different way, and turn into Fr.: *I am taller than my brother by five inches.* 6. Give, with their respective meanings, the verbs corresponding to the foll. adjs.: *grand, gros, moindre, blanc, large, étroit, brun, jaune,* and say to what conjug. they belong.

33. *Le cygne.*—Dans toute société, soit des animaux, soit des hommes, la violence fit les tyrans, la douce autorité fait les rois : le lion et le tigre sur la terre, l'aigle et le vautour dans les airs, ne règnent que par la guerre, ne dominent que par l'abus de la force et par la cruauté; au lieu que le cygne règne sur les eaux à tous les titres qui fondent un empire de paix : la grandeur, la majesté, la douceur ; avec des puissances, des forces, du courage et la volonté de n'en pas abuser, et de ne les employer que pour la défense, il sait combattre et vaincre sans jamais attaquer ; roi paisible des oiseaux d'eau, il brave les tyrans de l'air, il attend l'aigle sans le provoquer, sans le craindre ; il repousse ses assauts en opposant à ses armes la résistance de ses plumes et les coups précipités d'une aile vigoureuse qui lui sert d'égide, et souvent la victoire couronne ses efforts. Au reste, il n'a que ce fier ennemi : tous les autres oiseaux de guerre le respectent, et il est en paix avec toute la nature ; il vit en ami plutôt qu'en roi au milieu des nombreuses peuplades des oiseaux aquatiques, qui toutes semblent se ranger sous sa loi ; il n'est que le chef, le premier habitant d'une république tranquille, où les citoyens n'ont rien à craindre d'un maître qui ne demande qu'autant qu'il leur accorde, et ne veut que calme et liberté.

Les grâces de la figure, la beauté de la forme, répondent dans le cygne à la douceur du naturel ; il plaît à tous les yeux, il décore, embellit tous les lieux qu'il fréquente ; on l'aime, on l'applaudit, on l'admire.

À sa noble aisance, à la facilité, à la liberté de ses mouvements sur l'eau, on doit le reconnaître non-seulement comme le premier des navigateurs ailés, mais comme le plus beau modèle que la nature nous ait offert pour l'art de la navigation. Son cou élevé et sa poitrine relevée et arrondie semblent en effet figurer la proue du navire fendant l'onde ; son large estomac en représente la carène ; son corps, penché en avant pour cingler, se redresse à l'arrière, et se relève en poupe ; la queue est un vrai gouvernail ; les pieds sont de larges rames, et ses grandes ailes, demi-ouvertes au vent et doucement enflées, sont les voiles qui poussent le vaisseau vivant, navire et pilote à la fois.—BUFFON.

Grammatical Questions.—**1.** Parse the foll. verbs: *fit, sait, sert, vit, plaît, doit, ait offert,* and conjug. the imper. of the same. 2. Give the fem. of the foll. substs. and adjs.: *hommes, rois, lion, tigre, ce fier ennemi, les citoyens, maître*; the sing. of *des animaux, des hommes, les eaux, ses efforts, des oiseaux aquatiques, les yeux*; and put in the pl.: *la queue est un vrai gouvernail.* 3. Give the adjs. corresponding to the foll. substs.: *violence,* **cruauté**, *paix, grandeur, majesté, douceur, puissance, force, courage, volonté.* 4. Conjug. *neg.* the pres. Ind. of *sait,* and *interr.* the fut. of *employer*; give the past part. of *vit,* and the 1st p. sing. and pl. of the pres. Subj. of *craindre* and *veut.* 5. *Nous ait offert:* why the Subj. mood here ? 6. *Demi-ouvertes au vent et doucement . . . :* account for the spelling of *demi,* and for the agreement of the p. p.—How was the adv. *doucement* formed ? Give the advs. in *-ment* of *paisible, premier, vrai.*

34. *L'hirondelle.*—Le vol est l'état naturel, je dirais presque l'état nécessaire de l'hirondelle : elle mange en volant, elle boit en volant, se baigne en volant, et quelquefois donne à manger à ses petits en volant. Sa marche est peut-être moins rapide que celle du faucon, mais elle est plus facile et plus libre : l'un se précipite avec effort, l'autre coule dans l'air avec aisance ; elle sent que l'air est son domaine, elle en parcourt toutes les dimensions et dans tous les sens, comme pour en jouir dans tous les détails, et le plaisir de cette jouissance se marque par de petits cris de gaieté. Tantôt elle donne la chasse aux insectes voltigeants, et suit avec une agilité souple leur trace oblique et tortueuse, ou bien quitte l'un pour courir à l'autre, et happe en passant un troisième; tantôt elle rase légèrement la surface de la terre et des eaux pour saisir ceux que la pluie ou la fraîcheur y rassemble; tantôt elle échappe elle-même à l'impétuosité de l'oiseau de proie par la flexibilité preste de ses mouvements: toujours maîtresse de son vol dans sa plus grande vitesse, elle en change à tout instant la direction; elle semble décrire au milieu des airs un dédale mobile et fugitif dont les routes se croisent, s'entrelacent, se fuient, se rapprochent, se heurtent, se roulent, montent, descendent, se perdent, et reparaissent pour se croiser, se rebrouiller encore en mille manières, et dont le plan trop compliqué pour être représenté aux yeux par l'art du dessin, peut à peine être indiqué à l'imagination par le pinceau de la parole.— Guéneau de Montbeillard.

Grammatical Questions.—1. *Mange, boit, se baigne*: give the 1st p. pl. of the pres. Ind. of these verbs; conjug. interr. with a neg. the past Cond. of *se baigne*, and give its verbal subst. 2. *Elle en parcourt toutes les dimensions*: what is *en* here? why not toutes *ses* dimensions? 3. *Voltigeants*: why the mark of the pl.? Parse *suit*, and give the 3rd p. sing. of the pres. and imp. Subj. of this verb. 4. *Elle rase*; transl. into Engl.: *Vous êtes-vous rasé ce matin? Non, je me suis coupé le doigt hier soir, et ce matin je n'ai pas pu me faire la barbe.* 5. *Mille manières*: why *mille* invariable? Turn into Fr.: (a) *This man walked five thousand miles in two months.* (b) *The year one thousand eight hundred and seventy-four.* 6. Put in the *interr.* with a neg.: *Elle mange en volant, elle boit, se baigne en volant, et quelquefois donne à manger à ses petits en volant.*

35. *Le rossignol.*—Il n'est point d'homme bien organisé à qui ce nom ne rappelle quelqu'une de ces belles nuits de printemps où, le ciel étant serein, l'air calme, toute la nature en silence, et pour ainsi dire attentive, il a écouté avec ravissement le ramage de ce chantre des forêts. On pourrait citer quelques autres oiseaux chanteurs, dont la voix le dispute, à certains égards, à celle du rossignol; les alouettes, le serin, le pinson, les fauvettes, la linotte, le chardonneret, le merle commun, le merle solitaire, le moqueur d'Amérique, se font écouter avec plaisir quand le rossignol se tait : les uns ont d'aussi beaux sons, les autres ont le timbre aussi pur et plus doux; d'autres ont des tours de gosier aussi flatteurs; mais il n'en est pas un seul que le rossignol n'efface par la réunion complète de ces talents divers, et par la prodigieuse variété de son ramage; en sorte que la chanson de chacun de ces oiseaux, prise dans toute son étendue, n'est qu'un couplet de celle du rossignol.

Le rossignol charme toujours et ne se répète jamais, du moins servilement; s'il redit quelque passage, ce passage est animé d'un accent nouveau, embelli par de nouveaux agréments : il réussit dans tous les genres, il rend toutes les expressions, il **saisit** tous les caractères, et de plus il sait en augmenter l'effet par les contrastes. Ce coryphée du printemps **se prépare-t-il** à chanter l'hymne de la nature, il commence par un prélude timide, **par des** tons faibles, presque indécis, comme s'il voulait essayer son instrument et intéresser ceux qui l'écoutent; mais ensuite, prenant **de** l'assurance, il s'anime par degrés, il s'échauffe, et bientôt il déploie dans leur plénitude toutes les ressources **de son** incomparable organe.—*Ibid.*

Grammatical Questions.—1. What is the *homonym* of *serein*? Give, in Fr., the names of the four seasons of the year. 2. What observation is to be made about the **word** *silence*? What is the meaning of: (*a*) *Faites silence*; (*b*) *faites faire silence*, and transl. in Fr., and in two different ways: *Hold your tongue*. 3. Give the *homonyms* of *voix*, **and the** meaning of the **familiar expr.**: *Être gai comme un pinson*. 4. *S'il redit:* give the 2nd p. pl. of the pres. Ind. of this v., and of *maudire*, to curse, *médire*, to slander, *dire*, to say. 5. *Il réussit*: parse **this v.**; give its prim. tenses, and transl. into Fr.: (*a*) *Her Majesty Queen Victoria succeeded William IV.* (*b*) *Whatever may be your talents, you will never succeed.* 6. *Se prépare-t-il*: account for the insertion of the *t* between the v. and the pron.; and conjug. neg., the past anterior of this verb.

36. *Le funèbre oiseau noir.*—Les matelots sont fort émus lorsque, le jour **baissant**, une subite nuit se faisant sur les mers, ils voient autour du **navire voler** une sinistre petite figure, un funèbre oiseau noir. Noir n'est pas **le mot propre**; le noir serait plus gai; la vraie nuance est celle d'un **brun fumeux** qu'on ne définit pas. Ombre d'enfer, ou mauvais songe, qui **marche sur les** eaux, se promène à travers la vague, foule aux pieds la tempête. Ce pétrel (ou Saint-Pierre) est l'horreur du marin, qui croit y voir une malédiction vivante. D'où vient-il? D'où peut-il surgir, à des distances énormes de toute terre? Que veut-il? Que vient-il chercher, **si ce** n'est le naufrage? Voilà les fictions de la peur. Des esprits **moins** effrayés verraient dans le pauvre oiseau un autre navire en détresse, **un navigateur** imprudent qui, lui aussi, a été surpris loin de la côte, **et sans abri.** Ce vaisseau **est pour lui une île où il voudrait bien reposer.** Le sillage seul du navire qui coupe et le flot et le **vent,** c'est déjà un refuge, un secours contre la fatigue.—MICHELET.

Grammatical Questions. — 1. *Le funèbre oiseau* **noir**: why *funèbre* before, and **noir** after the subst. *oiseau*? 2. *Sont émus*: parse this v., give its prim. tenses, and account for the agreement of the p. p. 3. *Ils voient*: give the **prim.** tenses of this v., and the 3rd p. sing. of the past def., fut., pres. and imp. Subj. 4. *Qui croit y voir*: what is *y* here? What difference of meaning is there between *il croit* and *il croît*? 5. Put in the pl., and in the *interr.* with a *neg.*: *Ce vaisseau est pour lui une île où il voudrait bien se reposer.* 6. Transl. into Fr.: (*a*) *What do you want?* (*b*) *Where do you come from?* (*c*) *Go and fetch the doctor.* (*d*) *Who goes there?* (*e*) *Come in.*

37. *L'oiseau-mouche.*—De tous les êtres animés, voici le plus élégant pour la forme et le plus brillant pour les couleurs. La nature l'a comblé de tous ses dons : légèreté, rapidité, prestesse, grâce et riche parure, tout appartient à ce petit favori. L'émeraude, le rubis, la topaze brillent sur ses habits ; il ne les souille jamais de la poussière de la terre, et, dans sa vie tout aérienne, on le voit à peine toucher le gazon par instants : il est toujours en l'air, volant de fleurs en fleurs ; il a leur fraîcheur comme il a leur éclat ; il vit de leur nectar, et n'habite que les climats où sans cesse elles se renouvellent.

C'est dans les contrées les plus chaudes du Nouveau-Monde que se trouvent toutes les espèces d'oiseaux-mouches. Elles sont assez nombreuses et paraissent confinées entre les deux tropiques.

Les Indiens, frappés de l'éclat du feu que rendent les couleurs de ces brillants oiseaux, leur avaient donné le nom de *rayons*, ou *cheveux du soleil*. Les petites espèces de ces oiseaux sont au-dessous du taon pour la grandeur, et du bourdon pour la grosseur. Le bec est une aiguille fine, et leur langue un fil délié ; leurs petits yeux noirs ne paraissent que deux points brillants ; les plumes de leurs ailes sont si délicates, qu'elles en paraissent transparentes. À peine aperçoit-on leurs pieds, tant ils sont courts et menus ; ils en font peu d'usage ; ils ne se posent que pour passer la nuit, et se laissent, pendant le jour, emporter dans les airs : leur vol est continu, bourdonnant et rapide.

Rien n'égale la vivacité de ces petits oiseaux, si ce n'est leur courage, ou plutôt leur audace : on les voit poursuivre avec furie des oiseaux vingt fois plus gros qu'eux. L'impatience paraît être leur âme : s'ils s'approchent d'une fleur et qu'ils la trouvent fanée, ils lui arrachent les pétales avec une précipitation qui marque leur dépit. Ils n'ont point d'autre voix qu'un petit cri, *screp, screp*, fréquent et répété.—BUFFON.

Grammatical Questions. — 1. *De tous les êtres*: give the sing. (masc. and fem.) of *tous*, and state why *être* is a subst. masc. 2. *Appartient*: parse this v., give its prim. tenses, and state the reason why this v. is in the 3rd p. sing., although it refers to four subjects. 3. *Tout aérienne*: why *tout* before a fem. adj.? 4. *Oiseaux-mouches*: account for this plural. 5. Transl. into Fr.: (*a*) *This little boy has red hair.* (*b*) *My sister's hair is chestnut-coloured.* (*c*) *Has not your mother pale yellow hair?* 6. *À peine aperçoit-on*: why the subj. after the v.? Conjug. *interr. with a neg.* the pres. Ind. of *aperçoit*, and give its prim. tenses.

38. *Le nid de mésange.*—Ce matin, en faisant une promenade sur les bords de l'étang, j'ai joui d'un spectacle qui m'a confondue d'admiration, et que je vais tâcher de raconter :—Je m'étais appuyée contre un saule pour me reposer un instant, lorsque tout-à-coup un charmant petit oiseau sembla jaillir de l'écorce même de l'arbre ; je voulus me rendre compte de ce phénomène, et voici ce que je vis en y regardant de très-près. À environ quatre pieds de terre, j'aperçus collé contre le tronc du saule une sorte de gros cocon à base élargie, et affectant la forme d'une petite bouteille ou plutôt d'une pomme de pin. Les parois extérieures de ce cocon étaient entièrement garnies d'un lichen argenté et moussu, recueilli sur l'arbre même et ajusté avec un art si merveilleux, qu'on aurait pu passer vingt fois devant l'arbre sans croire à autre chose qu'à une rugosité de l'écorce. Je m'approchai avec précaution, et par une petite ouverture ménagée dans l'édifice, à environ un pouce du sommet j'aperçus vingt petites têtes et vingt petits corps rangés avec la plus parfaite symétrie dans ce petit réduit qui n'était guère plus grand que le creux de ma main. C'était un nid de mésange que j'avais sous les yeux, un nid de cette mésange si jolie, si gracieuse, qui est, je crois, la plus petite de son espèce, et qui certainement n'est pas plus grosse qu'un roitelet. . . . Je m'empressai de m'éloigner, et, m'arrêtant à quelque distance, j'eus l'indicible bonheur de voir la mère regagner courageusement son nid et distribuer à sa jeune famille deux belles chenilles vertes.—MADAME DE TRACY.

Grammatical Questions.—1. *Je vais tâcher*: parse *je vais*; explain, by etymology, the irregularities of this v., and state the difference of meaning between *tâcher* and *tacher*. 2. *Je voulus me rendre compte*: give the 2nd p. pl. of the fut., the pres. and imp. Subj. of *voulus*. Transl. into Engl.: (*a*) Le général leur cria: *Rendez-vous!* (*b*) *Je me rendis* au *rendez-vous*. (*c*) Voulez-vous *vous rendre* à mes ordres ? (*d*) Ce passage est très-bien *rendu*. (*e*) Ce cheval ne peut aller plus loin, il est *rendu*. 3. Explain, by etymology, the difference of meaning between *compte*, *conte*, and *comte*. 4. *Vingt fois*: illustrate, by examples, the rule about *vingt*, and give the *homonyms* of *fois*. 5. *Je m'approchai*: conjug. neg. the Ind. pluperf. of this v. 6. Put in the *interr.* **with a** *neg.*: *Je m'empressai de m'éloigner*.

39. *La rose et le papillon.*—La puissance animale est d'un ordre bien supérieur à la végétale. Le papillon est plus beau et mieux organisé que la rose. Voyez la reine des fleurs, formée de portions sphériques, teinte de la plus riche des couleurs, contrastée par **un** feuillage du plus beau vert, et balancée par le zéphyr : le papillon la surpasse en harmonie de couleurs, de formes et de mouvements: considérez avec quel art sont composées les quatre ailes dont il vole, la régularité des écailles qui les recouvrent comme des plumes, la variété de leurs teintes brillantes, les six pattes armées **de griffes avec** lesquelles il résiste aux vents dans son repos, la trompe roulée **dont** il pompe **sa** nourriture au sein des fleurs, les antennes, organes exquis du toucher, qui couronnent **sa** tête, et le réseau admirable d'yeux dont elle est entourée au nombre de plus de douze mille. Mais ce qui le rend bien supérieur à la rose, c'est qu'il a, outre la beauté des formes, les facultés de voir, d'ouïr, d'odorer, de savourer, de sentir, de se mouvoir, de vouloir, enfin une âme douée de passions et d'intelligence. C'est pour le nourrir que la rose entr'ouvre les glandes nectarées de son sein ; c'est pour en protéger les œufs, collés comme un bracelet autour de ses branches, qu'elle est entourée d'épines. La rose ne voit ni n'entend l'enfant qui accourt pour la cueillir ; mais le papillon, posé sur elle, échappe à la main prête à le

saisir, s'élève dans les airs, s'abaisse, s'éloigne, se rapproche, et, après s'être joué du chasseur, il prend sa volée, et va chercher sur d'autres fleurs une retraite plus tranquille.—BERNARDIN DE SAINT-PIERRE.

Grammatical Questions.—1. Put in the pl.: *Le papillon est plus beau et mieux organisé que la rose.* 2. *Teinte*: parse this v.; account for the agreement of the p. p.; give the prim. tenses and conjug. neg. the pres. Subj. 3. Form the collective numbers of *dix, douze, quinze, vingt,* *soixante, cent.* 4. Conjug. *interr.* the fut. of *accourt*, and give its p. p. 5. Conjug. *interr.* with *a neg.*, the past indef. of *s'éloigne*. 6. Transl. into Fr.: (*a*) *Go into the garden and pluck some flowers for me.* (*b*) *Shall I pluck a white rose and a* **red** *one?—Yes, but mind the thorns.*

40. *Le lézard gris.*—Le lézard gris paraît être le plus doux, le plus innocent, et l'un des plus utiles des lézards. Ce joli petit animal n'a pas reçu de la nature un vêtement aussi éclatant que plusieurs autres quadrupèdes ovipares; mais elle lui a donné une parure élégante : sa petite taille est svelte, son mouvement agile, sa course si prompte, qu'il échappe à l'œil aussi rapidement que l'oiseau qui vole. Il aime à recevoir la chaleur du soleil : ayant besoin d'une température douce, il cherche les abris; et lorsque, dans un beau jour de printemps, une lumière pure éclaire vivement un gazon en pente, ou une muraille qui augmente la chaleur en la réfléchissant, on le voit s'étendre sur ce mur, ou sur l'herbe nouvelle, avec **une** espèce de volupté. Il se pénètre avec délices de cette chaleur bienfaisante, il marque son plaisir par de molles ondulations de **sa** queue déliée; il fait briller ses yeux vifs et animés; il **se précipite** comme un trait pour saisir une petite proie, ou pour **trouver un** abri plus commode. Bien loin de s'enfuir à l'approche **de l'homme,** il paraît le regarder avec complaisance; mais au moindre **bruit qui** l'effraye, à la chute seule d'une feuille, il se roule, tombe, et demeure pendant quelques instants comme étourdi par sa chute; ou bien il s'élance, disparaît, se trouble, revient, se cache de nouveau, reparaît encore, et décrit en un instant plusieurs circuits tortueux que l'œil a de la peine à suivre, se replie plusieurs fois sur lui-même, et se retire enfin dans quelque asile, jusqu'à ce que sa crainte soit dissipée.—LACÉPÈDE.

Grammatical Questions.—1. Put in the pl. the whole sentence : *Ce joli petit animal . . . . mouvement agile.* 2. **Avec** *délices*: of what gender is **this** subst. in the sing. and in the pl.? Mention one or two subst. of **the same** kind. 3. *Molles*: give the **two** masc. forms of this adj., and some **other** adjs. belonging to the same **class**. 4. *Il paraît*: account for the circumflex accent on the *i*, and give the p. p. of this v.—*Effraye*: why not *effraie*? 5. *Tombe*; *demeure*: what kind of verbs are these? with which aux. v. is *tomber* conjug. in its compd. tenses? What does *demeurer* mean? (*a*) when conjug. with *avoir*, as in : *J'ai demeuré deux ans à la campagne*; (*b*) when conjug. with *être*, as in : *Je suis revenu tout seul; ma famille est demeurée à la campagne.* 6. *Jusqu'à ce que . . . . soit dissipée*: account for the use of the Subj., and for **the agreement** of the past part.

41. *Le serpent.*—Tout est mystérieux, caché, étonnant dans cet incompréhensible reptile. Ses mouvements diffèrent de ceux de tous les autres animaux; on ne saurait dire où gît le principe de son déplacement; car il n'a ni nageoires, ni pieds, ni ailes, et cependant il fuit comme une ombre, il s'évanouit magiquement, il reparaît et disparaît encore, semblable à une petite fumée d'azur, et aux éclairs d'un glaive dans les ténèbres. Tantôt il se forme en cercle, et darde une langue de feu; tantôt, debout sur l'extrémité de sa queue, il marche dans une attitude perpendiculaire, comme par enchantement. Il se jette en orbe, monte et s'abaisse en spirale, roule ses anneaux comme une onde, circule sur les branches des arbres, glisse sous l'herbe des prairies, ou sur la surface des eaux. Ses couleurs sont aussi peu déterminées que sa marche : elles changent aux divers aspects de la lumière, et, comme ses mouvements, elles ont le faux brillant et les variétés trompeuses de la séduction.

Plus étonnant encore dans le reste de ses mœurs, il sait, ainsi qu'un homme souillé de meurtre, jeter à l'écart sa robe tachée de sang, dans la crainte d'être reconnu. . . . Il sommeille des mois entiers, fréquente des tombeaux, habite des lieux inconnus, compose des poisons qui glacent, brûlent ou tachent le corps de sa victime des couleurs dont il est lui-même marqué. Là, il lève deux têtes menaçantes, ici, il fait entendre une sonnette; il siffle comme un aigle de montagne; il mugit comme un taureau. Il s'associe naturellement aux idées morales ou religieuses, comme par une suite de l'influence qu'il eut sur nos destinées : objet d'horreur ou d'adoration, les hommes ont pour lui une haine implacable, ou tombent devant son génie; le mensonge l'appelle, la prudence le réclame, l'envie le porte dans son cœur, et l'éloquence a son caducée. Aux enfers, il arme le fouet des furies; au ciel, l'éternité en fait son symbole. Il possède encore l'art de séduire l'innocence; ses regards enchantent les oiseaux dans les airs; et sous la fougère de la crèche, la brebis lui abandonne son lait.—CHATEAUBRIAND.

Grammatical Questions.—1. Put in the *interr. with a neg.*: *on ne saurait dire où gît le principe de son déplacement*; and parse *saurait* and *gît*. 2. Conjug. neg. the past indef. of *s'évanouit*. 3. Account for the circumflex accent in *gît, reparaît, tantôt, être, brûlent, même, têtes*. 4. Give the substs. corresponding to the foll. verbs: *est, diffèrent, saurait, dire, gît, a, fuit, darde*. 5. *Il sommeille des mois entiers*: give, in Fr., the names of the months of the year. Show, by two short sentences, the difference between *le mois dernier* and *le dernier mois*. 6. Put in the pl.: *Là, il lève deux têtes . . . . un taureau*; and transl. into Fr.: *Have you heard the bell? Go and see who rang the bell.*

42. *Le requin.*—Ce formidable squale parvient jusqu'à une longueur de plus de dix mètres.

Mais la grandeur n'est pas son seul attribut; il a reçu aussi la force et des armes meurtrières; et, féroce autant que vorace, impétueux dans ses mouvements, avide de sang, insatiable de proie, il est véritablement le tigre de la mer. Recherchant sans crainte tout ennemi, poursuivant avec plus d'obstination, attaquant avec plus de rage, combattant avec plus d'acharnement que les autres habitants des eaux ; plus dangereux que plusieurs cétacés, qui, presque toujours, sont moins puissants que lui ; inspirant même plus d'effroi que les baleines, qui, moins bien armées, et douées d'appétits bien différents, ne provoquent presque jamais ni l'homme ni les grands animaux ; rapide dans sa course, répandu sur tous les climats, ayant envahi, pour ainsi dire, toutes les mers ; paraissant souvent au milieu des tempêtes, aperçu facilement par l'éclat phosphorique dont il brille au milieu des ombres des nuits les plus orageuses, menaçant de sa gueule énorme et dévorante les infortunés navigateurs exposés aux horreurs du naufrage, leur fermant toute voie de salut, leur montrant en quelque sorte leur tombe ouverte, et plaçant sous leurs yeux le signal de la destruction ; il n'est pas surprenant qu'il ait reçu le nom sinistre qu'il porte, et qui, réveillant tant d'idées lugubres, rappelle surtout la mort dont il est le ministre. *Requin* est en effet une corruption de *requiem*, qui désigne depuis longtemps, en Europe, la mort et le repos éternel, et qui a dû être souvent, pour des passagers effrayés, l'expression de leur consternation à la vue d'un squale de plus de trente pieds de longueur, et des victimes déchirées ou englouties par ce tyran des ondes. Terrible encore lorsqu'on a pu parvenir à l'accabler de chaînes, se débattant avec violence au milieu de ses liens, conservant une grande puissance lors même qu'il est déjà tout baigné dans son sang, et pouvant d'un seul coup de sa queue, répandre le ravage autour de lui, à l'instant même où il est près d'expirer, n'est-il pas le plus formidable de tous les animaux auxquels la nature n'a pas départi des armes empoisonnées ? le tigre le plus furieux, au milieu des sables brûlants, le crocodile le plus fort, sur les rivages équatoriaux, le serpent le plus démesuré, dans les solitudes africaines, doivent-ils inspirer autant d'effroi qu'un énorme requin au milieu des vagues agitées ?—LACÉPÈDE.

Grammatical Questions.—1. Put in the pl.: *Mais la grandeur . . . . tigre de la mer.* 2. Give the homonyms of *mer* and *sang*. 3. Account for the agreement of the p. p. in *moins bien armées*, and transl. into Fr.: (*a*) *The shark is much better armed than the whale*; (*b*) *Is not the whale as well armed as the shark?* 4. *Dévorante*: why not *dévorant?* Give the *homonyms* of *voie*, and parse *ouverte*. 5. *Il n'est pas surprenant qu'il ait reçu*: why the Subj. ? Illustrate, by transl. the two foll. sentences, when "it is" must be rendered into Fr. by *c'est*, and when by *il est*: *It is useful to know modern languages. Yes, it is very useful.* 6. *Coup de sa queue*: give the Engl. equivalent of the foll. expressions:—(*a*) *coup de poing*; (*b*) *coup de pied*; (*c*) *coup de langue*; (*d*) *coup d'air*; (*e*) *coup d'œil*; (*f*) *coup de soleil*; (*g*) *coup de fusil*; (*h*) *coup de chapeau*; (*i*) *coup d'épaule*; (*k*) *coup de main*; (*l*) *coup de feu*; (*m*) *coup de maître*; (*n*) *coup d'essai*; (*o*) *coup de vent*; (*p*) *coup de coude*.

43. *Les oiseaux et les poissons.*—Jusque dans les derniers détails, l'économie tout entière des poissons contraste avec celle des oiseaux.

L'être aérien découvre nettement un horizon immense; son ouïe subtile apprécie tous les sons, toutes les intonations; sa voix les reproduit : si son bec est dur, si son corps a dû être enveloppé d'un duvet qui le préservât du froid des hautes régions qu'il visite, il retrouve dans ses pattes toute la perfection du toucher le plus délicat. Il jouit de toutes les douceurs de l'amour conjugal et paternel; il en remplit les devoirs avec courage : les époux se défendent et défendent leur progéniture. . . . Dans l'esclavage même, l'oiseau s'attache à son maître; il se soumet à lui et exécute sous ses ordres les actes les plus adroits, les plus délicats : il chasse pour lui comme le chien, il revient à sa voix du plus haut des airs : il imite jusqu'à son langage. . . .

L'habitant des eaux, au contraire, ne s'attache point; il n'a point de langage, point d'affection; il ne sait ce que c'est que d'être époux et père, ni que de se préparer un abri : dans le danger, il se **cache** sous les rochers de la mer, ou se précipite dans la profondeur des eaux; sa vie est silencieuse et monotone; sa voracité seule l'occupe. . . . Et cependant ces êtres, à qui il a été ménagé si peu de jouissances, ont été ornés par la nature de tous les genres de beauté : variété dans les formes, élégance dans les proportions, diversité et vivacité de couleurs, rien ne leur manque pour attirer l'attention de l'homme, et il semble que ce soit cette attention qu'en effet la nature ait eu le dessein d'exciter : l'éclat de tous les métaux, de toutes les pierres précieuses dont ils resplendissent, les couleurs de l'iris qui se brisent, se reflètent en bandes, en taches, en lignes onduleuses, anguleuses et toujours régulières, toujours symétriques, de nuances admirablement assorties ou contrastées; **pour** qui auraient-ils reçu tous ces dons, eux qui ne peuvent au plus que s'entrevoir dans ces profondeurs où la lumière a peine à pénétrer; et, quand ils se verraient, quel genre de plaisir pourraient réveiller en eux de pareils rapports ?—CUVIER.

Grammatical Questions.— 1. *Dans les derniers détails*: illustrate, by examples, the different meanings of the adj. *dernier*, according as it precedes or follows the subst. *semaine*. Give some other substs. forming their pl. in *ails*. 2. *Tout entière*: why not *toute*? Give the *homonyms* of *sons*. 3. *A dû, jouit*: parse these verbs, give their primitive tenses, and conjug. *interr. with a neg.* the pres. Ind. of the same. 4. Give the fem. of *paternel, époux, maître, lui, père*, and say when the subst. *amour* is fem. 5. What is *en* in: *il en remplit les devoirs avec courage*? why is the subst. *devoir* masc.? 6. Put in the *pl.* and in the *interr. with a neg.*: *L'oiseau s'attache à son maître; il se soumet à lui et exécute sous ses ordres les actes les plus adroits.*

44. *Éruption du Vésuve.*—Le feu du torrent est d'une couleur funèbre; néanmoins, quand il brûle les vignes ou les arbres, on en voit sortir une flamme claire et brillante; mais la lave même est sombre, telle qu'on se représente un fleuve de l'Enfer; elle roule lentement comme un sable noir le jour, et rouge la nuit. On entend, quand elle approche, un petit bruit d'étincelles, qui fait

d'autant plus de peur qu'il est léger, et que la ruse semble se joindre à la force : le tigre royal arrive lentement, secrètement, à pas comptés. Cette lave avance, avance, sans jamais se hâter, et sans perdre un instant ; si elle rencontre un mur élevé, un édifice quelconque qui s'oppose à son passage, elle s'arrête, elle amoncelle devant l'obstacle ses torrents noirs et bitumineux, et l'ensevelit enfin sous ses vagues brûlantes. Sa marche n'est point assez rapide pour que les hommes ne puissent pas fuir devant elle ; mais elle atteint, comme le Temps, les imprudents et les vieillards qui, la voyant venir lourdement et silencieusement, s'imaginent qu'il est aisé de lui échapper. Son éclat est si ardent, que, pour la première fois, la terre se réfléchit dans le ciel, et lui donne l'apparence d'un éclair continuel ; ce ciel, à son tour, se reflète dans la mer, et la nature est embrasée par cette triple image de feu.

Le vent se fait entendre et se fait voir par des tourbillons de flamme dans les gouffres d'où sort la lave. On a peur de ce qui se passe au sein de la terre, et l'on sent que d'étranges fureurs la font trembler sous nos pas. Les rochers qui entourent la source de la lave sont couverts de soufre, de bitume, dont les couleurs ont quelque chose d'infernal. Un vert livide, un jaune brun, un rouge sombre, forment comme une dissonance pour les yeux et tourmentent la vue. . . .

Tout ce qui entoure le volcan rappelle l'Enfer, et les descriptions des poëtes sont sans doute empruntées de ces lieux. C'est là que l'on conçoit comment les hommes ont cru à l'existence d'un génie malfaisant qui contrarîait les desseins de la Providence. . . .—MADAME DE STAËL.

Grammatical Questions.—1. Parse *voit* and *fait*; and conjugate *neg.* the imper. of both. 2. Translate into Fr.: *What is the matter with you? I am frightened. Who has frightened you? What has frightened you?* 3. Form the adv. of *léger,* and show how the advs. *lentement* and *secrètement* were formed. 4. Conjug. *interr. with a neg.* the past Cond. of *avance* and *se hâter.* 5. Show, by examples, the use of the Fr. word *fois,* and give its homonyms. 6. Give the substs., with their respective meanings and genders, corresponding to the foll. verbs : *brûle, voit, sortir, arrive, fuir.*

45. *Une trombe en mer.*—Nous étions à cent lieues environ de St. Domingue. . . . La brise qui se faisait à peine sentir le matin, et qui nous avait obligés de mettre toutes voiles dehors, commençait à fraîchir. Bientôt, et presque sans transition, le vent s'éleva, devint impétueux, et notre brick fendit les ondes avec une effroyable rapidité. . . .

Tout à coup de grosses lames blanches, tourbillonnantes, écumeuses et que les rayons enflammés du soleil rendaient éblouissantes, vinrent frapper la proue de notre brick qui nageait alors au milieu des flots d'écume.

Cependant le bouillonnement de l'eau, s'étendant d'une manière circulaire, avait atteint déjà **cent toises** de diamètre environ; **on eût dit, à** voir ce roulement des ondes, que la mer était agitée par quelque convulsion intérieure. Bientôt **l'eau s'éleva** comme une petite colline et marcha devant nous, se gonflant **à** mesure qu'elle avançait avec un bruit, **un** mugissement dont je **ne** pouvais deviner la cause, mais qui **n'avait rien** toutefois de bien effrayant. Peu à peu, et du milieu de **cette montagne** liquide, je **vis** naître, surgir, s'élever **une colonne qui monta en tourbillonnant,** sifflant, s'allongeant **toujours et touchant presque de sa** tête aux nuages. C'était alors **un spectacle admirable et** sublime que ce pilier **de cristal** entre **la terre et le ciel**; **les reflets** du soleil l'avaient coloré de **leurs** mille **nuances,** et les couleurs de l'arc-en-ciel, qui s'y réunissaient **comme dans un prisme, éclairaient** le cône d'une lumière **vive,** pourprée, chatoyante, tandis que l'ombre, refoulée vers sa base, la faisait paraître sur un socle d'airain, supporté par des flocons de neige.

"Une **trombe! une trombe!**" s'écrièrent en même temps officiers **et** matelots. . . .

À ces mots, j'éprouvai **un** moment de terreur involontaire . . . . mais l'expression calme des visages me rassura.

Après avoir admiré pendant quelques instants cette scène vraiment magique, le capitaine **donna quelques ordres,** et je compris qu'on allait tirer le canon.

Le coup partit, retentit au-dessus de **l'abîme,** et le boulet, coupant la colonne par sa base, elle trembla, **chancela un** instant, puis tomba tout à coup, semblable à une immense **avalanche.**

Quelques secondes après, **l'Océan ne laissait plus aucune trace de** ce phénomène extraordinaire. Nous avions **repris** notre course **vers** le couchant; le disque du soleil, caché à demi, nous éclairait encore de ses derniers rayons, et la vaste mer, partout déserte, se rembrunissait peu à peu. Tout à coup la lumière sembla s'éteindre **(dans ces climats l'obscurité succède au jour** sans gradation); la **transition** fut presque subite: il n'y eut pas de crépuscule; et les **flots, le** sillage, la mer, le navire, l'horizon disparurent, et **tout s'évanouit à la fois dans les ombres de la nuit.**—P. HENNEQUIN, *Revue maritime.*

Grammatical Questions.—1. Nous *étions à cent lieues:* when does *cent* take the mark of the pl.? and transl. into Engl.: *Je suis étranger en ces lieux.* 2. What does *voile* mean, when it is a subst. **masc.?** 3. *De grosses lames blanches:* why *de?* why the adj. *grosses* before and *blanches* after the subst.? 4. *Avec un bruit, un mugissement . . . . mais qui n'avait . . . . :* why the v. in the sing.? 5. **Parse** *je vis,* give its prim. tenses; and conjug. the past def. and indef. of *naître.* Give the substs. corresponding to the v. *naître, vivre, mourir.* 6. Illustrate, by examples, the **rules** about the num. *mille,* **and the** adj. *demi.* In how many ways **can the** Engl. v. *to succeed* be transl. into French?

46. *L'aurore boréale.*—À mon retour à Stockholm, un autre spectacle encore plus frappant m'attendait: c'était celui d'une

aurore boréale. Je me retirai vers minuit, avec **un** de mes compagnons de voyage, par un beau clair de lune. Nous aperçûmes tout **à** coup une lueur vague et blanchâtre répandue dans le ciel. Nous nous demandions si c'était une nuée **éclairée** par la lune; mais c'était quelque chose de moins compacte **encore**, de plus indécis; **on** eût dit la voie lactée ou une lointaine **nébuleuse**. Tandis que nous hésitions, un **point** lumineux se forma, **s'étendit** d'une manière indéterminée et **on** vit tout à coup de grandes gerbes, de longs glaives, **d'immenses fusées** dans le ciel; puis toutes ces formes se confondaient, et **à** leur place paraissait une arche lumineuse, **d'où** tombait une pluie de lumière. Le plus souvent ce **qui** se passait **devant** nos yeux ne **pouvait se comparer** à rien. C'étaient des **apparences** fugitives, **impossibles à décrire** et que l'œil avait peine **à saisir**, tant elles se succédaient, se mêlaient, s'effaçaient **rapidement**. . . . Le merveilleux spectacle sem**blait** toujours finir et recommencer, et il **était impossible de saisir** le passage d'une décoration à l'autre. On **ne** les voyait **pas** apparaître dans le ciel; mais tout à coup elles **s'y** trouvaient, et il semblait qu'elles y avaient toujours été. En un mot, rien ne peut donner une idée de tout ce qu'il **y a** de mobile, de capricieux, d'insaisissable dans ces jeux brillants d'une lumière nocturne; et encore la lune, qui se trouvait pleine dans ce moment, nuisait par son éclat à celui de l'aurore boréale. C'est pour cette raison que la lueur de celle-ci était blanche et pâle. Sans cela, aux variations de formes se seraient **jointes les** variations de couleurs, les reflets rouges, verts, **enflammés, qui** donnent **souvent** aux **aurores** boréales l'apparence **d'un grand** incendie. **Mais à cela près** la nôtre **fut une** des **plus** riches qu'on **pût** voir; elle dura plusieurs heures, se **renouvelant, se** déplaçant, se transformant sans **cesse**; et l'on **nous dit que** depuis trente ans, il n'y **en** avait pas **eu de plus belle à Stockholm**.
—J. J. A. AMPÈRE.

Grammatical Questions.—1. Give the masc. pl. of *boréale*; put in the pl.: *un autre spectacle m'attendait,* and give the exact meaning of the Fr. v. *attendre.* 2. Transl. into Fr.: *I retired last night so late that this morning I only got up at twenty minutes to twelve.* 3. *D'où tombait:* why not *dont?* Transl. into Engl.: *La maison dont vous sortez est très-ancienne; la maison d'où je sors ne me convient pas.* What kind of v. is *tombait?* Conjug. *interr.* the past indef. of the same. 4. *Qu'elles y avaient toujours été:* why the p. p. *été* unchanged? Transl. into Engl.: (a) *Y suis-je? Non, pas encore.* (b) *J'y suis maintenant.* (c) *Enfin, nous y sommes.* (d) *J'y suis toujours pour vous, mon cher ami.* 5. *Une des plus riches qu'on pût voir:* why the Subj. here? 6. Conjug. *interr.* the pres. Ind. of *voir* and *pouvoir.*

47. *La découverte de l'Amérique et l'œuf de* **Christophe Colomb.** —On dit d'une chose qu'on n'a pu faire et qu'on **trouve** facile après coup :—" C'est l'œuf de Christophe Colomb." Voici pourquoi :—Les détracteurs de Christophe Colomb lui disputaient l'œuvre de son

génie, en objectant que rien n'était plus aisé que la découverte du Nouveau-Monde.—"Vous avez raison," leur dit le célèbre navigateur; " aussi je ne me glorifie pas tant de la découverte que du mérite d'y avoir songé le premier." Prenant ensuite un œuf dans sa main, il leur proposa de le faire tenir sur sa pointe. Tous l'essayèrent; aucun n'y put parvenir.—"La chose n'est pourtant pas difficile," ajouta Colomb, " et je vais vous le prouver." En même temps il fit tenir l'œuf sur sa pointe qu'il aplatit en le posant. "Oh!" s'écrièrent-ils alors, " rien n'était plus aisé."—"J'en conviens, messieurs, mais vous ne l'avez point fait et je m'en suis avisé seul. Il en est de même de la découverte du Nouveau-Monde. Tout ce qui est naturel paraît facile quand il est une fois trouvé. La difficulté est d'être l'inventeur."—P. M. QUITARD.

Grammatical Questions.—1. Put in the pl.: *C'est l'œuf de la poule.* 2. What is the meaning of *riens, s.m. pl.*? 3. *Nouveau-Monde*: what difference is there between *nouveau* and *neuf*, which are both transl. into Engl. by *new*? 4. Transl. into Fr.: (*a*) *Bring me my new coat.* (*b*) *Have you read the new book so much spoken of?* (*c*) *I do not like the new fashion.* 5. Distinguish between the foll. express.: (*a*) *Vous avez raison*; (*b*) *vous avez une raison pour agir ainsi*; (*c*) *vous n'êtes plus un enfant, vous devez avoir de la raison.* 6. Turn into Engl. the foll. idiom. expr. about the v. *tenir*: (*a*) *Mon frère aîné me tint lieu de père.* (*b*) *De qui tenez-vous cette nouvelle?* (*c*) *Cette enfant tient de sa mère.* (*d*) *Tenez-vous beaucoup à ce livre?* (*e*) *Qu'à cela ne tienne!* 7. Turn into Fr. (using the v. *convenir*) the foll. sentences: (*a*) *We agreed about the price.* (*b*) *All my friends admit that I am right.* (*c*) *This house suits* **me**.

48. *Invention de l'imprimerie.*—Plusieurs villes **se sont disputé** l'invention de l'imprimerie; il paraît cependant que l'honneur en doit rester à celle de Mayence, dans la personne de Jean Gutenberg, **l'un de ses** citoyens. Réfléchissant **au** temps considérable qu'il fallait pour faire plusieurs copies d'un livre, Gutenberg imagina **de** graver sur des planches de bois des pages entières, que l'on imprimait ensuite autant de fois qu'on voulait. Ce fut là le premier pas vers la découverte de l'imprimerie. C'était déjà beaucoup; mais ce n'était pas assez encore. Il fallait un travail immense pour graver ainsi un seul ouvrage; et Gutenberg, voulant abréger le temps, se servit d'un nouveau moyen: il sculpta en relief des lettres mobiles ou sur bois, ou sur métal. Ces lettres se plaçaient les unes à côté des autres, enfilées par un cordon. On présume qu'il fit ce second essai à Strasbourg, en 1440. Ces tentatives lui réussirent peu dans le commencement et épuisèrent toute sa **fortune**. Vers 1444, il se vit obligé de retourner à Mayence, **et** de s'associer avec un orfèvre de cette ville appelé Faust. Ce dernier **ne** paraît avoir **contribué** à la nouvelle invention qu'en donnant les fonds nécessaires. Ils admirent, dans leur société, un écrivain de profession, homme industrieux, nommé Pierre Schoeffer, natif de Gernzheim, en Allemagne, qui, dit-on, était alors au service de Faust. Ce fut lui qui acheva la découverte de l'imprimerie, en trouvant le secret de jeter en fonte les caractères qui jusqu'alors avaient été sculptés un à un.

Cette nouvelle invention eut lieu en 1452.

Grammatical Questions.—1. *Se sont disputé*: why not *disputées*? 2. *Fallait*: parse this v., and give the fut. and pres. Subj. of the same. 3. *Un seul ouvrage*: what difference is there between *un seul homme* and *un homme seul*? 4. 1440; 1444; 1452: write these dates, in full, and in Fr., in two different ways. 5. Transl. into Fr.: *A friend of mine asked me to lend him one thousand pounds. I offered him one hundred, as this was all I possessed.* 6. Give the meaning of the foll. *homonyms* of *fonds*: *fond* (s.m.); *fond* (il); *font* (ils); *fonts* (s.m. pl.).

49. *L'imprimerie et les copistes.*—Lorsque, il y a trois siècles et demi, la machine à imprimer fut inventée, des copistes pourvoyaient de livres le très-petit nombre d'hommes riches qui se permettaient cette dispendieuse fantaisie. Un seul de ces copistes, à l'aide du nouveau procédé, pouvant faire l'ouvrage de deux cents, on ne manqua pas, dès cette époque, de qualifier d'*infernale* une invention qui, dans une certaine classe de la société, devait réduire à l'inaction neuf cent quatre-vingt-quinze personnes sur mille. Plaçons le résultat réel à côté de la sinistre prédiction. Les livres manuscrits étaient très-peu demandés. Les livres imprimés, au contraire, à cause de leur bas prix, furent recherchés avec le plus vif empressement. On se vit obligé de reproduire sans cesse les écrivains de la Grèce et de Rome. De nouvelles idées, de nouvelles opinions firent surgir une multitude d'ouvrages, les uns d'un intérêt éternel, les autres inspirés par des circonstances passagères. On a calculé enfin qu'à Londres, avant l'invention de l'imprimerie, le commerce des livres n'occupait que deux cents personnes: aujourd'hui, c'est par des vingtaines de milliers qu'on les compte.

Et que serait-ce encore si, laissant de côté le point de vue restreint et pour ainsi dire matériel, nous étudiions l'imprimerie par ses faces morales et intellectuelles; si nous examinions l'influence qu'elle a exercée sur les mœurs publiques, sur la diffusion des lumières, sur les progrès de la raison humaine; si nous opérions le dénombrement de tant de livres dont on lui est redevable, que les copistes auraient certainement dédaignés, et dans lesquels le génie va journellement puiser les éléments de ses conceptions fécondes!—FRANÇOIS ARAGO

Grammatical Questions.—1. *Trois siècles et demi*: give the ordinal form of *trois*. Why not *demis*? 2. Parse *pourvoyaient*, give its prim. tenses, and the 1st p. sing. of the fut. 3. What is the meaning of *aide*, s.m., and *aide*, s.f.? 4. *Deux cents*: why *cents* with *s*? Turn into idiom. Fr.: *Very few men live more than one hundred years.* 5. When is the word *personne* of the masc. gender? What is the difference of meaning between *un livre* and *une livre*? 6. *Étudiions*: account for the two *i*'s, and give the 1st p. pl. of the pres. Subj. of *envoyer* and *rire*. 7. Transl. into Fr.: *I am not rich enough to indulge in such fancies.* 8. Turn into Engl.: *Je me permettrai de vous dire que, dans cette affaire, vous avez eu tort.*

50. *Origine du jeu d'échecs.*—Un brahmane ou philosophe indien, nommé Sissa, fils de Dahir, conçut le dessein de ramener à la raison un prince enivré de sa grandeur, qui régnait sur une contrée située vers l'embouchure du Gange, et méprisait les sages représentations des prêtres et des grands. Mais il sentit que ses leçons ne deviendraient utiles qu'autant que le prince se les donnerait lui-même et ne croirait pas les recevoir d'un autre. Dans cette vue, il imagina le jeu des échecs, où le roi, quoique la plus importante de toutes les pièces, est impuissant pour attaquer et même pour se défendre contre les ennemis sans le secours de ses sujets et de ses soldats. Le nouveau jeu devint bientôt célèbre. Le prince en entendit parler et voulut l'apprendre. Sissa fut choisi pour le lui enseigner, et, sous prétexte de lui en expliquer les règles et de lui montrer avec quel art il fallait employer les autres pièces à la défense du roi, il lui fit apercevoir et goûter des vérités importantes qu'il avait refusé d'entendre jusqu'alors. Le prince se fit l'application des leçons du brahmane et changea de conduite. Sensible et reconnaissant, il voulut récompenser celui à l'école de qui il avait si bien profité et lui laisser le choix de sa récompense. Celui-ci demanda autant de grains de blé qu'en pourrait assigner une supputation basée sur les soixante-quatre cases de l'échiquier, en comptant un pour la première, deux pour la seconde, quatre pour la troisième, huit pour la quatrième, et ainsi de suite, toujours par duplication, jusqu'à la dernière.

Grammatical Questions.—1. Put in the fem.: *Un prince enivré de sa grandeur.* Give the *homonym* of *dessein*, and the subst. corresponding to *régnait*. 2. *Sur une contrée située*: what difference is there between *contrée, pays, campagne*, which are rendered into Engl. by *country*? Account for the agreement of the p.p. *située*. 3. *Vers l'embouchure*: explain the difference between (*a*) *vers* and *envers* = towards; (*b*) *embouchure, bouche, gueule* = mouth. 4. Give the fem. of *prêtres* and *roi*, and transl. into Engl.: (*a*) *The Indian prince liked the new game very much*; (*b*) *This chess-board is new.* 5. Put in the *interr. with a neg.*: *Le prince se fit l'application . . . . de conduite.* 6. *Le prince se fit l'application*: parse this sentence, and conjug. *neg.* the *imper.* of *fit*.

51. *Origine du jeu d'échecs (suite).*—Le monarque, étonné de la modestie apparente de la demande, l'accorda sur-le-champ. Mais quand ses trésoriers eurent calculé, ils trouvèrent que le prince avait pris un engagement pour lequel tous ses trésors et ses vastes États ne suffiraient point. Sissa, qui le savait bien, profita de l'occasion pour faire sentir au prince combien il importe à un souverain de se tenir en garde contre ceux qui l'entourent, et combien il doit craindre qu'on n'abuse de ses meilleures intentions. Cela contribua à rendre le jeu encore plus célèbre. Il fut adopté par les peuples voisins, et passa de l'Inde dans la Perse, au sixième siècle de l'ère chrétienne, avec des circonstances qui nous montrent qu'on le regardait comme propre à servir en tout pays à instruire les rois en les amusant. Le nom de *Schatrengi* ou *Schatrak*, qui lui fut donné, signifie *jeu du* *roi.* Les mots *Schah,* en persan, et *Scheik,* en arabe, veulent dire *roi* ou *seigneur.* Le terme d'*échec et mat* est tiré du persan *Schah mat, le roi est mort.*

D'après la remarque de quelques mathématiciens il faudrait, pour contenir la quantité de grains que produirait le calcul proposé par le brahmane, 16,384 villes, ayant chacune 1024 greniers, dans chacun desquels seraient 174,762 mesures, et dans chaque mesure 32,768 grains.—FRÉRET.

D'après un calcul de M. BABINET, membre de l'Institut (*Revue des Deux-Mondes,* 15 mai et 15 juin 1856), la valeur de tous ces grains serait de 102,482 milliards de francs.

Grammatical Questions.—1. Turn into Engl. the foll. sentences in which the v. *trouver* is used idiom.: (*a*) *Comment vous trouvez-vous ce matin ?* (*b*) *Allez trouver le médecin.* (*c*) *Mademoiselle votre sœur se trouva mal, hier soir, au concert.* (*d*) *Comment trouvez-vous ce chapeau ?* (*e*) *Suivez mes conseils, vous vous en trouverez bien.* (*f*) *Vous trouvez toujours à redire à ce que je fais.* 2. *Il doit craindre qu'on n'abuse:* give the 1st and 2nd p. pl. of the pres. and imp. Subj. of *doit,* and conjug. neg. the pres. Ind. of *craindre.* Account for the neg. before *abuse.* 3. Write in full, and in Fr., all the figures, and the two dates contained in the two last paragraphs of the above extract.

52. *L'invention des aérostats.*—Les découvertes scientifiques, celles même dont les hommes pouvaient espérer le plus d'avantage, les découvertes, par exemple, de la boussole et de la machine à vapeur, furent reçues à leur apparition avec une dédaigneuse indifférence. Les événements politiques, les hauts faits militaires jouissent exclusivement du privilége d'émouvoir la masse du public. Il y a eu, cependant, deux exceptions à cette règle. Sur cette seule indication, chacun de vous a déjà nommé l'Amérique et les aérostats, Christophe Colomb et Montgolfier. Les découvertes de ces deux hommes de génie, si différentes jusqu'ici dans leurs résultats, eurent en naissant des fortunes pareilles. Recueillez, en effet, dans la *Historia del Almirante* les marques de l'enthousiasme général que la découverte de quelques îles excita chez l'Andalou, le Catalan, l'Aragonais, le Castillan ; lisez le récit des honneurs inouïs qu'on s'empressait de rendre, depuis les plus grandes villes jusques aux plus petits hameaux, non-seulement au chef de l'entreprise, mais encore aux simples matelots des caravelles *la Santa-Maria, la Pinta* et *la Niña,* qui ne furent les premières touchèrent les rives occidentales de l'Atlantique, et dispensez-vous ensuite de chercher dans les écrits de l'époque quelle sensation les aérostats produisirent parmi nos compatriotes : les processions de Séville et de Barcelone sont l'image fidèle des fêtes de Lyon et de Paris. En 1783, comme deux siècles auparavant, les imaginations exaltées n'eurent garde de se renfermer dans les limites des faits et des probabilités. Là, il n'était pas d'Espagnol qui, sur les traces de Colomb, ne voulût, lui aussi, aller fouler de ses pieds des contrées où, dans l'espace de

quelques jours, il devait recueillir autant d'or et de pierreries qu'en possédaient jadis les plus riches potentats.

Grammatical Questions.—1. *Machine à vapeur*: explain the reason why these two substs. are joined by *à*, and translate: *A wine-glass*, and *a glass of wine*; *a feather-bed*, *a windmill*. 2. *Furent reçues*: why does *reçues* take the mark of the fem. pl.? 3. *Privilége*: why the *acute* accent **on the** penultimate, whilst **we find the** *grave* in *père*, *mère*, *dernière*, *règle*, *complète*, &c.? 4. *Des fortunes pareilles*: put this in the sing., and transl. the prov. express. found **in** La Fontaine's Fables: "*Trompeurs, c'est pour vous que j'écris; attendez-vous à la pareille.*" 5. *Simples matelots*: what would *matelots simples* mean? 6. *La Santa-Maria*: why the def. art. here? 7. Write in full the date 1783, and in two different ways. 8. *Auparavant*: **what is the** difference between **this** word and *avant* and *devant*?

53. *L'invention des aérostats (suite).*—En France, chacun, suivant la direction habituelle de ses idées, faisait une application **différente**, mais séduisante, de la nouvelle faculté, j'ai presque dit des nouveaux organes, que l'homme venait de recevoir des mains de Montgolfier. Le physicien, transporté dans la région des météores, prenant la nature sur le fait, pénétrait enfin d'un seul regard le mystère **de la formation de la** foudre, de la neige, de la grêle. Le géographe, profitant d'un vent favorable, allait explorer, sans danger comme sans fatigue, et ces zones polaires que des glaces amoncelées depuis des siècles semblent vouloir dérober pour toujours à notre curiosité, et ces contrées centrales de l'Afrique, de la Nouvelle Hollande, de Java, de Sumatra, de Bornéo, non moins défendues contre nos entreprises par un climat dévorant que par les animaux et les peuplades féroces qu'elles nourrissent. Certains généraux croyaient se livrer à un travail urgent en étudiant les systèmes de fortifications d'artillerie qu'il conviendrait d'opposer à des ennemis voyageant en ballon, d'autres élaboraient de nouveaux principes de tactique applicables à des batailles aériennes. De tels projets, qu'on dirait empruntés à l'Arioste, semblaient assurément devoir satisfaire les esprits les plus aventureux, les plus enthousiastes; il n'en fut pas ainsi, cependant. La découverte des aérostats, malgré le brillant cortége dont chacun l'entourait à l'envi, ne parut que l'avant-coureur de découvertes plus grandes encore: rien désormais ne devait être impossible à qui venait de conquérir l'atmosphère; cette pensée se reproduit sans cesse; elle revêt toutes les formes: la jeunesse s'en empare avec bonheur; la vieillesse en fait le texte de mille regrets amers. Voyez la maréchale de Villeroi: octogénaire et malade, on la conduit presque de force à une des fenêtres des Tuileries, car elle ne croit pas aux ballons; le ballon, toutefois, se détache de ses amarres; l'aéronaute, assis dans la nacelle, salue gaiement le public et s'élance ensuite majestueusement dans les airs. Oh! pour le coup, passant, et sans transition, de la plus complète incrédulité à une confiance sans bornes dans la puissance de l'esprit humain, la vieille maréchale tombe à genoux et, les yeux baignés de larmes, laisse échapper ces tristes paroles : "Oui, c'est décidé, maintenant c'est certain ; ils trouveront le secret de ne plus mourir, et ce sera quand je serai morte !"—FRANÇOIS ARAGO.

Grammatical Questions.—1. What difference of meaning is there between the Fr. word *physicien* and the Engl. *physician*? 2. What kind of verbs are those corresponding to the substs. *neige* and *grêle*? 3. What is the meaning of the adj. *grêle*, e.g. *une voix grêle, des jambes grêles*? 4. What difference is there between (*a*) *une certaine nouvelle* and (*b*) *une nouvelle certaine*? 5. Give the pl. of *avant-coureur*, and the 1st p. sing. of the fut. of *courir*. 6. *Octogénaire*: transl. into Fr., and by *one* word : *A man seventy years old*. 7. Conjug. neg. the past Subj. of *s'élance*. 8. Parse *je serai morte*, and give the 1st p. sing. of the fut. and pres. Subj. (*active*) of this verb.

54. *Le premier bateau à vapeur à l'embouchure de la Gironde.*— Un matin,—c'était au mois de juillet,—le ciel était inaltérablement bleu, sans la moindre tache de vapeur ; le vent soufflait de terre **avec** tant de nonchalance que l'aile des moulins faisait à peine un quart de tour à chaque haleine ; elle attendait ensuite la bouffée suivante de la brise pour recommencer à tourner. La mer, étincelante à l'infini, dormait majestueusement au soleil, sans le plus léger frisson à la surface. Elle semblait étouffer en elle la vague comme sa respiration. Elle montait et baissait d'un **seul** bloc, avec un bruit sourd, au pied du rocher, couvrant et découvrant, tour à tour, le varec ruisselant, au regard du spectateur. **C'était** l'heure du jusant.

Le capitaine *Beau-temps Belle-mer* avait mis sa longue-vue sous **son bras** pour aller inspecter l'état de la rivière. Jamais il n'avait trouvé une meilleure occasion de mériter son surnom. Il se promenait en attendant le déjeuner avec le doyen des pilotes. Les deux amis devisaient pour la centième fois des riches captures qu'ils auraient faites, s'ils n'avaient pas été pris eux-mêmes, du temps qu'ils étaient corsaires. Ils allaient et venaient, parcourant juste un espace de dix pas, comme s'ils étaient sur le pont de leur vaisseau. La jambe du marin garde à terre l'habitude de la planche qu'il arpentait sur l'Océan.

Ils tournaient ainsi sur place depuis une heure, lorsqu'en jetant un dernier coup d'œil sur la pleine mer, le capitaine *Beau-temps* aperçut derrière la tour de *Cordouan*, au large, une légère tache noire sur le bleu du ciel. Il examinait attentivement cette nouveauté météorologique tout à fait inconnue dans nos climats. Peu à peu la tache grossit, monta, serpenta sur le ciel et flotta en banderole. Le capitaine ouvrit sa longue-vue et regarda une minute cette colonne de bitume qui semblait marcher sur la ligne de l'horizon.—"C'est un navire qui a le feu à bord," dit-il, et il passa la longue-vue au pilote. Le pilote lorgna à son tour cette traînée de fumée et répéta : "C'est un navire qui a le feu à sa mâture." Le capitaine *Beau-temps* voulut suivre les progrès de

l'incendie. Mais à peine eut-il de nouveau déployé sa longue-vue
qu'il la laissa retomber avec stupeur.—"Regarde," dit-il au pilote;
"je crois que j'ai la vue troublée." Le pilote passa sa manche
sur le verre de la lunette et **interrogea** attentivement l'immensité.—"Le navire entre **en rivière**," dit-il; "tout à l'heure il était
à l'ouest, maintenant le **voilà** par le travers de Cordouan."—
"Comprends-tu cela?" reprit le capitaine *Beau-temps.*—"Pas plus
que vous, capitaine; le **navire est ras comme un** ponton. Il n'a
pas un bout de toile dehors, et aurait-il toute sa voilure **sortie**
jusqu'à la **dernière bonnette**, que par **cette** petite brise **du nord-
nord-est il ne pourrait entrer."—"Et de plus," reprit **le capitaine,**
"**la mer perd.** Le courant devrait le porter au large, et cependant,
si j'en juge par le chemin qu'il a déjà fait, il doit au moins filer
dix nœuds à l'heure, contre **vent** et contre marée."—"Ce doit
être le **navire du diable**," ajouta le pilote, "qui vient directement
de l'enfer, car il fume sans brûler, et frise, sans broncher, **les
brisants** de Saint-Palais, où j'aurais déjà dix fois échoué ma
chaloupe."

Grammatical **Questions.**—1. Conjug. *interr.* the past **indef.** of *se promenait.* 2. *Déjeuner*: give in Fr. the names of the different meals. 3. **Allaient**: parse this v., and **transl.** the idiom. expr.: (*a*) *Comment allez-vous?* (*b*) **Prenez** *garde, il y va de* **votre honneur.** (*c*) *Comme vous y allez!* (*d*) *Vous n'y allez pas de main morte.* (*e*) *Allons donc! à d'autres!* 4. Form the pl. of *coup d'œil* and *longue-vue*, and conjug. the pres. Ind. of *répéter.* 5. *A peine eut-il*: why the pers. p. after the v.? *Sa manche sur le verre de la lunette*: what is the meaning of *manche, s.m.,* and **of** *lunette* in the pl.? Give the *homonyms* of *verre.* 6. Parse the foll. verbs: **perd,** *devrait, vient,* **and** give the 1st pers. sing. of the pres. and **imp.** Subj. (conjug. *neg.*) of the same.

55. *Le premier bateau à vapeur* . . . (*suite*).—Quelques **instants**
après ce dialogue, toute la population de Royan rangée sur la falaise
contemplait une chose inouïe, une merveille, une prophétie, une
révélation visible, une date de l'humanité, la gloire d'une génération
que la Providence du progrès donne à peine un jour en vingt siècles
en **spectacle** à l'humanité. Le navire du diable filait déjà devant
la côte de Royan, avec **une** grâce incomparable et une incompréhensible **agilité.** Il rasa le pied de la falaise en agitant à ses côtés
deux puissantes nageoires, qui fouettaient la mer avec fureur et la
rejetaient au **loin** gémissante et brisée en poussière d'écume. De
temps à autre **un** soupir profond accompagné d'un bruit de marteaux sortait des flancs mystérieux du navire. On entendait **un**
bruit de pelles de fer qui grinçaient contre la tôle, comme **si**
d'invisibles cyclopes eussent remué les brasiers **d'un** cratère.
Tout à coup, le volcan **flottant** se tut **et glissa en** silence. Les
deux nageoires s'arrêtèrent, et, après un **moment** de suspension,
tournèrent en sens contraire. Le navire recula et demeura immobile comme au mouillage. Une longue haleine blanche jaillit du
tuyau **avec** un bruit strident qui glaça d'épouvante les spectateurs.

Une flamme brilla à l'embrasure d'un sabord, et un coup de canon, répercuté d'écho en écho par les rochers, alla porter le long des côtes la plus grande nouvelle du dix-neuvième siècle. Le vaisseau du diable hissa, en même temps, le drapeau anglais, l'appuya d'un second coup de canon, et demanda un pilote.

Un pilote eut assez de courage pour monter à bord de ce ponton fantastique qui devait porter quelque secret de sorcellerie. Le navire tourna ensuite avec aisance sur lui-même, montra à la population stupéfaite de Royan sa large poupe, où était écrite en lettres d'or cette simple inscription : JAMES WATT ; vomit en partant un torrent de fumée, et remonta la rivière en secouant orgueilleusement son noir panache.—EUGÈNE PELLETAN.

Grammatical Questions.—1. *Vingt siècles* : when does *vingt* take the mark of the pl.? Give examples. 2. What is the proper meaning of *filer, v.a.*? 3. *Il rasa le pied* : transl. into Engl. : (*a*) *L'ennemi rasa les fortifications de la ville.* (*b*) *Les hirondelles rasent la terre dans leur vol.* (*c*) *Qui vous rase ? Mon barbier.* (*d*) *Je me rase tous les matins.* 4. *Se tut* : parse this v. ; give its prim. tenses, and conjug. the imper. 5. How do you express in Engl. *toute la maison est sens dessus dessous* ? 6. Give the masc. of *longue* and *blanche*, and the fem. of *spectateurs*. 7. *Coup de canon* : transl. into Engl. : *L'amiral reçut un coup de feu à l'épaule.* 8. *Assez de courage* : why de after *assez* ? 9. Put in the pl. : *Le navire tourna.... simple inscription.* 10. *En secouant* : what tense do all Fr. preps. govern ? Give some examples ; what is the exception ?

56. *Harvey et la circulation du sang.*—Lorsque Harvey parut, tout, relativement à la circulation, avait été indiqué ou soupçonné ; rien n'était établi. Rien n'était établi : et cela est si vrai que Fabrice d'Acquapendente, qui vient après Césalpin, et qui découvre les valvules des veines, ne connaît pas la circulation. Césalpin lui-même, qui voit si bien les deux circulations, mêle, à l'idée de la circulation pulmonaire, l'erreur de la cloison percée des ventricules : Servet ne dit rien de la circulation générale. Colombo répète, avec Galien, que les veines naissent du foie, " et qu'elles portent le sang aux diverses parties du corps."

Je conviens, avec Sprengel, que rien n'explique mieux Harvey que " son éducation à Padoue." Sans doute, ce fut une bonne fortune pour Harvey que son éducation de Padoue ; mais ce fut aussi, si je puis ainsi dire, une bonne fortune pour la circulation de passer dans les mains d'Harvey, l'homme le plus capable de l'étudier, de l'approfondir, de la comprendre tout entière, de la mettre dans tout son jour.

On reproche beaucoup à Harvey de n'avoir pas cité ses prédécesseurs ; mais il cite Fabrice, qui a découvert les valvules, sans en découvrir l'usage ; il cite Colombo, celui qui a le mieux combattu l'erreur de la cloison percée des ventricules ; enfin il venait de Padoue, où l'état de la question était connu de chacun, où tout ce qui avait été dit sur la circulation était su de tous.

Le livre d'Harvey est un chef-d'œuvre. Ce petit livre de cent pages est le plus beau livre de la physiologie. . . .

De la découverte de la circulation du sang date la physiologie moderne. Cette découverte marque l'avénement des modernes dans la science. Jusqu'alors ils avaient suivi les anciens. Ils osèrent marcher d'eux-mêmes. Harvey venait de découvrir le plus beau phénomène de l'économie animale. L'antiquité n'avait pu s'élever jusque-là. Que devenait donc la parole du maître ? L'autorité se déplaçait. Il ne fallait plus jurer par Galien et par Aristote : il fallait jurer par Harvey.

Je ne raconterai pas ici le ridicule entêtement que la Faculté mit à repousser la circulation, les mauvais raisonnements de Riolan, les plaisanteries inopportunes **de** Gui-Patin. Ce tort **ne** fut le tort **que** de la Faculté ; il ne fut pas celui de la nation. Molière se moquait de Gui-Patin ; Boileau se moquait de la Faculté. Avant Molière et Boileau, le plus grand des grands modernes, Descartes, avait **pro**clamé la circulation. . . .

Tandis que la Faculté repoussait la circulation, Dionis l'enseignait **au** Jardin du Roi : "Je fus choisi pour démontrer," dit Dionis, dans son épître dédicatoire à Louis XIV, "à votre Jardin royal la circulation du sang et les nouvelles découvertes, et je m'acquittai de cet emploi avec toute l'ardeur et toute l'exactitude qui sont dues aux ordres de Votre Majesté. . . ." Ces paroles honorent la mémoire de Louis XIV.—FLOURENS.

Grammatical Questions.—1. *Rien n'était établi*: why not *rien n'était pas?* What is the meaning of *riens*, subst. masc. pl. ? 2. *Naissent du foie*: parse *naissent*, give its prim. tenses, and the subst. corresponding to it. Name the *homonyms* of *foie*. 3. Give the 2nd p. pl. of the imper. of *dire*, *médire*, *maudire*, and *redire*. 4. *Le plus capable de l'étudier, de* . . . . : why is the prep. *de* so often repeated**?** 5. *Qui a découvert les valvules, sans en découvrir l'usage*: parse *qui a découvert*, and give the prim. tenses of *découvert*. Account for the use of *en* here. 6. What is *le mieux?* and transl. : *You have very well fought*. 7. *Il venait de Padoue*: what would mean : *il venait de sortir de Padoue?* 8. **Form the** pl. of *chef-d'œuvre* and the fem. of *maître*. 9. *Il ne fallait plus jurer*: express the same thing in a different way. 10. *Ce tort ne fut le tort que de la Faculté*: apply another construction to this sentence. 11. What is the difference of meaning between *mémoire* (s.f.) and *mémoire* (s.m.) ? 12. Transl. into Fr. : *His Majesty the Emperor of Austria, and Her Majesty the Empress of Russia* ; **and** in full (not in figures) : *Henry the 1st, Francis II., Louis XVIII., Napoleon III*.

57. *La pomme de terre ou le pain des pauvres.*—Au milieu de l'hiver si tristement mémorable de 1749, et dans une des plus misérables maisons de Montdidier, une pauvre veuve, Madame Antoine, vaincue par la fatigue et la maladie, souffrait sans se plaindre, les yeux fixés sur ses enfants qui pleuraient et priaient à son chevet. On appela un médecin ; celui-ci, après avoir tâté le pouls de la malade, voulut bien se donner la peine d'écrire une prescription.

"Mais comment se procurer le remède nécessaire ? L'argent manquait. Qui la sauvera ?" dit en pleurant une paysanne qui se trouvait là.—"Dieu !" murmura la pauvre mère. "Et moi !" s'écria Antoine, le fils aîné, avec un enthousiasme qui semblait tenir de l'inspiration. A ces mots il s'empare de l'ordonnance du médecin et se précipite hors de la chambre. Quelques instants après, il revient auprès de sa mère et lui présente, en souriant, un breuvage qui avait été préparé selon la formule du médecin. La potion salutaire opéra un véritable prodige : la malade sentit ses forces renaître, comme par enchantement. "D'où viens-tu, Antoine ?" dit-elle ; "qui donc t'a donné ce remède souverain qui semble me rendre la vie ?"—"L'apothicaire du voisinage," répondit Antoine, "mais il s'est montré cruel, et, comme je n'avais pas d'argent à lui donner, il ne m'aurait pas remis ce précieux médicament, si je n'avais pas eu l'heureuse idée de lui offrir mes services comme domestique et apprenti. L'apothicaire a eu pitié de mes larmes ; il m'a donné ce qu'il me fallait pour te guérir, et dès demain j'irai travailler dans sa boutique. Voilà tout."—Antoine avait alors treize ans. . . .

Quelques années plus tard, le modeste apprenti apothicaire fut nommé aide-pharmacien dans l'armée de Hanovre, mais il joua de malheur. Se hasardant trop tôt sur le champ de bataille pour porter secours à des camarades blessés, il fut cinq fois fait prisonnier par les Allemands. En arrivant à Francfort-sur-le-Mein, il obtint l'insigne faveur de résider, sur parole, dans la maison, ou plutôt dans le laboratoire du célèbre Meyer, le premier apothicaire de la ville et un des chimistes les plus distingués de toute l'Allemagne. . . .

"Qu'avez-vous, Monsieur Antoine ?" lui demanda Meyer, un jour, à déjeuner.—"Je vois sur la table quelque chose qui me répugne, des pommes de terre dont on se sert pour engraisser les pourceaux en France."—"Le pourceau sait fort bien distinguer ce qui est bon ; n'est-ce pas lui qui trouve les truffes ?"—"Mais avez-vous oublié qu'autrefois ces tubercules donnaient la lèpre ?"—"Je me rappelle avoir lu de telles niaiseries dans les bouquins du seizième siècle."—"Ignorez-vous qu'ils donnent encore la fièvre, le délire, la mort ?"—"Je sais qu'ils nourrissent le peuple, et vous, Monsieur Antoine, quand vous retournerez en France vous devriez y introduire ce moyen infaillible d'empêcher vos pauvres de mourir de faim."—"J'essaierai, je vous le promets," répondit Antoine.—"Promettez-le-moi sur votre honneur."—"Je vous le jure." Antoine demeura six mois dans la maison du pharmacien Meyer qui devint son ami ; il continua à étudier la chimie, et à manger des pommes de terre, sans avoir la fièvre ou la lèpre. . . .

Grammatical Questions.—1. *Hiver*: name in Fr. the four seasons of the year, and write in full, and in *two* different ways, the date 1749. 2. *Souffrait sans se plaindre*: give the p.p. of *souffrait*, and conjug. interr. with *a* neg. the past Cond. of *se plaindre*. 3. *Médecin, mère, auprès*: what is the meaning of *médecine*? Over which vowel is the acute accent placed? In what cases is the grave accent to be found? 4. *Il me fallait pour te guérir*: in what case is *me*? Parse *fallait*, and give the fut., pres. and past Subj. of the same. *Te guérir*: in what case is *te*? and turn into Fr.: (a) *You are a doctor; you must cure me.* (b) *Cure me, said the poor widow to the doctor.* 5. *Dès demain*: what difference is there between *des, dés, dès*? What is the Fr. for *on the morrow*? Transl.: *Never put off till to-morrow what can be done to-day.* 6. *Plutôt*: what difference is there between this word and *plus tôt*? 7. What is the meaning of the v. *déjeuner*, when foll. (a) by the prep. *de*, and (b) by the prep. *avec*? Give examples. 8. Give the substs. corresponding to the foll. verbs: *sais, nourrissent, retournerez, introduire, mourir, promets.*

58. *La pomme de terre . . . (suite).*—De retour en France, Antoine fut nommé pharmacien-sous-chef à l'Hôtel des Invalides. En 1771, l'Académie de Besançon offrit une récompense considérable à celui qui trouverait le moyen de lutter contre la disette, en remplaçant la farine de blé par quelque nouvelle substance alimentaire. Un matin, Antoine pensait à cette question d'économie politique, lorsqu'un porte-faix poussant du pied la porte de son cabinet, déposa, sur le plancher, un grand sac et un immense panier. "Monsieur l'apothicaire," dit-il, "voici des drogues qu'on vous envoie d'Allemagne." En soulevant le couvercle du panier, Antoine trouva dans la paille un billet qui ne contenait que ces mots. "Vous avez peut-être oublié votre ami de Francfort, mais je me souviens toujours de vous et de votre promesse. Je vous envoie un sac de pommes de terre et un panier de semence; plantez les unes et jetez l'autre dans quelque endroit abandonné ou stérile, et puis, quand vous aurez fait votre récolte, distribuez-la aux pauvres de votre connaissance, en souvenir de notre amitié."—Meyer.

Antoine résolut alors de répondre à la question posée par l'Académie de Besançon, par des résultats positifs. Il se mit à cultiver, dans un coin du jardin des Invalides, ce tubercule terreux qui l'avait tant effrayé sur la table hospitalière de Meyer, et à partir de ce jour commencèrent pour lui toutes les souffrances de l'inventeur. Il s'adressa aux ministres, aux savants, aux économistes et aux philosophes. Ceux-ci lui parlèrent immédiatement de fièvre et de lèpre; ceux-là n'avaient pas le temps de songer à autre chose qu'aux finances. Enfin, Antoine obtint de Louis XVI la concession temporaire de cinquante-quatre arpents de terre stérile dans la vaste plaine des Sablons.

Quelques mois après, le pharmacien des Invalides se présenta au palais de Versailles et dit au roi en lui présentant des fleurs qui n'avaient point leurs pareilles dans les serres royales: "Sire, la fleur est venue; le fruit viendra, je l'espère! Les malheureux de votre royaume, grâce à votre sagesse et à votre sollicitude, ne mourront plus de faim."—"Monsieur," lui répondit le monarque, d'une voix émue, "la France vous remerciera d'avoir trouvé *le pain des pauvres.*" Louis XVI porta, jusqu'au soir, à sa boutonnière, une des fleurs qu'il avait reçues des mains d'Antoine; les princes, les gentilshommes, les ministres se hâtèrent de suivre l'exemple du souverain; on envoya cueillir des fleurs dans la plaine des Sablons, et la croix de Saint-Louis fut remplacée tout un jour par " l'Ordre Royal de la Pomme de Terre," suivant la spirituelle expression de Madame la princesse de Polignac.

Le lendemain on ne parlait dans tout Paris, et bientôt on ne parla plus dans toute la France, que d'ANTOINE AUGUSTE PARMENTIER.

Parmentier parut au théâtre dans la loge du roi entre Louis XVI et Marie Antoinette, et eut l'honneur de dîner à la table de l'illustre Franklin. Au milieu de cette assemblée de savants et de philosophes, un convive s'avisa de proposer ce toast: "À Parmentier, les pommes de terre reconnaissantes!"—"Vous vous trompez, monsieur," dit le vénérable Franklin; "vous voulez dire, sans doute: 'À Parmentier, le peuple affamé . . . reconnaissant!'" Et ce peuple, quelles singulières injustices ne commet-il pas? Il se souvient des grands capitaines, ces grands destructeurs d'hommes, et, dans sa détresse, il mange *le pain des pauvres* de Parmentier, sans savoir le nom de l'ami bienfaisant qui le lui a donné.

Grammatical Questions.—1. *Hôtel*: account for the circumflex accent in this word. What is the difference between *maison, hôtel, palais, château*? Give the meaning of *Hôtel des Monnaies, Hôtel de Ville, Hôtel-Dieu*. Write in full, and in two different ways, the date 1771. 2. *Pensait à*: when is the Eng. v. *to think of* to be translated by *penser à*, and when by *penser de*? Give examples. 3. Give the pl. of *un portefaix*. Give the three persons pl. of the pres. Ind. of *dit-il*, conjug. *interr.*, and the three persons sing. of the fut. of *envoie*, conjug. *neg.* 4. *Je me souviens toujours de votre promesse*: express the same thing, using the v. *se rappeler*. 5. *Quand vous aurez fait*: how is the word *when* to be transl. into Fr. in the second part of a sentence? e.g. *When you are arrived, and when you are rested, send me word, and I will call on you*. What is the meaning of *quand* in: (a) *Quand cela serait, que vous en reviendrait-il?* (b) *Je serai votre ami, quand bien même vous ne le voudriez pas*. What difference is there between *quand* and *quant*? 6. *Résolut*: parse this v.; give its prim. tenses and its *two* past participles, with their respective meanings. 7. *Vous vous trompez*: conjug. neg. and interr. the pluperf. Ind. of this v. 8. *Vous voulez dire*: transl. into Engl.: (a) *Voulez-vous venir avec nous?—Je le veux bien*. (b) *C'est à cet homme de mauvaise mine que ces agents de police en veulent*. (c) *Monsieur votre oncle est-il chez lui?—Oui, mais il est occupé; que lui voulez-vous?*

59. *Les phares.*—Il est des ports dans lesquels un navigateur prudent n'entre jamais sans pilote; il en existe où, même avec ce secours, on ne se hasarde pas à pénétrer de nuit. On concevra donc aisément combien il est indispensable, si l'on veut éviter d'irréparables accidents, qu'après le coucher du soleil, des signaux de feu bien visibles avertissent, dans toutes les directions, du voisinage de la terre; il faut, de plus, que chaque navire aperçoive le signal d'assez loin pour qu'il puisse trouver, dans des évolutions souvent fort difficiles, les moyens de se maintenir à quelque distance du rivage jusqu'au moment où le jour paraîtra. À cause de la rondeur de la terre, la portée d'un phare dépend de sa hauteur. À

cet égard, on a toujours obtenu sans difficulté ce que les besoins de la navigation exigent : c'était une simple question de dépense. Le grand édifice, par exemple, dont le fameux architecte Sostrate de Cnide décora, près de trois siècles avant notre ère, l'entrée du port d'Alexandrie, ainsi que la plupart des phares construits par les Romains, s'élevaient bien au-dessus des tours modernes les plus célèbres. Mais, sous les rapports optiques, ces phares étaient peu remarquables ; les faibles rayons qui partaient des feux allumés en plein air à leur sommet avec du bois ou du charbon de terre, ne devaient jamais traverser les épaisses vapeurs qui, dans tous les climats, souillent les basses régions de l'atmosphère. Naguère, quant à la force de la lumière, les phares modernes étaient à peine supérieurs aux anciens. La première amélioration importante qu'ils aient reçue date de la lampe à double courant d'air d'Argand.

Quatre ou cinq lampes à double courant d'air réunies, donneraient, sans aucun doute, autant de clarté que les larges feux qu'entretenaient les Romains à si grands frais sur les tours élevées d'Alexandrie, de Pouzzoles, de Ravenne ; mais, en combinant ces lampes avec des miroirs réfléchissants, leurs effets naturels peuvent être prodigieusement agrandis.

La lumière des **corps enflammés se** répand uniformément dans toutes les directions : une portion tombe vers **le sol**, où elle se perd ; une portion différente s'élève et **se** dissipe dans l'espace. Le navigateur dont vous voulez éclairer la route profite des seuls rayons qui se sont élancés à peu près horizontalement, de **la** lampe vers la mer ; tous les rayons, même horizontaux, dirigés du côté de la terre ont été produits en pure perte.

Grammatical Questions.—1. *Il est* : for what other v. does *être* stand here? and give the *homonyms* of *ports*. 2. *Si l'on veut* : when is the conj. *si* spelt *s'*? Why *l'* before *on*? Parse *veut*, give its prim. tenses, and the **first** p. sing. of the fut., pres. and imp. Subj. 3. *Accidents ; avertissent* : name the only Fr. fem. subst. ending in *-ment*, and give the difference of **meaning** between the Fr. *avertissement* and the Engl. *advertisement*. 4. *Chaque navire aperçoive* : account for the Subj. here, and conjug. *neg.* the past Subj. of *aperçoive*. 5. *La plupart des phares s'élevaient* : why the v. in the pl.? Transl. into Fr. : (*a*) *The English people maintain their liberty.* (*b*) *A crowd of children ran towards us.* (*c*) *Most people believe this news.* 6. What is the meaning of *tour, s.m.*? and transl. into Engl. the foll. idiom. expr. : (*a*) *Vous m'avez joué un tour, vous ne m'y reprendrez plus.* (*b*) *Voulez-vous faire un tour avant le dîner?* (*c*) *Le bras de cette dame est fait au tour.*

60. *Les phares* (*suite*).—Cette zone de rayons horizontaux forme non-seulement une très-petite partie de la lumière totale, elle a de plus le grave inconvénient **de** s'affaiblir beaucoup par divergence, de ne porter au loin qu'une lueur à peine sensible. Détruire cet éparpillement fâcheux, profiter de toute la lumière de la lampe, tel était le double problème qu'on avait à résoudre pour étendre la portée, c'est-à-dire, l'utilité des phares ;—les miroirs métalliques

profonds, connus sous le nom de miroirs paraboliques, en ont fourni une solution satisfaisante.

Quand une lampe est placée au foyer d'un tel miroir, tous les rayons qui en émanent sont ramenés, par la réflexion qu'ils éprouvent sur les parois, à une direction commune; leur divergence primitive est détruite; ils forment, en sortant de l'appareil, un cylindre de lumière parallèle à l'axe du miroir. On ramène bien aussi vers l'horizon de la mer une multitude de rayons qui auraient été se perdre sur le sol, vers l'espace ou dans l'intérieur des terres: mais le cylindre de lumière réfléchie n'a plus que la largeur du miroir; la zone qu'il éclaire a précisément les mêmes dimensions à toute distance, et à moins qu'on n'emploie beaucoup de miroirs pareils, diversement orientés, l'horizon contient de nombreux et larges espaces complètement obscurs où le pilote ne reçoit jamais aucun signal. On a vaincu cette grave difficulté en imprimant, à l'aide d'un mécanisme d'horlogerie, un mouvement uniforme de rotation au miroir réfléchissant. Le faisceau sortant de ce miroir est alors successivement dirigé vers tous les points de l'horizon.

Chaque vaisseau aperçoit un instant et voit ensuite disparaître la lumière du phare; d'après l'intervalle qui s'écoule entre deux apparitions ou deux éclipses successives de la lumière, le navigateur sait toujours quelle portion de la côte est en vue; il ne se trouve plus exposé à prendre pour un phare telle planète, telle étoile de première grandeur, voisine de son lever ou de son coucher, ou tel feu accidentel allumé sur la côte par des pêcheurs, des bûcherons ou des charbonniers, méprises fatales, qui souvent ont été la cause des plus déplorables naufrages.—FRANÇOIS ARAGO.

Grammatical Questions.—1. Show, by examples taken from the above pieces (59 and 60), the different ways the Fr. use to avoid the passive conjug. 2. Illustrate, in the same way, the different rules for the agreement or non-agreement of the past part. 3. Give the sup. relative of *très-petite*, and transl. into Engl.: (a) *À portée de fusil.* (b) *Ceci est hors de votre portée.* (c) *Cet auteur ne sait pas se mettre à la portée de ses lecteurs.* 4. *Une direction commune*: what is the difference between *d'une voix commune, la voix commune,* and *une voix commune*? 5. *Entre deux apparitions*: when is *entre* spelt *entr'*? Give the two ordinal forms of *deux*, and explain the difference of meaning between *apparition* and *apparence.* 6. Distinguish between *pêcheur* and *pécheur*, and give the fem. of both. *Méprises fatales*: why no art. before the subst.? Give the masc. pl. of *fatales*.

PIÈCES RELATIVES À L'HISTOIRE DE FRANCE.

1. *Les Gaulois*.—Écoutez ceux qui ont parlé du courage des Gaulois après l'avoir éprouvé, et de leur hospitalité, après avoir **reposé** sous leurs cabanes d'argile colorée : ils vous les peindront **vaillants**, fiers, impétueux, avides de périls et d'adversaires. Des serments, des vœux solennels, les liaient au culte de la victoire, et leur **devise** était *vaincre ou mourir* ; ils trouvaient leurs plaisirs et leurs jeux dans le choc des batailles, et, quittant leurs casques au moment du combat, ils se couronnaient de fleurs.

Résister et **braver** était pour eux une si forte loi, qu'ils ne cédaient pas même à la fureur des éléments. Ils luttaient avec les courants rapides et les **tourbillons de la tempête** ; s'ils s'étaient couchés sur le rivage de la mer lorsque le grand flot approchait, ils **dédaignaient** de se lever pour l'éviter, et ils sortaient plutôt qu'ils ne fuyaient d'un édifice embrasé. Cette témérité, que les étrangers ont **appelée démence** et **forfanterie, avait** pourtant une cause noble et sublime, car ce n'était pas seulement pour paraître exempts d'effroi qu'ils agissaient ainsi, mais surtout **afin** de prouver qu'ils croyaient à l'immortalité de l'âme. Les Gaulois **avaient une** haute **stature,** que plus d'une fois mesura notre œil étonné sur les ossements **retrouvés** dans de vieux tombeaux écroulés sous les pas du voyageur et sous la charrue du colon ; ces hommes belliqueux étaient toujours armés **pour la guerre et** la chasse ; ils fuyaient la vie sédentaire et abandonnaient à des esclaves le soin des humbles moissons, qu'on remarquait à peine dans les vastes déserts de la Gaule, dont les eaux et les bois couvraient presque la surface. Sur les lisières des sombres forêts **se** montraient quelquefois des bêtes fauves d'une grandeur démesurée ; sur les bruyères des collines paissaient les onagres et **les coursiers sauvages ;** des arbres fruitiers ombrageaient les **ruisseaux** et les rivières ; le chèvre-feuille et les lianes errantes courbaient des arches de fleurs sur ces ondes parfumées ; les cygnes voguaient **en** grand nombre sur le lac périlleux, et des oiseaux aux longues ailes voltigeaient parmi les glaïeuls et les roseaux.—MARCHANGY.

Grammatical Questions.—1. *Peindront*: parse this verb, and give the other v. the imp. Ind. of which is the same. 2. Form the adv. of *vaillants, fiers, impétueux, aviles.* 3. *Vaincre ou mourir:* give the 1st p. sing. of the fut. of these verbs, and the substs. corresponding to them. 4. *Célaient:* conjug. *interr. with a neg.* the pres. Ind. of this v. 5. Account for the circumflex accents, and for the agreement or non-agreement of the past participles in the above extract. 6. Transl. into Fr.: *Did not the Gauls believe in the immortality of the soul? Yes, they did.*

2. *Caractère des Franks.*—Les Franks n'étaient point un peuple, mais une confédération de peuplades anciennement distinctes, différant même d'origine, bien que toutes appartinssent à la race tudesque ou germanique. En effet, les unes se rattachaient à la branche occidentale et septentrionale de cette grande race, à celle dont l'idiome originel a produit les dialectes et les patois du bas-allemand ; les autres étaient issues de la branche centrale, dont l'idiome primitif, adouci et un peu mélangé, est aujourd'hui la langue littéraire de l'Allemagne. Formée, comme les ligues germaniques les plus anciennement connues, de tribus dominantes ou sujettes, la ligue des Franks, au moment où elle entra en lutte avec la puissance romaine, étendait son empire sur les côtes de la mer du Nord, depuis l'embouchure de l'Elbe jusqu'à celle du Rhin, et sur la rive droite de ce dernier fleuve, à peu près jusqu'à l'endroit où le Mein s'y jette. À l'est et au sud, l'association franke confinait avec les associations rivales des Saxons et des Alamans. Mais il est impossible de fixer la limite de leur territoire respectif. D'ailleurs, ces limites variaient souvent au gré des chances de la guerre ou de l'inconstance naturelle aux Barbares ; et des populations entières, soit de bon gré, soit par contrainte, passaient alternativement d'une confédération dans l'autre.

Les écrivains modernes s'accordent à donner au nom des Franks la signification d'hommes libres ; mais aucun témoignage ancien, aucune preuve tirée des racines de l'idiome germanique ne les y autorisent. Cette opinion, née du défaut de critique, et propagée par la vanité nationale, tombe dès qu'on examine historiquement les différentes significations du nom dont le nôtre est dérivé, et qui, dans notre langue actuelle, exprime tant de qualités diverses. C'est depuis la conquête de la Gaule, et par suite de la haute position sociale acquise dans ce pays par les hommes de race franke, que leur vieille dénomination prit un sens correspondant à toutes les qualités que possédait ou prétendait posséder la noblesse du moyen âge, comme la liberté, la résolution, la loyauté, la véracité, etc. Au treizième siècle, le mot *franc* exprimait tout ensemble la richesse, le pouvoir et l'importance politique ; on l'opposait à *chétif*, c'est-à-dire pauvre et de basse condition. Mais cette idée de supériorité, non plus que celle d'indépendance, transportée de la langue française dans les autres langues de l'Europe, n'a rien de commun avec la signification primitive du mot tudesque.

Soit qu'on l'écrivît avec ou sans l'*n* euphonique, *frak* ou *frank*, comme le latin *ferox*, voulait dire *fier, intrépide, féroce*. On sait que la férocité n'était point regardée comme une tache dans le caractère des guerriers germains ; et cette remarque peut s'appliquer aux Franks d'une manière spéciale : car il paraît que, dès la formation de leur ligue, affiliés au culte d'Odin, ils partageaient la frénésie belliqueuse des sectateurs de cette religion. Dans son principe, leur confédération dérivait, non de l'affranchissement d'un grand nombre de tribus, mais de la prépondérance, et probablement de la tyrannie de quelques-unes. Il n'y avait donc pas lieu pour la communauté de se proclamer indépendante ; mais elle pouvait annoncer, et c'est ce qu'à mon avis elle se proposa en adoptant un nom collectif, qu'elle était une société de braves résolus à se montrer devant l'ennemi sans peur et sans miséricorde.

Grammatical Questions.—1. *Différant* : what is the difference between this word and *différent* ? 2. *Au moment où* : what is *où* here ? Give the only fem. Fr. subst. ending in *-ment*. 3. *S'y jette* : what is *y* ? and account for the spelling of the verb *jette*. 4. *Née du défaut* . . . : account for the agreement of this p. p., and give the prim. tenses of the v. to which it belongs. 5. Account for the spelling of *partageaient*, and give the pres. part. of *annoncer*. 6. *Résolus* : give the pres. Inf. of this v., and the other form of the p. p., with its proper meaning. 7. Give the substs. corresponding to the foll. verbs : *connaître*, *étendre*, *autoriser*, *naître*, *acquérir*, *exprimer*, *écrire*. 8. *Tribus* : what difference of meaning is there between this word and *tributs* ?

3. *Caractère des Franks (suite).*—Les guerres des Franks contre les Romains, depuis le milieu du troisième siècle, ne furent point des guerres défensives. Dans ses entreprises militaires, la confédération avait un double but, celui de gagner du terrain aux dépens de l'empire, et celui de s'enrichir par le pillage des provinces limitrophes. Sa première conquête fut celle de la grande île du Rhin qu'on nommait l'île des Bataves. Il est évident qu'elle nourrissait le projet de s'emparer de la rive gauche du fleuve, et de conquérir le nord de la Gaule. Animés par de petits succès et par les relations de leurs espions ou de leurs coureurs, à la poursuite de ce dessein gigantesque, les Franks suppléaient à la faiblesse de leurs moyens d'attaque par une activité infatigable. Chaque année ils lançaient de l'autre côté du Rhin des bandes de jeunes fanatiques dont l'imagination s'était enflammée au récit des exploits d'Odin et des plaisirs qui attendaient les braves dans les salles du palais des morts. Peu de ces enfants perdus repassaient le fleuve. Souvent leurs incursions, qu'elles fussent avouées ou désavouées par les chefs de leurs tribus, étaient cruellement punies, et les légions romaines venaient mettre à feu et à sang la rive germanique du Rhin ; mais, dès que le fleuve était gelé, les passages et l'agression recommençaient. S'il arrivait que les postes militaires fussent dégarnis par les mouvements de troupes qui avaient lieu d'une frontière de l'empire à l'autre, toute la confédération, chefs, hommes faits et jeunes gens, se levait en armes pour faire une trouée et détruire les forteresses qui protégeaient la rive romaine. C'est à l'aide de pareilles tentatives, bien des fois réitérées, que s'accomplit enfin, dans la dernière moitié du cinquième siècle, la conquête **du nord de la Gaule par une** portion de la ligue des Franks.

Parmi les tribus dont se composait la confédération franke, un certain nombre se trouvaient placées plus avantageusement que les autres pour l'invasion du territoire gaulois. C'étaient les plus occidentales, celles qui habitaient les dunes voisines de l'embouchure du Rhin. De ce côté, la frontière romaine n'était garantie par aucun obstacle naturel; les forteresses étaient bien moins nombreuses que vers le cours du haut Rhin; et le pays, coupé de marécages et de vastes forêts, offrait un terrain aussi peu propre aux manœuvres des troupes régulières qu'il était favorable aux courses aventureuses des bandes germaniques. C'est en effet près de l'embouchure du Rhin que sa rive gauche fut la première envahie d'une manière durable, et que les incursions des Franks eurent un résultat fixe, celui d'un établissement territorial qui s'agrandit de proche en proche. Le nouveau rôle que jouèrent dès lors, comme conquérants territoriaux, les Franks de la contrée maritime, leur fit prendre un ascendant marqué sur le reste de la confédération. Soit par influence, soit par force, ils devinrent population dominante, et leur principale tribu, celle qui habitait, vers les bouches de l'Yssel, le territoire appelé *Saliland*, ou pays de Sale, devint la tête de toutes les autres. Les *Saliskes*, ou *Saliens*, furent regardés comme les plus nobles d'entre les Franks; et ce fut dans une famille salienne, celle des *Merowings*, ou enfants de Merowig, que la confédération prit ses rois, lorsqu'elle eut le besoin d'en créer.

Grammatical Questions.—1. *Double*: what is the Fr. for *threefold* and *fourfold*? 2. *Aux dépens de*: what difference is there between *dépens* and *dépense*? 3. Give the prim. tenses of the v. corresponding to *conquête*, and the subst. corresponding to *nourrissait*. 4. *Chaque année*: express the same thing in a different and idiom. way. 5. Transl. into Fr.: *The river will be frozen to-morrow.* *Does it freeze now?* 6. *S'il arrivait que les postes militaires fussent* . . . : what does *la poste* mean? why is the subj. used here? 7. *Toute la confédération, chefs, hommes faits et jeunes gens, se levait* . . . . : why is the v. *se levait* in the sing.? 8. Give the substs. (with their genders and meanings) corresponding to the foll. verbs: *habitaient, coupé, offrait, envahie, prendre, créer.*

4. *Caractère des Franks* (*suite*).—Le premier de ces rois, dont l'histoire constate l'existence par des faits positifs, est Chlodio; car Faramond, fils de Markomir, quoique son nom soit bien germanique et son règne possible, ne figure pas dans les histoires les plus dignes de foi. C'est au nom de Chlodio que se rattachèrent, dans les temps postérieurs, tous les souvenirs de la conquête. On lui attribuait à la fois l'honneur d'être entré le premier sur le territoire des Gaules et celui d'avoir porté jusqu'au bord de la Somme la domination des Franks. Ainsi on personnifiait en quelque sorte les victoires obtenues par une succession de chefs dont les noms demeuraient dans l'oubli, et l'on concentrait sur quelques années des progrès qui avaient dû être fort lents, et mêlés de beaucoup de traverses. Voici de quelle manière ces événements sont présentés par un historien très-postérieur, il est vrai, plein de fables, mais qui paraît être l'écho fidèle d'anciennes traditions populaires.

"Les éclaireurs revinrent et rapportèrent que la Gaule était la plus noble des régions, remplie de toute espèce de biens, plantée de forêts d'arbres fruitiers ; que c'était une terre fertile, propre à tout ce qui peut subvenir aux besoins des hommes. Animés par un tel récit, les Franks prennent les armes et s'encouragent, et, pour se venger des injures qu'ils avaient eu à souffrir des Romains, ils aiguisent leurs épées et leurs cœurs ; ils s'excitent les uns les autres par des défis et des moqueries à ne plus fuir devant les Romains, mais à les exterminer. En ces jours-là les Romains habitaient depuis le fleuve du Rhin jusqu'au fleuve de la Loire ; et depuis le fleuve de la Loire jusque vers l'Espagne dominaient les Goths ; les Burgondes, qui étaient ariens comme eux, habitaient de l'autre côté du Rhône. Le roi Chlodio ayant donc envoyé ses coureurs jusqu'à la ville de Cambrai, lui-même passa bientôt après le Rhin avec une grande armée. Entré dans la forêt Charbonnière, il prit la cité de Tournai et de là s'avança jusqu'à Cambrai. Il y résida quelque temps et donna ordre que tous les Romains qui s'y trouvaient fussent mis à mort par l'épée. Gardant cette ville, il s'avança plus loin et s'empara du pays jusqu'à la rivière de Somme. . . . . "

Ce qu'il y a de plus curieux dans cette narration, c'est qu'elle retrace d'une manière assez vive le caractère de barbarie empreint dans cette guerre, où les envahisseurs joignaient à l'ardeur du pillage la haine nationale et une sorte de haine religieuse. Tout ne se passa pas avec une continuité de progrès si régulière ; et le terrain de la seconde province belgique fut plus d'une fois pris et repris avant de rester au pouvoir des Franks. Chlodio lui-même fut battu par les légions romaines et obligé de ramener ses troupes en désordre vers le Rhin. Le souvenir de ce combat nous a été conservé par un poëte latin du cinquième siècle. Les Franks étaient arrivés jusqu'à un bourg appelé Helena, qu'on croit être la ville de Lens. Ils avaient placé leur camp, fermé par des chariots, sur des collines près d'une petite rivière, et se gardaient négligemment à la manière des Barbares, lorsqu'ils furent surpris par les Romains sous les ordres d'Aétius. Au moment de l'attaque ils étaient en fêtes et en danses pour le mariage d'un de leurs chefs. On entendait au loin le bruit de leurs chants, et l'on voyait la fumée du feu où cuisaient les viandes du banquet. Tout à coup les légions débouchèrent, en files serrées et au pas de course, par une chaussée étroite et un pont de bois qui traversait la rivière. Les Barbares eurent à peine le temps de prendre leurs armes et de former leurs lignes. Enfoncés et obligés à la retraite, ils entassèrent pêle-mêle, sur leurs chariots, tous les apprêts de leur festin, des mets de toute espèce et de grandes marmites parées de guirlandes. Mais les voitures, avec ce qu'elles contenaient, dit le poëte, et l'épousée elle-même, blonde comme son mari, tombèrent entre les mains des vainqueurs.

Grammatical Questions.—1. Put in the sing.: *Voici de quelle manière ces événements sont racontés.* 2. Parse the foll. verbs: *paraît, revinrent, peut.* 3. Conjug. *interr. with a neg.* the pres. Ind. of *peut*, and give the past part. of *paraît*, and the 1st p. sing. of the fut. and pres. Subj. of *revinrent.* 4. *Animés par un tel récit*: account for the agreement of the p. p., and for the place of the indef. art. 5. Give the pres. part. of *venger*, the p. p. of *souffrir*, and the 1st p. sing. of the imp. Subj. of *fuir.* 6. *Dans cette guerre où les envahisseurs*: what is the difference between the two preps. *dans* and *en*, both transl. into Engl. by *in*? What kind of word is *où* here? Give the 3rd pers. sing. of the pres. and imp. Subj. of the v. corresponding to *envahisseurs*.

5. *Caractère des Franks (suite et fin).*—La peinture que les écrivains du temps tracent des guerriers franks à cette époque, et jusque dans le sixième siècle, a quelque chose de singulièrement sauvage. Ils relevaient et rattachaient sur le sommet du front leurs cheveux d'un blond roux, qui formaient une espèce d'aigrette et retombaient par derrière en queue de cheval. Leur visage était entièrement rasé, à l'exception de deux longues moustaches qui leur tombaient de chaque côté de la bouche. Ils portaient des habits de toile serrés au corps et sur les membres avec un large ceinturon auquel pendait l'épée. Leur arme favorite était une hache à un ou deux tranchants, dont le fer était épais et acéré et le manche très-court. Ils commençaient le combat en lançant de loin cette hache, soit au visage, soit contre le bouclier de l'ennemi, et rarement ils manquaient d'atteindre l'endroit précis où ils voulaient frapper.

Outre la hache, qui, de leur nom, s'appelait *francisque*, ils avaient une arme de trait qui leur était particulière, et que, dans leur langue, ils nommaient *hang*, c'est-à-dire hameçon. C'était une pique de médiocre longueur et capable de servir également de près et de loin. La pointe, longue et forte, était armée de plusieurs barbes ou crochets tranchants et recourbés. Le bois était couvert de lames de fer dans presque toute sa longueur, de manière à ne pouvoir être brisé ni entamé à coups d'épée. Lorsque le hang s'était fiché au travers d'un bouclier, les crocs dont il était garni en rendant l'extraction impossible, il restait suspendu, balayant la terre par son extrémité: alors le Frank qui l'avait jeté s'élançait, et posant un pied sur le javelot, appuyait de tout le poids de son corps et forçait l'adversaire à baisser le bras et à se dégarnir ainsi la tête et la poitrine. Quelquefois le hang attaché au bout d'une corde servait en guise de harpon à amener tout ce qu'il atteignait. Pendant qu'un des Franks lançait le trait, son compagnon tenait la corde, puis tous deux joignaient leurs efforts, soit pour désarmer leur ennemi, soit pour l'attirer lui-même par son vêtement ou son armure.

Les soldats franks conservaient encore cette physionomie et cette manière de combattre un demi-siècle après la conquête, lorsque le roi Théodebert passa les Alpes et alla faire la guerre en Italie. La garde du roi avait seule des chevaux et portait des lances du modèle romain : le reste des troupes était à pied, et leur armure paraissait misérable. Ils n'avaient ni cuirasses, ni bottines **garnies** de fer ; un petit nombre portait des casques, les autres combattaient nu-tête. Pour être moins incommodés par la chaleur, **ils avaient** quitté leurs justaucorps de toile et gardaient seulement **des** culottes d'étoffe ou de cuir, qui leur descendaient jusqu'au bas des jambes. Ils n'avaient ni arc, ni fronde, ni autres armes de trait, si ce n'est le hang et la francisque. C'est **dans cet état** qu'ils se mesurèrent avec plus de courage que de succès contre les troupes de l'empereur Justinien.

Quant au caractère moral qui distinguait **les Franks à leur** entrée en Gaule, c'était, comme je l'ai dit plus haut, celui de tous les croyants à la divinité d'Odin et aux joies sensuelles du **Walhalla**. Ils aimaient la guerre avec passion, comme le moyen de **devenir** riches dans ce monde, et, dans l'autre, convives des dieux. Les plus jeunes et les plus violents d'entre eux éprouvaient quelquefois dans le combat des accès d'extase frénétique, pendant lesquels ils paraissaient insensibles à la douleur et doués d'une puissance de vie tout à fait extraordinaire. Ils restaient debout et combattaient encore, atteints de plusieurs blessures dont la moindre eût suffi pour terrasser d'autres hommes. Une conquête exécutée **par** de pareilles gens dut être sanglante et accompagnée de cruautés gratuites : malheureusement les détails manquent pour en marquer les circonstances et les progrès. Cette pauvreté de documents est due en partie à la conversion des Franks au catholicisme : conversion très-populaire dans toute la Gaule et qui effaça la trace du sang versé par les nouveaux chrétiens orthodoxes. Leur nom fut rayé des légendes destinées à maudire la mémoire des meurtriers des serviteurs de Dieu ; et les martyrs qu'ils avaient faits dans **leur** invasion furent attribués à d'autres peuples, comme les Huns **ou** les Vandales : mais quelques traits épars, rapprochés par la critique **et** complétés par l'induction, peuvent mettre en évidence ce qu'ont voilé soit la flatterie des chroniqueurs, soit la sympathie religieuse.—Augustin Thierry.

Grammatical Questions.—1. Give the fem. pl. of *roux* and *épais*, the masc. sing. of *longues* and *favorite* ; and put in the pl. : *Avec un ceinturon auquel pendait l'épée.* 2. Give the 1st p. sing. of the fut. of *voulaient* ; and turn into Fr. : *Will you be so kind as to lend me your favourite horse? With the greatest pleasure.* 3. Give the substs. corresponding to the foll. verbs: *nommaient, couvert, balayant*; and give the 1st p. pl. of the pres. Subj. of *balayant*. 4. Conjug. *neg.* the imper. of *jeté, s'élançait,* and *appuyait.* 5. Give the *homonyms* of *poids* and *corps.* 6. *Par son vêtement et son armure*: account for the repetition of the poss. adj., and for *son* before *armure, s.f.* 7. *Un demi-siècle*: turn into Fr. : *Two centuries and a half. What o'clock is it? Half-past twelve* (noon). 8. *Nu-tête*: how would *nu* be spelt, if it were put after *tête?* Give the rule.

6. *Conversion de Clovis au Christianisme* (496).—Il était nécessaire à Clovis d'être chrétien pour garder les Gaules, et aux chrétiens des Gaules, que Clovis le devînt, pour les préserver.

Clotilde y travaillait avec zèle. Elle en avait eu l'espérance avant de quitter la Bourgogne; mais le succès ne répondait qu'imparfaitement à cette espérance. Clovis flottait indécis entre sa conviction encore incomplète, et le danger d'offenser les vieilles idolâtries des Francs. Les vérités du Christ se manifestaient à lui confusément et avec lenteur. Déjà incrédule aux idoles, il tardait à devenir croyant au seul Dieu. La politique lui persuadait à la fois le christianisme, et l'en dissuadait. . . . .

D'autres événements survinrent. Sur le territoire enfermé entre le Danube, le Rhin et le Mein, deux peuples étaient établis, les Suèves et les Allemands. L'exemple donné par les Francs, les Visigoths et les Bourguignons, les excitait à chercher à leur tour un meilleur établissement dans de plus heureuses contrées. Ayant uni leurs forces, ils marchent, et, rencontrant au passage les Ripuaires, alliés des Francs, et enfants, comme eux, des anciens Sicambres, ils font effort pour les surmonter. Ceux-ci appellent les Francs, et Clovis accourt. Il n'avait garde de leur refuser une protection dont il comptait leur faire comprendre et payer le prix.

On combattit à Tolbiac, auprès de Cologne. Sigebert, de la race de Clovis, gouvernait ce pays avec le titre de roi. Ce fut lui qui commença l'attaque, tombant sur les Allemands avec une grande résolution. Mais il succomba. Ses troupes, rebutées, reculèrent, et, renversé lui-même et blessé, son fils ne le retira qu'à grand' peine de la mêlée. Tout fut alors, chez les Francs, terreur et désordre. Chez les Allemands, l'ardeur et l'acharnement redoublaient. En un instant, Clovis, pressé et environné, se vit dans un extrême péril; il allait perdre sa gloire. Aurélian, alors s'approchant: "Clovis," dit-il, "te fieras-tu toujours à tes dieux?" "Non," reprit le roi; "ils sont vains. Je le connais bien à cette heure. Dieu des Chrétiens! sois-moi en aide; je me voue à toi." Et, disant ainsi, il s'élance. Le courage revient aux siens, et l'on ne fuit plus. L'ennemi s'étonne. Il poursuivait des troupes rompues, c'est lui maintenant que l'on va rompre et poursuivre; il était vainqueur, le voilà vaincu.

Le carnage fut grand; le roi des Allemands fut tué; la nation passa sous le joug, et paya tribut. . . . .

Clovis vint à Reims. Là, ayant fait assembler les Francs, il se préparait à leur expliquer sa résolution. Mais, prévenu par des acclamations unanimes: "Nous renonçons les dieux mortels," criait le peuple: "nous croirons Remi, et n'obéirons qu'au Dieu immortel."

On prépara la solennité du baptême. L'église de Saint-Martin fut parée avec une grande somptuosité. Trois mille catéchumènes des Francs suivirent le roi au baptême, et, quand ce prince s'avança, vêtu de blanc, pour le recevoir: "Sicambre," lui dit saint Remi, "humilie-toi et abaisse ta tête; brûle ce que tu as adoré, et adore ce que tu as brûlé."—LE COMTE DE PEYRONNET.

Grammatical Questions.—1. *Il était nécessaire que Clovis le devînt*: why not *c'était*? What is *le*, and why is the imp. Subj. used here? 2. *Clotilde y travaillait avec zèle*: what is *y* here? and why no art. before *zèle*? 3. *Les vieilles idolâtries*: what is the difference of meaning between *une vieille, une veille,* and *une vielle*? 4. Show, by examples, the exact meaning of the adjs. *ancien, antique,* and *vieux*. 5. *À leur tour un meilleur établissement*: what is the meaning of *tour, s.f.*? Give the adv. corresponding to *meilleur*, and the v. corresponding to *établissement*. 6. What is the meaning of the subst. *établi*; and the difference of meaning between *compter* and *conter*? 7. *À grand' peine*: account for the apostrophe after *grand'*. 8. *Que l'on va rompre*: why not *on*? Conjug. neg. the imper. of *va*, and interr. the pres. Ind. of *rompre*.

7. *Règne de Charlemagne* (768-814).—Charlemagne songea à tenir le pouvoir de la noblesse dans ses limites, et à empêcher l'oppression du clergé et des hommes libres. Il mit un tel tempérament dans les ordres de l'État, qu'ils furent contrebalancés, et qu'il resta le maître. Tout fut uni par la force de son génie. Il mena continuellement la noblesse d'expédition en expédition ; il ne lui laissa pas le temps de former des desseins, et l'occupa tout entière à suivre les siens. L'Empire se maintint par la grandeur du chef: le prince était grand, l'homme l'était davantage. Les rois, ses enfants, furent ses premiers sujets, les instruments de son pouvoir, et les modèles de l'obéissance. Il fit d'admirables règlements ; il fit plus, il les fit exécuter. Son génie se répandit sur toutes les parties de l'Empire. On voit, dans les lois de ce prince, un esprit de prévoyance qui comprend tout, et une certaine force qui entraîne tout. Les prétextes pour éluder les devoirs sont ôtés, les négligences corrigées, les abus réformés ou prévenus. Il savait punir ; il savait encore mieux pardonner. Vaste dans ses desseins, simple dans l'exécution, personne n'eut à un plus haut degré l'art de faire les plus grandes choses avec facilité, les difficiles avec promptitude. Il parcourait sans cesse son vaste empire, portant la main partout où il allait tomber. Ses affaires renaissaient de toutes parts, il les finissait de toutes parts. Jamais prince ne sut mieux braver les dangers, jamais prince ne les sut mieux éviter. Il se joua de tous les périls, et particulièrement de ceux qu'éprouvent presque toujours les grands conquérants, je veux dire les conspirations. Ce prince prodigieux était extrêmement modéré ; son caractère était doux, ses manières simples ; il aimait à vivre avec les gens de sa cour. Il mit une règle admirable dans sa dépense : il fit valoir ses domaines avec sagesse, avec attention, avec économie ; un père de famille pourrait apprendre dans ses lois à gouverner sa maison. On voit dans ses *Capitulaires* la source pure et sacrée d'où il tira ses richesses. Je ne dirai plus qu'un mot : il ordonnait qu'on vendît les œufs des basses-cours de ses domaines et les herbes inutiles de ses jardins, et il avait distribué à ses peuples toutes les richesses des Lombards et les immenses trésors de ces Huns qui avaient dépouillé l'univers.—MONTESQUIEU.

Grammatical Questions.—1. *Songea à tenir le pouvoir*: account for the spelling of *songea*; give the 3rd p. sing. of the past def. and imp. Subj. of *tenir*. Why is *pouvoir* of the masc. gender? and give its fem. *synonym.* 2. Give the fem. substs. corresponding to *hommes, maître, prince, rois, père de famille*; and account for the spelling of *basses-cours*. 3. *Tout entière*: why not *toute*, and why a grave accent on the penultimate of *entière*? 4. *Il se joua de tous les périls*: put this sentence in the *interr.* with a neg., and turn into Engl.: (*a*) *Ce pauvre homme joue de malheur*; (*b*) *Prenez garde, cet enfant vous jouera un tour*. 5. *Il fit valoir*: give the prim. tenses of these two verbs; conjug. neg. the imper. of *fit*; and give the 1st p. sing. of the pres. Subj. of *valoir* and *prévaloir*. 6. *Il ordonnait qu'on vendît les œufs*: why the Subj. here? Conjug. *interr.* the pres. Ind. of *vendit*, and say when the *f* in *œuf* is, or is not, to be pronounced.

8. (A) *Pierre l'Ermite* (1050-1115). — La gloire de délivrer Jérusalem appartenait à un simple pèlerin, qui ne tenait sa mission que de son zèle, et n'avait d'autre puissance que la force de son caractère et de son génie. Quelques-uns donnent à Pierre l'Ermite une origine obscure, d'autres le font descendre d'une famille noble de Picardie; tous s'accordent à dire qu'il avait un extérieur ignoble et grossier. Né avec un esprit actif et inquiet, il chercha dans toutes les conditions de la vie un bonheur qu'il ne put trouver. L'étude des lettres, le métier des armes, le célibat, le mariage, l'état ecclésiastique, ne lui avaient rien offert qui pût remplir son cœur et satisfaire son âme ardente. Dégoûté du monde et des hommes, il se retira parmi les cénobites les plus austères. Le jeûne, la prière, la méditation, le silence de la solitude exaltèrent son imagination. Dans ses visions il entretenait un commerce habituel avec le ciel, et se croyait l'instrument de ses desseins, le dépositaire de ses volontés. Il avait la ferveur d'un apôtre, le courage d'un martyr. Son zèle ne connaissait point d'obstacles, et tout ce qu'il désirait lui semblait facile; lorsqu'il parlait, les passions dont il était agité animaient ses gestes et ses paroles, et se communiquaient à ses auditeurs; rien ne résistait ni à la force de son éloquence, ni à la puissance de sa volonté. Tel fut l'homme extraordinaire qui donna le signal des croisades, et qui, sans fortune et sans renommée, par le seul ascendant des larmes et des prières, parvint à ébranler l'Occident pour le précipiter tout entier sur l'Asie.—MICHAUD.

(B) *Départ des croisés après le concile de Clermont* (1096).—Dès que le printemps parut, rien ne put contenir l'impatience des croisés; ils se mirent en marche pour se rendre dans les lieux où ils devaient se rassembler. Le plus grand nombre allait à pied; quelques cavaliers paraissaient au milieu de la multitude, plusieurs voyageaient montés sur des chars traînés par des bœufs ferrés; d'autres côtoyaient la mer, descendaient les fleuves dans des barques; ils étaient vêtus diversement, armés de lances, d'épées, de javelots et de massues de fer. La foule des croisés offrait un mélange bizarre et confus de toutes les conditions et de tous les rangs:

des femmes paraissaient en armes au milieu des guerriers..... On voyait la vieillesse à côté de l'enfance, l'opulence près de la misère ; le casque était confondu avec le froc, la mitre avec l'épée, le seigneur avec le serf, le maître avec le serviteur. Près des villes, près des forteresses, dans les plaines, sur les montagnes, s'élevaient des tentes, des pavillons pour les chevaliers, et des autels dressés à la hâte pour l'office divin ; partout se déployait un appareil de guerre et de fête solennelle. D'un côté, un chef militaire exerçait ses soldats à la discipline ; de l'autre, un prédicateur rappelait à ses auditeurs les vérités de l'Évangile. Ici, on entendait le bruit des clairons et des trompettes ; plus loin, on chantait des psaumes et des cantiques. Depuis le Tibre jusqu'à l'Océan, et depuis le Rhin jusques au-delà des Pyrénées, on ne rencontrait que des troupes d'hommes revêtus de la croix, jurant d'exterminer les Sarrasins et d'avance célébrant leurs conquêtes ; de toutes parts retentissait le cri des croisés : *Dieu le veut ! Dieu le veut !*

Les pères conduisaient eux-mêmes leurs enfants, et leur faisaient jurer de vaincre ou de mourir pour Jésus-Christ. Les guerriers s'arrachaient des bras de leurs familles et promettaient de revenir victorieux. Les femmes, les vieillards, dont la faiblesse restait sans appui, accompagnaient leurs fils ou leurs époux dans la ville la plus voisine ; et, ne pouvant se séparer des objets de leur affection, prenaient le parti de les suivre jusqu'à Jérusalem. Ceux qui restaient en Europe enviaient le sort des croisés et ne pouvaient retenir leurs larmes ; ceux qui allaient chercher la mort en Asie étaient pleins d'espérance et de joie.

Parmi les pèlerins partis des côtes de la mer, on remarquait une foule d'hommes qui avaient quitté les îles de l'Océan. Leurs vêtements et leurs armes, qu'on n'avait jamais vus, excitaient la curiosité et la surprise. Ils parlaient une langue qu'on n'entendait point ; et pour montrer qu'ils étaient chrétiens, ils élevaient deux doigts de leur main l'un sur l'autre en forme de croix. Entraînés par leur exemple et par l'esprit d'enthousiasme répandu partout, des familles, des villages entiers partaient pour la Palestine ; ils étaient suivis de leurs humbles pénates ; ils emportaient leurs provisions, leurs ustensiles, leurs meubles. Les plus pauvres marchaient sans prévoyance, et ne pouvaient croire que celui qui nourrit les petits des oiseaux laissât périr de misère des pèlerins revêtus de sa croix. Leur ignorance ajoutait à leur illusion, et prêtait à tout ce qu'ils voyaient un air d'enchantement et de prodige ; ils croyaient sans cesse toucher au terme de leur pèlerinage. Les enfants des villageois, lorsqu'une ville ou un château se présentait à leurs yeux, demandaient si *c'était là Jérusalem*. Beaucoup de grands seigneurs qui avaient passé leur vie dans leurs donjons rustiques, n'en savaient guère plus que leurs vassaux ; ils conduisaient avec eux leurs équipages de pêche et de chasse, et marchaient précédés d'une meute, portant leur faucon sur le poing. Ils espéraient atteindre Jérusalem en faisant bonne chère, et montrer à l'Asie le luxe grossier de leurs châteaux.

Au milieu du délire universel, personne ne s'étonnait de ce qui fait aujourd'hui notre surprise. Ces scènes si étranges, dans lesquelles tout le monde était acteur, ne devaient être un spectacle que pour la postérité.—MICHAUD.

Grammatical Questions. — 1. Qui NE *tenait sa mission* QUE: what adv. could you use instead of NE . . . . QUE? 2. Turn into Fr.: (*a*) *This little girl takes after her mother*; (*b*) *Hold fast*; (*c*) *Take it for granted*. 3. Account, by etymology, for the difference between *jeune, adj.*, and *jeûne, s.m.* 4. What observation is to be made about *silence*? 5. *Allait à pied*: turn into Fr.: *I shall ride on horseback to-morrow morning, and you? I would rather go in a carriage.* 6. *S'élevaient des tentes*: give the 1st p. sing. of the past **fut.** of *s'élevaient*, conjug. *neg.*; and say what difference of meaning there is between *tente* and *tante*. 7. *Prenaient le parti*: **turn** into Engl.: (*a*) *J'en prends mon parti*; (*b*) *Je prends votre parti*; (*c*) *Je vous ferai un mauvais parti*. 8. *Lorsqu'une ville ou un château se présentait*: give the *synonym* of *lorsque*; why is the v. *se présentait* in the sing.? Account for the circumflex accent in *château*, and give the 1st p. sing. of the past Cond. of *se présentait*.

9. *Bataille de Bouvines* (27 août 1214).—La bataille se donna le 27 juillet, un des jours les plus chauds de l'année, sous un soleil ardent, et dura depuis midi jusqu'à la nuit. Le roi, qui avait marché toute la matinée, ne comptait pas combattre dans ce jour. Il avait pris la résolution de faire reposer ses troupes harassées, et lui-même jouissait d'un peu de fraîcheur au pied d'un frêne, lorsqu'on vint l'avertir que les ennemis paraissaient. Il entendait déjà, dans les postes avancés, le cliquetis des armes. Aussitôt il reprend les siennes, fait une courte prière dans une chapelle qui se trouvait près de lui; et, comme il soupçonnait des traîtres dans son camp, il imagine de les lier par une espèce de serment qu'ils auraient honte de rompre. Ce monarque fait poser son sceptre et sa couronne sur un autel portatif, à la vue de son armée; puis élevant la voix: "Seigneurs français," dit-il, "et vous, valeureux soldats, qui êtes prêts à exposer votre vie pour la défense de cette couronne, si vous jugez qu'il y ait quelqu'un parmi vous qui en soit plus digne que moi, je la lui cède volontiers, pourvu que vous vous disposiez à la conserver entière, et à ne la pas laisser démembrer par ces excommuniés." "Vive Philippe! vive le roi Auguste!" s'écrie toute l'armée; "qu'il règne, et que la couronne lui reste à jamais! nous la lui conserverons aux dépens de nos vies." Le roi prend alors son casque, monte à cheval et vole à la tête de l'armée. Les prêtres entonnent les psaumes, les trompettes sonnent, et la charge commence.

L'ordre de bataille des confédérés était de porter tous leurs efforts contre la personne du roi, persuadés que, lui tué ou fait prisonnier, leurs projets n'éprouveraient ni obstacles, ni retardement. Ainsi trois escadrons d'élite devaient l'attaquer directement, pendant que, de chaque côté, un autre de même force tiendrait en échec ceux qui voudraient venir à son secours.

L'Empereur commandait ces trois escadrons; il marchait précédé d'un chariot qui portait l'aigle d'or sur un pal de même métal. Othon fond impétueusement sur la troupe royale. Le choc est soutenu avec fermeté ; mais le nombre l'emporte. Philippe est renversé, et foulé aux pieds des chevaux. En vain le chevalier qui portait l'étendard auprès de lui, le haussait et le baissait pour avertir du danger où se trouvait le roi, et appeler du secours ; serrés de trop près eux-mêmes par les escadrons qu'on leur avait opposés, les plus voisins du roi se soutenaient à peine, loin de pouvoir courir à son aide. Cependant ils font un effort commun, repoussent les assaillants, et attaquent à leur tour : Philippe est remonté ; il tombe comme la foudre sur ses ennemis, le chariot impérial est renversé, l'aigle enlevée. Othon, trois fois démonté, saisi au corps par un chevalier français, et délivré par les siens, prend un des premiers la fuite. Les comtes de Flandre et de Boulogne, qui avaient le plus grand intérêt à ne pas tomber entre les mains du roi, entretinrent longtemps le combat, mais furent enfin faits prisonniers et présentés au roi. Après de durs reproches, il les fit charger de fers. Renaud fut enfermé dans un noir cachot, attaché à une grosse chaîne, qui lui permettait à peine d'en parcourir l'espace ; et Ferrand fut traîné à la suite du roi pour servir à son triomphe.—ANQUETIL.

Grammatical Questions. — 1. *La bataille se donna*: turn into Engl. the foll. idiom. expr.: (*a*) *Je vous le donne en cent* ; (*b*) *Vous vous donnez des airs, jeune homme* ; (*c*) *Ma fenêtre donne sur le jardin* ; (*d*) *La garde n'a pas donné dans cette bataille*. 2. Give the fem. of *traître*, and turn into Fr.: *Are you not ashamed to break your word?* 3. *Si vous jugez qu'il y ait*: give the 1st p. pl. of the past def. of *jugez*, and account for the use of the Subj. *ait*. 4. Transl. into Fr.: *Is there anyone here more worthy of this crown than I? No, there is no one.* 5. *Lui tué ou fait prisonnier* : compare this construction with the Latin ; put this part of sentence in the fem. pl. ; and conjug. interr. with a neg. the past def. of *fait*. 6. When is the subst. *aigle* of the fem. gender? Give the fem. of *comte*, and its *homonyms*.

10. *Jacques Molay, grand-maître des Templiers, à ses juges* (1314).—N'attendez pas, messieurs, que, gentilhomme et chevalier, j'aille noircir, par une atroce calomnie, la réputation de tant de gens de bien, à qui j'ai si souvent vu faire des actions d'honneur. Ils ne sont coupables ni de lâcheté, ni de trahison ; et, si vous en voyez ici deux qui perdent leur honneur et leur âme pour sauver une misérable vie, vous en avez vu mille périr constamment dans les gênes, et confirmer par leur mort l'innocence de leur vie. Je vous demande donc pardon, victimes illustres et généreuses, si, par une lâche complaisance, je vous ai faussement accusées de quelques crimes devant le roi à Poitiers ; j'ai été un calomniateur ; tout ce que j'ai dit est faux et controuvé : j'ai été un sacrilége moi-même et un impie, de proférer de si exécrables mensonges contre un ordre si saint, si pieux et si catholique. Je le reconnais pour tel, et innocent de tous les crimes dont la malice des hommes a osé le charger ; et parce que je ne saurais jamais assez réparer de parole le crime que j'ai commis en le calomniant, il est juste que je meure ; et je m'offre de bon cœur à tous les tourments qu'on me voudra faire souffrir. Sus donc (en se tournant vers les cardinaux), inventez-en de nouveaux pour moi, qui suis le seul coupable ; achevez sur ce misérable corps, achevez les cruautés que vous avez exercées sur tant d'innocents. Allumez vos bûchers ; faites-y conduire le dernier des Templiers, et rassasiez enfin votre cupidité des richesses qui font tout leur crime, et qui ne sont que le prix glorieux de leurs travaux pour la protection de la foi et la défense des saints lieux.—MÉZERAI.

Grammatical Questions.—Give the pl. of *grand-maitre*, and write in full, and in two different ways, the date 1314. 2. *N'attendez pas que* . . . : compare the Fr. v. *attendre* with the Engl. *to attend*. 3. Give the pl. of *gentilhomme*, and the fem. corresponding to *Messieurs*. 4. *Vous en avez vu mille périr constamment*: give the 1st p. sing. of the fut. of *vous avez vu*, conjug. *interr. with a neg.* What is *en* here? Comment on the word *mille*; and explain how the adv. *constamment* is formed. 5. Give the fem. of *calomniateur, faux*, and account for the acute accent on the penultimate of *sacrilége*. 6. *Proférer*: when is the acute accent changed into the grave in the conjug. of this verb? and when does the *i* of *reconnais* take the circumflex accent? 7. *Je ne saurais*: what is the difference between *savoir* and *connaître*, both transl. into Engl. by *to know*? 8. *Faites-y conduire*: why *y* after *faites*? Give the 3rd p. sing. of the past def. and imp. Subj. of *conduire*.

11. *Jeanne de Montfort* (1342).—La guerre s'étant déclarée en Bretagne, sous Philippe VI de Valois, entre le comte de Montfort et Charles de Blois, le roi d'Angleterre fit passer des troupes au comte de Montfort, et le roi de France envoya le duc de Normandie soutenir la cause de son neveu. Le comte de Montfort fut fait prisonnier dans cette guerre sanglante, et laissa à sa femme le commandement de ses troupes et le soin de le venger. Alors tout le poids de la guerre tomba sur elle. Elle se retira dans Hennebon. Le comte de Blois mit le siége devant cette place, persuadé que s'il parvenait à s'en emparer, la guerre serait bientôt terminée. Ce but et cette espérance donnaient une grande activité à ses efforts. La comtesse les repoussait avec la même ardeur. Elle avait accoutumé les femmes et les filles à être intrépides comme elle, à panser les blessés, et à porter des rafraîchissements aux combattants jusque sur la brèche.

À la bravoure du soldat, l'héroïne joignait le coup d'œil du capitaine. Un jour, pendant un assaut, elle remarque qu'une partie de ceux qui étaient préposés à la garde du camp ennemi l'ont abandonné, ou par curiosité, ou pour se joindre aux assaillants. Elle prend trois cents cavaliers, se met à leur tête, sort par une porte opposée à l'attaque, fond sur le camp, renverse tout, et y met le feu. Les clameurs de ceux qui sont surpris, leur fuite et les flammes qui s'élèvent, rappellent les troupes de l'assaut, et le font cesser. Après ce succès, elle reprend le chemin de la ville ; mais elle est coupée par un corps supérieur. Sans se déconcerter, elle ordonne à sa troupe de se débander, et marque la réunion dans une ville voisine : quelques jours après, avec ses compagnons d'armes et d'autres qui s'y joignent, elle se présente devant les retranchements des assiégeants, les force, et est reçue en triomphe dans Hennebon. Le renfort qu'elle amène et sa présence renouvellent le courage des assiégés ; mais aussi ils sont attaqués avec plus d'ardeur. Des machines plus fortes que celles qu'on avait employées jusqu'alors ébranlent les murailles ; elles vont s'écrouler, les brèches s'élargissent, les habitants s'intimident. Cédant à la crainte d'être emportés d'assaut, ils demandent à capituler. La comtesse de Montfort remontre en vain qu'elle attend à chaque instant du secours : le peuple ne voit que le danger présent. Les assiégeants accordaient des conditions avantageuses ; elles allaient être signées. Jeanne, livrée à la plus vive inquiétude, craignait, espérait, comptait tous les moments. Dans son impatience, elle monte sur la tour la plus élevée, regarde, aperçoit des vaisseaux dans le lointain. Elle descend précipitamment, s'écriant : "Voilà le secours, enfants ! nous sommes sauvés !" Elle court au port, reçoit les Anglais, fait une sortie avec eux, renverse les travaux, brûle les machines ; les assiégeants se retirent en désordre, et Hennebon est délivré.— ANQUETIL.

Grammatical Questions.—1. *Le roi d'Angleterre*: why is there no def. art. before *Angleterre*? 2. Give the *homonyms* of *poids*, and conjug. *interr. with a neg.* the past indef. of *tomber*. 3. *L'héroïne joignait le coup d'œil du capitaine*: why not *la héroïne*? Turn into Fr. : *The hero, of the hero, to the hero.* Give the 1st p. sing. of the fut. of *joignait*, and the pl. of *coup d'œil* ; and turn into Fr. : *Captain, there is a message from the colonel.* 4. *Fond sur le camp*: what would *fond, v.a.,* mean? and give the *homonyms* of this word. 5. Show, by examples taken from the above extract, how the pass. construction is avoided in Fr. 6. *Elle monte sur la tour la plus élevée*: when is *monter* conjug. with *avoir*, and when with *être*, in its compound tenses? What is the meaning of *le tour*?

12. *Démence de Charles VI* (5 août 1392).—On venait d'entrer dans la grande forêt du Mans, lorsque tout à coup sortit de derrière un arbre, au bord de la route, un homme de haute taille, la tête et les pieds nus, vêtu d'une méchante souquenille blanche. Il s'élança et saisit le cheval du roi par la bride :

"Ne va pas plus loin, noble roi," cria-t-il d'une voix terrible ; "retourne, tu es trahi !" Les hommes d'armes accoururent sur-le-champ, et frappant du bâton de leurs lances sur les mains de cet homme, lui firent lâcher la bride. Comme il avait l'air d'un pauvre fou et de rien de plus, on le laissa aller sans s'informer de rien, et même il suivit le roi pendant près d'une demi-heure, répétant de loin le même cri.

Le roi fut fort troublé de cette apparition subite. Sa tête, qui était toute faible, en fut ébranlée ; cependant on continua à marcher.

La forêt passée, on se trouva dans une grande plaine de sable, où **les rayons du** soleil étaient plus éclatants et plus brûlants encore. Un **des** pages du roi, fatigué de la chaleur, s'étant **endormi**, la lance qu'il portait tomba sur son casque et fit soudainement **retentir** l'acier. Le roi tressaillit ; et alors on le vit, se levant sur ses **étriers**, tirer **son** épée, presser son cheval des éperons et s'élancer **en** criant : "En avant sur ces traîtres ! ils veulent me livrer aux ennemis." Chacun s'écarta en toute hâte, pas assez tôt cependant pour que quelques-uns ne fussent blessés ; on dit même que plusieurs furent tués, entre autres un Polignac. Le duc d'Orléans se trouvait là, tout auprès ; le roi courut sur lui l'épée levée, et allait le frapper. "Fuyez, mon neveu," s'écria le duc de Bourgogne, qui était accouru, "mon seigneur veut vous tuer. Ah ! quel malheur ! Mon seigneur **est** dans **le** délire ! . . . Qu'on tâche de le prendre !" Il était si furieux **que** personne n'osait s'y risquer. On le laissa courir çà et là, **et** se fatiguer **en** poursuivant tantôt l'un, tantôt l'autre. Enfin, quand il fut lassé, et tout trempé de sueur, son chambellan, messire Guillaume Martel, s'approcha par derrière et **le prit à** bras le corps. On l'entoura, on lui ôta son épée, on le **descendit** de cheval ; il fut couché doucement par terre, on lui défit **sa jacque** ; on trouva sur le chemin une voiture à bœufs, on y plaça **le roi de** France en le liant, de peur que sa fureur ne le reprît ; **on** le ramena à la ville sans mouvement et sans parole.—DE BARANTE.

Grammatical Questions.—1. *On venait d'entrer*: when are two n's to be found in the conjug. of *venir* ? Turn into Engl. : (a) *Où voulez-vous en venir* ? (b) *Ces deux hommes se sont dit des injures et en sont venus aux coups* ; (c) *Ce jeune homme se fait bien venir de tout le monde.* 2. *Une méchante souquenille* : what difference of meaning is there between *une méchante épigramme* and *une épigramme méchante* ? 3. *Ne va pas plus loin* : when does *va*, 2nd p. sing. of the imper., take *s* ? Give examples. 4. *Sur-le-champ* : turn into Engl. : (a) *On battit aux champs quand l'Empereur parut* ; (b) *Notre banquier a fait faillite et a pris la clef des champs* ; (c) *Cet élève fait la même faute à tout bout de champ.* 5. *Toute faible* : why does the adv. *tout* **take the mark** of the fem. here ? Give the subst and the v. corresponding to the adj. *faible.* 6. *Un des pages du roi* : what does *une page* mean ? Give the fem. of *roi* and *traître.* 7. *Ils veulent me livrer aux ennemis* : put this sentence in the *sing.*, and, at the same time, make of it an *interr.* sentence. 8. **Give** the fem. corresponding to *neveu, duc, seigneur*, and the 1st p. sing. of the fut. of *courir.*

13. *Mort de Jeanne d'Arc* (1431).—Quand cette dure et cruelle mort fut annoncée à la pauvre fille, elle se prit à pleurer. "Ah ! j'en appelle à Dieu, le grand juge," dit-elle, "**des** cruautés et des injustices qu'on me fait."—"Ah ! maître Pierre," dit-elle à un assesseur qui lui avait montré quelque intérêt, "où serai-je aujourd'hui ?"—"N'avez-vous pas bonne espérance **en** Dieu ?" répondit-il.—"Oui," reprit-elle, "Dieu aidant, j'espère aller en Paradis." Par une singulière contradiction avec la sentence, on lui permit de communier ; Jeanne le désirait avec ardeur. Le 30 mai elle monta dans la charrette du bourreau ; frère Martin l'Advenu, son confesseur, et frère Isambart, qui avaient plus d'une fois réclamé justice dans le procès, étaient près d'elle. Huit cents Anglais, armés de haches, de lances et d'épées, marchaient alentour. Dans le chemin, elle priait si dévotement et se lamentait avec tant de douceur, qu'aucun Français ne pouvait retenir ses larmes. Quelques-uns des assesseurs n'eurent pas la force de la suivre jusqu'à l'échafaud. Arrivée à la place du supplice : "Ah ! Rouen !" dit-elle, "Rouen ! est-ce ici que je dois mourir !"

Ensuite elle se mit à genoux et se recommanda à Dieu ; ... elle laissait voir tant de ferveur que chacun pleurait, même plusieurs Anglais. Jean de Mailli, évêque de Noyon, et quelques autres du clergé de France, descendirent de l'échafaud, ne pouvant endurer un si lamentable spectacle.

Jeanne demanda la croix ; un Anglais en fit une de deux bâtons, et la lui donna. Elle la prit dévotement et la baisa : mais elle désira avoir celle de la paroisse ; on alla la quérir ; elle la serra étroitement contre son cœur en continuant ses prières.

Cependant les gens de guerre commencèrent à se lasser de tant de délais : "Allons donc, prêtre, voulez-vous nous faire dîner ici ?" disaient les uns.—"Donnez-la-nous," disaient les autres, "et ce sera bientôt fini."—"Fais ton office," disaient-ils au bourreau.

Sans autre commandement, et avant la sentence du juge séculier, le bourreau la saisit : elle embrassa la croix, et marcha vers le bûcher....

Le bûcher était dressé sur un massif de plâtre. Lorsqu'on y fit monter Jeanne, on plaça sur sa tête une mitre où étaient écrits les mots *hérétique, relapse, apostate, idolâtre*. Frère Martin l'Advenu, son confesseur, était monté sur le bûcher avec elle ; il y était encore quand le bourreau alluma le feu : "Jésus !" s'écria Jeanne, et elle fit descendre le bon prêtre.

"Tenez-vous en bas," dit-elle, "levez la croix devant moi, que je la voie en mourant, et dites-moi de pieuses paroles jusqu'à la fin." Protestant de son innocence et se recommandant au Ciel, on l'entendit encore prier à travers la flamme ; le dernier mot qu'on put distinguer fut "Jésus !"

Il n'y avait pas d'hommes assez durs pour retenir leurs larmes ; tous les Anglais, sauf quelques gens de guerre qui continuaient à rire, étaient attendris : les Français murmuraient que cette mort était cruelle et injuste. "Elle meurt martyre pour son vrai Seigneur. Ah ! nous sommes perdus, on a brûlé une sainte ! Plût à Dieu que mon âme fût où est la sienne." Tels étaient les discours qu'on tenait. Un autre avait vu le nom de Jésus écrit en lettres de flammes au-dessus du bûcher. Mais ce qui fut plus merveilleux, c'est ce qui advint à un homme d'armes anglais : il avait juré de porter un fagot de sa propre main au bûcher. Quand il s'approcha pour faire ce qu'il avait dit, entendant la voix étouffée de Jeanne qui criait "Jésus !" le cœur lui manqua, et on le porta en défaillance à la première taverne. Dès le soir, il alla trouver frère Isambart, se confessa à lui, dit qu'il se repentait d'avoir tant haï la Pucelle, qu'il la tenait pour sainte femme, et qu'il avait vu son âme s'envoler des flammes vers le ciel sous la forme d'une blanche colombe. Le bourreau vint aussi se confesser le jour même, craignant de ne jamais obtenir son pardon de Dieu !—BARANTE.

Grammatical Questions.—1. Write in full, and in two different ways, the date 1431, and give the prim. tenses of the v. corresponding to *mort*. 2. *Elle se prit à pleurer*: turn into Engl.: (*a*) *Elle s'en prit à moi.* (*b*) *Elle se prit d'amitié pour ma sœur.* (*c*) *Je vous y prends.* (*d*) *Je m'y suis mal pris.* 3. Parse the foll. verbs, and give their prim. tenses: *dit*, *fait*, *permit*, *pouvait*, *dois*, and give the *synonym* of *larmes*. 4. *Même plusieurs Anglais*: what is *même* here? and give *two* examples in which *même* has another meaning. 5. *On alla la quérir*: give the synonym of *quérir*, and conjug. neg. the imper. of *alla*. 6. Give the fem. corresponding to *un dieu, un prêtre*, and give the reason why the personal pronouns are after the verb in *donnez-nous*. 7. *Elle meurt martyre*: conjug. interr. with a neg. the past Cond. of *meurt*. What difference is there between *martyre, s.f.*, and *martyre, s.m.*? 8. *Plût à Dieu*: account for the use of the Subj. mood here? 9. *Ce qui advint*: give a *synonymous* word for *advint*, and transl. into Engl. the prov. expr.: "*Fais ce que dois, advienne que pourra.*" 10. Conjug. the imper. of *se repentait*, and give, with their respective meanings, the two plural forms of *ciel*.

14. *Les conseillers de Louis XI* (roi de France de 1461 à 1483). —Si le roi Louis XI était une physionomie de tyran assez curieuse à observer, il y avait autour de lui, dans son château de Plessis-lez-Tours, sa résidence habituelle, quelques figures non moins dignes d'attention. Les conseillers, les familiers de cet homme sinistre, avaient tous ce caractère sombre, bas et trivial de leur maître. D'abord, un barbier, Olivier le Dain, qui fut depuis le comte Olivier, homme souple, rampant, habile observateur des vices de son maître, et qui en faisait l'instrument de son élévation ; puis Tristan l'Ermite, le grand-prévôt de l'hôtel, c'est-à-dire le bourreau en chef, celui qui commandait cette brigade de pendeurs et de noyeurs que Louis savait si bien employer ; et enfin, celui qui les dominait tous, le cardinal La Balue. C'était le fils d'un tailleur, que son père fit entrer dans les ordres, et qui eut le bonheur d'être remarqué par l'évêque Beauveau, qui distingua en lui une sagacité assez souple, et qui le mit sous les yeux du roi. Louis sut tirer de ce personnage tout ce qu'il y avait de pervers et d'habile, et son élévation fut rapide. Un de ses premiers actes fut une accusation contre son bienfaiteur, l'évêque Beauveau. Celui-ci fut condamné, et La Balue eut son évêché. Les désordres et le scandale de sa vie n'avaient rien qui pût lui nuire aux yeux de Louis. Il affectait de se connaître en tout, et peut-être, s'il avait eu affaire à un autre maître qu'à Louis XI, et si son esprit d'intrigue eût pu lui tenir lieu de génie, ce précurseur du cardinal Dubois eût deviné une partie du rôle de Mazarin. Un jour, il assistait à une revue et réprimandait des troupes : "Sire," dit Dammartin, "envoyez-moi ordonner des prêtres, puisque monseigneur l'évêque commande nos soldats."

L'ambition de La Balue s'accrut avec la faveur de Louis. Bientôt pour ce fils d'un tailleur de province, la cour de **Rome** fut contrainte d'envoyer un chapeau de cardinal. Cette fortune si inouïe s'arrêta : ce qui avait été le **succès** du cardinal le perdit ; son esprit d'intrigue fut sa ruine. **Le roi** découvrit une **correspondance** secrète, où il était manifeste que La Balue et l'évêque **de Verdun** le trahissaient pour le duc de Bourgogne. Leur punition fut terrible : on les enferma dans une cage de fer dont La Balue avait été l'inventeur. On ne pouvait ni s'y coucher ni y rester debout. **La Balue y** fut enfermé pendant douze ans, comme une de **ces bêtes** curieuses et féroces exposées au public. Quant à la cour de Rome, elle fit peu de difficultés d'abandonner à la libre vengeance d'un roi qu'elle redoutait ce cardinal qu'on lui avait imposé.—LACRETELLE.

Grammatical Questions.—1. Write the two dates in full, and in two different ways, and give the v. corresponding to *tyran, pendeurs*, and *noyeurs*. 2. *Que Louis XI savait si bien employer* : what difference is there between *savoir* and *connaître*, both transl. into Engl. by *to know* ? and give the 1st p. sing. of the fut. of *employer*. 3. Give the fem. of *bienfaiteur*, and the pl. (masc. and fem.) of *celui-ci*. 4. *Envoyez-moi* : put this in the neg. ; give the 3rd p. pl. of the pres. Ind., fut., and imp. Subj. of *envoyez*, as well as the subst. corresponding to it. 5. Parse the foll. verbs, and give their prim. tenses : *s'accrut, perdit, découvrit*, and give the fem. of *duc*. 6. Turn into Fr. : *The iron cage in which Cardinal La Balue was shut in was four feet high, and three feet wide.* 7. *Quant* : what is the difference between this word and *quand* ? 8. *Qu'on lui avait imposé* : turn into Engl. : (*a*) *Le devoir de tout homme d'honneur est d'imposer silence au mensonge.* (*b*) *Ne croyez pas cet homme, il en impose.*

15. *François Ier* (roi de France de 1515 à 1547).—François Ier avait le courage d'un soldat, l'enthousiasme d'un héros, la générosité d'un **chevalier, la** galanterie d'un Espagnol, la politesse et les vices d'un aimable courtisan, et la prodigalité d'un héritier du trône qui n'est jamais entré dans une chaumière. L'éducation n'avait pu corriger en **lui un** discernement médiocre, le désir insatiable des conquêtes, **l'amour de** tous **les** plaisirs, un naturel impétueux et la témérité sans bornes unis à la faiblesse du caractère. Un mauvais génie lui opposa des **rivaux** que la prudence des conseils et leur situation défendaient contre lui ; il eut à lutter contre les plus ambitieux, les plus puissants et les plus fourbes des princes ; ses succès, ses revers, son administration, son règne enfin, tout **est** expliqué d'avance. S'il gagne avec beaucoup de gloire la bataille de Marignan, **il doit** perdre celle de Pavie ou toute autre, et rester prisonnier de son plus **cruel** ennemi ; une longue captivité ne changera **pas** son imprudence et ses desseins ; malgré des échecs multipliés, **il** voudra toujours reconquérir l'Italie ; attaqué **de** toutes parts, il défendra la France **avec** le courage d'un lion ; **mais**, au sortir d'un péril, il la jettera dans un autre. Avec un tel guide, tout sera perdu en quelques années, s'il ne vient quelque secours du dehors. Ce secours est trouvé dans le nouveau système d'équilibre qui commence à s'établir parmi les nations de l'Occident.—Tissot.

Louis XII et François Ier.—Louis. Mon cher cousin, dites-moi des nouvelles de la France ; j'ai toujours aimé mes sujets comme mes enfants, j'avoue que j'en suis en peine. Vous étiez bien jeune en toute manière, quand je vous laissai la couronne. Comment avez-vous gouverné mon pauvre royaume ?

François. J'ai eu quelques malheurs ; mais, si vous voulez que je vous parle franchement, mon règne a donné à la France bien plus d'éclat que le vôtre.

Louis. C'est cet éclat que j'ai toujours craint. Je vous ai connu, dès votre enfance, d'un naturel à ruiner les finances, à hasarder tout pour la guerre, à ne rien soutenir avec patience, à renverser le bon ordre au dedans de l'État, et à tout gâter pour faire parler de vous.

François. C'est ainsi que les vieilles gens sont toujours prévenus contre ceux qui doivent être leurs successeurs ; mais voici le fait : j'ai soutenu une horrible guerre contre Charles-Quint, empereur et roi d'Espagne ; j'ai gagné en Italie les fameuses batailles de Marignan contre les Suisses et de Cérisoles contre les Impériaux ; j'ai vu le roi d'Angleterre ligué avec l'Empereur contre la France, et j'ai rendu leurs efforts inutiles. J'ai cultivé les sciences. J'ai mérité d'être immortalisé par les gens de lettres. J'ai fait revivre le siècle d'Auguste au milieu de ma cour ; j'y ai mis la magnificence, la politesse, l'érudition et la galanterie. Avant moi, tout était grossier, pauvre, ignorant, gaulois ; enfin je me suis fait nommer le père des lettres.

Louis. Cela est beau ; et je ne veux point en diminuer la gloire ; mais j'aimerais mieux encore que vous eussiez été le père du peuple, que le père des lettres. Avez-vous laissé les Français dans la paix et dans l'abondance ?

François. Non, mais mon fils, qui est jeune, soutiendra la guerre ; et ce sera à lui de soulager enfin les peuples épuisés. Vous les ménagiez plus que moi ; mais aussi vous faisiez faiblement la guerre.

Louis. Vous l'avez faite sans doute avec de grands succès ? Quelles sont vos conquêtes ? Avez-vous pris le royaume de Naples ?

François. Non, j'ai eu d'autres expéditions à faire.

Louis. Du moins vous avez conservé le Milanais ?

François. Il m'est arrivé bien des accidents imprévus.

Louis. Quoi donc ! Charles-Quint vous l'a enlevé ? Avez-vous perdu quelque bataille ? Parlez : vous n'osez tout dire.

François. Je fus pris dans une bataille à Pavie.

Louis. Comment, pris ! Hélas ! en quel abîme s'est-il jeté par de mauvais conseils !

C'est donc ainsi que vous m'avez surpassé à la guerre ! Vous avez replongé la France dans les malheurs qu'elle souffrit sous le roi Jean. Pauvre France, que je te plains! **Je** l'avais bien prévu. Hé bien, je vous entends ; il a fallu rendre **des** provinces entières, et payer des sommes immenses. Voilà à quoi aboutit ce faste, cette hauteur, cette témérité, cette ambition. Et la justice.... comment va-t-elle ?

François. Elle m'a **donné** de grandes **ressources** ; j'ai vendu les charges de **magistrature**.

Louis. Et les **juges qui** les ont achetées vendront à leur tour la justice. Mais tant de sommes levées sur le peuple ont-elles été bien employées **pour lever** et faire subsister les armées avec économie ?

François. Il en fallut une **partie** pour la magnificence de ma cour.... —FÉNELON.

Grammatical Questions.—1. Write in full, and in two different ways, the dates 1515 and 1547. 2. Give the fem. corresponding to *héros, héritier,* and *lion* ; and state when the subst. *amour* is fem. 3. *Ses succès, ses revers....., tout est expliqué*: why is the v. in the sing., coming after four subst. or nominatives? 4. Put in the fem.: *Mon cher cousin.* 5. *Les vieilles gens*: why is the adj. in the fem. ? 6. Put in the *interr.* with a neg.: *J'ai soutenu.... les Impériaux.* 7. *Vous l'avez faite avec de grands succès*; account for the p. p. being fem.; give the 2nd and 3rd p. pl. of the pres. Ind. of *faire.* Why not DES *grands succès* ? Account for the grave accent in *succès.* 8. *Que je te plains*: what is *que* here? Give the 1st p. pl. of the pres. Ind., past def., fut., and pres. Subj. of *plains.*

16. *Le Connétable de Bourbon et Bayard* (30 avril 1524).

Le Connétable. N'est-ce **point le** pauvre **Bayard** que je vois au pied de cet **arbre** étendu **sur** l'herbe, et percé d'un grand coup? Oui, c'est lui-même. Hélas! **Je** le plains. En voilà deux qui périssent aujourd'hui par nos armes : Vaudenesse et lui. Ces deux Français étaient deux ornements de leur nation par leur courage. Je sens que mon cœur est encore touché pour sa patrie. Mais avançons pour lui parler. Ah! mon pauvre Bayard, c'est avec douleur **que** je te vois en cet état.

Bayard. C'est avec douleur que je vous vois aussi.

Le Connétable. Je comprends bien que tu es **fâché** de te **voir** dans **mes mains** par le sort de la guerre ; mais je **ne veux point** te traiter **en prisonnier,** je veux te garder comme **un bon ami,** et prendre **soin** de ta guérison, **comme si tu étais mon** propre frère. Ainsi tu ne dois point être fâché **de** me **voir.**

Bayard. Eh! croyez-vous que je ne sois point fâché d'avoir obligation au plus grand ennemi de la France ? Ce n'est point de ma captivité, ni de ma blessure, que je suis **en** peine : je meurs dans un moment, la mort **va** me délivrer de vos mains.

Le Connétable. Non, **mon** cher Bayard, j'espère que nos soins réussiront à te guérir.

Bayard. Ce n'est point là ce que je cherche, et je suis content de mourir.

Le Connétable. Qu'as-tu donc? Est-ce que tu ne saurais te consoler d'avoir été vaincu et fait prisonnier dans la retraite de Bonnivet? Ce n'est pas ta faute, c'est la sienne : les armes sont journalières. Ta gloire est assez bien établie par tant de belles actions. Les Impériaux ne pourront jamais oublier cette vigoureuse défense de Mézières contre eux.

Bayard. Pour moi, je ne puis jamais oublier que vous êtes ce grand connétable, ce prince du plus noble sang qu'il y ait dans le monde, et qui travaille à déchirer de ses propres mains sa patrie, et le royaume de ses ancêtres.

Le Connétable. Quoi! Bayard, je te loue, et tu me condamnes! Je te plains, et tu m'insultes!

Bayard. Si vous me plaignez, je vous plains aussi; et je vous trouve bien plus à plaindre que moi. Je sors de la vie sans tache; j'ai sacrifié la mienne à mon devoir, je meurs pour mon pays, pour mon roi, estimé des ennemis de la France, et regretté de tous les bons Français. Mon état est digne d'envie.

Le Connétable. Et moi je suis victorieux d'un ennemi qui m'a outragé; je me venge de lui; je le chasse du Milanais; je fais sentir à toute la France combien elle est malheureuse de m'avoir perdu, en me poussant à bout. Appelles-tu cela être à plaindre?

Bayard. Oui, on est toujours à plaindre quand on agit contre son devoir. Il vaut mieux périr en combattant pour la patrie, que de la vaincre et de triompher d'elle. Ah! quelle horrible gloire que celle de détruire son propre pays!

Grammatical Questions.—1. Write in full, and in two different ways, the date 1524. 2. Put in the pl.: *C'est lui-même*; and account for the cedilla in *avançons*. 3. Give the 1st p. sing. of the fut., and pres. Subj., of: *plains, sens, vois, veux, étais*. 4. *Mon propre frère*: transl. into Engl.: (a) *Je l'ai fait de mes propres mains*. (b) *Mes mains sont propres*. (c) *Ce monsieur est mon beau-frère*. 5. *Réussiront*: what is the other Fr. v. transl. into Engl. by *to succeed*, and what does it mean? 6. Put in the *interr.* the whole sentence : *Les Impériaux ne pourront . . . contre eux*. 7. *Ce prince du plus noble sang qu'il y ait . . . .* : give the fem. of *ce prince*; the homonyms of *sang*; and account for the use of the Subj. 8. *Ancêtres*: give the synonyms of *ancêtres*, and some other substs. belonging to the same class, *i.e.* having no sing.

17. (*Suite.*)—*Le Connétable.* Mais ma patrie a été ingrate après tant de services que je lui avais rendus. . . . Le roi m'a fait une injustice énorme. En me dépouillant de mon bien, on a détaché de moi jusqu'à mes domestiques, Matignon et d'Argouges. J'ai été contraint, pour sauver ma vie, de m'enfuir presque seul. Que voulais-tu que je fisse?

Bayard. Que vous souffrissiez toutes sortes de maux, plutôt que de manquer à la France et à la grandeur de votre maison. Si la persécution était trop violente, vous pouviez vous retirer : mais il valait mieux être pauvre, obscur, inutile à tout, que de prendre les armes contre nous. Votre gloire **eût été au comble** dans la pauvreté et dans le plus misérable exil.

Le Connétable. Mais ne **vois-tu pas que la** vengeance s'est jointe à l'ambition pour me jeter dans **cette extrémité?** J'ai voulu que le roi se repentît de m'avoir traité **si mal.**

Bayard. Il fallait l'en faire repentir par **une** patience à toute épreuve, qui n'est pas moins la vertu d'un héros **que** le courage.

Le Connétable. Mais le roi, étant si injuste, méritait-il **que** j'eusse de si grands égards pour lui?

Bayard. Si le roi **ne le** méritait pas, la France entière **le** méritait. La dignité même de la couronne, dont vous êtes **un des** héritiers, **le** méritait. Vous vous deviez à vous-même d'épargner **la** France, dont vous pouviez être un jour roi.

Le Connétable. Eh bien! j'ai tort, je l'avoue; mais ne sais-tu **pas** combien les meilleurs cœurs ont de peine à résister à leur ressentiment?

Bayard. Je le sais bien: mais le vrai courage consiste à ré-**sister.** Si vous connaissez votre faute, hâtez-vous de la réparer. Pour moi, je meurs, et je vous trouve plus à plaindre dans vos **prospérités que moi** dans mes souffrances. Quand l'Empereur ne vous tromperait **pas, quand** même il vous donnerait sa sœur en mariage, **et qu'il partagerait** la France **avec vous,** il n'effacerait point la tache qui **déshonore votre** vie. Le Connétable de Bourbon rebelle! ah! **quelle honte!** Écoutez Bayard **mourant** comme il a vécu, et **ne cessant de dire la vérité.**—FÉNELON.

Grammatical Questions.—1. Give the subst. corresponding to the adj. *ingrate,* and account for the prep. *de* after *tant* in *tant de services.* 2. *On a détaché de moi*: why not *de me*? 3. *Que voulais-tu que je fisse*: explain grammatically the construction of this sentence. 4. *S'est jointe*: **account for** the agreement of the p. p., **and** conjug. *affirmatively* the imper. of this verb. 5. *Quand l'Empereur ne vous tromperait pas*: transl. into Fr.: *When the Emperor comes*; and compare the Fr. construction with the Latin. 6. *Il n'effacerait point la tache*: give the 1st p. pl. of the past def. of *effacerait*; what difference is there between *point* and *pas, tache* and *tâche*? 7. *Quelle honte*: why no indef. art. before *honte*? 8. Give the prim. tenses of *vécu* and *dire,* and conjug. the imper. of both.

18. *Henri IV et Sully* (1602).—Une calomnie travaillée de main **de courtisan avait** sapé les fondements de l'amitié qui régnait entre le **roi** et son ministre: on avait représenté Sully comme dangereux, comme prêt à s'armer contre son maître; on avait cité les exemples de tant d'ingrats et de traîtres dont ces temps malheureux abondaient. **Les avis** étaient si multipliés, si détaillés, toutes les circonstances **avaient** été rassemblées avec tant d'art, qu'elles avaient ébranlé **Henri.** Déjà son cœur se resserre et s'éloigne; Sully voit le progrès de la calomnie, peut l'arrêter d'un seul mot et ne daigne pas le dire. Henri attend ce mot et ne l'exige **point**: la douce familiarité, le badinage aimable, la liberté, la con-**fiance** avaient fui de leurs entretiens. Henri n'était plus que poli,

Sully n'était plus que respectueux : le ministre n'était pas renvoyé, mais l'ami était disgracié. Qu'il est dur et difficile de cesser d'aimer ! Henri **jette** de temps en temps sur celui qu'il aimait encore des regards de tendresse et de regret, et s'il voit su- son visage quelques traces de douleur, s'il croit reconnaître à quelque marque son fidèle Sully, son cœur ne se contient plus, ses bras vont s'ouvrir, il va se jeter au cou de son ami. Une mauvaise honte, un reste de **défiance**, et toujours ce fier silence de Sully, le retiennent encore. . . . Il succombe enfin. "Sully," lui dit-il, "n'auriez-vous rien à me **dire** ? Quoi ! Sully n'a plus rien à me dire ? Eh bien ! c'est donc à moi de parler." Il lui dévoile alors son âme tout entière avec tous **les** combats qui l'ont agitée, et toutes les douleurs qui l'ont affligée : "Cruel, comment pouviez-vous laisser à votre ami le désespoir de vous croire infidèle ?" Sully, pénétré de ce tort, le seul qu'il ait pu avoir, veut tomber aux pieds de Henri. . . . "Que faites-vous, Sully ?" lui dit le roi ; "vos ennemis vous voient, ils vont penser que je vous pardonne ; ne leur donnez point la satisfaction de vous avoir cru coupable."—GAILLARD.

Grammatical Questions.—1. Write in full, and in two different ways, **the** date 1602. 2. Give the verbs, **with** their respective meanings and conjugations, corresponding to the foll. substs. : *calomnie, main, courtisan, maître, traîtres*. 3. Put in the *interr. with a neg.* the whole sentence : *Sully voit le progrès . . . . ne daigne pas le dire*. 4. *Henri attend ce mot* : transl. into Engl. : *Je ne vous attendrai jamais plus* ; *vous êtes toujours en retard* ; and into Fr. : *If you do not attend to what I say, I will give you an imposition.* 5. What difference of meaning is there between *Henri n'était plus que poli*, and *Henri était plus que poli* ? Form the adv. of manner of *poli*, and give the **v.** corresponding to this adj. 6. *Henri jette de temps en temps* : account for the double *t* in *jette*, and turn into Fr. : (*a*) *Have I **not repeated** this rule to you many **times***? (*b*) *It will be fine to-morrow*. 7. *Le seul qu'il ait pu* : why the Subj. here ? Conjug. *interr. with a neg.* the past def. of *pu*. 8. Put in the sing. (using **the 2nd p. sing.**) the whole sentence : *Que faites-vous . . . . avoir cru coupable*.

19. *Portrait de Richelieu* (1585-1642).—Montez les degrés du vieux archevêché, et entrons dans la première et la plus grande des salles. Elle était fort longue, mais éclairée par une suite de hautes fenêtres en ogive, dont la partie supérieure seulement avait conservé les vitraux bleus, jaunes et rouges, qui répandaient une lueur mystérieuse dans l'appartement. Une table ronde, énorme, la remplissait dans toute sa largeur, du côté de la grande cheminée ; **autour** de cette table, couverte d'un tapis bariolé et chargée de papiers **et de** portefeuilles, étaient assis et courbés sur leurs plumes huit secrétaires occupés à copier des lettres qu'on leur passait d'une table plus petite. D'autres hommes, debout, rangeaient les papiers dans les rayons d'une bibliothèque, que des livres, reliés en noir, ne remplissaient pas tout entière, et marchaient avec précaution sur le tapis épais dont la **salle** était garnie.

Malgré cette quantité de personnes réunies, on eût entendu les ailes d'une mouche. Le seul bruit qui s'élevât était celui des plumes qui couraient rapidement sur le papier, et d'une voix grêle qui dictait, en s'interrompant pour tousser. Elle sortait d'un immense fauteuil à grands bras, placé au coin du feu, allumé en dépit des chaleurs de la saison et du pays. C'était un de ces fauteuils qu'on voit encore dans quelques vieux châteaux, et qui semblent faits pour s'endormir en lisant, sur eux, quelque livre que ce soit, tant chaque compartiment en est soigné; un croissant de plume y soutient les reins; si la tête se penche, elle y trouve ses joues reçues par des oreillers couverts de soie, et le coussin du siége déborde tellement les coudes, qu'il est permis de croire que les prévoyants tapissiers de nos pères avaient pour but d'éviter que le livre ne fît du bruit et ne les réveillât en tombant.

Mais quittons cette digression pour parler de l'homme qui s'y trouvait, et qui n'y dormait pas. Il avait le front large et quelques cheveux fort blancs, une figure pâle et effilée, à laquelle une petite barbe blanche et pointue donnait cet air de finesse que l'on remarque dans tous les portraits du siècle de Louis XIII. Une bouche presque sans lèvres, et nous sommes forcé d'avouer que le docteur Lavater regarde ce signe comme indiquant la méchanceté à n'en pouvoir douter; une bouche pincée, disons-nous, était encadrée par deux petites moustaches grises et une royale, ornement que nos officiers de hussards se laissent croître entre la lèvre inférieure et le menton, et qui ressemble assez à une virgule. Ce vieillard, qui avait sur la tête une calotte rouge, et qui était enveloppé dans une vaste robe de chambre, portait des bas de soie pourprée, et n'était rien moins qu'Armand du Plessis, cardinal de Richelieu.—ALFRED DE VIGNY.

Grammatical Questions.—1. *Montez les degrés du vieux archevêché*: when is *monter* conjug. with *avoir*, and when with *être*? Why *vieux* and not *vieil*? 2. *Les vitraux bleus, jaunes et rouges*: put this in the sing.; and give the fem. sing. of *bleu*, and the verbs (with their respective meanings) corresponding to *bleus, jaunes, rouges*. 3. *Eût entendu*: parse this v., and illustrate, by examples, its different meanings. 4. *S'élevât*: why the imp. Subj. here? Conj. *neg.* the pluperf. (ind. and Subj.) of this v. 5. *D'une voix grêle*: give the *homonyms* of *voix*. What is the meaning of *grêle, s.f.*? Give its corresponding verb. 6. *En s'interrompant pour tousser*: conjug. *neg.* the imper. of *s'interrompant*. Give the subst. corresponding to *tousser*. How is it that this v. belongs to the 1st conjug.? 7. *Fauteuil à grands bras*: why no art. here? What is the meaning of *grand*, when placed (*a*) before the subst. *homme*, and (*b*) after it? 8. *Nous sommes forcé*: why not *forcés*?

20. *Mazarin* (1602-1661).—Mazarin était né en 1602, d'une ancienne famille de Sicile, établie à Rome. Envoyé comme nonce en France (1634), il s'était fait remarquer de Richelieu qui l'avait attaché à sa fortune et avait obtenu pour lui la pourpre romaine. La reine se confia à ce dépositaire des desseins du grand cardinal, à

cet étranger qui ne pouvait avoir en France d'autre intérêt que celui du roi, et elle lui laissa prendre sur son esprit un empire absolu.—
"Il avait l'esprit grand, prévoyant, inventif, le sens simple et droit, le caractère plus souple que faible et moins ferme que persévérant. Sa devise était: 'Le temps est à moi.' Il se conduisait, non d'après ses affections ou ses répugnances, mais d'après ses calculs. L'ambition l'avait mis au-dessus de l'amour-propre, et il était d'avis de laisser dire, pourvu qu'on le laissât faire; aussi était-il insensible aux injures et n'évitait-il que les échecs. .... Il jugeait les hommes avec une rare pénétration, mais il aidait son propre jugement du jugement que la vie avait déjà prononcé sur eux. Avant d'accorder sa confiance à quelqu'un, il demandait: 'Est-il heureux?' Ce n'était pas de sa part une aveugle soumission aux chances du sort; pour lui, *être heureux* signifiait avoir l'esprit qui prépare la fortune et le caractère qui la maîtrise. Il était incapable d'abattement, et il avait une constance inouïe, malgré ses variations apparentes. .... Un de ses plus spirituels antagonistes, La Rochefoucauld, a dit de lui 'qu'il avait plus de hardiesse dans le cœur que dans l'esprit, au contraire du cardinal Richelieu, qui avait l'esprit hardi et le cœur timide.' Si Richelieu, qui était sujet à des accès de découragement, était tombé du pouvoir, il n'y serait pas remonté; tandis que Mazarin, deux fois fugitif, ne se laissa jamais abattre, gouverna du lieu de son exil, et vint mourir dans le souverain commandement et dans l'extrême grandeur."—
MIGNET.

Grammatical Questions.—1. *Était né en* 1602: give the 3rd p. sing. of the past def. of *né*, and write the date in two different ways. 2. *Envoyé en* **France**: give the 1st p. sing. of the pres. Ind., and of the fut. of *envoyé*. Why no def. art. before *France*? 3. *Le laissât faire*: why the Subj. here? Transl. into Engl.: (*a*) *Laissez-le faire*; (*b*) *Laissez-vous faire*; (*c*) *Cet auteur ne laisse pas d'avoir de l'esprit*; (*d*) *Laissez que je vous réponde*; (*e*) *Laissez donc!* (*f*) *Il ne faut pas se laisser aller au découragement*. 4. *Aussi était-il*: why the pers. pron. after the v.? 5. *Il jugeait les hommes avec une rare pénétration*: put this sentence in the interr. with a neg.; account for the *e* in *jugeait*, and for the adj. *rare* being placed before the subst. 6. Put in the *fem.*, and in the *neg.*: *est-il heureux?* Form the advs. of *heureux* and *aveugle*, and distinguish between the adv. of *aveugle* and the Fr. subst. meaning *blindness*. 7. *Deux fois fugitif*: give the two ordinal forms of *deux*, the homonyms (with their respective meanings) of *fois*, and the fem. of *fugitif*. 8. *Vint mourir*: give the 3rd p. pl. of the pres. Ind., the 1st p. sing. of the fut., and the 2nd p. sing. of the pres. and imp. Subj. of these two verbs.

21. *Règne de Louis XIV* (1643–1715).—Veuillez donc, messieurs, embrasser par la pensée cette période historique, qui s'étend depuis la mort de Mazarin jusqu'à celle de Louis XIV. Réunissez, dans cet espace, tant d'actions glorieuses, tant de succès mémorables, des états envahis, des provinces conquises et gardées, des flottes victorieuses, de grands monuments fondés, et, malgré de

funestes revers, un descendant de Louis XIV placé sur un trône étranger. Voyez cette foule de généraux habiles, d'hommes d'État, d'hommes de génie, qui se succèdent sans interruption, pendant un demi-siècle, pour ne manquer jamais au choix du souverain. Condé avait défendu l'enfance de Louis XIV : **Villars** et Vendôme soutiennent sa vieillesse. **Bossuet** et Fénelon **élèvent ses** fils et les enfants de ses fils. Pendant une longue prospérité, il est grand de la gloire de ses **sujets ; et**, quand la fortune l'abandonne, quand ses appuis se brisent, quand **sa** race est près de s'éteindre, il montre une âme héroïque, porte **avec fermeté le** poids de l'empire et des **revers**, et meurt le dernier des hommes illustres de son règne, comme **pour** annoncer **que** le grand siècle était achevé.

Certes, messieurs, ce tableau n'est pas sans ombres ; **cette gloire ne fut pas** sans mélange et sans erreurs. Louis XIV **a recueilli plus qu'il** n'a fait peut-être. Le génie de notre nation fermentait **depuis** plusieurs siècles, au milieu des restes de la barbarie, et du **chaos de** la guerre civile. Il était mûr pour enfanter de grandes **choses** ; et toutes les forces du courage, de l'intelligence et du talent semblaient, par un mystérieux accord, éclater à la fois. Mais cette active fécondité de la nature fut réglée, pour ainsi dire, par la fortune et les regards d'un homme. L'ordre et **la** majesté se montrèrent en même temps que la vigueur et la richesse ; et le souverain parut **avoir créé toutes** les **grandeurs qu'il** mettait **à** leur place. L'enthousiasme s'accrut par **cette illusion ; et l'idolâtrie des cours** devint, pour **la première** fois, **l'inspiration du génie.**

Qu'elles sont **brillantes, en effet, ces** vingt premières années du gouvernement de Louis **XIV !** Un roi plein d'ardeur **et d'espé**rance saisit lui-même ce sceptre qui, depuis Henri-le-Grand, n'avait été soutenu que par des favoris et des ministres. Son âme, que l'on croyait subjuguée par la mollesse et les plaisirs, se déploie, s'affermit et s'éclaire, à mesure qu'il a besoin de régner. Il se montre vaillant, laborieux, ami de la justice et de la gloire : quelque chose de généreux se mêle aux premiers calculs de sa politique. Il envoie **des** Français défendre la chrétienté contre les Turcs, en Allemagne et dans l'île de Crète ; il est protecteur avant d'être conquérant ; **et**, lorsque l'ambition l'entraîne à la guerre, ses armes heureuses et rapides **paraissent** justes **à** la France éblouie. **La** pompe des **fêtes se** mêle aux travaux de la guerre ; les jeux du carrousel, aux assauts de Valenciennes et de Lille. Cette altière noblesse, **qui** fournissait **des chefs** aux factions, et que Richelieu ne savait **dompter que** par les échafauds, est séduite par les paroles de Louis, et **récompensée par les** périls qu'il lui accorde à ses côtés. La Flandre **est conquise ;** l'Océan et la Méditerranée sont réunis ; de vastes ports sont creusés ; une enceinte **de** forteresses environne la France ; les colonnades du Louvre s'élèvent ; les jardins de Versailles se dessinent ; l'industrie des Pays-Bas et de la Hollande se voit surpassée par les ateliers nouveaux de la France ; une émulation de travail, d'éclat, de grandeur, est partout répandue ; un langage **sublime** et nouveau célèbre toutes ces merveilles, et les agrandit **pour** l'avenir. Les épîtres de Boileau **sont** datées des conquêtes de Louis XIV ; Racine porte sur la scène **les** faiblesses et l'élégance de la cour ; Molière doit à la puissance du trône la liberté **de son** génie ; La Fontaine lui-même s'aperçoit des grandes actions du jeune roi, et devient flatteur pour le louer.—VILLEMAIN.

Grammatical **Questions**.—**1.** *Veuillez donc, messieurs, embraser* : parse *veuillez*, and give the 1st p. sing. of the fut. of this v. What is the fem. corresponding **to** *messieurs*, and the difference of meaning between *embrasser* and *embraser* ? **2.** *Des provinces conquises* : **why is** the p. p. in the fem. pl. ? Give the prim. tenses of this v. When **is** the Engl. **v. to** *conquer* to be rendered into Fr. **by** *conquérir*, and when by *vaincre* ? **3.** *Qui se succèdent* : how is the **v. to** *succeed* transl. into Fr., when **it means** *to be successful* ? **4.** *Demi-siècle* : when does *demi* **take the** mark **of** the fem. ? Give an example. Why **is** *siècle* **a** *s.m.* ? **5.** *Il était mûr* : account for the circumflex accent, and give the meaning of *mur, s.m.*, and *mûre, s.f.* **6.** *Ne savait dompter que* : parse *savait* ; give its prim. tenses, and the 1st p. sing. of the fut. What is the meaning of *ne … que* ? and transl. into Engl. : *Je ne saurais faire ce que vous me demandez.* **7.** Illustrate, by examples taken from the above extract, the rules relating to the agreement or non-agreement of the past part.

22. *Prise de la Bastille* (14 juillet 1789).—Le peuple, dès la **nuit** du 13 (juillet 1789), s'était porté vers la Bastille ; quelques **coups** de fusil avaient été tirés, et il paraît que des instigateurs **avaient** proféré plusieurs fois le cri : "*À la Bastille !*" . . . . On demandait toujours des armes. Le bruit s'était répandu que l'Hôtel **des** Invalides en contenait un dépôt considérable. On s'y rend **aussitôt.** Le commandant, M. de Sombreuil, en fait défendre l'entrée, disant qu'il doit demander des ordres à Versailles. Le peuple ne veut rien entendre, **se** précipite dans l'Hôtel, enlève les canons et une grande quantité **de** fusils. Déjà dans ce moment une foule considérable assiégeait la Bastille. **Les** assiégeants disaient que le canon de la place était dirigé sur **la** ville, et qu'il fallait empêcher qu'on ne tirât sur elle. Le député d'**un district** demande à être introduit dans la forteresse, et l'obtient du commandant. En faisant la visite, il trouve trente-deux Suisses et quatre-vingt-deux invalides, et reçoit la parole de la garnison de ne pas faire feu si elle n'est pas attaquée. Pendant ces pourparlers, le peuple, ne voyant pas paraître son député, commence à s'irriter, et celui-ci est obligé de se montrer pour apaiser la multitude. Il se retire enfin vers onze heures du matin. Une demi-**heure** s'était à peine écoulée, qu'une nouvelle troupe arrive en armes, **en criant :** "Nous voulons la Bastille !" La garnison somme les assaillants de se retirer, mais ils s'obstinent. Deux hommes montent avec intrépidité sur le toit du corps-de-garde, **et brisent** à coups de hache les chaînes du pont, qui retombe. **La foule** s'y précipite, et court à un second pont pour le franchir de même. En ce moment une décharge de mousqueterie l'arrête : elle recule, mais en faisant feu. Le combat dure quelques instants. Les électeurs réunis à l'Hôtel de Ville, entendant le bruit de la mousqueterie, s'alarment toujours davantage, et envoient deux députations, l'une sur l'autre, pour sommer le commandant de laisser introduire dans la place un détachement de milice parisienne, sur le motif que toute force militaire dans Paris doit être sous la main de la ville. Ces deux députations arrivent successivement. Au milieu de ce siége populaire, il était très-difficile de se faire entendre. Le bruit du tambour, la vue d'un drapeau suspendent quelque temps le feu. Les députés s'avancent; la garnison les attend, mais il est impossible de s'expliquer. Des coups de fusil sont tirés, on ne sait d'où. Le peuple, persuadé qu'il est trahi, se précipite pour mettre le feu à la place; la garnison tire alors à mitraille. Les gardes-françaises arrivent avec du canon et commencent une attaque en forme.

Grammatical Questions.—1. Write in full: 14 *et* 15 *juillet* 1789, and give, in Fr., the names of the months of the year. 2. Parse the foll. verbs, and, in each case, give the prim. tenses: *paraît, contenait, fait, disant, doit, veut*. 3. *Qu'il fallait empêcher qu'on ne tirât sur elle*: parse *fallait*, and give the fut. and pres. Subj. of the same. Account for the use of the Subj. (*tirât*). 4. *Quatre-vingt-deux*: why no *s* after *vingt*? 5. Give the 1st p. sing. of the fut. of *voyant*, and the 2nd p. pl. of the past def. of *commence*. 6. *Vers onze heures*: what is the difference of meaning between *vers* and *envers*, both transl. into Engl. by *towards*; and turn into Fr.: *What time is it?—Half-past eleven—You are slow; it is twenty minutes to twelve* (noon). 7. Give the pl. of *corps de garde*. 8. *S'avancent*: conjug. *neg.* the imper. of this v., and transl. into Fr.: (*a*) *I waited for you two hours and a half*. (*b*) *You will be deceived by that man, depend upon it*. (*c*) *Do you attend the lectures of this professor? Yes, I do*.

23. *Prise de la Bastille (suite et fin)*.—Sur ces entrefaites, un billet adressé par le baron de Besenval à Delaunay, commandant de la Bastille, est intercepté et lu à l'Hôtel de Ville; Besenval engageait Delaunay à résister, lui assurant qu'il serait bientôt secouru. C'était en effet dans la soirée de ce jour que devaient s'exécuter les projets de la cour. Cependant Delaunay, n'étant point secouru, voyant l'acharnement du peuple, se saisit d'une mèche allumée et veut faire sauter la place. La garnison s'y oppose, et l'oblige à se rendre: les signaux sont donnés, un pont est baissé. Les assiégeants s'approchent en promettant de ne commettre aucun mal; mais la foule se précipite et envahit les cours. Les Suisses parviennent à se sauver. Les invalides assaillis ne sont arrachés à la fureur du peuple que par le dévoûment des gardes-françaises. En ce moment, une fille, belle, jeune et tremblante, se présente: on la suppose fille de Delaunay; on la saisit, et elle allait être brûlée, lorsqu'un brave soldat se précipite, l'arrache aux furieux, court la mettre en sûreté et retourne à la mêlée.

Il était cinq heures et demie. Les électeurs étaient dans la plus cruelle anxiété, lorsqu'ils entendent un murmure sourd et prolongé. Une foule se précipite en criant victoire. La salle est envahie; un garde-française, couvert de blessures, couronné de lauriers, est porté en triomphe par le peuple. Le règlement et les clefs de la Bastille sont au bout d'une baïonnette ; une main sanglante, s'élevant au-dessus de la foule, montre une boucle de col : c'était celle du gouverneur Delaunay qui venait d'être décapité. Deux gardes-françaises, Élie et Hullin, l'avaient défendu jusqu'à la dernière extrémité. D'autres victimes avaient succombé, quoique défendues avec héroïsme contre la férocité de la populace. Une espèce de fureur commençait à éclater contre Flesselles, le prévôt des marchands, qu'on accusait de trahison. On prétendait qu'il avait trompé le peuple en lui promettant plusieurs fois des armes qu'il ne voulait pas lui donner. La salle était pleine d'hommes tout bouillants d'un long combat, et pressés par cent mille autres qui, restés au dehors, voulaient entrer à leur tour. Les électeurs s'efforçaient de justifier Flesselles aux yeux de la multitude. Il commençait à perdre son assurance, et déjà tout pâle il s'écrie : " Puisque je suis suspect, je me retirerai." "Non," lui dit-on, "venez au Palais-Royal, pour y être jugé." Il descend alors pour s'y rendre. La multitude s'ébranle, l'entoure, le presse. Arrivé au quai Pelletier, un inconnu le renverse d'un coup de pistolet. On prétend qu'on avait saisi une lettre sur Delaunay, dans laquelle Flesselles lui disait : "Tenez bon, tandis que j'amuse les Parisiens avec des cocardes."—THIERS.

Grammatical Questions.—1. Give the 1st p. sing. of the fut., and pres. Subj. of *lu, secouru, devaient, voyant*. 2. Conjug. *interr. with a neg.* the pres. Ind. of *veut* and *faire*. 3. Put in the sing. : *les signaux sont donnés ;* and in the pl. : *le pont est baissé.* 4. Give the substs., with their respective meanings, corresponding to *prétendait, trompé, promettant, voulait, donner.* 5. *Pleine d'hommes tout bouillants*: put this in the fem. pl., and account for *bouillants* taking the mark of the pl. 6. *Pressés par cent mille autres* : when does *cent* take the mark of the pl. ? Give examples. Comment on the word *mille*. 7. Put in the fem. pl. : *Il commençait à perdre son assurance, et déjà tout pâle il s'écrie.* 8. Transl. into Engl. : (a) *De qui tenez-vous cette nouvelle ?* (b) *Cet enfant tient beaucoup de son père.* (c) *Ne perdez pas ce livre, j'y tiens beaucoup.*

24. *Le Règne de la Terreur en France, d'après Tacite* (septembre 1792—27 juillet 1794).—A cette époque, les propos devinrent des crimes d'État : de là il n'y eut qu'un pas pour changer en crimes les simples regards, la tristesse, la compassion, les soupirs, le silence même. Bientôt ce fut un crime de lèse-majesté ou de contre-révolution à Crémutius Cordus, d'avoir appelé Brutus et Cassius les derniers des Romains ; crime de contre-révolution à un descendant de Cassius, d'avoir chez lui un portrait de son bisaïeul ; crime de contre-révolution à Mamercus Scaurus, d'avoir fait une tragédie où il y avait des vers à qui l'on pouvait donner deux sens ; crime de contre-révolution à Torquatus Silanus, de faire de la dépense ; crime de contre-révolution à Pomponius, parce qu'un ami de Séjan était venu chercher un asile dans une de ses maisons de campagne ; crime de contre-révolution de se plaindre des malheurs du temps, car c'était faire le procès du gouvernement ; crime de contre-révolution

à la mère du consul Fusius Géminus, d'avoir pleuré la mort funeste de son fils.

Il fallait montrer de la joie de la mort de son ami, de son parent, si l'on ne voulait s'exposer à périr soi-même. Sous Néron, plusieurs dont on avait fait mourir les proches allaient en rendre grâces aux dieux. Du moins il fallait avoir un air de contentement : on avait peur que la peur même ne rendît coupable. Tout donnait de l'ombrage au tyran. Un citoyen avait-il de la popularité ? C'était un rival du prince qui pouvait susciter une guerre civile. Suspect. —Fuyait-on au contraire la popularité et se tenait-on au coin de son feu ? Cette vie retirée vous avait fait remarquer. Suspect.— Étiez-vous riche ? Il y avait un péril imminent que le peuple ne fût corrompu par vos largesses. Suspect.—Étiez-vous pauvre ? Il fallait vous surveiller de plus près ; il n'y a personne d'entreprenant comme **celui** qui n'a rien. Suspect.—Étiez-vous d'un caractère sombre, mélancolique et d'un extérieur négligé ? Ce qui vous affligeait, c'est que les affaires publiques allaient bien. Suspect.—Un citoyen **se** donnait-il du bon temps et des indigestions ? C'est parce que le prince allait mal. Suspect.—Était-il vertueux, austère dans ses mœurs ? Il faisait la censure de **la** cour. Suspect.—Était-ce un philosophe, un orateur, un poëte ? Il lui convenait bien d'avoir plus de renommée que ceux qui gouvernaient ! Suspect.—Enfin, s'était-on acquis de la réputation à la guerre ? On n'en était que plus dangereux par son talent. Il fallait se défaire du général ou l'éloigner promptement de l'armée. Suspect.

La mort naturelle d'un homme célèbre, ou seulement **en place**, était si rare, que **les historiens la** transmettaient comme **un événe**ment à la mémoire **des** siècles. La mort de tant de citoyens, innocents et recommandables, semblait une moindre calamité **que** l'insolence et la fortune scandaleuse de leurs meurtriers et de **leurs** dénonciateurs. Chaque jour le délateur sacré et inviolable **faisait son** entrée triomphale dans le palais des morts, en recueillait quelque **riche** succession. Tous ces dénonciateurs se paraient des plus beaux noms, se faisaient **appeler** Cotta, Scipion, Régulus, Sævius, Sévérus. Pour se signaler par un début illustre, le marquis Sérénus intenta une accusation de contre-révolution contre son vieux père déjà exilé, après quoi il se faisait appeler fièrement Brutus. Tels accusateurs, tels juges : les tribunaux, protecteurs de la vie et des propriétés, étaient devenus des boucheries, où ce qui portait le nom de supplice ou de confiscation n'était que vol et assassinat.—CAMILLE DESMOULINS.

Grammatical Questions.—1. Write the dates, in full, and in two different ways. 2. *Où il y avait des vers à qui l'on pouvait donner deux sens*: (a) what is *où* here ? (b) give the past def. and fut. of *il y avait*, conjug. *interr. with* **a neg.**; (c) give the homonyms of *vers*; (d) why *à qui*, and not *auxquels* ? (e) why *l'on*, and not *on* ? (f) conjug. *interr.* the pres. Ind. of *pouvait* ; (g) give the homonyms of *sens*. 3. *Allaient en rendre grâces aux dieux*: (a) give the 1st p. sing. of the fut. of *allaient*; (b) what does *en* mean here, and what does **it stand** for? (*c*) give the fem. corresponding to *aux dieux*. 4. *On avait peur que la peur même ne rendît coupable*: what is *même* here? Account for the use of the negative, and the use of the imp. Subj. 5. Put in the fem.: *C'est que le prince allait mal*; and transl. into Fr.: *Is your mother better to-day? No, I am sorry to say she is worse.* 6. Put in the sing.: *Les tribunaux, protecteurs de la vie et des propriétés, étaient devenus des boucheries.* Give the fem. of *protecteurs*, and the prim. **tenses** of the verb corresponding **to** *vie*.

25. *Passage des Alpes par Bonaparte* (16 mai 1800).—Pour frapper les grands coups qu'il prépare, Napoléon a les Hautes-Alpes à franchir; et le grand Saint-Bernard, qui de tous les points de la vaste chaîne lui livrerait de plus près le cœur de l'Italie, est aussi celui où la **nature a** semblé réunir le plus de difficultés insurmontables pour défendre ses forteresses **contre les conquérants.** Il est inaccessible à une armée.... On l'a cru jusqu'à ce jour; les soldats français le croient encore. Les têtes de colonne, en se rencontrant à Martigny, s'arrêtent, étonnées, aux pieds de ces gigantesques boulevards. Comment pousser plus avant dans ces gorges, qui semblent murées par ces abîmes sans fond! Il faudrait longer les précipices effroyables, gravir les glaciers immenses, **surmonter** les neiges éternelles, vaincre l'éblouissement, le froid, la **lassitude**; vivre dans **cet autre** désert, plus aride, plus sauvage, plus désolant que **celui** de l'Arabie, et trouver des passages au travers de ces **rocs entassés** jusqu'à dix mille pieds au-dessus du niveau des mers. **Il y a bien entre** les escarpements et les abîmes, suspendu sur les **torrents,** dominé par les crêtes d'où roulent à flots les neiges homicides, **et taillé** dans les anfractuosités de la roche vive, un sentier qui monte **pendant** plusieurs lieues, raide, inégal, étroit jusqu'à n'avoir parfois que deux pieds **à** peine, tournant à angles si aigus, **qu'on marche droit** au gouffre, et glissant, chargé de frimas, perdu, **d'intervalle en** intervalle, sous les avalanches. Chemin si terrible, qu'il **a fallu** préposer de charitables cénobites à la garde de cette rampe meurtrière, afin d'enhardir le voyageur isolé par la promesse de lui donner un chien pour guide, un fanal pour secours, un hospice pour repos et une prière pour aide ou pour funérailles. Là passera aussi une armée: Bonaparte l'a dit; il a marqué du doigt la route. Martigny et Saint-Pierre sont encombrés d'apprêts qui attestent aux soldats que **leur chef** a pensé à tout. Aux mulets rassemblés de **toute** la Suisse ont été ajoutés **les** traîneaux, les brancards, tous les **moyens** de transport que le génie, l'administration française ou les **habitudes** de la contrée ont pu fournir. Pendant trois jours l'armée **démonte ses** canons, ses forges de campagne, ses caissons. Marmont **et Gassendi** placent leurs bouches à feu dans les troncs d'arbres **creusés,** les cartouches dans des caisses légères, **les affûts, les provisions, les** magasins sur des traîneaux faits à la **hâte ou sur** ceux du pays; puis, le 17 mai, tout s'élance; les soldats **montent,** au cri de " Vive le premier consul!" à l'assaut des Alpes; la musique des corps marche **en** tête de chaque régiment. Quand le glacier est trop escarpé, le pas trop périlleux, le labeur trop rude, même pour ces fanatiques de gloire et de patrie, les tambours battent la charge, et les retranchements de l'Italie sont emportés. C'est ainsi que la **colonne** s'étend, monte, s'attache aux crêtes **des** Alpes, les étreint de ses anneaux mouvants. C'est un seul corps qui n'a qu'une pensée, qu'une âme ; **une même ardeur,** une même joie court dans les rangs ; les mêmes chants **apprennent aux échos de ces monts** la présence, la gaité, la victoire **de nos soldats:** la victoire! **car voilà le** sommet atteint, le drapeau tricolore arboré, le grand Saint-Bernard vaincu ! .... Le premier consul a promis par pièce mille **francs aux** soldats qui se sont dévoués à cette tâche: tous refusent : ils n'acceptent pour récompense que les périls et l'Italie.—SALVANDY.

Grammatical Questions.—1. *S'arrêtent*: conjug. *interr. with a neg.* the past **Cond.** of this verb. 2. *Aux pieds*: transl. into Engl. the foll. idiom. expr. : (a) *Sur quel pied êtes-vous ensemble, messieurs ?* (b) *Nous avons été sur pied toute la nuit.* (c) *Ce vieillard a encore bon pied, bon œil.* (d) *J'ai vendu ma récolte sur pied.* (e) *Vous avez mis votre adversaire au pied du mur.* 3. *Dans ces gorges*: turn into Engl. : (a) *Je vous ai entendu rire à gorge déployée.* (b) *Nous faisions des gorges chaudes de ce que vous nous avez raconté.* (c) *Prenez garde, je vous ferai rentrer vos paroles dans la gorge.* (d) *Qu'avez-vous ? J'ai mal à la gorge.* 4. *Un sentier ....*: turn into Fr. : *This path is two hundred feet long, and three feet and a half wide.* 5. *Sont emportés*: turn into **Engl.** : (a) *Ne vous emportez pas ;* (b) *Nos chevaux s'emportèrent, et la voiture versa;* (c) *Le diamant l'emporte sur toutes les autres pierreries.* 6. *Qui se sont dévoués à cette tâche*: account for the agreement of the p. p. What difference of meaning is there between *tâche* and *tache ?*

26. *Bataille de Marengo* (14 juin 1800).—Pendant la bataille de Marengo, j'étais à Alexandrie, prisonnier et blessé. De mon **lit,** j'entendais très-bien la bataille ; et, d'après l'éloignement et le rapprochement **du feu,** je pouvais juger quel était celui des deux partis qui faisait des progrès. C'était une cruelle position. Mon frère et le lieutenant Hulot, mes aides de camp, et le docteur Cothenet, mon **chirurgien,** allaient tour à **tour** faire le guet à un observatoire placé au-dessus du palais épiscopal, où je logeais. Là, munis **d'une** lunette d'approche, ils distinguaient assez bien les mouvements **des deux** armées et ils venaient ensuite me communiquer leurs remarques. J'étais instruit ainsi de l'état de la bataille aussi bien que **possible,** sans y assister, et je passais tour à tour de la crainte **à** l'espérance. J'eus **de la crainte jusqu'à** quatre heures du soir environ, lorsque les grenadiers de la garde purent, au milieu de la plaine, former le carré et **arrêter** l'élan de la cavalerie ennemie. Un instant après, on me dit que le combat était vivement engagé à Castel-Ceriolo. J'en tirai la conséquence que le premier Consul avait changé son **ordre** de formation, et qu'avec des troupes fraîches, il tâchait de ressaisir la victoire. Mon espoir augmentait d'heure en heure, lorsque, **vers** sept heures, un vieux chirurgien-major autrichien, qui venait souvent me voir, entra dans ma chambre et me parut plus gai que je ne croyais le trouver.

"Eh bien, docteur," lui dis-je; "comment vont les affaires?"

"Ah! général, quelle bataille! Nous ne savons où placer les blessés; déjà, nous en avons plus de cinq mille; et, quoique l'affaire soit finie, à tout instant ils arrivent encore par centaines. Notre brave général Haddick est du nombre (il mourut quelques jours après), plusieurs autres généraux et quantité d'officiers. Votre perte est aussi considérable."

"Mais de quel côté est la victoire?"

"Du nôtre, général, et elle nous console du prix qu'elle nous a coûté."

"En êtes-vous bien sûr, docteur?"

"Sans aucun doute. Le général Mélas vient de rentrer, et vous avez pu entendre, il n'y a qu'un instant, son état-major passer dans la rue." (C'était vrai.)

"Cependant, j'entends encore le canon?"

"Ce ne peut être qu'une arrière-garde française que le général Zach poursuit."

"Mais pourtant le canon ne s'éloigne pas, il se rapproche, et s'il y a une arrière-garde d'engagée, il me paraît que ce doit être la vôtre?" . . . .

En effet, pendant notre conversation, le feu augmentait toujours et se rapprochait. Mon docteur commence à être inquiet; il sort. À onze heures du soir, il revient tout consterné.

"Nous sommes perdus!" s'écrie-t-il; "nos troupes repassent le pont en ce moment. On avait cru la bataille gagnée, et comme je vous l'ai dit, le général Mélas rentrait à Alexandrie, quand on vient lui annoncer tout à coup que votre armée faisait une nouvelle attaque. Il y retourne en toute hâte, mais il n'était plus temps. Tout était changé; le général Zach était pris, et nous étions enfoncés. Il n'est plus resté au général Mélas qu'à couvrir la retraite. Je ne sais ce que nous deviendrons et comment le général Mélas nous tirera de là!"

Ce fut à mon tour de consoler le docteur; je le fis de mon mieux, et je passai le restant de la nuit bien joyeux.—MARÉCHAL SOULT.

Grammatical Questions.—1. Write the date in full; and put in the fem. pl.: *J'étais prisonnier et blessé.* 2. Give the superl. relative of *très-bien*; and transl. into Engl.: (*a*) *J'entends que vous écriviez votre thème à l'instant.* (*b*) *Ce notaire m'a donné à entendre que je perdrais mon procès.* (*c*) *Venez me prendre à cinq heures et demie. C'est entendu.* (*d*) *Vous perdez votre temps; votre adversaire ne veut pas entendre raison.* 3. *Aides de camp*: account for *aides* only being in the pl. 4. Give the *homonyms* of *guet*, and state what difference of meaning there is between *une lunette* and *des lunettes*. 5. Parse the foll. verbs, and give their prim. tenses: *purent, dit, changé*; give the masc. sing. of *fraîches*, and the subst. corresponding to this adj. 6. Put in the pl.: *un vieux chirurgien-major autrichien*; and conjug. neg. the imper. of *venait, voir, parut*, and *croyais.* 7. *Centaines*: transl. into Fr.: *A dozen, a score. Are you more than thirty? My father is not yet sixty.* (N.B. Use the collective numbers.) 8. *Nous sommes perdus! cria-t-il*: account for the agreement of the p. p.; conjug. *neg.* the pres. and imp. Subj. of *perdue*; and account for the *t* between *cria* and *il*. Form the adv. of *joyeux*.

27. *Proclamation de Napoléon 1er à l'armée après la bataille d'Austerlitz* (le 3 décembre 1805).—Soldats! Je suis content de vous; vous avez, à la journée d'Austerlitz, justifié ce que j'attendais de votre intrépidité; vous avez décoré vos aigles d'une immortelle gloire: une armée de cent mille hommes, commandée par les empereurs de Russie et d'Autriche, a été, en moins de quatre heures, ou coupée, ou dispersée; ce qui a échappé à votre fer s'est noyé dans les lacs.

Quarante drapeaux, les étendards de la garde impériale de Russie, cent vingt pièces de canon, vingt généraux, plus de trente mille prisonniers sont le résultat de cette journée à jamais célèbre. Cette infanterie tant vantée et en nombre supérieur n'a pu résister à votre choc, et désormais vous n'avez plus de rivaux à redouter. Ainsi, en deux mois, cette troisième coalition a été vaincue et dissoute. La paix ne peut être éloignée; mais, comme je l'ai promis avant de passer le Rhin, je ne ferai qu'une paix qui nous donne des garanties et assure des récompenses à nos alliés.

Soldats, lorsque le peuple français plaça sur ma tête la couronne impériale, je me confiai à vous pour la maintenir toujours dans ce haut état de gloire, qui seul pouvait lui donner du prix à mes yeux; mais dans le même moment, nos ennemis pensaient à la détruire et à l'avilir; et cette couronne de fer conquise par le sang de tant de Français, ils voulaient m'obliger de la placer sur la tête de nos plus cruels ennemis: projets téméraires et insensés, que le jour même de l'anniversaire du couronnement de votre empereur, vous avez anéantis et confondus. Vous leur avez appris qu'il est plus facile de nous braver et de nous menacer que de nous vaincre.

Soldats, lorsque tout ce qui est nécessaire pour assurer le bonheur et la prospérité de notre patrie sera accompli, je vous ramènerai en France. Là, vous serez l'objet de mes plus tendres sollicitudes. Mon peuple vous reverra avec joie, et il vous suffira de dire: J'étais à la bataille d'Austerlitz, pour que l'on réponde: Voilà un brave!

Grammatical Questions.—1. Write the date **1805** in full, and **in two** different ways. 2. *Journée*: what difference of meaning is there between *jour* and *journée*? 3. *Vos aigles*: of what gender is this subst. here? 4. *Cent mille*: transl. **into Fr.**: (*a*) *My friend has lost two hundred pounds.* (*b*) *There are* **three hundred and** *fifty boys in our school.* (*c*) *In the year eight hundred Charlemagne was on the throne.* (*d*) *Would you not like to have ten thousand pounds?* (*e*) *How many thousand miles did you walk in your life? I don't know, but in one thousand eight hundred and sixty-eight I walked five hundred miles during the holidays.* 5. *Pensaient à la détruire*: when is the v. *penser* foll. by the prep. *a*, and when by *de*? Give the p. p., and the 1st p. sing. of the imp. Subj. of *détruire*, and the substs. corresponding to it. 6. *Le jour même*: what would *le même jour* mean? 7. l'ut in the sing. the whole sentence: *Vous leur avez appris . . . . de nous vaincre*; and give the 1st p. sing. of the pres. Subj. of *appris* and *vaincre*. 8. *Il vous suffira de dire*: what is the case of *vous*? Give the 1st p. sing. of the imp. Subj. of *suffira*, and the 2nd p. pl. of the imper. of *dire*. 9. What is the meaning of *brave*, according as it precedes or follows the subst. *homme*?

28. *Incendie de Moscou* (septembre 1812).—Dès la première nuit, celle du 14 au 15, un globe enflammé s'était abaissé **sur le** palais du prince Troubetskoï, et l'avait consumé; c'était un signal. Aussitôt le feu avait été mis à la Bourse, on avait aperçu des soldats de police russes l'attiser avec des lances goudronnées. Ici, des obus perfidement placés venaient d'éclater dans les poêles de plusieurs maisons; ils avaient blessé les militaires qui se pressaient autour. Alors, se retirant dans des quartiers encore debout, ils étaient allés se choisir d'autres asiles; mais, près d'entrer dans ces maisons toutes closes et inhabitées, ils avaient entendu en sortir une faible explosion; elle avait été suivie d'une légère fumée, qui aussitôt était devenue épaisse et noire, puis rougeâtre, enfin couleur de feu, et bientôt l'édifice entier s'était abîmé dans un gouffre de flammes.

Tous avaient vu des hommes d'une figure atroce, **couverts de** lambeaux, et des femmes furieuses, errer dans ces flammes, et compléter une épouvantable image de l'enfer. Ces misérables, **enivrés** de vin et du succès de leurs crimes, ne daignaient plus se cacher; ils parcouraient triomphalement ces rues embrasées; on les surprenait armés de torches, s'acharnant à propager l'incendie: il fallait leur abattre les mains à coups de sabre pour leur faire lâcher prise. . . . .

Pendant que nos soldats luttaient encore avec l'incendie, et que l'armée disputait au feu cette proie, Napoléon, dont on n'avait pas osé troubler le sommeil pendant la nuit, s'était éveillé à la double clarté du jour et des flammes. Dans son premier mouvement, il s'irrita, et voulut commander à cet élément; mais bientôt il fléchit, et s'arrêta devant l'impossibilité. Surpris, quand il a frappé au cœur d'un empire, d'y trouver un autre sentiment que celui de la soumission et de la terreur, il se sent vaincu et surpassé en détermination. . . . .

Alors une extrême agitation s'empare de lui; on le croirait dévoré des feux qui l'environnent. À chaque instant il se lève, marche et se rassied brusquement. Il parcourt ses appartements d'un pas rapide; ses gestes courts et véhéments décèlent un trouble cruel: il quitte, reprend, et quitte encore un travail pressé, pour se précipiter à ses fenêtres et contempler les progrès de l'incendie. De brusques et brèves exclamations s'échappent de sa poitrine oppressée. "Quel effroyable spectacle! Ce sont eux-mêmes! Tant de palais! Quelle résolution extraordinaire! Quels hommes! Ce sont des Scythes!" . . . .

En cet instant, le bruit se répand que le Kremlin est miné : des Russes l'ont dit, des écrits l'attestent ; quelques domestiques en perdent la tête d'effroi ; les militaires attendent impassiblement ce que l'ordre de l'empereur et leur destin décideront, et l'empereur ne répond à cette alarme que par un sourire d'incrédulité.

Déjà nous ne respirions plus que de la **fumée et des cendres**. La nuit approchait, et allait **ajouter** son ombre **à nos** dangers ; le vent d'équinoxe, d'accord **avec les Russes**, redoublait **de** violence. . . . . Napoléon, **maître enfin du** palais des czars, s'opiniâtrait **à ne pas** céder **cette conquête**, même à l'incendie, quand tout à **coup un cri** : "Le feu est au Kremlin !" passe de bouche en bouche, **et nous arrache à la** stupeur contemplative qui nous avait saisis. L'empereur sort pour juger du danger. Deux fois le feu venait d'être **mis et éteint** dans le bâtiment sur lequel il se trouvait ; mais la **tour de** l'arsenal brûle encore. Un soldat de police vient d'y être **trouvé**. On l'amène, et Napoléon le fait interroger devant lui. C'est ce Russe qui est l'incendiaire : il a exécuté sa consigne au signal donné par son chef. Tout est donc voué à la destruction, même le Kremlin antique et sacré.

L'empereur fit un geste de mépris et d'humeur ; on emmena ce misérable dans la première cour, où les grenadiers furieux le firent expirer sous leurs baïonnettes.

Cet incident **avait décidé Napoléon**. Il descend rapidement cet escalier du nord, fameux **par le massacre des** Strélitz, et ordonne qu'on le guide hors de la ville, à une **lieue sur la route de Péters**-bourg, vers le château impérial de Pétrowsky.—P. P. DE SÉGUR.

Grammatical Questions.—1. Write the date 1812 in full, and in two **different ways.** 2. Put in the pl. : *C'était* un *signal*. 3. What is the meaning of *poêle*, s.f. ? 4. *Toutes closes et inhabitées* : account for **the spelling of the adv.** *tout,* **and the agreement of the p. p.** *closes* **and** *inhabitées.* 5. **Give** the 1st p. sing. **of the fut.** of *vu, couverts,* and *parcouraient.* 6. *Et que l'armée disputait* : for what word does *que* stand here ? 7. Conjug. *interr. with a neg.* the past indef. of *s'était éveillé.* 8. Put in the fem. and pl. the whole **of the** sentence : *Il parcourt ses appartements . . . . les progrès de l'incendie.* 9. Turn into Fr. : (*a*) *Put the fire out.* (*b*) *Send for the man who has set the building on fire, and bring him here.* (*c*) *Where is he ? In the tower of the arsenal ? No, he is not there.*

29. *Exécution du Maréchal Ney* (7 décembre 1815).— . . . La voiture roula **au pas** dans les **larges allées du** Luxembourg, entre les files muettes des soldats. . . . . Tout à coup **la** voiture s'arrêta au milieu du chemin de la grille du Luxembourg et de l'Observatoire, en face d'un long mur de clôture noir et fétide qui borde la contre-allée de cette avenue. . . . . Ney s'étonna et chercha des yeux la cause de cette halte à moitié chemin. La portière s'ouvrit, on l'invita à descendre. Il comprit qu'il ne remonterait plus. Il remit au prêtre qui l'accompagnait les derniers objets à son usage qu'il portait sur lui, avec **ses** dernières recommandations pour sa famille. Il vida ses poches de quelques pièces d'or qu'il possédait,

pour les pauvres du quartier ; il embrassa le prêtre, ami suprême qui remplace les amis absents à cette dernière heure, et marcha, au mur, vers la place que lui indiquait un peloton de vétérans. L'officier qui commandait le peloton s'avança vers lui et lui demanda la permission de lui bander les yeux. " Ne savez-vous pas," répondit le soldat, "que, depuis vingt-cinq ans, j'ai l'habitude de regarder les balles et les boulets en face ?" L'officier, troublé, hésitant, indécis, s'attendant peut-être à un cri de grâce, ou craignant de commettre un sacrilége de gloire en commandant le feu contre son général, restait muet entre le héros et son peloton. Le maréchal profita de cette hésitation et de cette immobilité des fusiliers pour jeter un dernier reproche à sa destinée. "Je proteste devant Dieu et devant la patrie," s'écria-t-il, "contre le jugement qui me condamne ; j'en appelle aux hommes, à la postérité, à Dieu !"

Ces paroles, et le visage consacré dans leur mémoire, du héros des camps, ébranlant la consigne des soldats : " Faites votre devoir !" cria le commandant de Paris à l'officier plus troublé que la victime. L'officier reprit, en trébuchant, sa place à côté de son peloton. Ney s'avança de quelques pas, leva son chapeau de la main gauche, comme il avait l'habitude de l'élever dans les charges désespérées pour animer ses troupes. Il plaça la main droite sur sa poitrine, pour bien marquer la place de la vie à ses meurtriers : "Soldats," dit-il, " visez droit au cœur !" Le peloton, absous par sa voix et commandé par son geste, l'ajusta. On n'entendit qu'un seul coup. Ney tomba, comme sous la foudre, sans une convulsion et sans un soupir. Treize balles avaient percé le buste où battait le cœur du héros, et mutilé le bras droit qui avait si souvent agité l'épée de la France. . . . .—LAMARTINE.

Grammatical Questions.—1. Write the date (1815) in full, and in two different ways. 2. *S'arrêta ; s'étonna* : conjug. neg. (*a*) the past indef., and (*b*) the imper. of these two verbs. 3. Give the sing. of *yeux*, the p. p. of *ouvrit*, and state when the v. *descendre* is conj. with the aux. *avoir*, and when with *être*. 4. Give the fem. corresponding to *prêtre, ami suprême* ; and point out the difference of meaning between *la dernière semaine* and *la semaine dernière*. 5. *Sacrilége* : why not a grave accent on the penultimate ? Give the fem. corresponding to *héros*. 6. *J'en appelle* . . . . : what is *en* here ? Account for the two *l's* in *appelle*, and give the 3rd p. pl. of the past def. of the same. Why is the prep. *à* repeated before *hommes, postérité, Dieu* ? 7. Why are the substs. *devoir, commandant, officier, cœur*, and *soldat* of the masc. gender ? 8. When is *foudre* a. masc. subst. ? What is *où* in *le buste où battait* ?

30. *La Terreur blanche* (1815).—En parlant de cette époque déjà ancienne, moi et ceux de mon âge, nous n'en sommes pas purement et simplement à la merci de l'historien ; nous avons nos souvenirs, nos impressions de première jeunesse, impressions partielles et incomplètes sans doute, et qui ont besoin d'être contrôlées par l'étude et la réflexion, mais que rien cependant ne saurait suppléer ni remplacer dans tout ce que les livres les plus impartiaux s'efforcent de produire. En général il faut, pour en bien juger, avoir senti le souffle des temps.

1815, par exemple, et ce qui suivit immédiatement la tempête des Cent-jours, qui nous en rendra le vif sentiment? Il faut, dis-je, avoir vécu alors pour se faire idée de ce que c'était que cette réaction dans sa violence..... On peut tout dire, on, ne peut exagérer les sentiments de fureur et de frénésie qui transportèrent les hautes classes de la société blanche à l'occasion des procès de La Bédoyère, de Ney, de celui de M. de Lavalette avant et après son évasion ; on n'a pas exagéré non plus les horreurs qui sillonnèrent le Midi et qui y firent comme un long cordon d'assassinats depuis Avignon, Nîmes, Uzès, Montpellier, Toulouse, toutes villes en proie à l'émeute et où l'on suit à la trace le sang de Brune, des généraux La Garde, Ramel, et de tant d'autres, jusqu'à Bordeaux où l'on immolait les frères Faucher.....

On n'a pas assez dit lorsque, parmi ces victimes du fanatisme du Midi, on a énuméré dans un récit d'histoire quelques noms de généraux connus : mais combien d'autres de toute classe, immolés et restés obscurs, et dont il faut aller chercher, réveiller le souvenir aux lieux mêmes où ils ont péri et où l'écho répondra si on l'interroge! L'historien, en général, lit et dépouille son *Moniteur* ou les journaux du temps, et il croit avoir tout fait ; mais il ne voyage pas assez, il ne consulte pas à sa source une tradition encore vivante et des traces qui fument encore. C'est dans les conditions humbles et moyennes plus que dans les régions officielles que se conservent pieusement les martyrologes. À Montpellier, cinq hommes furent envoyés à l'échafaud, le 22 juillet 1816, par la Cour prévôtale. La mémoire du peuple a retenu le nom de deux des condamnés, de Jean-Jacques Pau, et surtout d'Avinens, soit que leur attitude fût plus ferme, plus imposante, que celle des autres, et qu'ils eussent une beauté virile qui frappait les assistants, soit à cause du cri final républicain que poussa l'un d'eux sur l'échafaud. Ils étaient accusés d'avoir, faisant partie de la garde urbaine, aidé la force militaire à repousser des émeutiers massacreurs le 27 juin 1815, c'est-à-dire dans l'espèce d'interrègne qui avait suivi la nouvelle de la perte de Waterloo ; ils avaient rempli leur devoir de citoyens et avaient été appelés régulièrement à faire partie de la force publique : ce furent les émeutiers, le lendemain triomphants, qui se vengèrent, les dénoncèrent, et auxquels la Cour prévôtale donna raison par une fiction rétroactive : condamnés à mort, ils furent presque immédiatement exécutés, le même jour, de nuit, à la lueur des flambeaux. La consternation était générale et profonde ; aucun parent, aucun ami n'avait eu le courage d'assister les victimes. Une jeune fille seule, âgée de dix-sept ans, et qui avait elle-même son père compromis et dans les prisons, mais exaltée et enhardie plutôt qu'intimidée par son propre malheur, fut pour eux l'ange des heures funèbres. Elle communiqua avec eux tant qu'elle put à travers les geôliers et ne les perdit pas de vue jusqu'au dernier instant. Le lendemain, ayant gagné le fossoyeur, elle trouva moyen d'approcher des restes tout sanglants; elle coupa à chaque tête une mèche de cheveux qu'elle marqua et noua dans un mouchoir pour les remettre aux familles. Cette fille courageuse s'appelait Marie Clausson. . . . .

A quelques lieues de Montpellier, dans la montagne et dans les bois, à un lieu qu'on nomme la Taillade de Gignac, s'étaient livrés de véritables combats entre les insurgés royalistes et les troupes; les insurgés interceptaient au passage les courriers, les caisses publiques, et ils assassinaient le plus de soldats qu'ils pouvaient, de ceux qui rentraient dans leurs foyers après le licenciement. Sur quantité de points de ces contrées, les mêmes événements se reproduisirent; il était peu d'endroits où l'on ne pût citer, il y a quelques années encore, quelque individu noté, qui avait figuré comme assassin dans ces temps funestes et qui, avec sa tache de sang au front, vivait et vieillissait impuni. Hélas! qu'on ne vienne plus tant parler de la Terreur rouge, ou plutôt qu'on en parle, mais en même temps que de la Terreur blanche, et dans un sentiment commun de réprobation et d'exécration. Les partis, à l'heure du délire et en fait d'abominations, ne se doivent rien les uns aux autres.—SAINTE-BEUVE.

Grammatical Questions.—1. Write in full the dates contained in the above extract. 2. Give the imp. Ind. of the v. corresponding to *blanche*. 3. *Impressions partielles* . . . . : why no art. before the subst.? 4. Conjug. interr. with a neg. the pluperf. Ind. of *s'efforcent*, and neg. the imper. of *juger*. 5. Parse: *Il faut, dis-je, avoir vécu*, and give the prim. tenses. 6. *Si on l'interroge*: why not *si l'on*? Give the 3rd p. sing. of the imp. Subj. of this v. 7. Put in the pl. the whole sentence: *L'historien, en général . . . qui fument encore.* 8. *La mémoire*: what does *le mémoire* mean? 9. *Soit que leur attitude fût*: why the Subj. here? 10. Put in the pl.: *Soit à cause du cri final républicain qu'il poussa.* 11. Give the fem. of *citoyens*, and the masc. of *publique*. 12. *Donna raison*: transl. into Engl.: (*a*) *Je viens vous demander raison de vos insultes*; (*b*) *Parlez raison, si vous voulez que je vous écoute*; (*c*) *Il ne veut pas entendre raison là-dessus*; (*d*) *À plus forte raison.* 13. Give the adv. of *profonde*, and the meaning of the v. *assister à*. *Qu'on ne vienne plus*: why the Subjunctive here? 14. What is the difference of meaning between *plutôt* and *plus tôt*? 15. Show, by examples taken from the above extract, how the French avoid the English passive construction.

NOTES.

[In references, P. I. indicates First Part of the French Principia.]

NOTES ON THE FABLES AND GRAMMATICAL QUESTIONS.

[PAGE 1.]

1. **toute transie de**: quite benumbed with. The adv. *tout* takes the mark of the fem. before an adj. or p.p. beginning with a consonant.
   car: for. The *conj.* for is to be translated by *car*, whilst the *prep.* for is *pour* in French.
   ranimée: the p.p. conjug. with *être* agrees in number and gender with the subject.
2. **mourant**: pr. part. of mourir. See Voc.
   raisins: grapes. The Engl. *raisin* is in Fr. *raisin sec*, and *currants* = *raisins de Corinthe*.
   pendaient: imp. of pendre. See Voc.
   de toutes: with all.
   pouvant: pr. part. of pouvoir.
   disant: pr. part. of dire.
   mûrs: ripe. In O. Fr. *meür*, from L. *maturus*.
   veux: 1st p. sing. pres. Ind. of vouloir.
   ce qu': see P. I. p. 76. 4.
   peut: 3rd p. sing. pr. Ind. of pouvoir.
   question 3: see P. I. p. 110.
   q. 4: see P. I. p. 47, Remarks, 1.
   q. 5: see P. I. p. 18.
   q. 6: see P. I. p. 18.
3. **se crut**: past def. of se croire.
   se mit: lit. put himself to = began; past def. of se mettre.

PAGE 1-2.]

feuilles: leaves, *s.f.*, although derived from *folia*, pl. of the neuter subst. *folium* (Greek φύλλον).
revinrent . . . .: retraced their steps = came back. Past def. of revenir.
virent: past def. of voir.
envers: towards. See P. I. p. 106, Examples, about the difference between *envers* and *vers* = towards.
q. 4: see P. I. p. 74.

4. **théâtre**: the *th* is sounded *t* in Fr.
   étant entré dans: the v.n. entrer is conjug. with *être* (see P. I. p. 85), and requires either the prep. *dans*, *en*, or the dative after it.
   vit: past def. of voir.
   faite: when the p.p. is not conjug. with an *aux. v.*, it is considered as a mere adj., and, as such, agrees in number and gender with its subst.
   s'écria-t-il: about the euphonic *t* see P. I. p. 60. 3.
   elle n'a point de: *de* is used instead of the partitive art. in neg. sentences. See P. I. p. 103 (2). About *ne . . . point*, see P. I. p. 104 (7).
   comblés: the p.p. conjug. with *avoir* agrees with the object,

[PAGE 2–3.

when that object precedes the aux. v.

d'honneurs et de: the 3 prep. *à, de, en* must be repeated before every subst. they govern.

sens commun: the *s* is not to be sounded before a cons.

q. 5: not to forget the *t* euphonic.

q. 6: see P. I. p. 75.

5. **tenait**: imp. Ind. of tenir.

sa gueule: *his* mouth. See P. I. p. 38. 2.

c'était: it was.

dit-il: said he. Past def. of dire.

je tiens: I hold. Pr. Ind. of tenir.

me dit: *dit* is here the 3rd p. sing. of the pres. Ind. of dire. *Me = à moi.*

q. 7: see P. I. p. 103 (5).

6. **une fois** = once. See P. I. p. 43. 6.

pris: p.p. of prendre.

promit: past def. of promettre.

ne jamais manger: *jamais*, joined to *ne*, having a neg. meaning, the other neg. *pas* is not expressed. See P. I. p. 101. 2.

chauve-souris: bat, *lit.* bald mouse, because its wings, being membranaceous, have no feathers.

Grippeminaud: Grimalkin, *lit.* the one who pounces upon cats. See Voc.

d'abord: the final *d* is not sounded.

mais il ne le fut pas: *le* represents *embarrassé*, and is a pron. which can be transl. here by *so.*

souris: mouse, *s.f.* The *s.m.* souris (L. *subrisus*) means a smile.

en fit: about *en* see P. I. p. 74. 4. *fit* is the 3rd p. sing. of past def. of faire.

7. **quelque chose**: something. Although *chose* is a *s.f.*, *quelque chose* is always masc.

accoutumée is fem., because being

PAGE 3–4.]

conjug. with *être*, it agrees with the subj. which is fem.

fer: iron. The final *r* is to be sounded.

dent: tooth, *s.f.*, although coming from the acc. of the L. *s.m.* dens.

se reconnaisse: pr. Subj. of the *r.v.* se reconnaître.

8. **connaissait**: imp. Ind. of connaître.

peut: pr. Ind. of pouvoir.

s'en alla: see P. I. p. 112.

l'on: people. For *on* to prevent the hiatus or meeting of two vowels, see P. I. p. 80. 6.

veux: pr. Ind. of vouloir.

le sentir: smell it ; *le* is a pers. pron. here.

peut: pr. Ind. of pouvoir.

prise: p.p. of prendre ; fem. because there is no aux. v. See note on *faite*, Fable 4.

court: pr. Ind. of courir. The final *t* is not sounded, even before a vowel.

q. 6: see P. I. p. 64. 4.

q. 7, **y**: to it, a pers. pron. See P. I. p. 74. 4.

9. **pouvaient**: imp. Ind. of pouvoir

ne ... plus: no longer.

convinrent: past def. of convenir

après avoir: after having. All prep. govern the Inf. in French, except *en*, which requires the pr. part. after it.

venez: imper. of venir.

vient: pr. Ind. of the same verb.

prudence: all Fr. subst. ending in *ence* are fem. except *silence* (from Lat. *silentium*), silence.

10. **pour l'empêcher**: to prevent him. The Eng. inf. in such cases always signifies a purpose which is expressed in Fr. by the prep. *pour* foll. by the inf.

avertir: to warn, inform. The Engl. v. *to advertise* is transl. by *annoncer* in Fr.

court: pr. Ind. of courir.

redoubler de vigilance: *lit.* to increase, double my vigilance, watchfulness, *i.e.* to be doubly watchful.

[PAGE 4–5.

de peur que: for fear lest, foll. by the neg. *ne* and the Subj.
a acquis: past indef. of acquérir.
q. 3: see P. I. p. 63. 1.
q. 4: see P. I. p. 64. 5.
q. 8: *de* is used instead of the def. art. before an adj. foll. by a subst.
11. **faisait**: imp. Ind. of faire. In the v. faire, *ai* has the sound of *e* mute when foll. by *sant; sons; sais, sait, sions, siez, saient: i.e.*, in the pr. part., the 1st p. pl. of the pr. Ind., and the whole of the imp. Ind.
pris: p.p. of prendre.
tous deux: both.
fera: fut. of faire.
j'appartienne: Subj. of appartenir.
dois: pr. Ind. of devoir.
q. 2: ass's milk; see *âne* in Voc.
q. 6: see P. I. p. 38. 1; and p. 79. 5.
q. 8: see P. I. p. 60, Remarks, 2.
12. **savait**: imp. Ind. of savoir.
s'avisa: imagined. *Aviser, v.a.*, means to spy, catch sight of, inform. The Eng. v. *to advise* is generally rendered into Fr. by *conseiller*.
enlevée: p. p. in the fem., because, being conjug. with the aux. v. *avoir*, it agrees with the obj. preceding the aux. v.
découvrit: past def. of découvrir.
mirent: past def. of mettre.
sur les apparences: by appearances.
sait: pr. Ind. of savoir.
il y a: see P. I. p. 96.
q. 5: see P. I. p. 64. 4.
13. **forêt**: forest. The circumflex accent on a vowel before *t* shows that *s* has been cut off.
chez lui: home, *lit.* to his house.
veux: pr. Ind. of vouloir.
aide-moi: help me, and not *m'aide*, as the pers. pron. is always put after the v. in the imper. See P. I. p. 70. 5.
tient: pr. Ind. of tenir.
même: even; is an adv. here.

PAGE 5–7.]

14. **de toutes . . .** : see note on Fable 2.
à braire et à . . . : notice the repetition of the prep. *à*. See note on Fable 4.
viens: imper. of venir.
ta force et ta: about the repetition of the poss. adj. see P. I. p. 38. 3.
ferais: cond. of faire.
tu n'es qu'un: see P. I. p. 103 (5).
15. **faisaient**: imp. of faire.
mourant: pr. p. of mourir.
se mettant à: beginning to.
en été: the prep. *en* is very seldom foll. by the def. art.
nous causent: nous is in the dat. = to us.
bien des: many. The adv. *bien*, meaning many, a great deal, is followed by the partitive art. *du, de la, des*, whilst *beaucoup*, which has the same meaning, takes *de* only; e.g. beaucoup de chagrins.
q. 3: *en* is the gen. of the pers. pron.
q. 7: printemps = *s.m.*, spring (L. *primum tempus*, the first season of the year, beginning at Easter); *automne* = *s.m.*, autumn [L. *autumnus*, a form of *auctumnus*].
q. 10: superlative absolute, *i.e.* very (little).
16. **fort peu**: *fort* is here an adv., meaning *very*.
a appris: past indef. of apprendre.
doit: must; pr. Ind. of devoir.
17. **promit**: past def. of promettre.
fit: past def. of faire.
mais quand elle: the final *d* of *quand* is sounded *t* on the foll. vowel.
il ne faut pas: *lit.* one must not, we should not; pr. Ind. of the imp. v. falloir. See P. I. p. 97.
attendre: to expect. The Fr. v. *attendre* does not mean to attend, but to wait or to expect.

[PAGE 7-8.

18. **quoique tu sois**: although you are. The conj. *quoique* governs the Subj.
    propre: own. The adj. *propre* means *clean* when placed after the subst.: *e.g.* ma propre main = my own hand; ma main propre = my clean hand.
19. **le plus petit**: the smallest, superlative *relative* of petit.
    bien pesant: very heavy.
    te fait baisser la tête: the v. *faire* foll. by an Inf. is a kind of aux. v., and gives to the sentence a causative meaning = être cause que ; *i.e.* le moindre vent *est cause que* tu baisses la tête. When *faire* is foll. by an Inf. having a direct obj., it is preceded by the dat. of the pers. pron.; but it requires the acc. if the Inf. has no direct obj.
    silence: the only masc. subst. ending in *ence*.
    sait: pr. Ind. of savoir.
    au besoin: when necessary.
20. **pour le faire**: in order to make him . . . .
    piège: the substantives ending in *ege* are the only ones which take the acute accent on the penultimate. All the others take the grave; *e.g.* pièce, *piece*; remède, *remedy*; je mène, *I lead*; père, *father*; mère, *mother*.
    tant de plaisir: so much pleasure. The adverbs of quantity, which in L. govern the gen. case, are foll. by the prep. *de* in French. See P. I. p. 13. 2. Plaisir, *s.m.*, was formerly the pr. Inf. (from L. *placere*), which is now *plaire*.
    q. 1: see *Bouc* in Voc.
21. **en venir à bout**: succeed, manage it, *lit.* come to the end of it.
    de grâce: pray.
    de tout: with all . . . = willingly.
    prenez: imper. of prendre.

PAGE 8-10.]

ici près: close by.
gardez-vous de: take good care not to; mind you do not.
22. **tous les jours**: every day. N.B. *tout le jour* means all day, the whole day.
    tu ne saurais: you cannot ; the v. *savoir* has often the meaning of *pouvoir* = to be able, especially in the cond.
    je te prends sur le fait: I catch you in the very act.
    je me sers: pr. Ind. of se servir.
    s'il faut que je perde: if I must lose; the imp. v. *falloir* foll. by *que* governs the Subj
23. **coins**: wedges.
    sur-le-champ: immediately, at once.
    pour s'être mêlé: for having interfered with.
    q. 3: les deux pieds de derrière.
    q. 4: *avant* and *devant* are preps., and have an object. *Avant* = before (of time), and *devant* = before (of place). *Auparavant* = before, is an adv., and therefore has no object.
24. **mit**: p. def. of mettre.
    je suis l'exemple: I follow the example. *Suis* is here the pr. Ind. of suivre.
    tout honteux: quite ashamed. Tout is an adv. here.
    nous attendre à la pareille: expect like treatment. Pareille is the fem. of the adj. pareil, agreeing with the *s.f. chose*, being understood.
    q. 1: Déjeuner = breakfast; goûter = luncheon; thé = tea.
    q. 2: plat = dish.
    q. 9: see P. I. p. 99. xxv.
    q. 12: see P. I. p. 80. 6. *La personne*, or *une personne, s.f.* = the *or* a person.
25. **se rendit**: went to.
    en dévora: the prep. *en* is foll. *only* by the pr. part.; in all other cases *en* is the gen. of the pers. pron. (= *of them*, here).
    de jour en jour: day by day daily.

[PAGE 10-12.]

résolurent: past def. of résoudre.
contrefit ....: past def. of contrefaire. See Voc.
ayant mis: compd. p. p. of mettre.
quand même: even if.
q. 2: see P. I. p. 101. 1, and P. I. p. 108. xxvii.
q. 6: see P. I. p. 96.
q. 10: connaître = to be acquainted with; savoir = to know thoroughly; connaître une personne = to know a person, to be acquainted with her; savoir le Français = to know French thoroughly. Do you know your lesson? = Savez-vous votre leçon? Do you know my brother? = Connaissez-vous mon frère?

26. **et même**: and even.
promirent: past def. of promettre.
paraît: pr. Ind. of paraître.

27. **se noyer**: to be drowned. The passive voice is very seldom used in Fr., reflective verbs being preferred.
pieds-nus: bare-footed. The adj. *nu* agrees with its subst. when placed after it; it remains invariable if it precedes the subst.: nu-pieds = bare-footed.
q. 3: see P. I. p. 64. 5.
q. 9: see P. I. p. 43. 6.
q. 10: see P. I. p. 106, Examples.

28. **elle se met**: she begins.
de plus belle: more than ever; an idiom. expr.
de beaucoup: by far.
se perd: ruins himself.
q. 9: see P. I. p. 103. 4.
q. 10: see P. I. p. 63. 2.

29. **couvert**: p.p. of couvrir.
vous avez beau tâcher: you try in vain ....; an idiom. expr. Cf. the Engl. expr. "it is all very fine ...."
vous servirez de: you will serve for, *or* you will be.
ne pas imiter: not to imitate.

[PAGE 12-15.]

With the Inf. Mood, the two negatives (*ne, pas*) stand before the verb. See P. I. p. 103, 3.
q. 3: see P. I. p. 63. 2.

30. **ne saurait**: see note on Fable 22.
l'emporter sur vous: surpass you, be superior to you; an idiom. expr.
faire entendre sa voix: the v. entendre has a passive meaning here.

31. **fit semblant**: see *semblant* in Voc.
lui faire visite: to call on him.
s'étant douté: having suspected.
comment il se portait: see P. I. p. 93, Exercise xxxv.
q. 5: see P. I. p. 128. 7.

32. **tout effrayée**: quite frightened.
qu'avez-vous: what is the matter with you? an idiom. expr.
qu'est-ce que cela nous fait: what is that to us?
quand ils ....: even should they ....
ne souffrira pas: will not allow, permit.
q. 6: see P. I. p. 64. 4.
q. 10: see P. I. p. 99. xxv.

33. **il fuit**: pr. Ind. of fuir.
les branches où: the branches in which. When speaking of *time* or *place*, *où* with a subst. as antecedent is used instead of the rel. pron. *lequel, laquelle, lesquels, lesquelles*, obj. of a prep., and the prep. is not expressed; *où* therefore stands here for *dans lesquelles*.
q. 1: près de = *near*; prêt à = ready to.
q. 4: to-day, *aujourd'hui*. See P. I. p. 38. 3.
q. 12: the Inf. (pr. or past). *En* is the only one governing the pr. part.

34. **d'un ton suppliant**: in a beseeching tone (voice, manner).
la forêt de: the forest *with*.
ce disant: on saying this.
nous le pouvons: we can (do it); *le* stands here for *le faire*.

NOTES ON SHORT TALES, ANECDOTES, ETC.

[PAGE 15–16.]

si nous n'aurons pas besoin d'eux: if we may not require their services; *lit.* if we shall not be in need of them.

q. 3: 1st and 2nd p. pl. of the past def. of the Ind., and the 3rd p. sing. of the imp. Subj.

q. 8: see P. I. p. 47. 6; and p. 43. 6.

q. 9: jument = *mare*.

35. d'où vient: how is it? *lit.* whence comes it?

tu as si bonne mine: you look so well; *lit.* you have such healthy looks.

jouir, to enjoy, is a *v.n.* requiring the prep. *de* after it.

la nuit: during the night. Abl. absolute (L. *noctu*).

tout prêt: quite ready.

chemin faisant: an inversion for *en faisant chemin* = on the way, going along.

pelé: bare (the hair rubbed off).

où bon me semble: where I please; *lit.* where it seems good to me.

au prix de: at the cost of.

q. 6: see *cher*, adj., in Voc.

q. 7: see P. I. p. 103, *Use of Negatives*.

36. il y avait: see P. I. p. 96.

vivaient: imp. Ind. of vivre. The imp., as in L., denotes *habit*.

[PAGE 16–18.]

qu'ils étaient: as they were; *que* stands here for *comme*, to avoid repetition.

le cercle étant bien formé: abl. absolute.

intelligence: union, harmony.

qu'il avait eu tort: avoir tort = to be wrong. Avoir raison = to be right.

finirent par: see *finir* in Voc.

abandonné de: left by.

en peu de jours: in a few days.

et qu'il les eut engagés: *que* stands here for the conj. *si*.

au lieu de cela: instead of this.

en devint: on account of this (*i.e.* their loss) became.

jamais: ever. *Jamais* in a neg. sentence means never.

à ses neveux: to his descendants. *Neveu*, in the singular, means nephew. The *s.f.* is *nièce*, niece.

L'union fait la force: Union gives strength.

q. 5: formerly spelt *beste, teste, reconnaistre*. The circumflex accent denotes here the suppression of *s*. In the verbs ending in *aître* there is always a circumflex accent over the *i* foll. by *t*, for the same reason as above.

q. 6: see P. I. p. 1 (3).

q. 7: see P. I. p. 139. 17.

q. 9: see P. I. p. 63. 2.

q. 11: see P. I. p. 64. 3.

NOTES ON SHORT TALES, ANECDOTES, AND THE GRAMMATICAL QUESTIONS.

1. Alphonsus V. (1384–1458), the *magnanimous*, king of Aragon.

   disait: used to say. The imp. denotes often in Fr., as in Lat., *the repetition of an act, habit, custom*.

2. Fénelon (1651–1715), tutor to the Duc de Bourgogne (grandson of Louis XIV.), Archbishop of Cambray, and author of 'Télémaque.'

q. 3, soit brûlée: the Subj. is governed by verbs expressing a wish, a liking, etc., foll. by the conj. *que*. *Obs.* The p. p. *brûlée* agrees with the subj. *bibliothèque*, because it is conjug. with *être*.

q. 4: Say I to *myself* have burnt *the* finger; *i.e.* make of *brûler* a *r.v.*, conjug. with *être*, in the past indef. N.B. The Engl.

[PAGE 18-19.]

poss. adj. is often expressed in Fr., as in Gr., by the def. art., *when speaking of a part of the body or a faculty of the mind;* cf. ἀλγῶ τὴν κεφαλὴν, j'ai mal à *la* tête, *my* head aches.

3. **Ivry** (the battle of), fought on the 14th of March, 1590, and won by Henry IV. over the "Ligueurs," commanded by the Duc de Mayenne.

   Henry IV. (1553–1610), the first French king of the Bourbon dynasty.

   Français, from L. L. *Francensis*, from *Franc*, the name of a people, and the suffix *ensis* expressing nationality in L.

   q. 1, **avant**: see Notes on Fables, 23, q. 4.

   q. 4: see P. I. p. 70. 5.

4. **journée** means *the whole of the day*, from rising to rest; hence *day's journey, day's work*, and, lastly, *battle: e.g.* One of these days come and spend the day with me = un de ces *jours*, venez passer *la journée* avec moi.

   il n'en fallut pas davantage: this was quite enough, sufficient . . . . *lit.* nothing more was wanting.

   q. 2: see P. I. p. 98, note, 1 and 3.

   q. 3: *plus*, in a comparison, is foll. by *que*, and modifies an adj., whilst *davantage* is not foll. by *que* or an *adj.*, and is placed at the end of the sentence: *e.g.* "la paresse est *plus* dangereuse *que* la vanité," idleness is more dangerous than vanity; and "la vanité est dangereuse, la paresse l'est *davantage*," vanity is dangerous, idleness is still more so.

5. **de l'honneur et de** . . . : notice the repetition of the prep. The three *prep.*, à, de, en, must be repeated before every word they govern.

   q. 1: see Voc.

   q. 4: **gloires** = paintings in the-

PAGE 19-20.]

atres, representing clouds and the celestial region.

6. **Raleigh** (Walter), (1552–1618), who discovered Virginia (1584), gained several victories over the Spaniards, and introduced tobacco into England. He was beheaded on the 20th of October, 1618, under the reign of James I.

   guérit de = guérit.

   q. 3: see P. I. p. 99, xxv.

7. **La Rochejaquelein** (1773–1794), the famous chief of the "Chouans" or Royalists, who often defeated the Republican troops in the west of France, and was killed near Nouaillé.

   q. 1: see P. I. p. 38, and p. 68.

   q. 3: **leur** never takes the mark of the fem.

   q. 5: see P. I. 64. 4.

8. **prendre le mors aux dents**: to run away; *lit.* to take the bit between the teeth (incisive). The *s* of *mors* is silent = *mor aux dents*.

   q. 3: see P. I. p. 60. 4.

   q. 4: see P. I. p. 138. 13.

   q. 5: cf. the English *to arrest*.

9. **allemand**: German, from the O. H. G. *aleman*, prop. a reunion of men.

   ville: town, from L. *villa* = a farmstead, then a hamlet, and lastly a town.

   q. 1: see P. I. p. 42, Remarks.

   q. 3: **mile** = *mille, s.m.*

   q. 6: the rel. pron., which is understood in Engl., must be expressed in Fr.

10. **Socrates**, born at Athens in 470 B.C., was condemned to drink hemlock in 400.

    se faisait bâtir une maison: had a house built for himself; *lit.* was having a house built for himself; *se* is here in the dat.

    à quoi bon: what use is it? what is the good of?—an imitation of the L. *cui bono?*

    plaise au ciel: would to Heaven! The Subj. is governed by the wish expressed by the Greek

[PAGE 20-21.]

philosopher. Cf. the L. *interream si valeo stare* = may I die if I have strength to stand; —*Valeant cives mei: sint incolumes, sint beati,* Farewell to my fellow-citizens; safe and happy may they be!

q. 2: **tout**, *adv.*, quite, takes the mark of the fem. before an adj. or p. p. fem. beginning with a consonant or *h* aspirate.

11. **vous n'avez point**: see P. I. p. 104 (7).

bâiller: to yawn, contrd. of O. Fr. *baailler*, from L. L. *badacŭlare*, from L. *badare*. N.B. *Bailler* (without the circumflex, from L. L. *bajulare,* " to carry ") means *to give*. The verbal subst. is *bail,* a lease.

q. 2: **messieurs** (= mes, sieurs).

q. 4: see Voc. N.B. The prefix *re* in Fr. *implies a repetition.* N.B. *répartir* is a reg. v., and therefore is not conjug. like *repartir.*

q. 6: **say**: can I help *of to* talk?

12. **Descartes** (1596–1650), the celebrated author of 'Discours sur la Méthode,' who established modern philosophy.

usent-ils: do they avail themselves?

q. 1: **grand homme**: great man; **homme grand**: tall man.

q. 3: see Voc.

q. 5: the Subj. is governed by verbs of thinking used *interr.*

13. **Fehrbellin** (battle of), won by Frederick William, elector of Brandenburg, over the Swedes, in 1675.

montait: was riding.

écuyer: equerry. Formerly *escuyer*, hence the Engl. *esquire, squire.*

coups: shots; *coup de feu* = shot.

venir de: to have just . . . .

q. 4: see P. I. p. 85, xxii.

14. **grenadier**, from *grenade,* a projectile, having the shape of a *pomegranate,* from L. *granata*

PAGE 21.]

for *granatum* (sc. *malum*), from *granum,* grain, kernel.

parade: parade. It was formerly a riding-school term from Sp. *parada*, which was one of the figures of the Carrousel.

faire voir: to show.

à toute heure: at every hour = always.

q. 2: the p. p. is by itself; not being conjug. with an aux. v., it follows the rule of agreement of adj.

q. 3: see P. I. p. 45. 3.

q. 4: see P. I. p. 65, note 2.

15. **équipé**: ill-treated, served. The proper meaning of *équiper* is to rig, fit out (a ship).

sire: sire is a doublet of *seigneur*, by contraction, from L. acc. *seniorem,* an old man, whence the sense of master, lord.

Kollin (battle of), 18th June, 1757.

Daun (1705–1766), an Austrian general, who, after beating Frederick II. at Kollin and Hochkirchen (1758), was defeated at Leuthen and Torgau (1760). He took Dresden in 1761.

en . . . . satisfait: pleased with it.

q. 2: see P. I. p. 44, Remarks, 2.

q. 4: see P. I. p. 109, †.

16. **sans façon**: unceremonious.

se mit: see P. I. p. 134. 7.

à son aise: at his ease, comfortable.

étui à lunettes: spectacle-case. N.B. In compound subst. the Engl. order is reversed, and the two subst. are joined by the prep. *à* to denote either *the contents* (as is the case here), or *the purpose,* the *instrument.* Ex.: *un verre à vin* = a wine glass, whilst *un verre de vin* = a glass of wine. The prep. *de* joins two subst., the first of which is qualified by the second; e.g. *un chapeau à claque,* an opera-hat, or a cocked-hat, but *un chapeau*

L 2

[PAGE 21-22.]

de paille, a straw hat. This prep. *de* is often rendered into Engl. by an adj., as *du vin d'Espagne* = Spanish wine.

le regardait faire: was looking at him. *Faire* not to be transl.

mais: why! (a kind of interj. here).

q. 2: see P. I. p. 99, xxv.

q. 3: telescope, glass.

17. toutes les fois que: every time that, whenever.

lui tourna le dos: see Notes on Anecdotes, 2, q. 4.

q. 2: being conjug. with the aux. v. *avoir*, it agrees with the obj. which is placed before that aux. v.

q. 4: see Notes on Anecdotes, 4.

q. 5: see P. I. p. 103 (4).

18. Swift (Dean of St. Patrick's), the famous author of 'Gulliver's Travels' (1667-1745).

au siècle dernier: (in the) last century. *Dernier* is one of the adjs. which have a different meaning according as they are placed before or after the subst.: e.g. *le siècle dernier* = last century, whilst *le dernier siècle* = the last century (of any period); *la semaine dernière j'étais à la campagne ; c'était la dernière semaine de mes vacances* = last week I was in the country ; it was the last week of my holidays.

campagne: O. Fr. *champagne* = country, from L. *campania*, which among the Roman surveyors had the meaning of "a plain." N.B. The prep. *in* is transl. into Fr. by *à* in expr. such as these, *to go, to live in the country* = aller à la campagne, demeurer à la campagne.

parlez plus bas: speak in a lower tone, lower your voice.

dessus, having no object, is an adv.

q. 5: *cieux* = heavens; *ciels* = bedtesters, skies in pictures.

19. sur moi: with me. N.B. "Sur moi," and not "sur me," as the

[PAGE 22.]

disjunctive pers. prons. are to be used after prepositions.

courtisan: courtier. N.B. The Fr. word *courtier* means broker, *e.g. courtier maritime*, shipbroker. *Courtisan* (from It. *cortigiano*) was introduced into the Fr. language, like all other words taken from the It., in the 16th century ; as the expeditions of Charles VIII., Louis XII., and Francis I. had made Italian very familiar to the French soldiers. As for *courtier*, in O. Fr. *couretier* and *couratier*, it comes from L. L. *curatarius*, "the one who looks after buying and selling," der. from L. *curatus*.

vous venir en aide: to come to your help, to assist you. *Vous* stands here for *à vous*.

q. 3: see P. I. p. 42, Remarks, 1.

q. 5: yes. *Veuille* (used in prayers to God), veuillons, veuillez (used especially in the sense of *be so kind as to*).

q. 6: pray = veuillez, foll. by the pres. Infin., or je vous prie, foll. by the prep. *de* and the pres. Infin.

20. très-fâché contre lui: very angry with him. The adj. *fâché* takes the prep. *de* after it, when foll. by a *v.*, as "Je suis fâché *de* vous avoir fait attendre," I am sorry I kept you waiting. But it requires the prep. *contre* (with, in Engl.) when it expresses anger or displeasure against a person, as in this case.

lui tourna le dos: turned *his* back to him. See Notes on Anecdotes, 2, q. 4.

que vous ne m'en voulez plus: that you are no longer angry with me. *En vouloir* = to bear ill-will, malice. *En, lit.* = of it, is used idiomatically for *malice*, ill-will, grudge.

altesse: highness, a doublet of *hauteur* (from *haut*, L. *altus*),

[PAGE 22.
introduced in the 16th century from It. *altezza.*
q. 2: the name of a noble family, or a title of nobility.
q. 4: 1. *annare* and *anare* (from *adnare, lit.* " to come by water," and later, in L. L. " to come by land "), from which came the O. Fr. v. *aner*, now *aller.* 2. *Vadere.* 3. *Ire.*
21. Johannisberg, a village in the duchy of Nassau. Its castle and vineyards, which produce the best Rhenish wine, were bought, in 1816, by the Emperor of Austria, and given by him to Prince Metternich.
il **en** fit demander un: *en*, gen. of the pers. pron. referring here to a subst. mentioned before (*i.e. autographe*), need not be expressed in Engl.
critique: *s.m.* = critic; *s.f.* = criticism.
je, soussigné .... : I, the undersigned. Down to the end of the 13th century the declension of the pers. pron. in two cases was carefully foll.: *je, tu, il,* expressed the subj. only; *me, te, le,* the direct obj.; and *moi, toi, lui,* the indir. obj. Modern Fr., by a strange mistake, says *moi* qui lis, *toi* qui chantes, *lui* qui **vient** (I who **read**, thou who singest, he who comes); but O. Fr. said, correctly, *Je* qui lis (L. *ego qui lego*), *tu* qui chantes (tu qui cantas), *il* qui vient (ille qui venit). It was not till **the** beginning of the 14th century that the distinction between subj. and obj. began to grow dim, and confusion arose: now we have **no** longer any forms peculiar to the subj., since in certain **cases** we express it by *je, tu, il,* and in others by *moi, toi, lui.* There is a fragment of the ancient use in the commercial phrase " *Je,* soussigné, ... " (Brachet's 'Historical Grammar of the

PAGE 23–24.]
French Tongue,' transl. by G. W. Kitchin, p. 110.)
22. le cinquième: on the fifth. The English prep. **on**, in a date, is never transl. into Fr.
viens les prendre: come *and* take them. In Fr. the 1st **v.** governs the 2nd in the Infin. without a prep.; " come and see " must not be transl. by " venez et voyez," but by " venez voir."
to attend = attendre, *v.a.,* 4; écouter, *v.a.,* 1; suivre, *v.a.,* 4; soigner, *v.a.,* 1; s'occuper, *r.v.*; être accompagné *or* suivi (de).
23. en demanda: *en* stands here for *of this, for this* (*i.e.* for having sold her sham, false jewels).
plein de clémence et de: adj. denoting *plenty* require the prep. *de* before their complement. Observe the repetition of *de.* The two other preps. which must be repeated before the subst., pron., or **v.** they govern, are *à* and *en.*
jouir de: enjoy. The **v.** *jouir* requires the prep. *de* after it.
jouer has here a pass. meaning = to be made fun *or* game of, to be trifled with.
q. 6, tour: see Voc.
24. fit voir: showed.
à terre: on the ground; L. *ad terram.*
aux yeux de: in the sight of, before.
héroïque: obs. *h* is *aspirate* in *héros,* but *silent* in its derivatives, *héroïne, héroïsme, héroïque.*
q. 1: on account of the two subj. *Alexandre* and *armée.*
q. 3: by the v. *avoir* foll. by the subst.: i.e. *I have thirst; have you hunger?* or an adj. used as a subst.: i.e. *we have warm; they have cold.*
q. 5: see P. I. p. 137. 11, and p. 63. 1.
q. 6, c'est **tout** le bout du monde: it is the very utmost; *lit.* it is quite the end of the world.

[PAGE 24–25.]

25. Turenne (1611–1675), one of the greatest generals France ever produced. He was killed by a cannon-ball at Salzbach, on the 27th of July, 1675.

soit loué: be praised. *Louer*, to praise, comes from L. *laudare*, whilst *louer*, to let, hire, rent, is der. from L. *locare*.

q. 3, simple soldat: private. soldat simple: silly soldier.

q. 4: this is an inverted construction. The sentence having an *interr.* turn, the subj. pers. pron. may be placed after the verb.

q. 6: see Notes on Anecdotes, 22. Before going to bed: say before you go . . . .

26. Dominique was the nickname of Joseph Biancolelli, born at Bologna, in 1640, who came with the troupe of actors Mazarin called to Paris. Louis XIV. had such a liking for him that he stood godfather to his eldest son. He died in 1688.

il assistait: he was present at.

se trouvait: was. The r.v. *se trouver* is very often used in Fr. instead of the v. *être*.

que l'on donne . . . : Give: *lit.* Let this dish be given . . . .

pistoles: the pistole was worth 10 francs, therefore 200 pistoles = 2,000 francs, or in English money, £80.

q. 3: soir means only that part of the day called evening, whilst *soirée* means the whole of the time between sunset and bedtime, *i.e.* the duration of the evening.

q. 5: see P. I. p. 37, note.

q. 6: see P. I. p. 42, Remarks, 1.

27. devant: having. The v. *devoir*, foll. by an Infin., is often transl. into Engl. by the v. *to have*.

à grand' peine: with great difficulty *or* pains. See below, note on q. 3.

tremble de: trembles *in*. The v. *trembler* requires the prep. *de*

[PAGE 25–26.]

after it, whether it is foll. by a subst. or a v. in the Infin.

q. 3: "Fr. adjs. follow the L. ones in every way. Those adjs. which in L. had two different terminations for the *m.* and the *f.* (as *bonus, bona*) used also to have two in Fr.; and those which had only one termination for these genders in L. (as *grandis*) had but one in Fr. also. Thus in the 13th century men said 'une *grand* femme,' 'une âme *mortel*.' The 14th century, not understanding the reason of this distinction, supposed it to be a mere irregularity, and accordingly, in defiance of etymology, reduced the second class of adjs. to the form of the first class, and wrote *grande, mortelle,* etc., to correspond to *bonne,* etc. A trace of this older form remains in the expressions *grand' mère, grand' route, grand' peine,* etc.—phrases which are relics of the older language." (Brachet's 'Historical Grammar of the French Tongue,' transl. by G. W. Kitchin, pp. 102, 103.)

q. 5: the def. art. is used, in Fr., before names of dignities, titles, and professions, preceded by the words *Monsieur* or *Madame,* as the case may be.

28. il faut avouer: I must say.

je vous trouve: I think you are.

q. 4: I cannot: Je ne *le* puis pas (*faire* being understood).

29. doucement: gently. This adv. is formed by adding *-ment* to *douce,* irr. fem. of *doux*.

faire faction: to mount guard.

le relever: to relieve him.

il fait un cri: he cries out.

tant de: see P. I. p. 13. 2.

q. 3: see P. I. p. 63, Remarks, 1. *Exception.*

30. la présente: the present (letter).

courrier par courrier: by return of post.

de la faire chercher: to have it looked for.

AND THE GRAMMATICAL QUESTIONS. 151

[PAGE 26–27.]

posthumes: posthumous. This adj. ought to be spelt without *h*, as it comes from L. *postumus*, sup. of *posterus*, meaning *last*.

voulait dire: meant.

q. 1: où is here an adverbial rel. pron. (for *dans lequel* = in which), which need not be transl. into Engl.

q. 4: see P. I. p. 63, Remarks, 1.

q. 5, not yet: see P. I. p. 103 (4). *yet* = encore. Say: the book which. Some days ago: see P. I. p. 42. 4.

31. chétive: poor, mean. In O. Fr. (11th century) spelt *caitif*, and *chaitif* (in the 13th), from L. *captivus*, "a prisoner," which was used in the sense of *mean* in Imperial times (towards A.D. 436). In O. Fr. *chétif* meant both *a captive* and *mean*.

sellette: stool. *Tenir sur la sellette* is an idiom. express., meaning to *cross-question*. **s'acheva** = was achieved, finished. Obs. The v. in Fr. is conjug. in the r. form instead of the pass. voice.

qui n'était plus qu'un ami: who then was *only* a friend, *i.e.* no longer a censor, a critic.

q. 2 (see Notes on Fable 23, q. 4): twelve o'clock (at noon) = *midi*; (at night) = minuit.

q. 3: transl.: Are you ready to start? Sit by me.

q. 5: see P. I. p. 130. 11.

32. Æsop, the celebrated writer of fables, who was born at Ammonius, in Phrygia the Greater, in the 6th century B.C., and met with a violent death at the hands of the Delphians, in 560 B.C.

comment il se fait: how it is.

q. 1: the prep. *après* requires the v. it governs in the past Infin.

q. 3: see P. I. p. 98, note.

q. 5: *il se fait* used as an imp. v., and foll. by *que*, governs the Subj. mood.

q. 6: **walked** = fit (en marchant). *a day* = par jour.

[PAGE 27–28.]

33. David, a famous French painter, born in Paris in 1748, died at Brussels in 1825.

Le Louvre is the most ancient and magnificent palace in Paris. The part called "Le vieux Louvre" and the long southern gallery are used as a museum of ancient and modern paintings and sculpture.

fiacre: a hackney-coach, cab. This is a word of historical origin; it dates from A.D. 1640, when the first carriages for hire were stationed in Paris, in the street Saint Martin, at the Hotel of Saint Fiacre (a saint who, being the son of King Eugene IV. of Scotland, went to France, where he lived as a hermit, and died A.D. 670). **Sauvage** was the name of the Frenchman who invented these cabs, and lived in that hotel.

q. 5: see Notes on Anecdotes, 2, q. 4.

q. 6: see Notes on Anecdotes, 8, and P. I. p. 103.

34. Kosciusko, a Polish general, born in Lithuania, in 1746, who fought against Russia for the independence of his country. He died in 1817, at Soleure, in Switzerland.

mon général: general. In speaking to their relations, the French use the poss. adj., as: *Mon frère, viens avec moi* = brother, come with me. Soldiers address their superior officers in the same way; e.g. *mon lieutenant, mon capitaine, mon colonel, mon général*.

que veux-tu dire: what do you mean (to say)?

q. 2: N.B. When a subst. taken in a *partitive* sense is preceded by an adj., the prep. *de* is used without the art.; but if the subst. is used in a *determinate* sense, the art. must be expressed.

q. 3: jeunes gens.

[PAGE 28—29.

q. 4: see P. I. p. 109, †.
q. 6, quelque chose: masc.

35. à l'eau: in the water.
barbouiller: to daub. "Se barbouiller" meant originally "to dirty one's beard" (L. *barba*), then to dirty oneself generally. "Se débarbouiller" means to wash one's face.
couleur = paint. N.B. Most of the abstract substs. ending in *cur* are fem., contrary to Latin.
q. 1: see P. I. p. 96. The def. art. is used before names of titles.
Victoria = Victoire: see P. I. p. 42. 4 and 5. On not to be transl. into Fr., in a date. See P. I. p. 44, Remarks, 1, and p. 42, Remarks, 3.
q. 3: see Notes on Fables, 25, q. 10.
q. 4, fort couru: much run after.
court par: is in fashion, prevalent in.

36. qui ne dit mot consent: silence gives consent; *lit.* he who does not say a word, consents.
se trouvait: was; idiom. use of *se trouver*.
passa par la tête: came into his head. *Obs.* the use of the def. art. instead of the poss. adj. See Notes on Anecdotes, 2, q. 4.
roi de Rome: king of Rome. This was the title given to the only son of Napoleon I., who was born on the 28th of March, 1811. In 1814 he went, with his mother, the Empress Marie-Louise, to Vienna, where he received the name of "Duc de Reichstadt." He died of consumption on the 22nd of July, 1832, at Schönbrunn.
q. 2: see Voc.
q. 5: (*a*) to discharge = *donner congé à*; (*b*) leave of absence = *congé*; (*c*) holiday = *congé*; half-holiday = *demi-congé*; (*d*) to take leave = *prendre congé de*. *Obs.* Before = *avant*, foll. by the prep. *de*, and the Infin.

PAGE 29—31.]

37. un peu forte: rather too bad; *lit.* a little strong.
et chacun de se récrier sur: and every one began to admire. This is a figure of grammar called *enallage* (from Gr. ἐναλλαγή, an exchange), which consists in using one tense or mood instead of another, and by which the Infin., preceded by the prep. *de*, has the v. it depends upon left out. In this case the Infin. is governed by a tense of the Ind. mood corresponding to that of the preceding verb; e.g. *la boîte passa .... et chacun commença ....*
q. 4: the Subj. is required after the sup. rel. and such expressions as *le seul, l'unique, le dernier, le meilleur*, etc., when used in connection with relative pronouns.

38. Spenser (Edmund), 1550–1599, author of the 'Shepherd's Calendar,' dedicated to Sir Philip Sidney (1554–1586), the *Mæcenas* of that age.
q. 1: Rules = 1. The ind. art. is omitted in Fr. before a subst. placed in apposition, or used to qualify another which precedes it; 2, before names of *nations*; 3, before names of *professions*, unless the subst. is used in a determinate sense with a rel. pron.; 4, after the prep. *en*; 5, after such verbs as *croire, devenir, être, nommer, paraître*.
q. 6: (*b*) see P. I. p. 42, Remarks, 1; (*c*) see Voc.

39. vingt louis: the louis was worth 24 francs = 19 shillings.
qui avait grande compagnie: who had a large party.
à l'oreille: in a whisper; *lit.* at the (his) ear.
n'appartenait qu'à: about *ne .... que*, see P. I. p. 103 (5).
q. 3: see P. I. p. 38. 2, and pp. 68 and 69.
q. 4: see Voc.

[PAGE 31-32.

q. 6: *say*: do you remember that .... I do remember it = I of *it remember*.
40. si vous l'osez: if you dare; *lit*. if you dare it,—*it* standing for the v. approcher.
à la suite de: after.
il dirigea dessus un rayon. *Obs.* that *un rayon* is not the obj. of *dessus* (= on it), but of *dirigea*.
de terreur et de .... *Obs.* the repetition of the prep. *de*.
q. 4: the imp. Ind. of both *peindre* and *peigner* is exactly the same, viz. *je peignais*, etc. etc.
q. 5: when a compound subst. is formed of an *adv., prep.,* or *verb*, and a *subst.*, the subst. alone takes the mark of the *pl*.
41. bandit: bandit, thief (a word introduced in the 16th century from It. *bandito*). It is a doublet of *banni*, banished, from O. H. G. *bannan*, "to publish a decree or a sentence." In O. Fr. there was the compound form *forbannir* (*for* = hors, and *bannir*), from which is derived the s.m. *forban*, "a pirate," *lit*. "one out of the pale of the law."
on ne me croira pas: one (or they) will not believe me. This Fr. construction had better be transl. into Engl. by the pass. voice, *i.e.* I shall not be believed.
il n'y paraît presque pas: there is hardly any appearance of it; it hardly shows.
q. 1: the def. art. is used instead of the poss. adj., as the sense clearly points out who was the possessor of the wallet.
q. 2: by affixing *aine* to the card. numbers, and, when they end in *e* mute, by cutting off the final *e*. N.B. *Dix* changes *x* into *z*, e.g. *dix, dizaine*. When used absolutely (i.e. when not followed by the prep. *de* and a subst., or preceded by *en* and the ind. art.), *trentaine, quarantaine, cin-*

PAGE 32-33.]

quantaine, soixantaine, centaine, apply to age; e.g. *il a passé la trentaine* = he has passed thirty; he is more than thirty years old.
q. 4: the art. is suppressed in Fr. after the prep. *sans*, when the sense is *indeterminate*. See P. I. p. 37, note.
with me: sur moi.
q. 5: the art. is not used in Fr. when the v. and the subst. form a phrase expressing only one idea; e.g. *avoir chaud* = to be warm; *avoir froid* = to be cold; *faire attention* = to mind, pay attention to; *faire peur* = to frighten, etc.
q. 6: see P. I. p. 38. 2 and 3.
42. ne cadrait point avec: did not at all suit.
q. 1: adjs. having a complement or obj. are placed after the subst. *Rare*, on what account? —of his virtues ....
q. 3: see P. I. 111, xxx. 1.
q. 6: the art. is omitted in Fr. before substs. *in apposition*.
43. très-mal monté: very badly mounted, *or* riding a very bad horse.
et même: and even.
je vous en ai vu un: *en* (= of them) is used here *redundantly* as a pronoun in the gen. case, with a numeral, and refers to the subst. mentioned before; i.e. *chevaux*. It is not to be transl. into Engl.
un trop grand sacrifice: *obs.* the ind. art. is placed before such words as *si*, so, *tel*, such, *trop*, too much; e.g. *un si beau cheval*, so fine a horse; *un tel homme*, such a man; *un trop grand sacrifice*, too great a sacrifice.
q. 3: croître, to grow, takes the circumflex accent on the *î* in the three persons of the sing. of the pr. Ind.
q. 4: adjs. ending in *if* are generally placed after the subst.
q. 5: see P. I. p. 63, Remarks, 2.

[PAGE 33-34.]

44. Fionie: Funen, one of the Danish islands in the Baltic Sea.

le feu avait pris au: a fire had broken out in the....

aux lieux où = where. *Où*, denoting here a relation of place, stands for *auxquels*, for the sake of brevity.

avait gagné: had caught, reached.

eût arrêté is the past Cond.

tout autre: any other (man).

q. 4: see Voc.

45. Unterwald: Unterwalden, from the G. *unter*, under, and *Wald*, wood. Unterwalden, Schwytz, and Uri are still called *the Forest cantons*.

Sempach: in the canton of Lucerne. The battle was fought on the 9th of July, 1386. The Austrians were commanded by the Archduke Leopold.

je vais vous faire un chemin = je vais faire un chemin *pour vous*.

il en embrasse: *en* = of them (lances), not to be transl. in Engl.

avec respect et: pronounce *respek^et (é)*.

q. 1, Suisse: the *s.f.* is *Suissesse* = a Swiss woman.

q. 2: (a), adjs. ending in *ique* come generally after the subst., (b) as well as those which are derived from names of nations; but (c) those which denote a special quality—e.g. *beau, vilain, jeune, cher*, etc.—are placed before the subst.

q. 6: 1. The names of countries and parts of the world take the art. in Fr. 2. But if these names are preceded by the prep. *en*, the art. is omitted. 3. *In* and *to* a country are expressed by *en* without the art. (See P. I. p. 14, note 1.) 4. *In, at, to* a town are expressed by *à*. (See P. I. p. 14, note 2.)

next year: l'année prochaine.

at school: en pension.

PAGE 34-36.]

46. Luçon: a large borough in *Vendée*.

Napoléonville: a town in the north-west of France, called formerly Pontivy.

Niort: chief town of the department of "Deux-Sèvres," in the west of France.

nous avons fait tout ce que nous devions...: this is a play on the double meaning of the v. *devoir*; i.e. we have done what we ought (should have done), and we owe (or, are indebted) for what we have done.

q. 1: see P. I. p. 44, Remarks, 2.

q. 2: see Voc.

q. 3: in compounds formed with two substs. joined by a prep., the first *only* takes the mark of the pl. The ind. art. is placed before the adj. with *such* (tel, telle). (See Notes on Anecdotes, 43.)

q. 4: see P. I. p. 42, Remarks, 1; and p. 45. 3.

q. 6: the def. art. is used in Fr. before names of dignity, title, profession.

47. Modène: a town in Italy.

pour l'amour de Dieu: for God's sake.

garçon: bachelor, single man.

q. 1, des gagne-petit: substs. compounded of a *v.* and an *adv.* remain invariable. *Gagne-petit* means *lit.* "he who earns little," the adj. *petit* being used as an *adv.* for *peu*.

q. 4: see P. I. p. 63, Remarks, 2.

q. 6: see P. I. p. 93, Ex. xxiii.

what is the matter with you: say, what have you?

48. cordonnier: in O. Fr. *cordouanier*, Engl. *cordwainer* (shoemaker), prop. "one who works with *cordovan* or *cordouan*," from *Cordova*, a large city in Spain, where leather was prepared and dressed for shoes.

j'aurais bien voulu: I would willingly have ... *or*, I should have been glad.

[PAGE 36-38.]

vous obéir: obéir requiring the prep. *à* after it, *vous* is in the dat.

q. 3: this afternoon = cette après-midi. See P. I. p. 86, note.

q. 6: see P. I. p. 63, Remarks, 2. When the p. p. is conjug. with the v. *être*, standing for *avoir* in reflective verbs, it follows the same rule of agreement as if it were conjug. with *avoir*, i.e., it agrees with the *obj.* when this obj. is placed before it. Here, as *des souliers* foll. *acheté*, this p. p. remains unchanged. Je *me* suis fait mal *au* pied. (See Notes on Anecdotes, 2, q. 4.)

49. **pour la punir**: *la* represents the town of Algiers.

qu'on va mettre le feu: that they are going to fire.

à corps perdu: headlong, desperately.

tire: fire!

q. 1: see P. I. p. 44, Remarks, 2.

q. 2: *où* stands here for *dans lequel*; it is an adverbial rel. pron.

q. 5: say, who *to you* has saved *the* life.

50. **cependant**: in the meanwhile.

se disaient: said to each other.

nous avions bien affaire que: what need was there for...

q. 1: when it is a pers. pron. Transl.: *You them give a book. Give them a book.*

q. 6: too late = trop *tard*.

I am accustomed to: j'ai l'habitude de.

do not be late: ne soyez pas *en retard*.

51. **sous le bon plaisir de Votre Majesté**: may it please Your Majesty.

traité de: called.

qu'il n'entendait pas: that he did not understand.

baroques: queer, odd. *Baroque* was originally a jeweller's term applied to a pearl not spherical, of an irregular shape. It was

[PAGE 38-39.]

next applied to the shape of different objects, such as furniture and houses, and lastly to intellectual qualities (*une pensée baroque* = a whimsical thought; *une idée baroque* = a queer idea). This word was introduced in the 16th century from Sp. *barruco*, Port. *barroco*, in connection with the pearl trade.

q. 1: see P. I. p. 43. 6.

q. 2: see P. I. p. 42. 5. **next month** = le mois prochain.

q. 3: say, the French and the German.

q. 4: say, since how long (how much *of* time) do you learn the French?

next Christmas: à la (*fête de* being understood) Noël qui vient, *or* à Noël prochain.

52. **jonchés de**: strewn *with*.

que l'on: which they (people). N.B. *L'on* is used after *et*, *ou*, *où*, *que* (rel. pron.), *qui*, *quoi*, *si*, for the sake of euphony, *i.e.* to prevent the hiatus produced by the meeting of two vowels.

à la ronde: around.

gentilhomme does not mean a *gentleman*, but a *nobleman*, a man of genteel birth. This compound subst. being formed of an adj. and a subst. (both variable words) makes *gentils-hommes* in the pl.

q. 1: y = on it. *Y* is here a rel. pron.

q. 3: see P. I. p. 73, and p. 74. 2.

q. 5: no art. is required before a subst. put in *apposition*.

53. **Vésuve** = Vesuvius, the well-known volcano near Naples.

Pline le jeune = Pliny the younger (62-115 A.D.), the nephew and adopted son of Pliny the elder, the great naturalist.

Misène = *Miseno*, in It., formerly *Misenum*, on the west coast of Italy, about 7 or 8 miles from Naples.

tous deux: both.

[PAGE 39–41.

de se prêter: to consent, yield.
ne saurait: cannot.
tant que: as long as.
qu'il tenait d'elle: which he had received from her.
q. 2: before the subst. *cher* = dear, beloved; after the subst. = dear, costly, expensive.
q. 5: see P. I. p. 128. 72; and p. 7. 4. Ciels = skies in paintings, bed-testers.
q. 6: (*a*) so; (*b*) if. Use the v. *savoir* to translate *I cannot*.

54. doué de: gifted *with*.
équestre: pronounce *é-kuè-str'*.
fait appeler: sends for.
ce rend à la cour: comes to court.
s'attendaient à: expected (for themselves).
q. 2: after the conj. *à peine* the subj. (pers. pron. or subst.) is placed after the verb. (*a*) to hear *or* understand; (*b*) to require; (*c*) to hear *or* understand; (*d*) to intend; (*e*) to hear.
q. 5: see P. I. p. 93, Ex. xxiii. The *v.n. jouir* requires the prep. *de* after it. *Good health*, say *a good health*.

55. mettent leur honneur: deem it an honour.
leur bon goût: have the good taste.
le dernier mot: the greatest achievement.
on interroge le parfum: they test the smell, *lit.* question the odour.
Madame Émile de Girardin (Delphine Gay), 1804–1855, an authoress of great talent.
q. 1: see P. I. p. 73, and p. 74. 2.
q. 3: see P. I. p. 39. 3, and p. 74. 2.
celui-ci refers to persons or objects near the speaker; celui-là to those which are far from him. See P. I. p. 75, Ex. xxviii.
q. 4: the fem. corresponding to *seigneur* is *dame*.
q. 6, have the kindness: to be transl. by the imper. of *vouloir*.

PAGE 41–42.]

56. Talleyrand (1758–1838), the famous diplomatist.
Denon (1747–1825), who followed Napoleon in Egypt, Austria, Spain, and Poland, and under whose direction was erected in Paris the "colonne Vendôme." He wrote 'Voyage en Sicile et à Malte' (1788) and 'Voyage dans la basse et la haute Égypte pendant les Campagnes du général Bonaparte' (1802).
Robinson Crusoe, which has immortalized the name of Daniel Defoe (1663–1731), and which was published in 1719. It is said that the publisher paid Defoe £10 only for the MS.
se mord les lèvres de colère: bites his lips with anger. (See Notes on Anecdotes, 2, q. 4.)
q. 1: see P. I. p. 84, Remarks, 2.
q. 3: see Voc.
q. 4: the art. is omitted in Fr. after the ind. adj. *quel, quelle, quels, quelles*, used in exclamations. *Plaisir* is the old Infin. of *plaire*, and as such must be of the masc. gender.
q. 5: it denotes the use, purpose. Moulin à vent, montre d'or.
q. 6: *quelle joie* is the obj. of *éprouver*, and *dû* governs the Infin. *éprouver*. Dû is a contraction of the O. Fr. word *deü*.

57. Phèdre = Phædrus (Julius), the Latin fable-writer.
pantomime, *s.m.* = pantomime (the actor); *s.f.* = pantomime (the play).
habits: clothes, from L. *habitus*, used for dress by Virgil, "Virginis os habitumque gerens et virginis arma Spartanæ" (Æneid i. 315), and frequently after the Augustan age.
se renouvelèrent: were renewed. Notice the reflective conjug. instead of the passive voice.
ne laissa pas de: however, for all that, nevertheless, *lit.* ceased not to.
Lesage (1668–1747), the well-

[PAGE 42–43.]

known author of 'Gil Blas,' and 'Le Diable boiteux.'

q. 1: même = even, *adv.*
q. 4: to be right = avoir raison.
q. 5: see Voc.
q. 6: translate *imitate* by *faire mieux.*

58. toises: an old Fr. measure equal to two yards.

ne fit pas de réponse: did not answer, did not give any answer.

qui avait fait feu: who had fired.

il vient de . . . . . : he has just . . . .

ne jette pas sa poudre aux moineaux: does not waste his powder on sparrows, *i.e.* on insignificant persons.

il ne tire qu'aux: he only fires at . . . .

petit caporal: a nickname given to Napoleon by his soldiers. *Caporale,* in It., means *chief commander,* as well as *corporal,* and in Corsica is a title given to members of noble and ancient families, like that of *Buonaparte,* whose name appears in 'The Golden Book' at Venice and Bologna, and among the patricians of Florence and Trevigi.

mon empereur: see Notes on Anecdotes, 34.

faites excuses: a popular expression for *excusez-moi* = pardon me.

maréchal de camp: brigadier-general.

q. 2: see P. I. p. 45, note.
q. 4: (*a*) when a compd. subst. is formed of two substs. joined by a prep., the first only takes the mark of the pl. (*b*) When it is formed of any invariable word (such as a prep.) and a subst., the latter alone takes the mark of the pl.
q. 5: see Notes on Anecdotes, 54, q. 2. See also Notes on Anecdotes, 27, q. 3.
q. 6: see P. I. p. 97, note. *When*

PAGE 43–45.]

the sun comes out = quand il fera soleil.

59. Æsop: see Notes on Anecdotes, 32.

La Fontaine (Jean de), 1621–1695, the "inimitable" fable-writer.

q. 1: the art. is omitted in Fr. when the verb and the subst. (or adj. used as a subst.) form a phrase expressing only one idea. *Avoir dessein* = to intend.

q. 2: see P. I. p. 103 (5). The v. is put in the sing. when the substantives, subjects of the v., are foll. by such words as *aucun, chacun, nul, personne, rien, tout.*

q. 3: bâtit, from *bâtir,* q.v. in Voc. battit, from *battre,* q.v. in Voc.

q. 4: see Voc.—*déesses.*

q. 6, in the world: *du* monde. he is: il *l'est*; *le* stands for *my friend.*

60. Voltaire (1694–1778), whose real name was Arouet, one of the greatest writers France ever produced.

j'ai cru voir: I think I have seen.

de la part de: from.

tenez = well! the imper. of the v. *tenir* used idiomatically.

cela me fait de la peine: it grieves me.

ils ne sont pas de vous: they are not yours; you have not composed them.

tenez: look here.

le faire venir: send for him.

en entier: the whole of it.

allons: now then.

ces coups d'assommoir: these dreadful blows. *Assommoir* means *lit.* a *bludgeon.*

dès le soir même: that very evening.

q. 3: transl. into Fr.: Here is your brother; there is my brother, where is yours?

q. 4, eut pitié: see Notes on Anecdotes, 59, q. 1.

q. 6, once more: une fois de plus. *Say,* perhaps will you be able.

NOTES ON FIRST STEPS TO KNOWLEDGE: NATURAL HISTORY, DISCOVERIES, INVENTIONS; AND GRAMMATICAL QUESTIONS.

[PAGE 46-48.

1. **Buffon** (Georges-Louis **Leclerc**, comte de), 1707-1788, member of the *Académie des Sciences* and of the *Académie Française*, one of the greatest naturalists and best prose writers of the 18th century.
   tombant de vétusté: falling into decay through age.
   gisant: lying, from *gésir*, defective and *irr. v.n.* 2, only used in the 3rd p. sing. and the three persons pl. of the pres. Ind.: il gît, nous gisons, vous gisez, ils gisent; and the imp. Ind.: je gisais, tu gisais, &c. In all other parts *gésir* is obsolete. *Ci-gît* = here lies = L. *hic jacet*.
   faute d'être: for want of being.
   q. 3: **vivants** denotes here a state, and is used as an attribute, *i.e.* as an *adj.*, and not as a *pres. part.*
2. **qu'elle est belle**: how beautiful....
   il met au jour: he brings to light, out, forth....
   reconnue: explored.
   q. 2: cinq; sain; sein; seing; ceint (p. p. of ceindre). See Voc.
   q. 3: see P. I. p. 37, note.
   q. 6: mer; mère; maire. See Voc.
3. **si fort**: so much, so deeply.
   le vert naissant: the light green colour.
   proportion: suitableness.
   dureté: sharpness.
   q. 1: the Subj. is used in principal clauses expressing a command. There is a v. understood, either *j'ordonne* or *je commande* (*que*).
   q. 5: œils, in compd. substs., such as *œils-de-bœuf*, oval windows.

PAGE 48-50.]

q. 6: the Engl. ind. art. is not to be translated into French. *Anything so* = rien de si.... *Fruit* = fruits.
4. **tient le milieu**: keeps a happy medium.
   teintures: hues, shades, tinges.
   dans son progrès: in its growth.
   Duguet (Jacques-Joseph), 1649-1733, a learned Jansenist.
   q. 1: (a) visibly, to the eye; (b) goggle eyes; (c) full in the face; (d) that stares one in the face.
   q. 5: Délassement; nourriture; épuisement; croyance, étonnement; comparaison. See Voc.
   q. 6: *say*, of the same colour *which* we see in *the* nature.
5. **ils ne la mangent pas toute sur**: they do not eat it all over ... at once, in ...
   sur la terre: on the ground.
   que l'on tient à: which are kept in....; *lit.* which one keeps in.
   vient de: proceeds from, is produced by....
   Berquin (Arnaud), 1749-1791, who wrote a large number of books for children, of whom he was passionately fond.
   q. 3: (a) Ill weeds grow apace; (b) to supplant; (c) doctor in embryo; (d) to get out of bed the wrong way.
6. **prendre congé de**: leave.
   faire un tour: take a walk.
   pied = root.
   s'est bien pénétrée du: has been well saturated with....
   par en bas: at the bottom.
   par en haut: at the top.
   montés: grown up.
   a réussi: has taken root, *lit.* has succeeded.

NATURAL HISTORY, DISCOVERIES, ETC.

[PAGE 50–52.]

q. 1: *adnare* = *lit.* to swim to, *vadere*, and *ire*.
q. 2: (*a*) you are always on the move; (*c*) does not suit you.
q. 5: like *oo* in *too*. See P. I. p. 45.
q. 6: *say,* my grandmother of them has eighty.

7. fourrées: thick.
on y verse: they pour on it ...., or a great quantity of water is poured over it.
font un charmant ....: having a charming, pretty ....
leur donner du feu: to give them spirit, to animate them.
figure d'un pois aplati: shape of a flattened pea.
il (le millet) vient: it grows.
q. 2: see note on Fable 19.
q. 4: in two syllables = *pai-is*.
q. 5: *basse-cour*, being a compd. of a subst. and an adj., makes *basses-cours* in the pl.
q. 6: in *bis*, adv. = a second time.
q. 8: with dessert = au dessert.

8. arbres de haute futaie: full-grown forest trees.
le beau chêne que voilà: what a fine oak this is!
à propos: opportunely.
pour les uns et les autres: for both, *i.e.* ships and houses.
il n'est pas même jusqu'à leur écorce dont: and even with their bark ....
dépend d'un ....: belongs to ...., is adjoining a ....
q. 3: châtaigne; noix; croître. See Voc.
q. 5: after the words *et, ou, où, que* (rel. pron.), *qui, quoi, si, both* = l'un et l'autre. (See Notes on Anecdotes, 2, q. 4.)

9. il en est: there are.
si jeunes que: however young.
au monde: in the world.
arbres à plein vent: standard trees.
rapportent: bear.
passent pour avoir: are thought to have.
se garder: keep.

[PAGE 52–55.]

tournent en pourriture: get rotten.
eau-de-vie = brandy.
il pousse: there grow.
trois fois l'année: three times a year.
q. 2: see P. I. p. 7. 3, Obs.
q. 3: *say,* make to boil ...., make to bake (cuire) in the oven ....
q. 4: (*b*) I see a long distance; (*c*) goes .... in one's head; (*e*) we are in mourning for .... After the prep. *sans* when the subst. is taken in an indeterminate sense. See P. I. p. 106.
q. 6: see P. I. p. 76. 3.

10. là-bas: yonder.
linge de corps et de ménage: body and household linen.
se réserve pour la toile de batiste: is reserved for cambric.
les grandes Indes: the Great, *i.e.* the East Indies.
se file = est filée. S'emploie = est employée.
q. 2: *que* (agreeing with its antecedent *filasse*) is the direct obj. of *filer*, and not of *vu*.
q. 6: in the country: à la campagne.
I want to have my hair cut: use the reflective form with *faire* foll. by the Inf. *couper* with the def. art. and the word *cheveu* in the pl.

11. crossettes: layers, so called on account of the *crosse* = hook, at the bottom, which is a shooting of the preceding year.
décimètre = 3·937 inches.
binage: second dressing; trois façons: three dressings.
un ou deux yeux: one or two buds.
est en rapport: in bearing, productive.
provignage: layering.
bien conduites: well attended.
q. 5: see P. I. p. 47. 6, and p. 80. 6.
q. 6: se rappeler governs the acc., and se souvenir requires the prep. *de* after it; e.g. Je

[PAGE 55-57.

me le rappelle, je m'en souviens
= I remember it; **on** = of it.
G. Belèze, born in 1803, a very talented writer.

12. **ce qui a lieu**: which happens.
expédiée: gone through.
armés de: provided with.
hotte: basket (carried on the back, like a knapsack, called also *dosser*).
sans fond supérieur: without top, *i.e.* the top part of which is taken off.
cerclées en fer = with iron hoops.
une fois: as soon as.
s'établit: takes place, begins.
où se trouve: where is.
on en tire parti: they use, utilize it.

q. 1: fruit being placed after *raisin* by apposition, does not require any art.
q. 2: formerly *deü*, contrd. in *dû*.

13. **cuite au four**: baked in the oven.
venaient du: proceeded from.
s'appellent: are called. Remember the use of the refl. conjug. in Fr. instead of the passive voice.
il est des pays: there are countries.
le charbon de terre: coals. **charbon de bois**: charcoal.
ne vient point: does not grow.
il s'y fait: is made, manufactured there, *lit.* in it.
avant qu'il soit au point de: before it is on the point of.
au soleil: in the sun.

q. 1: the v. agrees only with *tout*, which recapitulates all the other substs.
q. 2: **battit**, from *battre*, *irr. v.a.* 4, *q.v.* in Voc.
q. 5: (*b*) you cannot help it; (*c*) we are exhausted, done up.

14. Remark the use of the def. art., in Fr., before the names of metals. See P. I. p. 37, note. *Obs.* The final *b* in *plomb* is **not** sounded.
vaisselle plate: silver plate, called also *vaisselle d'argent*.

PAGE 57-60.]

le derrière des miroirs: the back of the looking-glasses.
le même feu: the same brilliancy.
q. 4: see P. I. p. 38. 2 and 3.— Communément.
q. 5: see Voc.
q. 6: see P. I. p. 31, Obs.

15. **part comme un éclair**: darts like **a flash of** lightning.
s'efface: fades away, disappears.
le jour naissant: the dawning day.
de concert: in concert.
il se sent de: *lit.* it feels the effects of—is still under the influence of.
n'en laisse aucun de sang-froid: *lit.* leaves no one with cold blood, *i.e.* leaves no one without making an impression on him.
Jean-Jacques Rousseau (1712-1778), one of the greatest French writers of the eighteenth century.

q. 1, **tout en flammes**: all in a blaze.
q. 2: see Gramm. Questions, and Notes on Anecdotes, 22.
q. 4: **pair** (s.m.); **pair** (adj.); **paire** (s.f.); **perd** (v., 3rd p. s. pres. Ind.).
q. 7: see P. I. p. 44, C, and note on Fable 27.

16. **il les rend**: it expresses, translates them.
q. 1: **vivants** is not a pres. part., but a *verbal adjective*. Are dependent on each other = dépendent les uns des autres.
q. 3: see P. I. p. 76. 2 and 3.

17. **il se fait**: he gets accustomed.
à son feu: by his ardour.
il fléchit sous: he submits to, obeys.
prévenir: to anticipate.
ne se refuse à rien: does not refuse anything, *i.e.* yields, submits to everything.
q. 5, **maîtriser**: to master. **manier**: to handle.
q. 6: (*a*) it is getting late; (*d*) *faire mauvaise mine* = to be cross with; (*e*) serve him (her, them) right.

[PAGE 60–63.]

18. colère is used as an adj. here.
sauvage: wild.
tout zèle . . . . : *tout* = quite, is used here as an adv., whilst the subst. have the meaning of adj.
il ne se rebute pas: he is not discouraged.
q. 2: see P. I. p. 70. 5.
q. 4: see Notes on Anecdotes, 54, q. 2.
q. 6: (*b*) **dent**: tooth.

19. Saint-Bernard; the *Penninus Mons*, or *Mons Jovis*, in the canton *Valais*, in Switzerland, on the frontier of the kingdom of Italy. St. Bernard of Menthona founded, in 982, a hospital on the spot where stood an altar dedicated to Jupiter, and entrusted it to the care of monks belonging to the order of St. Augustine.
Samoïèdes, a people living in the north part of Asia belonging to the Russian Empire.
q. 2: see Notes on First Steps, &c., 2, q. 2. Some subst. are only used in the pl., as: *ancêtres, annales, fiançailles, funérailles, mœurs.* See Voc.
q. 6: **bouillir** = to boil. **cuire** = to cook. **frire** = to fry.
Alibert (Jean-Louis), 1766–1837, a French physician famous for his studies on cutaneous diseases. On his being appointed first physician to the king, he was made a baron.

20. il est susceptible d'éducation: he can be taught, receive instruction.
dressés: trained.
pour faire curiosité de spectacle: to be exhibited as curiosities.
dans la première jeunesse: when quite young.
q. 1, **âne**: formerly *asne*, contrd. from L. *asinus*.
q. 4: see Notes on Anecdotes, 2, q. 4.
q. 6: (*a*) do not be childish ; (*c*) . . . . he looked blue.

1. **roulent**: fall.

[PAGE 63–65.]

le peu de hauteur: the shortness, *lit.* the little height.
le beurre l'assaisonnement . . . = le beurre *est* l'assaisonnement, le fromage *est* . . . .
q. 1: in the pl. *bœufs*: *bœuf gras*, the fat ox ; *du bœuf salé*, salt beef.
q. 3: **fleurir**, used *fig.* when speaking of a state, literature, arts, etc. makes *florissant* in the pres. part., and *florissais, -ais, -ait, -ions, -iez, -aient,* in the imp. Ind.
q. 4: . . . . *élargir, ralentir,* see Voc.
q. 5: . . . **bestiaux**.
q. 6: (*a*) **poor people**: les pauvres (*or,* les pauvres gens) ; (*b*) that . . . . yonder = ce . . . . -là.

22. de voleurs déterminés: from confirmed thieves.
couvrir leur marche: to muffle their steps.
de faire leur coup: to get their aim, to gain their ends.
q. 4, **attendre**: see Notes on Anecdotes, 22.
q. 5, **dessin**: drawing. See Notes on Fables, 20.
q. 6: *say*, he is the greatest thief that I ever saw (*past Subj.*).

23. qu'elle lui ait donnée: *qu'elle* stands for *quoiqu'elle*.
ressemble si fort: resembles so strongly, so much.
il est si fort et si longtemps épouvanté: he is so much frightened and for so long a time.
q. 1: **loo** ; **louve** ; **loupe**. See Voc.
q. 4: **fin** (subst.) ; **fin** (adj.) ; **feint** (verb). See Voc.

24. de près: closely, sharply.
ses petits: his cubs.
domicilié: having a home.
ne les manque jamais: never misses them, never fails to catch them.
la mère sur les œufs: the mother sitting on her eggs.
q. 1: a pers. pron. In answers, either the pers. pron. *le, la, les*

[PAGE 65–68.]

must be used, or the invariable word *le*. When *le*, in the answer, refers to a subst., **it** agrees in number and gender with that subst.; but if it refers to an adj., a past part., or **even** to a part of a sentence, it remains invariable.

q. 6: when a subst. and an adj. form a compd. subst., both **take** the **mark** of the pl. *Mousse*: cabin-boy. Gentilhomme = *nobleman*, from *gentil* (adj.), and *homme* (subst.).

25. **se tient:** abides, stays, remains.
éveillé: alert, quick, sharp.
arrondie: rounded, plump, full.
figure: face, head.
sa robe: his coat.
impressions: scent.
il ne laisse pas de savoir: yet, nevertheless he knows, *lit.* he does not leave off knowing.
il se met ventre à terre: he lies flat on the ground.
ameutés: trained (to hunt together). Fig., *ameutés* means excited, but the proper meaning of *ameuter*, v.a., 1, is to train (dogs), der. from *meute*, a pack of hounds (L.L. *mota*, which in mediæval documents means "a troop raised for an expedition").
q. 1: chevrette, biche.
q. 3: see Voc.

26. **il en est de même:** such is the case.
q. 1: lionne, tigresse.
q. 6: see Notes on Fables, 27. The **same** rule applies to *demi*. *Stay* = rester. See Notes on Anecdotes, 10.

27. **de compagnie:** in company (with others), *i.e.*, in droves.
la fait aller: drives it.
leurs petits: their young ones.
leur pas: their pace.
font main basse: kill; *idiom. expr.*
qui ne les cherchent pas: who do not seek after them.
se passer d'eau: do without water.

PAGE 68–72.]

q. 1: No. *L'éléphant femelle*, or *la femelle de l'éléphant*.
q. 4: **paître** is a *defect.* and *irr. v.a.* and *n.*, 4, paissant, no past part., je pais, no past def.

28. **une fois:** when once.
mal-à-propos: wrongly, *i.e.* without any cause.
sous tout autre: under any other.
avec le fer: with iron, steel-weapons.
et le bruit et: *both* the noise *and*.
auxquels ils ont affaire: with whom they have to deal.
la terre et le ciel: the soil and climate.
q. 1: 6 times 8 *are* 48; say, *make* 48.
q. 6: (c) laissez-moi faire = *leave it to me*.

29. **à la suite d'une:** in the pursuit, chase.
tant que: as long as.
en vertu de: on account of.
q. 1: chamelle.
q. 5: is more than forty, than fifty = *a passé la quarantaine, la cinquantaine*.

30. (*suite*) = continued.
autant de cœur: as much courage.
dépense: costs (to keep).
q. 6: *say*, as the one (celui) to whom I have given notice (congé) the month last.

31. **le grand aigle:** pronounce *grant⁀aigle*.
Belon (1517–1564): a French physician and botanist, one of the most distinguished writers of the sixteenth century, and author of several important works on natural history, in which for the first time are to be found notions of comparative anatomy.
convenances: points of similarity.
à réduire: to subdue, break.
q. 1: Rules about **quelque**: (1) When *quelque* is foll. by a *v.* (which must be in the Subj.), it is written in two words, *i.e.*

NATURAL HISTORY, DISCOVERIES, ETC.

[PAGE 72-74.]

quel que, and *quel* agrees in number and gender with the nom. or subj. of the v., *e.g.*, whatever may be his fortune = *quelle* que soit sa fortune. (2) When *quelque* is foll. by a subst. it is written in one word, and agrees with the subst., but in number *only*; the subst. is then foll. by *que* and *the v. in the Subj.*, as *quelques* richesses *qu'il ait*. (3) When *quelque* is foll. by an adj. or an adv., it is written in one word and remains unchanged. In this case also *que* and *the v. in the Subj.* foll. the adj. or adv., as, however rich they may be = *quelque* riches *qu'ils soient*.

32. **corps à corps**: hand to hand, single-handed, singly.

The percnoptère is the Egyptian vulture, commonly called "Pharaoh's hen."

en forme de fraise: in the shape of a ruff.

ses doigts: his talons.

q. 5: *say*, of five inches, *or* I have five inches more than my brother.

33. **répondent à**: are in accordance with, correspond to.

on l'aime . . . .: use the passive voice, in English.

estomac: chest.

rames: oars. N.B. Sailors in the French navy never use the word *rames*, but *avirons*.

q. 4: Emploierai-je? (*or*, Est-ce que j'emploierai?)

34. **hirondelle**: swallow, the *hirundo apus* of the L., which the Gr. called ἄπους (without feet), on account of its so seldom alighting on the ground.

sa marche: her flight.

donne la chasse aux . . . chases the . . . .

tantôt repeated means now . . . . now, *sometimes* . . . . *sometimes*.

le pinceau de la parole: lit., the pencil of speech, i.e., words.

Guéneau de Montbeillard (1720-

[PAGE 74-77.]

1785): the celebrated naturalist, and Buffon's assistant.

q. 2: *en* stands here for the poss. adj. *its*. When *its* and *their* relate to **inanimate things**, they are to be transl. into Fr. by *en* before the v., and the art. before the **subst**.

q. 4: **se raser**: to shave. **se faire la barbe**: to shave.

q. 5, **walked**: fit, *lit., made*.

35. **le dispute à**: vies with.

se font écouter: command, excite attention.

il rend: he reproduces.

q. 1: **serin** = canary.

q. 3: **voie**, *s.f.*, and some parts of the v. *voir*, which find out.

q. 5, **to succeed**: *succéder à*; to succeed, *i.e.* to be successful, = *réussir*.

q. 6: The so-called *euphonic t* is inserted to prevent the meeting of the two vowels. In O. Fr. the 3rd p. sing., following the Latin, was spelt with a *t*, which however was not sounded before a consonant: *amat* = *il aimet*.

36. **se faisant sur**: coming over.

figure: form.

pétrel: the petrel, a web-footed sea-fowl, probably so called in allusion to St. Peter's walking on the sea.

Michelet (Jules), a philosopher and historian, whose studies 'L'Oiseau' and 'L'Insecte' have been translated into all the languages of Europe.

37. **sur ses habits**: on his plumage.

que rendent: which are reflected by.

taon: pronounce *tan*.

qu'elles en paraissent: that (*en* — on account of it) they seem.

ils ne se posent que: they only alight.

leur âme: their characteristic.

q. 4: when two substs. form a compd. subst., they must take the mark of the pl.

q. 5: (*a*) hair = *cheveux* (s.m.

M 2

[PAGE 77-79.

pl.). (*b*) Châtain clair. (*c*) Blond cendré. Adjs. compd. of two adjs. denoting *colour* remain invariable, because the first is used as a subst., and the second qualifies the first: *une barbe châtain clair* = a light brown beard.

38. de l'écorce **même**: from the very bark.

affectant: having, *lit.* assuming Madame (Destutt) de Tracy, whose works were published after her death, in 1852, under the title of 'Essais divers, Lettres et Pensées.'

q. 2: (*c*) **vous rendre** = obey. (*d*) **rendu** = translated. (*e*) **rendu** = done up.

q. 3: see Voc.

39. les quatre **ailes dont**: the four wings with which.

après s'être joué du: after having baffled the.

q. 3: see Notes on Anecdotes, 41, q. 2.

q. 6, **mind the**: prenez garde aux.

Bernardin de St. Pierre (1737-1814), director of the Jardin des Plantes, in 1792, author of 'Études de la Nature' (1784), 'Harmonies de la Nature' (1796).

40. un gazon **en pente**: on a sloping lawn *or* grass-plot.

il marque son plaisir: he shows his pleasure.

il fait briller ses yeux . . . . : his eyes glitter with . . . .

Lacépède (1756-1825), author of many important works on Physics and Natural History.

q. 2: **délice** is masc. in the sing. and fem. in the pl. Amour = *love*, and orgue = *organ*, are also masc. in the sing. and fem. in the pl.

q. 4, **effraye**: see P. I. p. 64. 5 (N.B.).

q. 5: see P. I. p. 86, note.

q. 6: the Subj. is governed by the conj. *jusqu'à ce que*.

PAGE 79-86.]

41. **il fait entendre une sonnette**: allusion to the rattlesnake.

tombent: bow.

Chateaubriand (1768-1848), the author of 'Génie du Christianisme,' and many other works, who enjoyed a great popularity in the beginning of this century.

q. 6, **to ring the bell**: tirer la sonnette, *or* sonner.

42. **squale**: dog-fish.

mètre: metre, a Fr. measure = 39 English inches.

tout ennemi: any enemy.

cétacés: cetaceans, *i.e.*, vertebrated mammiferous animals, including the whale kind.

q. 2: sang; cent; sens (subst.), sens, sent (*v.a.*); sans. See Voc.

q. 6: see Voc. — poing, pied, langue, &c.

43. Cuvier (Georges), 1769-1832, the illustrious French naturalist, who has been called the Aristotle of the nineteenth century.

q. 1: see P. I. p. 7. 3, *obs*.

44. **Madame de Staël-Holstein**, 1766-1817, the most celebrated French authoress of modern times.

q. 2: **who** = qui? **what** = qu'est ce qui?

q. 6: brûlure, &c.

45. **toises**: see Notes on Anecdotes, 58.

q. 4: when several subjs. are synonymous, or form a kind of gradation, the v. agrees generally with the nearest.

46. **qui se trouvait pleine**: which was at the full. *Se trouver* is often used idiom. for *être*.

à cela près: with that exception.

Ampère (J.-J.-Antoine), 1800-1864, member of the *Académie Française* (1847), son of André Marie Ampère (1775-1836), one of the most famous physicists of modern times.

47. q. 3: *neuf* is said of things

NATURAL HISTORY, DISCOVERIES, ETC.

[PAGE 86–90.]

newly made, especially of **arti-cles** of dress, *nouveau* of things recently discovered or invented. (*b*) So much spoken of = *dont on parle tant*.

q. 6: (*a*) tenir lieu de = to act the part of; (*c*) tenir de = to take after; (*d*) tenir à = to care for; (*e*) be it so!

48. q. 1: *se* is in the dat., and the obj. of *disputé* is *l'invention*, which comes after *sont*, used here instead of *ont*.

q. 3: **un seul homme** = *only one man*; un homme seul = *a man alone*.

q. 5: *say*, one of my friends.

49. q. 2: je pourvoirai.
q. 3: see Voc.
q. 4, **very few men**: bien peu d'hommes.
q. 7, **to indulge in**: pour me permettre.

50. **à l'école de qui**: under whose tuition.
cases: squares.
et ainsi de suite: and so on.
q. 2: both *pays* and *contrée* mean a large extent of country, such as a kingdom, but *pays* refers also to the people's institutions, laws, religion, &c., as *pays civilisé, libre, protestant* = civilized, free, Protestant country; whilst *contrée* refers more especially to the external appearance. *Campagne* is said of the fields, in opposition to *ville* = town; as *être à la campagne* = to be in the country. *Cf.* L. *ruri esse*.
q. 3: mouth = *bouche*, when speaking of man, horses, asses, oxen and camels; *gueule*, for all other animals.
q. 4: **chess-board** = *échiquier* (*s.m.*).

51. q. 1: (*b*) **allez trouver**: go to; (*e*) **vous vous en trouverez bien** = it will be to your advantage. (*f*) **trouver à redire à** = to find fault with.

52. q. 3: all Fr. substs. ending in

[PAGE 90–92.]

ege take the acute accent on the penultimate.

q. 4, **attendez-vous à la pareille**: expect like treatment, expect to be treated as you treated others.

q. 6: the def. art. is used in Fr. before names of ships.

q. 8: see Notes on Fables, 23, q. 4.

53. **et ces ... et cès ...**: *both* these ... *and* those ...
se livrer à: to devote themselves to ...

Arioste: Ariosto (1474–1533), an Italian poet, born at Reggio, author of the celebrated poem 'Orlando Furioso.'

il n'en fut pas ainsi, cependant: such, however, was not the case.

à qui venait de: to the one who had just ....

pour le coup: this time, then.

François Arago (1786–1853), the famous French astronomer.

q. 2: see P. I. p. 95, XXIV.
q. 4: (*a*) some news; (*b*) news to be depended upon.
q. 6: septuagénaire.

54. **La Gironde**: the river *Gironde*, formed by the Garonne and the Dordogne, discharges itself into the Bay of Biscay.
la tour de Cordouan is a lighthouse at the mouth of the Gironde.
un bout de toile: a bit of canvas, sail.
la mer perd: the sea recedes = it is ebb-tide.
filer dix nœuds: run ten knots.
q. 3: (*b*) **il y va de .... is at stake**. (*d*) You strike hard. (*e*) Nonsense! don't tell me, or tell it to the marines.
les brisants de St. Palais: dangerous rocks at the mouth of the Gironde.

55. **Royan**: a sea-port and watering-place at the mouth of the Gironde.
de temps à autre: from time to time, now and then.

[PAGE 93–94.]

James Watt (1736–1819), the famous Scotch engineer.

Eugène Pelletan: a literary man and politician, born at Royan, in 1813.

56. **Harvey**, to whom belongs the honour of the positive discovery of the circulation of the blood (1619–1628), was born at Folkestone in 1578, and died in 1658.

Fabrice d'Acquapendente or **Geronimo Fabrizio**, an Italian physician, who was born at Acquapendente in 1537, and died in 1619.

Césalpin = Cesalpini or **Andreas Cæsalpinus**, another Italian physician, who was born at Arezzo in 1519, and died at Rome in 1603.

Servet or **Michael Servetus**, born in Spain in 1509, studied and practised medicine in France. Having adopted the ideas of the Reformation, he was obliged to leave France, and had the imprudence to seek refuge in Geneva, where Calvin accused him of heresy. After having been tried, he was condemned to the stake, and burnt on the following day (1553).

Colombo (Realdo), a famous Italian anatomist, who was professor in the University of Padua in the sixteenth century.

Galien = Galen or **Claudius Galenus**, the celebrated Greek physician, who was born at Pergamus in A.D. 131.

Sprengel (Kurt), a German physician (1766–1833).

Aristote = Aristotle (384–322 B.C.), the famous Greek philosopher, and physician of Amyntas III., father of Philip, king of Macedon, and tutor of Alexander the Great.

la Faculté: the members of the Faculty of Medicine.

Riolan (Jean), Regius Professor of Anatomy and Botany in the Faculty of Paris, physician of

[PAGE 94–95.]

Marie de Médicis, whom he accompanied in her exile (1577–1657).

Gui-Patin (1601–1672), a learned physician, Dean of the Faculty of Paris. He and Riolan would never admit the circulation of the blood as discovered by Harvey.

Molière, whose real name was Jean-Baptiste Poquelin (1622–1673).

Boileau (Nicolas), surnamed **Despréaux** (1636–1711).

Descartes (René), the founder of the system of philosophy called *Cartésianisme* (1596–1650).

Dionis (Pierre), surgeon to the queen and royal princes, Professor of Anatomy and Surgery at the *Jardin du Roi*, or Botanical Garden which had been founded by Riolan, in 1627.

Flourens (Marie-Jean-Pierre), a distinguished writer on physiology, born in 1794, Secretary of the *Académie des Sciences*, and a member of the *Académie Française*.

q. 9: use the v. *devoir*.

q. 10: instead of *ne . . . que* use *seulement*.

57. **Montdidier:** a town in the north of France, in the department of the *Somme*.

Antoine: Anthony.

voulut bien: was kind enough.

qui semblait tenir de l'inspiration: which looked like an inspiration.

aide-pharmacien: assistant dispenser *or* apothecary.

Hanovre: Hanover (campaign of 1757, in which the French were defeated by the Prussians at Rosbach).

joua de malheur: was unlucky.

Francfort-sur-le-Mein = Frankfort-on-the-Main, formerly one of the four free cities in the Germanic Confederation. Lubeck, Hamburg, Bremen were the others.

NATURAL HISTORY, DISCOVERIES, ETC. 167

[PAGE 95–97.

qu'avez-vous? what is the matter with you?
58. **pharmacien sous-chef**: chief assistant-chemist.
The "**Hôtel des Invalides**" is the "Chelsea Hospital" of the French soldiers. See Note on History, 22.
Besançon (Lat. *Vesontio*) is the chief town of the department of the Doubs (pronounce *doo*), in the east of France.
à partir de: from.
Louis XVI., King of France, who was guillotined on the 21st of January, **1793**.
sablon means, properly, *fine sand*.
Versailles, near Paris, where Louis XIV. built a magnificent palace.
la croix de St.-Louis: the cross of St. Louis. This order was instituted by Louis XIV., in April 1693, for officers in the army and navy only, and abolished by the "Convention" on the 15th of October, 1792. It was re-established by Louis XVIII., and has not been in existence since the Revolution of July **1830**.
Parmentier (Antoine-Augustin), agriculturist, born at Montdidier in 1737, died in 1813.
Marie-Antoinette, daughter of Francis I., Emperor of Austria, and wife of Louis XVI., guillotined on the 16th of October, 1793.
Franklin (Benjamin), born at Boston in 1706, died **1790**. Lightning-conductors were first set up by him for the protection of buildings shortly after **1752**, when he brought down **electricity** from a thundercloud. He played a considerable part in public affairs when America threw off her dependence on England. When he

PAGE 97–99.]

died, **the** people of the United States went into mourning for a month, and so great was the respect the French had for him that the "**Assemblée Constituante**" did the same for three days.
q. **5**: by *que*. You are: *say*, you will be. You are rested: *vous vous serez reposé*. I will call on you: *je viendrai vous voir*.
(*a*) *even*.
q. **8**: (*c*) **que lui voulez-vous?** what do you want with him?
59. **Sostrate de Cnide** = Sostrates of Cnidos, a Greek architect who lived in the third century before Christ. He built in the **isle** of Pharos, near Alexandria in Egypt, the famous lighthouse which was reckoned one of the seven wonders of the world.
Argand (Aimé), a physician **and** chemist, who was born at Geneva towards the middle of **the** eighteenth century, and died **in** 1803.
Pouzzoles = Puzzuoli, in Latin **Puteoli** (little wells), a city on the coast of Campania, not far from Naples, opposite Baiæ, having mineral springs.
Ravenne = Ravenna, a celebrated sea-port in Gallia Cispadana, which is now almost completely filled up with sand and mud.
q. **2**: only before the pers. pron. masc. of the 3rd p. sing. and pl. = *s'il*, *s'ils*.
q. **6**: (*c*) **est fait au tour**: is beautifully shaped; *lit.* is made with the lathe.
60. **en imprimant**: by giving.
le faisceau: the cylinder, *lit.* the bundle (of luminous rays).
telle planète, telle étoile...: some planet, some star...
François Arago: see above, No. 53.

EXTRACTS RELATING TO THE HISTORY OF FRANCE.

[PAGE 100-102.
1. **le grand flot**: the tide.
que plus d'une fois mesura notre œil étonné: *construe* que notre œil étonné (nos **yeux** étonnés) mesura (mesurèrent) plus d'une fois ...
colon: ploughman. (Cf. *clown*.)
errantes: straggling.
Marchangy (Louis-Antoine-François), author of 'La Gaule poétique' (1782-1826).
q. 1: **peigner**, to comb.
q. 6: yes, they did: *say*, yes, they believed in it.
2. **Elbe**: the river Elbe, which has its source in **Bohemia**, near **Silesia**, at the foot of the highest mountains of **Riesen-Gebirge**, and discharges itself into the **North Sea**.
Rhin: the river Rhine (*Rhein* in German, from **the Celtic** *Reu-ain* = rapid river), which has its source in the Alps, between the St. Gothard and Mount Septimer, enters Germany from Switzerland just below Basle, and runs in a northern direction in a valley formed by the Black Forest and the Vosges. It turns west at **Mentz**, and runs in that direction as far as **Bingen**, after which it proceeds, in a generally north-west direction, to the **North Sea**, into which it discharges itself at Katwyk, in Holland.
Mein: the river *Main*, which comes from **Bavaria**, and discharges itself into **the Rhine** opposite Mentz.
Odin: Woden *or* Wodan, **the first** of the Scandinavian gods, the *Al-Fader* = father of all.
3. **île des Bataves**, now called **Bommeler-Waard**, is the delta formed by the branch of the

PAGE 102-104.]
Rhine which discharges itself into **the North Sea** near Leyden, by the **Wahal and** the Meuse.
Yssel: the river Yssel, which has its source in Prussia, near Duisburg, and flows into the Zuyder Zee (= South Sea).
q. 1: triple, quadruple.
q. 4: tous les ans.
q. 7: see Notes on Anecdotes, 59, q. 2.
4. **Chlodio** (spelt *Clodion* in French) (428-448).
Somme, a river which discharges itself into the English Channel between St. Valery and le Crotoy.
la plus noble des régions: the most magnificent, the richest country.
un historien très-postérieur: C. Sullius Sidonius Apollinaris, born at **Lyons in** 430, died in 489.
la Loire: the river Loire (Lat. *Liger*), the largest river in France, which drains Central France, rising in **the Cevennes** Mountains. After a course of 600 miles, it discharges itself into the Atlantic Ocean.
le Rhône (from the Celtic *Reu-ain* = rapid river): the river Rhone, which rises in the Alps at an elevation of nearly 6,000 feet, rushes down its steep descent with such a velocity that it is one of the most rapid rivers in Europe. After a course of 530 miles, it discharges itself by four mouths into the Mediterranean.
Tournai (in Lat. *Turnacum*, or *Turris Nerviorum*, Flem. *Doornik*) is now a fortified town belonging to Belgium.
Cambrai (in Lat. *Cameracum*), a

[PAGE 104–107.]

fortified French city. See "Batiste" in the Voc.

q. 6: *dans* is used with nouns taken in a determinate sense, and must be followed by an art.; whilst *en* precedes substs. taken in a vague or indeterminate sense, and is not *generally* followed by an article.

5. **Théodebert**: grandson of Clovis, and King of Austrasia (534–548).

Walhalla (the warriors' portico): the palace in which the god Odin *or* Woden, according to the Franks' creed, received all the warriors killed in battle.

q. 2: use the imper. of *vouloir*.

q. 3: see *balayer* in the Voc.

6. **Clovis**, son of Chilperic I. and Basine, born in 465, King of the Franks from 481 to 511.

Clotilde married Clovis in 493. She was the daughter of Chilperic, King of the Burgundians.

le Danube is the second river in Europe, of which it drains one-thirteenth of the surface, its course being 1,700 miles. It rises in the Black Forest in Germany. From its source to Vienna it is called the *Upper Danube*; from Vienna to a little below Orsova, where it leaves the Austrian dominions, the *Middle Danube*; and from Orsova to the Black Sea, the *Lower Danube*, which falls into the Black Sea by five mouths forming a low marshy delta, covered with bulrushes.

le Rhin et le Mein: see above.

les Suèves: the *Suevi*.

les Ripuaires (Lat. *riparius*, "that frequents the banks of rivers"): the name given to the Franks who settled on the banks of the Rhine.

les Sicambres: the *Sicambri*, who lived north of the *Lippe*, and on the right bank of the Rhine.

Tolbiac, now *Zulpich*, in the *Germania Inferior*,

PAGE 107–108.]

Aurélian was a Christian Gaul who negotiated the marriage of Clovis, whose minister he was, with Clotilda.

Reims (*Civitas Remorum*): the old capital of the *Remi*, in the cathedral of which the kings of France were crowned.

Saint Remi (*Remigius*): the apostle of the Franks; Archbishop of Reims in 461. He died in 533.

le comte de Peyronnet (Charles-Ignace), one of the ministers of Charles X. After the Revolution of 1830 he was condemned, with his colleagues, by the House of Peers, and kept in prison until 1836. During his confinement in the fortress of Ham, he wrote the 'Pensées d'un Prisonnier' and a 'Histoire des Francs.'

q. 7: see Notes on Anecdotes, 27, q. 3.

7. **Charlemagne** or **Charles I.**, eldest son of Pepin the Short, was born at Salzburg, in Bavaria, in 742, and died in 814.

un tel tempérament: such a balance, equilibrium.

capitulaires: regulations and decrees divided into small chapters (*capitula*).

les Lombards (*Longobardi*, or *Langobardi* = men *with the long beard* or *the long lance*) were of Scandinavian origin, who, after conquering part of Germany, had founded a powerful monarchy in the north of Italy, to which Charlemagne put an end in 774.

les Huns (Lat. *Hunni* or *Chuni*) came from Asia. Under Attila they threatened Constantinople, conquered Germany, and invaded Gaul and Italy. At his death (453) one of his sons, Irnak, brought back into Asia several bands, part of which settled in Hungary.

[PAGE 108–110.

Montesquieu (Charles de Secondat, Baron de la Brède et de), one of the greatest French writers, author of the 'Lettres Persanes,' 'Considérations sur les Causes de la Grandeur et de la Décadence des Romains,' and the 'Esprit des Lois' (1689–1755).

q. 1: *puissance* (*s.f.*) = power.
q. 4: joue de malheur: is unlucky.
q. 5: see P. I., p. 126, III. 3.
q. 6: the *f* is sounded in the sing. *only*. In the plural *œufs* neither *f* nor *s* is pronounced (say, *des œufs* = *dez-eû*) when foll. by a consonant, as *dez-eû durs* = hard-boiled eggs; but the *s* is sounded on the foll. vowel, e.g. *des œufs à la coque* = boiled eggs (say, *dez-eû-z à la coque*).

8. **Peter the Hermit** took part, in 1071, in the war of the Count of Boulogne in Flanders; but, being obliged to leave the army on account of his small stature and deformities, he retired into private life, and married **Anne de Roussi**, by whom he had several children. At her death, overpowered with grief, he **became a** monk, and led a **solitary life** until he went to visit the Holy Land in 1093.

Michaud (Joseph-François), born in 1767 at *Albens* (Savoy), died in 1839. His principal work is the 'Histoire des Croisades.'

Clermont (Lat. *Clarus Mons*), now called **Clermont-Ferrand**, in Auvergne, chief town of the department of the *Puy-de-Dôme*.

le Tibre (Lat. *Tiberis*, Ital. *Tevere*) rises in the Apennines, and falls into the Tyrrhenian Sea by two mouths a little below Ostia.

Pyrénées: the Pyrenees which divide France from Spain, and extend from the Mediterranean to the ocean, being about 212 miles in length.

PAGE 110–112.]

les Sarrasins: the Saracens, who came originally from the deserts of Arabia (*Sarra*, in their language, signifying a desert). They were the first disciples of Mahomet, and within sixty years after his death conquered a considerable part of Asia, Africa, and Europe. They also maintained a war in Palestine for a long time against the Western Christians, whom at length they drove entirely out of it.

Jérusalem (Heb. *Yerûshalaîm* = dwelling of peace).

q. 5: see P. I., p. 117.

9. **Bouvines**: on the river *Marque*, in the department of the North.
le roi: King Philip Augustus, or Philip II. (born in 1165, King of France from 1180 to 1223).
l'Empereur: Otho IV. of Brunswick (1175–1218).
Renaud, *comte de Boulogne*, who died in the castle of Péronne, in 1227.
Ferrand, *Comte de Flandres*, who recovered his liberty in 1227, and died in 1233.
Anquetil (Louis-Pierre), a French historian (1723–1806).

10. **Jacques Molay** joined the Order of Knights Templars in 1265. In 1299 he was with the Christians who retook Jerusalem, but, after reverses, retired to Cyprus. In 1305 Philip IV. (*le Bel*) invited him to come to France; but, as the wealth of the Order excited his cupidity, he had Molay and all the Knights Templars arrested on the 13th of October, 1306. In 1312 the Order was suppressed by Pope Clement V. at the Council of *Vienne* (*Vienna Allobrogum*, in the south-east of France). Numbers of knights were burnt alive or hanged, and the Grand Master, Jacques Molay, himself was burnt alive at Paris on the 11th of March, 1314.

[PAGE 112-115.]

Mézerai (François Eudes de), a celebrated French historian (1610–1683), elected member of the French Academy in 1648.

11. **Philippe VI. de Valois**, born in 1293, King of France from 1328 to 1350, under whose reign the English, commanded by Edward III., used artillery for the first time, and defeated the French at Cressy (1346).

le comte de Montfort (Jean) was the brother of Jean III., duke of Brittany, who had just died, and the Count of Blois, nephew of Philip VI., had married Jeanne, the niece of the same duke. As the war was continued by Jeanne de Montfort, it was called "The War of the two Joans."

Hennebon, a little town in Brittany, in the department of *Morbihan*.

q. 2: *pois, poix, pouah !* see Voc.
q. 3: see Notes on Anecdotes, 34.
q. 4: *fond (s.m.), fonds (s.m.s.), font (ils), v. ; fonts (s.m.pl.).*
q. 6: (*a*) with *avoir* when it is a *v.a.*, i.e. when foll. by a direct object, e.g. *monter une montagne* = **to ascend a mountain**; *montez du bois* = bring up some wood. (*b*) with *être* when it has no direct object, and therefore is a *v.n.*, e.g. *votre frère est monté dans sa chambre* = your brother is gone up to his room.

12. **Charles VI.**, "the well-beloved," was born in 1368, ascended the throne in 1380, and died in 1422.

Le Mans is the chief town of the department of the *Sarthe*, and was formerly the capital of the province *Maine*.

une voiture à bœufs: a cart drawn by oxen.

De Barante (Prosper **Brugière**, Baron), born in 1782, author of several historical works.

q. 1: (*b*) *en venir aux coups* (or,

PAGE 115–117.]

aux mains): to come to blows.
(*c*) . . . gets into favour with every one.
q. 3: see P. I., p. 112, 2.
q. 4: (*a*) They **beat a salute** . . . ,
(*b*) . . . and **ran away, bolted**;
(*c*) . . . **at** every moment.

13. **Jeanne d'Arc**, or, more correctly, **Jeanne Darc**, born in 1409, at Domremy, in Lower Lorraine.

Rouen, the old *Rudomum* or *Rotomagus*, now the chief town of the department of the *Seine-Inférieure*, on the right bank of the Seine. The English took possession of it in 1419, and kept it until 1449.

allons donc, prêtre: now then, priest.

que je la voie: in order, so that I may see it.

La Pucelle: the Maid (of Orleans).

q. 5: chercher.
q. 6: see P. I., p. 71, 9.
q. 9: arriva.

14. **Plessis-lez-Tours**, in Touraine, about a mile from Tours, the favourite residence of Louis XI. He died there in 1483.

Olivier le Dain, or **Teufel** (*the devil*), who, after the death of Louis XI., was hanged (1484), when Anne de Beaujeu was regent.

Tristan l'Ermite, born in Flanders at the beginning of the fifteenth century, fought against the English under Charles VII.

Cardinal la Balue was born in Poitou in 1421, and died at Ancona in 1491. In 1469, by command of Louis XI., he was put into one of those iron cages he had himself invented. He recovered his liberty in 1480, and was made Bishop of *Albano*.

Dubois (Guillaume), born in 1656, died in 1723. He was the son of an apothecary. After having been appointed tutor to the

[PAGE 117-119.]

Duc de Chartres who became afterwards *Duc d'Orléans* and Regent, he was made Archbishop of Cambrai in 1720, and Cardinal in 1721. In 1722, he was the first Minister of the Regent.

Lacretelle (Charles) was for a long time Professor of History at the *Faculté des Lettres* in Paris (1766-1855).

15. **bataille de Marignan** (13th and 14th of September, 1515), in which Francis I. defeated the Swiss. Marignan, in It. *Marignano*, is a small town on the river *Lambro*, not far from Milan.

bataille de Pavie (24th of February, 1525), in which Francis I. was defeated and made prisoner by Charles V., King of Spain and Emperor of Germany.

Pavie, in It. *Pavia*, is a fortified town on the river *Ticino*.

Tissot (Pierre-François), member of the *Académie Française* (1833), author of several historical works (1768-1854).

Louis XII., born in 1462, died in 1515. The States-General, assembled at Tours in 1506, gave him the surname of "Father of the people."

les vieilles gens sont toujours prévenus: observe that the adj. preceding the subst. *gens* is put in the fem., whilst the adj. foll. it is masc. But when *gens* is preceded by the word *tous*, or an adj. having the same termination for the *m.* and *f.*, *gens* is considered as a masc. subst., e.g. *tous les gens de la campagne* = all the country-people; *tous les habiles gens* = all the skilful people.

Charles V. (1500-1558).

bataille de Cérisoles, gained by the French over the German Emperor's troops, on the 14th of April, 1544.

PAGE 119-122.]

le roi d'Angleterre: Henry VIII., born in 1491, King of England from 1509 to 1547.

le père des lettres: Francis granted his favours to such poets as Marot and Du Bellay; called from Italy to his court **Leonardo da Vinci, Benvenuto Cellini**, and other eminent artists; and commenced the building of the *Louvre*.

le roi Jean = King John II., surnamed "the brave," who was defeated and made prisoner at Poitiers by the Prince of Wales, in 1356.

Fénelon (François de Salignac de la Mothe), born on the 6th of August, 1651; died at Cambrai, on the 7th of January, 1715. In 1689 he was appointed tutor to the *Duc de Bourgogne*, for whose use he wrote 'Télémaque.' In 1694 he was raised to the archbishopric of Cambrai.

16. **le Connétable de Bourbon** (Charles, duc de **Bourbon**), born in 1489, killed at the storming of Rome, on the 6th of May, 1527. Being ill-treated by Francis I. he sided with Charles V., and drove the French, under the command of **Bonnivet**, out of Italy.

Bayard (Pierre **du Terrail**, Seigneur de), "*le chevalier sans peur et sans reproche*," born in 1476, killed at *Romagnano*, on the *Sesia*.

cette vigoureuse défense de Mézières: Bayard had victoriously defended *Mézières*, in the *Ardennes*, against an army of Charles V., in 1521.

q. **4:** *beau-frère* = brother-in-law.

17. q. **2:** disjunctive pers. prons. are used after a prep.

q. **6:** see P. I. p. 104 (7).

18. **Henri IV.**, the first French king of the house of Bourbon, born at Pau, on the 13th of December, 1553, died in 1610.

THE HISTORY OF FRANCE.

[PAGE 122-125.]

Sully (Maximilien de Béthune, duc de), first minister of Henry IV. (1560-1641).

mauvaise honte: bashfulness.

Gaillard (Gabriel-Henri), a French historian, member of the Académie Française in 1771 (1726-1806).

q. 4: **en retard** = late. **Imposition** = pensum.

19. **Richelieu** (Armand-Jean Du Plessis, cardinal et duc de), minister of Louis XIII., born on the 5th of September, 1585, died on the 4th of December, 1642.

du vieux archevêché: of the old archiepiscopal palace (of *Narbonne*, near the Mediterranean).

Louis XIII., surnamed "The Just," son of Henry IV. and Marie de Médicis, born in 1601, died in 1643, some few months after Richelieu.

Lavater (Jean-Gaspard), born at Zurich in 1741, died in 1801, who wrote a famous work on physiognomy.

Alfred de Vigny (1799-1863): chiefly known by his novels, and especially by the one entitled 'Cinq Mars,' of which the "Portrait de Richelieu" is an extract.

q. 1: the form *vieil* is seldom used now, unless it precedes the word *homme: le vieil homme*, having then the Scriptural meaning of *sinner*.

q. 6: of all the Lat. verbs in *-ire*, tousser (Lat. *tussire*) is the only one introduced into the first Fr. conjug. The O. Fr. form was correct = *tussir*.

q. 8: *nous* stands here for *I*, i.e. the author himself, A. de Vigny.

20. **Mazarin** (Giulio **Mazarini**), born at Pescina, in 1602, died in 1661.

la reine: Queen Anne of Austria, mother of Louis XIV.

La Rochefoucauld (François, duc de), the author of a work en-

[PAGE 125-127.]

titled 'Pensées et Maximes' (1613-1680).

Mignet (François-Auguste-Marie), born in 1796, member of the Académie Française in 1836, author of several historical works.

q. 3: (c) **ne laisse pas d'avoir de l'esprit** = is, however (for all that), a clever man. (d) **Laissez que** .... = allow me .... (e) **Laissez donc** = leave off! *or* nonsense!

q. 7: the adj. *rare*, like all adjs. denoting an *essential* quality, is generally placed before the subst.

21. **un descendant** ....: Philip (duc d'Anjou), second son of the "dauphin," son of Louis XIV., who succeeded Charles II. on the throne of Spain, in 1700.

Condé, called the "Grand Condé" (1621-1686), who defeated the Spaniards at *Rocroi* (1643), tne Bavarian general **Mercy** at *Friburg* (1644), took *Dunkerque* (1646), and put an end to the Thirty Years' War by the victory of *Lens*, in Artois (1648).

Villars (Louis-Hector, duc de), a famous general, who followed the steps of Condé (1653-1734).

Vendôme (Louis-Joseph, duc de), born in 1654, who distinguished himself at the siege of *Mons* and *Namur*, and in the battles of *Steinkerque*, *La Marsaille*, and *Villaviciosa* (1710). He died suddenly at *Tinaroz*, and Philip V. ordered him to be buried in the *Escurial*.

Bossuet (Jacques-Bénigne), bishop of *Condom* (1669) and of *Meaux* (1681), one of the most eloquent preachers France ever produced (1627-1704).

l'Océan ....: by the canal of *Languedoc*.

Racine (Jean), historiographer to

[PAGE 127-129.

the King (Louis XIV.), and author of the well-known dramatic works (1669-1699).

Villemain (Abel-François), **born** in 1791, who, nearly fifty years ago, delivered most brilliant lectures on the literature of the eighteenth century, in the *Sorbonne*, and wrote **the** '**Tableau** de la Littérature française,' the 'Souvenirs contemporains,' and several volumes of essays.

22. **la Bastille**: a fortress and state-prison built by Charles V. and Charles VI., from **1370** to **1382, to** the N E. of Paris.

l'hôtel des Invalides: founded by Louis XIV., in 1670, to receive 4000 disabled officers and soldiers.

Suisses: Swiss soldiers in **the** service of the king. This corps was suppressed in 1830.

gardes-françaises: this regiment was created by Charles IX. in 1563, and was composed **of** French soldiers only, as they were the king's own guards. Louis XVI. disbanded them on the 31st of July, 1789.

en forme: regular.

q. 1: see P. I. p. 45.

q. **6, you are slow**: vous retardez.

q. **8, depend upon it**: attendez-vous-y.

23. **le baron de Besenval** was then Lieutenant-general and commanding the troops which surrounded Paris (1722-1792).

Thiers (Louis-Adolphe), born at Marseilles in 1797, for some time President of the French Republic, before Marshal MacMahon. His principal works are the 'Histoire de la Révolution française' and 'Histoire du Consulat et de l'Empire,' *d.* 1877.

24. **Tacite** = C. Cornelius Tacitus, a celebrated Roman historian of the first century.

Cremutius Cordus, a senator and

PAGE 129-132.]

Roman historian, contemporary of Augustus and Tiberius.

Mamercus Scaurus, accused of high treason and put to death under the reign of Tiberius.

Torquatus Silanus, sentenced to death by Nero.

Pomponius, a senator who gave a shelter to *Ælius Gallus*, friend of *Sejanus*.

Fusius Geminus, an accomplice of *Sejanus*, put to death by Tiberius.

Camille Desmoulins (1762-1794) was a barrister, and editor of 'La Lanterne des Parisiens' and 'Les Révolutions de France et de Brabant.' In 1793 he published another paper, 'Le Vieux Cordelier,' in which he praised **Marat**, and tried to exaggerate the Revolution. It is from this paper Mignet took the extract which is to be found in his 'Histoire de la Révolution française.' Desmoulins, being a member of the faction called "Les Indulgents," was arrested, and guillotined with Danton, on the 5th of April, 1794.

25. **Napoléon** (Bonaparte), born on the 15th of August, 1769, at Ajaccio, in Corsica; died at St. Helena on the 5th of May, 1821.

Martigny, in *Valais* (Switzerland).

Marmont (Auguste-Frédéric-Louis **Viesse de**), *duc de Raguse*, Marshal of France (1774-1852). In 1800 he had the command of the artillery.

Gassendi (Jean-Jacques-Basilien de), an officer who distinguished himself on that occasion, and at the battle of Marengo (1748-1828).

par pièce: for every gun, cannon.

Salvandy (Narcisse-Achille de), a writer of considerable merit, who during the reign of Louis-Philippe was Minister of Public Instruction (1796-1857).

[PAGE 132-136.

q. 2: (c) a encore bon pied, bon œil = is still hale and hearty.

q. 3: (b) faire des gorges chaudes: to laugh at, to make fun of.

26. Marengo, a village in Italy, on the left bank of the *Fontanone.*

Alexandrie, in Ital. *Alessandria della paglia* (Alexandria of the straw), a fortified town of Italy, on the *Tanaro.*

Mélas, an Austrian field-marshal (1730-1807).

Soult (Nicolas Jean-de-Dieu), born in 1769, died in 1852, rose from the ranks and became Marshal of France and *duc de Dalmatie* after the treaty of *Tilsit* (7th of July, 1807).

q. 4: gai (*adj.*); gué (*s.m.*). For their meanings see Voc.

27. Austerlitz, in Moravia, on the river *Littawa.* This battle is also called "the battle of the three Emperors" (*i.e.* Napoleon I., Francis II., and Alexander I.).

le jour même...: Napoleon had been crowned Emperor of the French by Pope Pius VII., on the 2nd of December, 1804, and the battle of Austerlitz was fought on the 2nd of December, 1805.

q. 2: see Notes on Anecdotes, 4.

q. 4: (c) translate *to walk* by *faire* instead of *marcher.*

q. 9: un brave homme = a good, honest man.

un homme brave = a brave, courageous man.

28. Moscou, in Russian *Moskva,* on the *Moscova,* ancient capital of Russia.

Scythes: Scythians, the name given by the Ancients to the Barbarians who lived in the north-east of Europe and the north-west of Asia, and from whom the Cossacks are descended.

le Kremlin is a citadel, on an eminence, in the centre of

PAGE 136-137.]

Moscow, in which the old Czars resided, and which now contains the palaces of the Emperor and the Archbishop, as well as the Cathedral of the Assumption.

massacre des Strélitz: by Peter the Great. The strelitz (in Russian *strelzii* = archers, sharpshooters) formed the Imperial Guard.

Ségur (Philippe-Paul, comte de), born in 1780, a general and historian, member of the *Académie Française* (1830), author of the 'Histoire de Napoléon et de la Grande Armée pendant l'année 1812.'

29. Ney (Michel), born in 1769, was the son of a cooper. He enlisted in 1787, and in 1792 received from his chiefs the surname of "Infatigable;" Marshal of France in 1804, and *duc d'Elchingen* in 1805; called by the army "*le brave des braves;*" *Prince de la Moskova* (1812). After the abdication of Napoleon, Louis XVIII. loaded him with favours. But when he was ordered to march against Napoleon, who had just escaped from Elba, he embraced the cause of his former master, instead of opposing his march on Paris. After the battle of Waterloo he was tried before the House of Peers for high treason, and sentenced to death.

Luxembourg: this palace was built (1615-1620) for Marie de Médicis, widow of Henry IV., by the architect Debrosse. In 1814 it became the House of Peers.

l'Observatoire, built by Claude Perrault, from 1667 to 1672.

Lamartine (Alphonse-Marie-Louis Prat de), a distinguished poet and writer, who was born in 1790, and died in 1869.

[PAGE 137–138.]

q. 7, **commandant**: because ending in a nasal sound. **Officier, soldat**, because applying to men only. **Cœur**, because coming from Lat. *cor, s.n.*

30. **les Cent-jours**: the name given by the Royalists to the second reign of Napoleon I. (from March 20, 1815, to June 29, when Napoleon left Paris for *Rochefort*).

La Bédoyère (Charles-Angélique **Huchet**, comte de) followed the example of Ney, and, **after having** been tried for high **treason**, was shot on the plain of Grenelle (19th of August, 1815).

Lavalette (Antoine-Marie-Joseph **Chamans**, comte **de**), born in 1769, died in 1830. He was aide-de-camp of the General Bonaparte in the army of the Alps, and made the campaigns of Egypt, Germany, and Prussia. After the "Cent-jours" he was sentenced to death for having favoured the return of Napoleon from Elba. On the eve of his execution, his wife (a niece of the Empress Joséphine) saved him by changing clothes with him. General **Wilson** and two other English gentlemen, **Bruce** and **Hutchinson**, assisted his escape from France into Bavaria. He was pardoned in 1822.

Brune (Guillaume-Marie-Anne), born in 1763, assassinated by the Royalists at Avignon on the 2nd of August, 1815.

Page 138–139.]

Faucher (César and Constantin), twin brothers, born in 1760, who were sentenced to death, and executed at Bordeaux (September 1815), for having refused to take an oath of allegiance to the king (Louis XVIII.).

Avignon, capital of the old "Comtat Venaissin," on the **left** bank of the Rhone, where the popes resided from 1309 to 1377.

Nîmes (in Lat. *Nemausus*), one of the finest and most important cities of old Gaul, now the chief town of the department of the *Gard*, in the south of France.

Uzès: (the old *Ucetia*) on the *Auzon*, in the department of the *Gard*.

Montpellier (in Lat. *Mons puellarum*), a large and fine city, in the department of the *Hérault*, of which it is the chief town.

Toulouse (Lat. *Tolosa*), the old capital of *Languedoc*, now the chief town of the department of the *Haute-Garonne* (Upper Garonne) ; 100,000 inhabitants.

The **Moniteur Universel**, founded on the 24th of November, 1789, under the name of **Gazette Nationale** and called **Moniteur Universel** in the year 2 of the Republic (1794). Since the month of *Nivôse*, year 8 of the Republic (Mars 1800), it has become the official journal of the Government.

ETYMOLOGICAL DICTIONARY

TO FRENCH READING BOOK.

A

à, *prep.* [L. *ad* and *ab*] *to, by, at.*

abaissement [*abaisser*, *q.v.*] *s.m., fall, abasement, humiliation.*

abaisser [L. L. *adbassare*, compd. of *ad* and *bassare*, der. from *bassus* = Fr. *bas*, "low"] *to pull down, to lower.* S'——, *r.v., to lower oneself, to be lowered.*

abandon [*à* and *bandon*, O. F. = permission] *s.m., forsaking, desertion.*

abandonné, *p.p.* and *adj., deserted.*

abandonnement [*abandonner*], *s.m., abandonment, desertion.*

abandonner [*abandon*, *q.v.*] *v.a.*, 1, *to forsake, leave, desert, give up.*

abasourdi [*p.p.* of *abasourdir* = *ab*, *assourdir*, from *sourd*, *q.v.*], *to astound.*

abattement [*abattre*], *s.m., dejection, despondency, low spirits.*

abattoir [*abattre*], *s.m., slaughter-house.*

abattre [L. L. *abbattere*], *v.a.*, 4, *to beat down, knock down, fell; dishearten.*

abbaye [L. *abbatia*], *s.f., abbey.*

abbé [L. *abbatem*, acc. of *abbas*, from Syriac *abba*, "father"], *s.m., abbot, priest (of the Roman Catholic Church).* (The *f.* is *abbesse.*)

abdication [L. acc. *abdicationem*], *s.f., abdication.*

abdiquer [L. *abdicare*], *v.a.*, 1, *to abdicate.*

abeille [L. *apicula*, dim. of *apis*], *s.f., bee.*

abhorrer [L. *abhorrere*], *v.a.*, 1, *to abhor, detest.*

ABOUTIR.

abîme [L. L. acc. *abyssimum*, a deriv. of L. *abyssus*, from Gr. ἄβυσσος], *s.m., abyss, gulf, depth.*

abîmer [*abîme*], *v.a.*, 1, *to destroy, cut to pieces.* S'——, *r.v., to be swallowed up.*

abject, -e [L. *abjectus*], *adj., abject, vile.*

abjuration [L. acc. *abjurationem*], *s.f., abjuration.*

abjurer [L. *abjurare*, "to swear"], *v.a.*, 1, *to abjure.*

ablatif [L. acc. *ablativum*], *s.m., ablative case.*

aboiement [*aboyer*], *s.m., bark, barking.*

abois [*aboyer*], *s.m. pl., bay.* Être aux ——, *to be at bay.*

abolir [L. *ab, olescere*], *v.a.*, 2, *to abolish.*

abolition [L. acc. *abolitionem*], *s.f., abolition.*

abominable [L. *abominabilis*], *adj., abominable.*

abomination [L. acc. *abominationem*], *s.f., abomination.*

abondamment, *adv., abundantly.*

abondance [L. *abundantia*], *s.f., abundance, plenty.*

abondant, -e [L. acc. *abundantem*], *adj., abundant, plentiful.*

abonder [L. *abundare*, from *ab*, *unda*], *v.n.*, 1, *to abound, overflow.*

abord [*à* and *bord*, *q.v.*], *access.* D'——, *at first.*

aborder [*à*, *bord*], *v.a.* and *n.*, 1, *to come on board; to land; accost.* S'——, *r.v., to accost each other; to run foul of (of ships).*

aborigène [L. *aborigines*], *adj., aboriginal.* ——s, *s.m. pl., primitive inhabitants.*

aboutir [*à*, *bout*, *q.v.*] *v.n.*, 2, *to lead or come to, end, tend.*

ABSTENIR.

aboyer [L. *ad*, *baubari*], *v.n.*, 1, *to bark.*

abréger [L. L. *abbreviare*, from *ad, brevis*], *v.a.*, 1, *to abridge, shorten.*

abreuver [L. L. *abeverare*, der. from L. *bibere*], *v.a.*, 1, *to give water to.* S'——, *r.v., to drink.*

abréviation [L. acc. *abbreviationem*], *s.f., abbreviation.*

abri [L. *adj. apricus*, "exposed to the sun"], *s.m., shelter.*

abricot [Span. *albaricoque*, from Arab. *Al-birkouk*, Gr. πρεκόκιον, L. *praecox*], *s.m., apricot.*

abricotier, *s.m., apricot-tree.*

abriter [*abri*], *v.a.*, 1, *to shelter.* S'——, *r.v., to shelter oneself.*

abrogation [L. acc. *abrogationem*], *s.f., abrogation.*

abroger [L. *abrogare*], *v.a.*, 1, *to abrogate, annul.*

abrupt, -e [L. *abruptus*], *adj., abrupt, blunt.*

abrutir [*à, brute*, *q.v.*], *v.a.*, 2, *to brutalize.* S'——, *r.v., to become brutish.*

absence [L. *absentia*], *s.f., absence.*

absent, -e [L. acc. *absentem*], *adj., absent, away.*

absolu, -e [L. *absolutus*], *adj., absolute, positive, imperious.*

absolument, *adv., absolutely.*

absolution [L. acc. *absolutionem*], *s.f., absolution.*

absorber [L. *absorbere*, "to swallow up"], *v.a.*, 1, *to absorb, consume, take up, engross.*

absoudre [L. *absolvere*], *v.a.*, 4, *to absolve, acquit, forgive.*

absous, -oute [*p.p.* of *absoudre*, *q.v.*], *absolved.*

abstenir (s') [L. *abstenere*]

ABSTINENCE.

a common form of *abstinere*], *r.v.*, *to abstain, refrain.*
abstinence [L. *abstinentia*], *s.f.*, *abstinence.*
abstinent, -e [L. acc. *abstinentem*], *adj.*, *abstemious.*
abstraction [L. acc. *abstractionem*], *s.f.*, *abstraction.*
abstrait, -e [L. *abstractus*], *adj.*, *abstract.*
absurde [L. *absurdus*], *adj.*, *absurd.*
absurdement, *adv.*, *absurdly.*
absurdité [L. acc. *absurditatem*], *s.f.*, *absurdity.*
abus [L. acc. *abusum*], *s.m.*, *abuse, misuse.*
abuser, *v.a.*, 1, *to deceive.* ——, *v.n.*, *to abuse, misuse.*
abusif, -ive [L. *abusivus*], *adj.*, *abusive.*
académie [L. *academia*; Gr ἀκαδημία], *s.f.*, *academy.*
acariâtre [O. Fr. v. *acarier*, "to confront," from L. *cara*, "face" (see *chère*)], *adj.*, *peevish, cross-grained.*
accablement [*accabler*], *s.m.*, *dejection, affliction.*
accabler [à and O. Fr. *caabler* or *chaabler*, from L. L. n. *cadabulum*, from Gr. καταβολή, "throwing down"], *v.a.*, 1, *to crush, overwhelm.* S'—— de, *r.v.*, *to load each other* S'—— *d'invectives, to abuse each other.*
accaparer [It. *caparrare*, "to stop merchandise," from *ad* and L. L. *caparra*, der. from L. *capere*], *v.a.*, 1, *to monopolise.*
accéder [L. *accedere*], *v.n.*, 1, *to accede, agree, consent.*
accélérer [L. *accelerare*, "to quicken"], *v.a.*, 1, *to accelerate, hasten, quicken.*
accent [L. acc. *accentum* = *ad*, *cantus*, "a song"], *s.m.*, *accent, tone, song, strains.*
accepter [L. *acceptare* = *ad*, *cipere* for *capere*, "to take"], *v.a.*, 1, *to accept, receive.*
accès [L. acc. *accessum*], *s.m.*, *access, approach*; *fit, burst, attack.*
accessible [L. *accessibilis*], *adj.*, *accessible, approachable.*
accident [L. acc. *accidentem*, from *accidere*, "to happen"], *accident, calamity.*
accidentel, -elle, *adj.*, *accidental.*
acclamation [L. acc. *ac-*

ACCUSATIF.

clamationem], *s.f.*, *acclamation, cheering, applause.*
acclamer [L. *acclamare*], *v.a.*, 1, *to proclaim, hail, welcome.*
accommoder [L. *accommodare*], *v.a.*, 1, *to cook, dress, prepare.*
accompagner [see *compagne*], *v.a.*, 1, *to accompany.*
accomplir [L. L. *accomplere*, compd. of *ad* and *complere*], *v.a.*, 2, *to accomplish, finish, complete.* S'——, *r.v.*, *to be accomplished or accomplishing*; *to happen, pass.*
accomplissement, *s.m.*, *accomplishment, fulfilment.*
accord [*accorder*], *s.m.*, *agreement, harmony, sweet strains.* Être d'—— avec, *to agree with.*
accorder [L. *accordare*, from *ad* and *cor, cordis*, "heart"], *v.a.*, 1, *to grant.* S'——, *r.v.*, *to agree.*
accoster [L. L. *accostare*, from L. *ad* and *costa*], *v.a.*, 1, *to accost, address, speak to.*
accouder (s') [L. *accubitare*, from *ad* and *s.n. cubitum*], *r.v.*, *to lean on one's elbow.*
accourir [L. *accurrere*], *v.n.*, 2, *to run, run up hastily.*
accoutumer [à, *coutume*, *q.v.*], *v.a.*, 1, *to accustom.* S'——, *r.v.*, *to become accustomed.*
accroc [à and *croc*, *q.v.*], *s.m.*, *rent, tear*; *impediment.*
accrocher [*accroc*], *v.a.*, 1, *to hook, hang up.* S'——, *r.v.*, *to stick to, to be fastened to.*
accroissement [*accroître*], *s.m.*, *increase.*
accroître [L. *accrescere*], *v.a.*, 4, *to increase.* S'——, *r.v.*, *to increase, grow.*
accroupir (s') [à, *croupe*, from *kryppa*, "a protuberance," a word of German origin], *r.v.*, *to squat down.*
accueil [*accueillir*], *s.m.*, *reception, greeting, welcome.*
accueillir [L. *ad, colligere*, "to gather"], *v.a.*, 2, *to receive, greet, welcome.*
accumuler [L. *accumulare*], *v.a.*, 1, *to accumulate, heap up.* S'——, *r.v.*, *to heap up, increase.*
accusateur [L. acc. *accusatorem*], *s.m.*, *accuser.* (The *f.* is *accusatrice.*)
accusatif [L. acc. *accusativum*], *s.m.*, *accusative case.*

ACTIVITÉ.

accusation [L. acc. *accusationem*], *s.f.*, *accusation.*
accuse, -e [*p.p.* of *accuser*], *adj.* and *s.m.* or *f.*, *accused person, prisoner.*
accuser [L. *accusare*], *v.a.*, 1, *to accuse.*
acéré, -e [*acérer*, "to temper steel," from *acier*, *q.v.*], *adj.*, *sharp, keen.*
acharné, -e [*acharner*], *p.p.* and *adj.*, *savage, enraged, infuriated, bent on.*
acharnement [*acharner*], *s.m.*, *rage, fury.*
acharner [L. L. *adcarnare*, (?) der. from *ad carnem*], *v.a.*, 1, *to flesh*; *excite, set against.* S'——, *r.v.*, *to be bent on*: *to attack furiously*; *to become enraged.*
achat [Medieval L. *accaptum*], *s.m.*, *purchase.*
acheter [L. L. *adcaptare*, compd. of L. *captare*], *v.a.*, 1, *to buy.*
achever [à, *chef*, from L. *ad caput*, sc. *venire*], *v.a.*, 1, *to finish, to end, achieve, complete.* S'——, *r.v.*, *to be finished, ended.*
acide [L. *acidus*], *adj.* and *s.m.*, *acid.*
acidité [L. acc. *aciditatem*], *s.f.*, *acidity.*
acier [L. L. n. *acierium*, der. from *acies*, "a sword-edge"], *s.m.*, *steel, sword.*
acquérir [L. *acquirere* = *ad, quaerere*], *v.a.*, 2, *to acquire, to get.*
acquisition [L. acc. *acquisitionem*], *s.f.*, *acquisition.*
acquit [*acquitter*], *s.m.*, *receipt.*
acquitter [L. L. *adquietare* = *acquittare*, see *quitter*], *v.a.*, 1, *to acquit.* S'——, *r.v.*, *to discharge, pay, fulfil, perform.*
acre [Medieval L. n. *acrum*], *s.m.*, *acre.*
acte [L. acc. *actum*], *s.m.*, *act, deed, action.*
acteur [L. acc. *actorem*], *s.m.*, *actor, performer, agent.* (The *f* is *actrice.*)
actif, -ive [L. *activus*, from *agere*], *adj.*, *active, quick.*
action [L. acc. *actionem*], *s.f.*, *action, expression, deed, motion, fight, battle.* —— s do grace, *thanks.*
activité [L. acc. *activitatem*], *s.f.*, *activity, diligence, action, vigour.*

ACTUEL.

actuel, -elle [L. *actualis*], *adj.*, real, actual; present, of the times, modern.

actuellement, *adv.*, now, actually, really.

adage [L. n. *adagium*], *s.m.*, adage, saying.

addition [L. acc. *additionem*, from *addere*], *s.f.*, addition, adding up.

adieu [à, *Dieu*, q.v.], *adv.*, good-bye, farewell.

adjacent, -e [L. acc. *adjacentem*], *adj.*, adjacent, contiguous.

adjectif [L. n. *adjectivum* (*nomen*)], *s.m.*, adjective.

adjoindre [L. *adjungere*], *v.a.*, 4, to adjoin, give an assistant. S'——, *r.v.*, to take as an assistant; to be joined, added.

adjoint [*p.p.* of *adjoindre*], *s.m.*, assistant, coadjutor.

adjuger [L. *adjudicare*], *v.a.*, 1, to adjudge, award. S'——, to appropriate to oneself, take.

admettre [L. *admittere*], *v.a.*, 4, to admit, allow, permit, receive.

administration [L. acc. *administrationem*], *s.f.*, administration, direction.

admirable [L. acc. *admirabilem*], *adj.*, admirable, wonderful.

admirablement, *adv.*, wonderfully.

admiration [L. acc. *admirationem*], *s.f.*, admiration.

admirer [L. *admirari*], *v.a.*, 1, to admire.

admission [L. acc. *admissionem*], *s.f.*, admission, admittance.

adolescence [L. *adolescentia*], *s.f.*, adolescence, youth.

adonner (s') [à and *donner*], *r.v.*, to apply oneself; to be addicted to.

adopter [L. *adoptare*=*ad, optare*, "to choose"], *v.a.*, 1, to adopt, admit, choose.

adoptif, -ive [L. *adoptivus*], *adj.*, adoptive, adopted, foster.

adorateur [L. acc. *adoratorem*], *s.m.*, adorer, worshipper, admirer. (The *f.* is adoratrice.)

adoration [L. acc. *adorationem*], *s.f.*, adoration, worship.

AFFAIRE.

adorer [L. *adorare*], *v.a.*, 1, to adore, worship.

adosser [à and *dos*, q.v.], *v.a.*, 1, to lean against. S'——, *r.v.*, to lean one's back against.

adoucir [à, *doux*, q.v.], *v.a.*, 2, to soften, smooth, appease. S'——, *r.v.*, to cool, relent.

adresse [*adresser*], *s.f.*, address, direction; dexterity, skill; shrewdness, cunning.

adresser [à, *dresser*, q.v.], *v.a.*, 1, to address, say. S'——, *r.v.*, to be addressed to, to apply to.

adroit, -e [à, *droit*, from L. *ad, directus*], *adj.*, dexterous, skilful, sharp.

adroitement, *adv.*, skilfully, cleverly.

adulateur [L. acc. *adulatorem*], *s.m.*, adulator, flatterer, sycophant. F. - TRICE.

adulation [L. acc. *adulationem*], *s.f.*, adulation, flattery, sycophancy.

aduler [L. *adulari*, v.a., 1, to adulate, flatter.

adulte [L. *adultus*], *adj.*, and *s.m.* or *f.*, grown up; adult.

advenir [L. *advenire*], *v.n.*, 2, to happen, befall.

adverbe [L. n. *adverbium*, from *ad* and *verbum*], *s.m.*, adverb.

adversaire [L. *adversarius*, from *adversus*], *s.m.*, adversary, antagonist, opponent.

adversité [L. acc. *adversitatem*], *s.f.*, adversity.

aérien, -ne [L. *aër*, from Gr. ἀήρ], *adj.*, aërial, of the air.

aéronaute [Gr. ἀήρ, "air," and ναύτης, "sailor"], *s.m.*, aëronaut.

aérostat [Gr. ἀήρ, "air," and στατός, "standing"], *s.m.*, air-balloon.

affabilité [L. acc. *affabilitatem*], *s.f.*, affability, kindness, graciousness.

affable [L. *affabilis*, "easy of access for speech"], *adj.*, affable, courteous, kind.

affaiblir [*faible*], *v.a.*, 2, to weaken. S'——, *r.v.*, to grow weak, smaller and smaller.

affaiblissement [*affaiblir*], *s.m.*, weakening, decay.

affaire [à, *faire*], *s.f.*, affair, business. Avoir —— à, to have to deal with. Avoir —— de, to have need of.

AFIN QUE.

affaisser [à, *faix*, from L. *fascis*, v.a., 1, to sink, weigh down. S'——, *r.v.*, to sink down, give way, droop.

affamé [à, *faim*], *adj.*, hungry, starving.

affecter [L. *affectare*], *v.a.*, 1, to affect; assume, pretend; like, love. ——, *v.n.*, 1, to make a point of.

affection [L. acc. *affectionem*], *s.f.*, affection, love, liking.

affectionné, -e [*p.p.* of *affectionner*], *adj.*, affectionate.

affectueusement, *adv.*, affectionately, fondly, kindly.

affectueux, -euse [L. *affectuosus*, from *affectus*, "impression"], *adj.*, affectionate, kind.

affermir [à, *ferme*, adj.], *v.a.*, 2, to strengthen. S'——, *r.v.*, to become strong.

affilié, -e, *adj.* and *subst.*, affiliated member, confederate.

affilier [L. *adfiliare* = *ad, filium*], *v.a.*, 1, to adopt, affiliate. S'——, *r.v.*, to become affiliated, to associate.

affirmation [L. acc. *affirmationem*], *s.f.*, affirmation, assertion.

affirmer [L. *affirmare*], *v.a.*, 1, to affirm, assert, state.

affliction [L. acc. *afflictionem*], *s.f.*, affliction, distress, grief.

affliger [L. *affligere*], *v.a.*, 1, to afflict, grieve, trouble. S'——, *r.v.*, to grieve, mourn.

affluent [L. acc. *affluentem*], *s.m.*, tributary (river).

affranchir [*franc*, *f.* *franche*, q.v.], *v.a.*, 1, to set free. S'——, *r.v.*, to free oneself.

affranchissement [*affranchir*], *s.m.*, liberation, deliverance; payment of postage.

affreusement, *adv.*, frightfully, horribly.

affreux [*affres*, *s.f. pl.*, "pangs of death," from O. H. G. *eiver, eipar*, "sharp, rugged"], *adj.*, frightful, horrible.

affronter [*affront*], *v.a.*, 1, to encounter, face, brave.

affût [à, *fût*, "wood," from L. acc. *fustem*], *s.m.*, lying in wait for game; gun-carriage.

afin de, in order to, so as to.

afin que [à, *fin, que*], *conj.*, that, in order that.

N 2

AFRICAIN.

Africain, -e, *adj.* and *s.m.* or *f.*, *African*.

Afrique [*Africa*, "the land of *Afer*, a son of the Libyan Hercules"], *s.f.*, *Africa*.

agacer [O. H. G. *hazjan*, "to harry"], *v.a.*, 1, *to irritate, excite, to set (dogs) at*.

âge [L. L. *n. aetaticum*, from L. acc. *aetatem*], *s.m.*, *age, time of life*, *century*. Moyen ——, *Middle Ages*.

âgé, -e [*âge*], *adj.*, *aged, old*.

agenda [L. *agenda*, "things to be done"], *s.m.*, *note* or *memorandum book*.

agenouiller (s') [L. L. *adgeniculari*, in Tertullian, from *ad* and *geniculum*, the L. L. form for *geniculum*, which gave the Old Fr. *genouil*, "knee"], *r.v.*, *to kneel down*.

agent [L. acc. *agentem*], *s.m.*, *agent, medium*.

agglomération [L. acc. *agglomerationem*], *s.f.*, *agglomeration*.

agglomérer [L. *agglomerare*], *v.a.*, 1, *to agglomerate, collect*. S'——, *r.v.*, *to heap up*.

aggraver [à and *grave*], *v.a.*, 1, *to aggravate, increase, make worse*.

agile [L. *agilis*], *adj.*, *agile, quick, light-footed*.

agilement, *adv.*, *nimbly, quickly*.

agilité [L. acc. *agilitatem*], *s.f.*, *agility, nimbleness*.

agir [L. *agere*], *v.n.*, 2, *to act, behave*.

agit (il s'), *imp. v.* (3rd p. sing. pres. Ind.), *the thing in question is; the thing is*.

agitation [L. acc. *agitationem*], *s.f.*, *agitation, stir, motion, emotion, excitement*.

agiter [L. *agitare*], *v.a.*, 1, *to agitate, stir, move, brandish*.

agneau [L. acc. *agnellum*, dim. of *agnus*], *s.m.*, *lamb*.

agonie [Gr. ἀγωνία, "struggle"], *s.f.*, *agony, struggle against death*.

agonisant, -e [*pres. p.* of *agoniser*, "to be on the point of death"], *adj., dying*.

agrandir [à, *grand*], *v.a.*, 2, *to enlarge, increase*. S'——, *r.v.*, *to grow larger*.

agrandissement [*agrandir*], *s.m.*, *aggrandizement, enlargement, increase*.

AIGRETTE.

agréable [à, *gré*], *adj., agreeable, pleasant*.

agréablement, *adv.*, *agreeably, pleasantly*.

agréer [à, *gré*, *lit.* "prendre à gré"], *v.a.*, 1, *to accept, receive favourably*.

agrément [à, *gré*], *s.m.*, *amusement, gratification, pleasure*.

agresseur [L. acc. *aggressorem*, from *aggredi*, "to attack"], *s.m.*, *aggressor, assailant*.

agressif, -ive, *adj.*, *aggressive, hostile*.

agression [L. acc. *aggressionem*, from *aggredi*, "to attack"], *s.f.*, *aggression*.

agreste [L. *adj.*, acc. *agrestem*], *adj., rustic, rural*.

agricole [L. *agricola*], *adj., agricultural*.

agriculteur [L. acc. *agricultorem*], *s.m.*, *agriculturist, farmer, husbandman*.

agriculture [L. *agricultura*], *s.f.*, *agriculture*.

aguerrir [à and *guerre*, q.v.], *v.a.*, 2, *to accustom to war*. S'——, *r.v.*, *to get inured*.

aguets [à and *guet*, q.v.], *s.m. pl.*, *watch*. Être aux ——, *to be on the watch*.

ah! *interj.*, *oh! ah!*

aide, *s.f.*, *help, succour*. ——, *s.m.*, *helper, aid*. —— pharmacien, *assistant apothecary*. Venir en —— à, *to aid, assist, help*.

aide-de-camp [see *aide* and *camp*], *s.m.*, *aide-de-camp*.

aider [L. L. *adjutare*, from *adjutum*, sup. of L. *adjuvare*], *v.a.*, 1, *to help*. S'——, *r.v.*, *to help oneself*.

aïeul, -e [L. L. acc. *aviolum*, from L. *avus*], *s.m.* or *f.*, *grandfather, grandmother*.

aïeux, *s.m. pl.*, *forefathers, ancestors*.

aigle [L. *aquila*], *s.m.* and *f.*, *eagle*. ——, *s.f.*, *standard, flag, colours*.

aiglon, *s.m.*, *young eagle, eaglet*.

aigre [L. acc. *acrem*], *adj., acid, sour*.

aigrement, *adv.*, *sourly, harshly*.

aigrette [O. H. G. *heigro*, which gave the Fr. word *aigre*, of which *aigrette* is the dim., meaning "a little heron"], *s.f.*, *egret, tuft of feathers, plume*.

AJONC.

aigreur [*aigre*], *s.f.*, *acidity, sourness, harshness*.

aigrir [*aigre*, "sour"], *v.a.*, 2, *to sour*. S'——, *r.v.*, *to turn sour*.

aigu, -uë [L. *acutus*], *adj., sharp, shrill*.

aiguille [L. L. *acucla* (?), from L. *acicula*, dim. of *acus*], *s.f.*, *needle*. [*needleful*.

aiguillée [*aiguille*], *s.f.*, **aiguillette**, *s.f.*, *tag, shoulder-knot*.

aiguillon, *s.m.*, *sting, goad; incentive, stimulus, spur*.

aiguillonner [*aiguillon*], *v.a.*, 1, *to sting, goad; stimulate, rouse, spur*.

aiguiser [*aigu*], *v.a.*, 1, *to whet, sharpen; stimulate*.

aile [L. *ala*], *s.f.*, *wing, fan (of a windmill)*. À tire d'——, *swiftly*.

ailé, -e, *adj., winged*.

ailleurs [L. *aliorsum*], *adv., elsewhere*. D'——, *after all, besides*.

aimable [L. *amabilis*], *adj., amiable, kind, polite, obliging*.

aimablement, *adv.*, *amiably, kindly, courteously*.

aimer [L. *amare*], *v.a.*, 1, *to love, to be fond of, to like*. —— à, *to like to, to take pleasure in, to delight in*. —— mieux, *to prefer, like better*.

aîné, -e [O. Fr. *ainsné*, from L. *ante-natus*], *adj.* and *s.m.* or *f.*, *first-born, elder, eldest (son or daughter, brother or sister)*.

ainsi [L. *in, sic*], *adv.*, *thus*. —— de suite, *and so on*. —— que, *conj., as, as well as*.

air [L. acc. *aërem*], *s.m.*, *air, look, appearance; time*. Les ——s, *the heavens*. Avoir l'——, *to look like, to seem*.

airain [L. *n. aeramen*], *s.m.*, *brass*.

aire [G. *aren*, "to make one's nest," from G. *uar*, "an eagle"], *s.f.*, *eyry*.

aisance [*aise*], *s.f.*, *ease, freedom, comfort*.

aise [Goth. *azêts*, *easy* (?)], *s.f.*, *ease, satisfaction, content, joy*. Être à son ——, *to be comfortable, or to be well off*.

aisé, -e, *adj., easy, free, well off*.

aisément, *adv.*, *easily*.

ajonc [L. L. *n. adjotum, ajoudum*], *s.m.*, *sea-rush, reed*.

ajouter [L. L. *adjuxtare*, from L. *ad*, *juxta*], v.a. and n., 1, *to add, join*.

ajuster [doublet of *ajouter*], v.a., 1, *to arrange, put together; aim*.

alaman: see *allemand*.

alarme [It. *all' arme*, "to arms"], s.f., *alarm*.

alarmer, v.a., 1, *to alarm, frighten*. S'——, r.v., *to be alarmed*.

albâtre [L. pl. n. *alabastra*, from Gr. ἀλάβαστρος], s.m., *alabaster*.

ale [Eng. *ale*], s.f., *ale*.

alentour [O. Fr. *à l'entour*], adv., *around, round about*.

alerte [It. *all' erta*, "take care"], adj., *alert, quick, nimble*. ——, s.f., *alarm, warning*.

algarade [Sp. *algarada*, from Ar. *al*, *gharet*, "rating"], s.f., *rating, sudden attack*.

Algérien, -enne [*Alger = Algiers*], adj. and s.m. or f., *Algerian*.

aliment [L. n. *alimentum*], s.m., *aliment, food, nourishment*.

alimentaire [L. *alimentarius*], adj., *fit for food*.

allée [participial subst. of *aller*], s.f., *walk, avenue*. Contre ——, s.f., *side-walk*.

alléger [L. L. *alleviare*, from L. *ad*, *levis*, "light"], v.a., 1, *to lighten, relieve*.

allégorie [from Gr. ἀλληγορία, from ἄλλος, "other," and ἀγορεῖν, "to say"], s.f., *allegory*.

allégorique [L. *allegoricus*], adj., *allegorical*.

allégoriquement, adv., *allegorically*.

allègre [O. Fr. *alègre*, from L. acc. *alacrem*], adj., *brisk, lively, nimble*.

allégresse [*allègre*], s.f., *joy*.

alléguer [L. *allegare*], v.a., 1, *to allege, plead, produce*.

alléluia [Hebrew *halelu*, "praise ye," *iah*, "Jehovah, God"], s.m., *hallelujah*.

Allemagne, s.f., *Germany*.

Allemand, -e [(i. *all = all*, *mann = man*], adj. and s.m. or f., *German*.

aller [L. *adnare*], v.n., 1, *to go*. L'—— et le retour, *there and back*. S'en ——, r.v., *to go, to go away*.

alliance [*allier*], s.f., *alliance*.

allié, -e [*allier*], adj. and s.m. or f., *ally*.

allier [L. *alligare*], v.a., 1, *to ally, unite, combine, mix*.

allocution [L. acc. *allocutionem*], s.f., *allocution, speech*.

allonger [à, *long*, q.v.], v.a., 1, *to lengthen*. S'——, r.v., *to stretch, stretch one's limbs, to get longer*.

allons! [*aller*], interj., *come! well!*

allouer [L. L. *allocare*, from L. *ad*, *locare*], v.a., 1, *to allow, grant*.

allumer [L. L. *adluminare*, *alluminare* (?), "to kindle," from L. *ad, lumen*], v.a., 1, *to kindle, light up*.

allure [*aller*], s.f., *gait, way of going* or *of dealing*.

allusion [L. acc. *allusionem*], s.f., *allusion*.

almanach [L. L. *almanachus*, from Gr. ἀλμεναχά, used by Eusebius in the 3rd century], s.m., *almanac*.

alors [It. *allora*, from L. *hora*], adv., *then*.

alouette [dim. of O. Fr. *aloue*, from L. *alauda*, "skylark"], s.f., *lark*.

Alpes [L. *Alpes*], s.f. pl., *the Alps*.

altéré, -e, adj., *thirsty*.

altérer [L. *alterare*], v.a., 1, *to alter, change; to make thirsty*. S'——, r.v., *to be changed; to grow thirsty*.

alternatif, -ive [*alterner*, "to alternate"], adj., *alternate, in turns*.

alternative, s.f., *alternative, choice*.

alternativement, adv., *alternately, by turns*.

altesse [It. *altezza*], s.f., *highness*.

altier, -ère [It. *altiero*], adj., *haughty, proud*.

amabilité [L. acc. *amabilitatem*], s.f., *amiability, kindness, politeness*.

amaigrir [*à* and *maigre*, q.v.], v.a., 2, *to emaciate, reduce*. S'——, r.v., *to grow thin*.

amaigrissement, s.m., *emaciation, wasting*.

amalgamation [*amalgamer*], s.f., *amalgamation*.

amalgamer [*amalgame*, from Gr. μάλαγμα, "softening"], v.a., and s'——, r.v., *to amalgamate*.

amande [L. n. *amygdalum*, from Gr. ἀμύγδαλος], s.f., *almond*.

amandier, s.m., *almond-tree*.

amarre [à, and N. *maaren*, "to fasten"], s.f., *mooring, cable, rope*.

amarrer [à, and *marrer*, from N. *maaren*, "to fasten"], v.a., 1, *to moor*.

amas [*amasser*], s.m., *heap, mass, collection, crowd*.

amasser [à, *masse*, q.v.], v.a., 1, *to gather, heap up*.

amateur [L. acc. *amatorem*], s.m., *amateur, fancier*.

ambassade [L. L. *ambactia*, from *ambactus*, "a servant sent with a message," from O. H. G. *ambacht*, "a servant"], s.f., *embassy*.

ambassadeur [*ambassade*], s.m., *ambassador*. (The f. is *ambassadrice*.)

ambiant, -e [L. acc. *ambientem*], adj., *ambient, surrounding*.

ambigu, -ë [L. *ambiguus*], adj., *ambiguous, obscure*.

ambiguïté [L. acc. *ambiguitatem*], s.f., *ambiguity*.

ambitieux, -euse [L. *ambitiosus*], adj., *ambitious*.

ambition [L. acc. *ambitionem*], s.f., *ambition, aim*.

ambitionner [*ambition*], v.a., 1, *to covet, aspire to*.

ambre [Ar. *anbar*], s.m., *amber*.

ambroisie [L. *ambrosia*, from Gr. ἀμβροτος, "immortal"], s.f., *ambrosia (the drink of the gods)*.

ambulance [*ambulant*], s.f., *ambulance, field-hospital*.

âme [L. *anima*], s.f., *soul, spirit, mind*.

amélioration [*améliorer*, "to improve," from L. *ad, meliorem*], s.f., *improvement*.

améliorer [L. L. *ameliorari*], v.a., 1, *to ameliorate, improve*. S'——, r.v., *to alter for the better*.

amen [L. *amen*, from Gr. ἀμήν, from Heb. *amen*, "true," used as an adv., *truly, surely, verily;* at the end of sentences

AMENDE.   ANALYSE.   ANGLE.

used for Gr. γένοιτο, and L. *fiat*, "so be it"], *adv.*, *amen*.

amende [L. *e* and *mendum*, "a fault"], *s.f.*, *fine, penalty*.

amener [à, *mener*, *q.v.*], *v.a.*, 1, *to bring; draw, pull*.

aménité [L. acc. *amoenitatem*], *s.f.*, *amenity, pleasantness*.

amer [L. *amarus*], *adj.*, *bitter*.

amèrement, *adv.*, *bitterly*.

Américain, -e [*Amérique*], *adj.* and *s.m.* or *f.*, *American*.

Amérique [*Americus* (*Vespucius*), a proper name], *s.f.*, *America*.

amertume [L. acc. *amaritudinem*], *s.f.*, *bitterness*.

ameuter [à, *meute*, *q.v.*], *v.a.*, 1, *to stir up*. See Notes on Nat. Hist., 25.

ami, -e [L. acc. *amicum*], *s.m.* or *f.*, *friend*.

amical, -e [L. *amicalis*], *adj.*, *friendly*.

amicalement, *adv.*, *in a friendly way, kindly*.

amincir [à and *mince*, *q.v.*], *v.a.*, 2, *to make thinner*. S'——, *r.v.*, *to grow thinner*.

amiral [L. L. acc. *admiralium*, from L. Gr. ἀμηρᾶς, from Ar. *amîr al bahr*, "commander of the sea"], *s.m.*, *admiral*.

amirauté, *s.f.*, *admiralty, admiralship*.

amitié [L. acc. *amicitatem*, a common L. form of *amicitia*], *s.f.*, *friendship*.

amnistie [Gr. ἀμνηστία, from *a* privative, and μναομαι, "I remember"], *s.f.*, *amnesty*.

amnistier, *v.a.*, 1, *to grant an amnesty to; to pardon*.

amoindrir [à and *moindre*, *q.v.*], *v.a.*, 2, *to lessen*. S'——, *r.v.*, *to grow less, decay*.

amollir [à and *mol*, see *mou*], *v.a.*, 2, *to soften*. S'——, *r.v.*, *to become soft or effeminate*.

amonceler [à, *monceau*, *q.v.*], *v.a.*, 1, *to accumulate, amass, heap up*.

amorce [O. Fr. *amorse*, from à and *mordre*, *q.v.*], *s.f.*, *bait, allurement, priming*.

amorcer, *v.a.*, 1, *to bait, allure, prime*.

amortir [à and *mort*, *q.v.*], *v.a.*, 2, *to soothe, deaden, allay*. S'——, *r.v.*, *to be deadened or allayed*.

amour [L. acc. *amorem*], *s.m.*, *love, affection*. —— *propre, conceit, vanity; self-love, selfishness*. (In the pl. this *s.* is *fem*.)

amoureusement, *adv.*, *lovingly, tenderly*.

amoureux, -euse [L. L. *amorosus*], *adj.*, *loving, fond*.

amphithéâtre [L. n. *amphitheatrum*, from Gr. ἀμφιθέατρον, from ἀμφί, "on both sides," and θέατρον, "theatre"], *s.m.*, *amphitheatre*.

amphore [L. *amphora*, "a large vessel with a handle on each side of the neck"], *s.f.*, *amphora, pitcher, jug*.

ample [L. *amplus*], *adj.*, *ample, copious, full*.

amplement, *adv.*, *amply, fully, copiously*.

ampleur [*ample*], *s.f.*, *ampleness, fulness, width*.

amplification [L. acc. *amplificationem*], *s.f.*, *amplification, magnifying, exaggeration*.

amplifier [L. *amplificare*], *v.a.*, 1, *to amplify, enlarge on, exaggerate*.

amputation [L. acc. *amputationem*], *s.f.*, *amputation, cutting off*.

amputer [L. *amputare*], *v.a.*, 1, *to amputate, cut off*.

amunitionner [à and *munition*, *q.v.*], *v.a.*, 1, *to store, supply (military term)*.

amusant, -e [*amuser*], *adj.*, *amusing, laughable*.

amusement, *s.m.*, *amusement, diversion, sport, play*.

amuser [?], *v.a.*, 1, *to amuse, divert*. S'——, *r.v.*, *to be amused, to amuse oneself*.

an [L. acc. *annum*], *s.m.*, *year*.

anachorète [L. acc. *anachoretam*, from Gr. ἀναχωρητής, "he who withdraws from the world," fr. ἀνά, "far," and χωρεῖν, "to go"], *s.m.*, *anchorite*.

analogie [L. *analogia*, from Gr. ἀναλογία], *s.f.*, *analogy, resemblance*.

analogique [L. *analogicus*, from Gr. ἀναλογικός], *adj.*, *analogous*.

analogue [L. *analogus*, from Gr. ἀνάλογος], *adj.*, *analogous*.

analyse [Gr. ἀνάλυσις, from ἀναλύω, "I resolve"], *s.f.*, *analysis, parsing*.

analyser, *v.a.*, 1, *to analyse, parse*.

ananas [Peruvian *nanas*], *s.m.*, *pine-apple*.

anarchie [Gr. ἀναρχία, from ἀν privative, and ἀρχή, "rule"], *s.f.*, *anarchy*.

anarchique, *adj.*, *anarchical*.

anathématiser [*anathème*], *v.a.*, 1, *to anathematize, curse*.

anathème [Gr. ἀνάθεμα, "exposure (to public curse)"], *s.m.*, *anathema, curse*.

ancêtres [L. pl. *antecessores*], *s.m. pl.*, *ancestors*.

ancien, -enne [L. L. *antianus* (?), der. from *ante*], *adj.*, *old, ancient*. Les ——*s*, *s.m. pl.*, *the ancients*.

anciennement, *adv.*, *anciently, of old*.

ancienneté [*ancien*], *s.f.*, *antiquity, old age, seniority, priority*.

ancre [L. *anchora*, from Gr. ἄγκυρα, "a hook"], *s.f.*, *anchor*.

ancrer, *v.a.*, 1, *to anchor settle, fix, secure*. S'——, *to be anchored; to get a good footing*.

Andalou, *s.m.*, *Andalusian*.

âne [L. acc. *asinum*], *s.m.*, *ass, donkey*. (The *s.f.* is *ânesse*.) Lait d'ânesse, *ass's milk*.

anéantir [à, *néant*, "nought"], *v.a.*, 2, *to annihilate, destroy*.

anéantissement, *s.m.*, *annihilation, complete destruction*.

anecdote [Gr. ἀνέκδοτος, from ἀν privative, ἐκ, and δοτός, "given," lit. "which has not been given out"], *s.f.*, *anecdote*.

anfractueux, -euse [L. *anfractuosus*, from *anfractus*, from *an* for *amb*, and *frangere*, "to break"], *adj.*, *anfractuous, winding, rugged*.

anfractuosité [L. *anfractuosus*], *s.f.*, *winding, craggy part*.

ange [L. acc. *angelum*], *s.m.*, *angel*.

angélique [L. *angelicus*], *adj.*, *angelic, heavenly*.

Anglais, -e [L. *Anglus*], *adj.* and *s.m.* or *f.*, *English, Englishman, Englishwoman*.

angle [L. acc. *angulum*], *s.m.*, *angle, turning, corner*.

Angleterre [*Angles, terre*], *s.f., England.*
angoisse [L. *angustia,* "narrowness"], *s.f., anguish, pang.*
anguille [L. *anguilla,* dim. of *anguis*], *s.f., eel.*
anguleux, -euse, *adj. angulous, harsh, sharp.*
animal [L. n. *animal*], *s.m., animal, beast, creature.*
animal, -e, *adj., animal.*
animation [*animer*], *s.f., animation, excitement, passion, bustle.*
animé, -e, *adj., living, animated, spirited, active.*
animer [L. *anima,* "soul"], *v.a.,* 1, *to inspirit, excite, incite, cheer up, enliven, stir up.* S'——, *to grow excited.*
animosité [L. acc. *animositatem*], *s.f., animosity, spite, rancour.*
annales [L. pl. *annales,* from *annus*], *s.f. pl., annals.*
anneau [L. acc. *annellum*], *s.m., ring, curl, coil.*
année [b. L. *annata,* from L. *annus*], *s.f., year.*
annexer [*annexe,* from L. *annexus,* from *ad* and *nectere,* "to join"], *v.a.,* 1, *to annex.* S'——, *r.v., to be annexed.*
annexion, *s.f., annexation.*
annihilation [*annihiler*], *s.f., annihilation, utter destruction.*
annihiler [L. L. *annihilare,* from L. *ad* and *nihil,* "nothing"], *v.a.,* 1, *to annihilate, destroy.* S'——, *r.v., to be annihilated, destroyed.*
anniversaire [L. adj. *anniversarius,* from *annus, vertere*], *s.m., anniversary.*
annonce [verbal subst. of *annoncer*], *s.f., advertisement, notice; sign.*
annoncer [L. *annuntiare,* from *ad* and *nuntius,* "a messenger"], *v.a.,* 1, *to announce, inform, tell.* S'——, *r.v., to announce its coming.*
annuel, -elle [L. *annualis*], *adj., annual, once a year.*
annuellement, *adv., annually, yearly.*
annuler [L. L. *annullare,* from L. *ad* and *nullus*], *v.a.,* 1, *to annul, repeal.*
anoblir [*à* and *noble*], *v.a.,* 2, *to ennoble.*
anoblissement, *s.m., ennobling.*

anomalie [Gr. ἀνωμαλία, "deviation from rule"], *s.f., anomaly.*
ânon [dim. of *âne, q.v.*], *s.m., young ass, ass's foal.*
anonyme [L. *anonymus,* from Gr. ἀνώνυμος, "without name"] *adj., anonymous.*
anse [L. *ansa*], *s.f., handle; bay, creek.*
antagonisme [Gr. ἀνταγώνισμα], *s.m., antagonism.*
antagoniste [Gr. ἀνταγωνιστής], *s.m., antagonist, adversary.*
antécédent, -e [L. acc. *antecedentem*], *adj., antecedent, preceding.*
antécédent, *s.m., antecedent, precedent.*
antenne [L. *antenna*], *s.f., feeler, horn.*
antérieur, -e [L. acc. *anteriorem*], *adj., anterior, former, previous.*
antérieurement, *adv., formerly, previously.*
anthropophage [Gr. ἀνθρωποφάγος, from ἄνθρωπος, "man," and φαγεῖν, "to eat"], *s.m., man-eater, cannibal.*
anthropophagie, *s.f., anthropophagy, cannibalism.*
antichambre [L. *ante,* and *chambre, q.v.*], *s.f., antechamber.*
anticipation [L. acc. *anticipationem*], *s.f., anticipation, advance.*
anticiper [L. *anticipare*], *v.a.* and *n.,* 1, *to anticipate, forestall, encroach.*
antidote [L. n. *antidotum,* from Gr. ἀντίδοτος, from ἀντί, "against," and δοτός, "given"], *s.m., antidote, counter-poison.*
antienne [L. *antiphona,* from Gr. ἀντίφωνα, "a voice singing against another, chant of alternate voices"], *s.f., anthem.*
antimoine [L. L. *n. antimonium,* from Arab. *athmond,* prop. *ithmid,* from the Gr. στίβι or στίμμι], *s.m., antimony.*
antipathie [Gr. ἀντιπάθεια, from ἀντί, "against," and πάθος, "passion"], *s.f., antipathy.*
antipathique, *adj., antipathetic.*
antique [L. *antiquus*], *adj., ancient, old, antique, old-fashioned.*
antiquité [L. acc. *antiqui-*

tatem], *s.f., antiquity, ancient times.*
antre [L. n. *antrum,* from Gr. ἄντρον], *s.m., cavern, den.*
anxiété [L. acc. *anxietatem*], *s.f., anxiety, uneasiness.*
août [O. Fr. *aoust,* from L. acc. *Augustum*], *s.m., August.*
apaisement [*apaiser*], *s.m., appeasement, pacification.*
apaiser [*à, paix, q.v.*], *v.a.,* 1, *to appease, quench.* S'——, *r.v., to grow calm.*
apanage [L. L. n. *apanaticum* (?), "pension, alimentation," from L. *ad* and *panis*], *s.m., appanage.*
apathie [Gr. ἀπάθεια, from a privative, and πάθος, "passion"], *s.f., apathy.*
apathique, *adj., apathetic.*
apercevoir [*à, percevoir, q.v.*], *v.a.,* 3, *to perceive, see, notice.* S'——, *r.v., to perceive, see.*
aplanir [*à* and L. *planus,* "even"], *v.a.,* 2, *to smooth, remove.* S'——, *r.v., to grow smooth.*
aplanissement, *s.m., levelling, smoothing, facilitating.*
aplatir [*à, plat, q.v.*], *v.a.,* 2, *to flatten.*
aplomb [*à* and *plomb, q.v.*], *s.m., perpendicularity, equilibrium ; self-possession, impudence.*
apogée [Gr. ἀπόγαιον, from ἀπό, "far from," and γαῖα, "earth"], *s.m., apogee, greatest distance from the earth ; height, highest pitch.*
apostasie [ἀποστασία], *s.f., apostasy.*
apostat, -e [Gr. ἀποστάτης], *s.m.* or *f., apostate.*
apostolat [L. acc. *apostolatum,* from ἀπό, and στέλλω, "I send"], *s.m., apostolate.*
apostolique [L. *apostolicus*], *adj., apostolic.*
apostrophe [Gr. ἀποστροφή], *s.f., apostrophe, address.*
apostropher, *v.a.,* 1, *to apostrophize, address, reproach.*
apothéose [Gr. ἀποθέωσις], *s.f., apotheosis ; deification.*
apothicaire [L. acc. *apothecarium,* from Gr. ἀποθήκη, "a store-house"], *s.m., apothecary.*
apôtre [O. Fr. *apostle,*

apostre, from L. acc. *apostolum*, from Gr. ἀπόστολος, "a messenger"], *s.m.*, *apostle*.

apparaître [L. L. *apparescere (?)*], *v. n.*, 4, *to appear*.

appareil [à, *pareil*, *q.v.*], *s.m.*, *apparatus*; *show*; *display*; *attire*, *garb*.

apparemment, *adv.*, *apparently*.

apparence [L. *apparentia*, from acc. *apparentem*], *s.f.*, *appearance*, *look*.

apparent, -e [L. acc. *apparentem*], *adj.*, *apparent*, *seeming*, *visible*.

apparition [L. acc. *apparitionem*], *s.f.*, *appearance*, *apparition*, *vision*.

appartement [L. L. n. *appartamentum*, from L. *ad*, *partiri*], *s.m.*, *apartment*, *room*.

appartenir [L. *ad*, *pertinere*], *v.n.*, 2, *to belong to*.

appas [in O. Fr. *appasts*, *pl.* of *appast*, now *appât*], *s.m. pl.*, *charms*, *attractions*.

appât [Medieval L. n. *appastum*, *adpastum*, compd. of L. *pastum*], *s.m.*, *bait*, *allurement*.

appauvrir [à and *pauvre*, *q.v.*], *v.a.*, 2, *to impoverish*, *weaken*. S'——, *r.v.*, *to become poor or weak*.

appauvrissement, *s.m.*, *impoverishment*, *weakening*, *decay*, *waste*.

appel [verbal subst. of *appeler*], *s.m.*, *call*, *appeal*, *roll-call*.

appeler [L. *appellare*], *v.a.*, 1, *to call*; *send for*. En——, *to appeal*. Faire——, *to send for*. S'——, *r.v.*, *to be called*, *named*; *to call each other*.

appesantir [à and *pesant*, *q.v.*], *v.a.*, 2, *to make heavy*, *impair*. S'——, *r.v.*, *to become heavy or dull*; *to dwell upon*.

appesantissement, *s.m.*, *heaviness*, *dulness*.

appétissant, *adj.*, *dainty*, *tempting*.

appétit [L. acc. *appetitum*], *s.m.*, *appetite*, *taste*, *longing*.

applaudir [L. *applaudere*], *v.a.* and *n.*, 2, *to applaud*, *cheer*.

applaudissement, *s.m.*, *applause*, *cheering*.

applicable [*appliquer*], *adj.*, *applicable*, *suitable*.

application [L. acc. *applicationem*], *s.f.*, *applying*, *attention*, *care*.

appliquer [L. *applicare*, from *ad*, *plicare*, "to fold"], *v.a.*, 1, *to apply*, *adapt*. S'——, *r.v.*, *to apply to*.

appointements [*appointer*], *s.m. pl.*, *salary*, *stipend*.

apporter [à, *porter*, *q.v.*], *v.a.*, 1, *to bring*, *fetch*.

appréciable [*apprécier*], *adj.*, *appreciable*, *perceptible*.

appréciateur, *s.m.*, *he who appreciates*. (The *f.* is *appréciatrice*.)

apprécier [L. *appretiare*, from *ad*, *pretium*], *v.a.*, 1, *to appreciate*, *value*, *ascertain*, *judge*.

appréhender [L. *apprehendere*], *v.a.*, 1, *to fear*, *dread*.

appréhension [L. acc. *apprehensionem*], *s.f.*, *apprehension*, *dread*, *fear*.

apprendre [L. *apprendere*, for *apprehendere*], *v.a.*, 4, *to teach*; *learn*; *tell*; *inform*.

apprenti [*apprendre*], *s.m.*, *apprentice*.

apprentissage, *s.m.*, *apprenticeship*.

apprêt [*apprêter*], *s.m.*, *preparation*.

apprêter [à, *prêt*, *q.v.*], *v.a.*, 1, *to prepare*. S'——, *r.v.*, *to get ready*, *prepare oneself*.

apprivoiser [L. L. *apprivitiare (?)*, from L. *privus*], *v.a.*, 1, *to tame*. S'——, *r.v.*, *to grow tame*.

approbateur [L. acc. *approbatorem*], *s.m.*, *approver*. (The *f.* is *approbatrice*.)

approbatif, -ive [L. *approbativus*], *adj.*, *approving*.

approbation [L. acc. *approbationem*], *s.f.*, *approbation*, *approval*.

approche, *s.f.*, *approach*, *access*.

approcher [L. L. *appropiare*], *v.a.* and *n.*, 1, *to approach*, *get near*. S'——, *r.v.*, *to approach*, *get close to*.

approfondir [à, *profond*, *q.v.*], *v.a.*, 2, *to fathom*, *to investigate*.

approprier [L. *appropriare*, from *ad* and *proprius*], *v.a.*, 1, *to appropriate*. S'——, *r.v.*, *to usurp*, *appropriate to oneself*.

approuver [L. *approbare*], *v.a.*, 1, *to approve*, *commend*.

approvisionnement [*approvisionner*], *s.m.*, *supply of provisions*.

approvisionner [à and *provision*, *q.v.*], *v.a.*, 1, *to supply with provisions*. S'——, *r.v.*, *to take in a supply*.

approximatif, -ive [L. *ad*, *proximus*, "nearest"], *adj.*, *approximate*.

approximativement, *adv.*, *approximately*.

appui [*appuyer*], *s.m.*, *support*, *help*, *prop*, *stay*.

appuyer [L. L. *appodiare*, from *ad*, *podium*, "height"], *v.a.*, 1, *to support*, *prop up*, *back*; *to lean*, *press*. S'——, *r.v.*, *to lean*; *to rely*, *trust*.

âpre [O. Fr. *aspre*, from L. *asper*], *adj.*, *rough*, *harsh*, *greedy*.

âprement, *adv.*, *roughly*, *harshly*, *greedily*.

après [à, *près*, *q.v.*], *prep.*, *after*. ——, *adv.*, *afterwards*. D'——, *after*, *according to*.

après-demain, *adv.* and *s.m.*, *the day after to-morrow*.

après-midi, *s.f.*, *afternoon*.

âpreté (*âpre*), *s.f.*, *roughness*, *harshness*, *greediness*.

apte [L. *aptus*], *adj.*, *apt to*, *fit for*.

aptitude [doublet of *attitude*, *q.v.*], *s.f.*, *fitness*, *suitableness*.

aquatique [L. *aquaticus*], *adj.*, *aquatic*, *marshy*, *watery*.

aqueduc [L. acc. *aquaeductum*], *s.m.*, *aqueduct*.

aquilon [L. acc. *aquilonem*, "north wind"], *s.m.*, *cold wind*, *north wind*, *tempest*.

Arabe, *adj.* and *s.m.* or *f.*, *Arab*, *Arabian*. [*Arabia*.

Arabie [L. *Arabia*], *s.f.*,

arack [Arab. *araca*, from *areca*, "to distil"], *s.m.*, *arrack*.

Aragonais, -e, *adj.* and *s.m.* or *f.*, *Aragonese*.

araignée [L. *arachnea*, from Gr. ἀράχνη], *s.f.*, *spider*.

arbitrage [*arbitrer*], *s.m.*, *arbitration*.

arbitraire [L. *arbitrarius*], *adj.*, *arbitrary*, *optional*.

arbitrairement, *adv.*, *arbitrarily*.

arbitre [L. acc. *arbitrum*], *s.m.*, *arbiter*, *umpire*, *arbitrator*.

arborer [L. L. *arborare (?)*, from L. *arbor*], *v.a.*, 1, *to hoist*, *raise*, *proclaim*.

arbre [L. acc. *arborem*], *s.m.*, *tree*. ——à plein vent, *standard tree*.

ARBRISSEAU.

arbrisseau [L. L. acc. *arboricellum* (?), dim. of *arbor*], *s.m.*, *shrub, small tree*.
arbuste [L. *n. arbustum*], *s.m.*, *shrub, bush*.
arc [L. acc. *arcum*], *s.m.*, *bow, arc, arch*. —— *de triomphe, triumphal arch*. ——-*en-ciel, rainbow*. (Its doublet is *arche*.)
arche [L. *arca*], *s.f.*, *arch*.
archer [*arc, q.v.*], *s.m., archer, bowman*.
archevêché [*archevêque*], *s.m., archbishop's palace; archbishopric*.
archevêque [L. acc. *archiepiscopum*, from Gr. ἀρχι- and ἐπίσκοπος], *s.m., archbishop*.
archiduc [Gr. ἀρχι-, and *duc, q.v.*], *s.m., archduke*.
archiépiscopal, -e, *adj., archiépiscopal*.
archipel [It. *arcipelago*], *s.m., archipelago*.
architecte [L. acc. *architectum*, from Gr. ἀρχιτέκτων], *s.m., architect*.
archives [L. L. *archivum, archivum*, from Gr. ἀρχεῖον], *s.f. pl., archives, records*.
arçon [L. L. *arcionem* (?), dim. of *arcus*], *s.m., saddlebow*.
ardemment, *adv., ardently, eagerly, intensely*.
ardent, -e [L. acc. *ardentem*], *adj., fiery, ardent, burning, bright, vivid, eager*.
ardeur [L. acc. *ardorem*], *s.f., ardour, fire, earnestness, zeal*.
ardoise [L. L. *ardesia, ardosia*, from Celt. *arddu, ardwn*, "very dark"], *s.f., slate*.
ardu, -e [L. *arduus*], *adj., steep, difficult, hard*.
arène [L. *arena*, "sand"], *s.f., arena*.
arête [L. *arista*], *s.f., fishbone; edge, ridge*.
argent [L. *n. argentum*], *s.m., silver, money*.
argenté, -e, *adj., silvery*.
argenterie [*argent*], *s.f., silver-plate*.
argentin, -e, *adj., silvery; ringing, clear, sonorous* (*voice*).
argile [L. *argilla*, from Gr. ἀργιλλος, from ἀργός, "white"], *s.f., clay*.
argileux, -euse [L. *argillosus*], *adj., clayey*.

AROMATIQUE.

argument [L. *n. argumentum*], *s.m., argument, evidence, proof*.
argumentation [L. acc. *argumentationem*], *s.f., argumentation, arguing*.
argumenter [L. *argumentari*], *v.n.*, 1, *to argue*. ——, *v.a., to argue with*.
argutie [L. *argutia*, from *arguere*], *s.f., cavil, quibble, sophistry*.
aride [L. *aridus*], *adj., arid, barren, dry, sterile*.
aridité [L. acc. *ariditatem*], *s.f., aridity, dryness*.
Arien, -ne [*Arius*, the famous heretic who denied the divinity of Christ in the 4th century], *adj. and s.m. or f., Arian*.
aristocrate [*aristocratie*], *adj. and s.m. or f., aristocratic; aristocrat*.
aristocratie pronounce *aristocracie* [Gr. ἀριστοκρατία, "the rule of the best-born"], *s.f., aristocracy*.
aristocratique [Gr. ἀριστοκρατικός], *adj., aristocratical*.
arithmétique [L. *arithmetica*, from Gr. ἀριθμητική (τέχνη), from ἀριθμός, "number"], *s.f., arithmetic*.
arlequin [It. *arlechino*], *s.m., harlequin*.
arme [L. *pl. arma*], *s.f., arm, weapon*.
armée [L. L. *armata*, from *armatus, p.p.* of *armare*], *s.f., army*.
armement [*arme*], *s.m., armament, arming, fitting out*.
armer [L. *armare*], *v.a.*, 1, *to arm, fit out*. S'——, *r.v., to take arms*.
armistice [L. *arma* and *stitium* (not used), from *stare*, "to stop"], *s.m., armistice, suspension of arms*.
armoire [L. *n. armarium*], *s.f., chest of drawers, clothespress*.
armoiries [O. Fr. v. *armoyer*, "to emblazon"], *s.f. pl., coat of arms, arms*.
armure [*arme*], *s.f., armour*.
armurier, *s.m., armourer, gunsmith*.
aromatique [*aromate*, from Gr. ἀρώματα, "perfumes"], *adj., aromatic, fragrant*.

ARTICULATION.

arpent [L. acc. *arpennem*], *s.m., acre*.
arpenter, *v.a.*, 1, *to stride along; to survey land*.
arracher [L. *eradicare*], *v.a.*, 1, *to tear out, take away; rescue, save*. S'——, *r.v., to tear oneself, to tear from each other*.
arrangement [*arranger*], *s.m., order, arrangement*.
arranger [à and *ranger, q.v.*], *v.a.*, 1, *to arrange, put in order*. S'——, *r.v., to dress; to come to an arrangement, to be arranged*.
arrestation [*arrêter*], *s.f., arrest*.
arrêt [verbal subst. of *arrêter*], *s.m., sentence, judgment; arrest, confinement*.
arrêté [*arrêter*], *s.m., order, decree*.
arrêter [L. *adrestare*], *v.a.*, 1, *to stop; fasten*. S'——, *r.v., to stop, stand still*.
arrière [L. *ad, retro*], *adv., behind*. En ——, *behind, backward, in arrears*. —— *garde, s.f., rear guard*.
arrière, *s.m., stern*. À l'——, *in the stern, behind*.
arriérer, *v.a.*, 1, *to defer, delay, put off*. S'——, *r.v., to remain behind, to get in arrears*.
arrivée, *s.f., arrival*.
arriver [L. L. *adripare*], *v.n.*, 1, *to happen; arrive, reach*.
arrogamment, *adv., arrogantly, haughtily*.
arrogant, -e [L. acc. *arrogantem*, from *arrogare*], *adj., arrogant, haughty*. (See *arroger*.)
arroger (s') [L. *arrogare*], *r.v., to assume*.
arrondir [*rond, q.v.*], *v.a.*, 2, *to make round*.
arrosage [*arroser*], *s.m., watering, irrigation*.
arroser [L. L. *adrorare*, from L. *ad*, and *ros*, "dew"], *v.a.*, 1, *to water, irrigate*.
arsenal [It. *arsenale*], *s.m., arsenal*.
art [L. acc. *artem*], *s.m., art, skill; artifice, cunning*.
artère [L. *arteria*, from Gr. ἀρτηρία], *s.f., artery*.
article [L. acc. *articulum*, dim. of *artus*, "member"], *s.m., article, matter, thing*.
articulation [L. acc. *articulationem*], *s.f., articulation*

ARTICULER.

articuler [L. *articulare*], v.a., 1, to articulate, pronounce, express. S'——, r.v., to be articulated or jointed.
artifice [L. n. *artificium*], s.m., *artifice, cunning, trick.*
artificiel, -elle [L. *artificialis*], adj., *artificial.*
artificiellement, adv., *artificially.*
artificieux, -se [L. *artificiosus*], adj., *artful, cunning.*
artillerie [O. Fr. *artiller*, "to arm," from L. L. *articulare*, der. from acc. *articulum*, der. from L. acc. *artem*], s.f., *artillery.*
artilleur [O. Fr. v. *artiller*, "to arm"], s.m., *artilleryman, gunner.*
artisan [It. *artigiano*], s.m., *artisan, mechanic, workman.*
artiste [It. *artista*], s.m. or f., *an artist.*
artistement, adv., *skilfully.*
artistique, adj., *artistic.*
aruspice [L. acc. *aruspicem* or *haruspicem*], s.m., *soothsayer.*
ascendant [L. acc. *ascendentem*], s.m., *influence, superiority, power.*
ascension [L. acc. *ascensionem*, from *ascendere*], s.f., *ascension.*
ascète [Gr. ἀσκητής, "he who practises any trade; a hermit"], s.m., *ascetic.*
ascétique [Gr. ἀσκητικός], adj., *ascetic.*
ascétisme, s.m., *asceticism.*
Asie [L. *Asia*], s.f., *Asia.*
asile [L. n. *asylum*, from Gr. ἄσυλον, "a place of refuge"], s.m., *refuge, shelter.*
aspect [L. acc. *aspectum*], s.m., *aspect, sight.*
asperger [L. *aspergere* = ad, *spargere*, "to scatter"], v.a., 1, *to sprinkle, throw about.*
aspérité [L. acc. *asperitatem*], s.f., *asperity, roughness.*
aspersion [L. acc. *aspersionem*], s.f., *aspersion, sprinkling.*
asphyxie [Gr. ἀσφυξία, "stopping of the pulse"], s.f., *asphyxia, suffocation.*
asphyxier, v.a., 1, *to suffocate, stifle.*
aspirant [aspirer], s.m., *candidate, probationer.*
aspiration [L. acc. *aspira-

ASSIÉGER.

tionem], s.f., *inspiration; aspiration, longing.*
aspirer [L. *aspirare*], v.a. and n., 1, *to inhale; aspire to, long for.*
assaillant [*assaillir*], s.m., *assailant, besieger.*
assaillir [L. L. *assalire*], v.a., 2, *to assail, assault.*
assaisonnement [à, *saison*, q.v.], s.m., *seasoning, relish, delight.*
assaisonner [à, *saison*, q.v.], v.a., 1, *to season, dress, temper.*
assassin [Haschischin (drinkers of a decoction of hemp, called *haschisch*), a well-known sect in Palestine, who under the influence of the intoxicating liquor stabbed many of the leading Crusaders in the 13th century], s.m., *assassin.*
assassinat, s.m., *assassination, murder.*
assassiner, v.a., 1, *to murder, kill.*
assaut [L. acc. *assaltum*, compd. of *saltus*], s.m., *assault, attack.*
assemblée [*assembler*], s.f., *meeting, assembly, audience.*
assembler [L. *adsimulare* = *assimulare*], v.a., 1, *to assemble, collect, gather.* S'——, r.v., *to assemble, meet.*
asseoir [à, *seoir*, from L. ad, *sedere* = *assidere*], v.a., 3, *to put on a seat, to seat.* S'——, r.v., *to sit down.*
assertion [L. acc. *assertionem*], s.f., *assertion, affirmation.*
asservir [L. *asservire*, from ad and *servus*], v.a., 2, *to reduce to servitude, enslave.*
asservissement, s.m., *enslaving, servitude, bondage.*
assesseur [L. acc. *assessorem*], s.m., *assessor, assistant judge.*
assez [L. L. *adsatis* = ad, *satis*], adv., *enough.*
assidu, -e [L. *assiduus*], adj., *assiduous, steady, attentive, punctual.*
assiduité [L. acc. *assiduitatem*], s.f., *assiduity, diligence.*
assidûment, adv., *assiduously, diligently.*
assiégeant, s.m., *besieger.*
assiéger [L. L. *assedilare*, "to lay siege"], v.a., 1 *to besiege.*

ASSUJETTISSEMENT.

assiégés, s.m. pl., *the besieged.*
assiette [L. L. *assecta* (?), from L. ad, *secare*—lit. the platter on which the meat is cut up], s.f., *plate.*
assiettée, s.f., *plateful.*
assigner [L. *assignare* = ad, *signum*], v.a., 1, *to allot.*
assimilation [L. acc. *assimilationem*], s.f., *assimilation.*
assimiler [L. *assimilare*], v.a., 1, *to assimilate.* S'——, r.v., *to be assimilated.*
assise [*asseoir*], s.f., *layer, row.* Cour d'——, *assizes.*
assistance [*assister*], s.f., *attendance, audience; help.*
assistant, s.m., *bystander, spectator.*
assister [L. *assistere*], v.a., 1, *to assist, help.* ——, v.n., *to be present at.*
association [*associer*], s.f., *association, union, partnership.*
associer [L. *associare*], v.a., 1, *to associate, take into partnership.* S'——, r.v., *to enter into partnership; to be associated with, connected with.*
assombrir [à, *sombre*, q.v.], v.a., 2, *to darken.* S'——, r.v., *to grow dark, cloudy.*
assommer [*somme*, "a burden"], v.a., 1, *to knock down, beat to death.*
assommoir [*assommer*], s.m., *club, bludgeon.* Coup d'——, *dreadful blow.*
assorti, -e [p.p. of *assortir*], adj., *well matched.*
assortiment [*assortir*], s.m., *stock, set.*
assortir [à and *sorte*, q.v.], v.a., 2, *to sort, match.* S'——, r.v., *to be matched.*
assoupir [L. ad and *sopire*], v.a., 2, *to lull, quiet, hush up.* S'——, r.v., *to doze.* (Its doublet is *assouvir*.)
assoupissement, s.m., *doze, drowsiness.*
assourdir [à and *sourd*, q.v.], v.a., 2, *to deafen, muffle.*
assouvir [L. *assopire*], v.a., 2, *to satiate.* S'——, r.v., *to be satiated, glutted.*
assujettir [à and *sujet* q.v.], v.a., 2, *to subject, enslave.* S'——, r.v., *to subject oneself submit.*
assujettissement, s.m. *subjection, submission, slavery*

ASSUMER.

assumer [L. *assumere*], v.a., 1, *to assume, take.*
assurance, s.f., *assurance, certainty, confidence.*
assure, -e, adj., *assured, sure, certain, positive.*
assurément, adv., *surely, certainly.*
assurer [L. L. *assecurare*], v.a., 1, *to assure, ensure, secure; assert, affirm.* S'—— de, r.v., *to be assured of, to ascertain, make sure of.*
astre [L. n. *astrum*, from Gr. ἄστρον], s.m., *star.*
astreindre [L. *astringere*], v.a., 4, *to bind, compel, oblige.* S'——, r.v., *to bind oneself, confine oneself.*
astrologie [L. *astrologia*, from Gr. ἀστρολογία], s.f., *astrology.*
astrologue [L. *astrologus*, from Gr. ἀστρολόγος], s.m., *astrologer.*
astronome [L. acc. *astronomum*, from Gr. ἀστρονόμος], s.m., *astronomer.*
astronomie [L. *astronomia*, from Gr. ἀστρονομία], s.f., *astronomy.*
astuce [L. *astucia*], s.f., *cunning, astuteness.*
astucieusement, adv., *cunningly.*
astucieux, euse, adj., *cunning, crafty.*
atelier [L.L.*hastellarius*(?), a place at which are made the *hastellæ* (for *hastulæ*, little planks or splints)], s.m., *workshop, manufactory, dockyard.*
athée [ἄθεος = a privative, and θεός, "god"], s.m. or f., *atheist.*
athlète [L. acc. *athletam*, from Gr. ἀθλητής], s.m., *athlete.*
athlétique [L. *athleticus*, from Gr. ἀθλητικός], adj., *athletic.*
Atlantique [Gr. Ἀτλαντικός], s.m., *the Atlantic.*
atmosphère [Gr. ἀτμός, "vapour," σφαῖρα, "sphere"], s.f., *atmosphere.*
atmosphérique, adj., *atmospheric.*
atome [L. adj. *atomus*, from Gr. ἄτομος, "which cannot be divided"], s.m., *atom.*
atroce [L. acc. *atrocem*], adj., *atrocious, odious, cruel.*
atrocité [L. acc. *atrocitatem*], s.f., *atrocity, cruelty, violence.*

ATTRACTION.

attaché [*attacher*], s.m., *attaché.* —— au service de, (*officer*) *in waiting.*
attachement, s.m., *attachment, affection.*
attacher [à, *tacher*, q.v.], v.a., 1, *to tie, fasten; set.* S'——, r.v., *to become attached to, to cling to.* (Its doublet is *attaquer*.)
attaque, s.f., *attack; fit.*
attaquer [*attacher*], v.a., 1, *to attack.* S'—— (à), r.v., *to attack.*
atteindre [L. *attingere*], v.a. and n., 4, *to reach, to attain to.*
atteinte, s.f., *reach, attack; stroke, injury.*
atteler [O. Fr. *astele*, a part of the collar of a horse], v.a., 1, *to put to (horses, mules, &c.).*
attenant, -e [L. acc. *attinentem*], adj., *adjoining, contiguous.*
attendre [L. *attendere*], v.a., 1, *to expect, wait, wait for; to be in store for.* S'—— à, r.v., *to expect, look forward to.*
attendrir [à, *tendre*, q.v.], v.a., 2, *to soften, move to tears.*
attendu, prep., *considering, in consideration of.* —— que, *considering that, because, since.*
attentat [*attenter*], s.m., *criminal attempt, outrage.*
attente [*attendre*], s.f., *waiting, expectation, hope.*
attenter [L. *attentare*], v.n., 1, *to make an attempt.*
attentif, -ive [L. *attentivus*], adj., *attentive.*
attention [L. acc. *attentionem*], s.f., *attention, care; kind treatment.*
attentivement, adv., *carefully.*
atténuant, -e [*atténuer*], adj., *extenuating, palliative.*
atténuation [L. acc. *attenuationem*], s.f., *extenuation, palliation.*
atténuer [L. *attenuare*], v.a., 1, *to extenuate, palliate.*
attester [L. *attestari*], v.a., 1, *to bear witness to, to prove.*
attirer [à, *tirer*, q.v.], v.a., 1, *to draw, allure, attract.*
attiser [L. *atticinari*, der. from *titio*, "fire-brand"]. v.a., 1, *to stir (the fire).*
attitude [It. *attitudine*], s.f., *attitude, posture.*
attraction [L. acc. *attractionem*], s.f., *attraction.*

AUGMENTATION.

attrait [L. acc. *attractum*], s.m., *attraction, allurement.*
attraper [L. L. *trappa*, "a snare"], v.a., 1, *to catch.*
attrayant, -e [*attraire*, "to attract," from L. *attrahere*], adj., *attractive, engaging.*
attribuer [L. *attribuere*], v.a., 1, *to attribute, impute.*
attribut [L. n. *attributum*], s.m., *attribute, quality.*
attribution [L. acc. *attributionem*], s.f., *privilege.* —— s, s.f. pl., *functions, duties.*
attrister [à and *triste*, q.v.], v.a., 1, *to sadden.* S'——, r.v., *to grow sad, grieve.*
attroupement [*attrouper*], s.m., *crowd, mob.*
attrouper [à and *troupe*, q.v.], v.a., 1, *to gather.* S'——, r.v., *to gather in crowds.*
au, aux, see *le*.
aube [L. *alba*, f. of *albus*, "white"], s.f., *dawn, break of day.*
aubépine [L. *alba*, *spina*], s.f., *hawthorn.*
auberge [O. H. G. *heriberga*, "military station," M. G. *herberg*, "inn"], s.f., *inn.*
aucun [L. acc. *aliquem*], indef. adj., *no, not one.*
aucunement, adv., *by no means, not at all.*
audace [L. *audacia*], s.f., *audacity, daring.*
audacieusement, adv., *audaciously, daringly.*
audacieux, -euse, adj., *audacious, daring.*
au deçà, adv., *on this side.*
au dedans, adv., *inside, at home.*
au dehors, adv., *outside, abroad.*
au delà, adv., *beyond, on the other side.*
au-dessous [*au, des* (for *de*), *sous*], adv., *underneath.* —— de, *under.*
au-dessus de, prep., *above.*
au devant, adv., *towards (to meet).*
audience [L. *audientia*], s.f., *audience, hearing.*
auditeur [L. acc. *auditorem*], s.m., *hearer, auditor.*
auditoire [L. n. *auditorium*], s.m., *court, hall; audience, hearers.*
augmentation [L. L. acc. *augmentationem*], s.f., *augmentation, increase.*

augmenter [L. *augmentare*], v.a. and n., 1, *to increase*.
augure [L. n. *augurium*], s.m., *augury, omen*.
augurer [L. *augurare*], v.a., 1, *to augur, conjecture*.
auguste [L. *augustus*], adj., *august, noble, holy*.
aujourd'hui [*au, jour* (q.v.), *de, hui*, from L. *hodie*], adv., *to-day, now, at the present time*.
aumône [O. Fr. *almosne*, from L. *eleemosyna*, from Gr. ἐλεημοσύνη, "pity, charity, alms"], s.f., *alms*.
aumônier [*aumône*], s.m., *chaplain*.
auparavant [*au, par, avant*], adv., *before*.
auprès [*au, près*, q.v.], adv., *near, close by*. —— **de**, prep., *near, nigh, close to; with*.
auquel, à laquelle, auxquels, auxquelles: see *lequel*.
auréole [L. *aureola* (sc. *corona*), "golden crown"], s.f., *halo*.
aurore [L. *aurora*], s.f., *dawn, break of day*.
aurore boréale [L. *aurora borealis*], s.f., *aurora borealis*.
auspice [L. n. *auspicium*], s.m., *auspice; patronage, auspices*.
aussi [O. Fr. *alsi*, from L. *aliud sic*], adv., *also, likewise; therefore*. —— ..**que, as**...**as**. —— **bien que**, *as well as*.
aussitôt [*aussi, tôt*, q.v.], adv., *immediately, as soon as*.
austère [L. *austerus*], adj., *austere, rigid, severe*.
austèrement, adv., *austerely, rigidly*.
austérité [L. acc. *austeritatem*], s.f., *austerity, rigidness*.
autant [L. *ad, tantum*], adv., *as much, as many, so much, so many, as well*. —— **que**, loc. conj., *as much as*. **D'**—— **plus que**, *so much the more that*.
autel [O. Fr. *altel*, from L. n. *altare*], s.m., *altar*.
auteur [L. acc. *autorem* = *auctorem*], s.m., *author*.
authenticité [*authentique*], s.f., *authenticity*.
authentique [L. *authenticus*, from Gr. αὐθεντικός,

from αὐθέντης, "who acts by himself"], adj., *authentic, original, genuine*.
autobiographie [prefix *auto*, from Gr. αὐτός, and *biographie*, q.v.], s.f., *autobiography*.
autocrate [Gr. αὐτοκράτης, from αὐτός and κράτος, "power"], s.m., *autocrat*.
autocratie [Gr. αὐτοκράτεια], s.f., *autocracy*.
autocratique, adj., *autocratic*.
autographe [Gr. αὐτόγραφος], s.m., *autograph*.
automne [L. acc. *autumnum* (a form of *auctumnus*)], s.m., *autumn*.
autorisation [*autoriser*], s.f., *authorization, permission, leave*.
autoriser [L. L. *auctorisare* (?)], v.a., 1, *to authorize, empower, encourage*.
autorité [L. acc. *auctoritatem*], s.f., *authority, rule, sway*.
autour (de) [*au, tour*, q.v.], adv., *around*.
autre [L. *alter*], indef. adj., *other, another*.
autrefois [*autre, fois*, q.v.], adv., *formerly, in olden times*.
autrement [*autre*], adv., *otherwise, else*.
Autriche, s.f., *Austria*.
Autrichien, -enne, adj. and s.m. or f., *Austrian*.
autrui [*autre*], indef. pron., *others, other people, our neighbours*.
auxiliaire [L. *auxiliaris*], adj. and s., *auxiliary, aid*.
avalanche [L. *avalantia*, for L. *declivitas*], s.f., *avalanche*.
avaler [*aval*, adv., "down stream," from L. *ad vallem*], v.a., 1, *to swallow*.
avance [*avancer*], s.f., *lead, advance; first step, offer*. **D'**——, *in advance, beforehand*.
avancement [*avant*], s.m., *promotion*.
avancer [*avant*], v.a., 1, *to advance, promote, forward*. ——, v.n., *to go forward*. **S'**——, r.v., *to advance*, *gain ground*.
avant [L. *ab, ante*], prep., *before, when followed by an obj.*; adv. *when not followed by an obj.* **En** ——, *forward*. **Plus** ——, *further*.

avantage [L. L. n. *abantaticum* (?), from L. *ab, ante*] s.m., *advantage, convenience, gain*.
avantageusement, adv., *advantageously, profitably*.
avantageux, -euse, adj., *advantageous; becoming; commanding; prepossessing*.
avant-coureur [*avant, coureur*, q.v.], s.m., *forerunner, harbinger*.
avant-garde (*avant, garde*, q.v.), s.f., *vanguard*.
avant-poste [*avant, poste*, q.v.], s.m., *outpost*.
avare [L. *avarus*], s.m., *miser*.
avarice [L. *avaritia*], s.f., *avarice*.
avec [L. *apud, hoc*], prep., *with*.
avènement [à, *venir*, q.v.], s.m., *accession, coming*.
avenir [L. *advenire*], s.m., *the future*.
avent [L. acc. *adventum*], s.m., *advent*.
aventure [L. *adventurus*, from *advenire*, "to come to pass"], s.f., *adventure, accident*.
aventurer, v.a., 1, *to venture, risk*. **S'**——, r.v., *to venture, try the chance*.
aventureux, -euse, adj., *adventurous, daring, dangerous*.
avenue [L. *advenire*], s.f., *avenue, walk*.
averse [à and *verser*, q.v.], s.f., *shower (of rain)*.
aversion [L. acc. *aversionem*, from *a* and *vertere*], s.f., *aversion, dislike*.
avertir [L. *advertere*], v.a., 1, *to inform, warn*.
avertissement [*avertir*], s.m., *information, notice, warning*.
aveu [à and *vœu*, q.v.], s.m., *avowal, confession*.
aveugle [L. L. *abocellis*, compd. of *ab*, privative, and *oculus*], adj. or s.m. or f., *blind*.
aveugle, -e, adj., *blinded, dazzled*.
aveuglement, s.m., *blindness*.
aveuglément, adv., *blindly*.
aveugler [*aveugle*], v.a., 1, *to blind, delude*. **S'**——, r.v., *to deceive oneself*.
avide [L. *avidus*], adj., *greedy, eager, thirsty*.

avidement, *adv., eagerly; greedily.*
avidité [L. acc. *aviditatem*], *s.f., greediness, avidity.*
avilir [*à, vil*, "base, vile"], *v.a.,* 2, *to vilify, debase.* S'——, *r.v., to degrade oneself.*
avilissant, -e [*avilir*], *adj., degrading.*
avilissement, *s.m., debasement, disgrace.*
aviron [*à* and *viron*, see *virer*], *s.m., oar.*
avis [*à, vis*, from L. n. *visum*], *s.m., advice, opinion.*
avisé, -e [*aviser*], *adj., prudent, wise, wary, cunning.*
aviser [*avis*], *v.a.,* 1, *to spy, advise; inform.* S'——, *r.v., to bethink oneself of, imagine, take in one's head.*
avocat [L. acc. *advocatum*, "the one called (to help)"], *s.m., advocate, barrister.*
avoine [L. *avena*], *s.f., oats.*
avoir [L. *habere*], *v.a.* and *aux., to have.* Y ——, *v. imp., there to be.* Il y a, *there is* or *there are.*
avoir, *s.m., property, fortune, goods, wealth.*
avorter [L. *abortare*], *v.n.,* 1, *to fail.*
avouer [*à, vouer, q.v.*], *v.a.,* 1, *to avow, confess, acknowledge, admit, approve.*
avril [L. acc. *aprilem*], *s.m., April.*
axe [L. acc. *axem*, from Gr. ἄξων, "axle"], *s.m., optical axis.*
axiome [L. n. *axioma*, from Gr. ἀξίωμα, "proposition"], *s.m., axiom, truism.*
azur [L. L. n. *lazzurum*, from the Persian *lâzur*, "the stone now called *lapis lazuli*"], *s.m., light* or *sky-blue.*

B

babil [onomat.], *s.m., chattering, prattle.*
babillage [*babil*], *s.m., prattle, silly talk.*
babillard, -e, *adj.* and *s.m.* or *f., prattler, chatterbox.*
babiller, *v.n.,* 1, *to chatter, prattle.*
bâbord [G. *backbord*], *s.m., larboard, port.*
badin, -e [L. L. *badare*, "to gape"], **adj.**, *playful, frolicsome.*

badinage [*badiner*, from L. *badare*, "to gape"], *s.m., jesting, joking, play.*
badiner, *v.a.* and *n.,* 1, *to play with; to jest, to be joking.*
bagage [O. Fr. *bagues*, *s.f. pl.,* "parcels," from Gaelic *bag*, "parcel"], *s.m., baggage.*
bagarre [?], *s.f., hubbub, affray.*
bagatelle [It. *bagatella*, dim. of L. L. *baga*, "luggage"], *s.f., trifle.*
bague [L. *bacca*, "a pearl or bead," and "a link of a chain"], *s.f., ring.*
baguette [It. *bacchetta*, dim. of *bacchio*, "stick," from L. *baculus*], *s.f., switch, rod.*
bai, -e [L. *badius*, "bay-coloured"], *adj., bay.*
baie [L. L. *baia*], *s.f., bay.*
baigner [L. *balneare*], *v.a.,* 1, *to bathe, dip.* Baigné de larmes, *bathed in tears;* —— dans son sang, *weltering in his blood.* Se ——, *r.v., to bathe, plunge, swim.*
bail [verbal subst. of *bailler*], *s.m., lease.*
bailler [L. *bajulare*, "to carry"], *v.a.,* 1, *to give, deliver, lease.*
bâiller [L. L. *badiculare*, dim. of *badare*], *v.n.,* 1, *to yawn.*
bailli [*bail*], *s.m., bailiff.*
bâillon [*bâiller*], *s.m., gag.*
bâillonner [*bâillon*], *v.a.,* 1, *to gag, silence.*
bain [L. n. *balneum*], *s.m., bath.*
baïonnette [*Bayonne*, the name of a French town where this weapon was invented], *s.f., bayonet.*
baiser [L. *basiare*], *v.a.,* 1, *to kiss.*
baisser [*bas*], *v.a.,* 1, *to lower, to draw down; to fall, decline, decrease.* Se ——, *r.v., to stoop down.*
bal [O. Fr. v. *baller*, "to dance," from L. *ballare*], *s.m., ball, dance.*
balafre [?], *s.f., gash, long scar.*
balai [O. Fr. *balain*, from Breton *balaen*], *s.m., broom.*
balance [L. acc. *bilancem*], *s.f., balance, scales.*
balancer, *v.a.,* 1, *to rock, swing, move to and fro.* Se

——, *r.v., to swing, oscillate, to be balanced.*
balancier [*balancer*], *s.m., pendulum.*
balançoire [*balancer*], *s.f., swing.*
balayer [*balai*], *v.a.,* 1, *to sweep; to drag on the ground.*
balayeur, -euse, *s.m.* or *f., sweeper.*
balbutier [L. *balbutire*, from *balbus*, "stammerer"], *v.a.,* 1, *to lisp, stammer.*
balcon [It. *balcone*, from L. L. acc. *balcum*, "scaffolding"], *s.m., balcony.*
baleine [L. *balaena*], *s.f., whale.*
ballade [*bal*], *s.f., ballad.*
ballast [G. and Engl. *ballast*], *s.m., ballast.*
balle [O. H. G. *balla*], *s.f., ball, bullet, shot; bale, pack.*
ballon [*balle*], *s.m., balloon.*
ballot [dim. of *balle*], *s.m., bale, package.*
ballottement [*ballotter*], *s.m., tossing, shaking.*
ballotter [*ballot*], *v.a.,* 1, *to toss about.*
balustrade [It. *balustrata*], *s.f., balustrade.*
bambin [It. *bambino*, from L. acc. *Bambalionem*, a Roman surname, from Gr. βαμβαλός, from βαμβαλίζειν, "to stammer"], *s.m., babe, little fellow.*
ban [O. H. G. *bannan*, "to publish a decree"], *s.m., ban, proclamation.*
banal, -e [*ban*], *adj., common, vulgar.*
banalité [*banal*], *s.f., common-place, vulgarity.*
banc [O. H. G. *banc*], *s.m., bench, form.*
bandage [*bande*], *s.m., bandage, band.*
bande [O. H. G. *band*], *s.f., band, strip, stripe; troop, gang, party.*
bandeau [dim. of *bande*], *s.m., head-band; veil; mist, cloud.*
bander [*bande*], *v.a.,* 1, *to bandage, bind up.* —— les yeux, *to blindfold, hoodwink.*
banderole [It. *banderuola*], *s.f., streamer, pennant.*
bandit [It. *bandito*], *s.m., bandit, thief.*

BANDOULIÈRE. — **BASSIN.** — **BÉANT.**

bandoulière [It. *bandoliera*], *s.f.*, *shoulder-belt*.

banni, -e [*bannir*], *s.m.* or *f.*, *exile*.

bannière [dim. of L. L. *n. bandum*, "flag," from G. *band*], *s.f.*, *banner*.

bannir [*ban, q.v.*], *v.a.*, 2, *to banish, exile, expel*.

bannissement, *s.m.*, *banishment, exile*.

banque [It. *banca* or *banco*], *s.f.*, *bank*. (*Banque* is a doublet of *banc*.)

banqueroute [It. *banca rotta*, "broken bank"], *s.f.*, *bankruptcy*.

banqueroutier, -ière, *s.m.* or *f.*, *bankrupt*.

banquet [*banc*, "a bench," from O. H. G. *banc*], *s.m.*, *banquet, feast*.

banquier [*banque*], *s.m.*, *banker*.

baptême [L. *n. baptisma*, from Gr. βάπτισμα], *s.m.*, *baptism*.

baptiser [L. *baptizare*, from Gr. βαπτίζειν, "to dip, plunge"], *v.a.*, 1, *to baptize, christen*.

baraque [L. L. *barra*, "pole." Cf. Gael. *barrachad*, "hut," from *barrach*, "branches of trees," from Kymr. *bar*, "branch"], *s.f.*, *hut; field-barracks*.

baratte [Breton *baraz*, "tub"], *s.f.*, *churn*.

baratter, *v.a.*, 1, *to churn*.

barbare [L. *barbarus*], *adj.* and *subst.*, *barbarous, savage; barbarian*.

barbarie, *s.f.*, *barbarity, cruelty*.

barbe [L. *barba*], *s.f.*, *beard; awn; feathers; hook*.

barbiche [*barbe*], *s.f.*, *beard (on the chin)*.

barbier, *s.m.*, *barber*.

barboter [?], *v.n.*, 1, *to dabble*.

barbouiller [O. Fr. *bar*, "pole," and *bouille*, "mud"], *v.a.*, 1, *to daub, besmear*.

barde [L. acc. *bardum*, from Kymr. *bard*], *s.m.*, *bard*.

barge [L. L. *barga*], *s.f.*, *barge*.

baril [L. L. acc. *barillum*, from Kymr. *bar*, "branch of a tree"], *s.m.*, *cask, barrel*.

bariolé, -e [L. L. *bisregulare*, "to stripe with different colours"], *adj.*, *variegated, speckled, of various colours*.

baromètre [Gr. βάρος, "weight," μέτρον, "measure"], *s.m.*, *barometer*.

baron [O. Fr. *ber*, "strong man," from O. H. G. *beran*, "to bear, to carry"], *s.m.*, *baron*.

baronne, *s.f.*, *baroness*.

baroque [Port. *barrocco*, "rugged rock"], *adj.*, *queer, odd, whimsical*.

barque [L. L. *barca*, "a boat"], *s.f.*, *boat, ferry-boat*.

barrage [*barre*], *s.m.*, *barring, stopping up, dam*.

barre [see *baraque*], *s.f.*, *bar*.

barreau [dim. of *barre*, from L. L. acc. *barrellum*], *s.m.*, *bar, grating; lawyers*.

barrer [*barre*], *v.a.*, 1, *to bar, stop*.

barricade [It. *barricata*], *s.f.*, *barricade*.

barrière [*barre*], *s.f.*, *barrier, fence*.

barrique [see *baril*], *s.f.*, *cask*.

bas, basse [L. L. *bassus* = L. *humilis*], *adj.*, *low, mean, abject, small*.

bas, *s.m.*, *lower part, bottom; stocking*. ——, *adv.*, *low*. Là ——, *yonder*.

basane [Sp. *badana*, from Ar. *bithânet*, "prepared sheepskin"], *s.f.*, *sheepskin*.

basané, -e [*basane*], *adj.*, *sunburnt*.

base [L. acc. *basim*, Gr. βάσις, "a stepping, going"], *s.f.*, *basis, foundation, foot, bottom, groundwork*.

baser, *v.a.*, 1, *to base, found, ground*.

basin [O. Fr. *bombasin*, L. L. *n. bambacium*, from Gr. βαμβάκιον, from βόμβυξ, "silk"], *s.m.*, *bombazeen*.

basque [?], *s.f.*, *skirt (of a coat)*.

bas-relief [It. *basso relievo*], *s.m.*, *bas-relief, basso-relievo*.

basse-cour [*basse, fem. adj.*, and *cour, q.v.*], *s.f.*, *poultry* or *farm-yard*.

bassement [*bas*], *adv.*, *basely*.

bassesse [*bas*], *s.f.*, *baseness, mean, low action*.

bassin [O. Fr. *bacin*, *bachin*, from L. L. *n. bacchinon*, "a vessel," from Celt. *bac*, "hollow"], *s.m.*, *basin; hollow, valley; dock*.

bastion [It. *bastione*, from L. L. *bastire*], *s.m.*, *bastion*.

bât [L. L. *n. bastum*, from O. G. and A.-S. *bat*, "support"], *s.m.*, *pack-saddle*.

bataille [L. *batalia*, common form of the classical L. *pugna*], *s.f.*, *battle*.

bataillon [It. *battaglione*], *s.m.*, *battalion*.

Bataves [L. *Batavi*], *s.m. pl.*, *Batavians (Dutch, Hollanders)*.

bateau [O. Fr. **batel**, from L. L. acc. *batum*, from Celt. *bád*], *s.m.*, *boat, wherry*.

batelier [O. Fr. *batel*, for *bateau*], *s.m.*, *boatman*.

bâtiment [*bâtir*], *s.m.*, *building; ship*.

bâtir [same root as *bât*, *q.v.*], *v.a.*, 2, *to build*.

batiste [*Baptiste*, the name of the first cambric manufacturer, whose statue was erected at Cambrai], *s.f.*, *cambric, lawn*.

bâton [see *bât*], *s.m.*, *stick, staff*.

battement [*battre*], *s.m.*, *beating, throbbing*.

batterie [*battre*], *s.f.*, *battery*.

battre [L. L. *batere* for *battuere*], *v.a.*, 4, *to beat, strike, thrash, defeat*. Se ——, *r.v.*, *to fight*.

baudet [O. F. *baud*, from O. H. G. *bald*, "gay, pleased, content"], *s.m.*, *ass, donkey*.

baudrier [L. L. acc. *batterarium*, from *baiteus*, "belt"], *s.m.*, *shoulder-belt*.

baume [O. Fr. *bausme*, from L. *n. balsamum*, from Gr. βάλσαμον, from Hebrew *baal*, "prince," and *schaman*, "oil"], *s.m.*, *balm, balsam; comfort, consolation*.

bavard, -e [*bave*, **onomat**. for the chatter of young **children**], *s.m.* or *f.*, *talkative person, prattler, gossip*.

bavardage, *s.m.*, *chatter, chattering*.

bavarder, *v.n.*, 1, *to chatter*.

baver [*bave*, "foam"], *v.n.*, 1, *to foam*.

bazar [Ar. *bâzar*, "market"], *s.m.*, *bazaar*.

béant, -e [*pres part*. of the O. Fr. **v.** *beer*], *adj.*, *open, gaping*.

béatitude [L. acc. *beatitudinem*], *s.f.*, *beatitude, bliss*.

beau, bel, belle [L. *bellus*], *adj.*, *fine, beautiful*. ——, *adv.*, *finely*. Bel et bon, *very fine*. Avoir beau, to . . . *in vain*. De plus belle, *afresh, anew, more than ever*.

beaucoup [*beau, coup, q.v.*], *adv.*, *much, many*. De ——, *by far*.

beau-frère, *s.m.*, *brother-in-law, step-brother*.

beau-père, *s.m.*, *father-in-law, stepfather*.

beauté [*beau*] *s.f.*, *beauty*.

bec [L. L. acc. *beccum*, from Celt. *bec* or *beg*], *s.m.*, *beak, bill*.

bêche [L. L. *becca*; see *bec*], *s.f.*, *spade*.

bêcher [*bêche*], *v.a.*, 1, *to dig*.

becquée [dim. of *bec*], *s.f.*, *beakful, food*.

becqueter, *v.a.*, 1, *to peck*.

beffroi [O. Fr. *berfroi*, from L. L. acc. *berfredum*, from Middle H. G. *bervrit*, "watch-tower"], *s.m.*, *belfry, bell-tower*.

bégayement, *s.m.*, *stammering*.

bégayer [*bègue*], *v.a.* and *n.*, 1, *to stammer*.

bègue [?], *adj.*, *stammering*.

bêlement, *s.m.*, *bleating*.

bêler [L. *balare*], *v.n.*, 1, *to bleat*.

belette [dim. of the O. Fr. *bele*, from L. *bella*; *belette*, "the pretty little beast"], *s.f.*, *weasel*.

Belgique [L. *Belgia (Gallia)*], *s.f.*, *Belgium*.

bélier [L. L. *bella*, from N. *bell*; the proper meaning of *bélier* being "he who bears the bell"], *s.m.*, *ram*.

belle, see *beau*.

belle-fille, *s.f.*, *daughter-in-law, step-daughter*.

belle-mère, *s.f.*, *mother-in-law, step-mother*.

belle-sœur, *s.f.*, *sister-in-law, step-sister*.

belligérant, **-e** [L. acc. *belligerantem*, from *bellum*, *gerare*, freq. of *gerere*], *adj.*, *belligerent*.

belliqueux, **-euse** [L. *bellicosus*], *adj.*, *warlike*.

bénédiction [L. acc. *benedictionem*], *s.f.*, *benediction, blessing*.

bénéfice [L. n. *beneficium*], *s.m.*, *benefit, advantage, privilege; living, benefice*.

benêt [L. *benedictus*], *adj.*, *simple, silly*.

bénignité [L. acc. *benignitatem*], *s.f.*, *benignity, kindness*.

bénin, -igne [L. *benignus*], *adj.*, *gentle, kind, favourable*.

bénir [O. Fr. *benéir*, from L. *benedicere*], *v.a.*, 2, *to bless, consecrate*.

bénit, -e [*p.p.* of *bénir*], *adj.*, *consecrated*.

bercail [L. L. *berbecalia* (?) for *vervecalia*, from L. L. acc. *berbecem* for *vervecem*, "ram"], *s.m.*, *sheepfold*.

berceau [*bercer*], *s.m.*, *cradle*.

bercer [?], *v.a.*, 1, *to rock, lull*. Se ——, *r.v.*, *to lull oneself*.

berge [G. *bergen*, "to defend"], *s.f.*, *steep bank*.

berger [L. L. acc. *berbicarium*, from L. L. acc. *berbicem*, "sheep"], *s.m.*, *shepherd*.

bergère, *s.f.*, *shepherdess*.

bergerie, *s.f.*, *sheepfold*.

besace [L. L. *bisaccia*, "a wallet with a pouch at either end"], *s.f.*, *wallet*.

besogne [doublet of *besoin*, *q.v.*], *s.f.*, *work, trouble*.

besoin [prefix *bes* and *soin*], *s.m.*, *need, want*. Au —— *when needed, necessary*. Avoir —— de, *to want, need, require*.

bestiaux [L. *pl. n. bestialia*], *s.m. pl.*, *cattle*.

bétail [L. *pl. n. bestialia*], *s.m.*, *cattle*.

bête [L. *bestia*], *s.f.*, *beast*. —— de somme, *beast of burden*. —— de trait, *draught-horse, ass, mule, ox, etc.* ——s *fauves*, *wild beasts*.

betterave [*bette*, *s.f.*, "root", from L. *beta*, and *rave*, *q.v.*], *s.f.*, *beetroot*.

beuglement, *s.m.*, *lowing, bellowing*.

beugler [L. L. *buculare*, "to low like an ox," from L. *buculus*, dim. of *bos*], *v.n.*, 1, *to low, bellow*.

beurre [L. n. *butyrum*, Gr. βούτυρον = βοῦς, "cow," and τυρός, "cheese"], *s.m.*, *butter*.

beurrer, *v.a.*, 1, *to butter*.

bévue [pejorative prefix *bé* and *vue*, *q.v.*], *s.f.*, *blunder, oversight*.

biais [L. acc. *bifacem = bis, facies*], *s.m.*, *slant, slope, bias*.

biaiser, *v.a.* and *n.*, 1, *to slant, slope; shuffle; to distort*.

bible [L. *biblia*, from Gr. βιβλία, "collection of sacred books"], *s.f.*, *Bible*.

bibliothécaire, *s.m.*, *librarian*.

bibliothèque [βιβλιοθήκη, "a book-case"], *s.f.*, *library*.

biche [Engl. *bitch*], *s.f.*, *hind, roebuck*.

bicoque [It. *bicocca*, "small castle on a height"], *s.f.*, *small fortified town; hovel*.

bien [L. *bene*], *s.m.*, *good; good things; property, estate; goods and chattels*.

bien, *adv.*, *well, very much; indeed*. —— de, *much*; —— des, *many*. —— que, *conj.*, *although*. Eh —— ! *interj.*, *well !*

bien-aimé, **-e** [*bien*, *aimé*], *adj.*, *beloved*.

bienfaisance [*bien*, *faire*, *q.v.*], *s.f.*, *beneficence*, *bounty; charity*.

bienfaisant, **-e** *adj.*, *kind, beneficent, good, salutary*.

bienfait [*bien*, *fait*, past part. of *faire*], *s.m.*, *benefit, good action, kindness*.

bienfaiteur, *s.m.*, *benefactor*.

bienfaitrice, *s.f.*, *benefactress*.

bienheureux, **-euse** [*bien*, *heureux*, *q.v.*], *adj.*, *happy, blessed*.

bienséance [*bienséant*], *s.f.*, *propriety, good manners*.

bienséant, **-e** [*bien*, *séant*, pres. part. of *seoir*, *q.v.*], *adj.*, *becoming, proper*.

bientôt [*bien*, *tôt*, *q.v.*], *adv.*, *soon*.

bienveillance [*bienveillant*], *s.f.*, *benevolence, goodwill*.

bienveillant, **-e** [*bien*, *veillant*, O. Fr. pres. part. of *vouloir*, *q.v.*], *adj.*, *benevolent, kind, friendly, well-wishing*.

bienvenu, **-e** [*bien*, *venu*, p.p. of *venir*, *q.v.*], *adj.*, *welcome*.

bienvenue, *s.f.*, *welcome, footing*.

BIÈRE.

bière [O. H. G. *bier*], *s.f.*, *beer*.

biffer [?], *v.a.*, 1, *to erase, strike out*.

bifurcation [*bifurquer*], *s.f.*, *bifurcation, forking*.

bifurquer [L. *bifurcus* = *bis, furca*, "*fork*"], *v.n.*, 1, *to fork, branch off*.

bigarré, **-e**, *adj.*, *variegated, motley*.

bigarrer [L. *bis, variare*, "to diversify"], *v.a.*, 1, *to streak, variegate*.

bigot, **-e** [?], *s.m.* or *f.*, *bigoted person*.

bijou [L. *bis, jocare*, "the thing which shines on both sides"], *s.m.*, *jewel*.

bijouterie [*bijoutier*], *s.f.*, *jewelry*.

bijoutier [*bijou*], *s.m.*, *jeweller*.

bile [L. acc. *bilem*], *s.f.*, *bile; spleen; anger*.

bilieux, **-euse** [L. *bili osus*], *adj.*, *bilious, choleric*.

billet [dim. of L. L. *billa*, "rescript, schedule"], *s.m.*, *note, letter*.

binage [*biner*, "to hoe or dress a second time," from L. L. *binare*, deriv. from *binus*], *s.m.*, *second dressing*.

biner [L. L. *binare*, from L. *binus*, "double"], *v.a.*, 1, *to turn up the ground a second time*.

binocle [L. *bini-oculi*], *s.m.*, *binocle, double eyeglass*.

biographe [Gr. βίος, "life," γράφειν, "to write"], *s.m.*, *biographer*.

biographie, *s.f.*, *biography*.

biographique, *adj.*, *biographical*.

biologie [Gr. βίος, "life," and λόγος, "subject-matter"], *s.f.*, *biology*.

biologique, *adj.*, *biological*.

bipède [L. acc. *bipedem*], *adj.* and *s.m.* or *f.*, *biped; two-legged or footed animal*.

bis [L. *byssus* (from *byssus*), "cotton colour"], *adj.*, *brown*.

bisaïeul, **-e** [L. *bis*, and *aieul*, q.v.], *s.m.*, *great grandfather*; *s.f.*, *great grandmother*.

biscuit [L. *bis*, "twice," *coctus*, "cooked"], *s.m.*, *biscuit*.

BLÊME.

bissac [L. L. n. *bissacium*], *s.m.*, *wallet*.

bitume [L. n. *bitumen*], *s.m.*, *bitumen*.

bitumineux, **-euse**, *adj.*, *bituminous*.

bivac or **bivouac** [G. *beiwache*, from *wachen*, "to watch," *bei*, "near"], *s.m.*, *bivouac, guard*.

bivalve [*bis, valve*, q.v.], *adj.*, *bivalve*.

bivaquer or **bivouaquer** [*bivac* or *bivouac*], *v.n.*, 1, *to bivouac*.

bizarre [Sp. *bizarro*, "valiant"], *adj.*, *strange, odd, queer, whimsical* (it meant formerly *intrepid*).

bizarrerie, *s.f.*, *oddness, caprice, whim*.

blaireau [O. Fr. *blereau*, from L. L. acc. *bladarellum* (?), dim. of *bladarius*, "cornmerchant," from *bladum*, "wheat"], *s.m.*, *badger*.

blâmable [*blâmer*], *adj.*, *blamable, faulty*.

blâmer [L. *blasphemare*], *v.a.*, 1, *to blame, reprove*. Se ——, *r.v.*, *to blame oneself*.

blanc, **blanche** [O. H. G. *blanch*], *adj.*, *white*. ——, *s.m.*, *white*.

blanchâtre, *adj.*, *whitish*.

blancheur, *s.f.*, *whiteness*.

blanchir, *v.a.*, 2, *to whiten*. ——, *v.n.*, *to grow white, old*.

blanchissage [*blanchir*], *s.m.*, *washing*.

blanchisseur, **-euse**, *s.m.* or *f.*, *washerman, laundress*.

blason [?], *s.m.*, *heraldry, armorial bearings*.

blasonner, *v.a.*, 1, *to emblazon*.

blasphémateur [*blasphémer*], *s.m.*, *blasphemer*. (The *f.* is *blasphématrice*.)

blasphématoire, *adj.*, *blasphemous*.

blasphème [L. *blasphemia*, from Gr. βλασφημία], *s.m.*, *blasphemy*.

blasphémer [L. *blasphemare*, from Gr. βλασφημεῖν, "to speak evil of"], *to blaspheme*.

blé [L. L. n. *bladum*, from *ablatum*, "the thing gathered in"], *s.m.*, *wheat, corn*.

blême [Scand. *blámi*, "blue"], *adj.*, *wan, pale, livid*.

BOITER.

blessant, **-e** [*blesser*], *adj.*, *shocking, offensive*.

blessé [*p.p.* of *blesser*], *s.m.*, *wounded (man, soldier)*.

blesser [O. G. *bletzen*, "to patch up," from *bletz*, "a strip of leather"], *v.a.*, 1, *to wound, offend*. Se ——, *r.v.*, *to wound oneself or each other; to be offended*.

blessure, *s.f.*, *wound, hurt*.

bleu [O. H. G. *blao, blaw*], *s.m.*, *blue*. ——, **-e**, *adj.*, *blue*. —— *clair*, *light blue*.

bleuâtre [*bleu*], *adj.*, *bluish, dark blue*.

bleuir, *v.a.*, *to blue, make blue*. ——, *v.n.*, *to become or turn blue*.

bloc [O. H. G. *bloc*], *s.m.*, *block, lump*.

blocus [G. *blockhaus*], *s.m.*, *blockade, investment*.

blond, **-e** [L. L. *blundus* = L. *flavus*], *adj.*, *fair, flaxen*.

bloquer [*bloc*], *v.a.*, 1, *to block up, invest*.

blottir (se) [?], *r.v.*, *to squat, crouch*.

blouse [?], *s.f.*, *blouse, smock-frock*.

bluet [O. Fr. *bleuet*, from *bleu*], *s.m.*, *corn-flower*.

bluteau or **blutoir** [*bluter*], *s.m.*, *bolting-mill*.

bluter [O. Fr. *bureter*, "to sift over the cloth called *bure*"], *v.a.*, 1, *to bolt, sift (meal)*.

bobine [?], *s.f.*, *bobbin, reel*.

bocage [L. L. acc. *boscaticum*, dim. of *boscus*], *s.m.*, *grove, thicket*.

bœuf [L. acc. *bovem*], *s.m.*, *ox*.

boire [L. *bibere*], *v.a.*, 4, *to drink*.

bois [L. L. acc. *boscum*, from G. *busch*, "bush"], *s.m.*, *wood; horns, antlers*.

boisé, **-e**, *adj.*, *woody*.

boisseau [O. Fr. *boissel*, from L. L. acc. *bustellum*, dim. of *busta*, "a vessel to measure grain"], *s.m.*, *bushel*.

boisson [L. L. acc. *bibitionem*], *s.f.*, *drink, beverage*.

boîte [L. L. *bossida* or *boxida*, from *buxida*, from the Gr. πυξίδα, acc. of πυξίς, "a box," from πύξος, "boxwood"], *s.f.*, *box, case; snuff-box*.

boiter [*boîte*], *v.n.*, 1, *to limp, halt, walk lame*.

boiteux, -euse [*boiter*], *adj.*, *lame, limping*.
bol [Engl. *bowl*], *s.m.*, *bowl, basin*.
bombarder [*bombarde*, from *bombe*, "shell, bomb," from L. acc. *bombum*, "a deep sound," from Gr. βόμβος (onomat.)], *v.a.*, 1, *to bombard, shell*.
bombe, *s.f.*, *bomb, shell* (see *bombarder*).
bon, bonne [L. *bonus*], *adj.*, *good*. À quoi ——, *what is the use of* . . . ?
bond [verbal subst. of *bondir*], *s.m.*, *bound, leap*.
bondir [L. L. *bombitare*, "to buzz, to make a noise"], *v.n.*, 2, *to bound, leap*.
bonheur [*bon, heur*, from L. *n. bonum*, "good," *augurium*, "omen"], *s.m.*, *happiness; luck*.
bonhomie [*bonhomme*], *s.f.*, *simplicity, good-nature, credulity*.
bonhomme [*bon, homme*, q.v.], *s.m.*, *good man, rather simple fellow; credulous old man*.
bonjour [*bon, jour*, q.v.], *s.m.*, *good morning or day*.
bonne [*fem.* of *bon*], *s.f.*, *servant-maid, nursemaid, nurse*.
bonnement [*bonne, f.* of *bon*, and suffix *-ment*], *adv.*, *simply, candidly, really*.
bonnet [L. L. *boneta, bonetum*, "a kind of stuff"], *s.m.*, *cap*.
bonnette [*bonnet*], *s.f.*, *studding-sail*.
bonsoir [*bon, soir*, q.v.], *s.m.*, *good evening*.
bonté [L. acc. *bonitatem*], *s.f.*, *goodness, kindness*.
bord [O. H. G. *borr*, "board, plank"], *s.m.*, *bank*, **shore**; *side; board; ship; broadside*. [*side*.
bordée [*bord*], *s.f.*, *broadborder*, *v.a.*, 1, *to border, skirt, bound, edge with; to sail along, to coast*.
bordure [*border*], *s.f.*, *border, trimming*.
boréal, -e [L. *borealis*], *adj.*, *boreal, northerly*.
borgne [?], *adj.* and *s.m.* or *f.*, *blind of one eye*.
borne [L. L. *bodina*, O. Fr. *bodne*], *s.f.*, *bound, limit*.

borner [*borne*], *v.a.*, 1, *to bound, limit*. Se ——, *r.v.*, *to confine oneself; to be limited*.
bosquet [dim. of *boscus*, see *bois*], *s.m.*, *thicket, grove*.
bosse [L. L. *bocia*, "ulcer," from Celt. *both*, "tumour"], *s.f.*, *bunch, hump, bump, swelling*.
bossu, -e [*bosse*], *adj.* and *s.m.* or *f.*, *hunchback*.
botanique [Gr. βοτανική, from βοτάνη, "a plant"], *s.f.*, *botany*. ——, *adj.*, *botanical*.
botaniste, *s.m.*, *botanist*.
botte [O. H. G. *bózo*, "a fagot"], *s.f.*, *truss, bundle*.
botte [L. L. *botta*, A.-S. *butte*, "a large vase"], *s.f.*, *boot, butt, leather-bottle*.
botteler, *v.a.*, 1, *to truss, put in bundles*.
botter (se), *r.v.*, *to put one's boots on*.
bottine [dim. of *botte*], *s.f.*, *half-boot, boot*.
bouc [Celt. *boc, buic*], *s.m.*, *he-goat*. (The *f. subst.* is *chèvre*, q.v.)
bouche [L. *bucca*, from the Sanscrit *bhuj*, "to eat"], *s.f.*, *mouth*. —— à feu, *cannon, gun*.
bouchée, *s.f.*, *mouthful*.
boucher [*bouche*], *v.a.*, 1, *to stop up, cork*.
boucher [*bouc*, q.v.], *s.m.*, *butcher*. (The *f.* is *bouchère*.)
boucherie [*boucher*, "one who kills *boucs* = he-goats"], *s.f.*, *butchery; slaughterhouse; butcher's shop*.
bouchon [*bouche*], *s.m.*, *cork*.
boucle [L. L. *bucula*, "shield's boss" and "ring"], *s.f.*, *buckle, ring; curl, ringlet*.
boucler, *v.a.* and *n.*, 1, *to buckle; curl*.
bouclier [L. L. acc. *buccularium (clypeum)* = "a shield with a boss," from L. L. *bucula (scuti)*, from L. *buccula*, "cheek," dim. of *bucca*, "mouth"], *s.f.*, *shield, buckler*.
bouder [?], *v.a.* and *n.*, 1, *to pout; to be sulky*.
bouderie, *s.f.*, *sulkiness*.
boudeur, -euse, *s.m.* or *f.*, *sulky person*.
boue [Celt. *baw*, "mud"], *s.f.*, *mire, mud*.
bouée [O. Fr. *boye*, from L. *boja*, "chain"], *s.f.*, *buoy*.

boueux, -euse, *adj.*, *dirty, muddy*.
bouffée [*bouffer*, "to puff," onomat.], *s.f.*, *puff, gust, whiff*.
bouffon [It. *buffone*], *s.m.*, *buffoon*. ——, -onne, *adj.*, *facetious, comical*.
bouffonnerie, *s.f.*, *buffoonery, drollery, jest*.
bouger [Prov. *bolegar*, "to disturb oneself," from L. L. *bullicare*, freq. of *bullire*], *v.n.*, 1, *to stir, move*.
bougie [*Bougie*, a town in Africa where wax candles were first made], *s.f.*, *wax-candle, taper*.
bouillant, -e [*pres. part.* of *bouillir*], *adj.*, *boiling, burning, ardent, fierce*.
bouillir [L. *bullire*, from *bulla*, "bubble"], *v.n.*, 2, *to boil, ferment*.
bouillon [*bouillir*], *s.m.*, *bubble, froth; broth*.
bouillonnement, *s.m.*, *bubbling, boiling, effervescence*.
bouillonner, *v.n.*, 1, *to bubble, boil*.
boulanger [L. L. acc. *bolangarium*, "baker," from L. *bulla*, "ball"], *s.m.*, *baker*.
boulanger, *s.m.*, *baker*. (The *f.* is *boulangère*.)
boulangerie, *s.f.*, *bread-making, baker's shop*.
boule [L. *bulla*], *s.f.*, *ball, bowl*.
boulet [*boule*], *s.m.*, *cannon-ball*.
boulevard [G. *bollwerk*, "fortification"], *s.m.*, *bulwark, rampart; boulevard, public walk*.
bouleversement [*bouleverser*], *s.m.*, *upsetting, confusion, overthrow*.
bouleverser [*boule*, and L. *versare*, "to turn"], *v.a.*, 1, *to upset, overturn, overthrow, ruin*.
bouquet [*bosquet*], *s.m.*, *bouquet, nosegay*. (Its doublet is *bosquet*, q.v.)
bouquin [G. *buch*], *s.m.*, *old book*.
bourbe [?], *s.f.*, *mire, mud*.
bourbeux, -euse [*bourbe*], *adj.*, *miry, muddy*.
bourbier [*bourbe*], *s.m.*, *bog, mud, mire*.
bourdon [*bourde*, "prop" (used in the Navy), contr. of

Fr. P. II.   O

BOURDON.

behourt, "a lance used in tournaments," from G. *hürde*, "hurdle," O. H. G. *hurt*], s.m., *pilgrim's staff.*
bourdon [L. L. acc. *burdonem* and *burdonum*], s.m., *drone.*
bourdonnement [*bourdonner*], s.m., *buzzing, humming.*
bourdonner [*bourdon*], v.n., 1, *to buzz.*
bourg [L. L. acc. *burgum*, from O. H. G. *burg*, Celt. *borg*, Gr. πύργος], s.m., *borough, market-town.*
bourgeois [*bourg*], s.m., *citizen, townsman.*
bourgeoisie, s.f., *citizens, middle classes; freedom of the city.*
bourgeon [O. H. G. *burjan*, "to lift"], s.m., *bud, shoot.*
bourgeonnement [*bourgeonner*], s.m., *budding.*
bourgeonner [*bourgeon*], v.n., 1, *to bud, sprout.*
bourgmestre [G. *burgermeister*], s.m., *burgomaster.*
Bourgogne [L. *Burgundia*], s.f., *Burgundy.*
Bourguignons [L. *Burgundiones*], s.m. pl., *inhabitants of Burgundy, Burgundians.*
bourrasque [It. *burrasca*], s.f., *squall, storm.*
bourreau [*Borel*, a proper name (?)], s.m., *executioner.*
bourrer [*bourre* (see *bourru*)], v.a., 1, *to stuff, pad; choke up; load, ram.*
bourru, -e [*bourre*, from L. L. *burra*, "a heap of wool"], adj., *cross, surly.*
bourse [L. *byrsa*, from Gr. βύρσα], s.f., *purse.* La ——, *stock-exchange.*
bousculer [?], v.a., 1, *to turn topsy-turvy, upset.*
boussole [It. *bossolo*, "little box"], s.f., *compass.*
bout [H. G. *bôzen*], s.m., *end, extremity; morsel, bit.* En venir à ——, *to succeed in.* Pousser à ——, *to put out of patience, exasperate.*
bouteille [L. L. *buticula*, dim. of *butica*, from Gr. βύτις, "a flask"], s.f., *bottle.*
boutique [corrupted from L. *apotheca*, from Gr. ἀποθήκη, "store-house"], s.f., *shop.*
boutiquier, s.m., *shop-*

BRASSÉE.

keeper. (The *f.* is *boutiquière.*)
bouton [*bouter*, "to set, push," from H. G. *bôzen*], s.m., *bud; button.*
boutonner [*bouton*], v.n., 1, *to bud.* ——, v.a., *to button.*
boutonnière [*bouton*], s.f., *button-hole.*
bouvier [L. L. acc. *bovarium*, from L. *bos, bovis*], s.m., *ox-driver.*
bovine [L. *bovinus*], adj., *bovine.*
boyau [O. Fr. *boyel, boel*, from L. L. acc. *botellum*, "intestines, sausage"], s.m., *bowel.*
bracelet [L. L. *brachile*], s.m., *bracelet, armlet.*
brahmane [Skr. *brahman*, "a man belonging to the sacerdotal caste"], s.m., *brahmin.*
braiment [*braire*], s.m., *braying.*
braire [L. L. *bragire*, "to neigh"], v.n., 4, *to bray.*
braise [O. G. *bras*, "fire"], s.f., *burning embers.*
bramer [O. H. G. *breman*, N. *bremmen*. Cf. Gr. βρέμειν], v.n., 1, *to bell (of deer).*
bran [Gael. *bran*], s.m., *bran.*
brancard [*branche*], s.m., *stretcher, hand-barrow.*
branchage [*branche*], s.m., *branches, boughs.*
branche [Celt. *brac, brech*, "arm"], s.f., *branch, bough.*
brandir [*brand*, "sword," from Scand. *brandr*], v.a., 2, *to brandish.*
brandon [L. L. acc. *brandonem*, "torch"], s.m., *wisp of straw, firebrand.*
branlant, -e [*pres. part.* of *branler*], adj., *shaky.*
branler [*brandir*], v.a. and n., 1, *to swing, shake.*
braquer [*braque*, from O. H. G. *braccho*, "brack-hound"], v.a., 1, *to point.*
bras [L. n. *brachium*, from Gr. βραχίων], s.m., *arm.* A —— *le corps, round the waist.*
brasier [*braise*], s.m., *furnace, brazier.*
brasse [L. *brachia*, pl. of *brachium*], s.f., *fathom, stroke (in swimming).*
brassée [*brasse*], s.f., *armful, stroke (in swimming).*

BRIN.

brasser [O. Fr. *bracer*, "to make beer," from O. Fr. *brace*, "malt," from Celt. *bracha*, "fermented grain"], v.a., 1, *to brew.*
brasseur, s.m., *brewer.*
bravade [It. *bravata*, from *bravo*], s.f., *bravado.*
brave [It. *bravo*], adj., *brave, courageous.*
bravement, adv., *bravely, gallantly.*
braver [*brave*], v.a., 1, *to brave, face, affront.*
bravoure, s.f., *bravery, valour.*
brebis [L. L. acc. *berbicem*], s.f., *sheep.*
brèche [O. H. G. *brecha*, "breaking"], s.f., *breach, gap.*
bredouiller [?], v.a. and n., 1, *to sputter, stammer.*
bref, -ève [L. *brevis*], adj., *brief, short, curt.*
Bretagne [L. *Britannia*], s.f., *Brittany.*
breuvage [L. L. n. *biberagium*], s.m., *beverage, drink, draught.*
brevet [dim. of *bref*], s.m., *brevet, letters-patent.*
brick [Engl. *brig*],s.m.,*brig.*
bride [O. H. G. *brittil*], s.f., *bridle.*
brider, v.a., 1, *to bridle, curb, restrain.*
brièvement [fem. adj. *brève*, and suffix -*ment*], adv., *briefly.*
brièveté [L. L. acc. *brevitatem*], s.f., *brevity.*
brigade [It. *brigata*, "a troop"], s.f., *brigade, troop.*
brigand [*brigade*], s.m., *brigand, robber.*
brigandage[*brigand*], s.m., *brigandage, highway robbery, plunder.*
brigue [L. L. *briga*, "quarrel"], s.f., *intrigue, underhand means.*
briguer, v.a., 1, *to solicit, seek, sue for.*
brillamment, adv., *brilliantly, splendidly.*
brillant, -e [pres. part. of *briller*], adj., *brilliant, bright, splendid.*
briller [L. L. *beryllare*, "to sparkle like the *beryllus*, a precious stone"], v.n., 1, *to glitter, shine.*
brin [Kymr. *brân*, "waste," cf. Engl. *bran*], s.m., *blade (of grass), shoot, sprig.*

BRIQUE.

brique [A.-S. *brice*, "fragment"], *s.f.*, *brick.*
briquetier, *s.m.*, *brickmaker.*
brisants [*briser*], *s.m. pl.*, *rocks, breakers.*
brise [Engl. *breeze*], *s.f.*, *breeze.*
brisées [partic. subst. of *briser*], *s.f. pl.*, *boughs cut off; footsteps.*
briser [O. H. G. *bristan*], *v.a.*, 1, *to break.* Se ——, *r.v.*, *to be broken, to give way; to be refracted.*
britannique [L. *britannicus*], *adj.*, *British, English, Britannic.*
broc [*broche*], *s.m.*, *pitcher, jug.*
brocanter [L. L. n. *abrocamentum*, "buying wholesale"], *v.a.* and *n.*, 1, *to exchange, barter.*
brocanteur, *s.m.*, *dealer in second-hand goods.*
broche [L. L. *brocca* (?), from L. *broccus*, "a sharp tooth"], *s.f.*, *spit.*
brocher [*broche*], *v.a.*, 1, *to stitch (a book).*
brochette [dim. of *broche*], *s.f.*, *skewer.*
brochure [*brocher*], *s.f.*, *stitching; pamphlet.*
brodequin [It. *borzacchino*, from the Flemish *brosekin*, from L. L. *byrsa*, "leather"], *s.m.*, *half-boot, boot.*
broder [L. L. *brusdus*, from Kymr. *brodio*], *v.a.*, 1, *to embroider; embellish.*
broderie, *s.f.*, *embroidery; embellishment, romance.*
brodeur, -euse, *s.m.* or *f.*, *embroiderer.*
broncher [O. Fr. *bronche*, "branch"], *v.n.*, 1, *to stumble.*
bronze [It. *bronzo*], *s.m.*, *bronze.*
brosse [L. L. *brustia*, "debris of a tree, bark, leaves, &c.," from O. H. G. *burst*, *brusta*, Mod. G. *bürste*], *s.f.*, *brush.*
brosser, *v.a.*, 1, *to brush.* Se ——, *r.v.*, *to brush oneself.*
brouet [Celt. and O. H. G. *brod*], *s.m.*, *broth.*
brouette [L. L. *birota*, "two-wheeled car"], *s.f.*, *wheelbarrow.*
brouillard [*brouiller*], *s.m.*, *fog.*
brouiller [G. *brudeln*, "to

BRUTALITÉ.

emit vapours, to mix"], *v.a.*, 1, *to mix, mingle, embroil.* Se ——, *r.v.*, *to become embroiled; to fall out, quarrel.*
broussailles [O. Fr. *broussaille*, dim. of *brosse*], *s.f. pl.*, *brushwood.*
brouter [*brout*, "shoots of young wood," from A.-S. *brûstian*, "to burgeon, sprout"], *v.a.*, 1, *to browse (lit. to eat the shoots).*
broyer [Gothic *brikan*, "to break"], *v.a.*, 1, *to crush, shatter.*
bru [O. H. G. *brut*, "bride"], *s.f.*, *daughter-in-law.*
brugnon [It. *brugna*, "plum"], *s.m.*, *nectarine.*
bruine [L. *pruina*, "hoarfrost"], *s.f.*, *drizzling rain.*
bruiner [*bruine*], *v.n.* and impers., 1, *to drizzle.*
bruineux, -euse, *adj.*, *drizzly.*
bruire [L. *rugire*, with euphonic *b*], *v.n.*, 4, *to roar, rattle.*
bruissement [*bruire*], *s.m.*, *rustling, rattling, noise.*
bruit [*bruire*] *s.m.*, *noise; rumour.*
brûler [It. *brustolare*, from L. L. *perustulare*, "to burn entirely"], *v.a.*, 1, *to burn.*
brûlure [*brûler*], *s.f.*, *burn, scald.*
brumaire [*brume*], *s.m.*, *brumaire, the second month of the calendar of the first French Republic (Oct. 23-Nov. 21).*
brume [L. *bruma*], *s.f.*, *fog, mist.*
brun, -e [O. H. G. *brún*], *adj.*, *brown; dark.*
brunir, *v.a.*, 2, *to brown.* ——, *v.n.*, *and se* ——, *r.v.*, *to turn brown; to get dark.*
brusque [It. *brusco*], *adj.*, *abrupt, blunt, rough, sharp.*
brusquement, *adv.*, *abruptly, roughly.*
brusquer [*brusque*], *v.a.*, 1, *to treat roughly, hurry over, attempt at once.*
brusquerie [*brusquer*], *s.f.*, *bluntness, roughness.*
brut, brute [L. *brutus*], *adj.*, *raw, unwrought, uncultivated.*
brutal, -e, *adj.*, *brutal.*
brutalement, *adv.*, *brutally.*
brutalité, *s.f.*, *brutality.*

BUVEUR.

brute [*f.* of *brut*], *s.f.*, *brute.*
bruyamment [*bruyant*], *adv.*, *loudly, noisily.*
bruyant, -e [*bruire*], *adj.*, *loud, noisy.*
bruyère [L. L. *brugaria*, from Celt. *breug*, "bush"], *s.f.*, *heather, heath, furze.*
bûche [L. L. *bosca*, fem. form of *boscus*, see *bois*], *s.f.*, *log of wood.*
bûcher [*bûche*], *v.a.* and *n.*, 1, *to rough-hew;* fig., *work hard.*
bûcher [*bûche*], *s.m.*, *stake; wood-house.*
bûcheron [*bûche*], *s.m.*, *woodcutter, woodman.*
bûchette [dim. of *bûche*], *s.f.*, *stick, small piece of wood.*
budget [Engl. *budget*], *s.m.*, *budget.*
buffet [?], *s.m.*, *side-board, service (of plate); refreshment-room.*
buis [L. acc. *buxum*, from Gr. πύξος], *s.m.*, *box-wood.*
buisson [*buis*], *s.m.*, *bush.*
bulle [L. *bulla*], *s.f.*, *bubble; bull (papal letters-patent).*
bureau [*bure*, "drugget," from L. L. *burra*, from Gr. πυρρός, "red"], *s.m.*, *writing table; office.*
Burgondes [L. *Burgundii*], *s.m. pl.*, *Burgundians.*
burin [It. *borino*, from O. H. G. *borón*, "to pierce"], *s.m.*, *burin, graver.*
buste [It. *busto*, "the body"], *s.m.*, *bust.*
but [*bout*], *s.m.*, *aim, mark, object, end in view.*
butin [Scand. *byti*, Middle H. G. *bûten*], *s.m.*, *booty.*
butiner [*butin*], *v.a.* and *n.*, 1, *to plunder, collect booty, gather, make one's provisions.*
butte [O. Fr. *bute*, fem. form of *but*, *q.v.*], *s.f.*, *butt, knoll, rising ground.*
butter [doublet of *bouter*, "to push, stumble"], *v.n.*, 1, *to stumble.*
buvard [*buvant*, pres. part. of *boire*, *q.v.*], *adj.* (*m.* only), *blotting.* ——, *s.m.*, *blotting-book.*
buveur, -euse [O. Fr. *beuveur, beveür, bevoer*, from L. acc. *bibitorem*], *s.m.* or *f.*, *drinker, toper.*

o 2

C

ça, *dem. pron.*, see *cela*.
çà [L.L. *ecc'oc*, compd. of L. *cce, hoc*], *adv., here.* —— et là, *here and there.* Or ——, *now then, come!*
cabale [Hebrew *kabala*, "traditional teaching"], *s.f., cabal, cabala.*
cabane [L. L. *capanna*, from Celt., Kymr., and Gael. *caban*, from *cab*, "hut"], *s.f., hut.*
cabaret [?], *s.m., public-house, tavern, wine-shop.*
cabestan [Engl. *capstan*], *s.m., capstan.*
cabine [Engl. *cabin*], *s.f., cabin.*
cabinet [It. *gabinetto*], *s.m., study, closet.*
câble [L.L. *n. capulum, caplum*, "cord," from L. Gr. κάπλον], *s.m., cable.*
cabotage [*caboter*], *s.m., coasting-trade.*
caboter [?], *v.n.*, 1, *to coast.*
caboteur, *s.m., coaster.*
câbrer (se) [Span. *cabra*, "a goat," i.e. "to prance like a goat on its hind legs"], *r.v., to rear (of a horse).*
cacao [introduced at the end of the 16th century from America], *s.m., cacao, cocoa.*
cacher [L. *coactare*, "to press together"], *v.a.*, 1, *to hide, to conceal.* Se ——, *r.v., to hide oneself, keep from sight.*
cachet [*cacher*], *s.m., seal, stamp.*
cacheter [*cachet*], *v.a.*, 1, *to seal, seal up.*
cachette [*cacher*], *s.f., hiding-place.* En ——, *secretly, by stealth.*
cachot [*cacher*], *s.m., prison, dungeon.*
cadavre [L. *n. cadaver*], *s.m., corpse, dead body.*
cadeau [L. acc. *catellum*, dim. of *catena*, "a little chain"], *s.m., gift, present.*
cadenas [L. L. *n. catenacium*, from L. *catena*, "chain"], *s.m., padlock, clasp.*
cadence [It. *cadenza*, from L. *cadere*], *s.f., cadence, measure, harmony.*

cadencer, *v.a.*, 1, *to give a cadence to; regulate, time.*
cadet, -ette [O. Fr. *capdet*, from L. L. *n. capitettum*, dim. of L. *caput*], *adj.* and *s.m.* or *f., younger, junior.*
cadran [O. Fr. *quadrant*, from L. acc. *quadrantem*], *s.m., dial-plate, clock-face.* —— *solaire, sun-dial.*
cadre [It. *quadro*], *s.m., frame.*
cadrer [*cadre*], *v.n.*, 1, *to agree with; suit.*
caduc, -uque [L. *caducus*], *adj., frail, decrepit, decayed.*
caducée [L. n. *caduceum*, from Gr. κηρύκειον, "the insignia of a herald"], *s.m., caduceus, herald's staff.*
caducité [*caduc*], *s.f., decrepitude.*
café [Turkish *kahveh*], *s.m., coffee; coffee-house.*
cage [L. *cavea*], *s.f., cage.*
cahier [O. Fr. *quayer, cayer*, from L. L. *n. quaternum*, "a book of four leaves"], *s.m., writing-book.*
cahot [verbal subst. of *cahoter*], *s.m., jolt, shake.*
cahoter [?], *v.a.* and *n.*, 1, *to jolt, shake.*
caille [Medieval L. *quaquilla*, from O. N. *quakele*], *s.f., quail.*
caillou [L. acc. *calculum*], *s.m., flint, pebble.*
caisse [L. *capsa*, "box"], *s.f., case, box, chest.*
caisson [*caisse*], *s.m., ammunition-waggon.*
cajoler [prefix *ca*, and *adj. joli*, "pretty," the primitive meaning of *cajoler* being "to embellish"], *v.a.*, 1, *to cajole, coax.*
cajolerie, *s.f., cajoling, coaxing.*
calamité [L. acc. *calamitatem*], *s.f., calamity, misfortune.*
calcul [L. acc. *calculum*, "pebble" (to count with)], *s.m., reckoning, computation.*
calculer, *v.a.* and *n.*, 1, *to compute, reckon.*
cale [G. *keil*, "wedge"], *s.f., wedge, stocks, hold (of a ship).* A fond de ——, *down in the hold.*
calendrier [L. n. *calendarium*], *s.m., calendar.*

caler [*cale*], *v.a.*, 1, *to wedge up, prop, stay.*
calibre [It. *calibro*, from Arab. *kálab*, "mould"], *s.m., calibre, size, bore.*
calice [L. acc. *calicem*, from Gr. κύλιξ, "cup," from κύλη, "a hollow"], *s.m., chalice, cup; calyx (of flowers).*
calicot [the city of *Calicut*, on the coast of Malabar, where the stuff was first made], *s.m., calico.*
câlin, -e [Wallon *calin*, "canine," from L. *canis*, "dog"], *adj.* and *s.m.* or *f., cajoling, coaxing; cajoler.*
câliner, *v.a.*, 1, *to caress, coax.* Se ——, *r.v., to coddle oneself; to take one's ease.*
calleux, -euse [L. *callosus*], *adj., callous.*
callosité [L. acc. *callositatem*], *s.f., callosity, callousness.*
calme [It. *calma*], *adj., calm, quiet, still.* ——, *s.m., calmness, stillness, quietness.*
calmer, *v.a.*, 1, *to calm, hush, quiet, still.* Se ——, *r.v., to become calm, quiet, cool; to subside.*
calomniateur [L. acc. *calumniatorem*], *s.m., calumniator, slanderer.* (The *fem.* is *calomniatrice*.)
calomnie [L. *calumnia*], *s.f., calumny, slander.*
calomnier [L. *calumniari*], *v.a.*, 1, *to calumniate, slander.*
calomnieux, -euse [L. *calumniosus*], *adj., calumnious.*
calotte [dim. of O. Fr. *cale*, "a sort of head-dress for women," from *caler*, "to thrust in"], *s.f., skull-cap.*
calquer [It. *calcare*], *v.a.*, 1, *to trace, copy.*
calumet [another form of *chalumeau*, q.v.], *s.m., calumet, pipe of peace.*
camarade [Sp. *camarada*, lit. "the one who shares the same room," from *camera*], *s.m., comrade.*
camp {L. acc. *campum*, "field of battle"], *s.m., camp, encampment.* Lit de ——, *camp-bed, field-bed.*
campagnard, -e [*campagne*], *adj.* and *s.m.* or *f.,*

CAMPAGNE.   **CAQUET.**   **CARQUOIS.**

country, rural, rustic; country-man or woman.
campagne [L. *campania*, from *campus*], *s.f., country, fields, campaign.* Maison de ——, *country-house.* À la ——, *in the country.* En ——, *in campaign.*
camper [*camp*], *v.n.,* 1, *to encamp.*
Canada, *s.m., Canada.*
canal [L.acc.*canalem*],*s.m., canal, pipe; channel, straits.*
canard [*cane*, in O. Fr. *ane*, from L. acc. *anatem*, "duck," or from the G. *kahn*, "boat," which has given rise to the L. L. *canardus*, a kind of boat], *s.m., drake, duck.*
candélabre [L. *n. candelabrum*], *s.m., candelabrum; lamp-post.*
candeur [L. acc. *candorem*], *s.f., candour, openness.*
candidat [L. acc. *candidatum*, "candidate" (because clothed in white)], *s.m., candidate.*
candidature, *s.f., candidature.*
candide [L.*candidus*],*adj., candid, sincere, honest.*
canicule [L. *canicula*, from *canis*], *s.f., canicule, dog-days.*
caniculaire [L. *canicularis*], *adj., canicular, excessive (heat).*
candidement [*candide*, and suffix *-ment*], *adv., candidly, sincerely, honestly.*
canif [O. Scand. *knifr*],*s.m., penknife.*
canne [L. *canna*, "reed," from Gr. κάννα, κάννη], *s.f., cane, walking-stick.*
cannibale [American *Canniba*, proper name], *s.m., cannibal, man-eater.*
canon [It. *cannone*, from L. *canna*], *s.m., cannon.*
canoniser [*canon*, "rule," from Gr. κανών, "rule, list"], *v.a.,* 1, *to canonize.*
canonner [*canon*, "gun"], *v.a.,* 1, *to cannonade.*
canonnier [*canon*], *s.m., gunner, artilleryman.*
canot [G. *kahn*, "boat"], *s.m., canoe.*
cantatrice [It. *cantatrice*], *s.f., professional singer or actress.*
cantique [L. *n. canticum*], *s.m., canticle, hymn.*
canton [Kymr. *cant,*

"brim," or "hoop (of a wheel)"], *s.m., canton.*
cap [It. *capo*, from L. *caput*] *s.m., cape, headland.*
capable [L. *capabilis*], *adj., capable, able.*
capacité [L. acc. *capacitatem*], *s.f., capacity, capability; abilities.*
cape [L. L. *cappa*], *s.f., cape, hooded cloak.* N'avoir que la —— et l'épée, *to have but one's cloak and sword.*
capitaine [L. L. acc. *capitaneum*, der. from L. *caput*], *s.m., captain.*
capital, -e [L. *capitalis*], *adj., capital, chief, main.* Capital, *s.m., capital; main point.*
capitale, *s.f., capital, metropolis.*
capiteux, -euse [It. *capitoso*, from L. *caput*], *adj., heady, strong (of wines).*
Capitole [L. *n.capitolium*], *s.m., Capitol.*
capitulaire [L.*capitularis*, from L. *n. capitulum*], *s.m., capitular.*
capitulation [L. L. acc. *capitulationem*], *s.f., capitulation.*
capituler [L. *n. capitulum*, "chapter"], *v.n.,* 1, *to capitulate.*
caporal [It. *caporale*],*s.m., corporal.*
caprice [It. *capriccio*, from *capra*, "goat"], *s.m., caprice, whim, freak.*
capricieusement, *adv., capriciously.*
capricieux, -euse, *adj., capricious, whimsical, fickle.*
capter [L. *captare*, freq. of *capere*, "to take"], *v.a.,* 1, *to gain insidiously.*
captif, -ive [L. *captivus*], *adj.* and *s.m.* or *f., captive, prisoner.*
captiver, *v.a.,* 1, *to captivate, charm, enslave.*
captivité [L. acc. *captivitatem*], *s.f., captivity.*
capture [L. *captura*], *s.f., capture, prize, booty.*
capturer, *v.a.,* 1, *to capture.*
Capucin [It. *capuccio*, "hood"],*s.m., Capuchin friar.*
caquet [verbal subst. of *caqueter*], *s.m., cackling, chattering.*

caqueter [onomat.], *v.a.,* 1, *to cackle, prattle, gossip.*
car [L. *quare*, "wherefore"] *conj., for, because.*
carabine [It. *carabina*], *s.f., carbine.*
caractère [L. *n.* character, from Gr. χαρακτήρ, lit. "marker"], *s.m., character, disposition, nature, temper; expression, style; letter, type.*
caractériser [*caractère*], *v.a.,* 1, *to characterize, distinguish.*
Caraque [?], *s.m., Caracas.*
caravane [Persian *karouân*, "a company of travellers"], *s.f., caravan.*
caravelle [It. *caravella*, "boat"], *s.f., caravel (ship).*
carbonique, *adj., carbonic.*
carboniser [L. *carbo*, "charcoal"], *v.a.,* 1, *to be carbonized; to become charred.* Se ——; *r.v., to be carbonized; to become charred.*
carcasse [see *carquois*], *s.f., carcase.*
cardinal, -e [L. *cardinalis*, "that on which all hinges"], *adj., cardinal, principal, first.* Cardinal, *s.m., cardinal.*
cardinalat, *s.m., cardinalship.*
Carême [L. *quadragesima*], *s.m., Lent.* (Its doublet is *quadragésime, q.v.*)
carène [L. *carina*], *s.f., keel, ship's bottom.*
caresse [It. *carezza*, from L. *carus*, "dear"], *s.f., caress.*
caresser, *v.a.,* 1, *to caress, fondle, stroke.*
cargaison [*carguer*, "to clew up (sails)," from L. L. *carricare*], *s.f., cargo, lading.*
caricature [It. *caricatura*], *s.f., caricature.*
carillon [L. L. acc. *quadrilionem*, "the chiming of four bells"], *s.m., chime.*
carillonner, *v.a.* and *n.,* 1, *to ring a peal, to chime.*
carnage [L. L. *n. carnaticum*, derived from L. acc. *carnem*, "flesh"], *s.m., carnage, slaughter.*
carnassier, -ère [L. L. *carnacea*, deriv. from L. acc. *carnem*], *adj., carnivorous.*
carnivore [L. *carnivorus* (*carnem vorare*)], *adj., carnivorous.* ——, *s.m., carnivorous animal.* [*carrot.*
carotte [L. *carota*], *s.f.,*
carquois [O. Fr. *tarquois,*

CARRÉ.

from L. L. *tarcasia*, from L. Gr. ταρκάσιον, "a quiver"], *s.m.*, quiver. (Carcasse is derived from the same L. Gr. word.)

carré, -e [*p.p.* of *carrer*, "to square," from L. *quadrare*], *adj.*, *square*. Carré, *s.m.*, *square*.

carreau [O. Fr. *quarriel*, *carrel*, from L. L. n. *quadratellum* (?), dim. of *quadrum*], *s.m.*, *tile, pavement; pane of glass; cushion*.

carrefour [O. Fr. *quarrefour*, from L. L. n. *quadrifurcum*, from L. *quadri* = *quatuor*, "four," and *furca*, "fork"], *s.m.*, *cross-way*.

carrière [L. L. *quadraria*], *s.f.*, *quarry; career; racecourse*.

carrosse [It. *carrozza*, dim. of *carro*, "car"], *s.m.*, *carriage*.

carrousel [It. *carosello*], *s.m.*, *carousal, tilting-match*.

carte [L. *charta*, from Gr. χάρτης], *s.f.*, *chart, map, card*.

carton [It. *cartone*], *s.m.*, *pasteboard*.

cartouche [It. *cartoccio*, from *carta*], *s.f.*, *cartridge*.

cas [L. acc. *casum*], *s.m.*, *case, circumstance*. Dans le —— oh, *in case*.

casaque [It. *casacca*, from L. *casa*], *s.f.*, *coat, cassock*.

cascade [It. *cascata*, from *cascare*, from L. *cadere*, "to fall"], *s.f.*, *cascade*.

case [L. *casa*], *s.f.*, *division, compartment, square*.

caserne [Span. *caserna*, from L. *casa*], *s.f.*, *barracks*.

casier [*case*], *s.m.*, *pigeon-holes*.

casque [It. *casco*, "skull"], *s.m.*, *helmet*.

casquette [*cosquet*, "small helmet," dim. of *casque*], *s.f.*, *cap (for men or boys)*.

casser [L. *quassare*], *v.a.*, 1, *to break*. Se ——, *v.n.*, *to be broken*.

casserole [dim. of *casse*, "crucible," from L. L. *caza*, from O. H. G. *kezi*, "stove"], *s.f.*, *saucepan*.

cassette [dim. of *caisse*, *q.v.*], *s.f.*, *casket, money-box*.

Castillan, *s.m.*, *Castilian*.

castor [L. acc. *castorem*, from Gr. κάστωρ], *s.m.*, *beaver*.

CE.

Huile de ——, *castor-oil, castoreum*.

casuel, -elle [L. *casualis*], *adj.*, *casual, accidental*.

catacombes [L. L. *catacumba*], *s.f. pl.*, *catacombs*.

Catalan, *s.m.*, *Catalonian*.

catalogue [Gr. κατάλογος, from κατά and λόγος, "arrangement"], *s.m.*, *catalogue*.

cataracte [L. L. *cataracta*], *s.f.*, *cataract, waterfall*.

catéchumène [Gr. κατηχούμενος, from κατηχεῖν, "to instruct"], *s.m.*, *catechumen*.

catégorie [Gr. κατηγορία], *s.f.*, *category*.

cathédrale [L. *cathedralis*, sc. *ecclesia*, "the church in which is the bishop's seat (*cathedra*)"], *s.f.*, *cathedral*.

catholicisme [*catholique*], *s.m.*, *catholicism*.

catholique [καθολικός, "universal"], *adj.*, *catholic*.

cause [L. *causa*], *s.f.*, *cause, motive; case; party; side*. À —— de, *on account of, for*.

causer [L. *causari*], *v.a.*, 1, *to cause*. ——, *v.n.*, *to converse, talk*.

causeur, -euse, *s.m.* or *f.*, *talker, talkative man or woman*.

caustique [L. *causticus*, from Gr. καυστικός, "burning"], *adj.*, *caustic, biting, cutting*. ——, *s.m.*, *caustic*.

cautériser [L. *cauterizare*], *v.a.*, 1, *to cauterize, burn*.

caution [L. acc. *cautionem*], *s.f.*, *surety, security*. Sujet à ——, *not to be trusted*.

cavalcade [It. *cavalcata*], *s.f.*, *cavalcade*.

cavalerie [It. *cavalleria*; *cavalerie* is a doublet of *chevalerie*], *s.f.*, *cavalry*.

cavalier [It. *cavaliere*; *cavalier* is a doublet of *chevalier*], *s.m.*, *cavalier, horseman, horse-soldier*.

cave [L. *adj. fem. cava*, "hollow"], *s.f.*, *cave, cellar, vault*.

caveau [dim. of *cave*], *s.m.*, *cellar, vault*.

caverne [L. *caverna*], *s.f.*, *cave, cavern*.

cavité [L. acc. *cavitatem*], *s.f.*, *cavity*.

ce (*cet* before a vowel or **h** silent), **cette**, **ces** [O. Fr. *iço*, from L. *ecce-hoc*], *dem. adj.*, *this, that; these, those*.

CENS.

ce, *dem. pron.*, *this, that*. —— **qui** or **que**, *that which, what*.

ceci, **cela**, or **ça**, *dem. pron.*, *this, that*.

cécité [L. acc. *caecitatem*], *s.f.*, *blindness*.

céder [L. *cedere*], *v.a.*, 1, *to give, yield; sell*. ——, *v.n.*, *to give way, give up, yield*.

ceindre [L. *cingere*], *v.a.*, 4, *to gird; encompass, surround*.

ceinture [L. *cinctura*], *s.f.*, *girdle, belt; inclosure*.

ceinturon [*ceinture*], *s.m.*, *sword-belt*.

cela and **ça** [*ce, là*], *dem. pron., that, that thing*. À —— près, *with that exception, save, excepting*.

célèbre [L. acc., *adj. celebrem*], *adj.*, *famous, renowned*.

célébrer [L. *celebrare*], *v.a.*, 1, *to celebrate, praise*.

célébrité [L. acc. *celebritatem*], *s.f.*, *celebrity, fame*.

céler [L. *celare*], *v.a.*, 1, *to hide, conceal*.

célérité [L. acc. *celeritatem*], *s.f.*, *celerity, swiftness, quickness*.

céleste [L. *coelestis*], *adj.*, *celestial, heavenly, divine*.

célibat [L. acc. *caelibatum*, from *caelebs*], *s.m.*, *celibacy*.

célibataire, *s.m.*, *single man, bachelor*.

cellule [L. *cellula*, dim. of *cella*], *s.f.*, *cell*.

celui, **celle**, **ceux**, **celles** [L. *ecce -illius, -illa, -illos, -illas*] *dem. pron.*, *he, she, one; him, her, the one; they, those*.

celui-ci, **celle-ci**, **ceux-ci**, **celles-ci**, *dem. pron.*, *this one, the latter, these, these people*.

celui-là, **celle-là**, **ceux-là**, **celles-là**, *dem. pron., that one, the former (or the first), those, those people*.

cendre [L. acc. *cinerem*], *s.f.*, *cinders, ashes*.

cène [L. *coena*], *s.f.*, *the Lord's Supper, Communion*.

cénobite [L. acc. *coenobitam*, "the one who lives in the *coenobium*, convent," from Gr. κοινόβιον, from κοινός, "common," and βίος, "life"], *s.m.*, *cenobite, monk*.

cens [L. acc. *censum*], *s.m.*, *census; rating*.

CENSÉ.

censé, -e [*p.p.* of *censer* (from L. *censere*), "to deem, reckon"], *adj., deemed, supposed, considered as, pretended.*
censeur [L. acc. *censorem*], *s.m., censor, critic.*
censure [L. *censura*], *s.f., censure, blame, disapprobation.*
censurer, *v.a.*, 1, *to censure, blame.*
cent [L. *centum*], *num. adj.* (card.), *hundred.*
centaine [*cent*], *s.f., collection of a hundred.*
centaure [Gr. κένταυρος], *s.m., centaur.*
centenaire [L. *adj. centenarius*], *adj.* and *s.m.* or *f., centenary, centenarien.*
centième [L. *centesimus*], *num. adj.* (ord.), *hundredth.*
——, *s.m., hundredth part.*
centime [doublet of *centième*], *s.m., centime* (*hundredth part of a franc*).
centimètre [*centi-, mètre*], *s.m., centimetre* (*hundredth part of a metre*).
central, -e [L. *centralis*], *adj., central; principal.*
centraliser [*central, v.a.*, 1, *to centralize.* Se ——, *r.v., to become centralized.*
centre [L. *n. centrum*, from Gr. κέντρον, "a sharp point"], *s.m., centre, middle.*
centuple [L. *centuplus*], *adj.* and *s.m., centuple, hundredfold.*
centupler, *v.a.* and *n.* 1, and se ——, *r.v., to centuple, increase a hundredfold.*
centurion [L. acc. *centurionem*], *s.m., centurion.*
cep [L. L. acc. *cippum*, "trunk of a tree"], *s.m., vinestock, vine-plant.*
cependant [*ce* for *cela, pendant*], *conj., in the meawhile.* ——, *adv., however.*
Cerbère [Gr. Κέρβερος], *s.m., Cerberus; savage watch dog; jailer, warder.*
cercle [L. acc. *circulum*]. *s.m., circle, ring, hoop.*
cercler, *v.a.*, 1, *to hoop.*
cercueil [O. Fr. *sarcueu, sarcueil*, from L. L. acc. *sarcum*, from O. H. G. *sarc*, Mod. G. *sarg*, "coffin"], *s.m., coffin.*
céréale [L. *cerealis*], *adj.*(*f.* only) and *s.f., cereal.* ——s, *s.f. pl., cereals, corn-crops.*
cérémonie [L. *caeremonia*], *s.f., ceremony; state.*

CHALEUR.

cerf [L. acc. *cervum*], *s.m., stag, hart.*
cerise [L. *cerasa*, pl. of *cerasum*, from Gr. Κέρασος, in Pontus, from which Lucullus brought the cherrytree], *s.f., cherry.*
cerisier, *s.m., cherry-tree.*
cerner [L. *circinare*], *v.a.*, 1, *to encircle, surround, invest.*
certain, -e [L. *certus*], *adj., a, some; certain, positive, sure.*
certainement, *adv., certainly, surely.*
certes [L. *certe*], *adv., certainly, truly.*
certificat [L. n. *certificatum*], *s.m., certificate, testimonial.*
certifier, *v.a.*, 1, *to attest, certify.*
certitude [L. L. acc. *certitudinem*], *s.f., certitude, certainty.*
cerveau [O. Fr. *cervel*, from L. n. *cerebellum*], *s.m., brain.*
cervelle, *s.f., brain; intelligence, brains.*
cesse [verbal subst. of *cesser*], *s.f., ceasing, rest.* Sans ——, *without ceasing, for ever.*
cesser [L. *cessare*], *v.a.* and *n.*, 1, *to cease, leave off.*
c'est-à-dire [*ce, est, à, dire*], *conj., that is to say, that is.*
cétacé [L. L. acc. *cetaceum*, from L. acc. *cetum*, "seamonster"], *s.m., cetaceous animal; whale.*
ceux, see *celui.*
chacal [Turkish *schakal*], *s.m., jackal.*
chacun, -e [L. *quisque unus*], *ind. pron., each one.*
chagrin (by metaphor from the Turkish *sagri*, "shagreen"), *s.m., sorrow, grief.*
chagriner, *v.a.*, 1, *to grieve.* Se ——, *r.v., to grieve, fret.*
chaîne [L. *catena*], *s.f., chain, fetters; ridge, range.*
chair [L. acc. *carnem*], *s.f., flesh, meat; human nature.*
chaire [L. *cathedra*], *s.f., pulpit, see; professorship.*
chaise (*chaire*], *s.f., chair, seat.*
chaland, -e [prop. "merchant-vessel," from L. L. *chelandium*, from L. Gr. χελάνδιον], *s.m.* or *f., customer, purchaser.*
chaleur [L. acc. *calorem*], *s.f., heat, warmth.*

CHANGER.

chaleureusement, *adv., warmly, zealously.*
chaleureux, -euse, *adj., warm, animated, zealous.*
chaloupe [N. *sloep*, "sloop"], *s.f., sloop; long boat.*
chalumeau [O. Fr. *chalemel*, from L. acc. *calamellum*, dim. of *calamus*], *s.m., straw, pipe.*
chambellan [O. H. G. *chamarline*, "an officer of the chamber"], *s.m., chamberlain.*
chambre [L. *camera*], *s.f., room; chamber, house* (*of parliament*).
chameau [O. Fr. *chamel*, from L. acc. *camelum*], *s.m., camel.*
chamelier, *s.m., cameldriver.*
chamois [O. H. G. *gam-z*, Mod. G. *gemse*], *s.m., chamois.*
champ [L. acc. *campum*], *s.m., field.* Sur-le —— ——, *adv. loc., at once; on the spot, forthwith.*
champagne [*campagne*], *s.f., champagne.* ——, *s.m., champagne* (wine).
champêtre [L. acc. *campestrem*], *adj., country, rural, rustic.*
champion [*champ*, *q.v.*], *s.m., champion.*
chance [O. Fr. *chéance*, from L. *cadentia*, from *cadere*, "that which falls out fortunately"], *s.f., chance, hazard, luck.*
chanceler [L. *cancellare*, "to make zigzags"], *v.n.*, 1, *to stagger.*
chancelier [L. acc. *cancellarium*], *s.m., chancellor.*
chancellerie [*chancelier*], *s.f., chancery, chancellor's office.*
chandelier [*chandelle*], *s.m., candlestick.*
chandelle [L. *candela*], *s.f., candle.*
change [verbal subst. of *changer*], *s.m., change, exchange, barter; wrong scent.*
changeant, -e [*pres. part.* of *changer*], *adj., changing, variable, fickle.*
changement, *s.m., change.*
changer [L. L. *cambiare*, from L. *cambire*], *v.a.*, 1, *to change, alter.* ——, *v.n., to change* or *to be changed.* So

CHANSON.

——, *r.v.*, to be changed; to alter.

chanson [L. L. acc. *cantionem*], *s.f.*, *song*.

chant [L. acc. *cantum*], *s.m.*, *singing*, *warbling*, *chirruping*.

chanter [L. *cantare*], *v.a.* and *n.*, 1, *to sing*.

chanteur [L. acc. *cantorem*], *s.m.*, *singer*. (The *f.* is *chanteuse*.)

chantier [L. acc. *canterium*, "rafter"], *s.m.*, **timber-yard**, *building-yard*.

chantre [L. nom. *cantor*], *s.m.*, *singer*, *songster*; *chorister*. (Its doublet is *chanteur*.)

chanvre [L. acc. *cannabim*, from Gr. κάνναβις], *s.m.*, *hemp*.

chaos [L. n. *chaos*, from Gr. χάος, from Skr. *kha*, "hollow"], *s.m.*, *chaos*, *confusion*, *disorder*.

chapeau [It. *cappello*, from L. L. *cappa*, "a hooded cloak"], *s.m.*, *hat*.

chapelain [*chapelle*], *s.m.*, *chaplain*.

chapelet [*chapel*, dim. of *chapeau*], *s.m.*, *beads*, *chaplet*, *rosary*. (It meant formerly the wreath of roses placed on the head of the Virgin Mary.)

chapelle [L. L. *capella*, dim. of *capa*, "cope"], *s.f.*, *chapel*.

chapitre [L. n. *capitulum*], *s.m.*, *chapter*.

chapon [L. acc. *caponem*, from Gr. κάπων], *s.m.*, *capon*.

chaque [L. *quisque*], *indef. adj.*, *each*, *every*.

char [L. acc. *carrum*], *s.m.*, *chariot*.

charbon [L. acc. *carbonem*], *s.m.*, *coal*. —— de terre, *coals*. —— de bois, *charcoal*.

charbonnier, *s.m.*, *charcoal-burner* or *seller*.

charbonnière, *s.f.*, *place where charcoal is made*, *charcoal-pit*.

chardon [L. acc. *carduonem*, deriv. from L. *carduus*], *s.m.*, *thistle*.

chardonneret [*chardon*], *s.m.*, *goldfinch*.

charge [verbal subst. of *charger*], *s.f.*, *load*, *weight*; *charge*, *office*, *function*, *dignity*; *charge (of cavalry)*.

CHASSERESSE.

Battre la ——, *to beat the charge (double quick time)*.

charger [L. L. *carricare*, from L. *carrus*], *v.a.*, 1, *to load*; *instruct*; *charge*; *accuse*. Se ——, *r.v.*, *to take charge of*, *to undertake*; *to load oneself*.

chariot [*char*], *s.m.*, *waggon*, *chariot*.

charitable [*charité*], *adj.*, *charitable*, *kind*.

charitablement, *adv.*, *charitably*, *kindly*.

charité [L. acc. *caritatem*], *s.f.*, *charity*; *kindness*; *benevolence*. Demander la ——, *to beg*.

charlatan [It. *ciarlatano*, from *ciarlatare*, "to prattle"], *s.m.*, *quack*; *impostor*.

charlatanisme [*charlatan*], *s.m.*, *quackery*; *cheat*, *imposition*.

charmant, -e [pres. part. of *charmer*], *adj.*, *charming*, *delightful*.

charme [L. n. *carmen*], *s.m.*, *charm*, *spell*; *beauty*, *attraction*. —— [L. acc. *carpinum*], *s.m.*, *witch-elm*.

charmé, -e [p.p. of *charmer*], *adj.*, *pleased*, *delighted*.

charmer [*charme*, from L. n. *carmen*], *v.a.*, 1, *to please*, *delight*, *charm*, *fascinate*.

charmille [*charme*, "witch-elm"], *s.f.*, *row of witch-elm trees*.

charnel, -elle [L. *carnalis*], *adj.*, *carnal*, *sensual*.

charpente [L. n. *carpentum*, "a two-wheeled chariot"], *s.f.*, *timber-work*, *carpenter's work*; *framework*.

charpentier [L. acc. *carpentarium*, "a wheelwright"], *s.m.*, *carpenter*.

charrette [dim. of *char*], *s.f.*, *cart*.

charrue [L. *carruca*, "a vehicle"], *s.f.*, *plough*.

charte [L. *charta*], *s.f.*, *charter*; *title-deeds*.

chasse [verbal subst. of *chasser*], *s.f.*, *chase*, *hunting*, *shooting*.

châsse [L. *capsa*, see *caisse*], *s.f.*, *shrine*, *reliquary*.

chasser [L. L. *captiare*, deriv. of *captare*, sc. *feras*], *v.a.*, 1, *to hunt*, *chase*, *drive away*.

chasseresse [*chasseur*], *adj.* and *s.f.*, *huntress*.

CHAUFFER.

(This word is used in poetry only.)

chasseur, -euse, *s.m.* or *f.*, *hunter*, *huntress*; *bird-*, *butterfly-catcher*.

châssis [*châsse*], *s.m.*, *sash*, *frame*.

chaste [L. *castus*], *adj.*, *chaste*.

chasteté [L. acc. *castitatem*], *s.f.*, *chastity*.

chat [L. L. . acc. *catum*], *s.m.*, *cat*. (The *fem.* is **chatte**, "puss.")

châtaigne [L. *castanea*], *s.f.*, *chestnut*.

châtaignier, *s.m.*, *chestnut-tree*.

châtain [*châtaigne*], *adj.* (*m.* only) and *s.m.*, *nut-brown*, *chestnut colour*. —— clair, *light brown*, *auburn*.

château [O. Fr. *chastel*, *châtel*, from L. n. *castellum*], *s.m.*, *castle*.

châtelain [O. Fr. *châtel*], *s.m.*, *governor of a castle*, *lord of a manor*.

châtier [O. Fr. *chastier*, from L. *castigare*], *v.a.*, 1, *to chastise*, *punish*.

châtiment [L. L. n. *castiganentum*], *s.m.*, *correction*, *chastening*, *punishment*.

chatouillement [*chatouiller*], *s.m.*, *tickling*.

chatouiller [L. L. *cattuliare*, der. from *cattulire*, for L. *titillare*], *v.a.*, 1, *to tickle*; *excite*, *please*, *gratify*.

chatoyant, -e [pres. part. of the *n.v. chatoyer* (*chat*), meaning "to sparkle," "to change colour like the cat's eyes"], *adj.*, *sparkling*, *glistening*.

chaud, -e [O. Fr. *chald*, from L. *caldus* for *calidus*], *adj.*, *warm*, *hot*. Chaud, *s.m.*, *warmth*, *heat*.

chaudement, *adv.*, *warmly*, *hotly*; *quickly*.

chaudière [L. *caldaria*, sc. *vasa*], *s.f.*, *copper*, *boiler*.

chaudron [see *chaudière*], *s.m.*, *caldron*.

chaudronnier [*chaudron*], *s.m.*, *coppersmith*.

chauffage [*chauffer*], *s.m.*, *warming*, *heating*; *fuel*, *wood for fuel*.

chauffer [L. L. *calefare* (?) compd. form of L. *calefacere*]

CHAUME.

v.a., 1, *to warm*. Se ——, *r.v., to warm oneself.*
chaume [L. acc. *calamum*], *s.m., stubble, thatch.*
chaumière [*chaume*], *s.f., (thatched) cottage.*
chaussée [L. *calciata*, sc. *via*], *s.f., causeway, embankment, dyke.*
chausser [L. *calceare*], *v.a.*, 1, *to put a person's shoes, boots, stockings on* (*for him or her*); *to make shoes or boots* (*for somebody*). Se ——, *r.v., to put on one's shoes, etc.*
chaussure [*chausser*], *s.f., boots, shoes.*
chauve [L. *calvus*], *adj., bald.*
chauve-souris [L. *calvus*, and acc. *soricem*], *s.f., bat.*
chaux [L. acc. *calcem*], *s.f., lime.*
chavirer [O. Fr. *chapvirer*, "to turn upside down," from *chap* = *cap*, from L. *n. caput*, and *virer*, *q.v.*], *v.n.*, 1, *to capsize, upset.*
chef [L. *n. caput*], *s.m., head, leader, chief.* —— d'œuvre, *masterpiece.*
chemin [L. L. acc. *caminum*], *s.m., way, road; progress.* —— *faisant, on the way.*
cheminée [L. *caminata*, deriv. of *caminus*, "hearth," Gr. καμῖνος, "oven"], *s.f., chimney.*
cheminer [*chemin*], *v.n.*, 1, *to walk, travel.*
chemise [L. *camisia*], *s.f., shirt; wrapper, case.*
chêne [L. L. acc. *casnum* for *quercum*], *s.m., oak.*
chenille [L. *canicula*, the head of some caterpillars being like that of a little dog], *s.f., caterpillar.*
cher, chère [L. *carus*], *adj., dear, beloved; expensive.* Cher, *adv., dear; dearly.*
chercher [L. *circare*, "to go round"], *v.a.*, 1, *to seek, look after, fetch.* —— à, *to endeavour, try.* Se ——, *r.v., to look for each other.*
chère [in O. Fr. = "face, greeting;" L. L. *cara*, from Gr. κάρα, "head"], *s.f., cheer, fare.*
chèrement [*chère*, *adj. fem.*, and suffix *-ment*], *adv., dearly; at a high price.*

CHIFFON.

chéri, -e [*p.p.* of *chérir*], *adj., beloved, cherished, darling.*
chérir [*cher*], *v.a.*, 2, *to cherish, love, to be fond of.*
cherté [L. acc. *caritatem*], *s.f., dearness, high price.*
chétif, -ive [L. *captivus*], *adj., poor, mean.* (*Chétif is a* doublet of *captif*, *q.v.*)
cheval [L. acc. *caballum*], *s.m., horse.*
chevaleresque [It. *cavalleresco*], *adj., chivalrous.*
chevalerie [*chevalier*], *s.f., chivalry, knighthood.*
chevalier [L. L. acc. *caballarium*], *s.m., knight.*
chevelure [L. L. *capillatura*, deriv. from L. *capillus*], *s.f., head of hair, hair.*
chevet [dim. of *chef*, *q.v.*], *s.m., bed-head.*
cheveu [O. Fr. *chevel*, L. acc. *capillum*], *s.m., hair.*
cheville [L. L. *clavicula*, from l. *clavis*], *s.f., peg; ankle.*
chèvre [L. *capra*], *s.f., goat.*
chevreau [dim. of *chèvre*], *s.m., kid.*
chèvrefeuille [L. *n. caprifolium*], *s.m., honeysuckle.*
chevrette [dim. of *chèvre*], *s.f., little goat.* —— (*fem.* of *chevreuil*), *doe.*
chevreuil [L. acc. *capreolum*, from *caper*], *s.m., roe, roebuck.*
chez [L. *casa*], *prep., at the house of, among.*
chicane [L. Gr. τζυκάνιον, "game of the mall *and* dispute in that game"], *s.f., cavilling, quibble.*
chicaner [*chicane*], *v.a.* and *n.*, 1, *to cavil, quibble, annoy.*
chicanerie [*chicaner*], *s.f., cavil.*
chicaneur, -euse, or **chicanier, -ère** [*chicaner*], *s.m.* or *f.*, *caviller; pettifogger.*
chiche [L. acc. *ciccum*, from Gr. κίκκος, "the core of a pomegranate," hence "a trifle"], *adj., poor, miserable, stingy.*
chichement, *adv., stingily, meanly.*
chien [L. acc. *canem*], *s.m., dog.*
chiffon [dim. of *chiffe*, "rag"], *s.m., rag, bit, scrap.*

CICATRICE.

chiffre [Arab. *çafar*, "empty"], *s.m., figure, cipher.*
chiffrer, *v.n.*, 1, *to cipher.*
chimère [L. *chimaera*, from Gr. χίμαιρα, "goat"], *s.f., chimera, idle fancy.*
chimérique [*chimère*], *adj., chimerical, imaginary, fanciful.*
chimie [Gr. χυμία], *s.f., chemistry.*
chimiste, *s.m., chemist.*
chirurgie [Gr. χειρουργία, from χείρ, "hand," and ἔργον, "work"], *s.f., surgery.*
chirurgien, *s.m., surgeon.*
choc [It. *cisco*, "log of wood"], *s.m., shock, collision; dash, attack.*
chocolat [Sp. *chocolate*], *s.m., chocolate.*
chœur [L. acc. *chorum*, from Gr. χορός], *s.m., chorus, choir.*
choisir [Goth. *kausjan*, "to see, examine"], *v.a.*, 2, *to choose.* Se ——, *r.v., to choose for oneself.*
choix [verbal subst. of *choisir*], *s.m., choice.*
choquer [*choc*], *v.a.*, 1, *to shock, offend, displease; strike against, clash with.* Se ——, *r.v., to come into collision; to clash; to take offence.*
chose [L. *causa*], *s.f., thing.*
chou [O. Fr. *chol*, L. acc. *caulem*, from Gr. καυλός], *s.m., cabbage.*
Chouan, *s.m., Chouan, insurgent of Vendée* (1791-1796).
chouette [dim. of the O. Fr. *choue*, from O. H. G. *chouch*, "owl"], *s.f., owl, owlet.*
Chrétien, -enne [L. *christianus*], *adj.* and *subst.*, m. and *f., Christian.*
Chrétienté [L. acc. *christianitatem*], *s.f., Christendom.*
Christianisme [Gr. Χριστιανισμός], *s.m., Christianity.*
chronique [L. *chronica*, Gr. χρονικός, from χρόνος, "time"], *s.f., chronicle.*
chroniqueur, *s.m., chronicler, reporter.*
chute [*chu*, *p.p.* of *choir*, "to fall"], *fall.* A la —— *du jour, at the close of the day.*
ci, for *ici*, see *ce*.
cible [O. Fr. *cibe*, from O. H. G. *sciba*], *s.f., target.*
cicatrice [L. acc. *cicatricem*], *s.f., cicatrice, scar, seam.*

CIDRE.

cidre [L. n. *sicera*, from Gr. σίκερα), *s.m.*, *cider*.
ciel [L. n. *coelum* or *caelum*], *s.m.*, *heaven, sky; Providence*.
ciels, *s.m. pl.*, *bed-testers*.
cieux, *s.m. pl.*, *the heavens*.
cigale [L. *cicadula*, dim. of *cicada*), *s.f.*, *grasshopper*.
cigogne [L. *ciconia*], *s.f.*, *stork*.
ciguë [L. *cicuta*], *s.f.*, *hemlock*.
cil [L. n. *cilium*], *s.m.*, *eyelash*.
cime [O. Fr. *cyme*, from L. *cyma*, from Gr. κῦμα, "a young sprout of a cabbage"], *s.f.*, *top, summit*.
ciment [L. n. *caementum*, "rough stone"], *s.m.*, *cement*.
cimenter, *v.a.*, 1, *to cement, strengthen*. Se ——, *r.v.*, *to be cemented, strengthened*.
cimetière [L. n. *coemeterium*, from Gr. κοιμητήριον, "sleeping-place," from κοιμάω, "to sleep"], *s.m.*, *burial-ground, cemetery*.
cimier [*cime*], *s.m.*, *crest* (*of helmets*).
cingler [O. Fr. *sigler*, *singler*, from O. Scand. *sigla*, "to sail"], *v.n.*, 1, *to sail, steer*.
cinq [L. *quinque*], num. adj. (card.), *five*.
cinquantaine (*cinquante*), *s.f.*, *collection of fifty; age of fifty*.
cinquante [L. *quinquaginta*], num. adj. (card.), *fifty*.
cinquantième [*cinquante*], num. adj. (ord.), *fiftieth*.
cinquième [*cinq*], num. adj. (ord.), *fifth*.
circonflexe [L. *circumflexus*], adj., *circumflex*.
circonscrire [L. *circumscribere*], **v.a.**, 1, *to circumscribe*.
circonspect, -e [L. *circumspectus*], adj., *circumspect, cautious, prudent*.
circonspection [L. acc. *circumspectionem*, "a looking on all sides"], *s.f.*, **circumspection, caution**.
circonstance [L. *circumstantia*], *s.f.*, *circumstance*.
circonvenir [L. *circumvenire*], *v.a.*, 2, *to circumvent, deceive, impose upon*.
circuit [L. acc. *circuitum*], *s.m.*, *circuit, compass; way round, roundabout way*.

CLAIRIÈRE.

circulaire [L. *circularis*], adj., *circular*. ——, *s.f.*, *circular*.
circulation [L. acc. *circulationem*], *s.f.*, *circulation*.
circuler [L. *circulari*], *v.n.*, 1, *to circulate, revolve; spread abroad; move about*.
cire [L. *cera*], *s.f.*, *wax*.
cirer, *v.a.*, 1, *to wax, polish*.
ciseau [O. Fr. *cisel*, from L. L. acc. *cisellum*, from L. acc. *caesum*, "cutting," from L. *caedere*], *s.m.*, *chisel*.
ciseaux, *s.m. pl.*, *scissors*.
ciseler [O. Fr. *cisel* for *ciseau*], *v.a.*, 1, *to chisel, carve*. Se ——, *r.v.*, *to be carved*.
citadelle [It. *cittadella*, dim. of *citta*, "city"], *s.f.*, *citadel*.
citation [*citer*], *s.f.*, *citation, quotation*.
cité [L. acc. *citatem* for *civitatem*], *s.f.*, *city, town*.
citer [L. *citare*], *v.a.*, 1, *to cite, name, quote*.
citerne [L. *cisterna*], *s.f.*, *cistern, tank, reservoir*.
citoyen, -enne [L. L. *civitadanus* (?), deriv. from L. acc. *civitatem*], *s.m.* or *f.*, *citizen*.
citron [L. n. *citrum*], *s.m.*, *lemon*.
citronnier, *s.m.*, *lemon-tree*.
civière [L. L. *coeno-vehum*, from L. n. *coenum*, "mud," *vehere*, "to carry"], *s.f.*, *litter*.
civil, -e [L. *civilis*], adj., *civil; polite*.
civilement, adv., *civilly, politely*.
civilisateur [*civiliser*], adj. and *s.m.*, *civilizing, civilizer*. (The *f.* is *civilisatrice*.)
civilisation, *s.f.*, *civilization*.
civilisé, -e [p.p. of *civiliser*], adj., *civilized*.
civiliser [*civil*], *v.a.*, 1, *to civilize*. Se ——, *r.v.*, *to become civilized*.
civilité [L. acc. *civilitatem*], *s.f.*, *civility, courteousness, politeness, attention, compliment*.
claie [L. L. *clida*, *clia*], *s.f.*, *hurdle*.
clair, -e [L. *clarus*], adj., *bright, clear, light, limpid*. Clair, *s.m.*, *light*.
clairement, adv., *clearly, distinctly*.
clairière [*clair*], *s.f.*, *glade*.

CLIMAT.

clairon [L. *clarus*], *s.m.*, *clarion (the clear-sounding trumpet)*.
clairvoyance [*clairvoyant*], *s.f.*, *clearsightedness, perspicacity*.
clairvoyant, -e [*clair* and *voyant*, pres. part. of *voir*, q.v.], adj., *clearsighted, acute*.
clameur [L. acc. *clamorem*], *s.f.*, *clamour, outcry*.
clandestin, -e [L. *clandestinus*], adj., **clandestine**, *underhand*.
clandestinement, adv., *secretly*.
clapoter [dim. of *clapper*, "to smack," from the G. *klappen*], *v.n.*, 1, *to splash*.
clarifier [L. *clarificare*], *v.a.*, 1, *to clear, clarify*. Se ——, *r.v.*, *to grow clear, settle*.
clarté [L. acc. *claritatem*], *s.f.*, *clearness, brightness, light, limpidity*.
classe [L. acc. *classem*], *s.f.*, *class, order, rank; school-room*.
classement [*classer*], *s.m.*, *classing*.
classer, *v.a.*, 1, *to class, sort*. Se ——, *r.v.*, *to be classed, sorted*.
classification [*classifier*], *s.f.*, *classification*.
classifier [L. L. *classificare*(?), from L. *classis*, *facere*], *v.a.*, 1, *to classify*.
classique [L. *classicus*], adj., *classic, classical, academical*. ——, *s.m.*, *classical author or standard work*.
clef or **clé** [L. acc. *clavem*], *s.f.*, *key*.
clémence [L. *clementia*], *s.f.*, *clemency, mercy*.
clément, -e [L. acc. *clementem*], adj., *clement, merciful*.
clerc [L. acc. *clericum*, from Gr. κληρικός], *s.m.*, *clerk, scholar*.
clergé [L. acc. *clericatum*, from *clericus* (Gr. κληρικός, from κλῆρος)], *s.m.*, *clergy*.
client, -e [L. acc. *clientem*], *s.m.* or *f.*, *client*.
clientèle [L. *clientela*], *s.f.*, *connection, business, practice*.
clignement [*cligner*], *s.m.*, *winking, blinking*.
cligner [L. L. *clinare*, "to lower"], *v.a.* and *n.*, 1, *to wink, blink*.
climat, from Gr. κλίμα,

CLIN.

inclinatio coeli, "parallel of latitude," "clime," from κλίνω, "to incline"], *s.m., climate.*

clin (d'œil) [verbal subst. of *cligner*, *œil*, *q.v.*], *s.m.*, *wink.* En un —— d'œil, *in a trice.*

cliquetis [O. Fr. *cliqueter*, "to make a noise," *onomat.*], *s.m., clashing, clanking.*

cloche [L. L. *clocca*, from O. H. G. *clocca*, in the 9th century], *s.f., bell.*

clocher [*cloche*], *s.m., steeple.*

clocher [L. L. *cloppicare*, from L. L. *cloppus*, "lame"], *v.n.*, 1, *to limp, halt, walk lame.*

cloison [L. L. acc. *closionem*, from L. *claudere*], *s.f., partition, septum (in anatomy).*

cloître [O. Fr. *cloistre*, from L. *pl.n. claustra*], *s.m., cloister, convent.*

cloîtrer, *v.a.*, 1, *to shut up in a convent.* Se ——, *r.v., to enter a convent; to shut oneself up.*

clore [L. *claudere*], *v.a.*, 4, *to close, shut; end, conclude.*

clos, -e, *p.p.* of the above *v.*

clôture [L. L. *clausitura*, from L. *claudere*], *s.f., enclosure, fence, close.*

clou [L. acc. *clavum*], *s.m., nail.*

clouer [*clou*], *v.a.*, 1, *to nail, fasten down.*

coadjuteur [prefix co, and L. acc. *adjutorem*], *s.m., coadjutor.*

coaliser [L. *coalescere*], *v.a.*, 1, *to unite.* Se ——, *r.v., to form a coalition.*

coalition [*coaliser*], *s.f., coalition, league.*

cocarde [O. Fr. *coquarde*, "cock's comb," see *coq*], *s.f., cockade.*

coche [L. *concha*, "shell, conch"], *s.m., carriage (boat originally).* —— [?], *s.f., notch, tally.*

cocher [*coche*], *s.m., coachman.*

cochon [Kymr. *hwch*, Breton *hoch*, Engl. *hog*], *s.m., pig.* —— de lait, *sucking-pig.*

coco [Port. *coquo*], *s.m., cocoa.*

cocon [*coque, q.v.*], *s.m., cocoon.*

COLLECTIF.

cocotier [*coco*], *s.m., cocoa-nut-tree.*

code [L. acc. *codicem*], *s.m., code.*

cœur [L. n. *cor*], *s.m., heart, courage.* De bon ——, *heartily, willingly.*

coffre [L. acc. *cophinum*, from Gr. κόφινος, "basket"], *s.m., coffer, chest, box.*

cognée [L. L. *cuneata*, from *cuneus*, "wedge"], *s.f., axe, hatchet.*

cohorte [L. acc. *cohortem*], *s.f., cohort.*

coiffe [L. L. *cofea, cuphia*, from O. H. G. *kuppha*, "mitre"], *s.f., head-dress, cap, hood.*

coiffer [*coiffe*], *v.a.*, 1, *to dress a person's hair.* Se ——, *r.v., to dress one's hair; to be infatuated.*

coiffure, *s.f., head-dress.*

coin [L. acc. *cuneum*], *s.m., wedge; corner.* —— du feu, *fireside, home, chimney-corner.*

coïncidence [*coïncider*], *s.f., coincidence.*

coïncider [L. *co-incidere*, "to fall with"], *v.n.*, 1, *to coincide.*

coing [L. *cydonium*, sc. *malum*, from Gr. κυδωνία, from *Cydon*, in *Crete*], *s.m., quince.*

col [see *cou*], *s.m., neck; collar, stock.*

colère [L. *cholera*, from Gr. χολέρα], *s.f., wrath, anger, passion.* ——, *adj., passionate.*

collaborateur [*collaborer*, from L. *collaborare*], *s.m., collaborator, associate.*

collaboration [*collaborer*], *s.f., collaboration, co-operation, assistance.*

collaborer [L. *collaborare*], *v.n.*, 1, *to work together; contribute.*

colle [Gr. κόλλα], *s.f., paste, glue.*

collecte [L. *collecta, p.p. fem.* of *colligere*], *s.f., collection (of money); collect (prayer).*

collecter [*collecte*], *v.a.*, 1, *to make a collection.*

collecteur [L. L. acc. *collectorem*], *s.m., collector.* (The *fem.* is *collectrice.*)

collectif, -ive [L. *collectivus*], *adj., collective.*

COMBIEN.

collection [L. acc. *collectionem*], *s.f., collection.*

collège [L. n. *collegium*], *s.m., school, college.*

collégien [*collège*], *s.m., school-boy, collegian.*

collègue [L. acc. *collegam*], *s.m., colleague, fellow-member.*

coller [*colle*], *v.a.*, 1, *to stick, glue, paste, fix.* Se ——, *r.v., to stick on, cleave to.*

collet [dim. of *col*], *s.m., collar (of a coat).*

collier [*cou*], *s.m., necklace, collar.*

colline [L. *collina*, used by Roman surveyors], *s.f., hill.*

collision [L. acc. *collisionem*], *s.f., collision.*

colloque [L. n. *colloquium*], *s.m., colloquy.*

colloquer [L. *collocare*], *v.a.*, 1, *to place; invest.*

colombe [L. *columba*], *s.f., dove.*

colombier [L. n. *columbarium*], *s.m., pigeon-house.*

colon [L. acc. *colonum*], *s.m., husbandman, ploughman.*

colonel [It. *colonello*], *s.m., colonel.*

colonie [*colon*], *s.f., colony.*

colonisation [*coloniser*], *s.f., colonization, settlement.*

coloniser [*colonie*], *v.a.*, 1, *to colonize.* Se ——, *r.v., to become colonized.*

colonnade [*colonne*], *s.f., colonnade.*

colonne [L. *columna*], *s.f., column; party.* Tête de ——, *foremost body of troops.*

colorer [L. *colorare*], *v.a.*, 1, *to colour, tinge, dye, paint.* Se ——, *r.v., to colour; to assume a colour.*

coloris [*colori, p.p.* of the O. Fr. v. *colorir = colorier*, "to illuminate, paint"], *s.m., colour, hue.*

colossal, -e [*colosse*], *adj., colossal, huge, immense.*

colosse [L. acc. *colossum*, from Gr. κολοσσός, "gigantic statue"], *s.m., colossus.*

combat [verbal subst. of *combattre*], *s.m., fight, battle.*

combattant [pres. part. of *combattre*], *s.m., combatant.*

combattre [*com = cum, battre, q.v.*], *v.a.* and *n.*, 4, *to fight, oppose, resist.*

combien [*comme, bien*], *adv., how much, how many.*

combinaison [L. acc. combinationem], s.f., combination.

combiner [L. combinare], v.a., 1, to combine, contrive. Se ——, r.v., to be combined.

comble [L. acc. cumulum], s.m., top, summit; fulfilment; heaping; over-measure. Au —— de, at the height of, complete.

combler [comble], v.a., 1, to overwhelm, load (with).

combustible [combustion], adj., combustible. ——, s.m., fuel, article of fuel.

combustion [L. acc. combustionem, from comburere, "to burn"], s.f., combustion, burning.

comédie [L. comoedia], s.f., comedy.

comédien, -enne, s.m. or f., comedian, actor; actress.

comestible [L. L. comestibilis (?), from L. comedere, "to eat up"], adj. and s.m., eatable. ——s, s.m. pl., eatables, provisions.

comète [L. cometa, Gr. κομήτης, from κόμη, "hair; coma"], s.f., comet.

comique [L. comicus], adj., comic, laughable.

comiquement, adv., comically.

comité [Engl. committee], s.m., committee, board.

commandant [pres. part. of commander], s.m., commander, commanding officer.

commandement [commander], s.m., command, commandment, orders.

commander [L. L. commendare = cum, mandare, "to order"], v.a. and n., 1, to command, order, govern, rule.

commandeur, s.m., commander.

comme [L. quomodo], adv., as; how!

commémoration [L. acc. commemorationem], s.f., commemoration.

commençant, -e [pres. part. of commencer], adj., beginning. ——, s.m. or f., beginner.

commencement [commencer], s.m., beginning.

commencer [L. L. cominitiare, compd. of L. cum, initiare], v.a. and n., 1, to begin.

commensal, -e [L. L. com-

mensalis (?), der. from L. cum and mensa, "table"], adj. and s.m. or f., commensal, messmate.

comment [L. quomodo, inde], adv., how, what!

commentaire [L. n. commentarium], s.m., commentary.

commentateur [L. acc. commentatorem], s.m., commentator.

commenter [L. commentare], v.a. and n., 1, to comment, comment on, criticize.

commérage [commère], s.m., gossiping, gossip.

commerçant, -e [pres. part. of commercer], adj. and s.m. or f., commercial; merchant, tradesman, dealer.

commerce [L. n. commercium], s.m., business, trade, commerce, intercourse, conversation.

commercer, v.n., 1, to do business with, trade with.

commercial, -e [commerce], adj., commercial.

commère [prefix co, mère, q.v.], s.f., gossip, godmother.

commettre [L. committere], v.a., 4, to be guilty of; commit, entrust. Se ——, r.v., to be committed.

commis [p.p. of commettre], s.m., clerk.

commisération [L. acc. commiserationem], s.f., commiseration.

commissaire [L. sup. commissum, with the termination arius], s.m., commissioner.

commissariat [commissaire], s.m., commissioner's office, commissaryship; commissioners (in the Navy).

commission [L. acc. commissionem], s.f., commission, errand.

commissionnaire, s.m., messenger, porter.

commode [L. commodus], adj., convenient, easy, snug. ——, s.f., chest of drawers.

commodément, adv., conveniently, comfortably.

commodité [L. acc. commoditatem], s.f., convenience, comfort, ease.

commuer [L. commutare, "to alter"], v.a., 1, to commute.

commun, -e [L. communis], adj., common, general,

public, low; common; mutual, joint.

communauté [L. L. acc. communalitatem (?)], s.f., community.

commune [commun], s.f., parish.

communément [adj. fem. commune, and suffix -ment], adv., commonly, generally.

communicatif, -ive [communiquer], adj., communicative.

communication [L. acc. communicationem], s.f., communication, intercourse, connection.

communier [L. communicare, "to receive the Eucharist," in ecclesiastical language], v.n., 1, to receive the holy Sacrament.

communion [L. acc. communionem], s.f., sacrament, communion; fellowship.

communiquer [L. communicare], v.a., 1, to communicate, impart, relate. ——, v.n., to correspond, have communication. Se ——, r.v., to be communicated, to spread.

commutation [L. acc. commutationem], s.f., commutation.

compacte [L. compactus, p.p. of compingere, "to fix together"], adj., compact, dense.

compagne [see compagnon], s.f., companion, comrade, partner, mate, wife.

compagnie [compagne], s.f., company, guests, friends. De ——, in troops, together.

compagnon [L. L. acc. cumpanionem, from L. cum, "with," and panis, "bread"], s.m., companion. —— de voyage, fellow-traveller. —— d'armes, brother in arms.

comparable [L. comparabilis], adj., comparable, to be compared.

comparaison [L. acc. comparationem], s.f., comparison.

comparaître [com and paraître, q.v.], v.n., 4, to appear.

comparer [L. comparare], v.a., 1, to compare. Se ——, r.v., to be compared.

compartiment [O. Fr. v. compartir, "to divide," from

COMPAS.

L. L. *compartiri*], *s.m.*, *compartment, division, panel.*
compas [*com,* and *pas, q.v.*], *s.m., pair of compasses.*
compasser [*compas*], *v.a.*, 1, *to measure.*
compassion [L. acc. *compassionem*], *s.f.*, *compassion, pity.*
compatible [It. *compatibile*], *adj., compatible, consistent.*
compatir [L. *cum, pati*], *v.n.*, 2, *to sympathize with, pity.*
compatissant, -e [*pres. part.* of *compatir*], *adj., compassionate, sympathizing.*
compatriote [L. L. acc. *compatriotam*], *s.m., fellow-countryman.*
compensateur [*compenser*], *adj., compensating.* ——, *s.m., compensator.*
compensation [L. acc. *compensationem*], *s.f., compensation.*
compenser [L. *compensare*], *v.a.*, 1, *to compensate, make up for.* Se ——, *r.v., to be balanced.*
compère [*com, père, q.v.*], *s.m., godfather ; crony, comrade, fellow, partner, compeer.*
compétence [L. *competentia*], *s.f., competence ; province.*
compétent, -e [L. acc. of the *pres. part., competentem*], *adj., competent, fit.*
compétiteur [L. acc. *competitorem*], *s.m., competitor.*
compilateur [L. acc. *compilatorem*], *s.m., compiler.*
compilation [L. acc. *compilationem*], *s.f., compilation.*
compiler [L. *compilare*], *v.a.*, 1, *to compile.*
complainte [*p.p.* of the O. Fr. v. *complaindre*], *s.f., lamentation, wailing, complaint.*
complaire [L. *complacere*], *v.n.*, 4, *to please, gratify.* Se —— à, *r.v., to delight (in).*
complaisance [*complaisant*], *s.f., complacency, kindness, attention ; delight, pleasure.*
complaisant, -e [*pres. part.* of *complaire*], *adj., obliging, kind.*
complément [L. n. *complementum*], *s.m., complement, completion ; object.*

COMPRIS.

complémentaire [*complément*], *adj., complementary, completing.*
complet, -ète [L. *completus*], *adj., complete.*
complètement, *adv., completely, entirely.*
compléter, *v.a.*, 1, *to complete.* Se ——, *r.v., to become complete ; to realize.*
complexion [L. acc. *complexionem*], *s.f., constitution (of body) ; temper, disposition.*
complication [L. acc. *complicationem*], *s.f., complication, intricacy.*
complice [L. acc. *complicem*], *s.m.f., accomplice.*
complicité [*complice*], *s.f., complicity, participation.*
compliment [It. *complimento*], *s.m., compliment.*
complimenter [*compliment*], *v.a.*, 1, *to congratulate.*
compliqué, -e [*p.p.* of *compliquer*], *adj., complicated, intricate.*
compliquer [L. *complicare*], *v.a.*, 1, *to complicate, render intricate.* Se ——, *r.v., to become complicated.*
comporter [L. *comportare*], *v.a.*, 1, *to allow.* Se ——, *r.v., to behave.*
composé [partic. subst. of *composer*], *s.m., compound.*
composer [*com. poser, q.v.*], *v.a.*, 1, *to compose, make up, distil.* Se ——, *r.v., to be composed.*
compositeur [L. acc. *compositorem*], *s.m., composer, compositor.*
composition [L. acc. *compositionem*], *s.f., composition, compound.*
compréhensible [L. *comprehensibilis*], *adj., intelligible.*
compréhension [L. acc. *comprehensionem*], *s.f., comprehension.*
comprendre [L. *comprendere* for *comprehendere*], *v.a.*, 4, *to understand ; comprise, include.*
comprimer [L. *comprimere*], *v.a.*, 1, *to compress, repress.* Se ——, *r.v., to be compressed, kept down.*
compris, -e [*p.p.* of *comprendre, q.v.*], *adj., understood.* Non compris, *not included, without.*

CONCERTER.

compromettant, -e [*pres. part.* of *compromettre*], *adj., unsafe, disreputable, incriminating.*
compromettre [L. *compromittere*], *v.a.*, 4, *to compromise, implicate, endanger.* Se ——, *r.v., to commit oneself.*
compromis, -e [*p.p.* of *compromettre*], *adj., compromised.* Compromis, *s.m., compromise.*
comptant [*pres. part.* of *compter*], *s.m., ready money, cash.*
compte [L. acc. *computum*], *s.m., account, calculation, purpose.* Se rendre —— de, *to account for, understand, make out.*
compter [L. *computare*]. *v.a.*, 1, *to count ; reckon.* —— sur, *to rely on.* Se ——, *r.v., to be counted, reckoned.*
comptoir [*compter*], *s.m., counter, counting-house.*
compulser [L. *compulsare*, " to force, oblige "], *v.a.*, 1, *to search, examine, go through.*
compulsion [L. acc. *compulsionem*], *s.f., compulsion.*
computation [L. acc. *computationem*], *s.f., computation.*
computer [L. *computare*], *v.a.*, 1, *to compute.*
comte [L. *comitem*, acc. of *comes*, "a companion "], *s.m., count.* (The fem. is *comtesse*.)
comté [*comte*], *s.m., earldom ; county, shire.*
concave [L. *concavus*], *adj., concave.*
concavité [L. acc. *concavitatem*], *s.f., concavity.*
concéder [L. *concedere*], *v.a.*, 1, *to grant.* Se ——, *r.v., to be granted.*
concentrer [*con* for *cum,* and *centre*], *v.a.*, 1, *to concentrate.* Se ——, *r.v., to be concentrated.*
conception [L. acc. *conceptionem*], *s.f., conception, idea, notion, understanding.*
concernant [*pres. part.* of *concerner*], *prep., concerning, relating to.*
concerner [L. *concernere*], *v.a.*, 1, *to concern, relate to.*
concert [It. *concerto*], *s.m., concert, union, agreement.* De ——, *in concert, together.*
concerter [*concert*], *v.a.*, 1, *to concert, plan, devise.* Se ——, *r.v., to deliberate, consult together.*

CONCESSION.

concession [L. acc. concessionem], s.f., concession, grant.
concevable [concevoir], adj., conceivable.
concevoir [L. concipere], v.a., 3, to conceive, understand, entertain, form. Se ——, r.v., to be understood.
concierge [L. L. acc. conservium (?), from L. cum and servire], s.m., door-keeper.
conciergerie, s.f., porter's lodge; Conciergerie (a prison in Paris).
concile [L. n. concilium], s.m., council.
conciliant, -e [pres. part. of concilier], adj., conciliating, conciliatory.
conciliateur [concilier], adj. and s.m., conciliatory; conciliator. (The f. is conciliatrice.)
concilier [L. conciliare], v.a., 1, to conciliate; gain, win. Se ——, r.v., to gain for oneself.
concitoyen, -enne [prefix con, citoyen, q.v.], s.m. or f., fellow-citizen.
conclure [L. concludere], v.a. and n., 4, to conclude, end. Se ——, r.v., to be concluded.
conclusion [L. acc. conclusionem], s.f., conclusion.
concordance [concordant, from concorder, "to agree"], s.f., concordance, concord, agreement.
concorde [L. concordia], s.f., concord, good understanding.
concourir [L. concurrere], v.n., 2, to concur, contribute.
concours [L. acc. concursum], s.m., concurrence; assistance; competition.
concurrence [concurrent], s.f., competition, opposition.
concurrent, -e [L. acc. concurrentem, from concurrere], s.m. or f., competitor, rival.
condamnable [condamner], adj., condemnable, blamable.
condamnation [L. acc. condemnationem], s.f., condemnation, judgment, sentence.
condamné [partic. subst. of condamner], s.m., man condemned to death; convict.
condamner [L. condemnare], v.a., 1, to condemn, sen-

CONFESSER.

tence, doom. Se ——, r.v., to condemn oneself.
condensation [L. acc. condensationem], s.f., condensation, condensing.
condenser [L. condensare], v.a., 1, to condense. Se ——, r.v., to condense, to be condensed.
condescendance [It. condescendenza], s.f., condescension, compliance.
condescendre [L. condescendere], v.n., 4, to condescend.
condition [L. acc. conditionem], s.f., condition, state, rank.
conditionnel, -elle [condition], adj., conditional. Conditionnel, s.m., conditional (mood).
conditionnellement, adv., conditionally.
condoléance [L. condolere], s.f., condolence.
conducteur [L. acc. conductorem], s.m., guide, leader.
conduire [L. conducere], v.a., 4, to lead, conduct, take to; attend, train. Se ——, r.v., to behave; to be led.
conduit [L. acc. conductum], s.m., conduit, pipe, tube.
conduite [partic. subst. of conduire], s.f., guidance, command; behaviour.
cone [L. acc. conum, from Gr. κῶνος], s.m., cone.
confection [L. acc. confectionem], s.f., making; construction.
confectionner [confection], v.a., 1, to make up, execute, manufacture.
confédératif, -ive [confédérer], adj., confederative, federal.
confédération [L. acc. confoederationem], s.f., confederacy, league.
confédéré [L. p.p. confoederatus], s.m., confederate.
confédérer [L. confoederare], v.a., 1, and se ——, r.v., to confederate.
conférence [conférer], s.f., conference, lecture, debate.
conférer L. [conferre], v.a. and n., 1, to bestow, grant, confer; compare.
confesser [L. confessum, sup. of confiteri], v.a., 1, to confess. ——, v.n., to acknow-

CONFORMATION.

ledge, own. Se ——, r.v., to confess.
confesseur [L. acc. confessorem], s.m., confessor
confession [L. acc. confessionem], s.f., confession, avowal.
confiance [confiant], s.f., confidence, trust, reliance, security.
confiant, -e [pres. part. of confier], adj., confiding, unsuspicious.
confidemment [confident], adv., confidentially.
confidence [L. confidentia], s.f., confidence, secret, secrecy
confident, -e [L. acc. confidentem, from confidere], s.m. or f., confidant.
confidentiel, -elle [confidence], adj., confidential.
confidentiellement, adv., confidentially.
confier [prefix con, fier, q.v.], v.a., 1, to trust, confide. Se ——, r.v., to confide in, rely on; to confide to each other, to trust in.
confiner [confins], v.a. and n., 1, to confine, shut up, to limit; to be contiguous, to border upon.
confins [L. adj. confinis], s.m. pl., confines, borders.
confire [L. conficere], v.a., 4, to pickle, preserve.
confirmation [L. acc. confirmationem], s.f., confirmation, sanction.
confirmer [L. confirmare], v.a., 1, to confirm, strengthen. Se ——, r.v., to be confirmed.
confiscation [confisquer], s.f., confiscation.
confisquer [L. confiscare], v.a., 1, to confiscate.
confit, -e [p.p. of confire], adj., pickled, preserved.
confiture [confit], s.f., preserve, jam.
conflit [L. acc. conflictum], s.m., conflict, contest, combat.
confluent [L. acc. confluentem, from confluere, "to flow together"], s.m., confluence, confluent.
confondre [L. confundere], v.a., 4, to mix; confuse; mistake; overpower, crush. Se ——, r.v., to mix together; to be confused, lost, mixed.
conformation [L. acc. conformationem], s.f., conformation.

conforme [L. *conformis*], *adj.*, *conformable to, agreeable with.*
conformément, *adv.*, *agreeably, according to.*
conformer [L. *conformare*], *v.a.*, 1, *to conform, suit.* Se ——, *r.v.*, *to comply, submit.*
conformité [L. acc. *conformitatem*], *s.f.*, *conformity, compliance.*
conforter [*confort*, from Engl. *comfort*], *v.a.*, 1, *to comfort, strengthen.*
confrère [*con*, *frère*, from L. *cum*, and acc. *fratrem*], *s.m.*, *colleague, fellow-member.*
confrérie [*confrère*], *s.f.*, *confraternity, brotherhood.*
confronter [prefix *con* and *front*, q.v.], *v.a.*, 1, *to confront, compare.*
confus, -e [L. *confusus*], *adj.*, *confused, ashamed.*
confusément, *adv.*, *confusedly, vaguely.*
confusion [L. acc. *confusionem*], *s.f.*, *confusion, disorder.*
congé [L. acc. *commeatum*, "permission, leave"], *s.m.*, *leave, permission; discharge, dismissal, notice (to quit).*
congédier [*congé*], *v.a.*, 1, *to dismiss.*
congratulation [L. acc. *congratulationem*], *s.f.*, *congratulation.*
congratuler [L. *congratulari*], *v.a.*, 1, *to congratulate.*
congrégation [L. acc. *congregationem*], *s.f.*, *congregation.*
congrès [L. acc. *congressum*], *s.m.*, *congress.*
conique [Gr. κωνικός], *adj.*, *conic.*
conjecture [L. *conjectura*, from *conjicere*], *s.f.*, *conjecture, guess, supposition.*
conjecturer, *v.a.*, 1, *to conjecture, surmise, guess, suppose.*
conjoint, -e [*p.p.* of *conjoindre*, "to connect, join, unite"], *adj.*, *joined, united.*
conjointement, *adv.*, *conjointly.*
conjonction [L. acc. *conjunctionem*], *s.f.*, *conjunction; union.*
conjugaison [L. acc. *conjugationem*], *s.f.*, *conjugation.*

conjugal, -e [L. *conjugalis*], *adj.*, *conjugal.*
conjuguer [L. *conjugare*], *v.a.*, 1, *to conjugate.* Se ——, *r.v.*, *to be conjugated.*
conjurateur [*conjurer*], *s.m.*, *conspirator.*
conjuration [L. acc. *conjurationem*], *s.f.*, *conspiracy, league.*
conjuré, -e [*p.p.* of *conjurer*], *adj.* and *s.m.*, *conspiring; conspirator.*
conjurer [L. *conjurare*], *v.a.*, 1, *to entreat, conspire; ward off.* Se ——, *r.v.*, *to conspire, league.*
connaissance [*connaissant*, pr. p. of *connaître*, q.v.], *s.f.*, *knowledge, learning; acquaintance.* Faire la —— de, *to become acquainted with, to make the acquaintance of.*
connaisseur [*connaître*], *s.m.*, *connoisseur, good judge.*
connaître [L. *cognoscere*], *v.a.*, 4, *to know, to be acquainted with.* Se ——, *r.v.*, *to know oneself or each other.* Se —— en tout, *to know, understand everything.*
connétable [O. Fr. *conestable*, from L. *comes stabuli*, "count of the stable"], *s.m.*, *Constable.*
connu, -e, *p.p.* of *connaître*, q.v., *known.*
conquérant [pres. part. of *conquérir*], *s.m.*, *conqueror.*
conquérir [L. *conquirere*], *v.a.*, 2, *to conquer.*
conquête [L. *conquisita*, *p.p.* fem. of *conquirere*], *s.f.*, *conquest.*
conquis, -e, *p.p.* of *conquérir, conquered.*
consacrer [L. acc. *consecrare*], *v.a.*, 1, *to consecrate; devote.* Se ——, *r.v.*, *to devote oneself to.*
conscience [L. *conscientia*], *s.f.*, *conscience.*
consciencieusement, *adv.*, *conscientiously.*
consciencieux, -se [*conscience*], *adj.*, *conscientious.*
conscription [L. acc. *conscriptionem*], *s.f.*, *conscription, recruiting.*
conscrit [L. acc. *conscriptum*, *p.p.* of *conscribere*], *s.m.*, *conscript, raw recruit.*
consécration [L. acc. *consecrationem*], *s.f.*, *consecration, dedication, ordination.*

consécutif, -ive [*consécution*], *adj.*, *consecutive.*
consécution [L. *consecutum*, sup. of *consequi*], *s.f.*, *consecution.*
consécutivement [*consécutive*, *adj. fem.*, and suffix *-ment*], *adv.*, *consecutively.*
conseil [L. n. *consilium*], *s.m.*, *advice, counsel; council.*
conseiller [*conseil*], *v.a.*, 1, *to advise, counsel.* ——, *s.m.*, *counsellor, adviser.*
consentir [L. *consentire*], *v.n.*, 2, *to consent, assent.*
conséquemment [*conséquent*], *adv.*, *consequently, accordingly.*
conséquence [L. *consequentia*], *s.f.*, *consequence.* En ——, *consequently.*
conséquent (par), *adv. loc.*, *consequently.*
conservateur [L. acc. *conservatorem*], *s.m.*, *preserver, defender.* (The *f.* is *conservatrice*.)
conservation [L. acc. *conservationem*], *s.f.*, *preservation.*
conservatoire [*conserver*], *s.m.*, *conservatory.*
conserve [verbal subst. of *conserver*], *s.f.*, *preserve, pickle.* ——, *convoy* (naut.). Aller de ——, *to sail in company.*
conserver [L. *conservare*], *v.a.*, 1, *to keep, preserve.* Se ——, *r.v.*, *to be kept, preserved.*
considérable [*considérer*], *adj.*, *considerable; large; long; important.*
considérablement, *adv.*, *considerably, very much.*
considérant [pres. part. of *considérer*, q.v.], *s.m.*, *preamble (law).*
considération [L. acc. *considerationem*], *s.f.*, *consideration, attention; regard, respect.*
considérer [L. *considerare*], *v.a.*, 1, *to look at, gaze.* ——, *v.n.*, *consider; look at; think.* Se ——, *r.v.*, *to consider each other; to be considered.*
consigne [verbal subst. of *consigner*], *s.f.*, *orders, instructions.*
consigner [L. *consignare*], *v.a.*, 1, *to consign, mention; confine to barracks, keep in.*
consistance [*consistant*], *s.f.*, *consistency; stability; full growth; extent.*

consistant, -e [pres. part. of *consister*], adj., *consistent; firm, solid.*
consister [L. *consistere*], v.n., 1, *to consist (of).*
consolateur [L. acc. *consolatorem*], adj. and s.m., *consoling, comforting; consoler, comforter.* (The *f.* is *consolatrice.*)
consolation [*consoler*], s.f., *consolation, comfort.*
consoler [L. *consolari*], v.a., 1, *to console, comfort.* Se ——, r.v., *to be consoled, comforted.*
consolider [L. *consolidare*], v.a. and n., 1, *to consolidate; strengthen.* Se ——, r.v., *to grow firm, strong.*
consommation [L. acc. *consummationem*], s.f., *consummation, consumption, use.*
consommer [L. *consummare*], v.a., 1, *to finish, consume.*
consonne [L. *consona*], s.f., *consonant.*
conspirateur [L. acc. *conspiratorem*], s.m., *conspirator*
conspiration [L. acc. *conspirationem*], s.f., *conspiracy, plot.*
conspirer [L. *conspirare*], v.n., 1, *to conspire, plot.*
constamment [*constant*], adv., *with constancy; always.*
constance [L. *constantia*], s.f., *constancy, faithfulness, firmness, courage.*
constant, -e [L. acc. *constantem*], adj., *constant; uninterrupted.*
constater [L. *cum, status*], v.a., 1, *to state, ascertain, prove.* Se ——, r.v., *to be ascertained.*
constellation [L. acc. *constellationem*], s.f., *constellation.*
constellé, -e [L. *constellatus*, from *cum* and *stella*, "star"], adj., *studded with stars.*
consternation [L. acc. *consternationem*], s.f., *consternation, dismay.*
consterné, -e [p.p. of *consterner*], adj., *struck with consternation.*
consterner [*consternere*, "to throw down"], v.a., 1, *to dismay, strike with consternation.*
constituer [L. *constituere*],

v.a., 1, *to constitute, establish, form, organize.*
constitution [L. acc. *constitutionem*], s.f., *constitution, order, arrangement.*
constitutionnel, -elle, adj., *constitutional.*
constructeur [L. acc. *structorem*], s.m., *constructor, builder.*
construction [L. acc. *constructionem*], s.f., *construction, building.*
construire [L. *construere*], v.a., 4, *to construct, build.* Se ——, r.v., *to be built.*
consul [L. acc. *consulem*], s.m., *consul.*
consulaire [L. *consularis*], adj., *consular.*
consulat [L. acc. *consulatum*], s.m., *consulship, consulate.*
consultation [L. acc. *consultationem*], s.f., *consultation, conference; advice.*
consulter [L. *consultare*], v.a., 1, *to consult.* Se ——, r.v., *to consult each other, confer.*
consumer [L. *consumere*], v.a., 1, *to consume, destroy.* Se ——, r.v., *to be consumed, to pine away, to exhaust oneself.*
contact [L. acc. *contactum*], s.m., *contact, touch, connection.*
contagieux, -euse [L. *contagiosus*], adj., *contagious, infectious.*
contagion [L. acc. *contagionem*], s.f., *contagion, infection.*
conte [verbal subst. of *conter*, q.v.], s.m., *story, tale.*
contemplatif, -ive [L. *contemplativus*], adj., *contemplative, gazing.*
contemplation [L. acc. *contemplationem*], s.f., *contemplation; meditation.*
contempler [L. *contemplari*], v.a., 1, *to contemplate, behold.* Se ——, r.v., *to contemplate oneself or each other; to be contemplated.*
contemporain [L. *contemporaneus*], adj. and s.m., *con temporary.*
contenance [*contenant*], s.f., *bearing, air, look, countenance.*
contenant, -e [pres. part. of *contenir*], adj., *containing, holding.* ——, s.m., *container, holder.*

contenir [L. *continere*], v.a., 2, *to contain, confine, keep back or in.* Se ——, r.v., *to restrain oneself; to keep down one's anger (or joy).*
content, -e [L. *contentus*], adj., *content, pleased, glad, satisfied.*
contentement [*contenter*], s.m., *satisfaction, joy.*
contenter [*content*], v.a., 1, *to content, please, satisfy.* ——, r.v., *to be satisfied.*
contenu [partic. subst. of *contenir*], s.m., **contents.**
conter [L. *computare*], v.a., 1, *to tell, relate.*
contestable [*contester*], adj., *disputable, questionable.*
contestation [L. acc. *contestationem*], s.f., *contestation, dispute.*
contester [L. *contestari*], v.a., 1, *to contest, dispute.* Se ——, r.v., *to be disputed; to contest with each other.*
conteur, -euse [*conter*, q.v.], s.m. or f., *relater; storyteller.*
contigu, -ë [L. *contiguus*], adj., *contiguous, joining, adjacent.*
contiguité [*contigu*], s.f., *contiguity.*
continence [L. *continentia*], s.f., *continence.*
continent, -e [L. acc. *continentem*], adj., *continent.* Continent, s.m., *continent.*
continental, -e, adj., *continental.*
contingent [L. acc. *contingentem*], s.m., *contingent, share, contribution.*
continu, -e [L. *continuus*], adj., *continuous, continued.*
continuation [L. acc. *continuationem*], s.f., *continuation.*
continuel, -le [*continu*], adj., *continual.*
continuellement, adv., *continually, always.*
continuer [L. *continuare*], v.a. and n., 1, *to continue, go on.* Se ——, r.v., *to be continued.*
continuité [L. acc. *continuitatem*], s.f., *continuity, series.*
continûment [adj. fem. *continue*, and suffix *-ment*], adv., *continuedly, without interruption.*
contorsion [L. acc. *contor-*

CONTOUR.

tionem], *s.f.*, contorsion, twisting.
contour [prefix *con* and *tour*, *q.v.*], *s.m.*, outline, circumference.
contracter [L. L. *contractare*, from L. *contractus*], *v.a.*, 1, *to contract, enter into, make, incur.* Se ――, *r.v.*, *to contract; to be contracted.*
contraction [L. acc. *contractionem*], *s.f.*, *contraction.*
contradicteur [L. acc. *contradictorem*], *s.m.*, *contradicter, opponent.*
contradiction [L. acc. *contradictionem*], *s.f.*, *contradiction, denial, opposition.*
contradictoire [see *contradicteur*], *adj.*, *contradictory, inconsistent.*
contraindre [L. *constringere*], *v.a.*, 4, *to constrain, compel.* Se ――, *r.v.*, *to lay a constraint upon oneself.*
contrainte [partic. subst. of *contraindre*], *s.f.*, *compulsion, constraint, restraint.*
contraire [L. *contrarius*], *adj.*, *contrary, adverse, unfavourable.* ――, *s.m.*, *contrary.* Au ――, *on the contrary.*
contrairement, *adv.*, *contrarily, contrary.*
contrarier [L. *contrarius*], *v.a.*, 1, *to thwart, cross, vex.*
contrariété [L. acc. *trarietatem*], *s.f.*, *annoyance.*
contraste [L. *contra, stare*], *s.m.*, *contrast.*
contraster [*contraste*], *v.n.*, 1, *to contrast.*
contrat [L. acc. *contractum*], *s.m.*, *contract, deed, agreement.*
contravention [L. L. *contraventionem*], *s.f.*, *contravention, infraction, offence.*
contre [L. *contra*], *prep.*, *against.*
contre-allée [*contre, allée, q.v.*], *s.f.*, *side-walk.*
contrebalancer [*contre, balancer, q.v.*], *v.a.*, 1, *to counterbalance.* Se ――, *r.v.*, *to counterbalance each other; to be counterbalanced.*
contrebande [It. *contrabando*, from *contra*, " against," *bando*, " decree "], *s.f.*, *contraband, smuggling.*
contrebandier [*contrebande*], *s.m.*, *smuggler.*
contredire [L. *contradi-*

CONVENIR.

cere], *v.a.*, 4, *to contradict.* Se ――, *r.v.*, *to contradict oneself or each other; to be inconsistent.*
contrée [L. L. *contrata*, prop. " the country before you," from *contra*], *s.f.*, *country, region.*
contrefaçon [*contre* and *façon, q.v.*], *s.f., forgery.*
contrefacteur [*contrefaire*], *s.m., forger.*
contrefaire [*contre, faire*], *v.a.*, 4, *to mimic, imitate.* ―― *le mort, to pretend to be dead.*
contribuer [L. *contribuere*], *v.a.*, 1, *to contribute; tend.*
contributeur [*contribuer*], *s.m.*, *contributor.*
contribution [L. acc. *contributionem*], *s.f.*, *contribution, share, part.*
contrit, -e [L. *contritus*, *p.p.* of *conterere*, " to rub down "], *adj.*, *contrite.*
contrition [L. acc. *contritionem*], *s.f.*, *contrition.*
contrôle [*contre, rôle*; " contra-roll," " a double register "], *s.m.*, *counter-roll.*
contrôler [*contrôle*], *v.a.*, 1, *to control, check, register.*
controuvé, -e [*p.p.* of *controuver*], *adj.*, *invented, false.*
controverse [L. *controversia*], *s.f.*, *controversy.*
controverser, *v.a.* and *n.*, 1, *to dispute, debate.*
convaincant, -e [*convaincre*], *adj.*, *convincing.*
convaincre [L. *convincere*], *v.a.*, 4, *to convince.* Se ――, *r.v.*, *to convince oneself; to be convinced.*
convaincu, -e [*p.p.* of *convaincre*], *adj.*, *convinced; sincere.*
convalescence [L. *convalescentia*], *s.f.*, *convalescence.*
convalescent, -e [L. acc. *convalescentem*, pres. part. of *convalescere*, " to regain health "], *adj.* and *s.m.* or *f.*, *convalescent.*
convenable [*convenir*], *adj.*, *proper, suitable.*
convenablement, *adv.*, *properly, well.*
convenance [L. *convenientia*], *s.f.*, *relation; propriety, decency.*
convenir [L. *convenire*],

COORDINATION.

v.n., 2, *to agree; suit; admit.* Se ――, *r.v.*, *to suit each other, agree.*
convention [L. acc. *conventionem*], *s.f.*, *convention, agreement.*
convergence [*convergent*], *s.f.*, *convergence.*
convergent, -e [L. L. acc. *convergentem*], *adj.*, *converging.*
converger [L. L. *convergere*], *v.n.*, 1, *to converge.*
conversation [*converser*], *s.f.*, *conversation, talk.*
converser [L. *conversari*, " to live with one," hence " to converse, talk with "], *v.n.*, 1, *to converse, discourse, talk.*
conversion [L. acc. *conversionem*], *s.f.*, *conversion.*
convertir [L. *convertere*], *v.a.*, 2, *to convert.* Se ――, *r.v.*, *to be converted, changed.*
convexe [L. *convexus*], *adj.*, *convex.*
convexité [L. acc. *convexitatem*], *s.f.*, *convexity.*
conviction [L. acc. *convictionem*], *s.f.*, *conviction.*
convié [partic. subst. of *convier*], *s.m., guest.*
convier [L. L. *convitare*, for *invitare*], *v.a.*, 1, *to invite, request.*
convive [L. acc. *conviuam*], *s.m.*, *guest.*
convocation [L. acc. *convocationem*], *s.f.*, *convocation.*
convoi [verbal subst. of *convoyer*, " to escort "], *s.m.*, *funeral procession; convoy; train.*
convoiter [L. L. *cupiditare*], *v.a.*, 1, *to covet.* Se ――, *r.v.*, *to be coveted.*
convoitise [L. L. *cupiditia*], *s.f.*, *covetousness.*
convoquer [L. *convocare*], *v.a.*, 1, *to convoke, summon.* Se ――, *r.v.*, *to be convoked.*
convulsion [L. acc. *convulsionem*], *s.f.*, *convulsion, trembling, moving.*
convulsivement [*convulsive, adj. f.*, and suffix *-ment*], *adv.*, *convulsively.*
coopération [L. acc. *cooperationem*], *s.f.*, *cooperation, concurrence.*
coopérer [L. *cooperari*], *v.n.*, 1, *to cooperate concur.*
coordination [*coordonner*], *s.f.*, *co-ordination, arrangement.*

COORDONNER.

coordonner [prefix co and ordonner, q.v.], v.a., 1, to co-ordinate, arrange.
copie [L. copia, prop. "abundance, reproduction"], s.f., copy.
copier [copie], v.a., 1, to copy.
copieusement, adv., copiously, abundantly.
copieux, -euse [L. copiosus], adj., copious, plentiful, abundant.
copiste [copier], s.m., copier, copyist.
coq [L. L. acc. coccum, from A.-S. coco, onomat.], s.m., cock.
coque [L. concha], s.f., shell.
coquet, -ette [coq], adj., coquettish.
coquettement, adv., coquettishly, prettily, elegantly.
coquillage [dim. of coquille], s.m., shell.
coquille [L. conchylia, pl. of conchylium, from Gr. κογχύλιον, dim. of κόγχη], s.f., shell.
coquin, -e [L. adj. coquinus, from coquus, "cook"], s.m. or f., rascal, rogue, scoundrel, knave.
coquinerie [coquin], s.f., roguery; knavish trick.
cor [L. n. cornu], s.m., horn, bugle : corn (on the foot).
corbeau [L. L. acc. corvellum, dim. of corvus], s.m., raven.
corbeille [L. corbicula, dim. of corbis, "basket"], s.f., small basket.
cordage [corde], s.m., rope, rigging.
corde [L. chorda], s.f., cord, rope.
corder [corde], v.a., 1, to cord, twist.
cordial, -e [L. n. cor, "heart"], adj., cordial, hearty. Cordial, s.m., cordial.
cordialement, adv., cordially, heartily.
cordialité [cordial], s.f., cordiality, heartiness.
cordier [corde], s.m., ropemaker.
cordon [dim. of corde], s.m., string ; cord ; line.
cordonnier [O. Fr. cordouanier, "one who works with cordovan (leather)"], s.m., shoemaker (cordwainer).
coreligionnaire [prefix co

CORROMPU.

and religion, q.v.], s.m., coreligionist.
cornac [Skr. karnikin, "elephant"], s.m., elephant-driver.
corne [L. cornua, pl. of cornu], s.f., horn.
corneille [L. cornicula, dim. of corniz], s.f., crow, rook.
cornemuse [corne = cor, muse = musette, "bagpipe"], s.f., bagpipe.
cornet [dim. of corne], s.m., cornet, horn, dice-box.
cornette [dim. of cornet], s.f., broad pendant (naut.); mob-cap, ——, s.m., cornet (officer).
cornu, -e [L. cornutus], adj., horned.
corporel, -elle [L. corporalis], adj., corporal, bodily, material.
corporellement, adv., corporally, materially.
corps [L. n. corpus], s.m., body; force, mass. À —— perdu, headlong, desperately. —— à ——, hand to hand.
corps de garde, s.m., military post, guard-room.
correct, -e [L. correctus], adj., correct, right, accurate.
correctement, adv., correctly, accurately.
correspondance [correspondant], s.f., correspondence, connection, intercourse.
correspondant [pres. part. of correspondre], s.m., correspondent.
correspondre [L. correspondere = cum, respondere], v.n., 4, to correspond ; to be in correspondence.
corridor [It. corridore], s.m., corridor, gallery, passage.
corriger [L. corrigere], v.a., 1, to correct, set right, rectify. Se ——, r.v., to correct oneself ; to amend, to be corrected.
corroboration [corroborer], s.f., corroboration, strengthening.
corroborer [L. corroborare], v.a., 1, to corroborate, strengthen.
corrompre [L. corrumpere], v.a., 4, to corrupt, spoil, rot, destroy. Se ——, r.v., to get corrupt, vitiated.
corrompu, -e [p.p. of cor-

COTISER.

rompre], adj., corrupt putrid; dissolute.
corrupteur [L. acc. corruptorem], s.m., corrupter.
corruption [L. acc. corruptionem], s.f., corruption.
cors [L. n. cornu], s.m. pl., starts, branches, antlers.
corsage [corps, q.v.], s.m., bust, waist.
corsaire [Prov. corsari, "one who makes the course" (corsa)], s.m., pirate, corsair, privateer.
corselet [double dim. of corps, q.v.], s.m., corselet (of insects).
cortège [It. corteggio, from corte, "court"], s.m., cortege, train, retinue.
corvée [L. L. corvata, from corrogata, "work done by command"], s.f., statute-labour, forced labour.
corvette [L. corbita, "ship of burden"], s.f., corvette, sloop of war.
coryphée [Gr. κορυφαῖος, from κορυφή, "head"], s.m., corypheus, leader ; hero.
Cosaque [Kirghise kasak, "horseman, warrior"], s.m., Cossack.
cosmopolite [Gr. κοσμοπολίτης, from κόσμος, "world," and πολίτης, "citizen"], s.m., cosmopolitan.
cosse [Flemish schosse, "cod"], s.f., cod, pod, husk, shell.
cosser [It. cozzare, "to hurt"], v.n., 1, to butt (of rams).
costume [doublet of coutume, q.v.], s.m., dress.
côte [L. costa], s.f., rib, slope (of a hill); shore, coast ; side. —— à ——, side by side.
côté [L. L. costatum, from L. costa], s.m., side. À —— de, by the side of, near.
coteau [côte, "hill"], s.m., hillock, slope.
coterie [L. L. coteria], s.f., coterie, set.
côtier, -ière [côte], adj., coasting. Côtier, s.m., coaster.
cotisation [cotiser], s.f., clubbing, subscription.
cotiser [cote, "quota, share"], v.a., 1, to rate. Se ——, r.v., to club together, subscribe.

coton [Arab. *gothon*], *s.m.*, cotton.
cotonnade [*coton*], *s.f.*, cotton stuff.
cotoyer [*côte*], *v.a.*, 1, to coast; to walk by the side of.
cotte [L. L. *cotta*, from O. H. G. *kott*, Mod. G. *kutt*, *kittel*, "tunic"], *s.f.*, petticoat. —— d'armes, *coat of arms*.
cou and **col** [L. n. *collum*], *s.m.*, *neck*.
couchant [*pres. part.* of *coucher*], *s.m.*, *the setting sun*, *the west*.
couche [verbal subst. of *coucher*], *s.f.*, *stratum, layer*.
coucher [L. *collocare*], *v.a.*, 1, *to lay flat* or *down*. Se ——, *r.v.*, *to lie down*, *to go to bed*.
coucher [Inf. used as a subst.], *s.m.*, *sunset*; *bedtime*.
coude [L. n. *cubitum*], *s.m.*, *elbow*. Coup de ——, see *coup*.
coudoyer [*coude*], *v.a.*, 1, *to elbow, jostle*.
coudre [O. Fr. *cousdre*, from L. *consuere*, "to sew with"], *v.a.* and *n.*, 4, *to sew, stitch*.
couler [L. *colare*, "to filter," then "to run," cf. Engl. *colander*], *v.a.*, 1, *to flow, cast, pour*. ——, *v.n.*, *to run, slip, glide*.
couleur [L. acc. *colorem*], *s.f.*, *colour, hue, dye*; *paint*.
couleuvre [L. *colubra*], *s.f.*, *snake*.
couloir [*couler*, q.v.], *s.m.*, *passage*; *lobby*.
coup [L. L. acc. *colpum* for *colapum*, from L. *colaphus*, Gr. κόλαφος], *s.m.*, *blow, stroke, knock, thrust, wound; aim*. —— d'air, *cold*. —— de canon, *cannon shot*. —— de chapeau, *bow*. —— de coude, *nudge*. —— de dent, *bite*. —— de feu, *shot, shot-wound*. —— de fusil, *gun* or *musket shot*. —— de langue, *slander*. —— de main, *sudden attack*. —— de maître, *masterly stroke*, —— d'œil, *glance, look*. —— de pied, *kick*. —— de pistolet, *pistol-shot*. —— de poing, *blow with the fist*. —— de sabre, *sabre-cut*. —— de soleil, *sunstroke*. —— de vent, *gust of wind*. Après ——, *afterwards, too late*. Pour le ——, *this time, as to this*. Tout à ——, *suddenly*. Tout d'un ——, *all at once*.
coupable [L. *culpabilis*], *adj.*, *guilty*.
coupe [verbal subst. of *couper*], *s.f.*, *cutting, felling*.
coupe [L. *cupa*, Gr. κύπη, "a hollow," from Skr. *kúpa*, "a small pit, cistern"], *s.f.*, *cup, vase*.
couper [*coup*], *v.a.*, 1, *to cut, fell, cleave, intersect, intercept*. Se ——, *r.v.*, *to cut oneself*; *to be cut*.
couple [L. *copula*, "band, tie"], *s.m.* and *f.*, *couple, brace, pair*.
couplet [dim. of *couple*], *s.m.*, *couplet (of lines), verse, stanza*.
coupole [It. *cupola*], *s.f.*, *cupola, dome*.
coupure [*couper*], *s.f.*, *cutting*; *gash, division*.
cour [O. Fr. *court*, from L. acc. *cohortem*, "a court-yard"], *s.f.*, *court-yard*; *court*. Basse ——, *poultry-yard*.
courage [L. L. n. *coragium*, deriv. of L. n. *cor*, "heart"], *s.m.*, *courage, spirit, daring*.
courageusement, *adv.*, *courageously, bravely*.
courageux, -euse [*courage*], *adj.*, *brave, courageous*.
couramment [*courant*], *adv.*, *readily, fluently*.
courant, -e [*pres. part.* of *courir*], *adj.*, *current, ordinary, present*. Courant, *s.m.*, *current; stream*.
courbe [L. *curvus*], *adj.*, *bent, crooked*. —— *s.f.*, *curve, bend*.
courber [*courbe*], *v.a.*, 1, *to bend, to make crooked*. Se ——, *r.v.*, *to stoop, to be bent*.
coureur [*courir*], *s.m.*, *runner, skirmisher*. Avant ——, *forerunner, harbinger*.
courir [L. *currere*], *v.a.* and *n.*, 2, *to run*. —— un danger, *to be exposed to a danger*.
couronne [L. *corona*], *s.f.*, *crown*.
couronnement [*couronner*], *s.m.*, *coronation, crowning*.
couronner [*couronne*], *v.a.*, 1, *to crown, cap*. Se ——, *r.v.*, *to crown oneself*; *to be crowned*.

courrier [*courre*, "to hunt," from L. *currere*], *s.m.*, *courier, messenger*; *mail, post*. —— par ——, *by return of post*.
courroie [L. *corrigia*, "shoe-tie"], *s.f.*, *leather-strap*.
courroucer [from L. L. *corruptiare*, deriv. of L. L. *corruptum*, properly "ruin," then "indignation," and lastly "wrath"], *v.a.*, 1, *to irritate, anger*.
courroux [verbal subst. of *courroucer*], *s.m.*, *wrath, anger*.
cours [L. acc. *cursum*], *s.m.*, *course; current*.
course [L. L. *cursa*], *s.f.*, *running, run, race*; *expedition*.
coursier [*course*], *s.m.*, *courser, steed, horse*. (Its doublet is *corsaire*, q.v.)
court, -e [L. *curtus*], *adj.*, *short, brief, curt*.
courtier [O. Fr. *couratier*, from it. *curattiere*, from L. *curatus*, from *curare*, "to take care of, manage"], *s.m.*, *agent, broker*. —— maritime, *ship-broker*.
courtisan [It. *cortigiano*], *s.m.*, *courtier*.
courtiser [*courtisaner*, in the 16th century, from O. Fr. *cortoier*, "to be at a prince's court"], *v.a.*, 1, *to pay court to*.
courtois, -e [*cour*], *adj.*, *courteous*. Armes ——s, *parade, blunt weapons*.
courtoisement, *adv.*, *courteously*.
courtoisie [*courtois*], *s.f.*, *courtesy* (in It. *cortesia*).
couru, -e [*p.p.* of *courir*, q.v.], *adj.*, *run for* or *after*; *in request* or *demand, popular, frequented (of places of resort)*.
cousin, -e [L. L. acc. *cosinum*, from L. *consobrinus*], *s.m.* or *f.*, *cousin*.
coussin [L. L. n. *culcitinum*, dim. of *culcita*, "a little mattress"], *s.m.*, *cushion*.
couteau [O. Fr. *costel, coutel*, from L. acc. *cultellum*], *s.m.*, *knife*.
coûter [L. *constare*], *v.a.* and *n.*, 1, *to cost*.
coûteux, -euse [*coûter*], *adj.*, *costly, expensive*.
coutume [L. L. *costuma*,

P 2

COUTUMIER.

from L. acc. cons(ue)tudinem], s.f., custom, habit. Avoir —— de, to be in the habit of.
coutumier,-ère [coutume], adj., accustomed to; customary. —— du fait, an old hand at it; old offender.
couture [L. consutum, sup. of consuere, see coudre], s.f., sewing; seam.
couturière [couture], s.f., seamstress, dressmaker.
couvée [partic. subst. of couver], s.f., covey, brood.
couvent [L. acc. conventum], s.m., convent.
couver [L. cubare], v.a. and n., 1, to hatch, brood. Se ——, r.v., to be brooding.
couvercle [L. n. cooperculum, from cooperire], s.m., lid, cover.
couvert [partic. subst. of couvrir, q.v.], s.m., dinner-things, knife and fork, cover, place (at table). A ——, under cover or shelter, safe.
couverture [couvert, p.p. of couvrir], s.f., blanket.
couvreur [couvrir, q.v.], s.m., roofer, slater.
couvrir [L. cooperire], v.a., 2, to cover; protect; muffle. Se ——, r.v., to cover oneself; to get cloudy.
cracher [O. Fr. racher, from Scand. hrácki, "spittle"], v.n., 1, to spit.
craie [O. Fr. croie, from L. creta], s.f., chalk.
craindre [L. tremere], v.a., 4, to fear, dread.
crainte [partic. subst. of craindre], s.f., fear, dread, awe.
craintif, -ive [crainte], adj., fearful, timorous.
craintivement, adv., timidly, timorously.
crampe [G. krampe], s.f., cramp.
crampon [G. krampe], s.m., cramp-iron, crank.
cramponner [crampon], v.a., 1, to fasten. Se ——, r.v., to cling, hold fast.
cran [L. crena (in Pliny)], s.m., notch.
crâne [Gr. n. κράνιον, "skull"], s.m., skull.
crapaud [der. from O. Fr. v. craper, from A.-S. creopan, "to creep"], s.m., toad.

CRÊTE.

craquement [craquer], s.m., creaking.
craquer [onomat.], v.n., 1, to crack.
cratère [L. acc. craterem, from Gr. κρατήρ, "bowl"], s.m., crater.
cravate [a Croat (a word of historical origin for an article of dress imported into France by the Croats)], s.f., cravat, neckcloth.
crayon [craie], s.m., pencil.
crayonner [crayon], v.a., 1, to pencil, sketch.
créance [doublet of croyance, q.v.], s.f., trust; credit; debt; confidence.
créancier, -ère [créance], s.m. or f., creditor.
Créateur [L. acc. creatorem], s.m., Creator.
création [L. acc. creationem], s.f., creation, production, foundation.
créatrice [L. acc. creatricem], s.f., she who brings forth.
créature [L. creatura], s.f., creature.
crèche [A.-S. crybbe, O. H. G. krippa], s.f., manger, crib; day-nursery; foundling-hospital.
crédence [doublet of créance and croyance, q.v.], s.f., credence, credence-table, buttery, safe.
crédit [L. n. creditum, from credere], s.m., credit.
créditeur [L. acc. creditorem], s.m., creditor.
crédule [L. credulus], adj., credulous.
crédulité [L. acc. credulitatem], s.f., credulity.
créer [L. creare], v.a., 1, to create, make. Se ——, r.v., to make for oneself; to be created.
crème [L. crema (in Fortunatus)], s.f., cream; (fig.), flower, best.
créneau [cran, "notch," from L. crena (in Pliny)], s.m., battlement.
crêpe [O. Fr. crespe, from L. crispus], s.m., crape.
crépu, -e [crêpe], adj., woolly (of the hair), crisped.
crépuscule [L. n. crepusculum], s.m., twilight, dawn.
crête [L. crista, "tuft"], s.f., tuft, comb, crest, top,

CROC.

ridge. —— de coq, cock's comb.
cretonne [?], s.f., linen-cloth.
creuser [creux], v.a., 1, to dig; search. Se ——, r.v., to get hollow; to dig for oneself. —— la tête, to rack one's brains.
creux, -euse [L. L. crosus, contrd. from L. corrosus, p.p. of corrodere, "to gnaw"], adj., hollow, deep. Creux, s.m., hollow, cavity
crevasse [crever], s.f., crack, crevice.
crever [L. crepare], v.a. and n., 1, to burst, to break, split.
cri [verbal subst. of crier], s.m., cry, shout.
criard, -e [crier], adj., noisy, shrill.
crible [L. n. cribrum], s.m., sieve, riddle.
cribler [crible], v.a., 1, to sift, pierce through, cover, load, overwhelm. Criblé de blessures, covered with wounds. —— de dettes, over head and ears in debt.
crier [L. quiritare, "to wail," lit. "to call the Quirites to one's help"], v.n., 1, to cry out, shout, shriek.
crime [L. n. crimen], s.m., crime.
criminel, -elle [L. criminalis], adj., criminal, guilty. Criminel, s.m., culprit.
criminellement, adv., criminally, wickedly.
crin [L. acc. crinem], s.m., hair, mane, bristles.
crinière [crin], s.f., mane.
crise [Gr. κρίσις], s.f., crisis, fit, convulsion.
crispation [crisper], s.f., shrivelling, twitching, contraction.
crisper [L. crispare, "to curl, crisp"], v.a., 1, to shrivel, contract. Se ——, r.v., to shrivel up, twitch, contract.
cristal [L. n. crystallum], s.m., crystal.
critique [L. acc. criticum, from Gr. κριτικός, from κρίνειν, "to judge"], s.m., critic. ——, s.f., criticism, critique.
critiquer [critique], v.a., 1, to criticize. Se ——, r.v., to criticize one another; to be criticized.
croc [N. krók], s.m., hook.

| CROCHET. | CUISSE. | CURIOSITÉ. |

crochet [*croc*], *s.m., hook.*
crochu, -e [*croc*], *adj., hooked.*
crocodile [L. acc. *crocodilum*, from Gr. κροκόδειλος], *s.m., crocodile.*
croire [L. *credere*], *v.a.,* 4 *to believe, to think.* Se ——, *r.v., to believe oneself, think oneself.*
croisade [Prov. *crozada*, from *croz*, from L. acc. *crucem*], *s.f., crusade.*
croisé [partic. subst. of *se croiser*, "to take the cross"], *s.m., Crusader.*
croisée [primitively *fenêtre croisée*, from *croiser*, i.e. "divided into four compartments by mullion and transom"], *s.f., window.*
croisement [*croiser*], *s.m., crossing; cross-breeding.*
croiser [*croix*], *v.a.,* 1, *to cross, thwart.* Se ——, *r.v., to cross each other.*
croissance [L. *crescentia*], *s.f., growth.*
croissant [pres. part. of *croître*], *s.m., crescent; cushion in the shape of a crescent.*
croître [L. *crescere*], *v.n.,* 4, *to grow, increase.*
croix [L. acc. *crucem*], *s.f., cross.*
croquer [onomat. *croc*], *v.a.,* 1, *to crunch.*
crosse [*croix*], *s.f., hooked stick, crutch; crosier; butt-end (of a gun).*
crossette [dim. of *crosse*], *s.f., layer.*
croulement [*crouler*], *s.m., falling in, downfall, ruin.*
crouler [O. Fr. *croller*, from L. L. *corotulare* (?), "to roll together"], *v.n.,* 1, *to fall down.*
croupe [O. Fr. *crope*, from G. *kropf*, "protuberance"], *s.f., crupper.*
croupière [*croupe*], *s.f., crupper (of saddles).* Tailler des —— à, *to cut out work for; to put to flight, pursue.*
croupir [*croupe*], *v.n.,* 2, *to stagnate, to become putrid.*
croupissant, -e [pres. part. of *croupir*], *adj., stagnant.*
croûte [L. *crusta*], *s.f., crust.*
croyance [*croire*], *s.f., belief, creed.* (Its doublets are *credence* and *créance.*)

croyant [pres. part. of *croire*], *s.m., believer.*
cru, *p.p.* of *croire, q.v.*
crû [partic. subst. of *croître, q.v.*], *s.m., growth, vintage.*
cruauté [L. acc. *crudelitatem*], *s.f., cruelty.*
cruche [Kymr. *crwc*, O. H. G. *cruoc, krôg*, Mod. G. *krug*], *s.f., pitcher, jug.* Tant va la —— à l'eau qu'à la fin elle se casse, *the pitcher goes so often to the well that it comes home broken at last.*
crucifier [L. *crux*, "cross," and *figere*, "to fix"], *v.a.,* 1, *to crucify.*
crue [partic. subst. of *croître, q.v.*], *s.f., increase, rise, swelling, flood.*
cruel, -elle [L. *crudelis*], *adj., cruel, hard-hearted; painful.*
cruellement, *adv., painfully; sadly; cruelly.*
crypte [L. *crypta*, from Gr. κρύπτη, "a concealed subterranean passage"], *s.f., crypt, vault.* (Its doublet is *grotte, q.v.*)
cube [L. acc. *cubum*, from Gr. κύβος], *s.m., cube.*
cubique [L. *cubicus*, from Gr. κυβικός], *adj., cubic, cubical.*
cueille [verbal subst. of *cueillir*], *s.f., gathering, picking.*
cueillir [L. *colligere*], *v.a.,* 2, *to pick, gather.* Se ——, *r.v., to be picked or gathered.*
cuiller or **cuillère** [L. n. *cochleare*], *s.f., spoon.*
cuillerée [*cuiller*], *s.f., spoonful.*
cuir [L. n. *corium*], *s.m., leather, hide, skin.*
cuirasse [*cuir*], *s.f., cuirass.*
cuirasser [*cuirasse*], *v.a.,* 1, *to put a breastplate on, arm, strengthen, harden.*
cuirassier, *s.m., cuirassier.*
cuire [L. *coquere*], *v.a.,* 4, *to cook.* Se ——, *r.v., to be cooked.*
cuisant, -e [pres. part. of *cuire*], *adj., bitter, smarting, sharp, keen.*
cuisine [L. *coquina*], *s.f., kitchen; cooking; cheer.*
cuisinier, -ère [*cuisine*], *s.m. or f., cook.*
cuissard [*cuisse*], *s.m., cuissart (armour).*
cuisse [L. *coxa*, "the hip"], *s.f., thigh, leg.*

cuisson [L. acc. *coctionem*, "digestion of food"], *s.f., cooking, baking.*
cuivre [L. n. *cuprum*, from Gr. Κύπρος, the island in which copper was then found], *s.m., copper.*
culbuter [*cul*, "bottom," and *butter, q.v.*], *v.a.,* 1, *to upset.* Se ——, *r.v., to be upset.*
culminant, -e [pres. part. of *culminer*], *adj., prominent, highest, culminating.*
culminer [L. *culminare*], *v.n.* 1, *to culminate.*
culotte [*cul*, from L. acc. *culum*], *s.f., knee-breeches.*
culpabilité [L. *culpabilis*, "guilty"], *s.f., guilt.*
culte [L. acc. *cultum*], *s.m., worship, religion, creed.*
cultivable [*cultiver*], *adj., cultivable.*
cultivateur [*cultiver*], *s.m., husbandman, farmer.*
cultivation [*cultiver*], *s.f., cultivation.*
cultiver [L. L. *cultivare*], *v.a.,* 1, *to cultivate, till, grow, improve.* Se ——, *r.v., to be cultivated.*
culture [L. *cultura*], *s.f., culture, cultivation, tillage.*
cumuler [L. *cumulare*], *v.a.,* 1, *to accumulate.* ——, *v.n., to hold several offices.*
cupide [L. *cupidus*], *adj., greedy, covetous.*
cupidité [L. acc. *cupiditatem*], *s.f., cupidity, covetousness.*
curable [It. *curabile*, from L. *curare*], *adj., curable.*
cure [L. *cura*, "attention, care"], *s.f., cure, doctoring; cure (of souls), parish.*
cure-dent [*curer, dent, q.v.*], *s.m., toothpick.* (The *pl.* is *cure-dents.*)
curé [L. *adj. curatus*], *s.m., priest, parson.*
curée [Medieval L. *corata*, "the entrails of an animal," from L. *cor*], *s.f., quarry.*
curer [L. *curare*, "to take care of"] *v.a.,* 1, *to cleanse, clean.*
curieusement, *adv., curiously, inquisitively.*
curieux, -euse [L. *curiosus*], *adj., rare; singular; curious; inquisitive.*
curiosité [L. acc. *curiositatem*], *s.f., curiosity, inquisitiveness; rarity.*

CUVE.

cuve [L. *cupa*, see *coupe*], *s.f., vat.*
cuvette [dim. of *cuve*], *s.f., basin.*
Cyclope (Gr. κύκλωψ, "the round-eyed"), *s.m., Cyclop.*
cygne [L. acc. *cygnum*], *s.m., swan.*
cylindre [L. acc. *cylindrum*, from Gr. κύλινδρος], *s.m., cylinder, roller.*
cylindrique (Gr. κυλινδρικός), *adj., cylindrical.*
cynique (L. *cynicus*, from Gr. κυνικός, "dog-like"], *adj.* and *s.m., cynical, bare-faced, impudent, cynic.*
cyniquement, *adv., cynically, impudently.*
cynisme (Gr. κυνισμός), *s.m., cynicism, impudence.*
cyprès [L. acc. *cupressum*], *s.m., cypress.*
Czar [Polish form for the Russian *Tzar*], *s.m., the Czar, Emperor of Russia.*

D

d'abord [see *abord*].
dague [?], *s.f., dagger.*
daigner [L. *dignari*], *v.n.*, 1, *to deign, condescend.*
daim [L. L. acc. *damum*, secondary form of L. *dama*], *s.m., deer.*
dais [L. acc. *discum*], *s.m., canopy, platform, dais.*
dalle [?], *s.f., flagstone, slab.*
damas (*Damascus*, "the town where damasks were first made"], *s.m., damask.*
dame [L. *domina*], *s.f., lady.* ——! *interj., well! why!*
damnable [L. *damnabilis*], *adj., damnable, worthy of condemnation.*
damnation [L. acc. *damnationem*], *s.f., damnation.*
damné, -e [p.p. of *damner*], *adj., damned.* Damné, en *soul in hell.* Souffrir comme un ——, *to suffer hell torments.*
damner [L. *damnare*], *v.a.*, 1, *to damn, to doom to eternal punishment.*
danger [L. L. *dominiarium*, deriv. of L. *dominium*, 'sovereignty"], *s.m., danger, peril.*
dangereusement, *adv., dangerously.*
dangereux, -euse [dan-

DÉBARRASSER.

ger, *q.v.*], *adj., dangerous, perilous; to be feared.*
dans [L. *de, intus*], *prep., in, into.*
danse [verbal subst. of *danser*], *s.f., dance.*
danser [O. H. G. *danson*, "to stretch"], *v.a.* and *n.*, 1, *to dance.*
dard [A.-S. *darodh*], *s.m., dart; forked tongue.*
darder [*dard*], *v.a.*, 1, *to dart.*
date [L. *data*], *s.f., date.*
dater [*date*], *v.a.* and *n.*, 1, *to date, reckon.*
datte [L. acc. *dactylum*, from Gr. δάκτυλος, "finger," the date having the form of a finger], *s.f., date.*
dattier [*datte*], *s.m., date-tree.*
dauphin [L. acc. *delphinum*], *s.m., dolphin.*
Dauphin, *s.m., the Dauphin* (the name given to the eldest son of the king of France in the year 1343, when the *Dauphiné* was absorbed into the kingdom of France).
davantage [*de, avantage, q.v.*], *adv., more; all the more.*
de [L. *de*], *prep., of; by; from; in; with; out of; to.*
dé [L. n. *datum*], *s.m., die, pl. dice.*
dé [L. *adj., n. digitale*, "pertaining to the finger"], *s.m., thimble.*
débacle [*dé, bâcler*, "to bar, fasten"], *s.f., breaking up (of ice); collapse, fall-down, disaster.*
débandade [*débander*], *s.f., breaking the ranks.* À la ——, *adv., helter-skelter, in confusion.*
débander [*dé, bande, q.v.*], *v.a.*, 1, *to unbend; disperse, rout.* Se ——, *r.v., to disband, disperse.*
débarbouiller [*dé, barbouiller, q.v.*], *v.a.*, 1, *to wash the face of.* Se ——, *r.v., to wash one's face.*
débarquement [*dé, barque, q.v.*], *s.m., landing.*
débarquer [*dé, barque, q.v.*], *v.a.* and *n.*, 1, *to disembark, land.*
débarras [*dé, barre, q.v.*], *s.m., riddance.*
débarrasser [*débarras*], *v.a.*, 1, *to free from, rid of.*

DÉBOUCLER.

débat [verbal subst. of *débattre*], *s.m., debate, strife.*
débattre (se) [*dé, battre, q.v.*], *r.v., to struggle, writhe.*
débauche [properly "cessation of work," from *dé*, and O. Fr. *bauche*, "a place for work"], *s.f., debauchery.*
débauché, -e [p.p. of *débaucher*], *adj* and *s.m.* or *f., dissolute; debauchee, rake.*
débaucher [*débauche*; cf. *ébaucher*], *v.a.*, 1, *to debauch, entice away.* Se ——, *r.v., to follow ill courses.*
débile [L. *debilis*], *adj., weak, feeble.*
débilité [L. acc. *debilitatem*], *s.f., weakness, feebleness.*
débit [L. n. *debitum*], *s.m., sale; shop.* (*Débit* is a doublet of *dette, q.v.*)
débiter [*débit*], *v.a.*, 1, *to sell, retail; tell, recite.* Se ——, *r.v., to be sold, retailed; told, recited.*
débiteur [L. acc. *debitorem*], *s.m., seller, retailer, teller; debtor.* (The *fem.* is *débitrice.*)
déblaiement [*déblai*], verbal subst. of *déblayer*], *s.m., clearing away.*
déblayer [Medieval L. *debladare*, "to carry corn from a field," from *bladum*, see *blé*], *v.a.*, 1, *to clear away.*
déboire [*dé, boire, q.v.*], *s.m., disappointment.*
débonnaire [*de, bon, aire* for *air* with the meaning of "natural disposition"], *adj., meek, good-natured.*
débonnairement, *adv., meekly, good-naturedly.*
débordement [*déborder*], *s.m., overflowing; outburst; profligacy.*
déborder [*dé, bord, q.v.*], *v.n.*, 1, *to overflow.* ——, *v.a., to project, go over or beyond.*
débotter [*dé, botter*, from *botte*, "boot," *q.v.*], *v.a.*, 1, *to take a person's boots off.* Se ——, *r.v., to put off one's boots.*
déboucher [*dé, boucher, q.v.*], *v.a.*, 1, *to uncork.* ——, *v.n., to empty itself.*
déboucler [*dé, boucler*, from *boucle, q.v.*], *v.a.*, 1, *to unbuckle, uncurl.* Se ——, *r.v., to become unbuckled, uncurled.*

DÉBOURSER.

débourser [dé, bourse, q.v.] v.a., 1, to disburse, pay.
debout [de, bout, q.v.], adv., standing, upright.
déboutonner [dé, boutonner, q.v.], v.a., 1, to unbutton.
débrider [dé, brider, from bride, q.v.], v.a., 1, to unbridle.
débris [dé, briser, q.v.], s.m., remains, fragments, ruins.
débrouiller [dé, brouiller, q.v.], v.a., 1, to disentangle, clear up. Se ——, r.v., to disentangle oneself; to get over difficulties.
débusquer [dé, bûche, q.v.], v.a., 1, to dislodge, drive out.
début [dé, but, q.v.], s.m., beginning, outset; first appearance, first work.
débutant, -e [pres. part. of débuter], s.m. or f., beginner, debutant, debutante.
débuter [début], v.a., 1, to play first, lead, begin, appear for the first time.
deçà [de, ça], adv., on this side of.
décacheter [de, cacheter, q.v.], v.a., 1, to unseal, break open.
décadence [L. L. decadentia], s.f., decay, downfall.
décamper [dé, camper, from camp, q.v.], v.n., 1, to decamp, scamper away.
décapitation [décapiter], s.f., decapitation, beheading.
décapiter [L. L. decapitare, from L. de and caput], v.a., 1, to decapitate, behead.
décéder [L. decedere], v.n., 1, to depart this life, die.
déceler [dé, celer, q.v.], v.a., 1, to disclose, reveal, show, betray.
décembre [L. acc. decembrem], s.m., December.
décemment [décent], adv., decently.
décence [L. decentia], s.f., decency.
décent, -e [L. acc. decentem], adj., decent, becoming, proper.
déceptif, ive [L.L. deceptivus, from L. decipere], adj., deceptive.
déception [L. acc. deceptionem], s.f., deception, deceit, fraud.
décerner [L. decernere], v.a., 1, to award, bestow.

DÉCHU.

décès [L. acc. decessum], s.m., decease, death.
decevoir [L. decipere], v.a., 3, to deceive.
déchaînement [déchainer], s.m., unloosening, outburst, fury, violence.
déchainer [L. L. discatenare, from L. catena], v.a., 1, to let loose. Se ——, r.v., to break loose, rage.
décharge [verbal subst. of décharger], s.f., discharge, volley.
déchargement [décharger], s.m., unloading, unlading.
décharger [dé, charger, q.v.], v.a., 1, to discharge, unload; exonerate. Se ——, r.v., to unload oneself; to empty itself (of rivers).
décharné, -e [p.p. of décharner], adj., fleshless, bony, thin, emaciated.
décharnement [décharner], s.m., emaciation, meagreness.
décharner [L. L. discarnare (?), "to take off the flesh," from L. acc. carnem], v.a., 1, to strip the flesh off.
déchausser [L. L. discalceare], v.a., 1, to pull off the boots. Se ——, r.v., to take off one's boots, stockings, etc.
déchéance [L. L. decadentia, from decadere], s.f., forfeiture, deposition, downfall. (Its doublet is décadence.)
déchet [déchoit, O. Fr. p.p. of déchoir, q.v.], s.m., waste, loss.
déchiffrer [dé, chiffrer, q.v.], v.a., 1, to decipher, make out.
déchiqueter [dé, chiqueter, "to tear to pieces," from chiquet, "shred," from L. acc. ciccum, properly "the core of a pomegranate," hence "an insignificant thing, trifle"], v.a., 1, to cut up.
déchirant, -e [pres. part. of déchirer], adj., heartrending, excruciating.
déchirement [déchirer], s.m., tearing, rending; pang, anguish, great pain.
déchirer [O. H. G. sherran], v.a., 1, to tear, rend.
déchoir [dé, choir, from L. cadere], v.n., 3, to fall, decline.
déchu, -e [p.p. of déchoir], adj., fallen; degenerated.

DÉCOMBRES.

décidé, -e [p.p. of décider], adj., decided, settled; resolute, bold. C'est décidé, it is a decided, settled affair.
décidément, adv., decidedly, positively.
décider [L. decidere, "to cut off"], v.a. and n., 1, to decide, fix, settle.
décimer [L. decimare, from decima], v.a., 1, to decimate, destroy.
décimètre [L. prefix deci-, and mètre, "metre," q.v.], s.m., decimetre.
décisif, -ive [L. L. decisivus, from L. p.p. decisus], adj., decisive, positive, peremptory.
décision [L. acc. decisionem], s.f., decision, resolution.
déclamateur [L. acc. declamatorem], s.m., declaimer.
déclamation [L. acc. declamationem], s.f., declamation, elocution; twaddle; bombast.
déclamatoire [L. declamatorius], adj., declamatory.
déclamer [L. declamare], v.a. and n., 1, to declaim, recite.
déclaration [L. acc. declarationem], s.f., declaration, statement, disclosure.
déclarer [L. declarare], v.a., 1, to declare; state. Se ——, r.v., to declare oneself; to be declared.
déclin [verbal subst. of décliner], s.m., decline, fall; close.
déclinaison [L. acc. declinationem], s.f., declension.
décliner [L. declinare], v.n., 1, to decline, decay. ——, v.a., to disclaim, refuse.
déclivité [L. acc. declivitatem], s.f., acclivity, slope.
décocher [dé, coche, "tally, notch"], v.a., 1, to shoot, dart.
décoiffer [dé, coiffer, q.v.], v.a., 1, to take off the headdress. Se ——, r.v., to take off one's head-dress or hat.
décoller [dé, coller, q.v.], v.a., 1, to unglue, unpaste. Se ——, r.v., to get unglued.
décoloré, -e [p.p. of décolorer], adj., discoloured.
décolorer [dé, colorer, q.v.], v.a., 1, to discolour. Se ——, r.v., to lose one's (or its) colour.
décombres [prefix dé and

DÉCOMMANDER.

combre, from L.L. acc. *cumbrum*, from L.L. acc. *cumulum*, "heap"), *s.m. pl.*, *rubbish*.

décommander [*dé*, *commander*, q.v.], *v.a.*, 1, *to countermand*.

décomposer [*dé*, *composer*, q.v.], *v.a.*, 1, *to decompose*. Se ——, *r.v.*, *to be or become decomposed*.

décomposition [*dé*, *composition*, q.v.], *s.f.*, *decomposition*.

décompte [*dé*, *compte*, q.v.], *s.m.*, *discount*; *disappointment*.

déconcerter [*dé*, *concerter*, from It. *concertare*, "to rehearse, concert"], *v.a.*, 1, *to disconcert, abash, put out*. Se ——, *r.v.*, *to be disconcerted* or *put out*, *to lose one's presence of mind*.

déconsidération [*déconsidérer*], *s.f.*, *disrepute, discredit*.

déconsidérer [*dé*, *considérer*], *v.a.*, 1, *to bring into discredit*. Se ——, *r.v.*, *to bring oneself into disrepute*.

déconstruire [*dé*, *construire*, q.v.], *v.a.*, 4, *to take to pieces, pull down*.

décontenancer [*dé*, *contenance*, q.v.], *v.a.*, 1, *to put out of countenance*. Se ——, *r.v.*, *to lose countenance*.

décoration [*décorer*], *s.f.*, *decoration, ornament*; *scene, scenery*.

décorer [L. *decorare*, from *decus*], *v.a.*, 1, *to decorate, adorn*.

découler [*dé*, *couler*, q.v.], *v.n.*, 1, *to flow, run down*; *spring, proceed*.

découper [*dé*, *couper*, q.v.], *v.a.*, 1, *to cut up, carve*.

découragement [*décourager*], *s.m.*, *discouragement*.

décourager [*dé*, *courage*, q.v.], *v.a.*, 1, *to dishearten*. Se ——, *r.v.*, *to lose heart, despond*.

décousu, -e [*p.p.* of *découdre* (prefix *dé* and *coudre*, q.v.), "to unsew"], *adj.*, *unconnected, desultory, incoherent*. Décousu, *s.m.*, *incoherence*.

découvert, -e [*p.p.* of *découvrir*], *adj.*, *discovered, uncovered, open*. A découvert, *in the open air*, *exposed*; *unprotected*; *unmasked*.

DÉDOMMAGEMENT.

découverte [partic. subst. of *découvrir*], *s.f.*, *finding out, reconnoitring*; *discovery*.

découvrir [*dé*, *couvrir*, q.v.], *v.a.*, 2, *to discover, uncover*; *find out*. Se ——, *r.v.*, *to uncover oneself*; *to be uncovered or discovered*.

décréditer [*dé*, *créditer*, from *crédit*, q.v.], *v.a.*, 1, *to discredit*.

décrépit, -e [L. *decrepitus*], *adj.*, *decrepit*.

décrépitude [*décrépit*], *s.f.*, *decrepitude*.

décret [L. n. *decretum*], *s.m.*, *decree*.

décréter [*décret*], *v.a.*, 1, *to decree, order, enact*.

décrier [*dé*, *crier*, q.v.], *v.a.*, 1, *to cry down, bring into disrepute*.

décrire [L. *describere*], *v.a.*, 4, *to describe*. Se ——, *r.v.*, *to be described*.

décroître [*dé*, *croître*, q.v.], *v.n.*, 4, *to decrease, to grow less* or *shorter*.

décuple [L. L. *decuplus*, from *decem*], *adj.*, *tenfold*.

décupler [L. L. *decuplare*], *v.a.*, 1, and se ——, *r.v.*, *to decuple, increase tenfold*.

dédaigner [*dé*, *daigner*, from L. *dis, dignari = dedignari*], *v.a.*, 1, *to disdain, look down upon, scorn, despise*.

dédaigneusement, *adv.*, *disdainfully, scornfully*.

dédaigneux, -euse, *adj.*, *disdainful, scornful*.

dédain [verbal subst. of *dédaigner*], *s.m.*, *disdain, scorn*.

dédale [Gr. Δαίδαλος, the name of the one who made the Cretan labyrinth], *s.m.*, *labyrinth, maze*.

dedans [*de, dans*, q.v.], *adv. and prep.*, *in, into, within*. Au —— de, *inside*. En ——, *within, inside*.

dédicace [L. L. *dedicacia* (?), from L. *dedicatio*], *s.f.*, *dedication*.

dédicatoire [L. L. *dedicatorius*], *adj.*, *dedicatory*.

dédier [L. *dedicare*], *v.a.*, 1, *to dedicate*.

dédire [*dé, dire*, q.v.], *v.a.*, 4, *to contradict, gainsay*. Se ——, *r.v.*, *to retract, recant, withdraw*.

dédommagement [*dédommager*], *s.m.*, *damages*.

DÉFI.

dédommager [*dé*, *dommage*, q.v.], *v.a.*, 1, *to make up for, indemnify*. Se ——, *r.v.*, *to indemnify oneself*.

déduction [L. acc. *deductionem*], *s.f.*, *deduction*; *inference*.

déduire [L. *deducere*], *v.a.*, 4, *to deduct*; *infer*.

déesse [O. Fr. *deuesse*, from O. Fr. *deu*, from L. acc. *deum*, and fem. suffix *-esse*], *s.f.*, *goddess*.

défaillance [*défaillant*, pres. part. of *défaillir*], *s.f.*, *swoon, fainting, exhaustion*. En ——, *fainting*.

défaillir [*dé*, *faillir*, q.v.], *v.n.*, 2, *to fail*; *faint*.

défaire [*dé*, *faire*, q.v.], *v.a.*, 4, *to undo*; *let loose*. Se —— de, *r.v.*, *to get rid of*; *to become undone, untied*.

défaite [partic. subst. of *défaire*], *s.f.*, *defeat*; *evasion, excuse*.

défaut [*dé*, *faillir*, q.v.], *s.m.*, *fault, defect, want* (*of*). En ——, *on the wrong scent, at fault*. A —— de, *instead of*. Au —— de, *for want of*.

défaveur [*dé*, *faveur*, q.v.], *s.f.*, *disfavour*; *displeasure*; *disgrace*.

défavorable [*dé*, *favorable*, q.v.], *adj.*, *unfavourable*.

défection [L. acc. *defectionem*, from *deficere*], *s.f.*, *defection, disloyalty*.

défectueux, -euse [L. L. *defectuosus* (?), from L. *defectus*], *adj.*, *defective*.

défendre [L. *defendere*], *v.a.*, 4, *to defend, safeguard, protect*. Se ——, *r.v.*, *to defend each other*; *to defend oneself*. Se —— de, *to excuse oneself*; *to protect oneself against*.

défense [L. L. *defensa*, from L. *defensum*, sup. of *defendere*], *s.f.*, *defence*; *tusk* (*of elephants*).

défenseur [L. acc. *defensorem*], *s.m.*, *defender, counsel*.

défensif, -ive [It. *defensivo*], *adj.*, *defensive*.

déférence [*déférer*], *s.f.*, *deference, regard, respect*.

déférer [L. *deferre*], *v.a.*, 1, *to bestow, report, refer to*. ——, *v.n.*, *to defer, comply with, yield*.

défi [verbal subst. of *défier*], *s.m.*, *challenge, defiance*.

DÉFIANCE.

défiance [*défiant*], *s.f.*, *distrust, suspicion*.
défiant, -e [*pres. part.* of *défier*], *adj.*, *distrustful, diffident, suspicious*.
défier [*dé, fier, q.v.*] *v.a.* 1, *to dare, defy, challenge*. Se ——, *r.v.*, *to challenge each other*. Se —— *de*, *to distrust, suspect*.
défigurer [*dé, figure, q.v.*], *v.a.*, 1, *to disfigure*. Se ——, *r.v.*, *to disfigure oneself ; to be disfigured*.
défilé [*défiler*], *s.m.*, *defile, pass, strait*.
défiler [*dé, file, q.v.*], *v.n.*, 1, *to file off, defile, march past*.
définir [*dé, finir, q.v.*], *v.a.*, 2, *to determine, define*.
définitif, -ive [L. *definitivus*], *adj.*, *definitive*.
définition [L. acc. *definitionem*], *s.f.*, *definition*.
définitivement [*fem. adj. définitive*, and suffix *-ment*], *adv.*, *definitively, finally*.
défoncer [*dé, fond, q.v.*], *v.a.*, 1, *to stave in, break up*.
défrayer [*dé*, and O. Fr. *frayer*, "to pay;" see *frais*], *v.a.*, 1, *to defray the expenses of*.
défricher [*dé, friche, q.v.*], *v.a.*, 1, *to clear (of the ground)*.
défunt, -e [L. *defunctus*], *adj.* and *s.m.* or *f.*, *defunct, dead*.
dégager [*dé, gage*, "pledge"], *v.a.*, 1, *to redeem ; clear, disengage*. Se ——, *r.v.*, *to get clear, free ; to be cleared*.
dégainer [*dé, gaine, q.v.*], *v.a.*, 1, *to unsheathe, draw*. ——, *v.n.*, *to draw one's sword*.
dégarnir [*dé, garnir, q.v.*], *v.a.*, 2, *to deprive, uncover*. Se ——, *r.v.*, *to get empty ; to be unprotected, unprovided*.
dégât [verbal subst. of the O. Fr. v. *dégaster*, from O. Fr. *gast*, "waste"], *s.m.*, *damage, depredation, havoc*.
dégel [verbal subst. of *dégeler*], *s.m.*, *thaw*.
dégeler [*dé, geler, q.v.*], *v.n.*, 1, and se ——, *r.v.*, *to thaw*.
dégénérer [L. *degenerare*], *v.n.*, 1, *to degenerate*.
dégorger [*dé, gorge, q.v.*], *v.a.*, 1, *to disgorge, empty, clear*. Se ——, *r.v.*, *to empty itself*.
dégourdir [*dé, gourd*, "cold"], *v.a.*, 2, *to take off the stiffness ; to restore warmth ; to*

DÉLAISSEMENT.

brighten, sharpen. Se ——, *r.v.*, *to get warmer, lively, sharp*.
dégoût [*dé, goût, q.v.*], *s.m.*, *disgust*.
dégoûtant, -e [*pres. part.* of *dégoûter*], *adj.*, *disgusting, loathsome*.
dégoûter [*dégoût*], *v.a.*, 1, *to disgust*. Se —— *de*, *r.v.*, *to be disgusted with*.
dégoutter [*dé, goutte*, "drop"], *v.n.*, 1, *to drop ; to be dripping*.
dégradation [L. L. acc. *degradationem*], *s.f.*, *degradation, disgrace ; drumming out (military)*.
dégrader [L. L. *degradare*, from L. *de, gradus*], *v.a.*, 1, *to degrade, disgrace, lower, deface*. Se ——, *r.v.*, *to disgrace oneself ; to become defaced or dilapidated*.
degré [L. *de, gradus*], *s.m.*, *step, degree*. Par ——s, *by degrees*.
dégrossir [*dé, grossir, q.v.*], *v.a.*, 2, *to rough-hew*. Se ——, *r.v.*, *to be roughed down ; to become sharp*.
déguisement [*déguiser*], *s.m.*, *disguise*.
déguiser [*dé, guise*, "way, wise"], *v.a.*, 1, *to disguise*. Se ——, *r.v.*, *to disguise oneself*.
déguster [L. *degustare*], *v.a.*, 1, *to taste, sip*.
dehors [*de, hors, q.v.*], *adv.*, *outside, without*. En ——, *turned out*. Au ——, *outside*.
déjà [*dès, q.v.*, and *jà*, for L. *jam*], *adv.*, *already*.
déjeuner [*dé, jeûner, q.v.*], *v.n.*, 1, *to breakfast*. ——, *s.m.*, *breakfast*.
déjouer [*dé, jouer, q.v.*], *v.a.*, 1, *to foil, thwart*.
delà [*de, là*], *prep.*, *beyond, on the other side of, further*.
délabré, -e [*p.p.* of *délabrer*], *adj.*, *ragged, wretched, shabby, in a ruinous state*.
délabrement [*délabrer*], *s.m.*, *decay, dilapidation*.
délabrer [?], *v.a.*, 1, *to destroy, dilapidate, ruin*. Se ——, *r.v.*, *to fall to pieces, decay*.
délai [verbal subst. of *délayer*, "to dilute," *délai* being an extension of time granted], *s.m.*, *delay*.
délaissement [*délaisser*],

DÉLIRE.

s.m., *destitution, forlorn state, desertion*.
délaisser [*dé, laisser, q.v.*], *v.a.*, 1, *to abandon, desert, forsake*.
de laquelle, desquelles, see *lequel*.
délassement [*délasser*], *s.m.*, *rest, relaxation, refreshment*.
délasser [*dé, las, q.v.*], *v.a.*, 1, *to relax, refresh*. Se ——, *r.v.*, *to rest*.
délateur [L. acc. *delatorem*], *s.m.*, *informer*.
délation [L. acc. *delationem*], *s.f.*, *delation, information, accusation*.
délayer [L. L. *dilatare*, freq. of L. *differre*], *v.a.*, 1, *to dilute, soak, moisten*.
délégué, -e [*p.p.* of *déléguer*], *adj.*, *delegated*. Délégué, *s.m.*, *delegate, deputy, proxy*.
déléguer [L. *delegare*], *v.a.*, 1, *to delegate, depute*.
délibération [L. acc. *deliberationem*], *s.f.*, *deliberation, decision*.
délibéré, -e [*p.p.* of *délibérer*], *adj.*, *deliberate, determined, resolute*. De propos délibéré, *purposely*.
délibérément, *adv.*, *deliberately, resolutely, boldly*.
délibérer [L. *deliberare*], *v.a.*, 1, *to deliberate, decide, resolve*.
délicat [L. *delicatus* = *deliquatus*, "liquid, soft"], *adj.*, *delicate, thin, weak ; nice ; tender ; dainty*.
délicatement, *adv.*, *delicately, nicely ; tenderly ; daintily*.
délicatesse, *s.f.*, *thinness, weakness ; nicety ; delicacy*.
délice [L. *f. pl. deliciae*], *delight* (*s.m.* in the *sing.*, and *f.* in the *pl.*).
délicieusement, *adv.*, *deliciously, delightfully*.
délicieux, -euse [L. *deliciosus*], *adj.*, *delicious, delightful, charming*.
délié, -e [L. *delicatus*], *adj.*, *slender, fine, delicate*. (*Délié* is a doublet of *délicat*.)
délier [*dé, lier, q.v.*], *v.a.*, 1, *to unbind, unfasten*. Se ——, *r.v.*, *to come untied ; to get loose*.
délire [L. n. *delirium*], *s.m.*, *delirium, frenzy*.

DÉLIRER.

délirer [L. *delirare*], *v.n.*, 1, *to be crazy, to rave*.

délit [L. *n. delictum*, from the *sup.* of *delinquere*, "to commit an offence"], *s.m.*, *offence, crime*.

délivrance [*délivrant*, *pres. part.* of *délivrer*], *s.f.*, *deliverance, rescue*.

délivrer [L. L. *deliberare*, compd. of *liberare*], *v.a.*, 1, *to deliver, free*.

délogement [*déloger*], *s.m.*, *change of quarters, removal*.

déloger [*dé*, *loger*, *q.v.*], *v.a.*, 1, *to turn out, drive away*. ——, *v.n.*, *to move out, quit, decamp*.

déloyal, -e [*dé*, *loyal*, *q.v.*], *adj.*, *dishonest, disloyal, false*.

déloyauté [*dé*, *loyauté*, *q.v.*], *s.f.*, *dishonesty, perfidy, disloyalty*.

démagogie [Gr. δημαγωγία], *s.f.*, *demagogy*.

démagogique [Gr. δημαγωγικός], *adj.*, *demagogic*.

démagogue [Gr. δημαγωγός, from δῆμος, "people," and ἄγειν, "to lead"], *s.m.*, *demagogue*.

demain [L. L. *demane*, compd. of L. *mane*], *adv.*, *tomorrow*.

demande [verbal subst. of *demander*], *s.f.*, *inquiry, question; demand, claim, request*.

demander [L. *demandare*, "to confide"], *v.a.* and *n.*, 1, *to ask, beg, request, require, ask for, claim*. Se ——, *r.v.*, *to ask oneself or each other*.

démangeaison [*démanger*], *s.f.*, *itching*.

démanger [*dé*, *manger*, *q.v.*], *v.n.*, 1, *to itch*.

démarche [*dé*, *marche*, *q.v.*], *s.f.*, *gait, walk, bearing; step*.

démasquer [*dé*, *masque*, *q.v.*], *v.a.*, 1, *to unmask*. Se ——, *r.v.*, *to unmask oneself*.

démêlé [partic. subst. of *démêler*], *s.m.*, *contest, quarrel, strife*.

démêler [*dé*, *mêler*, *q.v.*], *v.a.*, 1, *to disentangle, part, make out*. Se ——, *r.v.*, *to extricate oneself; to get clear of; to be disentangled*.

démembrement [*démembrer*], *s.m.*, *dismemberment*.

démembrer [*dé*, *membre*,

DÉMON.

q.v.], *v.a.*, 1, *to dismember*. Se ——, *r.v.*, *to be dismembered*.

déménagement [*déménager*], *s.m.*, *removing, removal (of furniture)*.

déménager [*dé*, *ménage*, *q.v.*] *v.a.* and *n.*, 1, *to remove, get away*.

démence [L. *dementia*], *s.f.*, *madness*.

démenti [partic. subst. of *démentir*], *s.m.*, *lie, flat contradiction*.

démentir [*dé*, *mentir*, *q.v.*], *v.a.*, 2, *to give the lie to, contradict flatly*. Se ——, *r.v.*, *to contradict oneself or one another*.

démériter [*dé*, *mériter*, *q.v.*], *v.n.*, 1, *to do amiss, demerit, forfeit esteem*.

démesuré [*dé*, *mesure*, *q.v.*], *adj.*, *huge, beyond measure, excessive*.

démesurément, *adv.*, *beyond measure, excessively, hugely*.

démettre [*dé*, *mettre*, *q.v.*], *v.a.*, 1, *to dislocate; dismiss*. Se ——, *r.v.*, *to be dislocated; to resign, give up*.

demeure [verbal subst. of *demeurer*], *s.f.*, *dwelling, abode*.

demeurer [L. *demorari*], *v.n.*, 1, *to dwell, live; remain*.

demi [L. *dimidius*], *adj.*, *half*.

démission [L. acc. *demissionem*], *s.f.*, *resignation (of an office)*.

démocrate [*démocratie*], *s.m.*, *democrat*.

démocratie [Gr. δημοκρατία, from δῆμος, "people," and κράτος, "authority"], *s.f.*, *democracy*.

démocratique [Gr. δημοκρατικός], *adj.*, *democratic*.

demoiselle [L. L. *dominicella*, fem. of *dominicellus* (dim. of L. *dominus*), hence *damoiseau*, "page, i.e. a gentleman who is not knighted"], *s.f.*, *young lady*.

démolir [L. *demoliri*], *v.a.*, 2, *to demolish, pull down, overthrow*. Se ——, *r.v.*, *to be demolished*.

démolition [L. acc. *demolitionem*], *s.f.*, *demolition, pulling down*. ——s, *s.f. pl.*, *materials, rubbish*.

démon [L. acc. *daemonem*, from Gr. δαίμων], *s.m.*, *demon*,

DÉNOUER.

q.v.], *v.a.*, *demonstrativus*], *adj.*, *demonstrative*.

démonstratif, -ive [L. *demonstrativus*], *adj.*, *demonstrative*.

démonstration [L. acc. *demonstrationem*], *s.f.*, *demonstration, proof*.

démonter [*dé*, *monter*, *q.v.*], *v.a.*, 1, *to unhorse; to take to pieces*. Se ——, *r.v.*, *to be taken to pieces*.

démontrer [L. *demonstrare*], *v.a.*, 1, *to show, demonstrate*. Se ——, *r.v.*, *to be demonstrated*.

démoralisation [*démoraliser*], *s.f.*, *demoralization*.

démoraliser [*dé*, *moraliser*, *q.v.*], *v.a.*, 1, *to demoralize*. Se ——, *r.v.*, *to become or to be demoralized*.

démordre [*dé*, *mordre*, *q.v.*], *v.n.*, 4, *to let go, swerve from*.

dénaturé, -e [p.p. of *dénaturer*], *adj.*, *unnatural, barbarous, cruel*.

dénaturer [*dé*, *nature*, *q.v.*], *v.a.*, 1, *to alter the nature of, misrepresent, disguise*.

dénicher [*dé*, *nicher*, *q.v.*], *v.a.*, 1, *to take out of a nest*.

denier [L. acc. *denarium*], *s.m.*, *denier, farthing, mite*. À beaux ——s comptants, *in cash, ready money*.

dénier [L. *denegare*], *v.a.*, 1, *to deny*.

dénigrer [L. *denigrare*], *v.a.*, 1, *to revile, disparage, run down*.

dénombrement [*dénombrer*, from L. *denumerare*], *s.m.*, *numbering, census*.

dénomination [L. acc. *denominationem*], *s.f.*, *denomination, name*.

dénommer [L. *denominare*], *v.a.*, 1, *to denominate, call, name*. Se ——, *r.v.*, *to be denominated, called*.

dénoncer [L. *denuntiare*], *v.a.*, 1, *to denounce, inform against*.

dénonciateur [L. acc. *denuntiatorem*], *s.m.*, *informer, denunciator*.

dénonciation [L. acc. *denuntiationem*], *s.f.*, *denunciation, information, accusation*.

dénoter [L. *denotare*], *v.a.*, 1, *to denote, indicate, show*.

dénouement or **dénoûment** [*dénouer*], *s.m.*, *conclusion, end, solution*.

dénouer [*dé*, *nouer*, *q.v.*],

DENRÉE.

v.a., 1, *to untie, unravel*. Se ——, *r.v., to become or be untied; to unfold, unravel.*

denrée [O. Fr. *denerée*, from L. L. *denerata*, for *denariata*, "merchandise worth a penny," from L. *denarius*], *s.f., food, provisions.*

dent [L. acc. *dentem*], *s.f., tooth.* Coup de ——, see *coup.*

dentelle [*dent*], *s.f., lace* (prop. "a little tooth").

dentiste [*dent*, q.v.], *s.m., dentist.*

dentition [L. acc. *dentitionem*], *s.f., dentition, teething.*

dénuder [L. *denudare*], *v.a.*, 1, *to denude, lay bare.*

dénué, -e [*p.p.* of *dénuer*] *adj., deprived; destitute, void.*

dénuement or **dénûment** [*dénuer*], *s.m., destitution, deprivation, poverty, want.*

dénuer [L. *denudare*], *v.a.*, 1, *to strip, deprive; to leave destitute.* (Its doublet is *dénuder.*)

départ [verbal subst. of *départir*], *s.m., departure, leaving.*

département [*départir*], *s.m., department, county, district; office, province.*

départir [L. *dispartiri*], *v.a.*, 2, *to distribute, bestow, grant.*

dépasser [*dé, passer, q.v.*], *v.a.*, 1, *to go beyond, pass by.*

dépecer [*dé, pièce, q.v.*], *v.a.*, 1, *to cut to pieces, carve, tear up.*

dépêche [verbal subst. of *dépêcher*], *s.f., despatch, message.*

dépêcher [L. L. *dispedicare*, from L. *pedica*, "snare"], *v.a.*, 1, *to despatch, hurry over.* Se ——, *r.v., to make haste.*

dépeindre [L. *depingere*], *v.a.*, 4, *to depict, describe.*

dépendance [*dépendant*, pres. part. of *dépendre*], *s.f., dependence.*

dépendre [L. *dependere*], *v.n.*, 4, *to depend; to be dependent on; to belong.*

dépens [L. *depensum*, sup. of *dependere*], *s.m. pl., expense.*

dépense [verbal subst. of *dépenser*], *s.f., expense, outlay.* Faire de la ——, *to live expensively; to spend much money.*

DÉPOSER.

dépenser [L. *dispensare*], *v.a.*, 1, *to spend, lay out, consume, waste.*

dépérir [L. *deperire*], *v.n.*, 2, *to decay, die away, decline, waste away, wither.*

dépérissement [*dépérir*], *s.m., decaying, decay, decline, pining away, withering.*

dépêtrer [prefix *dé* and O. Fr. *pestrer*, from Medieval L. *n. pastorium*, "a clog for horses at pasture"], *v.a.*, 1, *to disentangle, extricate, free.* Se ——, *r.v., to disentangle oneself, get out of.*

dépeupler [*dé, peupler, q.v.*], *v.a.*, 1, *to depopulate.* Se ——, *r.v., to become depopulated.*

dépister [prefix *dé, piste, q.v.*], *v.a.*, 1, *to track, find out, discover.*

dépit [L. acc. *despectum*], *s.m., spite, vexation, rancour.* En —— de, *in spite of.*

déplacement [*déplacer*], *s.m., displacing, change of place, removal.*

déplacer [*dé, place, q.v.*], *v.a.*, 1, *to displace, remove.* Se ——, *r.v., to change one's place; to be removed, displaced.*

déplaire [*dé, plaire, q.v.*], *v.n.*, 4, *to displease.* Se ——, *r.v., to dislike; to displease each other.*

déplaisant, -e [pres. part. of *déplaire*], *adj., unpleasant, unpleasing, annoying, disagreeable.*

déplaisir [*dé, plaisir, q.v.*], *s.m., displeasure, dislike, vexation.*

déplanter [*dé, planter, q.v.*], *v.a.*, 1, *to displant.*

déplier [*dé, plier, q.v.*], *v.a.*, 1, *to unfold, display, unfurl.* Se ——, *r.v., to come or be unfolded.*

déplorable [*déplorer*], *adj., sad, lamentable, deplorable.*

déplorer [L. *deplorare*], *v.a.*, 1, *to deplore, mourn, lament.*

déployer [*dé, ployer, q.v.*], *v.a.*, 1, *to unfold, expand, spread; display.* Se ——, *r.v., to be unfolded; to stretch out.*

déportation [L. acc. *deportationem*], *s.f., transportation.*

déposer [*dé, poser, q.v.*],

DÉRANGER.

v.a., 1, *to lay or put down; depose, divest.*

dépositaire [L. acc. *depositarium*], *s.m., depositary, guardian, trustee, confidant.*

déposséder [*dé, posséder, q.v.*], *v.a.*, 1, *to dispossess.*

dépôt [L. *depositum*, sup. of *deponere*], *s.m., depositing, trust, depôt.*

dépouille [verbal subst. of *dépouiller*], *s.f., spoil, skin, remains.* ——s, *s.f. pl., spoils, booty.*

dépouiller [L. *despoliare*], *v.a.*, 1, *to strip, spoil, plunder; to take the bark off; to make an abstract of, to read over.* Se ——, *r.v., to throw or put off.*

dépourvoir [*dé, pourvoir, q.v.*], *v.a.*, 3, *to deprive; to leave unprovided, destitute.*

dépourvu, -e [*p.p.* of *dépourvoir*], *adj., destitute, unprovided.* Au ——, *unawares.*

dépravé, -e [*p.p.* of *dépraver*, from L. *depravare*, "to pervert"], *adj., depraved, vitiated.*

déprécier [L. *depretiare*], *v.a.*, 1, *to depreciate, underrate, disparage.* Se ——, *r.v., to depreciate oneself or each other; to fall in value.*

déprédation [L. acc. *depraedationem*], *s.f., depredation, plundering.*

depuis [*de, puis, q.v.*], *prep., since, for, from, during.* —— que, *conj., since, ever since.*

députation [L. L. acc. *deputationem*], *s.f., deputation.*

député [partic. subst. of *députer*], *s.m., ambassador, deputy.*

députer [L. *deputare*, "to cut off; destine"], *v.a.*, 1, *to depute, send.*

déraciner [*dé, racine, q.v.*], *v.a.*, 1, *to uproot, extirpate.*

déraisonnable [*dé, raisonnable, q.v.*], *adj., unreasonable.*

déraisonner [*dé, raisonner, q.v.*], *v.n.*, 1, *to talk irrationally* or *nonsense; to wander.*

dérangement [*déranger*], *s.m., derangement, disorder, inconvenience, disturbance, confusion.*

déranger [*dé, ranger, q.v.*],

DÉRÉGLÉ.

v.a., 1, *to derange, inconvenience, disturb, throw in confusion.* Se ——, *r.v., to disturb or inconvenience oneself; to get out of order.*

déréglé, -e [*p.p.* of *dérégler*], *adj., intemperate, disorderly, unruly, dissolute, profligate.*

déréglement [*dérégler*], *s.m., excess, disorder, debauchery, profligacy.*

dérider [*dé, rider, q.v.*], *v.a.*, 1, *to unwrinkle, smooth, cheer up.* Se ——, *r.v., to become unwrinkled, smooth, cheerful.*

dérision [L. acc. *derisionem*], *s.f., derision, mockery, ridicule.*

dérisoire [L. *derisorius*], *adj., derisive, mocking.*

dérivation [L. acc. *derivationem*], *s.f., derivation.*

dérive [verbal subst. of *dériver*], *s.f., drift, lee-way* (*naut.*). À la ——, *adrift.*

dériver [L. *derivare*], *v.n.*, 1, *to spring; to be derived* (*from*).

dernier, -ère [formerly *derrainier*, from O. Fr. *derrain*, from barbarous L. *deretranus*, deriv. of *deretro,* "one who walks behind"], *adj., last; latter.*

dernièrement, *adv., lately, of late, recently.*

dérober [*dé,* O. Fr. *rober,* "to steal"], *v.a.*, 1, *to steal, rob; conceal.* Se ——, *r.v., to escape, avoid, shun.*

dérouler [*dé, rouler, q.v.*], *v.a.*, 1, *to unroll, unfold.* Se ——, *r.v., to be unfolded; to open to one's view.*

déroute [L. *disrupta,* from *disrumpere*], *s.f., rout, defeat.*

dérouter [*dé, route, q.v.*], *v.a.*, 1, *to lead astray, baffle, confuse.*

derrière [L. *de, retro*], *adv. and prep., back, behind.* Par ——, *behind, from behind.* ——, *s.m., back, rear.*

des [contr. of *dels* for *de les*], *def. art., of the.* ——, *part. art., some.*

dès [L. *de, ex*], *prep., from, since.* —— **que**, *as soon as, when.*

désabuser [*dés, abuser, q.v.*], *v.a.*, 1, *to undeceive.* Se ——, *r.v., to undeceive oneself.*

désaccord [*dés, accord, q.v.*], *s.m., disagreement, variance.*

désaffection [*dés, affection, q.v.*], *s.f., disaffection, dislike.*

désaffectionner [*dés, affectionner, q.v.*] *v.a.*, 1, *to disaffect.* Se ——, *r.v., to become disaffected; to lose the affection of.*

désagréable [*dés, agréable, q.v.*], *adj., disagreeable, unpleasant.*

désagrément [*dés, agrément, q.v.*], *s.m., unpleasantness, annoyance, vexation.*

désaltérer [*dés, altérer, q.v.*], *v.a.*, 1, *to quench the thirst of.* Se ——, *r.v., to quench one's thirst.*

désapprobateur [*dés, approbateur, q.v.*], *adj.* and *s.m., disapproving, disapprover.* (The *fem.* is *désapprobatrice.*)

désapprouver [*dés, approuver, q.v.*], *v.a.*, 1, *to disapprove, blame.*

désarmement [*désarmer*], *s.m., disarming.*

désarmer [*dés, armer, q.v.*], *v.a.*, 1, *to disarm.*

désastre [It. *disastro,* from *dis* and *astro,* from L. *dis,* neg., and *astrum,* "good fortune"], *s.m., disaster, calamity.*

désastreux, -euse [*désastre*], *adj., disastrous.*

désavantage [*dés, avantage, q.v.*], *s.m., disadvantage, detriment, prejudice.*

désavantageux, -euse [*désavantage*], *adj., disadvantageous, unfavourable.*

désavouer [*dés, avouer, q.v.*], *v.a.*, 1, *to disavow, disapprove; disown.*

descendance [*descendant*], *s.f., descent, extraction, lineage.*

descendant [pres. part. of *descendre*], *s.m., descendant, offspring.*

descendre [L. *descendere*], *v.n.*, 4, *to go down, descend; fall, sink.*

descente [partic. subst. of *descendre*], *s.f., descent, going down, alighting, declivity.*

description [L. acc. *descriptionem*], *s.f., description.*

désemparer [*dés, emparer, q.v.*], *v.n.*, 1, *to leave, quit.* Sans ——, *without leaving off.*

désenchantement [*désen-*

DÉSIREUX.

chanter], *s.m., disenchantment.*

désenchanter [*dés, enchanter, q.v.*], *v.a.*, 1, *to disenchant.*

désert, -e [L. *desertus*], *adj., desert, uninhabited.* Désert, *s.m., desert, wilderness.*

déserter [*désert*], *v.a.* and *n.*, 1, *to desert, abandon.*

déserteur [L. acc. *desertorem*], *s.m., deserter.*

désertion [L. acc. *desertionem*], *s.f., desertion.*

désespéré, -e [*p.p.* of *desespérer*], *adj., in despair, disconsolate; desperate.*

désespérément, *adv., desperately.*

désespérer [*dés, espérer, q.v.*], *v.n.*, 1, *to despair.*

désespoir [*dés, espoir, q.v.*], *s.m., despair, despondency; grief, deep sorrow, affliction.*

déshabiller [*dés, habiller, q.v.*], *v.a.*, 1, *to undress.* Se ——, *r.v., to undress oneself.*

déshonnête [prefix *dés-honnête, q.v.*], *adj., immodest, indecent.*

déshonneur [*dés, honneur, q.v.*], *s.m., dishonour.*

déshonorant, -e [pres. part. of *déshonorer*], *adj., dishonourable, discreditable.*

déshonorer [*dés, honorer, q.v.*], *v.a.*, 1, *to dishonour, disgrace.*

désigner [L. *designare*], *v.a.*, 1, *to designate, describe, denote, point out.*

désillusion [*dés, illusion, q.v.*], *s.f., disillusion, disappointment.*

désillusionner [*désillusion*], *v.a.*, 1, *to dispel the illusions of.* Se ——, *r.v., to lose one's illusions.*

désintéressé, -e [*p.p.* of *désintéresser*], *adj., disinterested, unselfish, indifferent.*

désintéressement, *s.m., self-denial, indifference, impartiality.*

désintéresser [*dés, intéresser, q.v.*], *v.a.*, **1**, *to indemnify, repay.*

désir [verbal subst. of *désirer*], *s.m., desire, wish.*

désirable [*désirer*], *adj., desirable.*

désirer [L. *desiderare*], *v.a.*, 1, *to wish, long for.*

désireux, -euse [*désir*], *adj., desirous, anxious, eager.*

désister (se) [L. *desistere*], r.v., *to desist, renounce.*
désobéir [*dés, obéir*, q.v.], v.n., 2, *to disobey.*
désobéissance [*désobéissant*], s.f., *disobedience.*
désobéissant, -e [pres. part. of *désobéir*], adj., *disobedient.*
désobligeance [*désobligeant*], s.f., *unkindness.*
désobligeant, -e [*désobliger*], adj., *disobliging, unkind.*
désobliger [*dés, obliger*, q.v.], v.a., 1, *to disoblige, displease.*
désœuvré, -e [prefix *dés, œuvre*, q.v.], adj., *unoccupied, idle.*
désœuvrement [*désœuvré*], s.m., *want of occupation, idleness.*
désolant, -e [pres. part. of *désoler*], adj., *awful, sad, distressing, disheartening.*
désolateur [*désoler*], adj. and s.m., *desolating, destructive; desolator, destroyer.* (The fem. is *désolatrice*.)
désolation [L. acc. *desolationem*], s.f., *desolation, affliction.*
désolé, -e [p.p. of *désoler*], adj., *desolated; desolate, distressed; vexed, extremely sorry.*
désoler [L. *desolari*], v.a., 1, *to desolate, ravage; to grieve.* Se ——, r.v., *to lament, grieve.*
désordre [*dés, ordre*, q.v.], s.m., *disorder, confusion; debauchery, dissipation.*
désorganisation [*dés, organisation*, q.v.], s.f., *disorganization, disorder.*
désorganiser [*dés, organiser*, q.v.], v.a., 1, *to disorganize.* Se ——, r.v., *to become disorganized.*
désorienter [*dés, orienter*, q.v.], v.a., 1, *to bewilder.* Se ——, r.v., *to lose one's way.*
désormais [O. Fr. *dés, ore, mais*, from L. *de-ex, hora, magis*], adv., *henceforth.*
despote [Gr. δεσπότης, "master," from Skr. *dasa*, "country," and *patis*, "master"], s.m., *despot.*
despotique, adj., *despotic.*
desquels, desquelles, see *lequel.*
dessaisir (se) [*des, saisir*], q.v.], r.v., *to give up, let go; to divest oneself.*
dessécher [*des, sécher*, q.v.], v.a., 1, *to dry up.* Se ——, r.v., *to become dry.*
dessein [doublet of *dessin*, q.v.], s.m., *design, intention.*
dessert [partic. subst. of *desservir*], s.m., *dessert.*
desservir [*des, servir*, q.v.], v.a. and n., 2, *to clear away* (after meals).
dessin [verbal subst. of *dessiner*], s.m., *drawing.*
dessiner [L. *designare*], v.a., 1, *to draw, plan, sketch.* Se ——, r.v., *to be drawn, planned, sketched.*
dessous [*des, sous*, q.v.], adv., *underneath.* Au—— de, *below, underneath. Dessous*, s.m., *under or lower part.*
dessus [*des, sus or sur*, q.v.], prep., *upon, above.* —— adv., *upon it.* Au—— de, *above. Dessus*, s.m., *upper side or part.*
destin [verbal subst. of *destiner*], s.m., *fate, destiny.*
destiné, -e [p.p. of *destiner*], adj., *intended for; doomed, fated.*
destinée [partic. subst. of *destiner*], s.f., *destiny, fate.*
destiner [L. *destinare*], v.a., 1, *to destine, intend (for), doom.* Se ——, r.v., *to be destined or intended.*
destituer [L. *destituere*], v.a., 1, *to dismiss.*
destitution [L. acc. *destitutionem*], s.f., *dismissal, discharge.*
destructeur [L. acc. *destructorem*], adj. and s.m., *destroying; destructor.* (The fem. is *destructrice*.)
destruction [L. acc. *destructionem*], s.f., *destruction.*
désuétude [L. acc. *desuetudinem*], s.f., *disuse.*
désunion [*dés, union*, q.v.], s.f., *disunion, separation.*
désunir [*dés, unir*, q.v.], v.a., 2, *to disunite.* Se ——, r.v., *to be disunited.*
détachement [*détacher*], s.m., *detachment (of soldiers); indifference.*
détacher [*dé, tache*, q.v.], v.a., 1, *to untie, unfasten; take away, remove, separate.* Se ——, r.v., *to be loosened; to come off; to be detached.*

détail [verbal subst. of *détailler*, "to cut up," from *dé* and *tailler*, q.v.], s.m., *detail, particular.*
détaillé [p.p. of *détailler*], adj., *circumstantial, with every particular.*
détailler [*dé, tailler*, q.v.], v.a., 1, *to cut up, retail; detail.*
dételer [*de, atteler*, q.v.], v.a. and n., 1, *to unharness, unyoke.*
détendre [*dé, tendre*, q.v.], v.a., 4, *to unbend, relax.* Se ——, r.v., *to slacken, loosen.*
détenir [L. *detinere*], v.a., 2, *to detain, keep, confine.*
détention [L. acc. *detentionem*], s.f., *detention, imprisonment.*
détenu, -e [p.p. of *détenir*], adj., *detained, in prison.* ——, s.m. or f., *prisoner, convict.*
détériorer [L. *deteriorare*, "to make worse"], v.a., 1, *to damage.* Se ——, r.v., *to get worse.*
détermination [L. acc. *determinationem*], s.f., *determination, resolution.*
déterminé, -e [p.p. of *déterminer*], adj., *determinate, well-defined; resolute, bold, confirmed.*
déterminer [L. *determinare*], v.a., 1, *to determine, settle.* Se ——, r.v., *to come to a decision; to resolve.*
déterrer [*dé, terre*, q.v.], v.a., 1, *to dig up, to take out of the ground.*
détestable [*détester*], adj., *detestable, abominable.*
détester [L. *detestari*], v.a., 1, *to detest, hate.*
détonation [*détoner*], s.f., *detonation, report.*
détoner [L. *detonare*], v.n., 1, *to detonate.*
détour [*dé, tour*, q.v.], s.m., *turn, winding, roundabout way, shift.*
détourner [*de, tourner*, q.v.], v.a., 1, *to turn away, avert, ward off; lead astray.* Se ——, r.v., *to turn out of the way; to turn round; to swerve, leave off.*
détracteur [L. acc. *detractorem*], s.m., *detractor, traducer.*
détresse [O. Fr. *destrece*, verbal subst. from L. L. *destrictiare*, der. from L. *de-*

DÉTRIMENT.

strictum, sup. of *destringere*], *s.f.*, *distress*, *trouble*, *misery*.

détriment [L. n. *detrimentum*, "rubbing off"], *s.m.*, *detriment*, *injury*.

détroit [O. Fr. *destroit*, from L. *districtus*, p.p. of *distringere*], *s.m.*, *strait*, *pass*.

détromper [*dé*, *tromper*, q.v.], v.a., 1, *to undeceive*. Se —, r.v., *to be undeceived*.

détrônement [*détrôner*], *s.m.*, *dethronement*.

détrôner [*dé*, *trône*, q.v.], v.a., 1, *to dethrone*.

détruire [L. *destruere*, v.a., 4, *to destroy*, *ruin*; *put an end to*; *do away with*, *neutralize*. Se —, r.v., *to destroy or ruin oneself*; *to ruin or neutralize each other*; *to be destroyed*; *to die away*.

dette [L. pl. n. *debita*, from *debitum*, "what is due"], *s.f.*, *debt*.

deuil [verbal subst. of the O. Fr. v. *douloir*, "to mourn," from L. *dolere*], *s.m.*, *mourning*.

deux [L. *duo*], num. adj. (card.), *two*. Tous —, or tous les —, *both*.

deuxième [*deux*], num. adj. (ord.), *second*.

deuxièmement, adv., *secondly*.

dévaliser [*dé*, *valise*, q.v.], v.a., 1, *to plunder*, *rifle*.

devancer [*de*, *avant*, q.v.], v.a., 1, *to precede*, *go before*.

devancier [*devancer*], *s.m.*, *predecessor*.

devant [*de*, *avant*], adv., *before*. Pieds de —, *fore feet*. —, prep., *before*, *in front of*. Au —— de, *before*. Aller au —— de, *to go to meet*. Devant, s.m., *front*, *front part*.

dévastateur [L. acc. *devastatorem*], *s.m.*, *despoiler*, *ravager*.

dévastation [L. acc. *devastationem*], *s.f.*, *devastation*, *ravage*, *havoc*.

dévaster [L. *devastare*], v.a., 1, *to devastate*, *ravage*, *lay waste*.

développement [*développer*], *s.m.*, *development*, *expansion*.

développer [?], v.a., 1, *to develop*, *unfold*. Se —, r.v., *to expand*, *develop oneself* (or *itself*).

DÉVOUER.

devenir [L. *devenire*], v.n., 2, *to become*.

devers [*de*, *vers*, q.v.], prep., *towards*, *by*.

déviation [*dévier*], *s.f.*, *deviation*.

devier [L. *deviare*], v.a. and n., 1, *and* se ——, r.v., *to deviate*, *glance off*, *swerve*.

devin [L. acc. *divinum*], *s.m.*, *diviner*, *conjuror*. (The fem. is *devineresse*.)

deviner [*devin*], v.a., 1, *to guess*. Se —, r.v., *to be guessed*; *to understand each other*.

dévisager [*dé*, *visage*, q.v.], v.a., 1, *to scratch the face of*; *to stare at*.

devise [*deviser*, which in O. Fr. meant "to distribute"], *s.f.*, *device*, *motto*. (The device was formerly a part of the shield in which some figure was inscribed.)

deviser [*devise*], v.n., 1, *to converse*, *chat*, *talk*.

dévoiler [*dé*, *voiler*, q.v.], v.a., 1, *to unveil*, *reveal*, *expose*. Se —, r.v., *to be unveiled*; *to betray oneself*.

devoir [L. *debere*], v.a., 3, *to owe*; *to be obliged*; *to be necessary* (must before an Inf.). Se —— à soi-même, *to owe it to oneself*. Vous vous deviez à vous-même, *it was your duty towards yourself*. Ne se devoir rien les uns aux autres, *to owe nothing to each other*, *to be quits*.

devoir [Inf. used as a subst.], *s.m.*, *duty*.

dévorant, -e [pres. part. of *devorer*], adj., *consuming*, *burning*.

dévorer [L. *devorare*], v.a., 1, *to devour*, *eat up*, *consume*. Se —, r.v., *to devour each other*.

dévot, -e [L. *devotus*], adj., *devout*.

dévotement, adv., *devoutly*, *religiously*.

dévotion [L. acc. *devotionem*], *s.f.*, *devotion*.

dévoué, -e [p.p. of *dévouer*], adj., *devoted*, *true*, *faithful*.

dévouement [*dévouer*], *s.m.*, *self-sacrifice*, *devotedness*; *attachment*.

dévouer [L. *devotare*], v.a., 1, *to devote*, *consecrate*. Se —, r.v., *to devote oneself*.

DIFFÉREMMENT.

dextérité [L. acc. *dexteritatem*], *s.f.*, *dexterity*, *skill*.

dey [Arab. *dāi*, "the one who calls"], *s.m.*, *dey* (the title of the ancient commanders of Algiers).

diable [L. acc. *diabolum*, from Gr. διάβολος], *s.m.*, *devil*.

diabolique [L. *diabolicus*, from Gr. διαβολικός], adj., *diabolical*, *devilish*.

diacre [L. acc. *diaconum*, from Gr. διάκονος], *s.m.*, *deacon*.

dialecte [Gr. διάλεκτος], *s.m.*, *dialect*.

dialogue [L. acc. *dialogum*, from Gr. διάλογος], *s.m.*, *dialogue*.

diamant [L. acc. *adamantem*, from Gr. ἀδάμας = a privative, and δαμάω, "to conquer"], *s.m.*, *diamond*.

diamètre [Gr. διάμετρος], *s.m.*, *diameter*.

diaphane [Gr. διαφανός], adj., *diaphanous*, *transparent*.

diapré, -e [p.p. of *diaprer*], adj., *variegated*.

diaprer [O. Fr. *diaspre*, "a stuff of jasper-colour," from It. *diaspro*], v.a., 1, *to variegate*. Se —, r.v., *to become variegated*.

dictateur [L. acc. *dictatorem*], *s.m.*, *dictator*.

dictatorial, -e, adj., *dictatorial*.

dictature [L. *dictatura*], *s.f.*, *dictature*.

dicter [L. *dictare*], v.a., 1, *to dictate*; *impose*.

dicton [L. *dictum*, p.p. n. of *dicere*], *s.m.*, *saying*, *byword*.

didactique [Gr. διδακτικός], adj., *didactic*. ——, *s.f.*, *didactics*.

diète [Gr. δίαιτα], *s.f.*, *low diet*, *little food*. —— [L.L. *dieta* (from L. *dies*), "one day's duration"], *s.f.*, *diet*, *assembly*.

Dieu [L. acc. *Deum*], *s.m.*, *God*.

diffamant, -e [pres part. of *diffamer*], adj., *defamatory*.

diffamateur [*diffamer*], *s.m.*, *defamer*, *slanderer*.

diffamation [L. acc. *diffamationem*], *s.f.*, *defamation*, *slander*, *libel*.

diffamer [L. *diffamare*], v.a., 1, *to defame*, *slander*.

différemment [*différent*], adv., *differently*.

DIFFÉRENCE.
DISCERNER.
DISPARAÎTRE.

différence [L. *differentia*], *s.f.*, difference.

différend [*différer*], *s.m.*, dispute, quarrel.

different, -e [L. acc. *differentem*], *adj.*, different; diverse, various.

différer [L. *differre*], *v.a.* and *n.*, 1, *to put off, defer; to differ, to be different; to disagree.*

difficile [L. *difficilis*], *adj.*, *difficult, hard.*

difficilement, *adv.*, *with difficulty.*

difficulté [L. acc. *difficultatem*], *s.f.*, *difficulty.*

difforme [L. L. *difformis*, from *dif*, for *dis*, and *forma*], *adj.*, *deformed.*

difformité [*difforme*] *s.f.*, *deformity.*

diffus, -e [L. *diffusus*], *adj.*, *diffuse.* [*fusely.*

diffusément, *adv.*, *diffusion* [L. acc. *diffusionem*], *s.f.*, *diffusion.*

digérer [L. *digerere*], *v.a.*, 1, *to digest.* Se ——, *r.v.*, *to be digested.*

digestion [L. acc. *digestionem*], *s.f.*, *digestion.*

digne [L. *dignus*], *adj.*, *worthy; good.* [*nobly.*

dignement, *adv.*, *worthily,*

dignité [L. acc. *dignitatem*], *s.f.*, *dignity, power.*

digression [L. acc. *digressionem*], *s.f.*, *digression.*

digue [O. Fr. *dieque*, from N. *dyk*, G. *deich*, Gael. *dig*] *s.f.*, *dike, embankment.*

dilapidation [L. acc. *dilapidationem*], *s.f.*, *dilapidation.*

dilapider [L. *dilapidare*], *v.a.*, 1, *to dilapidate.*

dilatation [L. acc. *dilatationem*], *s.f.*, *dilatation, expansion.*

dilater [L. *dilatare*], *v.a.*, 1, *and* se ——, *r.v.*, *to dilate, expand.*

dilemme [L. n. *dilemma*, from Gr. δίλημμα, from δίς, "two," and λήμμα, "argument"], *s.m.*, *dilemma.*

diligemment [*diligent*], *adv.*, *diligently, quickly.*

diligence [L. *diligentia*], *s.f.*, *diligence, care, promptitude.*

diligent, -e [L. acc. *diligentem*], *adj.*, *diligent, industrious, quick.*

dimanche [L. (*dies*) *dominica*], *s.m.*, *Sunday.*

dîme [L. *decima* (in Varro)], *s.f.*, *tithe.* (Its doublet is *dixième, q.v.*)

dimension [L. acc. *dimensionem*], *s.f.*, *dimension, measure.*

diminuer [L. *diminuere*], *v.a.* and *n.*, 1, *to diminish, lessen.*

diminution [L. acc. *diminutionem*], *s.f.*, *diminution.*

dinde [for *une poule d'Inde,* "a hen from India" (the original name for America)], *s.f.*, *turkey-hen, turkey.*

dindon [*dinde*], *s.m.*, *turkey-cock.*

dîner [L. L. *disnare*, from L. L. *dicaenare*], *v.n.*, 1, *to dine.* —— , *s.m.*, *dinner.*

diocèse [L. *diocesis*, from Gr. διοίκησις, "administration," from διοικεῖν, "to manage," from διά, and οἰκία, "house"], *s.m.*, *diocese.*

diplomate [*diplôme*], *s.m.*, *diplomatist.*

diplomatie [*diplomate*], *s.f.*, *diplomacy.*

diplomatique [*diplomate*], *adj.*, *diplomatic.*

diplôme [L. n. *diploma*, from Gr. δίπλωμα, "a letter folded double," from διπλόω, "to fold"], *s.m.*, *diploma.*

dire [L. *dicere*], *v.a.*, 4, *to say.* Vouloir ——, *to mean.* Pour ainsi ——, *so to speak, as it were.* Se ——, *r.v.*, *to call, style oneself; to say to oneself, or to each other; to be said.*

dire [inf. used as a subst.], *s.m.*, *saying, statement, assertion.*

direct, -e [L. *directus*], *adj.*, *direct, straight.*

directement, *adv.*, *directly, straight.*

directeur [L. L. acc. *directorem*], *s.m.*, *director.* (The *fem.* is *directrice.*)

direction [L. acc. *directionem*], *s.f.*, *direction, conduct, government.*

diriger [L. *dirigere*], *v.a.*, 1, *to direct, lead, aim, point.* Se ——, *r.v.*, *to proceed, go to or towards.*

discernement [*discerner*], *s.m.*, *discrimination, distinction, judgment.*

discerner [L. *discernere*],

v.a., 1, *to discern, distinguish, judge.* Se ——, *r.v.*, *to be discerned.*

disciple [L. acc. *discipulum*], *s.m.*, *disciple, follower.*

discipline [L. *disciplina*], *s.f.*, *discipline, training.*

discipliné, -e [*p.p.* of *discipliner*], *adj.*, *trained, disciplined.*

discipliner [*discipline*], *v.a.*, 1, *to discipline, train, drill.*

discorde [L. *discordia*], *s.f.*, *discord, disagreement, strife.*

discourir [L. *discurrere*], *v.n.*, 2, *to discourse, expatiate.*

discours [L. acc. *discursum*], *s.m.*, *discourse, speech, words.*

discret, ète [L. *discretus*], *adj.*, *discreet, cautious, judicious.*

discrètement, *adv.*, *discreetly, cautiously.*

discrétion [L. acc. *discretionem*], *s.f.*, *discretion, mercy.*

disculper [prefix *dis*, and L. *culpare*, "to blame"], *v.a.*, 1, *to exculpate.* Se ——, *r.v.*, *to clear oneself.*

discussion [L. acc. *discussionem*], *s.f.*, *discussion.*

discuter [L. *discutere*], *v.a.*, 1, *to discuss, examine.* Se ——, *r.v.*, *to be examined.*

disette [*desecta, p.p.* of *desecare*, "to cut off, retrench"], *s.f.*, *dearth, scarcity* (*of wheat, corn, &c.*).

disgrâce [*dis, grâce, q.v.*], *s.f.*, *disgrace, disfavour, misfortune.*

disgracié, -e [*p.p.* of *disgracier*], *adj.*, *out of favour.* —— de la nature, *ill-favoured, deformed.*

disgracier [*disgrâce*], *v.a.*, 1, *to disgrace; to put out of favour.*

disgracieux, -euse [*dis, gracieux, q.v.*], *adj.*, *ungraceful, awkward.*

dislocation [*disloquer*], *s.f.*, *dislocation, derangement, dismemberment.*

disloquer [prefix *dis*, and L. *locare*, "to place"], *v.a.*, 1, *to dislocate, put out of joint.* Se ——, *r.v.*, *to be dislocated; to be taken to pieces; to put one's ... out of joint.*

disparaître [*dis, paraî-*

DISPENDIEUX.

tre, q.v.], v.n., 4, to vanish, disappear.

dispendieux, -euse [L. dispendiosus], adj., costly, expensive.

dispenser [L. dispensare, "to grant"], v.a., 1, to exempt. Se ——, r.v., to dispense with, to exempt oneself.

disperser [L. L. dispersare, a deriv. of dispersus, p.p. of dispergere], v.a., 1, to disperse, scatter. Se ——, r.v., to be dispersed; to break up.

dispersion [L. L. acc. dispersionem], s.f., dispersion, scattering.

disponible [L. L. disponibilis (?), from L. disponere] adj., at one's disposal.

dispos [L. dispostus, contrd. for dispositus], adj. (m. only), active, in good health or spirits.

disposé, -e [p.p. of disposer], adj., ready, inclined, willing. Bien ——, well disposed. Mal ——, ill disposed.

disposer [dis, poser, q.v.], v.a., 1, to dispose, order, make ready. Se ——, r.v., to prepare, make ready.

disposition [L. acc. dispositionem], s.f., disposition, arrangement, state.

dispute [verbal subst. of disputer], s.f., quarrel.

disputer [L. disputare], v.a., 1, to contend, deny. ——, v.n., to dispute, argue, vie with. Se ——, r.v., to dispute, contend for; quarrel. Le —— à, to contend, vie with.

disque [L. acc. discum], s.m., disk.

dissection [L. L. dissectionem, from L. dissectum, sup. of dissecare, "to cut up"], s.f., dissection.

disséminer [L. disseminare], v.a., 1, to disseminate, spread. Se ——, r.v., to be disseminated.

dissension [L. acc. dissensionem], s.f., dissension, strife.

dissertation [L. acc. dissertationem], s.f., dissertation.

disserter [L. dissertare], v.n., 1, to dissert, to discourse.

dissimulation [L. acc. dissimulationem], s.f., dissimulation.

dissimuler [L. dissimulare], v.a., 1, to dissimulate,

DISTRIBUTION.

dissemble. Se ——, r.v., to be concealed.

dissipateur [L. acc. dissipatorem], s.m., spendthrift.

dissipation [L. acc. dissipationem], s.f., dissipation, waste, squandering.

dissiper [L. dissipare], v.a., 1, to dissipate, scatter, waste. Se ——, r.v., to be dispelled; to vanish.

dissolu, -e [L. dissolutus], adj., dissolute, profligate.

dissolution [L. acc. dissolutionem], s.f., dissolution; profligacy.

dissonance [dissonant, pres. part. of dissoner, "to be dissonant," from L. dissonare], s.f., dissonance, discord.

dissoudre [L. dissolvere], v.a., 4, to dissolve. Se ——, r.v., to dissolve; to be dissolved.

dissous, -oute [p.p. of dissoudre], adj., dissolved, broken up.

dissuader [L. dissuadere], v.a., 1, to dissuade.

distance [L. distantia], s.f., distance.

distiller [L. distillare], v.a., 1, to distil, discharge.

distinct, -e [L. distinctus], adj., distinct.

distinction [L. acc. distinctionem], s.f., distinction; rank; eminence.

distingué, -e [p.p. of distinguer], adj., distinguished, of distinction, genteel, noble.

distinguer [L. distinguere], v.a., 1, to distinguish, know, discern, perceive, see; make a distinction (between). Se ——, r.v., to distinguish oneself; to be distinguished.

distraction [L. acc. distractionem], s.f., distraction, inattention; diversion, relaxation.

distraire [L. distrahere], v.a., 4, to distract, divert, amuse. Se ——, r.v., to amuse oneself.

distrait, -e [p.p. of distraire], adj., inattentive, listless; absent.

distribuer [L. distribuere], v.a., 1, to distribute, arrange, lay out; allot, bestow.

distribution [L. acc. distributionem], s.f., distribution, arrangement, division, supply.

DOCTEUR.

district [L. L. n. districtum, "a territory under one jurisdiction"], s.m., district.

divaguer [L. divagari], v.n., 1, to wander, rave.

divergence [divergent], s.f., divergency.

divergent, -e [diverger], adj., divergent.

diverger [L. L. divergere, from prefix di, and vergere, "to turn, incline"], v.n., 1, to diverge, branch off.

divers, -e [L. diversus], adj., diverse, various.

diversement, adv., in various ways.

diversifier [L. L. diversificare, der. of diversus], v.a., 1, to diversify, vary. Se ——, r.v., to be diversified.

diversion [L. divertus, from divertere, "to go different ways"], s.f., diversion.

diversité [L. acc. diversitatem], s.f., diversity, variety.

divertir [L. divertere], v.a., 2, to divert, amuse, entertain. Se ——, r.v., to amuse oneself.

divertissement [divertir], s.m., amusement, entertainment, sport.

divin, -e [L. divinus], adj., divine, heavenly. Office ——, divine worship.

diviniser [divin], v.a., 1, to deify.

divinité [L. acc. divinitatem], s.f., divinity, deity.

diviser [L. divisare, freq. of dividere], v.a., 1, to divide. Se ——, r.v., to divide; to be divided.

division [L. acc. divisionem], s.f., division; quarrel, strife.

divorce [L. n. divortium, from di, vertere, "to turn"], s.m., divorce.

dix [L. decem], num. adj. (card.), ten.

dixième [L. decimus], num. adj. (ord.), tenth. Le ——, s.m., the tenth part.

dizaine [dix], s.f., about ten, half a score.

docile [L. docilis], adj., docile, obedient.

docilement, adv., obediently.

docilité [L. acc. docilitatem], s.f., docility, obedience.

docteur [L. acc. doctorem],

s.m., doctor; *physician, medical man*.
doctrine [L. *doctrina*], *s.f.*, *doctrine*.
document [L. n. *documentum*], *s.m.*, *document, title, title-deed*.
dogme [L. n. *dogma*, from Gr. δόγμα], *s.m.*, *dogma, doctrine, tenet*.
doigt [L. acc. *digitum*], *s.m.*, *finger*.
domaine [L. n. *dominium*], *s.m.*, *domain, estate; limits, sphere*.
dôme [L. *doma*, Gr. δῶμα, "house"], *s.m.*, *dome; canopy*.
domestique [L. *domesticus*], *adj.*, *domestic; tame*. ——, *s.m.*, *servant*.
domicile [L. n. *domicilium*], *s.m.*, *domicile, abode, home*.
domicilié, -e [*p.p.* of (*se*) *domicilier*, "to settle"], *adj.*, *settled, domiciled, having a home*.
dominant, -e [*pres. part.* of *dominer*], *adj.*, *predominant, commanding, leading, ruling*.
dominateur [L. acc. *dominatorem*], *adj.* and *s.m.*, *dominant; ruler*. (The *fem.* is *dominatrice*.)
domination [L. acc. *dominationem*], *s.f.*, *domination, power, sway*.
dominer [L. *dominari*], *v.a.* and *n.*, 1, *to dominate, govern, rule*.
dommage [L. L. n. *domacium* or *domaticum* (?), from L. *domare*, "to tame," with the meaning of "to do wrong to"], *s.m.*, *damage*. C'est ——, *it is a pity*.
domptable [*dompter*], *adj.*, *tameable, manageable*.
dompter [L. *domitare*], *v.a.*, 1, *to daunt, subdue, master, conquer; break, tame*. Se ——, *r.v.*, *to subdue one's passions; to be subdued*.
don [L. n. *donum*], *s.m.*, *gift, present*.
donateur [L. acc. *donatorem*], *s.m.*, *giver, donor*. (The *fem.* is *donatrice*.)
donation [L. acc. *donationem*], *s.f.*, *donation, grant, gift*.
donc [O. Fr. *adonc*, from L. *ad, tunc*], *conj.*, *then, therefore; now then, come!*

donjon [L. L. acc. *domnionem* for *dominionem*, "a tower which dominates"], *s.m.*, *donjon, tower, castle-keep*.
donnée [*partic. subst.* of *donner*], *s.f.*, *datum, idea, notion*.
donner [L. *donare*], *v.a.*, 1, *to give; present; produce*. —— *sur, to look over*. —— *raison à, to decide in favour of*. Se ——, *r.v.*, *to be fought* (*of battles*).
dont [*de, unde*], *rel. pron.*, *of whom, of which, whose, whereof*.
doré, -e [*p.p.* of *dorer*], *adj.*, *gilt, gilded; rich, brilliant*.
dorénavant [*de, ore* (*heure*), *en, avant, q.v.*], *adv.*, *henceforth, in future*.
dorer [L. *deaurare*], *v.a.*, 1, *to gild*. Se ——, *r.v.*, *to become yellow; to assume a golden hue*.
dormant, -e [*pres. part.* of *dormir*], *adj.*, *stagnant, still*.
dormir [L. *dormire*], *v.n.*, 2, *to sleep; to be asleep, stagnant*.
dos [L. n. *dorsum*], *s.m.*, *back*.
dossier [L. L. n. *dorsarium*, from L. n. *dorsum*], *s.m.*, *back*.
dot [L. acc. *dotem*], *s.f.*, *dowry*.
dotation [L. L. acc. *dotationem*], *s.f.*, *dotation, endowment*.
doter [L. *dotare*], *v.a.*, 1, *to portion, endow*. (Its doublet is *douer, q.v.*)
douairière [*douaire*, "dowry," from L. n. *dotarium*], *s.f.*, *dowager*.
douane [It. *doana* = *dogana*, "custom-duty"], *s.f.*, *custom-house*.
douanier [*douane*], *s.m.*, *custom-house officer*.
double [L. acc. *duplicem* or *duplum*], *adj.*, *double*.
doubler [*double*], *v.a.*, 1, *to double; to plate*. Se ——, *r.v.*, *to become double; to be doubled*.
doublure [*doubler*], *s.f.*, *lining; plating*.
doucement [*douce, fem.* of *adj. doux*, and suffix *-ment*], *adv.*, *gently, softly*.
douceur [L. acc. *dulcorem*], *s.f.*, *sweetness, smoothness, gentleness*.

doué, -e [*p.p.* of *douer*], *adj.*, *endowed, gifted*.
douer [doublet of *doter*, *q.v.*], *v.a.*, 1, *to endow, gift*.
douleur [L. acc. *dolorem*], *s.f.*, *pain; grief*.
douloureusement, *adv.*, *painfully, grievously*.
douloureux, -euse [*douleur*], *adj.*, *painful*.
doute [*verbal subst.* of *douter*], *s.m.*, *doubt*. Sans ——, *without doubt, undoubtedly*.
douter [L. *dubitare*], *v.n.*, 1, *to doubt, question*. Se —— *de*, *r.v.*, *to suspect*.
douteux, -euse [*doute*], *adj.*, *doubtful, ambiguous, vague*.
douve [L. *doga*, from Gr. δοχή, "a sort of vessel"], *s.f.*, *stave* (*of casks*).
doux, douce [L. *dulcis*], *adj.*, *sweet, gentle; soft*.
douzaine [*douze*], *s.f.*, *dozen*.
douze [L. *duodecim*], *num. adj.* (*card.*), *twelve*.
douzième [*douze*], *num. adj.* (*ord.*), *twelfth*.
doyen [L. acc. *decanum*], *s.m.*, *dean*.
dragée [L. L. *dragata, tragemata*, from Gr. τραγήματα, "dainties"], *s.f.*, *sugar-plum*.
dragon [L. acc. *draconem*], *s.m.*, *dragon*.
drague [Engl. *drag*], *s.f.*, *drag, dredge*.
dramatique [L. *dramaticus*], *adj.*, *dramatic*.
drame [L. n. *drama*, from Gr. δρᾶμα, from δρᾶν, "to do" = L. *agere*], *s.m.*, *drama*.
drap [L. L. n. *drappum*], *s.m.*, *cloth; sheet*.
drapeau [dim. of *drap*], *s.m.*, *ensign, flag, colours*.
drèche [L. L. acc. *drascum*, from O. H. G. *drascan*, "to thresh corn"], *s.f.*, *malt*.
dressé, -e [*p.p.* of *dresser*], *adj.*, *trained; erected, straight*.
dresser [L. L. *drictiare* (?), from L. *drectus*, for *directus*], *v.a.*, 1, *to erect, arrange, set up, train*. Se ——, *r.v.*, *to stand up; to stand on end; to be erected, trained*.
drogue [Engl. *drug*, from N. *droog*, "dry" (provision)] *s.f.*, *drug*.
droit [L. n. *directum*], *s.m*, *right, claim, power, law*.

FR. P. II. Q

DROIT.

droit, -e [L. *directus*], *adj., straight, right*. ———, *adv., straight, right*.

droitement, *adv., rightly, uprightly*.

droiture [droit, q.v.], *s.f., uprightness, rectitude*.

drôle [Engl. *droll*], *adj., queer, odd; comical, funny*. ———, *s.m., rogue, knave*.

dru, -e [Kymr. *drud*, "bold, vigorous"], *adj., fledged; lively; thick*.

Druide [L. acc. *druidam*, from Bas-Breton *derv*, "oak"], *s.m., druid (Celtic priest)*.

druidique [druide], *adj., druidic*.

du [for de le], *def. art., of the*. ———, *part. art., some*.

dû, due, *p.p. of devoir, q.v.*

dû [partic. subst. of devoir, q.v.], *s.m., due*.

duc [L. acc. *ducem*], *s.m., duke*.

ducal, -e [duc], *adj., ducal*.

ducat [It. *ducato*], *s.m., ducat*.

duché [duc, q.v.], *s.m., duchy, dukedom*.

duchesse, *s.f., duchess*.

duel [L. n. *duellum* (*bellum*)], "a contest between two"], *s.m., duel*.

duelliste [duel], *s.m., duellist*.

dune [Celt. and Irish *dûn*, "a bill"], *s.f., sand-hill, down*.

dupe [?], *s.f., dupe*.

duper [dupe], *v.a.*, 1, *to dupe, fool*.

duperie [duper], *s.f., cheat, imposition*.

duplication [L. acc. *duplicationem*], *s.f., duplication, doubling*.

duplicité [L. acc. *duplicitatem*], *s.f., duplicity, deceit*.

duquel, desquels, see *lequel*.

dur, -e [L. *durus*], *adj., hard, harsh, hardened, hard-hearted*.

durable [L. *durabilis*], *adj., lasting, strong*.

durant [pres. part. of *durer*], *prep., during; for*.

durcir [dur], *v.a. and n.*, 2, **to** *harden*. Se ———, *r.v., to grow hard*.

durée [partic. subst. of *durer*], *s.f., duration, continuance*.

durement [fem. adj. *dure*,

ÉBRANCHER.

and suffix *-ment*], *adv., hardly, harshly, severely*.

durer [L. *durare*], *v.n.*, 1, *to last, endure, continue, remain*.

dureté [L. acc. *duritatem*], *s.f., hardness, roughness*.

duvet [L. L. *duma*, from G. *daune*], *s.m., down, wool*.

dynastie [Gr. δυναστεία, "power, sway"], *s.f., dynasty*.

dynastique, *adj., dynastic*.

E

eau [L. *aqua*], *s.f., water*. ——— **de vie**, *brandy*. ———**x mortes**, *still, stagnant waters*.

ébahi, -e [p.p. of *ébahir*], *adj., amazed, dumbfounded*.

ébahir (s') [onomat. from *bah! intery., q.v.*], *r.v., to be amazed; to wonder*.

ébats [verbal subst. of *s'ébattre*], *s.m. pl., sport, play*. Prendre ses ——— *to play, sport, enjoy oneself*.

ébattre (s') [é or es in O. Fr., and *battre*], *r.v., to play, sport, enjoy oneself*.

ébauche [verbal subst. of *ébaucher*], *s.f., sketch, outline, rough draught*.

ébaucher [prefix *é* and O. Fr. *bauche*, "work;" cf. *débaucher*], *v.a.*, 1, *to sketch, outline, prepare, attempt*.

ébène [L. acc. *ebenum*, from Gr. ἔβενος, from Hebrew *hobnim*], *s.f., ebony*.

éblouir [es, and O. H. G. *blödi*, "weak;" cf. the G. *blödsichtig*, "dim- or weak-sighted"], *v.a.*, 2, *to dazzle*.

éblouissant, -e [pres. part. of *éblouir*], *adj., dazzling*.

éblouissement [éblouir], *s.m., dazzling; dizziness; fascination*.

éboulement [ébouler], *s.m., falling-down; landslip*.

ébouler (s') [prefix *é* (for *es*), *boule, q.v.*], *v.a.*, 1, *to cause to fall*. ———, *v.n.*, *and s'———, r.v., to fall down*.

ébourgeonnement [ébourgeonner], *s.m., nipping off the buds*.

ébourgeonner [é, *bourgeon, q.v.*], *v.a.*, 1, *to nip the buds off*.

ébrancher [é, *branche, q.v.*], *v.a.*, 1, *to lop, prune*.

ÉCHANTILLON.

ébranlement [ébranler], *s.m., shaking, shock; decay*.

ébranler [é, *branler*, "to shake"], *v.a.*, 1, *to shake, unsettle, stir, move*. S'———, *r.v., to move forward*.

ébruiter [e, *bruit, q.v.*], *v.a.*, 1, *to divulge*. S'———, *r.v., to be divulged*.

ebullition [L. acc. *ebullitionem*], *s.f., ebullition, boiling, eruption*.

écaille [G. *schale*], *s.f., scale, shell*.

écarlate [L. *galaticus*, sc. *rubor*, "the red from Galatia"], *s.f. and adj., scarlet*.

écart [verbal subst. of *écarter*], *s.m., stepping aside, digression, mistake, fault*. A l'———, *aside, in a lonely place*.

écarté, -e [p.p. of *écarter*], *adj., remote, secluded, lonely, solitary*.

écarter [é, *carté, q.v.*], *v.a.*, 1, *to remove, set aside, dispel*. S'———, *r.v., to deviate, disperse, go astray*.

ecclésiastique [L. *ecclesiasticus*], *adj., ecclesiastical, clerical, belonging to the church*. ———, *s.m., ecclesiastic, priest, clergyman*.

écervelé, -e [prefix *é* (for es), *cervelle, q.v.*], *adj., hare-brained, wild, giddy*.

échafaud [L. L. n. *scadafaltum*, "scaffolding," compd. of *ex* and *cadafaltum*], *s.m., scaffold*.

échafaudage [échafaud], *s.m., scaffolding*.

échalas [L. L. *ex-caratium*, "a pale or stake," from Gr. χάραξ], *s.m., stake, vine-stick*.

échancrer [é, *chancre*, from L. acc. *cancrum* (from Gr. καρκίνος), prop. "a crab," then "a canker"], *v.a.*, 1, *to hollow out*.

échancrure [échancrer], *s.f., hollowing out, scallop, indentation*.

échange [é, *change, q.v.*], *s.m., exchange, barter*.

échanger [échange], *v.a.*, 1, *to exchange, barter, reciprocate*.

échanson [L. L. acc. *scantionem* (in Germanic laws), from O. H. G. *scenço*], *s.m., cupbearer*.

échantillon [dim. of O. Fr. *échantil*, from prefix *é* (for *es*

and *cant*, " corner, piece "], *s.m.*, *sample, pattern.*
échappée [partic. subst. of *échapper*], *s.f.*, *escape, prank.* —— de lumière, *accidental light.* —— de vue, *vista.*
échapper [L. L. *excappare*, lit. " to get out of the cape (of the cloak) "], *v.n.*, 1, *to escape; fall, drop.* S'——, *r.v., to escape, get away, slip, fall, burst.*
écharpe [O. H. G. *scherpe*, " a pocket "], *s.f.*, *scarf, sling.*
écharper [L. *ex, carpere*, " to cut to pieces "], *v.a.*, 1, *to slash, cut to pieces.*
échasses [O. Flemish *schoetse*], *s.f. pl.*, *stilts.*
échauffer [é, *chauffer*, *q.v.*], *v.a.*, 1, *to warm, heat, excite, provoke.* S'——, *r.v., to become warm or animated; to grow angry.*
échauffourée [O. Fr. v. *échauffourer*, compd. of *é* (for *es*), *chaud* (for *feu*), and *fourrer, q.v.*], *s.f., affray, skirmish.*
échéance [*échéant*], *s.f.*, *expiration, falling due.*
échéant [*pres. part.* of *échoir, q.v.*], *falling.* Le cas ——, *if such should be the case, in that case.*
échec [Persian *schah*, " king," which gives its name to the game], *s.m.*, *check, loss, failure, repulse.* ——s, *chess.* —— et mat, *checkmate.*
échelle [O. Fr. *eschele*, from L. *scala*], *s.f., ladder.*
échelon [dim. of *échelle*], *s.m., round (of a ladder), step, degree; echelon (milit.).*
échelonner [*échelon*], *v.a.*, 1, *to graduate; place apart; drawn up in echelons.* S'——, *r.v., to extend in echelons.*
échevelé, -e [*p.p.* of *écheveler*, " to dishevel the hair "], *adj., with dishevelled hair, in disorder.*
échevin [L. L. acc. *scabinum*, from O. H. G. *skepeno*], *s.m., alderman, sheriff.*
échine [O. Fr. *eschine*, from Celt. *chein*, " back "], *s.f., spine.*
échiquier [*échec*], *s.m., chess-board; exchequer.*
écho [L. *echo*, from Gr. ἠχώ, " sound, voice "], *s.m., echo.*
échoir [L. *ex, cadere*], *v.n.*

and *defect.*, 3, *to fall to the lot, become due.*
échoppe [O. Fr. *eschoppe*, from O. H. G. *shupfa*, G. *schoppen*, " shop "], *s.f., stall (in a market).*
échouer [?], *v.n.*, 1, *to run aground, fail.*
échu, -e, *p.p.* of *échoir, q.v.*
éclair [verbal subst. of *éclairer*], *s.m., lightning, flash of fire.*
éclairage [*éclairer*], *s.m., light, lighting.*
éclaircie [partic. subst. of *éclaircir*], *s.f., glade, vista, opening.*
éclaircir [*é, clair, q.v.*], *v.a.*, 2, *to clear up, brighten, thin.* S'——, *r.v., to clear up.*
éclaircissement [*éclaircir*], *s.m., clearing up, explanation.*
éclairé, -e [*p.p.* of *éclairer*], *adj., enlightened, intelligent, well-informed.*
éclairer [O. Fr. *esclairer*, from L. *exclarare*], *v.a.*, 1, *to light, illuminate, inform.* S'——, *r.v., to be lighted; to grow enlightened; to get information.*
éclaireur [*éclairer*], *s.m., scout.*
éclat [verbal subst. of *éclater*], *s.m., splendour, glare, brilliancy, glory.*
éclatant, -e [*pres. part.* of *éclater*], *adj., remarkable, signal, striking; bright, brilliant, splendid.*
éclater [O. H. G. *skleizan*, " to break," " to fly into fragments "], *v.n.*, 1, *to burst, break out.*
éclipse [L. *eclipsis*, from Gr. ἔκλειψις, " a forsaking, being absent," from ἐκλείπειν], *s.f., eclipse.*
éclipser [*éclipse*], *v.a.*, 1, *to eclipse, throw into the shade.* S'——, *r.v., to disappear, to be eclipsed.*
éclore [L. L. *ex-claudere*], *v.n.*, 4, *to spring up, open, dawn; to be hatched; to shoot.*
écluse [O. Fr. *excluse* from L. *exclusa*, sc. *aqua*], *s.f., mill-dam, lock, sluice.*
école [O. Fr. *escole*, from L. *schola*], *s.f., school.*
écolier, -ère [L. adj. *scholaris*], *s.m. or f., pupil, scholar.*

éconduire [O. Fr. *escondire*, from L. *ex-condicere*, " to refuse "], *v.a.*, 4, *to deny, refuse; show out, dismiss.*
économe [L. acc. *oeconomum*, from Gr. οἰκονόμος], *s.m., steward, bursar.* ——, *adj., saving, thrifty.*
économie [L. *oeconomia*, from Gr. οἰκονομία], *s.f., economy, good management; order, system, arrangement, disposition, structure.*
économique [L. *oeconomicus*, from Gr. οἰκονομικός], *adj., economical.*
économiquement, *adv., economically.*
économiser [*économie*], *v.a.*, 1, *to put by, save; husband; spare.*
économiste [*économe*, and suffix *-iste*], *s.m., economist.*
écorce [O. Fr. *escorce*, from L. L. *excorticea*, deriv. of L. acc. *corticem*], *s.f., bark, rind; outside.*
écorcer [*écorce*], *v.a.*, 1, *to bark, peel.*
écorcher [O. Fr. *escorcher*, from L. L. *excorticare*, " to take away the bark "], *v.a.*, 1, *to flay, skin.* S'——, *r.v., to rub one's skin off.*
écorchure [*écorcher*], *s.f., grazing, excoriation.*
Écossais, -e [*Écosse*], *s.m.* or *f.*, and *adj., Scotch.*
Écosse [L. *Scotia*], *s.f., Scotland.*
écot [Engl. *scot*, " contribution "], *s.m., share, score, expense.*
écoulement [*écouler*], *s.m., flowing out, emanation.*
écouler [O. Fr. *escouler*, from *é, couler, q.v.*], *v.a.*, 1, *to pour away.* S'——, *r.v., to run or flow out; to elapse, pass away.*
écoute [verbal subst. of *écouter*], *s.f., listening-place.* Être aux ——s, *to be listening* —— [Swedish *skot*, Danish *skiöd*], *s.f., sheet (naut.).*
écouter [L. *auscultare*], *v.a.*, 1, *to listen to.* Écoute! écoutez! *look here! listen!*
écran [G. *schragen*], *s.m., screen.*
écrasement [*écraser*], *s.m., crushing.*
écraser [O. Fr. *escraser*, from O. Scand. *krassa*, " to

Q 2

ÉCREVISSE.

crush"], *v.a.*, 1, *to crush, squash*.

écrevisse [O. Fr. *crevice*, from O. H. G. *schrepix*, Mod. G. *krebs*], *s.f.*, *crayfish, crawfish*.

écrier (s') [*é, crier, q.v.*], *r.v.*, *to exclaim, cry out*.

écrin [L. *n. scrinium*], *s.m.*, *casket, jewel-box*.

écrire [L. *scribere*), *v.a.*, 4, *to write.* S'——, *r.v., to write to each other; to be spelt*.

écrit [O. Fr. *escrit*, from L. *n. scriptum*], *s.m.*, *writing, work, paper*.

écriteau [*écrit*], *s.m.*, *bill, label, written paper, placard*.

écritoire [L. *n. scriptorium*], *s.f.*, *inkstand*.

écriture [L. *scriptura*], *s.f.*, *handwriting; Scripture*.

écrivain [L. L. acc. *scribanum*, from L. *scriba*], *s.m.*, *writer, author*.

écrou [G. *schraube* and Engl. *screw*, or, according to Diez, L. acc. *scrobem*, "a ditch"], *s.m.*, *screw, screwnut; entry in the jail-book*.

écrouer [*écrou*], *v.a.*, 1, *to commit to prison, confine*.

écroulement [*écrouler*], *s.m., fall, crash, falling down*.

écrouler (s') [*é, crouler*, from L. L. *corotulare*, "to roll together"], *r.v., to fall down, fall into decay; tumble down, perish*.

écu [L. *n. scutum*], *s.m., shield; crown (money)*.

écueil [O. Fr. *escueil*, from L. acc. *scopulum*, from Gr. σκόπελος], *s.m., rock, reef*.

écuelle [O. Fr. *escuelle*, from L. *scutella*, "salver"], *s.f., porringer*.

écumant, -e [pres. part. of *écumer*], *adj., foaming, frothy*.

écume [O. H. G. *scûm*], *s.f., foam, froth*.

écumer [*écume*] *v.a.*, 1, *to skim*. ——, *v.n., to foam, froth*.

écumeux, -euse [*écume*], *adj., frothy, foaming*.

écureuil [O. Fr. *escureuil*, from L. L. acc. *scuriolum*, dim. of *sciurus*, from Gr. σκίουρος, from σκιά, "shadow," and οὐρά, "tail"], *s.m., squirrel*.

écurie [L. L. *scuria*, from O. H. G. *skura*], *s.f., stable*.

écuyer [L. L. acc. *scutarium*, "the one who carries

EFFERVESCENT.

the *scutum* of a knight"], *s.m., equerry*.

édification [L. acc. *aedificationem*], *s.f., construction, building; edification*.

édifice [L. n. *aedificium*], *s.m., building, construction, structure, edifice*.

édifier [L. *aedificare*], *v.a.*, 1, *to build, erect, construct, edify*.

édile [L. acc. *aedilem*], *s.m., adile*.

édit [L. n. *edictum*], *s.m., edict, decree*.

éditer [L. L. *editare*, freq. of *edere*, "to publish"], *v.a.*, 1, *to edit, publish*.

éditeur [L. acc. *editorem*], *s.m., editor, publisher*.

édition [L. acc. *editionem*], *s.f., edition*.

édredon [O. Fr. *iderdon*, from Swedish *eider*, "goose," and *dun*, "down"], *s.m., eiderdown*.

éducation [L. acc. *educationem*], *s.f., education, training, rearing*.

effacer [prefix *ef*, *face, q.v.*], *v.a.*, 1, *to efface, rub out, wash out; outshine, surpass*. S'——, *r.v., to become effaced; to grow dim, fade*.

effaré, -e [L. *efferatus, p.p.* of *efferare*], *adj., bewildered, frightened, wild*.

effarer [L. *efferare*, "to make wild"], *v.a.*, 1, *to frighten, scare*.

effaroucher [prefix *ef* (for *es*) and *farouche*, *q.v.*], *v.a.*, 1, *to frighten away, startle; give umbrage to*.

effectif, -ive [L. *effectivus*], *adj., effective*.

effectivement, *adv., in fact, in reality, actually*.

effectuer [L. *effectus*], *v.a.*, 1, *to carry into effect, perform, accomplish, fulfil, realize*.

effémination [*efféminer*], *s.f., effeminacy*.

efféminé, -e [p.p. of *efféminer*], *adj., effeminate*. Efféminé, *s.m., effeminate man*.

efféminer [L. *effeminare*, (*ex, femina*)], *v.a.*, 1, *to effeminate*. S'——, *r.v., to become effeminate*.

effervescence [*effervescent*], *s.f., effervescence, excitement*.

effervescent, -e [L. acc. *effervescentem*], *adj., efferves-

ÉGALISER.

cent, effervescing; excited or excitable*.

effet [L. acc. *effectum*], *s.m., effect*. En ——, *in fact, in reality, indeed*. A cet ——, *for that purpose*.

effeuiller [prefix *ef* for *es*, and *feuille*, *q.v.*], *v.a.*, 1, *to pluck the leaves off*.

efficace [L. acc. *efficacem*], *adj., efficient, effectual*.

efficacité [L. acc. *efficacitatem*], *s.f., efficacy*.

effigie [L. acc. *effigiem*], *s.f., effigy*.

effilé, -e [p.p. of *effiler*], *adj., slender, slim, fine, sharp*.

effiler [*ef*, and *fil*, *q.v.*], *v.a.*, 1, *to ravel out*.

effleurer [*ef*, and *fleur, q.v.*], *v.a.*, 1, *to graze, touch slightly, skim the surface of*.

efforcer (s') [L. L. *exfortiare*, from L. *ex, fortis*], *r.v., to endeavour, strive, exert oneself*.

effort [verbal subst. of *efforcer*], *s.m., effort, endeavour, exertion*.

effrayant, -e [pres. part. of *effrayer*], *adj., fearful, frightful*.

effrayé, -e [p.p. of *effrayer*], *adj., afraid, affrighted*.

effrayer [L. *exfrigidare*, compd. of *frigidus*, lit. "to freeze with fright"], *v.a.*, 1, *to frighten, scare*. S'——, *r.v., to be frightened*.

effréné, -e [L. *effrenatus, p.p.* of *effrenare*, "to unbridle"], *adj., unrestrained, immoderate, excessive, wild*.

effroi [verbal subst. of O. Fr. v. *effroyer*], *s.m., fright, dread*.

effronté, -e [prefix *ef* (for *es*). and *front, q.v.*], *adj., brazen-faced, impudent*.

effrontément, *adv., impudently*.

effronterie [*effronté*], *s.f., effrontery, impudence*.

effroyable [*effroi*], *adj., frightful, dreadful, awful*.

effroyablement, *adv., frightfully, dreadfully, awfully*.

égal, -e [L. acc. adj. *aequalem*], *adj., equal, like; unmoved*.

également, *adv., equally, also, too*.

égaler [*égal*], *v.a.*, 1, *to equal, match; smooth*.

égaliser [*égal*], *v.a.*, 1, *to

equalize, level. S'——, r.v., to become equal.
égalité [L. acc. aequalitatem], s.f., equality, parity, evenness.
égard [verbal subst. of the O. Fr. v. esgarder, from es and garder, prop. "to take care of"], s.m., regard, respect, account. A certains ——s, in some respects. A l'—— de, as for, towards. En —— à, considering.
égare, -e [p.p. of égarer], adj., lost, stray, mislaid, distracted, bewildered.
égarement [égarer], s.m., straying; aberration, confusion; misconduct, excess.
égarer [é, garer, q.v.], v.a., 1, to mislead; lose. S'——, r.v., to lose one's way, wander; to go astray.
égayer [é. and gai, q.v.], v.a., 1, to enliven cheer up.
égide [L. acc. aegida, from Gr. αἰγίς, "the shield of Athene"], s.f., ægis, shield, protection.
église [L. ecclesia, from Gr. ἐκκλησία], s.f., church.
égoïsme [L. ego], s.m., selfishness.
égoïste [L. ego], s.m., selfish man. ——, adj., selfish.
égorger [é, gorge, q.v.], v.a., 1, to cut the throat of, to slaughter.
égout [verbal subst. of égoutter], s.m., sewer, drain, sink.
égoutter [é (for es), goutte, q.v.], v.a. and n., 1, and s'——, r.v., to drain, drop.
égrener or **égrainer** [é, grain, q.v.], v.a., 1, to pick.
Égyptien, -enne [Gr. Αἰγύπτιος], adj. and s.m. or f., Egyptian; gipsy.
eh! interj., eh! ah! bien! well. —— quoi! what!
élaborer [L. elaborare], v.a., 1, to elaborate, work out.
élaguer [N. laken, "to cut off"], v.a., 1, to prune, cut off.
élan [verbal subst. of élancer], s.m., start, burst, spring, impulse, impetus.
élancé, -e [p.p. of élancer], adj., straight, tall, slim.
élancer [é, lancer, q.v.], v.a., 1, to dart, push on, shoot. S'——, r.v., to dash, rush, spring forward, pounce.

élargi, -e [p.p. of élargir], adj., wide or wider, broad or broader.
élargir [é, large, q.v.], v.a., 2, to widen, enlarge, extend. S'——, r.v., to be or become wider, enlarged.
élargissement [élargir], s.m., widening, enlarging.
élasticité [élastique], s.f., elasticity.
élastique [Gr. ἐλαστής, the same as ἐλατής, or ἐλατήρ, "a driver," from ἐλαύνειν, "to drive, set in motion"], adj. and s.m., elastic; india-rubber.
électeur [L. acc. electorem], s.m., elector.
élection [L. acc. electionem], s.f., election.
électoral, -e [électeur], adj., electoral, elective.
électricité [électrique], s.f., electricity.
électrique [L. n. electrum, from Gr. ἤλεκτρον, "amber"], adj., electric.
électriser [électrique], v.a., 1, to electrify. S'——, r.v., to be electrified.
élégamment [élégant], adv., elegantly.
élégance [L. elegantia], s.f., elegance.
élégant, -e [L. acc. elegantem], adj., elegant, exquisite.
élégie [L. elegia, from Gr. ἐλεγεία], s.f., elegy.
élément [L. n. elementum], s.m., element.
élémentaire [L. elementarius], adj., elementary.
éléphant [L. acc. elephantem, from Gr. ἐλέφας], s.m., elephant.
élévation [L. acc. elevationem], s.f., elevation, raising, rising ground, height, rise, exaltation.
élève [verbal subst. of élever], s.m. or f., pupil.
élevé, -e [p.p. of élever], adj., high, lofty; upright; brought up, trained.
élever [é, lever, q.v.], v.a., 1, to raise, bring up, educate, train. S'——, r.v., to rise up, ascend, arise, grow up, increase; to be built.
élire [L. eligere], v.a., 4, to choose, elect.
élite [élit, old p.p. of élire], s.f., flower, prime. D'——, choicest, best.
elle, see lui.

éloge [L. n. elogium, from Gr. ἐλλόγιον, from ἐν, λόγος], s.m., eulogy, praise.
éloigné, -e [p.p. of éloigner], adj., remote. distant, far.
éloignement [éloigner], s.m., removal, departure, distance.
éloigner [é, loin), v.a., 1, to send away, to dismiss, take away, banish, alienate. S'——, r.v., to go away, to leave, to withdraw.
éloquemment [éloquent] adv., eloquently.
éloquence [L. eloquentia], s.f., eloquence.
éloquent, -e [L. acc. eloquentem], adj., eloquent.
élucider [L. L. elucidare (e, lucidus, "clear")], v.a., 1, to elucidate, make clear. S'——, to be elucidated, made clear.
éluder [L. eludere], v.a., 1, to elude, evade.
email [O. H. G. smalti, "that which has been melted"], s.m., enamel.
émaillé, -e [p.p. of émailler], adj., enamelled, brilliant.
émailler [email], v.a., 1, to enamel, adorn.
émanation [L. acc. emanationem], s.f., emanation.
émancipation [L. acc. emancipationem], s.f., emancipation.
émanciper [L. emancipare], v.a., 1, to emancipate. S'——, r.v., to free oneself, take too much liberty.
émaner [L. emanare], v.n., 1, to emanate.
embarcation [Span. embarcacion], s.f., embarkation.
embarquement [embarquer], s.m., embarking.
embarquer [en, barque, q.v.], v.a. and n., 1, to ship, embark, take on board. S'——, r.v., to embark, go on board.
embarras [en, barre, L. L. barra, from Celt. bar, "a branch"], s.m., encumbrance, embarrassment, confusion.
embarrassant, -e [pres. part. of embarrasser], adj., embarrassing, cumbrous, awkward, perplexing.
embarrassé, -e [p.p. of embarrasser], adj., puzzled.
embarrasser [embarras],

EMBAUMEMENT.

v.a., 1, *to encumber, obstruct, embarrass, puzzle.* S'——, *r.v., to get entangled; to become confused.*

embaumement [*embaumer*], *s.m., embalming.*

embaumer [*en, baume, q.v.*], *v.a.*, 1, *to embalm, perfume.*

embellir [*en, beau = bel*], *v.a.*, 2, *to adorn, beautify.* S'——, *r.v., to grow beautiful.*

embellissement [*embellir*], *s.m., embellishment, ornament, decoration, improvement.*

emblée (d') [partic. subst. of O. Fr. v. *embler*, "to steal," from L. *involare*, adv. loc., at the first onset, instantly, at once.

emblématique [*emblème*], *adj., emblematic.*

emblème [L. n. *emblema*, from Gr. ἔμβλημα, "that which is put in, a graft"], *s.m., emblem.* (N.B. *Emblème* meant originally *inlaid work.*)

embonpoint [*en, bon, point, q.v.*], *s.m., stoutness, plumpness.*

emboucher [*en, bouche, q.v.*], *v.a.*, 1, *to put to one's mouth, blow, sound.* S'——, *r.v., to discharge itself (of a river).*

embouchure [*emboucher*, "to put one's mouth to," from *en* and *bouche, q.v.*], *s.f., mouth (of rivers); mouthpiece (of wind instruments).*

embranchement [*embrancher*, "to branch off"], *s.m., branch, branching, junction.*

embrasé, -e [p.p. of *embraser*], *adj., in flames, on fire.*

embrasement [*embraser*], *s.m., conflagration, eruption (of a volcano).*

embraser [*en, braise*, "burning embers," from O. G. *bras,* "fire"], *v.a.*, 1, *to set on fire, burn.* S'——, *r.v., to take fire; to become inflamed.*

embrassade [*embrasser*], *s.f., embrace.*

embrassement [*embrasser*], *s.m., embrace.*

embrasser [*en, bras, q.v.*], *v.a.*, 1, *to embrace, take in one's arms, clasp, seize, take up, wrap up.* S'——, *r.v., to embrace each other; to be embraced.*

embrasure [*embraser*],

EMMENER.

s.f., embrasure (of a battery); window-recess.

embrocher [*en, broche, q.v.*], *v.a.*, 1, *to put on the spit, to spit, run through.*

embrouillé, -e [p.p. of *embrouiller*], *adj., confused, perplexed, obscure.*

embrouillement [*embrouiller*], *s.m., embroiling, entanglement, confusion.*

embrouiller [*en, brouiller, q.v.*], *v.a.*, 1, *to entangle, embroil, throw into confusion.* S'——, *r.v., to get perplexed; to become intricate.*

embryon [Gr. ἔμβρυον (ἐν, "in," βρύειν, "to grow")], *s.m., embryo.*

embûche [O. Fr. v. *embûcher*, from L. L. *imboscare*, "to allure into the bush"], *s.f., ambush, snare.*

embuscade [It. *imboscata*], *s.f., ambuscade, ambush.*

embusquer [L. L. *imboscare*], *v.a.*, 1, *to place in ambush.* S'——, *r.v., to place oneself in ambush, lie in wait.*

émeraude [L. acc. *smaragdum*], *s.f., emerald.*

émerger [L. *emergere*], *v.n.*, 1, *to emerge, rise out.*

émerveiller [é, *merveille, q.v.*], *v.a.*, 1, *to amaze.* S'——, *r.v., to wonder.*

émettre [L. *emittere*], *v.a.*, 4, *to emit, issue, utter.*

émeute [*esmeu*, the O. Fr. p.p. of *émouvoir*, now *ému*], *s.f., riot, disturbance.*

émeutier [*émeute*], *s.m., rioter.*

émigrant [pres. part. of *émigrer*], *s.m., emigrant.*

émigration [L. acc. *emigrationem*], *s.f., emigration, migration.*

émigré [p.p. of *émigrer*], *s.m., refugee.*

émigrer [L. *emigrare*], *v.n.*, 1, *to emigrate.*

éminemment [*éminent*], *adv., eminently, in a high degree.*

éminence [L. *eminentia*], *s.f., eminence, height.*

éminent, -e [L. acc. *eminentem*], *adj., eminent, high.*

émission [L. acc. *emissionem*], *s.f., emission, issue, uttering; discharge.*

emmener [*en, mener, q.v.*], *v.a.*, 1, *to take away, lead away.*

EMPLACEMENT.

émoi [O. Fr. *esmai*, verbal subst. of O. Fr. v. *esmaier*, "to be anxious," from prefix *es*, and O. H. G. *magan*, "to be strong"], *s.m., anxiety, emotion, agitation.*

émonder [L. *emundare*, "to cleanse"], *v.a.*, 1, *to lop, prune, trim.*

émotion [L. acc. *emotionem*], *s.f., emotion, stir, excitement.*

émoussé, -e [p.p. of *émousser*], *adj., blunt.*

émousser [é, *mousse, q.v.*], *v.a.*, 1, *to blunt.* S'——, *r.v., to get blunt, dull; to be weak, softened down.*

émouvant, -e [pres. part. of *émouvoir*], *adj., moving, touching.*

émouvoir [L. *emovere*], *v.a.*, 3, *to move, stir.* S'——, *r.v., to become moved, excited; to stir about.*

emparer (s') [*en, parer, q.v.*], *r.v., to lay hold of, take possession of, seize.*

empêchement [*empêcher*], *s.m., impediment, obstruction.*

empêcher [O. Fr. *empeechier*, from L. L. *impedicare*, from L. *in*, "en," and *pedica*, "snare;" see *dépêcher*], *v.a.*, 1, *to hinder, prevent.* S'——de, *r.v., to keep from.*

empereur [L. acc. *imperatorem*], *s.m., emperor.* (The fem. is *impératrice.*)

empester [*en, peste, q.v.*], *v.a.*, 1, *to infect, taint.*

empêtrer [*en, pêtrer;* see *dépêtrer*], *v.a.*, 1, *to entangle; fetter.* S'——, *r.v., to entangle oneself.*

emphase [Gr. ἔμφασις], *s.f., emphasis, stress; affectation.*

emphatique [Gr. ἐμφατικός], *adj., emphatic; affected pompous.*

emphatiquement, *adv., emphatically; affectedly, pompously.*

empiétement [*empiéter*], *s.m., encroachment.*

empiéter [*en, pied, q.v.*], *v.a.* and *n.*, 1, *to encroach.*

empire [L. n. *imperium*], *s.m., empire, reign, sway.*

empirer [*en, pire, q.v.*], *v.a.*, 1, *to exaggerate.* ——, *v.n.*, 1, *to grow worse and worse.*

emplacement [*en, placement, q.v.*], *s.m., site, place, ground.*

EMPLÂTRE.

emplâtre [L. n. *emplastrum*, from Gr. ἔμπλαστρον], *s.m., plaster, ointment*.

emplette [O. Fr. *emploicte*, from *implicita*, p.p. fem. of L. L. *implicare*], *s.f., purchase*.

emplir [L. *implere*], v.a., 2, *to fill*. S'——, r.v., *to be filled*.

emploi [verbal subst. of *employer*], s.m., *place, post; office, use*.

employé [partic. subst. of *employer*], s.m., *clerk*.

employer [L. *implicare* = in L. L. "to employ for some one's profit"], v.a., 1, *to employ, make use of*. S'——, r.v., *to be employed, used*.

empoisonné, -e [p.p. of *empoisonner*], adj., *poisonous, stinking*.

empoisonnement [*empoisonner*], s.m., *poisoning*.

empoisonner [en, *poison*, q.v.], v.a., 1, *to poison*.

empoisonneur, -euse [*empoisonner*], s.m., *poisoner*.

emporté, -e [p.p. of *emporter*], adj., *passionate, hasty*.

emportement [*emporter*], s.m., *passion, anger*.

emporter [en, *porter*, q.v.], v.a., 1, *to carry away; gain, obtain, take by storm*. L'—— sur, *to excel, get the better of; prevail*. S'——, r.v., *to fly into a passion; to run away (of horses)*.

empreindre [L. *imprimere*], v.a., 4, *to impress, imprint*.

empreinte [partic. subst. of *empreindre*], s.f., *impression, mark*.

empressé, -e [p.p. of *empresser*], adj., *eager, earnest*.

empressement [*empresser*], s.m., *eagerness, cordiality; alacrity*.

empresser (s') [en, *presser*, q.v.], r.v., *to hasten; to be eager*. S'——, r.v., *to make haste*.

emprisonnement [*emprisonner*], s.m., *imprisonment*.

emprisonner [en, *prison*, q.v.], v.a., 1, *to imprison, confine*.

emprunter [L. L. *impromutare*, compd. of *promutari*, from L. n. *promutuum*, "a

ENDETTER.

loan"], v.a., 1, *to borrow, take from*.

ému, -e, p.p. of *émouvoir*, q.v.

émulation [L. acc. *aemulationem*], s.f., *emulation*.

en [L. in], prep., *in*.

en [L. *inde*], pers. pron., *of or from him, her, it, them; thence*.

encadrement [*encadrer*], s.m., *frame, framing*.

encadrer [en, *cadre*, q.v.], v.a., 1, *to frame*.

enceindre [L. *incingere*], v.a., 4, *to encircle, surround*.

enceinte [partic. subst. of *enceindre*], s.f., *enclosure, circuit*.

encens [L. n. *incensum*, p.p. of *incendere*, "to burn"], s.m., *incense*.

enchaîner [en, *chaîne*, q.v.], v.a., 1, *to chain, fetter*.

enchantement [L. n. *incantamentum*], s.m., *charm, enchantment, spell*.

enchanter [L. *incantare*], v.a., 1, *to enchant, fascinate*.

enclin, -e [L. *inclinis*], adj., *inclined, prone*.

enclore [L. L. *includere* for L. *includere*], v.a., 4, *to enclose, fence in*.

enclos [partic. subst. of *enclore*], s.m., *close, enclosure*.

encolure [en, *col*, q.v.], s.f., *neck and shoulders*.

encombre [L. L. acc. *cumbrum*, "things pulled or cut down"], s.m., *obstacle, impediment*.

encombrement [*encombrer*], s.m., *obstruction, hindrance*.

encombrer [*encombre*], v.a., 1, *to obstruct*.

encore [L. acc. *hanc horam*], adv., *again, still, yet*. Pas ——, *not yet*.

encourageant, -e [pres. part. of *encourager*], adj., *encouraging, inspiriting*.

encourager [en, *courage*, q.v.], v.a., 1, *to encourage, inspirit*. S'——, r.v., *to encourage each other*.

encourir [L. *incurrere*], v.a., 2, *to incur*.

encre [O. Fr. *enque*, from L. n. *encaustum*], s.f., *ink*.

encrier [*encre*], s.m., *inkstand*.

endetter [en, *dette*, q.v.],

ENFLURE.

v.a., 1, *to get into debt*. S'——, r.v., *to run into debt*.

endommager [en, *dommage*, q.v.], v.a., 1 *to damage, injure*.

endormi, -e [p.p. of *endormir*], adj., *asleep, sleeping*.

endormir [en, *dormir*, q.v.], v.a., 2, *to send or lull to sleep*. S'——, r.v., *to fall asleep*.

endroit [en, *droit*, q.v.], s.m., *place, spot, passage, point*.

enduire [L. *inducere*], v.a., 4, *to cover, coat*.

endurant, -e [pres. part. of *endurer*], adj., *patient, enduring*.

endurcir [en, *durcir*, q.v.], v.a., 2, *to harden*. S'——, r.v., *to inure oneself, grow hardened*.

endurcissement [*endurcir*], s.m., *hardening, hardness of heart*.

endurer [L. *indurare*], v.a., 1, *to endure, suffer, bear, allow*.

énergie (Gr. ἐνέργεια, "activity, power," from ἔργον, "work"], s.f., *energy, strength*.

énergique [*énergie*], adj., *energetic*.

énergiquement, adv., *with energy, vigorously*.

enfance [L. *infantia*], s.f., *infancy, childhood*.

enfant [L. acc. *infantem*, from *in*, neg., *fari*, "to speak"], s.m., *child*. —— s *perdus, forlorn hope*.

enfanter [*enfant*], v.a., 1, *to bring forth, produce*.

enfer [L. pl. n. *inferna*], s.m., *hell*.

enfermer [en, *fermer*, q.v.], v.a., 1, *to shut in, contain*. S'——, r.v., *to shut oneself in or up*.

enfiler [en, *fil*, q.v.], v.a., 1, *to thread, run through, engage in*. S'——, r.v., *to be run through; to get involved*.

enfin [en, *fin*], adv., *at last, at length*.

enflammé, -e [p.p. of *enflammer*], adj., *burning, scorching*.

enflammer [L. *inflammare*], v.a., 1, *to inflame; rouse, incense*. S'——, r.v., *to take fire, fire up; to be incensed*.

enfler [L. *inflare*], v.a., 1, *to inflate, swell*. S'——, r.v., *to swell oneself*.

enflure [*enfler*], s.f., *swelling; pride*.

ENFONCÉ.

enfoncé, -e [*p.p.* of *enfoncer*], *adj.*, *deep*, *hollow*.
enfoncement [*enfoncer*], *s.m.*, *sinking*, *forcing in; depth, hollow*.
enfoncer [*en, foncer*, from *fond, q.v.*], *v.a.*, 1, *to drive in, break open, beat, rout, defeat*.
——, *v.n.*, *to sink down*. S'——, *r.v.*, *to sink, go deep* or *far*.
enfouir [L. *infodere*], *v.a.*, 2, *to bury, dig in*. S'——, *r.v.*, *to earth* or *bury oneself*.
enfreindre [L. *infringere*], *v.a.*, 4, *to infringe, violate, break, disobey*.
enfuir (s') [*en, fuir, q.v.*], *r.v.*, *to run away*.
engageant, -e [*pres. part.* of *engager*], *adj.*, *engaging, winning, attractive*.
engagement [*engager*], *s.m.*, *engagement, promise, action, fight*.
engager [*en, gage, q.v.*], *v.a.*, 1, *to pledge; induce, urge; begin (of a conversation); involve*. S'——, *r.v.*, *to enter into an engagement; to get involved*.
engeance [*engeant, pres. part.* of *enger*, "*to multiply*"], *s.f.*, *breed, brood, race; lot*.
engelure [O. Fr. v. *engeler*, "*to freeze*"], *s.f.*, *chilblain*.
engendrer [L. *ingenare*], *v.a.*, 1, *to beget, breed; produce*.
engin [It. *ingegno*, from L. *ingenium*, "a war-engine" (in Tertullian)], *s.m.*, *engine, machine; instrument, implement*.
engloutir [L. L. *inglutire*; see *glouton*], *v.a.*, 2, *to swallow up*. S'——, *r.v.*, *to be swallowed up*.
engloutissement [*engloutir*], *s.m.*, *swallowing up, sinking*.
engoué, -e [*p.p.* of *engouer*], *adj.*, *infatuated with, wrapped up in*.
engouement [*engouer*], *s.m.*, *infatuation*.
engouer (s') [?], *r.v.*, *to be* or *become infatuated*.
engourdi, -e [*p.p.* of *engourdir*], *adj.*, *benumbed*.
engourdir [*en, gourd*, "benumbed," from L. L. *gurdus*, "heavy, clumsy"], *v.a.*, 2, *to benumb*. S'——, *r.v.*, *to become numb; to get benumbed*.

ENNOBLIR.

engourdissement [*engourdir*], *s.m.*, *numbness*.
engraisser [L. *incrassare*], *v.a.*, 1, *to fatten, manure*.
——, *v.n.*, *to grow fat, stout*. S'——, *r.v.*, *to fatten, grow fat*.
enhardir [*en, hardi, q.v.*], *v.a.*, 2, *to embolden*. S'——, *r.v.*, *to grow bold*.
énigmatique [*énigme*], *adj.*, *enigmatical*.
énigme [L. n. *aenigma*, fr. Gr. αἴνιγμα], *s.m.*, *enigma*.
enivrant, -e [*pres. part.* of *enivrer*], *adj.*, *intoxicating*.
enivrer [L. *inebriare*], *v.a.*, 1, *to intoxicate*. S'——, *r.v.*, *to get* or *be intoxicated, to be enraptured*.
enjamber [*en, jambe, q.v.*], *v.a.*, 1, *to stride over, to bestride; skip over, encroach*.
enjeu [*en, jeu, q.v.*], *s.m.*, *stake (at play)*.
enjoindre [L. *injungere*], *v.a.*, 4, *to enjoin, order, command*.
enjôlement [*enjôler*], *s.m.*, *coaxing, wheedling*.
enjôler [*en, geôle, q.v.*, lit. "to put in a cage"], *v.a.*, 1, *to coax, wheedle, inveigle*.
enjôleur, -euse [*enjôler*], *s.m.* or *f.*, *coaxer, wheedler*.
enjolivement [*enjoliver*], *s.m.*, *ornament, decoration*.
enjoliver [*en, joli, q.v.*], *v.a.*, 1, *to adorn, beautify, decorate*.
enjoué, -e [*p.p.* of O. Fr. v. *enjouer*, compd. of *en* and *jouer, q.v.*], *adj.*, *playful, lively*.
enjouement [*enjouer*], *s.m.*, *playfulness, liveliness*.
enlacement [*enlacer*], *s.m.*, *entwining; entanglement*.
enlacer [*en, lacs, q.v.*], *v.a.*, 1, *to entwine*. S'——, *r.v.*, *to be entwined*.
enlèvement [*enlever*], *s.m.*, *removal, carrying away*.
enlever [*en, lever, q.v.*], *v.a.*, 1, *to lift up, raise; to carry away, steal; take off* or *away*; ——, S'——, *r.v.*, *to be raised, lifted up, carried away*.
ennemi [L. *adj. inimicus*], *s.m.*, *enemy*. ——, *-e, adj.*, *inimical, belonging to the enemy, hostile*.
ennoblir [*en, noble, q.v.*],

ENROUER.

v.a., 2, *to exalt, ennoble*. S'——, *r.v.*, *to ennoble oneself*.
ennui [L. *in odio*; L. L. *in odio habui*, "I was sick of," in Charlemagne's time], *s.m.*, *ennui, weariness*.
ennuyant, -e [*pres. part.* of *ennuyer*], *adj.*, *tiresome, wearisome, irksome*.
ennuyer [*ennui*], *v.a.*, 1, *to weary, bore, bother*. S'——, *r.v.*, *to be weary*.
ennuyeux, -euse [*ennui*], *adj.*, *wearisome, tedious*.
énoncer [L. *enuntiare*], *v.a.*, 1, *to express, state*. S'——, *r.v.*, *to be expressed*.
enorgueillir [*en, orgueil, q.v.*], *v.a.*, 1, *to render proud*. S'——, *r.v.*, *to be* or *get proud*.
énorme [L. *enormis*], *adj.*, *huge, large, enormous*.
énormément, *adv.*, *enormously, immensely*.
énormité [L. acc. *enormitatem*], *s.f.*, *enormity, hugeness; atrocity*.
enquérir (s') [L. *inquirere*], *r.v.*, *to inquire*.
enquête [L. (*res*) *inquisita*, fem. p.p. of *inquirere*], *s.f.*, *inquest, inquiry*.
enraciner [*en, racine, q.v.*], *v.a.*, 1, *to root, implant*. S'——, *r.v.*, *to take root*.
enragé, -e [*p.p.* of *enrager*], *adj.*, *mad, rabid, enraged*.
enrager [*en, rage, q.v.*], *v.n.*, 1, *to go mad; to be enraged*.
enregistrer [*en, registre, q.v.*], *v.a.*, 1, *to register*.
enrhumer (s') [*en, rhume, q.v.*], *r.v.*, *to catch a cold*.
enrichir [*en, riche, q.v.*], *v.a.*, 2, *to enrich*. S'——, *r.v.*, *to grow rich*.
enrichissement [*enrichir*], *s.m.*, *enriching; embellishment*.
enrôlement [*enrôler*], *s.m.*, *enlisting, enlistment*.
enrôler [*en, rôle, q.v.*], *v.a.*, 1, *to enroll, enlist*. S'——, *r.v.*, *to enlist, enroll oneself*. (Its doublet is *enrouler, q.v.*)
enroué, -e [*p.p.* of *enrouer*], *adj.*, *hoarse, husky*.
enrouement [*enrouer*], *s.m.*, *hoarseness, huskiness*.
enrouer [*en* and L. *raucus*, see *rauque*], *v.a.*, 1, *to make*

enrouler.

hoarse. S'——, r.v., to get hoarse or husky.
enrouler [en, rouler, q.v.], v.a., 1, to roll up, twist, coil.
ensablement [ensabler], s.m., sandbank; gravelling.
ensabler [en, sable, q.v.], v.a., 1, to fill or cover with sand; gravel. S'——, r.v., to run aground.
ensanglanter [en, sanglant, q.v.], v.a., 1, to stain with blood.
enseigne [L. adj. insignia, pl. n. of insignis], s.f., sign, token. ——s, colours, flag.
enseignement [enseigner], s.m., teaching, instruction.
enseigner [L.L. insignare, prop. "to engrave"], v.a., 1, to teach, show.
ensemble [L. in, simul], adv., together. ——, s.m., the whole, harmony, general appearance.
ensemencer [en, semence, q.v.], v.a., 1, to sow.
ensevelir [L. L. insepelire, compd. of sepelire], v.a., 2, to bury, swallow up. S'——, r.v., to bury oneself; to be buried.
ensevelissement [ensevelir], s.m., laying out; burial.
ensorceler [en, sorcier, q.v.], v.a., 1, to bewitch.
ensorcellement [ensorceler], s.m., bewitching.
ensuite [en, suite, q.v.], adv., afterwards.
ensuivre (s') [en, suivre, q.v.], r.v. and impers., 4, to follow, ensue.
entaille [verbal subst. of entailler], s.f., notch, cut.
entailler [en, tailler, q.v.], v.a., 1, to notch, cut.
entame [verbal subst. of entamer], s.f., first cut or slice.
entamer [L. attaminare, "to touch"], v.a., 1, to make the first cut in, break into.
entasser [en, tas, q.v.], v.a., 1, to heap up. S'——, r.v., to accumulate.
entendement [entendre], s.m., understanding, sense.
entendre [L. intendere, "to apply to, pay attention," thence "hear"], v.a., 4, to hear; understand, expect, intend, mean. —— parler de, to hear

entrain.

of. Cela s'——, that is understood. [agreed.
entendu (c'est), it is
entente [partic. subst. of entendre], s.f., agreement, harmony. Mot à double ——, word with a double meaning
enter [ente, "graft," from Gr. ἔμφυτον, "planted"], v.a., 1, to graft.
entêté, -e [p.p. of entêter], adj., obstinate.
entêtement [entêter], s.m., obstinacy.
entêter [en, tête, q.v.], v.a., 1, to affect the head. S'——, r.v., to grow obstinate, stubborn.
enthousiasme [Gr. ἐνθουσιασμός, from ἔνθους, "inspired by a god"], s.m., enthusiasm, rapture.
enthousiasmer [enthousiasme], v.a., 1, to enrapture. S'——, r.v., to be in rapture; to become enthusiastic.
enthousiaste [see enthousiasme], s.m., enthusiast.
entier, -ère [L. adj. n. integrum], adj., whole, total. Entier, s.m., the whole, totality. En ——, the whole; fully, entirely.
entièrement, adv., wholly, entirely, totally, quite.
entonner [L. intonare], v.a., 1, to begin to sing; to sing.
entonnoir [entonner, "to put into tuns"], s.m., funnel.
entortiller [en, tortiller, q.v.], v.a., 1, to twist, entangle, perplex. S'——, r.v., to get twisted, entangled.
entour [en, tour, q.v.], s.m., neighbourhood. A l'——, around.
entourage [entourer], s.m., enclosure; intimates, company, circle.
entourer [entour], v.a., 1, to surround, encompass, enclose, wreathe, clasp. S'——, r.v., to associate with.
entr'acte [entre, acte, q.v.], s.m., interval between the acts.
entr'aider (s') [se, entre, aider, q.v.], r.v., to help each other.
entrailles [L. L. pl. n. intrania, from L. interanea], s.f. pl., bowels, entrails.
entrain [verbal subst. of entraîner], s.m., high spirits, animation.

entreprenant.

entraînant, -e [pres. part. of entraîner], adj., winning, overpowering.
entraînement [entraîner], s.m., sway; impulse, spirit, enthusiasm; seduction, allurement; mistake, error.
entraîner [en, traîner, q.v.], v.a., 1, to carry away; gain over, urge.
entraver [entraves], v.a., 1, to fetter; tie; entangle; hinder; thwart.
entraves [L. in, trabes], s.f. pl., fetters, hindrance.
entre [L. intra], prep., between.
entre-choquer (s') [entre, choquer, q.v.], r.v., to knock against each other, clash.
entrecouper [entre, couper, q.v.], v.a., 1, to intersect; interrupt. S'——, r.v., to interrupt each other.
entre-croiser (s') [entre, croiser, q.v.], r.v., to cross each other; to intersect.
entre-déchirer (s') [se, entre, déchirer, q.v.], r.v., to tear each other to pieces.
entre-détruire (s') [se, entre, détruire, q.v.], r.v., to destroy each other.
entre-dévorer (s') [entre, dévorer, q.v.], r.v., to devour each other.
entrée [partic. subst. of entrer, q.v.], s.f., entrance, admission; first course (at dinner).
entrefaites [entre, fait, q.v.], s.f. pl., used only in the adv. loc. Sur ces ——, meanwhile, in the interval.
entr'égorger (s') [se, entre, égorger, q.v.], r.v., to cut each other's throat, kill each other.
entrelacer [entre, lacer, q.v.], v.a., 1, to interweave, blend. S'——, r.v., to twine round each other, entwine.
entremets [entre, mets, q.v.], s.m., side-dish.
entremettre (s') [entre, mettre, q.v.], r.v., to interpose.
entremise [partic. subst. of entremettre], s.f., mediation, interposition.
entreposer [entre, poser, q.v.], v.a., 1, to warehouse.
entrepôt [entreposer], s.m., warehouse.
entreprenant, -e [pres.

ENTREPRENDRE.

part. of *entreprendre*], adj., enterprising, adventurous.
entreprendre [*entre, prendre, q.v.*], v.a., 4, *to undertake, venture.*
entreprise [partic. subst. of *entreprendre*], s.f., *undertaking; enterprise, attempt.*
entrer [L. *intrare*], v.n., 1, *to enter, go or come in, penetrate, share.*
entre-sol [*entre, sol, q.v.*], s.m., *mezzanine floor.*
entretenir [*entre, tenir, q.v.*], v.a., 2, *to hold together, keep up, entertain, converse with.* S'——, r.v., *to converse, talk together, to be kept up or maintained.*
entretien [verbal subst. of *entretenir*], s.m., *keep, maintenance, repair; conversation, talk.*
entrevoir [*entre, voir, q.v.*], v.a., 3, *to catch a glimpse of, foresee.* S'——, r.v., *to see each other, meet; to be foreseen.*
entrevue [partic. subst. of *entrevoir*], s.f., *interview, meeting.*
entr'ouvrir [*entre, ouvrir, q.v.*], v.a., 2, *to half-open, open a little.* S'——, r.v., *to half-open, gape; to be ajar.*
énumération [L. acc. *enumerationem*], s.f., *enumeration.*
énumérer [L. *enumerare*], v.a., 1, *to enumerate.*
envahir [L. *invadere*], v.a., 2, *to invade, overrun.*
envahissant, -e [pres. part. of *envahir*], adj., *invading.*
envahissement [*envahir*], s.m., *invasion.*
envahisseur [*envahir*], s.m., *invader.*
enveloppe [verbal subst. of *envelopper*], s.f., *envelope, cover, exterior.*
envelopper [en, and O. Fr. *voleper*, Span. and Prov. *volapar*], v.a., 1, *to wrap up, fold up, hide, surround, involve.* S'——, r.v., *to wrap oneself up; to be involved.*
envenimer [*en, venin, q.v.*], v.a., 1, *to envenom; exasperate; embitter.* S'——, r.v., *to fester.*
envergure [*enverguer*, "to bend sails," from *en*, and *vergue*, "yard "], s.f., *the bending*

ÉPANCHER.

of sails (thence the unfolding of birds' wings); *spread of wing, length, breadth.*
envers [en, vers, q.v.], prep., *towards, to.* ——, s.m., *wrong side, reverse, back.* A l'——, *on the wrong side, inside out; all wrong; deranged.*
envi (à l') [O. Fr. v. *envier*, a term used in gambling, now *renvier*, "to place a further sum on the game," from L. *invitare*, whence the verbal s.m., *envi*, "a challenge "], adv. loc., *vying with each other, with emulation.*
enviable [*envier*], adj., *enviable, to be envied.*
envie [L. *invidia*], s.f., *envy, spite, wish.*
envier [L. L. *invidiare*], v.a., 1, *to envy, long for, fancy, like.*
envieux, -se [L. *invidiosus*], adj., *envious.* ——, s.m. or f., *envious person.*
environ [en, and O. Fr. *viron*, "around," from O. Fr. *vire*, "circle, ring," from L. *viria*, which in Pliny means a ring], adv., *about.*
environnant, -e [pres. part. of *environner*], adj., *surrounding.*
environner [*environ*], v.a., 1, *to surround, encompass, enclose.*
environs [*environ*], s.m. pl., *neighbourhood, country round, vicinity, environs.*
envisager [en, *visage, q.v.*], v.a., 1, *to look at, face, consider.* S'——, *to look at each other.*
envoi [verbal subst. of *envoyer*], s.m., *envoy, sending, thing sent.*
envoler (s') [se, en, *voler, q.v.*], r.v., *to fly away.*
envoyer [L. L. *indeviare*, from L. *inde, viare* from *via*], v.a., 1, *to send, despatch, forward.* S'——, r.v., *to send to each other.*
épais, -aisse [L. *spissus*, "compact, dense "], adj., *thick, dense, profound; heavy, dull.*
épaisseur (*épais*), s.f., *thickness, depth; heaviness, dulness.*
épaissir (*épais*), v.n., 2, *to grow thick.* S'——, r.v., *to grow thick, duller.*
épancher [L. L. *expandi-*

ÉPICE.

care, der. of *expandere*], v.a., 1, *to pour out, disclose.* S'——, r.v., *to pour itself out, unbosom oneself.*
épanouir (s') [O. Fr. *espanir*, from *espandir*, from L. *expandere*], r.v., *to expand its leaves, bloom.*
épanouissement [*épanouir*], s.m., *opening, blooming.*
épargne [verbal subst. of *épargner*], s.f., *saving, thriftiness.*
épargner [O. H. G. *sparen*, A.-S. *sparian*, "to spare ;" cf. L. *parcere*], v.a., 1, *to spare, save.* S'——, r.v., *to spare oneself or each other.*
éparpillement [*éparpiller*], s.m., *scattering, dispersion.*
éparpiller [O. Fr. *esparpiller*, prop. "to fly off like a butterfly;" from the It. *parpaglione*, from L. acc. *papilionem*, "butterfly "], v.a., 1, *to scatter, disperse.*
épars, -e [O. Fr. *espars*, from L. *sparsus*], adj., *scattered, dispersed.*
épaté, -e [p.p. of *épater*, "to flatten," from prefix *é* for *es, patte, q.v.*], adj., *broad, flat, pug (of the nose).*
épaule [L. *spatula*], s.f., *shoulder.* Coup d'——, *help, lift.*
épaulette [*épaule*], s.f., *epaulet.*
épave [L. *expavidus*, "frightened "], adj., *stray.* ——, s.f., *waif.* ——s, s.f. pl., *wrecks.*
épée [O. Fr. *espée*, from L. *spatha*, in Tacitus], s.f., *sword.*
épeler [O. H. G. *spellón*, "to relate "], v.a., 1, *to spell.* S'——, r.v., *to be spelt.*
éperdu, -e [p.p. of the O. Fr. v. *éperdre* = *é, perdre, q.v.*] adj., *bewildered, dismayed.*
éperdument, adv., *desperately, distractedly.*
éperon [O. Fr. *esperon*, from O. H. G. *sporo*, in the nom., and *sporon* in the acc.], s.m., *spur.*
éperonner (*éperon*), v.a., 1, *to spur.*
épi [L. *spica*], s.m., *ear (of corn), cluster.*
épice [O. Fr. *espice*, from L. *species*, "spice" (in the

ÉPICES.

Digest)], *s.f.*, *spice.* Pain d'——, *gingerbread.*
épicer [*épice*], *v.a.*, 1, *to spice, season.*
épicerie [*épice*], *s.f.*, *grocery, spices.*
épicier, -ère, *s.m.* or *f.*, *grocer.*
épicurien, -enne [*Epicurus, the Greek philosopher*], *adj., epicurean.* ——, *s.m.* or *f., epicure.*
épidémie [Gr. ἐπιδῆμος (νόσος), from ἐπί, "upon," and δῆμος, "people"], *s.f.*, *epidemic.*
épidémique [*épidémie*], *adj., epidemic, zymotic.*
épiderme [Gr. ἐπιδερμίς, "a crust formed over a sore," from ἐπί, "on," and δέρμα, "skin"], *s.m.*, *epidermis, cuticle.*
épier [O. Fr. *espier*, from O. H. G. *spehôn*, Engl. *spy*], *v.a.*, 1, *to spy, watch.*
épieu [O. Fr. *espieu*, from L. n. *spiculum*], *s.m.*, *boar-spear.*
épigramme [L. *epigramma*, from Gr. ἐπίγραμμα, "inscription (in verse)," from ἐπί, "on," and γράφειν, "to write"], *s.f.*, *epigram.*
épigraphe [Gr. ἐπιγραφή (ἐπί, γράφειν)], *s.f.*, *epigraph.*
épilogue [L. acc. *epilogum*, from Gr. ἐπίλογος, "the peroration of a speech"], *s.m.*, *epilogue.*
épine [O. Fr. *espine*, from L. *spina*], *s.f.*, *thorn.*
épineux, -euse [L. *spinosus*], *adj., thorny, full of thorns.*
épingle [O. Fr. *espingle*, from L. *spinula*, "a little thorn"], *s.f.*, *pin.*
épique [L. *epicus*, Gr. ἐπικός], *adj., epic, heroic.*
épiscopal, -e [L. *episcopalis*, see *évêque*], *adj., episcopal.*
épiscopat [L. acc. *episcopatum*, see *évêché*], *s.m.*, *episcopacy, the bishops.*
épisode [Gr. ἐπεισόδιον, from ἐπί, "upon," εἰς, "in," ὁδός, "way, road"], *s.m.*, *episode.*
épistolaire [L. *epistolaris*], *adj., epistolary.*
épitaphe [L. n. *epitaphium*, from Gr. ἐπιτάφιον, "a funeral oration," from ἐπί,

ÉPUISEMENT.

"upon," and ταφή, "burial"], *s.f.*, *epitaph.*
épithète [L. n. *epitheton*, from Gr. ἐπίθετον, "the thing added"], *s.f.*, *epithet.*
épître [O. Fr. *épistre*, from L. *epistola*], *s.f.*, *epistle, letter.*
éplucher [prefix é for es, *pluche, q.v.*], *v.a.*, 1, *to clean, pare, pick; sift, examine closely.*
épluchures [*éplucher*], *s.f. pl., parings, refuse.*
éponge [L. *spongia*, from Gr. σπογγία], *s.f.*, *sponge.*
éponger [*éponge*], *v.a.*, 1, *to sponge up.*
épopée [Gr. ἐποποιία, from ἔπος, "poem," and ποιεῖν, "to make"], *s.f.*, *epopee.*
époque [Gr. ἐποχή], *s.f.*, *epoch, time, period.*
épouse [L. *sponsa*], *s.f.*, *wife.*
épousée [*épouse*], *s.f.*, *bride.*
épouser [O. Fr. *espouser*, from L. *sponsare*], *v.a.*, 1, *to marry, wed; take up, embrace, adopt.*
épouvantable [*épouvanter*], *adj., dreadful, frightful.*
épouvantablement, *adv., dreadfully, frightfully.*
épouvantail [*épouvanter*], *s.m.*, *scarecrow, bugbear.*
épouvante [verbal subst. of *épouvanter*], *s.f.*, *fright, panic.*
épouvanter [L. L. *expaventare*, deriv. of L. acc. *expaventem*, pr. p. of *expavere*], *v.a.*, 1, *to frighten, scare, terrify.* S'——, *r.v., to be frightened.*
époux [L. *sponsus*], *s.m.*, *husband.* ——, *s.m. pl., married couple; couple.*
éprendre (s') [é for es, *prendre, q.v.*], *r.v., to fall in love; to be smitten, charmed, fascinated.*
épreuve [verbal subst. of *éprouver*], *s.f.*, *trial, test, proof.* A toute ——, *proof against anything, well-tried, true.*
épris, -e [*p.p.* of *éprendre*], *adj., smitten, in love, captivated.*
éprouver [é, *prouver, q.v.*], *v.a.*, 1, *to feel, experience, undergo.*
épuisement [*épuiser*], *s.m.*, *exhaustion; draining off.*

ERGOTERIE.

épuiser [é, *puiser, q.v.*], *v.a.*, 1, *to exhaust, wear out, tire, drain.* S'——, *r.v., to be exhausted, to exhaust oneself.*
épurer [é for es, *pur, q.v.*], *v.a.*, 1, *to purify, clear, refine.* S'——, *r.v., to be purified, refined: to become pure or purer.*
équateur [L. acc. *aequatorem*, "a circle dividing the earth into two equal parts"], *s.m.*, *the equator.*
équatorial, -e [*équateur*], *adj., equatorial.*
équerre [O. Fr. *esquerre*, from L. L. *exquadrare*(?)], *s.f.*, *square rule.* En ——, *square.* (Its doublets are *escadre* and *square, q.v.*)
équestre [L. *equestris*], *adj., equestrian.*
équilibre [L. n. *aequilibrium*], *s.m.*, *equilibrium, balance.*
équinoxe [L. n. *aequinoctium*, "the time of equal days and nights"], *s.m.*, *equinox.*
équinoxial, -e [*équinoxe*], *adj., equinoctial.*
équipage [*équiper*], *s.m.*, *equipage, train, tackle, implements, crew.*
équipée [partic. subst. of *équiper*], *s.f.*, *freak, frolic, prank.*
équipement [*équiper*], *s.m.*, *equipment, outfit.*
équiper [*esquif*, from O. H. G. *skif*, "skiff"], *v.a.*, 1, *to equip, fit out; fig., to dress out, ill-treat.* S'——, *r.v., to rig oneself out.*
équitable [*équité*], *adj., equitable, just.*
équitablement, *adv., equitably, justly.*
équitation [L. acc. *equitationem*], *s.f.*, *riding, horsemanship.*
équité [L. acc. *aequitatem*], *s.f.*, *equity, justice.*
équivoque [L. *aequivocus*], *adj., equivocal, suspicious.*
érable [L. n. *acer*, "maple," and *arbor*, "tree"], *s.m.*, *maple, maple-tree.*
ère [L. *aera*], *s.f.*, *era.*
érection [L. acc. *erectionem*], *s.f.*, *erection, raising.*
ergot [?], *s.m.*, *spur (of birds).*
ergoter [*ergot*], *v.n.*, 1, *to cavil, quibble.*
ergoterie [*ergoter*], *s.f.*, *cavilling, quibbling.*

ergoteur, -euse [*ergoter*], *s.m.* or *f.*, *caviller, quibbler.*

ériger [L. *erigere*], *v.a.*, 1, *to erect, raise, build, set up.* S'——, *r.v., to set up for; to be erected (of things).*

ermitage [*ermite*], *s.m., hermitage.*

ermite [L. acc. *eremitam*, from Gr. ἐρημίτης, from ἔρημος, "desert"], *s.m., hermit.*

errant, -e [O. Fr. v. *errer*, "to travel," from L. L. *iterare*], *adj., errant, wandering.*

errer [L. *errare*], *v.n.*, 1, *to err, to be mistaken; to wander, rove, ramble.*

erreur [L. acc. *errorem*], *s.f., error, mistake, wandering.*

erroné, -e [L. *erroneus*, "wandering about"], *adj., erroneous.*

érudit, -e [L. *eruditus,* p.p. of *erudire*, "to instruct," from *e, rudis*, "ignorant"], *adj., learned.* **Erudit,** *s.m., scholar, learned man.*

érudition [L. acc. *eruditionem*], *s.f., erudition, learning.*

éruption [L. acc. *eruptionem*], *s.f., eruption, breaking out.*

escabeau [L. n. *scabellum*, dim. of *scamnum*, "stool"], *s.m., stool, steps.*

escadre [It. *squadra*], *s.f., squadron (of vessels).*

escadron [It. *squadrone*], *s.m., squadron (of cavalry).*

escalade [It. *scalata*, from L. *scalare*, from *scala*, "ladder"], *s.f., climbing over; escalade (military).*

escalader [*escalade*], *v.a.*, 1, *to climb over; escalade (military).*

escalier [L. L. n. *scalarium*, deriv. of L. *scala*], *s.m., staircase.*

escamotage [*escamoter*], *s.m., sleight of hand, trick; filching.*

escamoter [Span. *escamotar*], *v.a.*, 1, *to juggle; filch, pilfer.*

escamoteur, -euse [*escamoter*], *s.m.* or *f., juggler, conjurer; filcher, pilferer.*

escapade [It. *scappata*], *s.f., escapade, freak, prank, spree.*

escarbot [L. acc. *scara-*

escarbot [L. acc. *scarabeum*, from Gr. σκάραβος, "scarabee"], *s.m., beetle.*

escarboucle [L. acc. *carbunculum*], *s.f., carbuncle (precious stone).*

escargot [O. Fr. *escargol*, from *ez* and *cargol*, from Sp. *caracol*), *s.m., snail, edible snail.*

escarmouche [It. *scaramuccia*, G. *scharmützel*, from O. H. G. *skerman*, "to fight"], *s.f., skirmish.*

escarpé, -e [*escarpe*, "scarp," from O. H. G. *scarp*], *adj., steep, rugged.*

escarpement [*escarpé*], *s.m., escarpment, steep side, steepness.*

escient [L. acc. *scientem*, pres. part. of *scire*, "to know"], *s.m., knowledge*, used only in *adv. loc.*, such as: à bon ——, *knowingly, wittingly*; à son ——, *to one's knowledge.*

esclandre [doublet of *scandale, q.v.*], *s.m., noise, scandal, scene, fracas.*

esclavage [*esclave*], *s.m., slavery, bondage.*

esclave [L. acc. *Slavum*, "Slavonian"], *s.m.* or *f., slave, captive.*

escompte [verbal subst. of *escompter*], *s.m., discount.*

escompter [prefix *es* and *compte, q.v.*], *v.a.*, 1, *to discount, cash.*

escorte [It. *scorta*], *s.f., escort, guard, retinue; convoy (naut.).*

escorter [*escorte*], *v.a.*, 1, *to escort, accompany.*

escouade [It. *squadra*], *s.f., squad, gang.*

escrime [verbal subst. of *escrimer*], *s.f., fencing.*

escrimer [It. *schermare*, from O. H. G. *skerm*, "shield, defence"], *v.n.*, 1, *to fence.* S'——, *r.v., to endeavour, work; dispute, fight.*

escroc [It. *scrocco*, G. *schurke*, from O. H. G. *scurgo*, "rogue"], *s.m., swindler.*

escroquer [*escroc*], *v.a.*, 1, *to swindle.*

escroquerie [*escroquer*], *s.f., swindling, swindle.*

espace [L. n. *spatium*], *s.m., space, room, distance, interval.*

espacer [*espace*], *v.a.*, 1, *to place apart, separate.* S'——, *r.v., to be placed apart; to extend.*

Espagne [L. *Hispania*], *s.f., Spain.*

Espagnol, -e [*Espagne*], *adj., Spanish.* ——, *s.m.* or *f., Spaniard, Spaniard lady.*

espalier [It. *spalliera*, "the back of a chair," and "espalier"], *s.m., espalier, wall-fruit tree.*

espèce [L. acc. *speciem*], *s.f., species, kind, sort, breed.*

espérance [It. *speranza*], *s.f., hope.*

espérer [L. *sperare*], *v.a.* and *n.*, 1, *to hope, expect.*

espiègle [G. *Eulenspiegel*, a very popular tale, translated into Fr. under the title of 'Histoire joyeuse de Till Ulespiègle,' in which the hero performs a number of tricks], *adj., frolicsome.* ——, *s.m.* or *f., frolicsome child; roguish man or woman.*

espièglerie [*espiègle*], *s.f., frolic, trick.*

espion [It. *spione*, "scout;" see *épier*], *s.m., spy, scout.*

espionnage [*espionner*], *s.m., spying, espionage.*

espionner [*espion*], *v.a.*, 1, *to spy, watch.*

espoir [L. acc. pl. *speres*, in Ennius], *s.m., hope.*

esprit [L. acc. *spiritum*], *s.m., spirit, breath; mind, wit, intellect, sense.*

esquif [O. H. G. *skiff*], *s.m., skiff.*

esquisse [It. *schizzo*, from L. *schedius*, "made suddenly, off-hand," from Gr. σχέδιος], *s.f., sketch.*

esquisser [*esquisse*], *v.a.*, 1, *to sketch.*

esquiver [It. *schivare*, from O. H. G. *skiuhan*, Mod. G. *scheuen*, "to be frightened"], *v.a.*, 1, *to avoid, shun.* ——, *v.n., to get out of the way, escape.* S'——, *r.v., to steal away, escape.*

essai [L. n. *exagium*, "weighing"], *s.m., trial, essay, attempt.* Coup d'——, *first attempt.*

essaim [L. n. *examen*], *s.m., swarm, bevy, host.*

essayer [*essai*], *v.a.* and *n.*, 1, *to try, endeavour, attempt.*

essence [L. *essentia*], *s.f., essence.*

essentiel, -elle [L. *essentialis*], *adj., essential,*

ESSENTIELLEMENT.

essentiellement, *adv.,* *essentially.*
essieu [O. Fr. *aissieu,* from L. acc. *axiculum*], *s.m.,* *axle-tree.*
essor [O. Fr. v. *essorer,* "to soar," from L. L. *exaurare*], *s.m., flight (of birds), soaring; impulse.*
essoufflé, -e [*p.p.* of *essouffler*], *adj., out of breath, breathless.*
essouffler [*es, souffler, q.v.*], *v.a.,* 1, *to put out of breath.* S'——, *r.v., to get out of breath.*
essuyer [L. *exsuccare*], *v.a.,* 1, *to wipe, clean, dry; undergo, suffer,* encounter*; to be exposed to.* S'——, *r.v., to wipe one's face,* hands, shoes, *&c.*
est [G. *ost*], *s.m., east.*
estampe [It. *stampa*], *s.f., print, engraving.*
estampille [*estampe*], *s.f., stamp, mark.*
estampiller [*estampille*], *v.a.,* 1, *to stamp, mark.*
estimable [L. *aestimabilis*], *adj., estimable.*
estimation [L. acc. *aestimationem*], *s.f., esteem, estimation, valuation.*
estime [verbal subst. of *estimer*], *s.f., esteem, estimation.*
estimer [L. *aestimare*], *v.a.,* 1, *to esteem, value, prize.* S'——, *r.v., to esteem oneself or each other.*
estomac [L. acc. *stomachum,* from Gr. στόμαχος, "throat, pharynx"], *s.m., stomach.*
estrade [It. *strada,* from L. *strata* (sc. *via*), "paved way," from *stratum, sup.* of *sternere,* "to spread out"], *s.f., platform.*
et [L. *et*], *conj., and.* Et... et..., *both... and...*
étable [L. *n. stabulum*], *s.f., stable, cattle-shed.*
établi [verbal subst. of *établir*], *s.m., work-bench.*
établir [L. *stabilire*], *v.a.,* 2, *to establish, make, set up, settle.* S'——, *r.v., to settle; set up in business.*
établissement [*établir*], *s.m., establishment, setting up, settlement.*
étage [O. Fr. *estage,* from Prov. *estatge,* from L. *stare*], *s.m., story (of a house).*

ÉTERNISER.

étain [L. L. *n. stagnum,* an archaic form of L. *stannum*], *s.m., tin, pewter.*
étalage [*étaler*], *s.m., stall, shop-window; show, display.*
étaler [*étal,* "stall, butcher's shop," from O. H. G. *stal,* "stall, shop"], *v.a.,* 1, *to expose for sale, lay out, display.* S'——, *r.v., to stretch oneself* out.
étamage [*étamer*], *s.m., tinning, silvering, plating.*
étamer [*étain, q.v.*] *v.a.,* 1, *to tin, silver, plate.*
étamine [L. *pl. n. stamina,* "threads"], *s.f., stamen (of plants);* fig.*, examination, ordeal.*
étancher (?), *v.a.,* 1, *to stop, quench.*
étang [O. Fr. *estang,* from L. *n. stagnum*], *s.m.,* pond, *pool.*
étape [L. L. *stapula*], *s.f., station, halting-place.*
état [L. acc. *statum*], *s.m., state, condition, position, profession.* Être en —— de, *to be able.* État-major, *s.m., staff.*
étayer [*étai,* Flemish *staeye,* "support"], *v.a.,* 1, *to support, prop.*
été, *p.p.* of *être, q.v.* (N.B. *été* never takes the mark of the *fem.* or of the *pl.*)
été [L. acc. *aestatem*], *s.m., summer.*
éteindre [O. Fr. *esteindre,* from L. *exstinguere*], *v.a.* 4, *to extinguish, put out, quench.* S'——, *r.v., to be extinguished, quenched; to perish, die.*
étendard [*étendre*], *s.m., standard, flag.*
étendre [L. *extendere*], *v.a.,* 4, *to extend, spread, stretch.* S'——, *r.v., to extend, stretch oneself* out, reach, *expand, lengthen,* last.
étendu, -e, *p.p.* of *s'étendre, lying down.* ——, *adj., large, wide, extensive.*
étendue [partic. subst. of *étendre*], *s.f., extent, expanse, length, duration.*
éternel, -elle [L. *aeternalis*], *adj., eternal.*
éternellement, *adv., for ever, everlastingly.*
éterniser [L. L. *aeternisare,* from L. *aeternus*], *v.a.,* 1, *to immortalize, perpetuate.*

ÉTOURDERIE.

S'——, *r.v., to immortalize oneself.*
éternité [L. acc. *aeternitatem*], *s.f., eternity.*
éternuement [*éternuer*], *s.m., sneezing.*
éternuer [L. *sternutare*], *v.n.,* 1, *to sneeze.*
éthique [Gr. ἠθικός, "moral," from ἦθος, ἔθος, "morals"], *s.f., ethics,* morals.
étincelant, -e [*pres. part.* of *étinceler*], *adj., sparkling, glittering.*
étinceler [*étincelle*], *v.n.,* 1, *to sparkle, glitter, flash.*
étincelle [O. Fr. *estincelle,* from L. *scintilla*], *s.f., spark.*
étiolement [*étioler*], *s.m., etiolation (of plants); emaciation.*
étioler [Norman *s'étieuler,* from *éteule,* "stubble," from L. *stipula,* "haulm of corn"], *v.a.,* 1, *to etiolate (of plants); emaciate.* S'——, *r.v., to etiolate; to waste away.*
étiquette [?], *s.f., label; ceremony, customs, etiquette.*
étoffe [O. Fr. *estoffe,* from G. *stoff,* from L. *stuppa*], *s.f., stuff, cloth.*
étoile [O. Fr. *estoile,* from L. *stella*], *s.f., star.*
étoilé, -e [*p.p.* of *étoiler*], *adj., starred, studded.*
étoiler [*étoile*], *v.a.,* 1, *to star, stud; light.* S'——, *r.v., to be or become studded with stars.*
étonnant, -e [*pres. part.* of *étonner*], *adj., wonderful.*
étonné, -e [*p.p.* of *étonner*], *adj., astonished, wondering.*
étonnement [*étonner*], *s.m., astonishment, amazement.*
étonner [L. *ex, tonare*], *v.a.,* 1, *to astonish, amaze.* S'——, *r.v., to wonder, marvel, be astonished.*
étouffer [O. Fr. *estouffer,* from L. *ex* and a deriv. (*touffer?*) from Gr. τῦφος, "vapour,"—*to stifle in vapour*], *v.a.,* 1, *to stifle, choke, smother.* ——, *v.n., to be suffocated, stifled, smothered.*
étoupe [O. Fr. *estoupe,* from L. *stuppa*], *s.f., tow.*
étouper [*étoupe*], *v.a.,* 1, *to stop with tow; caulk (naut.).*
étourderie [*étourdir*],

ÉTOURDI.

s.f., *heedlessness, giddiness, thoughtlessness.*
étourdi, -e [*p.p.* of *étourdir*], *adj., heedless, giddy, thoughtless.*
étourdiment, *adv., heedlessly, giddily, thoughtlessly.*
étourdir [L. L. *extorpidire*, "to make torpid"], *v.a.*, 1, *to deafen, stun, astound; to make giddy.* S'——, *r.v., to shake off the thoughts* (*of*).
étrange [O. Fr. *estrange*, from L. *extraneus*], *adj., strange, queer.*
étrangement, *adv., strangely.*
étranger [*étrange*], *s.m., stranger, foreigner; foreign country.* ——, -ère, *adj., foreign, unknown.*
étranglement [*étrangler*], *s.m., strangling, strangulation.*
étrangler [O.Fr. *estrangler*, from L. *strangulare*], *v.a.*, 1, *to strangle, throttle.* S'——, *r.v., to strangle oneself.*
être [L. L. *essere*, for L. *esse*], *v. subst. and auz., to be.* Y ——, *to understand; to be at home.*
être [Inf. used as a subst.], *s.m., being, creature; existence, life.*
étreindre [O. Fr. *estreindre*, from L. *stringere*], *v.a.*, 4, *to bind, tie up, clasp.*
étreinte [verbal subst. of *étreindre*], *s.f., clasp, embrace.*
étrenne [O. Fr. *estrenne*, from L. *strena*, "omen" and "a New Year's present" (given for the sake of the omen)], *s.f., New Year's gift, Christmas-box.*
étrier [formerly *estrier*, contr. of *estrivier*, a deriv. of O. Fr. *estrif*, from O. G. *strippe*, "a leathern strap"], *s.m., stirrup.*
étrille [O. Fr. *estrille*, from L. acc. *strigilem*], *s.f., curry-camb.*
étriller [*étrille*], *v.a.*, 1, *to curry, to comb.*
étrivière [see *étrier*], *s.f., stirrup-leather.* Les ——s (fig.), *s.f. pl., horsewhipping.*
étroit, -e [O. Fr. *estroit*, from L. *strictus*], *adj., narrow, close, strict.*
étroitement, *adv., tightly, narrowly, strictly.*

ÉVÊCHÉ.

étude [L. n. *studium*], *s.f., study; examination.*
étudiant [*pres. part.* of *étudier*], *s.m., student.*
étudier [*étude*], *v.a.* and *n.*, 1, *to study, watch.* S'——, *r.v., to study oneself* or *each other.*
étui [O. Fr. *estui*, from Mid. H. G. *stûche*, "sheath"], *s.m., box, case, sheath.*
étymologie [L. *etymologia*, from Gr. ἐτυμολογία, from ἔτυμος, "true, real," and λόγος, "word, statement"], *s.f., etymology.*
euphonie [Gr. εὐφωνία, "goodness of sound"], *s.f., euphony.*
euphonique [*euphonie*], *adj., euphonic.*
Europe [L. *Europa*, Gr. Εὐρώπη], *s.f., Europe.*
Européen, -enne [L. *Europaeus*], *adj.* and *s.m.* or *f., European.*
eux [L. acc. pl. m. *illos*], *pers. pron. m. pl., they, them.* ——-mêmes, *themselves.* (The *f.* is *elles.*)
évacuation [L. acc. *evacuationem*], *s.f., evacuation, clearance.*
évacuer [L. *evacuare*], *v.a.*, 1, *to evacuate.*
évader (s') [L. *evadere*], *r.v., to escape.*
évaluation [*évaluer*], *s.f., valuation, estimate.*
évaluer [*é, value, p.p. f.* of *valoir*], *v.a.*, 1, *to value.*
évangélique [L. *evangelicus*], *adj., evangelical.*
évangile [L. n. *evangelium*, from Gr. εὐαγγέλιον, "good tidings"], *s.m., the Gospel.*
évanouir (s') [L. *ex, vanescere*, from *vanus*], *r.v., to vanish, disappear; swoon, faint.*
évanouissement [*évanouir*], *s.m., disappearance, fainting.*
évaporer [L. *evaporare*], *v.a.*, 1, *to evaporate.* S'——, *r.v., to evaporate.*
évasion [L. L. acc. *evasionem*, from L. *evadere*], *s.f., escape, flight.*
évêché [O. Fr. *evesché*, from L. acc. *episcopatum*], *s.m., bishopric, bishop's palace.* (*Évêché* is a doublet of *épiscopat, q.v.*) See *évêque.*

EXALTATION.

éveil [verbal subst. of *éveiller*], *s.m., awaking, alert, hint, warning.*
éveillé, -e [*p.p.* of *éveiller*], *adj., awake, alert, lively, quick, sharp, intelligent.*
éveiller [L. L. *exvigilare*], *v.a.*, 1, *to awake, rouse, excite, enliven.* S'——, *r.v., to awake.*
événement [It. *evenimento*, from L. *evenire*], *s.m., occurrence, event.*
éventail [*éventer*], *s.m., fan* (pl. *éventails*).
éventer [*é, venter, q.v.*], *v.a.*, 1, *to fan; to get flat* (*of liquors*); *divulge.*
éventrer [*é, ventre, q.v.*], *v.a.*, 1, *to rip up, open; cut open.*
évêque [O. Fr. *evesque*, from L. acc. *episcopum*, from Gr. ἐπίσκοπος, prop. "an overseer"], *s.m., bishop.*
évertuer (s') [*é, vertu, q.v.*], *r.v., to strive, exert oneself.*
évidemment [*évident*], *adv., evidently, clearly, plainly.*
évidence [L. *evidentia*], *s.f., evidence, clearness.* Mettre en ——, *to expose to view, bring to light, render evident.*
évident [L. acc. *evidentem*], *adj., evident, clear, plain, obvious.*
éviter [L. *evitare*], *v.a.*, 1, *to avoid; spare.* S'——, *r.v., to spare oneself, to shun each other.*
évolution [L. acc. *evolutionem*], *s.f., evolution.*
évoquer [L. *evocare*], *v.a.*, 1, *to evoke, call up.*
exact, -e [L. *exactus*, "careful"], *adj., exact, punctual, correct.*
exactement, *adv., exactly, precisely.*
exaction [L. acc. *exactionem*], *s.f., exaction, extortion.*
exactitude [*exact*], *s.f., exactness, punctuality.*
exagération [L. acc. *exaggerationem*], *s.f., exaggeration.*
exagérer [L. *exaggerare*, "to heap up"], *v.a.*, 1, *to exaggerate.* S'——, *r.v., to be exaggerated; to exaggerate to oneself.*
exaltation [L. acc. *exalta-*

EXALTÉ.

tionem], *s.f.*, *exaltation, over-excitement.*

exalté, -e [*p.p.* of *exalter*], *adj.*, *over-excited, enthusiastic, fanatic.*

exalter [L. *exaltare*], *v.a.*, 1, *to exalt, excite, inflame.* S'——, *r.v.*, *to become over-excited, enthusiastic.*

examen [L. *n. examen*], *s.m.*, *examination.*

examinateur [L. acc. *examinatorem*], *s.m., examiner.*

examiner [L. *examinare*], *v.a.*, 1, *to examine, inspect.* S'——, *r.v.*, *to examine oneself or each other.*

exaspérer [L. *exasperare*], *v.a.*, 1, *to exasperate, inflame, incense.*

exaucer [see *exhausser*], *v.a.*, 1, *to grant, hear favourably (prayers, requests).*

excéder [L. *excedere*], *v.a.*, 1, *to exceed; weary, fatigue.* S'——, *r.v.*, *to over-fatigue oneself.*

excellence [L. *excellentia*], *s.f., excellence.* Par ——, *above all, in the highest degree.*

excellent [L. acc. *excellentem, pr.p.* of *excellere*], *adj.*, *excellent, very good.*

exceller [L. *excellere*], *v.n.*, 1, *to excel, surpass.*

excentricité [*excentrique*], *s.f., eccentricity.*

excentrique [L. *ex, centrum*], *adj., eccentric.*

excepté [*p.p.* of *excepter*], *prep., except, save.*

excepter [L. *exceptare*], *v.a.*, 1, *to except.*

exception [L. acc. *exceptionem*], *s.f., exception.* A l'—— *de, with the exception of, except.*

exceptionnel, -elle [*exception*], *adj., exceptional.*

excès [L. acc. *excessum*], *s.m., excess, abuse, violence.*

excessif, -ive [*excès*], *adj., excessive, unreasonable.*

excessivement, *adv., excessively, to excess.*

excitation [L. acc. *excitationem*], *s.f., excitement; inciting; stimulation.*

exciter [L. *excitare*], *v.a.*, 1, *to excite, rouse up.* S'——, *r.v., to work oneself up, to excite each other.*

exclamation [L. acc. *exclamationem*], *s.f., exclamation, shout.*

EXEMPTER.

exclamer (s') [L. *exclamare*], *r.v., to exclaim, cry out.*

exclure [L. *excludere*], *v.a.*, 4, *to exclude, shut out.*

exclusif, -ive [*exclusion*], *adj., exclusive.*

exclusion [L. acc. *exclusionem*, from *exclusum, sup.* of *excludere*], *s.f., exclusion.*

exclusivement [*fem. adj. exclusive*, and suffix *-ment*], *adv., exclusively.*

excommunication [L. acc. *excommunicationem*], *s.f., excommunication.*

excommunié [*p.p.* of *excommunier*], *s.m.* or *f., excommunicated man or woman, excommunicate.*

excommunier [L. *excommunicare*], *v.a.*, 1, *to excommunicate.*

excroissance [L. acc. *excrescentem, pres. part.* of *excrescere*], *s.f., excrescence.*

excursion [L. acc. *excursionem*], *s.f., excursion, ramble.*

excuse [verbal subst. of *excuser*], *s.f., excuse, apology.* Faites ——s, *excuse me; I beg your pardon.*

excuser [L. *excusare*], *v.a.*, 1, *to excuse, apologize for.* S'——, *r.v., to excuse oneself, apologize, to beg to be excused.*

exécrable [L. *execrabilis*], *adj., execrable.*

exécration [L. acc. *execrationem*], *s.f., execration.*

exécuter [L. L. *executare*, freq. of L. *exsequi*], *v.a.*, 1, *to execute, carry out, fulfil.* S'——, *r.v., to be executed, carried out, fulfilled.*

exécuteur [L. acc. *executorem*], *s.m., executor; executioner.* (The *fem.* is *exécutrice.*)

exécution [L. acc. *executionem*], *s.f., execution, achievement, fulfilment.*

exemplaire [L. *exemplaris*], *adj., exemplary.* ——, *s.m., copy, specimen.*

exemple [L. *n. exemplum*], *s.m., example.* Par ——, *for instance.*

exempt, -e [L. *exemptus*], *adj., exempt, free.*

exempter [*exempt*], *v.a.*, 1, *to exempt, dispense, free.*

EXPÉDIER.

S'——, *r.v., to exempt oneself; to dispense with.*

exercer [L. *exercere*], *v.a.*, 1, *to exercise, train, drill, try.* S'——, *r.v., to practise.*

exercice [L. *n. exercitium*], *s.m., exercise, practice, training, drill.*

exhalaison [L. acc. *exhalationem*], *s.f., exhalation, effluvium.*

exhaler [L. *exhalare*], *v.a.*, 1, *to exhale, emit.* S'——, *r.v., to be exhaled, emitted.*

exhausser [L. *exaltare*], *v.a.*, 1, *to raise up.* S'——, *r.v., to raise oneself up.*

exhortation [L. acc. *exhortationem*], *s.f., exhortation.*

exhorter [L. *exhortari*], *v.a.*, 1, *to exhort.*

exhumer [L. L. *exhumare*, from L. *ex, humus*], *v.a.*, 1, *to disinter, bring to light.*

exigence [L. L. *exigentia*], *s.f., exigency, requirement.*

exiger [L. *exigere*], *v.a.* and *n.*, 1, *to require, exact.*

exil [L. *n. exilium*], *s.m., exile.*

exilé, -e [*p.p.* of *exiler*], *s.m.* or *f., exile, refugee.*

exiler [*exil*], *v.a.*, 1, *to exile, banish.* S'——, *r.v., to exile oneself; to seclude oneself.*

existence [*exister*], *s.f., existence, life, being.*

exister [L. *existere*], *v.n.*, 1, *to exist, live, be.*

exonérer [L. *exonerare*, "to disburden"], *v.a.*, 1, *to exonerate; exempt.*

exorbitant, -e [L. acc. *exorbitantem, pres. part.* of *exorbitare* (*ex, orbita*, "rut"), "to go out of the track"], *adj., exorbitant, excessive.*

exorciser [L. *exorcizare*, from Gr. ἐξορκίζειν, from ἐξ, "out of," and ὅρκος, "oath"], *v.a.*, 1, *to exorcise.*

exorcisme [L. acc. *exorcismum*, from Gr. ἐξορκισμός], *s.m., exorcism.*

expatrier [Medieval L. *expatriare* (*ex, patria*)], *v.a.*, 1, *to expatriate.* S'——, *r.v., to leave one's native country.*

expédient [L. acc. *expedientem, pres. part.* of *expedire*, "to be useful"], *adj.* (*m.* only), *expedient, proper.* ——, *s.m., expedient, shift.*

expédier [L. *expedire*], *v.a.*, 1, *to dispatch.*

expéditif, -ive [*expédier*], *adj.*, *expeditious, quick.*
expédition [L. acc. *expeditionem*], *s.f.*, *expedition.*
expérience [L. *experientia*], *s.f.*, *experience.*
expérimenter [L. L. *experimentare*, from L. n. *experimentum*], *v.a.* and *n.*, 1, *to experience, experiment, try.*
expert, -e [L. *expertus*], *adj.*, *expert, skilful, versed.* Expert, *s.m.*, *expert, assessor.*
expier [L. *expiare*], *v.a.*, 1, *to expiate.*
expirer [L. *exspirare*], *v.n.*, 1, *to die.*
explication [L. acc. *explicationem*], *s.f.*, *explanation.*
explicite [L. *explicitus*, p.p. of *explicare*], *adj.*, *explicit.*
explicitement, *adv.*, *explicitly.*
expliquer [L. *explicare*], *v.a.*, 1, *to explain, translate, solve.* S'——, *r.v.*, *to explain oneself, speak out; to be clear, explained.*
exploit [L. L. *esplecta*, "*achievement*"], *s.m.*, *deed, exploit, achievement.*
exploitation [L. L. acc. *explectationem*], *s.f.*, *working, cultivation.*
exploiter [L. L. *explicitare* (?), freq. of *explicare*], *v.a.*, 1, *to work, cultivate, manage; make the most of; cheat.*
explorateur [L. acc. *ploratorem*], *s.m.*, *explorer.*
explorer [L. *explorare*], *v.a.*, 1, *to explore.*
explosion [L. acc. *explosionem*, from *explosum*, sup. of *explodere*], *s.f.*, *explosion.*
exportation [*exporter*], *s.f.*, *exportation, export.*
exporter [L. *exportare*], *v.a.*, 1, *to export.*
exposé, -e [p.p. of *exposer*], *adj.*, *exposed, conspicuous, looking (to the east, west, north, south), liable.*
exposer [L. *ex, poser, q.v.*], *v.a.*, 1, *to expose, lay out; endanger.* S'——, *r.v.*, *to expose oneself, to lay oneself open.*
exposition [L. acc. *expositionem*], *s.f.*, *exhibition, show.*
exprès, -esse [L. *expressus*], *adj.*, *express, positive.* Exprès, *adv.*, *on purpose.*
expressément, *adv.*, *expressly, strictly, positively.*

expression [L. acc. *expressionem*, from *expressum*, sup. of *exprimere*], *s.f.*, *expression.*
exprimer [L. *exprimere*], *v.a.*, 1, *to express, utter; squeeze out.* S'——, *r.v.*, *to express oneself; to be expressed.*
expropriation [*exproprier*], *s.f.*, *expropriation.*
exproprier [L. *ex* and *propre, q.v.*], *v.a.*, 1, *to expropriate.*
expulser [L. *expulsare*], *v.a.*, 1, *to expel.*
expulsion [L. acc. *expulsionem*], *s.f.*, *expulsion.*
exquis, -e [L. *exquisitus*], *adj.*, *exquisite.*
extase [Gr. ἔκστασις, from ἐκ, "*out of*," and στάσις, "*foundation*"], *s.f.*, *trance, rapture, ecstasy.*
extasier (s') [*extase*], *r.v.*, *to be in ecstasy; to wonder.*
extensif, -ive [L. *extensivus*], *adj.*, *extensive.*
extension [L. acc. *extensionem*], *s.f.*, *extension, expansion.*
extérieur, -e [L. acc. *exteriorem*, compar. of *exterus*], *adj.*, *external, outward.* Extérieur, *s.m.*, *exterior, outer part, outside appearance.* À l'——, *without, externally, in foreign countries.*
extérieurement, *adv.*, *externally, outwardly.*
exterminateur [L. acc. *exterminatorem*], *s.m.*, *exterminator.* (The *fem.* is *exterminatrice.*)
extermination [L. acc. *exterminationem*], *s.f.*, *extermination.*
exterminer [L. *exterminare*], *v.a.*, 1, *to exterminate, destroy.* S'——, *r.v.*, *to exterminate each other.*
externe [L. *externus*], *adj.*, *external, outward.* ——, *s.m.* or *f.*, *day-pupil.*
extinction [L. acc. *extinctionem*], *s.f.*, *extinction, destruction.*
extirpation [L. acc. *exstirpationem*, "*rooting out*"], *s.f.*, *extirpation.*
extirper [L. *exstirpare*, from *ex* and *stirps*, "*root*"], *v.a.*, 1, *to extirpate.* S'——, *r.v.*, *to be extirpated.*

extorquer [L. *extorquere*, "*to wrench out*"], *v.a.*, 1, *to extort.*
extorsion [L. L. *extorsionem*, from L. *extorsum*, sup. of *extorquere*], *s.f.*, *extortion.*
extraction [L. *extractus*], *s.f.*, *extraction, drawing, origin, descent.*
extraire [L. *extrahere*], *v.a.*, 4, *to extract, draw out, dig out.*
extrait [partic. subst. of *extraire*], *s.m.*, *extract.*
extraordinaire [L. *extraordinarius*], *adj.*, *extraordinary, unusual.*
extraordinairement, *adv.*, *extraordinarily, unusually.*
extravagance [*extravagant*], *s.f.*, *extravagance, folly.*
extravagant, -e [*extravaguer*], *adj.*, *extravagant, foolish, wild.*
extravaguer [L. *extra, vagari*], *v.n.*, 1, *to rave, be light-headed.*
extrême [L. *extremus*], *adj.*, *extreme, utmost.*
extrêmement, *adv.*, *extremely, very much.*
extrémité [L. acc. *extremitatem*], *s.f.*, *extremity, end.*
exubérance [L. *exuberantia*], *s.f.*, *exuberance, luxuriance.*
exubérant, -e [L. acc. *exuberantem*, pres. part. of *exuberare*, "*to grow luxuriantly*"], *adj.*, *exuberant, luxuriant.*

F

fable [L. *fabula*], *s.f.*, *fable, myth, fiction.*
fabricant [*fabriquer, q.v.*], *s.m.*, *manufacturer, maker.*
fabricateur [L. acc. *fabricatorem*], *s.m.*, *fabricator, maker, forger.*
fabrication [L. acc. *fabricationem*], *s.f.*, *fabrication, manufacture; forgery.*
fabrique [L. *fabrica*], *s.f.*, *fabrication, manufacture, make, fabric.*
fabriquer [L. *fabricare*], *v.a.*, 1, *to fabricate, make; forge.*
fabuleusement, *adv.*, *fabulously, extraordinary.*

FABULEUX.

fabuleux, -euse [L. *fabulosus*], *adj.*, fabulous, incredible.
fabuliste [L. *fabula*], *s.m.*, fabulist, fable-writer.
façade [It. *facciata*], *s.f.*, façade, front.
face [L. acc. *faciem*], *s.f.*, face, front, countenance. En ——, in one's face, opposite. En —— de, in the presence of.
facétie [L. *facetia*], *s.f.*, joke, jest.
facétieusement, *adv.*, jocosely.
facétieux, -euse [*facétie*], *adj.*, facetious, jocose, droll.
facette [*dim.* of *face*], *s.f.*, facet, face.
fâché [*p.p.* of *fâcher*], *adj.*, angry, displeased; sorry, grieved.
fâcher [Prov. *fastigar*, from L. n. *fastidium*], *v.a.*, 1, to afflict, anger, offend. Se ——, *r.v.*, to get angry; to be offended.
fâcheux, -euse [*fâcher*], *adj.*, sad, grievous, troublesome, disagreeable, unfavourable, unfortunate.
facile [L. *facilis*], *adj.*, easy, indulgent; ready, fluent; free.
facilement, *adv.*, easily, readily, fluently.
facilité [L. acc. *facilitatem*], *s.f.*, facility, ease, readiness, fluency.
façon [L. acc. *factionem*, "the power of doing"], *s.f.*, fashion, way, manner; dressing.
façonner [*façon*], *v.a.*, 1, to fashion, shape, work, make up. Se ——, *r.v.*, to improve.
fac-simile [L. *fac, simile*], *s.m.*, facsimile.
factice [L. *facticius*], *adj.*, factitious, artificial, unnatural.
factieux, -euse [L. *factiosus*], *adj.*, factious. Factieux, *s.m.*, factious man.
faction [L. acc. *factionem*], *s.f.*, guard, sentry; faction. Faire ——, to mount guard.
factionnaire [*faction*], *s.m.*, sentry, sentinel.
facture [L. *factura*, "a making"], *s.f.*, invoice, bill.
facultatif, -ive [L. acc. *facultatem*], *adj.*, optional.
faculté [L. acc. *facultatem*], *s.f.*, faculty, mind,

FALAISE.

ability, power. La ——, the Faculty of Medicine, the professors of the Faculty.
fade [L. *fatuus*, "insipid," or L. *vapidus*, "flat, savourless"], *adj.*, insipid, flat, loathsome, dull.
fadeur [*fade*], *s.f.*, insipidity, tastelessness, dulness.
fagot [L. acc. *facem*, lit. "a bundle of sticks for burning"], *s.m.*, bundle of wood, fagot.
faible [L. *flebilis*, "to be mourned for"], *adj.*, weak. ——, *s.m.*, the weak, helpless.
faiblement, *adv.*, feebly, weakly, slightly.
faiblesse [*faible*], *s.f.*, weakness; fondness, partiality; fainting-fit.
faiblir [*faible*], *v.n.*, 2, to grow weak, yield, give way, faint, slacken.
faïence [Faenza, the name of a town in Italy], *s.f.*, earthenware, crockery.
faillir [L. *fallere*], *v.n.*, 2, to err, to be mistaken; to be a bankrupt; to be near or on the point of.
faillite [partic. subst. of *faillir*], *s.f.*, failure, bankruptcy.
faim [L. acc. *famem*], *s.f.*, hunger.
fainéant, -e [*fait, néant*, *q.v.*], *adj.* and *s.m.* or *f.*, idle, lazy; idle person.
fainéanter [*fainéant*], *v.n.*, 1, to idle.
fainéantise [*fainéanter*], *s.f.*, idleness, laziness.
faire [L. *facere*], *v.a.*, 4, to make, create, do, perform. Se ——, *r.v.*, to be done or made; to be, happen; to get accustomed. Se —— bâtir, to have... built for oneself.
faisan [L. acc. *phasianum*, from Gr. φασιανός, "pertaining to the Phasis" (a river in Colchis, from where that bird was brought)], *s.m.*, pheasant.
faisceau [L. L. acc. *fascellum*, dim. of *fascis*], *s.m.*, bundle, sheaf, stack, cluster.
fait [L. n. *factum*], *s.m.*, fact, deed. Sur le ——, on the fact. Tout à ——, quite. En —— de, as to, with regard to.
faîte [L. n. *fastigium*], *s.m.*, top, pinnacle.
faix [L. acc. *fascem*], *s.m.*, burden, load, weight.
falaise [O. Fr. *falize, fa-*

FANER.

loize, from O. H. G. *felisa*, "a rock"], *s.f.*, cliff.
falloir [L. *fallere*], *v.n.* and *imp.*, 3, to be necessary, required, needed; must, should (before an Inf.).
falot [Gr. φανός, "a lantern"], *s.m.*, lantern.
falsificateur [L. *falsificatus*], *s.m.*, falsifier, adulterator. (The *fem.* is *falsificatrice*.)
falsification [L. L. acc. *falsificationem*, der. from *falsificatus*], *s.f.*, falsification, adulteration.
falsifier [L. L. *falsificare* (L. *falsus, facere*)], *v.a.*, 1, to falsify, adulterate.
fame, -e [L. *famatus* (*fama*), "in bad repute"], *adj.*, famed, of good (or bad) character.
fameusement, *adv.*, famously, uncommonly.
fameux, -euse [L. *famosus*], *adj.*, famous, celebrated, notorious, uncommon.
familiariser [*familier*], *v.a.*, 1, to familiarize, accustom. Se ——, *r.v.*, to grow familiar; to become accustomed.
familiarité [L. acc. *familiaritatem*], *s.f.*, familiarity, liberty.
familier, -ière [L. *familiaris*], *adj.*, familiar, intimate. Familiers, *s.m. pl.*, familiars, intimate friends.
familièrement, *adv.*, familiarly, freely.
famille [L. *familia*], *s.f.*, family.
famine [*famina*, barbarous deriv. of L. *fames*, "hunger"], *s.f.*, famine.
fanaison [*faner, q.v.*], *s.f.*, hay-time.
fanal [L. L. n. *fanale*, from Gr. φανός, "a lantern"], *s.m.*, light, beacon.
fanatique [L. *fanaticus*], *adj.* and *s.m.* or *f.*, fanatical; fanatic.
fanatiser [*fanatique*], *v.a.*, 1, to fanaticise. Se ——, *r.v.*, to become or grow fanatic.
fanatisme [*fanatique*], *s.m.*, fanaticism.
faner [L. L. *foenare*, deriv. of *foenum*, properly "to make hay"], *v.a.*, 1, to make hay; to dry up, cause to fade. Se ——, *r.v.*, to fade, wither,

FR. P. II.   R

faneur, -euse [*faner*], s.m. or f., *hay-maker*.
fanfare [*onomat.*], s.f., *flourish of trumpets*.
fanfaron, -onne [*fanfare*], adj. and s.m. or f., *boasting; boaster, braggart*.
fange [L. L. acc. *famicem*, "mud"], s.f., *mire, mud*.
fangeux, -euse [L. *famicosus*], adj., *muddy, miry, marshy*.
fantaisie [Gr. φαντασία, "a showing," from φαντός, "visible," from φαίνειν, "to show"], s.f., *fancy, imagination, whim*.
fantasmagorie [Gr. φάντασμα, "vision," and ἀγορεύειν, "to speak"], s.f., *dissolving views, phantasmagoria*.
fantasmagorique, adj., *phantasmagoric*.
fantasque [L. L. *fantasticus*, from Gr. φανταστικός], adj., *fantastic, fanciful, capricious, whimsical*. (*Fantasque* is a doublet of *fantastique*.)
fantassin [It. *fantaccino*], s.m., *foot-soldier*.
fantastique [see *fantasque*], adj., *fantastic*.
fantastiquement, adv., *in a fantastic manner or way*.
fantôme [Gr. φάντασμα], s.m., *phantom, ghost*.
faon [O. Fr. *feon*, from L. L. acc. *foetonum* (?), deriv. of L. acc. *foetum*, "offspring"], s.m., *doe, fawn*.
faquin [It. *facchino*, "porter"], s.m., *mean rascal, scoundrel, puppy*.
farce [verbal subst. of *farcir*], s.f., *stuffing; farce, joke, trick*.
farceur, -euse [*farce*], s.m. or f., *joker, jester, humbug*.
farcir [L. *farcire*], v.a., 2, *to stuff*.
fard [O. H. G. *farjon*, "to tint the face with red"], s.m., *paint*.
fardeau [*farde*, formerly "burden," now "bale of coffee"], s.m., *burden*.
farine [L. *farina*], s.f., *flour*.
farineux, -euse [L. *farinosus*], adj., *floury, mealy*.
farouche [L. acc. adj. *ferocem*], adj., *fierce, wild*.
fascinateur, -trice [*fas-*

ciner], adj. and s.m. or f., *fascinating; fascinator*.
fascination [L. acc. *fascinationem*], s.f., *fascination*.
fasciner [L. *fascinare*], v.a., 1, *to fascinate*.
faste [L. acc. *fastum*], s.m., *pomp, display; pride*.
fastidieux, -euse [L. *fastidiosus*], adj., *tedious, irksome*.
fastueusement, adv., *pompously, sumptuously*.
fastueux, -euse [L. *fastuosus*], adj., *pompous, magnificent, showy*.
fat [L. acc. *fatuum*, "a fool"], s.m., *fop, coxcomb, conceited puppy*.
fatal, -e [L. *fatalis*], adj., *fatal, unfortunate*.
fatalement, adv., *fatally, unfortunately*.
fatalisme, s.m., *fatalism*.
fataliste, adj., *fatalistic*. ——, s.m. or f., *fatalist*.
fatalité [L. acc. *fatalitatem*], s.f., *fatality*.
fatigant, -e [*fatiguer*], adj., *tiring, fatiguing, irksome, wearisome*.
fatigue [verbal subst. of *fatiguer*], s.f., *toil, fatigue*.
fatiguer [L. *fatigare*], v.a., 1, *to fatigue, weary*. Se ——, r.v., *to fatigue oneself, to be tired*.
fatuité [L. acc. *fatuitatem*], s.f., *conceit, foppishness*.
faubourg [L. L. n. *forisburgum*, from L. *foris*, "outside," and *burgus*, "a fort"], s.m., *suburb, faubourg*.
fauchage [*faucher*], s.m., *mowing*.
fauchaison [*faucher*], s.f., *mowing, mowing-time*.
faucher [L. L. *falcare*, from L. acc. *falcem*, "scythe"], v.a., 1, *to mow, cut down*.
faucheur [*faucher*], s.m., *mower*.
faucille [dim. of *faux*, s.f., q.v.], s.f., *sickle*.
faucon [L. acc. *falconem*], s.m., *falcon, hawk*.
faufiler [*faux* (adj.), *fil*, q.v.], v.a., 1, *to tack (in sewing)*. Se ——, r.v., *to slip or creep into; to introduce or insinuate oneself*.
faussement [adj. *fausse*, fem. of *faux*, and suffix -*ment*], adv., *falsely, wrongly*.
fausser [L. *falsare*, "to

falsify"], v.a., 1, *to bend, twist, force, strain; falsify, forge*.
fausset [It. *falsetto*, from L. *f. pl. fauces*, "throat"], s.m., *falsetto*.
fausset [?], s.m., *spigot, vent-peg*.
fausseté [L. acc. *falsitatem*], s.f., *falseness, untruth*.
faut, 3rd p. sing., pres. Ind. of *falloir*, q.v.
faute [It. *falta*, from L. L. *fallita*, "act of falling," der. from L. *fallere*], s.f., *fault, mistake*. —— de, *for want of, in default of*.
fauteuil [L. L. n. *faldestolium*, from O. H. G. *faltstuol*], s.m., *arm-chair*.
fautif, -ive [*faute*], adj., *faulty, bad*.
fauve [O. Fr. *falve*, from G. *falb*, from O. H. G. *falo*, "tawny"], adj., *tawny*. Bête ——, *fallow deer; wild beast*. ——, s.m., *fallow, fawn colour*.
fauvette [*fauve*], s.f., *warbler*.
faux [L. acc. *falcem*], s.f., *scythe*.
faux, fausse [L. *falsus*], adj., *false, untrue; sham*.
faveur [L. acc. *favorem*], s.f., *favour, kindness*. En —— de, *for, in behalf of*.
favorable [L. *favorabilis*], adj., *favourable, propitious*.
favorablement, adv., *favourably, propitiously*.
favori, -ite [p.p. of the O. Fr. v. *favorir*], adj. and s.m. or f., *favourite*.
favoriser [*faveur*], v.a., 1, *to favour, befriend, support*.
fecond, -e [L. *fecundus*], adj., *fertile, fruitful*.
feconder [L. *fecundare*], v.a., 1, *to fertilize*.
fecondité [L. acc. *fecunditatem*], s.f., *fecundity, fertility*.
fédéral, -e [L. L. *foederalis*, deriv. of *foedus*], adj., *federal*.
fédéraliser (se) [*fédéral*], r.v., *to federalize*.
fédéralisme [*fédéraliser*], s.m., *federalism*.
fédération [L. acc. *foederationem*], s.f., *federation*.
fée [It. *fata*, from L. *fata*, "one of the Parcæ," from n. *fatum*], s.f., *fairy, elf*.

féerie [*fée*], *s.f., fairy-land, enchantment, fairy-scene.*

féerique, *adj., fairy, magic, enchanting.*

feindre [L. *fingere*] *v.a.* and *n.*, 4, *to feign, counterfeit, pretend.*

feinte [partic. subst. of *feindre*], *s.f., dissimulation, pretence.*

feld-maréchal [G. *feldmarschall*], *s.m., field-marshal.*

fêler [L. *fissiculare* (*fissus*), "to divide the entrails for the purpose of divination"], *v.a.*, 1, *to crack.* Se ——, *r.v., to get cracked.*

félicitation [*féliciter*], *s.f., congratulation.*

féliciter [L. *felicitare*, "to make happy"], *v.a.*, 1, *to congratulate.* Se ——, *r.v., to congratulate oneself or each other.*

félin, -e [L. *felinus*], *adj., feline.*

félon, -onne [L. L. acc. *fellonem*], *s.m.* or *f., felon.*

félonie, *s.f., felony, treason.*

femelle [L. L. *femella*, dim. of L. *femina*, *adj.* and *s.f., female.*

féminin, -e [L. *femininus*], *adj., feminine.* Féminin, *s.m., feminine gender.*

femme [L. *femina*], *s.f., woman, wife.*

fenaison [L. n. *foenum* or *fenum*], *s.f., hay-making.*

fendre [L. *findere*], *v.a.*, 4, *to cleave, split, divide.* Se ——, *r.v., to split, crack.*

fenêtre [L. *fenestra*], *s.f., window.*

fenil [L. *pl. n. foenilia*], *s.m., hayloft.*

fenouil [L. n. *foeniculum*], *s.m., fennel.*

fente [verbal subst. of *fendre*], *s.f., chink, crack, slit.*

féodal, -e [Medieval L. *feodalis*], *adj., feudal.*

féodalité [*féodal*], *s.f., feudality, feudalism.*

fer [L. n. *ferrum*], *s.m., iron; horse-shoe.* ——s, *s.m. pl., irons, fetters.*

fer-blanc [*fer, blanc* (*adj.*), *q.v.*], *s.m., tin.*

ferié [L. *feriatus*, from L. pl. fem. *feriae*, "holidays"], *adj.* (m. only), *of holidays.* Jours ——s, *holidays.*

férir [L. *ferire*], *v.a.*, 2, *to strike.* Sans coup ——, *without striking a blow, i.e. without meeting resistance.*

ferme [L. L. *firma*], *s.f., farm, farm-house.*

ferme [L. *firmus*], *adj., firm, steady.* ——, *adv., firmly, hard, fast.*

fermé, -e [p.p. of *fermer*], *adj., shut, closed, inclosed with.*

fermement [adj. *ferme*, and suffix *-ment*], *adv., firmly, resolutely.*

fermentation [*fermenter*], *s.f., fermentation.*

fermenter [L. *fermentare*], *v.n.*, 1, *to ferment.*

fermer [L. *firmare*], *v.a.*, 1, *to close, shut, fasten.* Se ——, *r.v., to close, shut.*

fermeté [L. acc. *firmitatem*], *s.f., firmness, resolution, strength, vigour.*

fermier, -ère [*ferme*, *s.f.*], *s.m.* or *f., farmer; farmer's wife.*

féroce [L. acc. adj. *ferocem*], *adj., fierce, ferocious, wild, savage.*

férocité [L. acc. *ferocitatem*], *s.f., ferocity, fierceness.*

ferré, -e [p.p. of *ferrer*], *adj., iron-shod, shod, tagged.* —— à glace, *rough-shod.* Chemin ferré, *stone-road.*

ferrer [L. L. *ferrare*], *v.a.*, 1, *to bind with iron, shoe, tag.*

ferrugineux, -euse [L. L. *ferruginosus*, deriv. of acc. *ferruginem*, "rust"], *adj., ferruginous.*

fertile [L. *fertilis*], *adj., fertile, fruitful.*

fertilement, *adv., fertilely, fruitfully.*

fertilisation [*fertiliser*], *s.f., fertilization.*

fertiliser [*fertile*], *v.a.*, 1, *to fertilize.*

fertilité [L. acc. *fertilitatem*], *s.f., fertility, fruitfulness.*

fervent, -e [L. acc. *ferventem*, pres. part. of *fervere*, "to be warm"], *adj., fervent.*

ferveur [L. acc. *fervorem*], *s.f., fervour.*

festin. [It. *festino*], *s.m., feast, banquet.*

fête [L. *festa*, pl. of *festum*, "holiday"], *s.f., feast, festival, entertainment.*

fêter [*fête*], *v.a.*, 1, *to celebrate, feast, welcome, entertain.*

fétide [L. *fetidus*], *adj., fetid, offensive.*

feu [L. acc. *focum*], *s.m., fire; ardour, zeal, spirit.* Faire ——, *to fire.* Coup de ——, *shot, shot-wound.* Coin du ——, *fireside.*

feudataire [L. L. acc. *feudatarium*, from L. L. n. *feudum*, "fief"], *s.m.* or *f., feudatory.*

feuillage [*feuille*], *s.m., foliage, leaves.*

feuille [L. *folia*, pl. of *folium*], *s.f., leaf.*

feuillet [dim. of *feuille*], *s.m., leaf (of a book).*

feuilleter [*feuillet*], *v.a.*, 1, *to hurry through (a book).*

fève [L. *faba*], *s.f., bean.*

février [L. acc. *Februarium*], *s.m., February.*

fi [onomat.], interj., *fie!*

fiacre [St. *Fiacre*], *s.m., hackney-coach, cab.* (See Notes p. 151, No. 33.)

fiançailles [*fiancer*], *s.f. pl., betrothal.*

fiancé, -e [partic. subst. of *fiancer*], *s.m.* or *f., betrothed, bridegroom; bride.*

fiancer [Medieval L. *fidantiare*, from L. acc. *fidantem*, from *fidare*, see *fier* (*se*)], *v.a.*, 1, *to betroth.* Se ——, *r.v., to be betrothed.*

ficelle [L. L. n. *filicellum*, dim. of L. n. *filum*, or L. *fiscella*, "a small wicker-work basket"], *s.f., string, twine.*

ficher [L. L. *figicare* (?) or *fixicare*, dim. of L. *figere*], *v.a.*, 1, *to drive in, stick in, fix on.* Se ——, *r.v., to be driven in or stuck; to enter into.*

fictif, -ive [L. L. *fictivus*, deriv. of L. *fictus*], *adj., fictitions.*

fiction [L. acc. *fictionem*], *s.f., fiction, fable.*

fidèle [L. *fidelis*], *adj., faithful, true, trusty, sure.*

fidèlement, *adv., faithfully, truly, trustily, surely.*

fidélité [L. acc. *fidelitatem*], *s.f., fidelity, faithfulness, loyalty, honesty, probity.*

fief [L. L. n. *feudum*, from O. H. G. *feod*, "possessions"], *s.m., fief.*

R 2

fiel [L. n. *fel*], s.m., *gall; malice, hatred*.

fier (se) [L. L. *fidare*, from L. *fidus*], r.v., *to trust, rely, depend on*.

fier [L. *ferus*], adj., *proud, haughty*.

fièrement, adv., *haughtily, proudly*.

fierté [L. acc. *feritatem*], s.f., *pride, haughtiness*.

fièvre [L. acc. *febrem*], s.f., *fever*.

fiévreux, -euse [*fièvre*], adj., *feverish, fever-giving, restless*.

fifre [O. H. G. *pfîfa*, "*whistle*"], s.m., *fife*.

figue [L. acc. *ficum*], s.f., *fig*.

figuier [*figue*], s.m., *fig-tree*.

figuratif, -ive [L. L. *figurativus*], adj., *figurative*.

figurativement, adv., *figuratively*.

figure [L. *figura*], s.f., *face; figure; form; shape, appearance; figure-head (of a ship)*.

figure, -e [p.p. of *figurer*], adj., *figurative*. Figuré, s.m., *figurative sense*.

figurément, adv., *figuratively*.

figurer [L. *figurare*], v.a., 1, *to figure, represent.* — v.n., *to look, appear, match.* Se ——, r.v., *to fancy, imagine, picture to oneself*.

fil [L. n. *filum*], s.m., *thread, web, edge, wire*.

filasse [*fil*], s.f., *tow*.

file [*fil*], s.f., *file, rank, row*.

filer [*fil*], v.a., 1, *to spin, conduct, carry on, manage.* —— v.n., *to file off, give in, be off*.

filet [*fil*], s.m., *snare, net, string, thread*.

fileur, -euse [*fil*], s.m. or f., *spinner, spinster.* —— *de cartes, card-sharper*.

fille [L. *filia*], s.f., *girl, maid, daughter*.

filleul [L. acc. *filiolum*, dim. of *filius*], s.m., *god-son*.

filleule [L. *filiola*, dim. of *filia*], s.f., *god-daughter*.

filon [*fil*], s.m., *vein, lode*.

filou [doublet of *fileur*, q.v.], s.m., *pickpocket, sharper*.

fils [L. acc. *filium*], s.m., *son, boy*.

fin [L. acc. *finem*], s.f., *end, close, conclusion*.

fin, -e [L. *finitus*, "finished perfected"], adj., *fine,* *thin, slender, nice, acute, keen, artful*.

final, -e [L. *finalis*], adj., *final, last*.

finalement, adv., *finally, lastly*.

finance [*finant*, pres. part. of the O. Fr. v. *finer* (from L. *finis*) "to end, conclude"], s.f., *cash, ready-money, fine, finances*.

finement [adj. fem. *fine*, and suffix *-ment*], adv., *finely, delicately, cunningly, sharply, skilfully*.

finesse [*fin*, adj.], s.f., *fineness, delicacy, subtlety, wit, sharpness, cunning, trick*.

finir [L. *finire*], v.a., 2, *to end, finish, conclude.* —— v.n., *to end, come to a conclusion.* —— par, *to end in, or finally to . . . , at last to*.

fiole [L. *phiala*, from Gr. φιάλη], s.f., *phial, bottle*.

fisc [L. acc. *fiscum*], s.m., *fisc, the treasury*.

fiscal, -e [L. *fiscalis*], adj., *fiscal, financial*.

fixe [L. *fixus*], adj., *fixed, firm, set, regular*.

fixé, -e [p.p. of *fixer*], adj., *fixed, settled, fastened*.

fixement, adv., *fixedly, hard, in the face, steadily, firmly*.

fixer [*fixe*], v.a., 1, *to fix, stick, fasten, stare at.* Se ——, r.v., *to stick on; to settle*.

fixité [*fixe*], s.f., *fixedness, stability*.

flacon [L. L. acc. *flasconem*, dim. of *flasca*, from L. n. *vasculum*], s.m., *flagon, bottle*.

flair [verbal subst. of *flairer*], s.m., *scent (of dogs)*.

flairer [L. *flagrare*], v.a., 1, *to smell, scent*.

flambeau [O. Fr. *flambe*, from L. *flammula*, dim. of *flamma*], s.m., *torch, candlestick*.

flamber [O. Fr. *flambe*], v.n., 1, *to blaze up*.

flamboyant, -e [pres. part. of *flamboyer*], adj., *blazing, glistening*.

flamboyer [*flamber*], v.n., 1, *to blaze, glisten*.

flamme [L. *flamma*], s.f., *flame, blaze*.

flanc [L. adj. *flaccus*, "weak, soft," *i.e.* the soft part of the body], s.m., *flank, side*.

Flandre, s.f., *Flanders*.

flanquer [*flanc*], v.a., 1, *to flank, cover*.

flaque [Flemish *vlacke*, "a pool by the sea-shore, at low water"], s.f., *pool, puddle*.

flasque [L. L. *flaxidus*, for L. *flaccidus*], adj., *soft, flabby*.

flatter [O. H. G. *flaz*, "flat, smooth"], v.a., 1, *to flatter; caress, stroke.* Se ——, r.v., *to flatter* **oneself** *or each other; to hope,* **expect**; *to delude oneself*.

flatterie [*flatter*], s.f., *flattery, caress*.

flatteur, -euse, adj. and s.m. or f., *flattering, pleasing, agreeable; flatterer*.

flatteusement, adv., *flatteringly*.

fléau [L. n. *flagellum*], s.m., *scourge; flail*.

flèche [Mid. H. G. *flitsch*], s.f., *arrow*.

fléchir [L. *flectere*], v.a., 2, *to bend, bow, move, appease.* ——, v.n., *to bend, give way*.

flétrir [?], v.a., 2, *to brand, blight, cause to fade, wither.* Se ——, r.v., *to fade, wither; dishonour oneself*.

flétrissure [*flétrir*], s.f., *brand, disgrace, stain, blight, fading, withering*.

fleur [L. acc. *florem*], s.f., *flower.* Yeux à —— de tête, *goggle-eyes*.

fleuraison [*fleur*], s.f., *blossoming, flowering-season*.

fleurir [L. *florere*], v.n., 2, *to flower, flourish*.

fleuron [*fleur*], s.m., *gem, jewel, ornament*.

fleuve [L. acc. *fluvium*], s.m., *river*.

flexibilité [L. acc. *flexibilitatem*], s.f., *flexibility, pliability*.

flexible [L. *flexibilis*], adj., *flexible, pliant, supple*.

flocon [L. acc. *floccum*], s.m., *flake, flock*.

florin [It. *florino*], s.m., *florin*.

florissant, -e [pres. part. of *fleurir*], adj., *flourishing, blooming*.

flot [L. acc. *fluctum*], s.m., *wave, flood, tide*.

flottant, -e [pres. part. of *flotter*], adj., *floating, wavering*.

flotte [*flot*], s.f., *fleet*.

flotter [*flot*], v.n., 1, *to*

FLUIDE. FORMELLEMENT. FOUDROYER.

float, swim; fluctuate, waver, hesitate.
fluide [L. *fluidus*], adj., *fluid, flowing, liquid.* ——, *s.m., fluid.*
flûte [O. Fr. *flaüte*, verbal subst. of the O. Fr. v. *flaüter*, "to blow in a wind instrument," from L. acc. *flatum*, "breath"], *s.f., flute.*
flux [L. acc. *fluxum*], **s.m.**, *flow, rising.*
foi [L. acc. *fidem*], **s.f.**, *faith, belief, trust.* Ma ——! *upon my word, indeed!*
foie [L. *ficatum* (sc. *jecur*), "the liver of an animal which has been fattened with figs"], *s.m., liver.*
foin [L. n. *foenum*], *s.m., hay.*
foire [L. *feria*], *s.f., fair.*
fois [L. *vices*, "times"], *s.f., time.* Toutes les ——, *every time.* À la ——, *at the same time; both.*
foison [L. acc. *fusionem*, "pouring out"], *s.f., plenty, abundance.* À ——, *plentifully.*
folâtre [*fol* (see *fou*) and suffix *-astre* = *-âtre*], adj., *playful, sportive.*
folâtrer [*folâtre*], v.n., 1, *to play, sport.*
folie [*fol*, see *fou*] *s.f., folly, madness.*
folle, see *fou.*
follement [adj. fem. *folle*, and suffix *-ment*], adv., *foolishly, madly.*
fomentation [*fomenter*], *s.f., fomentation.*
fomenter [L. *fomentare*], v.n., 1, *to foment.*
fonction [L. acc. *functionem*], *s.f., function, office, charge, duty.*
fonctionnaire [*fonction*], *s.m., functionary, officer.*
fond [L. acc. *fundum*], *s.m., depth, bottom.* —— *superieur, head (of a cask).*
fondamental, -e [*fondement*], adj., *fundamental, essential.*
fondateur [L. acc. *fundatorem*], *s.m., founder.* (The fem. is *fondatrice.*)
fondation [L. acc. *fundationem*], *s.f., foundation.*
fondement [L. n. *fundamentum*], *s.m., foundation, reliance.*

fonder [L. *fundare*], v.a., 1, *to found, establish, erect.* Se ——, *r.v., to be founded; to rely, build.*
fondre [L. *fundere*], v.a., 4, *to melt, thaw, cast.* ——, v.n., *to make a sudden stoop at, pounce upon.* Se ——, r.v., *to melt.*
fonds [L. acc. *fundum*], *s.m., ground, landed property; cash, funds.*
fondu, p.p. of *fondre*, q.v.
fontaine [L. L. *fontana*, from L. acc. *fontem*], *s.f., spring, fountain.*
fonte [partic. subst. of *fondre*], *s.f., melting, casting; cast-iron.*
fonts [L. *fontes*, pl. of *fons*], *s.m. pl., the baptismal font.*
forban [L *foris*, and L. L. n. *bannum*; see *ban*], *s.m., one who is out of the pale of the law, bandit, pirate.*
forçat [*forcer*], *s.m.*, *convict.*
force [L. L. *fortia*], *s.f., might, strength, force, power.* De toutes ses ——s, *with all his might.* De ——, *by force.*
forcer [*force*], v.a., 1, *to compel, oblige, break open, storm.* —— à la course, *to hunt, run down.*
forêt [L. L. *foresta*, from L. *foris*, "outside"], *s.f., forest.*
forfaire [L. L. *forisfacere*, "to do things contrary to what is right"], v.n. and defect., 4, *to forfeit, prevaricate.*
forfait [L. L. n. *forisfactum*], *s.m., crime.*
forfanterie [It. *furfanteria*, "wicked action"], *s.f., boasting, bragging.*
forge [L. *fabrica*], *s.f., forge, blacksmith's shop, ironworks.* (*Forge* is a doublet of *fabrique.*)
forger [*forge*], v.a., 1, *to forge, make; invent, imagine.*
forgeron [*forger*], *s.m., blacksmith.*
formation [L. acc. *formationem*], *s.f., formation.* Ordre de ——, *forming (in a battle).*
forme [L. *forma*], *s.f., form, shape, figure; last (for boots).*
formel, -elle [L. *formalis*], adj., *formal, express, absolute.*
formellement, adv., *formally, expressly, absolutely.*

former [L. *formare*], v.a., 1, *to form, shape, make; bring up.* Se ——, r.v., *to form, be formed, grow, ripen.*
formidable [L. *formidabilis*], adj., *formidable, tremendous, dreadful.*
formule [L. *formula*], *s.f., form, formula, prescription.*
formuler [*formule*], v.a., 1, *to express.*
fort, -e [L. *fortis*], **adj.**, *strong; powerful; bad.* **Fort**, *s.m., strong man; main* **point**; *heart; thickest part;* **skill**; *forte; stronghold, fortress, fort.* ——, adv., *very, much.*
fortement, adv., *strongly; hard; tightly; much.*
forteresse [L.L. *fortalitia*, der. from L. *fortis*], *s.f., fortress.*
fortification [L. acc. *fortificationem*], *s.f., fortification.*
fortifier [L. *fortificare*], v.a., 1, *to fortify, strengthen.* Se ——, r.v., *to fortify oneself; to grow stronger.*
fortuit, -e [L. *fortuitus*], adj., *fortuitous, casual, accidental.*
fortuitement, adv., *by accident, by chance.*
fortune [L. *fortuna*], *s.f., fortune; chance, luck; wealth, property.*
fortuné, -e [L. *fortunatus*], adj., *happy, fortunate.*
fosse [L. *fossa*], *s.f., grave, pit.*
fossé [L. L. n. *fossatum*, deriv. from L. *fossa*], *s.m., ditch.*
fossette [dim. of *fosse*], *s.f., pit; dimple.*
fossoyeur [*fossoyer*, "to dig a trench"], *s.m., grave-digger.*
fou, folle [O. Fr. *fol*, from L. L. *follis*, "foolish," from L. *follis*, "a pair of bellows"], adj., *mad, insane, wild.* Fou, *s.m., madman; bishop (chess).*
foudre [O. Fr. *foldre*, from L. n. *fulgur*], *s.f., lightning, thunder.* —— (fig.), *s.m., thunderbolt,* **hero**, *great warrior.*
foudroyant, -e [*pres. part. of foudroyer*], adj., *thundering; crushing; tremendous.*
foudroyer [*foudre*], v.a., 1, *to strike with lightning; crush, destroy; fulminate, anathematize.*

fouet [O. Fr. *fou*, from L. acc. *fagum*, "beech"], *s.m.*, *whip, bundle of twigs, lashes*.

fouetter [*fouet*], *v.a.*, 1, *to beat, whip, flog*.

fougère [L. acc. *filicem*], *s.f.*, *fern*.

fougue [It. *foga*, from L. *fuga*], *s.f.*, *fire, spirit, fury*.

fougueux, -euse [*fougue*], *adj.*, *fierce, fiery, ardent*.

fouille [verbal subst. of *fouiller*], *s.f.*, *digging, excavation*.

fouiller [L. *fodicare*, freq. of *fodere*, "to dig"], *v.a.* and *n.*, 1, *to excavate, dig, search*. Se ——, *r.v.*, *to fumble in one's pockets*.

fouine [O. Fr. *faine*, from L. adj. *fem. fagina*, "of beech"], *s.f.*, *beech-marten, weasel*.

foulard [?], *s.m.*, *silk-handkerchief*.

foule [verbal subst. of *fouler*], *s.f.*, *crowd*.

fouler [L. L. *fullare*, from L. acc. *fullonem*], *v.a.*, 1, *to tread upon, press, crush*.

foulon [L. acc. *fullonem*], *s.m.*, *fuller*.

foulure [*fouler*], *s.f.*, *sprain*.

four [O. Fr. *forn, for*, from L. acc. *furnum*], *s.m.*, *oven, furnace*.

fourbe [It. *furbo*], *adj.*, *cheating, knavish*. ——, *s.f.*, *cheat, imposture*. ——, *s.m.*, *cheat, knave*.

fourberie [*fourbe*], *s.f.*, *imposture, fraud*.

fourbir [O. H. G. *furban*], *v.a.*, 1, *to furbish*.

fourche [L. *furca*], *s.f.*, *fork, pitchfork*.

fourchette [dim. of *fourche*], *s.f.*, *table-fork*.

fourgon [?], *s.m.*, *baggage-waggon, cart; poker*.

fourmi [L. *formica*], *s.f.*, *ant*.

fourmilière [*fourmi*], *s.f.*, *ant-hill* or *-nest, swarm of ants*.

fourmiller [L. L. *formiculare* (?), from L. *formicula*], *v.n.*, 1, *to swarm*.

fournaise [L. acc. *fornacem*], *s.f.*, *furnace*.

fourneau [L. L. acc. *furnellum*, dim. of L. *furnus*, "oven"], *s.m.*, *stove, kitchen-range; furnace*.

fournir [O. H. G. *frumjan*, "to furnish, procure"], *v.a.*, 2, *to supply, give, furnish, provide*.

fournisseur [*fournir*], *s.m.*, *purveyor, tradesman*.

fourniture [*fournir*], *s.f.*, *furnishing; provision, goods*.

fourrage [O. Fr. *foare*, see *fourreau*], *s.m.*, *forage*.

fourrager [*fourrage*], *v.a.* and *n.*, 1, *to forage, plunder*.

fourré [partic. subst. of *fourrer*], *s.m.*, *thicket*.

fourré, -e [p.p. of *fourrer*], *adj.*, *furry, feathered; woody, thick, full of thickets*.

fourreau [dim. of the O. Fr. *fuere*, from the O. H. G. *fôdr*, "sheath." But, in Fr., *fuere* or *foare* meant also "straw, forage"], *s.m.*, *sheath, case, scabbard*.

fourrer [*fourreau*], *v.a.*, 1, *to thrust, push in*. Se ——, *r.v.*, *to thrust oneself; introduce oneself; intrude; meddle; hide oneself*.

fourrure [*fourrer*], *s.f.*, *fur, furred garment*.

fourvoyer [L. *foris*, "out of," and *via*, "way"], *v.a.*, 1, *to mislead*. Se ——, *r.v.*, *to go astray; to blunder*.

foyer [L. L. *n. focarium*, "hearth," dim. of L. *focus*], *s.m.*, *hearth, fireside, native land*.

fracas [It. *fracasso*, "noise, tumult"], *s.m.*, *crash, uproar*.

fracasser [It. *fracassare*], *v.a.*, 1, *to break, shatter*. Se ——, *r.v.*, *to be shattered to pieces*.

fraction [L. acc. *fractionem*], *s.f.*, *part, fraction; breaking*.

fragile [L. *fragilis*], *adj.*, *frail, weak, fragile*. (Fragile is a doublet of *frêle, q.v.*)

fragilité [L. acc. *fragilitatem*], *s.f.*, *fragility, frailty, brittleness*.

fragment [L. n. *fragmentum*], *s.m.*, *fragment, piece, particle*.

fraîche, see *frais*.

fraîchement, *adv.*, *freshly, coolly, recently, newly*.

fraîcheur [*fraîche, fem.* of *frais*], *s.f.*, *freshness, coolness; sweetness, bloom; breeze*.

fraîchir [*fraîche*], *v.n.*, 2, *to freshen, get cool*.

frais [pl. of O. Fr. *frait*, from L. L. n. *fredum*, "a fine," from G. *friede*, "a payment for having broken the public peace"], *s.m. pl.*, *expense, cost*.

frais, fraîche [O. H. G. *frisc*, Modern G. *frisch*], *adj.*, *fresh, cool, sweet, new*.

fraise [L. L. *fragea*, deriv. of L. *n. fragum*], *s.f.*, *strawberry*.

fraise [*frise*], *s.f.*, *ruff*.

fraisier [*fraise*], *s.m.*, *strawberry plant*.

franc [see *Frank*], *s.m.*, *franc (ten pence)*.

franc, -che [L. L. *francus*, "free"], *adj.*, *free, exempt, frank, open-hearted, pure*.

Français, -e [L. L. *francensis*, deriv. of *Franc*], *adj.*, *French*. ——, *s.m.* or *f.*, *Frenchman, Frenchwoman*.

France [*Franc*], *s.f.*, *France*.

franchement [fem. adj. *franche*, and suffix *-ment*], *adv.*, *frankly, openly, sincerely, outright*.

franchir [*franc*], *v.a.*, 2, *to leap over, clear, rush through* or *across, go beyond, break through*.

franchise [*franche, fem.* of the *adj. franc*], *s.f.*, *franchise, frankness, candour, exemption, privilege*.

francisque [L. L. *francisca*, from L. L. *francus*], *s.f.*, *battle-axe*.

frange [O. Fr. *fringe*, from L. pl. *fimbriae*], *s.f.*, *fringe*.

Frank or **Franc** [fem. *Franke* or *Franque*], *adj.* and *s.m.*, *Frank*.

frappant, -e [pres. part. of *frapper*], *adj.*, *striking, impressive, remarkable*.

frapper [N. *flappen*, "to give a blow"], *v.a.*, 1, *to strike; impress, beat*. ——, *v.n.*, *to knock, hit*. Se ——, *r.v.*, *to knock or strike oneself or each other; to be impressed*.

fraternel, -elle [It. *fraternale*, from L. *fraternus*], *adj.*, *fraternal, brotherly*.

fraternellement, *adv.*, *fraternally, brotherly*.

fraterniser [L. adj. *fraternus*], *v.n.*, 1, *to fraternize*.

fraternité [L. acc. *fraternitatem*], *s.f.*, *fraternity, brotherhood*.

FRAUDE.

fraude [L. acc. *fraudem*], *s.f.*, *fraud, deceit, cheat*.

frauder [*fraude*], *v.a.* and *n.*, 1, *to defraud, deceive, cheat*.

frayer [L. *fricare*, "to rub"], *v.a.*, 1, *to trace out (a road), open, prepare*. Se ——, *r.v.*, *to make, open for oneself (a road)*.

frayeur [L. acc. *frigorem*], *s.f.*, *fright, terror*.

fredonner [L. *fritinnire*, "to twitter"], *v.a.* and *n.*, 1, *to hum*.

frégate [It. *fregata*, from L. *fabricata*], *s.f.*, *frigate*.

frein [L. *n. frenum*], *s.m.*, *bridle, bit, curb, restraint, check*.

frêle [O. Fr. *fraile*, from L. *fragilis*], *adj.*, *frail, weak*. (Its doublet is *fragile*, q.v.)

frelon [*frêle*], *s.m.*, *hornet*.

frémir [L. *fremere*], *v.n.*, 2, *to shudder, tremble, quiver, murmur*.

frémissement [*frémir*] *s.m.*, *shudder, quivering, trembling, murmuring*.

frêne [O. Fr. *fresne*, from L. acc. *fraxinum*], *s.m.*, *ash-tree*.

frénésie [L. *phrenesis*, from Gr. φρένησις, "delirium," from φρήν, "thought"], *s.f.*, *frenzy, madness*.

frénétique [L. *phreneticus*], *adj.*, *frenetic, frantic*.

fréquemment [*fréquent*], *adv.*, *frequently, often*.

fréquent, -e [L. acc. adj. *frequentem*], *adj.*, *frequent*.

fréquentatif, -ive, *adj.*, *frequentative*.

fréquenté, -e [p.p. of *fréquenter*], *adj.*, *frequented, attended, of resort, run after*.

fréquenter [L. *frequentare*], *v.a.*, 1, *to frequent, go often to, use; associate with*.

frère [L. acc. *fratrem*], *s.m., brother; friar*.

friand [*frire*], *adj., dainty, fond of*.

friandise [*friand*], *s.f.*, *dainties*.

friche [Gael. *frithe*], *s.f.*, *waste land*. En ——, *uncultivated*.

frimas [O. Fr. *frimer*, "to freeze," O. Scand. *hrim*, "rime, hoar-frost"], *s.m.*, *hoar-frost, frost and snow, cold, winter*.

fringant, -e [*fringuer*,

FRONCEMENT.

"to frisk or skip about"], *adj., frisky, brisk*.

friper (?), *v.a.*, 1, *to gobble down, swallow up*.

fripon, -onne [*friper*, "to swallow;" the original meaning of *fripon* was "gourmand"], *s.m.* or *f.*, *knave, cheat*. ——, *adj., roguish, knavish*.

frire [L. *frigere*], *v.a.*, 4, *to fry*. Faire ——, *to fry*.

frise [Friesland, a word of historical origin], *s.f., curly woollen frieze* (which came from Friesland).

friser [*frise*], *v.a.*, 1, *to frizzle, curl; border upon, graze, pass very near*.

frisson [O. Fr. *friçon*, from L. acc. *frictionem*], *s.m., shivering, shudder*.

frissonnement [*frissonner*], *s.m., shiver, shudder*.

frissonner [*frisson*], *v.n.*, 1, *to shiver, shudder*.

frivole [L. *frivolus*], *adj., frivolous, trifling*.

frivolement, *adv., frivolously*.

frivolité [L. acc. *frivolitatem*], *s.f., frivolity, trifle*.

froc [L.L. acc. *hrocum*, from O. H. G. *hrock*], *s.m., frock, monk's frock*.

froid, -e [L. adj. n. *frigidum*], *adj.* and *s.m., cold, cold weather, coldness*.

froidement, *adv., coldly, coolly, in cold blood; calmly*.

froideur [*froid*], *s.f., coldness, coolness, chill, reserve*.

froidir [*froid*], *v.a.* and *n.*, 2, see *refroidir*.

froissement [*froisser*], *s.m., bruising, clashing, offending, offence*.

froisser [L. L. *frictiare* (?), deriv. from *frictus*, p.p. of *fricare*], *v.a.*, 1, *to bruise, rub violently, offend, hurt*. Se ——, *r.v.*, *to be bruised; to take offence*.

frôlement [*frôler*], *s.m., rustling*.

frôler [L. L. *frictulare* (?), dim. of L. L. *frictare* (?), freq. of L. *fricare*] *v.a.*, 1, *to touch, rustle against; to rub in one's hands*.

fromage [L. L. *formaticum*, sc. *caseum*], *s.m., cheese*.

froment [L. *n. frumentum*], *s.m., wheat, corn*.

froncement [*froncer*], *s.m.*,

FUIR.

knitting, wrinkling. —— des sourcils, *frowning, frown*.

froncer [L.L. *frontiare* (?), deriv. from L. acc. *frontem*], *v.a.*, 1, *to frown, wrinkle up*.

fronde [O. Fr. *fonde*, from L. *funda*], *s.f., sling*. Fronde, *s.f., the Fronde* (in Fr. history).

fronder [*fronde*], *v.a.*, 1, *to sling, fling, rail, carp at*.

frondeur, *s.m., slinger, railer, carper*; Frondeur (in Fr. history). ——, -*euse*, *adj.* and *s.m.* or *f., railing, jeering; railer, jeerer*.

front [L. acc. *frontem*], *s.m., front, forehead; boldness, impudence*.

frontière [L. L. *fronteria*, in medieval documents, from L. acc. *frontem*, "the face-to-face boundaries between two countries"], *s.f., frontier, limit, boundary*.

frontispice [L. L. *n. frontispicium*, from L. *frontem, spicere*], *s.m., frontispiece*. (*Frontispice* (*frontis hominis inspectio*) meant originally the examination of a man's face.)

frottement [*frotter*], *s.m., rubbing*.

frotter [L. L. *frictare* (?), freq. of *fricare*], *v.a.*, 1, *to rub*. Se ——, *r.v.*, *to rub oneself*.

fructidor [L. *fructus*, and Gr. δωρεῖν, "to give"], *s.m., Fructidor* (the twelfth month in the Republican calendar, Aug. 18–Sept. 16).

fructifier [L. *fructificare*], *v.n.*, 1, *to bear fruit*.

fructueux, -euse [L. *fructuosus*], *adj., fruitful*.

frugal, -ale [L. *frugalis*], *adj., frugal*.

frugalement, *adv., frugally*.

frugalité [L. acc. *frugalitatem*], *s.f., frugality*.

fruit [L. acc. *fructum*], *s.m., fruit, production; profit*.

fruitier, -ère [*fruit*], *adj.* and *s.m.* or *f., fruit-bearing; fruiterer*. Arbre ——, *fruit-tree*.

frustrer [L. *frustrari*], *v.a.*, 1, *to frustrate, defraud*.

fugitif, -ive [L. *fugitivus*], *adj., fugitive; fleeting, transient*.

fuir [L. *fugere*], *v.n.*, 2, *to flee, take flight, run away*. Se

FUITE.

——, r.v., *to avoid each other, run away from each other.*
fuite [partic. subst. of *fuir*], *s.f., flight, running away.*
fulminer [L. *fulminare*], v.a., 1, *to fulminate, storm, thunder.*
fumée [partic. subst. of *fumer*], *s.f., smoke.*
fumer [L. *fumare*], **v.a.** and n., 1, *to smoke, steam; manure.*
fumeux, -euse [L. *fumosus*], *adj., smoky.*
fumier [O. Fr. *femier*, from L. L. n. *fimarium*, deriv. of L. n. *fimum*], *s.m., dunghill, manure.*
funèbre [L. *funebris*], *adj., funereal, mournful, ominous.*
funérailles [L. L. pl. n. *funeralia*], *s.f. pl., funeral.*
funeste [L. *funestus*], *adj., fatal, baleful.*
funestement, *adv., sadly, fatally.*
fur [L. n. *forum*, in the sense of "price"], *s.m., in proportion.* Au —— et à mesure, *in proportion, by degrees, as soon as.*
furet [L. acc. *furonem* (in Isidore of Seville)], *s.m., ferret.*
fureter [*furet*], v.n., 1, *to ferret, rummage, ransack.*
fureur [L. acc. *furorem*], *s.f., fury; frenzy, enthusiasm, rapture.*
furie [L. *furia*], *s.f., fury, rage; height.*
Furies [L. *furiae*], *s.f. pl., the Furies.*
furieusement, *adv., furiously, awfully, dreadfully.*
furieux, -euse [L. *furiosus*], *adj., furious, enraged, terrible.*
furtif, -ive [L. *furtivus*], *adj., furtive, stealthy, secret.*
furtivement, *adv., stealthily, secretly.*
fuseau [O. Fr. *fusel*, from L. L. acc. *fusellum*, from L. *fusus*], *s.m., spindle, distaff.*
fusée [*fuseau*], *s.f., spindle-full; rocket.*
fusil [It. *focile*, from L. L. *focile*, "steel" (to strike fire with), from L. *focus*], *s.m., gun, musket, firelock; steel.* Coup de ——, *gun-shot. Coups de ——, reports of gun or musketry.*
fusilier [*fusil*], *s.m., fusileer, private.*

GAIN.

fusillade [*fusiller*], *s.f., volley of musketry, firing, shooting.*
fusiller [*fusil*], v.a., 1, *to shoot, fire at.*
fusion [L. acc. *fusionem*], *s.f., fusion, melting; coalition.* (Its doublet is *foison, q.v.*)
fustiger [L. *fustigare*, from *fustis*, "stick"], v.a., 1, *to beat, whip.*
fût [O. Fr. *fust*, from L. acc. *fustem*], *s.m., cask, stock, shaft.*
futaie [*fût*], *s.f., wood, forest.* Arbre de haute ——, *timber-tree.*
futaille [*fût*], *s.f., barrel, cask.*
futile [L. *futilis*], *adj., futile, trifling.*
futilité [L. acc. *futilitatem*], *s.f., futility, frivolity.*
futur, -e [L. *futurus*, part. of *sum*], *adj., future, to come.* Futur, *s.m., futurity, future; intended, bridegroom.* Future, *s.f., bride.*
fuyard, -e [*fuir*], *adj.* and *s.m.* or *f., fugitive, runaway.*

G

gabelle [L. L. *gablum*, from A.-S. *gafol*, "tax"], *s.f., gabel, salt-tax.*
gaffe [Gael. *gaf*], *s.f., boat-hook.*
gage [L. L. n. *vadium*, from Goth. *vadi*], *s.m., pledge, forfeit.* ——s, *s.m. pl., wages.*
gager [*gage*], v.a., 1, *to wager, bet.*
gageure [*gager*], *s.f., wager, bet.*
gagne-petit [*gagner*, q.v.], *s.m., knife-grinder.*
gagner [O. H. G. *weidanjan*, "to pasture cattle," in L. L. *weidaniare*, "to make profit by pasturing cattle"], v.a., 1, *to gain, win, earn; reach.*
gai, -e [O. H. G. *gâhi*, "alert, lively"], *adj., gay, blithe, merry, cheerful.*
gaiement or **gaîment**, *adv., cheerfully, merrily.*
gaillard, -e [Gael. *galach*, "courage"], *adj., gallant, spirited, jolly, jovial.* Gaillard, *s.m., jolly fellow.*
gain [O. Fr. *gaaing*, verbal subst. of *gagner*], *s.m., gain, profit.*

GARDE-CHASSE.

gaine [L. *vagina*], *s.f., sheath, case.*
gaîté or **gaieté** [*gai*], *s.f., gaiety, mirth, cheerfulness.*
galamment [*galant*], *adv., politely, gallantly.*
galant, -e [O. Fr. v. *galer*, "to rejoice," from A.-S. *gâl*], *adj., good, worthy, genteel, gallant.*
galanterie [*galant*], *s.f., politeness, attention, compliment, gallantry.*
galère [It. *galera*], *s.f., galley.* ——s, *s.f. pl., galleys, penal servitude.*
galerie [O. Fr. *galilée*, from L. L. *galilea*, "a long church-porch"], *s.f., gallery, passage.*
galérien [*galère*], *s.m., galley-slave, convict.*
galet [O. Fr. *gal*, from Gael. *gal*], *s.m., pebble, shingle.*
galop [verbal subst. of *galoper*], *s.m., gallop.*
galoper [Goth. *gahlaupan*, compd. of *hlaupan*, "to run," and the prefix *ga*], v.n., 1, *to gallop, run about, make haste.*
gambade [O. Fr. *gambe*, for *jambe*, q.v.], *s.f., gambol, caper.*
gambader [*gambade*], v.n., 1, *to gambol, caper.*
gant [L. L. acc. *wantum*, Swedish *wante*, from O. Scand. *vöttr*], *s.m., glove.*
gantelet [dim. of *gant*], *s.m., gauntlet.*
garant [L. L. acc. *warantum*, from O. H. G. *werên*, "to furnish, pledge"], *s.m., guarantee, surety, voucher.*
garantie [partic. subst. of *garantir*], *s.f., pledge, security, voucher.*
garantir [*garant*], v.a., 2, *to guarantee, warrant, be security for.* Se ——, r.v., *to shelter, screen oneself.*
garçon [dim. of *gars*, "boy," from L.L. acc. *garcionem*. Gael. *garsun*], *s.m., boy, lad; bachelor; waiter, journeyman.*
garde [verbal subst. of *garder*], *s.f., guard; keeping; watch.* Se tenir en ——, *to be on one's guard.* Être sur ses ——s, *to be on the watch.* Avoir —— de, *to be careful not to; to take good care not to; to know better than to ...* ——, *s.m., guardsman.*
garde-chasse [*garde, chasse, q.v.*], *s.m., gamekeeper*

garde-côte [*garde, côte,* q.v.], *s.m., coast-guard.*
garder [O. H. G. *warten,* "to watch over"], v.a., 1, *to keep; look after.* Se ——, r.v., *to beware; to be kept, preserved.*
gardien, -enne [*garder*], *s.m.* or *f., guardian, keeper.*
gare [verbal subst. of *garer*], *s.f., station, terminus.* ——! *interj., look out! mind!*
garer [O. H. G. *warôn*], v.a., 1, *to shunt, dock.* Se ——, r.v., *to get out of the way, avoid, beware.*
garenne [Medieval L. *warenna,* from O. H. G. *warôn,* "to forbid"], *s.f., warren.*
garni, -e [p.p. of *garnir*], adj., *furnished, provided with, set, adorned (with).* Garni, *s.m.; furnished lodgings, lodging-house.* Appartements ——s, *furnished apartments.*
garnir [A.-S. *warnian,* "to protect, defend"], v.a., 2, *to furnish, fill, stuff; set, adorn, mount.*
garnison [*garnir*], *s.f., garrison.*
gars [see *garçon*], *s.m., boy, fellow, lad.*
Gascon, -onne [L. acc. *Vasconem,* "an inhabitant of Vasconia"], *s.m.* or *f.,* and adj., *Gascon, braggart.*
gasconnade [*Gascon*], *s.f., gasconade, boast, bragging.*
gaspiller [A.-S. *gespillan,* "to waste"], v.a., 1, *to squander, waste.*
gastronome [see *gastronomie*], *s.m., gastronomist, gastronomer.*
gastronomie [Gr. γαστρονομία, "the art of regulating the stomach," from γαστήρ, gen. γαστρός, "stomach," and νόμος, "law, regulation"], *s.f., gastronomy.*
gâteau [O. Fr. *gastel,* from O. H. G. *wastel,* "to waste"], *s.m., cake.*
gâter [O. Fr. *gaster,* from O. H. G. *wastel,* "to spoil, waste," or from L. *vastare*], v.a., 1, *to spoil, soil, damage, waste.* Se ——, r.v., *to be or get spoiled, soiled, damaged.*
gauche [fem. form of *gauc,* originally *galc,* from O. H. G. *welk,* "weak"], *s.f., the left hand* (lit. "the weak hand"). ——, adj., *left, awkward, clumsy.*

gauchement, adv., *awkwardly, clumsily.*
gaule [formerly *waule,* from Friesish *walu,* "stick"], *s.f., long pole, switch.*
Gaule [L. *Gallia*], *s.f., Gaul.*
Gaulois [*Gaule*], *s.m.,* a *Gaul.* ——, -e, adj., *Gallic, old, old French, rough, unpolished; honest, frank.*
gaz [word invented by the Flemish alchemist Van Helmont, in the 16th century, from the Flemish *geest,* G. *geist,* "spirit"], *s.m., gas.*
gazelle [Arab. *ghaza,* introduced from Africa by the Crusaders, in the time of St. Louis], *s.f., gazelle.*
gazette [It. *gazzetta,* properly "a small coin," the price of the newspaper sold at Venice, in the 16th century], *s.f., gazette, newspaper.*
gazon [O. H. G. *waso*], *s.m., grass, turf.*
gazouillement [*gazouiller*], *s.m., warbling, chirping, singing.*
gazouiller [O. Fr. *gaziller,* dim. of *gaser* for *jaser,* from Scand. *gassi,* "a prattler;"—or Breton *geiz, geid,* "warbling," from Kymr. *gyth,* "murmur"], v.n., 1, *to warble, chirp, sing, prattle.*
geai (O. Fr. *gai;* see *gai,* adj.], *s.m., jay.*
géant, -e [L. L. acc. *gigantem,* from Gr. γίγας], *s.m.* or *f., giant; giantess.*
gelée [partic. subst. of *geler,* "to freeze"], *s.f., frost.* —— blanche, *hoar-frost.*
geler [L. *gelare*], v.a. and n., 1, and so ——, r.v., *to freeze.*
gémir [L. *gemere*], v.n., 2, *to groan, moan, wail.*
gémissant, -e [pres. part. of *gémir*], adj., *groaning, moaning, wailing.*
gémissement [*gémir*], *s.m., groan, moan, lamentation, murmur.*
gemme [L. *gemma*], adj. and *s.f., gem.* Pierre ——, *precious stone;* sel ——, *rock-salt.*
gendarme [*gens,* de, *armes,* q.v.], *s.m., gendarme, policeman.*
gendre [L. acc. *generum*], *s.m., son-in-law.*
géne [contrd. from *gehenne,* from L. *gehenna,* from Gr. γέεννα, from Heb. *gehinnom* =

geia, Hinnom, "the valley of Hinnom," and *fig.* "the place of eternal doom"], *s.f., inconvenience, pain, constraint, want, need.*
gêner [*gêne*], v.a., 1, *to hinder, disturb, constrain, thwart, straiten.* Se ——, r.v., *to inconvenience, disturb, trouble, straiten oneself; to stand on ceremony.*
général, -e [L. *generalis*], adj., *general.* Général, *s.m., general, chief, commander.* En ——, *in general, generally.*
généralement, adv., *in general, generally.*
généralité [L. acc. *generalitatem*], *s.f., generality.*
génération [L. acc. *generationem*], *s.f., generation, descent.*
généreusement, adv., *generously, liberally, nobly.*
généreux [L. *generosus*], adj., *generous, liberal, noble, brave, courageous.*
générosité [L. acc. *generositatem*], *s.f., generosity, liberality, nobleness, bravery.*
génie [L. acc. *genium*], *s.m., genius, spirit, talent; engineering, engineers.*
genièvre [L. acc. *juniperum*], *s.m., juniper; gin.*
génisse [L. acc. *junicem*], *s.f., heifer.*
génitif [L. acc. *genitivum*], *s.m., genitive case.*
géniture [L. *genitura*], *s.f., offspring, child, progeny.*
genou [O. Fr. *genouil,* from L. n. *geniculum,* dim. of *genu*], *s.m., knee.*
genre [L. *genere,* abl. of *genus,* Gr. γένος], *s.m., kind, description, gender, species.*
gens [pl. of *gent,* "nation," from L. acc. *gentem*], s.pl., m. and *f., people; inhabitants.* Jeunes ——, *young men, young people.*
gent [L. acc. *gentem*], *s.f., tribe, race, people.*
gentil, -ille [L. *gentilis*], adj., *pretty, nice.*
gentilhomme [*gentil,* homme, q.v.], *s.m., nobleman, lord, noble.*
gentillesse [*gentil*], *s.f., prettiness, gracefulness.*
gentiment [*gentil,* old fem. adj., and suffix *-ment*], adv., *gently, nicely, prettily.*
génuflexion [L. L. acc.

GÉOGRAPHE.

genuflexionem, from L. *n. genu*, " knee," and *flectere*, " to bend "], *s.f., genuflexion.*

géographe [Gr. γεωγράφος, from γῆ, " earth," and γράφειν, " to write, describe "], *s.m., geographer.*

géographie [Gr. γεωγραφία], *s.f., geography.*

geôle [O. Fr. *gaiole*, from L. L. *caveola* (?), which became *gabiola* in the 12th century, dim. of L. *cavea*], *s.f., gaol, prison.* (*Geôle* meant formerly " a cage.")

geôlier [*geôle*], *s.m., gaoler, turnkey.*

géomètre [Gr. γεωμέτρος, from γῆ, " earth," and μέτρον, " measure "], *s.m., geometrician.*

géométrie [Gr. γεωμετρία], *s.f., geometry.*

gerbe [O. Fr. *garbe*, from O. H. G. *garba*], *s.f., sheaf.*

gérer [L. *gerere*], *v.a.*, 1, *to manage, administer.*

Germain [L. *Germanus*], *s.m.*, German. ——, -e, *adj.*, German. Cousin germain, *first-cousin.*

germanique [L. *Germanicus*], *adj., Germanic.*

germe [L. *n. germen*], *s.m.; germ, shoot; cause, principle.*

germer [*germe*], *v.n.*, 1, *to shoot, sprout, spring up.*

germinal, -e [L. *germinalis*], *adj., germinal.* Germinal, *Germinal*, *s.m.* (seventh month in the Republican calendar, March 21–April 19).

germination [L. acc. *germinationem*], *s.f., germination.*

gérondif [L. acc. *gerundivum*], *s.m., gerund.*

gésir [L. *jacere*], *v.n.* and *def.*, 2, *to lie.*

geste [L. acc. *gestum*], *s.m., gesture, sign, wave (of the hand).*

gesticuler [L. *gesticulari*], *v.n.*, 1, *to gesticulate.*

gestion [L. acc. *gestionem*, from *gestum*, *sup.* of *gerere*], *s.f., management, administration.*

gibecière [see *gibier*], *s.f., game-bag.*

giberne [It. *giberna*, from L. L. *giba*, " bale," from Gr. κίββα, " pouch "], *s.f., cartridge-box.*

gibet [It. *giubbetto*], *s.m., gibbet, gallows.*

GLOBE.

gibier [O. Fr. v. *gibeer = giboyer*, " to go hunting with a *gibe*, a stick "], *s.m., game.*

gigantesque [It. *gigantesco*], *adj., gigantic, enormous.*

gigot [*gigue*, " leg "], *s.m., leg of mutton.*

gilet [*gille*, " a clown " (*gilet* was formerly the name of the sleeveless waistcoat worn by clowns)], *s.m., waistcoat.*

girafe [Arab. *zuráfa*], *s.f., giraffe.*

girouette [O. Fr. v. *girer*, from L. *gyrare*, " to turn round," from Gr. γύρος, " circle "], *s.f., vane, weathercock.*

gisant [L. acc. *jacentem*, pres. part. of *jacere*], *adj., lying* (ill or dead). See *gesir.*

gît, 3rd p. *sing.*, pres. Ind. of *gésir.* Ci ——, *here lies.*

gîte [L. L. *gista*, representing L. L. *jacita*, " a sleeping place," from L. *jacere*], *s.m., lodging, home, form.*

givre [L. n. *gelicidium*], *s.m., rime, hoar-frost.*

glace [L. acc. *glaciem*], *s.f., ice, coldness; plate-glass, looking-glass.*

glacer [*glace*], *v.n.*, 1, *to freeze, ice.*

glacial, -e [L. *glacialis*], *adj., freezing, icy.*

glacier [*glace*], *s.m., glacier.*

glaçon [*glace*], *s.m., block of ice.*

gladiateur [L. acc. *gladiatorem*], *s.m., gladiator.*

glaïeul [L. acc. *gladiolum*], *s.m., gladiolus, sword-lily, corn-flag.*

glaive [L. acc. *gladium*], *s.m., sword.*

gland [L. acc. *glandem*], *s.m., acorn; tassel.*

glande [L. acc. *glandem*], *s.f., gland, tumour.*

glaner [L. L. *glenare*, " to glean," or L. L. *gelina*, " handful "], *v.a.* and *n.*, 1, *to glean.*

glaneur, -euse [*glaner*], *s.m.* or *f., gleaner.*

glisser [N. *glitsen*], *v.n.*, 1, *to slide, glide, touch lightly.* ——, *v.a.*, 1, *to slip, introduce, insinuate, whisper.* Se ——, *r.v., to creep in, steal.*

globe [L. acc. *globum*], *s.m.,*

GOULU.

globe, orb, ball. —— *de feu, fire-ball.*

gloire [L. *gloria*], *s.f., glory, fame.* [riously.

glorieusement, *adv., gloriously.*

glorieux, -euse [L. *gloriosus*], *adj., glorious; proud, vain.*

glorifier [L. *glorificare*], *v.a.*, 1, *to glorify, give glory to, honour.* Se ——, *r.v., to glory in, pride oneself upon.*

glousser [L. *glocire*], *v.n.*, 1, *to cluck.*

glouton, -onne [L. acc. *gluttonem*], *adj.* and *s.m.* or *f., gluttonous, greedy; glutton.*

gloutonnement, *adv., gluttonously, greedily.*

glu [L. n. *gluten*], *s.f., bird-lime, glue.*

gluant, -e [pres. part. of *gluer*], *adj., limy, clammy, sticky.*

gluau [*glu*], *s.m., lime-twig.*

gluer [*glu*], *v.a.*, 1, *to lime, make sticky.*

gond [L. L. *gumphum*, from Gr. γόμφος, " nail "], *s.m., hinge.* Hors des ——s, *off the hinges; fig., beside oneself.*

gonflement [*gonfler*], *s.m., swelling; inflation; increase.*

gonfler [L. L. *conflare*], *v.a.*, 1, *to inflate, swell out.* Se ——, *r.v., to swell oneself up.*

gorge [L. acc. *gurgitem*, prop. " a whirlpool "], *s.f., throat, pass, defile.* A déployée, *with open throat, i.e. heartily.* Faire des —— chaudes, *to laugh at, make fun of.*

gorgée [*gorge*], *s.f., draught, mouthful.*

gosier (?), *s.m., throat, gullet, voice.*

gothique [L. *Gothicus*], *adj., Gothic.*

Goths, *s.m. pl., the Goths.*

goudron [Arab. *kathrán*], *s.m., tar.*

goudronné, -e [pp. of *goudronner*], *adj., tarred.* Toile ——e, *tarpaulin.*

goudronner [*goudron*], *v.a.*, 1, *to tar.*

gouffre [O. Fr. *golfre*, from Gr. κόλπος], *s.m., abyss, gulf, whirlpool.*

goulot [O. Fr. *goule*, " mouth," from L. *gula*], *s.m., neck (of a bottle).*

goulu, -e [*goule*, O. Fr. for

GOULUMENT.

gueule, q.v.], *adj., greedy, gluttonous.*
goulument, *adv., greedily, gluttonously.*
gourde [O. Fr. *gouourde, gougourde*, from L. *cucurbita*], *s.f., gourd, pilgrim's bottle.*
gourmand, -e [?], *adj.* and *s.m.* or *f., gluttonous, greedy; gourmand, glutton.*
gourmandise [*gourmand*], *s.f., gormandizing, gluttony, greediness.*
gourmet [O. Fr. *groumet*, "a wine-merchant's man," dim. of *groume*, "a boy," for N. *grom*], *s.m., judge of wines and good living, epicure.*
gousse [It. *guscio*], *s.f., pod, husk, shell.*
gousset [dim. of *gousse*], *s.m., fob.*
goût [L. acc. *gustum*], *s.m., taste, inclination, fancy, liking.*
goûté or **goûter** [*goûter, v.*], *s.m., luncheon.*
goûter [L. *gustare*], *v.a.,* 1, *to taste, relish, like, appreciate.*
goutte [L. *gutta*], *s.f., drop; gout.*
gouttière [*goutte*], *s.f., gutter, spout.*
gouvernail [L. n. *gubernaculum*], *s.m., helm, rudder.* (The *pl.* is *gouvernails.*)
gouvernement [*gouverner*], *s.m., government.*
gouverner [L. *gubernare*], *v.a.,* 1, *to govern, rule, sway, guide, manage, conduct.* Se ——, *r.v., to govern oneself; to be governed.*
gouverneur [L. acc. *gubernatorem*], *s.m., governor, master.* (The *fem.* is *gouvernante.*)
grabat [L. acc. *grabatum*, Gr. κράβατος], *s.m., pallet.*
grâce [L. *gratia*], *s.f., grace, favour; gracefulness.* Demander ——, *to beg pardon, cry for mercy.* —— à, *by means of, thanks to.* De ——, *for mercy's sake.* Rendre ——s, *to thank, return thanks.*
gracieusement, *adv., kindly, graciously.*
gracieux, -euse [L. *gratiosus*], *adj., gracious, graceful, kind, obliging.*
gradation [L. acc. *gradationem*], *s.f., gradation, degrees.*
grade [L. acc. *gradum*],

GRATUIT.

s.m., grade, rank, degree, position.
gradin [*grade*], *s.m., step, seat (in tiers).*
gradué, -e *p.p.* of *graduer*], *adj., graduated, progressive.* ——, *s.m.* or *f., graduate.*
graduel, -elle [L. acc. *gradum*], *adj., gradual.*
graduellement, *adv., gradually.*
graduer [L. *gradus*], *v.a.,* 1, *to graduate; increase, raise.*
grain [L. n. *granum*], *s.m., grain, corn; seed, berry.*
graine [*grain*], *s.f., grain, berry, seed.*
graisse [*gras, q.v.*], *s.f., fat, fatness, grease.*
graisser [*graisse*] *v.a.,* 1, *to grease, make greasy.*
grand, -e [L. *grandis*], *adj., great, large; high, tall; noble, advanced (of age).* Les ——s, *s.m. pl., the great, the nobles.* Grand-père, *s.m., grandfather;* grand'mère, *s.f., grandmother.*
grandement, *adv., greatly, much, largely, highly.*
grandeur [*grand*], *s.f., greatness, grandeur.* —— d'âme, *magnanimity.*
grandir [L. *grandire*], *v.n.,* 2, *to grow tall, increase, spring up, flourish.*
grange [L. L. *granea*, deriv. of L. n. *granum*], *s.f., barn.*
granit [L. L. *granitum*, from L. n. *granum*], *s.m., granite.*
grappe [L. L. *grappa*, from O. H. G. *chrapfo*, Mod. G. *krappen*, "hook"], *s.f., bunch (clustered fruit).*
gras, -se [O. Fr. *cras*, from L. *crassus*], *adj., fat, fleshy, greasy.* Gras, *s.m., fat, flesh.*
gratification [L. acc. *gratificationem*, "a showing kindness"], *s.f., gratuity, present.*
gratifier [L. *gratificari*], *v.a.,* 1, *to favour, oblige, bestow.*
gratitude [L. acc. *gratitudinem*], *s.f., gratitude.*
gratter [L. L. *cratare*], *v.a.,* 1, *to scrape, scratch.* Se ——, *r.v., to scratch oneself or each other.*
gratuit, -e [L. *gratuitus*], *adj., gratuitous, wanton.*

GRENADIER.

gratuitement, *adv., gratuitously, gratis, wantonly.*
grave [L. *gravis*], *adj., grave, serious, stern, important.*
gravement, *adv., gravely, seriously, severely.*
graver [N. *graven*], *v.a.,* 1, *to engrave.* Se ——, *r.v., to be engraved, impressed (on one's mind).*
graveur [*graver*], *s.m., engraver.*
gravier [O. Fr. *grave*, "sand mixed with stones"], *s.m., gravel.*
gravir [It. *gradire*, from L. *gradus*], *v.a.,* 2, *to climb up, ascend.*
gravité [L. acc. *gravitatem*], *s.f., gravity, graveness, solemnity, importance.*
gravure [*graver*], *s.f., engraving, cut.*
gré [L. *adj.* n. *gratum*], *s.m., will, pleasure, inclination, taste.* Bon ——, *mal* ——, *willingly or unwillingly.* Au —— de, *according to, with.*
Grec, Grecque [L. *Graecus*], *adj.* and *s.m.* or *f., Greek.*
Grèce [L. *Graecia*], *s.f., Greece.*
gréement [*gréer*], *s.m., rigging.*
gréer [Goth. *ge-raidjan*, "to get ready"], *v.a.,* 1, *to rig, fit out.*
greffe [L. L. *graphium*, from Gr. γραφίον, "a stilus for writing with"], *s.m., record-office.* ——, *s.f., graft.*
greffer [*greffe, s.f.*], *v.a.,* 1, *to graft.* Se ——, *r.v., to be grafted.*
greffier [*greffe, s.m.*], *s.m., registrar, recorder.*
grêle [L. *gracilis*], *adj., slim, thin, slender, small, weak.*
grêle [see *grésil*], *s.f., hail.*
grêler [*grêle*], *v. impers.,* 1, *to hail.*
grêlon [*grêle*], *s.m., hailstone.*
grenade [see *grenadier*], *s.f., pomegranate; grenade (artillery).*
grenadier [*grenade*, from L. n. *granatum* (sc. *malum*), "an apple full of grains"], *s.m., properly pomegranate-tree; grenadier (soldier).*

GRENIER.

grenier [L. *pl. n. granaria*], *s.m.*, *granary, loft*.
grenouille [L. *ranuncula*], *s.f.*, *frog*.
grenu, -e [*grain*], *adj.*, *corned, granular*.
grès [O. H. G. *gries*, "*gravel*"], *s.m.*, *sandstone*.
grésil [*grès*], *s.m.*, *sleet*.
grève [see *gravier*], *s.f.*, *strand*.
grief [L. *adj. n. grave*], *s.m.*, *grievance, wrong, injury*. ——, **-ière**, *adj.*, *grievous, serious, severe*.
griffe [O. H. G. *griff*, "anything to seize with"], *s.f.*, *claw*.
griffer [*griffe*], *v.a.* and *n.*, 1, *to claw, scratch*.
griffon [L. acc. *gryphum* or *grypum*, from Gr. γρυψ, "vulture"], *s.m.*, *griffon, tawny vulture*.
griffonner [*griffon, -onne*, *s.m.* or *f.*, "scribbler"], *v.a.* and *n.*, 1, *to scrawl, scribble*.
gril [L. L. acc. *craticulum*, masc. form of *craticula*], *s.m.*, *gridiron*.
grillage [*griller*], *s.m.*, *grilling, burning*. —— [*grille*], *wire-work* or *lattice*; *grating, railing*.
grille [L. *craticula*, deriv. of L. *crates*], *s.f.*, *grate, railing, bars, iron gates*.
griller [*grille*], *v.a.*, 1, *to grill, broil, burn, scorch*.
grimace [O. Scand. *grima*, "mask"], *s.f.*, *grimace, grin, wry face*.
grimacer [*grimace*], *v.n.*, 1, *to grin, make wry faces*.
grimper [N. *grippen*, "to seize"], *v.a.* and *n.*, 1, *to climb, climb up, creep, creep up*. *Être grimpé*, *to be perched up*.
grincer [O. H. G. *gremizôn*, "to grind one's teeth"], *v.a.* and *n.*, 1, *to gnash, grind, grate*.
Grippeminaud [*gripper*, "to pounce upon," *minaud*, "a cat"], *s.m.*, *Grimalkin*.
gripper [Dutch *grijpen*, G. *greifen*, "to seize"], *v.a.*, 1, *to grip, seize*.
gris, -e [O. H. G. *gris*, "grey-haired"], *adj.*, *grey; grey-headed; tipsy*.
grison, -onne [*gris*], *adj.*, *grey-headed*. *Grison*, *s.m.*, *donkey*.
grisonner [*grison*], *v.n.*, 1, *to get* or *turn grey, become*

GUERRE.

grizzled (of persons' hair or beard).
grognement [*grogner*], *s.m.*, *grunt, growl, snarl; groan*.
grogner [L. *grunnire*, "to grunt" (said of pigs)], *v.n.*, 1, *to growl, grumble, grunt*.
gronder [L. *grundire* = *grunnire*], *v.a.* and *n.*, 1, *to scold, grumble, roar, peal*.
gros, -se [L. L. *grossus*], *adj.*, *big, large; great, stout, considerable*.
groseille [H. G. *kräuselbeere*], *s.f.*, *currant*.
groseillier [*groseille*], *s.m.*, *currant-bush*.
grosseur [*gros*], *s.f.*, *bigness, bulk, stoutness, large size*.
grossier, -ère [*gros*], *adj.*, *coarse, rough, rude, unpolished*.
grossièrement, *adv.*, *coarsely, roughly, rudely*.
grossièreté, *s.f.*, *coarseness, roughness, rudeness*.
grossir [*gros*], *v.a.*, 2, *to enlarge, make bigger*. ——, *v.n.*, *to grow bigger*. Se ——, *r.v.*, *to increase, swell, rise*.
grotesque [It. *grottesca*, from *grotta*, "grotto" (on account of the arabesque pictures found in ancient caves, especially in the thermal baths of Titus at Rome)], *adj.*, *grotesque*.
groupe [It. *groppo*], *s.m.*, *group, cluster, flock, crowd*.
grouper [*groupe*], *v.a.* and *n.*, 1, *and se* ——, *r.v.*, *to gather together*.
grue [L. L. *grua*, fem. form of *grus*], *s.f.*, *crane*.
gué [L. *n. radum*], *s.m.*, *ford*.
guenille [?], *s.f.*, *rag, tatters*.
guêpe [L. *vespa*], *s.f.*, *wasp*.
guère and **guères** [O. H. G. *ne weigaro*, "not much"], *adv.*, *not much, not very*.
guéret [L. *n. vervactum*, "fallow ground"], *s.m.*, *ploughed land, corn-field*.
guérir [O. H. G. *warjan*, "to protect, defend"], *v.a.*, 2, *to cure, heal, remedy*. Se ——, *r.v.*, *to get* or *to be cured; to cure oneself*.
guérison [*guérir*], *s.f.*, *cure, recovery*.
guerre [O. H. G. *werra*, "a quarrel"], *s.f.*, *war*.

HABITATION.

guerrier, -ière [*guerre*], *adj.*, *warlike*. *Guerrier*, *s.m.*, *warrior*.
guet [O. H. G. *wahta*, "watch"], *s.m.*, *watch*.
guet-apens [*guet*, *apensé* (from *à*, *penser*), "premeditated"], *s.m.*, *lying in wait, ambush, snare*.
guetter [*guet*], *v.a.*, 1, *to watch, lie in wait for*.
gueule [L. *gula*], *s.f.*, *mouth (of animals)*.
gueux [doublet of *queux*, from L. *coquus*, "cook"], *s.m.*, *beggar; scoundrel*.
guide [It. *guida*], *s.m.*, *guide, leader*. ——, *s.f.*, *rein; stage-fee*.
guider [*guide*], *v.a.*, 1, *to guide, lead*. Se ——, *r.v.*, *to be guided; to guide oneself, go by*.
guillotine [from *Guillotin*, the name of the French physician who invented it], *s.f.*, *guillotine*.
guillotiner [*guillotine*], *v.a.*, 1, *to guillotine, behead*.
guirlande [It. *ghirlanda*], *s.f.*, *garland, wreath*.
guise [O. H. G. *wisa*], *s.f.*, *wise, way, manner*. *En de*, *instead of*.
guttural, -ale [L. L. *gutturalis* (?), from L. *n. guttur*], *adj.*, *guttural*.

H

habile [L. *habilis*], *adj.*, *able, skilful, clever*. ——, *s.m.*, *clever man*.
habilement, *adv.*, *ably, skilfully, cleverly*.
habileté [L. acc. *habilitatem*], *s.f.*, *ability, cleverness, skilfulness, talent*.
habillement [*habiller*], *s.m.*, *clothes, clothing*.
habiller [L. *adj. habilis*, "fit, proper," prop. "to make fit for," thence "dress"], *v.a.*, 1, *to clothe, dress*. S'——, *r.v.*, *to dress oneself*.
habit [L. acc. *habitum*], *s.m.*, *dress, clothes*.
habitable [L. acc. *adj. habitabilem*], *adj.*, *habitable*.
habitant [*pres. part.* of *habiter*], *s.m.*, *inhabitant*.
habitation [L. acc. *habitationem*], *s.f.*, *habitation, dwelling, abode*.

HABITER.

habiter [L. *habitare*], *v.a.*, 1, *to inhabit, to live or dwell in.*
habitude [L. acc. *habitudinem*], *s.f.*, *habit, custom, use.*
habituel, -elle [L. L. *habitualis*], *adj.*, *habitual, usual.*
habituellement, *adv.*, *habitually, usually.*
habituer [L. *habituare*], *v.a.*, 1, *to accustom.* S'——, *r.v.*, *to get used to, to accustom oneself to.*
hache [O. H. G. *hacco*], *s.f.*, *axe, hatchet.*
hacher [*hache*], *v.a.*, 1, *to chop, hash, mince.*
hachette [dim. of *hache*], *s.f.*, *hatchet.*
hagard, -e [O. Engl. *hanke*, "hawk"], *adj.*, *haggard, wild.*
haie [L. L. *haga*, from O. H. G. *haga*, "hedge"], *s.f.*, *hedge, fence.*
haillon [O. H. G. *hadil*, "rag"], *s.m.*, *rag, tatter.*
haine [*hair, q.v.*], *s.f.*, *hatred.*
haineux, -euse [*haine*], *adj.*, *hateful, spiteful.*
hair [O. Fr. *hadir*, from Goth. *hatan*, A.-S. *hatian*, "to hate"], *v.a.*, 2, *to dislike, hate.* Se ——, *r.v.*, *to hate oneself or each other.*
hâle [verbal subst. of *hâler*], *s.m.*, *heat, sun-burn, tawny complexion.*
hâlé, -e [*p.p.* of *hâler*], *adj.*, *sun-burnt.*
haleine [O. Fr. *aleine*, from O. Fr. v. *alener*, "to breathe," from L. *anhelare*], *s.f.*, *breath; wind.*
hâler [Flemish *hael*, "dry"], *v.a.*, 1, *to burn, brown, tan.*
haletant, -e [*pres. part.* of *haleter*], *adj.*, *panting, out of breath.*
haleter [L. *halitare*], *v.n.*, 1, *to pant.*
halle [O. H. G. *halla*, "temple"], *s.f.*, *hall, market.*
hallebarde [It. *alabarda*, from O. G. *helmbarte*, from *helm*, "handle," and *barte*, "axe"], *s.f.*, *halberd.*
hallucination [L. acc. *hallucinationem*], *s.f.*, *hallucination, delusion.*
halluciné, -e [L. *hallucinatus*, *p.p.* of *hallucinari*], *adj.*, *hallucinated, deluded.*
halte [O. Fr. *halt*, from G.

HARPE.

halten, "to stop"], *s.f.*, *halt, halting-place.*
hamac [Amer. Ind. *hamaca*, "a net"], *s.m.*, *hammock; netting or strong cloth, suspended by the corners and used as a bed by sailors.*
hameau [O. Fr. *hamel*, dim. of A.-S. *ham*, "dwelling"], *s.m.*, *hamlet.*
hameçon [L. L. acc. *hamicionem* (?), dim. of L. *hamus*], *s.m.*, *fish-hook.*
hampe [G. *handhabe*, "handle"], *s.f.*, *staff, handle.*
hanche [O. H. G. *ancha*, "leg"], *s.f.*, *hip, haunch.*
hangar [O. Fr. *angar*, from L. L. n. *angarium*, "shoeing-shed"], *s.m.*, *shed, cart-house.*
hanneton [dim. of G. *hahn*], *s.m.*, *cockchafer.*
Hanovre, *s.m.*, *Hanover.*
hanter [L. *habitare*], *v.a.*, 1, *to haunt, frequent, keep company with.*
happer [N. *happen*, "to bite"], *v.a.*, 1, *to snap up.*
harangue [O. H. G. *hring*, "assembly, circle"], *s.f.*, *harangue, address.*
haranguer [*harangue*], *v.a.*, 1, *to address, harangue.*
harasser [?], *v.a.*, 1, *to harass, fatigue, tire out.*
harceler [*aerce* for *herse*, "harrow"], *v.a.*, 1, *to harass, torment.*
hardes [O. Fr. *fardes*, see *fardeau*], *s.f. pl.*, *clothes, luggage.*
hardi, -e [*hardi*, *p.p.* of O. Fr. v. *hardir*, from O. H. G. *hartjan*, "to harden"], *adj.*, *bold, daring, impudent, rash.*
hardiesse [*hardi*], *s.f.*, *boldness, courage, daring.*
hardiment, *adv.*, *boldly, courageously, daringly.*
harmonie [L. *harmonia*, from Gr. ἁρμονία, "an agreement of sounds"], *s.f.*, *harmony, concord.*
harmonieusement, *adv.*, *harmoniously.*
harmonieux, -euse [*harmonie*], *adj.*, *harmonious, sweet, agreeable.*
harnais [O. Fr. *harnas*, from Low Breton *harnez*, Kymr. *haiarnez*, "implements of iron," thence "armour"], *s.m.*, *harness, trappings.*
harpe [L. L. *harpa*,

HÉBERGER.

from O. Scand. *harpa*], *s.f.*, *harp.*
harpon [O. H. G. *harfan*, "to seize"], *s.m.*, *harpoon, spear.*
harponner [*harpon*], *v.a.*, 1, *to harpoon.*
hasard [Arab. *al-sár*, "the game of dice"], *s.m.*, *chance, hazard, risk.* Au ——, *at random.*
hasarder [*hasard*], *v.a.*, 1, *to hazard, risk, venture.* Se ——, *r.v.*, *to venture, expose oneself.*
hasardeux, -euse [*hasard*], *adj.*, *hazardous, venturous, dangerous.*
hâte [O. Scand. *hasta*, G. *hast*], *s.f.*, *haste, hurry.* A la ——, *in haste, in a hurry, hastily.*
hâter [*hâte*], *v.a.*, 1, *to hasten, hurry.* Se ——, *r.v.*, *to make haste.*
hausse [verbal subst. of *hausser*], *s.f.*, *rise.* Être en ——, *to be rising.*
hausser [L. L. *altiare*, der. from *altus*], *v.a.*, 1, *to raise, lift up, shrug.* Se ——, *r.v.*, *to raise oneself.*
haut, -e [L. *altus*], *adj.*, *high, tall, lofty; noble*; *upper.* Haut, *s.m.*, *top, height, head, upper part.* Haut, *adv.*, *high, up, proudly.*
hautain, -e [*haut*], *adj.*, *haughty, proud, overbearing.*
hautainement, *adv.*, *haughtily, proudly.*
hautement [*haute*, *fem. adj.*, and suffix *-ment*], *adv.*, *highly, loudly, openly, proudly.*
hauteur [*haut*], *s.f.*, *height, high ground, eminence; haughtiness, arrogance.*
hâve [A.-S. *hasva*, "pale"], *adj.*, *wan, emaciated.*
havre [L. L. *haula*, from A.-S. *häfen*, "haven," Bas-Breton and Kymr. *aber*, "port"], *s.m.*, *haven, port, harbour.*
havresac [G. *habersack*, "oat-bag"], *s.m.*, *knapsack.*
hé! *interj.*, *hoy! hey!* —— **bien!** *well!*
heaume [O. Fr. *helm*, from O. H. G. *helm*], *s.m.*, *helmet.*
hebdomadaire [L. L. *hebdomadarius*, from Gr. ἑβδομάς (ἑπτά, "seven"), "a week"], *adj.*, *weekly.*
héberger [formerly *her-*

HÉBRAÏQUE.

berger, from *herberge*, from G. *herberg*, see *auberge*], v.a., 1, *to entertain, harbour.*

hébraïque [Gr. ἑβραϊκός], *adj., Hebraic, Hebrew.*

Hébreu [Gr. Ἑβραῖος], *adj.* and *s.m., Hebrew.*

hectomètre [Gr. ἑκατόν, and *mètre*, q.v.], *s.m., hectometre* (328·09167 Engl. feet).

hélas! [O. Fr. *hé! las!* from L. *lassus*, "unhappy,"] *interj., alas!*

héler [Engl. *hail*], v.a., 1, *to hail, speak; call.*

hémisphère [L. *n. hemisphaerium*, from Gr. ἡμισφαίριον, "half-globe"], *s.m., hemisphere.*

hennir [L. *hinnire*], v.n., 2, *to neigh.*

hennissement [*hennir*], *s.m., neighing.*

héraut [Medieval L. acc. *heraldum*, from O. H. G. *hariowalt*, "army-officer". (found as suffix of proper names)], *s.m., herald.*

herbe [L. *herba*], *s.f., grass, herb.*

herbeux, -euse [L. *herbosus*], *adj., grassy.*

héréditaire [L. *hereditarius*], *adj., hereditary.*

hérédité [L. acc. *hereditatem*], *s.f., inheritance, heirship.*

hérésiarque [L. *haeresiarcha*, Gr. αἱρεσιάρχης, from αἵρεσις, "heresy," and ἄρχειν, "to be at the head of"], *s.m.* or *f., heresiarch.*

hérésie [L. *haeresis*, Gr. αἵρεσις], *s.f., heresy.*

hérétique [L. *haereticus*, Gr. αἱρετικός], *adj.* and *s.m.* or *f., heretical; heretic.*

hérissé, -e [p.p. of *hérisser*], *adj., bristly, shaggy.*

hérisser [L. *ericius*, "hedgehog"], v.a., 1, *to bristle up.* Se ——, r.v., *to bristle up.*

hérisson [L. L. acc. *ericionem*, dim. of L. *ericius*], *s.m., hedgehog.*

héritage [*hériter*], *s.m., inheritance, succession, legacy.*

hériter [L. *hereditare* (in Arnobius)], v.a., 1, *to inherit.*

héritier, -ère [L. *adj. hereditarius*], *s.m.* or *f., heir, heiress.*

héroïne [L. *heroina*, from Gr. ἡρωΐνη], *s.f., heroine.*

héroïque [L. *heroicus*, Gr. ἡρωικός], *adj., heroic.*

HISTRION.

héroïsme [*héros*], *s.m., heroism.*

héros [L. *heros*, Gr. ἥρως], *s.m., hero.*

herse [L. acc. *hirpicem*], *s.f., harrow.*

hésitation [L. acc. *haesitationem*], *s.f., hesitation.*

hésiter [L. *haesitare*], v.n., 1, *to hesitate, falter.*

hêtre [Flemish and L. G. *hester*, "shrub"], *s.m., beech-tree.*

heure [L. *hora*], *s.f., hour, time, o'clock.* Tout à l'——, *presently; not long ago.*

heureusement, *adv., happily; successfully; safely.*

heureux, -euse [O. Fr. *heur*, "luck, good fortune." from L. *n. augurium*], *adj., happy, lucky, fortunate.*

heurter [?], v.a. and n., 1, *to strike, hit; strike against, knock, offend, hurt, clash with.* Se ——, r.v., *to dash against each other, clash together.*

hibou [onomatop.], *s.m., owl.*

hideusement, *adv., hideously, frightfully, horribly, dreadfully.*

hideux, -euse [L. *hispidosus* (in Catullus)], *adj., hideous, frightful, horrible, dreadful.*

hier [L. *heri*], *adv., yesterday.*

hiérarchie [L. *hierarchia*, from Gr. ἱεραρχία, from ἱερός, "holy," and ἄρχειν, "to rule"], *s.f., hierarchy.*

hilarité [L. acc. *hilaritatem*], *s.f., hilarity, mirth.*

hippopotame [Gr. ἱπποπόταμος, from ἵππος, "horse," πόταμος, "river"], *s.m., hippopotamus.*

hirondelle [L. acc. *hirundinem*, with dim. suffix -*elle*], *s.f., swallow.*

hisser [G. *hissen*], v.a., 1, *to hoist.* Se ——, r.v., *to raise oneself.*

histoire [L. *historia*], *s.f., history, story.*

historien [*histoire*], *s.m., historian.*

historique [L. *historicus*], *adj., historic.*

historiquement, *adv., historically.*

histrion [L. acc. *histrionem*], *s.m., stage-player, comedian.*

HORDE.

hiver [L. *adj. hibernus*], *s.m., winter.*

hiverner [L. *hibernare*], v.n., 1, *to winter.*

hocher [Flemish *hutsen*, "to shake"], v.a., 1, *to shake, toss.*

hochet [*hocher*], *s.m., rattle, child's coral; bauble.*

Hollande [G. *hohl*, "hollow," and *land*, "land"], *s.f., Holland.*

homicide [L. *n. homicidium*], *s.m., homicide, murder.* —— [L. acc. *homicidam*], *s.m.* or *f., homicide, murderer, murderess.* ——, *adj., homicidal, murderous.*

hommage [L. L. *n. hominaticum*], *s.m., homage, respect, gift, tribute.*

homme [L. acc. *hominem*], *s.m., man.* —— *fait, grown-up man.*

homonyme [Gr. ὁμώνυμος, "having the same name"], *s.m., homonym.* ——, *adj., homonymous.*

honnête [L. *honestus*], *adj., honest, upright, virtuous; polite.*

honnêtement, *adv., honestly, uprightly, virtuously, politely.*

honnêteté [L. acc. *honestatem*], *s.f., honesty, integrity, honour, politeness, civility.*

honneur [L. acc. *honorem*], *s.m., honour, credit, respect.* ——*s, honours, distinctions.*

honnir [O. Fr. *honir*, from O. H. G. *honjan*], v.a., 2, *to disgrace, brand, revile, spurn.*

honorable [L. *honorabilis*], *adj., honourable, respectable.*

honorablement, *adv., honourably, creditably.*

honorer [L. *honorary*], v.a., 1, *to honour, do credit to.* S'——, r.v., *to distinguish, honour, glory, pride oneself.*

honorifique [L. *honorificus*], *adj., honorary.*

honte [Sax. *honda*, "disgrace"], *s.f., shame.*

honteusement, *adv., shamefully, disgracefully.*

honteux, -se [*honte*], *adj., ashamed, abashed, shameful.*

hôpital [L. L. *n. hospitale*], *s.m., hospital.*

horde [Slavonian *hord*, Mongol *ordou*, "the king's camp or court"], *s.f., horde, band.*

horizon [L. *horizon*, from Gr. ὁρίζων], *s.m.*, *horizon*.
horizontal, -e [*horizon*], *adj.*, *horizontal*.
horizontalement, *adv.*, *horizontally*.
horloge [L. n. *horologium*], *s.f.*, *clock*.
horlogerie [*horloge*], *s.f.*, *clockwork*.
hormis [*hors*, q.v., and *mis*, p.p. of *mettre*, q.v.], *prep.*, *save, except*.
horreur [L. acc. *horrorem*], *s.f.*, *horror, awe, dread*.
horrible [L. *horribilis*], *adj.*, *horrible, dreadful*.
horriblement, *adv.*, *horribly*.
hors, hors de [O. Fr. *fors*, from L. *foras*], *prep.*, *out of, without; except, save*. Hors-d'œuvre, *s.m.*, *digression, accessory*.
hospice [L. n. *hospitium*], *s.m.*, *hospital, convent*.
hospitalier, -ère [L. L. *hospitalarius*], *adj.*, *hospitable, charitable*.
hospitalité [L. acc. *hospitalitatem*], *s.f.*, *hospitality*.
hostile [L. *hostilis*], *adj.*, *hostile, adverse, of the enemy*.
hostilement, *adv.*, *hostilely, adversely*.
hostilité [L. L. *hostilitatem*], *s.f.*, *hostility, enmity*.
hôte [L. *hospitem*, acc. of *hospes*], *s.m.*, *host; landlord*.
hôtel [L. n. *hospitale*], *s.m.*, *mansion, hotel, inn*. —— des monnaies, *mint*. —— de ville, *town-hall*. ——-Dieu, *hospital*.
hôtesse [*hôte*], *s.f.*, *hostess, landlady, lady of the house*.
hotte [G. *hotze*, "basket"], *s.f.*, *basket (carried on the back)*.
hottée [*hotte*], *s.f.*, *basketful*.
houblon [L. L. acc. *hupulum*, der. from *hupa*, "hop"], *s.m.*, *hop*.
houblonnière [*houblon*], *s.f.*, *hop-garden*.
houe [O. H. G. *houwa*], *s.f.*, *hoe*.
houille [L. L. *hullae*], *s.f.*, *coal*.
houillière [*houille*], *s.f.*, *coal-pit*.
houle [Bret. *houl*, "wave"], *s.f.*, *billow*.

houlette [L. L. *agoletta*(?), dim. of L. n. *agolum*, from *agere*, "to drive"], *s.f.*, *shepherd's crook*.
houleux, -euse [*houle*], *adj.*, *billowy, rough*.
houppe [*huppe*, q.v.], *s.f.*, *tuft*.
housse [L. L. *hultia*, deriv. from O. H. G. *hulst*, "a covering"], *s.f.*, *horse-cloth, saddle-cloth, cover*.
houx [O. H. G. *huliz*, "thorny shrub"], *s.m.*, *holly, holm-tree*.
hoyau [dim. of *houe*], *s.m.*, *mattock, pickaxe*.
huée [onomat.], *s.f.*, *hooting*.
huer [*huée*], *v.a.*, 1, *to hoot*.
Huguenot, -e [?], *adj.* and *s.m.* or *f.*, *Huguenot, Calvinist*.
huile [O. Fr. *oile*, from L. n. *oleum*], *s.f.*, *oil*.
huiler [*huile*], *v.a.*, 1, *to oil, grease*.
huileux, -euse [L. *oleosus*], *adj.*, *oily, greasy*.
huis [O. Fr. *uis*, from L. n. *ostium*], *s.m.*, *door*. A —— clos, *private, with closed doors*.
huissier [*huis*], *s.m.*, *usher, tipstaff, bailiff*.
huit [O. Fr. *uit*, *oit*, from L. *octo*], *num. adj.* (card.), *eight*.
huitaine [*huit*], *s.f.*, *about eight, eight days, week*. A ——, *this day week*.
huitième [*huit*], *num. adj.* (ord.), *eighth*.
huitre [L. *ostrea*, from Gr. ὄστρεον], *s.f.*, *oyster*.
humain, -e [L. *humanus*], *adj.*, *human; humane, kind*.
humainement, *adv.*, *humanly, humanely, kindly*.
humanité [L. acc. *humanitatem*], *s.f.*, *humanity, mankind, human nature*. ——s, *s.f. pl.*, *humanities, classical studies*.
humble [L. *humilis*], *adj.*, *humble, meek, modest, low*.
humblement, *adv.*, *humbly, meekly, modestly*.
humecter [L. *humectare*], *v.a.*, 1, *to moisten; refresh*.
humer [onomat.], *v.a.*, 1, *to inhale, suck up*.
humeur [L. acc. *humorem*], *s.f.*, *humour, temper, mood, disposition, anger, caprice*.
humide [L. *humidus*], *adj.*, *humid, damp*. ——, *s.m.*, *humidity, dampness*.

humidité [L. acc. *humiditatem*], *s.f.*, *humidity, dampness*.
humiliation [L. acc. *humiliationem*], *s.f.*, *humiliation, abasement*.
humilier [L. *humiliare*] *v.a.*, 1, *to humiliate, humble, abase*. S'——, *r.v.*, *to humble oneself*.
humilité [L. acc. *humilitatem*], *s.f.*, *humility*.
hune (A-S. *hun*, "top"], *s.f.*, *top (naut.)*.
Huns, *s.m. pl.*, *the Huns*.
huppe [L. *upupa*, akin to Gr. ἔποψ, "the hoopoe"], *s.f.*, *tuft, crest*.
hure [?], *s.f.*, *head (of boars)*.
hurlement [*hurler*], *s.m.*, *howling, yell*.
hurler [O. Fr. *uller*, from L. *ululare*], *v.n.*, 1, *to howl, yell, roar*.
hussard [Hungarian *husz*= 20, with the suffix *ar*, because in time of war each magnate had to equip a troop, of which each horseman was counted for 20 infantry], *s.m.*, *hussar*.
hutte [G. *hütte*], *s.f.*, *hut, cabin*.
hyène [Gr. ὕαινα], *s.f.*, *hyena*.
hymen [L. *hymen*, Gr. ὑμήν], *s.m.*, *hymen, marriage*.
hyménée [L. acc. *hymenaeum*, from Gr. ὑμέναιος], *s.m.*, *marriage, nuptials*.
hymne [L. acc. *hymnum*, from Gr. ὕμνος], *s.m.*, *song, hymn*. ——, *s.f.*, *sacred hymn, anthem*.
hyperbole [L. *hyperbole*, from Gr. ὑπερβολή], *s.f.*, *hyperbole, exaggeration; hyperbola (in geometry)*.
hyperbolique [L. *hyperbolicus*, from Gr. ὑπερβολικός], *adj.*, *hyperbolical, excessive, overstrained*.
hypocrisie [L. *hypocrisis*, from Gr. ὑπόκρισις, lit. "part acted"], *s.f.*, *hypocrisy*.
hypocrite [L. *hypocrita*, from Gr. ὑποκριτής], *adj.* and *s.m.* or *f.*, *hypocrite*.
hypothèse [Gr. ὑπόθεσις, from ὑπό, "under," and θέσις, "argument"], *s.f.*, *hypothesis, supposition*.
hypothétique [L. *hypotheticus*, from Gr. ὑποθετικός], *adj.*, *hypothetical*.

ICI.

I

ici [L. *ecce, hic*], *adv.*, *here*. Jusqu'——, *until now, hitherto*.

idéal, -e [L. *idealis*], *adj.*, *ideal, imaginary, vain*.

idée [L. *idea*, from Gr. ἰδέα], *s.f., idea; thought; notion; opinion*.

identifier [L. *idem*], *v.a.*, 1, *to identify*.

identique [scholastic L. *identicus*], *adj., identical*.

identité [L. L. acc. *identitatem*, der. from *idem*], *s.f., identity, sameness*.

idiomatique [*idiome*], *adj., idiomatical*.

idiome [L. *idioma*, from Gr. ἰδίωμα, from ἴδιος, "proper, special"], *s.m.*, *idiom, language*.

idiot, -e [L. acc. *idiotam*, from Gr. ἰδιώτης, "ignorant person"], *adj., idiotical, stupid, foolish*. ——, *s.m.* or *f., idiot*.

idiotisme [L. acc. *idiotismum*, from Gr. ἰδιωτισμός, "the common manner of speaking"], *s.m.*, *idiom, peculiarity of speech; idiocy*.

idolâtre [L. acc. *idolatram*, from Gr. εἰδωλολάτρης], *s.m.* or *f., idolater, idolatress*. ——, *adj., idolatrous, fond to idolatry*.

idolâtrer [*idolâtre*], *v.a.*, 1, *to idolize, to be extremely fond*.

idolâtrie [L. *idolatria*, from Gr. εἰδωλολατρεία], *s.f., idolatry*.

idole [L. *n. idolum*, from Gr. εἴδωλον, "image, statue"], *s.f., idol*.

idylle [L. *n. idyllium*, from Gr. εἰδύλλιον, dim. of εἶδος, "form"], *s.f., idyl*.

ignoble [L. *ignobilis*], *adj., ignoble, low, base, vile*.

ignoblement, *adv., ignobly, basely, vilely*.

ignominie [L. *ignominia*], *s.f., ignominy, shame*.

ignominieusement, *adv., ignominiously, shamefully*.

ignominieux, -euse [L. *ignominiosus*], *adj., ignominious, shameful*.

ignorance [L. *ignorantia*], *s.f., ignorance, error*.

ignorant, -e [L. acc. *ignorantem*], *adj., ignorant*. ——,

IMAGINABLE.

s.m. or *f., ignorant person, fool*.

ignoré, -e [p.p. of *ignorer*], *adj., concealed, unknown*.

ignorer [L. *ignorare*], *v.a.*, 1, *to ignore; to be ignorant of; not to be aware of*.

il, ils [L. *ille*], *pers. pron.*, *he, it; they*.

île [L. *insula*], *s.f., island*.

illégal, -e [L. L. *illegalis*], *adj., illegal, unlawful*.

illégalement, *adv., illegally, unlawfully*.

illégalité [*illegal*], *s.f., illegality, unlawfulness*.

illégitime [L. L. *illegitimus*], *adj., illegitimate, unlawful, spurious*.

illégitimement, *adv., illegitimately, unlawfully*.

illégitimité [*illégitime*], *s.f., illegitimacy, unlawfulness*.

illettré, -e [L. *illiteratus*], *adj., illiterate*.

illicite [L. *illicitus*], *adj., illicit, unlawful*.

illicitement, *adv., illicitly, unlawfully*.

illimité, -e [*il* for *in*, *neg.*, and *limiter*, *q.v.*], *adj., unlimited, boundless*.

illisible [*il* for *in*, *neg.*, and *lisible*, *q.v.*], *adj., illegible*.

illisiblement, *adv., illegibly*.

illumination [L. acc. *illuminationem*], *s.f., illumination, lighting; inspiration*.

illuminer [L. *illuminare*], *v.a.*, 1, *to illuminate, light up*. S'——, *r.v., to be or become illuminated*.

illusion [L. acc. *illusionem*], *s.f.*, *illusion, delusion*.

illusionner [*illusion*], *v.a.*, 1, *to deceive, delude*. S'——, *r.v., to deceive, delude oneself*.

illusoire [L. L. *illusorius*], *adj., illusory, deceitful, delusive*.

illustration [L. acc. *illustrationem*], *s.f., illustration, lustre, glory*.

illustre [L. *illustris*], *adj., illustrious, celebrated*.

illustrer [L. *illustrare*], *v.a.*, 1, *to illustrate, render illustrious*.

image [L. acc. *imaginem*], *s.f., image; resemblance; emblem*.

imaginable [L. L. *ima-*

IMMOBILITÉ.

ginabilis]. *adj., imaginable, conceivable*.

imaginaire [L. *imaginarius*], *adj., imaginary, fancied, fantastic*.

imagination [L. acc. *imaginationem*], *s.f., imagination, fancy, idea, thought*.

imaginer [L. *imaginari*], *v.a.*, 1, *to imagine, conceive*. S'——, *r.v., to imagine, fancy; think*.

imbécile [L. *imbecillus*], *adj.* and *s.m.* or *f., imbecile, silly, stupid, fool*.

imbécillité [L. acc. *imbecillitatem*], *s.f., imbecility, silliness, foolishness*.

imbu, -e [L. *imbutus*, *p.p.* of *imbuere* (lit. "to saturate", "to impress with, to imbue"], *adj., imbued, impressed*.

imitable [L. *imitabilis*], *adj., imitable*.

imitateur [L. acc. *imitatorem*], *s.m.*, *imitator*. (The *fem.* is *imitatrice*.)

imitation [L. acc. *imitationem*], *s.f., imitation*.

imiter [L. *imitari*], *v.a.*, 1, *to imitate, copy, mimic*.

immatériel, -elle [L. *immaterialis*], *adj., immaterial*.

immédiat, -e [L. L. *immediatus*], *adj., immediate, direct*.

immédiatement, *adv., immediately, at once*.

immémorial, -e [*im*, *neg.*, and *memoire*, *q.v.*], *adj., immemorial*.

immense [L. *immensus*], *adj., immense, very large*.

immensément, *adv., immensely*.

immensité [L. acc. *immensitatem*], *s.f., immensity*.

immerger [L. *immergere*], *v.a.*, 1, *to immerge, immerse, dip*. S'——, *r.v., to be immerged; to plunge, sink*.

immersion [L. acc. *immersionem*], *s.f., immersion*.

immeuble [L. *adj. immobilis*], *s.m., landed property*.

imminence [L. *imminentia*], *s.f., imminence*.

imminent [L. acc. *imminentem*], *adj., imminent, impending*.

immobile [L. *immobilis*], *adj., immoveable, still, motionless; firm, unshaken*.

immobilité [L. acc. *immo-*

IMMODÉRÉ.

bilitatem], *s.f.*, *immobility, stillness, firmness, stability.*
immodéré, -e [L. *immoderatus*], *adj.*, *immoderate, excessive, violent.*
immodérément, *adv.*, *immoderately, excessively, violently.*
immoler [L. *immolare*], *v.a.*, 1, *to immolate, offer up, sacrifice.*
immonde [L. *immundus*], *adj.*, *unclean, filthy.*
immoral, -e [*im* for *in*, *neg.*, and *moral*, *q.v.*], *adj.*, *immoral.* [*morally.*
immoralement, *adv.*, *immorally.*
immoralité [*immoral*], *s.f.*, *immorality.*
immortaliser [*immortel*], *v.a.*, 1, *to immortalize.* S'——, *r.v.*, *to immortalize oneself.*
immortalité [L. acc. *immortalitatem*], *s.f.*, *immortality.*
immortel, -elle [L. *immortalis*], *adj.*, *immortal.*
immuable [L. *immutabilis*], *adj.*, *immutable, unchangeable.*
immunité [L. acc. *immunitatem*], *s.f.*, *immunity.*
impair, -e [*im* for *in*, *neg.*, and *pair*, *q.v.*], *adj.*, *uneven, odd.*
impardonnable [*im* for *in*, *neg.*, and *pardonnable*, *q.v.*], *adj.*, *unpardonable.*
imparfait, -e [L. *imperfectus*], *adj.*, *imperfect, incomplete.* Imparfait, *s.m.*, *imperfect tense.*
imparfaitement, *adv.*, *imperfectly, incompletely.*
impartial, -e [*im* for *in*, *neg.*, and *partial*, *q.v.*], *adj.*, *impartial, unbiased.*
impartialement, *adv.*, *impartially.*
impartialité [*impartial*], *s.f.*, *impartiality.*
impasse [*im* for *in*, *neg.*, and *passe*, *q.v.*], *s.f.*, *blind alley; entanglement, difficulty, scrape.*
impassibilité [L. acc. *impassibilitatem*], *s.f.*, *impassibility, calmness.*
impassible [L. *impassibilis*], *adj.*, *impassible, unmoved, calm.*
impassiblement, *adv.*, *impassively, calmly.*
impatiemment [*impatient*], *adv.*, *impatiently.*

IMPIÉTÉ.

impatience [L. *impatientia*], *s.f.*, *impatience, restlessness.*
impatient, -e [L. acc. *impatientem*], *adj.*, *impatient, restless, hasty.*
impatienter [*impatient*], *v.a.*, 1, *to put out of patience, provoke.* S'——, *r.v.*, *to lose patience, to grow angry.*
impénétrable [L. *impenetrabilis*], *adj.*, *impenetrable; close, secret.*
impénitence [L. *impoenitentia*], *s.f.*, *impenitence.*
impénitent, -e [L. acc. *impoenitentem*], *adj.* and *s.m.* or *f.*, *impenitent.*
impératif, -ive [L. *imperativus*], *adj.*, *imperative.* Impératif, *s.m.*, *imperative* (mood).
impérativement, *adv.*, *imperatively.*
impératrice [L. acc. *imperatricem*], *s.f.*, *empress.*
imperceptible [*im* for *in*, *neg.*, and *perceptible*, *q.v.*], *adj.*, *imperceptible.*
imperfection [L. L. acc. *imperfectionem*], *s.f.*, *imperfection.*
impérial, -e [L. *imperialis*], *adj.*, *imperial.*
impérieusement, *adv.*, *imperiously, urgently.*
impérieux, -euse [L. *imperiosus*], *adj.*, *imperious, urgent.*
impéritie [L. *imperitia*], *s.f.*, *incapacity.*
impersonnel, -elle [L. *impersonalis*], *adj.*, *impersonal.*
impertinemment [*impertinent*], *adv.*, *impertinently, rudely.*
impertinence [*impertinent*], *s.f.*, *impertinence, rudeness.*
impertinent, -e [L. acc. *impertinentem*], *adj.*, *impertinent, rude.*
impétueusement, *adv.*, *impetuously.*
impétueux, -euse [L. L. *impetuosus*], *adj.*, *impetuous, wild, fierce.*
impétuosité [L. L. acc. *impetuositatem*], *s.f.*, *impetuosity, violence, force.*
impie [L. *impius*], *adj.*, *impious, ungodly.*
impiété [L. acc. *impietatem*], *s.f.*, *impiety, ungodliness.*

IMPOSTEUR.

impitoyable [*im* for *in*, *neg.*, and *pitoyable*, *q.v.*], *adj.*, *pitiless, unmerciful, relentless.*
impitoyablement, *adv.*, *pitilessly, unmercifully.*
implacable [L. *implacabilis*], *adj.*, *implacable.*
implanter [*im* for *in*, *planter*, *q.v.*], *v.a.*, 1, *to implant, fix, ingraft.* S'——, *r.v.*, *to take root, grow.*
impliquer [L. *implicare*], *v.a.*, 1, *to implicate, involve.* (*Impliquer* is a doublet of *employer*, *q.v.*)
implorer [L. *implorare*], *v.a.*, 1, *to implore, beseech.*
impoli, -e [L. *impolitus*], *adj.*, *unpolished, uncivil, rude.*
impoliment, *adv.*, *unpolitely, uncivilly, rudely.*
impolitesse [*im* for *in*, *neg.*, and *politesse*, *q.v.*], *s.f.*, *unpoliteness, incivility, rudeness.*
impopulaire [*im* for *in*, *neg.*, and *populaire*, *q.v.*], *adj.*, *unpopular.*
importance [*important*], *s.f.*, *importance, worth, note.*
important, -e [*importer*], *adj.*, *important, of moment.*
importation [*importer*], *s.f.*, *importation, import.*
importer [L. *importare*], *v.n.*, 1, *to import; to matter, to be of importance.*
importun, -e [L. *importunus*], *adj.*, *importunate, irksome, troublesome.*
importunément, *adv.*, *importunately.*
importuner [*importun*], *v.a.*, 1, *to importune, bore, annoy, weary.*
importunité [L. acc. *importunitatem*], *s.f.*, *importunity.*
imposant, -e [*imposer*], *adj.*, *imposing, commanding.*
imposer [*im* for *in*, *poser*, *q.v.*], *v.a.*, 1, *to impose, command, order.* —— *silence*, *to silence.* En ——, *to overawe; deceive, impose upon.* S'——, *r.v.*, *to force oneself upon.* S'en ——, *to deceive oneself.*
impossibilité [L. acc. *impossibilitatem*], *s.f.*, *impossibility.*
impossible [L. *impossibilis*], *adj.*, *impossible.*
imposteur [L. acc. *impostorem*, from *impositum* or *impostum*, sup. of *imponere*,

FR. P. II.   S

IMPOSTURE.

"to deceive"], s.m., impostor.
imposture [L. *impostura*], s.f., *imposture*.
impôt [L. L. n. *impositum*], s.m., *impost, tax*.
impotence [L. *impotentia*], s.f., *impotence, infirmity*.
impotent, -e [L. acc. *impotentem*], adj., *impotent, infirm*.
impraticable [im for *in*, neg., and *praticable*, q.v.], adj., *impracticable*.
imprécation [L. acc. *imprecationem*], s.f., *imprecation, curse*.
imprenable [im for *in*, neg., and *prenable*, q.v.], adj., *impregnable*.
impression [L. acc. *impressionem*], s.f., *impression, mark, trace, scent*.
imprévoyance [*imprévoyant*], s.f., *thoughtlessness, improvidence*.
imprévoyant, -e [im for *in*, neg., and *prévoyant*, q.v.], adj., *improvident*.
imprévu, -e [im for *in*, neg., and *prévu*, q.v.], adj., *unforeseen*.
imprimer [L. *imprimere*], v.a., 1, *to imprint, print, impress, communicate*.
imprimerie [*imprimer*], s.f., *printing, printing-office*.
imprimeur, s.m., *printer*.
impromptu [L. *in*, *promptu*], adj. and s.m., *impromptu, extempore*. A l'——, *extemporarily, without preparation*.
impropre [L. *improprius*], adj., *improper, unfit, wrong*.
improprement, adv., *improperly*.
improvisateur [*improviser*], s.m., *improvisator, extemporizer*. (The *fem.* is *improvisatrice*.)
improvisation, s.f., *improvisation, extempore speech*.
improviser [It. *improvvisare*], v.a., 1, *to improvise, extemporize*.
improviste (à l') [It. *improvvisto*], adv., *suddenly, unawares*.
imprudemment [*imprudent*], adv., *imprudently*.
imprudence [L. *imprudentia*], s.f., *imprudence, folly*.
imprudent, -e [L. acc. *imprudentem*], adj., *imprudent, heedless*. Imprudent, s.m., *imprudent, heedless person*.

INANIMÉ.

impudemment [*impudent*], adv., *impudently*.
impudence [L. *impudentia*], s.f., *impudence*.
impudent, -e [L. acc. adj. *impudentem*], adj. and s.m. or f., *impudent; impudent fellow or woman*.
impuissance [*impuissant*], s.f., *powerlessness, inability*.
impuissant, -e [im for *in*, neg., and *puissant*, q.v.], adj., *powerless, unable*.
impulsion [L. acc. *impulsionem*], s.f., *impulsion, impulse*.
impunément [*impuniement*, in the 16th century], adv., *with impunity*.
impuni, -e [L. *impunitus*], adj., *unpunished*.
impunité [L. acc. *impunitatem*], s.f., *impunity*.
impur, -e [L. *impurus*], adj., *impure, unclean, dirty*.
impureté [L. acc. *impuritatem*], s.f., *impurity, foulness*.
imputation [L. acc. *imputationem*], s.f., *imputation, charge*.
imputer [L. *imputare*], v.a., 1, *to impute, charge, ascribe*. S'——, v.r., *to ascribe to oneself*.
inabordable [*in*, neg., and *abordable*, "accessible"], adj., *inaccessible, unapproachable*.
inaccessible [L. *inaccessibilis*], adj., *inaccessible, unattainable*.
inaccoutumé, -e [*in*, neg., and *accoutumé*, q.v.], adj., *unaccustomed*.
inachevé, -e [*in*, neg., and *achevé*, q.v.], adj., *unfinished*.
inactif, -ive [*in*, neg., and *actif*, q.v.], adj., *inactive, unemployed*.
inaction [*in*, neg., and *action*, q.v.], s.f., *inaction, indolence*.
inaliénable [*in*, neg., and *aliénable*, "alienable, transferable"], adj., *untransferable, inalienable*.
inaltérable [*in*, neg., and *altérable*, "changeable"], adj., *that cannot be altered*.
inanimé, -e [L. *inanimatus*], adj., *inanimate, lifeless*.

INCISIF.

inanition [L. acc. *inanitionem*], s.f., *inanition, starvation*.
inaperçu, -e [*in*, neg., and *aperçu*, p.p. of *apercevoir*, q.v.], adj., *unperceived, unseen*.
inappréciable [*in*, neg., and *appréciable*, q.v.], adj., *inappreciable, invaluable*.
inattendu, -e [*in*, neg., and *attendu*, "expected"], adj., *unexpected*.
inattentif, -ive [*in*, neg., and *attentif*, q.v.], adj., *inattentive, careless, heedless*.
inattention [*in*, neg., and *attention*, q.v.], s.f., *inattention, carelessness, heedlessness*.
inauguration [L. acc. *inaugurationem*, "beginning"], s.f., *inauguration*.
inaugurer [L. *inaugurare*], v.a., 1, *to inaugurate*.
incalculable [*in*, neg., and *calculable*, "calculable, computable"], adj., *incalculable, innumerable*.
incapable [*in*, neg., and *capable*, q.v.], adj., *unable, incompetent*.
incapacité [*in*, neg., and *capacité*, q.v.], s.f., *incapacity, incompetence*.
incarcération [*incarcérer*], s.f., *imprisonment*.
incarcérer [L. L. *incarcerare*, from L. *in*, and *carcere*, ablative of *carcer*], v.a., 1, *to incarcerate, imprison*.
incartade [Span. *encartada*, from *encartarse*, "to draw a bad card"], s.f., *wanton insult; prank, freak*.
incendiaire [L. *incendiarius*], adj. and s.m. or f., *incendiary*.
incendie [L. n. *incendium*], s.m., *fire, conflagration*.
incendier [*incendie*], v.a., 1, *to set fire to*.
incertain, -e [*in*, neg., and *certain*, q.v.], adj., *uncertain*.
incertitude [L. L. acc. *incertitudinem*], s.f., *uncertainty*.
incessamment, adv., *incessantly; immediately*.
incessant, -e [L. L. acc. *incessantem*], adj., *unceasing, incessant*.
incident, -e [L. acc. *incidentem*], adj., *incidental*. Incident, s.m., *incident, occurrence*.
incisif, -ive [*inciser*, "to

INCISION.

make an incision," from L. L.
insicare, from L. *incisum*,
sup. of *incidere*], *adj.*, *incisive*.
incision [L. acc. *incisionem*], *s.f.*, *incision*.
inciter [L. *incitare*], *v.a.*,
1, *to incite, induce, stir up*.
incivil, -e [L. *incivilis*],
adj., *uncivil, rude*.
incivilement, *adv.*, *uncivilly*.
incivilisé, -e [*in*, *neg.*, and *civilise, q.v.*], *adj.*, *uncivilized, barbarous*.
incivilité [L. acc. *incivilitatem*], *s.f.*, *incivility, rudeness*.
inclémence [L. *inclementia*], *s.f.*, *inclemency*.
inclément, -e [L. acc. adj. *inclementem*], *adj.*, *inclement*.
inclinaison [L. acc. *inclinationem*], *s.f.*, *inclination, incline, slope*.
inclination [L. acc. *inclinationem*], *s.f.*, *propensity, attachment*. (*Inclination* is a doublet of *inclinaison*.)
incliner [L. *inclinare*],
v.a. and *n.*, 1, *to incline, stoop, slope*. S'——, *r.v.*, *to slope; to feel disposed, to be inclined*.
inclus, -e [L. *inclusus*],
adj., *enclosed*. Cl-——, *herein enclosed*.
inclusivement, *adv.*, *inclusively*.
incohérence [*incohérent*],
s.f., *incoherence*.
incohérent, -e [*in*, *neg.*, and *cohérent*, "*coherent*"],
adj., *incoherent*.
incolore [L. *incolor*], *adj.*,
colourless.
incommensurable [L. *incommensurabilis*], *adj.*, *incommensurable, boundless*.
incommode [L. *incommodus*], *adj.*, *inconvenient*.
incommodé, -e [*p.p.* of *incommoder*], *adj.*, *indisposed, poorly, unwell*.
incommodément, *adv.*,
inconveniently.
incommoder [L. *incommodare*], *v.a.*, 1, *to inconvenience, disturb*. S'——, *r.v.*, *to put oneself to inconvenience*.
incommodité [L. acc. *incommoditatem*], *s.f.*, *inconvenience; indisposition*.
incomparable [L. *incomparabilis*], *adj.*, *incomparable, matchless*.

INCONVÉNIENT.

incomparablement, *adv.*,
incomparably.
incompatible [*in*, *neg.*, and *compatible, q.v.*], *adj.*, *incompatible, inconsistent*.
incompétence [*in*, *neg.*, and *competence, q.v.*], *s.f.*, *incompetence*.
incompétent [L. acc. *incompetentem*], *adj.*, *incompetent*.
incomplet, -ète [L. *incompletus*], *adj.*, *incomplete, unfinished*.
incomplètement, *adv.*, *incompletely*.
incompréhensible [L. *incomprehensibilis*], *adj.*, *incomprehensible, that cannot be understood*.
inconcevable [*in*, *neg.*, and *concevable, q.v.*], *adj.*, *inconceivable, extraordinary, wonderful*.
inconnu, -e [*in*, *neg.*, and *connu, p.p.* of *connaitre, q.v.*], *adj.*, *unknown*. ——, *s.m.* or *f.*, *unknown person, stranger*.
inconséquence [L. *inconsequentia*], *s.f.*, *inconsequence, inconsistency, thoughtlessness*.
inconséquent, -e [L. acc. *inconsequentem*], *adj.*, *inconsequent, inconsistent, thoughtless*.
inconsidéré, -e [L. *inconsideratus*], *adj.*, *inconsiderate, heedless, rash*.
inconsidérément, *adv.*,
inconsiderately, heedlessly, rashly.
inconsolable [L. *inconsolabilis*], *adj.*, *inconsolable, disconsolate*.
inconstance [L. *inconstantia*], *s.f.*, *inconstancy, unsteadiness, fickleness*.
inconstant, -e [*in*, *neg.*, and *constant, q.v.*], *adj.*, *inconstant, unsteady, fickle*.
incontestable [*in*, *neg.*, and *contestable, q.v.*], *adj.*, *incontestable, unquestionable*.
incontestablement, *adv.*, *incontestably, unquestionably*.
incontinent [L. *in*, and *continenti*], *adv.*, *forthwith*.
inconvenance [*inconvenant*], *s.f.*, *impropriety, unbecomingness*.
inconvenant, -e [*in*, *neg.*, and *convenant*, "*proper*"], *adj.*, *improper, unbecoming*.
inconvénient [L. acc. *adj.*

INDÉLICATESSE.

inconvenientem], *s.m.*, *inconvenience; untoward accident*.
incorrect, -e [L. *incorrectus*], *adj.*, *incorrect, inaccurate*.
incorrectement, *adv.*, *incorrectly, inaccurately*.
incrédule [L. *incredulus*], *adj.*, *incredulous, unbelieving*. ——, *s.m.* or *f.*, *unbeliever, infidel*.
incrédulité [L. acc. *incredulitatem*], *s.f.*, *incredulity, unbelief*.
incriminer [L. *in*, *criminari*, "*to accuse*"], *v.a.*, 1, *to incriminate, accuse*.
incroyable [*in*, *neg.*, and *croyable*, "*credible*"], *adj.*, *incredible*.
incruster [L. *incrustare*],
v.a., 1, *to incrust, inlay*. S'——, *r.v.*, *to be or become incrusted*.
inculpation [L. L. acc. *inculpationem*], *s.f.*, *inculpation*.
inculpé, -e [*p.p.* of *inculper*], *adj.* and *s.m.* or *f.*, *inculpated, accused; prisoner*.
inculper [L. L. *inculpare*],
v.a., 1, *to inculpate, accuse*.
inculquer [L. *inculcare*],
v.a., 1, *to inculcate, impress*. S'——, *r.v.*, *to be impressed; to impress on one's mind*.
inculte [L. *incultus*], *adj.*,
uncultivated, waste; unpolished, rough, coarse.
incursion [L. acc. *incursionem*], *s.f.*, *incursion, expedition*.
Inde [L. *India*, from Skr. *Sindhus*, the name of the river *Indus*], *s.f.*, *India*.
indécemment [*indécent*], *adv.*, *indecently*.
indécence [L. *indecentia*], *s.f.*, *indecency*.
indécent, -e [L. acc. *adj. indecentem*], *adj.*, *indecent*.
indécis, -e [L. *indecisus*], *adj.*, *undecided, irresolute, wavering*.
indécision [*in*, *neg.*, and *décision, q.v.*], *s.f.*, *indecision, irresolution*.
indéfini, -e [L. *indefinitus*], *adj.*, *indefinite, unlimited*.
indélicat, -e [*in*, *neg.*, and *délicat, q.v.*], *adj.*, *indelicate, unscrupulous*.
indélicatement, *adv.*, *indelicately, unscrupulously*.
indélicatesse [*indélicat*],

s 2

s.f., indelicacy, unscrupulousness.

indemniser [L. *indemnis*], v.a., 1, to indemnify, make good, recoup.

indemnité [L. acc. *indemnitatem*], s.f., indemnity.

indépendamment [*indépendant*], adv., independently.

indépendance [*indépendant*], s.f., independence, freedom.

indépendant, -e [*in, neg.* and *dépendant*, pres. *part.* of *dépendre, q.v.*], adj., independent.

Indes, see *Inde*.

indescriptible [*in, neg.* and *descriptible*, from *décrire, q.v.*], adj., indescribable.

indestructible [*in, neg.* and *destructible*, from *détruire, q.v.*], adj., indestructible.

indéterminé, -e [L. *indeterminatus*], adj., undetermined, unlimited, irresolute.

index [L. *index*], s.m., *index, forefinger.*

indicatif, -ive [L. *indicativus*], adj., indicative. Indicatif, s.m., indicative (mood).

indication [L. acc. *indicationem*], s.f., indication, information, sign, proof.

indice [L. n. *indicium*], s.m., indication, token, sign, clue.

indicible [L. L. *indicibilis*], adj., unutterable, indescribable.

Indien, -enne [*Inde*], adj. and s.m. or *f.*, Indian. Indienne, *s.f., printed calico, print.*

indifféremment [*indifférent*], adv., indifferently, equally, *alike.*

indifférence [L. *indifferentia*], s.f., indifference, unconcern.

indifférent, -e [L. acc. *adj. indifferentem*], adj., indifferent, unconcerned, indolent.

indigence [L. *indigentia*], s.f., indigence, poverty.

indigène [L. *indigena*], adj. and s.m. or *f.*, indigenous, native.

indigent, -e [L. acc. *adj. indigentem*], adj. and s.m. or *f.*, indigent, poor, needy; pauper.

indigeste [L. *indigestus*], adj., indigestible, crude.

indigestion [L. acc. *indigestionem*], s.f., indigestion.

indignation [L. acc. *indignationem*], s.f., indignation, wrath.

indigne [L. *indignus*], adj., unworthy, vile, infamous.

indignement, adv., unworthily, vilely, infamously.

indigner [L. *indignari*], v.a., 1, to make indignant. S'——, r.v., to be or grow indignant.

indignité [L. acc. *indignitatem*], s.f., indignity, worthlessness, baseness, infamy.

indiquer [L. *indicare*], v.a., 1, to indicate, point out, show.

indirect, -e [L. *indirectus*], adj., indirect. (Its doublet is *endroit, s.m., q.v.*)

indirectement, adv., indirectly.

indiscipline [L. *indisciplina*], s.f., indiscipline, insubordination.

indiscipliné, -e [L. *indisciplinatus*], adj., undisciplined, unruly.

indiscret, -ète [L. L. *indiscretus*], adj., indiscreet, inquisitive.

indiscrètement, adv., indiscreetly, in an indiscreet manner, inquisitively.

indiscrétion [*in, neg.*, and *discrétion, q.v.*], s.f., indiscretion, liberty, inquisitiveness.

indispensable [*in, neg.*, and *dispenser, q.v.*], adj., indispensable.

indisposé, -e [*p.p.* of *indisposer*], adj., indisposed, poorly, unwell.

indisposer [*in, neg.*, and *disposer, q.v.*], v.a., 1, to indispose, estrange; to make unwell.

indisposition [*in, neg.*, and *disposition, q.v.*], s.f., indisposition.

indistinct, -e [L. *indistinctus*], adj., indistinct, confused, vague, dim.

indistinctement, adv., indistinctly, confusedly, vaguely, dimly.

individu [L. acc. *individuum*], s.m., individual, person.

individuel, -elle [*individu*], adj., individual.

individuellement, adv., individually.

indocile [L. *indocilis*], adj., indocile, disobedient.

indocilité [*indocile*], s.f., indocility, disobedience.

indolemment [*indolent*], adv., indolently.

indolence [L. *indolentia*], s.f., indolence, idleness.

indolent, -e [L. L. acc. adj. *indolentem*], adj., indolent, idle.

indubitable [L. *indubitabilis*], adj., indubitable, beyond doubt.

indubitablement, adv., undoubtedly.

induction [L. acc. *inductionem*], s.f., induction, inference.

induire [L. *inducere*], v.a., 4, to induce, lead.

indulgence [L. *indulgentia*], s.f., indulgence.

indulgent, -e [L. acc. adj. *indulgentem*], adj., indulgent, lenient.

industrie [L. *industria*], s.f., industry, skill, talent, ingenuity.

industriel, -elle [*industrie*], adj., industrial, commercial, manufacturing. Industriel, s.m., manufacturer, commercial man.

industrieux, -euse [L. *industriosus*], adj., industrious, ingenious.

inébranlable [*in, neg.*, and *ébranler, q.v.*], adj., unshaken, resolute.

inédit, -e [L. *ineditus*], adj., unpublished.

ineffable [L. *ineffabilis*], adj., ineffable, unspeakable.

inégal, -e [L. *inaequalis*], adj., unequal, uneven.

inégalement, adv., unequally, unevenly.

inégalité [L. acc. *inaequalitatem*], s.f., inequality, unevenness.

inépuisable [*in, neg.*, and *épuiser, q.v.*], adj., inexhaustible.

inerte [L. acc. *inertem*], adj., inert, inactive, sluggish.

inertie [L. *inertia*], s.f., inertness, inactivity, indolence.

inévitable [L. *inevitabilis*], adj., inevitable, unavoidable, sure, certain.

inévitablement, adv., inevitably, unavoidably.

inexact, -e [*in, neg.*, and *exact, q.v.*], adj., inexact, inaccurate, unpunctual, wrong.

inexactement, adv., in-

exactly, inaccurately, unpunctually, wrongly.

inexactitude [*in*, *neg*, and *exactitude, q.v.*], *s.f., inexactness, inaccuracy, unpunctuality, negligence.*

inexcusable [L. *inexcusabilis*], *adj., inexcusable, unjustifiable.*

inexorable [L. *inexorabilis*], *adj., inexorable, unrelenting.*

inexpérience [*in*, *neg.* and *experience, q.v.*], *s.f., inexperience.*

inexpérimenté, -e [*in*, *neg.*, and *experimenté*, "experienced"], *adj., inexperienced; untried.*

inexplicable [L. *inexplicabilis*], *adj., inexplicable, unaccountable.*

inexpugnable [L. *inexpugnabilis*], *adj., impregnable, inexpugnable.*

infaillibilité [*infaillible*], *s.f., infallibility.*

infaillible [L. L. *infallibilis*, or *in*, *neg.*, and *faillible*, from *faillir*, *q.v.*], *adj., infallible, unerring.*

infailliblement, *adv., infallibly, unerringly.*

infâme [L. *infamis*], *adj., infamous, shameful.*

infamie [L. *infamia*], *s.f., infamy, infamous action or thing.*

infanterie [It. *infanteria*], *s.f., infantry, foot-soldiers.*

infatigable [L. *infatigabilis*], *adj., indefatigable.*

infect, -e [L. *infectus*], *adj., infected, corrupt, foul.*

infecter [*infect*], *v.a.*, 1, *to infect, corrupt.* —, *v.n.*, *to stink.*

infection [L. acc. *infectionem*], *s.f., infection.*

inférieur, -e [L. acc. adj. *inferiorem*], *adj., lower, inferior.* Inférieur, *s.m. subaltern.*

infériorité [*inférieur*], *s.f., inferiority.*

infernal, -e [L. *infernalis*], *adj., infernal, hellish.*

infidèle [L. *infidelis*], *adj., unfaithful, untrue, faithless.* —, *s.m.* or *f.*, *unfaithful person, unbeliever, infidel.*

infidélité [L. acc. *infidelitatem*], *s.f., infidelity, disloyalty, unbelief.*

infime [L. *infimus*], *adj., lowest.*

infini, -e [L. *infinitus*], *adj., infinite, boundless, endless.* Infini, *s.m., infinity.* A l'——, *without end, infinitely.*

infiniment, *adv., infinitely, exceedingly.*

infinité [L. acc. *infinitatem*], *s.f., infinity, immense number, multitude.*

infinitif [L. acc. *infinitivum*], *s.m., infinitive (mood).*

infirme [L. *infirmus*, "not strong"], *adj.* and *s.m.* or *f., infirm, sickly; invalid, disabled person.*

infirmité [L. acc. *infirmitatem*], *s.f., infirmity.*

inflammable [L. *inflammare*], *adj., inflammable.*

inflexibilité [*inflexible*], *s.f., inflexibility.*

inflexible [L. *inflexibilis*], *adj., inflexible, unrelenting.*

infliger [L. *infligere*], *v.a.*, 1, *to inflict, impose.* S'——, *r.v., to inflict oneself or each other; to impose on oneself or on each other.*

influence [L. *influentia*], *s.f., influence, power, credit.*

information [L. acc. *informationem*], *s.f., information, inquiry.*

informe [L. *informis*], *adj., shapeless, incomplete, crude.*

informer [L. *informare*], *v.a.*, 1, *to inform, acquaint, apprise.* S'——, *r.v., to inquire.*

infortune [L. *n. infortunium*], *s.f., misfortune, misery.*

infortuné, -e [L. *infortunatus*], *adj.* and *s.m.* or *f., unfortunate, unhappy; wretched creature.*

infraction [L. acc. *infractionem*], *s.f., infraction, violation, breach, offence.*

infranchissable [*in*, *neg.*, and *franchir*, *q.v.*], *adj., insuperable.*

ingénieur [Medieval L. acc. *ingeniatorem*, "military engineer"], *s.m., engineer.*

ingénieusement, *adv., ingeniously, cleverly.*

ingénieux, -euse [L. *ingeniosus*], *adj., ingenious, clever.*

ingénu, -e [L. *ingenuus*], *adj.* and *s.m.* or *f., ingenuous, artless, candid, sincere (person, young man or girl).*

ingénuité [L. acc. *ingenuitatem*], *s.f., ingenuity, artlessness, frankness, candour.*

ingénument [*ingénu* and suffix *-ment*], *adv., ingenuously, frankly, candidly.*

ingrat, -e [L. *ingratus*], *adj., ungrateful, thankless, unpleasant.* ——, *s.m.* or *f., ungrateful man or woman.*

ingratitude [L. acc. *ingratitudinem*], *s.f., ingratitude, ungratefulness.*

ingrédient [L. acc. *ingredientem*, pres. part. of *ingredi*, "to enter"], *s.m., ingredient.*

inhabile [L. *inhabilis*], *adj., unskilful, incapable, incompetent.*

inhabileté [*inhabile*], *s.f., unskilfulness, inability.*

inhabitable [L. *inhabitabilis*], *adj., uninhabitable.*

inhabité, -e [*in*, *neg.*, and *habiter*, *q.v.*], *adj., uninhabited.*

inhospitalier, -ère [*in*, *neg.*, and *hospitalier*, *q.v.*], *adj., inhospitable.*

inhumain, -e [L. *inhumanus*], *adj., inhuman, cruel.*

inhumainement, *adv., inhumanly, cruelly.*

inhumanité [L. acc. *inhumanitatem*], *s.f., inhumanity, cruelty.*

inimitable [L. *inimitabilis*], *adj., inimitable.*

inimitié [L. L. acc. *inimicitatem* (?), from L. *inimicus*], *s.f., unfriendliness, enmity, hatred.*

inique [L. *iniquus*], *adj., unjust, iniquitous.*

iniquité [L. acc. *iniquitatem*], *s.f., iniquity, unrighteousness.*

initiation [L. acc. *initiationem*], *s.f., initiation.* (Pronounce *iniciacion*.)

initié, -e [p.p. of *initier*], *adj., initiated.* ——, *s.m.* or *f., initiate.* (Pronounce *inicié*.)

initier [L. *initiare*], *v.a.*, 1, *to initiate.* (Pronounce *inicier*.)

injonction [L. acc. *injunctionem*], *s.f., injunction, order.*

injure [L. *injuria*], *s.f., injury, wrong; abuse, insult, injustice.* Faire —— à, *to injure, do wrong to.*

injurier [L. *injuriari*], *v.a.*, 1, *to abuse, insult, revile.* S'——, *r.v., to revile each other.*

injurieux, -euse [L. *injuriosus*], adj., abusive, insulting.
injuste [L. *injustus*], adj., unjust, unrighteous.
injustement, adv., unjustly, unrighteously.
injustice [L. *injustitia*], s.f., injustice, wrong.
inné, -e [L. *innatus*], adj., inborn, innate.
innocemment [*innocent*], adv., innocently, harmlessly.
innocence [L. *innocentia*], s.f., innocence; simplicity, ignorance.
innocent, -e [L. acc. *innocentem*], adj., innocent, pure; simple.
innombrable [L. *innumerabilis*], adj., innumerable, numberless.
innovateur [*innover*], s.m., innovator
innovation [L. acc. *innovationem*], s.f., innovation.
innover [L. *innovare*], v.a. and n., 1, to innovate.
inoculer [L. *inoculare*], v.a., 1, to inoculate, vaccinate. S'——, r.v., to be inoculated.
inodore [L. *inodorus*], adj., inodorous, scentless.
inoffensif, -ive [*in*, neg. and *offensif*, q.v.], adj., inoffensive, harmless.
inondation [L. acc. *inundationem*], s.f., inundation, flood.
inonder [L. *inundare*], v.a., 1, to inundate, overflow.
inopiné, -e [L. *inopinatus*], adj., unexpected, sudden.
inopinément, adv., unexpectedly, unawares.
inopportun, -e [L. *inopportunus*], adj., inopportune, unseasonable.
inopportunément, adv., inopportunely, unseasonably.
inouï, -e [*in*, neg., and *ouï*, p.p. of *ouïr*, q.v.], adj., unheard of, unprecedented, extraordinary.
inquiet, -ète [L. *inquietus*], adj., uneasy, anxious, restless.
inquiéter [L. *inquietare*], v.a., 1, to alarm, disturb, vex, harass. S'——, r.v., to be or make oneself uneasy; to trouble oneself.
inquiétude [L. acc. *inquietudinem*], s.f., uneasiness, fear.

inquisiteur [L. acc. *inquisitorem*], s.m., inquisitor.
inquisition [L. *inquisitionem*], s.f., inquisition.
insaisissable [*in*, neg., and *saisir*, q.v.], adj., not liable to be seized, not to be caught; indiscernible, imperceptible.
insanité [L. acc. *insanitatem*, from *insanus*], s.f., insanity, madness.
insatiable [L. *insatiabilis*, from *in* and *satiare*], adj., insatiable.
inscription [L. acc. *inscriptionem*], s.f., inscription.
inscrire [L. *inscribere*], v.a., 4, to inscribe, write down. S'——, r.v., to write one's name. S'—— en faux contre, **to** dispute the truth of.
insecte [L. n. *insectum*], s.m., insect.
insensé, -e [L. *insensatus*], adj., foolish, insane.
insensibilité [L. acc. *insensibilitatem*], s.f., insensibility, unconcern.
insensible [L. *insensibilis*], adj., insensible, unfeeling, heartless, unconcerned.
insensiblement, adv., insensibly, imperceptibly, by degrees.
inséparable [L. *inseparabilis*], adj., inseparable.
insérer [L. *inserere*], v.a., 1, to insert, put in.
insertion [L. acc. *insertionem*], s.f., insertion.
insidieusement, adv., insidiously.
insidieux, -euse [L. *insidiosus*], adj., insidious.
insigne [L. *insignis*], adj., distinguished, signal, downright. ——s, s.m.pl., insignia.
insignifiant, -e [*in*, neg., and *signifier*, q.v.], adj., insignificant.
insinuant, -e [pres. part. of *insinuer*], adj., insinuating, winning.
insinuation [L. acc. *insinuationem*], s.f., insinuation, hint; innuendo; intrigue.
insinuer [L. *insinuare*], v.a., 1, to insinuate, hint, intimate. S'——, r.v., to insinuate oneself, creep into.
insipide [L. *insipidus*], adj., insipid, tasteless.
insipidité [*insipide*], s.f., insipidity, tastelessness.

insistance [*insister*], s.f., insistence, urgent request.
insister [L. *insistere*], v.n., 1, to insist, persist, urge, dwell **upon.**
insolence [L. *insolentia*], s.f., insolence, impertinence.
insolent, -e [L. acc. adj. *insolentem*], adj. and s.m. or f., insolent, impertinent, extraordinary, unheard of; insolent fellow **or** creature.
insomnie [L. *insomnia*], s.f., sleeplessness.
insouciance [*insouciant*], s.f., carelessness, heedlessness.
insouciant, -e [*in*, **neg.** and *soucier*, q.v.], adj., careless, heedless.
insoumis, -e [*in*, neg., and *soumis*, q.v.], adj., unsubdued; unruly, refractory.
insoumission [*in*, neg., and *soumission*, q.v.], s.f., insubordination.
insoutenable [*in*, neg., and *soutenable*, q.v.], adj., indefensible.
inspecter [L. *inspectare*], v.a., 1, to inspect, survey, examine.
inspecteur [L. acc. *inspectorem*], s.m., inspector, examiner, overseer. (The fem. is *inspectrice*.)
inspection [L. acc. *inspectionem*], s.f., inspection, examination, supervision.
inspiration [L. acc. *inspirationem*], s.f., inspiration.
inspiré, -e [p.p. of *inspirer*], s.m. or f., a man or woman inspired.
inspirer [L. *inspirare*], v.a., 1, to inspire, prompt, impel. S'——, r.v., to draw one's inspiration.
instabilité [L. acc. *instabilitatem*], s.f., instability.
instable [L. *instabilis*], adj., unstable, unsteady.
installation [*installer*], s.f., installation.
installer [prefix *in*, and *stalle*, q.v.], v.a., 1, to install; establish. S'——, r.v., to settle.
instamment [*instant*], adv., earnestly, urgently.
instance [L. *instantia*], s.f., entreaty, solicitation.
instant, -e [L. acc. adj. *instantem*], adj., urgent, pressing. **Instant**, s.m., instant, moment. En un ——, in a

INSTIGATEUR.

trice. À l'——, *instantly, immediately.*
instigateur [L. acc. *instigatorem*], s.m., *instigator, inciter.* (The *f.* is *instigatrice.*)
instigation [L. acc. *instigationem*], s.f., *instigation, incitement.*
instinct [L. acc. *instinctum*], s.m., *instinct.*
instinctif, -ive [*instinct*], adj., *instinctive.*
instinctivement, adv., *instinctively.*
instituer [L. *instituere*], v.a., 1, *to institute, establish.*
institut [L. n. *institutum*], s.m., *institute, institution.*
instituteur [L. acc. *institutorem*], s.m., *teacher, master, tutor.* (The *fem.* is *institutrice.*)
institution [L. acc. *institutionem*], s.f., *institution, establishment, boarding-school.*
instructeur [L. acc. *instructorem*], s.m., *instructor.* Juge ——, *examining magistrate.*
instructif, -ive [L. L. *instructivus*], der. from L. *instruere*], adj., *instructive.*
instruction [L. acc. *instructionem*], s.f., *instruction, education, knowledge, learning.*
instruire [L. *instruere*], v.a. and n., 4, *to instruct, educate, inform, apprise.* S'——, r.v., *to improve oneself, learn.*
instruit, -e [*p.p.* of *instruire*], adj., *learned, well-educated; acquainted with.*
instrument [L. n. *instrumentum*], s.m., *instrument, tool, implement.*
insu (à l') [*in*, neg., and *su*, *p.p.* of *savoir*, q.v.], prep., *unknown to.*
insubordination [*in*, neg., and *subordination*, q.v.], s.f., *insubordination, disobedience.*
insubordonné, -e [*in*, neg., and *subordonné*, q.v.], adj., *insubordinate, disobedient.*
insuffisamment [*insuffisant*], adv., *insufficiently.*
insuffisance [L. *insufficientia*], s.f., *insufficiency.*
insuffisant, -e [L. acc. *insufficientem*], adj., *insufficient, inadequate.*
insultant, -e [*pres. part.* of *insulter*], adj., *insulting.*

INTENTER.

insulte [L. acc. *insultum*], s.f., *insult, affront.*
insulter [L. *insultare*], v.a., 1, *to insult, affront, taunt.*
insupportable [*in*, neg. and *supportable*, q.v.], adj., *insupportable, unbearable.*
insurgé [*p.p.* of *s'insurger*], adj. and s.m., *insurgent.*
insurger (s'), r.v., *to rebel, revolt, rise.*
insurmontable [*in*, neg. and *surmonter*, q.v.], adj., *insurmountable, insuperable.*
insurrection [L. acc. *insurrectionem*], s.f., *insurrection, rebellion, rising.*
intact, -e [L. *intactus*], adj., *intact, entire, undamaged, spotless, pure.*
intègre [L. *integer*], adj., *just, honest, upright.*
intégrité [L. acc. *integritatem*], s.f., *integrity, honesty, uprightness.*
intellect [L. acc. *intellectum*], s.m., *intellect, understanding.*
intellectuel, -elle [L. *intellectualis*], adj., *intellectual.*
intelligence [L. *intelligentia*], s.f., *intelligence, understanding; harmony; correspondence.*
intelligent, -e [L. acc. *intelligentem*], adj., *intelligent, clever, quick.*
intelligible [L. *intelligibilis*], adj., *intelligible, clear, distinct.*
intempérance [L. *intemperantia*], s.f., *intemperance.*
intempéré, -e [L. *intemperatus*], adj., *intemperate.*
intempérie [L. acc. *intemperiem*], s.f., *inclemency (of the weather).*
intempestif, -ive [L. *intempestivus*], adj., *unseasonable.*
intempestivement, adv., *unseasonably.*
intendant [L. acc. *intendentem*, pres. part. of *intendere*], s.m., *steward, superintendent, manager, chief officer, commissioner.*
intense [L. *intensus*], adj., *intense, great, violent.*
intensité [*intense*], s.f., *intensity, severity, violence.*
intenter [L. *intentare*], v.a., 1, *to bring an action at law.*

INTERMINABLE.

intention [L. acc. *intentionem*], s.f., *intention, design, purpose, view.*
intentionné, -e [*intention*], adj., *intentioned, disposed, meaning.*
intercéder [L. *intercedere*], v.n., 1, *to intercede.*
intercepter [L. L. *interceptare* (?)], v.a., 1, *to intercept, cut off.*
intercesseur [L. acc. *intercessorem*], s.m., *intercessor, mediator.*
intercession [L. acc. *intercessionem*], s.f., *intercession, mediation.*
interdiction [L. acc. *interdictionem*], s.f., *interdiction, deprivation.*
interdire [L. *interdicere*], v.a., 4, *to interdict, suspend, deprive of.*
interdit, -e [*p.p.* of *interdire*], adj., *speechless.* Interdit, s.m., *interdict, prohibition, taboo.*
intéressant, -e [*pres. part.* of *intéresser*], adj., *interesting.*
intéresser [L. *interesse*], v.a., 1, *to interest, concern, affect.* S'—— à, r.v., *to take an interest in.*
intérêt [L. *interest*, 3rd p. sing. pres. Ind. of *interesse*], s.m., *interest, good, concern, advantage.*
intérieur, -e [L. acc. adj. *interiorem*], adj., *interior, inward.* Intérieur, s.m., *interior, inland, home, conscience, soul; Home Department.*
intérieurement, adv., *internally, inwardly.*
intérim [L. adv. *interim*], s.m., *interim.*
interjection [L. acc. *interjectionem*], s.f., *interjection.*
interlocuteur [L. L. acc. *interlocutorem*, from L. *interloqui*], s.m., *interlocutor, speaker.*
interlocution [L. acc. *interlocutionem*], s.f., *interlocution, dialogue.*
intermède [L. adj. *intermedius*], s.m., *interlude, medium.*
intermédiaire [*intermède*], adj., *intermediate, intervening.* ——, s.m. or f., *medium, go-between.*
interminable [L. *inter-*

INTERNE.

minabilis], *adj.*, *interminable, endless.*
interne [L. *internus*], *adj.*, *inward, interior.* ——, *s.m.* or *f.*, *boarder.*
internement [*interne*], *s.m.*, *confinement (within the country).*
interner [*interne*], *v.a.*, 1, *to confine (within the country).*
interpeller [L. *interpellare*], *v.a.*, 1, *to question, summon, call upon, address, challenge.*
interposer [L. *inter*, and *poser, q.v.*], *v.a.*, 1, *to interpose.* S'——, *r.v.*, *to interpose.*
interprétation [L. acc. *interpretationem*], *s.f.*, *interpretation, construction.*
interprète [L. acc. *interpretem*], *s.m.* or *f.*, *interpreter, translator, expounder.*
interpréter [L. *interpretari*], *v.a.*, 1, *to interpret, translate, explain, expound.*
interrègne [L. n. *interregnum*], *s.m.*, *interregnum.*
interrogatif, -ive [L. *interrogativus*], *adj.*, *interrogative.*
interrogation [L. acc. *interrogationem*], *s.f.*, *interrogation, question, call.*
interroger [L. *interrogare*], *v.a.*, 1, *to question, examine, ask questions.*
interrompre [L. *interrumpere*], *v.a.*, 4, *to interrupt, stop, disturb.* S'——, *r.v.*, *to interrupt oneself or each other, break off, leave off.*
interruption [L. acc. *interruptionem*], *s.f.*, *interruption, suspension.*
intervalle [L. n. *intervallum*], *s.m.*, *interval, distance, space.* D'—— en ——, *at intervals.*
intervenir [L. *intervenire*], *v.n.*, 2, *to intervene, interfere.*
intervention [L. acc. *interventionem*], *s.f.*, *intervention, interference.*
intervertir [L. *intervertere*], *v.a.*, 2, *to invert, reverse.*
intestin, -e [L. *intestinus*], *adj.*, *intestine, interior, domestic, civil.* Intestin [L. n. *intestinum*], *s.m.*, *intestine, bowel.*
intime [L. *intimus*], *adj.*,

INUSITÉ.

intimate, familiar. ——, *s.m.* or *f.*, *intimate friend.*
intimement, *adv.*, *intimately, familiarly, inwardly.*
intimer [L. *intimare*], *v.a.*, 1, *to notify, give notice; summon.*
intimidé, -e [p.p. of *intimider*], *adj.*, *intimidated, frightened, cowed.*
intimider [*in* and *timide, q.v.*], *v.a.*, 1, *to intimidate, frighten, cow, abash.* S'——, *r.v.*, *to be or become intimidated, nervous, or confused.*
intimité [*intime*], *s.f.*, *intimacy, close connection.*
intituler [L. *intitulare*], *v.a.*, 1, *to entitle, name, call.* S'——, *r.v.*, *to call oneself, to take or assume the title of.*
intolérable [L. *intolerabilis*], *adj.*, *intolerable, unbearable.*
intolérance [L. *intolerantia*], *s.f.*, *intolerance.*
intolérant, -e [L. acc. adj. *intolerantem*], *adj.*, *intolerant.*
intonation [L. acc. *intonationem* (?), der. from L. *intonare*], *s.f.*, *intonation.*
intransitif, -ive [L. *intransitivus*], *adj.*, *intransitive.*
intrépide [L. *intrepidus*], *adj.*, *intrepid, daring, fearless, dauntless.*
intrépidement, *adv.*, *intrepidly, daringly, fearlessly.*
intrépidité [*intrépide*], *s.f.*, *intrepidity, fearlessness.*
intrigant, -e [*intriguer*], *adj.*, *intriguing.* ——, *s.m.* or *f.*, *intriguer, adventurer.*
intrigue [It. *intrigo*], *s.f.*, *intrigue, plot.*
intriguer [*intrigue*], *v.a.*, 1, *to puzzle, perplex, to lay the plot of.* ——, *v.n.*, *to intrigue.* S'——, *r.v.*, *to intrigue, take great pains, puzzle, perplex each other.*
introduction [L. acc. *introductionem*], *s.f.*, *introduction, entrance, beginning.*
introduire [L. *introducere*], *v.a.*, 4, *to introduce; show in; begin.* S'——, *r.v.*, *to get in, find one's way in, get access into.*
introuvable [*in*, *neg.*, and *trouver, q.v.*], *adj.*, *undiscoverable, matchless.*
inusité, -e [L. *inusitatus*], *adj.*, *unused, unusual.*

INVIOLABLE.

inutile [L. *inutilis*], *adj.*, *useless, needless, unnecessary.*
inutilement, *adv.*, *uselessly, in vain.*
inutilité [L. acc. *inutilitatem*], *s.f.*, *uselessness, needlessness.*
invalide [L. *invalidus*], *adj.* and *s.m.* or *f.*, *invalid, infirm; disabled soldier or sailor.*
invariable [*in*, *neg.*, and *variable, q.v.*], *adj.*, *invariable.*
invariablement, *adv.*, *invariably.*
invasion [L. acc. *invasionem*], *s.f.*, *invasion.*
invective [L. *invectiva*], *s.f.*, *invective.* S'accabler d' ——s, see *accabler.*
inventaire [L. n. *inventarium*], *s.m.*, *inventory.*
inventer [L. L. *inventare*, from *inventum*, *sup.* of *invenire*], *v.a.*, 1, *to invent, find out, forge.*
inventeur [L. acc. *inventorem*], *s.m.*, *inventor, author.* (The *f.* is *inventrice.*)
inventif, -ive [*invention*], *adj.*, *inventive, ingenious, quick, sharp.*
invention [L. acc. *inventionem*], *s.f.*, *invention, discovery; fiction, untruth.*
inverse [L. *inversus*], *adj.*, *inverse, inverted, contrary.* (Its doublet is *envers, q.v.*)
inversion [L. acc. *inversionem*], *s.f.*, *inversion; inverted order (military).*
investigateur [L. acc. *investigatorem*], *s.m.* and *adj.*, *investigator, inquirer; investigating, inquiring.* (The *f.* is *investigatrice.*)
investigation [L. acc. *investigationem*], *s.f.*, *investigation, inquiry.*
investir [L. *investire*], *v.a.*, 2, *to invest.*
invétéré, -e [*p.p.* of *s'invéterer, r.v.*, "to become inveterate"], *adj.*, *inveterate.*
invincibilité [*invincible*], *s.f.*, *invincibility.*
invincible [L. *invincibilis*], *adj.*, *invincible, unconquerable.*
invinciblement, *adv.*, *invincibly, unconquerably.*
inviolabilité [*inviolable*], *s.f.*, *inviolability.*
inviolable [L. *inviolabilis*], *adj.*, *inviolable, sacred.*

invisibilité [L. acc. *invisibilitatem*], *s.f.*, invisibility.
invisible [L. *invisibilis*], *adj.*, invisible, not to be seen.
invisiblement, *adv.*, invisibly.
invitation [L. acc. *invitationem*], *s.f.*, invitation, inducement, request, exhortation.
invité, -e [*p.p.* of *inviter*], *adj.*, invited. ——, *s.m.* or *f.*, guest.
inviter [L. *invitare*], *v.a.*, 1, to invite, bid, incite, ask, request, exhort.
invocation [L. acc. *invocationem*], *s.f.*, invocation.
involontaire [L. *involuntarius*], *adj.*, involuntary, unintended.
involontairement, *adv.*, involuntarily, unintentionally.
invoquer [L. *invocare*], *v.a.*, 1, to invoke, appeal to.
invraisemblable [*in*, neg., and *vraisemblable*, *q.v.*], *adj.*, improbable, unlikely.
invraisemblance [*in*, neg., and *vraisemblance*, *q.v.*], *s.f.*, improbability.
invulnérable [L. *invulnerabilis*], *adj.*, invulnerable.
irascible [L. *irascibilis*], *adj.*, irascible, passionate.
iris [L. *iris*, "goddess of the rainbow"], *s.m.*, iris, rainbow.
Irlandais, -e [*Irlande*, from Engl. Ireland, contrd. of *Ivernya*], *adj.* and *s.m.* or *f.*, Irish; Irishman, Irishwoman.
ironie [L. *ironia*, from Gr. εἰρωνεία, from εἴρων, "one who says less than he thinks"], *s.f.*, irony.
ironique [Gr. εἰρωνικός], *adj.*, ironical.
ironiquement, *adv.*, ironically.
Iroquois, *s.m.*, Iroquois.
irraisonnable [prefix *ir* (for *in*, neg.), and *raisonnable*, *q.v.*], *adj.*, unreasonable, irrational.
irraisonnablement, *adv.*, unreasonably, irrationally.
irréconciliable [*ir* (for *in*, neg.), and *réconcilier*, *q.v.*], *adj.*, irreconcilable.
irrécusable [L. *irrecusabilis*], *adj.*, undeniable, unexceptionable.
irréfléchi, -e [prefix *ir* (for *in*, neg.), and *réfléchi*,

p.p. of *réfléchir*, *q.v.*], *adj.*, thoughtless, inconsiderate.
irréflexion [prefix *ir* (for *in*, neg.), and *réflexion*, *q.v.*], *s.f.*, thoughtlessness.
irréfutable [L. *irrefutabilis*], *adj.*, irrefutable.
irrégularité [*ir* (for *in*, neg.), and *régularité*, *q.v.*], *s.f.*, irregularity.
irrégulier, -ère [*ir* (for *in*, neg.), and *régulier*, *q.v.*], *adj.*, irregular.
irrégulièrement, *adv.*, irregularly.
irréligieux, -euse [L. *irreligiosus*], *adj.*, irreligious.
irréligion [L. acc. *irreligionem*], *s.f.*, irreligion.
irréparable [L. *irreparabilis*], *adj.*, irreparable.
irréprochable [*ir* (for *in*, neg.), and *reprocher*, *q.v.*], irreproachable, blameless, faultless.
irrésistible [L. L. *irresistibilis*], *adj.*, irresistible.
irrésolu [*ir* (for *in*, neg.), and *résolu*, *q.v.*], *adj.*, irresolute.
irrésolument, *adv.*, irresolutely.
irrésolution [*ir* (for *in*, neg.), and *résolution*, *q.v.*], *s.f.*, irresolution.
irrévocable [L. *irrevocabilis*], *adj.*, irrevocable, irrevertible.
irrigation [L. acc. *irrigationem*], *s.f.*, irrigation, watering.
irriguer [L. *irrigare*], *v.a.*, 1, to irrigate, water.
irritable [L. *irritabilis*], *adj.*, irritable.
irritation [L. acc. *irritationem*], *s.f.*, irritation, exasperation.
irriter [L. *irritare*], *v.a.*, 1, to irritate, provoke, enrage, aggravate, increase. S'——, *r.v.*, to get angry.
irruption [L. acc. *irruptionem*], *s.f.*, irruption, inroad.
isolé, -e [*p.p.* of *isoler*], *adj.*, isolated, desert, lonely, solitary.
isolement, *adv.*, separately, solitarily.
isolement [*isoler*], *s.m.*, loneliness, isolation, retirement, solitude.
isoler [L. *insulatus*, from *insula*, "island"], *v.a.*, 1, to

insulate, isolate, separate, seclude. S'——, *r.v.*, to live retired, to be solitary.
issu, -e [*p.p.* of the O. Fr v. *issir*, from L. *exire*], *adj.*, sprung from, born, descended.
issue [partic. subst. of the O. Fr. v. *issir*; see *issu*], *s.f.*, issue, egress, way out.
isthme [L. acc. *isthmum*, from Gr. ἰσθμός, "passage"], *s.m.*, isthmus.
Italie [L. *Italia*, "the country of cattle," from Gr. ἰταλός, "bull"], *s.f.*, Italy.
Italien, -enne [It. *Italiano*], *adj.* and *s.m.* or *f.*, Italian.
italique [L. *italicus*], *adj.*, italic. ——, *s.f.*, italic (letter).
itinéraire [L. n. *itinerarium*], *s.m.*, itinerary, route, journey.
ivoire [L. *eboreus*, *adj.* der. from *ebur*], *s.m.*, ivory.
ivraie [L. *adj. f. ebriaca*, "drunken," by reason of the drunkenness or torpor caused by it], *s.f.*, tares, darnel.
ivre [L. *ebrius*], *adj.*, drunken, intoxicated, tipsy.
ivresse [*ivre*], *s.f.*, drunkenness.
ivrogne [*ivre*], *adj.*, drunken. ——, *s.m.*, drunkard. (The *f.* is *ivrognesse*.)
ivrognerie [*ivrogne*], *s.f.*, drunkenness.

J

jabot [L. *gibba*, "hump"] *s.m.*, craw, maw; shirt frill.
jacque [see *jaquette*], *s.f.*, coat, jacket.
Jacques [L. *Jacobus*, from Gr. Ἰάκωβος], *s.m.*, James (Christian name).
jactance [L. *jactantia*], *s.f.*, boasting.
jadis [*jà*, from L. *jam*, and *dis* from L. *dies*], *adv.*, formerly, once, of old, of yore.
jaillir [O. Fr. *jailler*, from L. L. *jaculare*, "to dart"], *v.n.*, 2, to gush out, spout, spring.
jaillissement [*jaillir*], *s.m.*, gushing, spouting out, flashing.
jalon [?], *s.m.*, stake, landmark.
jalonner [*jalon*], *v.a.* and *n.*, 1, to stake out, place landmarks.

jalousie [*jaloux*], *s.f.*, jealousy, umbrage.
jaloux, -ouse [L. *zelosus*], *adj.*, jealous, envious, ambitious.
jamais [O. Fr. *jà*, from L. *jam*, and *mais*, q.v.], *adv.*, ever, never. À ——, for ever, ever.
jambe [L. L. *gamba*, "hamstring," from Gr. καμπή, "bending"], *s.f.*, leg.
janissaire [Turkish *ienitcheri*, "new body of troops"], *s.m.*, janissary, janizary.
janvier [L. acc. *Januarium*], *s.m.*, January.
jappement [*japper*], *s.m.*, yelp, yelping.
japper [onomatop.], v.n., 1, to yelp.
jaquette [O. Fr. *jaque*, of historical origin, "a garment worn by the *Jacques*, or revolted peasants of the 14th century"], *s.f.*, jacket.
jardin [O. Fr. *gardin*, from G. *garten*, akin to L. *hortus* and Gr. χόρτος], *s.m.*, garden.
jardinage, *s.m.*, gardening.
jardiner, v.n., 1, to garden.
jardinier, *s.m.*, gardener. (The f. is *jardinière*.)
jargon [?], *s.m.*, jargon, lingo, slang.
jarret [O. Fr. *garret*, from Breton *gâr*], *s.m.*, hamstring, ham, hough.
jarretière [*jarret*], *s.f.*, garter.
jars [Old Scand. *gassi*, "a prattler"], *s.m.*, gander.
jaser [*jars*], v.n., 1, to chatter, prattle, tattle.
jasmin [Sp. *jasmin*], *s.m.*, jessamine.
jaspé, -e [p.p. of *jasper*], adj., jasper-like, variegated, marbled.
jasper [*jaspe*, "jasper," from L. *iaspis* (in Pliny), from Gr. ίασπις, "a green-coloured precious stone"], v.a., 1, to marble, vein.
jatte [O. Fr. *gatte*, from L. *gabata*], *s.f.*, bowl.
jaunâtre [*jaune*], adj., yellowish.
jaune [O. Fr. *jalne*, from L. *galbinus*], adj. and *s.m.*, yellow.
jaunir [*jaune*], v.a., 2, to colour yellow, gild. ——, v.n., to be or turn yellow.
Java, *s.f.*, Java (island of).

javelle [O. Fr. *gavelle*, from It. *gavella*, "a bundle of shoots or ears," from L. L. *capella*, "a handful"], *s.f.*, bundle of corn or vine-branches.
javelot [*javelle* (Littré), or A.-S. *gaflac*, "javelin" (Grimm), or Kymr. *gafl-ach*, "feathered lance" (Diez)], *s.m.*, javelin.
je [O. Fr. *jo, io, eo*, from L. *ego*], pers. pron., I.
Jean [O. Fr. *Jehan*, from L. *Johannes*], *s.m.*, John (Christian name).
Jeanne, *s.f.*, Joan (Christian name).
Jésuite [formerly *Jésuiste*, from *Jésus*], *s.m.*, Jesuit.
jet [verbal subst. of *jeter*], *s.m.*, throw, jet, gush, stroke.
jetée [partic. subst. of *jeter*], *s.f.*, jetty, pier, causeway, embankment; casting.
jeter [L. *jactare*], v.a., 1, to throw, cast, hurl, fling, shoot, take. Se ——, r.v., to throw oneself, rush, fall, dash; to be thrown away.
jeu [Prov. *joc*, from L. acc. *jocum*], *s.m.*, play, performance; sport, frolic, trick.
jeudi [It. *Giovedì*, from L. *Jovis dies*], *s.m.*, Thursday.
jeun (à) [L. *jejunus*], adv. loc., fasting.
jeune [L. *juvenis*], adj., young, youthful, younger.
jeûne [L. n. *jejunium*], *s.m.*, fast, fasting.
jeûner [L. *jejunare*], v.n., 1, to fast.
jeunesse [*jeune*], *s.f.*, youth.
joaillier [*joyau*, from L. L. *jocale*, "a jewel," der. from *jocari*], *s.m.*, jeweller.
joie [L. *gaudia*, pl. of *s.n. gaudium*], *s.f.*, joy, gladness, happiness, pleasure.
joindre [L. *jungere*], v.a. and n., 4, to join, unite, connect, reach, meet. Se ——, r.v., to join, unite, couple; to be joined, united, added.
joint, -e [p.p. of *joindre*], adj., joined, united. Joint, *s.m.*, joint, seam.
jointure [L. *junctura*], *s.f.*, joint.
joli, -e [O. Scand. *jul*, "a festival"], adj., nice, pretty, fine, handsome.

joliment, adv., nicely prettily, finely, handsomely.
jonc [L. acc. *juncum*], *s.m.*, rush, bulrush; hoop-ring.
joncher [*jonc*], v.a., 1, to strew, scatter.
jonction [L. acc. *junctionem*], *s.f.*, junction, joining, meeting.
jongler [L. *joculari*, "to jest"], v.n., 1, to juggle.
jongleur [L. acc. *joculatorem*, "a jester"], *s.m.*, juggler.
joue [O. Fr. *jode*, from Medieval L. *gauta*, contrd. from *gavata*, from *gabata*, "porringer" (in Martial); thus *joue* is a doublet of *jatte*, q.v.], *s.f.*, cheek. Coucher or mettre en ——, to take aim at.
jouer [L. *jocari*], v.a. and n., 1, to play, sport; act; to make fun of, to be trifled with. —— de malheur, to be unlucky. Se —— de, r.v., to play, sport, make light of; to set at defiance.
jouet [dim. of *jeu*, q.v.], *s.m.*, toy, plaything, sport, laughing-stock.
joueur, -euse [*jouer*], *s.m.* or f., player, gambler, performer.
joug [L. n. *jugum*], *s.m.*, yoke.
jouir [O. Fr. *joïr*, from L. *gaudere*], v.n., 2, to enjoy, possess, have pleasure.
jouissance [*jouir*], *s.f.*, enjoyment, possession.
joujou [reduplication of the first syllable of the v. *jou-er*, "to play"], *s.m.*, toy, plaything.
jour [It. *giorno*, from L. adj. *diurnus*], *s.m.*, day. Tous les ——s, every day. ——s, pl., life. Faire ——, to be light, daylight. Mettre au ——, to bring to light, bring forth.
journal [O. Fr. *jornal*, from L. adj. n. *diurnale*], *s.m.*, journal, newspaper.
journalier, -ère [*journal*], adj., daily, variable.
journaliste [*journal*], *s.m.*, journalist.
journée [L. L. *jornea*, see *jour*], *s.f.*, day (from rising to rest), day-time, day's work or wages; battle.
journellement [*journelle*, fem. of the O. Fr. adj. *journel*,

JOUTE.

and suffix -*ment*], *adv., daily, every day.*
joute [verbal subst. of *jouter*], *s.f.*, joust, tilting, strife.
jouter [L. L. *juxtare*, "to draw near"]. *v.n.*, 1, *to joust, tilt, cope with.*
jouteur [*jouter*], *s.m., antagonist, champion.*
jovial, -e [It. *gioviale*, from L. *jovialis*, "belonging to Jupiter"], *adj., jovial, merry.*
jovialement, *adv., jovially, merrily.*
jovialité [*jovial*], *s.f., joviality, merriment.*
joyau [see *joaillier*], *s.m., jewel.*
joyeusement, *adv., joyfully, cheerfully, merrily.*
joyeux, -euse [L. *gaudiosus*], *adj., joyous, joyful, merry.*
judiciaire [L. *judiciarius*], *adj., judicial, legal.*
judiciairement, *adv., judicially.*
judicieusement, *adv., judiciously.*
judicieux, -euse [L.L. *judiciosus* (?), from L. *n. judicium*, "discernment"], *adj., judicious, sensible.*
juge [L. acc. *judicem*], *s.m., judge.*
jugement [*juger*], *s.m., judgment, sentence, opinion, view.*
juger [L. *judicare*], *v.a.* and *n.*, 1, *to judge; deem, think, imagine, bring to trial, sentence.*
Juif, -ive [L. *Judaeus*], *adj.* and *s.m.* or *f., Jewish; Jew, Jewess.*
juillet [dim. of L. acc. *Julium*], *s.m., July.*
juin [L. acc. *Junium*], *s.m., June.*
jumeau, jumelle [L. *gemellus*], *adj., twin.* ———, *s.m.* or *f., twin, twinborn.*
jument [L. *n. jumentum*, "beast of burden," but in Medieval L. "mare"], *s.f., mare.*
juré [*p.p.* of *jurer*], *s.m., juryman, juror.*
jurement [L. *n. juramentum*], *s.m., oath, swearing.*
jurer [L. *jurare*], *v.a.* and *n.*, 1, *to swear; to take an oath.*
juridiction [L. acc. *jurisdictionem*], *s.f., jurisdiction, department, province.*

KILOGRAMME.

juridique [L. *juridicus*], *adj., juridical, judicial.*
jurisconsulte [L. acc. *jurisconsultum*], *s.m., jurisconsult, lawyer.*
jurisprudence [L. *jurisprudentia*], *s.f., jurisprudence, law.*
juron [*jurer*], *s.m., oath.*
jury [Engl. *jury*, from O. Fr. *jurée*], *s.f.*, "an assembly of men sworn in"], *s.m., jury.*
jus [L. *n. jus*], *s.m., juice, liquor, gravy, sauce.*
jusant [O. Fr. *jus*, from L. *jusum*, "down," from L. *adv. deorsum*], *s.m., ebb-tide.*
jusque [L. *de usque*], *prep., as far as, until, even.*
jusqu'à ce que, *conj. loc., until.*
justaucorps [*juste*, *q.v.*], *s.m., close coat, jerkin, jacket.*
juste [L. *justus*], *adj., just, righteous, fair, right, correct, accurate, exact.* ———, *s.m., righteous, upright man.* ———, *adv., accurately, just, exactly.*
justement, *adv., just, precisely; justly.*
justesse [L. *justitia*], *s.f., justness, accuracy, propriety.*
justice [L. *justitia*], *s.f., justice, integrity; rectitude, righteousness.*
justicier [*justice*], *s.m., justiciary, judge.*
justifiable [*justifier*], *adj., justifiable, warrantable.*
justificatif, -ive [*justifier*], *adj., justificative.* Pièces ———ives, *proofs, illustrations.*
justification [L. acc. *justificationem*], *s.f., justification, defence, vindication.*
justifier [L. *justificare*], *v.a.*, 1, *to justify, vindicate, clear.* Se ———, *r.v., to justify oneself.*
juxtaposer [L. *juxta*, and *poser*], *v.a.*, 1, *to juxtapose, place side by side.*
juxtaposition [L. *juxta*, and Fr. *position*, *q.v.*], *s.f., juxtaposition.*

K

kilo [Gr. χίλιοι], *s.m., one thousand.*
kilogramme [Gr. χίλιοι, "thousand," and γράμμα, "gramme"], *s.m., kilogram*

LÂCHE.

(2 lb. 3 oz. 4·428 dr. avoirdupois).
kilomètre [Gr. χίλιοι and *mètre*, *q.v.*], *s.m., kilometre* (1093·6389 yards).
kiosque [Turkish *kieuchk*, "belvedere"], *s.m., kiosk.*
kyrielle [from the first two words of the Greek Litany, Κύριε ἐλέησον ("Lord, have mercy"), which are followed by an endless list of invocations to saints], *s.f., litany, long story, endless list* or *lot.*

L

la, *art. s.f.*, or *pers. pron.*, see *le.*
là [L. *illac*], *adv., there, thither*
labeur [L. acc. *laborem*], *s.m., labour, work, toil.*
labial, -e [L. L. *labialis*, from L. *labia*, pl. of *labium*, "lip"], *adj., labial.*
laboratoire [L. L. *n. laboratorium*, from L. *laborare*], *s.m., laboratory.*
laborieusement, *adv., laboriously, painfully.*
laborieux, -euse [L. *laboriosus*], *adj., industrious, hard-working; difficult, painful.*
labour [L. acc. *laborem*], *s.m., tillage, ploughing.*
labourable [*labourer*], *adj., arable.*
labourage [*labourer*], *s.m., ploughing, tillage, husbandry.*
labourer [L. *laborare*], *v.a.*, 1, *to till, plough.*
laboureur [L. L. acc. *laboratorem*, "workman"], *s.m., ploughman, husbandman.*
labyrinthe [L. acc. *labyrinthum*, from Gr. λαβύρινθος], *s.m., labyrinth, maze.*
lac [L. acc. *lacum*], *s.m., lake.*
lacer [*lacs*, *q.v.*], *v.a.*, 1, *to lace.*
lacération [L. acc. *lacerationem*], *s.f., laceration, tearing.*
lacérer [L. *lacerare*], *v.a.*, 1, *to lacerate, tear.*
lacet [*lacs*, *q.v.*], *s.m., lace, springs, snare.*
lâche [L. *lascus* = *laxus*], *adj., slack, loose; cowardly,*

LÂCHEMENT.

dastardly. —, *s.m., coward, dastard.*

lâchement, *adv., slackly, loosely; cowardly.*

lâcher [O. Fr. *lascher,* from L. *laxare*], *v.a.,* 1, *to slacken, loosen, let go.* — *prise, to let go one's hold, give way.*

lâcheté [L. acc. *laxitatem*], *s.f., laxity, sloth, cowardice.*

laconique [L. *laconicus,* from Gr. λακωνικός, from Λάκων, "Lacedæmonian"], *adj., laconic, brief.*

laconisme [Gr. λακωνισμός, from λακωνίζειν, "to speak like a Lacedæmonian"], *s.m., laconism, brevity.*

lacs [L. acc. *laqueum*], *s.m., string, lace, snare, noose.*

lacté, -e [L. *lacteus*], *adj., lacteal.* Voie —e, *milky way.*

lacune [L. *lacuna*], *s.f., chasm, lacuna, gap, blank.*

laï, -e [L. *laïcus,* from Gr. λαϊκός, "a layman, not a priest"], *adj., lay.* Laï, *s.m., layman.*

laï [Kymr. *llais,* "sound, melody"], *s.m., lay, plaint.*

laid, -e [O. H. G. *laid,* "odious"], *adj., ugly, ill-favoured, bad-looking.*

laideur [*laid*], *s.f., plainness, ugliness.*

laie [?], *s.f., sow.*

lainage [*laine*], *s.m., woollen stuffs or goods, wool.*

laine [L. *lana*], *s.f., wool.*

laïque [L. *laicus,* from Gr. λαϊκός], *adj.* and *s.m., lay, laical; layman.*

laisser [L. *lazare*], *v.a.,* 1, *to let, leave, give.* Se —, *r.v., to allow oneself to, to let oneself* [**before** an Inf.]. Ne pas — *de, not to cease, to continue, nevertheless, however.*

lait [L. acc. *lactem,* from Gr. γάλακτ, stem of γάλα], *s.m., milk.*

laitier, -ère [*lait*], *s.m.* or *f., milkman, milkwoman.*

laiton [?], *s.m., latten, brass, wire.*

laitue [L. *lactuca*], *s.f., lettuce.*

lambeau [O. Fr. *lambel,* from G. *lappen,* Engl. *lap,* "loose part of a coat, border, hem"], *s.m., shred, scrap, rag.*

lambris [O. Fr. *lambre,* from L. *lamina*], *s.m., abode, dwelling.*

LARCIN.

lame [L. *lamina*], *s.f., blade, wave.*

lamentable [L. *lamentabilis*], *adj., lamentable, mournful, distressing.*

lamentation [L. acc. *lamentationem*], *s.f., lamentation, bewailing.*

lamenter [L. *lamentari*], *v.a.,* 1, *to lament, mourn, bewail.* Se —, *r.v., to mourn over, bewail.*

lampe [L. acc. *lampada,* from Gr λαμπάς], *s.f., lamp.*

lampion [dim. of *lampe*], *s.m., lamp.*

lance [L. *lancea*], *s.f., spear, lance.*

lancer [*lance*], *v.a.,* 1, *to dart, shoot, throw, hurl, fling.* Se —, *r.v., to rush, dart.*

lancier [*lance*], *s.m., lancer.*

lande [G. *lande*], *s.f., waste land, sandy moor.*

langage [*langue*], *s.m., language.*

langoureux, -euse [*langueur*], *adj., languishing, languid.*

langue [L. *lingua*], *s.f., tongue; language.* Coup de —, *backbiting, slander.* — de terre, *narrow strip of land.*

langueur [L. acc. *languorem*], *s.f., languor, debility.*

languir [L. *languere*], *v.n.,* 2, *to languish, pine away.*

languissant, -e [*pres. part.* of *languir*], *adj., languid, pining, declining, drooping; weak.*

lanière [L. *adj. fem.* lanaria, from *lana,* "wool;" in O. Fr. *lanière* meant "a woollen strap"], *s.f., thong, narrow strap of leather.*

lanterne [L. *lanterna*], *s.f., lantern, lamp-post.*

laper [G *lappen*], *v.a.,* 1, *to lap, lick up.*

lapereau [dim. of *lapin*], *s.m., young rabbit.*

lapidaire [L. acc. *lapidarium*], *s.m., lapidary.*

lapider [L. *lapidare*], *v.a.,* 1, *to stone to death.*

lapin [from the root *lep,* found in the L. *lep-us*], *s.m., rabbit.*

laps [L. acc. *lapsum*], *s.m., lapse, space.*

laquais [Sp. *lacayo*], *s.m., lackey, servant, footman.*

larcin [O. Fr. *larrecin,*

LAZARET.

from L. *n. latrocinium*], *s.m., larceny, theft.*

lard [L. *n. lardum* for *laridum*], *s.m., bacon.*

lares [L. *z. pl. lares*], *s.m. pl., Lares, household gods.*

large [L. *largus*], *adj., large, broad, wide, plentiful, generous, liberal, grand.* —, *s.m., breadth, width, open sea.* Au —, *at a distance, out at sea.*

largement, *adv., largely, broadly, amply, fully, liberally.*

largesse [L. L. *largitia*], *s.f., largess, bounty.*

largeur [*large*], *s.f., breadth, width.*

larme [L. *lacryma*], *s.f., tear.*

larmoyer [*larme*], *v.n.,* 1, *to shed tears.*

larron [L. acc. *latronem*], *s.m., thief.*

larve [L. *larva*], *s.f., larva, worm, maggot.*

larynx [Gr. λάρυγξ], *s.m., larynx, throat.*

las, lasse [L. *lassus*], *adj., weary, tired.*

lasser [L. *lassare*], *v.a.,* 1, *to tire out, fatigue, discourage.* Se —, *r.v., to be or become tired.*

lassitude [L. acc. *lassitudinem*], *s.f., lassitude, weariness.*

latéral [L. *lateralis*], *adj., lateral, side.*

Latin, -e [L. *Latinus*], *adj., Latin, Roman.* Latin, *s.m., Latin language.*

latinité [L. acc. *latinitatem*], *s.f., latinity; knowledge of Latin.*

latitude [L. acc. *latitudinem*], *s.f., latitude; room, space; freedom of action; clime, climate.*

latte [G. *lalte, latte*], *s.f., lath.*

lauréat [L. *adj. laureatus*], *adj.* and *s.m., laureate.*

laurier [L. L. acc. *laurarium* (?), from L. *laurus*], *s.m., laurel; victory, glory.*

lave [It. *lava*], *s.f., lava.*

laver [L. *lavare*], *v.a.,* 1, *to wash, clean; clear.* Se —, *r.v., to wash oneself, bathe; clear oneself.*

lazaret [It. *lazaretto*], *s.m., lazaretto, quarantine hospital.*

le, la, l', les [L. acc. *illum, illam, illos*], def. art., *the*.
—, pers. pron., *him, her, it, them*.
lécher [G. *lecken*], v.a., 1, *to lick*.
leçon [L. acc. *lectionem*], s.f., *lesson, lecture, advice, warning*.
lecteur [L. acc. *lectorem*], s.m., *reader*. (The f. is *lectrice*.)
lecture [L. l. *lectura*], s.f., *reading, perusal, lecture*.
légal, -e [L. *legalis*], adj., *legal, lawful*.
légalement, adv., *legally, lawfully*.
légaliser [*légal*], v.a., 1, *to legalize*.
légalité [L. l. acc. *legalitatem*], s.f., *legality, lawfulness*.
légat [L. acc. *legatum*], s.m., *legate*.
légataire [L. acc. *legatarium*], s.m. or f., *legatee*.
— **universel, -elle**, *sole legatee*.
légation [L. acc. *legationem*], s.f., *legation, embassy*.
légende [L. *legenda*, pl. n. of the future past part. *legendus*, from *legere*], s.f., *legend, inscription, story*.
léger, -ère [L. L. *leviarius*, der. from *levis*], adj., *light; swift; slender, fickle, thoughtless*.
légèrement, adv., *lightly, swiftly, slightly, frivolously, thoughtlessly*.
légèreté [*léger*], s.f., *swiftness, lightness, slenderness, thinness; frivolity, thoughtlessness*.
légion [L. acc. *legionem*], s.f., *legion*.
légionnaire [L. adj. *legionarius*], s.m., *legionary*.
législatif [L. acc. *legislatorem*], s.m., *legislator, lawmaker or giver*.
législatif, -ive [L. L. *legislativus* (?)], adj., *legislative*.
législation [L. acc. *legislationem*], s.f., *legislation*.
législature [*législateur*], s.f., *legislature*.
légitime [L. *legitimus*], adj., *legitimate, rightful, just, justifiable*.
légitimement, adv., *legitimately, lawfully, rightly, justly, justifiably*.

légitimer [*légitime*], v.a., 1, *to legitimate, recognize*.
légitimité [*légitime*], s.f., *legitimacy, lawfulness*.
legs [verbal subst. of *léguer*], s.m., *legacy, bequest*.
léguer [L. *legare*], v.a., 1, *to bequeath*.
légume [L. n. *legumen*], s.m., *vegetable*.
lendemain [compd. of *le, en*, and *demain*, q.v.], s.m., *the following day, the morrow*.
lent [L. *lentus*], adj., *slow, tardy, sluggish, dull*.
lentement, adv., *slowly, sluggishly*.
lenteur [L. acc. *lentorem*, which means only "flexibility, viscosity"], s.f., *slowness, sluggishness, dulness*.
lenticulaire [L. *lenticularis*, "like a lentil"], adj., *lenticular*.
lentille [L. *lenticula*], s.f., *lentil; lens; freckles*.
léonin, -e [L. *leoninus*], adj., *leonine, lion-like*.
léopard [L. acc. *leopardum*, from Gr. λεοπάρδαλος], s.m., *leopard*.
lèpre [L. *lepra*], s.f., *leprosy*.
lépreux, -euse [L. *leprosus*], adj., *leprous*. —, s.m. or f., *leper*.
lequel, sing. m., **laquelle**, sing. f., **lesquels**, pl. m., **lesquelles**, pl. f. [*le, quel*], rel. pron., *who, whom, that, which*.
les, see **le**.
lèse, - (in compounds) [L. *laesus*], adj., *treason against*. — **majesté**, s.f., *high treason*.
léser [*lèse*], v.a., 1, *to injure, wrong, hurt*.
lésiner [*lésine*, "stinginess," from It. *lesina*], v.n., 1, *to be stingy or mean*.
lésinerie [*lésiner*], s.f., *stinginess, meanness*.
lésion [L. acc. *laesionem*, from *laedere*, "to hurt"], s.f., *injury, wrong, hurt, wound*.
lest [G. *last*], s.m., *ballast*.
leste [It. *lesto*, from G. *listig*], adj., *brisk, nimble, quick*.
lestement, adv., *briskly, nimbly, quickly*.
lester [*lest*], v.a., 1, *to ballast*.
léthargie [L. *lethargia*,

from Gr. ληθαργία, "drowsiness," from λήθη, "forgetfulness"], s.f., *lethargy*.
léthargique [L. *lethargicus*, from Gr. ληθαργικός, "drowsy"], adj., *lethargic*.
lettre [L. *littera*], s.f., *letter, note, bill*. —s, s.f. pl., *letters, literature, learning; arts*, as *Bachelier ès* —s, s.m., *bachelor of arts*.
lettré [L. *litteratus*], s.m., *learned man, scholar, literate*.
leur [L. *illorum*], pers. pron., *to them, them*.
leur, leurs [L. *illorum*], poss. adj., *their*.
leurre [Middle G. *luoder*, "deceit"], s.m., *lure, trap*.
leurrer [*leurre*], v.a., 1, *to allure*. Se —, r.v., *to delude oneself*.
levain [L. n. *levamen*], s.m., *leaven, yeast*.
Levant [pres. part. of *lever*], s.m., *Levant, the East*.
levée [partic. subst. of *lever*], s.f., *raising, removal, levy, embankment*.
lever [L. *levare*], v.a., 1, *to raise, lift up, remove, levy*. Se —, r.v., *to rise, get up, stand up*.
lever [Inf. used as a subst.], s.m., *rising, rise, dawn; levee*.
levier [*lever*], s.m., *lever, crowbar*.
levraut [dim. of *lièvre*, q.v.], s.m., *leveret*.
lèvre [L. pl. n. *labra*], s.f., *lip*.
lévrier [*lièvre*], s.m., *greyhound*.
lez [L. *latus*, which in L. L. was used for *juxta*, "near"], adv., *near*. *Plessis — Tours, Plessis-near-Tours*.
lézard [L. acc. *lacertum*], s.m., *lizard*.
liaison [L. acc. *ligationem*], s.f., *connection, junction, binding, unison, acquaintance, intimacy*.
liane [*lier*], s.f., *liana, tropical climber or creeper*. (Its doublet is *lien*, q.v.)
libation [L. acc. *libationem*], s.f., *libation, potation*.
libelle [L. acc. *libellum*], s.m., *libel*.
libéral, -e [L. *liberalis*], adj., *liberal, free, generous*.
libéralement, adv., *liberally, freely, generously*.
libéralité [L. acc. *liberali-*

LIBÉRATEUR.

tatem], *s.f.*, *liberality, generosity, gift, gratuity.*

libérateur [L. acc. *liberatorem*], *s.m., liberator.* ——, *adj., liberating.* (The *f.* is *libératrice.*)

libération [L. acc. *liberationem*], *s.f., liberation, release, deliverance.*

libéré, -e [*p.p.* of *libérer*], *adj., liberated.* Forçat ——, *released convict.*

libérer [L. *liberare*], *v.a.*, 1, *to liberate, free, release.*

liberté [L. acc. *libertatem*], *s.f., liberty, freedom, facility, permission.*

libraire [L. acc. *librarium*], *s.m., bookseller.*

librairie [L. *libraria*, pl. of *s.n. librarium*, der. from *liber*], *s.f., book-trade, bookseller's shop.*

libre [L. *liber*], *adj., free, easy, disengaged, clear, open.*

librement, *adv., freely, easily.*

lice [L. L. *licia*], *s.f., lists, arena, tiltyard.*

licence [L. *licentia*], *s.f., licence, liberty, licentiousness.*

licencié [*p.p.* of *licencier*], *s.m., licentiate.*

licenciement [*licencier*] *s.m., disbanding.*

licencier [*licence*], *v.a.*, 1, *to dismiss, disband.*

licencieux, -euse [L. *licentiosus*], *adj., licentious.*

lichen [Gr. λειχήν], *s.m., lichen.*

licite [L. *licitus*], *adj., licit, lawful.*

licou or licol [*lie*, from *lier*, and *cou* or *col*, *q.v.*], *s.m., halter*

lie [?], *s.f., lees (of wine), dregs, scum.*

liège [L. L. *n. levium*, der. from *levis*], *s.m., cork.*

lien [L. *n. ligamen*], *s.m., band, bond, tie, union.* —— s, *s.m. pl., fetters.*

lier [L. *ligare*], *v.a.*, 1, *to bind, tie, join, fasten.* Se ——, *r.v., to bind oneself; to be bound; to become acquainted, form a league.*

lierre [O. Fr. *ierre*, and *hierre*, from L. *hedera*], *s.m., ivy.*

lieu [L. acc. *locum*], *s.m., place, spot.* Au —— de, *instead of.* Avoir ——, *to take place, happen.* Tenir —— de,

LINGE.

to fill the place of, stand instead of. Les saints —— x, *the holy places, in Palestine.*

lieue [L. *leuca*], *s.f., league* (*two miles and a half*).

lieutenant [*lieu, tenant, prez. part.* of *tenir, q.v.*], *s.m., lieutenant.*

lièvre [O. Fr. *levre*, from L. acc. *leporem*], *s.m., hare.*

ligament [L. *n. ligamentum*], *s.m., ligament.*

ligature [L. *ligatura*], *s.f., ligature.*

lige [G. *ledig*], *adj., liege.*

ligne [L. *linea*], *s.f., line, troops, soldiers of the line.*

lignée [*ligne*], *s.f., lineage, issue, progeny.*

ligue [verbal subst. of *liguer*], *s.f., league, confederacy.*

liguer [L. *ligare*], *v.a.*, 1, *to unite in a league.* Se ——, *r.v., to league together.*

ligueur [*liguer*], *s.m., leaguer, confederate.*

limaçon [*limace*, "slug," from L. acc. *limacem*], *s.m., snail.*

lime [L. *lima*], *s.f., file.*

limer [L. *limare*], *v.a.*, 1, *to file, polish.*

limier [O. Fr. *liemier*, from O. Fr. *liem*, "leash," from L. *n. ligamen*], *s.m., bloodhound.* —— de police, *detective.*

limite [L. acc. *limitem*], *s.f., limit, bound, boundary.*

limiter [L. *limitare*], *v.a.*, 1, *to limit, bound, confine.*

limitrophe [L. *limitrophus*], *adj., bordering, neighbouring, adjacent.*

limon [L. acc. *limum*], *s.m., mud, slime, clay.*

limon [It. *limone*, from Persian *lainum*, Skr. *nimbúka*, "lemon"], *s.m., lemon.*

limonade [*limon*], *s.f., lemonade.*

limpide [L. *limpidus*], *adj., limpid, clear.*

limpidité [L. L. acc. *limpiditatem*], *s.f., limpidity, clearness.*

lin [L. *n. linum*, from Gr λίνον], *s.m., flax, linseed, linen.*

linceul [L. *n. linteolum*], *s.m., shroud, winding-sheet.*

linge [L. *adj. lineum*. In O. Fr. *linge* was an *adj., e.g.* "un drap linge" = a linen cloth], *s.m., linen.*

LITIGIEUX.

lingère [*linge*], *s.f., sempstress.*

lingot [Engl. *ingot*, from G. *eingiessen*, Dutch *ingieten*, "to pour in, cast in"], *s.m., ingot.*

lingual, -e [L. L. *lingualis* (?), from L. *lingua*], *adj., lingual.*

linguiste [L. *lingua*], *s.m., linguist.*

linguistique [*linguiste*], *s.f., linguistics.*

linotte (*lin*, as the linnet feeds chiefly on flax], *s.f., linnet.*

lion [L. acc. *leonem*], *s.m., lion.* (The *s.f.* is *lionne.*)

lionceau [dim. of *lion*], *s.m., lion's cub, young lion.*

lionne [*lion*], *s.f., lioness.*

lippée (*lippe*, "thick lip, pouting lip," from G. *lippe*], *s.f., mouthful, meal, feast.*

liqueur [L. acc. *liquorem*], *s.f., liquor, drink, beverage, liquid.*

liquide [L. *liquidus*], *adj., liquid, clear.* ——, *s.m., liquid, fluid.*

liquider [*liquide*], *v.a.*, 1, *to liquidate, pay off, wind up.* Se ——, *r.v., to pay one's debts.*

lire [L. *legere*], *v.a.*, 4, *to read, peruse.* Se ——, *r.v., to be read.*

lis [L. L. acc. *lilium*, from L. *n. lilium*, from Gr. Λείριον], *s.m., lily, lys.*

liseron [*lis*], *s.m., bindweed.*

liseur [*lire*], *s.m., reader.*

lisible [*lire*], *adj., legible.*

lisiblement, *adv., legibly.*

lisière [*liste*], *s.f., list, binding (of cloths), edge, skirt, border.*

lisse [G. *liese*], *adj., smooth, glossy.*

lisser [*lisse*], *v.a.*, 1, *to smooth, glaze, polish.*

liste [O. H. G. *lista*, "a band," as *liste* meant originally "band" or "strip"], *s.f., list, roll.*

lit [L. acc. *lectum*], *s.m., bed.* —— de camp, *camp or field bed.* —— de plume, *feather-bed.*

litière [Medieval L. *lectaria*], *s.f., litter.*

litige [L. *n. litigium*], *s.m., litigation.*

litigieux, -euse [L. *litigiosus*], *adj., litigious.*

LITRE.

litre [Gr. λίτρα], s.m., *litre* (1 pint 3 gills 1/5).
littéraire [L. *litterarius*], *adj., literary*.
littéral, -e [L. *litteralis*], *adj., literal, exact*.
littéralement, *adv., literally, exactly*.
littérateur [L. acc. *litteratorem*], s.m., *man of letters*.
littérature [L. *litteratura*], s.f., *literature*.
littoral, -e [L. *littoralis*], *adj., littoral, of the coast*. Littoral, s.m., *sea-coast*.
liturgie [Gr. λειτουργία, "public service," from λήιτος (from λαός, "people"), "public," and ἔργον, "work"], s.f., *liturgy*.
livide [L. *lividus*], *adj., livid, black and blue*.
lividité [*livide*], s.f., *lividness*.
livraison [L. acc. *liberationem*], s.f., *delivery (of goods), part, number (of periodicals)*.
livre [L. acc. *librum*], s.m., *book*. A —— ouvert, *at sight*.
livre [L. *libra*], s.f., *pound (weight or money), livre, franc*.
livré, -e, p.p. of livrer, *left, given up*.
livrer [L. *liberare*], v.a., 1, *to deliver, give*. —— bataille, *to give battle, fight*. Se ——, r.v., *to give oneself up; to indulge (in)*.
livret [dim. of *livre*], s.m., *memorandum-book, handbook; certificate*.
local, -e [L. *adj. localis*, from *locus*], *adj., local*. Local, s.m., *premises, room, house*.
localiser [*local*], v.a., 1, *to localise*.
localité [L. acc. *localitatem*], s.f., *locality, place*.
locataire [L. acc. *locatarium*], s.m., *tenant*.
location [L. acc. *locationem*], s.f., *letting out, hiring*.
locomotion [L. abl. *loco* and acc. *motionem*], s.f., *locomotion*.
locomotive [prop. an Engl. adj. *locomotive* (*engine*)], s.f., *locomotive, engine*.
locuste [L. *locusta*], s.f., *locust, grasshopper*.
locution [L. acc. *locu-*

LONGTEMPS.

tionem], s.f., *form of speech, expression*.
loge [Medieval L. *laubia*, "lodge"], s.f., *lodge, cell, hut, box (in theatres), booth, stand*.
logement [*loger*], s.m., *lodging, apartment, residence, house*.
loger [*loge*], v.a. and n., 1, *to lodge, quarter, billet, house, harbour, reside*. Se ——, r.v., *to take lodgings, put up; to fix itself (of things)*.
logeur, -euse [*loger*], s.m. or f., *lodging-house keeper*.
logicien [*logique*], s.m., *logician*.
logique [L. *logica*, from Gr. λογικη (sc. τέχνη)], s.f., *logic*. ——, *adj., logical*.
logiquement, *adv., logically*.
logis [*loger*], s.m., *house, habitation, dwelling, home*. La folle du ——, *imagination, fancy*.
loi [L. acc. *legem*], s.f., *law; rule, statute, command*.
loin [L. *longè*], *adv., far*. —— de, *far from*. Au ——, *in the distance*.
lointain, -e [L. L. *longitanus*, der. from L. *longè*], *adj., far, distant*. Lointain, s.m., *distance, far away*.
loisible [*loisir*], *adj., allowable, allowed*.
loisir [L. *licere*], s.m., *leisure, spare time*. (Loisir is properly an Infinitive, meaning, "to have permission not to work.")
Lombards [G. *lang-bart*, "long beard"], s.m. pl., *Lombards*.
long, -ue [L. *longus*], *adj., long, extensive, distant, slow*. Long, s.m., *length, extent*. Le —— de, *along, alongside, by*.
longanimité [L. acc. *longanimitatem*], s.f., *longanimity, forbearance*.
longer [*long*], v.a., 1, *to go along, follow*.
longévité [L. acc. *longaevitatem*], s.f., *longevity, long life*.
longitude [L. acc. *longitudinem*], s.f., *longitude*.
longtemps [L. adj. n. *longum*, and s.n. *tempus*], *adv., long, a long while*. Aussi —— que, *as long as*.

LOUIS.

longueur [*long*], s.f., *length, extent, delay, slowness*.
longue-vue [*longue*, f. of *long*, and *vue*, q.v.], s.f., *spy-glass, telescope*.
loquace [L. acc. *loquacem*], *adj., loquacious, talkative*.
loquacité [L. acc. *loquacitatem*], s.f., *loquacity, talkativeness*.
lord [Engl. *lord*], s.m., *lord*.
lorgner [Swiss G. *loren*, "to look"], v.a., 1, *to ogle, glance at*.
lorgnette [*lorgner*], s.f., *spy-glass, opera-glass*.
lorgnon [*lorgner*], s.m., *eye-glass*.
lors [O. Fr. *l'ores*, from L. *hora*], *adv., then*. —— de, *at the time of*. —— même, *even when*.
lorsque [*lors*, *que*], *conj., when*.
losange [?], s.m., *lozenge*.
lot [Engl. and Flemish *lot*], s.m., *lot, fate, portion, share*.
loterie [*lot*], s.f., *lottery, raffle*.
loti, -e [p.p. of *lotir*, "to lot, portion"], *adj., portioned*. Bien loti, *favoured, lucky; in a fine plight*.
louable [L. *laudabilis*], *adj., praiseworthy*.
louage [*louer*, from L. *locare*], s.m., *letting, hiring*.
louange [L. acc. *laudemia*, der. from L. acc. *laudem*], s.f., *praise, eulogy, credit*.
louanger [*louange*], v.a., 1, *to praise up*.
louche [L. *luscus*, "one-eyed"], *adj., squinting; ambiguous, suspicious*.
louchement [*loucher*], s.m., *squinting*.
loucher [*louche*], v.n., 1, *to squint*.
louer [L. *laudare*], v.a., 1, *to praise, eulogize*. Se ——, r.v., *to praise oneself or each other; to be pleased with*.
louer [L. *locare*], v.a., 1, *to let, hire, rent*. Se ——, r.v., *to hire oneself, to be let or hired*.
loueur, -euse [*louer*], s.m. or f., *letter*. —— de voitures, *job-master*.
Louis [L. acc. *Ludovicum*], s.m., *Louis (proper name)*.
louis [*Louis*], s.m., *louis (an old French gold coin,*

which was worth 24 francs = 19 shillings).
loup [L. acc. *lupum*], *s.m., wolf*. (The *s.f.* is *louve* [L. *lupa*].)
loupe [*loup*], *s.f., magnifying glass; wen*.
lourd, -e [L. *luridus*], *adj., heavy; clumsy, dull, slow*.
lourdement, *adv., heavily*.
lourdeur [*lourd*], *s.f., heaviness, weight, slowness*.
loutre [L. *lutra*], *s.f., otter*.
louve, see *loup*.
louveteau [dim. of *louve*], *s.m., wolf's cub*.
louveterie [*louvetier*], *s.f., wolf-hunt*.
louvetier [*louvet*, "wolf's cub"], *s.m., wolf-hunter; master of the wolf-hounds*.
louvoyer [O. Fr. *lovoyer*, from *lof*, from Engl. *luff*], *v.n.*, 1, *to tack about*.
loyal, -e [L. *legalis*], *loyal, honest, true, faithful, honourable*.
loyalement, *adv., honestly, faithfully*.
loyauté [O. Fr. *loyalté*, from L. acc. *legalitatem*], *s.f., loyalty, fairness, honesty, good faith, fidelity*.
loyer [L. n. *locarium*, from *locare*], *s.m., rent, hire*.
lucarne [L. L. *lucarna*, for *lucerna*], *s.f., dormer-window*.
lucide [L. *lucidus*], *adj., lucid, clear*.
lucidement, *adv., lucidly, clearly*.
lucidité [*lucide*], *s.f., lucidity, clearness*.
lucratif, -ive [L. adj. *lucrativus*], *adj., lucrative*.
lueur [L. acc. *lucorem*, hypothetical deriv. from L. acc. *lucem*], *s.f., light, glimmer*.
lugubre [L. *lugubris*], *adj., dismal, mournful*.
lugubrement, *adv., mournfully, dismally*.
lui [L. *illi-huic*], *pers. pron., ne, it* (nom.); *to him, to her, to it, to one* (dat.); **lui-même, elle-même; eux-mêmes, elles-mêmes**, *himself, herself; themselves*.
luire [L. *lucere*], *v.n.*, 4, *to shine, glitter, gleam, dawn*.
luisant, -e [*pres. part. of luire*], *adj., shining, glittering*. Ver ——, *glowworm*.

lumière [L. *pl. n. luminaria*], *s.f., light; knowledge, sense, intellect, abilities*.
luminaire [L. *pl. n. luminaria*], *s.m., luminary*.
lumineux, euse [L. *luminosus*], *adj., luminous, shining, bright*.
lunaire [L. *lunaris*], *adj., lunar, lunary*.
lunatique [L. *lunaticus*], *adj., whimsical*. ——, *s.m. or f., whimsical man or woman*.
lundi [It. *lunedi*, from L. *lunae dies*], *s.m., Monday*.
lune [L. *luna*], *s.f., moon*. Clair de ——, *moonlight, moonshine*.
lunette [*lune*], *s.f., telescope*. —— d'approche, *spyglass*. ——s, *s.f. pl., spectacles*.
lustre [L. *lustrare*], *s.m., gloss, brilliancy, splendour*.
lustre [L. n. *lustrum*], *s.m., lustre, lustrum* (space of five years).
lustré, -e [p.p. of *lustrer*], *adj., glossy*.
lustrer [L. *lustrare*], *v.a.*, 1, *to give a gloss to, glaze*.
luth [It. *liuto*], *s.m., lute*.
lutin [?], *s.m., goblin, elf*. ——, *-e, adj., roguish, wanton*.
lutte [L. *lucta*], *s.f., struggle, fight, contest, wrestling*.
lutter [L. *luctari*], *v.n.*, 1, *to struggle, fight, contend, wrestle*.
lutteur [*lutter*], *s.m., wrestler, struggler*.
luxe [L. acc. *luxum*], *s.m., luxury, exuberance*.
luxueusement, *adv., luxuriously, richly, sumptuously*.
luxueux, -euse [*luxe*], *adj., luxurious, sumptuous, magnificent*.
luxure [L. *luxuria*], *s.f., lust*.
luxuriance [*luxuriant*], *s.f., luxuriance*.
luxuriant, -e [L. acc. *luxuriantem*, pres. part. of *luxuriari*, "to be too fruitful"], *adj., luxuriant*.
luxurieusement, *adv., lustfully*.
luxurieux, -euse [L. *luxuriosus*], *adj., lustful*.
luzerne [Engl. *lucern*], *s.f., lucern*.

lycée [Gr. Λύκειον, "the Lyceum at Athens"], *s.m., lyceum, college*.
lycéen [*lycée*], *s.m., schoolboy, collegian*.
lynx [L. *lynx*, from Gr. λύγξ], *s.m., lynx*.
lyre [L. *lyra*, from Gr λύρα], *s.f., lyre*.
lyrique [L. *lyricus*], *adj., lyric*.

M

ma, see *mon*.
Macédoine [Gr. Μακεδονία], *s.f., Macedon*.
Macédonien [*Macédoine*], *s.m., Macedonian*.
macération [L. acc. *macerationem*], *s.f., maceration*.
macérer [L. *macerare*], *v.a.*, 1, *to macerate*. Se ——, *r.v., to macerate one's body; to be macerated*.
mâcher [O. Fr. *mascher*, from L. *masticare*], *v.a.*, 1, *to masticate, chew*.
machinal, -e [L. *machinalis*], *adj., mechanical*.
machinalement, *adv., mechanically*.
machinateur [L. acc. *machinatorem*], *s.m., plotter, contriver*.
machination [L. acc. *machinationem*], *s.f., machination, plot*.
machine [L. *machina*], *s.f., machine, engine*.
machiner [L. *machinare*], *v.a.*, 1, *to plan, plot, machinate*.
mâchoire [*mâcher*], *s.f., jaw*.
maçon [L. L. acc. *macionem*], *s.m., mason, bricklayer*.
maçonner [*maçon*], *v.a.*, 1, *to build up, wall up*.
macule [L. *macula*], *s.f., spot, stain*.
maculer [*macule*], *v.a.*, 1, *to maculate, stain*.
madame [*ma*, *dame*, q.v.], *s.f., madam, mistress*.
mademoiselle [*ma* and *demoiselle*, q.v.], *s.f., mademoiselle, miss*.
Madone [It. *Madona*], *s.f., Madonna*.
madré, -e [O. Fr. *madre, mazdre*, from G. *maser*, "spotted wood"], *adj., spotted, speckled; sly, cunning*.
madrier [L.L. acc. *materia*

rium, der. from L. *materia*], *s.m.*, joist, board, plank.

madrigal [It. *madrigale*, from L. L. n. *matriale*], *s.m.*, *madrigal*.

magasin [Ar. *machdzin*, "stores"], *s.m.*, *warehouse*, *shop*.

magicien, -enne [*magie*], *s.m.* or *f.*, *magician*.

magie [L. *magia*, from Gr. μαγεία, "the science of the Magi"], *s.f.*, *magic*.

magique [L. *magice*, from Gr. μαγική (sc. τέχνη)], *s.f.*, *the magic art.* ——, *adj.* (L. *magicus*), *magic*.

magistral, -e [L. *magistralis*], *adj.*, *magistral*, *magisterial*.

magistrat [L. acc. *magistratum*], *s.m.*, *magistrate*, *justice*.

magistrature [*magistrat*], *s.f.*, *magistracy*, *the bench*, *judges*.

magnanime [L. *magnanimus*], *adj.*, *magnanimous*, *high-minded*, *noble*.

magnanimité [L. acc. *magnanimitatem*], *s.f.*, *magnanimity*.

magnificence [L. *magnificentia*], *s.f.*, *magnificence*, *splendour*, *grandeur*.

magnifique [L. *magnificus*], *adj.*, *magnificent*, *splendid*, *noble*, *grand*.

magnifiquement, *adv.*, *magnificently*, *splendidly*, *nobly*, *grandly*.

Mahométan, -e [*Mahomet*, in Arab. *Mohamed*, "the praised," from *hamad*, "to praise"], *adj.* and *s.m.* or *f.*, *Mahometan*.

Mahométisme [*Mahomet*], *s.m.*, *Mahometanism*.

mai [Medieval L. acc. *Madium*, for L. acc. *Maium*], *s.m.*, *May*.

maigre [L. acc., *adj. macrum*], *adj.*, *thin*, *lean*, *scanty*, *poor*.

maigrement, *adv.*, *meagrely*, *thinly*, *scantily*, *poorly*.

maigreur [L. acc. *macrorem*], *s.f.*, *leanness*, *emaciation*, *thinness*.

maigrir [*maigre*], *v.n.*, 2, *to grow lean, fall away, waste*.

mail [L. acc. *malleum*], *s.m.*, *mallet*, *mall; pall-mall*.

maille [L. *macula*], *s.f.*, *stitch*, *mesh*, *link*.

maillet [*mail*, from L. acc. *malleum*], *s.m.*, *mallet*.

main [L. acc. *manum*], *s.f.*, *hand*, *handwriting; help. Coup de* ——, *sudden attack, surprise; help, lift*.

maint, -e [O. H. G. *manag*, "many"], *adj.*, *many a, many*.

maintenant [*pres. part.* of *maintenir*], *adv.*, *now*.

maintenir [*main*, *tenir*, q.v.], v.a., 2, *to maintain, uphold. Se* ——, *r.v.*, *to keep up, hold out, last*.

maintien [verbal subst. of *maintenir*], *s.m.*, *maintenance, support, bearing, carriage, deportment*.

maire [L. acc. *adj. majorem*], *s.m.*, *mayor*. (Its doublets are *majeur* and *major*, q.v.)

mairie [*maire*], *s.f.*, *mayoralty*, *town-hall*.

mais [L. *magis*], *conj.*, *but*.

maïs [Sp. *mahis*], *s.m.*, *maize, Indian corn*.

maison [L. acc. *mansionem*], *s.f.*, *house, home, family, firm*.

maisonnée [*maison*], *s.f.*, *whole house, whole family, houseful*.

maisonnette [dim. of *maison*], *s.f.*, *small house, cottage*.

maître [L. acc.*magistrum*], *s.m.*, *master, owner, teacher. Coup de* ——, *masterly stroke*.

maîtresse [*maître*], *s.f.*, *mistress, lady, owner; teacher*.

maîtriser [*maître*], v.a., 1, *to master, rule, domineer over*.

majesté [L. acc. *majestatem*], *s.f.*, *majesty*.

majestueusement, *adv.*, *majestically*.

majestueux, -euse [*majesté*], *adj.*, *majestic*.

majeur, -e [L. acc. *adj. majorem*], *adj.*, *major, greater, chief; of age, of full age*.

major [L. acc. *adj. majorem*], *s.m.*, *major (in the army), surgeon (of a regiment)*.

majorité [L. acc. *majoritatem*], *s.f.*, *majority; full age*.

mal [L. n. *malum*], *s.m.*, *evil, ill, hurt.* ——, *adv.*, *badly*.

malade [L. *malè, aptus*], *adj., ill, sick, unwell.* ——, *s.m.* or *f.*, *an invalid, patient, sick person*.

maladie[*malade*], *s.f.*, *sickness, illness; disease*.

maladif, -ive [*maladie*], *adj.*, *sickly, ailing, unhealthy*.

maladresse [*mal, adresse*, q.v.], *s.f.*, *unskilfulness, awkwardness*.

maladroit, -e [*mal, adroit*, q.v.], *adj.*, *unskilful, awkward, clumsy*.

maladroitement, *adv.*, *unskilfully, awkwardly, clumsily*.

malaise [*mal, aise*, q.v.], *s.m., uneasiness, indisposition, embarrassment, straitened circumstances*.

malaisé, -e [*mal, aisé*, q.v.], *adj.*, *hard, difficult, embarrassed, hard up*.

malaisément [*mal, aisément*, q.v.], *adv.*, *not easily, with difficulty*.

malavisé, -e [*mal, avisé*, q.v.], *adj.*, *ill-advised, ill-judged*.

malcontent, -e [*mal, content*, q.v.], *adj.*, *discontented, malcontent. Les malcontents*, *s.m. pl.*, *the discontented subjects*.

mâle [L. *masclus*, for *masculus*], *adj.* and *s.m.*, *manly, virile; male*.

malédiction [L. acc. *maledictionem*], *s.f.*, *malediction, curse*.

maléfice[L. n. *maleficium*], *s.m.*, *witchcraft, sorcery, spell*.

malencontreusement, *adv.*, *unluckily*.

malencontreux, -euse [*mal, encontre*, verbal subst. of the O. Fr. v. *encontrer*, from *contre*, q.v.], *adj.*, *unlucky, untoward*.

malentendu [*mal, entendu, p.p.* of *entendre*, q.v.], *s.m.*, *misunderstanding*.

malfaisance [*malfaisant*], *s.f.*, *evil-doing, mischief*.

malfaisant [*mal, faisant, pres. part.* of *faire*, q.v.], *adj.*, *malevolent, malicious*.

malfaiteur [L. acc. *malefactorem*], *s.m.*, *malefactor*.

malfamé, -e [*mal, fame*, q.v.], *adj.*, *ill-famed*.

malgracieusement, *adv.*, *rudely*, *with ill grace*.

malgracieux, -euse [*mal, gracieux*, q.v.], *adj.*, *rude, uncivil*.

malgré [*mal, gré*, q.v.], *prep.*, *in spite of, notwithstanding*.

FR. P. II.   T

MALHABILE.

malhabile [*mal* and *habile, q.v.*], *adj., unskilful.*
malhabilement, *adv., unskilfully.*
malhabileté [*mal,habileté, q.v.*], *s.f., unskilfulness.*
malheur [L. *n. malum,* "bad," *augurium,* "omen;" see *bonheur*], *s.m., misfortune, unhappiness, adversity, poverty.*
malheureusement, *adv., unhappily, unfortunately.*
malheureux, -se [*malheur*], *adj., unhappy, wretched, unfortunate.*
malhonnête [*mal, honnête, q.v.*], *adj., dishonest, rude, uncivil.*
malhonnêtement, *adv., dishonestly, rudely, uncivilly.*
malhonnêteté [*mal, honnêteté, q.v.*], *s.f., dishonesty, rudeness, incivility.*
malice (L. *malitia*), *s.f., malice, spite, mischief, trick.*
malicieusement, *adv., maliciously, spitefully, mischievously, roguishly.*
malicieux, -euse [L. *malitiosus*], *adj., malicious, spiteful, mischievous, roguish.*
malignement [*maligne, f.* of *adj. malin,* and suffix *-ment*], *adv., maliciously, slily.*
malignité [L. acc. *malignitatem*], *s.f., malignity, malice, mischievousness.*
malin, -igne [L. *malignus*], *adj., malicious, mischievous, sly, cunning.*
malintentionné, -e [*mal, intentionné, q.v.*], *adj., evil-intentioned.*
malle [O. H. G. *malha*], *s.f., trunk, box.* —— *-poste, mail (coach).*
malléable [*malléer,* from L. *malleare,* "to beat with the hammer," from L. *malleus,* "hammer"], *adj., malleable.*
malmener [*mal, mener, q.v.*], *v.a.,* 1, *to maltreat.*
malotru, -e [O. Fr. *malestru,* from L. *malè,* and L. L. *astrutus,* "under the influence of a star"], *s.m. or f., rude, ill-bred man or woman.*
malpropre [*mal, propre, q.v.*], *adj., dirty, slovenly.*
malproprement, *adv., dirtily, slovenly.*
malpropreté [*mal, pro-*

MANGEUR.

preté, q.v.], *s.f., dirtiness, slovenliness.*
malsain, -e [*mal, sain, q.v.*], *adj., unhealthy.*
malséant, -e [*mal, séant, q.v.*], *adj., unbecoming, unseemly.*
maltraiter [*mal, traiter, q.v.*], *v.a.,* 1, *to maltreat.*
malveillance [*malveillant*] *s.f., malevolence, ill-will.*
malveillant, -e [*mal, veillant;* see *bienveillant*], *adj., malevolent, ill-disposed, spiteful.*
maman [onomat.], *s.f., mamma.*
mamelle [L. *mamilla,* dim. of *mamma*], *s.f., breast; udder.*
mamelon [dim. of *mamelle*], *s.m., nipple, teat; eminence, hill.*
mammifère [L. *mamma, ferre*], *adj., mammiferous.* ——, *s.m., mammifer.*
manant [L. acc. *manentem,* "one who remains (attached to the soil)," a term of feudal law], *s.m., peasant, clown, churl, cad.*
manche (L. *manica*), *s.m., handle.* ——, *s.f., sleeve, channel.* La Manche, *the British Channel.*
manchette [dim. of *manche*], *s.f., cuff, wrist-band.*
manchot, -e [O. Fr. *manc,* from L. *mancus*], *adj. and s.m. or f., one-handed, one-armed; maimed man or woman.*
mandat [L. *n. mandatum*], *s.m., mandate, order, warrant.*
mandataire [*mandat*], *s.m., proxy, representative.*
mander [L. *mandare*], *v.a.,* 1, *to inform, write to say; summon; order.*
mandibule [L. *mandibula*], *s.f., mandible, jaw.*
manège [It. *maneggio*], *s.m., training (of horses), riding-school; manœuvre, intrigue, trick.*
mangeable [*manger*], *adj., eatable.*
mangeoire [*manger*], *s.f., manger, crib.*
manger [L. *manducare*], *v.a.* and *n.,* 1, *to eat, eat up, consume, squander.*
mangeur, -euse [*manger*],

MANQUANT.

s.m. or f., eater, prodigal, spendthrift.
maniable [*manier*], *adj., easy to handle, tractable, manageable.*
maniaque (L. L. *maniacus*), *adj., maniacal.* ——, *s.m. or f., maniac.*
manie [L. *mania,* Gr. μανία, "madness"], *s.f., mania, passion.*
maniement [*manier*], *s.m., handling, management.*
manier [L. L. *manicare,* from L. *manus*], *v.a.,* 1, *to handle, touch, govern, manage.*
manière [L. L. *maneria*], *s.f., manner, way.* De —— que, *in such a way that.*
maniéré, -e [*p.p.* of *maniérer,* "to force, to make unnatural"], *adj., affected.*
manifestation [L. acc. *manifestationem*], *s.f., manifestation.*
manifeste [L. *manifestus*], *adj., manifest.* ——, *s.m., manifesto.*
manifestement, *adv., manifestly.*
manifester [L. *manifestare*], *v.a.,* 1, *to show, display, manifest.*
manipulateur [*manipuler*], *s.m., manipulator.*
manipulation [*manipuler*], *s.f., manipulation.*
manipuler [*manipule,* "handful, maniple," from L. acc. *manipulum*], *v.a.,* 1, *to manipulate.*
manne [L. *manna*], *s.f., manna.*
manne [G. *manne*], *s.f., hamper, basket.*
mannequin [N. *maneken,* "little man"], *s.m., mannikin, lay-figure.*
mannequin [dim. of *manne*], *s.m., basket, hamper.*
manœuvre [L. L. *manuopera,* contrd. to *manopera*], *s.f., manœuvre, work, drill, tactics; intrigue.* ——, *s.m., workman.*
manœuvrer [*manœuvre*], *v.a.* and *n.,* 1, *to manœuvre, work; drill: work the ship.*
manoir [Medieval L. *n. manerium,* from L. *manere,* "to reside"], *s.m., manor.*
manquant, -e [*pres. part.* of *manquer*], *adj., missing, wanting.* ——, *s.m. or f., absentee, defaulter.*

manque [verbal subst. of *manquer*], *s.m.*, *want*, *defect*, *failure*.

manqué, -e [*p.p.* of *manquer*], *adj.*, *defective*, *imperfect*, *spoiled*, *missed*.

manquement [*manquer*], *s.m.*, *omission*, *slip*, *failure*, *want*.

manquer [L. L. *mancare*, lit. "to mutilate"], *v.n.*, 1, *to fail*, *to be wanting*, *neglect*, *forget what is due to*. ——, *v.a.*, *to miss*, *lose*, *spoil*. Se ——, *r.v.*, *to be missed*, *lost*, *spoilt*; *to forfeit one's honour*.

mansarde [*Mansard*, (1645-1708), the architect who invented this kind of window], *s.f.*, *a garret-window*, *garret*, *attic*.

mansuétude [L. acc. *mansuetudinem*], *s.f.*, *gentleness*, *forbearance*.

mante [L. L. *n. mantum*, "a short cloak"], *s.f.*, *mantle*.

manteau [O. Fr. *mantel*, from *mante*], *s.m.*, *cloak*.

manuel, -elle [L. *manualis*], *adj.*, *manual*. Manuel, *s.m.*, *manual*, *hand-book*.

manuellement, *adv.*, *manually*.

manufacture [L. *manus*, *factura*], *s.f.*, *making*, *manufacture*, *factory*.

manufacturer [*manufacture*], *v.a.*, 1, *to manufacture*.

manufacturier [*manufacture*], *s.m.*, *manufacturer*. ——, **-ère**, *adj.*, *manufactural*, *manufacturing*.

manuscrit [L. *manu scriptum*], *s.m.*, *manuscript*, *copy*.

manutention [L. *manus*, *tenere*], *s.f.*, *maintenance*, *management*; *army bake-house*.

mappemonde [L. *mappa mundi*, "a cloth of the world"], *s.f.*, *map of the world*.

marais [L. acc. *mariscum*, "marsh"], *s.m.*, *marsh*, *swamp*, *moor*.

marâtre [L. L. *matrastra*, "step-mother," from L. *mater*], *s.f.*, *step-mother*. ——, *adj.*, *unkind*, *cruel*.

maraudage [*maraud*, "rascal, knave," from O. Fr. *marrir*, "to stray," L. acc. *moratorem*, "a loiterer"], *s.m.*, *marauding*.

maraude [verbal subst. of *marauder*], *s.f.*, *marauding*.

marauder [see *maraudage*], *v.n.*, 1, *to maraud*.

maraudeur [*maraude*], *s.m.*, *marauder*.

marbre [L.n. *marmor*, from G. μάρμαρος, "brilliant"], *s.m.*, *marble*.

marbrerie [*marbre*], *s.f.*, *marble-cutting*, *marble-yard*.

marbrier [*marbre*], *s.m.*, *marble-mason*.

marc [O. H. G. *marc*], *s.m.*, *mark* (8 oz.).

marc [?] *s.m.*, *residuum*, *murk*, *grounds*.

marchand, -e [L. L. acc. *mercatantem*, *pres. part.* of the Medieval L. v. *mercatare*, "to sell"], *s.m.* or *f.*, *dealer*, *shopkeeper*, *seller*, *merchant*.

marchander [*marchand*], *v.a.*, 1, *to bargain for*, *haggle*.

marchandise [*marchand*], *s.f.*, *merchandise*, *goods*.

marche [verbal subst. of *marcher*], *s.f.*, *march*, *marching*, *walking*, *course*, *way*; *marches* (in geography).

marché [L. acc. *mercatum*], *s.m.*, *market*, *market-place*.

marcher [L. L. *marcare*, from *marcus*, "a hammer," lit. "to tread down"], *v.n.*, 1, *to walk*, *march*, *advance*, *go on*, *progress*.

marcheur, -euse [*marcher*], *s.m.* or *f.*, *walker*, *pedestrian*.

mardi [It. *martedi*, from L. *Martis dies*], *s.m.*, *Tuesday*.

mare [Medieval L. *s.f. mara*, for L. n. *mare*], *s.f.*, *pond*, *pool*, *mere* (Windermere).

marécage [*marais*], *s.m.*, *bog*, *marsh*, *swamp*.

marécageux, -euse [*marécage*], *adj.*, *marshy*, *boggy*.

maréchal [L. L. acc. *mariscalcum*, "an officer in charge of the king's horses," from O. *mähre schalk*], *s.m.*, *field-marshal*. —— de camp, *brigadier-general*. —— ferrant, *farrier*.

maréchale, *s.f.*, *field-marshal's wife* or *widow*.

marée [L. n. *mare*], *s.f.*, *tide*.

marge [L. acc. *marginem*], *s.f.*, *margin*; *room*; *time*.

margelle [*marge*], *s.f.*, *kerbstone* (*of a well*), *brim*.

marguerite [L. *margarita*, "a pearl"], *s.f.*, *daisy*. —— Margaret (*proper name*).

mari [L. acc. *maritum*], *s.m.*, *husband*.

mariage [Medieval L. *n. maritaticum*], *s.m.*, *marriage*.

marié [partic. *s.m.* of *marier*], *s.m.*, *bridegroom*. Nouveaux ——s, *newly-married couple*.

mariée [partic. *s.f.* of *marier*], *s.f.*, *bride*.

marier [L. *maritare*], *v.a.*, 1, *to marry*, *match*. Se ——, *r.v.*, *to marry*, *get married*.

marin, -e [L. *marinus*], *adj.*, *marine*, *sea-*, *nautical*. Marin, *s.m.*, *sailor*.

marinade [*mariner*], *s.f.*, *pickle*.

marine [*marin*], *s.f.*, *navy*.

mariner [*marin*], *v.a.*, 1, *to pickle*.

marinier [*marin*], *s.m.*, *mariner*, *boatman*, *bargeman*.

marionnette [for *mariolette*, dim. of *mariole*, which, in the Middle Ages, meant "a puppet, a doll." It meant originally a little figure of the Virgin Mary], *s.f.*, *puppet*, *marionette*.

maritime [L. *maritimus*], *adj.*, *maritime*, *naval*, *nautical*.

marmelade [Sp. **marmelada**], *s.f.*, *marmalade*.

marmite [?], *s.f.*, *pot*.

marmot [?], *s.m.*, *child*, *brat*. Croquer le ——, *to wait dance attendance*.

marmotte [L. acc. *murem*, and gen. *montis*], *s.f.*, *marmot*; *head-wrapper*.

marmotter [?], *v.a.* and *n.*, 1, *to mutter*; *to grumble*.

marne [O. Fr. *marle*, from L. *marga*], *s.f.*, *marl*.

marneux, -euse [*marne*], *adj.*, *marly*.

maroquin [Morocco, where this leather was first made], *s.m.*, *morocco*.

marotte [Medieval Fr. *mariole*, originally "a little figure of the Virgin Mary"], *s.f.*, *hobby-horse*, *fool's cap*.

marquant, -e [*pres. part.* of *marquer*], *adj.*, *remarkable*, *of note*, *striking*.

marque [G. *mark*], *s.f.*, *mark*, *sign*, *proof*, *token*.

marqué, -e [*p.p.* of *marquer*], *adj.*, *marked*, *remarkable*, *great*, *particular*.

marquer [*marque*], *v.a.*, 1, *to mark*, *state*, *point out*, *show*,

T 2

MARQUIS.	MATIN.	MAXIMUM.

define, express. ——, *v.n.*, *to be evident, to be of note, striking.* Se ——, *r.v.*, *to be marked, noticed.*
marquis [L. L. acc. *marchensem*, from O. H. G. *marcha*, "boundary"], *s.m., marquis.*
marquise [*marquis*], *s.f., marchioness; marquee, awning.*
marraine [L. L. *matrina*, der. from L. acc. *matrem*], *s.f., godmother.*
marron [It. *marrone*], *s.m., chestnut.*
marteau [O. Fr. *martel*, from L. L. acc. *martellum*, for **martulus**, dim. of L. L. *martus*], *s.m., hammer.*
martial, -e [L. *martialis*], *adj., martial, warlike.*
martyr, -e [L. *martyr*, from Gr. μάρτυρ, from Skr. root *smar*, as in *smarámi*, "I remember"], *s.m.* or *f., martyr.*
martyre [L. n. *martyrium*, from Gr. μαρτύριον, "a testimony, sealed with one's blood, to the truth of the Christian religion"], *s.m., martyrdom.*
martyriser [*martyr*], *v.a.*, 1, *to martyrize, torment, torture.*
martyrologe [Gr. μάρτυρ, λόγος, "recital"], *s.m., martyrology.*
masculin, -e [L. *masculinus*], *adj., masculine, male.* Masculin, *s.m., masculine (gender).*
masque [It. *maschera*], *s.m., mask.*
masquer [*masque*], *v.a.*, 1, *to mask, disguise, cloak, hide.* Se ——, *r.v., to put on a mask; to be disguised.*
massacre [verbal subst. of *massacrer*], *s.m., massacre, slaughter.*
massacrer [L. G. *matsken*, "to kill"], *v.a.*, 1, *to massacre, slaughter.*
massacreur [*massacrer*], *s.m., murderer, slayer.*
masse [L. *massa*], *s.f., mass, heap, bulk.*
masser [*masse*], *v.a.*, 1, *to dispose in masses.*
massif, -ive [*masse*], *adj., massive, heavy.*
massivement, *adv., massively, heavily.*
massue [Medieval L. *maxuca*], *s.f., club.*

mastication [L. acc. *masticationem*], *s.f., mastication, chewing.*
mastiquer [L. *masticare*], *v.a.* and *n.*, 1, *to masticate, chew.*
masure [L. L. *mansura*, "residence," from L. *manere*], *s.f., hovel, ruin.*
mat [Persian *mat*, "dead"], *s.m., mate (in chess).*
mat, -e [G. *matt*, "weary, weak"], *adj., dead, dull.*
mât [G. and Engl. *mast*], *s.m., mast, pole.*
matelas [O. Fr. *materas*, from Ar. al *matrah*, "covering for the beasts of burden"], *s.m., mattress.*
matelot [?], *s.m., seaman, sailor.*
mater [*mat, s.m.*], *v.a.*, 1, *to checkmate, subdue.*
mâter [*mât*], *v.a.*, 1, *to mast.*
matérialiser [*matériel*], *v.a.*, 1, *to materialize.*
matérialisme [*matérialiser*], *s.m., materialism.*
matérialiste, *s.m., materialist.* ——, *adj., materialistic.*
matériaux [pl. of O. Fr. *material*, from L. *materialis*, from *materia*], *s.m. pl., materials.*
matériel, -elle [L. *materialis*], *adj., material, coarse, rough, dull, heavy.* Matériel, *s.m., working-stock, stores.*
matériellement, *adv., materially, coarsely, roughly.*
maternel, -elle [L. L. *maternalis*, from *maternus*], *adj., maternal, motherly.*
maternellement, *adv., maternally, motherly.*
maternité [L. L. acc. *maternitatem*, from L. *maternus*], *s.f., maternity, motherhood.*
mathématicien [*mathématique*], *s.m., mathematician.*
mathématique [L. *mathematicus*, from Gr. μαθηματικός, from μάθημα (μανθάνω), "instruction"], *adj., mathematical.* ——s, *s.f. pl., mathematics.*
matière [L. *materia*], *s.f., matter, cause, reason, subject, grounds, occasion.*
matin [L. n. *matutinum*],

s.m., morning. ——, *adv., early in the morning.*
matinal, -e [L. *matutinalis*], *adj., up early, rising early.*
matinalement, *adv., early in the morning.*
matinée [*matin*], *s.f., morning, the whole morning, forenoon.*
matines [*matin*], *s.f. pl., matins.*
matineux, -euse [*matin*], *adj.* and *s.m.* or *f., rising early; early riser.*
matois, -e [?], *adj.* and *s.m.* or *f., cunning, sly; sly dog, sly puss.*
matricide [L. n. *matricidium*], *s.m., matricide, murder of one's mother.* —— [L. acc. *matricidam*], *s.m.* or *f., matricide, murderer* or *murderess of one's mother.*
matrimonial, -e [L. *matrimonialis*], *adj., matrimonial, conjugal.*
matrone [L. *matrona*], *s.f., matron.*
mâture [*mât*], *s.f., masts.*
maturité [L. acc. *maturitatem*], *s.f., maturity, ripeness, completion.*
maudire [O. Fr. *maldire*, from L. *maledicere*], *v.a.*, 4, *to curse.*
maudit, -e [p.p. [of *maudire*], *adj., cursed, horrible, execrable.*
maugréer [*mal, gré, q.v.*], *v.n.*, 1, *to swear, curse and swear.*
Maure, see *More.*
mausolée [L. n. *mausoleum*, from Gr. Μαυσωλεῖον, tomb of Mausolus, king of Caria], *s.m., mausoleum.*
maussade [O. Fr. *malsade*, "of a bad taste," from *mal, sade*, from L. *sapidus*], *adj., unpleasant, sulky, sullen.*
mauvais, -e [Goth. *balvavesti*, "bad," which gave *balvais* and *malvais*], *adj., bad, wicked, wrong, adverse.*
mauve [L. *malva*], *s.f., mallow.* ——, *s.m., mauve (colour).* ——, *adj., mauve-coloured.*
maxillaire [L. *maxillaris*], *adj., maxillary.* Os ——, *jaw-bone.*
maxime [L. *maxima* (sc. *sententiarum*)], *s.f., maxim.*
maximum [L. *adj. n. maximum*], *s.m., maximum.*

me [L. *me*], *pers. pron.*, me, to me.

mécanicien [*mécanique*], *s.m.*, mechanician, engine-builder, engine-man.

mécanique [L. *mechanica*], *s.f.*, mechanics. ———, *adj.*, mechanical.

mécaniquement, *adv.*, mechanically.

mécanisme [L. *mechanisma*, from Gr. μηχάνη, "machine"], *s.m.*, mechanism.

Mécène [*Mæcenas*, minister of Augustus], *s.m.*, a Mæcenas, patron (*of literature*).

méchamment [*méchant*], *adv.*, wickedly, spitefully, cruelly.

méchanceté [*méchant*], *s.f.*, wickedness, perversity, ill-nature, spite, cruelty.

méchant, -e [O. Fr. *meschéant*, "unhappy, unlucky," *pres. part.* of *meschéoir*, from L. *minus cadere*, lit. "to fall amiss"], *adj.*, bad, wicked, perverse, cruel; poor, worthless. Méchant, ———s, *s.m.*, *sing.* or *plur.*, the wicked, the evil-doer or -doers.

mèche [O. Fr. *mesche*, from L. *myxa*, Gr. μυξα], *s.f.*, wick (*of a lamp, candle*); lock of hair.

mécompte [prefix *mes* (= *mé*, from L. *minus*), *compte*, *q.v.*], *s.m.*, miscalculation, mistake; disappointment, drawback.

méconnaissable [*mé, connaitre, q.v.*], *adj.*, not to be recognised.

méconnaître [*mé, connaitre, q.v.*], *v.a.*, 4, to fail to recognize, deny, disown, slight.

méconnu, -e [*p.p.* of *méconnaitre*], *adj.*, unknown, unappreciated.

mécontent, -e [O. Fr. *mescontent*, from *mes, content, q.v.*], *adj.*, discontented. ———, *s.m.* or *f.*, malcontent.

mécontentement [*mé, contentement, q.v.*], *s.m.*, discontent, dissatisfaction.

mécontenter [*mé, contenter, q.v.*], *v.a.*, 1, to displease, dissatisfy.

mécréant [*mé, créant*, from L. acc. *credentem*, from *credere*], *s.m.*, unbeliever, infidel.

médaille [It. *medaglia*,

from L. L. *medalla*, "money"], *s.f.*, medal.

médaillé, -e [*p.p.* of *médailler*, "to reward with a medal"], *s.m.* or *f.*, medallist.

médaillon [dim. of *médaille*], *s.m.*, medallion, locket.

médecin [L. *adj. medicinus*], *s.m.*, physician, doctor.

médecine [L. *medicina*], *s.f.*, medicine, physic.

médial, -e [L. *medialis*], *adj.*, medial.

médian, -e [L. *medianus*], *adj.*, median, middle. (Its doublet is *moyen*, *q.v.*)

médiateur [L. L. acc. *mediatorem*], *s.m.*, mediator. (The *f.* is *médiatrice*.)

médiation [L. L. acc. *mediationem*], *s.f.*, mediation.

médical, -e [L. L. *medicalis*, der. from L. *medicus*], *adj.*, medical.

médicament [L. n. *medicamentum*], *s.m.*, medicament, medicine.

médicamenter [*médicament*], *v.a.*, 1, to doctor, physic.

médicinal, -e [L. *medicinalis*], *adj.*, medicinal.

médiocre [L. *adj. mediocris*], *adj.*, mediocre, middling, indifferent, poor.

médiocrement, *adv.*, not much, so so, indifferently.

médiocrité [L. acc. *mediocritatem*], *s.f.*, mediocrity.

médire [O. Fr. *medire*, from *mé, dire, q.v.*], *v.n.*, 4, to speak ill of, slander.

médisance [*médisant*], *s.f.*, slander.

médisant, -e [*pres. part.* of *médire*], *adj.*, slandering. ———, *s.m.* or *f.*, slanderer.

méditatif, -ive [L. *meditativus*], *adj.*, meditative, thoughtful.

méditation [L. acc. *meditationem*], *s.f.*, meditation.

méditer [L. *meditari*], *v.a.* and *v.n.*, 1, to meditate, think.

méditerranée [L. *adj. f. mediterranea*, "inland"], *adj.*, mediterranean. ———, *s.f.*, the Mediterranean Sea.

méfait [*mé, fait, q.v.*], *s.m.*, misdeed.

méfiance [*méfiant*], *s.f.*, mistrust.

méfiant, -e [*pres. part.* of *méfier*], *adj.*, mistrustful, suspicious.

méfier (se) [O. Fr. *mesfier*, from *mes, fier, q.v.*], *r.v.*, to mistrust, suspect.

mégarde (par) [O. Fr. *mesgarder*, "not to keep carefully"], *adv. loc.*, unawares, inadvertently.

meilleur, -e [L. acc. *adj. meliorem*], *adj.* (*comp.* of *bon*), better; le, la ———, -e (*sup.*), the best.

mélancolie [L. *melancholia*, from Gr. μελαγχολία, from μέλας, "black," and χολή, "bile"], *s.f.*, melancholy.

mélancolique [L. *melancholicus*, from Gr. μελαγχολικός], *adj.*, melancholy, dismal.

mélancoliquement, *adv.*, with melancholy, sadly, mournfully.

mélange [*méler, q.v.*], *s.m.*, mixture, mixing, alloy.

mélanger [*mélange*], *v.a.*, 1, and se ———, *r.v.*, to mix, blend; to be mixed, blended.

mêlée [partic. subst. of *méler*], *s.f.*, close or hand-to-hand fight.

mêler [L. L. *miscular*], *v.a.*, 1, to mix, blend, involve, bring in, entangle. Se ———, *r.v.*, to be mixed, blended; to become entangled, confused. Se ——— de, to interfere, mind.

mélodie [Gr. μελωδία], *s.f.*, melody, sweetness.

mélodieusement, *adv.*, melodiously, sweetly.

mélodieux, -se [*mélodie*], *adj.*, sweet, melodious.

melon [L. acc. *melonem*, from Gr. μῆλον], *s.m.*, melon.

membrane [L. *membrana*], *s.f.*, membrane.

membre [L. n. *membrum*], *s.m.*, limb, member.

membru, -e [*membre*], *adj.*, strong or large-limbed.

membrure [L. *membratura*], *s.f.*, limbs, frame; timbers, ribs (*naut.*).

même [L. *metips[iss]imus*], *adj.*, same, very. ———, *adv.*, even.

mémoire [L. *memoria*], *s.f.*, memory, recollection. ———, *s.m.*, memoir; bill, account.

mémorable [L. *memorabilis*], *adj.*, memorable.

mémorial [L. *adj. n. memoriale*], *s.m.*, memorial.

MENAÇANT.

menaçant, -e [pres. part. of *menacer*], *adj.*, threatening.
menace [L. *f. pl. minaciae*], *s.f.*, menace, threat.
menacer [*menace*], *v.a.*, 1, to threaten, menace. Se ——, *r.v.*, to threaten each other.
ménage [O. Fr. *maisnage, mesnage*, from L. L. *n. mansionaticum*, "expenses of a household"], *s.m.*, household, housekeeping, family.
ménagement [*ménager*], *s.m.*, regard, consideration, caution, care, arrangement, management.
ménager [*ménage*], *v.a.*, 1, to manage, spare, save, treat with regard, dispose, contrive, take care not to offend. Se ——, *r.v.*, to take care of oneself; to keep in good terms; to obtain.
ménager, -ère [*ménage*], *adj.* and *s.m.* or *f.*, thrifty, economical; saving man or woman.
ménagerie [*ménager*], *s.f.*, menagerie.
mendiant [pres. part. of *mendier*], *s.m.*, beggar.
mendicité [L. acc. *mendicitatem*], *s.f.*, beggary, mendicity.
mendier [L. *mendicare*], *v.a.* and *n.*, 1, to beg, implore, solicit.
menée [partic. subst. of *mener*], *s.f.*, intrigue, underhand dealing.
mener [L. *minare*], *v.a.*, 1, to lead, carry, conduct, command, rule, influence, manage, handle.
meneur [*mener*], *s.m.*, leader, ringleader.
mensonge [*mentir*], *s.m.*, falsehood, lie.
mensonger, -ère [*mensonge*], *adj.*, untrue, deceitful.
mensongèrement, *adv.*, untruly, falsely.
mensuel, -elle [der. from L. *mensis*], *adj.*, monthly.
mensuellement, *adv.*, monthly.
mental, -e [L. L. *mentalis*], *adj.*, mental.
mentalement, *adv.*, mentally.
menteur, -euse [*mentir*], *adj.* and *s.m.* or *f.*, lying, delusive; liar, story-teller.
mention [L. acc. *mentionem*], *s.f.*, mention.

MÉRIDIONAL.

mentionner [*mention*], *v.a.*, 1, to mention, make mention of.
mentir [L. *mentiri*], *v.n.*, 2, to lie, tell a falsehood. Sans ——, truly, really.
menton [L. L. acc. *mentonem*, der. from L. *n. mentum*], *s.m.*, chin.
mentonnière [*menton*], *s.f.*, chin-band or strap.
Mentor [*Mentor*, the adviser of Telemachus], *s.m.*, Mentor, tutor, guide.
menu, -e [L. *minutus*], *adj.*, slender, small, minute. Menu, *s.m.*, detail, bill of fare.
menuiser [*menu*], *v.a.* and *n.*, 1, to cut, hew, do carpenter's or joiner's work.
menuiserie [*menuisier*], *s.f.*, woodwork, carpenter's or joiner's work.
menuisier [*menuiser*], *s.m.*, carpenter, joiner.
méprendre (se) [O. Fr. *mesprendre*, from *mes, prendre, q.v.*], *r.v.*, to be mistaken.
mépris [verbal subst. of *mépriser*], *s.m.*, contempt, scorn.
méprisable [*mépriser*], *adj.*, contemptible.
méprisant, -e [pres. part. of *mépriser*], *adj.*, contemptuous, scornful.
méprise [partic. subst. of *méprendre*], *s.f.*, mistake.
mépriser [*mé, priser, q.v.*], *v.a.*, 1, to despise, scorn, contemn.
mer [L. *n. mare*], *s.f.*, sea. Pleine ——, open sea.
mercenaire [L. *mercenarius*], *adj.* and *s.m.* or *f.*, mercenary; hireling.
mercerie [*mercier*], *s.f.*, mercery, haberdashery.
merci [L. acc. *mercedem*], *s.f.*, mercy, discretion, pleasure. ——, *s.m.*, thanks.
mercier, -ère [L. L. acc. *mercerium*, from L. *merx, mercis*, "merchandise"], *s.m.* or *f.*, mercer, haberdasher.
mercredi [L. *Mercurii dies*], *s.m.*, Wednesday.
mère [L. acc. *matrem*], *s.f.*, mother.
méridien [L. *n. meridianum*], *s.m.*, the meridian.
méridienne *s.f.*, meridian line.
méridional, -e [L. *meridionalis*], *adj.*, meridional, southern.

MESSÉANCE.

méritant, -e [pres. part. of *mériter*], *adj.*, deserving.
mérite [L. *n. meritum*], *s.m.*, merit, desert, worth, due.
mériter [*mérite*], *v.a.*, 1, to merit, deserve, earn. Se ——, *r.v.*, to be deserved, earned.
méritoire [L. *meritorius*, from *meritum*], *adj.*, meritorious, deserving.
méritoirement, *adv.*, meritoriously.
merle [L. acc. *merulam*], *s.m.*, blackbird.
merveille [L. *adj., pl. n. mirabilia*], *s.f.*, wonder, marvel. A ——, *adv. loc.*, wonderfully well, capitally.
merveilleusement, *adv.*, wonderfully, marvellously.
merveilleux, -se [*merveille*], *adj.*, wonderful, marvellous.
mes, see **mon**.
mésange [A.-S. *māse*, "tomtit"], *s.f.*, tomtit, titmouse.
mésaventure [*més, aventure, q.v.*], *s.f.*, misadventure, mishap.
mesdames [*mes*, pl. of *ma* (see *mon*), and *dame, q.v.*], *s.f. pl.*, ladies.
mesdemoiselles [*mes*, pl. of *ma* (see *mon*), and *demoiselle, q.v.*], *s.f. pl.*, young ladies.
mésintelligence [*més, intelligence, q.v.*], *s.f.*, misunderstanding, variance.
mésinterprétation [*mésinterpréter*], *s.f.*, misinterpretation, misconstruction.
mésinterpréter [*més, interpréter, q.v.*], *v.a.*, 1, to misconstrue.
mesquin, -e [Sp. *mezquino*, "slave"], *adj.*, mean, shabby, paltry.
mesquinement, *adv.*, meanly, shabbily.
mesquinerie [*mesquin*], *s.f.*, meanness, shabbiness, stinginess, paltriness.
message [L. L. *n. missaticum*], *s.m.*, message.
messager, -ère [*message*], *s.m.* or *f.*, messenger.
messagerie [*messager*], *s.f.*, goods traffic; line of mail steam-packets.
messe [L. L. *missa*], *s.f.*, mass. (Its triplets are *mise* and *mets, q.v.*)
messéance [*messéant*], *s.f.*, unbecomingness.

MESSÉANT.

messéant, -e [*pres. part. of messeoir*, from *mes*, *seoir*, *q.v.*], *adj.*, *unbecoming*, *unseemly*.

messeigneurs [*mes*, *pl.* of *mon*, and *pl.* of *seigneur*, *q.v.*], *s.m. pl.*, *my lords*.

messidor [L. *messis*, "harvest," and Gr. δῶρον, "gift," from δωρεῖν, "to give"], *s.m.*, *Messidor* the tenth month in the Republican calendar, June 19–July 18).

Messie [L. *Messias*, from Syriac *meshiha*, "anointed," from Hebrew *mesha*, "to anoint"], *s.m.*, *the Messiah*.

messied [3rd person sing. of the pres. Ind. of *messeoir*, from *mes* and *seoir* (L. *sedere*)], *ill becomes*.

messieurs [*pl.* of *monsieur*, *q.v.*], *s.m. pl.*, *gentlemen*.

messire [O. Fr. *mes*, "my," for *mon*, and *sire*, *q.v.*], *s.m.*, *sir*, *master*.

mesurable [L. *mensurabilis*], *adj.*, *measurable*.

mesurage [*mesurer*], *s.m.*, *measurement*.

mesure [L. *mensura*], *s.f.*, *measure*, *size*, *proportion*. A —— que, *conj. loc.*, *as*, *in proportion as*.

mesuré, -e [*p.p.* of *mesurer*], *adj.*, *measured*, *circumspect*, *moderate*, *proper*.

mesurer [L. *mensurare*], *v.a.*, 1, *to measure*, *survey*, *weigh*, *examine*, *consider*. Se ——, *r.v.*, *to vie*, *struggle*, *cope*, *fight*.

métairie [O. Fr. *métayerie*, from *métayer*, *q.v.*], *s.f.*, *farm*.

métal [L. *n. metallum*, Gr. μέταλλον], *s.m.*, *metal*.

métallique [L. *metallicus*], *adj.*, *metallic*.

métamorphose [Gr. μεταμόρφωσις, from μεταμορφοῦν, "to transform," from μετά (denoting "a change") and μορφή, "form"], *s.f.*, *metamorphosis*, *transformation*.

métamorphoser [*métamorphose*], *v.a.*, 1, *to metamorphose*, *transform*. Se ——, *r.v.*, *to be metamorphosed*, *changed*.

métaphore [Gr. μεταφορά, "a transferring of a word from its proper signification to another"], *s.m.*, *metaphor*.

métaphorique [Gr. μεταφορικός], *adj.*, *metaphoric*.

METTRE.

métaphoriquement, *adv.*, *metaphorically*.

métaphysicien, -enne [*métaphysique*, and the termination *-ien*), *s.m.* or *f.*, *metaphysician*.

métaphysique [Gr. μετὰ τὰ φυσικά, "after the natural things"], *s.f.*, *metaphysics* (*science of intellectual things*).

métayer [Medieval L. acc. *medietarium*, "he who pays the lord half the produce of his farm"], *s.m.*, *farmer*.

métempsycose [Gr. μετεμψύχωσις, from μετά, indicating "change," and ἐμψυχοῦν, "to animate," from ἐν, "in," and ψυχή, "soul"], *s.f.*, *metempsychosis*.

météore [Gr. μετέωρος, "which takes place in the air"], *s.m.*, *meteor*.

méthode [Gr. μέθοδος, from μετά, "according to," and ὁδός, "way"], *s.f.*, *method*, *habit*, *way*, *system*.

méthodique [Gr. μεθοδικός], *adj.*, *methodical*.

méthodiquement, *adv.*, *methodically*.

méticuleusement, *adv.*, *scrupulously*, *fastidiously*.

méticuleux, -euse [L. *meticulosus* (from *metus*, "full of fear, timid")], *adj.*, *scrupulous*, *fastidious*.

méticulosité [*méticuleux*], *s.f.*, *scrupulosity*, *fastidiousness*.

métier [O. Fr. *mistier* and *mestier*, from L. *n. ministerium*, "office"], *s.m.*, *trade*, *craft*, *profession*, *work*, *occupation*.

métonymie [Gr. μετωνυμία, from μετά (denoting "a change") and ὄνυμα, "name"], *s.f.*, *metonymy*.

mètre [Gr. μέτρον], *s.m.*, *metre* (39 Engl. inches).

métrique [Gr. μετρικός], *adj.*, *metrical*.

métropole [Gr. μητρόπολις, from μήτηρ, "mother," and πόλις, "city"], *s.f.*, *metropolis*.

métropolitain, -e [L. *metropolitanus*], *adj.*, *metropolitan*.

mets [L. *p.p. n. missum*, lit. "what is sent to or helped at table"], *s.m.*, *dish*, *viand*.

mettre [L. *mittere*], *v.a.*, 4, *to put*, *place*, *set*, *give*, *make*, *render*. —— au jour, *to bring*

MIEUX.

to light or *out*. Se ——, *r.v.*, *to put* or *place oneself*, *begin*, *set about*.

meuble [L. *adj. n. mobile*, "easy to be moved"], *s.m.*, *piece of furniture*. (See *immeuble*.)

meubler [*meuble*], *v.a.*, 1, *to furnish*.

meule [L. *mola*], *s.f.*, *millstone*.

meule [L. *metula*, dim. of *meta*, "rick"], *s.f.*, *rick*, *stack*.

meunier, -ère [O. Fr. *meulnier*, from L. acc. *molinarium*], *s.m.* or *f.*, *miller*, *miller's wife*.

meurtre [L. L. *n. mordrum*, "murder," from Goth. *maurthr*], *s.m.*, *murder*.

meurtrier, -ère [*meurtrir*], *s.m.* or *f.*, *murderer*, *murderess*. ——, -ère, *adj.*, *murderous*.

meurtrir [*meurtre*], *v.a.*, 2, *to bruise*, *mangle*, *kill*.

meurtrissure [*meurtrir*], *s.f.*, *bruise*, *contusion*.

meute (L. L. *mota*, "a troop raised for an expedition"], *s.f.*, *pack of hounds*.

mi- [L. *medius*], *adj.*, *mid*, *half*.

miasme [Gr. μίασμα, from μιαίνειν, "to soil"], *s.m.*, *miasma*, *infectious emanation*.

miaulement [*miauler*], *s.m.*, *mewing*.

miauler [*onomat.*], *v.n.*, 1, *to mew*.

microscope [Gr. μικρός, "small," σκοπεῖν, "to examine"], *s.m.*, *microscope*.

microscopique [*microscope*], *adj.*, *microscopic*.

midi [*mi*, from L. *medius*, and *di*, from L. acc. *diem*], *s.m.*, *noon*; *south*.

mie [L. *mica*], *s.f.*, *crumb*.

miel [L. *n. mel*], *s.m.*, *honey*.

mielleusement, *adv.*, *blandly*, *sweetly*.

mielleux, -euse [L. *mellosus*], *adj.*, *honeyed*, *bland*, *sweet*.

mien (le), *sing. m.*, **mienne** (la), *sing. f.*, **miens** (les), *pl. m.*, **miennes** (les), *pl. f.* [see *mon*], *poss. pron.*, *mine*.

miette [dim. of *mie*, *q.v.*], *s.f.*, *crumb*.

mieux [L. *melius*], *adv.*,

MIGNON.

(compar. of *bien*, "well"), better. Le —— (sup.), to the best. Faire de son ——, to do one's best.

mignon, -onne [O. H. G. *minnia*], adj. and s.m. or f., darling, favourite.

migraine [L. *hemicranium*, Gr. ἡμικράνιον, "a pain on one side of the head"], s.f., sick headache.

migration [L. acc. *migrationem*], s.f., migration.

mil [L. n. *milium*], s.m., millet.

mil [L. *mille*], num. adj. (card.), one thousand (in dates of the Christian era).

milan [Sp. *milano*], s.m., kite.

Milanais, -e [*Milan*, It. *Milano*], adj. and s.m. or f., Milanese. Le ——, s.m., the old Duchy of Milan (in the north of Italy).

milice [L. *militia*], s.f., militia, body of troops.

milieu [*mi, lieu*, q.v.], s.m., middle, midst, centre, heart, depth, means, company.

militaire [L. L. *militaris*], adj. and s.m., military, belonging to the army; soldier Chirurgien ——, army-surgeon.

militairement, adv., militarily.

mille [L. *millia*, pl. of *mille*], num. adj. (card.), thousand. ——, s.m., mile.

millésime [L. adj. *millesimus*, "the thousandth"], s.m., date on coins. (Its doublet is millième, q.v.)

millet [dim. of *mil*], s.m., millet.

milliard [*mille*], s.m., a thousand millions of francs, = £40,000,000.

millième [see *millésime*], adj., thousandth.

millier [L. n. *milliarium*], s.m., thousand.

million [*mille*], s.m., million (million francs = £40,000).

millionième [*million*], adj. and s.m., millionth.

millionnaire [*million*], s.m. or f., millionaire (a person worth a million).

mimique [L. *mimicus*, from Gr. μιμικός], adj., mimic. ——, s.f., mimic art,

MIRAGE.

mince [?], adj., slender, slight, thin.

minceur [*mince*], s.f., thinness, slenderness; poorness.

mine [It. *mina*], s.f., look, appearance, mien.

mine [verbal subst. of *miner*], s.f., mine, pit, ore.

miner [L. *minare*], v.a., 1, to undermine, dig, hollow; waste, prey upon.

minerai [*miner*], s.m., ore.

minéral, -e [*miner*], adj., mineral. Minéral, s.m., mineral, ore.

mineur [*miner*], s.m., miner, pitman.

mineur, -e [L. acc. adj. *minorem*], adj. and s.m. or f., less, inferior; minor, person under age. (Its doublet is moindre, q.v.)

miniature [L. L. *miniatura*, "painting done with minium, 'vermilion,' the initials of MSS. being usually drawn with vermilion"], s.f., miniature.

minime [L. *minimus*], adj., very small.

minimum [L. adj. n. *minimum*], s.m., minimum.

ministère [L. n. *ministerium*], s.m., ministry, office, minister's office, agency, good offices.

ministériel, -elle [*ministère*], adj., ministerial.

ministre [L. acc. *ministrum*], s.m., minister, secretary of state, secretary (for or of).

minorité [L. L. acc. *minoritatem*], s.f., minority.

minuit [*mi, nuit*, q.v.], s.m., midnight.

minute [L. adj. f. *minuta*], s.f., minute.

minutie [L. *minutia*], s.f., trifle.

minutieusement, adv., minutely.

minutieux, -euse [*minutie*], adj., minute, particular.

miracle [L. n. *miraculum*], s.m., miracle, wonder.

miraculeusement, adv., miraculously, wonderfully.

miraculeux, -euse [L. *miraculosus*], adj., miraculous, wonderful.

mirage [*mirer*], s.m., mirage; delusion.

MITRAILLE.

mire [verbal subst. of *mirer*], s.f., aim, sight.

mirer [L. *mirari*], v.a. and n., 1, to aim at, have in view. Se ——, r.v., to contemplate oneself.

miroir [*mirer*], s.m., mirror, looking-glass.

miroitement [*miroiter*], s.m., glittering; reflection.

miroiter [*miroir*], v.n., 1, to glitter, reflect.

misaine [It. *mezzana*, "the middle sail" (in the Middle Ages)], s.f., fore-mast, foresail (naut.).

misanthrope [Gr μισάνθρωπος, from μισεῖν, "to hate," and ἄνθρωπος, "man"], s.m., misanthrope.

misanthropie [Gr. μισανθρωπία], s.f., misanthropy.

mise [partic. subst. of *mettre*], s.f., laying, putting, setting; dress. (Its doublet is messe, q.v.)

misérable [L. *miserabilis*], adj., miserable, wretched.

misérablement, adv., miserably, wretchedly.

misère [L. *miseria*], s.f., poverty, misery, wretchedness.

miséricorde [L. *misericordia*], s.f., pity, mercy, forgiveness.

miséricordieux, -euse, adj., pitiful, merciful, forgetful.

missel [L. L. n. *missale*, from *missa*; see *messe*], s.m., missal, mass-book.

mission [L. acc. *missionem*], s.f., mission.

missive [L. L. *missiva*, from *missum*, p.p. of *mittere*, "to send"], s.f., missive, note, letter.

mistral [It. *maestrale*, from L. *magistralis*, i.e. "the masterful wind"], s.m., mistral (north-west wind of Provence).

mitaine [L. L. *mitana*, "half-glove"], s.f., mitten.

mitigation [L. acc. *mitigationem*], s.f., mitigation.

mitiger [L. *mitigare*], v.a., 1, to mitigate, soften.

mitoyen, -enne [L. L. *medietaneus*], adj., middle, intermediate, party. Mur mitoyen, party-wall.

mitraille [O. Fr. *mitaille*, dim. of O. Fr. *mite*, "small copper coin"], s.f., small shot,

MITRAILLER.

grape-shot. Tirer à ——, *to fire grape-shot.*
mitrailler [*mitraille*], v.a. and n., 1, *to fire with grape-shot.*
mitre [L. *mitra*, from Gr. μίτρα, "an Asiatic head-dress, a coif"], s.f., *mitre.*
mitre, -e [*mitre*], adj., *mitred.*
mobile [L. *mobilis*], adj., *mobile, moveable.*
mobilier [*mobile*], s.m., *furniture.* ——, **-ère**, adj., *personal, of personal property.*
mobilisation [*mobiliser*], s.f., *mobilization (military).*
mobiliser [*mobile*], v.a., 1, *to mobilize (military).*
mobilité [L. acc. *mobilitatem*], s.f., *mobility, instability, versatility, uncertainty.*
mode [L. acc. *modum*], s.m., *mode, mood.* ——, s.f., *mode, fashion, manner.*
modelage [*modeler*], s.m., *modelling.*
modèle [It. *modello*], s.m., *model, pattern.*
modeler [*modèle*], v.a., 1, *to model, mould.* Se —— sur, r.v., *to copy, imitate.*
modérateur [L. acc. *moderatorem*], s.m., *moderator.* ——, adj., *moderating.* (The *fem.* is *modératrice.*)
modération [L. acc. *moderationem*], s.f., *moderation, mitigation.*
modéré, -e [p.p. of *modérer*], adj., *moderate.*
modérément, adv., *moderately.*
modérer [L. *moderari*], v.a., 1, *to moderate, restrain, temper.* Se ——, r.v., *to restrain oneself, to keep one's temper.*
moderne [L. *modernus*], adj., *modern.* Les ——s, s.m. pl., *the modern authors, inventors, physiologists, &c.*
modeste [L. *modestus*], adj., *modest, humble.*
modestement, adv., *modestly, humbly, simply.*
modestie [L. *modestia*], s.f., *modesty, humility.*
modification [L. acc. *modificationem*], s.f., *modification, restriction.*
modifier [L. *modificare*], v.a., 1, *to modify.* Se ——, r.v., *to be* or *become modified.*

MOLAIRE.

modique [L. *modicus*], adj., *moderate, small.*
modiquement, adv., *moderately, little.*
modulation [L. acc. *modulationem*], s.f., *modulation.*
moduler [L. *modulari*], v.a. and n., 1, *to modulate, warble.*
moelle [L. *medulla*], s.f., *marrow, pith.*
moelleux, -euse [L. *medullosus*], adj., *marrowy, pithy, soft, easy.*
moellon [*moelle*], s.m., *soft and rough stone, ashlar.*
mœurs [L. pl. *mores*], s.f. pl., *manners, morals.*
moi [L. *mi* for *mihi*], pers. pron., *I, me, to me.*
moindre [L. adj. *minorem*] (comp. of *petit*), adj., *less* ; le, la —— (sup.), *the least.*
moine [from a L. type *monius*, from Gr. μόνος, "alone"], s.m., *monk, friar.*
moineau [formerly *moisnel*, contrd. of *moissonel*, dim. of O. Fr. *moisson*, from L. L. acc. *muscionem*, "small bird," from L. *musca*], s.m., *sparrow.*
moins [L. *minus*] (comp. of *peu*), adv., *less.* Le —— (sup.), *the least.* Au —— du ——, *at least.* A —— que, *unless.*
mois [L. acc. *mensem*], s.m., *month.*
moisi, -e [p.p. of *moisir*], adj., *musty, mouldy.*
moisir [O. Fr. *muisir*, from L. *mucere*], v.n., 2, and se ——, r.v., *to grow mouldy.*
moisissure [*moisissant*, pres. part. of *moisir*], s.f., *mouldiness, mustiness.*
moisson [L. acc. *messionem*], s.f., *harvest, crop, harvest-time.*
moissonner [*moisson*], v.a., 1, *to reap.* Se ——, r.v., *to be reaped.*
moissonneur, -euse [*moissonner*], s.m. or f., *reaper.*
moite [O. Fr. *moiste*, from L. adj. *musteus*, "juicy," der. from L. n. *mustum*, "unfermented wine"], adj., *moist, damp.*
moiteur [*moite*], s.f., *moisture, dampness.*
moitié [L. *medietatem*], s.f., *half.* A ——, *half.*
mol, see *mou.*
molaire [L. *molaris*], adj.,

MONDAINEMENT.

molar. ——, s.f., *molar-tooth, grinder.*
môle [L. acc. *molem*], s.m., *mole, jetty-head, pier.*
molécule [Scholastic L. *molecula*, dim. of L. *moles*], s.f., *molecule, particle, atom.*
molestation [*molester*], s.f., *molestation.*
molester [L. *molestare*], v.a., 1, *to annoy, molest, vex.*
mollement [*molle*, f. of *mou*, and suffix *-ment*], adv., *softly, weakly, carelessly, gently.*
mollesse [L. L. *mollitia*], s.f., *delicacy, softness, indolence, effeminacy.*
mollet [*mol*, see *mou*], s.m., *calf (of the leg).*
mollir [L. *mollire*, "to soften"], v.n., 2, *to slack, flag, give way.*
moment [L. n. *momentum*], s.m., *moment, instant, occasion, interval.* Au —— de, *on the point of.*
momentané, -e [L. *momentaneus*], adj., *momentary.*
momentanément, adv., *temporarily.*
momie [It. *mummia*, from Persian and Arab. *mumia*, from Persian *moum*, "wax "], s.f., *mummy* ; *sluggard.*
mon, sing. m., **ma**, sing. f., **mes**, pl. m. and f. [L. adj. n. *meum*], poss. adj., *my.*
monacal, -e [L. L. *monachalis*], adj., *monacal.*
monarchie [Gr. μοναρχία, from μόνος, "alone," and ἄρχειν, "to rule"], s.f., *monarchy.*
monarchique [Gr. μοναρχικός], adj., *monarchical.*
monarchiste [*monarchie*], s.m. or f., *monarchist.*
monarque [Gr. μονάρχης], s.m., *monarch.*
monastère [L. n. *monasterium*, Gr. μοναστήριον, from μοναστής, "monk," from μονάζειν, "to live alone"], s.m., *monastery.*
monastique [L. *monasticus*, from Gr. μοναστικός], adj., *monastic.*
monceau [L. L. n. *monticellum*], s.m., *heap, mass, pile.*
mondain, -e [L. *mundanus*], adj., *mundane, worldly.*
mondainement, adv., *worldly.*

MONDANITÉ.

mondanité [*mondain*], *s.f.*, *worldliness.*

monde [L. acc. *mundum*], *s.m., world; universe, mankind, people, crowd.* Tout le ——, *everybody.*

monétaire [L. acc. *monetarium*, "master of the mint"], *adj., monetary.*

moniteur [L. acc. *monitorem*], *s.m., monitor; gazette.* (See Notes, p. 176.)

monition [L. acc. *monitionem*], *s.f., admonition.*

monnaie [O. Fr *monnoie*, from L. *moneta*, "a surname of Juno, in whose temple at Rome money was coined," hence "*the Mint*"], *s.f., money, change.* Hôtel de la ——, *Mint.*

monnayer [*monnaie*], *v.a.*, 1, *to coin; stamp.*

monnayeur [*monnayer*], *s.m., mintman, coiner.* Faux ——, *coiner of bad money.*

monologue [Gr. μονολογία, from μόνος, "alone," and λόγος, "speech"], *s.m., monologue.*

monomanie [Gr. μόνος, "alone," and μανία, "madness"], *s.f., monomania.*

monopole [Gr. μονοπωλία], *s.m., monopoly.*

monopoliser [*monopole*], *v.a.*, 1, *to monopolize.*

monosyllabe [Gr. μονοσυλλάβος, from μόνος, and συλλαβή, "syllable"], *s.m., monosyllable.*

monosyllabique [*monosyllabe*], *adj., monosyllabic.*

monothéisme [prefix mono, from Gr μόνος, and *théisme*, *q.v.*], *s.m., monotheism.*

monothéiste [prefix mono, and *théiste*, *q.v.*], *s.m., or f., monotheist.* ——, *adj., monotheistic.*

monotone [Gr. μονότονος, from μόνος, and τόνος, "sound"], *adj., monotonous.*

monotonie [*monotone*], *s.f., monotony, sameness.*

monseigneur [*mon, seigneur*, *q.v.*], *s.m., my lord, your lordship, your grace.* (The *pl.* is *messeigneurs.*)

monsieur [*mon, sieur*, *q.v.*], *s.m., sir, mister (before a proper name), gentleman.* (The *pl.* is *messieurs.*)

monstre [L. n. *monstrum*], *s.m., monster.*

monstrueusement, *adv., monstrously.*

MORALE.

monstrueux, -euse [L. *monstruosus*], *adj., monstrous, prodigious.*

monstruosité [L. *adj. monstruosus*], *s.f., monstrosity.*

mont [L. acc. *montem*], *s.m., mount, mountain.*

montagnard, -e [*montagne*], *s.m. and f., mountaineer, highlander; Montagnard* (in French hist.).

montagne [L. L. *montanea*, der. from L. acc. *montem*], *s.f., mountain, highland.*

montagneux, -euse [*montagne*], *adj., hilly, mountainous.*

montant [pres. part. of *monter*], *s.m., amount, sum total, height.* ——, *-e, adj., uphill, rising, ascending, steep.*

montée [partic. subst. of *monter*], *s.f., ascent, slope, height.*

monter [*mont*], *v.a.* and *n.*, 1, *to ascend, go up; grow up, increase; ride* (a horse).

montgolfière [*Montgolfier*, the name of the inventor of balloons], *s.f., fire-balloon.*

monticule [L. acc. *monticulum*], *s.m., hillock.*

montre [verbal subst. of *montrer*], *s.f., watch; exhibition, show.*

montrer [L. *monstrare*], *v.a.*, 1, *to show, point out, indicate, prove.* Se ——, *v.n., to show oneself or itself, appear; turn out, prove.*

montueux, -euse [L. *montuosus*], *adj., hilly.*

monture [*monter*], *s.f., horse, steed, nag, donkey, any animal for riding.*

monument [L. n. *monumentum*], *s.m., monument, memorial.*

monumental -e [*monument*], *adj., monumental, memorial.*

moquer (se) [?], *v.v.* (foll. by prep. *de*), *to laugh at, ridicule, sneer, make game of; set at defiance.*

moquerie [*moquer*], *s.f., mockery, sneering.*

moqueur, -euse [*moquer*], *adj. and s.m. or f., mocking, jeering; mocker, jeerer, sneerer.*

moral, -e [L. *moralis*], *adj., moral.* Moral, *s.m., moral* or *mental sense, spirits.*

morale [*moral*], *s.f., ethics, morals, morality.*

MORTELLEMENT.

moralement, *adv., morally.*

moraliste [*moral*], *s.m., moralist, moralizer.*

moralité [L. acc. *moralitatem*], *s.f., morality, moral sense, morals.*

morbide [L. *morbidus*], *adj., morbid.*

morceau [L. L. *n. morsellum*, dim. of L. *morsus*, "a bite"], *s.m., piece; morsel, scrap, fragment.*

morceler [O. Fr. *morcel* = *morceau*], *v.a.*, 1, *to parcel out, divide.*

morcellement [*morceler*], *s.m., parcelling out, division.*

mordant, -e [L. acc. *mordentem*, pres. part. of *mordere*], *adj., biting, cutting, sharp, satirical.* Mordant, *s.m., smartness, sarcasm.*

mordre [L. *mordere*], *v.a.*, 4, *to bite, gnaw, carp at, attack.*

More [L. acc. *Maurum*], *s.m., Moor.*

moresque [*More*], *adj., Moorish.*

morfondre (se) [*lit.* "to strike a chill," from *morve*, "glanders," and *fondre*, *q.v.*], *v.r., to shiver with cold;* (fig.) *to dance attendance.*

morgue [?], *s.f., arrogance; dead-house.*

moribond, -e [L. *moribundus*], *adj.* and *s.m. or f., dying* (man or woman).

morne [O. H. G. *mornen*, "to mourn"], *adj., dull, downcast, gloomy, sad.*

morose [L. *morosus*], *adj., morose, sullen, surly.*

morosité [L. acc. *morositatem*], *s.f., morosity, sullenness, surliness.*

mors [L. acc. *morsum*], *s.m., bit (of a bridle).*

morsure [L.L. *morsura* (?), from L. *morsum*, sup. of *mordere*], *s.f., bite, sting.*

mort [L. acc. *mortem*], *s.f., death.*

mort, -e [p.p. of *mourir*], *adj. and s.m. or f., dead; dead man or woman, deceased person.*

mortalité [L. acc. *mortalitatem*], *s.f., mortality.*

mortel, -elle [L. *mortalis*], *adj., mortal, deadly.*

mortellement, *adv., mortally, deadly.*

| MORTIER. | MOUTURE. | MULTIPLE. |

mortier [L. n. *mortarium*], s.m., mortar.

mortifiant, -e [pres. part. of *mortifier*], adj., mortifying, annoying, vexing.

mortification [L. acc. *mortificationem*], s.f., mortification.

mortifier [L. *mortificare*], v.a., 1, to mortify. Se ——, r.v., to mortify one's body; to mortify.

mortuaire [L. *mortuarius*], adj., mortuary, funeral. Drap ——, pall.

morue [L. L. *moruta*], s.f., cod-fish.

Moscovite [*Moscow*], adj. and s.m. or f., Muscovite.

mosquée [It. *moschea*, from Arab. mesgid], s.f., mosque.

mot [L. n. *muttum*, "a mutter"], s.m., word, saying, expression, instruction, note.

moteur [L. acc. *motorem*], s.m., moter, mover, contriver. (The *fem.* is motrice.)

motif [L.L. acc. *motivum*(?), from L. acc. *motum*, "moving, stir"], s.m., motive, cause, ground, reason.

motion [L. acc. *motionem*], s.f., motion.

motiver [*motif*], v.a., 1, to state the motive of; to be the motive of; to cause.

motte [O. H. G. *molta*], s.f., clod, peat; mound, hillock.

mou, mol, f. **molle** [L. *mollis*], adj., soft, weak, lax, indolent, slow.

mouchard [*mouche*], s.m., police-spy.

mouche [O. Fr. *mousche*, from L. *musca*], s.f., fly. Oiseau ——, humming-bird.

moucher [L. L. *muccare*, from *mucus*], v.a., 1, to wipe the nose. Se ——, r.v., to blow one's nose.

moucheron [dim. of *mouche*], s.m., gnat.

moucheter [*mouche*], v.a., 1, to speckle; cap (of foils).

mouchettes [*moucher*], s.f. pl., snuffers.

mouchoir [*moucher*], s.m., handkerchief.

moudre [O. Fr. *molre, moldre*, from L. *molere*], v.a., 4, to grind. [*ing*.

moue [N. *mowe*], s.f., pouting.

mouette [dim. of O. Fr. *miawe*, from G. *möwe*], s.f., gull, seamew.

mouillage [*mouiller*], s.m., anchorage.

mouiller [L. L. *molliare*(?), der. from *mollis*], v.a. and n., 1, to wet, steep in water; moor. Se ——, r.v., to get wet or drenched.

moulage [*mouler*], s.m., moulding.

moule [L. acc. *modulum*], s.m., cast, mould.

moule [L. acc. *musculum*], s.f., muscle, mussel.

mouler [*moule*, s.m.], v.a., 1, to mould. [*moulder.*

mouleur [*mouler*], s.m.,

moulin [Medieval L. acc. *molinum*], s.m., mill. —— à eau, water-mill. —— à vent, windmill.

moulu, -e [p.p. of *moudre*, q.v.], adj., ground, bruised, knocked up.

moulure [*moule*, s.m.], s.f., moulding.

mourant, -e [pres. part. of *mourir*], adj., dying; languid.

mourir [L. *moriri*, an archaic form of *mori*], v.n., 2, to die, perish, go off. Se ——, r.v., to be dying out.

mousquet [It. *moschetto*], s.m., musket.

mousqueterie [*mousquet*], s.f., volley of musketry.

mousse [It. *mozzo*, "a lad"], s.m., cabin-boy.

mousse [O. H. G. *mos*], s.f., moss.

mousseline [*Mossoul*, the name of the town where it was originally made], s.f., muslin.

mousser [*mousse*, s.f.], v.n., 1, to froth, foam.

moussu, -e [*mousse*, s.f.], adj., mossy.

moustache [It. *mostaccio*], s.f., moustache.

moût [O. Fr. *moust*, from L. n. *mustum*], s.m., must (unfermented wine).

moutarde [*moût*], s.f., mustard.

moutardier [*moutarde*], s.m., mustard-pot; mustard-maker.

mouton [L. L. acc. *multonem*, from Kymr. *mollt*, "ram"], s.m., sheep.

moutonner [*mouton*], v.n., 1, to foam (of the sea, i.e. to become fleecy).

mouture [O. Fr. *molture*, from L. *molitura*, "grinding"], s.f., grinding.

mouvant, -e [pres. part. of *mouvoir*], adj., moving, animated. Sable ——, quicksand.

mouvement [L. L. n. *movimentum*], s.m., movement, motion, agitation, animation, life.

mouvoir [L. *movere*], v.a., 3, to move, stir, incite, prompt. Se ——, r.v., to act, move, stir.

moyen [L. n. *medianum*], s.m., mean, way, power, medium. ——s, s.m. pl., abilities; means, fortune. Au —— de, by means of.

moyen, -enne [L. *medianus*], adj., middle, middling; middle-class. (Its doublet is *médian*, q.v.)

moyennant [pres. part. of *moyenner*, "to contrive"], prep., by means of, in consideration of.

moyenne [fem. of *moyen*, adj.], s.f., average, mean. En —— on an average.

moyeu [L. acc. *modiolum*], s.m., nave-box (of a wheel).

mû, -e, p.p. of *mouvoir*, q.v.

muable [L. *mutabilis*], adj., mutable, changeable.

mue [verbal subst. of *muer*], s.f., moulting, moulting-time, cast skin, cast horns.

muer [L. *mutare*], v.n., 1, to moult; to cast its skin or horns; to shed its coat.

muet, -ette [L. *mutus*], adj. and s.m. or f., mute, dumb (person).

mugir [L. *mugire*], v.n., 2, to bellow, roar.

mugissant, -e [pres. part. of *mugir*], adj., bellowing, roaring.

mugissement [*mugissant*], s.m., bellowing, roaring.

mulâtre [Sp. *mulato*], adj. and s.m., mulatto. (The s.f. is mulâtre or mulâtresse.)

mule [L. *mula*], s.f., mule.

mulet [dim. of O. Fr. *mul*, from L. acc. *mulum*], s.m., he-mule.

muletier [*mulet*], s.m., muleteer, mule-driver.

mulot [N. *mol*, "a mole"], s.m., field-mouse.

multicolore [L. *multicolorus*], adj., many-coloured.

multiple [L. acc. adj. *mul-*

| MULTIPLICATEUR. | MYOPE. | NAÏF. |

tiplicem], *adj., multiple, manifold.*

multiplicateur [L. acc. *multiplicatorem*], *s.m.* and *adj., multiplier; multiplying.*

multiplication [L. acc. *multiplicationem*], *s.f., multiplication.*

multiplicité [L. acc. *adj. multiplicem*], *s.f., multiplicity.*

multiplié, -e [p.p. of *multiplier*], *adj., multiplied, manifold, frequent.*

multiplier [L. *multiplicare*], *v.a.* and *n.*, **1, to multiply**. Se ——, *r.v., to multiply; to be renewed.*

multitude [L. acc. *multitudinem*], *s.f., multitude.*

muni, -e [p.p. of *munir*], *adj., supplied, provided; armed.*

municipal [L. *municipalis*], *adj., municipal.*

municipalité [*municipal*], *s.f., municipality, corporation.*

munificence [L. *munificentia*], *s.f., munificence.*

munir [L. *munire*], *v.a.*, 2, *to supply, provide, arm.*

munition [L. acc. *munitionem*, from *munire*], *s.f., ammunition, provisions.*

mur [L. acc. *murum*], *s.m., wall.*

mûr, -e [L. *maturus*], *adj., ripe, mature.*

muraille [*mur*], *s.f., wall, rampart.*

mural, -e [L. *muralis*], *adj., mural.*

mûre [O. Fr. *meure*, from L. *mora, f.* form of n. *morum*, from Gr. μῶρον], *s.f., mulberry.*

mûrement [*mûr*], *adv., maturely.*

muré, -e [p.p. of *murer*], *adj., walled up.*

murer [*mur*], *v.a.*, 1, *to wall up, block up.*

mûrier [*mûre*], *s.m., mulberry-tree.*

mûrir [*mûr*], *v.n.*, 2, *and se* ——, *r.v., to ripen, to mature.*

murmure [L. n. *murmur*, from Gr. μορμύρω, Skr. *marmara, onomat.*], *s.m., murmur, whisper, gentle noise.*

murmurer [L. *murmurare*], *v.a.* and *n.*, 1, *to mutter, whisper; murmur, grumble.*

muscle [L. acc. *musculum*], *s.m., muscle.*

musculaire [L. *muscularis*], *adj., muscular.*

musculeux, -euse [L. *musculosus*], *adj., muscular, musculous.*

muse [L. *musa*], *s.f., muse.*

museau [O. Fr. *musel*, dim. of O. Fr. *muse,* "mouth," from L. L. acc. *musum*, from L. *morsus*, p.p. of *mordere*], *s.m., muzzle, nose, snout.*

musée or **muséum** [L. n. *museum*, from Gr. μουσεῖον, "a seat of the Muses"], *s.m., museum.*

musette [dim. of O. Fr. *muse*], *s.f., bagpipe.* (See *cornemuse.*)

musical, -e [*musique*], *adj., musical.*

musicalement, *adv., musically.*

musicien, -enne [*musique*], *s.m.* or *f., musician.*

musique [L. *musica*, from Gr. μουσική], *s.f., music.*

Musulman, -e [Arab. *moslem,* "obedient "], *s.m.* or *f., Mussulman.*

mutabilité [L. acc. *mutabilitatem*], *s.f., mutability, changeableness.*

mutation [L. acc. *mutationem*], *s.f., mutation, change.*

mutilation [L. acc. *mutilationem*], *s.f., mutilation, maiming, injury.*

mutiler [L. *mutilare*], *v.a.*, 1, *to mutilate, maim, injure.*

mutin, -e [O. Fr. *meute,* "disturbance "], *adj., mutinous, obstinate, unruly, rebellious.* —— *s.m.* or *f., refractory child; rebel, rioter.*

mutiner (se) [*mutin*], *r.v., to mutiny, rebel, riot.*

mutinerie [*mutiner*], *s.f., mutiny, rebellion.*

mutisme [L. *adj. mutus,* "dumb "], *s.m., dumbness; speechlessness.*

mutualité [*mutuel*], *s.f., mutuality.*

mutuel, -elle[L. L. *mutualis,* from L. *mutuus*], *adj., mutual, reciprocal.*

mutuellement, *adv., reciprocally, mutually.*

myope [Gr. μυωψ, from μύειν, "to squeeze," and ὤψ, "eye"], *adj.* and *s.m.* or *f., short-sighted; short- or near-sighted person.*

myopie [Gr. μυωπία], *s.f., short- or near-sightedness.*

myriade [Gr. μύριοι = 10,000], *s.f., myriad.*

myriamètre [Gr. μύριοι, μέτρον], *s.m., myriamètre* (6 miles, 1 furlong, 28 poles).

mystère [L. n. *mysterium*, from Gr. μυστήριον, from μύστης, "initiated"], *s.m., mystery, secret.*

mystérieusement, *adv., mysteriously, secretly.*

mystérieux, -euse [*mystère*], *adj., mysterious, secret.*

mysticisme [*mystique*], *s.m., mysticism.*

mystificateur [*mystifier*], *s.m., mystifier, hoaxer.*

mystification [*mystifier*], *s.f., mystification, hoaxing.*

mystifier [L. n. *mysterium*], *v.a.*, 1, *to mystify, hoax.*

mystique [L. *mysticus,* from Gr. μυστικός, from μύστης, "initiated"], *adj.* and *s.m.* or *f., mystic.*

mythe [Gr. μῦθος], *s.m., myth, fable, fiction.*

mythologie [Gr. μυθολογία], *s.f., mythology.*

mythologique(Gr. μυθολογικός], *adj., mythological.*

N

nacarat [Sp. *nacarado*], *s.m.* and *adj.* (m. only), *nacarat.*

nacelle [L. L. *navicella*, dim. of L. *navis*], *s.f., wherry, boat.*

nacre [Sp. *nakar*, from Persian *nakar*], *s.m., mother-of-pearl.*

nacré, -e [*nacre*], *adj., pearly.*

nage [verbal subst. of *nager*], *s.f., swimming.* À la ——, *by swimming.* Être en ——, *to perspire profusely.*

nageoire [*nager*], *s.f., fin.*

nager [L. *navigare*], *v.n.*, 1, *to swim, float; welter.*

nageur, -euse [*nager*], *s.m.* or *f., swimmer.*

naguère [O. Fr. *n'a guères,* from *ne, a, guères,* q.v.], *adv., not long ago, but lately.*

naïade [L. acc. *naiadem*, from Gr. Ναϊάς, "floating, swimming"], *s.f., naiad.*

naïf, -ive [L. *nativus*], *adj., simple, artless, ingenu-*

NAIN.

ous, unaffected, natural, naive, silly. (Its doublet is *natif, q.v.*)

nain, -e [L. *nanus*, Gr. νᾶνος], *adj.* and *s.m.* or *f.*, *dwarf.*

naissance [L. *nascentia*, der. from acc. *nascentem*], *s.f.*, *birth, extraction; beginning; dawn.* Prendre ——, *to be born; to originate.*

naissant, -e [L. acc. *nascentem*], *adj., newly-born, young; beginning; rising; growing.*

naître [L. L. *nascere*, for L. *nasci*], *v.n.*, 4, *to be born, to spring; grow; begin, rise, originate; dawn.*

naïvement [*naive*, fem. of *naif*, and suffix *-ment*], *adv., artlessly, naturally, innocently, candidly, naively.*

naïveté [*naif*], *s.f., naïveté, artlessness, simplicity.* ——s, *silly things or answers.*

nanti, -e [*p.p.* of *nantir*], *adj., provided with or for, possessed of.*

nantir [Scand. *nam*, "prize, seizure"], *v.a.*, 2, *to provide; give security to.*

napoléon [*proper name*], *napoléon (a gold coin worth 20 francs = 16 shillings*).

nappe [L. *mappa*], *s.f., tablecloth, cover; sheet (of water).*

narguer [L. L. *naricare* (?), "to wrinkle up the nose, as a sign of contempt," from L. L. *naricus*, "he who wrinkles up his nose," der. from L. *naris*, "nostril"], *v.a.*, 1, *to set at defiance, snap one's fingers at.*

narine [L. L. *naricula*, der. from L. *naris*], *s.f., nostril.*

narquois, -e [*narguer*], *adj., mocking, bantering, chaffing.*

narrateur [L. acc. *narratorem*], *s.m., narrator, relater.* (The *fem.* is *narratrice*.)

narratif, -ive [L. L. *narrativus*, from L. *narratus*], *adj., narrative.*

narration [L. acc. *narrationem*], *s.f., narration, relation.*

narrer [L. *narrare*], *v.a.*, 1, *to narrate, relate, tell.*

nasal, -e [L. L. *nasalis*, from L. *nasus*, "nose"], *adj., nasal.*

naseau [O. Fr. *nasel*, from L. L. acc. *nasellum* (?), dim.

NAUTIQUE.

of L. *nasus*], *s.m., nostril (of animals).*

nasillard, -e [*nasiller*], *adj., snuffling, through the nose.*

nasillement [*nasiller*], *s.m., snuffling, speaking through the nose.*

nasiller [*nasille*, old form of *narine, q.v.*], *v.n.*, 1, *to snuffle, speak through the nose.*

natal, -e [L. *natalis*], *adj., natal, native.*

natation [L. acc. *natationem*], *s.f., swimming.*

natif, -ive [L. *nativus*], *adj., native.* (*Natif* is a doublet of *naïf, q.v.*)

nation [L. acc. *nationem*], *s.f., nation, people.*

national, -e [*nation*], *adj., national, native.*

nationaliser [*national*], *v.a.*, 1, *to nationalize.*

nationalité [*national*], *s.f., nationality, country.*

natte [L. *matta*], *s.f., mat, matting, plat.*

natter [*natte*], *v.a.*, 1, *to mat, plat, twist.*

naturalisation [*naturaliser*], *s.f., naturalization.*

naturaliser [*naturel, q.v.*], *v.a.*, 1, *to naturalize.*

naturaliste [*naturel*], *s.m., naturalist.*

nature [L. *natura*], *s.f., nature, kind, disposition, temper.*

naturel, -elle [L. *naturalis*], *adj., natural, native, genuine, free, life-size.* Naturel, *s.m., nature, disposition, temper, feeling, life.*

naturellement, *adv., naturally, sincerely, candidly, plainly.*

naufrage [L. n. *naufragium*, for *navifragium*, from *navis, frangere*], *s.m., shipwreck.*

naufragé, -e [*p.p.* of the obsolete v. *naufrager*, "to be shipwrecked"], *adj.* and *s.m.* or *f., shipwrecked; wrecked sailor or person.*

nauséabond, -e [L. *nauseabundus*, from *nausea*], *adj., nauseous.*

nausée [L. *nausea*, "sickness," from Gr. ναυσία, "seasickness"], *s.f., nausea, vomiting.*

nautique [L. *nauticus*, Gr. ναυτικός], *adj., nautical.*

NÉCROMANCIE.

naval, -e [L. *navalis*], *adj., naval.*

navet [L. L. acc. *napetum* (?), dim. of L. *napus*], *s.m., turnip.*

navigable [L. *navigabilis*], *adj., navigable.*

navigateur [L. acc. *navigatorem*], *s.m., navigator, sailor.*

navigation [L. acc. *navigationem*], *s.f., navigation, sailing, voyage.*

naviguer [L. *navigare*], *v.n.*, 1, *to navigate, sail.*

navire [L. L. n. *navirium*, der. from L. *navis*], *s.m., ship, vessel.*

navrant, -e [*pres. part.* of *navrer*], *adj., heart-breaking, distressing.*

navrer [O. Fr. *nafrer*, from Scand. *nafar*, "a cutting instrument"], *v.a.*, 1, *to break the heart of, distress.*

ne or **n'** (before a vowel or h silent) [O. Fr. *nen*, from L. *non*], *adv., not.* —— ... *que, only.*

né, -e, *p.p.* of *naître, q.v.*

néanmoins [*néant, moins, q.v.*], *conj., however, nevertheless.*

néant [Scholastic L. *necentem*, from *nec* and L. L. *entem, pres. part.* of *esse*], *s.m., nothing, nothingness.*

nébuleux, -euse [L. *nebulosus*], *adj., nebulous, cloudy.*

nébuleuse, *s.f., nebula (in astronomy).*

nécessaire [L. *necessarius*], *adj., necessary, requisite, needful.* Le ——, *s.m., necessaries.*

nécessairement, *adv., necessarily, of course.*

nécessité [L. acc. *necessitatem*], *s.f., necessity, need, want.*

nécessiter [*nécessité*], *v.a.*, 1, *to necessitate; to make necessary, force, imply.*

nécessiteux, -euse [*nécessité*], *adj., necessitous, needy.*

nécrologie [Gr. νεκρός, "dead," and λόγιον, "register"], *s.f., necrology, obituary.*

nécrologique [*nécrologie*], *adj., necrologic, obituary.*

nécromancie [L. *necromantia*, Gr. νεκρομαντεία, "a

NÉCROMANCIEN.

foretelling of the future by evoking the dead"], *s.f.*, necromancy.

nécromancien, -enne [*nécromancie*], *s.m.* or *f.*, necromancer.

nécropole [Gr. νεκρόπολις, from νεκρός, "dead," and πόλις, "city"], *s.f.*, necropole, burial-ground.

nectar [L. *n. nectar*, Gr. νέκταρ], *s.m.*, nectar (*the drink of the gods*); anything sweet, delicious.

nef [L. acc. *navem*], *s.f.*, ship, nave (*of a church*).

néfaste [L. *nefastus*], *adj.*, inauspicious, unlucky.

négatif, -ive [L. *negativus*], *adj.*, negative. Négative, *s.f.*, negative.

négation [L. acc. *negationem*], *s.f.*, negation, denial; negative.

négativement [fem. adj. *negative* and suffix -*ment*], *adv.*, negatively.

négligé [partic. subst. of *négliger*], *s.m.*, morning dress, negligee.

négligemment [*négligent*], *adv.*, negligently, carelessly.

négligence [L. *negligentia*], *s.f.*, negligence, carelessness, oversight, neglect, disregard.

négligent, -e [L. acc. *negligentem*], *adj.*, negligent, neglectful, careless.

négliger [L. *negligere*], *v.a.*, 1, to neglect, overlook, disregard. Se ——, *r.v.*, to neglect oneself; to be negligent.

négoce [L. *n. negotium*], *s.m.*, business, trade, commerce.

négociable [*négocier*], *adj.*, negotiable.

négociant [pres. part. of *négocier*], *s.m.*, merchant, trader.

négociateur [L. acc. *negotiatorem*], *s.m.*, negotiator, mediator. (The *fem.* is négociatrice.)

négociation [L. acc. *negotiationem*], *s.f.*, negotiation, transaction.

négocier [L. *negotiari*], *v.a.* and *n.*, 1, to negotiate, trade, transact.

nègre [Sp. *negro*, from L. acc. adj. *nigrum*], *s.m.*, negro.

négresse [*nègre*], *s.f.*, negress.

NEUVIÈME.

neige [L. adj. fem. *nivea*, "snowy"], *s.f.*, snow.

neiger [*neige*], *imp. v.*, 1, to snow.

neigeux, -euse [*neige*], *adj.*, snowy.

nenni [O. Fr. *nennil*, from L. *non illud*, "not that"], *adv.*, no, not at all.

nénufar or **nénuphar** [O. Fr. *neufar*, from Persian *noüfer*, "water-lily"], *s.m.*, nenuphar, water-lily.

néophyte [L. adj. *neophytus*, Gr. νεόφυτος, lit. "newly planted"], *s.m.*, neophyte.

népotisme [L. acc. *nepotem*, "grandson" or "nephew"], *s.m.*, nepotism, undue favouritism.

nerf [L. acc. *nervum*, Gr. νεῦρον], *s.m.*, nerve, sinew, strength; cord, band, slip.

nerveux, -euse [L. *nervosus*], *adj.*, nervous, sinewy, muscular, strong.

net, nette [L. *nitidus*], *adj.*, clean, clear, neat, frank, net. Net, *adv.*, cleanly, clearly, neatly, frankly, flatly.

nettement [*net*], *adv.*, cleanly; frankly, plainly.

netteté [*net*], *s.f.*, cleanness, clearness, distinctness, plainness.

nettoyer [*net*], *v.a.*, 1, to clean, cleanse, wipe; free.

neuf, neuve [L. *novus*], *adj.*, new, fresh, novel, different; inexperienced.

neuf [L. *novem*], num. adj. (card.) and *s.m.*, nine.

Neustrien, -enne [*Neustrie*], *adj.* and *s.m.* or *f.*, Neustrian.

neutralement [O. Fr. adj. *f. neutrale* and suffix -*ment*], *adv.*, neutrally.

neutraliser [L. *neutralis*], *v.a.*, 1, to neutralize. Se ——, *r.v.*, to become neutralized; to neutralize each other.

neutralité [L. L. acc. *neutralitatem*, der. from L. *neutralis*], *s.f.*, neutrality.

neutre [L. adj. n. *neutrum*], *adj.*, neutral, neuter ——, *s.m.*, neuter.

neuvaine [L. adj. fem. *novena*], *s.f.*, nine days' devotion (in the Roman Catholic Church).

neuvième [O. Fr. *noefme*, from L. L. *novesimus* (?), der.

NIQUE.

from L. *novem*], adj. num. (ord.), ninth.

neuvièmement, *adv.*, ninthly.

neveu [L. acc. *nepotem*], *s.m.*, nephew. Nos ——s, our descendants.

névralgie [Gr. νεῦρον, "nerve," and ἄλγος, "pain"], *s.f.*, neuralgia.

névralgique [*névralgie*], *adj.*, neuralgic.

nez [L. acc. *nasum*], *s.m.*, nose, nostrils. Au —— de, in one's face. Jeter au —— de, to cast in one's teeth.

ni [L. *nec*], *conj.*, nor, neither.

niable [*nier*], *adj.*, deniable.

niais, -e [L. L. (*falconem*) *nidacem*, "(hawk) caught in the nest," a hunting term], *adj.* and *s.m.* or *f.*, *eyas*, simple, silly; fool.

niaisement, *adj.*, simply, sillily, foolishly.

niaiser [*niais*], *v.n.*, 1, to trifle, dawdle, say stupid things.

niaiserie [*niaiser*], *s.f.*, simplicity, silliness, trifle, nonsense, foolery.

niche [It. *nicchia*], *s.f.*, niche, recess.

niche [doublet of *nique*, q.v.], *s.f.*, prank, trick.

nichée [partic. subst. of *nicher*], *s.f.*, whole nest, brood.

nicher [L. L. *nidicare* (?), der. from L. adj. *nidicus*], *v.n.*, 1, to nestle, build nests. Se ——, *r.v.*, to nestle, place oneself.

nid [L. acc. *nidum*], *s.m.*, nest.

nièce [Medieval L. *neptia*, der. from L. *neptis*], *s.f.*, niece.

nier [L. *negare*], *v.a.*, 1, to deny, disown. Se ——, *r.v.*, to be denied.

nigaud, -e [?], *adj.* and *s.m.* or *f.*, booby, noodle, silly, simpleton.

nipper [*nippes*], *v.a.*, 1, to fit out. Se ——, *r.v.*, to fit oneself out.

nippes [Icelandish *kneppe*, from O. Scand. *kneppa*, "clothes"], *s.f. pl.*, apparel, clothes.

nique [Swedish *nyck*], *s.f.*, sign of mockery. (Its doublet is *niche*, q.v.)

NITRE.

nitre [L. *nitrum*, from Gr. νίτρον, from Hebrew *noter*], *s.m.*, *nitre*.

nitreux, -euse [*nitre*], *adj.*, *nitrous*.

nitrique [*nitre*], *adj.*, *nitric*.

niveau [O. Fr. *liveau*, from L. *libella*], *s.m.*, *level*.

niveler [*niveau*], *v.a.*, 1, *to level, make even*. Se ——, *r.v.*, *to be levelled*.

nivellement [*niveler*], *s.m.*, *levelling*.

nivôse [L. *adj. nivosus*], *s.m.*, *Nivose* (4th month in the calendar of the French Republic, Dec. 21–Jan. 19).

noble [L. *nobilis*], *adj.*, *noble, great, high*. ——, *s.m.*, *nobleman*.

noblement, *adj.*, *nobly, grandly, honourably*.

noblesse [L. L. *nobilitia*, from L. *nobilis*], *s.f.*, *nobility, notability, rank*.

noce (and **noces**, *s.f. pl.*) [L. *nuptiae*], *s.f.*, *marriage, wedding, nuptials*.

nocturne [L. *nocturnus*], *adj.*, *nocturnal, nightly*.

Noël [L. *natalis* (sc. *dies*), "birthday"], *s.m.*, *Christmas*.

nœud [L. acc. *nodum*], *s.m.*, *knot, tie, bow; knuckle; coil; main point*.

noir, -e [L. *adj. n. nigrum*], *adj.*, *black, dark, gloomy*.

noirâtre [*noir* and suffix *-âtre*], *adj.*, *blackish*.

noirceur [*noir*], *s.f.*, *blackness, darkness, gloom; wickedness, baseness, atrocity*.

noircir [*noir*], *v.n.*, 2, *to blacken, gloom, depress, asperse*. Se ——, *r.v.*, *to grow black; to disgrace oneself; to grow gloomy; to get dark*.

noise [L. *nausea*, properly "disgust," thence "annoyance, quarrel"], *s.f.*, *quarrel*. Chercher —— à, *to pick a quarrel with*.

noisette [dim. of *noix*], *s.f.*, *nut, hazel-nut*.

noix [L. acc. *nucem*], *s.f.*, *nut, walnut*.

nom [L. *n. nomen*], *s.m.*, *name; noun; fame, reputation*.

nomade [Gr. νομάς, νομάδος, "roaming about for pasture," from νομός, "pasture"], *adj.*, *nomad, wandering*.

nombre [L. acc. *numerum*],

NORD.

s.m., *number, quantity, variety*.

nombrer [L. *numerare*], *v.a.*, 1, *to number, count, reckon*. Se ——, *r.v.*, *to be numbered*.

nombreux, -euse [L. *numerosus*], *adj.*, *numerous, many*.

nomenclature [L. *nomenclatura*], *s.f.*, *nomenclature*.

nominal, -e [L. *nominalis*], *adj.*, *nominal*.

nominalement, *adv.*, *nominally*.

nominatif [L. (*casus*) *nominativus*], *s.m.*, *nominative (case)*. ——, *-ive, adj.*, *nominative, personal*.

nominativement, *adv.*, *nominatively, by name*.

nommé, -e [*p.p.* of *nommer*], *adj.*, *named, called, said*.

nommer [L. *nominare*], *v.a.*, 1, *to call, name, mention, appoint*. Se ——, *r.v.*, *to be called; to mention oneself*.

non [L. *non*], *adv.*, *no, not*.

nonagénaire [L. *nonagenarius*], *adj.* and *s.m.* or *f.*, *ninety years of age; nonagenarian*.

nonce [It. *nunzio*, from L. acc. *nuntium*, "messenger"], *s.m.*, *Pope's nuncio*.

nonchalamment [*nonchalant*], *adv.*, *carelessly, heedlessly*.

nonchalance [*nonchalant*], *s.f.*, *carelessness, heedlessness, listlessness*.

nonchalant, -e [*non*, and *chalant*, pres. part. of the O. Fr. v. *chaloir*, "to be important," lit. "to be hot," from L. *calere*], *adj.*, *careless, heedless, listless*.

nonne [L. L. *nonna*], *s.f.*, *nun*.

nonobstant [O. Fr. *non obstant*, from L. *non obstante*, pres. part. of *obstare*, prop. "without having regard to the thing"], *prep.*, *in spite of, notwithstanding*.

nonpareil, -eille [*non*, *pareil, q.v.*], *adj.*, *unequalled, unparalleled, matchless*.

non-seulement [*non, seulement, q.v.*], *adv.*, *not only*.

nord [G. *nord*], *s.m.*, *north, north wind*. —— *nord-est, north-north-east wind*, (N.N.E.)

NOURRISSON.

normal, -e [L. *normalis*], *adj.*, *normal*.

Normand, -e [O. Fr. *norman*, from Engl. *north* and *man*], *adj.* and *s.m.* or *f.*, *Norman*.

nos, *poss. adj.* See *notre*.

notabilité [*notable*], *s.f.*, *notability, respectability*.

notable [L. *notabilis*], *adj.*, *notable, remarkable, principal*. Les ——s, *s.m. pl.*, *the leading men*.

notaire [L. acc. *notarium*, "a scribe"], *s.m.*, *notary public, solicitor*.

notamment [*notant*, pres. part. of *noter*, and suffix *-ment*], *adv.*, *specially*.

note [L. *nota*], *s.f.*, *note, letter, mark, notice, memorandum, bill, account*.

noté, -e [*p.p.* of *noter*], *adj.*, *noticed, marked, branded*. Mal —— *of bad character*.

noter [L. *notare*], *v.a.*, 1, *to note, notice, remark, brand*.

notice [L. *notitia*], *s.f.*, *notice, review, account*.

notifier [L. *notificare*], *v.a.*, 1, *to notify, give notice of*.

notion [L. acc. *notionem*], *s.f.*, *notion, idea, knowledge, element*.

notoire [L. *notorius*], *adj.*, *notorious, well-known*.

notoirement, *adv.*, *notoriously*.

notoriété [*notoire*], *s.f.*, *notoriety, evidence*.

notre, pl. **nos** [L. *adj. n. nostrum*], *poss. adj.*, *our, our own*.

nôtre, -s [**le, la, les**], *poss. pron.*, *ours, our own*.

nouer [L. *nodare*], *v.a.*, 1, *to knot, tie up, join, get up, form*. Se ——, *r.v.*, *to be tied; to knot, set, knit*.

noueux, -euse [L. *nodosus*], *adj.*, *knotty*.

nourrice [L. acc. *nutricem*], *s.f.*, *nurse, foster-mother*.

nourrir [L. *nutrire*], *v.a.*, 2, *to nourish, feed, maintain, support, rear, bring up, entertain*. Se —— (de), *r.v.*, *to feed on, live on; to delight or indulge in*.

nourrissant, -e [pres. part. of *nourrir*], *adj.*, *nutritive, nutritious*.

nourrisson [L. acc. *nutritionem*], *s.m.*, *nursling; fos-*

NOURRITURE.

ter-child. (Its doublet is *nutrition*, q.v.)

nourriture [L. *nutritura*], *s.f.*, *nourishment, food, living, diet; board*.

nous [L. *nos*], *pers. pron. pl.*, *we, us, to us*.

nouveau, -elle [O. Fr. *nouvel*, from L. *novellus*], *adj.*, *new; recent, fresh, different, young*. De nouveau, *adv. loc.*, *anew*.

nouveauté [L. L. acc. *novellitatem*], *s.f.*, *novelty, change, new thing*.

nouvelle [fem. of the adj. *nouveau*, used as a subst.], *s.f.*, *news, intelligence*.

nouvellement, *adv.*, *newly, recently*.

nouvelliste [*nouvelle*], *s.m.*, *newsmonger, quidnunc ; tale-writer*.

novateur [L. acc. *novatorem*], *s.m.*, *innovator*. (The fem. is *novatrice*.)

novembre [L. acc. *novembrem*], *s.m.*, *November*.

novice [L. adj. *novicius*, der. from *novus*], *s.m.* or *f.*, *novice, probationer*.

noviciat [*novice*], *s.m.*, *novitiate, probation*.

noyade [*noyer*], *s.f.*, *drowning*. Les Noyades, *the Noyades* (in French history, 1794).

noyau [L. adj. *nucalis*], *s.m.*, *fruitstone, kernel; core, nucleus*.

noyé, -e [*p.p.* of *noyer*], *adj.*, *drowned*. Yeux ——s de larmes, *eyes swimming in tears*.

noyer [L. *necare*, lit. "to kill"], *v.a.*, 1, *to drown, deluge, bathe, sink, swamp; ruin*. Se ——, *r.v.*, *to drown oneself, to be drowned; to welter*.

noyer [L. L. acc. *nucarium*, from L. acc. *nucem*], *s.m.*, *walnut-tree*.

noyeur [*noyer*, *v.a.*], *s.m.*, *the one who drowns other people*.

nu, -e [L. *nudus*], *adj.*, *bare, naked; without disguise, plain*. Nu-tête, *bare-headed*. Nu-pieds, *bare-foot, bare-footed*.

nuage [see *nue*], *s.m.*, *cloud; gloom, shadow; doubt, dissension*.

nuageux, -euse [*nuage*], *adj.*, *cloudy, obscure*.

NYMPHE.

nuance [*nue*, *s.f.*], *s.f.*, *shade, hue*.

nuancer [*nuance*], *v.a.*, 1, *to shade, variegate, blend*. Se ——, *r.v.*, *to be or get variegated or blended*.

nubile [L. *nubilis*], *adj.*, *nubile, marriageable*.

nubilité [*nubile*], *s.f.*, *nubility, marriageable age*.

nudité [L. acc. *nuditatem*], *s.f.*, *nakedness, nudity*.

nue and **nuée** [L. acc. *nubem*], *s.f.*, *cloud; host, swarm*.

nuire [L. *nocere*], *v.n.*, 4, *to injure, harm, hurt, wrong, prevent*. Se ——, *r.v.*, *to injure oneself or each other*.

nuisible [L. L. *nocibilis*], *adj.*, *injurious, hurtful*.

nuit [L. acc. *noctem*], *s.f.*, *night, darkness*.

nuitamment [fictitious Fr. adj. *nuitant*, from *nuit*, and suffix *-ment*; the O. Fr. was *nuitentre*], *adv.*, *by night*.

nul, nulle [L. *nullus*], *adj.*, *no, none, not any, null, worthless*.

nullement, *adv.*, *by no means, not at all*.

nullité [*nul*], *s.f.*, *nullity, incapacity; cipher (applied to a person)*.

numéraire [L. acc. *numerarium*, "accountant"], *s.m.*, *specie, cash*.

numéral, -e [L. *numeralis*], *adj.*, *numeral*.

numération [L. acc. *numerationem*], *s.f.*, *numeration*.

numérique [L. L. *numericus* (?), from L. *numerus*], *adj.*, *numerical*.

numéro [It. *numero*, from L. *numerus*], *s.m.*, *number; size; ticket*.

numéroter [*numéro*], *v.a.*, 1, *to number*

nuptial, -e [L. *nuptialis*], *adj.*, *nuptial, bridal, wedding*.

nuque [N. *nocke*, "the spine"], *s.f.*, *nape of the neck*.

nutritif, -ive [L. L. *nutritivus* (?), der. from *nutritum*, sup. of *nutrire*], *adj.*, *nutritive, nutritious*.

nutrition [L. acc. *nutritionem*], *s.f.*, *nutrition, nourishment*. (Its doublet is *nourrisson*, "nursling.")

nymphe [L. *nympha*, from Gr. νύμφη, properly "young girl"], *s.f.*, *nymph*.

OBOLE.

O

oasis [Gr. ὄασις, an Egyptian word], *s.f.*, *oasis*.

obéir [L. *obedire*], *v.n.*, 2, *to obey, yield, give way to*.

obéissance [*obéissant*], *s.f.*, *obedience, allegiance, submission*.

obéissant, -e [*pres. part.* of *obéir*], *adj.*, *obedient, dutiful, submissive, docile, manageable*.

obélisque [L. acc. *obeliscum*, from Gr. ὀβελίσκος, "a small spit"], *s.m.*, *obelisk*.

obèse [L. *obesus*, properly "well-fed," from *ob* and *edere*], *adj.*, *fat, obese, corpulent*.

obésité [L. acc. *obesitatem*], *s.f.*, *obesity, corpulence*.

objecter [L. *objectare*], *v.a.* and *n.*, 1, *to object to, allege, demur to*.

objection [L. acc. *objectionem*], *s.f.*, *objection*.

objet [L. acc. *objectum*], *s.m.*, *object, matter, aim, thing*.

oblation [L. acc. *oblationem*], *s.f.*, *oblation, offering*.

obligation [L. acc. *obligationem*], *s.f.*, *obligation, duty*. Avoir —— à, *to owe (in the sense of gratitude)*.

obligatoire [L. *obligatorius*], *adj.*, *obligatory, compulsory, binding*.

obligé, -e [*p.p.* of *obliger*], *adj.*, *obliged, bound, compelled*.

obligeamment [*obligeant* and suffix *-ment*], *adv.*, *obligingly, kindly*.

obligeance [*obligeant*], *s.f.*, *obligingness, kindness*.

obligeant, -e [*pres. part.* of *obliger*], *adj.*, *obliging, kind*.

obliger [L. *obligare*], *v.a.*, 1, *to oblige, compel, bind*. S'——, *r.v.*, *to oblige oneself, to oblige each other*.

oblique [L. *obliquus*], *adj.*, *oblique, askew, side; indirect*.

obliquement, *adv.*, *obliquely, sideways; indirectly*.

obliquer [*oblique*], *v.n.*, 1, *to oblique, turn, swerve*.

obliquité [L. acc. *obliquitatem*], *s.f.*, *obliquity; unfairness*.

oblong, -gue [L. *oblongus*], *adj.*, *rather long, oblong*.

obole [L. acc. *obolum*, from Gr. ὀβολός, "obole" (the 6th part of a drachm)], *s.f.*, *obole*, *obolus*; *groat*, *mite*.

obscène [L. *obscenus*], *adj.*, *obscene*.

obscénité [L. acc. *obscenitatem*], *s.f.*, *obscenity*.

obscur, -e [L. *obscurus*], *adj.*, *obscure*, *dark*, *black*.

obscurcir [*obscur*], *v.a.*, 2, *to darken*, *dim*, *tarnish*. S'——, *r.v.*, *to grow dark*, *cloudy*, *gloomy*; *to become stern*.

obscurcissement [*obscurcir*], *s.m.*, *darkening*.

obscurément [*fem. adj. obscure* and suffix *-ment*], *adv.*, *obscurely*, *darkly*.

obscurité [L. acc. *obscuritatem*], *s.f.*, *obscurity*, *darkness*.

obsécration [L. acc. *obsecrationem*], *s.f.*, *obsecration*.

obséder [L. *obsidere*], *v.a.*, 1, *to beset*, *importune*, *torment*.

obsèques [L. *f. pl. obsequiae*, from *obsequi*], *s.f. pl.*, *obsequies*, *funeral*.

obséquieusement, *adv.*, *obsequiously*.

obséquieux, -euse [L. *obsequiosus*], *adj.*, *obsequious*, *complying*, *complaisant*.

observable [*observer*], *adj.*, *observable*.

observance [L. *observantia*], *s.f.*, *observance*.

observateur [L. acc. *servatorem*], *s.m.* and *adj.*, *observer*, *of observation*. (The *fem.* is *observatrice*.)

observation [L. acc. *observationem*], *s.f.*, *observation*, *notice*, *remark*.

observatoire [L. acc. *observatum*, "*observation*"], *s.m.*, *observatory*.

observer [L. *observare*], *v.a.*, 1, *to observe*, *notice*, *watch*, *practise*, *perform*. Faire ——, *to remark*. *Je vous fais que*, *I beg you to observe*. S'——, *r.v.*, *to be cautious*; *to watch each other*; *to be observed*.

obstacle [L. *n. obstaculum*], *s.m.*, *obstacle*, *hindrance*, *obstruction*.

obstination [L. acc. *obstinationem*], *s.f.*, *obstinacy*, *stubbornness*.

obstiné, -e [L. *obstinatus*], *adj.*, *obstinate*, *stubborn*, *wilful*.

obstinément, *adv.*, *obstinately*, *stubbornly*, *wilfully*.

obstiner (s') [L. *obstinare*], *r.v.*, *to be obstinate*; *to persist*.

obstruction [L. acc. *obstructionem*], *s.f.*, *obstruction*, *stoppage*.

obstruer [L. *obstruere*], *v.a.*, 1, *to obstruct*, *stop up*. S'——, *r.v.*, *to become obstructed*.

obtempérer [L. *obtemperare*], *v.n.*, 1, *to obey*, *comply with*.

obtenir [L. *obtinere*], *v.a.*, 2, *to obtain*, *gain*, *get*. S'——, *r.v.*, *to be obtained*.

obtus, -e [L. *obtusus*], *adj.*, *obtuse*, *dull*.

obus [Sp. *obuz*], *s.m.*, *shell* (*artillery*).

obusier [*obus*], *s.m.*, *howitzer* (*artillery*).

obvier [L. *obviare*], *v.n.*, 1, *to obviate*; *prevent*.

occasion [L. acc. *occasionem*], *s.f.*, *occasion*, *opportunity*.

occasionnel, -elle [*occasion*], *adj.*, *occasional*.

occasionnellement, *adv.*, *occasionally*.

occasionner, *v.a.*, 1, *to occasion*, *cause*, *produce*.

occident [L. acc. *occidentem*], *s.m.*, *west*.

occidental, -e [L. *occidentalis*], *adj.*, *occidental*, *western*. Indes ——es, *West Indies*.

occulte [L. *occultus*], *adj.*, *occult*, *hidden*, *secret*.

occupation [L. acc. *occupationem*], *s.f.*, *occupation*; *business*, *work*.

occuper [L. *occupare*], *v.a.*, 1, *to occupy*; *busy*; *take up*. S'——, *r.v.*, *to apply or occupy oneself*.

occurrence [L. acc. *occurrentem*], *s.f.*, *occurrence*, *emergency*.

océan [L. acc. *oceanum*], *s.m.*, *ocean*.

octobre [L. acc. *octobrem*], *s.m.*, *October*.

octogénaire [L. *octogenarius*], *adj.* and *s.m.* or *f.*, *eighty years old*; *octogenarian*.

octroi [verbal subst. of *octroyer*], *s.m.*, *concession*, *grant*; *town-due*: *city-toll*.

octroyer [L. L. *auctori-*

care (?), der. from L. *auctorare*, "*to procure*"], *v.a.*, 1, *to grant*.

oculaire [L. *ocularius*], *adj.*, *ocular*. Témoin ——, *eye-witness*.

ode [Gr. ᾠδή], *s.f.*, *ode*.

odeur [L. acc. *odorem*], *s.f.*, *odour*, *smell*, *fragrance*.

odieusement, *adv.*, *odiously*, *hatefully*.

odieux, -euse [L. *odiosus*], *adj.*, *odious*, *hateful*.

odorant, -e [L. acc. *odorantem*, pres. part. of *odorari*, which gave the O. Fr. v. *odorer*, "*to have the sense of smell*"], *adj.*, *odorous*, *fragrant*, *sweet-scented*.

odorat [L. acc. *odoratum*], *s.m.*, *sense of smell*.

odoriférant, -e [compd. of L. acc. *odorem* and *ferentem*], *adj.*, *odoriferous*.

œil [L. acc. *oculum*], *s.m.*, *eye*. A vue d'——, *visibly*, *by the eye*. Coup d'——, *glance*.

œillet [dim. of *œil*], *s.m.*, *eyelet*; *pink*, *carnation*.

œuf [L. *n. ovum*], *s.m.*, *egg*.

œuvre [L. *n. opera, pl. of opus*], *s.f.*, *work*, *production*, *deed*. Chef-d'——, *masterpiece*, *standard work*.

offensant, -e [pres. part. of *offenser*], *adj.*, *offensive*, *abusive*.

offense [L. *offensa*], *s.f.*, *offence*, *insult*; *transgression*.

offenser [L. *offensare*], *v.a.*, 1, *to offend*, *give offence to*, *injure*. S'——, *r.v.*, *to take offence*; *to offend each other*.

offenseur [L. acc. *offensorem*], *s.m.*, *offender*.

offensif, -ive [*offenser*], *adj.*, *offensive*.

offensivement, *adv.*, *offensively*.

office [L. *n. officium*], *s.m.*, *office*, *post*, *functions*; *turn*, *service*: *worship*.

officiel, -elle [L. *officialis*], *adj.*, *official*.

officiellement, *adv.*, *officially*.

officier [*office*], *s.m.*, *officer*. ——, *v.n.*, 1, *to officiate*; *play one's part*.

officieusement, *adv.*, *officiously*, *obligingly*.

officieux, -euse [L. *officiosus*], *adj.*, *officious*, *obliging*.

FR. P. II. U

OFFICINE.

officine [L. *officina*], *s.f.*, *laboratory*.

offrande [L. *pl. n. offerenda*], *s.f.*, *offering, present*.

offre [verbal subst. of *offrir*], *s.f.*, *offer, proposal*.

offrir [L. L. *offerere*, der. from L. *offerre*], *v.a.*, 2, *to offer, present, give*. S'——, *r.v.*, *to offer oneself; to offer to each other*.

offusquer [L. *offuscare*], *v.a.*, 1, *to obscure, cloud, give offence to*. S'——, *r.v.*, *to take offence*.

ogival, -e [*ogive*], *adj.*, *ogival, ogive*.

ogive [O. Fr. *augive*, from L. L. *augiva*, der. from L. *augere*, "to increase"], *s.f.*, *ogive, a pointed arch*.

ogre [L. acc. *Orcum*, "god of the infernal regions"], *s.m.*, *ogre*. (The *fem.* is *ogresse*.)

oh, *interj.*, *O, oh!*

oie [Medieval L. *auca*, "goose"], *s.f.*, *goose*.

oignon or **ognon** [L. acc. *unionem*], *s.m.*, *onion*. (Its doublet is *union, q.v.*)

oindre [L. *ungere*], *v.a.*, 4, *to anoint*.

oiseau [O. Fr. *oisel*, from L. L. acc. *aucellum*, *masc.* form of L. *aucella*, "small bird"], *s.m.*, *bird*. —— *mouche, humming-bird*. A vol d'——, *as the crow flies, in a straight line*.

oiseleur [*oiseau*], *s.m.*, *bird-catcher*.

oiseux, -euse [L. *otiosus*], *adj.*, *idle, trifling*.

oisif, -ive [L. n. *otium*], *adj.*, *idle, unoccupied*.

oisivement [*oisive, fem.* of *oisif*, and suffix *-ment*], *adv.*, *idly*.

oisiveté [*oisif*], *s.f.*, *idleness; ease*.

oligarchie [Gr. ὀλιγαρχία, from ὀλίγοι, "a few," and ἄρχειν, "to rule"], *s.f.*, *oligarchy*.

oligarchique [Gr. ὀλιγαρχικός], *adj.*, *oligarchical*.

olivâtre [*olive* and suffix *-âtre*], *adj.*, *olive-coloured*.

olive [L. *oliva*, from Gr. ἐλαία], *s.f.*, *olive*.

olivier [L. *adj. olivarius*], *s.m.*, *olive-tree*.

Olympe [L. acc. *Olympum*, from Gr. Ὄλυμπος], *s.m.*, *Olympus*.

olympien, -enne [*Olympe*], *adj.*, *Olympian*.

ONDULER.

olympique [L. *olympicus*, from Gr. ὀλυμπικός], *adj.*, *Olympic*.

ombrage [L. *adj. umbraticus*], *s.m.*, *shade; umbrage, suspicion*.

ombrager [*ombrage*]; *v.a.*, 1, *to shade, shelter, conceal, hide*.

ombrageux, -euse [*ombrage*], *adj.*, *shy (of a horse shying at its shadow); suspicious*.

ombre [L. *umbra*], *s.f.*, *shadow; dark, darkness, gloom; protection; ghost*.

ombreux, -euse [L. *umbrosus*], *adj.*, *shady*.

omelette [O. Fr. *alumelle* and *alumete*, from *a* and *lamelle*, dim. of *lame*, "narrow and thin plate," because the omelette is thin as a *lame*], *s.f.*, *omelette*.

omettre [L. *omittere*], *v.a.*, 4, *to omit, leave out, forget*.

omission [L. acc. *omissionem*], *s.f.*, *omission*.

omnibus [L. *omnibus*, "for all"], *s.m.*, *omnibus*.

omnipotence [L. *omnipotentia*], *s.f.*, *omnipotence*.

omnipotent, -e [L. acc. *adj. omnipotentem*], *adj.*, *omnipotent*.

omnivore [L. *omnivorus*], *adj.* and *s.m.*, *omnivorous (animal)*.

on [L. *homo*], *indef. pron.*, *one, they, people*.

onagre [L. acc. *onagrum*, Gr. ὄναγρος], *s.m.*, *wild ass*.

once [L. *uncia*], *s.f.*, *ounce*.

oncle [L. acc. *avunculum*], *s.m.*, *uncle*.

onction [L. acc. *unctionem*], *s.f.*, *unction, anointing*.

onctueusement, *adv.*, *unctuously; impressively*.

onctueux, -euse [L. L. *unctuosus*, der. from L. *unctus*], *adj.*, *unctuous, oily; impressive*.

onde [L. *unda*], *s.f.*, *wave, water*.

ondée [*onde*], *s.f.*, *shower*.

ondoyant, -e [*pres. part.* of *ondoyer*], *adj.*, *undulating*.

ondoyer [*onde*], *v.n.*, 1, *to undulate, wave*.

ondulation [*onduler*], *s.f.*, *undulation, waving*.

ondulé, -e [*p.p.* of *onduler*], *adj.*, *undulated*.

onduler [L. L. *undu-*

OPPOSANT.

lare (?)], *v.n.*, 1, *to undulate, wave*.

onduleux, -euse [*onduler*], *adj.*, *undulating, waving*.

onéreux, -euse [L. *onerosus*], *adj.*, *onerous, burdensome*.

ongle [L. *ungula*], *s.m.*, *nail (of fingers and toes), hoof, claw*.

onglée [*ongle*], *s.f.*, *numbness in the finger-ends*.

onguent [L. n. *unguentum*], *s.m.*, *ointment*.

onomatopée [Gr. ὀνοματοποιία, from ὄνομα, "noun," and ποιεῖν, "to make"], *s.f.*, *onomatopœia*.

onze [L. *undecim*], *adj. num. (card.)*, *eleven*.

onzième [*onze*], *adj. num. (ord.)*, *eleventh*.

onzièmement, *adv.*, *eleventhly*.

opacité [L. acc. *opacitatem*], *s.f.*, *opacity, darkness*.

opaque [L. *opacus*], *adj.*, *opaque, dark, shady*.

opéra [It. *opera*, from L. *pl. n. opera*], *s.m.*, *opera; opera-house*.

opérateur [L. acc. *operatorem*], *s.m.*, *operator*.

opération [L. acc. *operationem*], *s.f.*, *operation, performance, transaction*.

opérer [L. *operari*], *v.a.* and *n.*, 1, *to operate, effect, work out*.

opiner [L. *opinari*], *v.n.*, 1, *to speak, give one's opinion*.

opiniâtre [*opiner*, the real meaning of *opiniâtre* being "one who is obstinately attached to what he opines"], *adj.*, *obstinate, stubborn, unshaken*.

opiniâtrement, *adv.*, *obstinately*.

opiniâtrer (s') [*opiniâtre*], *r.v.*, *to get obstinate, persist*.

opiniâtreté [*opiniâtre*], *s.f.*, *obstinacy, stubbornness*.

opinion [L. acc. *opinionem*], *s.f.*, *opinion, vote*.

opportun, -e [L. *opportunus*], *adj.*, *opportune, expedient, favourable*.

opportunément, *adv.*, *opportunely, conveniently*.

opportunité [L. acc. *opportunitatem*], *s.f.*, *opportunity, expediency*.

opposant, -e [*pres. part.*

of *opposer*], s.m. or f., *opponent*, adversary.
opposé, -e [p.p. of *opposer*], adj., opposed; opposite. Opposé, s.m., opposite.
opposer [prefix *op* for *ob* (as in the L. *opponere*), and *poser*, q.v.], v.a., 1, to oppose, compare. S'——, r.v., to oppose, object.
opposite [L. *oppositus*], adj. and s.m., opposite, reverse, contrary. A l'——, adv. loc., opposite, facing.
opposition [L. acc. *oppositionem*], s.f., opposition, contradiction; stoppage.
oppresser [prefix *op* (for *ob*) and *presser*, q.v.], v.a., 1, to oppress, depress.
oppresseur [L. acc. *oppressorem*], s.m., oppressor.
oppressif, -ive [*oppresser*], adj., oppressive.
oppressivement, adv., oppressively.
opprimer [L. *opprimere*], v.a., 1, to oppress.
opprobre [L. n. *opprobrium*], s.m., opprobrium, disgrace, shame.
opter [L. *optare*], v.n., 1, to choose.
option [L. acc. *optionem*], s.f., option.
optique [Gr. ὀπτικός], adj., optical. ——, s.f., optics.
opulemment [*opulent* and suffix *-ment*], adv., opulently, wealthily.
opulence [L. *opulentia*], s.f., opulence, wealth.
opulent, -e [L. *opulentus*], adj., opulent, wealthy.
opuscule [L. n. *opusculum*], s.m., small work, essay.
or [L. n. *aurum*], s.m., gold.
or [L. *hora*], conj., now, but.
oracle [L. n. *oraclum*, for *oraculum*], s.m., oracle.
orage [L. L. n. *auraticum*, der. of L. *aura*], s.m., storm, tempest.
orageusement, adv., stormily.
orageux, -euse [*orage*], adj., stormy, tempestuous.
oraison [L. acc. *orationem*], s.f., oration, prayer.
oral, -e [L. *oralis*], adj., oral, verbal.
oralement, adv., orally, verbally.
orange [Sp. *naranja*, from Ar. nárani̇̄], s.f., orange.

oranger [*orange*], s.m., orange-tree.
orateur [L. acc. *oratorem*], s.m., orator, speaker.
oratoire [L. *oratorius*], adj., oratorical.
orbe [L. acc. *orbem*], s.m., orb, orbit, fold, coil.
orbite [L. *orbita*], s.f., orbit.
orchestre [Gr. ὀρχήστρα], s.m., orchestra, band of musicians.
ordinaire [L. *ordinarius*], adj., ordinary, usual, common.
ordinairement, adv., generally, usually, commonly.
ordinal, -e [L. *ordinalis*], adj., ordinal.
ordination [L. acc. *ordinationem*], s.f., ordination.
ordonnance [*ordonnant*, pres. part. of *ordonner*], s.f., order, prescription, statute.
ordonnateur [*ordonner*], s.m., ordainer, superintendent.
ordonner [L. *ordinare*], v.a., 1, to order, enjoin, regulate, ordain.
ordre [L. acc. *ordinem*], s.m., order; command, management, rule, class, rate.
ordure [O. Fr. adj. *ord*, from L. *horridus*, and suffix *-ure*], s.f., dirt, filth, corruption.
oreille [L. *auricula*, der. from *auris*], s.f., ear.
oreiller [*oreille*], s.m., pillow.
orfèvre [compd. of L. *auri* and acc. *fabrum*, "a workman who works in gold"], s.m., goldsmith.
orfèvrerie [*orfèvre*], s.f., goldsmith's work or trade.
organe [L. n. *organum*, Gr. ὄργανον], s.m., organ, voice; means, agency.
organique [L. *organicus*], adj., organic.
organisateur [*organiser*], s.m., organizer. ——, adj., organizing. (The fem. is *organisatrice*.)
organisation [*organiser*], s.f., organization, arrangement, nature.
organiser [*organe*], v.a., 1, to organize, arrange, draw up.
organisme [*organiser*], s.m., organism, arrangement, system.

organiste [O. Fr. v. *organer*, "to play the organ"], s.m. or f., organist.
orge [L. n. *hordeum*], s.f., barley.
orgie [Gr. ὄργια], s.f., orgy, carousal, drinking-bout.
orgue [It. *organo*, from L. n. *organum*], s.m., organ. ——s, s.f. pl., organ.
orgueil [G. *orgel*], s.m., pride, arrogance.
orgueilleusement [*orgueilleuse*, f. of *orgueilleux*, and suffix *-ment*], adv., proudly, haughtily.
orgueilleux, -euse [*orgueil*], adj., proud, haughty.
orient [L. acc. *orientem*], s.m., east; rising; rise.
oriental, -e [L. *orientalis*], adj., oriental, eastern.
orienté, -e [p.p. of *orienter*], adj., set, disposed, situated.
orienter [*orient*], v.a., 1, to set towards the east. S'——, r.v., to turn towards the east; to find out where one is.
orifice [L. n. *orificium*], s.m., orifice, opening, hole.
oriflamme [L. L. *auriflamma*, der. from L. *aurum* and *flamma*], s.f., oriflamme.
originaire [L. *originarius*], adj., native of, first, primitive.
originairement, adv., originally, primitively.
original, -e [L. *originalis*], adj., original, primitive; odd, singular, quaint. ——, s.m. or f., queer person, oddity.
originalement, adv., originally, primitively, oddly, singularly, quaintly.
originalité [*original*], s.f., originality, oddity, eccentricity.
origine [L. acc. *originem*], s.f., origin, source, beginning, extraction.
originel, -elle [second form of *original*], adj., original, primitive.
originellement, adv., originally, primitively.
orme [L. acc. *ulmum*], s.m., elm-tree.
ormeau [dim. of *orme*], s.m., young elm-tree.
ornement [L. n. *ornamentum*], s.m., ornament.
ornemental, -e [*ornement*], adj., ornamental.

u 2

orner [L. *ornare*], v.a., 1, to adorn, decorate; illustrate, grace.

ornière [L. L. *orbitaria* (?), from L. *orbita*, "wheeltrack"], s.f., beaten track, rut.

orphelin, -e [O. Fr. *orphanin*, from L. L. adj. *orphaninus*, from Gr. ὀρφανός], s.m. or f., orphan.

orphelinat [*orphelin*], s.m., orphanage.

orteil [O. Fr. *arteil*, from L. acc. *articulum*], s.m., toe.

orthodoxe [Gr. ὀρθόδοξος, from ὀρθός, "right," and δόξα, "opinion"], adj. and s.m. or f., orthodox.

orthodoxie [Gr. ὀρθοδοξία], s.f., orthodoxy.

orthographe [Gr. ὀρθογραφία, from ὀρθός, and γράφειν, "to write"], s.f., orthography.

ortie [L. *urtica*], s.f., nettle.

os [L. n. *os, ossis*], s.m., bone.

oscillation [L. acc. *oscillationem*], s.f., oscillation.

oscillatoire [*osciller*], adj., oscillatory.

osciller [L. *oscillare*], v.n., 1, to oscillate.

oser [L. L. *ausare*, der. from L. *ausum*, sup. of *audere*], v.a. and n., 1, to dare, venture, presume.

osier [Gr. οἴσος, "wicker"], s.m., osier, water-willow.

ossements [L. L. *ossamenta*, der. from L. pl. n. *ossa*], s.m. pl., bones (of the dead).

osseux, -euse [L. *ossuosus*], adj., bony.

ostensible [L. L. *ostensibilis*, der. from L. *ostensum*, sup. of *ostendere*], adj., ostensible, visible.

ostensiblement, adv., ostensibly.

ostentation [L. acc. *ostentationem*], s.f., ostentation.

otage [O. Fr. *ostage*, from L. L. n. *obsidaticum*, der. from L. *obsidatus*, "the act of being made a hostage"], s.m., hostage.

ôter [L. L. *haustare*, freq. of L. *haurire*], v.a., 1, to take off or away, deprive, put aside, deduct, rid. S'——, r.v., to remove, get away; to be taken away; to deprive oneself.

Ottoman, -e [Turkish *otsmāniyy*, "pertaining to Otsman"], adj. and s.m. or f., Ottoman.

ou [L. *aut*], conj., or.

où [L. *ubi*], adv., where.

ouailles [in O. Fr. *oeille*, from L. *ovicula*, dim. of *ovis*, "sheep"], s.f. pl., (fig.) sheep, flock.

ouais [onomat.], interj., what! why! dear me!

ouate [O. Fr. *ouette*, dim. of O. Fr. *oue*, for *oie*, "goose"], s.f., wadding, cotton-wool.

ouaté, -e [p.p. of *ouater*], adj., wadded, padded.

ouater [*ouate*], v.a., 1, to wad, pad.

oubli [L. *oblitum*, sup. of *oblivisci*], s.m., forgetting, forgetfulness, oblivion, slip, neglect.

oublier [L. L. *oblitare*, from L. *oblitus*, past part. of *oblivisci*], v.a., 1, to forget; leave behind, omit, neglect, forgive. S'——, r.v., to forget oneself; to be forgotten.

oubliettes [*oublier*], s.f. pl., oubliettes, trap-dungeon.

oublieux, -euse [It. *oblioso*], adj., forgetful.

ouest [G. *west*], s.m., west.

oui [O. Fr. *oïl*, from L. *hoc illud*], adv., yes.

ouï, -e p.p. of *ouïr*, heard. Ouï-dire, s.m., hearsay.

ouïe [verbal subst. of *ouïr*], s.f., hearing. ——s, s.f. pl., gills.

ouïr [O. Fr. *oïr*, from L. *audire*], v.a. and n., 2, to hear.

ouragan [Sp. *huracan*], s.m., hurricane.

ourdir [L. *ordiri*, "to lay the warp, to begin"], v.a., 2, to warp, plot.

ours [L. acc. *ursum*], s.m., bear.

ourse [L. *ursa*], s.f., she-bear.

ourson [dim. of *ours*], s.m., bear's cub.

outil [O. Fr. *oustil* and *ustil*, from L. L. n. *usitellum* (?), der. from L. *usitari*], s.m., tool, implement.

outrage [*outrer*], s.m., insult, offence, bad treatment.

outrageant, -e [pres. part. of *outrager*], adj., insulting, outrageous.

outrager [*outrer*], v.a., 1, to abuse, insult, outrage.

outrageusement, adv., outrageously.

outrageux, -euse [*outrage*], adj., outrageous.

outrance [*outrer*], s.f., excess. A ——, to the utmost, to the knife, without mercy.

outre [L. acc. *utrem*], s.f., leather bottle.

outre [O. Fr. *oltre*, from L. *ultra*], prep., beyond. En ——, adv., moreover.

outré, -e [p.p. of *outrer*], adj., furious, in a great anger; excessive, extravagant.

outrecuidance [*outrecuidant*], s.f., presumption.

outrecuidant, -e [*outre*, q.v., and *cuider*, "to think," from L. *cogitare*], adj., overweening, conceited.

outre-mer [*outre*, *mer*, q.v.], adj. and adv., ultramarine, across the Channel, beyond the seas.

outre-passer [*outre*, *passer*, q.v.], v.a., 1, to go beyond, exceed.

outrer [*outre*, prep.], v.a., 1, to exaggerate, exceed; exasperate.

ouvert, -e [p.p. of *ouvrir*], adj., open, frank, sincere, uncovered, exposed, unfortified.

ouvertement [*ouvert*], adv., openly, freely, frankly.

ouverture [*ouvert*], s.f., opening, entrance, gap; overture, beginning.

ouvrage [*ouvrer*, "to work," from L. *operari*], s.m., work; book; performance.

ouvrier, -ère [L. acc. *operarium*], s.m. or f., workman, workwoman.

ouvrir [L. *aperire*], v.a., 2, to open, disclose, unfold, spread, begin, start. S'——, r.v., to open, burst, expand; to open one's heart; to be opened.

ovale [L. *ovalis*], adj. and s.m., oval.

ovation [L. acc. *ovationem*], s.f., ovation.

ovifère [L. n. *ovum*, and *ferre*], adj., oviferous.

oviforme [L. gen. *ovi* and *forma*], adj., egg-shaped.

ovine [L. *ovinus*], adj., ovine.

ovipare [L. *oviparus*], adj. and s.m., oviparous (animal).

oxyde [word invented by Lavoisier, in 1787; from Gr. ὀξύς, "acid"], s.m., oxyde.

oxyder [*oxyde*], v.a., 1, and s'——, r.v., to oxidate, oxydize.

oxygène [Gr. ὀξύς, "acid," and γένος, "birth"], *s.m., oxygen*.

P

pacha [Turkish *pacha*, "governor"], *s.m., pasha*.
pachyderme [Gr. παχύς, "thick," δέρμα, "skin"], *adj.* and *s.m., pachydermatous; pachydermatous animal*.
pacificateur [L. acc. *pacificatorem*], *s.m., peacemaker*.
pacification [L. acc. *pacificationem*], *s.f., pacification, peacemaking*.
pacifier [L. *pacificare*], *v.a.*, 1, *to pacify. Se* ——, *r.v., to become pacified*.
pacifique [L. *pacificus*], *adj., pacific, peaceful*.
pacifiquement, *adv., peacefully, peaceably*.
pacotille [*paquet*], *s.f., venture (in commerce), stock (of goods)*. Marchandises de ——, *goods for exportation, trumpery ware*.
pacte [L. n. *pactum*]. *s.m., pact, agreement, contract, treaty*.
pactiser [*pacte*], *v.n.*, 1, *to make an agreement, contract, treaty*.
paganisme [L. L. acc. *paganismum*, see *païen*], *s.m., paganism*.
page [L. *pagina*], *s.f., page (of a book)*.
page [L. L. *pagius*, from L. L. *pagensis*, from *pagus*, "village"], *s.m., page (servant)*.
païen, -enne [L. *paganus*, from *pagus*, "village"], *adj.* and *s.m.* or *f., pagan, heathen*.
paillasse [*paille*], *s.f., straw mattress, palliasse*.
paille [L. *palea*], *s.f., straw*.
paillette [dim. of *paille*], *s.f., spangle*.
pain [L. acc. *panem*], *s.m., bread*.
pair [L. *par*], *adj., similar, even, equal, like*.
pair [L. *par*], *s.m., peer*. (The *fem.* is *pairesse*.)
paire [*pair*, "similar," from L. *par*], *s.f., pair; brace*.
pairie [*pair*, *s.m.*], *s.f., peerage*.

paisible [*paix*], *adj., peaceful, quiet*.
paisiblement, *adv., quietly*.
paître [L. L. *pascere*, der. from L. *pasci*, from Skr. *pâ*, "to feed"], *v.n.*, 4, *to graze, feed, pasture*.
paix [L. acc. *pacem*], *s.f., peace, rest, quietness*.
pal [L. acc. *palum*], *s.m., pale, stake*. (The doublet of *pal* is *pieu*, q.v.)
paladin [It. *palatino*, from L. *palatinus*, "officer of the palace"], *s.m., paladin; champion*. (The doublet of *paladin* is *palatin*, q.v.)
palais [L. n. *palatium*], *s.m., palace, court*.
palais [L. n. *palatum*], *s.m., palate*.
palanquin [Hindu, Pali *palangka*, "litter"], *s.m., palanquin*.
palatal, -e [L. n. *palatum*], *adj., palatal*.
palatin, -e [L. *palatinus*], *adj., palatine*.
palatinat [*palatin*], *s.m., palatinate*.
pale [L. *pala*, "spade"], *s.f., blade of an oar, pale, stake*. (Its doublet is *pelle*, q.v.)
pâle [L. *pallidus*], *adj., pale, wan*. Jaune ——, *light yellow*.
palefrenier [*palefroi*, from L. L. acc. *paraveredum*, "post-horse"], *s.m., groom, ostler*.
Palestine [*Palaestina*," the land inhabited by the Palestines or Philistines"], *s.f., Palestine*.
paletot [N. *paltsrok*], *s.m., overcoat*.
palette [dim. of *pale*, q.v.], *s.f., bat, battledore, pallet*.
pâleur [L. acc. *pallorem*], *s.f., paleness*.
palier [O. Fr. *paillier*, from *paille*, "straw," on account of the straw-mat], *s.m., landing, stair-head*.
palinodie [Gr. παλινῳδία, from πάλιν, "anew," and ᾠδή, "song"], *s.f., palinode, recantation*.
pâlir [*pâle*, q.v.], *v.n.*, 2, *to turn pale; to grow dim*.
palissade [It. *palizzata*], *s.f., palisade, paling*.

palliatif, -ive [*pallier*], *adj., palliative*.
palliation [L. *palliatum*, sup. of *palliare*], *s.f., palliation*.
pallier [L. *palliare*], *v.a.*, 1, *to palliate*.
palme [L. *palma*], *s.f., palm-branch, palm; victory*. (The doublet of *palme* is *paume*, q.v.)
palmé, -e [L. *palmatus*, from *palma* (Gr. παλάμη), "the palm of the hand"], *adj., palmed, webbed, web-footed*.
palmier [L. *adj. palmarius*], *s.m., palm-tree*.
palmipède [L. acc. *adj.* *palmipedem*], *adj.* and *s.m., web-footed; web-footed animal*.
palpable [L. *palpabilis*], *adj., palpable*.
palpablement, *adv., palpably*.
palper [L. *palpare*], *v.a.*, 1, *to feel about, touch, finger*.
palpitation [L. acc. *palpitationem*], *s.f., palpitation, throbbing*.
palpiter [L. *palpitare*], *v.n.*, 1, *to palpitate, throb*.
pâmer (se) [O. Fr. *pasmer*, from L. *spasmare*, der. from *spasma*, Gr. σπάσμα, "spasm, cramp"], *r.v., to faint, swoon; to be enraptured*.
pâmoison [*pâmer*], *s.f., fainting fit, swoon*.
pamphlet [Engl. *pamphlet*, from Sp. *papelete*, "a written slip of paper"], *s.m., pamphlet*.
pampre [L. acc. *pampinum*], *s.m., vine-branch*.
pan [L. acc. *pannum*, "garment"], *s.m., skirt; piece of wall*.
panacée [L. *panacea*, from Gr. πανάκεια, "universal remedy," from πανακής, "all-healing," from πάναξ, "an herb to which was ascribed the power of healing all diseases"], *s.f., panacea, universal remedy*.
panache [It. *pennachio*], *s.m., plume, feathers, panache, cap, tuft*.
panaché, -e [p.p. of *panacher*, "to plume, streak"], *adj., plumed, streaked, variegated*.
pancarte [L. L. *pancharta*, a hybrid compound of Gr. πᾶν

PANÉGYRIQUE.

and L. *charta*], *s.f.*, *placard, bill*.

panégyrique [L. acc. *panegyricum*, from Gr. πανηγυρικός (λόγος), "pertaining to a public assembly"], *s.m.*, *panegyric, eulogy*.

panégyriste [L. acc. *panegyristam*, from Gr. πανηγυριστής], *s.m.*, *panegyrist*.

panier [L. *n. panarium* (from *panis*), "bread-basket"], *s.m.*, *basket*. —— d'osier, *wicker-basket*.

panique [Gr. πανικόν (δεῖμα), "panic fear"], *adj.* and *s.f.*, *panic*.

panne [L. L. *panna*, "stuff"], *s.f.*, *plush*. (In naut. terms it applies to the sails, *e.g.*, en ——, *lying to*; mettre en ——, *to bring to, heave to*.)

panneau (dim. of *pan*, q.v.], *s.m.*, *panel; snare*. Donner dans le ——, *to fall into the snare*.

panoplie [Gr. πᾶν, "all," ὅπλα, "arms"], *s.f.*, *panoply, trophy*.

panorama [Gr. πᾶν, "all," and ὅραμα, "view"], *s.m.*, *panorama*.

pansage [*panser*], *s.m.*, *dressing (of wounds); grooming*.

pansement [*panser*], *s.m.*, *dressing of wounds); grooming*

panser [O. Fr. *penser*, from L. *pensare*, "to consider, examine"], *v.a.*, 1, *to dress; groom*. (Its doublet is *penser*, q.v.)

pantalon [It. *pantalone*, from *St. Pantalone*, the favourite saint of the Venetians. *Pantalone* comes from Gr. πάντα ἐλεημών, "all merciful"], *s.m.*, *pantaloons, trousers*.

pantelant, -e [pres. part. of *panteler*, from *pantois*, adj., "out of breath," from Kymr. *pant*, "oppression"], *adj.*, *panting*.

panthéisme [Gr. πᾶν, "all," θεός, "god"], *s.m.*, *pantheism*.

panthéiste, adj. and *s.m.* or *f.*, *pantheistic; pantheist*.

panthéon [L. *n. pantheum* or *pantheon*, a temple, in Rome, dedicated to all the gods, from Gr. adj. *n.* πάνθειον, "common to all gods"], *s.m.*, *pantheon*.

PÂQUERETTE.

panthère [L. *panthera*, from Gr. πάνθηρα], *s.f.*, *panther*.

pantomime [L. acc. *pantomimum*, from Gr. παντόμιμος, "a male ballet-dancer"], *s.m.*, *pantomime*. ——, *s.f.*, *pantomime, dumb-show*.

pantoufle [It. *pantofola*], *s.f.*, *slipper*.

paon [L. acc. *pavonem*], *s.m.*, *peacock*. (Pronounce *pan*.)

paonne [*paon*], *s.f.*, *peahen*. (Pronounce *pann*.)

papa [onomat.], *s.m.*, *papa*.

papal, -e [*pape*], adj., *papal*.

papauté [L. L. acc. *pappalitatem*, from L. *pappa*], *s.f.*, *papacy, pontificate*.

pape [L. *papa*, "father"], *s.m.*, *pope*.

papelard, -e [It. *pappalardo*, "glutton"], *adj.* and *s.m.* or *f.*, *hypocritical; hypocrite*.

paperasse [*papier*], *s.f.*, *old paper, waste paper*.

papeterie [*papier*], *s.f.*, *paper-making, paper-manufactory*.

papetier [*papier*], *s.m.*, *paper-manufacturer, stationer*.

papier [L. L. acc. *papyrium*, from L. *papyrus*, Gr. πάπυρος, "paper-reed"], *s.m.*, *paper*.

papillon [L. acc. *papilionem*], *s.m.*, *butterfly*. (Its doublet is *pavillon*, q.v.)

papillonner [*papillon*], v.n., 1, *to flutter about; trifle, flirt*.

papillote [O. Fr. *papillot* = *papillon*], *s.f.*, *curl-paper, curl*.

papisme [see *papiste*], *s.m.*, *popery*.

papiste [O. Fr. v. *papisser*, "to rule the Holy See"], *s.m.* or *f.*, *papist*. ——, adj., *popish*.

papyrus [L. *papyrus*], *s.m.*, *papyrus*.

pâque [L. *pascha*], *s.f.*, *Easter, passover*. ——s, *s.f.* pl., *Easter*. ——s fleuries, *Palm Sunday*.

paquebot [Engl. *packetboat*], *s.m.*, *packet-boat, steamboat*.

pâquerette [O. Fr. *pasquerette*, from O. Fr. *pasquier* (der. from L. *n. pascuum*),

PARALYSIE.

"the pasturage flower"], *s.f.*, *daisy, Easter daisy*.

paquet [L. L. acc. *pascum*, "parcel"], *s.m.*, *packet, bundle, parcel*.

par [L. *per*], *prep.*, *by, through, by means of; per, a, with, for*.

parabole [L. *parabola*, from Gr. παραβολή, "comparison"], *s.f.*, *parable, allegory*.

parabolique [Gr παραβολικός], adj., *parabolic*.

parachute [*parer*, *à*, *chute*, q.v.], *s.m.*, *parachute*.

parade [Span. *parada*], *s.f.*, *parade; display; boast*. Lit de ——, *bed of state*.

parader [*parade*], v.n., 1, *to parade, show off*.

paradis [L. acc. *paradisum*, from Gr. παράδεισος, "garden," which is derived from the Persian *pairidaeza*, "enclosure"], *s.m.*, *paradise*. (Its doublet is *parvis*, q.v.)

paradoxal, -e [*paradoxe*], adj., *paradoxical*.

paradoxe [L. *n. paradoxum*, from Gr. παράδοξον, "that which is contrary to expectation or opinion"], *s.m.*, *paradox*.

parafe or **paraphe** [L. acc. *paragraphum*, from Gr. παραγραφή], *s.m.*, *flourish* (in writing). (Its doublet is *paragraphe*, q.v.)

parafer or **parapher** [*parafe*], v.a., 1, *to sign with a flourish*.

parage [*parer* (se), r.v., "to prepare, get ready" (naut.)], *s.m.*, *quarter (sea-shore), parts*.

paragraphe [Gr. παραγραφή], *s.m.*, *paragraph*. (Its doublet is *parafe*, q.v.)

paraître [L. L. *parescere* = L. *parere*], v.n., 4, *to appear, seem; to make one's appearance, come to, come in*.

parallèle [L. *parallelus*, from Gr. παράλληλος], adj., *parallel*. ——, *s.m.*, *parallel, comparison*. ——, *s.f.*, *parallel (line)*.

parallèlement, adv., *comparatively*.

paralyser [*paralysie*], v.a., 1, *to paralyze*. Se ——, r.v., *to be or become paralyzed; to paralyse each other*.

paralysie [L. *paralysis*

PARALYTIQUE.

from Gr. παράλυσις, from παρά and λύσις, "dissolution"], *s.f.*, *paralysis*.
paralytique [Gr. παραλυτικός], *adj.* and *s.m.* or *f.*, *paralytic*.
parapet [It. *parapetto*], *s.m.*, *parapet, breastwork*.
paraphrase [L. *paraphrasis*, from Gr. παράφρασις], *s.f.*, *paraphrase, commentary, amplification*.
parapluie [*parer*, à, *pluie*, q.v.], *s.m.*, *umbrella*.
parasite [L. acc. *parasitum*, from Gr. παράσιτος, "a guest"], *s.m.*, *parasite*. ——, *adj., parasitical, superfluous*.
parasol [*parer*, à, *soleil*, q.v.; It. *parasole*], *s.m.*, *parasol*.
paratonnerre [*parer*, à, *tonnerre*, q.v.], *s.m.*, *lightning-conductor*.
paravent [*parer*, à, *vent*, q.v.], *s.m.*, *screen*.
parc [L. L. acc. *parcum*, der. from L. *parcere*, "to keep, reserve"], *s.m.*, *park, fold, enclosed pen*.
parcelle [L. L. *particella*, dim. of L. acc. *partem*], *s.f.*, *particle, small part*.
parce que [*par, ce, que*], *conj., because, as*.
parchemin [L. *pergamena* (*charta*), from Gr. Περγαμινός, "pertaining to Pergamum," whose king Eumenes invented parchment], *s.m.*, *parchment*.
——s, *s.m. pl.*, *deeds, titles of nobility*.
parcimonie [L. *parcimonia*], *s.f.*, *parsimony*.
parcimonieux, -euse, *adj., parsimonious*.
parcourir [L. *percurrere*], *v.a.*, 2, *to go over or about; glance over; read over*.
parcours [L. L. acc. *percursum*, compd. of L. *per* and *cursus*], *s.m., distance, journey, course*.
pardon [verbal subst. of *pardonner*], *s.m., pardon, forgiveness*.
pardonnable [*pardonner*], *adj., pardonable*.
pardonner [L. L. *pardonare*], *v.a.* and *n.*, 1, *to forgive, pardon*. Se ——, *r.v., to forgive oneself or each other*.
pareil, -eille [L. L. *pariculus*, der. from L. *par*], *adj., alike, similar, same*. A la

PARJURER.

——le, *adv. loc., in the same way* = *same treatment*.
pareillement, *adv., in the same manner, likewise*.
parement [*parer*], *s.m., facing, cuff*.
parent [L. acc. *parentem*], *s.m., parent, relative*.
parentage [*parent*], *s.m., parentage, relationship*.
parenté [*parent*], *s.f., relationship, kindred, relations*.
parenthèse [Gr. παρένθεσις, from παρά, "by the side of," ἐν, "in," and θέσις, "putting"], *s.f., parenthesis*.
parer [L. *parare*], *v.a.*, 1, *to adorn, deck, attire, prepare; protect, shelter, guard against, supply*. Se ——, *r.v., to dress, attire oneself; to assume*.
paresse [O. Fr. *perece*, *parece*, from L. *pigritia*], *s.f., idleness*.
paresseux, -euse [*paresse*], *adj., idle, lazy*.
parfait, -e [L. *perfectus*, p.p. of *perficere*], *adj., complete, perfect*.
parfaitement, *adv., completely, perfectly*.
parfois [*par, fois*, q.v.], *adv., sometimes, now and then*.
parfum [verbal subst. of *parfumer*], *s.m., perfume; odour, flavour, bouquet (of wine)*.
parfumer [*par, fumer*, q.v.], *v.a.*, 1, *to perfume, scent*. Se ——, *r.v., to perfume one's person; to be scented*.
parfumerie [*parfumer*], *s.f., perfumery*.
pari [verbal subst. of *parier*], *s.m., bet, wager*.
parier [L. *pariare*, "to balance an account," from *par*], *v.a.* and *n.*, 1, *to bet, lay, wager*.
Parisien, -enne [*Paris*, capital of France], *adj.* and *s.m.* or *f., Parisian*.
parité [L. acc. *paritatem*], *s.f., parity, equality, likeness*.
parjure [L. n. *perjurium*], *s.m., perjury, false oath*.
parjure [L. adj. *perjurus*, "oath-breaking"], *adj.* and *s.m.* or *f., perjured, forsworn; perjurer*.
parjurer [L. *perjurare*], *v.a.* and *n.*, 1, *to perjure, forswear*. Se ——, *r.v., to perjure or forswear oneself*.

PARRICIDE.

parlement [It. *parlamento*, from *parlar*, "to speak;" see *parler*], *s.m., parliament*.
parlementaire [*parlement*], *adj., parliamentary*.
——, *s.m., bearer of a flag of truce*.
parlementer [*parlement*], *v.n.*, 1, *to parley, to come to terms*.
parler [O. Fr. *paroler*, from L. L. *parabolare*, "to relate"], *v.n.*, 1, *to speak, talk*. Se ——, *r.v., to speak to oneself or to each other; to be spoken*.
parleur, -euse [*parler*], *s.m.* or *f., talker*.
parloir [*parler*], *s.m., parlour*.
parmi [L. *per medium*], *prep., amongst; amidst*.
parodie [L. *parodia*, from Gr. παρῳδία, "a counter-song"], *s.f., parody*.
parodier [*parodie*], *v.a.*, 1, *to parody*.
paroi [L. acc. *parietem*], *s.f., partition-wall; coat (in anatomy)*.
paroisse [L. *paroecia*, from Gr. παροικία], *s.f., parish*.
paroissien, -enne [*paroisse*], *s.m.* or *f., parishioner*.
parole [L. *parabola*], *s.f., word; speech, voice, tone, promise, trust, parole*. Sur ——, *on parole, upon trust, on credit*.
paronyme [Gr. παρώνυμος, from παρά, "by the side," and ὄνομα, "noun"], *adj., paronymous*. ——, *s.m., paronym*.
paroxysme [Gr. παροξυσμός, from παροξύνειν, "to irritate"], *s.m., paroxysm, height*.
Parque [L. *parca*], *s.f., Fate*.
parquer [*parc*], *v.a.*, 1, *to pen (cattle), park, fold, enclose*.
parquet [*parc*], *s.m., inlaid floor; magistrate's office; bench, bar*.
parrain [L. L. acc. *patrinum*, from L. acc. *patrem*], *s.m., godfather, sponsor*.
parricide [L. acc. *parricidam*], *s.m. (murderer of a parent), parricide or matricide*.
parricide [L. n. *parricidium*], *s.m. (murder of a parent), parricide or matricide*.

parsemer [*par, semer, q.v.*], *v.a.*, 1, to strew.

part [L. acc. *partem*], *s.f., share, part*. Nulle ——, nowhere. De la —— de, from.

partage [L. *partiri*, "to divide"], *s.m.*, division, share, portion.

partager [*partage*], *v.a.*, 1, to divide, share. Se ——, *r.v.*, to divide; to be divided.

partance [*partant*, pres. part. of *partir*], *s.f., sailing*. En ——, *ready to sail*.

partant [*par, tant, q.v.*], *adv., consequently, therefore, thence*.

partenaire [Engl. *partner*], *s.m.* or *f.*, *partner*.

parterre [*par, terre, q.v.*], *s.m., flower-bed; pit (of a theatre)*.

parti [*p.p.* of *partir, q.v.*], *s.m., party, part, resolution, way, advantage*. Tirer —— de, *to make something of; to turn to account*.

partial, -e [L. L. *partialis*, from L. acc. *partem*], *adj., partial*. (Its doublet is *partiel*.)

partialement, *adv., partially, with partiality*.

partialité, *s.f., partiality*.

participant, -e [pres. part. of *participer*], *adj.* and *s.m.* or *f.*, *participating; sharer*.

participation [L. acc. *participationem*], *s.f., participation, sharing*.

participe [L. n. *participium*], *s.m., participle*.

participer [L. *participare*], *v.n.*, 1, to participate in, share in.

participial, -e [L. *participialis*], *adj., participial*.

particularité [L. acc. *particularitatem*], *s.f., particular, particularity*.

particule [L. *particula*], *s.f., particle*.

particulier, -ère [L. *particularis*], *adj., private, particular, special*. Particulier, *s.m.* or *f., individual*.

particulièrement, *adv., particularly, specially*.

partie [partic. subst. of *partir*], *s.f., part, party, match, game, project, side, adversary*. Faire —— de, *to belong to*.

partiel, -elle [see *partial*], *adj., partial*.

partiellement, *adv., partially, in part*.

partir [L. *partiri*, "to divide"], *v.n.*, 2, to depart, set out, leave for; spring from, arise, begin.

partisan [It. *partigiano*], *s.m., partisan; friend*.

partitif, -ive [L. L. *partitivus (?)*, from L. *partitum*, sup. of *partiri*], *adj., partitive*.

partition [L. acc. *partitionem*], *s.f., partition, division*.

partout [*par, tout, q.v.*], *adv., everywhere*.

parturition [L. acc. *parturitionem*, from *parturire*, "to bring forth"], *s.f., parturition, bringing forth*.

parure [*parer, q.v.*], *s.f., dress, attire, ornament*.

parvenir [L. *pervenire*], *v.n.*, 2, to succeed, arrive; reach; come to; make one's fortune.

parvenu, -e [partic. subst. of *parvenir*], *s.m.* or *f.*, *a man or woman raised from the ranks; upstart, parvenu*.

parvis [L. acc. *paradisum*, meaning "the space before a church porch"], *s.m., cathedral-yard, church-porch, sacred enclosure*. (Its doublet is *paradis, q.v.*)

pas [L. acc. *passum*], *s.m., step, pace, rate, passage; precedency*. ——, *adv., not, any, never*.

pascal, -e [L. *paschalis*], *adj., paschal*.

passable [*passer*], *adj., passable, tolerable, middling*.

passablement, *adv., tolerably, so and so*.

passage [*passer, q.v.*], *s.m., passage, passing, pass, crossing; change, transition*.

passager, -ère [*passage*], *adj., of passage, transitory*. ——, *s.m.* or *f.*, **passenger, traveller**.

passagèrement, *adv., for a short time*.

passant, -e [pres. part. of *passer*], *adj., passing*. ——, *s.m.* or *f.*, *passer-by*.

passe [*passer*], *s.f., pass; situation; case*.

passé, -e *'past part.* of *passer*], *adj., past, gone by*. Passé, *s.m., the past, past times*.

passe-droit [*passer, droit, q.v.*], *s.m., favour, injustice*.

passeport [*passe, port, q.v.*], *s.m., passport*.

passer [L. L. *passare*, from L. *passum*, sup. of *pandere*, "to open"], *v.a.* and *n.*, 1, to pass, pass by, call on, go to, run over, turn, become, go down, fade, die, pass down, overlook, surpass, forgive, pass away. Se ——, *r.v., to pass away, fade, elapse, fall off; take place, happen; gratify*. Se —— de, *to do without, dispense with*.

passereau [L. acc. *passerellum*, dim. of *passer*], *s.m., sparrow*.

passeur [*passer*], *s.m., ferryman*.

passif, -ive [L. *passivus*], *adj., passive*.

passion [L. acc. *passionem*], *s.f., passion, love; fondness*.

passionné, -e [p.p. of *passionner*], *adj., passionate; passionately fond of, affectionate*.

passionnément, *adv., fondly, passionately*.

passionner [*passion*], *v.a.*, 1, to animate. Se ——, *r.v., to become impassioned; to fall into a passion*.

passivement [*passive, adj. fem.*, and suffix *-ment*], *adv., passively*.

pastel [It. *pastello*], *s.m., pastel, crayon*.

pasteur [L. acc. *pastorem*], *s.m., pastor, shepherd; minister, clergyman*. (Its doublet is *pâtre, q.v.*)

pastille [L. *pastilla*, fem. form of *pastillus*, "small cake"], *s.f., pastille, lozenge*.

pastoral, -e [L. *pastoralis*], *adj., pastoral*.

pataud [*patte, q.v.*; *pataud* means properly "a pup with big paws"], *s.m., clumsy fellow*.

patauger [*patte*], *v.n.*, 1, to splash, dabble.

pâte [O. Fr. *paste*, from L. *pasta*], *s.f., paste, dough*.

pâté [*pâte*], *s.m., pie*.

pâtée [*pâte*], *s.f., hash of dog's meat*.

patelin, -e [name of a character in a comedy of the 15th

PATENT.

century], *adj.* and *s.m.* or *f.*, smooth-tongued; wheedler.

patent, -e [L. acc. *patentem*], *adj.*, patent, evident, obvious.

patente [*patent*], *s.f.*, licence; letters patent.

patenté, -e [*p.p.* of *patenter*], *adj.*, licensed.

patenter [*patente*], *v.a.*, 1, to license.

paternel, -elle [L. L. *paternalis*, der. from L. *paternus*], *adj.*, fatherly, paternal.

paternellement, *adv.*, fatherly, paternally.

paternité [L. acc. *paternitatem*], *s.f.*, paternity, fatherhood.

pâteux, -euse [*pâte*], *adj.*, pasty, clammy, thick.

pathétique [L. *patheticus*, from Gr. παθητικός], *adj.*, pathetic, affecting.

pathétiquement, *adv.*, pathetically.

pathologie [Gr. παθολογία, from πάθος, "illness," and λόγος, "doctrine"], *s.f.*, pathology.

pathologique [Gr. παθολογικός], *adj.*, pathological.

patibulaire [L. n. *patibulum*, "the gallows"], *adj.*, patibulary, hanging.

patiemment [*patient*], *adv.*, patiently.

patience [L. *patientia*], *s.f.*, patience, endurance, forbearance.

patient, -e [L. acc. *adj. patientem*], *adj.*, patient, enduring, forbearing.

patienter [*patient*], *v.n.*, 1, to take patience.

patin [*patte*], *s.m.*, skate.

patiner [*patin*], *v.n.*, 1, to skate.

patineur, -euse [*patiner*], *s.m.* or *f.*, skater.

pâtir [L. L. *patiri*, der. from L. *pati*], *v.n.*, 2, to suffer.

pâtisser [L. L. *pasticiare* (?), from L. L. *pasticius*, "pie," from L. *pasta*], *v.n.*, 1, to make pastry.

pâtisserie [*pâtisser*], *s.f.*, pastry.

pâtissier [*pâtisser*], *s.m.*, pastrycook. (The *f.* is *pâtissière*.)

patois [for *patrois*, from L. L. *patriensis*, "a native"], *s.m.*, patois, jargon, brogue.

pâtre [L. nom. *pastor*],

PAUVRESSE.

s.m., shepherd, herdsman. (Its doublet is *pasteur, q.v.*)

patriarcal, -e [*patriarche*], *adj.*, patriarchal.

patriarche [L. *patriarcha*, from Gr. πατριάρχης, "the father of a tribe"], *s.m.*, patriarch.

patricien, -enne [*patrice*, from L. *patricius*], *adj.* and *s.m.* or *f.*, patrician, noble.

patrie [L. *patria*], *s.f.*, native country, fatherland.

patrimoine [L. n. *patrimonium*], *s.m.*, patrimony, inheritance.

patriote [Gr. πατριώτης], *s.m.*, patriot.

patriotique [*patriote*], *adj.*, patriotic.

patriotisme [*patriote*], *s.m.*, patriotism.

patron [L. acc. *patronum*], *s.m.*, patron, master, coxswain, captain. (The *fem.* is *patronne*.)

patronage [*patron*], *s.m.*, patronage.

patronner [*patron*], *v.a.*, 1, to patronize.

patronymique [Gr. πατρωνυμικός, from πατήρ, "father," and ὄνομα, "name"], *adj.*, patronymic.

patrouille [formerly *patouille*, from It. *pattuglia*], *s.f.*, patrol.

patte [O. H. G. *pad*, Mod. G. *pfote*; cf. Gr. πάτος, "trodden way," πατεῖν, "to walk"], *s.f.*, paw, foot, leg.

pattu, -e [*patte*], *adj.*, long-pawed, rough or feather-footed.

pâturage [*pâture*], *s.m.*, pasture-land, pasturage.

pâture [L. *pastura*], *s.f.*, food, pasture.

paume [L. *palma*, from Gr. παλάμη], *s.f.*, palm (of the hand); tennis (game). (Its doublet is *palme, q.v.*)

paupérisme [*pauvre*], *s.m.*, pauperism.

paupière [L. *palpebra*], *s.f.*, eyelid.

pause [L. *pausa*], *s.f.*, pause, stop, rest.

pauvre [L. *pauperus*, archaic form of *pauper*], *adj.*, poor. ——, *s.m.*, poor man.

pauvrement, *adv.*, poorly, in poverty, wretchedly.

pauvresse [*pauvre*], *s.f.*, poor woman.

PÊCHER.

pauvreté [L. acc. *paupertatem*], *s.f.*, poverty.

pavage [*paver*], *s.m.*, paving.

pavé [partic. subst. of *paver*], *s.m.*, paving-stone, pavement.

pavement [*paver*], *s.m.*, paving, pavement.

paver [L. L. *pavare*, from L. *pavire*, "to tread down"], *v.a.*, 1, to pave.

paveur [*paver*], *s.m.*, pavier.

pavillon [see *papillon*], *s.m.*, pavilion, tent.

pavois [It. *pavesse*], *s.m.*, shield.

pavoiser [*pavois*], *v.a.*, 1, to deck with flags.

pavot [L. n. *papaver*], *s.m.*, poppy.

payable [*payer*], *adj.*, payable.

payant, -e [*pres. part.* of *payer*], *adj.* and *s.m.* or *f.*, paying; the one who pays.

paye [verbal subst. of *payer*], *s.f.*, pay.

payement [*payer*], *s.m.*, payment.

payer [L. *pacare*, lit. "to appease," thence "to pay"], *v.a.*, 1, to pay, discharge. Se ——, *r.v.*, to pay oneself or each other; to be repaid.

payeur, -euse [*payer*] *s.m.* or *f.*, payer.

pays [L. L. *pagensis* (sc. *ager*), der. from L. *pagus*], *s.m.*, country, land, fatherland.

paysage [*pays*], *s.m.*, landscape, scenery.

paysagiste [*paysage*], *s.m.*, landscape-painter.

paysan, -anne [L. acc. *paganum*], *s.m.* or *f.*, countryman, countrywoman.

peau [L. acc. *pellem*], *s.f.*, skin, hide, rind, peel, husk.

peccadille [It. *peccadiglio*, dim. of *peccato*, "fault"], *s.f.*, peccadillo, slight offence.

pêche [O. Fr. *pesche*, from It. *persica*, from L. *persicum* (sc. *malum*)], *s.f.*, peach.

pêche [verbal subst. of *pêcher*], *s.f.*, fishing.

péché [L. n. *peccatum*, "transgression"], *s.m.*, sin.

pécher [L. *peccare*], *v.n.*, 1, to sin.

pêcher [*pêche*], *s.m.*, peach-tree.

pêcher [L. *piscare*], v.a. and n., 1, *to fish*.
pêcheur [L. acc. *peccatorem*], s.m., *sinner*. (The fem. is pêcheresse.)
pêcheur [L. acc. *piscatorem*], s.m., *fisherman*. (The fem. is pêcheuse.)
pécore [It. *pecora*], s.f., *animal, creature; fool*.
pectoral, -e [L. *pectoralis*], adj., *pectoral*.
pécune [L. *pecunia*], s.f., *money*.
pécuniaire [L. adj. *pecuniarius*], adj., *pecuniary, pertaining to money*.
pédagogie [Gr. παιδαγωγία], s.f., *pedagogy*.
pédagogique, adj., *pedagogical*.
pédagogue [L. acc. *paedagogum*, from Gr. παιδαγωγός, from παῖς, "child," and ἄγειν, "to lead"], s.m., *pedagogue, teacher*.
pédant, -e [It. *pedante*], adj. and s.m. or f., *pedantic; pedant*.
pédanterie [It. *pedanteria*], s.f., *pedantry*.
pédantesque [It. *pedantesco*], adj., *pedantic*.
pédantisme [*pédant*], s.m., *pedantry*.
pédestre [L. *pedestris*], adj., *pedestrian, on foot*.
peigne [L. acc. *pectinem*], s.m., *comb*.
peigner [L. *pectinare*], v.a., 1, *to comb*. Se ——, r.v., *to comb one's hair*.
peindre [L. *pingere*], v.a., 4, *to paint, portray, depict, represent*. Se ——, r.v., *to represent oneself; to be painted or described*.
peine [L. *poena*], s.f., *pain, trouble, grief, affliction, anxiety, penalty*. À ——, adv. loc., *scarcely, hardly*. À grand' ——, *with much trouble*. Faire de la —— à, *to pain, give pain to, be painful to*.
peiné, -e [p.p. of *peiner*], adj., *grieved, afflicted, distressed*.
peiner [*peine*], v.a. and n., 1, *to give trouble; to grieve, fatigue; to labour, work hard*. Se ——, r.v., *to take trouble; to grieve*.
peintre [L. L. acc. *pinctorem*, from L. acc. *pictorem*], s.m., *painter; a rope called "painter" in the navy*.
peinture [L. L. *pinctura* for L. *pictura*], s.f., *painting, picture; description*.
pelage [L. L. n. *pilaticum*, from L. *pilus*, "hair"], s.m., *colour of the hair, coat (of animals)*.
pêle-mêle [*pelle*, "shovel," *mêler*, "to move, mix"], adv., *pell-mell*.
pelé, -e [p.p. of *peler*], adj., *bare, naked*.
peler [*peau*, q.v.], v.a., 1, *to skin, peel, pare*. Se ——, r.v., *to peel off, come off*.
pèlerin [L. acc. *peregrinum*, "traveller"], s.m., *pilgrim*.
pèlerinage [*pèlerin*], s.m., *pilgrimage*.
pélican [L. acc. *pelicanum*, Gr. πελεκᾶνος, from πελεκάω, "to hew with an axe" (πέλεκυς)], s.m., *pelican*.
pelisse [O. Fr. *pelice*, from L. adj. f. *pellicia*, "made of skins"], s.f., *pelisse*.
pelle [see *palé*], s.f., *shovel*.
pelote [dim. of L. *pila*, "ball"], s.f., *ball, pin-cushion*.
peloton [*pelote*], s.m., *ball (of thread, wool); platoon*.
pelouse [Prov. *pelos*, "thick-set," from L. *pilosus*], s.f., *lawn*.
pelure [*peler*], s.f., *peel, paring*.
pénal, -e [L. *poenalis*], adj., *penal*.
pénalité [*pénal*], s.f., *penalty*.
pénates [L. pl. *penates*], s.m. pl., *penates, household gods, fireside, home*.
penaud, -e [*peine*], adj., *abashed, sheepish*.
penchant [pres. part. of *pencher*], s.m., *declivity, slope; inclination, propensity, taste*.
pencher [L. L. *pendicare*, der. from L. *pendere*], v.a. and n., 1, and se ——, r.v., *to incline, bow down, bend, lean, tilt, slope; to be inclined*.
pendable [*pendre*], adj., *deserving hanging*.
pendaison [*pendre*], s.f., *hanging*.
pendant [pres. part. of *pendre*], prep., *during, for*. ——, s.m., *pendant, counterpart*.
pendeur [*pendre*], s.m., *hangman*.
pendre [L. *pendere*], v.a., 4, *to hang up, suspend*. ——, v.n., *to hang; droop, hang down*.
pendu, -e [p.p. of *pendre*], adj., *hanged*. ——, s.m. or f., *man or woman hanged*.
pendule [L. L. acc. *pendulum*, from L. adj. *pendulus*], s.m., *pendulum*. ——, s.f., *clock (with a pendulum)*.
pénétrable [*penetrabilis*], adj., *penetrable*.
pénétrant, -e [pres. part. of *pénétrer*], adj., *penetrating, piercing, sharp, acute, impressive*.
pénétration [L. acc. *penetrationem*], s.f., *penetration, acuteness*.
pénétré, -e [p.p. of *pénétrer*], adj., *penetrated, saturated; affected, grateful*.
pénétrer [L. *penetrare*], v.a., 1, *to penetrate, go through*. Se ——, r.v., *to be deeply impressed*.
pénible [*peine*], adj., *painful, toilsome, hard*.
péniblement, adv., *painfully*.
péninsulaire [*péninsule*], adj., *peninsular*.
péninsule [L. *peninsula*], s.f., *peninsula*.
pénitence [L. *poenitentia*], s.f., *penitence, repentance, penance*.
pénitent, -e [L. acc. adj. *poenitentem*], adj., *penitent, repentant*.
pensant, -e [pres. part. of *penser*], adj., *thinking*.
pensée [verbal subst. of *penser*], s.f., *thought, opinion, mind, idea, conception, notion*.
penser [L. *pensare*, "to weigh"], v.a. and n., 1, *to think; believe; conceive; intend; take care of*. (Its doublet is *panser*, q.v.)
penseur [*penser*], s.m., *thinker*.
pensif, -ive [It. *pensivo*], adj., *pensive, thoughtful*.
pension [L. acc. *pensionem*], s.f., *boarding-house or school; pension, annuity*.
pensionnaire [*pension*], s.m. or f., *pensioner, boarder*.
pensionnat [*pension*], s.m., *boarding-school*.

pensionner [*pension*], v.a., 1, to pension.

pensum [L. n. *pensum*], s.m., task, imposition.

pente [partic. subst. of *pendre*], s.f., slope, descent, incline. En ——, sloping. Aller en ——, to slope.

pentecôte [Gr. πεντηκοστή (ἡμέρα), "the fiftieth day"], s.f., Pentecost, Whitsuntide.

pénultième [L. *penultima* (sc. *syllaba*)], adj. and s.f., penultimate (last but one).

pénurie [L. *penuria*], s.f., penury, need, want.

pépin [L. acc. *peponem*, from Gr. πέπων, "pumpkin"], s.m., pip, kernel.

pépinière [*pépin*], s.f., nursery (of plants, trees, &c.).

perçant, -e [*pres. part.* of *percer*], adj., piercing, keen, sharp.

perce [verbal subst. of *percer*], s.f., piercer, borer. En ——, on tap. Mettre en ——, to tap.

percepteur [L. acc. *perceptorem*], s.m., collector (of taxes).

perceptibilité [*perceptible*], s.f., perceptibility.

perceptible [L. L. *perceptibilis*, from L. *perceptum*, sup. of *percipere*], adj., perceptible, perceivable.

perceptiblement, adv., perceptibly.

perception [L. acc. *perceptionem*], s.f., perception, collection.

percer [L. prep. *per*; cf. *avancer*, from L. *abante*], v.a. and n., 1, to pierce, bore, cut through, grieve, break through, come out, rise.

percevable [*percevoir*], adj., perceivable.

percevoir [L. *percipere*], v.a., 3, to perceive, collect, gather in.

perche [L. *pertica*], s.f., perch, pole.

perché, -e [*p.p.* of *percher*], adj., perched up.

percher [*perche*], v.n., 1, and se ——, r.v., to perch, roost.

perchoir [*percher*], s.m., perch, roost.

perclus, -e [L. *perclusus*], adj., crippled, impotent.

percnoptère [Gr. περκνός,

"black," πτερόν, "wing"], s.m., Egyptian vulture, Pharaoh's hen.

percussion [L. acc. *percussionem*, "beating, striking"], s.f., percussion.

perdition [L. acc. *perditionem*], s.f., perdition, destruction, ruin, damnation.

perdre [L. *perdere*], v.a., 4, to lose, ruin, waste. Se ——, r.v., to go to ruin; to be lost.

perdreau [dim. of *perdrix*], s.m., young partridge.

perdrix [L. acc. *perdricem*], s.f., partridge.

perdu, -e [*p.p.* of *perdre*], adj., lost, ruined; bewildered, remote, desolate, vanished, extinct, out of use. Enfants ——s, forlorn hope (soldiers). Sentinelle ——e, advanced sentry.

père [L. acc. *patrem*], s.m., father.

péremptoire [L. *peremptorius*], adj., peremptory.

péremptoirement, adv., peremptorily.

perfection [L. acc. *perfectionem*], s.f., perfection.

perfectionnement [*perfectionner*], s.m., improvement.

perfectionner, v.a., 1, to improve, perfect. Se ——, r.v., to improve oneself; to be improved.

perfide [L. *perfidus*], adj. and s.m. or f., perfidious, deceitful, false, treacherous (man or woman).

perfidement, adv., perfidiously, treacherously.

perfidie [L. *perfidia*], s.f., perfidy, treachery.

péril [L. n. *periculum*], s.m., peril, danger, risk.

périlleux, -euse [L. *periculosus*], adj., perilous, dangerous.

périmètre [Gr. περίμετρος (sc. γραμμή)], s.m., perimeter.

période [L. acc. *periodum*, from Gr. περίοδον, "a complete sentence"], s.f., period. ——, s.m., degree, pitch, point.

périodicité [*périodique*], s.f., periodicity.

périodique [L. *periodicus*], adj., periodical.

périodiquement, adv., periodically.

péripétie [Gr. περιπετεία, "unforeseen conclusion"], s.f.,

incident, event, vicissitude, catastrophe.

périphrase [Gr. περίφρασις, "circumlocution"], s.f., periphrasis, circumlocution.

périr [L. *perire*], v.n., 2, to perish, die; fall; to be lost or destroyed.

périssable [*périr*], adj., perishable.

péristyle [Gr. περίστυλον, from περί, "around," and στύλος, "column"], s.m., peristyle.

perle [L. *pirula*, *perula*, der. from L. n. *pirum*, "pear"], s.f., pearl (pear-shaped).

perlé, -e [*perle*], adj., pearly, pearled.

perler [*perle*], v.n., 1, to pearl, bead.

permanemment [*permanent*], adv., permanently.

permanence [*permanent*], s.f., permanence, permanency. En ——, permanent, permanently.

permanent, -e [L. acc. *permanentem*, *pres. part.* of *permanere*], adj., permanent, constant, lasting.

permettre [L. *permittere*], v.a., 4, to permit, allow. Se ——, r.v., to allow oneself, take the liberty of, indulge in.

permis, -e [*p.p.* of *permettre*], adj., allowable, justifiable. Permis, s.m., permission, licence, leave, pass.

permission [L. acc. *permissionem*], s.f., permission, leave, consent.

permutation [L. acc. *permutationem*], s.f., permutation, exchange.

permuter [L. *permutare*], v.a., 1, to exchange.

pernicieusement, adv., perniciously.

pernicieux, -euse [L. *perniciosus*], adj., pernicious.

péroraison [L. acc. *perorationem*], s.f., peroration.

pérorer [L. *perorare*], v.n., 1, to speechify, harangue.

perpendiculaire [L. *perpendicularis*], adj. and s.f., perpendicular.

perpendiculairement, adv., perpendicularly.

perpétrer [L. *perpetrare*], v.a., 1, to perpetrate, commit.

perpétuel, -elle [L. *perpetualis*], *adj.*, perpetual, endless.

perpétuellement, *adv.*, perpetually, constantly.

perpétuer [L. *perpetuare*], *v.a.*, 1, to perpetuate. Se ——, *r.v.*, to be perpetuated.

perpétuité [L. acc. *perpetuitatem*], *s.f.*, perpetuity.

perplexe [L. *perplexus*], *adj.*, perplexed, intricate.

perplexité [L. acc. *perplexitatem*], *s.f.*, perplexity.

perquisition [L. acc. *perquisitionem*, from *perquirere*, from *per* and *quaerere*, "to seek"], *s.f.*, perquisition, search.

perron [L. L. acc. *petronum*, from L. *petra*, "stone"], *s.m.*, flight of steps.

perroquet [It. *perrochetto*], *s.m.*, parrot.

perruque [It. *parruca*], *s.f.*, wig.

perruquier [*perruque*], *s.m.*, wig-maker, hair-dresser.

Persan, -e [*Perse*], *adj.* and *s.m.* or *f.*, Persian.

Perse [L. *Persia*], *s.f.*, Persia.

persécuter [*persécuteur*], *v.a.*, 1, to persecute, torment; importune.

persécuteur [L. acc. *persecutorem*, from *persequi*], *s.m.*, persecutor. (The *f.* is **persécutrice**.)

persécution [L. acc. *persecutionem*], *s.f.*, persecution, torment; annoyance.

persévérance [L. *perseverantia*], *s.f.*, perseverance.

persévérant, -e [L. pres. part. acc. *perseverantem*], *adj.*, persevering.

persévérer [L. *perseverare*], *v.n.*, 1, to persevere.

persienne (historical origin: a fashion introduced from Persia], *s.f.*, Venetian blind.

persiflage [*persifler*], *s.m.*, quizzing, bantering.

persifler [*per* and *siffler*, *q.v.*], *v.a.*, 1, to quiz, banter.

persifleur [*persifler*], *s.m.*, quiz, banterer.

persistance [*persistant*], *s.f.*, perverse.

persistant, -e [pres. part. of *persister*], *adj.*, persistent.

persister [L. *persistere*], *v.n.*, 1, to persist, persevere.

personnage [*personne*], *s.m.*, personage, great person; part, character.

personnaliser [L. *adj. personalis*], *v.a.*, 1, to impersonate. ——, *v.n.*, to indulge in personalities.

personnalité [L. *adj. personalis*], *s.f.*, personality; self-love.

personne [L. *persona*], *s.f.*, person, creature, self; exterior. ——, ind. pron. [with *ne*], no one, nobody. (This pronoun is always of the m. gender.)

personnel, -elle [L. *personalis*], *adj.*, personal, own. Personnel, *s.m.*, persons, officials, people employed, attendants.

personnellement, *adv.*, personally.

personnification [*personnifier*], *s.f.*, impersonation.

personnifier [*personne*], *v.a.*, 1, to personify, impersonate. Se ——, *r.v.*, to be personified.

perspective [adj. fem. perspective, from L. L. perspectivus (?), der. from L. *perspectus*], *s.f.*, perspective, distance; view.

perspicace [L. *perspicacem*, acc. of *adj. perspicax*, from *perspicio*], *adj.*, perspicacious.

perspicacité [L. acc. *perspicacitatem*], *s.f.*, perspicacity.

persuader [L. *persuadere*], *v.a.* and *n.*, 1, to persuade, convince. Se ——, *r.v.*, to persuade or convince oneself; to imagine.

persuasif, -ive [*persuasion*], *adj.*, persuasive.

persuasion [L. acc. *persuasionem*], *s.f.*, persuasion, conviction.

perte (partic. subst. of *perdre*], *s.f.*, loss, **ruin, destruction**; death.

perturbateur [L. acc. *perturbatorem*], *s.m.*, disturber.

perturbation [L. acc. *perturbationem*], *s.f.*, disturbance.

pervers, -e [L. *perversus*], *adj.*, perverse. ——, *s.m.* or *f.*, perverse person, evil-doer.

perversement, *adv.*, **perversely**.

perversité [L. acc. *perversitatem*], *s.f.*, perversity, frowardness.

pervertir [L. *pervertere*], *v.a.*, 2, to pervert. Se ——, *r.v.*, to be or become perverted.

pesage [*peser*], *s.m.*, weighing.

pesamment [*pesant*], *adv.*, heavily; slowly.

pesant, -e [pres. part. of *peser*], *adj.*, heavy; slow, sluggish. Pesant, *s.m.*, weight.

pesanteur [*pesant*], *s.f.*, heaviness, weight; slowness; gravity, gravitation.

peser [L. *pensare*], *v.a.* and *n.*, 1, to weigh, ponder, consider; to lie heavy; to dwell; to be a burden. Se ——, *r.v.*, to weigh oneself; to be weighed.

peste [L. acc. *pestem*], *s.f.*, plague, pestilence; nuisance, torment.

pester [*peste*], *v.n.*, 1, to fret and fume, storm.

pestiféré, -e [L. *pestiferus*], *adj.*, infected, plague-stricken. ——, *s.m.* or *f.*, man or woman infected with the plague.

pestilence [L. *pestilentia*], *s.f.*, pestilence.

pestilent, -e, pestilentiel, -elle [L. acc. *adj. pestilentem*], *adj.*, pestilential, contagious, infectious.

pétale (Gr. πέταλον, "leaf," from πέταλος, "spread out"), *s.m.*, petal. (Its doublet is *poêle, q.v.*).

pétillant, -e [pres. part. of *pétiller*], *adj.*, crackling, sparkling.

pétillement [*pétiller*], *s.m.*, crackling, sparkling.

pétiller [dim. of *péter*, "to crack," from *pet*, from L. n. *peditum*], *v.n.*, 1, to crackle, sparkle.

petit, -e [Kymr. *pitw*], *adj.*, small, little. ——, *s.m.* or *f.*, little one (boy or girl), little dear; young one (cub, whelp, kitten, pup).

petitement, *adv.*, narrowly, poorly, meanly, little.

petitesse [*petit*], *s.f.*, smallness; meanness; shabby action.

pétition [L. acc. *petitionem*], *s.f.*, petition, memorial.

pétitionnaire [*pétition*], *s.m.*, petitioner.

pétitionner [*pétition*], *v.a.*,

PÉTREL.   PIC.   PILLAGE.

and n., 1, to petition, memorialize.
pétrel [see note 36, p. 163], s.m., petrel.
pétrification [pétrifier], s.f., petrifaction.
pétrifier [L. L. petrificare, der. from L. petra], v.a., 1, to petrify. Se ——, r.v., to petrify; to be petrified.
pétrin [O. Fr. pestrin, from L. n. pistrinum], s.m., kneading-trough.
pétrir [O. Fr. pestrir, from L. L. pisturire, der. from L. pistura, "grinding, pounding"], v.a., 2, to knead. Se ——, r.v., to be kneaded.
pétulamment, adv., petulantly.
pétulance [L. petulantia], s.f., petulance.
pétulant, -e [L. acc. adj. petulantem], adj., petulant.
peu [L. paucus], s.m. and adv., little, few; not very, not much.
peuplade [peuple], s.f., people, tribe.
peuple [L. acc. populum], s.m., people, nation, race; crowd; lower classes.
peuplé, -e [p.p. of peupler], adj., peopled, populous.
peupler [peuple], v.a., 1, to people, stock. Se ——, r.v., to be or become peopled.
peuplier [O. Fr. peuple, from L. acc. populum], s.m., poplar tree.
peur [L. acc. pavorem], s.f., fear, fright. De —— que, for fear, lest. Faire ——, to frighten.
peureux, -euse [peur], adj., timid, timorous, fearful.
peut-être [peut être = may be], adv., perhaps.
phalange [L. acc. phalangem], s.f., phalanx, band, battalion.
phalène [Gr. φάλαινα, "moth"], s.f., moth.
phare [Gr. Φάρος, the island, near Alexandria, where was built the celebrated lighthouse], s.m., lighthouse.
pharmacie [Gr. φαρμακεία, from φάρμακον, "poison or medicine"], s.f., pharmacy, apothecary's shop or trade, dispensary.
pharmacien [pharmacie], s.m., chemist, apothecary, dispenser.

phase [Gr. φάσις, from φαίνειν, "to shine"], s.f., phasis, change, turn, stage, aspect.
phénix [Gr. φοῖνιξ], s.m., phœnix.
phénomène [Gr. φαινόμενον], s.m., phenomenon, wonder.
philanthrope [Gr. φιλάνθρωπος, from φίλος, "he who loves," and ἄνθρωπος, "man"], s.m., philanthropist.
philanthropie [Gr. φιλανθρωπία], s.f., philanthropy.
philanthropique [philanthropie], adj., philanthropic.
philosophe [Gr. φιλόσοφος, from φίλος, and σοφία, "wisdom"], s.m., philosopher.
philosophie [Gr. φιλοσοφία], s.f., philosophy.
philosophique [Gr. φιλοσοφικός], adj., philosophical.
philosophiquement, adv., philosophically.
phoque [Gr. φώκη, "sea-calf, seal"], s.f., seal.
phosphore [Gr. φωσφόρος, "morning star," lit. "bringing light"], s.m., phosphorus.
phosphorescence [phosphorescent], s.f., phosphorescence.
phosphorescent, -e [phosphore], adj., phosphorescent.
phosphorique [phosphore], adj., phosphoric.
phrase [Gr. φράσις, from φράζομαι, "I speak"], s.f., phrase, sentence.
Phrygien, -enne [Phrygie, from L. Phrygia, from Phryx], adj. and s.m. or f., Phrygian.
physicien [physique], s.m., natural philosopher.
physionomie [Gr. φυσιογνωμία for φυσιογνωμονία, from φύσις, "nature," and γνώμων, "he who knows"], s.f., physiognomy, countenance, expression.
physionomiste [physionomie], s.m. or f., physiognomist.
physique [Gr. φυσική (sc. τέχνη)], s.f., physics.
piaffer [?], v.n., 1, to paw the ground, prance.
pianiste [piano], s.m. or f., pianist.
piano [It. piano], s.m., piano. —— adv., gently.
piastre [It. piastra], s.f., piastre.
pic [Gael. pic], s.m., pike,

pickaxe; point, peak. A ——, perpendicular, perpendicularly.
Picard, -e [Picardie], adj. and s.m. or f., Picard; native of Picardy.
Picardie [L. L. picardus, "soldier armed with a pike," or O. Fr. picard = quarrelsome], s.f., Picardy.
picoter [dim. of piquer], v.a., 1, to peck.
picotin [L. L. acc. picotinum, from L. paucum], s.m., peck of oats.
pie [L. pica], s.f., magpie.
pièce [L. L. n. petium, a plot of land], s.f., piece, bit; piece, play. Mettre en ——s, to tear to pieces. Se mettre en ——s, to tear each other to pieces.
pied [L. acc. pedem], s.m., foot, leg; base, bottom. A ——, on foot.
piédestal [It. piedestallo], s.m., pedestal.
piège [L. pedica], s.m., snare, trap.
pierre [L. petra], s.f., stone.
pierreries [pierre], s.f. pl., gems, precious stones.
pierreux, -euse [L. petrosus], adj., stony, rocky.
piété [L. acc. pietatem], s.f., piety, godliness; love.
piétiner [O. Fr. pietin, dim. of pied], v.n., 1, to tread underfoot.
piéton [L. L. acc. peditonem (?), from L. L. peditare, "to go afoot"], s.m., pedestrian.
piètre [L. acc. adj. pedestrem], adj., poor, humble, paltry, beggarly.
piètrement, adv., poorly, sorrily.
pieu [L. acc. palum], s.m., stake. (Its doublet is pal, q.v.)
pigeon [L. acc. pipionem], s.m., pigeon.
pigeonnier [pigeon], s.m., pigeon-house.
pignon [It. pignone, from L. pinna, "pinnacle"], s.m., gable.
pile [L. pila], s.f., pile, heap; pier; reverse (of coins).
piler [L. pilare], v.a. and n., 1, to pound.
pilier [pile], s.m., pillar, post, column.
pillage [piller], s.m., pillage, plunder.

| PILLER. | PLACE. | PLAISANTERIE. |

piller [It. *pigliare*, "to take"], *v.a.*, 1, *to pillage, plunder.*

pilotage [*piloter*], *s.m., steering, steerage.*

pilote [It. *pilota*], *s.m., pilot.*

piloter [*pilote*], *v.a.* and *n.*, 1, *to pilot, steer, guide.*

pilule [L. *pilula*], *s.f., pill.*

pin [L. acc. *pinum*], *s.m., pine.* Pomme de ——, *pine or fir-cone.*

pince [verbal subst. of *pincer*], *s.f., pincer, claw.* ——s, *tweezers, nippers.*

pinceau [O. Fr. *pincel*, from L. *n. penicillum*], *s.m., brush, pencil.*

pincée [partic. subst. of *pincer*], *s.f., pinch.*

pincer [N. *pitsen*], *v.a.*, 1, *to pinch.*

pincettes [dim. of *pince*], *s.f. pl., tongs.*

pinson [O. Fr. *pinçon*, from Kymr. *pinc*, "merry" and "chaffinch"], *s.m., chaffinch.*

pinte [Engl. *pint*; G. *pinte*), *s.f., pint.*

pioche [*pic*], *s.f., pick-axe.*

piocher [*pioche*], *v.a.*, 1, *to dig.* ——, *v.n., to work hard.*

pion [L. L. acc. *pedonem*, "foot-passenger," Skr. *pa'on*, "legs, feet"], *s.m., pawn.*

pipe [verbal subst. of *piper*], *s.f., pipe.*

pipeau [*pipe*], *s.m., reed-pipe, bird-call, lime-twigs.*

pipée [partic. subst. of *piper*], *s.f., bird-catching.*

piper [L. *pipare*, "to chirp"], *v.a.*, 1, *to catch with a bird-call; to deceive, dupe.*

piperie [*piper*], *s.f., deception, cheat, trick.*

pipeur, -euse [*piper*], *s.m.* or *f., bird-catcher; cheat.*

piquant, -e [pres. part. of *piquer*], *adj., prickly; smart, stinging.*

pique [verbal subst. of *piquer*], *s.f., pike; pique, bickering, quarrel.*

piquer [*pic*], *v.a.*, 1, *to sting, prick, bite.* Se ——, *r.v., to prick oneself; to get sour (of wine); to be offended; to pride oneself on; to glory in.*

piquette [*piquer*], *s.f., sour wine.*

piqûre [*piquer*], *s.f., sting, prick.*

pirate [L. acc. *piratam*, from Gr. πειρατής, "sea-robber"], *s.m., pirate.*

piraterie [*pirate*], *s.f., piracy.*

pire [L. *pejor*], comp. of *mauvais, worse.* Le —— (superlative), *the worst.*

pirouette [*pive*, root of *pivot*, and *rouette*, dim. of *roue*, *q.v.*], *s.f., pirouette, whirling round.*

pirouetter [*pirouette*], *v.n.*, 1, *to pirouette, whirl round.*

pis [L. *pejus*], comp. of the adv. *mal, worse.* Le —— (superlative), *the worst.*

pis-aller [*pis, aller*, q.v.], *s.m., last shift, resource.* Au ——, *let the worst come to the worst.*

piste [L. acc. *pistum*, p.p. of *pinsere*, "to beat, pound"], *s.f., trace, track.*

pistil [L. acc. *pistillum*, "pestle"], *s.m., pistil.*

pistole [It. and Span. *pistola*], *s.f., pistole.*

pistolet [It. and Span. *pistola*], *s.m., pistol.* Coup de ——, *pistol-shot.*

piston [L. L. acc. *pistonem*, from L. *pistare*, "to pound"], *s.m., piston; plug.*

pitance [Medieval L. *pietantia*, "a monk's meal," from L. acc. *pietatem*], *s.f., pittance, allowance.*

piteusement, adv., *piteously.*

piteux, -euse [Medieval L. *pietosus*, "pitiful"], *adj., pitiful, piteous.*

pitié [L. acc. *pietatem*], *s.f., pity, compassion, mercy.* Avoir —— de, *to take compassion on.*

pitoyable [*pitié*], *adj., piteous, pitiful, wretched.*

pitoyablement, adv., *piteously, pitifully, wretchedly.*

pittoresque [It. *pittoresco*], *adj., picturesque.*

pivot [L. L. acc. *pivotum*], *s.m., pivot, hinge.*

pivoter [*pivot*], *v.n.*, 1, *to turn on a pivot.*

placard [*plaquer*], *s.m., placard, bill; cupboard.*

placarder [*placard*], *v.a.*, 1, *to post up; to lampoon, abuse, libel.*

place [L. *platea*], *s.f., place, post, office; square, market-place.*

placement [*placer*], *s.m., placing; investment.*

placer [*place*], *v.a.*, 1, *to put, place, set; to put in a situation, lodge, invest.* Se ——, *r.v., to place oneself, get a situation; to be placed.*

placet [L. *placet*], *s.m., petition.*

plafond [*plat, fond*, q.v.], *s.m., ceiling.*

plage [L. *plaga*], *s.f., sea-coast, shore.*

plagiaire [L. acc. *plagiarium*, "literary thief"], *s.m., plagiarist.*

plagiat [L. L. acc. *plagiatum*, der. from L. *n. plagium*, lit. "man-stealing"], *s.m., plagiarism.*

plaider [*plaid*, from L. L. *n. placitum*, which was the last word of the proclamation for convocation of the courts of law], *v.a.* and *n.*, 1, *to plead, argue; to go to law.*

plaideur, -euse [*plaider*], *s.m.* or *f., litigant, suitor.*

plaidoirie, *s.f.*, **plaidoyer,** *s.m.* [*plaider*], *pleading, counsel's address.*

plaie [L. *plaga*], *s.f., wound, sore.*

plain, -e [L. *planus*], adj., *even, level.* De plain-pied, *on a level, on the same floor.*

plaindre [L. *plangere*], *v.a.*, 4, *to pity, regret; spare, use sparingly.* Se ——, *r.v., to complain, wail, moan.*

plaine [*plain*], *s.f., plain, field.*

plainte [L. *plancta*, fem. form of *planctus* (from *plangere*), "lament"], *s.f., groaning, whining; complaint.*

plaintif, -ive [*plainte*], *adj., plaintive, moanful, sad.*

plaintivement, adv., *moanfully, mournfully.*

plaire [L. *placere*], *v.n.*, 4, *to please; to be agreeable; to suit.* Se —— à, *r.v., to like, be fond of, take a delight in.*

plaisamment [*plaisant*], adv., *pleasantly, funnily, humorously.*

plaisant, -e [pres. part. of *plaire*], *adj., pleasant, agreeable, amusing, funny.*

plaisanter [*plaisant*], *v.a.* and *n.*, 1, *to jest, joke, sport.*

plaisanterie [*plaisanter*],

s.f., joke; raillery. Mauvaise ——, *bad joke, hoax.*

plaisir [O. F. *inf. plaisir*, from L. *placere*], *s.m., pleasure, delight, sport.* ——*s, pleasures, gaieties.* Bon ——, *good pleasure, will and pleasure.*

plan, -e [L. *planus*], *adj., even, flat, level.* Plan, *s.m., plan, draught, scheme.*

planche [L. *planca*], *s.f., plank, board.*

plancher [*planche*], *s.m., floor.*

planer [*plan*], *v.n.*, 1, *to hover; soar, tower, look down.*

planétaire [*planète*], *adj., planetary.*

planète [L. *planeta*, from Gr. πλανητής, "a wandering star"], *s.f., planet.*

plant [verbal subst. of *planter*], *s.m., sapling; slip; plantation.*

plantation [L. acc. *plantationem*], *s.f., plantation, planting.*

plante [L. *planta*], *s.f., plant; sole (of the foot).*

plantement [*planter*], *s.m., planting.*

planter [L. *plantare*], *v.a.*, 1, *to plant, set, fix.* Se ——, *r.v., to be planted; to stand.*

planteur [*planter*], *s.m., planter, settler.*

planton [*planter*], *s.m., orderly.*

plaque [Flemish *placke*, "piece of wood"], *s.f., plate, sheet, slab.*

plaquer [*plaque*], *v.a.*, 1, *to plate, lay, apply, patch, veneer.*

plat, -e [G. *platt*, "flat"], *adj., flat, level.* Plat, *s.m., flat part; dish.*

platane [L. acc. *platanum*], *s.m., plane-tree.*

plateau [*plat*], *s.m., plateau, table-land; tray, waiter.*

plate-bande [*plate, fem.* of *plat*, and *bande*, q.v.], *s.f., border, plot (in a garden).*

platine [Sp. *platino*], *s.m., platinum.*

platitude [*plat*], *s.f., flatness, insipidity, nonsense.*

plâtre [L. L. *n. plastrum*, for L. *n. emplastrum*], *s.m., plaster.*

plâtrer [*plâtre*], *v.a.*, 1, *to plaster.*

plâtrier [*plâtre*], *s.m., plasterer.*

plausible [L. *plausibilis*], *adj., plausible.*

plausiblement, *adv., plausibly.*

plèbe [L. acc. *plebem*], *s.f., common people, lower orders.*

plébéien, -enne [L. L. *plebeianus* (?), from L. *plebeius*], *adj., plebeian.*

plebiscite [L. n. *plebiscitum*], *s.m., plebiscite, vote of the people.*

plein, -e [L. *plenus*], *adj., full; complete, whole.*

pleinement, *adv., fully, entirely, quite.*

plénier, -ère [L. L. *plenarius*], *adj., full, complete.*

plénipotentiaire [L. *plena potentia*], *adj. and s.m., plenipotentiary.*

plénitude [L. acc. *plenitudinem*], *s.f., plenitude, fulness.*

pleurer [L. *plorare*], *v.a.* and *n.*, 1, *to weep, cry; mourn over.*

pleurs [verbal subst. of *pleurer*], *s.m. pl., tears.*

pleuvoir [L. *pluere*], *v.n.* and *impers.*, 3, *to rain.* —— *à verse, to rain hard.*

pli [verbal subst. of *plier*], *s.m., fold, crease; bent.*

pliant, -e [*pres. part.* of *plier*], *adj., pliant, flexible, supple.* Pliant, *s.m., campstool.*

plier [L. *plicare*], *v.a.* and *n.*, 1, *to bend, fold, furl; yield, give way.* Se ——, *r.v., to be folded; to bend; comply with, yield.*

plisser [L. L. *plictiare*, der. from L. *plicare*], *v.a.*, 1, *to plait.* —— *v.n.*, *and* se ——, *r.v., to be plaited, wrinkled; to wrinkle.*

plomb [L. n. *plumbum*], *s.m., lead.*

plombé, -e [*p.p.* of *plomber*], *adj., leaden; leaden-hued.*

plomber [L. *plumbare*], *v.a.*, 1, *to plumb, lead.*

plongeon [*plonger*], *s.m., ducking, diving.*

plonger [L. L. *plumbicare*, "to fall like lead," der. from L. n. *plumbum*], *v.n.*, 1, *to plunge, dive.*

plongeur [*plonger*], *s.m., diver.*

ployer, see *plier.*

plu, *p.p.* of *plaire* or *pleuvoir, q.v.*

pluie [L. *pluvia*], *s.f., rain, shower.*

plumage [*plume*], *s.m., plumage, feathers.*

plume [L. *pluma*], *s.f., plume, feathers, pen, quill.*

plumer [L. *plumare*, "to cover with feathers"], *v.a.*, 1, *to pluck, fleece.*

plumet [dim. of *plume*], *s.m., feathers, plume.*

plupart [*plus, part, q.v.*], *s.f., the most part.*

pluriel, -elle [L. *pluralis*], *adj., plural.* Pluriel, *s.m., plural number.*

plus [L. *plus*], *adv., more, most, no more.* Au ——, *at the most.* De ——, *besides.* De en —— *more and more.* Le ——, *the most, as . . . as.* Ne . . . . —— *que . . . ., only.*

plusieurs [L. L. *pluriores*, der. from L. *plures*], *ind. adj., several, many.*

plus-que-parfait, *s.m., pluperfect.*

plutôt [*plus, tôt, q.v.*], *adv., rather.*

pluvieux, -euse [L. *pluviosus*], *adj., rainy.*

pluviôse [L. *pluviosus*], *s.m., pluviose* (fifth month in the Republican calendar, Jan. 20–Feb. 19).

poche [A.-S. *pocca*, "pocket"], *s.f., pocket.*

podagre [L. *podagra*, from Gr. ποδάγρα], *s.f., the gout.* —— [L. acc. *podagrum*, from Gr. ποδαγρός], *adj. and s.m., gouty; gouty person.*

poêle [L. L. *n. petalum*, lit. "the plate of gold placed over the Pope's head," from Gr. πέταλον, "outspread"], *s.m., canopy, pall.*

poêle [L. *n. pensile* (from *pensum*, "a task"), the servants' (*penciles, ancillae*) workroom in the *gynaeceum*], *s.m., stove.*

poêle [L. *patella*, dim. of *patera*, "dish"], *s.f., frying-pan.*

poème [L. *n. poema*, from Gr. ποίημα, from ποιεῖν, "to make"], *s.m., poem.*

poésie [L. *poesis*, from Gr. ποίησις], *s.f., poetry.*

POÈTE.

poëte [L. acc. *poetam*, from Gr. ποιητής], *s.m.*, *poet.*

poétique [L. *poeticus*, from Gr. ποιητικός], *adj.*, *poetical, poetic.*

poétiquement, *adv.*, *poetically.*

poids [L. *n. pensum*, "weight"], *s.m.*, *weight, burden.*

poignant, -e [*pres. part.* of *poindre*, *q.v.*], *adj.*, *poignant, keen, sharp, painful.*

poignard [*poing*, *q.v.*], *s.m.*, *poniard, dagger.*

poignarder [*poignard*], *v.a.*, 1, *to stab, kill with a poniard.* Se ——, *r.v.*, *to stab oneself.*

poignée [*poing*, *q.v.*], *s.f.*, *handful; handle, hilt.*

poignet [dim. of *poing*], *s.m.*, *wrist.*

poil [L. acc. *pilum*], *s.m.*, *hair (of the beard); coat (of animals).* (Hair on the head is *cheveu*, *q.v.*; horsehair, *crin.*)

poilu, -e [*poil*], *adj.*, *hairy.*

poinçon [L. acc. *punctionem*], *s.m.*, *bodkin, puncheon.*

poindre [L. *pungere*, "to prick"], *v.n.*, 4, *to appear, spring up; dawn.*

poing [L. acc. *pugnum*], *s.m.*, *fist.* Coup de ——, *a punch; see coup.*

point [L. *n. punctum*], *s.m.*, *a point, speck, dot.* ——, *adv.*, **no**, *not, not at all.*

pointe [L. *puncta*, *p.p. f.* of *pungere*], *s.f.*, *point, head, top; break (of day); tartness, smart saying; move, march (military).*

pointer [*point*], *v.a.* and *n.*, 1, *to point, aim, level; pierce, dot; spring up, appear.*

pointeur [*pointer*], *s.m.*, *pointer.*

pointilleux, -euse [*pointille*, from It. *puntiglio*, dim. of *punto*, "point"], *adj.*, *punctilious, cavilling.*

pointu, -e [*pointe*], *adj.*, *pointed, sharp.*

poire [L. *n. pirum*], *s.f.*, *pear.*

poirier [*poire*], *s.m.*, *peartree.*

pois [L. *n. pisum*, from Gr. πίσον], *s.m.*, *pea.*

poison [L. acc. *potionem*].

POLONAIS.

s.m. poison. (Its doublet is *potion*, *q.v.*)

poisson [L. L. acc. *piscionem*, der. from L. *piscis*], *s.m.*, *fish.* —— rouges, *gold fish.*

poissonneux, -euse [*poisson*], *adj.*, *full of fish.*

poitrail [L. L. *n. pectoraculum* (?), from L. *n. pectorale*], *s.m.*, *chest, breast.*

poitrinaire [*poitrine*], *adj.* and *s.m.* or *f.*, *consumptive (person).*

poitrine [L. L. *pectorina* (?), from L. *pectoris*, gen. of *pectus*], *s.f.*, *chest, breast.*

poivre [L. *n. piper*, from Gr. πέπερι, from Skr. *pippali*], *s.m.*, *pepper.*

poivrer [*poivre*], *v.a.*, 1, *to pepper; fleece.*

poivrière [*poivre*], *s.f.*, *pepper-box.*

poix [L. acc. *picem*, from Gr. πίσσα], *s.f.*, *pitch.*

polaire [*pôle*], *adj.*, *polar.*

pôle [L. acc. *polum*, from Gr. πόλος, "the end of an axis"], *s.m.*, *pole.*

polémique [Gr. πολεμικός, "belonging to battle"], *adj.* and *s.f.*, *polemical; polemics, controversy.*

polémiste [*polémique*], *s.m.* or *f.*, *polemist.*

poli, -e [*p.p.* of *polir*], *adj.*, *polite, polished.*

police [L. *politia*, from Gr. πολιτεία, "government"], *s.f.*, *policy, police.*

policer [*police*], *v.a.*, 1, *to civilize; polish, refine.*

poliment [*poli* and suffix *-ment*], *adv.*, *civilly, politely.*

polir [L. *polire*], *v.a.*, 2, *to polish.*

polisson [L. acc. *politionem*, "polishing;" cf. *nourrisson*], *s.m.*, *scamp, rogue, blackguard.*

politesse [It. *politezza*], *s.f.*, *politeness.*

politique [L. *politicus*, from Gr. πολιτικός], *adj.*, *political.* ——, *s.m.*, *politician.* ——, *s.f.*, *politics.*

politiquement, *adv.*, *politically.*

polluer [L. *polluere*], *v.a.*, 1, *to pollute, defile.*

pollution [L. acc. *pollutionem*], *s.f.*, *pollution, contamination, defilement.*

Polonais [*Pologne*, "Po-

PONCE.

land," from Slavonian *pole*, "a plain"], *s.m.*, *Pole.*

poltron, -onne [L. *pollice truncus*, "deprived of the thumb" (to avoid military service); or It. *boldrone*, "wool blanket," from O. H. G. *polstar* and *bolstar*], *adj.* and *s.m.* or *f.*, *cowardly; coward.*

poltronnerie [*poltron*], *s.f.*, *cowardice.*

polygame [Gr. πολύγαμος, from πολύς, "many," γάμος, "marriage"], *s.m.* or *f.*, *polygamist.*

polygamie [Gr. πολυγαμία], *s.f.*, *polygamy.*

polygone [Gr. πολύγωνος, from πολύς, "many," and γωνία, "corner"], *s.m.*, *polygon, ordnance-yard.*

polysyllabe [Gr. πολυσύλλαβος, from πολύς, "many," and συλλαβή, "syllable"], *adj.* and *s.m.*, *polysyllabic; polysyllable.*

polysyllabique [*polysyllabe*], *adj.*, *polysyllabic.*

polythéisme [Gr. πολύς, "many," and Θεός, "God"], *s.m.*, *polytheism.*

polythéiste [*polythéisme*], *s.m.* or *f.*, *polytheist.* ——, *adj.*, *polytheistic.*

pomme [L. *n. pomum*], *s.f.*, *apple.*

pommeau [dim. of *pomme*], *s.m.*, *pommel.*

pommelé, -e [*p.p.* of *pommeler*], *adj.*, *dappled, mottled.*

pommeler [*pomme*], *v.a.*, 1, *to dapple.* Se ——, *r.v.*, *to become dappled.*

pommier [*pomme*], *s.m.*, *apple-tree.*

pompe [L. *pompa*, from Gr. πομπή, "public procession"], *s.f.*, *pomp, solemn procession.*

pompe [G. *pumpe*, Engl. *pump*], *s.f.*, *pump.*

pomper [*pompe*], *v.a.* and *n.*, 1, *to pump up.*

pompeusement, *adv.*, *pompously.*

pompeux, -euse [*pompe*], *adj.*, *pompous, stately.*

pompier [*pompe*], *s.m.*, *pump-maker; fireman.*

pompon [either L. acc. *peponem*, from Gr. πέπων, "pumpkin," or *pompe*], *s.m.*, *tuft, top-knot.*

ponce [L. acc. *pumicem*],

ponceau.

s.f., *pumice*. Pierre ——, *s.f.*, *pumice-stone*.

ponceau [L. L. adj. *puniceus* (?), from L. *puniceus*] adj. and *s.m.*, *poppy-coloured; corn-poppy*.

ponctualité [*ponctuel*], *s.f.*, *punctuality*.

ponctuel, -elle [L. L. *punctualis* (from L. n. *punctum*), "one who does his duty at the point of time"], adj., *punctual*.

ponctuellement, adv., *punctually*.

ponctuer [L. n. *punctum*, "point"], v.a. and n., 1, to *punctuate*.

pondre [L. *ponere*], v.a. and n., 4, to *lay eggs*.

pont [L. acc. *pontem*], *s.m.*, *bridge; deck*. —— *-levis, draw-bridge*.

pontife [L. acc. *pontificem*], *s.m.*, *pontiff, high priest*.

pontifical, -e [L. *pontificalis*], adj., *pontifical*.

pontificat [L. acc. *pontificatum*], *s.m.*, *pontificate*.

ponton [L. acc. *pontonem*, "a kind of Gallic transport"], *s.m.*, *pontoon, pontoon-bridge, hulk*.

pontonnier [*ponton*], *s.m.*, *pontonier*.

populace [It. *popolazzo*], *s.f.*, *populace, mob*.

populaire [L. *popularis*], adj., *popular*.

populairement, adv., *popularity*.

populariser [*populaire*], v.a., 1, to *popularize*. Se ——, r.v., to make oneself popular ; to become popular.

popularité [L. acc. *popularitatem*], *s.f.*, *popularity*. Avoir de la ——, to be *popular*.

population [L. acc. *populationem*, from *populus*], *s.f.*, *population*.

populeux, -euse [L. *populosus*], adj., *populous*.

porc [L. acc. *porcum*, from Gr. πόρκος], *s.m.*, *pig*.

porcelaine [It. *porcellana*], *s.f.*, *porcelain, china*.

porche [L. acc. *porticum*], *s.m.*, *porch, portico*.

porcher, -ère [L. acc. *porcarium*], *s.m.* or *f.*, *swineherd*.

pore [L. acc. *porum*, from

Gr. πόρος, "a passage"], *s.m.*, *pore*.

poreux, -euse [*pore*], adj., *porous*.

porosité [*poreux*], *s.f.*, *porosity, porousness*.

port [L. acc. *portum*], *s.m.*, *harbour, haven, port*.

portail [L. L. n. *portaculum*, from L. *porta*], *s.m.*, *portal, porch*.

portatif, -ive [L. L. *portativus* (?), from *portatum*, sup. of *portare*], adj., *portable*.

porte [L. *porta*], *s.f.*, *door, gate*.

porte-drapeau [*porter, drapeau, q.v.*], *s.m.*, *colour-sergeant, ensign*.

portée [partic. subst. of *porter*], *s.f.*, *range; ability*. A —— de fusil, *within musket-shot*.

porte-étendard [*porter, étendard, q.v.*], *s.m.*, *standard-bearer, cornet*.

porte-faix [*porter, faix, q.v.*], *s.m.*, *porter*.

portefeuille [*porter, feuille, q.v.*], *s.m.*, *portfolio, pocket-book*.

porter [L. *portare*], v.a., 1, to *carry, wear, bring; take with; induce, lead*. Se ——, r.v., to *be (in good or bad health)*.

porteur [*porter*], *s.m.*, *bearer*.

portier [L. acc. *portarium*], *s.m.*, *door-keeper*.

portière [*porte*], *s.f.*, *curtain (over a door), window (of a carriage)*.

portion [L. acc. *portionem*], *s.f.*, *portion, share, allowance*.

portrait [partic. subst. of *portraire*, "to draw," from L. *pro-trahere*], *s.m.*, *picture, portrait, likeness*.

pose [verbal subst. of *poser*], *s.f.*, *posture; laying*.

posé, -e [p.p. of *poser*], adj., *sedate, quiet, steady, grave*.

poser [L. *pausare*], v.a., 1, to *place, put, lay*. Se ——, r.v., to *place oneself; to assume a position, a rank*.

positif, -ive [L. *positivus*], adj., *positive*.

position [L. acc. *positionem*], *s.f.*, *position, place, situation; posture*.

positivement [*positive, f.*

of *positif*, and suffix *-ment*], adv., *positively, absolutely*.

posséder [L. *possidere*], v.a., 1, to *possess, own, enjoy; know thoroughly*. Se ——, r.v., to *keep one's temper*.

possesseur [L. acc. *possessorem*], *s.m.*, *possessor, owner*.

possessif, -ive [L. *possessivus*], adj., *possessive*.

possession [L. acc. *possessionem*], *s.f.*, *possession, ownership*.

possibilité [L. acc. *possibilitatem*], *s.f.*, *possibility*.

possible [L. *possibilis*], adj., *possible, that may exist or may be done*.

possiblement, adv., *possibly*.

postal, -e [*poste, s.f.*], adj., *post-, postal*.

poste [It. *posto*], *s.m.*, *post, guard-house; station*. —— avancé, *outpost*.

poste [L. *posita*], *s.f.*, *post-house, stage; post-office*.

poster [*poste*], v.a., 1, to *post, place*. Se ——, r.v., to *post oneself*.

postérieur, -e [L. acc. *posteriorem*], adj., *posterior, subsequent*.

postérité [L. acc. *posteritatem*], *s.f.*, *posterity*.

posthume [L. *posthumus* or *postumus*, sup. of *posterus*], adj., *posthumous*.

postiche [It. *posticcio*, from *posto*, from L. *postus* for *positus*], adj., *false, sham, artificial*.

postillon [It. *postiglione*] *s.m.*, *postilion, post-boy*.

post-scriptum [L. n. *post-scriptum*], *s.m.*, *postscript*.

postulant, -e [*prez. part.* of *postuler*], *s.m.* or *f.*, *applicant, candidate*.

postuler [L. *postulare*], v.a., 1, to *postulate, ask, demand*.

posture [L. *positura*], *s.f.*, *posture, attitude*.

pot [L. L. acc. *potum*], *s.m.*, *pot*.

potable [L. *potabilis*, from *potare*, "to drink"], adj., *drinkable*.

potage [*pot*], *s.m.*, *soup*. Pour tout ——, *in all, and nothing else*.

potager, -ère [*pot*], adj., *vegetable*. Jardin potager, *kitchen-garden*.

Fr. P. II.   x

POTEAU.

poteau [O. Fr. *posteau*, *postel*, from L. L. acc. *postellum*, dim. of L. acc. *postem*], *s.m.*, *post*.

potence [L. L. *potentia*, "crutch"], *s.f.*, *gibbet*, *gallows*.

potentat [L. L. acc. *potentatum*, "a sovereign," from L. acc. *potentem*], *s.m.*, *potentate*, *sovereign*.

poterie [*potier*], *s.f.*, *pottery*, *earthenware*.

potier [*pot*], *s.m.*, *potter*.

potion [L. acc. *potionem*], *s.f.*, *potion*, *draught*. (Its doublet is *poison*, q.v.)

pouce [O. Fr. *polce*, from L. acc. *pollicem*], *s.m.*, *thumb*; *inch*.

poudre [O. Fr. *puldre*, from L. acc. *pulverem*], *s.f.*, *dust*, *powder*.

poudrer [*poudre*], v.a., 1, *to powder*.

poudreux, -euse [*poudre*], *adj.*, *dusty*.

poudrière [*poudre*], *s.f.*, *powder-mill* or *flask*; *sandbox*.

poulailler [*poule*], *s.m.*, *poultry-house*.

poularde [*poule*], *s.f.*, *fat pullet*.

poule [L. *pulla*, fem. form of *pullus*, contr. of *puellus*], *s.f.*, *hen*.

poulet [dim. of *poule*], *s.m.*, *chicken*.

poulie [Engl. *pulley*, from A.-S. *pullian*, "to pull "], *s.f.*, *pulley*, *block*.

pouls [L. acc. *pulsum*, "beating "], *s.m.*, *pulse*.

poumon [L. acc. *pulmonem*], *s.m.*, *lung*.

poupe [L. acc. *puppim*], *s.f.*, *stern*, *poop*.

pour [L. *pro*], *prep.*, *for*; *in order to*.

pourceau [O. Fr. *pourcel*, *porcel*, from L. acc. *porcellum*], *s.m.*, *pig*.

pourchasser [compd. of *pour* and *chasser*, q.v.], v.a., 1, *to chase*, *pursue eagerly*.

pourfendre [*pour*, *fendre*, q.v.], v.a., 4, *to cleave*, *cut in two*.

pourparler [compd. of *pour* and *parler*, q.v.], *s.m.*, *parley*.

pourpoint [partic. subst. of the O. Fr. v. *pourpoindre*, "to embroider"], *s.m.*, *doublet*, *jerkin*.

POUTRE.

pourpre [L. *purpura*, from Gr. πορφύρα], *adj.* and *s.f.*, *purple*.

pourpré, -e [*pourpre*], *adj.*, *purple*.

pourquoi [*pour*, *quoi*, q.v.], *adv.*, *why*.

pourri, -e [*p.p.* of *pourrir*], *adj.*, *rotten*.

pourrir [L. *putrere*], v.n., 2, *to rot*.

pourriture [*pourrir*], *s.f.*, *rottenness*.

poursuite [partic. subst. of *poursuivre*], *s.f.*, *chase*, *pursuit*, *persecution*; *action* (*suit*).

poursuivant, -e [pres. part. of *poursuivre*], *s.m.* or *f.*, *suitor*, *candidate*, *applicant*.

poursuivre [L. *prosequere* for *prosequi*], v.a., 4, *to pursue*, *continue*, *proceed* (*with*). Se ——, r.v., *to be pursued*, *continued*; *to chase each other*.

pourtant [*pour*, *tant*, q.v.], *adv.*, *however*, *yet*, *nevertheless*.

pourtour [*pour*, *tour*, q.v.], *s.m.*, *circumference*, *compass*.

pourvoir [L. *providere*], v.n., 3, *to provide*, *make a provision for*, *supply*. Se ——, r.v., *to provide oneself*.

pourvu que [*pourvu* (p.p. of *pourvoir*) and *que*], conj., *provided that*.

pousse [verbal subst. of *pousser*], *s.f.*, *shoot*, *sprout*.

poussée [partic. subst. of *pousser*], *s.f.*, *pushing*.

pousser [L. *pulsare*], v.a., 1, *to push*; *utter* (*a cry*). —— *à bout*, *to put out of patience*; *to confound*, *drive into a corner*. ——, v.n., *to shoot forth*, *advance*.

poussière [fem. form of *poussier*, "dust," from *pousse*, O. Fr. *polce*, from L. nom. *pulvis*], *s.f.*, *dust*.

poussif, -ive [*pousser*], *adj.*, *broken-winded*; *wheezy*.

poussin [L. acc. *pullicenum*], *s.m.*, *chick*, *chicken*.

poutre [L. L. n. *pulletrum*, "colt "], *s.f.*, *beam*, *rafter*. ("*Poutre* means properly 'a mare,' then later came to designate a piece of wood which supports the joists of a floor, by application of the common metaphor which gives to pieces of wood which uphold a weight the name of beasts of burden."—*Brachet*.)

PRÉCÉDER.

pouvoir [L. L. *potere* for L. *posse*], v.n., 3, *to be able*. ——, *s.m.*, *power*.

prairial, -e [*prairie*], *adj.*, *of meadows*. Prairial, *prairial* (ninth month in the Republican calendar, May 20— June 18).

prairie [L. *prataria*, from L. n. *pratum*], *s.f.*, *meadow*.

praticable [*pratiquer*], *adj.*, *practicable*, *feasible*.

pratique [L. *practicus*, from Gr. πρακτικός, "active "], *adj.* and *s.f.*, *practical*; *practice*, *custom*.

pratiquer [*pratique*], v.a., 1, *to practise*, *exercise*, *obtain*, *arrange*. Se ——, r.v., *to be practised*; *to make* or *open for oneself*.

pré [L. n. *pratum*], *s.m.*, *field*, *meadow*.

préalable [*pré*, *aller*, q.v.], *adj.*, *previous*. ——, *s.m.*, *preliminary*. Au ——, *first*, *previously*.

préalablement, *adv.*, *first*, *previously*.

préambule [L. *adj. praeambulus*, "walking before "], *s.m.*, *preamble*, *preface*.

préau [L. L. n. *pratellum*, for L. *pratulum*, dim. of *pratum*], *s.m.*, *yard*; *green*.

prébende [L. L. *praebenda*, from *praebere*, for *praehibere*], *s.f.*, *prebend*.

prébendier [*prébende*], *s.m.*, *prebendary*.

précaire [L. *precarius*], *adj.*, *precarious*.

précairement, *adv.*, *precariously*.

précaution [L. acc. *praecautionem*], *s.f.*, *precaution*, *care*.

précautionner [*précaution*], v.a., 1, *to caution*, *guard*. Se ——, r.v., *to take one's precautions*, *guard oneself against*.

précédemment [*précédent*], *adv.*, *formerly*, *previously*.

précédence [*précédent*], *s.f.*, *precedence*.

précédent, -e [L. acc. *praecedentem*, pres. part. of *praecedere*], *adj.*, *preceding*, *former*, *before*. Précédent, *s.m.*, *precedent*.

précéder [L. *praecedere*].

PRÉCEPTE.

v.a. and **n.**, 1, *to precede, go first or before.*

précepte [L. *n. praeceptum*], *s.m., precept.*

précepteur [L. acc. *praeceptorem*], *s.m., preceptor, teacher, tutor.*

prêcher [L. *praedicare*], *v.a.* and *n.*, 1, *to preach; praise, publish.*

prêcheur [L. acc. *praedicatorem*], *s.m., preacher.* (Its doublet is *prédicateur, q.v.*)

précieusement, *adv., preciously.*

précieux, -euse [L. *pretiosus*], *adj., precious, valuable.*

précipice [L. *n. praecipitium*], *s.m., precipice.*

précipitamment [O. Fr. *adj. précipitant*, used in the 16th century], *adv., precipitately, hastily.*

précipitation [L. acc. *praecipitationem*], *s.f., precipitation, hurry, haste.*

précipiter [L. *praecipitare*], *v.a.*, 1, *to hurl, fling headlong, precipitate.* Se ——, *r.v., to throw oneself down, to rush on or forward.*

précis, -e [L. *praecisus*, p.p. of *praecidere*, "to cut off"], *adj., precise, short, brief.*

précisément, *adv., precisely, exactly, just so.*

préciser [*précis*], *v.a.*, 1, *to specify, determine.*

précision [L. acc. *praecisionem*], *s.f., precision.*

précoce [L. acc. *adj. praecocem*], *adj., precocious, early, forward.*

précocité [*précoce*], *s.f., precocity.*

préconiser [L. L. *praeconisare*], *v.a.*, 1, *to extol, cry up, praise.*

précurseur [L. acc. *praecursorem*], *s.m., precursor, forerunner.*

prédécesseur [L. acc. *praedecessorem*], *s.m., predecessor.*

prédestination [L. acc. *praedestinationem*], *s.f., predestination.*

prédestiné, -e [p.p. of *prédestiner*], *adj., predestinate, elect.*

prédestiner [L. *praedestinare*], *v.a.*, 1, *to predestine, predestinate.*

PRÉLAT.

prédicateur [L. acc. *praedicatorem*], *s.m., preacher.*

prédication [L. acc. *praedicationem*], *s.f., preaching.*

prédiction [L. acc. *praedictionem*], *s.f., prediction, foreboding.*

prédilection [*pré* (L. *prae*) and *dilection* (L. acc. *dilectionem*, "love")], *s.f., predilection, partiality, preference.*

prédire [L. *praedicere*], *v.a.*, 4, *to foretell.*

prédisposer [L. *prae*, and Fr. *disposer, q.v.*], *v.a.*, 1, *to predispose.*

prédisposition [*prédisposer*], *s.f., predisposition, tendency.*

prédominance [*prédominant*], *s.f., predominance.*

prédominant, -e [pres. part. of *prédominer*], *adj., predominant, prevailing.*

prédominer [L. *prae* and Fr. *dominer, q.v.*], *v.n.*, 1, *to predominate, prevail.*

prééminence [L. *praeeminentia*], *s.f., pre-eminence.*

prééminent, -e [L. acc. *prae-eminentem*, pres. part. of *prae-eminere*], *adj., pre-eminent.*

préface [L. acc. *praefationem*], *s.f., preface.*

préfecture [L. *praefectura*], *s.f., county-hall, prefecture.*

préférable [*préférer, q.v.*], *adj., preferable.*

préférence [*préférer*], *s.f., preference, choice.* De ——, *in preference.*

préférer [L. *praeferre*], *v.a.*, 1, *to prefer.*

préfet [L. acc. *praefectum*], *s.m., prefect.*

préfixe [L. *adj. praefixus*, "put in front"], *s.m., prefix.*

préjudice [L. *n. praejudicium*], *s.m., prejudice; injury, wrong.*

préjudiciable [*préjudice*], *adj., prejudicial, injurious.*

préjudicier [*préjudice*], *v.n.*, 1, *to be prejudicial, injurious.*

préjugé [partic. subst. of *préjuger*, "to prejudge," from L. *prae* and Fr. *juger, q.v.*], *s.m., prejudice.*

prélat [L. *praelatus*, p.p. of *praeferre*], *s.m., prelate.*

PRÉPARATEUR.

prélever [L. *prae* and Fr. *lever, q.v.*], *v.a.*, 1, *to deduct from, take first from.* Se ——, *r.v., to be deducted previously.*

préliminaire [L. *prae, liminaris*, from *limen*, "threshold"], *adj.* and *s.m., preliminary.*

préliminairement, *adv., preliminarily.*

prélude [verbal subst. of *préluder*], *s.m., prelude.*

préluder [L. *praeludere*, "to play beforehand"], *v.n.*, 1, *to prelude, begin.*

prématuré, -e [L. L. *praematuratus*], *adj., premature, too early, forward.*

prématurément, *adv., prematurely.*

prématurité, *s.f., precocity.*

préméditation [L. acc. *praemeditationem*], *s.f., premeditation.*

préméditer [L. *praemeditari*], *v.a.*, 1, *to premeditate.*

premices [L. *f. pl. primitiae*], *s.f. pl., first-fruits, prime.*

premier, -ère [L. *primarius*], *adj., first; former; primitive, leading, chief.* (Its doublet is *primaire, q.v.*)

premièrement, *adv., first, firstly.*

premisses [L. *pl. n. praemissa*, "things sent in advance"], *s.f. pl., premisses* (in logic).

prémunir [L. *praemunire*], *v.a.*, 2, *to forewarn.* Se ——, *r.v., to arm oneself against; to provide.*

prendre [L. *prendere*, contrd. for *prehendere*], *v.a.*, 4, *to take, to catch, assume.* ——, *v.n., to break out (of fire); freeze (of rivers); take root (of plants).*

prénom [L. *n. praenomen*], *s.m., prenomen; Christian name.*

préoccupation [L. acc. *praeoccupationem*], *s.f., preoccupation, thought, anxiety.*

préoccupé, -e [p.p. of *préoccuper*], *adj., thoughtful, deep in thought.*

préoccuper [L. *praeoccupare*], *v.a.*, 1, *to preoccupy, absorb, disturb.* Se ——, *r.v., to be preoccupied, absorbed.*

préparateur [L. acc. *prae*

paratorem], *s.m., preparator; dresser; assistant.*

préparatif [*préparer*], *s.m., preparation, preparative.*

préparation [L. acc. *praeparationem*], *s.f., preparation, dressing.*

préparatoire [L. *praeparatorius*], *adj., preparatory.*

préparer [L. *praeparare*], *v.a.,* 1, *to prepare, get ready, cook.* Se ——, *r.v., to prepare oneself, make ready.*

prépondérance [*prépondérant*], *s.f., preponderance, sway.*

prépondérant, -e [L. acc. *praeponderantem*, pres. part. of *praeponderare*], *adj., preponderant, prevailing.* Voix ——e, *casting vote.*

préposé (partic. subst. of *préposer*], *s.m., officer, superintendent.*

préposer [L. *prae* and Fr. *poser, q.v.*], *v.a.,* 1, *to appoint, set over.*

préposition [L. acc. *praepositionem*], *s.f., preposition.*

près [L. *adj. pressus,* "close"], *prep.,* and —— de, *near, nigh, close to, on the point of.* Ici ——, *close by.*

présage [L. n. *praesagium*], *s.m., présage, omen.*

présager [*présage*], *v.a.,* 1, *to forebode.*

presbytéral, -e [*presbytère*], *adj., priestly.* Maison ——e, *parsonage.*

presbytère (Gr. πρεσβυτέριον], *s.m., parsonage.*

Presbytérien, -enne [*presbytère*], *adj.* and *s.m.* or *f., Presbyterian.*

prescience [L. *praescientia*], *s.f., prescience.*

prescription [L. acc. *praescriptionem*], *s.f., prescription.*

prescrire [L. *praescribere*], *v.a.* and *n.*, 4, *to prescribe, order.*

préséance [L. L. *praesidentia*, der. from L. *praesidere*. "to have the precedence"], *s.f., precedence.* (Its doublet is *présidence*.)

présence [L. *praesentia*], *s.f., presence.*

présent, -e [L. acc. adj. *praesentem*], *adj., present; ready.* Présent, *s.m., present time.* A ——, *at present, now.*

présent [verbal subst. of *présenter*], *s.m., present, gift.*

présentable [*présenter*], *adj., presentable.*

présentation [*présenter*], *s.f., presentation, introduction.*

présentement [adj. f. *présente* and suffix -*ment*], *adv., now, at present.*

présenter [L. *praesentare*], *v.a.,* 1, *to present, offer, offer up; show; introduce.* Se ——, *r.v., to present oneself, apply, come; occur.*

préservateur [*préserver*], *adj., preservative.* ——, *s.m., preserver.* (The fem. is *préservatrice.*)

préservatif, -ive [*préserver*], *adj., preservative.* Préservatif, *s.m., preservative.*

préservation [*préserver*], *s.f., preservation.*

préserver [L. *praeservare*], *v.a.,* 1, *to preserve.* Se ——, *r.v., to preserve oneself; to be preserved.*

présidence [see *préséance*], *s.f., presidency, chairmanship.*

président [L. acc. *praesidentem*], *s.m., president, chairman.*

présider [L. *praesidere*], *v.a.* and *n.*, 1, *to preside, preside over.*

présomptif, -ive [L. *praesumptivus*], *adj., presumptive.*

présomption [L. acc. *praesumptionem*], *s.f., presumption.*

présomptueusement, *adv., presumptuously.*

présomptueux, -euse [L. *praesumptuosus*], *adj., presumptuous, presuming.*

presque [*près, que*], *adv., almost.*

presqu'île [*presque, île, q.v.*], *s.f., peninsula.*

pressant, -e [verbal adj. of *presser*], *adj., urgent.*

presse [verbal subst. of *presser*], *s.f., press; crowd; haste; difficulty.*

pressé, -e [p.p. of *presser*], *adj., hurried, urgent; thick, crowded; pressed by the crowd.*

pressentiment [*pressentir*], *s.m., presentiment, foreboding.*

pressentir [L. *praesentire*], *v.a.,* 2, *to have a presentiment of; to surmise, guess.*

presser [L. *pressare*], *v.n.,* 1, *to be urgent; to entreat.* ——, *v.a., to press, crush; urge.* Se ——, *r.v., to crowd, throng; to make haste.*

pression [L. acc. *pressionem*, from *premere*], *s.f., pressure.*

pressoir [L. n. *pressorium*, "press"], *s.m., wine-press.*

pressurage [*pressurer*], *s.m., pressure, pressing, marc-wine.*

pressurer [L. *pressura*, "pressing"], *v.a.,* 1, *to press out, squeeze.*

prestance [L. *praestantia*], *s.f., imposing deportment, commanding look.*

preste [It. *presto*, from L. L. *praestus*], *adj., quick, agile.* (Its doublet is *prêt.*)

prestement, *adv., nimbly, quickly.*

prestesse [It. *prestezza*], *s.f., agility.*

prestige [L. f. *praestigia*, "illusion, juggler's trick"], *s.m., prestige, fascination.*

présumer [L. *praesumere*], *v.a.* and *n.*, 1, *to presume, suppose.*

prêt [verbal subst. of *prêter*], *s.m., loan.*

prêt, -e [L. L. *praestus*], *adj., ready, on the point of.* (Its doublet is *preste.*)

prêté [partic. subst. of *prêter*], *s.m., loan.* Un —— rendu, *tit for tat.*

prétendant [pres. part. of *prétendre*], *s.m., pretender, claimant.*

prétendre [L. *praetendere*], *v.a.* and *n.*, 4, *to pretend, claim; intend, mean, maintain.*

prétendu, -e [p.p. of *prétendre*], *adj., so-called, supposed.* ——, *s.m.* or *f., intended (future husband or wife).* Prétendu, *s.m., suitor, lover.*

prétentieusement, *adv., affectedly.*

prétentieux, -euse [*prétention*], *adj., pretentious, affected.*

prétention [L. L. acc. *praetentionem*, from L. *praetentum*, sup. of *praetendere*], *s.f., pretension, claim; affectation.*

prêter [L. *praestare*, prop. "to furnish"], *v.a.,* 1, *to lend, attribute.* Se ——, *r.v., to* yield, give **way** to; to be lent.

prêteur [*prêter*], *s.m.*, lender. (The *fem.* is *prêteuse*.)

prétexte [L. acc. *praetextum*], *s.m.*, pretext, pretence.

prétexter [*pretexte*], *v.a.*, 1, to pretend, allege, feign, plead.

prêtre [O. Fr. *prestre*, from L. acc. *presbyterum*, from Gr. πρεσβύτερος, "an elder"], *s.m.*, priest.

prêtresse [*prêtre*], *s.f.*, priestess.

prêtrise [*prêtre*], *s.f.*, priesthood, holy orders.

preuve [L. *proba*], *s.f.*, proof, testimony.

preux [?], *adj.* (used in the masc. only), doughty, valiant.

prévaloir [L. *praevalere*], *v.n.*, 3, to prevail, supersede. Se ——, *r.v.*, to take advantage, avail oneself, boast.

prévaricateur [L. acc. *praevaricatorem*], *s.m.*, prevaricator. (The *fem.* is *prévaricatrice*.)

prévarication [L. acc. *praevaricationem*], *s.f.*, prevarication.

prévariquer [L. *praevaricari*], *v.n.*, 1, to prevaricate.

prévenance [*prévenant*], *s.f.*, kind attention, kindness.

prévenant, -e [*pres. part.* of *prévenir*], *adj.*, prepossessing, engaging, attentive, kind, obliging.

prévenir [L. *praevenire*], *v.a.*, 2, to anticipate, forewarn, apprise.

préventif, -ive [see *prévention*], *adj.*, preventive, presumptive.

prévention [L. acc. *praeventionem*, from *praeventum*, sup. of *praevenire*], *s.f.*, prevention; prejudice; suspicion, accusation.

prévenu, -e [*p.p.* of *prévenir*], *adj.*, preceded, prevented; predisposed, prejudiced. ——, *s.m.* or *f.*, prisoner, accused.

prévision [L. *prae* and Fr. *vision*, *q.v.*], *s.f.*, prevision, foresight.

prévoir [L. *praevidere*], *v.a.*, 3, to foresee, anticipate.

prévôt [O. Fr. *prévost*, from L. acc. *praepositum*, "overseer"], *s.m.*, provost, mar-shal, justice. Grand —— de l'hôtel, ordinary judge of the king's household.

prévôtal, -e [*prévôt*], *adj.*, of the provost or provosts.

prévôté [*prévôt*], *s.f.*, provostship.

prévoyance [*prévoyant*], *s.f.*, foresight, prudence, forethought.

prévoyant, -e [*pres. part.* of *prévoir*], *adj.*, provident, prudent, careful.

prévu, -e [*p.p.* of *prévoir*], *adj.*, foreseen.

prier [L. *precari*], *v.a.*, 1, to pray, beg, ask, entreat. Se faire ——, to require pressing.

prière [L. L. *precaria*, "a prayer," in medieval documents], *s.f.*, prayer, request, entreaty.

prieur [L. acc. adj. *priorem*], *s.m.*, prior.

prieure [*prieur*], *s.f.*, prioress.

prieuré [*prieur*], *s.m.*, priory.

primaire [L. *primarius*], *adj.*, primary, elementary. (Its doublet is *premier*, *q.v.*)

primat [L. acc. *primatem*], *s.f.*, primate.

primauté [L. L. acc. *primalitatem* (?), from L. *primus*], *s.f.*, supremacy, precedence.

prime [L. *primus*], *adj.*, as in de —— abord, at first.

prime [Engl. *premium*, from L. *praemium*, "profit derived from booty"], *s.f.*, premium.

primer [*prime*], *v.a.* and *n.*, 1, to take the lead, surpass, beat.

prime-saut (de) [*prime*, *saut*, *q.v.*], *adv.*, suddenly, at once.

prime-sautier, -ère, *adj.*, spontaneous, off-hand, impulsive, inconsiderate.

primeur [*prime*], *s.f.*, early fruit **or** vegetable; first thing of the season.

primevère [L. *primus*, "first," and *ver*, "spring"], *s.f.*, primrose (*Primula veris*).

primitif, -ive [L. *primitivus*], *adj.*, primitive, original.

primitivement, *adv.*, primitively, originally.

prince [L. acc. *principem*], *s.m.*, prince.

princesse [*prince*], *s.f.*, princess.

princier, -ère [*prince*], *adj.*, princely.

principal, -e [L. *principalis*], *adj.*, principal, chief, capital. Principal, *s.m.*, headmaster, chief; main point.

principalement, *adv.*, principally, chiefly.

principauté [L. acc. *principalitatem*], *s.f.*, principality.

principe [L. *n. principium*], *s.m.*, principle; cause; origin.

printanier, -ère [*printemps*], *adj.*, spring, vernal; youthful.

printemps [L. *n. primum tempus*], *s.m.*, spring.

priorité [L. L. *prioritatem*, from L. *prior*], *s.f.*, priority.

pris, -e [*p.p.* of *prendre*], *adj.*, taken, caught; occupied; set, frozen.

prise [*pris* (L. *prensus*), *p.p.* of *prendre*, *q.v.*], *s.f.*, hold, capture, prize. Lâcher —— to let go one's hold, give way.

priser [L. *pretiare*, from *pretium*], *v.a.*, 1, to prize, value. ——, *v.n.*, to take snuff.

prismatique [*prisme*], *adj.*, prismatic.

prisme [Gr. πρίσμα, *lit.* "the thing sawn," from πρίζειν, "to saw"], *s.m.*, prism.

prison [L. acc. *prensionem* for *prehensionem*], *s.f.*, prison, gaol.

prisonnier [*prison*], *s.m.*, prisoner. (The *fem.* is *prisonnière*.)

privatif, -ive [L. *privativus*], *adj.*, privative.

privation [L. acc. *privationem*], *s.f.*, privation, want, hardship.

priver [L. *privare*], *v.a.*, 1, to deprive; tame. Se ——, *r.v.*, to deprive, restrict, or deny oneself.

privilège [L. *n. privilegium*], *s.m.*, privilege, prerogative, right.

privilégié, -e [*p.p.* of *privilégier*], *adj.*, privileged, exempt; favourite.

privilégier, *v.a.*, 1, to privilege, exempt.

prix [L. *n. pretium*], *s.m.*, price; recompense. Au ——

de, *at the cost of*; *in comparison with*.
probabilité [L. acc. *probabilitatem*], *s.f.*, *probability, likelihood*.
probable [L. *probabilis*], *adj., probable, likely*.
probablement, *adv., probably, likely*.
probation [L. acc. *probationem*], *s.f.*, *probation*.
probe [L. *probus*], *adj., honest, upright*.
probité [L. acc. *probitatem*], *s.f.*, *probity, honesty, integrity*.
problématique [Gr. προβληματικός], *adj., problematical*.
problème [Gr. πρόβλημα, *lit.* "the thing thrown forward," from προβάλλειν], *s.m.*, *problem*.
procédé [partic. subst. of *procéder*], *s.m.*, *proceeding, behaviour; process*.
procéder [L. *procedere*], *v.n.*, **1**, *to proceed, go on; behave*.
procédure [*procéder*], *s.f.*, *procedure, proceedings*.
procès [L. acc. *processum*], *s.m.*, *lawsuit, trial, action, proceedings*. Faire le —— de, *to try, prosecute, condemn, pass sentence upon*. Sans autre forme de ——, *without further formality, at once*.
procession [L. acc. *processionem*], *s.f.*, *procession*.
prochain, -e [*proche*, q.v.], *adj., next, neighbouring, coming*. Prochain, *s.m.*, *neighbour, fellow-creature*.
prochainement, *adv., soon, shortly*.
proche [L. adv. *propius*, comparative of *prope*], *adj., near, close to, at hand.* ——s, *s.m. pl.*, *relatives*, **near** *relations*.
proclamation [L. acc. *proclamationem*], *s.f.*, *proclamation*.
proclamer [L. *proclamare*], *v.a.*, **1**, *to proclaim,* **publish,** *declare*.
proconsul [L. acc. *proconsulem*], *s.m.*, *proconsul*.
proconsulaire [L. *proconsularis*], *adj., proconsular*.
proconsulat [L. acc. *proconsulatum*], *s.m.*, *proconsulate*.
procréation [L. acc. *pro-*

creationem], *s.f.*, *procreation*.
procréer [L. *procreare*], *v.a.*, **1**, *to procreate, beget*.
procuration [L. acc. *procurationem*], *s.f.*, *procuration, proxy*.
procurer [L. *procurare*], *v.a.*, **1**, *to procure, get.* Se ——, *r.v.*, *to obtain; to be procured or obtained*.
procureur [L. acc. *procuratorem*], *s.m.*, *proxy, attorney, proctor*.
prodigalité [L. acc. *prodigalitatem*], *s.f.*, *prodigality, wastefulness*.
prodige [L. n. *prodigium*], *s.m.*, *prodigy, wonder, miracle*.
prodigieusement, *adv., prodigiously, wonderfully*.
prodigieux, -euse [L. *prodigiosus*], *adj., prodigious, wonderful*.
prodigue [L. *prodigus*], *adj., prodigal*. ——, *s.m.* or *f., spendthrift*.
prodiguer [*prodigue*], *v.a.*, **1**, *to lavish, waste away, squander*. Se ——, *r.v.*, *to expose oneself* (*in battle*); *to make oneself cheap*.
producteur [L. acc. *productorem*], *adj.* and *s.m.*, *producing, productive; producer*. (The *fem.* is *productrice*.)
productif, -ive [L. L. *productivus*, from L. *productum*, sup. of *producere*], *adj., productive*.
production [L. acc. *productionem*, from *productum*, sup. of *producere*], *s.f.*, *production, product*.
produire [L. *producere*], *v.a.*, **4**, *to produce, bear; cause, bring*. Se ——, *r.v.*, *to show oneself, appear; occur*.
produit [partic. subst. of *produire*], *s.m.*, *product, production*.
proéminence [*proéminent*], *s.f.*, *prominence,* **projection**.
proéminent, -e [L. acc. *proeminentem*, pres. part. of *proeminere*], *adj., prominent, projecting*.
profanateur [L. acc. *profanatorem*], *s.m.*, *profaner*. ——, *adj., profaning*. (The *fem.* is *profanatrice*.)
profanation [L. acc. *profanationem*], *s.f.*, *profanation,* **desecration**.

profane [L. *profanus*], *adj., profane*. ——, *s.m.* or *f., profane man* or *woman, unworthy person*.
profanement, *adv., profanely*.
profaner [L. *profanare*], *v.a.*, **1**, *to profane, desecrate*.
proférer [L. *proferre*], *v.a.*, **1**, *to utter, speak*.
profès, professe [L. *professus*], *adj.* and *s.m.* or *f., professed* (*of religious orders*); *professed monk* **or** *nun*.
professer [*profès*], *v.a.* and *n.*, **1**, *to profess, lecture, teach*.
professeur [L. acc. *professorem*], *s.m.*, *professor, teacher*.
profession [L. acc. *professionem*], *s.f.*, *profession, calling, occupation, trade*.
professorat [L. L. acc. *professoratum*], *s.m.*, *professorship*.
profil [It. *proffilo*, from L. *pro* and n. *filum*, "outline, contour"], *s.m.*, *profile*.
profit [L. acc. *profectum*, from L. *profectum*, sup. of *proficere*, "to gain"], *s.m.*, *profit, gain, advantage*.
profitable [It. *profitabile*], *adj., profitable, advantageous*.
profitablement, *adv., profitably*.
profiter [*profit*], *v.n.*, **1, *to profit, benefit*. —— de, *to profit by, to take advantage of*.
profond [L. *profundus*], *adj., deep, low, profound*.
profondément, *adv., profoundly, deeply*.
profondeur [*profond*], *s.f.*, *depth*.
profus, -e [L. *profusus*], *adj., profuse*.
profusément, *adv., profusely*.
profusion [L. acc. *profusionem*], *s.f.*, *profusion*. À ——, *in profusion*.
progéniture [L. L. *progenitura*, from L. *progenitum*, sup. of *progignere*, "to beget"], *s.f.*, *progeny, offspring*.
progrès [L. acc. *progressum*], *s.m.*, *progress; growth*.
progresser [*progrès*], *v.n.*, **1, *to progress, improve*.
progressif, -ive [*progression*], *adj., progressive*.
progression [L. acc. *progressionem*], *s.f.*, *progression*.
progressivement [*fem.*

PROHIBER.

adj. *progressive* and suffix *-ment*], adv., *progressively, by degrees.*
prohiber [L. *prohibere*], v.a., 1, *to prohibit, forbid.*
prohibition [L. acc. *prohibitionem*], s.f., *prohibition.*
proie [L. *praeda*], s.f., *prey; booty.*
projectile [L. L. *projectilis*(?), from L. *projectum*, sup. of *projicere*, "to throw at a distance"], adj. and s.m., *projectile.*
projet [L. acc. *projectum*], s.m., *project*, **design, plan**, *scheme.*
projeter [*projet*], v.a., 1, *to intend, project, purpose.* Se ——, r.v., *to project (of things) to stand out.*
prolifique [L. *prolificus*], adj., *prolific.*
prolixe [L. *prolixus*], adj., *prolix, diffuse.*
prolixité [L. acc. *prolixitatem*], s.f., *prolixity.*
prologue [L. acc. *prologum*, from Gr. πρόλογος, "a preface"], s.m., *prologue.*
prolongement [*prolonger*], s.m., *lengthening, prolongation, continuation.*
prolonger [L. *prolongare*], v.a., 1, *to prolong, lengthen, extend.* Se ——, r.v., *to be prolonged; to extend.*
promenade [*promener*], s.f., *walking, walk, ride, drive.*
promener (se) [L. L. *prominare*, "to lead"], r.v., *to walk.*
promeneur, -euse [*promener*], s.m. or f., *walker, rider, person taking a drive.*
promesse [L. *promissa*], s.f., *promise, word.*
promettre [L. *promittere*], v.a., **4**, *to promise, forebode.* Se ——, r.v., *to promise oneself, resolve, intend.*
promis, -e [p.p. of *promettre*], adj. and s.m. or f., *promised, engaged, intended.*
promontoire [L. n. *promontorium*], s.m., *promontory, cape.*
promoteur [L. L. acc. *promotorem*, from L. *promotum*, sup. of *promovere*], s.m., *promoter.*
promotion [L. acc. *promotionem*], s.f., *promotion, preferment.*

PROPHÉTIQUE.

prompt, -e [L. *promptus*], adj., *prompt, quick, rapid, speedy.*
promptement, adv., *promptly, quickly, rapidly.*
promptitude [L. L. *promptitudinem*, from L. *promptus*], s.f., *promptitude, quickness, speed.*
promulgation [L. acc. *promulgationem*], s.f., *promulgation.*
promulguer [L. *promulgare*], v.a., 1, *to promulgate.*
prône [L. n. *praeconium*, "laudation, commendation"], s.m., *sermon (in the Roman Catholic Church).*
prôner [*prône*], v.a. and n., 1, *to preach, praise up, extol.*
pronom [L. n. *pronomen*], s.m., *pronoun.*
pronominal, -e [L. *pronominalis*], adj., *pronominal.*
prononcer [L. *pronuntiare*], v.a., 1, *to pronounce, utter, say, speak.* Se ——, r.v., *to declare oneself, speak out; to be pronounced.*
prononciation [L. acc. *pronuntiationem*], s.f., *pronunciation.*
pronostic [*prognose*, from Gr. πρόγνωσις, from πρό, "before," and γνῶσις, "knowledge"], s.m., *prognostic.*
pronostiquer [*pronostic*], v.a., 1, *to prognosticate.*
propagande [historical origin, from the "Collegium de Fide Propaganda" (from L. *propagare*, "to propagate"), at Rome], s.f., *propaganda.*
propagateur [L. acc. *propagatorem*], s.m., *propagator.* (The *fem*. is *propagatrice*.)
propagation [L. acc. *propagationem*], s.f., *propagation, diffusion.*
propager [L. *propagare*], v.a., 1, *to propagate, diffuse.*
propension [L. acc. *propensionem*], s.f., *propensity, inclination.*
prophète [L. acc. *prophetam*, from Gr. προφήτης, "one that predicts," from πρό, "before," and φάω, "I say"], s.m., *prophet, seer.* (The *fem*. is *prophétesse*.)
prophétie [L. *prophetia*, from Gr. προφητεία], s.f., *prophecy, prediction.*
prophétique [L. *prophet-*

PROROGER.

icus, from Gr. προφητικός], adj., *prophetic.*
prophétiser [L. L. *prophetizare*], v.a. and n., 1, *to prophesy, foretell.*
propice [L. *propitius*], adj., *propitious, favourable.*
propitiateur [L. acc. *propitiatorem*], s.m., *propitiator.* (The *fem*. is *propitiatrice*.)
propitiation [L. acc. *propitiationem*], s.f., *propitiation, atonement.*
propitiatoire [L. **n**. *propitiatorium*, from *propitiare*, from *propitius*, "favourable"], s.m. and adj., *propitiatory.*
proportion [L. acc. *proportionem*], s.f., *proportion; suitableness.*
proportionné, -e [p.p. of *proportionner*], adj., *proportioned, commensurate, suited.*
proportionnel, -elle [L. *proportionalis*], adj., *proportional.*
proportionnellement, adv., *proportionally.*
proportionnément [*proportionne* and suffix *-ment*], adv., *in proportion.*
proportionner [*proportion*], v.a., 1, *to proportion, suit.*
propos [L. n. *propositum*], s.m., *talk, words, conversation.* Mal à ——, *wrongly, unseasonably.*
proposer [L. *pro* and Fr. *poser*, q.v.], v.a., 1, *to propose, proffer, move, bid.* Se —— r.v., *to propose or offer oneself, to purpose, intend.*
proposition [L. acc. *propositionem*], s.f., *proposition, proposal, offer.*
propre [L. *proprius*], adj., *own, very, self; same, exact, proper, fit; clean, tidy, neat.*
proprement, adv., *properly; cleanly, neatly.* —— dit, *properly so called.*
propreté, s.m., *cleanliness, neatness.*
propriétaire [L. L. acc. *proprietarium*], s.m., *owner, landlord, proprietor.*
propriété [L. acc. *proprietatem*], s.f., *property, estate; quality, propriety.*
prorogation [L. acc. *prorogationem*], s.f., *prorogation, adjournment.*
proroger [L. *prorogare*], v.a., 1, *to prorogue, adjourn.*

PROSAÏQUE.

prosaïque [L. *prosaicus*], *adj.*, *prosaic*, *prosy*, *dull*, *tedious*.

prosaïquement, *adv.*, *prosaically*, *vulgarly*, *tediously*.

prosateur [O. Fr. v. *proser*, "to write in prose"], *s.m.*, *prose-writer*.

proscription [L. acc. *proscriptionem*], *s.f.*, *proscription*, *banishment*.

proscrire [L. *proscribere*], *v.a.*, 4, *to proscribe*, *banish*, *exile*.

proscrit [L. acc. *proscriptum*], *s.m.*, *outlaw*, *exile*, *refugee*.

prose [L. *prosa*], *s.f.*, *prose*.

prosélyte [L. acc. *proselytum*, from Gr. προσήλυτος, "new comer," from πρός, "towards," and ἐλεύθω, "I come"], *s.m.*, *proselyte*.

prospectus [L. nom. *prospectus*], *s.m. prospectus*, *handbill*.

prospère [L. *prosperus*], *adj.*, *prosperous*, *thriving*.

prospérer [L. *prosperare*], *v.n.*, 1, *to prosper*, *thrive*.

prospérité [L. acc. *prosperitatem*], *s.f.*, *prosperity*, *good fortune*, *success*.

prosternation [*prosterner*], *s.f.*, *prostration*, *obeisance*.

prosterner (se) [L. *prosternere*], *r.v.*, *to prostrate oneself*; *to bow*, *bend the knee*.

prote [Gr. πρῶτος, "first"], *s.m.*, *overseer* (*in a printing-office*).

protecteur [L. acc. *protectorem*], *s.m.*, *protector*, *patron*. (The *fem.* is *protectrice*.)

protection [L. acc. *protectionem*], *s.f.*, *protection*, *patronage*, *support*, *favour*, *cover*.

protégé, -e [*p.p.* of *protéger*], *s.m.* or *f.*, *favourite*, *person patronized*.

protéger [L. *protegere*], *v.a.*, 1, *to protect*, *patronize*, *support*, *shield*.

Protestant, -e [*pres. part.* of *protester*], *adj.* and *s.m.* or *f.*, *Protestant*.

Protestantisme [*protestant*], *s.m.*, *Protestantism*.

protestation [L. acc. *protestationem*], *s.f.*, *protestation*, *declaration*.

protester [L. *protestari*,

PROVISOIRE.

"to declare in public"], *v.a.* and *n.*, 1, *to protest*.

protubérance [*protubérant*], *s.f.*, *protuberance*.

protubérant, -e [L. acc. *protuberantem*, *pres. part.* of *protuberare*, "to swell, bulge out"], *adj.*, *protuberant*.

proue [Sp. *proa*], *s.f.*, *prow*, *head*.

prouver [L. *probare*], *v.a.*, 1, *to prove*, *show*, *evince*. Se ——, *r.v.*, *to be proved*.

Provençal, -e [*Provence*], *adj.* and *s.m.* or *f.*, *Provençal*. Le Provençal, *s.m.*, *Provençal language*.

Provence [L. *provincia*], *s.f.*, *Provence*.

provende [doublet of *prébende*, *q.v.*], *s.f.*, *provender*, *provisions*.

provenir [L. *provenire*], *v.n.*, 2, *to proceed*, *arise*, *come from*.

proverbe [L. n. *proverbium*], *s.m.*, *proverb*.

proverbial, -e [L. *proverbialis*], *adj.*, *proverbial*.

Providence [L. *providentia*], *s.f.*, *Providence*. (Its doublet is *prévoyance*, *q.v.*)

providentiel, -elle [L. acc. *providentem*, *pres. part.* of *providere*], *adj.*, *providential*.

providentiellement, *adv.*, *providentially*.

provignage [*proviguer*], *s.m.*, *layering* (*of vines*), *propagation*.

provigner [*provin*], *v.a.*, 1, *to layer* (*vines*). ——, *v.n.*, *to increase*, *multiply*.

provin [O. Fr. *provain*, from L. acc. *propaginem*, "a slip or shoot"], *s.m.*, *layer* (*of vines*).

province [L. *provincia*], *s.f.*, *province*.

provincial, -e [L. *provincialis*], *adj.* and *s.m.* or *f.*, *provincial*; *country person*.

proviseur [L. acc. *provisorem*, "foreseer"], *s.m.*, *principal*, *head-master*.

provision [L. acc. *provisionem*], *s.f.*, *provision*, *supply*, *stock*, *store*.

provisionnel, -elle [*provision*], *adj.*, *provisional*.

provisionnellement, *adv.*, *provisionally*.

provisoire [L. L. *provi-*

PSALMODIER.

sorius], *adj.*, *provisory*, *temporary*.

provisoirement, *adv.*, *provisionally*, *temporarily*.

provocateur [L. acc. *provocatorem*, "a challenger"], *adj.* and *s.m.*, *provoking*; *provoker*. (The *fem.* is *provocatrice*.)

provocation [L. acc. *provocationem*], *s.f.*, *provocation*, *incitement*, *challenge*.

provoquant, -e [*pres. part.* of *provoquer*], *adj.*, *provoking*.

provoquer [L. *provocare*], *v.a.*, 1, *to provoke*, *incite*, *challenge*; *cause*, *produce*.

proximité [L. acc. *proximitatem*], *s.f.*, *proximity*, *vicinity*. A —— de, *near*, *within a short distance of*.

prude [formerly *prode*, *fem.* of the *adj. preux*, *q.v.*], *adj.* and *s.f.*, *prudish*; *prude*.

prudemment [*prudent*], *adv.*, *prudently*, *wisely*.

prudence [L. *prudentia*], *s.f.*, *prudence*, *wisdom*, *discretion*.

prudent [L. acc. *adj. prudentem*], *adj.*, *prudent*, *careful*, *wise*, *discreet*.

pruderie [*prude*], *s.f.*, *prudery*.

prud'homie [*prud'homme*], *s.f.*, *prudence*, *wisdom*.

prud'homme [*prud* (see *preux* and *prude*) and *homme*], *s.m.*, *skilful man*, *umpire*, *arbitrator*.

prune [L. n. *prunum*], *s.f.*, *plum*.

pruneau [dim. of *prune*], *s.m.*, *prune*, *dried plum*.

prunelle [dim. of *prune*], *s.f.*, *sloe*; *pupil*, *eyeball*, *apple* (*of the eye*).

prunier [*prune*], *s.m.*, *plum-tree*.

Prusse [G. *Preussen*], *s.f. Prussia*.

Prussien, -enne [*Prusse*], *adj.* and *s.m.* or *f.*, *Prussian*.

prytanée [L. n. *prytaneum*, from Gr. πρυτανεῖον, "a public building where the chief magistrates (Prytanes) assembled and dined"], *s.m.*, *prytaneum*, *public school*.

psalmodie [L. *psalmodia*, from Gr ψαλμῳδία, from ψαλμός, "psalm," and ᾠδή, "song"], *s.f.*, *psalmody*.

psalmodier [*psalmodie*]

PSAUME.

v.a. and n., 1, *to chant or sing psalms.*

psaume [L. acc. *psalmum*, from Gr. ψαλμός], *s.m.*, *psalm.*

psautier [L. n. *psalterium*, from Gr. ψαλτήριον, "a psaltery"], *s.m.*, *psalter.*

pseudonyme [Gr. ψευδώνυμος, from ψεῦδος, "false," and ὄνυμα = ὄνομα, "name"], *adj.* and *s.m.*, *pseudonymous; pseudonym.*

psychologie [Gr. ψυχή, "soul," and λόγος, "doctrine"], *s.f.*, *psychology.*

psychologique [*psychologie*], *adj.*, *psychological.*

pu, *p.p.* of *pouvoir*, q.v.

puant, -e [*pres. part.* of *puer*], *adj.*, *fetid, fulsome, offensive, stinking.*

puanteur [*puant*], *s.f.*, *stench, stink.*

pubère [L. *puber*], *adj.*, *pubescent, of puberty.*

puberté [L. acc. *pubertatem*], *s.f.*, *puberty.*

public, -ique [L. *publicus*], *adj.*, *public, general; national.* Public, *s.m.*, *public.*

publication [L. acc. *publicationem*], *s.f.*, *publication, publishing.*

publiciste [*public*], *s.m.*, *publicist, journalist.*

publicité [*public*], *s.f.*, *publicity.*

publier [L. *publicare*], *v.a.*, 1, *to publish, make known; bring out, issue.* Se ——, *r.v.*, *to be published.*

publiquement [*publique*, *fem.* of *public*, and suffix *-ment*], *adv.*, *publicly, openly.*

puce [O. Fr. *pulce*, from L. acc. *pulicem*], *s.f.*, *flea.*

puceron [dim. of **puce**], *s.m.*, *plant-louse.*

pudeur [L. acc. *pudorem*], *s.f.*, *shame, modesty, decency; bashfulness, reserve.*

pudicité [L. L. *pudicitatem* (?), from L. *adj. pudicus*], *s.f.*, *chastity, modesty.*

pudique [L. *pudicus*], *adj.*, *modest, chaste, pure.*

pudiquement, adv., *modestly, chastely.*

puer [O. Fr. *puir*, from L. *putere*], *v.n.*, 1, *to stink, to be offensive.*

puéril, -e [L. *puerilis*], *adj.*, *puerile, childish.*

puérilement, *adv.*, *childishly.*

puérilité [L. acc. *puerilitatem*], *s.f.*, *puerility, childishness.*

pugilat [L. acc. *pugilatum*], *s.m.*, *pugilism, boxing.*

puîné, -e [O. Fr. *puisné*, from L. *post-natus*], *adj.*, *younger (brother or sister).*

puis [L. *post*], *adv.*, *then, next, afterwards.*

puiser [*puits*], v.a. and n., 1, *to draw (from a well), dip, fetch, take.* Se ——, *r.v.*, *to be drawn.*

puisque [*puis, que*], *conj.*, *since, as.*

puissamment [*puissant*], *adv.*, *powerfully, greatly, very.*

puissance [*puissant*], *s.f.*, *might, power, authority, virtue, property.* Toute ——, *Omnipotence.* Puissances, *s.f. pl.*, *Powers, States.*

puissant, -e [L. L. acc. *possentem*], *adj.*, *mighty, powerful, strong, influential, wealthy.* Tout-Puissant, *Omnipotent, Almighty.*

puits [L. nom. *puteus*], *s.m.*, *a well.*

pulluler [L. *pullulare*], *v.n.*, 1, *to multiply, swarm.*

pulmonaire [L. *pulmonarius*], *adj.*, *pulmonary.*

pulpe [L. *pulpa*], *s.f.*, *pulp.*

pulsation [L. acc. *pulsationem*], *s.f.*, *pulsation, throbbing, beat.*

pulvérisation [*pulvériser*], *s.f.*, *pulverization.*

pulvériser [L. *pulverizare*, "to reduce to dust"], *v.a.*, 1, *to pulverize, ground, crush.* Se ——, *r.v.*, *to be pulverized.*

punais, -e [O. Fr. *put* (L. *putidus*), and suffix *-nais* (L. *-inaceus*)], *adj.*, *fetid.*

punaise [*punais*], *s.f.*, *bug.*

punir [L. *punire*], *v.a.*, 2, *to punish.* Se ——, *r.v.*, *to punish oneself; to be punished.*

punissable [*punir*], *adj.*, *punishable.*

punition [L. acc. *punitionem*], *s.f.*, *punishment.*

pupille [L. *pupilla*], *s.m.* or *f.*, *ward (orphan boy or girl).* ——, *s.f.*, *pupil (of the eye).*

pupitre [L. n. *pulpitum*, "scaffold"], *s.m.*, *desk.*

pur, -e [L. *purus*], *adj.*, *pure, genuine, real true, innocent, chaste.*

purement, *adv.*, *purely, really, truly, innocently, chastely.* —— et simplement, *without reserve, merely.*

pureté [L. acc. *puritatem*], *s.f.*, *purity, innocence, chastity.*

purgatif, -ive [L. *purgativus*], *adj.*, *purgative.* Purgatif, *s.m.*, *purgative, medicine.*

purgation [L. acc. *purgationem*], *s.f.*, **purgation**, *purge.*

purger [L. *purgare*, "to cleanse, purify"], v.a., 1, *to purge, cleanse, purify; weed, free, clear.* Se ——, *r.v.*, *to take medicine.*

purificateur [*purifier*], *s.m.*, *purifier, purificator.* ——, *adj.*, *purifying.* (The *fem.* is *purificatrice.*)

purification [L. *purificationem*], *s.f.*, *purification, cleansing.*

purifier [L. *purificare*], v.a., 1, *to purify, cleanse.* Se ——, *r.v.*, *to purify oneself; to be purified, cleansed.*

Puritain [Engl. *Puritan*], *s.m.*, *Puritan.*

purulence [L. *purulentia*], *s.f.*, *purulence.*

purulent, -e [L. *purulentus*], *adj.*, *purulent.*

pus [L. *n.* *pus*], *s.m.*, *pus, purulent matter.*

pusillanime [L. *pusillanimis* = *pusillus animus*, "very little spirit, courage"], *adj.*, *pusillanimous, faint-hearted.*

pusillanimité [L. acc. *pusillanimitatem*], *s.f.*, *pusillanimity, faint-heartedness.*

pustule [L. *pustula*], *s.f.*, *pustule, blister.*

putatif, -ive [L. *putativus*, "supposed"], *adj.*, *putative, supposed, reputed.*

putréfaction [L. L. acc. *putrifactionem*], *s.f.*, *putrefaction, putrid state.*

putréfier [L. L. *putrificare* (?), from L. *putris*, "rotten," and *facere*, "to make"], *v.a.*, 1, and se ——, *r.v.*, *to putrefy, rot.*

putride [L. *putridus*], *adj.*, *putrid, rotten, stinking.*

pygmée [Gr. πυγμαῖος, from πυγμή, "a measure of length, the distance from the elbow to the knuckles"], *s.m.*, *pigmy, dwarf.*

PYRAMIDE. — **QUELQU'UN.** — **QUINCONCE.**

pyramide [L. acc. *pyramidem*, from Gr. πυραμίς], *s.f., pyramid*.

python [L. *python*, Gr. πύθων, "dragon"], *s.m., python, rock-snake*.

pythonisse [Gr. πυθώνισσα], *s.f., pythoness, witch*.

Q

quadragénaire [L. *quadragenarius*], *adj*. and *s.m.* or *f., forty years old: quadragenarian*.

quadragésime [L. *quadragesima (dies)*], *s.f., quadragesima, first Sunday in Lent*. (Its doublet is *Carême, q.v.*)

quadrangle [L. *n. quadrangulum*], *s.m., quadrangle*.

quadrangulaire [*quadrangle*], *adj., four-angled, quadrangular*.

quadrilatéral, -e [*quadrilatère*], *adj., quadrilateral*.

quadrilatère [L. *adj. quadrilaterus*, "four-sided"], *adj.* and *s.m., quadrilateral*.

quadrille [It. *quadriglio*], *s.m., quadrille, square-dance*.

quadrupède [L. *quadrupedem*, acc. of *quadrupes*], *adj.* and *s.m., four-footed; quadruped*.

quadruple [L. *quadruplus*], *adj.* and *s.m., fourfold; quadruple*.

quadrupler [L. *quadruplare*], *v.a.*, 1, *to increase fourfold, quadruple*.

quai [L. L. *n. caium*, from Bret. *kaé*], *s.m., quay, wharf*.

qualifiable [*qualifier*], *adj., qualifiable, that may be called or termed*.

qualificatif, -ive [L. L. *qualificativus*, from L. *qualificare*], *adj., qualificative, qualifying*.

qualification [L. L. acc. *qualificationem*], *s.f., qualification*.

qualifier [L. *qualificare*], *v.a.*, 1, *to qualify, term, style, call.* Se ——, *r.v., to style oneself*.

qualité [L. acc. *qualitatem*], *s.f., quality, qualification, rank, title*. ——s, *s.f. pl., qualities, qualifications*.

quand [L. *quando*]. *adv., when*. ——, *conj., even, though*.

—— même, *even if, even though*.

quant à [L. *quantum*], *prep., as for, as to*.

quantième [*quant*], *s.m., day of the month*.

quantité [L. acc. *quantitatem*], *s.f., quantity; many, a deal, multitude*.

quarantaine [*quarante*], *s.f., about forty; forty years, as in "il a passé la ——," he is more than forty years old*.

quarante [L. *quadraginta*], *num. adj. (card.), forty*.

quarantième [*quarante*], *num. adj. (ord.), fortieth*.

quart [L. *n. quartum*], *s.m., fourth, quart, quarter; watch* (*in the navy*).

quartier [L. acc. *quartarium*], *s.m., fourth part, quarter; quarter's rent; district; hall; barracks, quarters*. —— *général, headquarters*. ——maître, *quartermaster*.

quasi [L. *quasi*], *adv., almost*.

quatorze [L. *quatuordecim*], *num. adj. (card.), fourteen*.

quatorzième [*quatorze*], *num. adj. (ord.), fourteenth*.

quatre [L. *quatuor*], *num. adj. (card.), four*. Se mettre en ——, *to do one's utmost, strain every nerve*. Temps, *s.m. pl., Ember-days*. ——-vingts, *num. adj. (card.), eighty, fourscore*. ——-vingt-dix, *num. adj. (card.), ninety*.

quatrième [*quatre*], *num. adj. (ord.), fourth*.

quatuor [L. *quatuor*, "four"], *s.m., quartet*.

que [L. *quod*], *conj., that*. ——, *adv., how! how much! wherefore? why?*

que [L. *quem*], *rel. pron., whom, that, which, what*.

quel, -elle [L. *qualis*], *adj., what, who, which*.

quelconque [L. *qualiscunque*], *indef. adj., whatever, whatsoever*.

quelque [*quel, que*], **indef**. *adj., some, any, a few*.

quelquefois [*quelque, fois, q.v.*], *adv., sometimes*.

quelqu'un, e— [*quelque, un, q.v.*]. *indef. pron., some one, somebody; one; anyone, anybody*. (The *pl.*

is *quelques-uns* for the *m.*, and *quelques-unes* for the *fem.*)

quenouille [L. L. *colucula*, dim. of L. *colus*], *s.f., distaff*.

querelle [L. *querela*], *s.f., quarrel, strife*.

quereller [*querelle*], *v.a.*, 1, *to quarrel with*. Se ——, *r.v., to wrangle, quarrel with*.

querelleur, -euse [*querelle*], *adj.* and *s.m.* or *f., quarrelsome; quarreller*.

quérir [L. *quaerere*], *v.a.*, 2, *to fetch, seek*.

question [L. acc. *quaestionem*], *s.f., question, query; rack, torture*.

questionnaire [L. acc. *quaestionarium*, "torturer"], *s.m., chapter or book of questions, examination questions*.

questionner [*question*], *v.a.*, 1, *to question, ask questions*.

quête [L. *quaesita, p.p. fem. of quaerere*; see *quérir*], *s.f., search, collection (of alms), offertory*.

quêter [*quête*], *v.a.*, 1, *to search, collect (alms)*.

quêteur [*quête*, s.m., *almscollector*. Frère ——, *mendicant-friar*. (The *fem.* is *quêteuse*.)

queue [L. *cauda*], *s.f., tail, end, rear, handle*.

qui [L. *qui*], *rel.* and *interr. pron., who, whom, which; he who, him who, what, some one*.

quiconque [L. *quicumque*], *indef. pron., whosoever, whomsoever*.

quiétude [L. acc. *quietudinem*], *s.f., rest, quietude*.

quille [Span. *quilla*, from O. H. G. *kiol*, A.-S. *ceol*, Modern G. *kiel*], *s.f., keel*. —— [O. H. G. *kegil*, Modern G. *kegel*], *s.f., skittle*.

quincaillerie [*quincaille*, "ironmongery," from O. Fr. *clincaille*, lit. "that which clinks"], *s.f., ironmongery, hardware*.

quincaillier [*quincaille*], *s.m., ironmonger*.

quinconce [L. acc. *quincuncem*, from the way of marking five, as on dice ⁙ to designate a method of planting trees. (See Dr. Smith's Latin-Eng. Dict.)], *s.m., quin-

QUINQUAGÉNAIRE.

cunz, plantation of five trees disposed in a square.

quinquagénaire [L. *quinquagenarius*], *adj.* and *s.m.* or *f.*, *of fifty years; quinquagenarian.*

quinquet [word of historical origin, being the name of the inventor], *s.m.*, *lamp.*

quint [L. *quintus*], *num. adj.* (ord.), *fifth.* (Quint is used only in "Charles-Quint" and "Sixte-Quint.")

quintal [L. L. n. *quintale*, from Arab. *quintár*, "hundred-weight"], *s.m.*, *hundred-weight.*

quinte [*lit.*, "(coughing) five times"], *s.f.*, *fit of coughing, whim, crotchet.*

quinteux, -euse [*quinte*], *adj.*, *whimsical, crotchety.*

quintuple [L. acc. *quintuplicem*], *adj.* and *s.m.*, *fivefold; quintuple.*

quintupler [*quintuple*], *v.a.* and *n.*, 1, *and se ——, r.v., to increase fivefold, quintuple.*

quinzaine [*quinze*], *s.f., about fifteen; fortnight.*

quinze [L. *quindecim*], *num. adj.* (card.), *fifteen.*

quinzième [*quinze*], *num. adj.* (ord.), *fifteenth.*

quiproquo [L. *quid, pro, quod, lit.* "to take a quid for a quod"], *s.m., quidproquo, blunder, mistake.*

quittance [L. L. *quietantia*], *s.f., receipt.*

quitte [L. *quietus*], *adj., free, discharged, clear.* —— à or pour, *at the risk of.* —— à ——, *quits.* En être —— pour, *to get off with ... only.*

quitter [L. *quietare*], *v.a.*, 1, *to part from; to leave; to quit; to forsake.* Se ——, *r.v., to part from each other, to be left.*

qui-vive [*qui, vivre, q.v.*], *s.m., challenge, alert, look-out.* Qui vive? *who goes there?* (military expression.)

quoi [L. *quid*], *rel. pron., what, which, that.* ——! *interj., what!*

quoique [*quoi, que*], *conj., though, although.*

quolibet [L. *quod libet*], *s.m., quibble, joke, trivial pun.*

quote-part [L. *quota*, and

RACHETER.

Fr. *part, q.v.*], *s.f., quota, share.*

quotidien, -enne [L. *quotidianus*], *adj., daily.*

R

rabais [verbal subst. of *rabaisser*], *s.m., abatement.* Au ——, *at reduced prices.*

rabaissement [*rabaisser*], *s.m., lowering, depreciation, humiliation.*

rabaisser [*re, abaisser, q.v.*], *v.a.*, 1, *to lower, underrate, abate.* Se ——, *r.v., to lower oneself.*

rabat [verbal subst. of *rabattre*], *s.m., band (for the neck).*

rabattre [*re, abattre, q.v.*], *v.a.*, 4, *to beat down; lessen, abate.*

raboteux, -euse [*raboter*, "to plane"], *adj., uneven, rough, rugged.*

raccommodage [*raccommoder*], *s.m., repairing, mending.*

raccommodement [*raccommoder*], *s.m., reconciliation.*

raccommoder [*re, accommoder, q.v.*], *v.a.*, 1, *to repair, mend; reconcile.* Se ——, *r.v., to be mended; reconciled.*

raccourci, -e [*p.p.* of *raccourcir*], *adj., shortened.* A bras raccourci, *with might and main.*

raccourcir [*re, accourcir*, "to shorten"], *v.a.*, 2, *to shorten, curtail.* Se ——, *r.v., to get shorter; to shrink.*

raccourcissement [*raccourcir*], *s.m., shortening.*

raccroc [verbal subst. of *raccrocher*], *s.m., lucky hit, fluke.*

raccrocher [*re, accrocher, q.v.*], *v.a.*, 1, *to hook again, hang up; recover.* Se ——, *r.v., to cling to, fall back upon; to be hooked on again.*

race [It. *razza*, from O.H.G. *reiza*, "line"], *s.f., race, kind.*

rachat [verbal subst. of *racheter*], *s.m., repurchase, redemption, recovery.*

racheter [*re, acheter, q.v.*], *v.a.*, 1, *to repurchase, redeem, atone for.* Se ——, *r.v., to*

RAFFERMIR.

redeem oneself; to be redeemed.

racine [L. L. *radicina*, from L. acc. *radicem*], *s.f., root; beginning, origin.*

racle [verbal subst. of *racler*], *s.f., scraper.*

racler [L. L. *rasiculare*, der. from L. L. *rasicare*, frequent. of L. *radere*], *v.a.*, 1, *to scrape off.*

raconter [*re, conter, q.v.*], *v.a.*, 1, *to relate, tell.*

raconteur, -euse [*raconter*], *s.m.* or *f.*, *relater, teller.*

racornir (se) [*re, corne, q.v.*], *r.v., to shrivel up.*

racornissement [*racornir*], *s.m., shrivelling up.*

racquitter (se) [*re, acquitter, q.v.*], *r.v., to win back, recoup oneself.*

rade [it. *rada*, from O. Scand. *reida*, "fitting out of ships"], *s.f., road, roadstead.*

radeau [L. L. acc. *radellum*, dim. of L. *ratis*, "a boat"], *s.m., raft.*

radiation [L. acc. *radiationem*], *s.f., radiation.*

radical, -e [L. L. *radicalis*, from L. acc. *radicem*], *adj., radical.*

radicalement, *adv., radically.*

radieux, -euse [L. *radiosus*], *adj., radiant, beaming.*

radis [L. acc. *radicem*, "root"], *s.m., radish.*

radotage [*radoter*], *s.m., dotage.*

radoter [O. Fr. *redoter*, from *re* and O. Fr. *doter*, from Engl. *to dote*, Flemish *doten*], *v.n.*, 1, *to dote, twaddle.*

radoteur, -euse [*radoter*], *s.m.* or *f.*, *dotard, twaddler.*

radoub [verbal subst. of *radouber*], *s.m., refitting, repair (of ships).*

radouber [O. Fr. *redouber*, from *re* and O. Fr. *douber*, from A.-S. *dubban*, "to strike"], *v.a.*, 1, *to refit, repair (ships).*

radoucir [*re, adoucir, q.v.*], *v.a.*, 2, *to soften, pacify, calm.* Se ——, *r.v., to soften down; relent, subside.*

radoucissement [*radoucir*], *s.m., softening, relenting.*

rafale [?], *s.f., squall.*

raffermir [*re, affermir, q.v.*], *v.a.*, 2, *to harden,*

RAFFERMISSEMENT.

strengthen, fasten. Se ——,
r.v., to grow stronger, firmer.
raffermissement [*raffermir*], *s.m., hardening, strengthening, fastening.*
raffinage [*raffiner*], *s.m., refining.*
raffiné, -e [*p.p. of raffiner*], *adj., refined, delicate; keen, sharp.*
raffinement [*raffiner*], *s.m., refinement.*
raffiner [*re, affiner,* "to refine"], *v.a.,* 1, *to refine.* Se ——, *r.v., to become refined, sharp.*
raffinerie [*raffiner*], *s.f., sugar refinery.*
raffineur [*raffiner*], *s.m., refiner, sugar-baker.*
raffoler [*re, affoler,* "to be infatuated"], *v.n.,* 1, *to be passionately fond of.*
rafraîchir [*re,* and obsolete *afraîchir,* compd. of *à* and *fraîche,* fem. of the adj. *frais, q.v.*], *v.a.,* 2, *to cool, refresh.* Se ——, *r.v., to cool, refresh or rest oneself.*
rafraîchissant, -e [*pres. part.* of *rafraîchir*], *adj., cooling, refreshing.*
rafraîchissement [*rafraîchir*], *s.m., refreshment.*
ragaillardir [*re, gaillard, q.v.*], *v.a.* 2, *to enliven, cheer up.*
rage [L. acc. *rabiem*], *s.f., rage, fury.* (Its doublet is *rêve, q.v.*)
rageur, -euse [*rage*], *adj.* and *s.m.* or *f., ill-tempered; passionate man or woman.*
ragoût [verbal subst. of *ragoûter*], *s.m., stew; relish.*
ragoûtant, -e [*pres. part.* of *ragoûter*], *adj., relishing, tempting, savoury; pleasing.*
ragoûter [*re, goûter, q.v.*], *v.a.,* 1, *to revive the appetite of; :tempt, excite.*
raide or **roide** [L. *rigidus*], *adj., rigid, steep, rapid, inflexible.* —— *mort, stone-dead.*
raideur or **roideur** [*raide* or *roide*], *s.f., stiffness, steepness, rapidity, inflexibility.*
raidir or **roidir** [*raide* or *roide*], *v.a.* and *n.,* 2, *to stiffen, tighten,* **to** *become inflexible.* Se ——, *r.v., to battle hard against; to become stiff, tight.*
raie [L. L. *radia,* fem. form of L. *radius*], *s.f., line; parting (of the hair).*

RALLONGE.

rail [Engl. *rail*], *s.m., rail.*
railler [L. L. *radiculare,* from L. *radere,* "to scrape, scratch, shave off the hair with a razor"], *v.a.,* 1, *and se* ——, *r.v., to rally, jest at, laugh at.*
raillerie [*railler*], *s.f., raillery, jeering.*
railleur, -euse [*railler*], *adj.* and *s.m.* or *f., rallying, jeering; rallier, jeerer, sneerer.*
rainure [*rainer,* "to groove"], *s.f., groove.*
rais [L. acc. *radium*], *s.m., spoke (of wheels); ray, beam (of light).*
raisin [L. acc. *racemum,* from Gr. ῥάξ, ῥαγός, from Skr. *drākshā,* "grape"], *s.m., grape.*
raison [L. acc. *rationem*], *s.f., reason, sense, cause, ground, motive.* Avoir ——, *to be right.*
raisonnable [L. *rationabilis*], *adj., rational, sensible, reasonable.*
raisonnablement, *adv., reasonably, justly, wisely.*
raisonnement [*raisonner*], *s.m., reasoning, argument.*
raisonner [*raison*], *v.a.* and *n.,* 1, *to reason, argue, consider.*
raisonneur, -euse [*raisonner*], *s.m.* or *f., reasoner, answerer, grumbler.*
rajeunir [*re, jeune, q.v.*], *v.a.,* 2, *to restore to youth, make younger.* ——, *v.n., to grow young again.*
rajeunissement [*rajeunir*], *s.m., restoration to youth.*
râle or **râlement** [H. G. *rasseln,* "to make a noise"], *s.m., rattle (in the throat).* Râle, *s.m., rail (bird).*
ralentir [*re, lent, q.v.*], *v.a.,* 2, *to slacken, lessen, retard.* Se ——, *r.v., to become slower; to slacken the speed.*
ralentissement [*ralentir*], *s.m., slackening.*
râler [*râle*], *v.n.,* 1, *to rattle in one's throat.*
ralliement or **ralliment** [*rallier*], *s.m., rallying.*
rallier [*re, allier, q.v.*], *v.a.,* 1, *and se* ——, *r.v., to rally.*
rallonge [verbal subst. of

RAMPE.

rallonger], *s.f., piece to lengthen, leaf (of a table).*
rallongement [*rallonger*], *s.m., lengthening.*
rallonger [*re, allonger, q.v.*], *v.a.,* 1, *to lengthen.*
rallumer [*re, allumer, q.v.*], *v.a.,* 1, *to rekindle, light again.* Se ——, *r.v., to light again; to break out again.*
ramage [formerly *chant ramage,* "song of birds in the branches," from L. L. n. *ramaticum,* deriv. of L. *ramus*], *s.m., warbling, singing.*
ramas [verbal subst. of *ramasser*], *s.m., heap, collection, lot.*
ramasser [*re, amasser, q.v.*], *v.a.,* 1, *to pick up, gather up.* Se ——, *r.v., to be collected or gathered; to roll oneself up; to pick oneself up.*
rame [L. acc. m. *remum*], *s.f., oar.*
rameau [O. Fr. *ramel,* from L. L. acc. *ramellum,* dim. of L. *ramus*], *s.m., branch, twig.*
ramée [L. L. *ramata,* der. from L. *ramus*], *s.f., green boughs.*
ramener [*re, amener, q.v.*], *v.a.,* 1, *to recall, bring back, restore, revive.* [row.
ramer [*rame*], **v.n.,** 1, *to* **rameur** [*ramer*], **s.m.,** *rower.*
ramier [*ramée*], *s.m., woodpigeon.*
ramification [*ramifier*], *s.f., ramification, branch.*
ramifier (se) [L. L. *ramificare*], *r.v., to ramify, branch out.*
ramollir [*re, amollir, q.v.*], *v.a.,* 2, *and* se ——, *r.v., to soften; to get soft.*
ramollissement [*ramollir*], *s.m., softening.*
ramonage [*ramoner*], *s.m., chimney-sweeping.*
ramoner [O. Fr. *ramon,* L. acc. *ramum,* "a broom made of a branch"], *v.a.,* 1, *to sweep (chimneys).*
ramoneur [*ramoner*], *s.m., chimney-sweeper, sweep.*
rampant, -e [*pres. part.* of *ramper*], *adj., crawling, creeping, low, rampant, servile.*
rampe [verbal subst. of *ramper*], *s.f., handrail, balustrade; declivity, descent, slope.*

RAMPEMENT.

rampement [ramper], s.m., crawling, creeping.
ramper [L. G. rapen, "to cling to"], v.n., 1, to creep, crawl, crouch; to be low, servile.
ramure [L. acc. ramum], s.f., branches, boughs; horns, antlers (of stags).
rance [L. rancidus], adj., rancid, rank.
rançon [O. Fr. **raençon**, from L. acc. redemptionem], s.f., ransom. (Its doublet is rédemption, q.v.)
rançonner [rançon], v.a., 1, to ransom, tax; fleece, overcharge.
rancune [O. Fr. rancure, from Medieval L. rancura, from L. rancor], s.f., rancour, malice, grudge, ill-will, spite. Garder ——, to bear a grudge.
rancunier, -ière [rancune and suffix -ier], adj. and s.m. or f., spiteful; rancorous or spiteful man or woman.
rang [O. H. G. hring, "ring, circle"], s.m., rank, row, station, degree.
rangée [partic. subst. of ranger], s.f., line, range, row, tier.
ranger [rang], v.a., 1, to put in order, in array. Se ——, r.v., to place oneself, to draw up.
ranimer [re, animer, q.v.], v.a., 1, to restore to life again; cheer up. Se ——, r.v., to revive.
ranz [G.-Swiss ranz, "running, chase"], s.m., ranz, tune. —— des vaches, ranz des vaches (melody of Swiss herdsmen).
rapace [L. acc. adj. rapacem], adj., rapacious.
rapacité [L. acc. rapacitatem], s.f., rapacity, greediness.
râpe [verbal subst. of râper], s.f., rasp, grater.
râpé, -e [p.p. of râper], adj., rasped; threadbare, shabby.
râper [O. H. G. raspón, "to grate"], v.a., 1, to rasp, grate.
rapetisser [re, à, petit, q.v.], v.a., 1, to lessen, shorten. Se ——, r.v., to grow less; to shrink.

RAS.

rapide [L. rapidus], adj., rapid, swift.
rapidement, adv., rapidly, swiftly.
rapidité [L. acc. rapiditatem], s.f., rapidity, swiftness.
rapiécer [re, à, pièce, q.v.], v.a., 1, to mend, patch.
rapière [L. L. rapperia], s.f., rapier.
rapine [L. rapina], s.f., rapine, plunder.
rappel [verbal subst. of rappeler], s.m., recall, roll-call.
rappeler [re, appeler, q.v.], v.a., 1, to recall, call back. Se ——, r.v., to remember.
rapport [verbal subst. of rapporter], s.m., relation, report, produce, revenue, bearing.
rapporter [re, apporter, q.v.], v.a., 1, to bring back; relate, tell. —— v.n., to bear, produce, bring in.
rapporteur [rapporter], s.m., reporter; judge-advocate; tell-tale.
rapproché, -e [p.p. of rapprocher], adj., near, close at hand.
rapprochement [rapprocher], s.m., reconciliation; comparison.
rapprocher [re, approcher, q.v.], v.a., 1, to draw near; bring together, compare; reconcile. Se ——, r.v., to draw near; resemble; to get reconciled.
rapsode [Gr. ῥαψῳδός, from ῥάπτειν, "to sew," and ᾠδή, "song"], s.m., rhapsodist.
rapsodie [Gr. ῥαψῳδία], s.f., rhapsody.
rapt [L. n. raptum, p.p. of rapere], s.m., abduction.
raquette [L. L. racha, "the wrist"], s.f., racket.
rare [L. rarus], adj., rare, scarce, uncommon.
raréfaction [raréfier], s.f., rarefaction.
raréfier [L. L. rarefacare, compd. of L. rarus and suffix -ficare], v.a., 1, and se ——, r.v., to rarefy.
rarement [rare and suffix -ment], adv., rarely, seldom.
rareté [L. acc. raritatem], s.f., rarity, scarceness.
ras, -e [L. rasus, p.p. of radere], adj., close-shaven, shorn, cut close; flat, open.

RATION.

rasade [raser], s.f., bumper.
raser [ras], v.a., 1, to shave; cut down, raze to the ground; skim along. Se ——, r.v., to shave oneself.
rasoir [raser], s.m., razor.
rassasiement [rassasier], s.m., satiety, surfeit.
rassasier [re, O. Fr. assasier, from L. L. adsatiare, compd. of L. ad and satiare], v.a., 1, to satiate, to satisfy. Se ——, r.v., to satisfy oneself.
rassemblement [rassembler], s.m., gathering, crowd, mob, riotous meeting.
rassembler [re, assembler, q.v.], v.a., 1, to reassemble; summon up; muster. Se ——, r.v., to assemble, meet again, muster.
rasseoir (se) [re, asseoir, q.v.], r.v., to sit down again.
rasseréner [re, à, and serein, q.v.], v.a., 1, to restore serenity to. Se ——, r.v., to clear up; to recover one's serenity.
rassis, -e [re, assis, p.p. of asseoir, q.v.], adj., stale; sedate.
rassurant, -e [pres. part. of rassurer], adj., encouraging, reassuring.
rassurer [re and assurer, q.v.], v.a., 1, to reassure, strengthen. Se ——, r.v., to recover oneself, take confidence or courage, to be reassured.
rat [O. H. G. rato], s.m., rat.
ratatiné, -e [p.p. of se ratatiner, "to shrink"], adj., shrunk, shrivelled up.
rate [N. rate, properly "honeycomb"], s.f., spleen.
râteau [O. Fr. rastel, from L. acc. rastellum], s.m., rake.
râtelier [dim. of râteau], s.m., rack; set of teeth.
rater [rat; e.g. ce pistolet a pris un rat, "this pistol missed fire," in writers of the 18th century], v.n., 1, to miss fire.
ratière [rat], s.f., rat-trap.
ratification [L. L. acc. ratificationem], s.f., ratification.
ratifier [L. L. ratificare, der. from L. ratum ("settled, certain"), p.p. n. of reor; cf. L. ratum aliquid facere, "to confirm"], v.a., 1, to ratify.
ration [L. acc. rationem

RATIONALISME.

"measure"], s.f., ration, allowance. (Its doublet is raison, q.v.)

rationalisme [L. adj. rationalis], s.m., rationalism.

rationaliste [L. adj. rationalis], s.m. or f., rationalist.

rationnel, -elle [L. rationalis], adj., rational.

rationnellement, adv., rationally.

rationner [ration], v.a., 1, to ration, allowance.

ratissage [ratisser], s.m., scraping, raking.

ratisser [see rature], v.a., 1, to scrape off, rake.

raton [dim. of rat], s.m., little rat; racoon.

rattacher [re, attacher, q.v.], v.a., 1, to fasten again, connect. Se ——, r.v., to be fastened, attached again, connected.

rattraper [re, attraper, q.v.], v.a., 1, to catch again, overtake; recover Se ——, r.v., to compensate oneself.

rature [der. from O. Fr. v. rater, "to erase"], s.f., erasure.

raturer [rature], v.a., 1, to erase, scratch out.

rauque [L. raucus], adj., hoarse, rough.

ravage [Prov. rabey, "torrent," from L. rapere; see ravine], s.m., ravage, devastation."

ravager [ravage], v.a., 1, to ravage, plunder, lay waste.

ravageur [ravager], s.m., ravager, spoiler.

ravaler [re, avaler, q.v.], v.a., 1, to swallow again; lower, disparage. Se ——, r.v., to lower oneself.

rave [L. rapa, from Gr. ῥάπυς or ῥάφυς, "turnip"], s.f., radish, turnip.

ravi, -e [p.p. of ravir], adj., enraptured, delighted.

ravilir [re, avilir, q.v.], v.a., 2, to revile, debase. Se ——, r.v., to debase oneself.

ravin [see ravine], s.m., ravine, hollow road.

ravine [L. rapina, "carrying off," from rapere], s.f., torrent, ravine.

ravir [L. rapere], v.a., 2, to ravish, steal, carry off; delight, enrapture.

REBELLE.

raviser (se) [re, aviser, q.v.], r.v., to alter one's mind; to think better of it.

ravissant, -e [pres. part. of ravir], adj., ravishing, rapacious; charming, lovely, delightful.

ravissement [ravir], s.m., ravishment; rapture, delight.

ravitaillement [ravitailler], s.m., revictualling.

ravitailler [re and O. Fr. avitailler, "to provision"], v.a., 1, and se ——, r.v., to revictual.

raviver [re, aviver, "to brighten"], v.a., 1, to revive, rouse up.

rayer [L. radiare], v.a., 1, to scratch out, erase.

rayon [rais, q.v.], s.m., ray; radius, circumference, spoke, shelf.

rayonnant, -e [pres. part. of rayonner], adj., radiant, beaming, radiating.

rayonnement [rayonner], s.m., radiancy, radiation.

rayonner [rayon], v.n., 1, to beam, radiate, irradiate.

rayure [rayer], s.f., stripe, streak, groove.

réaction [re, action, q.v.], s.f., reaction.

réactionnaire [réaction], adj. and s.m. or f., reactionary; reactionist.

réagir [re, agir, q.v.], v.n., 2, to react.

réal (Sp. real, "royal"], s.m., real (Spanish coin).

réalisable [réaliser], adj., realizable.

réalisation [réaliser], s.f., realization, realizing.

réaliser [L. L. realis], v.a., 1, to realize. Se ——, r.v., to be realized.

réalit [L L. acc. realitatem], s.f., reality.

réapparition [re, apparition, q.v.], s.f., reappearance.

rebaisser [re, baisser, q.v.], v.a., 1, to lower again.

rébarbatif, -ive [re, barbe, q.v.], adj., cross, surly, stern, dogged.

rebâtir [re, bâtir, q.v.], v.a., 2, to rebuild. Se ——, r.v., to be rebuilt.

rebattre [re, battre, q.v.], v.a., 4, to beat again; to say over and over again; to repeat.

rebelle [L. rebellis], adj., rebellious. ——, s.m., rebel.

RECÉLEUR.

rebeller (se) [L. rebellare], r.v., to rebel.

rébellion [L. acc. rebellionem], s.f., rebellion.

rebiffer (se) [re, and O. Fr. biffe, "a kind of stuff;" rebiffer means properly "to put in order the folds of the stuff," hence "to bridle up"], r.v., to resist; to kick against the pricks.

reblanchir [re, blanchir, q.v.], v.a., 2, to whiten again.

rebondir [re, bondir, q.v.], v.n., 2, to rebound.

rebondissement [rebondir], s.m., rebound, rebounding.

rebord [verbal subst. of reborder], s.m., brim, border, edge, ledge.

reborder [re, border, q.v.], v.a., 1, to border again.

reboucher [re, boucher, q.v.], v.a., 1, to stop or cork up again. Se ——, r.v., to be stopped up again.

rebours [L. L. adj. rebursus, "bristling"], s.m., wrong way or side, reverse, contrary. A or au ——, the wrong way, against the grain.

rebrousser [re, brosse, q.v.], v.a., 1, to turn back, retrace (one's steps).

rebut [verbal subst. of rebuter], s.m., refuse, rubbish.

rebutant, -e [pres. part. of rebuter], adj., repulsive, discouraging.

rebuté, -e [p.p. of rebuter], adj., discouraged, disheartened.

rebuter [re, buter, "to anger"], v.a., 1, to repel, rebuff, dishearten. Se ——, r.v., to be disheartened.

recacheter [re, cacheter, q.v.], v.a., 1, to seal again.

récalcitrant, -e [L. acc. recalcitrantem, pres. part. of recalcitrare, "to kick back (of horses)"], adj., recalcitrant, refractory.

récapitulation [récapituler], s.f., recapitulation, summing up.

récapituler [L. recapitulare], v.a., 1, to recapitulate, sum up.

recéler [re, céler, q.v.], v.a., 1, to conceal; to receive stolen goods.

recéleur, -euse [recéler], s.m. or f., receiver of stolen goods.

RÉCEMMENT.

récemment [*recent*], *adv., recently, lately.*

recensement [*recenser*], *s.m., census, return.*

recenser [L. *recensere*, "to enumerate, reckon up"], *v.a.,* 1, *to take the census of.*

récent, -e [L. acc. adj. *recentem*], *adj., recent, new, late.*

réceptacle [L. n. *receptaculum*], *s.m., receptacle.*

réception [L. acc. *receptionem*], *s.f., reception, admittance, admission, audience.*

recette [L. L. *recepta*, "receipt"], *s.f., receipt; collection.*

recevable [*recevoir*], *adj., receivable, admissible.*

receveur [*recevoir*], *s.m., receiver.*

recevoir [L. *recipere*], *v.a.,* 3, *to receive, accept, introduce, admit, approve, entertain.*

rechange [*re, change, q.v.*], *s.m., spare thing (clothes, stores).* Habits de ——, *a change of clothes.*

recharger [*re, charger, q.v.*], *v.a.,* 1, *to reload.*

réchauffer [*re, échauffer, q.v.*], *v.a.,* 1, *to warm again, to give new life to.* Se ——, *r.v., to warm oneself.*

recherche [verbal subst. of *rechercher*], *s.f., search, pursuit; inquiry.*

recherché, -e [*p.p.* of *rechercher, q.v.*], *adj., studied, affected; elegant, in great request, exquisite.*

rechercher [*re, chercher, q.v.*], *v.a.,* 1, *to seek again, search, inquire, investigate, seek after.* Se ——, *r.v., to seek each other's company.*

rechute [*re, chute, q.v.*], *s.f., relapse.*

récidive [L. adj. *recidivus*], *s.f., fresh offence, relapse, repetition.*

récidiver [*récidive*], *v.n.,* 1, *to repeat the offence.*

récif [Port. *recife*, from Ar. *ar-racîf*, "embankment"], *s.m., reef, ridge of rocks.*

récipiendaire [L. L. acc. *recipiendarium*], *s.m., new member.*

récipient [L. acc. *recipientem*], *s.m., recipient, receiver; cistern, well.*

réciprocité [L. L. acc. *reciprocitatem*], *s.f., reciprocity.*

RECOMPTER.

réciproque [L. *reciprocus*], *adj., reciprocal, mutual.*

réciproquement, *adv., reciprocally, mutually.*

réciproquer [L. *reciprocare*], *v.a.* and *n.,* 1, *to reciprocate.*

récit [verbal subst. of *réciter*], *s.m., relation, narrative, account.*

récitateur [L. acc. *recitatorem*], *s.m., reciter.*

récitation [L. acc. *recitationem*], *s.f., recitation.*

réciter [L. *recitare*], *v.a.,* 1, *to recite, repeat, relate.*

réclamation [L. acc. *reclamationem*], *s.f., claim, protest, objection, complaint.*

réclamer [L. *reclamare*], *v.a.* and *n.,* 1, *to demand, claim, protest, oppose, complain.*

reclus, -e [L. *reclusus*, *p.p.* of *recludere*], *adj.* and *s.m.* or *f., shut up; recluse.*

réclusion [*reclus*], *s.f., seclusion, confinement; imprisonment.*

recoin [*re, coin, q.v.*], *s.m., nook, corner.*

recoller [*re, coller, q.v.*], *v.a.,* 1, *to paste* or *glue again.*

récolte [It. *raccolta*, from L. *recollectus p.p.* of *recolligere*], *s.f., crop, harvest.*

récolter [*récolte*], *v.a.,* 1, *to reap, gather in.* Se ——, *r.v., to be reaped* or *gathered in.*

recommandable [*recommander*], *adj., commendable, respectable.*

recommandation [*recommander*], *s.f., recommendation, introduction, reference.*

recommander [*re, commander, q.v.*], *v.a.,* 1, *to recommend, beg* or *pray for.* Se ——, *r.v., to recommend oneself; to ask for the protection of; to refer to.*

recommencer [*re, commencer, q.v.*], *v.a.,* 1, *to begin again, renew, try again.*

récompense [verbal subst. of *récompenser*], *s.f., reward, recompense; compensation.*

récompenser [*ré* (for *re*), *compenser*, from L. *cumpensare*, "to weigh"], *v.a.,* 1, *to reward, recompense, make up for.* Se ——, *r.v., to recompense* or *compensate oneself; to be recompensed.*

recompter [*re, compter,*

RECOURIR.

q.v.], *v.a.,* 1, *to recount, reckon again.*

réconciliable [*réconcilier*], *adj., reconcilable.*

réconciliateur [L. acc. *reconciliatorem*], *s.m., reconciler.* (The *fem.* is *réconciliatrice.*)

réconciliation [L. acc. *reconciliationem*], *s.f., reconciliation.*

réconcilier [L. *reconciliare*], *v.a.,* 1, *to reconcile.* Se ——, *r.v., to be reconciled.*

reconduire [*re, conduire, q.v.*], *v.a.,* 4, *to take back, accompany, see home.*

reconforter [*ré, conforter, q.v.*], *v.a.,* 1, *to comfort, revive.* Se ——, *r.v., to recruit one's strength.*

reconnaissable [*reconnaître*], *adj., recognizable.*

reconnaissance [*reconnaissant*], *s.f., gratitude; recognition; reconnoitring.*

reconnaissant, -e [*p.p.* of *reconnaître*], *adj., grateful, thankful.*

reconnaître [*re, connaître, q.v.*], *v.a.,* 4, *to recognize, know again; discover; acknowledge; explore, reconnoitre.* Se ——, *r.v., to recognize, know oneself* or *each other **again**; to know what one is **about**; to find one's way.*

reconquérir [*re, conquérir, q.v.*], *v.a.,* 2, *to reconquer, regain.*

reconstruction [*re, construction, q.v.*], *s.f., reconstruction, rebuilding.*

reconstruire [*re, construire, q.v.*], *v.a.,* 4, *to reconstruct, rebuild.* Se ——, *r.v., to be rebuilt.*

recopier [*re, copier, q.v.*], *v.a.,* 1, *to recopy.*

recoquiller [*re* and *coquille, q.v.*], *v.a.,* 1, *and se* ——, *r.v., to curl up, shrink up.*

recoudre [*re, coudre, q.v.*], *v.a.,* 4, *to sew again.*

recouper [*re, couper, q.v.*], *v.a.,* 1, *to cut again.*

recourbé, -e [*p.p.* of *recourber*], *adj., bent back, hooked.*

recourber [*re, courber, q.v.*], *v.a.,* 1, *and so* ——, *r.v., to bend round* or *back, to become crooked.*

recourir [*re, courir, q.v.*],

| RECOURS. | REDIRE. | RÉFLÉCHI. |

v.n., 2, *to run again; to have recourse to; apply, appeal.*
recours [*re, cours, q.v.*], *s.m., recourse, refuge; help, redress.*
recouvrement [*recouvrer*], *s.m., regaining, recovery; payment.*
recouvrer [L. *recuperare*], *v.a.*, 1, *to regain, recover, get back.*
recouvrir [*re, couvrir, q.v.*], *v.a.*, 2, *to cover again, hide, conceal.* Se ——, *r.v., to cover oneself again; to cover each other; to be covered again, overcast* (*of the sky*).
récréatif, -ive [*recréer*], *adj., recreative, amusing.*
récréation [L. acc. *recreationem,* "restoring"], *s.f., re-creation, amusement.*
récréer [L. *recreare,* "to revive, refresh"], *v.a.*, 1, *to re-create, amuse.* Se ——, *r.v., to take some amusement.*
recréer [*re, créer, q.v.*], *v.a.*, 1, *to create anew.*
récrier (se) [*ré, crier, q.v.*], *r.v., to express one's admiration, exclaim, protest.*
récrimination [*récriminer*], *s.f., recrimination.*
récriminer [*ré* (for *re*) and L. *criminari,* "to accuse"], *v.n.*, 1, *to recriminate.*
récrire [*re, écrire, q.v.*], *v.a.* and *n.*, 4, *to write again.*
recru, -e [*p.p.* of O. Fr. v. *recroire*], *adj., tired out, knocked up.*
recrudescence [L. *recrudescere*], *s.f., recrudescence.*
recrue [partic. subst. of *recroître, q.v.*], *s.f., recruiting; recruit.*
recrutement [*recruter*], *s.m., recruiting.*
recruter [*recrue*], *v.a.*, 1, *to recruit.*
recruteur [*recruter*], *s.m., recruiting officer or sergeant.*
rectangle [L. L. acc. *rectangulum*], *s.m., rectangle.* ——, *adj., rectangular*
rectangulaire [*rectangle*], *adj., rectangular.*
recteur [L. acc. *rectorem*], *s.m., rector, provost.*
rectification [*rectifier*], *s.f., rectification, amendment.*
rectifier [L. L. *rectificare*, from L. *rectus, facere*], *v.a.*, 1, *to amend, correct, rectify.*
rectitude [L. acc. *recti-*

tudinem], *s.f., rectitude, uprightness.*
reçu [partic. subst. of *recevoir, q.v.*], *s.m., receipt.*
recueil [verbal subst. of *recueillir*], *s.m., collection, selection.*
recueillement [*recueillir*], *s.m., reflection, meditation, devout attention.*
recueillir [L. *recolligere*], *v.a.*, 2, *to reap, gather, collect, receive, shelter; inherit.* Se ——, *r.v., to collect oneself, reflect, meditate.*
recuire [*re, cuire, q.v.*], *v.a.*, 4, *to cook again, reheat, anneal.*
recul [verbal subst. of *reculer*], *s.m., recoil.*
reculer [*re* and *cul,* "bottom"], *v.a.* and *n.*, 1, *to move back, fall back.* Se ——, *r.v., to move back.*
reculons (à) [*recul*], *adv. loc., backwards.*
récuser [L. *recusare*], *v.a.*, 1, *to challenge, object to, reject, deny.* Se ——, *r.v., to excuse oneself; to decline.*
rédacteur [L. L. acc. *redactorem,* from L. *redactum,* sup. of *redigere*], *s.m., writer, editor.*
rédaction [L. L. acc. *redactionem*], *s.f., redaction, drawing up, writing.*
reddition [L. acc. *redditionem*], *s.f., rendition, surrender.*
redemander [*re, demander, q.v.*], *v.a.*, 1, *to ask or claim again.*
Rédempteur [L. acc. *redemptorem*], *s.m., Redeemer.*
rédemption [L. acc. *redemptionem*], *s.f., redemption.* (Its doublet is *rançon, q.v.*).
redescendre [*re, descendre, q.v.*], *v.a.* and *n.*, 4, *to come down again.*
redevable [*redevoir*], *adj., owing, indebted, obliged.*
redevance [*redevant,* pres. part. of *redevoir*], *s.f., rent, due, royalty.*
redevoir [*re, devoir, q.v.*], *v.a.*, 3, *to owe still; to remain in one's debt.*
rédiger [L. *redigere*], *v.a.*, 1, *to draw up, write out.*
redingote [Engl. *riding coat*], *s.f., frock-coat.*
redire [*re, dire, q.v.*], *v.a.,*

4, *to repeat; blame, find fault with.*
redite [partic. subst. of *redire*], *s.f., repetition.*
redonner [*re, donner, q.v.*], *v.a.*, 1, *to give back.*
redoublement [*redoubler*], *s.m., reduplication, increase.*
redoubler [*re, doubler, q.v.*], *v.a.*, 1, *to increase, redouble, repeat.* —— de, *v.n., to increase, redouble.*
redoutable [*redouter*], *adj., redoubtable, formidable.*
redoute [It. *ridotto*], *s.f., redoubt.*
redouter [*re, douter,* which, in O. Fr., meant "to fear"], *v.a.*, 1, *to dread, fear.*
redresser [*re, dresser, q.v.*], *v.a.*, 1, *to straighten, correct, redress.* Se ——, *r.v., to become straight; to stand erect; to hold up one's head.*
réduction [L. acc. *reductionem*], *s.f., reduction, abatement.*
réduire [L. *reducere*], *v.a.*, 4, *to reduce, abate, diminish; compel; subdue.* Se ——, *r.v., to be reduced; to amount.*
réduit [partic. subst. of *réduire*], *s.m., small habitation, retreat.*
réédifier [*ré, édifier, q.v.*], *v.a.*, 1, *to rebuild.*
réel, -elle [L. L. *realis*, from L. acc. *rem*], *adj., real, true, actual.*
réélection [*ré, élection, q.v.*], *s.f., re-election.*
rééligible [*ré* (for *re*) and *éligible, q.v.*], *adj., re-eligible.*
réélire [*ré, élire, q.v.*], *v.a.*, 4, *to re-elect.*
réellement [fem. adj. *réelle* and suffix *-ment*], *adv., really, truly.*
refaire [*re, faire, q.v.*], *v.a.*, 4, *to remake.* Se ——, *r.v, to be done afresh; to recover one's strength; to retrieve one's losses.*
refaucher [*re, faucher, q.v.*], *v.a.*, 1, *to mow again.*
refectoire [L. L. n. *refectorium*], *s.m., refectory, dining-hall.*
référer [L. *referre*], *v.a.* and *n.*, 1, *to report, refer to.*
refermer [*re, fermer, q.v.*], *v.a.*, 1, *and* se ——, *r.v., to shut again, to close again.*
réfléchi, -e [*p.p.* of *ré-*

RÉFLÉCHIR.

fléchir], *adj., thoughtful, guarded; reflected.*
réfléchir [L. *reflectere*], *v.a.*, 2, *to reflect back*. ——, *v.n., to think, ponder.* Se ——, *r.v., to be reflected.*
réfléchissant, -e [*pres. part.* of *réfléchir*], *adj., reflecting.*
réfléchissement [*réfléchir*], *s.m., reflection.*
réflecteur [L. *reflectere*], *adj.* and *s.m., reflecting; reflector.*
reflet [verbal subst. of *refléter*], *s.m., reflexion.*
refléter [L. *reflectere*], *v.a.*, 1, *to reflect (light).* Se ——, *r.v., to be reflected.*
refleurir [*re, fleurir*, q.v.], *v.n.*, 2, *to flourish again.*
réflexion [L. acc. *reflexionem*], *s.f., reflexion, thought.*
refluer [L. *refluere*], *v.n.*, 1, *to flow back.*
reflux [*re, flux*, q.v.], *s.m., ebb, ebb-tide.*
refondre [*re, fondre*, q.v.], *v.a.*, 4, *to recast, remould.* Se ——, *r.v., to be refounded; to reform oneself.*
refonte [partic. subst. of *refondre*], *s.f., refounding, recasting, remoulding, recoinage.*
réformateur [L. acc. *reformatorem*], *s.m., reformer.*
réformation [L. acc. *reformationem*], *s.f., reformation.*
réforme [verbal subst. of *réformer*], *s.f., reform.*
réformé, -e [p.p. of *réformer*], *adj., reformed.* Les *réformés, s.m. pl., the Protestants.*
réformer [L. *reformare*], *v.a.*, 1, *to reform, transform, change.*
reformer [*re, former*, q.v.], *v.a.*, 1, *to form anew.*
refouler [*re, fouler*, q.v.], *v.a.*, 1, *to drive back, force back, press back.*
réfractaire [L. *refractarius*], *adj., refractory.* ——, *s.m., defaulting recruit.*
réfracteur [*réfracter*, "to refract"], *s.m., refractor; refracting telescope.*
réfraction [L. L. *refractionem*, from L. *refractum*, sup. of *refringere*], *s.f., refraction.* A ——, *refracting scope.*
refrain [verbal subst. of

RÉGÉNÉRATEUR.

O. Fr. v. *refraindre*, "to break"], *s.m., burden (of a song), chorus.*
refréner [L. *refrenare*], *v.a.*, 1, *to bridle, check.*
refrogner (se) [*re,* and O. Fr. v. *frogner*, "to frown"], *r.v., to frown.*
refroidir [*re, froidir*], *v.a.* and *n.*, 2, and *se* ——, *r.v., to cool, get cold, relent.*
refroidissement [*refroidir*], *s.m., cooling, coolness, chill.*
refuge [L. n. *refugium*], *s.m., refuge, shelter.*
réfugié, -e [partic. subst. of *se réfugier*], *s.m.* or *f., refugee.*
réfugier (se) [*refuge*], *r.v., to take refuge, seek shelter.*
refus [verbal subst. of *refuser*], *s.m., refusal, denial.*
refuser [L. L. *refutiare*, from L. *refutare*, "to push back," whence "to refuse"], *v.a.* and *n.*, 1, *to deny, refuse.* Se ——, *r.v., to refuse or grudge oneself.*
réfutable [*réfuter*], *adj., refutable.*
réfutation [L. acc. *refutationem*], *s.f., refutation, disproof.*
réfuter [L. *refutare*], *v.a.*, 1, *to refute, disprove.* Se ——, *r.v., to refute oneself or each other; to be refuted.*
regagner [*re, gagner*, q.v.], *v.a.*, 1, *to regain; go back to; make up for; reach.* Se ——, *r.v., to be regained.*
regain [*re* and O. Fr. *gain* or *wain*, "grass"], *s.m., aftermath.*
régal [verbal subst. of *régaler*], *s.m., feast, treat, banquet.*
régaler [Sp. *regalar*], *v.a.*, 1, *to treat.* Se ——, *r.v., to treat or enjoy oneself.*
regard [verbal subst. of *regarder*], *s.m., attention, notice; look, glance.*
regarder [*re, garder*, q.v.], *v.a.*, 1, *to look at; behold, see, examine.* ——, *v.n., to consider, think.* Se ——, *r.v., to look at oneself; consider oneself; look at each other.*
régence [*régent*], *s.f., regency.*
régénérateur [L. L. acc. *regeneratorem*], *s.m., regenerator.* ——, *adj., regenerat-*

REGRET.

ing. (The *fem.* is *régénératrice*.)
régénération [L. acc. *regenerationem*], *s.f., regeneration.*
régénérer [L. *regenerare*], *v.a.*, 1, *to regenerate.* Se ——, *r.v., to grow again; to be regenerated.*
régent, -e [L. acc. *regentem*], *s.m.* or *f., regent.*
régicide [L. acc. *regem* and *caedere*], *s.m., regicide (murder of a king* or *queen).* ——, *s.m.* or *f., murderer* or *murderess (of a king* or *queen).* ——, *adj., regicidal.*
regimber [?], *v.n.*, 1, *and se* ——, *r.v., to kick, resist.*
régime [L. n. *regimen*], *s.m., regimen; system; rule, government; diet.*
régiment [L. n. *regimentum*], *s.m., regiment; swarm.*
régimentaire [*régiment*], *adj., regimental.*
région [L. acc. *regionem*], *s.f., region, country.*
régir [L. *regere*], *v.a.*, 2, *to rule, govern, manage.* Se ——, *r.v., to be governed.*
régisseur [*régir*], *s.m., manager, steward.*
registre [L. L. n. *registrum*, "a journal"], *s.m., register.*
règle [L. *regula*], *s.f., ruler; rule, regulation.*
réglé, -e [p.p. of *régler*], *adj., ruled; orderly, punctual, good, steady.*
règlement [*régler*], *s.m., regulation.*
règlementaire [*règlement*], *adj., regulating; allowed, lawful, according to regulations.*
régler [L. *regulare*], *v.a.*, 1, *to regulate, rule.*
régnant, -e [*pres. part.* of *régner*], *adj., reigning; prevalent.*
règne [L. n. *regnum*], *s.m., reign; prevalence.*
régner [L. *regnare*], *v.n.*, 1, *to reign, rule; govern, prevail.*
regorgement [*regorger*], *s.m., overflowing; superabundance.*
regorger [*re, gorge*, q.v.], *v.n.*, 1, *to overflow; to be plentiful; to be surfeited.*
regret [verbal subst. of *regretter*], *s.m., regret, sorrow, grief; repentance.*

Fr. P. II.   Y

REGRETTABLE.

regrettable [*regretter*], *adj.*, *lamentable, to be regretted.*

regretter [O. Fr. *regreter*, from *re*, and *greter*, "to pity," from G. *gretan*, "to greet"], *v.a.* and *n.*, 1, *to regret, lament, grieve; to be sorry; to repent.*

régularisation [*régulariser*], *s.f.*, *regularization, settlement, putting in order.*

régulariser [L. *regularis*], *v.a.*, 1, *to set in order.* Se ——, *r.v.*, *to become regular.*

régularité [L. L. acc. *regularitatem*, from L. *regularis*], *s.f.*, *regularity.*

régulateur [L. L. acc. *regulatorem*, from L. *regulare*], *s.m.*, *regulator.* ——, *adj.*, *regulating.* (The *fem.* is *régulatrice.*)

régulier, -ère [L. *regularis*], *adj.*, *regular.*

régulièrement, *adv.*, *regularly.*

réhabilitation [*réhabiliter*], *s.f.*, *rehabilitation.*

réhabiliter [*ré, habiliter*, "to entitle"], *v.a.*, 1, *to rehabilitate, reinstate, set right.* Se ——, *r.v.*, *to rehabilitate oneself.*

rehaussement [*rehausser*], *s.m.*, *raising, enhancement.*

rehausser [*re, hausser*, *q.v.*], *v.a.*, 1, *to raise, enhance.*

reine [L. *regina*], *s.f.*, *queen.*

reins [L. m. pl. *renes*, Gr. φρένες], *s.m. pl.*, *kidneys.*

réinstallation [*ré, installation, q.v.*], *s.f.*, *reinstallation.*

réinstaller [*ré, installer, q.v.*], *v.a.*, 1, *to reinstall.*

réintégrer [L. *redintegrare*, "to make whole again"], *v.a.*, 1, *to reinstate.*

réitérer [L. *reiterare*], *v.a.* and *n.*, 1, *to reiterate.*

reître [G. *reiter*, "horseman"], *s.m.*, *German trooper, horseman.*

rejaillir [*re, jaillir, q.v.*], *v.n.*, 2, *to gush out; reflect.*

rejaillissement [*rejaillir*], *s.m.*, *gushing out, reflection.*

rejet [verbal subst. of *rejeter*], *s.m.*, *rejection; shoot.*

rejeter [L. *rejectare*], *v.a.*, 1, *to throw back; reject, refuse.*

RELIER.

Se ——, *r.v.*, *to throw oneself again; to fall back.*

rejeton [dim. of *rejet*], *s.m.*, *shoot; scion, offspring.*

rejoindre [*re, joindre, q.v.*], *v.a.*, 4, *to rejoin, meet again; catch, overtake.*

réjoui, -e [*p.p.* of *réjouir*], *adj.*, *joyous, merry, jolly.*

réjouir [*re, jouir, q.v.*], *v.a.*, 2, *to delight, rejoice.* Se ——, *r.v.*, *to rejoice, enjoy oneself.*

réjouissance [*réjouissant*], *s.f.*, *rejoicing, festivity.*

relâche [verbal subst. of *relâcher*], *s.f.*, *relaxation, rest, intermission.*

relâché, -e [*p.p.* of *relâcher*], *adj.*, *relaxed, loose.*

relâchement [*relâcher*], *s.m.*, *loosening, looseness, relaxation.*

relâcher [L. *relaxare*], *v.a.* and *n.*, 1, *and se* ——, *r.v.*, *to slacken, relax, loosen, release, set at liberty; to let go, yield.*

relais [verbal subst. of *relayer*], *s.m.*, *relay, stage, fresh horses.*

relaps, -e [L. *relapsus*], *adj.*, *relapsed.* ——, *s.m.* or *f.*, *relapser.*

relatif, -ive [L. *relativus*], *adj.*, *relative.*

relation [L. acc. *relationem*], *s.f.*, *relation, account, reference, acquaintance, intercourse.*

relativement [*relative, adj. fem.*, and suffix *-ment*], *adv.*, *relatively, comparatively.*

relayer [*re*, and O. Fr. v. *layer*, "to stop," from Goth. *latan*], *v.a.* and *n.*, 1, *to relieve, change horses.*

reléguer [L. *relegare*], *v.a.*, 1, *to banish, exile; confine; send off, keep away.*

relevé, -e [*p.p.* of *relever*], *adj.*, *exalted, high, noble.*

relèvement [*relever*], *s.m.*, *raising again.*

relever [L. *relevare*], *v.a.*, 1, *to raise up again, pick up; set off; relieve (sentries).* ——, *v.n.*, *to be amenable, to depend.* Se ——, *r.v.*, *to rise again, retrieve, get over.*

relief [Medieval L. n. *relevium*, from L. *relevare*], *s.m.*, *relief, relievo (in art); lustre, distinction.*

relier [L. *religare*], *v.a.*, 1, *to bind (books).*

REMBRUNIR.

relieur [*relier*], *s.m.*, *bookbinder.*

religieusement, *adv.*, *religiously, scrupulously.*

religieux, -euse [L. *religiosus*], *adj.*, *religious, pious; strict, scrupulous.*

religion [L. acc. *religionem*], *s.f.*, *religion.*

relique [L. pl. *reliquiae*], *s.f.*, *relic.*

relire [*re, lire, q.v.*], *v.a.*, 4, *to read again.*

reliure [*relier*], *s.f.*, *bookbinding.*

reluire [L. *relucere*], *v.n.*, 4, *to glitter, gleam, shine.*

reluisant, -e [*pres. part.* of *reluire*], *adj.*, *glittering, shining.*

remaniement or **remaniment** [*remanier*], *s.m.*, *altering, doing over again.*

remanier [*re, manier, q.v.*], *v.a.*, 1, *to handle again, do over again.*

remarier [*re, marier, q.v.*], *v.a.*, 1, *and se* ——, *r.v.*, *to marry again.*

remarquable [*remarquer, q.v.*], *adj.*, *remarkable, conspicuous.*

remarquablement, *adv.*, *remarkably.*

remarque [verbal subst. of *remarquer*], *s.f.*, *remark, observation, notice.*

remarquer [*re, marquer, q.v.*], *v.a.*, 1, *to notice, remark.* Faire ——, *to observe.* Se ——, *r.v.*, *to be remarked or noticed.*

rembarquement [*rembarquer*], *s.m.*, *re-embarking.*

rembarquer [*re, embarquer, q.v.*], *v.a.*, 1, *and se* ——, *r.v.*, *to re-embark.*

remblai [verbal subst. of *remblayer*], *s.m.*, *embankment.*

remblayer [*re, emblayer*, lit. "to sow with corn;" see *blé*], *v.a.*, 1, *to embank.*

remboursement [*rembourser*], *s.m.*, *reimbursement, repayment.*

rembourser [*re, embourser*, from *bourse, q.v.*], *v.a.*, 1, *to reimburse, repay.* Se ——, *r.v.*, *to repay oneself; to be repaid.*

rembrunir [*re, en, brunir, q.v.*], *v.a.*, 2, *to make brown; to darken.* Se ——, *r.v.*, *to grow sad or gloomy.*

REMÈDE.

remède [L. *n. remedium*], *s.m., remedy, cure.*
remédiable [L. *remediabilis*], *adj., remediable.*
remédier [L. *remediare*], *v.n.*, 1, *to heal, cure, remedy.*
remercier [*re, merci, q.v.*], *v.a.*, 1, *to thank; to decline (an offer).*
remercîment [*remercier*], *s.m., thanks.*
remettre [L. *remittere*], *v.a.*, 4, *to put back; give; remit; deliver; put off; recognise.* Se ⸺, *r.v., to put oneself again* or *back; refresh oneself; recover; begin again.* S'en ⸺ à, *to trust to, leave it to.*
réminiscence [L. *pl. reminiscentiae*], *s.f., reminiscence, recollection.*
remise [partic. subst. of *remettre*], *s.f., delivery, surrender; discount; hired brougham, coach-house.*
rémission [L. acc. *remissionem*], *s.f., remission, pardon, forgiveness.*
remonter [*re, monter, q.v.*], *v.a.* and *n.*, 1, *to remount, reascend; wind up; repair; cheer up.* Se ⸺, *r.v., to recover one's spirits* or *strength.*
remontrance [*remontrer*, "to remonstrate"], *s.f., remonstrance.*
remontrer [*re, montrer*], *v.a.*, 1, *to show again, represent; remonstrate.* En ⸺ à quelqu'un, *to be more than a match for one; to outdo one.*
remordre [*re, mordre, q.v.*], *v.a.*, 4, *to bite again.*
remords [verbal subst. of *remordre*], *s.m., remorse.*
remorque [O. Fr. *remolque*, from L. *n. remulcum*, "towrope"], *s.f., towing.* A la ⸺, *in tow.*
remorquer [L. *remulcare*, "to tow," from the Gr. ῥυμουλκεῖν, from ῥῦμα, "rope," and ἕλκειν, "to drag about"], *v.a.*, 1, *to tow, tug.*
remorqueur [*remorquer*], *s.m., tugboat.*
remoudre [*re, moudre, q.v.*], *v.a.*, 4, *to grind again.*
rémouleur [*remoudre*], *s.m., knife-grinder.*
remous [verbal subst. of *remoudre*], *s.m., eddy; eddy-water.* ⸺ du courant, *rippling.*

RENCONTRE.

rempart [*se remparer*, "to fortify oneself"], *s.m., rampart.*
remplaçant [*pres. part.* of *remplacer*], *s.m., substitute.*
remplacement [*remplacer*], *s.m., replacing, reinvestment, getting a substitute.*
remplacer [*re, en, placer, q.v.*], *v.a.*, 1, *to replace, take the place of; succeed; to be the substitute of.* Se ⸺, *r.v., to replace, succeed,* or *supersede each other; to be replaced.*
remplir [*re, emplir, q.v.*], *v.a.*, 2, *to fill up; fulfil; act (a part); fulfil, accomplish, perform.* Se ⸺, *r.v., to be filled up, fulfilled.*
remporter [*re, emporter, q.v.*], *v.a.*, 1, *to gain, obtain, win; get, carry away.* Se ⸺, *r.v., to be carried back.*
remuant, -e [*pres. part.* of *remuer*], *adj., restless, bustling, turbulent, seditious.*
remuement or **remûment** [*remuer*], *s.m., stirring, motion, agitation, disturbance, tumult.*
remuer [*re, muer, q.v.*, from L. *mutare*, "to change"], *v.a.* and *n.*, 1, *to stir, move, set in motion, agitate, disturb.* Se ⸺, *r.v., to stir about; to be moved, agitated, disturbed.*
rémunérateur [L. acc. *remuneratorem*], *s.m., remunerator, rewarder.* (The *fem.* is *rémunératrice.*)
rémunération [L. acc. *remunerationem*], *s.f., remuneration, reward.*
rémunérer [L. *remunerare*], *v.a.*, 1, *to remunerate, reward.*
renaissance [*re, naissance, q.v.*], *s.f., new birth, revival; Renaissance.*
renaître [L. L. *renascere* for L. *renasci*], *v.n.*, 4, *to be born again, revive.*
renard [O. Fr. *regnard*, from G. *reginhart*, "cunning, cruel"], *s.m., fox.*
renchérir [*re, enchérir*, "to bid for"], *v.a.*, 2, *to raise the price of.* ⸺, *v.n., to rise in price.* ⸺ sur, *to outdo, surpass.*
renchérissement [*renchérir*], *s.m., increase of price, rise, advance.*
rencontre [*re,* and *encontre*, verbal subst. of the

RENGAÎNER.

O. Fr. v. *encontrer*, compd. of *contre*], *s.f., meeting.* Aller à la ⸺, *to go and meet.*
rencontrer [*re*, O. Fr. *encontrer*], *v.a.*, 1, *to meet; find; encounter.* Se ⸺, *r.v., to meet; come in contact* or *collision; agree; occur, happen.*
rendez-vous [Imper. of *rendre,* and *vous, q.v.*], *s.m., appointment, time* or *place of meeting.*
rendormir [*re, endormir, q.v.*], *v.a.*, 2, *to lull to sleep again.* Se ⸺, *r.v., to go to sleep again.*
rendre [L. L. *rendere* for *reddere*], *v.a.*, 4, *to render, return; make; give up, surrender.* Se ⸺, *r.v., to go, repair; become; yield, submit, surrender; to be returned; to be exhausted; to be expressed* or *translated.*
rendu, -e [*p.p.* of *rendre*], *adj., exhausted, spent, tired out, knocked up.*
rendurcir [*re, endurcir, q.v.*], *v.a.*, 2, *to harden.* Se ⸺, *r.v., to become hardened.*
rêne [It. *redina*, from L. L. *retina*, "a leather strap to hold in a horse," from L. *retinere*], *s.f., rein.*
renégat, -e [It. *rinnegato*], *s.m.* or *f., renegade.*
renfermer [*re, enfermer, q.v.*], *v.a.*, 1, *to shut up, enclose, contain, comprise, conceal, imprison.* Se ⸺, *r.v., to shut oneself up; to be shut up.*
renflement [*renfler*], *s.m., swelling.*
renfler [*re, enfler, q.v.*], *v.a.* and *n.*, 1, *and so* ⸺, *r.v., to swell out, rise.*
renfoncement [*renfoncer*], *s.m., hollow, cavity, recess.*
renfoncer [*re, enfoncer, q.v.*], *v.a.*, 1, *to pull down* or *over one's eyes; to drive further.* Se ⸺, *r.v., to be sunken.*
renforcement [*renforcer*], *s.m., reinforcement.*
renforcer [*re, en, force, q.v.*], *v.a.*, 1, *to reinforce, strengthen.* Se ⸺, *r.v., to be reinforced; to gather strength.*
renfort [verbal subst. of *renforcer*], *s.m., reinforcement, supply, help.*
rengaîner [*re, engainer*, "to sheathe"], *v.a.*, 1, *to sheathe; withdraw.*

Y 2

RENGORGEMENT.	RÉPANDU.	RÉPERTOIRE.

rengorgement [*rengorger*], *s.m.*, *bridling up.*
rengorger (se) [*re*, *engorger*, from *en*, *gorge*, q.v.], *r.v.*, to bridle up, carry the head high.
reniement [*renier*], *s.m.*, *denial.*
renier [*re*, *nier*, q.v.], *v.a.*, 1, to deny again, disown.
renne [Swedish *ren*], *s.f.*, *reindeer.*
renom [verbal subst. of *renommer*], *s.m.*, *renown, fame.*
renommé, -e [*p.p.* of *renommer*], *adj.*, *famous, noted, celebrated.*
renommée [partic. subst. of *renommer*], *s.f.*, *Fame, renown; report, rumour.*
renommer [*re*, *nommer*, q.v.], *v.a.*, 1, to name or mention again; celebrate, make famous.
renoncement [*renoncer*], *s.m.*, *renunciation, denial, self-denial, abnegation.*
renoncer [L. *renuntiare*], *v.a.*, 1, to deny, disclaim, forsake. ——, *v.n.*, to renounce, give up.
renonciation [L. acc. *renuntiationem*], *s.f.*, *renunciation; self-denial, abnegation.*
renouement or **renoûment** [*renouer*], *s.m.*, *renewal, new bond.*
renouer [*re*, *nouer*, q.v.], *v.a.*, 1, to tie again; renew, resume. Se ——, *r.v.*, to be tied again, renewed or resumed.
renouveler [L. L. *renovellare*], *v.a.*, 1, to renew, revive, repeat, re-establish, republish. Se ——, *r.v.*, to be renewed.
renouvellement [*renouveler*], *s.m.*, *renewal, revival, repetition.*
rénovateur [L. acc. *renovatorem*], *s.m.*, *renovator*, **restorer**. ——, *adj.*, *renovating.* (The *fem.* is *rénovatrice.*)
rénovation [L. acc. *renovationem*], *s.f.*, *renewal, renovation.*
renseignement [*renseigner*], *s.m.*, *information*, **inquiry, reference.**
renseigner [*re*, *enseigner*, q.v.], *v.a.*, 1, to inform, tell, direct, show. Se ——, *r.v.*, to get information, make inquiries.
rente [partic. subst. of *rendre*], *s.f.*, *income, annuity.*

——s, *stocks, funds.* De ——s, *income, . . . a year.*
rentier, -ière [*rente*], *sm.* or *f.*, *stock-holder, pensioner, annuitant, independent gentleman or lady.*
rentrée [partic. subst. of *rentrer*], *s.f.*, *re-entrance, re-opening, reappearance.*
rentrer [*re*, *entrer*, q.v.], *v.n.*, 1, to re-enter, come in again, go home, return. ——, *v.a.*, to take back, bring in; suppress, check.
renverse (à la) [*renverser*], *adv. loc.*, *on one's back, backwards.*
renversement [*renverser*], *s.m.*, *overthrow, ruin, destruction.*
renverser [*re*, and O. Fr. v. *enverser*, from *envers*, q.v.], *v.a.*, 1, to throw down, overthrow, upset, reverse, confuse, rout. Se ——, *r.v.*, to upset; throw oneself back; throw each other down; to be thrown down.
renvoi [verbal subst. of *renvoyer*], *s.m.*, *sending back, dismissal; adjournment.*
renvoyer [*re*, *envoyer*, q.v.], *v.a.*, 1, to send again, return, dismiss, adjourn, reject. Se ——, *r.v.*, to bandy, send back from one to another; to be sent back, returned.
réorganisateur [*ré*, *organisateur*, q.v.], *s.m.*, *reorganizer.*
réorganisation [*ré*, *organisation*, q.v.], *s.f.*, *reorganization.*
réorganiser [*ré*, *organiser*, q.v.], *v.a.*, 1, to reorganize.
réouverture [*ré*, *ouverture*, q.v.], *s.f.*, *reopening.*
repaire [O. Fr. v. *repairer*, "to return home," from L. L. *repatriare*], *s.m.*, *lair, den, haunt, hole.*
repaître [*re*, **paître**, q.v.], *v.a.* and *n.*, 4, **and se ——**, *r.v.*, to feed, **feast**, *delight*, indulge in.
répandre [*re*, *épandre*, "to spread," from L. *expandere*], **v.a. 4**, to spread; shed; strew; **pour**; exhale; propagate; bestow. Se ——, *r.v.*, to be spread or shed, spilt, scattered; to spread; to get known.
répandu, -e [*p.p.* of *répandre*], *adj.*, *common, pre-*

valent, known; fashionable, known in society, in request.
reparaître [*re*, *paraître*, q.v.], *v.n.*, 4, to reappear, appear again, come back.
réparation [L. acc. *reparationem*], *s.f.*, *repairing, repairs, mending; amends, satisfaction, apology.*
réparer [L. *reparare*], *v.a.*, 1, to repair, mend; recruit, recover, retrieve; to make reparation for, apologize, redeem, atone for.
repartie [partic. **subst.** of *repartir*], *s.f.*, *reply, repartee, retort.*
repartir [*re*, *partir*, q.v.], *v.n.*, 2, to set out again. ——, *v.a.* and *n.*, to reply.
répartir [*ré*, *partir*, q.v.], *v.a.*, 2, to divide, portion out, **allot.** Se ——, *r.v.*, to be **divided.**
répartition [*répartir*], *s.f.*, *distribution, division, allotment.*
repas [L. L. acc. *repastum*, compd. of L. *pastus*, "food"], *s.m.*, *meal, repast.*
repasser [*re*, *passer*, q.v.], *v.n.*, 1, to pass again, return. ——, *v.a.*, **to** whet; iron; smooth; rehearse, **look over** again.
repêcher [*re*, **pêcher**, q.v.], *v.a.*, 1, to fish out or **up again**, take out of the water.
repeindre [*re*, *peindre*, q.v.], *v.a.*, 4, to paint again.
repentance [*repentant*], *s.f.*, *repentance.*
repentant, -e [*pres.part.* of *se repentir*], *adj.*, *repentant, penitent; sorry.*
repentir (se) [*re*, O. Fr. v. *pentir*, from L. *poenitere*], *r.v.*, to repent.
repentir [Infin. used as a subst.], *s.m.*, *repentance; regret, sorrow.*
répercussion [L. acc. *repercussionem*], *s.f.*, *repercussion; reverberation, reflection.*
répercuter [L. *repercutere*], *v.a.*, 1, to drive or beat back, reverberate. Se ——, *r.v.*, to be reverberated; to resound, echo.
reperdre [*re*, *perdre*, q.v.], *v.a.*, 4, to lose again.
répertoire [L. n. *repertorium*], *s.m.*, *repertory, collection.*

RÉPÉTER.

répéter [L. *repetere*], v.a., 1, *to repeat; reproduce; reflect; echo; rehearse.* Se ——, r.v., *to repeat oneself* or *itself; to repeat to each other; to be repeated.*
répétiteur [L. acc. *repetitorem*], s.m., *private teacher*
répétition [L. acc. *repetitionem*], s.f., *repetition; reproduction; rehearsal.*
repeupler [re, *peupler*, q.v.], v.a., 1, *to repeople, restock.* Se ——, r.v., *to be repeopled, restocked.*
répit [L. acc. *respectum*, "consideration," whence "delay"], s.m., *respite, delay.* (Its doublet is *respect*, q.v.)
replacer [re, *placer*, q.v.], v.a., 1, *to replace, reinvest.* Se ——, r.v., *to replace oneself; to be replaced.*
replanter [re, *planter*, q.v.], v.a., 1, *to replant.*
replet, -ète [L. *repletus*], adj., *replete, stout.*
repli [verbal subst. of *plier*, s.m., *fold; winding.*
replier [re, *plier*, q.v.], v.a., 1, *to fold up, coil up.* Se ——, r.v., *to coil oneself up; to bend.*
réplique [verbal subst. of *répliquer*], s.f., *reply.*
répliquer [L. *replicare*], v.a., 1, *to reply, answer.*
replonger [re, *plonger*, q.v.], v.a. and n., 1, *to plunge, immerse again; to dive again.*
répondre [L. *respondere*], v.a. and n., 4, *to answer, reply; correspond; satisfy; to be security; to warrant; to obey.* Se ——, r.v., *to answer oneself* or *each other; to suit, correspond.*
réponse [L. n. *responsum*, from *respondere*], s.f., *answer, reply.*
reporter [L. *reportare*], v.a., 1, *to carry back.* Se ——, r.v., *to go back; look back.*
repos [verbal subst. of *poser*], s.m., *rest, repose, peace.*
reposer [re, *poser*, q.v.], v.a. and n., 1, *to place again, lay, refresh, lie down.* Se ——, r.v., *to rest; depend, trust.*
repoussant, -e [pres. part. of *repousser*], adj., *repulsive.*
repousser [re, *pousser*, q.v.], v.a., 1, *to push back, repel; reject, spurn.* —— v.n., *to shoot again, grow again.*
répréhensible [L. *repre-*

REPROCHER.

hensibilis], adj., *reprehensible, blameable.*
répréhension [L. acc. *reprehensionem*], s.f., *blame, reprimand, censure.*
reprendre [re, *prendre*, q.v.], v.a., 4, *to retake, resume; rebuke, reprove.* —— v.n., *to reply, rejoin; grow again.* Se ——, r.v., *to correct oneself* or *each other.*
représailles [It. *ripresaglia*, from L. *reprehendere*], s.f. pl., *reprisals.*
représentant [pres. part. of *représenter*], s.m., *representative, agent.*
représentatif, -ive [*représenter*], adj., *representative.*
représentation [L. acc. *repraesentationem*], s.f., *representation, image, likeness; exhibition, show, display; remonstrance.*
représenter [L. *repraesentare*], v.a., 1, *to represent; act* (*a play*). —— v.n., *to remind of, keep up appearances; make a display.* Se ——, r.v., *to reappear, occur again; fancy, imagine to oneself; to present oneself again.*
répressif, -ive [L. L. *repressivus*, from L. *repressus*], adj., *repressive.*
répression [L. L. acc. *repressionem*], s.f., *repression.*
réprimande [L. pl. n. *reprimenda*, from *reprimere*], s.f., *reprimand.*
réprimander [*réprimande*], v.a., 1, *to reprimand, rebuke.*
réprimer [L. *reprimere*], v.a., 1, *to repress, check, restrain.* Se ——, r.v., *to check oneself; to be repressed.*
reprise [re, *prise*, q.v.], s.f., *resumption, renewal, revival.*
réprobateur [L. acc. *reprobatorem*], s.m. and adj., *reprobater; reprobating.* (The fem. is *réprobatrice.*)
réprobation [L. acc. *reprobationem*], s.f., *reprobation.*
reprochable [*reprocher*], adj., *reproachable.*
reproche [verbal subst. of *reprocher*], s.m., *reproach, blame.*
reprocher [L. L. *repropiare*, "to bring near"], v.a., 1, *to reproach, blame, taunt; grudge.* Se ——, r.v., *to re-*

RÉSEAU.

proach oneself with; to upbraid one another; to begrudge oneself.
reproductif, -ive [re, *productif*, q.v.], adj., *reproductive.*
reproduction [re, *production*, q.v.], s.f., *reproduction; republication.*
reproduire [re, *produire*, q.v.], v.a., 4, *to reproduce.* Se ——, r.v., *to propagate one's species; to reproduce oneself* or *itself; to reappear, occur again.*
réprouvé, -e [partic. subst. of *réprouver*], s.m. or f., *reprobate.*
réprouver [L. *reprobare*], v.a., 1, *to reprobate, condemn.*
reptile [L. acc. adj. *reptilem*, "creeping," from *repere*], s.m., *reptile.*
républicain, -e [*république*], adj., *republican.*
république [L. *res publica*], s.f., *republic.*
répudier [L. *repudiare*], v.a., 1, *to repudiate; reject; renounce.*
répugnance [*répugnant*], s.f., *repugnance, dislike.*
répugnant, -e [L. acc. *repugnantem*], adj., *repugnant, offensive.*
répugner [L. *repugnare*], v.n., 1, *to be repugnant to, offensive, distasteful.*
répulsif, -ive [L. L. *repulsivus*, from L. *repulsus*], adj., *repulsive.*
répulsion [L. acc. *repulsionem*], s.f., *repulsion, repugnance.*
réputation [L. acc. *reputationem*, "reckoning"], s.f., *fame, repute.*
réputer [L. *reputare*], v.a., 1, *to repute, esteem, consider, deem, think.*
requérir [L. *requirere*], v.a., 2, *to request, require, summon.*
requête [L. *requisita*, p.p. f. of *requirere*], s.f., *request, demand, petition, prayer.*
requin [formerly *requien*, from L. acc. *requiem*], s.m., *shark.*
requis, -e [p.p. of *requérir*], adj., *requisite.*
réquisition [L. acc. *requisitionem*], s.f., *requisition, call, levy.*
réseau [L. L. n. *reticellum*,

RÉSÉDA.

dim. of L. *n. rete*], *s.m.*, net, network.
réséda [L. *reseda*], *s.m.*, mignonette.
réserve [verbal subst. of *réserver*], *s.f.*, reserve, stock, store; caution, modesty. En ——, in store, in reserve.
réservé, -e [p.p. of *réserver*], adj., reserved, cautious, guarded, close.
réserver [L. *reservare*], v.a., 1, to reserve, spare, keep in store. Se ——, r.v., to reserve oneself; to wait for an opportunity; to be reserved.
réservoir [*réserver*], *s.m.*, reservoir, tank.
résidant, -e [L. acc. *residentem*], *s.m.* or *f.*, resident.
résidence [*résident*], *s.f.*, residence, dwelling; stay.
résider [L. *residere*], v.n. 1, to reside, live, lie.
résidu [L. *n. residuum*], *s.m.*, residuum, sediment.
résignation [L. L. acc. *resignationem*, from L. *resignatus*], *s.f.*, resignation.
résigner [L. *resignare*], v.a., 1, to resign, lay down. Se ——, r.v., to be resigned, submit oneself, reconcile oneself to.
résine [L. *resina*], *s.f.*, rosin.
résineux, -euse [L. *resinosus*], adj., resinous.
résistance [*résistant*, pres. part. of *résister*], *s.f.*, resistance, opposition; power of endurance.
résister [L. *resistere*], v.n.; 1, to resist, offer resistance to; endure, bear.
résolu, -e [p.p. of *résoudre*], adj., resolute. (See *résous*.)
résolûment, adv., resolutely.
résolution [L. acc. *resolutionem*], *s.f.*, resolution.
résonnance [L. *resonantia*], *s.f.*, resonance, echo.
résonnant, -e [pres. part. of *résonner*], adj., resonant, sonorous.
résonnement [*résonner*], *s.m.*, resounding, resonance.
résonner [L. *resonare*], v.n., 1, to resound, echo.
résoudre [L. *resolvere*], v.a., 4, to resolve, decide; solve, melt. Se ——, r.v., to resolve;

RESSERRER.

melt; to be resolved or solved; to be determined.
résous, résoute [p.p. of *résoudre*], adj., melted, dissolved. (See *résolu*.)
respect [L. acc. *respectum*], *s.m.*, respect, reverence, regard. (Its doublet is *répit*, q.v.)
respectabilité [*respectable*], *s.f.*, respectability.
respectable [*respect*], adj., respectable.
respectablement, adv., respectably.
respecter [*respect*], v.a., 1, to respect, revere; spare.
respectif, -ive [L. L. *respectivus*], adj., respective.
respectivement, adv., respectively.
respectueusement, adv., respectfully.
respectueux, -euse [L. L. *respectuosus*, from *respectus*], adj., respectful, dutiful.
respiration [L. acc. *respirationem*], *s.f.*, respiration, breathing.
respiratoire [*respirer*], adj., respiratory.
respirer [L. *respirare*], v.a. and n., 1, to respire, breathe; long for.
resplendir [L. *resplendere*], v.n., 2, to shine brilliantly.
resplendissant, -e [pres. part. of *resplendir*], adj., resplendent.
responsabilité (*responsable*], *s.f.*, responsibility.
responsable [L. L. *responsabilis*, from *responsum*, sup. of *respondere*], adj., responsible, accountable, answerable.
ressaisir [*res* (for *re*), and *saisir*, q.v.], v.a., 2, and se ——, r.v., to seize again.
ressemblance [*ressemblant*], *s.f.*, resemblance, likeness.
ressemblant, -e [pres. part. of *ressembler*], adj., resembling, like.
ressembler [*res* (for *re*), and *sembler*, q.v.], v.n., 1, to resemble, be alike. Se ——, r.v., to resemble each other, to be alike.
ressentiment [*ressentir*], *s.m.*, resentment.
ressentir [*res* (for *re*), and *sentir*, q.v.], v.a., 2, to feel, resent.
resserrer [*res* (for *re*), and *serrer*, q.v.], v.a., 1, to tighten,

RESTREINDRE.

bind, narrow. Se ——, r.v., to contract, shrink; to grow narrower; to retrench one's expenses.
ressort [verbal subst. of *ressortir* (a)], *s.m.*, spring; buoyancy. —— [*ressortir* (b)], jurisdiction, province, department.
ressortir [*res* (for *re*), and *sortir*, q.v.], v.n., 2, (a) to go or come out again; to show off, appear, spring, result. —— (b) [Medieval L. *resortiri*, "to be in the jurisdiction of"], v.n., 2, to be in the jurisdiction.
ressource [*res* (for *re*), and *source*, q.v.], *s.f.*, resource, expedient, shift.
ressouvenir (se) [*re*, *souvenir*, q.v.], r.v., to remember.
ressusciter [L. *resuscitare*], v.a., 1, to bring to life again. ——, v.n., to rise from the dead.
restant [partic. subst. of *rester*], *s.m.*, rest, remainder, remains. ——, *-e*, adj., remaining, left. Poste restante, *poste restante* (office for letters till called for, or on letters "to be left (at the post-office) till called for.")
restaurant, -e [pres. part. of *restaurer*], adj., restorative. Restaurant, *s.m.*, restorative, gravy soup; eating-house, dining-rooms.
restaurateur [L. L. acc. *restauratorem*], *s.m.*, restorer; eating-house keeper.
restauration [L. acc. *restaurationem*], *s.f.*, restoration, re-establishment.
restaurer [L. *restaurare*], v.a., 1, to restore, revive, repair. Se ——, r.v., to take food or refreshments; to recover one's strength; to be restored.
reste [verbal subst. of *rester*, q.v.], *s.m.*, rest, remains, remnant. Du ——, besides.
rester [L. *restare*], v.n., 1, to remain, stay; dwell, reside.
restituer [L. *restituere*], v.a., 1, to give back again. Se ——, r.v., to return to each other; to be returned.
restitution [L. acc. *restitutionem*], *s.f.*, restitution, restoration.
restreindre [L. *restringere*], v.a. 4, to restrict, re-

RESTRICTION.

strain, limit. Se ——, *r.v.*, to restrict oneself or each other; to be restricted.
restriction [L. acc. *restrictionem*], *s.f.*, restriction, restraint.
résultat [*résulter*], *s.m.*, result.
résulter [L. *resultare*, "to spring back"], *v.n.*, 1, to result, follow.
résumé [partic. subst. of *résumer*], *s.m.*, summary; compendium; epitome. En ——, after all, upon the whole.
résumer [L. *resumere*], *v.a.*, 1, and se ——, *r.v.*, to sum up; to be summed up.
résurrection [L. acc. *resurrectionem*], *s.f.*, resurrection.
rétablir [*re, établir, q.v.*], *v.a.*, 2, to re-establish.
rétablissement [re, *établissement, q.v.*], *s.m.*, re-establishment, restoration.
retailler [*re, tailler, q.v.*], *v.a.*, 1, to cut again, mend (pencils, pens).
retard [verbal subst. of *retarder*], *s.m.*, delay. En ——, late, behind one's or its time.
retardataire [*retarder*], adj., behind time, in arrears. ——, *s.m.* or *f.*, a person in arrears, late; loiterer; defaulter.
retardement [*retarder*], *s.m.*, delay.
retarder [L. *retardare*], *v.a.*, 1, to delay, put off. ——, *v.n.*, to lose, to be slow (of clocks and watches).
reteindre [*re, teindre, q.v.*], *v.a.*, 4, to dye anew.
retendre [*re, tendre, q.v.*], *v.a.*, 4, to stretch out again.
retenir [L. *retinere*], *v.a.*, 2, to hold fast; keep back; remember. Se ——, *r.v.*, to refrain, check oneself, stop; cling to.
retentir [*re*, O. Fr. *tentir*, from L. L. *tinnitire*, for L. *tinnitare*], *v.n.*, 2, to resound, echo.
retentissant, -e [pres. part. of *retentir*], adj., resounding, sonorous.
retentissement [*retentir*], *s.m.*, resound, re-echo, clink, rattle, report, noise.
retenu, -e [*p.p* of *retenir*], adj., reserved, discreet, cautious, modest; engaged.

RÉTRÉCIR.

retenue [partic. subst. of *retenir*], *s.f.*, reserve, prudence, discretion; detention, confinement.
réticence [L. *reticentia*], *s.f.*, reticence, concealment, reserve.
rétif, -ive [O. Fr. *restif*, from L. L. *restivus*, der. of *restare*], adj. restive; stubborn.
rétine [L. L. *retina*, der. from L. n. *rete*, "net"], *s.f.*, the retina (properly, *a net-like membrane*).
retiré, -e [p.p. of *retirer, q.v.*], adj., solitary, lonely.
retirer [*re, tirer, q.v.*], *v.a.*, 1, to remove, draw again, withdraw. Se ——, *r.v.*, to retreat, withdraw, subside; flow back, ebb.
retomber [*re, tomber, q.v.*], *v.n.*, 1, to fall again.
rétorquer [L. *retorquere*], *v.a.*, 1, to retort.
retoucher [*re, toucher, q.v.*], *v.a.*, 1, to retouch, touch up or again, alter, correct.
retour [*re, tour, q.v.*], *s.m.*, return; change, vicissitude; retribution; reciprocity; compensation; turning.
retourner [*re, tourner, q.v.*], *v.a.* and *n.*, 1, to come back, return; turn round or about; revolve; revert.
retracer [*re, tracer, q.v.*], *v.a.*, 1, to retrace; describe, relate; recall. Se ——, *r.v.*, to recall to mind, remember, to be traced again.
rétractation [L. acc. *retractationem*], *s.f.*, retractation, recantation.
rétracter [L. *retractare*], *v.a.*, 1, and se ——, *r.v.*, to retract, recant.
retraite [L. *retracta, p.p.f.* of *retrahere*, from which is derived the Fr. v. *retraire*, "to withdraw"], *s.f.*, retreat, seclusion; retiring pension.
retraité, -e [*retraite*], adj., superannuated, retired. Retraité, *s.m.*, pensioner.
retranchement [*retrancher*], *s.m.*, retrenchment, curtailment; intrenchment.
retrancher [*re, trancher, q.v.*], *v.a.*, 1, to retrench, cut off, curtail. Se ——, *r.v.*, to retrench; to fall back upon; to intrench oneself.
rétrécir [ré and *trécir*, "to make **narrow**"], *v.a.*, 2, to

RÉVEILLER.

narrow, straiten, shrink, contract. Se ——, *r.v.*, to become narrow, contract, shrink.
rétrécissement [*rétrécir*], *s.m.*, narrowing, straitening, contraction, shrinking.
retremper [*re, tremper, q.v.*], *v.a.*, 1, to temper anew; strengthen. Se ——, *r.v.*, to be strengthened; to recruit one's strength.
rétribuer [L. *retribuere*], *v.a.*, 1, to reward, remunerate.
rétribution [L. acc. *retributionem*], *s.f.*, retribution, recompense.
rétrograde [L. acc. adj. *retrogradem*], adj., retrograde.
rétrograder [*retrograder*], *v.n.*, 1, to retrograde; to go backwards.
rétrospectif, -ive [L. *retrospicere*], adj., retrospective.
retrousser [*re, trousser, q.v.*], *v.a.*, 1, to tie up, tuck up, turn up. Se ——, *r.v.*, to tuck up one's dress.
retrouver [*re, trouver, q.v.*], *v.a.*, 1, to find again; meet. Se ——, *r.v.*, to find oneself or each other again; to find one's way again; to meet again.
rets [L. *retis = rete*], *s.m.*, net, snare.
réunion [*ré* (for *re*), union, *q.v.*], *s.f.*, reunion, concourse, collection.
réunir [*ré* (for *re*), unir, *q.v.*], *v.a.*, 2, to reunite, rejoin, to bring together again. Se ——, *r.v.*, to reunite, to be reunited; to join together; to muster; to club.
réussir [It. *riuscire*, from *ri* or *re*, and *uscire*, corresponding to the O. Fr. v. *issir*, from L. *exire*, "to go out, terminate"], *v.n.*, 2, to succeed.
réussite [It. *riuscita*], *s.f.*, success.
revanche [verbal subst. of *revancher*, "to defend oneself," from *re* and L. *vindicare*], *s.f.*, retaliation, revenge.
rêve [L. acc. *rabiem*, "frenzy"], *s.m.*, dream; fancy. (Its doublet is *rage, q.v.*)
réveil [verbal subst. of *réveiller*], *s.m.*, awaking, waking; revival.
réveille-matin [*réveiller, matin, q.v.*], *s.m.*, alarm-clock.
réveiller [*re, éveiller, q.v.*], *v.a.*, 1, to awake; call; stir

up, *revive*. Se ——, *r.v.*, *to awake, wake up; to be revived, roused.*

révélateur [L. acc. *revelatorem*], *s.m.*, *revealer.*

révélation [L. acc. *revelationem*], *s.f.*, *revelation; disclosure, information.*

révéler [L. *revelare*], *v.a.*, 1, *to reveal, discover, disclose, inform against.*

revendeur, -euse [*re, vendeur, q.v.*], *s.m.* or *f.*, *retailer.*

revendication [*revendiquer*], *s.f.*, *claim, demand.*

revendiquer [prefix re, and L. *vindicare*], *v.a.*, 1, *to claim.*

revendre [*re, vendre, q.v.*], *v.a.*, 4, *to resell.*

revenir [*re, venir, q.v.*], *v.n.*, 2, *to come back, return; reappear; recur; cost.*

revenu [partic. subst. of *revenir*], *s.m.*, *revenue, income.*

rêver [**rêve**, L. *rabere*, "to rave"], *v.a.* and *n.*, 1, *to dream; imagine; think.*

réverbération [*réverbérer*], *s.f.*, *reverberation.*

réverbérer [L. *reverberare*], *v.a.* and *n.*, 1, *to reverberate.*

reverdir [*re, verdir, q.v.*], *v.n.*, 2, *to grow green again; to bloom again.*

révérence [L. *reverentia*], *s.f.*, *reverence; bow, curtsy.*

révérer [L. *revereri*], *v.a.*, 1, *to revere, venerate.*

rêverie [*rêver, q.v.*], *s.f.*, *deep thought; musing, reverie.*

revers [L. *reversus, p.p.* of *reverti*], *s.m.*, *back (of a coin); reverse, misfortune.*

revêtir [*re, vêtir, q.v.*], *v.a.*, 2, *to put on, clothe, invest, bestow; assume.* Se ——, *r.v.*, *to clothe oneself; to assume, put on.*

rêveur, -euse [*rêver*] *adj.* and *s.m.* or *f.*, *pensive, thoughtful; thinker, dreamer.*

revirement [*revirer*], *s.m.*, *sudden change.*

revirer [*re, virer, q.v.*], *v.n.*, 1, *to veer, tack (of ships).*

reviser [L. *revisere*], *v.a.*, 1, *to revise, review.*

révision [L. acc. *revisionem*], *s.f.*, *revision, review.*

revivre [L. *revivere*], *v.n.*, 4, *to rise from the dead, revive.* Faire ——, *to bring to life again, raise from the dead.*

révocable [L. *revocabilis*], *adj.*, *revocable, repealable.*

révocation [L. acc. *revocationem*], *s.f.*, *revocation, repeal.*

revoir [*re, voir, q.v.*], *v.a.*, 3, *to see again, revise.* A ——, *to be revised.* Au —— or adieu jusqu'au —— (*ellipsis for* jusqu'au plaisir de vous ——), *good-bye for the present, till we meet again.* Se ——, *r.v.*, *to meet again; to be seen again.*

revoler [*re, voler, q.v.*], *v.n.*, 1, *to fly again.*

révoltant, -e [*pres. part.* of *révolter*], *adj.*, *shocking, disgusting.*

révolte [It. *rivolta*], *s.f.*, *revolt, rebellion.*

révolter [*révolte*], *v.a.*, 1, *to revolt, stir up; disgust.* Se ——, *r.v.*, *to rebel, mutiny.*

révolution [L. acc. *revolutionem*], *s.f.*, *revolution.*

révolutionnaire [*révolution*], *adj.* and *s.m.*, *revolutionary; revolutionist.*

révolutionner [*révolution*], *v.a.*, 1, *to revolutionize; upset.*

révoquer [L. *revocare*], *v.a.*, 1, *to revoke, recall, reverse.*

revue [partic. subst. of *revoir*], *s.f.*, *review.*

rez [doublet of *ras, q.v.*], *prep.*, *on a level with.* ——-de-chaussée, *s.m.*, *groundfloor.*

rhéteur [L. acc. *rhetorem*, Gr. ῥήτωρ, from ῥέω, "to say, speak"], *s.m.*, *orator, rhetorician.*

rhétorique [L. *rhetorica*, Gr. ῥητωρική], *s.f.*, *rhetoric, oratory.*

rhinocéros [L. *rhinoceros*, Gr. ῥινόκερως, from ῥίν, "nose," and κέρας, "horn"], *s.m.*, *rhinoceros.*

rhum [Engl. *rum*], *s.m.*, *rum.*

rhumatisme [L. acc. *rheumatismum*, Gr. ῥευματισμός], *s.m.*, *rheumatism.*

rhume [L. n. *rheuma*, Gr. ῥεῦμα, "a flowing"], *s.m.*, **cold** (*in the head*).

rhythme [L. acc. *rhythmum*, from Gr. ῥυθμός, ῥέω], *s.m.*, *rhythm; measured motion; harmony.*

riant, -e [L. acc. *ridentem*], *adj.*, *smiling, cheerful.*

ricanement [*ricaner*], *s.m.*, *giggling, sneering, chuckling.*

ricaner [?], *v.n.*, 1, *to sneer.*

riche [G. *reich*, Engl. *rich*], *adj.*, *rich, wealthy, abundant.* ——, *s.m.*, **rich**, *wealthy man.*

richement, *adv.*, *richly, copiously, abundantly.*

richesse [*riche*], *s.f.*, *riches, wealth.*

ricin [L. acc. *ricinum*], *s.m.*, *castor-oil plant* or *tree.* Huile de ——, *castor-oil.*

ricocher [?], *v.n.*, 1, **to rebound**, *ricochet.*

ricochet [verbal subst. of *ricocher*], *s.m.*, *rebound, ricochet.*

ride [verbal subst. of *rider*], *s.f.*, *wrinkle.*

rideau [*rider*], *s.m.*, *curtain, screen.*

rider [O. H. G. *riden*], *v.a.*, 1, *to wrinkle.*

ridicule [L. *ridiculus*], *adj.*, *ridiculous.* ——, *s.m.*, *ridicule.* Tourner en ——, *to ridicule.*

ridiculement, *adv.*, *ridiculously.*

ridiculiser [**ridicule**], *v.a.*, 1, *to ridicule.* Se ——, *r.v.*, *to ridicule each other.*

rien [L. acc. *rem*], *adv.* and *s.m.*, *nothing, not anything; trifle, nonsense, idle talk.*

rieur, -euse [*rire*], *s.m.* or *f.*, *laugher, sneerer, jeerer.*

rigide [L. *rigidus*], *adj.*, *rigid, strict, severe, harsh.*

rigidement, *adv.*, *rigidly, strictly, severely, harshly.*

rigidité [L. acc. *rigiditatem*], *s.f.*, *rigidity, stiffness, severity, harshness.*

rigoureusement, *adv.*, *rigorously, strictly, harshly, closely.*

rigoureux, -euse [L. *rigorosus*], *adj.*, *rigorous, strict.*

rigueur [L. acc. *rigorem*], *s.f.*, *rigour, severity, strictness, harshness.*

rime [O. H. G. *rim*, Bret. *rumm*," number "], *s.f.*, *rhyme.*

rimer [*rime*], *v.a.* and *n.*, 1, *to rhyme, make verses.*

rincer [O. Scand. *hreinsa*, "to clean out"], *v.a.*, 1, *to rinse.*

rinçure [*rincer*], *s.f.*, *rinsings.*

RIPOSTE.

riposte [It. *riposta*], *s.f.*, repartee.
riposter [*riposte*], *v.n.*, 1, *to answer, reply; to make a repartee.*
ripuaire [L. L. *ripuarius*, from L. *ripa*, "bank of a stream, shore of the sea"], *adj.* and *s.m., ripuarian.*
rire [L. *ridere*], *v.n.*, 4, *to laugh, grin, sneer; smile; favour.* Se —— de, *r.v., to laugh at, make game of.* ——, *s.m., laughter, grin, sneer.*
ris [L. acc. *risum*], *s.m., laughter, smile; grin; sneer.*
risée [*ris*], *s.f., jeer, mockery, laughing-stock.*
risible [L. *risibilis*], *adj., risible, laughable.*
risiblement, *adv., risibly, laughably.*
risque [Span. *risco*, "a reef, a rock at sea"], *s.m., peril, danger.*
risquer [*risque*], *v.a.*, 1, *to risk, venture.* Se ——, *r.v., to take one's chance, venture.*
rit or **rite** [L. acc. *ritum*], *s.m., rite.*
rituel [L. *ritualis* (sc. *liber*)], *s.m., ritual.*
rivage [L. L. n. *ripaticum*, der. from L. *ripa*], *s.m., shore, bank, beach.*
rival [L. acc. *rivalem*], *s.m., rival, competitor.*
rivaliser [*rival*], *v.n.*, 1, *to rival, vie, cope, compete.*
rivalité [L. acc. *rivalitatem*], *s.f., rivalry.*
rive [L. *ripa*], *s.f., bank, shore.*
river [Dan. *rive*, "to flatten"], *v.a.*, 1, *to rivet, clinch.*
riverain, -e [*rivière*], *adj., situated on a river's bank.* ——**s**, *s.m.pl., inhabitants of the bank of a river, borderers.*
rivière [Span. *ribera*, from L. L. *riparia*, der. from L. *ripa*], *s.f., river.*
rixe [L. *riza*], *s.f., scuffle, affray.*
riz [It. *riso*], *s.m., rice.*
robe [L. L. *rauba*, "the spoil of robbery," hence, but later, "clothes, garment"], *s.f., dress, gown; skin, coat (of an animal).* —— de chambre, *dressing-gown.*
robinet [*Robin*, "a nickname for sheep," taps having in the Middle Ages the shape

ROMANTIQUE.

of a sheep's head], *s.m., tap, cock.*
robuste [L. *robustus*], *adj., robust, strong, hardy.*
robustement, *adv., robustly, stoutly.*
roc [L. L. acc. *rupicum*, der. from L. *rupes*], *s.m., rock.*
rocailleux, -euse [*rocaille*, "pebbles"], *adj., stony, rocky, rugged.*
roche [L.L. *rupea*, der. from L. *rupes*, or L. L. *rocca*, from Gael. *roc*], *s.f., rock.*
rocher [*roche*], *s.m., rock.*
rocheux, -euse [*roche*], *adj., rocky.*
rôder [L. *rotare*], *v.n.*, 1, *to prowl, roam, ramble.*
rôdeur [*rôder*], *s.m., prowler, stroller.*
rogner [O. Fr. *roogner*, "to cut the hair all round," from O. Fr. *roond = rond*, "round"], *v.a.*, 1, *to cut off, pare, clip, retrench, curtail.*
rognon [L. L. acc. *renionem*, dim. of L. *ren*] *s.m , kidney.*
rogue [Icelandic *hrok*, "arrogant," or Low Breton *rok, rog*, "proud"], *adj., proud, supercilious.*
roi [L. acc. *regem*], *s.m., king.* En ——, *like a king, royally.*
roide, see *raide*.
roideur, see *raideur*.
roitelet [dim. of *roi*, *q.v.*], *s.m., petty king; wren.*
rôle [L. acc. *rotulum*], *s.m., list, roll; character, part.*
Romain, -e [L. acc. *Romanum*], *adj.* and *s.m.* or *f., Roman.*
Roman, -e [doublet of *Romain*], *adj., Romance.* Le roman, *the Romance language.* Les langues romanes, *the Romance languages.*
roman [abbreviation of *romance*], *s.m., romance, novel.*
romance [L. L. *romanice* (sc. *loqui*)], *s.f., romance, ballad.*
romancier [*romance*, "tale"], *s.m., novel-writer, novelist.*
romanesque [It. *romanzesco*], *adj.* and *s.m., romantic.*
romantique [Engl. *romantic*], *adj.* and *s.m., romantic.*

ROSSE.

rompre [L. *rumpere*], *v.a.*, 4, *to break, rout; discontinue, part, blend (of colours).* Se ——, *r.v., to break asunder; to be broken; to be refracted.*
rompu, -e [*p.p.* of *rompre*], *adj., broken asunder, routed.*
ronce [L. L. *runca*, "a place covered with briars," der. from L. *runcare*, "to weed out"], *s.f., bramble, briar.*
rond, -e [L. *rotundus*], *adj., round.* Rond, *s.m., round, ring.*
ronde [*rond*], *s.f., round.* A la ——, *round, around.* Faire la ——, *to go the round.*
rondeau [*rond*], *s.m., rondeau (a poem of thirteen verses).*
rondeur [*rond*], *s.f., roundness, rotundity.*
ronflement [*ronfler*], *s.m., snoring, rumbling, roaring.*
ronfler [onomat.], *v.n.*, 1, *to snore, rumble, roar.*
ronfleur, -euse [*ronfler*], *s.m.* or *f., snorer.*
rongement [*ronger*], *s.m., gnawing, nibbling, biting.*
ronger [L. *rumigare*], *v.a.*, 1, *to gnaw, nibble, bite; corrode, prey upon.* Se ——, *r.v., to be gnawed, nibbled; to fret, to bite one's (nails, etc.).* Se —— le cœur, *to despond, yield to despair.*
rongeur, -euse [*ronger*], *adj., gnawing.* Rongeur, *s.m., gnawer.*
rosace [L. adj. *f. rosacea*, "made of roses"], *s.f., rose-window.*
rosaire [L. acc. *rosarium*, "garland of roses"], *s.m., rosary.*
rose [L. *rosa*], *s.f., rose.* ——, *adj., rosy, rose-coloured, pink.*
rosé, -e [*rose*], *adj., rosy, roseate, pink.*
roseau [Goth. *raus*, "reed"], *s.m., reed.*
rosée [partic. subst. of O. Fr. v. *roser*, from L. *rorare*, "to distil dew," or from L. *adj. roscidus*, "wet with dew"], *s.f., dew.*
rosette [dim. of *rose*], *s.f., rosette.*
rosier [L. n. *rosarium*, "a rose garden"], *s.m., rose-tree, rose-bush.*
rosse [G. *ross*, "horse"], *s.f., poor horse, jade.*

rosser [O. Fr. *roissier*, lit. "to treat as a horse"], *v.a.*, 1, to thrash.

rossignol [L. *f. luscini-ola*], *s.m.*, *nightingale*.

rôt [verbal subst. of *rôtir q.v.*], *s.m.*, *roast*.

rotation [L. acc. *rotationem*], *s.f.*, *rotation*.

rôti [partic. *s.m.* of *rôtir*], *s.m.*, *roast joint, roast*.

rôtie [partic. *s.f.* of *rôtir*], *s.f.*, *toast*. —— *au beurre, buttered toast*.

rôtir [O. Fr. *rostir*, from O. H. G. *rostjan*, "to roast"], *v.a.*, 2, *to roast, parch*. Se ——, *r.v.*, *to be roasted, to roast oneself*.

rotondité [L. acc. *rotunditatem*], *s.f.*, *rotundity; plumpness*.

roture [L. *ruptura*, properly "breaking (clods)", which in Medieval Latin meant "cultivating fields"], *s.f.*, *commonalty, plebeian state*.

roturier, -ère [*roture*], *adj.* and *s.m.* or *f.*, *plebeian, vulgar; clown, clodhopper*.

rouage [*roue, q.v.*], *s.m.*, *wheels, wheelwork, movement*.

roucoulement [*roucouler*], *s.m.*, *cooing*.

roucouler [onomat.], *v.n.*, 1, *to coo*.

roué, -e [*p.p.* of *rouer*], *adj.*, *crafty, artful, sharp*. Roué, *s.m.*, *profligate, rake*.

rouer [*roue*], *v.a.*, 1, *to break on the wheel*. —— *de coups, to thrash soundly*.

rouerie [*roué*], *s.f.*, *deceit, cheat, trick; cunning*.

rouet [*roue*], *s.m.*, *spinning-wheel*.

rouge [L. *adj. rubeus* or *robeus*], *adj.*, *red*. ——, *s.m.*, *red, blush, redness, colour; red heat*.

rougeâtre [*rouge* and suffix -*âtre*], *adj.*, *reddish*.

rouge-gorge [*rouge, gorge, q.v.*], *s.m.*, *robin redbreast*.

rougeur [*rouge*], *s.f.*, *redness, flush, blush, colour*.

rougir [*rouge*], *v.a.* and *n.*, 2, *to tinge with red, wine*, or *blood; to redden, flush, blush, colour up; to become red*.

rouille [L. L. *rubigula*, dim. of *rubigo*], *s.f.*, *rust, mildew*.

rouiller [*rouille*], *v.a.*, 1, *and se* ——, *r.v.*, *to rust, to grow rusty, blighted*.

roulade [*rouler*], *s.f.*, *trill, shake*.

roulant, -e [*pres. part.* of *rouler*], *adj.*, *rolling (on castors or small wheels)*.

rouleau [L. L. n. *rotulellum*, dim. of L. *rotulus*, "small roll"], *s.m.*, *roll, coil; pile (of money)*.

roulement [*rouler*], *s.m.*, *rolling, rattle, rotation, roll (of drums)*.

rouler [L. L. *rotulare*, from L. *rotulus*], *v.a.*, 1, *to roll, wheel, revolve*. ——, *v.n.*, *to roll, rattle, ramble; circulate*.

roulis [*rouler*], *s.m.*, *rolling* (naut.).

route [O. Fr. *rote*, from L. L. *rupta* (sc. *via*), "a broken-up path"], *s.f.*, *road, way, route, course, direction*.

routier [L. L. acc. *ruptarium*, see *route*], *s.m.*, *stager, shrewd fellow*.

routine [dim. of *route*], *s.f.*, *routine, rote*.

routinier, -ère [*routine*], *adj.*, *of routine*. ——, *s.m.* or *f.*, *man or woman acting by routine*.

rouvrir [*re, ouvrir, q.v.*], *v.a.*, 2, *and se* ——, *r.v.*, *to re-open*.

roux, rousse [L. *russus*], *adj.*, *red, reddish*. Blond roux, *sandy*.

royal, -e [L. *regalis*], *adj.*, *royal, regal, kingly*. Royale, *s.f.*, *tuft of beard under the lip, imperial*.

royalement, *adv.*, *royally*.

royalisme [*royal*], *s.m.*, *royalism*.

royaliste [*royal*], *adj.* and *s.m.*, *royalist*.

royaume [L. L. n. *regalimen* (?), der. from L. *regalis*], *s.m.*, *kingdom, realm*.

royauté [O. Fr. *roialté*, from L. L. acc. *regalitatem*, from L. *regalis*], *s.f.*, *royalty*.

ruade [*ruer, q.v.*], *s.f.*, *kick (of horses, mules, etc.)*.

ruban [N. *ring-band*, "collar"], *s.m.*, *ribbon, stripe*.

rubicond, -e [L. *rubicundus*], *adj.*, *rubicund*.

rubis [Span. *rubi*, from L. *adj. rubeus*], *s.m.*, *ruby*.

ruche [Breton *rusken*, "hive"], *s.f.*, *beehive, hive*.

rude [L. *rudis*], *adj.*, *rough, harsh; steep, rugged; difficult; rude, uncouth*.

rudement, *adv.*, *roughly, harshly, coarsely, bluntly, rudely*.

rudesse [*rude*], *s.f.*, *roughness, harshness, rudeness; steepness, ruggedness*.

rudiment [L. n. *rudimentum*], *s.m.*, *rudiment*.

rudoyer [*rude*], *v.a.*, 1, *to use or treat roughly or harshly*.

rue [L. *ruga*, properly "a furrow"], *s.f.*, *street*.

ruelle [dim. of *rue*], *s.f.*, *lane; bed-side*.

ruer [L. *ruere*, "to rush"], *v.n.*, 1, *to kick (of horses, mules, etc.)*. Se ——, *r.v.*, *to rush*.

rugir [L. *rugire*], *v.n.*, 2, *to roar*.

rugissant, -e [*pres. part.* of *rugir*], *adj.*, *roaring*.

rugissement [*rugir*], *s.m.*, *roaring*.

rugosité [L. acc. *rugositatem*], *s.f.*, *roughness, unevenness; wrinkle*.

rugueux, -euse [L. *rugosus*], *adj.*, *wrinkled; rough, uneven*.

ruine [L. *ruina*], *s.f.*, *ruin, decay, destruction, fall, overthrow*.

ruiner [*ruine*], *v.a.* and *n.*, 1, *to ruin, destroy, overthrow; to be ruinous*. Se ——, *r.v.*, *to lose one's fortune; to decay; to be ruined*.

ruineux, -euse [*ruine*], *adj.*, *ruinous*.

ruisseau [O. Fr. *ruissel*, from L. L. acc. *rivicellum*, dim. of L. *rivus*], *s.m.*, *stream, brook; gutter (in streets)*.

ruisselant, -e [*pres. part.* of *ruisseler*], *adj.*, *streaming*.

ruisseler [O. Fr. *ruissel* = *ruisseau*], *v.n.*, 1, *to stream, gush, trickle down*.

rumeur [L. acc. *rumorem*], *s.f.*, *rumour, report; stir, uproar*.

ruminant, -e [*pres. part.* of *ruminer*], *adj.*, *chewing the cud*. Ruminaut, *s.m.*, *ruminant*.

rumination [L. acc. *ruminationem*], *s.f.*, *rumination*.

ruminer [L. *ruminare*,

RUPTURE.

from n. *rumen*, "the gullet"], *v.a.* and *n.* 1, *to ruminate; muse on; think over*.

rupture [L. *ruptura*], *s.f.*, *breaking off*.

rural, -e [L. *ruralis*], *adj.*, *rural, country, farm-, field-*.

ruse [verbal subst. of *ruser*], *s.f.*, *cunning, ruse*.

rusé, -e [*p.p.* of *ruser*] *adj.*, *cunning, crafty*.

ruser [O. Fr. *reüser*, "to use artifice," from L. *recusare*], *v.n.*, 1, *to use artifice, stratagems; to shuffle, dodge*. (Its doublet is *récuser, q.v.*)

Russe [*Russie*], *adj.* and *s.m.* or *f.*, *Russian*.

Russie, *s.f.*, *Russia*.

rustaud, -e [O. Fr. *adj. ruste*, "rustic"], *adj.*, *rustic, boorish, coarse*. Rustaud, *s.m.*, *boor*.

rusticité [L. acc. *rusticitatem*], *s.f.*, *rusticity, boorishness*.

rustique [L. *rusticus*], *adj.*, *rustic, rural; rude, coarse*.
——, *s.m., peasant*.

rustre [L. acc. *rusticum*, "countryman"], *s.m.*, *clodhopper, churl, boor*.

S

sabbat [L. *n. sabbatum*], *s.m.*, *Sabbath; nocturnal meeting (of witches)*.

sable [L. *n. sabulum*], *s.m.*, *sand*.

sabler [*sable*], *v.a.*, 1, *to gravel, sand*.

sableux, -euse [L. *sabulosus*], *adj.*, *sandy*.

sablier [*sable*], *s.m.*, *sand-glass, hour-glass*. [pit.

sablière [*sable*], *s.f.*, *sand-*

sablon [L. acc. *sabulonem*], *s.m.*, *fine sand, grit*.

sablonneux, -euse [L. L. *sablonosus*], *adj.*, *sandy, gravelly, gritty*.

sablonnière [*sablon*], *s.f.*, *sand or gravel-pit*.

sabord [?], *s.m.*, *port-hole* (*naut*.).

sabot [see *savate*], *s.m.*, *wooden shoe, clog; drag (for wheels)*.

sabotier [*sabot*], *s.m.*, *maker of wooden shoes*.

sabre [G. *säbel*], *s.m.*, *sabre, sword*. Coup de ——, *sabre-cut*.

SAGE.

sabrer [*sabre*], *v.a.*, 1 *to cut with a sabre, slash about*.

sabreur [*sabrer*], *s.m.*, *slasher, hard fighter; bully*.

sac [L. acc. *saccum*, from Gr. σάκκος, "bag"], *s.m.*, *sack, bag*.

saccade [It. *staccato*], *s.f.*, *jerk, jolt; fit, freak, whim*.

saccadé, -e [*p.p.* of *saccader*, "to jerk"], *adj.*, *jerked, by jerks; fitful, irregular*.

saccager [It. *saccheggiare*, "to plunder"], *v.a.*, 1, *to pillage, sack*.

saccageur [*saccager*], *s.m.*, *pillager, sacker*.

sacerdoce [L. *n. sacerdotium*], *s.m.*, *priesthood*.

sacerdotal, -e [L. *sacerdotalis*], *adj.*, *sacerdotal, priestly*.

sachet [dim. of *sac*], *s.m.*, *satchel*.

sacoche [It. *saccoccia*], *s.f.*, *saddle-bag, money-bag*.

sacramental, -e, or **sacramentel, -elle** [L. L. *sacramentalis*, from L. *n. sacramentum*], *adj.*, *sacramental, formal; solemn*.

sacre [L. *n. sacrum*], *s.m.*, *coronation, consecration*.

sacré, -e [L. *sacratus*], *adj.*, *holy, inviolable; consecrated, anointed, crowned*.

sacrement [L. *n. sacramentum*], *s.m.*, *sacrament*. (Its doublet is *serment, q.v.*)

sacrer [L. *sacrare*], *v.a.*, 1, *to anoint, crown; consecrate*.

sacrificateur[L. acc. *sacrificatorem*], *s.m.*, *sacrificer*.

sacrifice [L. *n. sacrificium*], *s.m.*, *sacrifice; offering*.

sacrifier [L. *sacrificare*], *v.a.*, 1, *to sacrifice, devote*. Se ——, *r.v.*, *to sacrifice, devote oneself*.

sacrilège [L. *n. sacrilegium*], *s.m.*, *sacrilege*. ——, *s.m.* or *f.*, *sacrilegious man or woman*. ——, *adj.*, *sacrilegious*.

safran [It. *zafferano*, from Arab. *az-za'ferân*, from Persian *zaâfer*], *s.m.*, *saffron, crocus*.

sagace [L. acc. *adj. sagacem*], *adj.*, *sagacious, shrewd, acute*.

sagacité [L. acc. *sagacitatem*], *s.f.*, *sagacity, shrewdness, acuteness*.

sage [L. L. *sapius*, from

SALADE.

L. *sapere*, "to be sensible, wise"], *adj.*, *wise, sensible, judicious; prudent, steady*.
——, *s.m., wise man*.

sagement *adv.*, *wisely, sensibly, judiciously, prudently*.

sagesse [*sage*], *s.f.*, *wisdom, prudence, discretion*.

sagittaire [L. acc. *sagittarium*], *s.m.*, *archer; Sagittarius (in astronomy)*.

saignant, -e [*pres. part.* of *saigner*], *adj.*, *bleeding*.

saignée [*partic. subst.* of *saigner*], *s.f.*, *bleeding, blood-letting*.

saignement [*saigner*], *s.m.*, *bleeding*.

saigner [L. L. *sanguinare*, from L. acc. *sanguinem*], *v.a.* and *n.*, 1, *to bleed; drain*. Se ——, *r.v., to bleed oneself; to make a sacrifice*.

saillant, -e [*pres. part.* of *saillir*], *adj.*, *projecting; striking*.

saillie [*partic. subst.* of *saillir*], *s.f.*, *gush, spurt; flash of wit, sally; projection*.

saillir [L. *salire*], *v.n.*, 2, *to gush out; project*.

sain, -e [L. *sanus*], *adj.*, *sound, healthy*. Sain et sauf, *safe and sound*.

sainement, *adv.*, *soundly, healthily*.

sainfoin [*sain, foin, q.v.*], *s.m.*, *sainfoin, French grass*.

saint, -e [L. *sanctus*], *adj.*, *holy, sacred, consecrated, godly, righteous, blessed*.

saintement, *adv.*, *holily, saintly, piously*.

sainteté [L. acc. *sanctitatem*], *s.f.*, *holiness, sanctity, godliness, piety*.

saisie [*partic. subst.* of *saisir*], *s.f.*, *seizure*.

saisir [Medieval L. *sacire*, from O. H. G. *sazjan*, "to place, occupy, seize"], *v.a.*, 2, *to seize, grasp, lay hold of, clutch*. Se —— de, *to lay hold of, secure*.

saisissable [*saisir*], *adj.*, *seizable, liable to seizure*.

saisissement [*saisir*], *s.m.*, *shock, startling*.

saison [L. acc. *sationem*, "sowing-time"], *s.f.*, *season; time*. De ——, *in season, seasonable*. Hors de ——, *out of time*.

salade [O. It. *salata* =

SALADIER.

Mod. It. *insalata*], *s.f., salad.*

saladier [*salade*], *s.m., salad-bowl.*

salaire [L. n. *salarium*], *s.m., salary.*

salaison [L. L. acc. *salationem*, from L. acc. *salem*], *s.f., salting ; salt provisions.*

salamandre [L. *salamandra*, from Gr. σαλαμάνδρα], *s.f., salamander.*

salant [*pres. part.* of *saler*], *adj.* (m. only), *saline.* Marais ——, *salt-marsh.*

salarié, -e [*p.p.* of *salarier*], *adj., paid, hired.*

salarier [*salaire*], *v.a.,* 1, *to hire, pay a stipend to, give wages; reward.*

sale [O. H. G. *salo*, "dim, dull," thence "dirty"], *adj., dirty, filthy.*

salé, -e [*p.p.* of *saler*], *adj., salted, pickled; briny.*

salement [*adj. sale* and suffix *-ment*], *adv., dirtily, nastily, basely.*

saler [L. L. *salare*, from **L.** *sal*], *v.a.,* 1, *to salt, pickle.*

saleté [*sale*], *s.f., dirtiness, filthiness ; dirty action ; filthy words.*

Saliens [from the river *Sala,* now called *Yssel*], *s.m. pl., the Salian (Franks).*

salière [*saler*], *s.f., salt-cellar.*

salin, -e [L. *salinus*], *adj., saline.*

saline [L. *fem. pl. salinae*], *s.f., salt-works, salt-pit.*

salique [see *Saliens*], *adj., Salic.*

salir [*sale*], *v.a.,* 2, *to dirty, soil.* Se ——, *r.v., to dirty oneself; to get dirty, soiled.*

salissant, -e [*pres. part.* of *salir*], *adj., soiling ; liable to get dirty.*

salive [L. *saliva*], *s.f., saliva, spittle.*

saliver [*salivare*], **v.n.,** 1, *to salivate, spit.*

salle [Medieval L. *sala*, from O. H. G. *sal*, "dwelling, abode"], *s.f., hall, room; ward, house.* —— à manger, *dining-room.*

salon [*salle*], *s.m., drawing-room; fashionable circle ; exhibition.*

salpêtre [L. L. *salpetra*, from L. *sal petrae*], *s.m., saltpetre.*

SANG-FROID.

salpêtrière [*salpêtre*], *s.f., saltpetre-works.*

saltimbanque [It. *saltimbanco,* from It. *saltare in banco*, "to jump on a bench"], *s.m., mountebank.*

salubre [L. *salubris*], *adj., healthful, salubrious, wholesome.*

salubrement, *adv., salubriously, healthily.*

salubrité [L. acc. *salubritatem*], *s.f., salubrity, healthfulness.*

saluer [L. *salutare*], *v.a.* and *n.,* 1, *to salute, greet, bow to.* Se ——, *r.v., to bow to each other, salute each other.*

salut [L. acc. *salutem*], *s.m., salutation, salute, bow ; safety ; escape ; salvation ; hope.*

salutaire [L. *salutaris*], *adj., salutary, beneficial, wholesome.*

salutairement, *adv., salutarily ; beneficially.*

salutation [L. acc. *salutationem*], *s.f., salutation, bow.* ——s, *compliments.*

salve [It. *salva*], *s.f., salute, round, volley.*

samedi [L. *sabbati dies*], *s.m., Saturday.*

sanctification [L. acc. *sanctificationem*], *s.f., sanctification, keeping holy.*

sanctifier [L. *sanctificare*], **v.a.,** 1, *to sanctify, hallow, keep holy.*

sanction [L. acc. *sanctionem*], *s.f., sanction, approbation.*

sanctionner [*sanction*], v.a., 1, *to sanction, approve.*

sanctuaire [L. n. *sanctuarium*], *s.m., sanctuary, chancel, altar ; shrine.*

sandal or **santal** [Port. *sandalo,* from Arab. *sandal,* from Skr. *tchandana*], *s.m., sandal-wood.*

sandale [L. n. *sandalium*, from Gr. σανδάλιον, "a slipper"], *s.f., sandal.*

sang [L. acc. *sanguinem*], *s.m., blood; kindred ; race ; nature.* Coup de ——, *apoplectic fit, congestion of the brain.* Mettre à feu et à ——, *to put to fire and sword ; to lay waste.*

sang-froid [*sang, froid,* q.v.], *s.m., cold blood; presence of mind, coolness.*

SARCELLE.

sanglant, -e [L. *sanguilentus* = *sanguinolentus*], *adj., bloody, covered with blood; attended with bloodshed.*

sangle [L. *cingula,* "a girdle"], *s.f., strap, saddle-girth.*

sangler [*sangle*], v.a., 1, *to girth ; lash, beat.* Se ——, *r.v., to gird oneself.*

sanglier [O. Fr. *porc senglier,* from L. acc. *porcum singularem,* "a solitary or wild pig"], *s.m., wild-boar.*

sanglot [L. acc. *singultum*], *s.m., sob, sobbing.*

sangloter [L. *singultare*], v.n., 1, *to sob.*

sangsue [L. *sanguisuga*, "a blood-sucker, leech"], *s.f., leech.*

sanguin, -e [L. *sanguineus*], *adj., sanguine ; full-blooded ; blood-coloured, red.*

sanguinaire [L. *sanguinarius*], *adj., bloodthirsty.*

sanitaire [Engl. *sanitary*], *adj., sanitary.*

sans [L. *sine*], *prep., without ; but for, were it not for.*

sansonnet [dim. of the proper name *Samson*; birds being often designated by the names of men], *s.m., starling.*

sans-souci [*sans, souci,* q.v.), *s.m., freedom from care; careless, jolly fellow.*

santal, see *sandal.*

santé [L. acc. *sanitatem*], *s.f., health ; toast.* Porter la —— de, *to propose the health of.*

sape [L. L. *sappa,* "a pick"], *s.f., sap (military).*

saper [*sape*], v.a., 1, *to sap undermine.*

sapeur [*saper*], *s.m., sapper.* —— pompier, *fireman.*

saphir [L. acc. *sapphirum*, from Gr. σάπφειρος], *s.m., sapphire.*

sapin [L. acc. *sapinum*], *s.m., fir-tree or wood ; deal.*

sapinière [*sapin*], *s.f., fir-plantation.*

sarcasme [L. acc. *sarcasmum,* from Gr. σαρκασμός, from σαρκάζειν, "to tear flesh like dogs," from σάρξ, "flesh"], *s.m., sarcasm, taunt.*

sarcastique [Gr. σαρκαστικός], *adj., sarcastic, taunting.*

sarcelle [O. Fr. *cerele,* from L. *querquedula,* from Gr. κερ-

SARCLAGE.

κουρίς, "a teal"], s.f., teal, widgeon.
sarclage [sarcler], s.m., weeding.
sarcler [L. sarculare, from sarculus, "a light hoe"], v.a., 1, to hoe, weed.
sarcloir [sarcler], s.m., hoe, weeding-hook.
sarcophage [L. acc. sarcophagum, from Gr. σαρκοφάγος, "flesh devouring," from σάρξ, "flesh," and φαγεῖν, "to eat"], s.m., sarcophagus, coffin.
sardine [L. sardina], s.f., sardine, pilchard.
sardonique [Gr. σαρδάνιος (sc. γέλως), "convulsive laugh caused, as the Greeks believed, by a Sardinian weed"], adj., sardonic.
sarment [L. n. sarmentum], s.m., vine-shoot.
sarmenteux, -euse [L. sarmentosus], adj., full of twigs.
sarrasin [proper name Sarrasin, "Saracen"], adj., as in blé ——, black wheat.
sas [L. L. setaceum, from L. seta, "silk"], s.m., sieve.
sassement [sasser], s.m., sifting, winnowing.
sasser [sas], v.a., 1, to sift.
Satan [L. Satan, from Gr. Σατανᾶς or Σατᾶν, from Hebrew Satan, "adversary"], s.m., Satan.
satanique [Satan], adj., Satanic, diabolical.
satellite [L. acc. satellitem], s.m., satellite, attendant.
satiété [L. acc. satietatem], s.f., satiety.
satin [barbarous L. acc. setinum, der. from L. seta, "silk"], s.m., satin.
satiné, -e [p.p. of satiner], adj., satin-like; glossed, glazed.
satiner [satin], v.a., 1, to satin, gloss, glaze.
satire [L. satira], s.f., satire.
satirique [L. satiricus], adj., satirical. ——, s.m., satirist.
satiriquement, adv., satirically.
satisfaction [L. acc. satisfactionem], s.f., satisfaction; pleasure; atonement.
satisfaire [L. satisfacere], v.a. and n., 4, to satisfy, give

SAUNER.

satisfaction to, fulfil; comply with; obey.
satisfaisant, -e [pres. part. of satisfaire], adj., satisfactory.
satisfait, -e [p.p. of satisfaire], adj., gratified, pleased, satisfied.
satrape [L. acc. satrapen, from Gr. σατράπης (a Persian word), "a governor of a province"], s.m., satrap.
saturation [L. acc. saturationem], s.f., saturation.
saturer [L. saturare], v.a., 1, to saturate, fill, surfeit. Se ——, r.v., to be saturated.
Saturne [L. acc. Saturnum], s.m., Saturn.
satyre [L. acc. satyrum, from Gr. σάτυρος, "a kind of wood deity"], s.m., a Satyr.
satyrique [L. satyricus, from Gr. σατυρικός], adj., satyric.
sauce [L. L. salsa, "a seasoning of salt and spices"], s.f., sauce, pickle.
saucer [sauce], v.a., 1, to dip in sauce; to sop; drench.
saucisse [Medieval L. salsitia, from L. salsus, p.p. of salire, "to salt"], s.f., sausage.
saucisson [dim. of saucisse], s.m., sausage.
sauf, sauve [L. salvus], adj., safe. Sain et sauf, see sain. Sauf, prep., save, excepting; subject to; at the risk of.
sauf-conduit [sauf, conduit, p.p. of conduire, q.v.], s.m., safe-conduct, pass.
sauge [L. salvia], s.f., sage.
saugrenu, -e [O. Fr. salgrenu, "coarse salt"], adj., ridiculous, absurd, stupid.
saule [O. H. G. sala, "willow"], s.m., willow. —— pleureur, weeping willow.
saumâtre [L. L. n. salmastrum, der. from L. sal], adj., briny.
saumon [L. acc. salmonem], s.m., salmon.
saumure [L. sal, "salt," and muria, "pickle"], s.f., brine, pickle.
sauner [L. L. salinare, from L. salinarius, "pertaining to salt-works"], v.a. and n., 1, to make salt, turn into salt.

SAVOIR.

saunier [L. adj. salinarius], s.m., salter, salt-maker.
sauriens [Gr. σαύρος, "lizard"], s.m. pl., saurians, lizard tribe.
saut [L. acc. saltum], s.m., leap, jump; fall, waterfall.
saute-mouton [sauter, mouton, q.v.], s.m., leap-frog.
sauter [L. saltare], v.n., 1, to leap, to jump. ——, v.a., to leap over; leave out, omit. —— sur, to spring, fall upon. Faire ——, to blow up, do away with, ruin.
sauterelle [sauter], s.f., grasshopper, locust. (Its doublet is saltarelle, "saltarello," a Neapolitan dance.)
sauteur [sauter], s.m., leaper, jumper; tumbler; quack, humbug.
sautiller [freq. of sauter], v.n., 1, to hop, skip, jump about.
sautoir [L. L. saltatoria, from L. saltare], s.m., St. Andrew's cross; saltire; scarf. En ——, over the shoulder.
sauvage [L. L. salvaticus for silvaticus], adj., savage, wild, fierce. ——, s.m., savage.
sauvegarde [sauve, garde, q.v.], s.f., safeguard, protection.
sauver [L. salvare], v.a., 1, to save, rescue, deliver. Se ——, r.v., to save oneself; escape; run away; to retrieve oneself.
sauvetage [sauver], s.m., salvage, rescuing.
sauveur [L. acc. salvatorem], s.m., deliverer, rescuer, saver; Saviour.
savamment [savant], adv., learnedly, skilfully, cleverly.
Savane [Span. Savana], s.f., Savannah.
savant, -e [properly the pres. part. of savoir], adj., well-informed, learned. ——, s.m. or f., learned person, scholar.
savate [It. ciabatta, "slipper," from L. L. sabbatum, chabata], s.f., old shoe, slipshoe.
savetier [savate], s.m., cobbler.
saveur [L. acc. saporem], s.f., savour, flavour, relish, taste; zest.
savoir [L. sapere], v.a., 3, to know, be aware of, learn;

| SAVOIR-FAIRE. | SCOLASTIQUE. | SÉCHER. |

to be able; to contrive, succeed in. ——, s.m., knowledge, learning, science.

savoir-faire [savoir, faire, q.v.], s.m., skill, ability, tact.

savoir-vivre [savoir, vivre, q.v.], s.m., good-breeding, refined manners.

savon [L. acc. saponem, from Gr. σάπων, a word of German or Celtic origin], s.m., soap.

savonnage [savonner], s.m., washing.

savonner [savon], v.a., 1, to soap, lather, wash.

savourer [saveur], v.a., 1, to savour, relish.

savoureux, -euse [see saveur], adj., savoury.

Savoyard, -e [Savoie], s.m. or f., inhabitant of Savoy.

sayon [saie, from L. n. sagum, "a cloak"], s.m., sagum, great coat, frock.

sbire [It. sbirro], s.m., sbirro, police-officer, myrmidon.

scabreux, -euse [L. scabrosus], adj., rugged, rough; dangerous, ticklish.

scalpel [L. n. scalpellum], s.m., scalpel, surgical knife.

scalper [Engl. scalp], v.a., 1, to scalp.

scandale [L. n. scandalum, from Gr. σκάνδαλον, "stumbling-block"], s.m., scandal, offence, exposure, shameful action.

scandaleusement, adv., scandalously.

scandaleux, -euse [L. L. scandalosus], adj., scandalous.

scandaliser [L. scandalizare, from Gr. σκανδαλίζειν], v.a., 1, to scandalize. Se ——, v.r., to be scandalized; to take offence.

scarabée [L. acc. scarabeum, from Gr. σκαραβεῖος, from σκάραβος, "beetle"], s.m., scarabee, beetle.

sceau or **sceel** [L. n. sigillum], s.m., seal.

scélérat, -e [L. sceleratus], adj., villanous, wicked, unprincipled. ——, s.m. or f., profligate, wretch.

scélératesse [scélérat], s.f., villany.

sceller [scel], v.a., 1, to seal up, fasten; cement, strengthen.

scène [L. scena, from Gr.

σκηνή], s.f., scene, stage; scenery; uproar, row.

scénique [L. scenicus, from Gr. σκηνικός], adj., scenic, theatrical.

scepticisme [sceptique], s.m., scepticism.

sceptique [L. scepticus, from Gr. σκεπτικός, from σκέπτεσθαι, "to consider"], adj. and s.m., sceptical; sceptic.

sceptre [L. n. sceptrum, from Gr. σκῆπτρον, "a royal staff"], s.m., sceptre.

schelling [Engl. shilling], s.m., shilling.

schismatique [L. schismaticus, from Gr. σχισματικός], adj. and s.m. or f., separatist, schismatic.

schisme [L. n. schisma, from Gr. σχίσμα, "a separation"], s.m., schism.

sciage [scier], s.m., sawing.

scie [verbal subst. of scier], s.f., saw.

sciemment [for scientment, compd. of scient, from L. acc. scientem, and suffix -ment], adv., knowingly, wittingly.

science [L. scientia], s.f., science, learning, knowledge.

scientifique [science], adj., scientific.

scientifiquement, adv., scientifically.

scier [O. Fr. sier, from L. secare], v.a., 1, to saw, reap, cut down.

scierie [scier], s.f., saw-mill.

scieur [scier], s.m., sawyer, reaper.

scinder [L. scindere], v.a., 1, to cleave, divide. Se ——, r.v., to be divided.

scintillant, -e [pres. part. of scintiller], adj., scintillant, scintillating, twinkling, sparkling.

scintillation [L. acc. scintillationem], s.f., scintillation, sparkling.

scintiller [L. scintillare], v.n., 1, to scintillate, sparkle, flash, gleam.

scission [L. acc. scissionem], s.f., scission, cleaving, dividing.

sciure [scier], s.f., sawdust.

scolaire [L. scholaris], adj., scholastic, academic.

scolastique [L. scholasticus], adj., scholastic, aca-

demic. ——, s.f., scholastic philosophy.

scorpion [L. acc. scorpionem, from Gr. σκορπίων], s.m., scorpion.

scribe [L. acc. scribam, from scribere, "to write"], s.m., scribe, writer; secretary.

scrupule [L. acc. scrupulum], s.m., scruple; scrupulousness, doubt.

scrupuleusement, adv., scrupulously; strictly, rigorously.

scrupuleux, -euse [L. scrupulosus], adj., scrupulous, strict, careful.

scrutateur [L. acc. scrutatorem], s.m., investigator, searcher, scrutinizer; scrutineer, teller. ——, adj., searching, scrutinizing. (The fem. is scrutatrice.)

scruter [L. scrutari], v.a., 1, to scrutinize, search, examine, investigate.

scrutin [L. n. scrutinium, "search, inquiry"], s.m., ballot.

sculpter [L. L. sculptare, from L. sculptus, p.p. of sculpere], v.a., 1, to carve, chisel, sculpture.

sculpteur [L. acc. sculptorem], s.m., sculptor.

sculpture [L. sculptura], s.f., sculpture.

se [L. se], pers. pron., himself, herself, itself; oneself, themselves; or to himself, herself, etc.

séance [séant], s.f., sitting, meeting, performance. —— tenante, forthwith.

séant [L. acc. sedentem], s.m., sitting posture. Être sur son ——, to be sitting up. Se lever sur son ——, to sit up. ——, -e, adj., seemly, becoming, proper.

seau [O. Fr. seel, from L. L. sitellum, neuter form of L. sitella, "a vessel, an urn"], s.m., bucket.

sec, sèche [L. siccus], adj., dry, lean, spare; sharp, tart, blunt, harsh, stiff.

sécession [L. acc. secessionem], s.f., separation, secession.

sèchement [sèche, fem. of sec, and suffix -ment], adv., dryly; sharply, bluntly, harshly.

sécher [L. siccare], v.a.

SÉCHERESSE.

and *n.*, 1, *to dry, wither, languish, pine away.* Se ——, *r.v., to dry oneself.*

sécheresse [*sécher*], *s.f., dryness, drought, aridity; sharpness, harshness.*

second, -e [L. *secundus*], *num. adj.* (*ord.*), *second.*

secondaire [L. *secundarius*], *adj., secondary.* Enseignement ——, *classical tuition.*

secondairement, *adv., secondarily.*

seconde [*second*], *s.f., second* (60th part *of a minute*).

secondement [*adj. fem.* *seconde* and suffix *-ment*], *adv., secondly.*

seconder [L. *secundare*], *v.a.*, 1, *to second, back, assist, help.*

secouement or **secoûment** [*secouer*], *s.m., shaking, jogging.*

secouer [L. L. *succutare*, secondary form of L. *succutere*], *v.a.*, 1, *to shake, throw off; jog, jolt; rouse.* Se ——, *r.v., to shake oneself, rouse or exert oneself.*

secourable [*secourir*], *adj., helping, charitable, benevolent; relievable.*

secourir [L. *succurrere*], *v.a.*, 2, *to help, succour, rescue.*

secours [L. *succursum*, sup. of *succurrere*], *s.m., help, relief, succour.*

secousse [L. L. *succussa*, partic. subst. der. from L. *succussus*, *p.p.* of *succutere*], *s.f., shaking, shock, jerk, concussion; agitation.*

secret, -ète [L. *secretus*], *adj., secret, concealed, mysterious, private.*

secret [L. *n. secretum*], *s.m., secret, secrecy, privacy, retreat.*

secrétaire [L. *n. secretarium*, "secret place"], *s.m., writing desk; secretary.*

secrétariat [*secrétaire*], *s.m., secretaryship; secretary's office.*

secrètement [*adj. fem. secrète* and suffix *-ment*], *adv., secretly, in secret, in private.*

secréter [L. L. *secretare*, der. from *secretus*, *p.p.* of *secernere*, "to sift apart"], *v.a.*, 1, *to secrete.* Se ——, *r.v., to be secreted.*

sécrétion [L. acc. *secretionem*], *s.f., secretion.*

SEINE.

sectaire [*secte*], *s.m., sectarian.*

sectateur [L. acc. *sectatorem*, "a follower"], *s.m., votary, follower.*

secte [L. *secta*, contract. of *secuta*, from *sequi*], *s.f., sect.*

section [L. acc. *sectionem*], *s.f., section.*

séculaire [L. *saecularis*], *adj., secular, ancient, centenary, a hundred years old.*

séculier, -ère [L. *saecularis*], *adj., secular, worldly.* (*Séculier* is the doublet of *séculaire.*)

séculièrement, *adv., secularly.*

sécurité [L. acc. *securitatem*], *s.f., security.*

sédentaire [L. *sedentarius*], *adj., sedentary, stationary.*

sédiment [L. *n. sedimentum*, "settling down"], *s.m., sediment, dregs.*

séditieusement, *adv., seditiously.*

séditieux, -euse [L. *seditiosus*], *adj., seditious. Séditieux, s.m., mutineer.*

sédition [L. acc. *seditionem*], *s.f., sedition.*

séducteur [L. acc. *seductorem*, "misleader"], *s.m.* and *adj., seducer, enticer; seducing, enticing.* (The *fem.* is *séductrice.*)

séduction [L. acc. *seductionem*], *s.f., seduction, enticement, charm; bribery.*

séduire [L. *seducere*], *v.a.*, 4, *to seduce, entice, captivate, charm; bribe.*

séduisant, -e [*pres. part.* of *séduire*], *adj., seductive, enticing, lovely, captivating.*

seigle [L. *n. secale*], *s.m., rye.*

seigneur [L. acc. *seniorem*], *s.m., lord.* Grand ——, *high personage, nobleman.* (Its doublet is *sieur, q.v.*)

seigneurial, -e [*seigneur*], *adj., lordly, manorial.*

seigneurie [*seigneur*], *s.f., lordship.*

seille [L. *situla*], *s.f., pail, bucket.*

sein [L. acc. *sinum*], *s.m., bosom, breast; heart, midst, depth.* Au —— de, *in the midst of.*

Seine [L. *Sequana*], *s.f., Seine* (*river*).

SEMESTRE.

seing [L. *n. signum*], *s.m., signature, sign manual.* (Its doublet is *signe, q.v.*)

seize [L. *sedecim*], *num. adj.* (*card.*), *sixteen.*

seizième [*seize*], *num. adj.* (*ord.*), *sixteenth.*

séjour [verbal subst. of *séjourner*], *s.m., stay, sojourn; abode, habitation.*

séjourner [O. Fr. *sojourner*, from L.L. *subdiurnare*, compd. of L. *diurnare*, "to last long"], *v.n.*, 1, *to sojourn, remain, stay, dwell.*

sel [L. acc. *salem*], *s.m., salt; wit, humour.*

selle [L. *sella*, "seat"], *s.f., saddle.* Cheval de ——, *saddle-horse.*

seller [*selle*], *v.a.*, 1, *to saddle.*

sellette [dim. of *selle*], *s.f., stool; stool of repentance.* Tenir sur la ——, *to cross-question.*

sellier [*selle*], *s.m., saddler, harness-maker.*

selon [O. Fr. *selone, solonc*, from L. L. *sublongum*, prop. "along of"], *prep., according to.*

semailles [L. *n.* pl. *seminalia*], *s.f.* pl., *sowing, seed, sowing-time.*

semaine [O. Fr. *sepmaine*, from L. *septimana*], *s.f., week.*

sémaphore [Gr. σῆμα, "sign," φόρος, "bearing"], *s.m., semaphore, coast signal-mast.*

semblable [*sembler*], *adj., similar, like.* ——, *s.m., fellow-creature.*

semblablement, *adv., likewise, also, in the same manner.*

semblant [partic. subst. of *sembler*], *s.m., seeming, appearance.* Faire —— de, *to pretend.*

sembler [L. *similare*], *v.n.*, 1, *to seem, appear; think, strike.*

semelle [?], *s.f., sole (of boots); foot's length.*

semence [L. L. *sementia*, from L. *sementis*, "sowing"], *s.f., seed, sowing.*

semer [L. *seminare*], *v.a.* and *n.*, 1, *to sow, strew, scatter, spread, distribute.* Se ——, *r.v., to be sown, scattered.*

semestre [L. acc. *adj. semestrem*, from *sex* and *mensis*], *s.m., a half-year; six months' salary, income, or leave.*

SEMESTRIEL.

semestriel, -elle [*semestre*], *adv., half-yearly*.
semeur [*semer*], *s.m., sower*.
semi [L. *semi-*], *adj., half, semi-*.
sémillant, -e [*pres. part.* of *sémiller*], *adj., brisk, lively, quick*.
sémiller [Kym. *sim*, "light, brisk"], *v.n.*, 1, *to be brisk, quick, lively*.
séminaire [L. *n. seminarium*, "a nursery-garden"], *s.m., seminary*.
sempiternel [L. L. *sempiternalis*], *adj., everlasting*.
sénat [L. acc. *senatum*], *s.m., senate*.
sénateur [L. acc. *senatorem*], *s.m., senator*.
sénatus-consulte [L. *n. senatus-consultum*], *s.m., senatus-consultum*.
sénéchal [O. Fr. *seneschal*, from L. L. acc. *seniscalcum*, "overseer," from Goth. *sinista*, "the oldest"], *s.m., seneschal*.
sénile [L. *senilis*, "pertaining to old people"], *adj., senile, old*.
sénilité [*sénile*], *s.f., senility*.
sens [L. acc. *sensum*], *s.m., sense; feeling; understanding; mind; opinion; way*. —— *dessus dessous, upside down, topsy-turvy*.
sensation [L. L. acc. *sensationem*], *s.f., sensation*.
sensé, -e [L. L. *sensatus*], *adj., sensible, judicious, wise*.
sensément, *adv., sensibly, judiciously*.
sensibilité [L. acc. *sensibilitatem*], *s.f., sensibility, sensitiveness*.
sensible [L. *sensibilis*], *adj., feeling, sensible, sensitive; tender; perceptible, visible*.
sensiblement, *adv., feelingly, sensibly; keenly; visibly; considerably*.
sensitif, -ive [It. *sensitivo*, from L. *sensus*], *adj., sensitive*.
sensualisme [L. *adj. sensualis*], *s.m., sensualism*.
sensualiste [L. *sensualis*], *adj.* and *s.m., sensualistic; sensualist*.
sensualité [L. acc. *sensualitatem*], *s.f., sensuality*.

SÉPULCRAL.

sensuel, -elle [L. *sensualis*], *adj., sensual, voluptuous*.
sensuellement, *adv., sensually*.
sentence [L. *sententia*], *s.f., sentence, maxim; verdict*.
sentencieusement, *adv., sententiously*.
sentencieux, -euse [L. *sententiosus*], *adj., sententious*.
senteur [*sentir*], *s.m., scent, fragrance, perfume*.
sentier [L. *adj. semitarius*, "pertaining to lanes"], *s.m., path*.
sentiment [*sentir*], *s.m., sentiment, feeling, sensation; consciousness; opinion*.
sentimental, -e [*sentiment*], *adj., sentimental*.
sentimentalement, *adv., sentimentally*.
sentimentalité [*sentimental*], *s.f., sentimentality*.
sentinelle [It. *sentinella*], *s.f., sentinel, sentry*. —— *perdue, forlorn sentinel*.
sentir [L. *sentire*], *v.a.* and *n.*, 2, *to smell; feel; experience, bear; smell of; understand; know; stink*. Se ——, *r.v., to feel oneself; to be conscious; to be sensible; to be smelt; to be visible or perceived*.
seoir [O. Fr. *seder*, from L. *sedere*], *v.n.* and *defect.*, 3, *to become, suit*.
séparation [L. acc. *separationem*], *s.f., separation*.
séparé, -e [*p.p.* of *séparer*], *adj., apart, distinct*.
séparément, *adv., apart, separately*.
séparer [L. *separare*], *v.a.*, 1, *to separate, divide, cut off*. Se ——, *r.v., to part, separate, secede; break up*.
sept [L. *septem*], *num. adj.* (*card*.), *seven*.
septembre [L. acc. *septembrem*], *s.m., September*.
septentrion [L. acc. *septentrionem*], *s.m., the North*.
septentrional, -e [L. *septentrionalis*], *adj., northerly*.
septième [*sept*], *num. adj.* (*ord*.), *seventh*.
septièmement, *adv., seventhly*.
septuagénaire [L. *adj. septuagenarius*], *adj.* and *s.m.* or *f., seventy years old; septuagenarian*.
sépulcral, -e [L. *sepulcralis*], *adj., sepulchral*.

SERPENTER.

sépulcre [L. *n. sepulcrum*], *s.m., sepulchre, tomb*.
sépulture [L. *sepultura*], *s.f., sepulture, burial*.
séquestration [L. acc. *sequestrationem*], *s.f., sequestration*.
séquestre [L. acc. *sequestrum*], *s.m., sequestrator, depositary; sequestration*.
séquestrer [L. *sequestrare*], *v.a.*, 1, *to sequester*.
sequin [It. *zecchino*, from Arab. *sekkah*, "coining-dies"], *s.m., sequin* (*a Levantine gold coin*).
sérail [Turkish *seraï*, "palace"], *s.m., seraglio*.
séraphin [Hebrew *seraphim*, "angels of fire"], *s.m., seraph*.
séraphique [*séraphin*], *adj., seraphic*.
serein [L. *serenus*, considered as *der*. of *serum*, "evening"], *s.m., evening dew*. ——, *-e, adj., serene, happy, calm*.
sérénade [It. *serenata*], *s.f., serenade*.
sérénité [L. acc. *serenitatem*], *s.f., serenity, calmness*.
serf [L. acc. *servum*], *s.m., serf, slave*.
serge [L. *serica*, "silk stuff"], *s.f., serge*.
sergent [O. Fr. *serjent*, from L. acc. *servientem*], *s.m., serjeant*.
série [L. acc. *seriem*], *s.f., series*.
sérieusement, *adv., seriously*.
sérieux, -se [L. L. *seriosus*, *der*. from L. *serius*], *adj., real, grave, serious, in earnest*.
serin [L. *adj. citrinus*, "citron-coloured"], *s.m., canary bird*.
serment [L. *n. sacramentum*], *s.m., oath*. (Its doublet is *sacrement*, q.v.)
sermon [L. acc. *sermonem*], *s.m., sermon; lecture*.
sermonner [*sermon*], *v.a.*, 1, *to lecture*.
serpe [verbal subst. of L. *sarpere*, "to cut, prune"], *s.f., pruning-hook*.
serpent [L. acc. *serpentem*], *s.m., serpent*.
serpenter [*serpent*], *v.n.*, 1, *to wind*.

serpette [dim. of *serpe*], *s.f.*, *pruning-knife*.
serpolet [L. n. *serpullum* or *serpyllum*], *s.m.*, *wild thyme*.
serre [verbal subst. of *serrer*], *s.f.*, *greenhouse; hothouse; talon (of birds), claw, clutch*.
serré, -e [p.p. of *serrer*], *adj.*, *close, compact; oppressed; small; hard up*.
serrement [*serrer*], *s.m.*, *pressing, clasping; squeezing*.
serrer [L. L. *serrare*, "to lock"], *v.a.*, 1, *to press close, squeeze, lock; tighten, fasten; put close together*. Se ——, *r.v., to press close to each other; crowd, thicken*.
serrure [*serrer*], *s.f.*, *lock*.
serrurerie [*serrure*], *s.f.*, *locksmith's trade; locks*.
serrurier [*serrure*], *s.m.*, *locksmith*.
servage [*serf*], *s.m.*, *serfdom, bondage*.
servante [partic. subst. of *servir*], *s.f.*, *maid-servant*.
serviable [*servir*], *adj.*, *serviceable*.
service [L. n. *servitium*], *s.m.*, *service, attendance, duty, administration; kindness; set, course*.
serviette [*servir*], *s.f.*, *table-napkin, towel*.
servile [L. *servilis*], *adj.*, *servile, mean*.
servilement, *adv.*, *servilely, meanly*.
servilité [*servile*], *s.f.*, *servility, meanness*.
servir [L. *servire*], *v.a.*, 2, *to serve, attend; minister to, oblige*. ——, *v.n., to serve as* or *for; to be useful; to be used*. Se ——, *r.v., to help oneself; to serve each other*. Se —— de, *to use, avail oneself of*.
serviteur [L. acc. *servitorem*], *s.m.*, *servant*.
servitude [L. acc. *servitudinem*], *s.f.*, *servitude, slavery*.
ses, see *son*.
session [L. acc. *sessionem*], *s.f.*, *session; sitting*.
seuil [L. L. n. *soleum*, secondary form of L. *solea*, "sill"], *s.m.*, *threshold*.
seul [L. *solus*], *adj.*, *alone, only, one, single, mere*.
seulement, *adv.*, *only, merely*.

sève [L. *sapa*], *s.f.*, *sap, pith; strength*.
sévère [L. *severus*], *adj.*, *severe, strict; pure, correct*.
sévèrement, *adv.*, *severely, strictly; purely, correctly*.
sévérité [L. acc. *severitatem*], *s.f.*, *severity, strictness; purity, correctness*.
sévices [L. acc. *saevitia*], *s.f. pl.*, *cruelty, violence, ill-treatment*.
sévir [L. *saevire*], *v.n.*, 2, *to act cruelly; to treat with cruelty*.
sevrage [*sevrer*], *s.m.*, *weaning*.
sevrer [L. *separare*, "to separate (from the mother)"], *v.a.*, 1, *to wean; deprive*.
sexagénaire [L. adj. *sexagenarius*], *adj.* and *s.m.* or *f.*, *sixty years old; sexagenarian*.
sexe [L. acc. *sexum*], *s.m.*, *sex*.
sexuel, -elle [L. *sexualis*], *adj.*, *sexual*.
si [L. *sic*], *adv.*, *so* (before an adj. or adv.).
si, s' [L. *si*], *conj., if* (before a verb).
Sibérie [Russian *Sibir*, from *Sievcr*, "North"], *s.f.*, *Siberia*.
sibylle [L. *sibylla*], *s.f.*, *sibyl*.
sibyllin [L. *sibyllinus*], *adj.*, *sibylline*.
sicaire [L. acc. *sicarium*, from *sica*, "a curved dagger, a poniard"], *s.m.*, *assassin*.
Sicilien, -enne [*Sicile*, "Sicily"], *adj.* and *s.m.* or *f.*, *Sicilian*.
siècle [L. n. *saeclum* = *seculum*], *s.m.*, *age, century*.
sied, 3rd p. sing. of the pres. indic. of *seoir*, q.v.
siège [verbal subst. of *siéger*], *s.m.*, *seat; carriage-box; bench; siege*.
siéger [L. L. *sediare*, from L. L. n. *sedium*, from L. *sedes*], *v.n.*, 1, *to sit, be seated; to lie*.
sien (le), la sienne; les siens, les siennes [see *son*], *poss. pron.*, *his own, her own, its own, one's own*.
sieste [Span. *siesta*], *s.f.*, *siesta, afternoon's nap*.
sieur [doublet of *seigneur*, q.v.], *s.m.*, *Mr*. Un —— Jones, *a certain Mr. Jones*.
sifflant, -e [pres. part. of

siffler], *adj.*, *whistling; sibilant*.
sifflement [*siffler*], *s.m.*, *whistling, hissing; wheezing*.
siffler [L. L. *sifilare*, popular L. form of *sibilare*], *v.a.* and *n.*, 1, *to whistle, hiss; wheeze*.
sifflet [*siffler*], *s.m.*, *whistle*. Coup de ——, *whistle, hiss, signal*.
siffleur, -euse [*siffler*], *s.m.* or *f.*, *whistler, hisser*.
signal [L. L. *signale*, der. from L. n. *signum*], *s.m.*, *signal*.
signalé, -e [p.p. of *signaler*], *adj.*, *signalized, conspicuous, remarkable*.
signalement [*signaler*], *s.m.*, *description*.
signaler [*signal*], *v.a.*, 1, *to point out, describe; signalize; signal*.
signataire [*signer*], *s.m.* or *f.*, *signer, subscriber*.
signature [L. *signatura* (in Suetonius)], *s.f.*, *signature, signing*.
signe [L. n. *signum*], *s.m.*, *sign; mark, token; nod; wink*. (Its doublet is *seing*, q.v.)
signer [L. *signare*], *v.a.* and *n.*, 1, *to sign, subscribe*. Se ——, *r.v., to be signed (of things); to cross oneself, make the sign of the cross*.
signet [dim. of *signe*], *s.m.*, *book-marker*.
signifiant, -e [pres. part. of *signifier*], *adj.*, *significant, expressive*.
significatif, -ive [L. *significativus*], *adj.*, *significative*.
signification [L. acc. *significationem*], *s.m.*, *signification, sense, meaning*.
signifier [L. *significare*], *v.a.*, 1, *to signify, mean; announce, declare, intimate*.
silence [L. n. *silentium*], *s.m.*, *silence; stillness; secrecy; oblivion; pause*.
silencieusement, *adv.*, *silently, in silence*.
silencieux, -euse [L. *silentiosus*], *adj.*, *silent, mute, still*.
silex [L. *silex*], *s.m.*, *silex, flint*.
silhouette [name of a French statesman, under Louis

SILICEUX.

XV.], *s.f.*, *silhouette* (*portrait in dark profile*).

siliceux, -euse [L. *silicem*, acc. of *silex*], *adj., silicious*.

sillage [*siller*], *s.m., steerage-way, track, ship's way*.

siller [Scand. *sila*, "to furrow"], *v.n.* 1, *to run ahead, cleave the seas*.

sillon [*siller*], *s.m., furrow*.

sillonner [*sillon*], *v.a.*, 1, *to furrow, plough; wrinkle; to flash through*.

similarité [L. *adj. similis*], *s.f., similarity*.

similitude [L. acc. *similitudinem*], *s.f., similitude, simile*.

simoniaque [*simonie*], *adj., simoniacal*.

simonie [Ecclesiastical L. *simonia*, from the name of Simon Magus (see Acts of the Apostles, ch. viii.)], *s.f., simony*.

simple [L. acc. adj. *simplicem*], *adj., simple, mere; simple-minded, silly*. —— **soldat**, *private*. —— **matelot**, *common sailor*.

simplement, *adv., simply, merely; artlessly, sillily*.

simplicité [L. acc. *simplicitatem*], *s.f., simplicity, plainness, artlessness, silliness*.

simplifier [*simple*], *v.a.*, 1, *to simplify*. Se ——, *r.v., to become or be simplified*.

simulacre [L. *n. simulacrum*], *s.m., image, representation, phantom; sham*.

simulé, -e [*p.p.* of *simuler*], *adj., fictitious, counterfeit, sham*.

simuler [L. *simulare*], *v.a.*, 1, *to feign, simulate, pretend, sham*. (Its doublet is *sembler*, *q.v.*)

simultané, -e [L. L. *simultaneus*, from L. L. *simultim*, from L. *simul*, "at the same time"], *adj., simultaneous*.

simultanéité [*simultané*], *s.f., simultaneity, simultaneousness*.

simultanément, *adv., simultaneously, at the same time*.

sincère [L. *sincerus*], *adj., sincere, true, honest*.

sincèrement, *adv., sincerely, truly, honestly*.

SIXIÈMEMENT.

sincérité [L. *sinceritatem*], *s.f., sincerity, honesty*.

sinécure [L. *sine cura*, "*without care or work*"], *s.f., sinecure*.

singe [L. acc. *simium*], *s.m., ape, monkey*.

singer [*singe*], *v.a.*, 1, *to ape, imitate, mimic*.

singerie [*singer*], *s.f., apish trick, grimace, apishness*.

singulariser (se) [L. *adj. singularis*], *r.v., to render oneself singular; to affect singularity*.

singularité [L. acc. *singularitatem*], *s.f., singularity, peculiarity, oddness, quaintness*.

singulier, -ère [L. *singularis*], *adj., singular; peculiar, queer, odd*. Singulier, *s.m., singular (number)*.

singulièrement, *adv., singularly, peculiarly, oddly, quaintly*.

sinistre [L. *sinister*], *adj., sinister, inauspicious, of bad omen*. ——, *s.m., disaster, accident*.

sinon [*si*, *non*, *q.v.*], *conj., otherwise, or else, if not, unless it be*.

sinueux, -euse [L. *sinuosus*], *adj., sinuous; winding*.

sinuosité [L. L. acc. *sinuositatem*], *s.f., sinuosity, winding*.

sinus [L. *sinus*], *s.m., sinus, sine*. (Its doublet is *sein*, *q.v.*)

sire [see *seigneur*], *s.m., sire, sir, lord; squire*.

sirène [L. acc. *sirena*, from Gr. Σειρήν], *s.f., siren, mermaid*.

sirop [It. *siroppo*], *s.m., syrup*. (Cf. *sorbet*.)

sis, sise [*p.p.* of *seoir*, *q.v.*, but derived from L. *situs*, *p.p.* of *sinere*, "*to put down*"], *adj., situate, situated*.

site [L. acc. *situm*], *s.m., site; scenery*.

sitôt [*si*, *tôt*, *q.v.*], *adv., so soon, as soon*. See *aussitôt*.

situation [*site*], *s.f., situation, position; state of affairs*.

situer [L. *situs*], *v.a.*, 1, *to place, situate, seat*.

six [L. *sex*], *num. adj.* (*card.*), *six*.

sixième [*six*], *num. adj.* (*ord.*), *sixth*.

sixièmement, *adv., sixthly*.

SOIN.

Slave and **Slavon, -onne** [Bohemian *slava*, "glory"], *adj.* and *s.m.* or *f.*, *Slave, Slavonic, Slavonian*.

sobre [L. *sobrius*], *adj., sober, abstemious, temperate*.

sobrement, *adv., soberly, abstemiously, temperately*.

sobriété [L. acc. *sobrietatem*], *s.f., sobriety, moderation, temperance*.

sobriquet [O. Fr. *sotbriquet*, from *sot* "*foolish*," *briquet* (It. *bricchetto*) "*young ass*"], *s.m., nickname*.

soc [L. acc. *soccum*, "*shoe*"], *s.m., sock, share (of a plough)*.

sociabilité [L. L. acc. *sociabilitatem*, from L. *sociabilis*], *s.f., sociability; intercourse*.

sociable [L. *sociabilis*], *adj., sociable, social*.

sociablement, *adv., sociably, socially*.

social, -e [L. *socialis*], *adj., social*. [*ally*.

socialement, *adv., socially*.

société [L. acc. *societatem*], *s.f., society, company; party; community; partnership*.

socle [It. *zoccolo*, from L. acc. *socculum*, dim. of *soccus*, "*a low-heeled shoe*"], *s.m., pedestal*.

sœur [L. acc. *sororem*], *s.f., sister*. Les neuf ——s, *the Muses*.

soi, soi-même [L. *sibi*], *r. pron., oneself, himself, herself, self, itself, themselves*.

soi-disant [*soi*, *disant*, *pres. part.* of *dire*, *q.v.*], *adj., self-styled, would-be*.

soie [L. *seta*], *s.f., silk; bristle, hair (of animals)*.

soierie [*soie*], *s.f., silk stuff, silk trade or manufactory*.

soif [L. acc. *sitim*], *s.f., thirst*. Avoir ——, *to be thirsty*; (fig.), *to long for*.

soigné, -e [*p.p.* of *soigner*], *adj., carefully done, made, executed; nicely got up; careful, neat*.

soigner [*soin*], *v.a.*, 1, *to look after, take care of, attend, nurse; do carefully* Se ——, *r.v., to take care of oneself*.

soigneusement, *adv., carefully*.

soigneux, -euse [*soin*], *adj., careful, mindful, diligent*.

soin [?], *s.m., care, duty, attendance*.

SOIR.

soir [L. n. *serum*], s.m., evening.
soirée [*soir*], s.f., evening, evening party.
soit (3rd p. sing. of the pres. Subj. of *être*, L. *sit*], adv., be it so! very well! granted. Soit (repeated), either . . ., or; whether, —— *que*, whether, or.
soixantaine [*soixante*], s.f., sixty or so, threescore.
soixante [L. *sexaginta*], num. adj. (card.), sixty.
soixantième [*soixante*], num. adj. (ord.), sixtieth.
sol [L. n. *solum*], s.m., soil, ground.
solaire [L. *solaris*], adj., solar. Cadran ——, sun-dial.
soldat [It. *soldato*, from *soldare*, "to pay"], s.m., soldier, private.
soldatesque [It. *soldatesca*], s.f., soldiery.
solde [It. *soldo*], s.f., pay. ——, s.m., balance, final settlement.
solder [It. *soldare*], v.a., 1, to pay, settle.
sole [L. *solea*, in Pliny], s.f., sole (*fish*).
soleil [L. L. acc. *soliculum*, der. of *sol*], s.m., sun. Coup de ——, sun-stroke. Lever du ——, sunrise. Coucher du ——, sunset.
solennel, -elle [L.L. *solennalis*, from L. *solennis*], adj., solemn.
solennellement, adv., solemnly.
solennisation [*solenniser*], s.f., solemnization.
solenniser [L. adj. *solennis*], v.a., 1, to solemnize.
solennité [L. acc. *solennitatem*], s.f., solemnity.
solidaire [*solide*], adj., solidary, jointly and severally liable.
solidairement, adv., solidarily, conjointly.
solidarité [*solidaire*], s.f., solidarity, community of interests, joint responsibility.
solide [L. *solidus*], adj., solid, firm, strong, sound, real.
solidement, adv., solidly, firmly, strongly, soundly, really.
solidifier [L. *solidus* and *facere*], v.a., 1, to consolidate. Se ——, r.v., to become solid; to solidify.

SOMME.

solidité [L. acc. *soliditatem*], s.f., solidity, strength, soundness.
soliloque [L. n. *soliloquium* (*solus, loqui*)], s.m., soliloquy.
solitaire [L. *solitarius*], adj., solitary, lonely. ——, s.m., hermit.
solitairement, adv., solitarily.
solitude [L. acc. *solitudinem*], s.f., solitude, loneliness.
solive [O. Fr. *solieve*, verbal subst. of L. *sublevare*, "raise up, support"], s.f., joist.
soliveau [dim. of *solive*], s.m., small joist.
sollicitation [L. acc. *sollicitationem*], s.f., solicitation, entreaty; application.
solliciter [L. *sollicitare*], v.a. and n., 1, to solicit, beg for; entreat; urge; petition, apply for.
solliciteur, -euse [*solliciter*], s.m. or f., solicitor, solicitress; petitioner; applicant.
sollicitude [L. acc. *sollicitudinem*], s.f., solicitude, care, anxiety.
solubilité [L. L. acc. *solubilitatem*, from L. adj. *solubilis*], s.f., solubility.
soluble [L. *solubilis*], adj., soluble.
solution [L. acc. *solutionem*], s.f., solution; break.
solvabilité [L. L. acc. *solvabilitatem*], s.f., solvency.
solvable [L. L. *solvabilis*], adj., solvent.
sombre [Span. *sombra*, "a shade"], adj., dark, gloomy, dull, melancholy, sombre.
sombrement, adv., gloomily, dully.
sommaire [L. n. *summarium*], s.m., summary.
sommairement, adv., summarily.
sommation [*sommer*], s.f., summons, notice. Faire les trois ——s, to summon three times to disperse (in a riot); to read the Riot Act.
somme [L. *summa*], s.f., sum, total.
somme [L. L. *salma*, corruption of L. *sagma*, Gr. σάγμα], s.f., load, burden. Bête de ——, beast of burden, sumpter.

SONNERIE.

somme [L. acc. *somnum*], s.m., nap, sleep.
sommeil [L. L. acc. *somniculum*, dim. of L. *somnus*], s.m., sleep.
sommeiller [*sommeil*], v.n., 1, to slumber, doze.
sommer [L. L. *summare*, der. from L. *summa*], v.a., 1, to summon, call upon.
sommet [O. Fr. *som*, from L. n. *summum*], s.m., summit, height.
sommité [L. acc. *summitatem*], s.f., summit, top, height.
somnambule [L. *somnus*, "sleep," and *ambulare*, "to walk"], s.m. or f., somnambulist, sleep-walker.
somnambulisme [*somnambule*], s.m., somnambulism, sleep-walking.
somnolence [*somnolent*], s.f., somnolence, drowsiness.
somnolent, -e [L. *somnolentus*], adj., somnolent, drowsy.
somptueusement, adv., sumptuously, splendidly.
somptueux, -euse [L. *sumptuosus*], adj., sumptuous, splendid.
somptuosité [L. acc. *sumptuositatem*], s.f., sumptuousness, splendour.
son, sa, ses [L.L. *sum* or *som*, for L. n. *suum*], poss. adj., his, her, its, one's.
son [L. n. *summum*, prop. "the top of the meal"], s.m., bran.
son [L. acc. *sonum*], s.m., sound.
sondage [*sonder*], s.m., sounding; probing.
sonde [verbal subst. of *sonder*], s.f., fathom-line, sounding lead; probe.
sonder [L. *sub-undare*, "to go under water"], v.a. and n., 1, to sound, fathom, probe.
songe [L. n. *somnium*], s.m., dream.
songer [L. *somniare*], v.n., 1, to dream, think, bear in mind.
songeur, -euse [*songer*], s.m. or f., dreamer.
sonner [L. *sonare*], v.a. and n., 1, to ring; chink, jingle. Une heure vient de ——, the clock has just struck one.
sonnerie [*sonner*], s.f., ringing; bells; striking.

z 2

SONNET.

sonnet [It. *sonnetto*], *s.m.*, sonnet.

sonnette [*sonner*], *s.f.*, bell. Serpent à ——s, *rattle-snake*.

sonneur [*sonner*], *s.m.*, bell-ringer.

sonore [L. *sonorus*], *adj.*, sonorous, sounding.

sonorité [L. acc. *sonoritatem*], *s.f.*, sonorousness.

sophisme [L. n. *sophisma*, from Gr. σόφισμα, "a false conclusion"], *s.m.*, sophism.

sophiste [L. acc. *sophistam*, from Gr. σοφιστής], *s.m.*, *a sophist*.

soporifique [L. *sopor* and *facere*], *adj.* and *s.m.*, soporific.

sorbet [Port. *sorbete*, from Arab. *sharbet*, from *sharab*, "to drink"], *s.m.*, sherbet.

Sorbonne [Robert Sorbon, who founded this institution in the reign of St. Louis], *s.f.*, Sorbonne, Academy of Paris.

sorcellerie [*sorcier*], *s.f.*, sorcery.

sorcier, -ière [L. L. acc. *sortiarium*, "a teller of fortunes by lot," from L. L. *sortiare*, from L. acc. *sortem*, "lot, oracle"], *s.m.* or *f.*, *sorcerer, witch*.

sordide [L. *sordidus*], *adj.*, sordid, filthy; mean.

sordidement, *adv.*, sordidly; meanly.

sordidité [*sordide*], *s.f.*, sordidness, filthiness; meanness.

sornettes [dim. of O. Fr. *sorne*, from Kymr. *swrn*, "trifle"], *s.f. pl.*, trifles, idle tales, nonsense.

sort [L. acc. *sortem*], *s.m.*, lot, fate, **destiny**; state, social condition.

sortable [*sorte*], *adj.*, **suitable**.

sorte [It. *sorta*], *s.f.*, kind, sort, species; manner. De or en —— que, so that.

sortie [partic. subst. of *sortir*], *s.f.*, going out, egress, issue, way out, sortie (military), sally, tirade.

sortilège [L. L. n. *sortilegium*, from L. *sortilegus*, "fortune-teller," from acc. *sortem* and *legere*], *s.m.*, sortilege, sorcery, witchcraft.

sortir [L. *sortiri*, lit. "to divide by lots"], *v.n.*, 2, to go out, rush out; burst; gush;

SOUFFRIR.

depart; escape; spring **up**; shoot out.

sot, -te [L. L. *sottus*, from Syriac *sckotch*, "foolish"], *adj.* and *s.m.* or *f.*, foolish; fool.

sottement, *adv.*, foolishly.

sottise [*sot*], *s.f.*, foolishness.

sou [O. Fr. *sol*, from It. *soldo*, from L. *adj.* *solidus*], *s.m.*, sou, halfpenny.

soubresaut [Sp. *sobresalto*, from L. *supra* and *saltus*], *s.m.*, start, jump.

souche [?], *s.f.*, stock, stump (of a tree), stem, head, founder.

souci [*soucier*], *s.m.*, care, anxiety, uneasiness.

soucier (se) [L. *sollicitare*], *r.v.*, to mind, care; like, wish.

soucieux, -euse [*souci*], *adj.*, anxious, full of care; gloomy, careworn.

soudain, -e [L. L. *subitanus*], *adj.*, sudden, unexpected. Soudain, *adv.*, suddenly.

soudainement, *adv.*, suddenly, unexpectedly.

souder [L.L. *solidare*], *v.a.*, 1, to solder, weld together, join. Se ——, *r.v.*, to be soldered or welded.

soudoyer [L. L. *soldicare*, from L. n. *soldum*, "a sum of money," in Martial], *v.a.*, 1, to keep in one's pay, hire.

soudure [*souder*], *s.f.*, solder, soldering, welding.

souffle [verbal subst. of *souffler*], *s.m.*, breath, puff, inspiration.

souffler [L. *sufflare*], *v.a.* and *n.*, 1, to blow, puff, pant, breathe; whisper; prompt.

soufflet [*souffler*], *s.m.*, bellows; box on the ear; affront.

souffleter [*soufflet*], *v.a.*, 1, to box (a person's) ears, insult.

souffleur [*souffler*], *s.m.*, blower, prompter.

souffrance [*souffrant*], *s.f.*, suffering, pain.

souffrant, -e [pres. part. of *souffrir*], *adj.*, suffering, ailing, sick, ill.

souffrir [L. L. *sufferrere*, secondary form of L. *sufferre*], *v.a.* and *n.*, 2, to suffer, endure; bear; allow; to have pain; to grieve; to be a sufferer. Se ——, *r.v.*, to suffer, bear each other.

SOUPÇON.

soufre [O. Fr. *solfre*, from L. n. *sulfur*], *s.m.*, sulphur, brimstone.

soufrer [*soufre*], *v.a.*, 1, to dip in sulphur.

souhait [verbal subst. of *souhaiter*], *s.m.*, wish, desire.

souhaiter [*sous* and O. Fr. *haiter*, "to desire," from Scand. *heit*, "a wish"], *v.a.*, 1, to wish, desire, long for. Se ——, *r.v.*, to wish each other.

souiller [L. L. *suculare*, "to wallow like a pig"], *v.a.*, 1, to soil, dirty, stain, defile; profane. Se ——, *r.v.*, to dirty oneself; to disgrace oneself.

souillure [*souiller*], *s.f.*, stain, pollution, defilement.

soûl, -e [O. Fr. *saoul*, from L. L. *satullus*, "satiated"], *adj.*, glutted, surfeited; drunk.

soulagement [*soulager*], *s.m.*, ease, relief, comfort; alleviation.

soulager [L. L. *subleviare*, der. from L. *sublevare*], *v.a.*, 1, to solace, ease, relieve, help; alleviate, allay. Se ——, *r.v.*, to relieve oneself or each other.

soûler [*soûl*], *v.a.*, 1, to intoxicate, surfeit, satiate. Se ——, *r.v.*, to get tipsy

soulèvement [*soulever*], *s.m.*, heaving; rising, revolt, insurrection.

soulever [L. *sublevare*], *v.a.* and *n.*, 1, to raise, lift up, heave, stir up, to cause to revolt; to revolt. Se ——, *r.v.*, to rise, heave, swell, rebel.

soulier [L. L. n. *solarium*, deriv. of L. *solea*, "sandal"], *s.m.*, shoe.

souligner [*sous*, *ligne*, q.v.], *v.a.*, 1, to underline, dash; lay a stress upon.

soumettre [L. *submittere*], *v.a.*, 4, to submit, subdue, conquer. Se ——, *r.v.*, to submit, yield, give way.

soumis, -e [p.p. of *soumettre*], *adj.*, compliant, submissive, humble, obedient, dutiful.

soumission [L. acc. *submissionem*], *s.f.*, submission, obedience.

soupape [Span. *sopapo*, "a tap given under the chin (to make the mouth shut)," from *so*, "under," and *papo*, "the flesh under the chin"], *s.f.*, valve, plug.

soupçon [O. Fr. *souspeçon*,

from L. acc. *suspicionem*], *s.m., suspicion*.

soupçonner [*soupçon*], *v.a.*, 1, *to suspect*.

soupçonneux, -euse [*soupçon*], *adj., suspicious*.

soupe [G. *suppe*], *s.f., soup, broth*.

souper [*soupe*], *s.m., supper*. ——, *v.a.*, 1, *to sup*.

soupir [verbal subst. of *soupirer*], *s.m., sigh, breath; longing*.

soupirail [L. L. *n. suspiraculum*, from L. *suspirare*], *s.m., air-hole*.

soupirer [L. *suspirare*], *v.n.*, 1, *to sigh, breathe*. —— *après, to long for*.

souple [L. acc. *adj. supplicem*], *adj., pliant, supple, flexible, compliant*.

souplement, *adv., flexibly, pliantly*.

souplesse [*souple*], *s.f., flexibility, suppleness, pliantness; compliance, submissiveness*.

souquenille [dim. of O. Fr. *souquenie*, from L. L. *soscania, succania*, from L. Gr. σουκανία, "frock"], *s.f., smock-frock, old coat*.

source [partic. subst. of *sourdre*, "to bubble up," from L. *surgere*], *s.f., spring, fountain, source, cause*.

sourcil [L. n. *supercilium*], *s.m., eyebrow*.

sourciller [*sourcil*], *v.n.*, 1, *to knit one's brows*. Sans ——, *without wincing*.

sourd, -e [L. *surdus*], *adj., deaf; dead, hollow, dull, underhand*. ——, *s.m. or f., deaf person*.

sourdement, *adv., deafly, indistinctly; with a rumbling noise; secretly*.

sourdine (à la) [*sourd*], *adv. loc., secretly, on the sly*.

sourd-muet, sourde-muette [*sourd, muet, q.v.*], *s.m. or f., deaf and dumb boy or girl, man or woman*.

sourdre [L. *surgere*], *v.n.*, 4, *to rise, spring up, gush out*.

souricière [*souris, s.f., q.v.*], *s.f., mouse-trap*.

sourire [L. *subridere*], *v.n.*, 4, *to smile; delight, take the fancy of*. —— [Inf. used as a subst.], *s.m., smile*.

souris [L. acc. *subrisum*], *s.m., smile*.

souris [L. acc. *soricem*], *s.f., mouse*.

sournois, -e [?], *adj.* and *s.m.* or *f., sneaking, underhand; sneak (boy or girl, man or woman)*.

sournoisement, *adv., cunningly, slily, sneakingly*.

sournoiserie [*sournois*], *s.f., underhand trick*.

sous [L. *subtus*], *prep., under, beneath; upon, with, within, by*.

sous-chef [*sous, chef, q.v.*], *s.m., chief assistant*.

souscripteur [L. acc. *subscriptorem*], *s.m., subscriber, signer*.

souscription [L. acc. *subscriptionem*], *s.f., subscription, signature*.

souscrire [L. *subscribere*], *v.a.* and *n.*, 4, *to subscribe, sign; consent, agree to; approve*.

soussigné [*sous, signé, p.p.* of *signer, q.v.*], *adj., undersigned*.

soustraction [L. L. acc. *subtractionem*], *s.f., subtraction; stealing, theft*.

soustraire [L. *subtrahere*, or *sous, traire, q.v.*], *v.a.*, 4, *to subtract, take away, steal; shelter, screen*. Se —— *to escape; to exempt or free oneself*.

soute [It. *sotto*, "below," from L. *subtus*], *s.f., storeroom*. —— *aux poudres, powder-magazine*.

soutenable [*soutenir*], *adj., sustainable, supportable, tenable*.

soutenir [L. *sustinere*], *v.a.* and *n.*, 2, *to support; bear up; uphold; endure; strengthen; assert; back; protect; to be nourishing*. Se ——, *r.v., to support or keep oneself up; to stand upright; subsist; last*.

soutenu, -e [p.p. of *soutenir*], *adj., steady; continued; constant; high, elevated (style)*.

souterrain, -e [L. *subterraneus*], *adj., underground*. Souterrain, *s.m., subway, cave, tunnel*.

soutien [verbal subst. of *soutenir*], *s.m., support; prop; maintenance; supporter; defence*.

soutirer [*sous, tirer, q.v.*], *v.a.*, 1, *to draw off*.

souvenir [Inf. used as a subst.], *s.m., remembrance*.

souvenir (se) [L. *subvenire*], *r.v., to remember, recollect*.

souvent [L. *subinde*], *adv., often, frequently*.

souverain, -e [L. L. *superanus*, "the one above"], *adj., sovereign, supreme, highest, without appeal*. ——, *s.m. or f., sovereign*. Souverain, *s.m., sovereign (coin)*.

souverainement, *adv., supremely, in the highest degree; exceedingly*.

souveraineté [*souverain*], *s.f., sovereignty, supremacy; dominion*.

soyeux, -euse [*soie, q.v.*], *adj., silky; soft, fine*.

spacieux, -euse [L. *spatiosus*], *adj., spacious, large, wide*.

spadassin [It. *spadaccino*, from *spada*, "sword"], *s.m., fighter, bully; hired assassin*.

spasme [L. acc. *spasmum*, from Gr. σπασμός, "a cramp," from σπάειν, "to draw, contract"], *s.m., spasm*.

spasmodique [Gr. σπασμώδης, from σπασμός and εἶδος, "form"], *adj., spasmodic*.

spécial, -e [L. *specialis*], *adj., special, particular*.

spécialement, *adv., specially, particularly*.

spécialité [L. acc. *specialitatem*], *s.f., speciality, peculiarity; special study; department; line*.

spécifier [L. L. *specificare*], *v.a.*, 1, *to specify, mention, say, point out*.

spécifique [L. L. *specificus*], *adj., specific*.

spécimen [L. n. *specimen*], *s.m., specimen*.

spectacle [L. n. *spectaculum*], *s.m., spectacle, sight; scene, show, performance, theatre*.

spectateur [L. acc. *spectatorem*], *s.m., spectator, looker-on*. (The *subst. fem.* is *spectatrice*.)

spectre [L. n. *spectrum*], *s.m., spectre, ghost*.

spéculateur [L. acc. *speculatorem*], *s.m., speculator*.

spéculatif, -ive [L. L. *speculativus*], *adj., speculative*.

SPÉCULATION.

spéculation [L. acc. *speculationem*], *s.f.*, speculation.
spéculer [L. *speculari*], *v.a.*, 1, *to observe*. ———, *v.n.*, *to speculate*.
sphère [L. *sphaera*, from Gr. σφαῖρα, "ball, globe"], *s.f.*, sphere, orb, globe.
sphérique [L. *sphaericus*, from Gr. σφαιρικός], *adj.*, spherical.
spirale [*spire*, from L. *spira*, from Gr. σπεῖρα, "that which is coiled"], *s.f.*, *spiral, convolution*. En ———, *winding*.
spiritualiser [L. *adj. spiritualis*], *v.a.*, 1, *to spiritualize*.
spirituel, -le [L. *spiritualis*], *adj.*, *spiritual; clever, witty*.
spirituellement, *adv.*, *spiritually; cleverly, wittily*.
splendeur [L. acc. *splendorem*], *s.f.*, *splendour; brightness; pomp; magnificence*.
splendide [L. *splendidus*], *adj.*, *splendid, sumptuous, magnificent*.
splendidement, *adv.*, *splendidly, sumptuously, magnificently*.
spoliateur [L. acc. *spoliatorem*], *s.m.*, *spoiler, plunderer*.
spoliation [L. acc. *spoliationem*], *s.f.*, *spoliation, plunder*.
spolier [L. *spoliare*], *v.a.*, 1, *to spoliate, despoil, strip, plunder*.
spongieux, -euse [L. *spongiosus*], *adj.*, *spongy*.
spontané, -e [L. *spontaneus*], *adj.*, *spontaneous; voluntary*.
spontanéité [*spontané*], *s.f.*, *spontaneity, spontaneousness*.
spontanément, *adv.*, *spontaneously; of one's own accord*.
squale [L. acc. *squalum*], *s.m.*, *shark; dogfish*.
squameux, -euse [L. *squamosus*], *adj.*, *covered with scales, scaly*.
squelette [Gr. σκελετός, "dried up," from σκέλλειν, "to dry"], *s.m.*, *skeleton*.
stabilité [L. acc. *stabilitatem*], *s.f.*, *stability; firmness*.
stable [L. *stabilis*], *adj.*, *stable, solid, firm, lasting*.
stagnant, -e [L. acc.

STIPULATION.

stagnantem], *adj.*, *stagnant; still*.
stagnation [L. L. acc. *stagnationem*, der. from L. *stagnare*], *s.f.*, *stagnation*.
stalle [L. L. n. *stallum*], *s.f.*, *stall*.
stance [It. *stanza*], *s.f.*, *stanza*.
station [L. acc. *stationem*], *s.f.*, *station; stand; halt*.
stationnaire [L. *stationarius*], *adj.*, *stationary*.
stationner [*station*], *v.n.*, 1, *to stop; stand; lie at rest*.
statistique [Gr. στατίζειν, "to establish"], *s.f.*, *statistics, return*.
statuaire [L. acc. *statuarium*], *s.m.*, *statuary (artist)*. ——— [L. *statuaria (ars)*], *s.f.*, *statuary, sculpture*.
statue [L. *statua*], *s.f.*, *statue, figure*.
statuer [L. *statuere*], *v.a.*, 1, *to decide, declare, decree*. ———, *v.n.*, *to make laws*.
stature [L. *statura*], *s.f.*, *stature, height, size*.
statut [L. n. *statutum*, from *statuere*, "to establish"], *s.m.*, *statute*.
stérile [L. *sterilis*], *adj.*, *sterile, barren; vain, useless*.
stérilité [L. acc. *sterilitatem*], *s.f.*, *sterility, barrenness; dearth, scarcity*.
stigmate [L. *stigmatis*, gen. of *stigma*, from Gr. στίγμα, "puncture, mark burned in, a brand (impressed on slaves as a mark of disgrace)"], *s.m.*, *brand, stigma*.
stigmatiser [Gr. στιγματίζειν, "to mark"], *v.a.*, 1, *to stigmatize, brand*.
stimulant, -e [L. acc. *stimulantem*], *adj.*, *stimulating*. Stimulant, *s.m.*, *stimulant*.
stimulation [L. acc. *stimulationem*], *s.f.*, *stimulation*.
stimuler [L. *stimulare*], *v.a.*, 1, *to stimulate, excite*.
stipendiaire [L. *stipendiarius*], *adj.*, *stipendiary*. ———, *s.m.*, *hireling*.
stipendié, -e [*p.p.* of *stipendier*], *adj.*, *paid, hired*.
stipendier [L. *stipendiari*], *v.a.*, 1, *to hire, keep in one's pay, pay stipend to*.
stipulation [L. acc. *stipulationem*], *s.f.*, *stipulation*.

STYLE.

stipuler [L. *stipulari*], *v.a.* and *n.*, 1, *to stipulate*.
Stoïcien, -enne [see *stoïque*], *s.m.* or *f.*, *Stoic*.
stoïque [L. *stoicus*, from Gr. στοϊκός, from στοά, "a portico," as Zeno taught his disciples under a portico, at Athens], *adj.*, *stoical*.
stoïquement, *adv.*, *stoically*.
store [L. *storea*], *s.m.*, *window-blind*.
strangulation [L. acc. *strangulationem*], *s.f.*, *strangulation*.
stratagème [L. n. *stratagema*, from Gr. στρατήγημα, "a piece of generalship"], *s.m.*, *stratagem, trick*.
stratégie [L. *strategia*, from Gr. στρατηγία, "a government"], *s.f.*, *strategy*.
stratégique [Gr. στρατηγικός], *adj.*, *strategical*.
stratégiste [*stratégie*], *s.m.*, *strategist*.
strict, -e [L. *strictus*], *adj.*, *strict, rigorous, severe*.
strictement, *adv.*, *strictly, rigorously, severely*.
strident, -e [L. acc. *stridentem*], *adj.*, *strident, harsh, shrill*.
strophe [L. *stropha*, from Gr. στροφή, "turning, walking about of the chorus in Greek tragedies"], *s.f.*, *strophe*.
structure [L. *structura*], *s.f.*, *structure, construction, form, make*.
studieusement, *adv.*, *studiously*.
studieux, -euse [L. *studiosus*], *adj.*, *studious*.
stupéfaction [L. L. acc. *stupefactionem*, from L. *stupefactus*], *s.f.*, *stupefaction*.
stupéfait, -e [L. *stupefactus*], *adj.*, *stupefied, dumfounded, thunderstruck*.
stupéfier [L. *stupefieri* (in Propertius)], *v.a.*, 1, *to stupefy, amaze, astound*.
stupeur [L. acc. *stuporem*], *s.f.*, *stupor*.
stupide [L. *stupidus*], *adj.*, *stupid, dull, foolish*.
stupidement, *adv.*, *stupidly, foolishly*.
stupidité [L. acc. *stupiditatem*], *s.f.*, *stupidity, dulness*.
style [L. acc. *stylum* or *stilum*, prop. "a style for writing," from Gr. στῦλος, "a

STYLET. — **SUCCÉDER.** — **SUEUR.**

stake"], *s.m.*, *style, manner.*
—— soutenu, *high or elevated style.*
stylet [It. *stiletto*], *s.m., stiletto.*
su [partic. subst. of *savoir* q.v.], *s.m., knowledge.* Au —— de, *to the knowledge of.*
suaire [L. *n. sudarium*], *s.m., shroud, winding-sheet.*
suave [L. *suavis*], *adj., suave, sweet, fragrant, agreeable.*
suavement, *adv., sweetly, pleasantly.*
suavité [L. acc. *suavitatem*], *s.f., suavity, sweetness, fragrance, pleasantness.*
subalterne [L. L. *subalternus*], *adj.* and *s.m.* or *f., subaltern, inferior.*
subir [L. *subire*], *v.a.*, 2, *to undergo, endure, suffer, bear, put up with.*
subit, -e [L. *subitus*], *adj., sudden, unexpected.*
subitement, *adv., suddenly, unexpectedly.*
subjection [L. acc. *subjectionem*], *s.f., subjection.*
subjonctif [L. acc. adj. *subjunctivum (modum)*], *s.m., subjunctive.*
subjuguer [L. *subjugare*], *v.a.*, 1, *to subjugate, subdue, conquer.*
sublime [L. *sublimis*], *adj.* and *s.m., sublime.*
sublimité [L. acc. *sublimitatem*], *s.f., sublimity.*
submerger [L. *submergere*], *v.a.*, 1, *to submerge, swamp, inundate, drown.*
submersion [L. acc. *mersionem*], *s.f., submersion.*
subordination [L. L. acc. *subordinationem*], *s.f., subordination.*
subordonné, -e [*p.p.* of *subordonner*], *adj.* and *s.m.* or *f., subordinate.*
subordonner [L. *sub*, and Fr. *ordonner*, q.v.], *v.a.*, 1, *to subordinate.*
subsécutif, -ive [L. *subsequi*], *adj., subsecutive.*
subséquemment, *adv., subsequently.*
subsequent, -e [L. *subsequentem*, pres. part. of *subsequi*], *adj., subsequent.*
subside [L. *n. subsidium*, "the reserve ranks"], *s.m., subsidy, aid.*
subsidiaire [L. *subsidi-*

arius], *adj., subsidiary, additional.*
subsistance [L. *subsistentia* (in Cassiodorus)], *s.f., subsistence, maintenance, food.*
—— s, *s.f. pl., provisions, victuals.*
subsister [L. *subsistere*], *v.n.*, 1, *to subsist, exist, live upon.*
substance [L. *substantia*], *s.f., substance, reality.*
substantiel, -elle [L. *substantialis*], *adj., substantial.*
substantiellement, *adv., substantially.*
substantif [L. acc. *substantivum*], *s.m., substantive.*
substantivement, *adv., substantively.*
substituer [L. *substituere*], *v.a.*, 1, *to substitute, replace.* Se ——, *r.v., to substitute oneself; to supersede.*
substitut [L. acc. *substitutum*, *p.p.* of *substituere*], *s.m., substitute, deputy.*
substitution [L. acc. *substitutionem*], *s.f., substitution.*
subterfuge [L. L. *n. subterfugium*, from L. *subterfugere*], *s.m., subterfuge, evasion, shift.*
subtil, -e [L. *subtilis*], *adj., subtle, fine; dexterous; quick, keen, shrewd.*
subtilement, *adv., adroitly, cleverly, shrewdly.*
subtilité [L. acc. *subtilitatem*], *s.f., subtlety; refinement; shrewdness.*
subvenir [L. *subvenire*], *v.n.*, 2, *to relieve, provide; assist, help.*
subvention [L. L. acc. *subventionem*], *s.f., subvention, allowance, relief, help.*
subventionner [*subvention*], *v.a.*, 1, *to give a grant or subvention to.*
subversif, -ive [L. L. *subversivus*, from L. *subversus*], *adj., subversive.*
subversion [L. acc. *subversionem*], *s.f., subversion, overthrow.*
subvertir [L. *subvertere*], *v.a.*, 2, *to subvert, upset, overthrow.*
suc [L. acc. *succum* or *sucum*], *s.m., juice; essence, substance.*
succéder [L. *succedere*], *v.n.*, 1, *to succeed, follow.* Se

——, *r.v., to succeed each other.*
succès [L. acc. *successum*], *s.m., success.*
successeur [L. acc. *successorem*], *s.m., successor.*
successif, -ive [L. *successivus*], *adj., successive, in succession.*
succession [L. acc. *successionem*], *s.f., succession; inheritance.*
successivement [*successive*, *adj. f.*, and suffix *-ment*] *adv., successively, in succession, one after the other.*
succinct, -e [L. *succinctus*, from *succingere*, "to gird, tuck up"], *adj., succinct, short, concise.*
succinctement, *adv., succinctly, briefly, concisely.*
succion [L. L. acc. *suctionem* (?), from L. *suctus, p.p.* of *sugere*, "to suck"], *s.f., suction.*
succomber [L. *succumbere*], *v.n.*, 1, *to succumb, yield, give way.*
succulent, -e [L. *succulentus*], *adj., succulent, juicy.*
succursale [L. L. *succursalis*, from L. L. *succursus*, der. from L. *succursum*, sup. of *succurrere*, "to help, assist"], *s.f., chapel of case; branch establishment.*
sucer [L. L. *suctiare* (?), from L. *suctus, p.p.* of *sugere*], *v.a.*, 1, *to suck; draw; drain.* Se ——, *r.v., to be sucked, drawn, or drained.*
sucre [L. n. *saccharon*, from Gr. σάκχαρον, from Skr. *sarkara*], *s.m., sugar.* Morceau de ——, *lump of sugar.*
sucré, -e [*p.p.* of *sucrer*], *adj., sugared, sweetened; bland, demure.*
sucrer [*sucre*], *v.a.*, 1, *to sugar, sweeten.*
sucrier [*sucre*], *s.m., sugar-basin.*
sud [A.-S. *sudh*], *s.m., south.* ——-est, *south-east.* ——-ouest, *south-west.*
Suédois, -e [*Suède*, "Sweden"], *adj.* and *s.m.* or *f., Swedish; Swede.*
suer [L. *sudare*], *v.a.* and *n.*, 1, *to sweat, perspire; toil; to be damp; to ooze.* —— sang et eau, *to toil and moil.*
sueur [L. acc. *sudorem*],

| SUFFIRE. | SUPERPOSER. | SUPPOSÉ. |

s.f., sweat, perspiration; moisture; labour.

suffire [L. *sufficere*], v.n., 4, *to be sufficient, suffice; to be equal to, able to do, supply, answer, meet, afford.* Se ——, r.v., *to provide for oneself.*

suffisamment [*suffisant* and suffix *-ment*], adv., *sufficiently.*

suffisance [*suffisant*], s.f., *sufficiency, competency; conceit, vanity.*

suffisant, -e [*pres. part. of suffire*], adj., *sufficient, competent, adequate, conceited.*

suffixe [L. *suffixus*, "fastened to," p.p. of *suffigere*], s.m., *suffix.*

suffocant, -e [*suffoquer*], adj., *suffocating, choking, stifling.*

suffocation [L. acc. *suffocationem*], s.f., *suffocation, choking, stifling.*

suffoquer [L. *suffocare*], v.a., 1, *to suffocate, choke, stifle.*

suffragant [L. acc. *suffragantem*, pres. part. of *suffragari*, "to vote for, to support"], s.m., *suffragan.*

suffrage [L. n. *suffragium*], s.m., *suffrage, vote, voice; support.*

suggérer [L. *suggerere*], v.a., 1, *to suggest, hint.*

suggestion [L. acc. *suggestionem*], s.f., *suggestion, hint.*

suicide [L. *sui*, and the termination *-cide*, corresponding to the L. *-cidium* from *caedere*], s.m., *suicide, self-murder.* ——, s.m. or f., *self-murderer or murderess.*

suicider (se) [*suicide*], r.v., *to commit suicide.*

suie [A.-S. *sôtig*, Engl. *sooty*], s.f., *soot.*

suif [L. n. *sebum* or *sevum*], s.m., *tallow, grease.*

suintement [*suinter*], s.m., *sweating, oozing, leakage.*

suinter [O. H. G. *swizan*, Engl. *sweat*], v.n., 1, *to sweat, ooze, leak.*

Suisse [G. *Schweizer*], adj. and s.m., *Swiss; hall-porter, porter; head-beadle; Swiss guard.* (The fem. subst. is *Suissesse.) La Suisse, s.f., *Switzerland.*

suite [partic. subst. of *suivre*], s.f., *consequence, result; continuation; retinue;*

series; line; set. Tout de ——, *immediately,* **at once**; à la —— de, *after.*

suivant, -e [*pres. part. of suivre*], adj., *following,* **next**. Suivant, s.m., *attendant, follower.* Suivant, prep., *according to.*

suivre [L. *sequi*], v.a., 4, *to follow; to keep pace with; accompany, attend; give way to, indulge; run after.*

sujet [L. **n**. *subjectum* (sc. *verbum*)], s.m., *subject; cause, motive, matter, topic.* ——, *subject (of a sovereign), individual.* Mauvais ——, *rogue.*

sujet, -ette [L. *subjectus*], adj., *subject, liable, exposed, prone, given to.*

sujétion [L. acc. *subjectionem*], s.f., *subjection, dependence.*

sulfureux, -euse [L. *sulfurosus*], adj., *sulphurous.*

sultan [Turkish *sultan*, "sovereign"], s.m., *sultan.* (The fem. subst. is *sultane*.)

superbe [L. *superbus*], adj., *proud, haughty; superb, splendid.*

superbement, adv., *proudly; splendidly.*

supercherie [It. *soperchieria*], s.f., *deceit, fraud.*

superficie [L. acc. *superficiem*], s.f., *superficies, area.*

superficiel, -elle [L. *superficialis*], adj., *superficial; shallow.*

superficiellement, adv., *superficially.*

superfin, -e [L. *super*, and Fr. *fin, q.v.*], adj., *superfine.*

superflu, -e [L. *superfluus*], adj., *superfluous.*

superfluité [L. acc. *superfluitatem*], s.f., *superfluity, superabundance.*

supérieur, -e [L. acc. adj. *superiorem*], adj. and s.m. or f., *superior, higher, upper; superior, superintendent.*

supérieurement, adv., **in a** *superior manner or degree; capitally, splendidly.*

supériorité [L. L. acc. *superioritatem*], s.f., *superiority.*

superlatif, -ive [L. *superlativus*], adj., *superlative.* Superlatif, s.m., *superlative.*

superlativement, adv., *superlatively.*

superposer [L. *super*, and

Fr. *poser, q.v.*], v.a., 1, *to superpose, place over or upon.*

superposition [L. L. acc. *superpositionem*], s.f., *superposition.*

superstitieusement, adv., *superstitiously.*

superstitieux, -euse [L. *superstitiosus*], adj., *superstitious.*

superstition [L. acc. *superstitionem*], s.f., *superstition.*

supin [L. **n**. *supinum* (sc. *verbum*)], s.m., *supine.*

supplanter [L. *supplantare*, "to trip one's **heels**"], v.a., 1, *to supplant.* Se ——, r.v., *to supplant each other.*

suppléance [*suppléant*], s.f., *substitution; assistantship.*

suppléant, -e [*pres. part. of suppléer*], adj. and s.m. or f., *substitute, assistant, deputy.*

suppléer [L. *supplere*], v.a. and n., 1, *to supplement, fill up, take the place of.* Se ——, r.v., *to complete itself; to be completed or supplied.*

supplément [L. n. *supplementum*], s.m., *supplement, addition.*

supplémentaire [*supplément*], adj., *supplementary, additional.*

suppliant, -e [*pres. part. of supplier*], adj., *supplicating, beseeching.*

supplication [L. acc. *supplicationem*], s.f., *supplication, entreaty.*

supplice [L. n. *supplicium*], s.m., *punishment, execution, torture; pain, anguish.*

supplier [L. *supplicare*], v.a., 1, *to entreat, beseech, beg.*

supplique [It. *supplica*], s.f., *petition, prayer.*

support [verbal subst. of *supporter*], **s.m.,** *support; prop; help.*

supportable [*supporter*], adj., *supportable, tolerable.*

supporter [L. *supportare*], v.a., 1, *to support, bear, endure; tolerate, put up with.* Se ——, r.v., *to support oneself or each other; to bear with each other.*

supposable [*supposer*], adj., *supposable.*

supposé, -e [p.p. of *sup-*

SUPPOSER.

poser], *adj., assumed, fictitious, reputed.* Supposé que, *suppose, supposing.*

supposer [L. L. *suppausare*, from L. *sub, pausare;* see *poser*], *v.a.,* 1, *to suppose, infer; assume; feign.*

supposition [L. acc. *suppositionem*], *s.f., supposition.*

suppôt [L. acc. *suppositum*, "a subordinate," from *supponere,* "to place under"], *s.m., agent, instrument.*

suppression [L. acc. *suppressionem*], *s.f., suppression, concealment.*

supprimer [L. *supprimere*], *v.a.,* 1, *to suppress, omit, abolish, retrench, conceal.*

supputation [L. acc. *supputationem*], *s.f., computation, calculation.*

supputer [L. *supputare*], *v.a.,* 1, *to compute, calculate.*

suprématie [*suprême*], *s.f., supremacy.*

suprême [L. *supremus*], *adj., supreme, highest, last.*

suprêmement, *adv., supremely.*

sur, -e [O. H. G. *sûr*, Mod. G. *sauer*], *adj., acid, sour.*

sur [L. *super*] *prep., on, upon, above, over.*

sûr [O. Fr. *seür*, from L. *securus*], *adj., sure, safe, certain, secure, trustworthy.*

surabondamment [*surabondant* and suffix *-ment*], *adv., superabundantly.*

surabondance [*sur*, *prep.,* and *abondance, q.v.*], *s.f., superabundance.*

surabondant, -e [*sur*, *prep.*, and *abondant, q.v.*], *adj., superabundant.*

surabonder [*sur*, *prep.*, and *abonder, q.v.*], *v.n.,* 1, *to superabound.*

suranné, -e [*p.p.* of *suranner*, "to expire"], *adj., antiquated, obsolete.*

surcharge [verbal subst. of *surcharger*], *s.f., overcharge, additional burden; excess, increase.*

surcharger [*sur, charger, q.v.*], *v.a.,* 1, *to overload, overtax, overwhelm, oppress.*

surcroît [verbal subst. of *surcroître*, "to increase exceedingly," from *sur, croître, q.v.*], *s.m., increase, excess.*

SURNOMMER.

surdité [L. acc. *surditatem*], *s.f., deafness.*

sureau [O. Fr. *seüerel*, dim. of O. Fr. *seü*, from L. acc. *sabucum*], *s.m., elder-tree.*

sûrement [*fem. adj. sûre* and suffix *-ment*], *adv., surely, safely, certainly.*

surenchère [*sur, prep., enchère, q.v.*], *s.f., higher bid.*

surenchérir [*sur, prep., enchérir, q.v.*], *v.n.,* 2, *to overbid.*

surérogation [*sur, prep.,* and *rogation*], *s.f., supererogation.*

surérogatoire [*sur, prep., rogatoire,* "judicial, of inquiry" (law)], *adj., supererogatory.*

sûreté [L. acc. *securitatem*], *s.f., safety, security.*

surexcitation [*sur, prep., excitation, q.v.*], *s.f., over-excitement.*

surexciter [*sur, prep., exciter, q.v.*], *v.a.,* 1, *to over-excite.*

surface [L. L. acc. *superfaciem*, for L. *superficiem*], *s.f., surface, appearance, outside.*

surfaire [*sur, prep., faire, q.v.*], *v.n.,* 4, *to overcharge; exaggerate.*

surgir [L. *surgere*], *v.n.,* 2, *to spring up, arise.* (Its doublet is *sourdre, q.v.*)

surhumain, -e [*sur, prep., humain, q.v.*], *adj., superhuman.*

surintendance [*sur, prep., intendance, q.v.*], *s.f., superintendence.*

surintendant [*sur, prep., intendant, q.v.*], *s.m., superintendent.*

surlendemain [*sur, prep., lendemain, q.v.*], *s.m., the day after the morrow, second day after.*

surmontable [*surmonter*], *adj., surmountable, superable.*

surmonter [*sur, prep., monter, q.v.*], *v.a.,* 1, *to surmount, overcome, subdue.*

surnager [*sur, prep., nager, q.v.*], *v.n.,* 1, *to float on the surface; survive, remain.*

surnaturel, -elle [*sur, prep., naturel, q.v.*], *adj., supernatural.*

surnom [*sur, prep., nom, q.v.*], *s.m., surname.*

surnommer [*sur, prep.,*

SUSCEPTIBILITÉ.

nommer, q.v.], *v.a.,* 1, *to surname.*

surpasser [*sur, prep., passer, q.v.*], *v.a.,* 1, *to surpass, outdo; go beyond, exceed; astound.*

surplomber [*sur, prep., plomber, q.v.*], *v.a.* and *n.,* 1, *to overhang, hang over.*

surplus [*sur, prep., plus, q.v.*], *s.m., surplus, remainder, difference.* Au ——, *besides, moreover.*

surprenant, -e [*pres. part.* of *surprendre*], *adj., surprising, wonderful.*

surprendre [*sur, prep., prendre, q.v.*], *v.a.,* 4, *to take by surprise; catch; overreach; impose upon, beguile; amaze.*

surprise [partic. subst. of *surprendre*], *s.f., surprise, astonishment; deceit, deception.*

sursaut [*sur, prep., saut, q.v.*], *s.m., start.* En ——, *with a start.*

sursis [partic. subst. of *surseoir*, "to suspend," from L. *supersedere*], *s.m., delay, respite, reprieve.*

surtout [*sur, tout, q.v.*], *adv., above all, especially.* ——, *s.m., overcoat.*

surveillance [*surveillant*], *s.f., superintendence, supervision.*

surveillant, -e [*pres. part.* of *surveiller*], *s.m.* or *f., superintendent, overseer.*

surveiller [*sur, prep., veiller, q.v.*], *v.a.,* 1, *to superintend, survey, look after, watch over.*

survenant, -e [*pres. part.* of *survenir*], *adj., coming unexpectedly.* ——, *s.m. or f., chance-comer.*

survenir [L. *supervenire*], *v.n.,* 2, *to arrive unexpectedly; drop in; happen; come upon.*

survivant, -e [*pres. part.* of *survivre*], *adj., surviving.* ——, *s.m. or f., survivor.*

survivre [L. *supervivere*], *v.n.,* 4, *to survive, outlive.*

sus [L. adv. *susum* for *sursum*], *adv.* and *prep., upon.* En ——, *over and above.* En —— *de, above.* Courir ——, *to attack.* —— donc! *interj., up then! come then! courage!*

susceptibilité [L. L. *susceptibilitatem*], *s.f., suscepti-

SUSCEPTIBLE.

bility, irritability; feelings, delicacy.

susceptible [L. L. *susceptibilis*], *adj. susceptible, capable; irritable, touchy.*

susciter [L. *suscitare*], *v.a.,* 1, *to raise up, create, produce, excite, stir up.*

suscription [L. acc. *superscriptionem*, from *super* and *scribere*], *s.f., superscription, address.*

susdit, -e [*sus,* "above," *dit,* "said"], *adj., aforesaid.*

suspect, -e [L. *suspectus*], *adj., suspicious, suspected.* Suspect, *s.m., suspected* or *suspicious man.*

suspecter [*suspect*], *v.a.,* 1, *to suspect.* Se ——, *r.v., to suspect each other.*

suspendre [L. *suspendere*], *v.a.,* 4, *to hang up, suspend; discontinue, stop, delay, put off.*

suspendu, -e [*p.p.* of *suspendre*], *adj., hanging, hung, in abeyance.* Pont suspendu, *suspension-bridge.*

suspens (en) [L. *suspensus, p.p.* of *suspendere*], *adv. loc., in suspense, undecided, in abeyance.*

suspension [L. acc. *suspensionem*], *s.f., suspension, suspense, interruption, cessation.*

suspicion [L. acc. *suspicionem*], *s.f., suspicion.* (Its doublet is *soupçon, q.v.*)

sustenter [L. *sustentare*], *v.a.,* 1, *to sustain, maintain, feed, keep.*

suzerain, -e [*sus,* "above," and suffix *-erain*], *s.m., suzerain, sovereign.*

suzeraineté [*suzerain*], *s.f., suzerainty.*

svelte [It. *svelto*], *adj., slender, slim.*

sybarite [Gr. Συβαρίτης, from Συβάρις, a city of Magna Græcia, noted for luxury], *s.m., sybarite.*

sycomore [L. L. acc. *sycomorum*], *s.m., sycamore.*

sycophante [Gr. συκοφάντης, prop. "a fig informer," one who informed against those who exported figs from Attica contrary to law, from σύκον, "fig," and φαίνειν, "to discover"], *s.m., sycophant, knave, impostor.*

syllabe [L. *syllaba*, from Gr. συλλαβή, from συλλαμ-

SYNODE.

βάνειν, "to take with"], *s.f., syllable.*

syllabique [L. *syllabicus*, from Gr. συλλαβικός], *adj., syllabic.*

syllepse [L. *syllepsis*, from Gr. σύλληψις, from συλλαμβάνειν, "to take together, to comprehend"] *s.f., syllepsis.*

syllogisme [L. acc. *syllogismum*, from Gr. συλλογισμός, from σύν, "with," and λόγος, "reason"], *s.m., syllogism.*

symbole [L. n. *symbolum*, from Gr. σύμβολον, from συμβάλλειν, "to put together"], *s.m., symbol, creed.*

symbolique [L. *symbolicus*, from Gr. συμβολικός], *adj., symbolical.*

symboliser [*symbole*], *v.a.* and *n.,* 1, *to symbolize.*

symétrie [L. *symmetria*, from Gr. συμμετρία, from σύν, "with," and μέτρον, "measure"], *s.f., symmetry.*

symétrique [Gr. συμμετρικός], *adj., symmetrical.*

symétriquement, *adv., symmetrically.*

sympathie [L. *sympathia*, from Gr. συμπάθεια, from σύν, "with," and πάθος, "feeling"], *s.f., sympathy.*

sympathique [*sympathie*], *adj., sympathetic, congenial.*

sympathiser [*sympathie*], *v.n.,* 1, *to sympathize.*

symphonie [L. *symphonia*, from Gr. συμφωνία, "an agreement of sounds," from σύν, "with," and φωνή, "voice, sound"], *s.f., symphony.*

symptôme [Gr. σύμπτωμα, "accident," from σύν, "with," and πίπτειν, "to fall"], *s.m., symptom, mark, sign, indication.*

synagogue [L. *synagoga* (in Tertullian), from Gr. συναγωγή (σύν, "with," and ἀγωγός, "leading," = "congregation")], *s.f., synagogue.*

syncope [L. *syncope*, from Gr. συγκοπή, fr. σύν, "with," and κόπτειν, "to cut"], *s.f., syncope, swoon, fainting fit.*

syndic [L. acc. *syndicum*, from Gr. σύνδικος, from σύν, "with," and δίκη, "justice"], *s.m., syndic.*

syndical, -e [*syndic*], *adj., syndical, of a syndic, of syndics.*

synode [L. acc. *synodum*,

TABLIER.

from Gr. σύνοδος, "a college of priests," from σύν, "with," and ὁδός, "way"], *s.m., synod, ecclesiastical council.*

synonyme [Gr. συνώνυμος, from σύν, "with," and ὄνομα, "name"], *s.m., synonym.*

synoptique [Gr. συνοπτικός, from σύνοψις, "synopsis," from σύν, "with," and ὄψις, "sight"], *adj., synoptic, synoptical.*

syntaxe [Gr. σύνταξις, from σύν, "with," and τάξις, "order, arrangement"], *s.f., syntax.*

synthèse [L. *synthesis*, from Gr. σύνθεσις, "a putting together," from σύν, "with," and θέσις, "a putting"], *s.f., synthesis.*

synthétique [Gr. συνθετικός], *adj., synthetic, synthetical.*

Syrien, -enne [*Syrie,* "Syria"], *adj.* and *s.m.* or *f., Syrian.*

systématique [L. *systematicus*, from Gr. συστηματικός], *adj., systematic.*

systématiquement, *adv., systematically.*

systématiser [*systématique*], *v.a.,* 1, *to systematize.*

système [L. n. *systema*, from Gr. σύστημα, "a whole consisting of several parts," from σύν, "with," and ἵστημι, "I stand"], *s.m., system.*

T

tabac [Span. *tabacco*], *s.m., tobacco, snuff.* Prendre du ——, *to take snuff.*

tabatière [*tabac*], *s.f., snuff-box.*

tabernacle [L. n. *tabernaculum*, dim. of *taberna*, "a hut, shed"], *s.m., tabernacle; tent.*

table [L. *tabula*], *s.f., table; index; slab; board; fare; living.*

tableau [L. L. n. *tabulellum*, dim. of L. *tabula*], *s.m., painting, picture; description.*

tablette [dim. of *table*], *s.f., tablet; note-book; shelf.*

tablier [*table*], *s.m., apron; pinafore, floor (of bridges).*

TABOURET.

tabouret [see *tambour*], *s.m., stool, footstool.*
tache [It. *taccia*], *s.f., spot, stain, blot, blemish.*
tâche [O. Fr. *tacche*, from Medieval L. *tasca*, for *tacsa* = *taxa*, verbal subst. of L. *taxare*, "to touch repeatedly"], *s.f., task, task-work.*
tacher [*tache*], *v.a.*, 1, *to spot, stain, soil, sully.* Se ——, *r.v., to soil one's clothes, fingers, etc.; to dirty oneself; to get soiled or dirty.*
tâcher [*tâche*], *v.n.*, 1, *to try, strive, endeavour.*
tacheter [dim. of *tacher*], *v.a.*, 1, *to spot, speckle.*
tacite [L. *tacitus*], *adj., silent; tacit, implied.*
tacitement, *adv., tacitly, silently.*
taciturne [L. *taciturnus*], *adj., taciturn, silent.*
taciturnité [L. acc. *taciturnitatem*], *s.f., taciturnity, silence.*
tact [L. acc. *tactum*], *s.m., touch; tact.*
tacticien [*tactique*], *s.m., tactician.*
tactique [Gr. τακτική (sc. τέχνη), "the art of marshalling troops"], *s.f., tactics.*
taffetas [It. *taffeta*, from Persian *tâftah*, p.p. of *taften*, "to tress, weave"], *s.m., taffeta, silk.*
taie [O. Fr. *toie*, from L. *theca*, from Gr. θήκη, "case, sheath"], *s.f., pillow-case; speck (in the eye).*
taillanderie [*taillandier*], *s.f., edge-tool making.*
taillandier [*tailler*], *s.m., edge-tool maker.*
taille [verbal subst. of *tailler*], *s.f., cutting, cut, pruning, dressing; size, height, stature; capitation-tax.*
tailler [L. L. *taleare*, *taliare*, from L. *talea*, "a cutting"], *v.a.*, 1, *to cut, hew; carve; prune, dress; make (a pen).*
tailleur [*tailler*], *s.m., tailor.* —— *de pierre, stone-cutter*
tain [corruption of *étain*, q.v.], *s.m., tinfoil, tin-leaf; quicksilvering.*
taire [L. *tacere*], *v.a.* and *n.*, 4, *not to say, to suppress.* Faire —— *quelqu'un, to silence somebody.* Se ——, *r.v.,*

TANT.

to hold one's tongue, to *e* or *keep silent.*
talent [L. n. *talentum*], *s.m., talent, ability, art.*
talion [L. acc. *talionem*], *s.m., retaliation, tit for tat.*
talisman [It. *talismano*, from Arab. *telsamân*, pl. of *telsam*, from the Gr. τετελεσμένα, prop., "consecrated things"], *s.m., talisman.*
talon [L. L. acc. *talonem*, from L. *talus*], *s.m., heel; heel-piece.*
talonner [*talon*], *v.a.*, 1, *to pursue closely, press, urge, beset.*
talus [L. *talus*], *s.m., foot or slope of a rampart; bank; embankment.*
tambour [O. Fr. *tabour* (from which *tabouret*, q.v., is derived), from Persian *tambûr*], *s.m., drum; drummer.*
tamis [N. *tems*], *s.m., sieve.*
tamisage [*tamis*], *s.m., sifting.*
Tamise [Engl. *Thames*], *s.f., river Thames.* [*sift.*
tamiser [*tamis*], *v.a.*, 1, *to*
tampon [see *tapon*], *s.m., plug, stopper.*
tamponner [*tampon*], *v.a.*, 1, *to plug, stop up.*
tan [Breton *tann*, "oak"], *s.m., tan; oak-bark.*
tancer [L.L. *tentiare*, "to dispute, contend"], *v.a.*, 1, *to rebuke.*
tandis que [L. *tam, diu*], *conj., while, whilst.*
tangage [*tanguer*, *v.n.*, 1, "to pitch" (of a ship at sea)], *s.m., pitching.*
tangente [L. acc. *tangentem*, pres. part. of *tangere*], *s.f., tangent.* S'échapper par la ——, *to go off at a tangent.*
tangible [L. *tangibilis*], *adj., tangible.*
tanière [contr. of *taissonière*, "the hole of the *taisson* = badger." *Taisson* comes from L. L. acc. *taxum*, from O. H. G. *thats*], *s.f., den, lair.*
tanné, -e [p.p. of *tanner*], *adj., tan-coloured, tawny.*
tanner [*tan*], *v.a.*, 1, *to tan.*
tannerie [*tanner*], *s.f., tan-yard.* [*tanner*.
tanneur [*tanner*], *s.m.,*
tant [L. *tantum*], *adv., so much, so many.* —— *que, as long as.* —— *et plus, very much, ever so much.* ——

TARE.

soit peu, very little, ever so little. —— *bien que mal, so so, indifferently, somehow.* —— *il est vrai, so true it is.* —— *mieux, so much the better.* —— **pis**, *so much the worse.* Tous —— *que vous êtes, all the lot of you.*
tante [O. Fr. *ante*, from L. *amita*], *s.f., aunt.*
tantôt [*tant*, *tôt*, q.v.], *adv., presently, by and by; this afternoon, now ... now (when repeated in the same sentence).*
taon [L. acc. *tabanum*], *s.m., horse-fly, gad-fly.*
tapage [*taper*], *s.m.,* **great** *noise, uproar.*
tapageur, -euse [*tapage*], *s.m.* or *f., noisy fellow, noisy creature, rioter.*
tape [verbal subst. of *taper*], *s.f., slap, tap.*
taper [G. *zapfen*, Swed. *tapp*, "to strike, cork"], *v.a.*, 1, *to strike, slap, tap, stump.*
tapinois (en) [Medieval L. *tapinus*, from Gr. ταπεινός, "low, humble"], *adv., stealthily, slily.* [*squat.*
tapir (se) [?], *r.v., to crouch,*
tapis [L. n. *tapete*, Gr. τάπης, τάπις], *s.m., carpet; cover; tapis. Etre sur le ——, to be talked about.*
tapisser [*tapis*], *v.a.*, 1, *to hang with tapestry, carpet.*
tapisserie [*tapisser*], *s.f., tapestry, hangings; carpet; upholstery.*
tapissier [*tapisser*], *s.m., upholsterer.*
tapon [dim. of O. Fr. *tape*, from A-S. *tæpe*, "bundle"], *s.m., bundle; plug (naut.).* (Its doublet is *tampon*, q.v.)
taquin, -e [Span. *tacaño*, "tease"], *adj., teasing.* ——, *s.m.* or *f., teaser.*
taquiner [*taquin*], *v.a.*, 1, *to tease, plague, torment.*
taquinerie [*taquiner*], *s.f., teasing.*
tard [L. adv. *tarde*], *adv., late.*
tarder [L. *tardare*], *v.n.*, 1, *to be long, loiter, delay; to lose time in.* Il me tarde de, *I long to.*
tardif, -ive [*tard*], *adj., tardy, late, slow.*
tardivement, *adv., tardily, slowly.*
tare [It. and L. L. *tara*, from Arab. *tarha*, "waste, de-

TARÉ.

fect"], *s.f., loss, waste, blemish, defect, tare.*

taré, -e [p.p. of *tarer*], *adj., damaged, spoilt, defective; ill-famed.*

tarer [*tare*], *v.a.*, 1, *to damage, injure, spoil.*

targuer (se) [*targe*, "target, shield," from O. Scand. *targa*], *r.v., to boast, brag* (lit. *to cover oneself with something, as with a shield*).

tarière [L. L. n. *taratrum*], *s.f., auger; borer; terebra (of insects).*

tarif [Span. *tariffa*, from Arab. *ta'arifa*, "notice"], *s.m., tariff, rate, scale.*

tarir [O. H. G. *tharrjan*, "to dry up"], *v.a.* and *n.*, 2, *to dry up, exhaust.* Se ——, *r.v., to dry up.* [*haustible*.

tarissable [*tarir*], *adj., ex-*
tarte [L. L. *torta* (*panis*), in the Vulgate, from L. *torquere*, "to twist"], *s.f., tart.* (Its doublet is *tourte, q.v.*)

tartelette [dim. of *tarte*], *s.f., tartlet.*

tartine [dim. of *tarte*], *s.f., slice of bread and butter or jam.*

tartufe [a well-known character in Molière's plays], *s.m., hypocrite.*

tas [N. *tas*, "a heap of corn, a heap"], *s.m., heap; lot; pile.*

tasse [It. *tazza*, from Arab. *thâça*], *s.f., cup.*

tasser [*tas*], *v.a.*, 1, *to heap up; compress.*

tâter [O. Fr. *taster*, from L. L. *taxitare*, freq. of L. *taxare*, "to touch repeatedly"], *v.a.*, 1, *to feel (by touch); try, examine.*

tâtonnement [*tâtonner*], *s.m., feeling, fumbling, groping.*

tâtonner [*tâtons*], *v.n.*, 1, *to feel one's way, grope.*

tâtons (à) [*tâter*], *adv. loc., groping in the dark.*

tatouage [*tatouer*], *s.m., tattoo.*

tatouer [Engl. *tattoo*], *v.a.*, 1, *to tattoo.*

taupe [L. *talpa*], *s.f., mole.*

taureau [L. L. acc. *taurellum*, dim. of *taurus*], *s.m., bull.*

taux [verbal subst. of O. Fr. v. *tauzer* = Mod. Fr. *taxer*, from L. *taxare*], *s.m., price, rate.*

taverne [L. *taberna*], *s.f., tavern; low public-house, pothouse.*

TEMPE.

taxation [L. acc. *taxationem*], *s.f., taxation, rating, assessment.*

taxe [verbal subst. of *taxer*], *s.f., tax, taxation; toll.*

taxer [L. *taxare*], *v.a.*, 1, *to tax, rate, assess; accuse, call.*

technique [Gr. τεχνικός, from τέχνη, "art"], *adj., technical.*

tégument [L. n. *tegumentum*], *s.m., tegument.*

teindre [L. *tingere*], *v.a.*, 4, *to tinge, dye, colour, stain.* Se ——, *r.v., to be dyed, tinged, stained.*

teint [partic. subst. m. of *teindre*], *s.m., colour, complexion.*

teinte [partic. subst. f. of *teindre*], *s.f., tinge, colour, hue.*

teinture [L. *tinctura*], *s.f., dye, hue.*

teinturier [*teinture*], *s.m., dyer.*

tel, telle [L. *talis*], *adj., such, like, so, many a man, certain, some, any.*

télégramme [Gr. τῆλε, "far," and γράμμα, "writing"], *s.m., telegram.*

télégraphe [Gr. τῆλε, "far," and γράφειν, "to write"], *s.m., telegraph.*

télégraphique [*télégraphe*], *adj., telegraphic.*

télégraphier [*télégraphe*], *v.a.*, 1, *to telegraph.*

télescope [Gr. τηλεσκόπος, "far-seeing," from τῆλε, "far," and σκοπεῖν, "to see"], *s.m., telescope, glass.*

tellement [*telle*, fem. of *tel*, and suffix -*ment*], *adv., so much, so many, so far.*

téméraire [L. *temerarius*], *adj., rash, bold, reckless.*

témérairement, *adv., rashly, boldly, recklessly.*

témérité [L. acc. *temeritatem*], *s.f., temerity, rashness, recklessness.*

témoignage [*témoigner*], *s.m., mark, proof; testimony, evidence; certificate.*

témoigner [*témoin*], *v.a.*, 1, *to testify, express, show, prove, bear witness.*

témoin [L. n. *testimonium*, "testimony"], *s.m., witness, sign, token, proof.*

tempe [L. pl. n. *tempora*], *s.f., temple (of the head).*

TENDRE.

tempérament [L. n. *temperamentum*], *s.m., temperament, temper, disposition.*

tempérance [*tempérant*], *s.f., temperance, sobriety.*

tempérant, -e [pres. part. of *tempérer*], *adj., temperate, sober.*

température [L. *temperatura*], *s.f., temperature.*

tempéré, -e [p.p. of *tempérer*], *adj., temperate, moderate, mild.*

tempérer [L. *temperare*], *v.a.*, 1, *to temper, allay; cool; restrain, repress, check.* (Its doublet is *tremper, q.v.*)

tempête [L. acc. *tempestatem*], *s.f., storm, tempest.*

tempêter [*tempête*], *v.n.*, 1, (fig.) *to storm, rage.*

temple [L. n. *templum*], *s.m., temple; church.*

templier [*temple*], *s.m., knight templar.*

temporaire [L. *temporarius*], *adj., temporary.*

temporairement, *adv., temporarily.*

temporel, -elle [L. *temporalis*], *adj., temporal.* Temporel, *s.m., temporal power.*

temporellement, *adv., temporally.*

temporisation [*temporiser*], *s.f., temporization.*

temporiser [L. n. *tempus, temporis*], *v.n.*, 1, *to temporize, procrastinate.*

temporiseur [*temporiser*], *s.m., temporizer.*

temps [L. n. *tempus*], *s.m., time, period; season, leisure; weather.*

tenable [*tenir*], *adj., tenable, bearable.*

tenace [L. acc. adj. *tenacem*], *adj., tenacious; stubborn, persevering.*

ténacité [L. acc. *tenacitatem*], *s.f., tenacity; obstinacy, perseverance.*

tenailles [L. pl. n. *tenacula*], *s.f. pl., pincers, tongs, plyers.*

tenancier, -ière [*tenant*, pres. part. of *tenir*], *s.m. or f., holder, tenant.*

tendance [*tendant*, pres. part. of *tendre*], *s.f., tendency, inclination.*

tendon [*tendre*], *s.m., tendon, sinew.*

tendre [L. *tendere*], *v.a.*, 4, *to lay (a snare); to stretch,*

TENDRE.

strain, *fatigue; hang, spread; aim at.* Se ——, *r.v., to be stretched.*
tendre [L. acc. adj. *tenerum*], *adj., soft, tender, fond, loving.*
tendrement, *adv., tenderly, dearly.*
tendresse [*tendre, adj.*], *s.f., tenderness, fondness, love.*
tendu, -e [*p.p. of tendre*], *adj., outstretched; stiff; affected; unnatural; critical.*
ténèbres [L. *pl. f. tenebrae*], *s.f. pl., darkness, night.*
ténébreux, -euse [L. *tenebrosus*], *adj., dark; gloomy.*
teneur [L. acc. *tenorem*], *s.f., tenor, purport, contents.*
tenir [L. *tenere*], *v.a., 2, to hold; keep, contain; possess; esteem; manage, bind.* —— *v.n., to hold fast, keep, remain; adhere, cling.* —— *à, v.n., to be attached to.* —— *de, receive from; to have inherited; to be like.* Y ——, *to care about it.* —— *un langage, to speak, lit. to hold a language.* Se ——, *r.v., to remain, keep.* Tenez! *well, look here.* Je n'y tiens plus, *I cannot stand it any longer.*
tension [L. acc. *tensionem*], *s.f., tension, application.*
tentant, -e [*pres. part. of tenter*], *adj., tempting, enticing.*
tentateur [L. acc. *tentatorem*], *s.m., tempter.* (The *fem.* is *tentatrice*.)
tentation [L. acc. *tentationem*], *s.f., temptation.*
tentative [*tentative, fem. of adj. tentatif*], *s.f., attempt.*
tente [L. L. *tenta*, p.p. f. of *tendere*, lit. "a cloth stretched"], *s.f., tent, awning.*
tenter [L. *tentare*], *v.a., 1, to attempt, try; tempt.*
tenture [L. L. *tentura*, from L. *tentus, p.p. of tendere*], *s.f., tapestry, hangings.*
tenu, -e [*p.p. of tenir, q.v.*], *adj., kept; considered, reputed.*
ténu, -e [L. *tenuis*], *adj., thin, spare.*
tenue [*partic. subst. of tenir*], *s.f., bearing, behaviour; appearance; uniform, dress.*
ténuité [L. acc. *tenuitatem*], *s.f., tenuity, thinness.*
tépide [L. *tepidus*], *adj.,*

TERRITOIRE.

tepid, lukewarm. (Its doublet is *tiède, q.v.*) [*dity.*
tépidité [*tépide*], *s.f., tepi-*
tergiversation [L. acc. *tergiversationem*], *s.f., tergiversation, evasion, subterfuge.*
tergiverser [L. *tergiversari*], *v.n., 1, to evade, shift, shuffle.*
terme [L. acc. *terminum*], *s.m., term, boundary, end; period, time; expression, word.*
terminaison [L. acc. *terminationem*], *s.f., termination.*
terminer [L. *terminare*], *v.a., 1, to conclude, end.* Se ——, *r.v., to end.*
terne [O. H. G. *tarni*, "hidden, veiled"], *adj., dull, dim, wan.*
ternir [*terne*], *v.a., 2, to tarnish, dim.* Se ——, *r.v., to be or become tarnished.*
terrain [L. L. n. *terrenum*], *s.m., ground, land, soil.*
terrasse [It. *terrazzo*, from L. L. *terracia*, from L. adj. *fem. terracea*], *s.f., terrace, earthwork.*
terrassement [*terrasser*], *s.m., embankment.*
terrasser [*terrasse*], *v.a., 1, to embank; throw to the ground.*
terrassier [*terrasser*], *s.m., digger, navvy.*
terre [L. *terra*], *s.f., earth, soil, ground.* A ——, *on the ground.* De ——, *earthen.* Par ——, *on the ground.*
Terre-neuve [*terre,* and *neuve, fem. of neuf, q.v.*], *s.f., Newfoundland.* ——, *s.m., Newfoundland dog.*
terrestre [L. *terrestris*], *adj., terrestrial, earthly.*
terreur [L. acc. *terrorem*], *s.f., awe, dismay, terror.*
terreux, -euse [L. *terrosus*], *adj., earthy.*
terrible [L. *terribilis*], *adj., terrible, awful, dreadful.*
terriblement, *adv., terribly, awfully, dreadfully.*
terrier [*terre*], *s.m., terrier, hole, burrow.*
terrifier [L. *terrificare*], *v.a., 1, to terrify, dismay, affright.*
territoire [L. n. *territorium*], *s.m., territory, dominions.* (Its doublet is *terroir, q.v.*)

THÉIÈRE.

territorial, -e [L. *territorialis*], *adj., territorial.*
terroir [doublet of *territoire, q.v.*], *s.m., soil, ground.*
terrorisme [L. acc. *terrorem*], *s.m., terrorism.*
terroriste [L. acc. *terrorem*], *s.m., terrorist.*
tertre [L. *terrae torus,* "elevation of ground"], *s.m., hillock, mound, ridge, eminence.*
tes, see *ton.*
tesson [L. L. acc. *testonem*, from L. n. *testum,* "clay vessel"], *s.m., fragment of broken glass.*
testament [L. n. *testamentum*], *s.m., will, testament.*
testamentaire [L. *testamentarius*], *adj., testamentary, by will.*
testateur [L. acc. *testatorem*], *s.m., testator.* (The *fem.* is *testatrice*.)
tester [L. *testari*], *v.n., 1, to make one's will.*
tête [L. *testa,* "skull"], *s.f., head; top, beginning; brains, wits, sense.* —— à ——, *s.m., private conversation.*
téter [A.-S. *tita,* "teat"], *v.a. and n., 1, to suck.*
tétrarchie [Gr. τετραρχία], *s.f., tetrarchy.*
tétrarque [Gr. τέτραρχος, from prefix τετρα = τέσσαρα, "four," and ἄρχειν, "to rule"], *s.m., tetrarch.*
têtu, -e [*tête*] *adj., stubborn, obstinate, self-willed.*
Teutonique [L. L. *Teutonicus*], *adj., Teutonic.*
texte [L. acc. *textum*], *s.m., text, matter, subject.*
textile [L. *textilis*], *adj., textile, woven.*
textilité [*textile*], *s.f., textility.*
textuel, -elle [L. acc. *textum*], *adj., textual, word for word.*
textuellement, *adv., textually, verbatim.*
texture [L. *textura*], *s.f., texture.*
thé [Chinese *té*], *s.m., tea; tea-party.*
théâtral, -e [L. *theatralis*], *adj., theatrical.*
théâtre [L. n. *theatrum*], *s.m., theatre; show; scene, seat, field.*
théière [*thé*], *s.f., teapot.*

théisme [Gr. θεός, "God," and suffix -isme], s.m., theism.
théiste [Gr. θεός, "God," and suffix -iste], s.m., theist.
thème [Gr. θέμα, "subject"], s.m., theme, topic, subject; exercise.
théocrate [see théocratie], s.m., theocrat.
théocratie [Gr. θεοκρατία, from θεός, "God," and κράτος, "power"], s.f., theocracy.
théocratique [see théocratie], adj., theocratical.
théologie [Gr. θεολογία, from θεός, "God," and λόγος, "doctrine"], s.f., theology.
théologien [théologie], s.m., theologian, divine.
théologique [L. theologicus, from Gr. θεολογικός], adj., theological.
théoricien [théorie], s.m., theorist.
théorie [Gr. θεωρία, from θεωρεῖν, "to consider, examine"], s.f., theory.
théorique [Gr. θεωρικός], adj., theoretic.
théoriquement, adv., theoretically.
thérapeutique [Gr. θεραπευτικός, from θεραπεύειν, "to nurse"], s.f., therapeutics.
——, adj., therapeutical.
thermal, -e [thermes], adj., thermal. Eaux ——es, hot mineral waters.
thermes [L. thermae, from Gr. θέρμαι, from θέρμη, "heat"], s.m. pl., hot baths or springs, thermal baths.
thermidor [θέρμη, "heat," and δῶρον, "gift"], s.m., Thermidor (11th month in the French Republican calendar, July 19–August 17).
thermomètre [Gr. θερμός, "hot," and μέτρον, "measure"], s.m., thermometer.
thermométrique [thermomètre], adj., thermometrical.
thésauriser [L. thesaurizare], v.a. and n., 1, to treasure up, hoard up money.
thésauriseur [thésauriser], s.m., hoarder up of money.
thèse [L. thesis, from Gr. θέσις, "a proposition"], s.f., thesis, argument, discussion, case.
thym [L. n. thymum, from Gr. θύμον], s.m., thyme.
tiare [L. tiara, from Gr. τιάρα, "a turban, tiara"], s.f., tiara.
tiède [doublet of tépide, q.v.], adj., tepid, lukewarm.
tièdement, adv., lukewarmly, coolly.
tiédeur [tiède], s.f., lukewarmness, tepidity.
tiédir [tiède], v.n., 2, to grow or get lukewarm or cool.
tien (le), tienne (la), tiens (les), tiennes (les), poss. pron., thine, thy own. Les tiens ——, your relations.
tiers, tierce [L. tertius], adj., third. Tiers, s.m., third part.
Tiers-État [tiers, adj., and état, q.v.], s.m., third estate, Commons (in French history).
tige [L. tibia], s.f., stalk, stem, stock.
tigre [L. acc. tigrem], s.m., tiger.
tigresse [tigre], s.f., tigress.
tillac [O. Scand. thilia, "floor"], s.m., deck.
tilleul [L. L. acc. tiliolum, dim. of L. tilia], s.m., lime-tree.
timbale [It. timballo, from L. tympanum], s.f., kettle-drum; mug. (Its triplets are timbre and tympan.)
timbre [L. n. tympanum, from Gr. τύμπανον, "drum"], s.m., bell, sound: stamp. (Its triplets are timbale and tympan.)
timbré, -e [p.p. of timbrer], adj., crazy, cracked.
timbrer [timbre], v.a., 1, to stamp.
timide [L. timidus], adj., timid, timorous, fearful, faint-hearted.
timidement, adv., timidly, bashfully.
timidité [L. acc. timiditatem], s.f., timidity, faint-heartedness, bashfulness.
timon [L. acc. temonem], s.m., carriage-pole, shaft.
timonier [timon], s.m., shaft-horse; steersman.
timoré, -e [L. L. timoratus], adj., timorous.
tintamarre [tinter, "to ring," and marre, "vine-dresser's hoe, by allusion to the habit the vine-dressers have of jingling their hoes against a stone when it is time to leave off work in the evening], s.m., great hubbub, uproar.
tintement [tinter], s.m., tinkling, jingling, tolling.
tinter [L. tinnitare, freq. of tinnire], v.n., 1, to ring, toll.
tir [verbal subst. of tirer], s.m., shooting, firing ; range.
tirade [tirer], s.f., tirade, speech, passage.
tirage [tirer], s.m., draught, drawing, towing; printing.
tiraillement [tirailler], s.m., pulling about; pain, anxiety, trouble; disagreement.
tirailler [tirer], v.a., 1, to pull about, pester, plague.
——, v.n., to skirmish. Se ——, r.v., to thwart each other.
tirailleur [tirailler], s.m., sharpshooter, skirmisher.
tirer [N. téren, "to pull"], v.a., 1, to draw, draw out, pull; shoot, fire ; strike off, print. Se —— de, r.v., to extricate oneself out of. S'en ——, to get out of the difficulty.
tiret [tirer], s.m., dash, hyphen.
tireur [tirer], s.m., shooter, marksman. Franc ——, volunteer.
tiroir [tirer], s.m., drawer.
tisane [L. ptisana, from Gr. πτισάνη (κριθή, "barley"), "crushed"], s.f., infusion, decoction.
tison [L. acc. titionem, "fire-brand"], s.m., brand, fire-brand. ——s, embers.
tisonner [tison], v.n., 1, to stir the fire.
tissage [tisser], s.m., weaving.
tisser [L. texere], v.a., 1, to weave.
tisserand [tisser], s.m., weaver.
tissu [partic. subst. of the O. Fr. v. tistre, "to weave"], s.m., texture, web, cloth, stuff.
titre [L. acc. titulum], s.m., title; title-page ; right ; claim; document ; voucher.
titré, -e [p.p. of titrer], adj., titled.
titrer [titre], v.a., 1, to give a title to; to title.
titulaire [L. L. titularis], adj., titular.

TOAST.

toast [Engl. *toast*], *s.m.*, *toast, health.* Porter un ——, *to propose a toast.*

tocsin [formerly *toquesin*, from *toquer*, "to strike," and *sin* (from L. *signum*), "bell"], *s.m., tocsin, alarm-bell.*

toge [L. *toga*], *s.f., toga, robe, gown.*

toi [L. *tibi*], *pers. pron., thee, thou; to thee, at thee.*

toile [L. *tela*, contr. of *texele*, from *texere*, "to weave"], *s.f., linen-cloth; cobweb; picture.* —— de *coton, cotton-cloth.*

toilette [*toile*], *s.f., toilet, dressing, dress; toilet-table or glass.*

toise [L.L. *tensa*, "fathom," from L. *tendere*], *s.f., two yards = six feet.*

toiser [*toise*], *v.a.*, 1, *to measure; examine; eye from head to foot.*

toison [L. acc. *tonsionem*, "act of shearing"], *s.f., fleece.*

toit [L. *n. tectum*], *s.m., roof; house; home.*

toiture [L. *tectura*], *s.f., roof, roofing.*

tôle [O. Fr. *taule*, from L. *tabula*], *s.f., sheet-iron.*

tolérable [L. *tolerabilis*], *adj., tolerable, bearable.*

tolérablement, *adv., tolerably.*

tolérance [L. *tolerantia*], *s.f., toleration, forbearance, indulgence.*

tolérant, -e [L. acc. *tolerantem*, pres. part. of *tolerare*], *adj., tolerant.*

toleration [L. acc. *tolerationem*], *s.f., toleration.*

tolérer [L. *tolerare*], *v.a.* 1, *to tolerate, endure, bear, allow.* Se —— *r.v., to be tolerated; to tolerate each other.*

tomate [Span. *tomate*, from Mexican *tomatl*], *s.f., tomato, love-apple.*

tombe [L. *tumba*, from Gr. τύμβος], *s.f., tomb, grave; tombstone.*

tombeau [L.L. acc. *tumbellum*, dim. of L. *tumba*], *s.m., tomb, grave.*

tombée [partic. subst. of *tomber*], *s.f., fall.* —— de la nuit or —— du jour, *nightfall.*

tomber [Scand. *tumba*, "to fall"], *v.n.*, 1, *to fall.*

TORCHE.

tombereau [*tomber*], *s.m., tumbril, cart.*

tombola [It. *tombola*, "a game of loto"], *s.f., tombola, raffle.*

tome [L. acc. *tomum*], *s.m., volume.*

ton, ta, tes [L. acc. *tuum*], *poss. adj., thy.*

ton [L. acc. *tonum*, from Gr. τόνος], *s.m., tone, voice.*

tondaison [*tondre*], *s.f., sheep-shearing.*

tondeur [*tondre*] *s.m., sheep-shearer.*

tondre [L. *tondere*], *v.a.*, 4, *to clip, shear, crop, mow.*

tonique [*ton*, *s.m.*], *adj., tonic.* ——, *s.m., tonic (medicine).*

tonnage [*tonne*], *s.m., tonnage.*

tonnant, -e [L. acc. *tonantem*, pres. part. of *tonare*], *adj., thundering.*

tonne [Gael. *tunna*], *s.f., tun, ton.*

tonneau [dim. of *tonne*], *s.m., cask, ton.*

tonnelier [*tonne*], *s.m., cooper.*

tonnelle [*tonne*], *s.f., green arbour, bower.*

tonner [L. *tonare*], *v.n.*, 1, *to thunder.*

tonnerre [L. *n. tonitru*], *s.m., thunder, thunderbolt.*

tonsure [L. *tonsura*], *s.f., tonsure, orders (in the Roman Catholic Church).*

tonte [partic. subst. of *tondre*], *s.f., shearing; shearing-time.*

topaze [L. *n. topazion*, from Gr. τοπάζιον, "a gem"], *s.f., topaz.*

topique [Gr. τοπικός], *adj., topical.* ——, *s.m., topic.*

topographie [Gr. τοπογραφία, from τόπος, "place," and γράφειν, "to describe"], *s.f., topography.*

topographique [*topographie*], *adj., topographic, topographical.*

toque [It. *tocca*, from Kymr. *toc*, "cap, head-dress"], *s.f., cap.*

toqué, -e [p.p. of *toquer*], "to touch"], *adj., touched, cracked, crazy.*

torche [L.L. *tortia* (?), "a wisp of straw," from L. *tortus*, p.p. of *torquere*, "to twist"], *s.f., torch.*

TOUFFE.

tordre [L. *torquere*], *v.a.*, 4, *and so* ——, *r.v., to twist, writhe; to be convulsed with laughter.*

torpeur [L. acc. *torporem*], *s.f., torpor, numbness.*

torrent [L. acc. *torrentem*], *s.m., torrent, flood, flow.*

torrentiel, -elle [*torrent*], *adj., pouring, coming down in torrents.*

tors, -e [L. *tortus*, p.p. of *torquere*], *adj., twisted, crooked.*

torsade [*tors*], *s.f., twisted fringe, twist.*

torse [It. *torso*], *s.m., torso, bust, trunk.*

tort [L.L. *n. tortum*, "injustice," from L. *p.p. tortus*], *s.m., wrong, fault, harm, injury.* A ——, *adv. loc., wrongfully.* Avoir ——, *to be wrong, in the wrong.*

tortiller [L.L. *torticulare*], *v.a.*, 1, *to twist.*

tortu, -e [L.L. *tortutus* (?), from L. *p.p. tortus*], *adj., crooked, wry, twisted.*

tortue [rustic L. *tortuca*, so called on account of the twisted shape of its feet], *s.f., tortoise, turtle, testudo.*

tortueux, -euse [L. *tortuosus*], *adj., winding, tortuous, crooked.*

torture [L. *tortura*, lit. "twisting"], *s.f., torture, rack.*

torturer [*torture*], *v.a.*, 1, *to tease, torture, wrest.*

tôt [L. *tostus*, burnt, i.e. as quick as the flash], *adv., early, soon, quickly.* Plus ——, *sooner.* Trop ——, *too soon.* —— ou tard, *sooner or later.*

total, -e [L.L. *totalis*, der. from L. *totus*], *adj., total, whole, entire.* Total, *s.m., sum total.*

totalement, *adv., totally, wholly, entirely.*

totalité [*total*], *s.f., totality, whole.*

touchant, -e [pres. part. of *toucher*], *adj., touching, affecting, moving.* Touchant, *prep., about, concerning.*

toucher [O. H. G. *zuchôn*, "to draw, snatch"], *v.a. and n.*, 1, *to touch, to feel; affect, concern; to approach; to be near.* Se ——, *r.v., to touch each other; to meet, join.*

touffe [O. Fr. *toffe*, from L. G. *topp*], *s.f., tuft; clump.*

touffu, -e [*touffe*], *adj., tufted, bushy.*

toujours [*tous, jours,* pl. of *tout* and *jour,* q.v.], *adv., always, ever, for ever, usually.*

tour [verbal subst. of *tourner*], *s.m., turn; trick; winding, round; circuit, turning-lathe.* —— *de gosier, strain, trill.*

tour [L. acc. *turrim,* from Gr. τύρρις], *s.f., tower; castle* (at chess).

tourbe [O. H. G. *zurf,* Modern G *torf*], *s.f., peat, turf.*

tourbeux, -euse [*tourbe*], *adj., peaty, turfy.*

tourbière [*tourbe*], *s.f., peat-bog, turf-pit.*

tourbillon [L. L. *turbicula,* der. from L. *turbo, turbinis*], *s.m., whirlwind, whirlpool, vortex, eddy.*

tourbillonnement [*tourbillon*], *s.m., whirling, eddying.*

tourbillonner [*tourbillon*], v.n., 1, *to whirl, eddy; wind.*

tourelle [dim. of *tour,* s.f.], *s.f., turret.*

tourment [L. n. *tormentum*], *s.m., torment; anguish, pang; vexation.*

tourmentant, -e [*pres. part.* of *tourmenter*], *adj., troublesome.*

tourmente [verbal subst. of *tourmenter*], *s.f., storm, tempest.*

tourmenter [*tourment*], v.a., 1, *to torment, torture; annoy, tease, vex; worry, distress.*

tournant, -e [*pres. part.* of *tourner*], *adj., turning.* Tournant, *s.m., turn; eddy; corner, winding; wheel.*

tournebroche [*tourner, broche,* q.v.], *s.m., jack, turnspit.*

tournée [partic. subst. of *tourner*], *s.f., round, walk; visitation; journey, tour.*

tourner [L. *tornare*], v.a. and n., 1, *to turn, turn round; turn over; twist, wind; twirl; revolve; change.* Se ——, r.v., *to turn round; change; to be changed, turned.*

tournesol [*tourner, sol* for *soleil,* q.v.], *s.m., sunflower.*

tourneur [L. acc. *tornatorem*], *s.m., turner.*

tourniquet [*tourner*], *s.m., turnstile, turnpike.*

tournoi [verbal subst. **of** *tournoyer*], *s.m., tournament.*

tournoiement or **tournoîment** [*tournoyer*], *s.m., turning round, whirling.* —— *de tête, giddiness.*

tournois [L. *Turonensis*], *adj.* (m. only), *of Tours.* Livre ——, *Tours livre, i.e., about ten pence.* (This coin was suppressed in 1795.)

tournoyer [L. L. *tornicare,* from L. *tornare*], v.n., 1, *to turn round and round.*

tournure [*tourner*], *s.f., turn; direction; shape, form, figure, appearance, look.*

tourte [L. L. *torta,* "rolled cake"], *s.f., tart, pie.* See *tarte.*

tourtereau [O. Fr. *tourterel,* from L. L. acc. *turturellum,* dim. of L. *turtur*], *s.m., turtle-dove.* (The *fem.* is **tourterelle**.)

Toussaint [*tous, saint,* q.v.], *s.f., All Hallows, All-Saints' day.*

tousser [L. *tussire*], v.n., 1, *to cough.*

tousseur, -euse [*tousser*], *s.m.* or *f., cougher.*

tout, sing. m., **toute,** sing. f., **tous,** pl. m., **toutes,** pl. f [L. *totus*], *indef. adj., all, whole, every, any.* Tout, *s.m., the whole, everything, anything.* Tout, *adv.* [*toute* or *toutes* before a cons. or *h* aspirate] *wholly, quite, thoroughly.*

toutefois [*toute, fois,* q.v.], *adv., however, nevertheless, still, yet.*

Toute-puissance [*toute, puissance,* q.v.], *s.f., Omnipotence.*

tout-puissant, toute-puissante [*tout, puissant,* q.v.], *adj., omnipotent, all-powerful.* Le Tout-puissant, *s.m., the Almighty.*

toux [L. acc. *tussim*], *s.f., cough.*

tracas [verbal subst. **of** *tracasser*], *s.m., worry, bother; bustle, stir, noise.*

tracasser [see *traquer*], v.a. and n., 1, *to worry, annoy, bother, torment, plague, bustle, stir.*

tracasserie [*tracasser*], *s.f., cavil, bickering; trickery; annoyance.*

tracassier, -ière [*tracasser*], *s.m.* or *f., caviller; pesterer, mischief-maker.*

trace [verbal subst. of *tracer*], *s.f., trace, track, footstep; sign, mark.*

tracer [L. L. *tractiare,* der. from L. *tractus,* p.p. of *trahere,* "to draw lines"], v.a., 1, *to trace, draw, mark, lay out.*

tradition [L. acc. *traditionem*], *s.f., tradition.* (Its doublet is *trahison,* q.v.)

traditionnel, -elle [*tradition*], *adj., traditional.*

traducteur [L. acc. *traductorem*], *s.m., translator.*

traduction [L. acc. *traductionem*], *s.f., translation.*

traduire [L. *traducere*], v.a., 4, *to translate, interpret; show; bring, indict, arraign.*

traduisible [*traduire*], *adj., translatable, expressible.*

trafic [It. *traffico,* compd. of L. *trans,* "across," *vices,* "interchange"], *s.m., traffic, trade.*

trafiquant [*pres. part.* of *trafiquer*], *s.m., trader, dealer.*

trafiquer [It. *trafficare*], v.n., 1, *to traffic, trade, deal.*

tragédie [L. *tragoedia,* from Gr. τραγωδία, from τράγος, "he goat," and ᾠδή, "a poem for singing"], *s.f., tragedy.*

tragédien, -enne [*tragédie*], *s.m.* or *f., tragedian.*

tragique [L. *tragicus,* from Gr. τραγικός], *adj., tragic.* ——, *s.m., tragic author* or *actor.*

tragiquement, *adv., tragically.*

trahir [L. *tradere*], v.a., 2, *to betray; disclose, reveal, deceive.* Se ——, r.v., *to betray oneself or each other.*

trahison [L. acc. *traditionem*], *s.f., treason, treachery.* (Its doublet is *tradition,* q.v.)

train [O. Fr. *tra-in,* from It. *traino,* from L. *trahere,* "to draw"], *s.m., rate, pace, train, retinue; course; railway-train; train of artillery.*

traînant, -e [*pres. part.* of *traîner*], *adj., dragging, trailing; drawling; languid.*

traînard [*traîner*], *s.m., straggler, laggard.*

traîneau [*traîner*], *s.m., sledge, sleigh.*

TRAÎNÉE.

traînée [partic. subst. of *traîner*], *s.f., train, track, line.*
traîner [L. L. *traginare*, "to draw," from L. *trahere*], *v.a.* and *n.*, 1, *to lead, drag, haul; protract, linger; languish; to be in suspense.* Se ——, *r.v., to crawl, creep, lag behind.*
traire [L. *trahere*, "to draw"], *v.a.*, 4, *to milk.*
trait [L. acc. *tractum*], *s.m., feature; act, action, deed, incident; trace (of harness).* Bête de ——, *draught animal.* Arme de ——, *missile weapon, missile.*
traitable [L. *tractabilis*], *adj., tractable, manageable, docile.*
traite [fem. form of *trait*], *s.f., journey; exportation, trading; slave-trade.*
traité [L. acc. *tractatum*], *s.m., treaty, agreement; tract, treatise.*
traitement [*traiter*], *s.m., treatment; salary, stipend.*
traiter [L. *tractare*], *v.a.*, 1, *to treat; deal with; transact; entertain; to come to terms.* —— de, *to treat of, call, style.* Se ——, *r.v., to treat oneself or each other; to be one's own physician.*
traiteur [*traiter*], *s.m., eating-house keeper.*
traître [L. nom. *traditor*], *s.m., traitor.* (The *fem.* is *traîtresse.*)
traîtreusement [fem. adj. *traîtreuse*, and suffix -*ment*], *adv., treacherously.*
trajet [L. acc. *trajectum*], *s.m., passage, crossing, journey, distance.*
trame [L. *trama*], *s.f., woof, weft; (fig.) thread, plot.*
tramer [*trame*], *v.a.*, 1, *to weave; hatch, plot.* Se ——, *r.v., to be hatched.*
tramontane [It. *tramontana*, from *tra*, for L. *trans*, "beyond," and L. acc. *montem*, "mountain"], *s.f., north star.* Perdre la ——, *not to know where one is; to get bewildered or confused.*
tranchant, -e [pres. part. of *trancher*], *adj., sharp, cutting, peremptory.* Tranchant, *s.m., edge.*
tranche [verbal subst. of *trancher*], *s.f., slice.*

TRANSGRESSER.

tranchée [partic. subst. of *trancher*], *s.f., trench.*
trancher [L. *truncare*], *v.a.*, 1, *to cut; mark; solve; end; settle; set up for; contrast.*
tranquille [L. *tranquillus*], *adj., quiet, peaceful.*
tranquillement, *adv., quietly, peacefully.*
tranquilliser [*tranquiller*, in the 16th century, from L. *tranquillare*], *v.a.*, 1, *to quiet, still.* Se ——, *r.v., to make oneself easy; to become quiet.*
tranquillité [L. acc. *tranquillitatem*], *s.f., tranquillity, stillness.*
transaction [L. acc. *transactionem*], *s.f., transaction, arrangement.*
transalpin, -e [L. *transalpinus*], *adj., transalpine, beyond the Alps.*
transatlantique [L. *trans*, and Fr. *atlantique*, q.v.], *adj., transatlantic.*
transcendance [*transcendant*], *s.f., transcendency.*
transcendant, -e [L. acc. *transcendentem*, pres. part. of *transcendere*], *adj., transcendent.*
transcription [L. acc. *transcriptionem*], *s.f., transcription, copy.*
transcrire [L. *transcribere*], *v.a.*, 4, *to transcribe, copy.*
transe [verbal subst. of *transir*], *s.f., affright.*
transférer [L. *transferre*], *v.a.*, 1, *to transfer, remove; postpone.* Se ——, *r.v., to be removed.*
transfert [*transférer*], *s.m., transfer.*
transfiguration [L. acc. *transfigurationem*], *s.f., transfiguration.*
transfigurer [L. *transfigurare*], *v.a.*, 1, *to transfigure.* Se ——, *r.v., to be transfigured.*
transformation [L. acc. *transformationem*], *s.f., transformation.*
transformer [L. *transformare*], *v.a.*, 1, *to transform, change.* Se ——, *r.v., to be transformed.*
transfuge [L. acc. *transfugam*], *s.m., fugitive, deserter.*
transgresser [L. L. *trans-*

TRANSPORTATION.

gressare, freq. of L. *transgredi*], *v.a.*, 1, *to transgress, break, infringe.*
transgresseur [L. acc. *transgressorem*], *s.m., transgressor.*
transgression [L. acc. *transgressionem*], *s.f., transgression, violation.*
transi, -e [past part. of *transir*], *adj., chilled, benumbed.*
transiger [L. *transigere*], *v.n.*, 1, *to compound, come to terms.* ——, *v.a., to transact.*
transir [L. L. *transire*, "to die" (in Medieval L.), compd. of L. *trans*, "beyond," and *ire*, "to go"], *v.a.*, 2, *to chill, benumb.* ——, *v.n., to be chilled, shiver.*
transition [L. acc. *transitionem*], *s.f., transition.*
transitoire [L. *transitorius*], *adj., transitory.*
translation [L. acc. *translationem*], *s.f., translation, removal; postponement.*
transmettre [L. *transmittere*], *v.a.*, 4, *to transmit, transfer, forward, hand down.* Se ——, *r.v., to transmit to each other; to be transmitted.*
transmission [L. acc. *transmissionem*], *s.f., transmission; transfer.*
transparence [*transparent*], *s.f., transparency.*
transparent, -e [L. L. acc. *transparentem*], *adj., transparent.*
transpercer [L. *trans*, and Fr. *percer*, q.v.], *v.a.*, 1, *to pierce through.*
transpiration [*transpirer*], *s.f., perspiration.*
transpirer [L. *trans*, "through," *spirare*, "to pant"], *v.n.*, 1, *to perspire, ooze out.*
transplantation [*transplanter*], *s.f., transplanting.*
transplanter [L. *transplantare*], *v.a.*, 1, *to transplant.* Se ——, *r.v., to be transplanted.*
transport [verbal subst. of *transporter*], *s.m., removal, conveyance; delight, pleasure, rapture, ecstasy.* Moyens de ——, *conveyances.*
transportation [L. acc. *transportationem*, "removing"], *s.f., transportation.*

| TRANSPORTER. | TRÉPASSER. | TRIBUNE. |

transporter [L. *transportare*], v.a., 1, to transport, convey; enrapture. Se ——, r.v., to transport oneself; go, repair.

transposer [L. *trans*, and Fr. *poser*, q.v.], v.a., 1, to transpose. Se ——, r.v., to be transposed.

transposition [L. *trans*, and Fr. *position*, q.v.] s.f., transposition.

transvaser [L. *trans*, and Fr. *vase*, s.m., q.v.], v.a., 1, to decant.

transversal, -e [*transverse*, from L. *transversus*], adj., transverse, transversal.

transversalement, adv., transversally, crosswise.

trappe [Medieval L. *trappa*, "snare," from O. H. G. *trapo*, "trap"], s.f., trap, trapdoor.

trapu, -e [O. H. G. *tapar*, "heavy"], adj., thickset; stumpy.

traquenard [*traquer*], s.m., trap, snare.

traquer [N. *trekken*, "to draw a net"], v.a., 1, to beat up (a wood), hunt; enclose, surround.

travail [L. L. n. *trabaculum*, from L. acc. *trabem*, lit. "a horsebreaker's break"], s.m., work, labour, toil, pains; trave.

travailler [*travail*], v.n., 1, to work, labour, toil.

travailleur, s.m., hardworker, labourer, workman.

travaux, pl. of *travail*, q.v.

travers [L. *traversus*, for *transversus*], s.m., breadth; eccentricity, whim; defect, fault. A ——, prep., across, through. Au —— de, prep., through.

traverse [verbal subst. of *traverser*], s.f., traverse, cross-bar, cross-beam, girder; cross-way or cut.

traversée [partic. subst. of *traverser*], s.f., crossing, passage, voyage.

traverser [*travers*], v.a., 1, to cross, go through, pierce through; thwart.

travestir [It. *travestire*, from L. *trans, vestire*], v.a., 2, to disguise; misrepresent. Se ——, r.v., to disguise oneself.

travestissement [*travestir*], s.m., disguise.

trébuchement[*trébucher*], s.m., stumbling, fall.

trébucher [*tré* for *tra* (L. *trans*) and O. Fr. *buc*, from O. H. G. *buh*, "trunk (of the body)," prop. "to make the body lose its balance"], v.n., 1, to stumble, fall.

trébuchet [dim. of O. Fr. *trabuc*, "ballista," an ancient war-engine for hurling stones], s.m., trap, snare.

trèfle [L. n. *trifolium*], s.m., trefoil.

treillage [*treille*], s.m., lattice-work.

treille [L. *trichila*, "summer-house, bower"], s.f., vine-arbour.

treillis [L. L. *tralicium*, from L. acc. adj. *trilicem*, "triple-twilled"], s.m., lattice-work, trellis.

treize [L. *tredecim*], num. adj. (card.), thirteen.

treizième [*treize*], num. adj. (ord.), thirteenth.

tréma [Gr. τρῆμα, "hole"], s.m., diæresis.

tremblant, -e [*pres. part.* of *trembler*], adj., trembling, tottering.

tremblement [*trembler*], s.m., trembling, shaking, shivering. —— de terre, earthquake.

trembler [L. L. *tremulare*, der. of L. *tremulus*], v.n., 1, to tremble, shake, shiver, shudder, quake.

trempe [verbal subst. of *tremper*], s.f., temper (of steel); tempering; stamp; character

trempé, -e [p.p. of *tremper*], adj., drenched, soaked.

tremper [L. *temperare*], v.a., 1, to temper, dip, soak, wet, dilute; to have a hand in; to be concerned in. (Its doublet is *tempérer*, q.v.)

trentaine [*trente*, q.v.], s.f., about thirty.

trente [L. *triginta*], num. adj. (card.), thirty.

trentième [*trente*], num. adj. (ord.), thirtieth.

trépas [verbal subst. of *trépasser*], s.m., death, decease.

trépassé, -e [p.p. of *trépasser*], adj. and s.m. or f., deceased; dead person.

trépasser [L. L. *transpas-*

sare, "to pass across"], v.n., 1, to depart this life, die.

trépied [L. acc. adj. *tripedem*], s.m., tripod; trivet.

trépignement [*trépigner*], s.m., stamping (of the feet).

trépigner [O. Fr. *tréper*, from N. *trippen*], v.n., 1, to stamp one's feet.

très [L. *trans*, lit. "beyond," and later "very"], adv., very, very much.

trésor [L. acc. *thesaurum*], s.m., treasure; treasury, exchequer.

trésorerie [*trésor*], s.f., treasury.

trésorier [L. adj. *thesaurarius*], s.m., treasurer.

tressaillement [*tressaillir*], s.m., start, starting, thrill, trembling, trepidation.

tressaillir [L. L. *transsalire*], v.n., 2, to start, shudder, tremble.

tresse [verbal subst. of *tresser*], s.f., tress, plat, plait, braid.

tresser [L. L. *tricciare*, from L. L. *triccia*, a later form of *trichea*, from Gr. τρίχα, "tripartite"], v.a., 1, to tress, plat, plait, twist.

tréteau [O. Fr *trestel*, from L. L. n. *transtellum*, dim. of L. n. *transtrum*, "cross-beam, transom"], s.m., trestle, boards, stage, platform.

trève [O. Fr. *trive*, from O. H. G. *triggua*, "security"], s.f., truce. —— de, enough of, let us have no more . . .

triage [*trier*], s.m., choice, sorting, picking, selection, winnowing.

triangle [L. n. *triangulum*], s.m., triangle.

triangulaire [L. *triangularis*], adj., triangular.

tribord [O. Fr. *estribord*, from Engl. *starboard*], s.m., starboard.

tribu [L. *tribus*], s.f., tribe, caste.

tribulation [L. acc. *tribulationem*], s.f., tribulation, trouble.

tribun [L. acc. *tribunum*], s.m., tribune.

tribunal [L. n. *tribunal*], s.m., tribunal; court of justice.

tribune [L. L. *tribuna*], s.f., tribune, stand, platform, gallery.

TRIBUT.

tribut [L. n. *tributum*], s.m., *tribu*.e, *tax*.

tributaire [L. adj. *tributarius*], adj. and s.m. or f., *tributary*.

tricher [O. Fr. *trecher*, from L. *tricari*, "to play tricks"], v.a. and n., 1, *to cheat, trick*.

tricherie [*tricher*], s.f., *cheating, trickery*.

tricheur, -euse [*tricher*], s.m. or f., *cheat, trickster*.

tricolore [L. L. *tricolor*], adj., *tricoloured*.

tricot [dim. of *trique*, q.v., lit. "wooden needle"], s.m., *knitting*.

tricotage [*tricoter*], s.m., *knitting*.

tricoter [G. *stricken*, "to make knots"], v.a. and n., 1, *to knit*.

tricoteur, -euse [*tricoter*], s.m. or f., *knitter*.

trident [L. acc. adj. *tridentem*], s.m., *three-pronged spear, trident*.

triennal, -e [L. L. *triennalis*, from L. *triennis*], adj., *triennial*.

trier [L. L. *tritare*, der. from L. *tritus*, p.p. of *terere*, "to beat (the corn from the chaff)"], v.a., 1, *to sort, choose, pick, select, winnow*. Se——, r.v., *to be sorted, winnowed*.

trimestre [L. acc. adj. *trimestrem*], s.m., *quarter, three months; quarter's money, rent or salary*.

trimestriel, -elle [*trimestre*], adj., *quarterly*.

Trinité [L. acc. *trinitatem*], s.f., *the Trinity*.

trinquer [G. *trinken*, "to drink"], v.n., 1, *to touch glasses*.

trio [It. *trio*, from L. n. **tria**, "three"], s.m., *trio; triplet*.

triomphal, -e [L. *triumphalis*], adj., *triumphal*.

triomphalement, adv., *triumphantly*.

triomphant, -e [pres. part. of *triompher*], adj., *triumphant, victorious*.

triomphateur [L. acc. *triumphatorem*], adj. and s.m., *triumphant; triumpher, conqueror*. (The fem. is *triomphatrice*.)

triomphe [L. acc. *triumphum*, from Gr. θρίαμβος, "a

TROMPER.

procession in honour of Bacchus"], s.m., *triumph*.

triompher [L. *triumphare*], v.n., 1, *to triumph, to be triumphant*.

triple [L. *triplus*, from Gr. τριπλοῦς], adj. and s.m., *treble, triple, threefold*.

triplement, adv., *trebly, triply*.

tripler [*triple*], v.a. and n., 1, *to treble, triple*.

tripot [O. Fr. v. *triper*, "to jump, stamp one's feet"], s.m., *gambling-house*.

tripotage [*tripoter*], s.m., *medley, mess; low intrigue, jobbery*.

tripoter [*tripot*], v.a. and n., 1, *to handle, job; to make a medley; to meddle, intrigue*.

trique [N. *strijken*, "to strike"], s.f., *stick, cudgel*.

triste [L. *tristis*], adj., *sad, dull, gloomy, melancholy, mournful*.

tristement, adv., *sadly, dully, melancholily*.

tristesse [L. *tristitia*], s.f., *sadness, sorrow, melancholy, mournfulness, dulness, gloom*.

trituration [L. acc. *triturationem*, "thrashing"], s.f., *trituration*.

triturer [L. *triturare*, "to thrash"], v.a., 1, *to triturate, grind, masticate, pound*.

triumvir [L. nom. *triumvir*], s.m., *triumvir*.

triumviral, -e [L. *triumviralis*], adj., *triumviral*.

triumvirat [L. acc. *triumviratum*], s.m., *triumvirate*.

trivial, -e [L. *trivialis*], adj., *trivial, common, vulgar, low; trifling, light*.

trivialement, adv., *trivially, vulgarly*.

trivialité [*trivial*], s.f., *triviality, vulgarity, vulgarism*.

trois [L. *tres*], num. **adj.** (card.), *three*.

troisième [*trois*], num. adj. (ord.), *third*.

troisièmement, adv., *thirdly*.

trombe [L. acc. *turbinem*], s.f., *waterspout*.

trompe [It. *tromba*, from L. *tuba*], s.f., *horn, trumpet; trunk, proboscis*.

tromper [*trompe*, prop. "to play the horn" (like quacks and mountebanks); hence

TROTTEUR.

"to cheat"], v.a., 1, *to deceive, cheat, impose upon, betray, disappoint, beguile*. Se——, r.v., *to make a mistake; to deceive oneself; to be deceived; to deceive each other*.

tromperie [*tromper*], s.f., *deceit, deception, fraud, imposition, delusion*.

trompette [dim. of *trompe*], s.f., *trumpet*. ——, s.m., *trumpeter*.

trompeur, -euse [*tromper*], adj. and s.m. or f., *deceitful, deceptive, false; deceiver, cheat, impostor*.

tronc [L. acc. *truncum*], s.m., *trunk, stock; poor-box*.

tronçon [dim. of *tronc*], s.m., *fragment, broken piece, stump*.

trône [L. acc. *thronum*, from Gr. θρόνος, "an elevated seat"], s.m., *throne*.

trôner [*trône*], v.n., 1, *to sit on a throne; to sit in one's glory; to be pre-eminent*.

tronquer [L. *truncare*, "to maim"], v.a., 1, *to mutilate, maim, curtail*.

trop [L. L. *troppus*, "herd" (used adverbially to denote superabundance), from O. H. G. *drupo*], adv., *too much, too many*. Par ——, *too, too much*. Pas ——, *not too much*. ——, s.m., *excess, superfluity*.

trophée [L. n. *tropaeum*, from Gr. τρόπαιον, "memorial of victory"], s.m., *trophy*.

tropical, -e [see *tropique*], adj., *tropical*.

tropique [L. adj. *tropicus*, from Gr. τροπικός, "pertaining to a turning," from τρέπω, "to turn"], adj., *tropical*. ——, s.m., *tropic*.

trot [verbal subst. m. of *trotter*], s.m., *trot*. Grand ——, *full trot*. Petit ——, *jog-trot*.

trotte [verbal subst. fem. of *trotter*], s.f., *distance, walk, step*.

trotte-menu [*trotter*, menu, q.v.], adj. (which does not take the sign of the *fem*.), *slow-trotting, wee-footed*. La gent ——, *the small trotting race, i.e. the mouse-tribe*.

trotter [L. L. *tolutare* = L. ire *tolutim*, "to go at a trot" (in Pliny)], v.n., 1, *to trot, run about*.

trotteur, -euse [L. adj.

tolutarius, "trotting" (in Seneca)], *s.m., trotter*. ——, *adj., trotting*.

trottoir [*trotter*], *s.m., footway* or *path, side-walk, pavement*.

trou [L. L. acc. *traugum*], *s.m., hole, orifice, gap*.

troubadour [Prov. *trobador*, from *trovar*, "to invent"] *s.m., troubadour, southern bard*. (Its doublet is *trouvère, q.v.*)

trouble [L. L. acc. *turbulum*, "that which is in disorder"], *adj., turbid, muddy, thick*. ——, *s.m., confusion, tumult, agitation*.

trouble, -e [*p.p.* of *troubler*], *adj., confused*.

troubler [L. L. *turbulare*], *v.a.*, 1, *to disturb, agitate; to make thick, muddy; to confuse, confound; dim*.

trouée [*trou*], *s.f., gap, opening*.

trouer [*trou*], *v.a.*, 1, *to perforate, make a hole in, bore*.

troupe [deriv. from L. L. acc. *troppum*, "a herd"], *s.f., troop, multitude, crowd, band, herd*; *soldiers*.

troupeau [*troupe*], *s.m., flock; herd, drove*.

troupier [*troupe*], *s.m., soldier*.

trousse [verbal subst. of *trousser*], *s.f., truss, bundle, case, quiver*. Aux ——s de, *in pursuit of*.

trousseau [*trousse*], *s.m., bunch (of keys); bride's outfit; trousseau*.

trousser [L. L. *tortiare*, "to bind together," from L. *tortus, p.p.* of *torquere*], *v.a.*, 1, *to tuck up, turn up, pack up, dispatch*. Se ——, *r.v., to pick up one's clothes*.

trouvable [*trouver*], *adj., to be found, discoverable*.

trouvaille [*trouver*], *s.f., godsend, prize, discovery*.

trouve, -e [*p.p.* of *trouver*], *adj., found; happy, lucky (of things)*. Enfant **trouvé**, *foundling*.

trouver [L. *turbare*, "to move, seek for," thence "find"], *v.a.*, 1, *to find, meet with, get*. Se ——, *r.v., to find oneself* or *to be found; to be, happen to be*.

trouvère [doublet of *troubadour, q.v.*], *s.m., trouvère, northern bard*.

TUMULTE.

truand [L. L. acc. *trudanum*, from Kymr. *tryan*, "vagabond"], *s.m., vagrant, vagabond*.

truanderie [*truand*], *s.f., vagrancy*.

truchement [Span. *truchiman*, "dragoman"], *s.m., interpreter, spokesman*.

truelle [dim. L. *trua*, "ladle"], *s.f., trowel*.

truffe [L. n. *tuber*], *s.f., truffle*.

truie [L. L. *troja*. Cf. L. *porcus troianus*, "a roast pig in the stomach of which were put birds, in allusion to the Trojan horse"], *s.f., sow*.

tu [L. *tu*], *pers. pron., thou*.

tuant, -e [*pres. part.* of *tuer*], *adj., killing, tedious, toilsome*.

tube [L. acc. *tubum*], *s.m., tube, pipe*.

tubercule [L. n. *tuberculum*], *s.m., tubercle*.

tuberculeux, -euse [*tubercule*], *adj., tuberculous*.

tubéreuse [L. *tuberosa*], *s.f., tuberose*.

tubulaire [*tube*], *adj., tubular*.

Tudesque [It. *tedesco*, from O. H. G. *diutisc*, Mod. G. *deutsch*], *adj., Teutonic*. ——, *s.m., Teutonic language*.

tuer [in O. Fr. = to stifle, from L. *tutari*, "to defend," then "cover for defence," then "stifle"], *v.a.* and *n.*, 1, *to kill, slaughter, destroy; stifle; tire to death*.

tuerie [*tuer*], *s.f., slaughter, massacre, butchery, carnage; slaughter-house*.

tue-tête (à) [*tuer, tête, q.v.*], *adv., at the top of one's voice*.

tueur [*tuer*], *s.m., killer*.

tuile [L. *tegula*], *s.f., tile*.

tuilerie [*tuilier*], *s.f., tileworks, tile-kiln*. Les ——s, *the palace of the Tuileries (in Paris)*.

tuilier [*tuile*], *s.m., tile-maker, tiler*.

tulipe [Span. *tulipa*], *s.f., tulip*.

tulle [*Tulle*, a town of France, where this textile fabric was first woven], *s.m., tulle, net*.

tumeur [L. acc. *tumorem*], *s.f., tumour, swelling*.

tumulte [L. acc. *tumul-*

TYPHOÏDE.

tum], *s.m., tumult, noise, agitation, bustle*.

tumultueusement, *adv., tumultuously, riotously*.

tumultueux, -euse [L. *tumultuosus*], *adj., tumultuous, riotous*.

tunique [L. *tunica*], *s.f., tunic, coat*.

turban [It. and Port. *turbante*, from Arab. *dulband*, from *dul*, "round," and Persian *band*, "band"], *s.m., turban*.

turbot [L. *turbo*, "a top," on account of the shape of the fish], *s.m., turbot*.

turbulemment [*turbulent* and suffix *-ment*], *adv., turbulently, wildly*.

turbulence [L. *turbulentia*], *s.f., turbulence, wildness*.

turbulent, -e [L. *turbulentus*], *adj., turbulent, wild*.

Turc, Turque [*Turquie*], *adj.* and *s.m.* or *f., Turkish; Turk*.

turpitude [L. acc. *turpitudinem*], *s.f., turpitude, baseness, shame*.

Turquie, *s.f., Turkey*.

tutélaire [L. *tutelaris*], *adj., tutelar, protecting*.

tutelle [L. *tutela*], *s.f., tutelage, guardianship, protection; subjection*.

tuteur [L. acc. *tutorem*], *s.m., guardian, trustee*. (The *fem.* is *tutrice*.)

tutoyer [*tu* and *toi, q.v.*], *v.a.*, 1, *to say thou and thee to; to treat intimately*. Se ——, *r.v., to thee-and-thou one another*.

tuyau [O. Fr. *tuyel*, from L. L. acc. *tubellum*, dim. of L. *tubus*], *s.m., pipe, tube; chimney-flue; shaft; barrel (of a pen)*.

tympan [L. n. *tympanum*, from Gr. τύμπανον, "drum"], *s.m., tympanum, drum (of the ear)*. (Its triplets are *timbale* and *timbre, q.v.*)

type [L. acc. *typum*, from Gr. τύπος, "figure, image"] *s.m., type, model, character, emblem*.

typhoïde [Gr. τυφώδης, from τῦφος, "stupor arising from fever," and εἶδος, "form"], *adj., typhoid*.

typhon [Gr. τυφώς, "storm"], s.m., typhoon, furious storm.
typhus [Gr. τῦφος (see typhoïde), from τύφειν, "to burn slowly"], s.m., typhus, typhus fever.
typique [L. typicus, from Gr. τυπικός, "figurative"], adj., typical.
typographie [Gr. τύπος (see type), and γράφειν, "to write"], s.f., typography.
typographique [typographie], adj., typographical.
tyran [L. acc. tyrannum, from Gr. τύραννος], s.m., despot, tyrant.
tyrannicide [L. n. tyrannicidium], s.m., the killing of a tyrant, tyrannicide. —— [L. acc. tyrannicidam], s.m., the killer of a tyrant, tyrannicide.
tyrannie [Gr. τυραννία], s.f., tyranny.
tyrannique [L. tyrannicus, from Gr. τυραννικός], adj., tyrannous, tyrannical.
tyranniquement, adv., tyrannically.
tyranniser [tyran], v.a. and n., 1, to tyrannize.
tzar or **tsar**, see Czar.
tzarine [tzar], s.f., the Tsarina or Czarina, Empress of Russia.

U

ubiquité [L. adv. ubique, "everywhere"], s.f., ubiquity.
ulcération [L. acc. ulcerationem], s.f., breaking out into sores, ulceration, sore.
ulcère [L. ulceris, gen. of s.n. ulcus, from Gr. ἕλκος], s.m., ulcer.
ulcéré, -e [p.p. of ulcérer], adj., ulcerated, sore.
ulcérer [L. ulcerare], v.n., 1, to ulcerate; embitter, incense. S'——, r.v., to become ulcerated.
ulcéreux, -euse [L. ulcerosus], adj., ulcerous, ulcerated.
ultérieur, -e [L. acc. compar. adj. ulteriorem], adj., ulterior, further, subsequent.
ultérieurement, adv., afterwards, subsequently.
ultimatum [L. L. acc. ultimatum, p.p. of L. L. ultimare, der. from L. adj. ultimus], s.m., ultimatum.
un, une [L. unus, una], indef. art., a, an. L'—— l'autre, one another. L'—— et l'autre, both. L'—— ou l'autre, either. Ni l'—— ni l'autre, neither. ——, num. adj. (card.), one.
unanime [L. unanimus], adj., unanimous.
unanimement, adv., unanimously.
unanimité [L. acc. unanimitatem], s.f., unanimity, concord. A l'——, unanimously.
uni, -e [p.p. of unir], adj., united, smooth, even, level, plain, simple, uniform.
unicorne [L. n. unum cornu], s.m., unicorn.
unième [un], num. adj. (ord.), first (in compounds).
uniforme [L. uniformis], adj., uniform. ——, s.m., uniform, regimentals.
uniformément, adv., uniformly.
uniformité [L. acc. uniformitatem], s.f., uniformity.
uniment [uni and suffix -ment], adv., evenly; plainly.
union [L. acc. unionem], s.f., union, concord, harmony. (Its doublet is oignon, "onion.")
unipersonnel, -elle [un, personnel, q.v.], adj., impersonal.
unique [L. unicus], adj., only, single, sole, unique; matchless; unprecedented; odd.
uniquement, adv., only, solely.
unir [L. unire], v.a., 2, and s'——, r.v., to unite, join, level, smooth.
unisson [L. L. adj. unisonus], s.m., unison; harmony. A l'——, in unison, in concert.
unité [L. acc. unitatem], s.f., unity; unit.
univers [L. n. universum], s.m., universe.
universalité [L. L. acc. universalitatem], s.f., universality.
universel, -elle [L. universalis], adj., universal.
universellement, adv., universally.

universitaire [université], adj., of a university, academic.
université [L. acc. universitatem, which meant "a college, a corporation," in the sixth century], s.f., university.
urbain, -e [L. urbanus], adj., urban. Garde ——e, municipal guard, city guard.
urbanité [L. acc. urbanitatem], s.f., urbanity, politeness.
urgence [urgent], s.f., urgency.
urgent, -e [L. acc. adj. urgentem (from urgere)], adj., urgent, pressing.
urne [L. urna], s.f., urn, ballot-box.
us [L. acc. usum], s.m., use, usage, way. —— et coutumes, ways and customs.
usage [user], s.m., custom, habit, usage; use.
user [L. L. usare, der. from L. usus, p.p. of uti], v.n., 1, to use, make use of, enjoy. ——, v.a., to use up, to wear out. S'——, r.v., to be consumed; to wear out; decay.
usine [L. L. usina, "the use of water-power"], s.f., manufactory, works.
usité, -e [L. usitatus, p.p. of usitari, "to use often"], adj., used; usual.
ustensile [L. pl. n. utensilia], s.m., utensil, tool, implement.
usuel, -elle [L. usualis], adj., usual, customary, common.
usuellement, adv., usually, commonly.
usufruit [L. acc. usufructum], s.m., usufruct, use for life.
usufruitier [L. acc. usufructuarium], s.m., usufructuary, tenant for life. (The fem. is usufruitière.)
usuraire [L. usurarius], adj., usurious.
usure [L. usura], s.f., usury; wear and tear.
usurier, -ière [L. adj. usurarius], s.m. or f., usurer.
usurpateur [L. acc. usurpatorem], adj. and s.m., usurping; usurper. (The fem. is usurpatrice.)
usurpation [L. acc. usurpationem], s.f., usurpation, encroachment.

USURPER.

usurper [L. *usurpare*], *v.a.* and *n.*, 1, *to usurp, encroach*.

utile [L. *utilis*], *adj., useful, serviceable, beneficial, good, proper*.

utilement, *adv., usefully; profitably, advantageously*.

utiliser [*utile*], *v.a.*, 1, *to utilize, turn to account, make use of*. S'——, *r.v., to be utilized*.

utilité [L. acc. *utilitatem*], *s.f., utility, usefulness, service, advantage*.

Utopie (Gr. οὐ, τόπος, "no place," *i.e.*, "the land of nowhere"], *s.f., Utopia*.

utopiste [*Utopie*], *s.m.* or *f., utopist, dreamer*.

V

vacance [*vacant*], *s.f., vacancy*. ——*s, holidays, vacation*. Entrer en ——, *to break up*.

vacant, -e [L. acc. *adj. vacantem* (from *vacare*)], *adj., vacant, unoccupied*.

vacarme [N. *wach arme*, "woe to thee, wretch!"], *s.m., tumult, hubbub, uproar*.

vaccin [L. *adj. vaccinus*, "from cows"], *s.m., vaccine-matter*.

vaccinateur [*vacciner*], *s.m., vaccinator*.

vaccination [*vacciner*], *s.f., vaccination*.

vaccine [*vaccin*], *s.f., cowpox, vaccination*.

vacciner [*vaccin*], *v.a.*, 1, *to vaccinate*.

vache [L. *vacca*], *s.f., cow*.

vacher, -ère [*vache*], *s.m.* or *f., cow-herd, cow-keeper*.

vacillant, -e [*pres. part.* of *vaciller*], *adj., vacillating, unsteady*.

vacillation [L. acc. *vacillationem*], *s.f., vacillation, wavering*.

vaciller [L. *vacillare*], *v.n.*, 1, *to vacillate, waver*.

vagabond, -e [L. *vagabundus*], *adj.* and *s.m.* or *f., wandering; vagrant, vagabond*.

vagabondage [*vagabond*], *s.m., vagabondage, vagrancy*.

vagabonder [*vagabond*],

VALETAILLE.

v.n., 1, *to wander; to be a vagabond*.

vagir [L. *vagire*], *v.n.*, 2, *to wail*.

vagissement [*vagir*], *s.m., wailing*.

vague [O. H. G. *wâc*], *s.f., wave, billow*.

vague [L. *vagus*, "wandering"], *adj., vague, uncertain, wandering*. ——, *s.m., vagueness, vacancy; vacuum*.

vaguement, *adv., vaguely*.

vaguemestre [G. *wagenmeister*, "baggage-master" (military)], *s.m., baggage-master*.

vaillamment [*vaillant* and suffix *-ment*], *adv., valiantly; gallantly; bravely*.

vaillance [L. *valentia*], *s.f., valour, bravery, courage*.

vaillant, -e [L. acc. *adj. valentem*, from *valere*], *adj., valorous, brave, courageous*. Vaillant, *s.m., worth*. N'avoir pas un sou ——, *to be penniless*.

vaille que vaille, see *valoir*.

vain, -e [L. *vanus*], *adj., vain, conceited, empty, idle, foolish; useless, frivolous*. En ——, *in vain, uselessly*.

vaincre [L. *vincere*], *v.a.*, 4, *to conquer, vanquish, subdue; surpass*. Se ——, *r.v., to conquer oneself, to conquer each other*.

vaincu [*p.p.* of *vaincre*], *s.m., the vanquished, conquered (enemy)*.

vainement [*fem. adj. vaine* and suffix *-ment*], *adv., vainly, in vain*.

vainqueur [*vaincre*], *s.m., conqueror, victor*.

vaisseau [L. *n. vascellum*, der. from *vas*], *s.m., ship, vessel, man-of-war*.

vaisselle [*fem.* form of *vaisseau*], *s.f., crockery, plates and dishes*. —— plate or d'argent, *silver plate*.

val [L. acc. *vallem*], *s.m., dale, vale, valley*.

valable [*valoir*], *adj., valid, good, legal*.

valablement, *adv., in due form, validity*.

valet [L. L. acc. *vassaletum*, dim. of *vassalis*], *s.m., valet, servant, footman*.

valetaille [*valet*], *s.f., valets, servants, flunkeys*.

VANITÉ.

valétudinaire [L. *valetudinarius*], *adj.* and *s.m.* or *f., valetudinarian, invalid*.

valeur [L. L. *valorem*], *s.f., worth, price; weight; valour, courage*.

valeureusement, *adv., valorously, bravely*.

valeureux, -euse [*valeur*], *adj., valorous, brave*.

validation [*valide*], *s.f., validation, ratification*.

valide [L. *validus*], *adj., valid, good; healthy*. Homme ——, *able-bodied man*.

valider [L. L. *validare*], *v.a.*, 1, *to validate, ratify*.

validité [L. acc. *validitatem*, "strength (of body)"], *s.f., validity, availableness*.

valise [It. *valiglia*, from L. *vidulus*, "knapsack"], *s.f., portmanteau*.

vallée [*val*], *s.f., valley, vale*.

vallon [*val*], *s.m., dale, vale*.

valoir [L. *valere*], *v.a.* and *n.*, 3, *to be worth; procure; gain; bring in; yield; to be equal to; stand for*. Faire ——, *to cultivate, turn to account; impress upon; object, raise; set off, plead*. Se faire ——, *to boast, push oneself forward*. Vaille que vaille, *for all it may be worth; at all events; for better for worse*.

valse [verbal subst. of *valser*], *s.f., waltz, waltzing*.

valser [G. *walzen*], *v.n.*, 1, *to waltz*.

valseur, -euse [*valser*], *s.m.* or *f., waltzer*.

valve [L. *valva*, "folding-door"], *s.f., valve; trap*.

valvulaire [*valvule*], *adj., valvular*.

valvule [dim. of *valve*], *s.f., valvule, valve*.

vampire [a word of Serbian origin], *s.m., vampire; a large bat*.

van [L. acc. *vannum*], *s.m., fan (for winnowing grain)*.

Vandale [the name of the ancient German barbarians who sacked Rome, A.D. 455], *adj.* and *s.m., Vandal*.

vandalisme [*Vandale*], *s.m., vandalism*.

vanille [Span. *vainilla*], *s.f., vanilla*.

vanité [L. acc. *vanitatem*], *s.f., vanity, emptiness; self-conceit*.

VANITEUSEMENT.   VEILLEUSE.   VÉNÉNEUX.

vaniteusement, *adv.*, *conceitedly*, *vaingloriously*.
vaniteux, -euse [*vanité*], *adj.*, *conceited*, *vain*, *vainglorious*.
vannage [*vanner*], *s.m.*, *winnowing*.
vanne [*van*], *s.f.*, *sluice*, *shuttle*. ——s, *paddles*.
vanner [*van*], *v.a.*, 1, *to winnow*, *fan*, *husk*.
vannerie [*vannier*], *s.f.*, *basket-making*; *basket-work*.
vanneur, -euse [*vanner*], *s.m. or f.*, *winnower*.
vannier [*van*], *s.m.*, *basket-maker*.
vantail [*vent*, *q.v.*], *s.m.*, *leaf of a door*. (The *pl.* is *vantaux*.)
vantard, -e [*vanter*], *s.m. or f.*, *braggart*, *boaster*.
vanter [L. L. *vanitare*], *v.a.*, 1, *to boast*; *praise*, *extol*. Se ——, *r.v.*, *to boast*.
vanterie [*vanter*], *s.f.*, *brag*, *boasting*.
vapeur [L. acc. *vaporem*], *s.f.*, *vapour*, *steam*, *smoke*, *fume*. Bateau à ——, *steamer*.
vaporeux, -euse [L. *vaporosus*], *adj.*, *vaporous*.
vaporiser [L. *vapor*, *vaporis*], *v.a.*, 1, and se ——, *r.v.*, *to vaporize*.
vaquer [L. *vacare*], *v.n.*, 1, *to be vacant*, *not to sit*; *to attend*, *pay attention to (business)*.
varec or **varech** [A.-S. *vrác*, "something thrown back (in a wreck)"], *s.m.*, *sea-wrack*, *sea-weed*.
vareuse [?], *s.f.*, *Guernsey frock*, *yachting-jacket*.
variabilité [*variable*], *s.f.*, *variability*, *changeableness*.
variable [L. *variabilis*], *adj.*, *variable*, *changeable*.
variablement, *adv.*, *variably*, *changeably*.
variant, -e [*pres. part. of varier*], *adj.*, *varying*, *fickle*, *changeable*.
variante [*variant*], *s.f.*, *different reading or interpretation*.
variation [L. acc. *variationem*], *s.f.*, *variation*, *alteration*.
varier [L. *variare*], *v.a. and n.*, 1, *to vary*, *change*, *diversify*; *differ*, *disagree*.
variété [L. acc. *varietatem*], *s.f.*, *variety*, *diversity*.

vase [L. n. *vasum*], *s.m.*, *vase*, *cup*, *vessel*.
vase [A.-S. *vase*], *s.f.*, *slime*, *mire*, *mud*.
vaseux, -euse [*vase*, *s.f.*], *adj.*, *slimy*, *muddy*.
vassal [L. L. *vassalis*, der. from L. L. *eassus*, from Kymr. *gwas*, "a servant"], *s.m.*, *vassal*.
vasselage [*vassal*], *s.m.*, *vassalage*.
vaste [L. *vastus*], *adj.*, *large*, *spacious*, *wide*, *immense*.
vastement, *adv.*, *vastly*, *extensively*.
vaurien [*vaut*, 3rd p.s. of the pres. Ind. of *valoir*, and *rien*, *q.v.*], *s.m.*, *good-for-nothing fellow*, *scamp*. (Cf. *fainéant*, *q.v.*)
vautour [L. acc. *vulturium*], *s.m.*, *vulture*.
vautrer (se) [O. Fr. *voltrer*, from L. L. *voltulare*, der. from *vol'tus*, contr. of *volutus*, p.p. of *volvere*, "to roll"], *r.v.*, *to wallow*, *welter*.
veau [O. Fr. *véel*, from L. acc. *vitellum*, dim. of *vitulus*], *s.m.*, *calf*; *veal*; *calf skin*.
vedette [It. *vedetta*], *s.f.*, *vedette*, *mounted sentry*, *scout*.
végétal, -e [L. *vegetalis*], *adj.*, *vegetable*. Végétal, *s.m.*, *vegetable*, *plant*.
végétation [L. acc. *vegetationem*], *s.f.*, *vegetation*; *plant*.
végéter [L. *vegetare* (used in a neuter sense)], *v.n.*, 1, *to vegetate*.
véhémence [*véhément*], *s.f.*, *vehemence*, *impetuosity*, *violence*.
véhément, -e [L. acc. *adj. vehementem*], *adj.*, *vehement*, *impetuous*, *violent*, *passionate*.
veille [L. *vigilia*], *s.f.*, *watch*, *watchfulness*; *eve*, *day or night before*. ——s, *s.f pl.*, *studies*, *night-labours*. (Its triplets are *vigie* and *vigile*, *q.v.*)
veillée [partic. subst. of *veiller*], *s.f.*, *evening-work*, *watching*; *evening-meeting*.
veiller [L. *vigilare*], *v.a. and n.*, 1, *to watch*, *take care of*, *nurse*; *to be awake*, *sit up*, *look after*.
veilleur [*veiller*], *s.m.*, *watcher*, *watchman*.
veilleuse [*veiller*], *s.f.*, *watcher*; *night-lamp*.

veine [L. *vena*], *s.f.*, *vein*; *seam*; *run of good luck*.
veineux, -euse [L. *venosus*], *adj.*, *veinous*, *veined*.
velléité [L. v. *velle*], *s.f.*, *slight desire*, *fancy*.
véloce [L. acc. *adj. velocem*], *adj.*, *swift*, *rapid*.
vélocité [L. acc. *velocitatem*], *s.f.*, **velocity**, *rapidity*, *swiftness*, *speed*.
velours [O. Fr. *velous*, from L. L. n. *vellutum*, from L. *adj. villosus*, "hairy, shaggy"], *s.m.*, *velvet*.
velouté, -e [p.p. of *velouter*], *adj.*, *velveted*, *velvet-like*, *soft and smooth*.
velouter [see *velours*], *v.a.*, 1, *to make velvet-like*.
velu, -e [L. *villosus*], *adj.*, *hairy*, *shaggy*.
venaison [L. acc. *venationem*, "hunting"], *s.f.*, *venison*.
vénal, -e [L. *venalis*], *adj.*, *venal*, *mercenary*.
vénalement, *adv.*, *venally*.
vénalité [L. acc. *venalitatem*], *s.f.*, *venality*.
venant, -e [*pres. part. of venir*], *adj.*, *coming*, **growing**. Venant, *s.m.*, *comer*. A tout ——, *to anyone*.
vendange [L. *vindemia*], *s.f.*, *grape-gathering*, *vintage*.
vendanger [L. *vindemiare*], *v.a. and n.*, 1, *to gather the grapes*; *to sweep away*, *destroy*.
vendangeur, -euse [L. acc. *vindemiatorem*], *s.m. or f.*, *grape-gatherer*, *vintager*.
vendémiaire [L. *vindemia*], *s.m.*, *Vendémiaire* (first month in the Republican calendar, Sept. 22–Oct. 21).
vendetta [It. *vendetta*, from L. *vindicta*, "revenge"], *s.f.*, *vendetta*, **private revenge** (in Corsica).
vendeur, -euse [*vendre*], *s.m. or f.*, *vendor*, *seller*, *dealer*.
vendre [L. *vendere*], *v.a.*, 4, *to sell*. Se ——, *r.v.*, *to sell for*; *to be sold*; *to betray oneself*; *to sell oneself or each other*.
vendredi [L. *Veneris dies*], *s.m.*, *Friday*.
vénéneux, -euse [L. *venenosus*], *adj.*, *venomous*, *poisonous*.

VÉNÉRABLE.

vénérable [L. *venerabilis*], *adj., venerable.*
vénérablement, *adv., venerably.*
vénération [L. acc. *venerationem*], *s.f., veneration.*
vénérer [L. *venerari*], *v.a.*, 1, *to venerate, reverence, revere.*
vénerie [*vener*, from L. *venari*, "to hunt"], *s.f., hunting, hunt; hunting-train.*
veneur [L. acc. *venatorem*], *s.m., huntsman.*
vengeance [*vengeant*, pres. part. of *venger*], *s.f., vengeance, revenge.*
venger [L. *vindicare*], *v.a.*, 1, *to avenge, revenge; to take revenge for.* Se ——, *r.v., to revenge oneself, to be revenged.*
vengeur, -eresse [*venger*], *adj.* and *s.m.* or *f., avenging; avenger.*
venimeux, -euse [*venin*], *adj., venomous, poisonous.*
venin [L. *n. venenum*], *s.m., poison, venom; rancour, malice, spite.*
venir [L. *venire*], *v.n.*, 2, *to come, arrive, proceed.* —— de (before an *Inf.*), *to have just* ... En ——à, *to come to; to be reduced to.* Faire ——, *to send for, call in.* Se faire bien —— de, *to ingratiate oneself with.* Vouloir en —— à, *to aim at.*
vent [L. acc. *ventum*], *s.m., wind, gale; vent, scent.*
vente [partic. subst. of *vendre*], *s.f., sale, selling, auction.*
venter [*vent*], *v.n.*, 1, *to blow; to be windy.* Il vente (v. impers.), *the wind blows.*
ventilateur [L. acc. *ventilatorem*], *s.m., ventilator, fan, air-trap.*
ventilation [L. acc. *ventilationem*], *s.f., ventilation, airing.*
ventôse [L. *ventosus*], *s.m., Ventose* (sixth month in the Republican calendar, Feb. 19–March 20).
ventre [L. acc. *ventrem*], *s.m., belly, stomach.* —— à terre, *flat on the ground; at full speed.*
ventricule [L. acc. *ventriculum*, dim. of *venter*], *s.m., ventricle.*
ventriloque [L. acc. *ventriloquum*, from *venter* and *loqui*], *s.m., ventriloquist.*

VERGETÉ.

venu, -e, *p.p.* of *venir*, used as an *adj.* or *subst.*, **come**, *arrival, comer.* Bien ——, *welcome.* Le premier ——, *the first comer, anyone.*
venue [partic. subst. of *venir*], *s.f., arrival, coming; growth.*
vêpres [O. Fr. *vespre*, from L. acc. *vesperum*, "evening," from Gr. ἕσπερος], *s.f.* pl. *vespers* (in the liturgy of the Roman Catholic Church).
ver [L. acc. *vermem*, from *vertere*, "to wind about"], *s.m., worm.* —— à soie, *silk-worm.*
véracité [L. L. acc. *veracitatem*], *s.f., veracity.*
verbal, -e [L. *verbalis*], *adj., verbal.* Procès-verbal, *official report, declaration, minutes.*
verbalement, *adv., verbally, by word of mouth.*
verbe [L. *n. verbum*], *s.m., verb; tone of voice.*
verbération [L. acc. *verberationem*, "striking"], *s.f., verberation.*
verbeux, -euse [L. *verbosus*], *adj., wordy, prolix.*
verbiage [*verbe*, "tone of voice"], *s.m., verbiage, twaddle, empty talk.*
verdâtre [see *vert*], *adj., greenish.*
verdeur [see *vert*], *s.f., greenness; vigour, briskness.*
verdict [Engl. *verdict*, from L. *vere*, "truly," and *dictum*, "said"], *s.m., verdict.*
verdir [see *vert*], *v.n.*, 2, *to grow green.* ——, *v.a., to paint green.*
verdoyant, -e [*pres. part.* of *verdoyer*], *adj., green, verdant.*
verdoyer [see *vert*], *v.n.*, 1, *to be or grow green.*
verdure [see *vert*], *s.f., verdure; green turf or branches.*
véreux, -euse [*ver*], *adj., rotten, worm-eaten; suspicious, unsound, bad.*
verge [L. *virga*], *s.f., rod, stick, wand.* (Its doublet is *vergue*, q.v.).
vergé, -e [L. *virgatus*], *adj., streaky, striped.*
verger [L. *n. viridiarium*], *s.m., fruit-garden, orchard.*
vergeté, -e [*p.p.* of *vergeter*, "to streak"], *adj., streaked, speckled.*

VERROUILLER.

verglas [*verre, glace,* q.v.], *s.m., glazed frost.*
vergogne [L. *verecundia*], *s.f., shame.*
vergue [doublet of *verge*, q.v.], *s.f., yard* (naut.).
véridique [L. *veridicus*], *adj., veracious, truthful.*
vérificateur [*vérifier*], *s.m., inspector, examiner, reviser.*
vérification [*vérifier*], *s.f., verification, examination, revising.*
vérifier [L. L. *verificare*], *v.a.*, 1, *to verify, examine, revise, confirm.*
véritable [*vérité*], *adj., true, real.*
véritablement, *adv., truly, really.*
vérité [L. acc. *veritatem*], *s.f., truth, truthfulness.* En ——, *indeed, truly.*
verjus [*vert, jus,* q.v.], *s.m., verjuice, sour grapes.*
vermeil, -eille [L. L. *vermiculus*, "scarlet"], *adj., ruddy, rosy.* Vermeil, *s.m., silvergilt.*
vermillon [*vermeil*], *s.m., vermilion.*
vermine [L. acc. *vermem*], *s.f., vermin.*
vermisseau [O. Fr. *vermicel*, from L. L. acc. *vermicellum*, der. from L. *vermis*], *s.m., small worm.*
vermoulu, -e [*ver* and *moulu*, *p.p.* of *moudre*, q.v.], *adj., worm-eaten.*
vernal, -e [L. *vernalis*], *adj., vernal, belonging to spring.*
vernir [L. L. *vitrinire*, "to make as bright as glass"], *v.a.*, 2, *to glaze, varnish, polish.*
vernis [L. L. *n. vernicium*], *s.m., varnish, glaze, polish.*
vernissage [*vernis*], *s.m., varnishing, glazing.*
vernisser [*vernis*], *v.a.*, 1, *to varnish, glaze, japan.*
verre [L. *n. vitrum*], *s.m., glass.*
verrerie [*verrier*], *s.f., glass-making, glass-works.*
verrier [L. acc. *vitrarium*], *s.m., glass-maker.*
verrou [O. Fr. *verrouil*, from L. *n. veruculum*, "a small javelin"], *s.m., bolt.*
verrouiller [O. Fr. *verrouil*], *v.a.*, 1, *to bolt, shut up.* Se ——, *r.v., to bolt oneself in.*

VERRUE.

verrue [L. *verruca*], *s.f.*, *wart*.
vers [L. *versus*], *prep.*, *towards*; *about*.
vers [L. **acc.** *versum*], *s.m.*, *verse, line*.
versant [*pres. part.* of *verser*], *s.m.*, *side (of a hill, mountain), slope; watershed*.
versatile [L. *versatilis*], *adj.*, *versatile*.
versatilité [*versatile*], *s.f.*, *versatility*.
verse (à) [verbal **subst.** of *verser*], *adv. loc.*, *fast, hard*. Pleuvoir ——, *to rain in torrents*.
verse, -e [*p.p.* of *verser*] *adj.*, **versed**, *conversant, skilled*.
versement [*verser*], *s.m.*, *payment, deposit*.
verser [L. *versare*, "to tilt over"], *v.a.* and *n.*, 1, *to pour, empty, discharge; upset; throw; pay*.
verset [dim. of *vers*, *s.m.*], *s.m.*, *verse*.
versificateur [L. **acc.** *versificatorem*], *s.m.*, *versifier, verse-maker*.
versification [L. **acc.** *versificationem*], *s.f.*, *versification*.
versifier [L. *versificare*], *v.a.* and *n.*, 1, *to put into verse, versify*.
version [L. L. **acc.** *versionem*, from L. *versum*, *sup.* of *vertere*, "to turn"], *s.f.*, *version, translation*.
verste [Russian *verstá*, from *verstati*, "to measure"], *s.f.*, *verst* (a Russian measure of length = 3501 feet).
vert, -e [O. Fr. *verd*, from L. *viridis*], *adj.*, *green; unripe, sour; tart, severe; raw, fresh; vigorous*. Vert, *s.m.*, **green** *colour; grass*.
vert-de-gris [O. Fr. *vertegrez* = vert, aigret, i.e. "green produced by acid"], *s.m.*, *verdigris*.
vertébral, -e [*vertèbre*], *adj.*, *vertebral*. Colonne ——*e*, *spinal column, spine*.
vertèbre [L. *vertebra*, "joint"], *s.f.*, *vertebra*.
vertèbre, -e [L. *vertebratus*], *adj.*, *vertebrate, vertebrated*. Vertébré, *s.m.*, *vertebrate*.
vertement [*verte, fem. adj.* and suffix *-ment*], *adv.*, *sharply, severely; vigorously*.

VÊTU.

vertical, -e [L. L. *verticalis*, der. from L. **acc.** *verticem*], *adj.*, *vertical, upright*.
verticalement, *adv.*, *vertically*.
vertige [L. **acc.** *vertiginem*], *s.m.*, *vertigo, giddiness; infatuation, madness*.
vertigineux, -euse [L. *vertiginosus*], *adj.*, *vertiginous, giddy*.
vertu [L. **acc.** *virtutem*], *s.f.*, *virtue; chastity; quality; property, power*. En —— de, *by virtue of, in pursuance of*.
vertueusement, *adv.*, *virtuously*.
vertueux, -euse [L. L. *virtuosus*], *adj.*, *virtuous, chaste*.
verve [L. L. *verva* (from L. *vervex*), "a sculptured ram's head; a fanciful sculpture"], *s.f.*, *fancy, inspiration, vein, rapture, humour*.
verveine [L. *verbena*], *s.f.*, *vervain, verbena*.
vesce [L. *vicia*], *s.f.*, *vetch*.
vessie [L. *resica*], *s.f.*, *bladder; wind-bag*.
vestale [L. *vestalis* (sc. *virgo*)], *s.f.*, *vestal virgin*.
veste [L. **acc.** *vestem*], *s.f.*, *jacket*.
vestiaire [L. *n.* *vestiarium*, "clothes-press"], *s.m.*, *wardrobe; cloak-room*.
vestibule [L. *n.* *vestibulum*], *s.m.*, *vestibule, entrance hall, hall, lobby, passage*.
vestige [L. *n.* *vestigium*], *s.m.*, *vestige, track, footstep, mark, trace*.
vêtement [L. *n.* *vestimentum*], *s.m.*, *vestment, clothes, dress*.
vétéran [L. **acc.** *veteranum*], *s.m.*, *veteran, old soldier, pensioner*.
vétérinaire [L. **acc.** *veterinarium*, "cattle-doctor"], *s.m.*, *veterinary surgeon*.
vétille [Piedm. *vetilia*, "trifle"], *s.f.*, *trifle*.
vétilleux, -euse [*vétille*], *adj.*, *minute, tedious, fastidious, trifling, punctilious*.
vêtir [L. *vestire*], *v.a.*, 2, *to clothe, dress*. Se ——, *r.v.*, *to clothe oneself, dress*.
veto [L. *veto*, "I forbid"], *s.m.*, *veto*.
vêtu, -e [*p.p.* of *vêtir*], *adj.*, *clothed, clad, dressed*.

VICTIME.

vétusté [L. **acc.** *vetustatem*], *s.f.*, *old age, oldness, decay*.
veuf, veuve [L. **adj.** *viduus*, "separated from"], *adj.*, *widowed, bereft*. ——, *s.m.* or *f.*, *widower; widow*.
veuvage [*veuf*], *s.m.*, **widowhood**, *bereavement*.
vexation [L. **acc.** *vexationem*], *s.f.*, *vexation, annoyance*.
vexatoire [L. **acc.** *vexatorem*, "*vexer*"], *adj.*, *vexing, vexatious*.
vexer [L. *vexare*], *v.a.*, 1, *to vex, annoy, provoke*.
viaduc [compd. of L. *via*, "way," and **acc.** *ductum*, "leading"], *s.m.*, *viaduct*.
viager, -ère [O. Fr. *viage*, "course of life"], *adj.*, *for life*.
viande [L. L. *pl. n.* *vivanda* (for L. *vivenda*), "sustenance necessary for life"], *s.f.*, *meat*.
vibration [L. **acc.** *vibrationem*], *s.f.*, *vibration*.
vibrer [L. *vibrare*], *v.n.*, 1, *to vibrate*.
vicaire [L. **acc.** *vicarium*, "substitute"], *s.m.*, *curate*.
vice [L. *n.* *vitium*], *s.m.*, *vice, defect*.
vice-amiral [*vice*, *prep.*, "in the place of," from L. *vice*, and *amiral*, *q.v.*], *s.m.*, *vice-admiral*.
vice-président [*vice*, *président*, *q.v.*], *s.m.*, *vice-president*.
vice-roi [*vice*, *roi*, *q.v.*], *s.m.*, *viceroy*.
vicier [L. *vitiare*], *v.a.*, 1, *to corrupt, soil, taint*. Se ——, *r.v.*, *to become vitiated, corrupt, foul*.
vicieusement, *adv.*, *viciously*.
vicieux, -euse [L. *vitiosus*], *adj.*, *vicious, faulty, defective*.
vicinal, -e [L. *vicinalis*, "neighbouring"], *adj.*, *parochial, pertaining to the parish*.
vicissitude [L. **acc.** *vicissitudinem*], *s.f.*, *vicissitude, change*.
vicomte [L. *vice*, and **acc.** *comitem*; see *comte*], *s.m.*, *viscount*. (The *fem.* is *vicomtesse*.)
victime [L. *victima*, "a beast for sacrifice (adorned with the fillet, *vitta*)"], *s.f.*, *victim, sufferer*.

victoire [L. *victoria*], *s.f.*, victory.

victorieusement, *adv.*, victoriously.

victorieux, -euse [L. *victoriosus*], *adj.*, victorious.

vide [L. *viduus*], *adj.*, empty, vacant. ——, *s.m.*, emptiness, blank, vacuum.

vider [*vide*], *v.a.*, 1, *to empty*; *leave, vacate, evacuate; settle, decide*.

vie [L. *vita*], *s.f.*, *life; way of living; character; lifetime; livelihood; spirit, animation*.

vieil, see vieux.

vieillard [*vieil*], *s.m.*, *old man*.

vieillesse [*vieil*], *s.f.*, *old age; antiquity*.

vieillir [*vieil*], *v.a.* and *n.*, 2, *to make old, make* (one) *look old*; *to become obsolete or antiquated*; *to grow old, out of date*.

vielle [L. L. *vitella*, "a viol"], *s.f.*, hurdy-gurdy.

vierge [L. acc. *virginem*], *s.f.*, *virgin, maid*. La Sainte ——, *the Holy Virgin*.

vieux or **vieil, vieille** [L. L. *veclus, vetlus* for L. *vetulus*], *adj.*, *old, aged*. ——, *s.m.* or *f.*, *old man, old woman*.

vif, vive [L. *vivus*], *adj.*, *sharp; lively, quick; great, high, intense; spirited*. Fauve *vif*, *reddish*. Vif, *s.m.*, *quick, live-flesh*.

vif-argent [*vif, argent, q.v.*], *s.m.*, *quicksilver*.

vigie [L. *vigilia*], *s.f.*, *look-out; look-out man* (*naut.*). (Its triplets are *veille* and *vigile, q.v.*)

vigilamment [*vigilant* and suffix -*ment*], *adv.*, *watchfully, vigilantly*.

vigilance [*vigilant*], *s.f.*, *vigilance, watchfulness*.

vigilant [L. acc. adj. *vigilantem*, from *vigilare*], *adj.*, *vigilant, watchful*.

vigile [L. *vigilia*], *s.f.*, *vigil, eve*. (See *veille* and *vigie*.)

vigne [L. *vinea*], *s.f.*, *vine; vineyard*.

vigneron [O. Fr. *viner* (from *vigne*), "to cultivate the vine"], *s.m.*, *vine-dresser*.

vignette [dim. of *vigne*, lit. "a little vine"], *s.f.*, *vignette*,

engraving (originally adorned with vine-leaves).

vignoble [L. *vini opulens*, "(the land) rich in wine"], *s.m.*, *vineyard*.

vigoureusement, *adv.*, *vigorously*.

vigoureux, -euse [*vigueur*], *adj.*, *sturdy, strong, vigorous*.

vigueur [L. acc. *vigorem*], *s.f.*, *vigour, strength, force, energy*.

vil, vile [L. *vilis*], *adj.*, *vile, low, base, common, vulgar*.

vilain [L. L. acc. *villanum*, "tenant of a farm (villa)"], *s.m.*, *villain, bondman; villain, blackguard*. ——, -*e, adj.*, *ugly, low, wretched, wicked, bad*.

vilainement, *adv.*, *villanously, nastily, shamefully*.

vilement [*vile, adj. fem.*, and suffix -*ment*], *adv.*, *vilely, basely*.

vilenie [*vilain*], *s.f.*, *meanness, dirty action*. ——*s, abusive words*.

vilipender [L. *vilipendere*, "to despise"], *v.a.*, 1, *to vilify, cry down*.

village [L. L. *n. villaticum*, "a collection of several farms," from L. *villa*], *s.m.*, *village*.

villageois, -e [*village*], *adj.* and *s.m.* or *f.*, *rustic; countryman, countrywoman; villager, cottager*.

ville [L. *villa*], *s.f.*, *town, city*. Diner en ——, *to dine out*.

villégiature [It. *villeggiatura*], *s.f.*, *villegiature, stay in the country*.

vin [L. n. *vinum*], *s.m.*, *wine*.

vinaigre [*vin, aigre, q.v.*], *s.m.*, *vinegar*.

vindicatif, -ive [L. L. *vindicativus*, from L. *vindicare*], *adj.*, *vindictive*.

vindicte [L. *vindicta*], *s.f.*, *prosecution* or *punishment of crime*.

vingt [L. *viginti*], *num. adj.* (card.), *twenty*.

vingtaine [*vingt*], *s.f.*, *a score, about twenty*.

vingtième [*vingt*], *num. adj.* (ord.), *twentieth*.

viol [verbal subst. of *violer*], *s.m.*, *violation, rape*.

violateur [L. acc. *violatorem*], *s.m.*, *violator, transgressor*. (The *fem.* is *violatrice*.)

violation [L. acc. *violationem*], *s.f.*, *violation, transgression, breach*.

violemment [*violent* and suffix -*ment*], *adv.*, *violently*.

violence [L. *violentia*], *s.f.*, *violence, force*. Faire ——, *to do violence to*. Se faire ——, *to force one's inclinations*.

violent, -e [L. *violentus*], *adj.*, *violent, sharp, strong; stormy*.

violenter [*violent*], *v.a.*, 1, *to do violence to; treat with violence*.

violer [L. *violare*], *v.a.*, 1, *to violate, transgress*.

violet, -ette [see *violette*], *adj.*, *violet* (colour), *purple*.

violette [dim. of O. Fr. *viole*, from L. *viola*; cf. Gr. ἴον], *s.f.*, *violet* (*flower*).

violon [It. *violone*], *s.m.*, *violin*.

violoniste [*violon*], *s.m.* or *f.*, *violinist*.

viorne [L. *n. viburnum*], *s.f.*, *viburnum*.

vipère [L. *vipera*], *s.f.*, *viper, adder*.

virement [*virer*], *s.m.*, *turning*.

virer [O. Fr. *vire*, "circle"], *v.a.* and *n.*, 1, *to turn, tack about*. —— de bord, *to tack about*.

virginal, -e [L. *virginalis*], *adj.*, *virginal, maiden*.

virginité [L. acc. *virginitatem*], *s.f.*, *virginity, maidenhood*.

virgule [L. *virgula*], *s.f.*, *comma*.

viril, -e [L. *virilis*], *adj.*, *virile, manly*.

virilement, *adv.*, *manly*.

virilité [L. acc. *virilitatem*], *s.f.*, *virility, manhood, manliness*.

virtualité [*virtuel*], *s.f.*, *virtuality*.

virtuel, -elle [It. *virtuale*, from L. *virtus*], *adj.*, *virtual, potential*.

virtuellement, *adv.*, *virtually, potentially*.

virulence [L. *virulentia*], *s.f.*, *virulence*.

virulent, -e [L. *virulentus*], *adj.*, *virulent*.

vis [O. Fr. *vis de pressoir*,

VISAGE.

"screw of a wine-press," from L. *vitis*, "the tendril of the vine"], *s.f.*, *screw*.
visage [O. Fr. *vis*, from L. acc. *visum*, properly "appearance"], *s.m.*, *face; countenance, look*.
vis-à-vis [see *visage*], *adv.* and *prep.*, *opposite, face to face; relatively to.* ——, *s.m.*, *vis-à-vis, partner*.
viscère [L. *pl. n. viscera*], *s.m.*, *internal organ.* ——*s*, *s.m. pl.*, *entrails*.
viscosité [L. *adj. viscosus*], *s.f.*, *viscosity, sliminess*.
visée [partic. subst. of *viser*], *s.f.*, *aim, design, end*.
viser [L. L. *visare*, from *visus*, *p.p.* of *videre*], *v.a.* and *n.*, 1, *to aim, aim at, take aim, drive at, refer to*.
visible [L. *visibilis*], *adj.*, *visible; evident, obvious*.
visiblement, *adv.*, *visibly, evidently, obviously*.
visière [O. Fr. *vis*; see *visage*], *s.f.*, *visor (of a helmet)*. Rompre en —— à, *to quarrel openly with*.
Visigoth [L. L. acc. *Visigothum*, from G. *west* and *gothus*], *s.m.*, *Visigoth*.
vision [L. acc. *visionem*], *s.f.*, *sight, vision, fancy*.
visionnaire [*vision*], *adj.* and *s.m. or f.*, *visionary, fanciful; visionary, dreamer*.
visir or **vizir** [Arab. *ouazir*], *s.m.*, *vizir*.
visite [verbal subst. of *visiter*], *s.f.*, *visit, call, examination, search*. Faire ——, *to call (on)*.
visiter [L. *visitare*], *v.a.* and *n.*, 1, *to visit, examine, inspect, search*.
visiteur [L. acc. *visitatorem*], *s.m.*, *visitor*.
visqueux, -euse [L. *viscosus*], *adj.*, *viscous, slimy*.
visser [*vis*, *s.f.*], *v.a.*, 1, *to screw*. Se ——, *r.v.*, *to screw or be screwed*.
visuel, -elle [L. L. *visualis*], *adj.*, *visual*.
vital, -e [L. *vitalis*], *adj.*, *vital; essential*.
vitalité [L. acc. *vitalitatem*], *s.f.*, *vitality*.
vite [It. *visto*, "seen," i.e. "as quick as sight"], *adj.*, *quick, swift*. ——, *adv.*, *quickly, swiftly*.

VOGUE.

vitement [*vite*, and suffix *-ment*], *adv.*, *quickly*.
vitesse [*vite*], *s.f.*, *quickness, swiftness, speed*.
vitrage [*vitrer*], *s.m.*, *glass windows*.
vitraux, *pl.* of **vitrail** [see *vitre*], *s.m. pl.*, *stained-glass windows*.
vitre [L. *n. vitrum*], *s.f.*, *pane of glass, glass window*.
vitrer [*vitre*], *v.a.*, 1, *to glaze*.
vitreux, -euse [L. L. *vitrosus*], *adj.*, *vitreous, glassy*.
vitrier [*vitre*], *s.m.*, *glazier*.
vivace [L. acc. adj. *vivacem*], *adj.*, *vivacious, long-lived, perennial*.
vivacité [L. acc. *vivacitatem*], *s.f.*, *sprightliness, vivacity, liveliness*.
vivandière [L. L. *pl. n. vivenda*], *s.f.*, *sutler, canteen-woman*.
vivant, -e [pres. part. of *vivre*], *adj.*, *living, alive*. Les vivants, *s.m. pl.*, *the living*.
vivement [*vive*, adj. fem., and suffix *-ment*], *adv.*, *lively, sharply, deeply, strongly, greatly*.
vivier [L. *n. vivarium*], *s.m.*, *fish-pond*.
vivifiant, -e [pres. part. of *vivifier*], *adj.*, *vivifying, quickening*.
vivifier [L. *vivificare*], *v.a.*, 1, *to vivify, quicken, animate, enliven, revive*.
vivre [L. *vivere*], *v.n.*, 4, *to live, to be alive; to exist, subsist*. Vive! long live! God save!
vivres [*vivre*], *s.m. pl.*, *food, victuals, provisions*.
vizir, see *visir*.
vocabulaire [L. L. *n. vocabularium*, der. from L. *n. vocabulum*], *s.m.*, *vocabulary*.
vocal, -e [L. *vocalis*], *adj.*, *vocal, oral*.
vocatif [L. acc. *vocativum*], *s.m.*, *vocative case*.
vocation [L. acc. *vocationem*, "calling"], *s.f.*, *vocation, calling*.
vociférations [L. acc. *vociferationem*, "loud calling"], *s.f. pl.*, *vociferations*.
vociférer [L. *vociferari*], *v.a.* and *n.*, 1, *to vociferate*.
vœu [L. *n. rotum*], *s.m.*, *prayer; wish*.
vogue [verbal subst. of

VOLATIL.

voguer], *s.f.*, *vogue, repute, favour, fashion*.
voguer [It. *vogare*, from O. H. G. *vagôn* (Mod. G. *wogen*), "to float"], *v.n.*, 1, *to sail, move forward*.
voici [*vois*, imperative of *voir*, and *adv.* ci for *ici* = "see here"], *prep.*, *behold, here is* or *are*.
voie [L. *via*], *s.f.*, *way; means*. La —— lactée, *the Milky Way*.
voilà [*vois*, imper. of *voir*, "see," and *là*, *adv.*, "there"], *prep.*, *behold, there is, there are, lo!* Te ——, *here you are!*
voile [L. *n. velum*], *s.m.*, *veil*. ——, *s.f.*, *sail*. Faire ——, *to sail*. Faire force de ——s, *to crowd sail*. Mettre à la ——, *to sail*.
voiler [L. *velare*], *v.a.*, 1, *to veil, shroud, hide*.
voilier [*voile*, *s.f.*], *s.m.*, *sail-maker; sailer (of ships)*. Bon ——, *fast sailer*.
voilure [*voile*, *s.f.*], *s.f.*, *set of sails, sails*.
voir [L. *videre*], *v.a.*, 3, *to see, behold, perceive, observe; inspect; visit; look; attend*. Se ——, *r.v.*, *to see or to find oneself; to be seen or found; to see each other, visit each other; to be seen; to happen*.
voire [L. *verè*], *adv.*, *indeed*. —— même, *even, nay even*.
voisin, -e [L. *vicinus*], *adj.* and *s.m. or f.*, *neighbouring, near, adjoining; neighbour*.
voisinage [*voisin*], *s.m.*, *neighbourhood*.
voiture [L. *vectura*, from *vehere*, "to convey"], *s.f.*, *carriage*.
voiturer [*voiture*], *v.a.*, 1, *to carry, convey*.
voiturier [*voiture*], *s.m.*, *carrier, waggoner*.
voix [L. acc. *vocem*], *s.f.*, *voice; tone; sound; vote*.
vol [verbal subst. of *voler*, "to fly"], *s.m.*, *flight*.
vol [verbal subst. of *voler*, "to steal"], *s.m.*, *theft*.
volage [L. *volaticus*], *adj.*, *volatile, flighty, inconstant*.
volaille [L. *pl. n. volatilia*], *s.f.*, *poultry, fowls*.
volant, -e [pres. part. of *voler*, "to fly"], *adj.*, *flying, loose*. Feuille ——e, *fly-leaf*.
volatil, -e [L. *volatilis*], *adj.*, *winged; volatile*.

volatile [*volatil*], *s.m.*, *fowl, bird*.

volatilisation [*volatiliser*], *s.f.*, *volatilization*.

volatiliser [*volatil*], *v.a.*, 1, and **se** ——, *r.v.*, *to volatilize*.

volcan [It. *volcano*], *s.m.*, *volcano*.

volcanique [*volcan*], *adj.*, *volcanic*.

volée [partic. subst. of *voler*, "to fly"], *s.f.*, *flight, brood; bevy; discharge, volley; full peal*.

voler [L. *volare*], *v.n.*, 1, *to fly, soar; hasten*.

voler [L. L. *volare*, abstract form of *involare*], *v.a.*, 1, *to steal, rob, usurp*.

volerie [*voler*, "to steal"], *s.f.*, *theft, robbery*.

volet [*voler*, "to fly"], *s.m.*, *shutter*.

voleur, -euse [*voler*, "to steal"], *s.m. or f.*, *robber, thief*.

volière [*voler*, "to fly"], *s.f.*, *aviary*.

volontaire [L. *voluntarius*], *adj.*, *voluntary, wilful, self-willed*. ——, *s.m.*, *volunteer*.

volontairement, *adv.*, *voluntarily, willingly, spontaneously*.

volonté [L. acc. *voluntatem*], *s.f.*, *will, mind, wish, inclination*.

volontiers [L. *voluntarie*], *adv.*, *willingly*.

voltiger [It. *volteggiare*], *v.n.*, 1, *to flutter about, hover; vault*.

voltigeur [*voltiger*], *s.m.*, *vaulter; light infantry soldier*.

volubilité [L. acc. *volubilitatem*], *s.f.*, *volubility, rapidity; fluency*.

volume [L. *n. volumen*], *s.m.*, *volume; size, bulk*.

volumineux, -euse [L. *voluminosus*, "full of windings"], *adj.*, *voluminous, large, bulky*.

volupté [L. acc. *voluptatem*], *s.f.*, *voluptuousness, pleasure, delight*.

voluptueusement, *adv.*, *voluptuously*.

voluptueux, -euse [L. *voluptuosus*], *adj.*, *voluptuous, sensual*.

vomir [L. *vomere*], *v.a.* and *n.*, 2, *to vomit, bring up*.

vomissement [*vomir*], *s.m.*, *vomiting, expectoration*.

vorace [L. acc. adj. *voracem*], *adj.*, *voracious, ravenous*.

voracité [L. acc. *voracitatem*], *s.f.*, *voracity, ravenousness, greediness*.

vos, pl. of *votre*, q.v.

votant [partic. subst. of *voter*], *s.m.*, *voter*.

vote [L. *n. votum*], *s.m.*, *vote, voting*.

voter [*vote*], *v.a.* and *n.*, 1, *to vote, poll*.

votre [L. *n. adj. vostrum*, archaic form of *vestrum*], poss. adj., *your*.

vôtre (le or la), poss. pron., *yours*.

vouer [L. L. *votare*, from *votus*, p.p. of *vovere*], *v.a.*, 1, *to vow, devote, doom*.

vouloi. [L. L. *volere* = L. *velle*], *v.a.* and *n.*, 3, *to will, wish, want*. —— *dire, to mean*. En —— à, *to have a grudge against, to be angry with*.

vous [L. *vos*], pers. pron., *you*. —— -même, reflective pron., *yourself*.

voûte [O. Fr. *volte*, from Medieval L. *voluta*, from L. *volere*, "to turn round"], *s.f.*, *vault*.

voûté, -e [p.p. of *voûter*], *adj.*, *arched; crooked, bent, round-shouldered*.

voûter [*voûte*], *v.a.*, 1, *to vault, arch*. Se ——, *r.v.*, *to bend; to grow round-shouldered, to stoop*.

voyage [L. *n. viaticum*], *s.m.*, *journey, voyage*.

voyager [*voyage*], *v.n.*, 1, *to journey, travel*.

voyageur, -euse [*voyager*], *s.m. or f.*, *traveller, passenger*.

voyelle [L. acc. *vocalem*], *s.f.*, *vowel*.

vrai, -e [L. L. *veragus*], *adj.*, *true, genuine*. Vrai, *s.m.*, *truth*.

vraiment, *adv.*, *truly, indeed*.

vraisemblable [*vrai, semblable*, q.v.], *adj.*, *likely, probable*. ——, *s.m.*, *likelihood, probability*.

vraisemblablement *adv.*, *likely, probably*.

vraisemblance [*vrai, semblant*, pres. part of *sembler*, q.v.], *s.f.*, *likelihood, probability*.

vrille [L. L. *vericula*, from L. L. *n. vericum*, "a spit"], *s.f.*, *gimlet*.

vu [partic. subst. m. of *voir*, q.v.], *s.m.*, *examination, inspection*.

vue [partic. subst. fem. of *voir*, q.v.], *s.f.*, *sight*.

vulgaire [L. *vulgaris*], *adj.*, *vulgar, low, common*. ——, *s.m.*, *vulgar, common people*.

vulgairement, *adv.*, *vulgarly, commonly*.

vulgariser [*vulgaire*], *v.a.*, 1, *to vulgarize*. Se ——, *r.v.*, *to be vulgarized*.

vulgarité [L. acc. *vulgaritatem*], *s.f.*, *vulgarity*.

vulnérable [L. *vulnerabilis*], *adj.*, *vulnerable*.

W

whiskey [Engl. *whiskey*], *s.m.*, *whiskey*.

whist [Engl. *whist*], *s.m.*, *whist*.

X

xérès [the name of a town in Spain], *s.m.*, *sherry*. (Pronounce *Kérès*.)

Y

Y [O. Fr. *iv*, L. *ibi*], *adv.*, *there*. ——, pers. pron., *to him, her, it, them*.

yacht [Engl. *yacht*], *s.m.*, *yacht*.

yatagan [Turkish *yataghan*], *s.m.*, *yataghan*.

yeuse [L. acc. *ilicem*], *s.f.*, *evergreen oak*.

yeux [see *œil*], *s.m. pl.*, *eyes; buds*.

yole [Engl. *yawl*], *s.f.*, *yawl*.

Z

zèbre [Ethiopian word] *s.m.*, *zebra*.

zébré, -e [p.p. of *zébrer*

ZÉLATEUR.

(*zèbre*), "**to** stripe (like the zebra)"], **adj.**, *zebra-striped, striped*.

zélateur [L. acc. *zelatorem*], *s.m.*, *zealous person, zealot*. (The *fem.* is *zélatrice*.)

zèle [L. acc. *zelum*, from Gr. ζῆλος], *s.m.*, *zeal, ardour, warmth*.

zélé, -e [*zèle*], *adj.*, *zealous*.

zénith [It. *zenit*, from Arab. *semt*, "vertical way"], *s.m.*, *zenith*.

zéphire or **zéphyr** [L. acc. *zephirum*, from Gr. ζέφυρος], *s.m.*, *zephir, gentle breeze (from the west)*.

ZOÏLE.

zéro [It. *zero*, from Arab. *cifron*], *s.m.*, *zero, cipher*.

zigzag [onomat., from G. *zickzack*], *s.m.*, *zigzag. Éclair* en ——, *forked lightning*.

zinc [G. *zink*], *s.m.*, *zinc*.

zizanie [L. pl. n. *zizania*, from Gr. ζιζάνια, "tares"], *s.f.*, *discord, dissension*. En ——, *at variance*.

zodiaque [L. acc. *zodiacum*, from Gr. ζωδιακός], *s.m.*, *the zodiac*.

zoïle [Gr. Ζωΐλος, the name of an ancient critic, very bitter against Homer], *s.m.*, *bitter or snappish critic*.

ZOUAVE.

zone [L. *zona*, from Gr. ζώνη, "girdle"], *s.f.*, *zone*.

zoologie [Gr. ζῶον, "living," and λόγος, "subject-matter"], *s.f.*, *zoology*.

zoologique [*zoologie*], *adj.*, *zoological*.

zoologiste [*zoologie*], *s.m.*, *zoologist*.

zoophyte [Gr. ζωόφυτον, "that which is between a plant and an animal," from ζῶον, "living," and φυτόν, "plant"], *s.m.*, *zoophyte*.

zouave [*Zouaoua*, the name of an African tribe], *s.m.*, *zouave (soldier)*.

THE END.

50, Albemarle Street, London,
March, 1879.

MR. MURRAY'S
LIST OF SCHOOL BOOKS.

MURRAY'S STUDENT'S MANUALS:
A Series of Class-books for advanced Scholars.

FORMING A CHAIN OF HISTORY FROM THE EARLIEST AGES
DOWN TO MODERN TIMES.

"We are glad of an opportunity of directing the attention of teachers to these admirable schoolbooks."—*The Museum.*

THE STUDENT'S OLD TESTAMENT HISTORY. From the Creation of the World to the Return of the Jews from Captivity. With an Introduction to the Books of the Old Testament. By PHILIP SMITH, B.A. With 40 Maps and Woodcuts. (630 pp.) Post 8vo. 7s. 6d.

THE STUDENT'S NEW TESTAMENT HISTORY. With an Introduction, containing the connection of the Old and New Testaments. By PHILIP SMITH, B.A. With 30 Maps and Woodcuts. (680 pp.) Post 8vo. 7s. 6d.

THE STUDENT'S MANUAL OF ECCLESIASTICAL HISTORY. From the Times of the Apostles to the Full Establishment of the Holy Roman Empire and the Papal Power. By PHILIP SMITH, B.A. With Woodcuts. Post 8vo. 7s. 6d.

THE STUDENT'S MANUAL OF ENGLISH CHURCH HISTORY. From the Accession of Henry VIIIth to the Silencing of Convocation in the Eighteenth Century. By G. G. PERRY, M.A. Post 8vo. 7s. 6d.

THE STUDENT'S ANCIENT HISTORY OF THE EAST. From the Earliest Times to the Conquests of Alexander the Great, including Egypt, Assyria, Babylonia, Media, Persia, Asia Minor, and Phœnicia. By PHILIP SMITH, B.A. With 70 Woodcuts. (608 pp.) Post 8vo. 7s. 6d.

THE STUDENT'S HISTORY OF GREECE. From the Earliest Times to the Roman Conquest. With Chapters on the History of Literature and Art. By WM. SMITH, D.C.L. With 100 Woodcuts. (640 pp.) Post 8vo. 7s. 6d. *** *Questions on the "Student's Greece."* 12mo. 2s.

THE STUDENT'S HISTORY OF ROME. From the Earliest Times to the Establishment of the Empire. With Chapters on the History of Literature and Art. By DEAN LIDDELL. With 80 Woodcuts. (686 pp.) Post 8vo. 7s. 6d.

THE STUDENT'S GIBBON; An Epitome of the History of the Decline and Fall of the Roman Empire. By EDWARD GIBBON. Incorporating the researches of recent historians. With 200 Woodcuts. (700 pp.) Post 8vo. 7s. 6d.

[*Continued.*

MURRAY'S STUDENT'S MANUALS.

THE STUDENT'S MANUAL OF ANCIENT GEOGRAPHY. By REV. W. L. BEVAN, M.A. With 150 Woodcuts. (710 pp.) Post 8vo. 7s. 6d.

THE STUDENT'S MANUAL OF MODERN GEOGRAPHY, MATHEMATICAL, PHYSICAL, AND DESCRIPTIVE. By REV. W. L. BEVAN, M.A. With 120 Woodcuts. (684 pp.) Post 8vo. 7s. 6d.

THE STUDENT'S HISTORY OF EUROPE DURING THE MIDDLE AGES. By HENRY HALLAM, LL.D. (650 pp.) Post 8vo. 7s. 6d.

THE STUDENT'S CONSTITUTIONAL HISTORY OF ENGLAND. FROM THE ACCESSION OF HENRY VII. TO THE DEATH OF GEORGE II. By HENRY HALLAM, LL.D. (680 pp.) Post 8vo. 7s. 6d.

THE STUDENT'S HUME; A HISTORY OF ENGLAND, FROM THE EARLIEST TIMES TO THE REVOLUTION IN 1688. By DAVID HUME. Incorporating the Corrections and Researches of recent Historians, and continued to 1868. With 70 Woodcuts. (780 pp.) Post 8vo. 7s. 6d.

* *Questions on the " Student's Hume."* 12mo. 2s.

THE STUDENT'S HISTORY OF FRANCE. FROM THE EARLIEST TIMES TO THE ESTABLISHMENT OF THE SECOND EMPIRE, 1852. With Notes and Illustrations on the Institutions of the Country. By REV. W. H. JERVIS, M.A. With Woodcuts. (724 pp.) Post 8vo. 7s. 6d.

THE STUDENT'S MANUAL OF THE ENGLISH LANGUAGE. By GEORGE P. MARSH. (538 pp.) Post 8vo. 7s. 6d.

THE STUDENT'S MANUAL OF ENGLISH LITERATURE. By T. B. SHAW, M.A. (510 pp.) Post 8vo. 7s. 6d.

THE STUDENT'S SPECIMENS OF ENGLISH LITERATURE. Selected from the BEST WRITERS. By THOS. B. SHAW, M.A. (560 pp.) Post 8vo. 7s. 6d.

THE STUDENT'S ELEMENTS OF GEOLOGY. By SIR CHARLES LYELL, F.R.S. With 600 Woodcuts. (692 pp.) Post 8vo. 9s.

THE STUDENT'S MANUAL OF MORAL PHILOSOPHY. With Quotations and References. By WILLIAM FLEMING, D.D. (440 pp.) Post 8vo. 7s. 6d.

THE STUDENT'S BLACKSTONE. AN ABRIDGMENT OF THE ENTIRE COMMENTARIES. By R. MALCOLM KERR, LL.D. (670 pp.) Post 8vo. 7s. 6d.

THE STUDENT'S EDITION OF AUSTIN'S JURISPRUDENCE. Compiled from the larger work. By ROBERT CAMPBELL. Post 8vo. 12s.

AN ANALYSIS OF AUSTIN'S LECTURES ON JURISPRUDENCE. By GORDON CAMPBELL, of the Inner Temple. Post 8vo. 6s.

DR. WM. SMITH'S SMALLER HISTORIES.

These Works have been drawn up for the lower forms, at the request of several teachers, who require more elementary books than the STUDENT'S HISTORICAL MANUALS.

A SMALLER SCRIPTURE HISTORY OF THE OLD AND NEW TESTAMENTS. Edited by WM. SMITH, D.C.L. With 40 Woodcuts. (370 pp.) 16mo. 3s. 6d.
"Students well know the value of Dr. Wm. Smith's larger Scripture History. This abridgment omits nothing of importance, and is presented in such a handy form that it cannot fail to become a valuable aid to the less learned Bible Student."—*People's Magazine.*

A SMALLER ANCIENT HISTORY OF THE EAST, from the EARLIEST TIMES to the CONQUEST OF ALEXANDER THE GREAT. By PHILIP SMITH, B.A. With 70 Woodcuts. (310 pp.) 16mo. 3s. 6d.
"Designed to aid the study of the Scriptures, by placing in their true historical relations those allusions to Egypt, Assyria, Babylonia, Phœnicia, and the Medo-Persian Empire, which form the background of the history of Israel. The present work is an indispensable adjunct of the 'Smaller Scripture History;' and the two have been written expressly to be used together."—*Preface.*

A SMALLER HISTORY OF GREECE, from the EARLIEST TIMES to the ROMAN CONQUEST. By WM. SMITH, D.C.L. With 74 Woodcuts. (268 pp.) 16mo. 3s. 6d.

A SMALLER HISTORY OF ROME, from the EARLIEST TIMES to the ESTABLISHMENT OF THE EMPIRE. By WM. SMITH, D.C.L. With 70 Woodcuts. (324 pp.) 16mo. 3s. 6d.

A SMALLER CLASSICAL MYTHOLOGY. With Translations from the Ancient Poets, and Questions on the Work. By H. R. LOCKWOOD. With 90 Woodcuts. (300 pp.) 16mo. 3s. 6d.

A SMALLER MANUAL OF ANCIENT GEOGRAPHY. By Rev. W. L. BEVAN, M.A. With 36 Woodcuts. (240 pp.) 16mo. 3s. 6d.

A SCHOOL MANUAL OF MODERN GEOGRAPHY, PHYSICAL and POLITICAL. By REV. JOHN RICHARDSON, M.A. (400 pp.) Post 8vo. 5s.

A SMALLER HISTORY OF ENGLAND. From the EARLIEST TIMES to the year 1868. By PHILIP SMITH, B.A. With 68 Woodcuts. (400 pp.) 16mo. 3s. 6d.

A SMALLER HISTORY OF ENGLISH LITERATURE; giving a sketch of the lives of our chief writers. By JAMES ROWLEY. (276 pp.) 16mo. 3s. 6d.

SHORT SPECIMENS OF ENGLISH LITERATURE. Selected from the chief authors and arranged chronologically. By JAMES ROWLEY. With Notes. (368 pp.) 16mo. 3s. 6d.

DR. WM. SMITH'S DICTIONARIES.

BIBLICAL, CLASSICAL, AND LATIN.

DICTIONARY OF THE BIBLE; ITS ANTIQUITIES, BIOGRAPHY, GEOGRAPHY, and NATURAL HISTORY. With Illustrations. 3 vols. Medium 8vo. 5*l.* 5*s.*

CONCISE BIBLE DICTIONARY. Condensed from the above. With Maps and 300 Illustrations. (1030 pp.) Medium 8vo. 21*s.*

SMALLER BIBLE DICTIONARY. Abridged from the above. With Maps and 40 Illustrations. (620 pp.) Crown 8vo. 7*s.* 6*d.*

DICTIONARY OF CHRISTIAN ANTIQUITIES. THE HISTORY, INSTITUTIONS, AND ANTIQUITIES, FROM THE TIME OF THE APOSTLES TO THE AGE OF CHARLEMAGNE. With Illustrations. Vol. 1. (910 pp.) Medium 8vo. 31*s.* 6*d.*

DICTIONARY OF CHRISTIAN BIOGRAPHY, LITERATURE, SECTS, AND DOCTRINES. FROM THE TIME OF THE APOSTLES TO THE AGE OF CHARLEMAGNE. Vol. I. (930 pp.) Medium 8vo. 31*s.* 6*d.*

DICTIONARY OF GREEK AND ROMAN ANTIQUITIES. Including the Laws, Institutions, Domestic Usages, Painting, Sculpture, Music, the Drama, &c. With 500 Illustrations. (1300 pp.) Medium 8vo. 28*s.*

DICTIONARY OF GREEK AND ROMAN BIOGRAPHY AND MYTHOLOGY. Containing a History of the Ancient World, civil, literary, and ecclesiastical. With 564 Illustrations. (3720 pp.) 3 Vols. Medium 8vo. 84*s.*

DICTIONARY OF GREEK AND ROMAN GEOGRAPHY. Including the political history of both countries and cities. With 530 Illustrations. (2512 pp.) 2 Vols. Medium 8vo. 56*s.*

CLASSICAL DICTIONARY OF MYTHOLOGY, BIOGRAPHY, AND GEOGRAPHY. With 750 Woodcuts. (840 pp.) 8vo. 18*s.*

SMALLER CLASSICAL DICTIONARY. With 200 Woodcuts. (472 pp.) Crown 8vo. 7*s.* 6*d.*

SMALLER DICTIONARY OF GREEK AND ROMAN ANTIQUITIES. With 200 Woodcuts. (474 pp.) Crown 8vo. 7*s.* 6*d.*

COMPLETE LATIN-ENGLISH DICTIONARY. With Tables of the Roman Calendar, Measures, Weights, and Moneys. (1220 pp.) Medium 8vo. 21*s.*

SMALLER LATIN-ENGLISH DICTIONARY: with Dictionary of Proper Names and Tables of Roman Calendar, etc. (672 pp.) Square 12mo. 7*s.* 6*d.*

COPIOUS & CRITICAL ENGLISH-LATIN DICTIONARY. (976 pp.) Medium 8vo. 21*s.*

SMALLER ENGLISH-LATIN DICTIONARY. (720 pp.) Square 12mo. 7*s.* 6*d.*

DR. WM. SMITH'S EDUCATIONAL COURSE.

"The general excellence of the books included in Mr. Murray's educational series, is so universally acknowledged as to give in a great degree the stamp of merit to the works of which it consists.—*Schoolmaster*.

LATIN COURSE.

PRINCIPIA LATINA, PART I. FIRST LATIN COURSE. A Grammar, Delectus, and Exercise Book with Vocabularies. (200 pp.) 12mo. 3s. 6d.
   *** This work contains the Accidence arranged as in the "ORDINARY GRAMMARS" as well as in the "PUBLIC SCHOOLS LATIN PRIMER."

APPENDIX TO PRINCIPIA LATINA. PART I.; being Additional Exercises, with Examination Papers. 12mo. 2s. 6d.

PRINCIPIA LATINA, PART II. READING BOOK. An Introduction to Ancient Mythology, Geography, Roman Antiquities, and History. With Notes and a Dictionary. (268 pp.) 12mo. 3s. 6d.

PRINCIPIA LATINA, PART III. POETRY. 1. Easy Hexameters and Pentameters. 2. Eclogæ Ovidianæ. 3. Prosody and Metre. 4. First Latin Verse Book. (160 pp.) 12mo. 3s. 6d.

PRINCIPIA LATINA, PART IV. PROSE COMPOSITION. Rules of Syntax, with Examples, Explanations of Synonyms, and Exercises on the Syntax. (194 pp.) 12mo. 3s. 6d.

PRINCIPIA LATINA, PART V. SHORT TALES AND ANECDOTES FROM ANCIENT HISTORY, FOR TRANSLATION INTO LATIN PROSE. (140 pp.) 12mo. 3s.

LATIN-ENGLISH VOCABULARY, arranged according to Subjects and Etymology; with a Latin-English Dictionary to Phædrus, Cornelius Nepos, and Cæsar's "Gallic War." (190 pp.) 12mo. 3s. 6d.

THE STUDENT'S LATIN GRAMMAR. FOR THE HIGHER FORMS. (406 pp.) Post 8vo. 6s.

SMALLER LATIN GRAMMAR. Abridged from the above. (220 pp.) 12mo. 3s. 6d.

TACITUS. GERMANIA, AGRICOLA, AND FIRST BOOK OF THE ANNALS. With English Notes. (378 pp.) 12mo. 3s. 6d.

A CHILD'S FIRST LATIN BOOK, Including a Systematic Treatment of the NEW PRONUNCIATION; and PRAXIS OF NOUNS, ADJECTIVES, and PRONOUNS. By T. D. HALL, M.A. (68 pp.) 16mo.

GERMAN COURSE.

GERMAN PRINCIPIA, PART I. FIRST GERMAN COURSE. Containing Grammar, Delectus, Exercises, and Vocabulary. (164 pp.) 12mo. 3s. 6d.

GERMAN PRINCIPIA, PART II. A READING BOOK. Containing Fables, Stories, and Anecdotes, Natural History, and Scenes from the History of Germany. With Grammatical Questions, Notes, and Dictionary. (272 pp.) 12mo. 3s. 6d.

PRACTICAL GERMAN GRAMMAR. With a Sketch of the Historical Development of the Language and its Principal Dialects. (240 pp.) Post 8vo. 3s. 6d.

DR. WM. SMITH'S EDUCATIONAL COURSE.

GREEK COURSE.

INITIA GRÆCA, PART I. FIRST GREEK COURSE, containing Grammar, Delectus, Exercise Book, and Vocabularies. (194 pp.) 12mo. 3s. 6d.

INITIA GRÆCA, PART II. READING BOOK; containing short Tales, Anecdotes, Fables, Mythology, and Grecian History. With a Lexicon. (220 pp.) 12mo. 3s. 6d.

INITIA GRÆCA, PART III. PROSE COMPOSITION; containing the Rules of Syntax, with copious Examples and Exercises. (210 pp.) 12mo. 3s. 6d.

STUDENT'S GREEK GRAMMAR FOR THE HIGHER FORMS. By PROFESSOR CURTIUS. (386 pp.) Post 8vo. 6s.

SMALLER GREEK GRAMMAR. Abridged from the above work. (220 pp.) 12mo. 3s. 6d.

GREEK ACCIDENCE. Extracted from the above work. (125 pp.) 12mo. 2s. 6d.

ELUCIDATIONS OF CURTIUS' GREEK GRAMMAR. Translated by EVELYN ABBOTT, M.A. Post 8vo. 7s. 6d.

PLATO. THE APOLOGY OF SOCRATES, THE CRITO, AND PART OF THE PHÆDO; with Notes in English from STALLBAUM and SCHLEIERMACHER'S Introductions. (242 pp.) 12mo. 3s. 6d.

FRENCH COURSE.

FRENCH PRINCIPIA, PART I. FIRST FRENCH COURSE, containing GRAMMAR, DELECTUS, EXERCISE BOOK, and VOCABULARIES. (180 pp.) 12mo. 3s. 6d.

FRENCH PRINCIPIA, PART II. READING-BOOK, containing Fables, Stories, and Anecdotes, Natural History, and Scenes from the History of France. With Grammatical Questions, Notes, and a copious Etymological Dictionary. (364 pp.) 12mo. 4s. 6d.

FRENCH PRINCIPIA, PART III. PROSE COMPOSITION, containing a systematic Course of Exercises on the Syntax with the Principal Rules of Syntax. 12mo. [In the press.

THE STUDENT'S FRENCH GRAMMAR: a Practical and Historical Grammar of the French Language. By C. HERON-WALL. With an INTRODUCTION by M. LITTRÉ. (490 pp.) Post 8vo. 7s. 6d.

A SMALLER GRAMMAR OF THE FRENCH LANGUAGE. For the Middle and Lower Forms. Abridged from the above. (230 pp.) 12mo. 3s. 6d.

ITALIAN COURSE.

ITALIAN PRINCIPIA. PART I. A First Italian Course, containing a Grammar, Delectus, Exercise Book, with Vocabularies, and Materials for Italian Conversation. By Signor RICCI. 12mo.

DR. WM. SMITH'S EDUCATIONAL COURSE.

ENGLISH COURSE.

PRIMARY HISTORY OF BRITAIN. For Elementary Schools. (368 pp.) 12mo. 2s. 6d.

"An admirable work, one of the **best short school histories of England** we have seen."—*Educational Times*.

SCHOOL MANUAL OF ENGLISH GRAMMAR; with **Copious Exercises.** By WM. SMITH, D.C.L., and T. D. HALL, M.A. (256 pp.) Post 8vo. 3s. 6d.

"The use of this book will render unnecessary that of many others. It is really a serviceable school-book."—*Nonconformist*.

PRIMARY ENGLISH GRAMMAR FOR ELEMENTARY SCHOOLS. With Exercises and Questions. Based upon the above work. By T. D. HALL, M.A. (76 pp.) 16mo. 1s.

"We doubt whether any grammar could be more clear, concise, and full than this."—*Watchman*.

A SCHOOL MANUAL OF ENGLISH COMPOSITION. With Copious Illustrations and Practical Exercises. By T. D. HALL. 12mo. *[In the Press.*

SCHOOL MANUAL OF MODERN GEOGRAPHY, PHYSICAL AND POLITICAL. By JOHN RICHARDSON, M.A. (400 pp.) Post 8vo. 5s.

"The most comprehensive, accurate, and methodical geography with which we are familiar."—*School Guardian*.

STANDARD SCHOOL BOOKS.

KING EDWARD VI.'s LATIN GRAMMAR; or, An Introduction to the Latin Tongue. (324 pp.) 12mo. 3s. 6d.

KING EDWARD VI.'s FIRST LATIN BOOK. The Latin Accidence. Syntax and Prosody, with an English Translation. (220 pp.) 12mo. 2s. 6d.

OXENHAM'S ENGLISH NOTES FOR LATIN ELEGIACS, designed for early proficients in the art of Latin Versification. (156 pp.) 12mo. 3s. 6d.

HUTTON'S PRINCIPIA GRÆCA. An Introduction to the Study of Greek. A Grammar, Delectus, and Exercise Book, with Vocabularies. (154 pp.) 12mo. 3s. 6d.

MATTHIÆ'S GREEK GRAMMAR. Abridged by BLOMFIELD. Revised by E. S. CROOKE, B.A. (412 pp.) Post 8vo. 4s.

LEATHES' HEBREW GRAMMAR. With the Hebrew text of Genesis i.—vi., and Psalms i.—vi. Grammatical Analysis and Vocabulary. (252 pp.) Post 8vo. 7s. 6d.

MRS. MARKHAM'S HISTORIES.

"Mrs. Markham's Histories are constructed on a plan which is novel and we think well chosen, and we are glad to find that they are deservedly popular, for they cannot be too strongly recommended."—*Journal of Education.*

A HISTORY OF ENGLAND, FROM THE FIRST INVASION BY THE ROMANS. By MRS. MARKHAM. Continued down to 1867. With Conversations at the end of each Chapter. With 100 Woodcuts. (528 pp.) 12mo. 3s. 6d.

A HISTORY OF FRANCE, FROM THE CONQUEST BY THE GAULS. By MRS. MARKHAM. Continued down to 1861. With Conversations at the end of each Chapter. With 70 Woodcuts. (550 pp.) 12mo. 3s. 6d.

A HISTORY OF GERMANY, FROM THE INVASION OF THE KINGDOM BY THE ROMANS UNDER MARIUS. On the plan of MRS. MARKHAM. Continued down to 1867. With 50 Woodcuts. (460 pp.) 12mo. 3s. 6d.

LITTLE ARTHUR'S HISTORY OF ENGLAND. By LADY CALLCOTT. Continued down to the year 1872. With 36 Woodcuts. (286 pp.) 16mo. 1s. 6d.

"I never met with a history so well adapted to the capacities of children or their entertainment, so philosophical, and written with such simplicity."—*Mrs. Marcett.*

ÆSOP'S FABLES. A New Version. By THOS. JAMES, M.A. With 100 Woodcuts. (168 pp.) Post 8vo. 2s. 6d.

"Of ÆSOP's FABLES there ought to be in every school many copies, full of pictures."—*Fraser's Magazine.*

THE BIBLE IN THE HOLY LAND: BEING EXTRACTS FROM DEAN STANLEY'S SINAI AND PALESTINE. With Woodcuts. (210 pp.) 16mo. 2s. 6d.

NATURAL PHILOSOPHY & SCIENCE.

NEWTH'S FIRST BOOK OF NATURAL PHILOSOPHY; an Introduction to the Study of Statics, Dynamics, Hydrostatics, Light, Heat, and Sound, with numerous Examples. *New and enlarged edition.* Small 8vo. 3s. 6d.

NEWTH'S ELEMENTS OF MECHANICS, including Hydrostatics, with numerous Examples. (374 pp.) Small 8vo. 8s. 6d.

NEWTH'S MATHEMATICAL EXAMPLES. A Graduated Series of Elementary Examples in Arithmetic, Algebra, Logarithms, Trigonometry, and Mechanics. (378 pp.) Small 8vo. 8s. 6d.

JOHN MURRAY, ALBEMARLE STREET.